Horn (Hrsg.)

Anwaltformulare Vorsorgevollmachten

Anwaltformulare Vorsorgevollmachten

Gestaltung – Widerruf
Missbrauch

Herausgegeben von

Dr. Claus-Henrik Horn
Rechtsanwalt und Fachanwalt für Erbrecht,
Düsseldorf

2. Auflage

zerb verlag

Hinweis:
Die Formulierungsbeispiele in diesem Buch wurden mit Sorgfalt und nach bestem Wissen erstellt, sie stellen jedoch lediglich Anregungen für die Lösung typischer Fallgestaltungen dar. Autoren und Verlag übernehmen keine Haftung für die Richtigkeit und Vollständigkeit der in dem Buch enthaltenen Ausführungen und Formulierungsmuster.

Bibliografische Information der Deutschen Nationalbibliothek

Die Deutsche Nationalbibliothek verzeichnet diese Publikation in der Deutschen Nationalbibliografie; detaillierte bibliografische Daten sind im Internet über http://dnb.d-nb.de abrufbar.

Die Deutsche Bibliothek – CIP Einheitsaufnahme

Horn (Hrsg.)
Anwaltformulare Vorsorgevollmachten, 2. Auflage 2023
zerb verlag, Bonn

ISBN 978-3-95661-129-2

Benutzer-Hinweis für Muster
Für den Download der Mustertexte gehen Sie auf
https://www.zerb.de/anwaltformulare-vorsorgevollmachten
Dort erhalten Sie Zugriff auf das zip-Archiv: zerb_1129_musterdownload.zip

Juristische Fachmedien Bonn GmbH
Rochusstr. 2–4
53123 Bonn

© 2023 by zerb verlag – eine Marke der Juristische Fachmedien Bonn GmbH

Das Werk einschließlich aller seiner Teile ist urheberrechtlich geschützt. Jede Verwertung, die nicht ausdrücklich vom Urheberrechtsgesetz zugelassen ist, bedarf der vorherigen Zustimmung des Verlages. Das gilt insbesondere für Vervielfältigungen, Bearbeitungen, Übersetzungen, Mikroverfilmungen sowie Einspeicherung und Verarbeitung in elektronischen Systemen.

Satz: Cicero Computer GmbH, Bonn
Druck: Hans Soldan Druck GmbH, Essen

Das Werk erscheint auch als Lizenzausgabe im
Deutschen Notarverlag, Bonn, ISBN 978-3-95646-264-1

Vorwort

Vorsorgevollmachten sind weiterhin allseits ein großes Thema. In der Bevölkerung dringt immer mehr durch, wie bedeutsam es ist, von diesem Mittel zur Selbstbestimmung Gebrauch zu machen. Wer nicht vorgesorgt hat, erhält vom Gericht einen (fremden) Berufsbetreuer. Wie es immer so ist: Es gibt engagierte Betreuer, es gibt auch schlicht schlechte Betreuer. Leider hat es der Gesetzgeber im Rahmen der Reform des Vormundschafts- und Betreuungsrechts versäumt die Möglichkeit zu schaffen, durch Betreuungsverfügungen dem späteren Betreuer eine höhere und angemessene Vergütung zu verschaffen.

Das Ziel des Gesetzgebers, die weitere Verbreitung von Vorsorgevollmachten zu erreichen (BT-Drucks 15/2494 S. 44), hat der BGH in seinem Beschluss vom 12.11.2020 (ZErb 2021, 179) aufgegriffen und die Beglaubigungskompetenz der Betreuungsbehörden gestärkt. Vielen Mandantinnen und Mandanten rate ich dazu, dort von mir konzipierte Vorsorgeverfügungen unterschriftsbeglaubigen zu lassen. Bei Gebühren von jeweils nur 10 EUR kann jeder ohne besondere Kostenbelastung mehrere Originale erhalten.

Gefragt ist einerseits eine individuelle Beratung zu Vorsorgeverfügungen. Andererseits – das ist die Kehrseite der Medaille – kommt es in Einzelfällen zu Vollmachtsmissbrauch, so dass zur Durchsetzung und Abwehr anwaltliche Unterstützung ebenfalls gefragt ist.

Das vorliegende Werk orientiert sich streng an den Bedürfnissen des Praktikers und verliert sich nicht in wissenschaftlichen Diskussionen. Solche wurden nur vertieft, soweit es für die Praxis erforderlich sein kann. Durch zahlreiche Formulierungsmuster mit Erläuterungen soll dem Gestalter ein „Baukasten" an die Hand gegeben werden, mit dem er rasch maßgeschneiderte Dokumente konzipieren kann.

Großer Dank gebührt den Autorinnen und Autoren, die sich neben ihrer langjährigen ausfüllenden Mandatspraxis für dieses Werk engagiert und ihr Wissen gerne weitergegeben haben. Sie haben ihre Kapitel auf den neusten Stand gebracht. Insbesondere haben Krämer und Burandt ihre gemeinsamen Kapitel grundsätzlich überarbeitet; Co-Autorin auf der Horst ist leider nicht mehr im Team.

Ebenso bester Dank geht an unsere engagierten Lektorinnen Andrea Albers und Marita Blaschko.

Nun hoffen wir, dass dieses Handbuch für den Anwalt und den Notar eine gern genutzte Hilfe wird. Anregungen, Wünsche und Verbesserungsvorschläge sind willkommen.

Rechtstand ist der 1.1.2023, um die Reform des Vormundschafts- und Betreuungsrechts umzusetzen. Rechtsprechung und Literatur konnten wir bis August 2022 berücksichtigen.

Düsseldorf, im September 2022

Dr. Claus-Henrik Horn

Inhaltsübersicht

Vorwort		V
Autorenverzeichnis		XI
Musterverzeichnis		XIII
Literaturverzeichnis		XXI

1. Teil: Gestaltung von Vorsorgedokumenten		**1**
§ 1	Vorsorgevollmacht *Dr. Philipp Sticherling*	1
§ 2	Vorsorgevollmacht für Unternehmer *Dr. Nikolas Hölscher*	107
§ 3	Patientenverfügung/Bestattungsverfügung *Dr. Gudrun Doering-Striening*	143
§ 4	Betreuungsverfügung *Dr. Claus-Henrik Horn*	227
§ 5	Kontrollbevollmächtigung und -betreuung *Dr. Christa Bienwald/Dr. Claus-Henrik Horn*	249
§ 6	Formvorschriften *Dr. Claus-Henrik Horn*	269
§ 7	Besondere Themen für die notarielle Vorsorgevollmacht *Dr. Philipp Sticherling*	287
§ 8	Gebühren und Vergütung *Herbert P. Schons*	305
§ 9	Verwahrung, Registrierung und Ablieferung *Dr. Claus-Henrik Horn*	331
§ 10	Vorsorgevollmacht und elterliche Sorge *Dr. Nikolas Hölscher*	341

2. Teil: Rechtsverhältnisse zwischen Vollmachtgeber und Bevollmächtigtem ... 347

§ 11 Gesetzliche Grundlagen und vertragliche Modifikationen 347
Martin Lindenau/Dominikus Arweiler

§ 12 Der Anwalt als (Vorsorge-)Bevollmächtigter 385
Dr. Christa Bienwald

3. Teil: Widerruf, Kraftloserklärung und Erlöschen 409

§ 13 Erlöschen der Vollmacht 409
Prof. Dr. Wolfgang A. O. Burandt/Dr. Cathrin Krämer

§ 14 Widerruf der Vollmacht 415
Prof. Dr. Wolfgang A. O. Burandt/Dr. Cathrin Krämer

§ 15 Kraftloserklärung der Vollmacht 433
Prof. Dr. Wolfgang A. O. Burandt/Dr. Cathrin Krämer

§ 16 Gerichtliche Sicherungsmaßnahmen 439
Prof. Dr. Ludwig Kroiß

4. Teil: Durchsetzung von Vorsorgedokumenten 469

§ 17 Verwendung von Vorsorgevollmachten 469
Dr. Pierre Plottek

§ 18 Die Umsetzung der Patientenverfügung 491
Dr. Gudrun Doering-Striening

§ 19 Rechtsfolgen einer unwirksamen Bevollmächtigung 535
Dr. Stephanie Herzog

§ 20 Kollision einer erteilten Vorsorgevollmacht mit erbrechtlichen Instituten 543
Dr. Stephanie Herzog

5. Teil: Gegenseitige Ansprüche bei Vollmachten 571

§ 21 Ansprüche des Bevollmächtigten 571
Dr. Pierre Plottek

§ 22 Ansprüche des Vollmachtgebers 579
Dr. Pierre Plottek

6. Teil: Anhänge Bundesärztekammer 603

Anhang I: Hinweise und Empfehlungen zum Umgang mit Vorsorgevollmachten und Patientenverfügungen im ärztlichen Alltag 603

Anhang II: Arbeitspapier zum Verhältnis von Patientenverfügung und Organspendeerklärung 611

Stichwortverzeichnis 615

Benutzerhinweise 635

Autorenverzeichnis

Dominikus Arweiler
Rechtsanwalt, Mediator, Weinheim

Dr. Christa Bienwald
Rechtsanwältin, Oldenburg

Prof. Dr. Wolfgang A.O. Burandt, LL.M., M.A., MBA (Wales)
Rechtsanwalt, Fachanwalt für Erbrecht, Fachanwalt für Familienrecht, Mediator (BAMF), zertifizierter Testamentsvollstrecker (DVEV), Hamburg

Dr. Gudrun Doering-Striening
Rechtsanwältin, Fachanwältin für Sozialrecht, Fachanwältin für Familienrecht, Essen

Dr. Stephanie Herzog
Rechtsanwältin, Fachanwältin für Erbrecht, Würselen

Dr. Nikolas Hölscher
Rechtsanwalt, Fachanwalt für Erbrecht, Fachanwalt für Handels- und Gesellschaftsrecht, Fachanwalt für Familienrecht, Stuttgart

Dr. Claus-Henrik Horn
Rechtsanwalt, Fachanwalt für Erbrecht, Düsseldorf

Prof. Dr. Ludwig Kroiß
Präsident des Landgerichts, Traunstein

Dr. Cathrin Krämer
Rechtsanwältin, Fachanwältin für Erbrecht, Berlin

Martin Lindenau
Rechtsanwalt, Mediator, Weinheim

Dr. Pierre Plottek
Rechtsanwalt, Notar, Fachanwalt für Erbrecht, Bochum

Herbert P. Schons
Rechtsanwalt, Notar a.D., Duisburg

Dr. Philipp Sticherling
Rechtsanwalt, Notar, Fachanwalt für Erbrecht, Fachanwalt für Familienrecht, Helmstedt

Musterverzeichnis

§ 1 Vorsorgevollmacht

1.1. Vorsorgevollmacht ausführlicher Text (beurkundet) – Grundmuster I 5
1.2. Vorsorgevollmacht kurzer Text (Variante privatschriftlich bzw. mit Unterschriftsbeglaubigung) – Grundmuster II 14
1.3. Anmerkungen zur Vorsorgevollmacht 17
1.4. Baustein Grundmuster – Beschränkung im Außenverhältnis (zwei Bevollmächtigte in Vermögensangelegenheiten, nur einer davon in persönlichen Angelegenheiten) 27
1.5. Baustein Grundmuster – Rechtsanwaltsbeauftragung 30
1.6. Baustein Grundmuster – Ersatzbevollmächtigter 31
1.7. Baustein Grundmuster – Widerruf bei mehreren Bevollmächtigten 33
1.8. Baustein Grundmuster – Vertretungsbefugnisse bei mehreren Bevollmächtigten (Einzelvertretung/Gesamtvertretung) 34
1.9. Baustein Grundmuster – Vertretungsbefugnisse bei mehreren Bevollmächtigten (Grundsatz: Einzelvertretung; Ausnahme Gesamtvertretung für bestimmte Angelegenheiten) 35
1.10. Baustein Grundmuster – Hinweis auf Befreiung/keine Befreiung von § 181 BGB 43
1.11. Baustein Grundmuster – Untervollmacht nur im Einzelfall 46
1.12. Baustein Grundmuster – Untervollmacht nur in bestimmten Angelegenheiten 47
1.13. Baustein Grundmuster – Hinweis zum Widerruf von Untervollmachten 48
1.14. Baustein Grundmuster – Untervollmacht nur bei Besitz einer Ausfertigung der Hauptvollmacht 48
1.15. Baustein Grundmuster – Beschränkung im Außenverhältnis (Herausnahme Grundbesitz) 53
1.16. Baustein Grundmuster – Schenkungen ohne Einschränkung 54
1.17. Baustein Grundmuster – Beschränkung im Außenverhältnis (Ausschluss/Einschränkung von Schenkungen) 56
1.18. Baustein Grundmuster – Beschränkung im Außenverhältnis (Herausnahme Auskunft über Verfügen von Todes wegen) 57
1.19. Baustein Grundmuster – Beispiele zur Erweiterung des Kataloges insbes. zulässiger Rechtsgeschäfte etc. 60
1.20. Baustein Grundmuster – Regelung Innenverhältnis in persönlichen Angelegenheiten 67
1.21. Baustein Grundmuster – Post- und Telekommunikation sowie elektronische/digitale Kommunikation 69

1.22.	Baustein Grundmuster – Sorgerechtsvollmacht	73
1.23.	Baustein Grundmuster – Betreuungsverfügung	73
1.24.	Baustein Grundmuster – Totenfürsorge	79
1.25.	Baustein Grundmuster – Ausland	80
1.26.	Baustein Grundmuster – Ausdrücklich keine Regelung des Grundverhältnisses	82
1.27.	Baustein Grundmuster – Kurze Regelung des Grundverhältnisses (Auftragsrecht mit Alternativen zur Einschränkung der Rechenschaftspflicht)	83
1.28.	Baustein Grundmuster – Kurze Regelung des Grundverhältnisses (Rechtsverhältnis offen)	84
1.29.	Baustein Grundmuster – Hinweis zum Grundverhältnis (offenes Rechtsverhältnis)	87
1.30.	Baustein Grundmuster – Hinweis zum Grundverhältnis	87
1.31.	Baustein Grundmuster – Hinweis zum Vollmachtsmissbrauch	88
1.32.	Baustein Grundmuster – Ausfertigung zur Weiterleitung (Schubladenlösung, ggf. mit Variante Attest)	93
1.33.	Baustein Grundmuster – Ausfertigung gegen Vorlage ärztlicher Bescheinigung/Attest	95
1.34.	Baustein Grundmuster – Unterrichtung bei Erteilung von Ausfertigungen	97
1.35.	Baustein Grundmuster – Ausfertigung sofort an den Bevollmächtigten	98
1.36.	Baustein Grundmuster – Keine Wirksamkeitsbeschränkung	98
1.37.	Baustein Grundmuster – Ausfertigung an einen Bevollmächtigten sofort (z.B. Partner) und weitere Bevollmächtigte (z.B. Kinder) später	99
1.38.	Baustein Grundmuster – Vermerk zur Beratung durch einen Rechtsanwalt	105

§ 2 Vorsorgevollmacht für Unternehmer

2.1.	Gesellschaftsvertragliche einfache Zustimmung	115
2.2.	Gesellschaftsvertragliche qualifizierte Zustimmung	115
2.3.	Gesellschaftsvertragliche qualifizierte Zustimmung mit Treuepflichtsunterwerfung	133
2.4.	Gesellschaftsvertragliche Verpflichtung zur Erteilung einer Vorsorgevollmacht	134
2.5.	Gesellschaftsvertragliche Verpflichtung zur Erteilung einer Vorsorgevollmacht mit Leitungsaufgaben	134
2.6.	Gesellschaftsvertragliche Bevollmächtigung der Mitgesellschafter	135
2.7.	Gesellschaftsvertragliche Ausschluss- und Zwangsabtretungsklausel bei fehlender Vorsorgevollmacht	135

2.8.	Gesellschaftsvertragliche Einziehungs- und Zwangsabtretungsklausel bei fehlender Vorsorgevollmacht	136
2.9.	Vorsorgevollmacht mit Beispielen gesellschaftsbezogener Belange	137
2.10.	Vorsorgevollmacht mit Rückausnahme originärer Kernbefugnisse von Leitungsorganen (1)	138
2.11.	Vorsorgevollmacht mit Rückausnahme originärer Kernbefugnisse von Leitungsorganen (2)	138
2.12.	Konkrete unternehmerische Handlungsanweisungen für den Vorsorgebevollmächtigten	139
2.13.	Grobzügige unternehmerische Handlungsanweisungen für den Vorsorgebevollmächtigten	140
2.14.	Vorsorgevollmacht mit Haftungsbegrenzung auf Vorsatz und grobe Fahrlässigkeit	141
2.15.	Vorsorgevollmacht mit Haftungsbegrenzung auf eigenübliche Sorgfalt	141

§ 3 Patientenverfügung/Bestattungsverfügung

3.1.	Formular: Allgemeine Informationen für Ihre Entscheidung zu einer Vorsorgevollmacht oder einer Betreuungsverfügung	158
3.2.	Einleitung: Informationen und Entscheidungskompetenzen	183
3.3.	Wer ist aufzuklären/Verzicht auf Aufklärung	185
3.4.	Medizinische Grunddaten	186
3.5.	Behandlungsvorspann	187
3.6.	Risikoerklärung zur Schmerzbehandlung	188
3.7.	Behandlung mit Psychopharmaka	189
3.8.	Kollisionsregel	189
3.9.	Reanimationsregeln bei Herzkreislaufstillstand/Atemversagen	190
3.10.	Vier klassische Lebens- und Behandlungssituationen nach BMJ-Muster	193
3.11.	Beweismaßstab	194
3.12.	Auffangklausel	195
3.13.	Eingangsformel zu Einleitung, Umfang oder Beendigung bestimmter ärztlicher Maßnahmen	195
3.14.	Künstliche Ernährung und Flüssigkeitszufuhr	198
3.15.	Beatmung	199
3.16.	Diverse sonstige Maßnahmen	200
3.17.	Organspende	202
3.18.	Wechsel der Batterie eines Herzschrittmacher- oder ICD-Geräts	204
3.19.	Vorspann	209
3.20.	Wunsch-Werte-Profil – Biographisches	211
3.21.	Wunsch-Werte-Profil – Erfahrungen	211
3.22.	Wunsch-Werte-Profil – Einstellungen	212
3.23.	Wunsch-Werte-Profil – Einstellung zur Sterbehilfe	212

3.24.	Wunsch-Werte-Profil – Entscheidungskriterien	214
3.25.	Festlegungen zu Behandlung und Pflege allgemein	215
3.26.	Gespräch mit dem Arzt, § 1828 BGB	217
3.27.	Erneuerungszusatz	218
3.28.	Interpretations-/Auslegungsverbot	220
3.29.	Erklärung zum Verlust von Änderungsmöglichkeiten	220
3.30.	Durchsetzungsverfügung	221
3.31.	Übertragung des Totenfürsorgerechts	223
3.32.	Organ-, Obduktions- und Bestattungsverfügung aus jüdischer Sicht	224

§ 4 Betreuungsverfügung

4.1.	Baustein Grundmuster – Vorsorgliche Betreuungsverfügung	242
4.2.	Baustein Grundmuster – Vorschläge zur Auswahl des Betreuers	245
4.3.	Baustein Grundmuster – Befreiter Betreuer	245
4.4.	Baustein Grundmuster – Wünsche an Betreuer	247

§ 5 Kontrollbevollmächtigung und -betreuung

5.1.	Anregung auf Genehmigung eines Widerrufs	260
5.2.	Baustein Grundmuster – Bestellung eines Kontrollbetreuers	261
5.3.	Baustein Grundmuster – Einschränkung der Bestellung eines Kontrollbetreuers	262
5.4.	Anregung einer Kontrollbetreuung	263
5.5.	Baustein Grundmuster – Gegenseitige Kontrolle der Bevollmächtigten	263
5.6.	Baustein Grundmuster – Kontrollbevollmächtigung	264
5.7.	Geschäftsbesorgungsvertrag bei anwaltlicher Kontrollbevollmächtigung	265

§ 6 Formvorschriften

6.1.	Vermerk bei Zeugenbestätigung	272
6.2.	Beglaubigungsvermerk	273

§ 7 Besondere Themen für die notarielle Vorsorgevollmacht

7.1.	Baustein Grundmuster – Einverständnis Ablichtung Ausweis zur Ausfertigung	290
7.2.	Baustein Grundmuster – Freiwilliger Vermerk zur Feststellung der Geschäftsfähigkeit – positive Feststellung	295
7.3.	Baustein Grundmuster – Freiwilliger Vermerk zur Feststellung der Geschäftsfähigkeit – negative Feststellung („keine Zweifel")	296
7.4.	Vermerk zur Klarstellung „Ablichtung – Keine Verwendung für den Rechtsverkehr!"	298

7.5.	Ausfertigungsvermerk bei auszugsweiser Ausfertigung reduziert auf vermögensrechtliche Angelegenheiten.................................	301
7.6.	Baustein Grundmuster – Herausgabeanspruch.........................	301
7.7.	Baustein Grundmuster – Hinweis und Auftrag/Einwilligung ZVR..	302
7.8.	Hinweis Benachrichtigung des Bevollmächtigten durch das ZVR ...	303

§ 8 Gebühren und Vergütung

8.1.	Aktenvermerk über die Vorbesprechung anlässlich der Mandatsübernahme..	313
8.2.	Gebührenvereinbarung nach Zeitaufwand..............................	313
8.3.	Pauschalvereinbarung...	317
8.4.	Ergänzung zur Pauschalvereinbarung	318
8.5.	Gebührenvereinbarung nach alter Rechtslage..........................	318

§ 9 Verwahrung, Registrierung und Ablieferung

9.1.	Ablieferung einer Betreuungsverfügung an das Betreuungsgericht ..	338
9.2.	Beschlussformel..	339

§ 10 Vorsorgevollmacht und elterliche Sorge

10.1.	Sorgerechtsvollmacht als Generalvollmacht für den anderen Elternteil...	345
10.2.	Sorgerechtsvollmacht als Spezialvollmacht (Urlaubsreise) für anderen Elternteil...	345
10.3.	Sorgerechtsvollmacht als Generalvollmacht für Dritte	346
10.4.	Sorgerechtsvollmacht als Spezialvollmacht für Dritte	346

§ 11 Gesetzliche Grundlagen und vertragliche Modifikationen

11.1.	Baustein Grundmuster – Im Außenverhältnis unbedingte Vollmacht...	352
11.2.	Als Auftragsverhältnis ausgestaltetes Grundverhältnis	361
11.3.	Baustein Grundmuster – Keine Ausgestaltung des Grundverhältnisses..	362
11.4.	Vertragliche Regelung des Grundverhältnisses im Vollmachtsdokument...	364
11.5.	Separate vertragliche Regelung des Grundverhältnisses	366
11.6.	Haftungsbeschränkung auf Vorsatz und grobe Fahrlässigkeit........	377
11.7.	Haftungsbeschränkung entsprechend § 277 BGB	377
11.8.	Ersatzanspruch des Bevollmächtigten	377

§ 12 Der Anwalt als (Vorsorge-)Bevollmächtigter

12.1.	Baustein Grundmuster – Stellung des bevollmächtigten Anwalts....	388
12.2.	Baustein Grundmuster – Handlungsbeschränkung	389

12.3.	Wünsche und Vorstellungen des Vollmachtgebers	390
12.4.	Rechenschaftspflicht (zur Verwendung in der Vereinbarung des Geschäfts) einschließlich der Erteilung von Auskünften.	393
12.5.	Datenschutz	394
12.6.	Haftungsbegrenzung bei Versicherungsunterdeckung	395
12.7.	Haftungsbegrenzung	395
12.8.	Dauer der Vollmacht	396
12.9.	Haftungsverzicht	397
12.10.	Vergütung	399
12.11.	Vergütungshöhe und Zahlungsdauer	400
12.12.	Vergütungsfälligkeit	402
12.13.	Auslagenerstattung und deren Auszahlung	404

§ 13 Erlöschen der Vollmacht

§ 14 Widerruf der Vollmacht

14.1.	Widerrufserklärung durch den Vollmachtgeber	418
14.2.	Widerruf durch einen einzelnen Miterben gegenüber einem anderen Miterben	426
14.3.	Aufforderung Herausgabe Vollmachtsurkunde	430

§ 15 Kraftloserklärung der Vollmacht

15.1.	Antrag auf Veröffentlichung der Kraftloserklärung	435

§ 16 Gerichtliche Sicherungsmaßnahmen

16.1.	Antrag auf Versiegelung	440
16.2.	Beschluss „Entsiegelung"	440
16.3.	Protokoll Nachlasspflegerbestellung	446
16.4.	Bestellung Nachlasspfleger	446
16.5.	Aufhebung der Nachlasspflegschaft	448
16.6.	Vergütungsfestsetzung	450
16.7.	Festsetzung der Vergütung bei überschuldetem Nachlass	451
16.8.	Antrag des (Allein-)Erben auf Anordnung der Nachlassverwaltung	453
16.9.	Antrag eines Nachlassgläubigers auf Anordnung der Nachlassverwaltung	453
16.10.	Anordnung der Nachlassverwaltung	454
16.11.	Antrag auf Einleitung des Aufgebotsverfahrens	455
16.12.	Antrag eines Notars auf Erteilung einer nachlassgerichtlichen Genehmigung eines Rechtsgeschäfts	456
16.13.	Antrag eines Nachlasspflegers auf Erteilung einer nachlassgerichtlichen Genehmigung für eine Überweisung	457
16.14.	Genehmigungsbeschluss Kontoverfügung	457

16.15.	Aufhebung der Nachlassverwaltung	458
16.16.	Mitteilung der Nachlassverwaltung an das Grundbuchamt	460
16.17.	Jahresbericht des Nachlassverwalters	460
16.18.	Antrag auf Erlass eines dinglichen Arrests	468

§ 17 Verwendung von Vorsorgevollmachten

17.1.	Anschreiben Bevollmächtigter	472
17.2.	Anschreiben Geschäftsgegner	472
17.3.	Anschreiben an die Bank mit Vorlage notariell beglaubigter Vollmacht	478
17.4.	Anschreiben an die Bank mit Vorlage privatschriftlicher Vollmacht	478
17.5.	Bedingungen und Beschränkungen	482
17.6.	Baustein Grundmuster – Gesamtvertretung im Außenverhältnis	487
17.7.	Baustein Grundmuster – Gesamtvertretung im Außenverhältnis, aber Einzelvertretung eines Bevollmächtigten (bei mindesten drei Bevollmächtigten)	488
17.8.	Baustein Grundmuster – Einzelvertretung im Außenverhältnis (bei mindestens zwei Bevollmächtigten)	488
17.9.	Baustein Grundmuster – Keine Berechtigung zu Schenkungen	489
17.10.	Baustein Grundmuster – Berechtigung zu Schenkungen	489

§ 18 Die Umsetzung der Patientenverfügung

18.1.	Regelung über den Gebrauch der Vollmacht	500
18.2.	Ausschnitt aus einer Generalvorsorgevollmacht	504
18.3.	Hinweise zur Einholung von Genehmigungen des Betreuungsgerichtes für Bevollmächtigte/Betreuer	520
18.4.	Gesprächsprotokoll Arzt und Betreuer/Bevollmächtigter	528
18.5.	Antrag auf Genehmigung der Versagung der Einwilligung in eine ärztliche Maßnahme	533

§ 19 Rechtsfolgen einer unwirksamen Bevollmächtigung

19.1.	Widerruf des Vertrages, den der falsus procurator geschlossen hat, nach § 178 BGB	537
19.2.	Fristsetzung zur Genehmigung der Erklärung eines falsus procurator nach § 177 BGB	539
19.3.	Aufforderungsschreiben des Gläubigers nach § 179 BGB	540
19.4.	Streitverkündung	541

§ 20 Kollision einer erteilten Vorsorgevollmacht mit erbrechtlichen Instituten

20.1.	Widerrufserklärung eines einzelnen Miterben gegenüber einem Bevollmächtigten	552

20.2.	Auskunftsverlangen durch einen Miterben............................	555
20.3.	Baustein Grundmuster – Vertretung etwaiger Nacherben	558
20.4.	Baustein Grundmuster – Klarstellung in der Vollmacht zum Verhältnis von Vollmacht und Testamentsvollstreckung	566
20.5.	Baustein Grundmuster – Testamentsvollstreckeranordnung mit ausdrücklicher Widerrufsbefugnis des Testamentsvollstreckers hinsichtlich der Vorsorgevollmacht	566
20.6.	Baustein Grundmuster – Widerruf der Vollmacht durch letztwillige Verfügung..	566
20.7.	Baustein Grundmuster – Amtsannahmelösung (im Innenverhältnis) in der Vorsorgevollmacht..	566
20.8.	Baustein Grundmuster – Vollmacht unter Zustimmungsvorbehalt ..	567
20.9.	Baustein Grundmuster – Testamentsvollstreckung unter Zustimmungsvorbehalt..	567

§ 21 Ansprüche des Bevollmächtigten

21.1.	Aufforderungsschreiben zur Auszahlung von Vorschuss	572
21.2.	Abbedingung, § 669 BGB	575
21.3.	Aufforderungsschreiben Aufwendungsersatz...........................	577
21.4.	Aufwandspauschale	577
21.5.	Vergütungsregelung	577

§ 22 Ansprüche des Vollmachtgebers

22.1.	Aufforderungsschreiben Auskunft und Rechnungslegung............	588
22.2.	Klageantrag Stufenklage Rechnungslegung	590
22.3.	Aufforderungsschreiben Abgabe eidesstattliche Versicherung........	592
22.4.	Aufforderungsschreiben Herausgabeanspruch nach § 667 BGB	598
22.5.	Herausgabeklage...	599

Literaturverzeichnis

Albrecht/Albrecht/Böhm/Böhm-Rößler, Die Patientenverfügung, 2018

Anders/Gehle, ZPO, Kommentar, 80. Auflage 2022 (zit. Baumbach u.a./ *Bearbeiter*)

Beck'scher Online Großkommentar, (zit. BeckOGK BGB/*Bearbeiter*)

Beck'scher Online-Kommentar, Stand: 1.11.2021, 60. Ed. (zit. BeckOK BGB/ *Bearbeiter*)

Bengel/Reimann, Handbuch der Testamentsvollstreckung, 7. Auflage 2020 (zit. Bengel/Reimann/*Bearbeiter*, HdB TV)

Bienwald/Sonnenfeld/Harm, Betreuungsrecht, 6. Auflage 2016 (zit. Bienwald u.a./*Bearbeiter*, BetreuungsR)

Bonefeld/Kroiß/Tanck (Hrsg.), Der Erbprozess, 5. Auflage 2017

Bonefeld/Wachter (Hrsg.), Der Fachanwalt für Erbrecht, 3. Auflage 2014

Burandt/Rojahn (Hrsg.), Erbrecht, 4. Auflage 2022

Damrau/Tanck (Hrsg.), Praxiskommentar Erbrecht, 4. Auflage 2020

Deinert/Lütgens/Meier, Die Haftung des Betreuers, 3. Auflage 2017

Dodegge/Roth, Systematischer Praxiskommentar Betreuungsrecht, 5. Auflage 2018 (zit. *Dodegge/Roth*, SK Betreuungsrecht)

Dorsel (Hrsg.), Kölner Formularbuch Erbrecht, 3. Auflage 2020 (zit. Dorsel/ *Bearbeiter*, KF ErbR)

Erman, BGB, Kommentar, 16. Auflage 2020

Ferid/Firsching/Dörner/Hausmann, Internationales Erbrecht, Loseblatt, 120. Auflage 2022, Stand Februar 2022 (zit. Ferid u.a./*Bearbeiter*, Int ErbR)

Firsching/Dodegge, Familienrecht 2. Halbband: Betreuungssachen und andere Gebiete der freiwilligen Gerichtsbarkeit, 8. Auflage 2015 (zit. *Firsching/ Dodegge*, FamR)

Firsching/Graf, Nachlassrecht, 11. Auflage 2019

Firsching/Schmid, Familienrecht, 1. Halbband: Familiensachen, 8. Auflage 2015 (zit. *Firsching/Schmid*, FamR)

Fischer/Kühne/Warlich (Hrsg.), Anwaltformulare Bankvermögen im Erbfall, 2015

Flick/Piltz, Der internationale Erbfall, 2. Auflage 2008

Förster, Anwaltliche Vergütung in Erbsachen, 2. Auflage 2021 (zit. *Förster*, Vergütung)

Frenz/Hertel/Limmer, Würzburger Notarhandbuch, 6. Auflage 2021 (zit. Limmer u.a./*Bearbeiter*, WürzbNotar-HdB)

Frieser (Hrsg.), Fachanwaltskommentar Erbrecht, 4. Auflage 2013 (zit. Frieser/*Bearbeiter*, FAKomm ErbR)

Frieser/Sarres/Stückemann/Tschichoflos (Hrsg.), Handbuch des Fachanwalts Erbrecht, 7. Auflage 2019 (zit. Frieser u.a./*Bearbeiter*, FA ErbR)

Gerold/Schmidt, Rechtsanwaltsvergütungsgesetz: RVG, Kommentar, 25. Auflage 2021

Groll/Steiner, Praxishandbuch Erbrechtsberatung, 5. Auflage 2019 (zit. Groll/*Bearbeiter*, Erbrechtsberatung)

Grüneberg, Bürgerliches Gesetzbuch, 81. Auflage 2022

Herrler (Hrsg.), Münchener Vertragshandbuch Band 6, Bürgerliches Recht II, 8. Auflage 2020 (zit. Herrler/*Bearbeiter*, MVHdB)

Herzog/Pruns, Der digitale Nachlass in der Vorsorge- und Erbrechtspraxis, 2018

Horn (Hrsg.), Beck'sche Online-Formulare Erbrecht, 34. Edition 2022 (zit. BeckOF ErbR/*Bearbeiter*)

Jauernig, BGB, Kommentar, 18. Auflage 2021

Jochum/Pohl, Nachlasspflegschaft, 5. Auflage 2014 (zit. *Jochum/Pohl*)

Jox/Fröschle (Hrsg.), Praxiskommentar Betreuungs- und Unterbringungsverfahren, 4. Auflage 2020 (zit. Jox/Fröschle/*Bearbeiter*, PK BetreungsR)

Jürgens, Betreuungsrecht: BtR, Kommentar, 6. Auflage 2019

Jurgeleit (Hrsg.), Betreuungsrecht, Handkommentar, 4. Auflage 2018

Keim/Lehmann, Beck'sches Formularbuch Erbrecht, 4. Auflage 2019 (zit. BeckFormB ErbR/*Bearbeiter*)

Kerscher/Krug/Spanke, Das erbrechtliche Mandat, 6. Auflage 2019 (zit. Kerscher/Krug/Spanke/*Bearbeiter*, ErbR Mandat)

Kersten/Bühling, Formularbuch und Praxis der Freiwilligen Gerichtsbarkeit, 26. Auflage 2019

Klinger (Hrsg.), Münchener Prozessformularbuch Erbrecht, 5. Auflage 2021 (zit. Klinger/*Bearbeiter*, MPFormB ErbR)

Korintenberg, GNotKG, Kommentar, 22. Auflage 2022

Kretz/Albrecht/Wittkämper, Formularbuch Betreuungsrecht, 4. Auflage 2018

Kroiß, Anwaltformulare Nachlassgerichtliches Verfahren, 2012 (zit. *Kroiß*, AF Nachlassgerichtliches Verfahren)

Kroiß/Horn (Hrsg.), Nomos Kommentar zum BGB Band 5, 6. Auflage 2021 (zit. NK-BGB/*Bearbeiter*)

Kroiß/Horn/Solomon (Hrsg.), Nomos Kommentar Nachfolgerecht, 2. Auflage 2019 (zit. NK-NachfolgeR/*Bearbeiter*)

Kroiß/Siede, FamFG, Kommentiertes Verfahrensformularbuch, 2. Auflage 2018 (zit. Kroiß/Siede/*Bearbeiter*, GForm FamFG)

Krug/Rudolf/Kroiß/Bittler (Hrsg.), Anwaltformulare Erbrecht, 6. Auflage 2019 (zit. Krug/Rudolf/Kroiß/Bittler/*Bearbeiter*, AF ErbR)

Kurze (Hrsg.), Vorsorgerecht, 2017 (zit. Kurze/*Bearbeiter*, VorsorgeR)

Lipp (Hrsg.), Handbuch der Vorsorgeverfügungen, 2009 (Lipp/*Bearbeiter*, Vorsorgeverfügungen)

Mayer/Bonefeld/Tanck, Testamentsvollstreckung, 5. Auflage 2022 (zit. Mayer/Bonefeld/Tanck/*Bearbeiter*, TV)

Mayer/Kroiß, RVG, Kommentar, 8. Auflage 2021

Meier/Deinert, Handbuch Betreuungsrecht, 2. Auflage 2016 (zit. *Meier/Deinert*, BetreuungsR)

Meyer-Götz, Familienrecht, Formularbuch, 4. Auflage 2018

Müller-Engels/Braun, Betreuungsrecht und Vorsorgeverfügungen in der Praxis, 6. Auflage 2022 (zit. Müller-Engels/Braun/*Bearbeiter*, BetreuungsR)

Münch, Die Unternehmerehe, 2. Auflage 2019

Münchener Kommentar zum Bürgerlichen Gesetzbuch, Band 11: Erbrecht, 8. Auflage 2020 (zit. MüKo-BGB/*Bearbeiter*)

Nieder/Kössinger, Handbuch der Testamentsgestaltung, 6. Auflage 2020 (zit. *Nieder/Kössinger*, Testamentsgestaltung)

Pöhlmann/Fandrich/Bloehs, Genossenschaftsgesetz Kommentar, 4. Auflage 2012

Prütting/Wegen/Weinreich, BGB Kommentar, 16. Auflage 2021

Raack/Thar, Leitfaden Betreuungsrecht, 7. Auflage 2018 (zit. *Raak/Thar*, BetreuungsR)

Ramstetter/Hecker, Praxishandbuch Vorsorgevollmacht und Patientenverfügung, 2017 (zit. *Ramstetter/Hecker*)

Raub, Vorsorgevollmachten im Personengesellschaftsrecht, 2013

Reimann/Bengel/Mayer, Testament und Erbvertrag, 7. Auflage 2020 (zit. Reimann/Bengel/Mayer/*Bearbeiter*, Testament und Erbvertrag)

Richter/Doering-Striening/Schröder/Schmidt, Seniorenrecht in der anwaltlichen und notariellen Praxis, 2. Auflage 2011 (zit. Richter/u.a./*Bearbeiter*, SeniorenR)

Rißmann, Die Erbengemeinschaft, 3. Auflage 2019 (zit. Rißmann/*Bearbeiter*, Erbengemeinschaft)

Roth, Erbfall und Betreuungsrecht, 2016 (zit. *Roth*, Erbfall und BetreuungsR)

Rudolf/Bittler/Roth, Vorsorgevollmacht, Betreuungsverfügung und Patientenverfügung, 5. Auflage 2020 (zit. Rudolf/Bittler/Roth/*Bearbeiter*, Vorsorgevollmacht)

Scherer (Hrsg.), Münchener Anwaltshandbuch Erbrecht, 5. Auflage 2018 (zit. Scherer/*Bearbeiter*, MAH ErbR)

Schneider/Volpert/Fölsch, Gesamtes Kostenrecht, Justiz, Anwaltschaft, Notariat, 3. Auflage 2021

Schöner/Stöber, Grundbuchrecht, 16. Auflage 2020

Schulz (Hrsg.), Handbuch Nachlasspflegschaft, 2. Auflage 2017 (zit. Schulz/*Bearbeiter*, Nachlasspflegschaft)

Schulze/Grziwotz/Lauda, BGB: Kommentiertes Vertrags- und Prozessformularbuch, 4. Auflage 2020

Spiegelberger, Vermögensnachfolge, 3. Auflage 2020 (zit. *Spiegelberger*, Vermögensnachfolge)

Staudinger, Kommentar zum Bürgerlichen Gesetzbuch, Band 2: §§ 662–675b, Neubearbeitung 2017

Süß (Hrsg.), Erbrecht in Europa, 4. Auflage 2020 (zit. Süß/*Bearbeiter*, ErbR in Europa)

Süß/Ring (Hrsg.), Eherecht in Europa, 4. Auflage 2021 (zit. Süß/Ring/*Bearbeiter*, EheR in Europa)

Tanck/Krug, Anwaltformulare Testamente, 6. Auflage 2019 (zit. Tanck/Krug/*Bearbeiter*, AF Testamente)

Trimborn v. Landenberg, Die Vollmacht vor und nach dem Erbfall, 3. Auflage 2017 (zit. *Trimborn*, Vollmacht vor und nach dem Erbfall)

Uphoff, Die Vorsorgevollmacht des Personengesellschafters – Gestaltungsinstrument zur Wahrung seiner Selbstbestimmung, 2016

Westermann/Grunewald/Maier-Reimer (Hrsg.), Erman Bürgerliches Gesetzbuch, 16. Auflage 2020 (zit. Erman/*Bearbeiter*)

Zimmermann (Hrsg.), Praxiskommentar Erbrechtliche Nebengesetze, 2. Auflage 2017

Zimmermann, Betreuung und Erbrecht, 2. Auflage 2017 (zit. *Zimmermann*, Betreuung und Erbrecht)

Zimmermann, Die Nachlasspflegschaft, 5. Auflage 2020 (zit. *Zimmermann*, Nachlasspflegschaft)

Zimmermann, Testamentsvollstrecker, 5. Auflage 2019 (zit. *Zimmerman*, TV)

Zimmermann, Vorsorgevollmacht – Betreuungsverfügung – Patientenverfügung, 3. Auflage 2017 (zit. *Zimmermann*, Vorsorgevollmacht)

Zöller, ZPO, Kommentar, 34. Auflage 2022

1. Teil: Gestaltung von Vorsorgedokumenten

§ 1 Vorsorgevollmacht

Übersicht:

	Rdn		Rdn
A. Vorab: Zu den Grundmustern und zu den einzelnen Musterbausteinen	1	d) Sonderthema: Auskunft über notarielle Verfügungen von Todes wegen	102
B. Grundmuster	7	e) Katalog	104
I. Grundmuster I	8	f) Exkurs: Verbraucherdarlehensvertrag (besondere Form der Vollmacht)	113
II. Grundmuster II	9		
III. Anmerkungen zur „kurzen" Vorsorgevollmacht	10	g) Kein Erfordernis gerichtlicher Genehmigungen	114
C. Vorsorgevollmacht – Rechtsinstitut/ Begriff der Vorsorgevollmacht	12	2. Vollmacht in persönlichen Angelegenheiten	115
D. Anmerkungen zur Vorsorgevollmacht	15	a) Personensorge i.e.S.	115
I. Zur Person des Vollmachtgebers	15	b) Schriftform und Erfordernis der ausdrücklichen Benennung von Maßnahmen	118
1. Geschäftsfähigkeit des Vollmachtgebers	15		
a) Geschäftsfähigkeit und Einwilligungsfähigkeit	15	c) Voraussetzungen/Grenzen und Erfordernis der gerichtlichen Genehmigung	126
b) Besonderer Maßstab für die Vorsorgevollmacht	20		
c) Grenz- und Streitfälle	23	d) Differenzierung bei mehreren Bevollmächtigten	129
2. Mehrere Vollmachtgeber in einer Urkunde?	25	e) Untervollmacht in persönlichen Angelegenheiten	132
II. Zur Person des Bevollmächtigten	28	3. Post- und Telekommunikation sowie elektronische/digitale Kommunikation	133
1. Eignung der Person	28		
a) Vertrauensverhältnis – Vollmacht oder Betreuungsverfügung?	28	4. Keine Vollmacht in höchstpersönlichen Angelegenheiten	142
b) Bereitschaft, Qualifikation, Akzeptanz	29	5. Sorgerechtsvollmacht	143
c) Minderjährige	39	6. Kombination mit Betreuungsverfügung	144
2. Mehrere Bevollmächtigte in einer Urkunde	40	a) Die Vorsorgevollmacht ergänzende Betreuung („Auffangregelung")	144
a) Gestaltung (Technik/ Konstruktion)	42		
b) Einzel- oder Gesamtvertretungsbefugnis?	45	b) Die Vorsorgevollmacht begleitende/flankierende (Kontroll-)Betreuung	148
3. Befreiung von den Beschränkungen des § 181 BGB	51	7. Kombination mit Patientenverfügung	149
4. Untervollmacht	64		
5. Der Bevollmächtigte als Alleinerbe des Vollmachtgebers – Fortbestand der Vollmacht?	81	8. Kombination mit Totenfürsorge	158
		9. Auslandsbezug	162
III. Inhalt/Umfang/Reichweite der Vollmacht	84	IV. Grundverhältnis	164
1. Vollmacht in vermögensrechtlichen Angelegenheiten, Generalvollmacht	84	1. Rechtsnatur des Grundverhältnisses – Auftragsrecht?	166
a) Grundsatz	84	2. Regelungen im Grundverhältnis	173
b) Einschränkungen durch den Vollmachtgeber	88	a) Typische Regelungen/ Klarstellungen im Grundverhältnis	173
c) Sonderfall: Schenkungen	94	b) Besondere Regelungen im Grundverhältnis	177

3. Hinweise zum Grundverhältnis 182	cc) Lösung 2: Notarielle Beurkundung mit verzögerter Aushändigungsanweisung .. 196
V. Start und Ende der Vollmacht 186	
1. Start der Vollmacht (Wirksamwerden) 186	
a) Grundlagen/Einführung 186	dd) Lösung 3: Unbedingte Vollmachtserteilung (mit interner Weisung) 205
b) Lösungen für einen verzögerten Start 190	
aa) Grundsätzlich keine Lösung: Bedingte Vollmacht 191	2. Widerruf der Vollmacht 214
	3. Vollmacht über den Tod hinaus (transmortale Vollmacht) 216
bb) Lösung 1: „Schubladenlösung" 192	VI. AGB-Kontrolle? 221

A. Vorab: Zu den Grundmustern und zu den einzelnen Musterbausteinen

1 Die nachfolgenden zwei Grundmuster sind so zusammengestellt, dass einerseits Formulierungsvorschläge für einen ausführlichen Text (**Grundmuster I**, Rdn 8) und alternativ für einen kurzen Text (**Grundmuster II**, Rdn 9) geliefert werden und anderseits Formulierungsvorschläge für eine Errichtung in der Form der notariellen Beurkundung (Grundmuster I) und alternativ für eine Errichtung in privatschriftlicher Form (Grundmuster II). Die Vorschläge sind so formuliert, dass sich die Kombinationen von ausführlich/beurkundet und kurz/privatschriftlich ohne Weiteres in ausführlich/privatschriftlich und kurz/beurkundet austauschen lassen.

2 Um bei Verwendung der Grundmuster den „Austausch" der Form sowie den „Austausch" und den „Einbau" einzelner Musterbausteine zu erleichtern („Baukastensystem"), wird hier für den Vollmachtgeber in der Ich-Form formuliert. Bei der notariellen Urkunde mag es eine Stilfrage (auch des Notars) sein, ob „ich" oder ob „der/die Erschienene" oder bspw. „der Vollmachtgeber" bzw. „die Vollmachtgeberin" etwas verfügt.[1]

3 Die nachfolgenden Grundmuster und dementsprechend die Platzierung der Musterbausteine folgen einem an den praktischen Abläufen wie insbes. der Verwendung der Vollmacht im Rechtsverkehr orientierten dogmatisch-systematischen Aufbau:

4 § 1 Vollmachtserteilung

Zum Anfang der Urkunde wird geregelt, wer wem wofür wie Vollmacht erteilt. Wird die Vollmacht im Rechtsverkehr vom Bevollmächtigten vorgelegt, soll der Empfänger/Leser der Vollmacht auf die grundlegenden Vorfragen sofort eine Antwort finden: Wer ist bevollmächtigt, ist der Bevollmächtigte allein zur Vertre-

---

[1] Die „Ich-Form" erleichtert dem Notar die Arbeit mit dem Muster; es stellt sich nicht die Frage, ob zwischen „dem Vollmachtgeber" und „der Vollmachtgeberin" textlich zu differenzieren ist.

Sticherling

tung berechtigt (Einzelvertretungsbefugnis), gilt die Vollmacht über den Tod hinaus, ab wann gilt die Vollmacht; Klarstellung, dass die Vollmacht (als Generalvollmacht) widerruflich ist. Um den Anfang der Urkunde mit technischen Fragen/Hinweisen zu einzelnen Punkten nicht zu überfrachten, erfolgen diese an späterer Stelle, auf die aber schon am Anfang hingewiesen wird.

§ 2 Vollmachtsumfang

Das „Wofür" ist im ersten Paragraphen geregelt. Im zweiten Paragraphen wird der Gegenstand der Bevollmächtigung „präzisiert".

§ 3 Untervollmacht, Befreiung/keine Befreiung von § 181 BGB

Auf Basis dieser Präzisierung werden im dritten Paragraphen die Unterbevollmächtigung und die Frage der Befreiung von § 181 BGB „abgearbeitet". Für den Rechtsverkehr kann sich ein Hinweis hierauf im ersten Paragraphen anbieten (siehe dazu z.B. mit Formulierungsvorschlag zu § 181 BGB Rdn 61–63).

Mit § 4 folgt ein Ort für die Themen, die im Rechtsverkehr nicht oder zumindest nicht auf den ersten Blick bzw. nicht in jedem Fall interessieren, im Grundmuster
– Grundverhältnis
– Betreuungsverfügung
– salvatorische Klausel
– Geltung im Ausland.

Im Einzelfall wird zu entscheiden sein, ob besondere – nicht in den Grundmustern enthaltene – Themen hier in diesem **„Sammelbecken"** (§ 4) verortet werden oder ob diese aufgrund Bedeutung und/oder Umfang besser in einem eigenen Paragraphen (z.B. § 4a, § 4b, ...) zu verorten sind. Ferner wird zu entscheiden sein, ob auf diese Themen am Anfang der Urkunde – im ersten Paragraphen – hinzuweisen ist.

In den folgenden **§§ 5 bis 9** werden **Hinweise** für den Vollmachtgeber und auch den Bevollmächtigten gegeben, die jede Vollmacht „benötigt"; ferner werden dort **„technische" Themen für die notarielle Vollmacht** (in der Form der Beurkundung, Grundmuster I) abgehandelt.

Die Grundmuster und die einzelnen Musterbausteine dieses Werks geben dem Berater eine Hilfestellung. Wie bei jedem Formularbuch verbietet sich eine unkritische Übernahme in die Praxis des Beraters bzw. eine unkritische Anwendung auf den Einzelfall. Bestimmte Formulierungen sind – ggf. auch 1:1 – in Mustern anderer Werke/Autoren wiederzufinden. Bei den Mustern für Vorsorgevollmachten lässt sich heute – jedenfalls ohne „historische" Auswertung – teilweise gar nicht mehr feststellen, wer der Urheber einer bestimmten vielfach verwendeten und von verschiedenen Werken/Autoren empfohlenen Formulierung ist.[2] Die Grundmuster dieses Werks – insbes. das Grundmuster I – bauen auf dem Muster des Autors (§ 1) auf, welches dieser in seiner notariellen Praxis von seinen Amtsvorgängern übernommen hat. Bei der zur Veröffentlichung vorgenommenen Überarbeitung sind die Muster aus der Praxis der anderen Autoren dieses Werks sowie diverse Muster aus der aktuellen Literatur[3] ausgewertet worden.[4]

6 Die Auswertung der Muster aus der Praxis hat ergeben, dass anwaltlich vorbereitete Vollmachten zumeist ausführlicher/detailreicher formuliert werden als die beim Notar in Auftrag gegebenen Vollmachten. Das mag daran liegen, dass die Beauftragung eines Rechtsanwalts mit der Erstellung einer Vorsorgevollmacht – trotz späterer Beurkundung beim Notar – eher in den Fällen erfolgt, die insbes. von der Zusammensetzung des Vermögens (so z.B. bei Unternehmen und/oder Auslandsbezug) regelungsbedürftiger sind als der „Standardfall", was natürlich nicht heißt, dass der Notar nur für die sog. Standardfälle zuständig ist. Selbstverständlich muss im Einzelfall stets überprüft werden, ob und inwieweit eine Abweichung vom „Standard" bzw. eine Ergänzung des „Standards" geboten ist. Die nachfolgenden Grundmuster sind einerseits für den „Standardfall" formuliert, bilden aber auch die Basis für den „Einbau" der zahlreichen Musterbausteine dieses Buches („Baukastensystem").

B. Grundmuster

7 Die Grundmuster setzen ein besonderes Vertrauensverhältnis zum Bevollmächtigten voraus. Beide Grundmuster liefern eine **umfassende Vorsorgevollmacht als Generalvollmacht**. In der notariellen Praxis des Autors wird die Vorsorgevollmacht i.d.R. als Generalvollmacht beurkundet. Bei familienfremden Bevoll-

---

2 Ein Phänomen, welches sich auch im „Zusammenspiel" zwischen Rechtsprechung und Kommentarliteratur bzw. Kommentarliteratur und Rechtsprechung findet.
3 Verwendung fanden insbes. die folgenden Formulare/Formularbücher (Ministerien, sodann alphabetisch nach Autor): Bundesministerium der Justiz und für Verbraucherschutz, Betreuungsrecht – Mit ausführlichen Informationen zur Vorsorgevollmacht, Stand: August 2021; Bayerisches Staatsministerium der Justiz, Vorsorge für Unfall, Krankheit, Alter durch Vollmacht, Betreuungsverfügung, Patientenverfügung, 12. Aufl. 2022; Münchener Vertragshandbuch, Band 6, Bürgerliches Recht II, 8. Aufl. 2020 (Autor: *Heinze*); Kersten/Bühling, Formularbuch und Praxis der Freiwilligen Gerichtsbarkeit, 26. Aufl. 2019 (Autor: *Kordel*); Lipp, Handbuch der Vorsorgeverfügungen, 2009 (Autoren: *Lipp/Spalckhaver*); Würzburger Notarhandbuch, 6 Aufl. 2022 (Autorin: *Müller-Engels*); Müller-Engels/Braun, Betreuungsrecht und Vorsorgeverfügungen in der Praxis, 6. Aufl. 2022 (Autoren der Formulare: *Renner/Braun*); Zimmermann, Vorsorgevollmacht, Betreuungsverfügung, Patientenverfügung für die Beratungspraxis, 3. Aufl. 2017.
4 Sollte sich ein Urheber/Autor/Werk nicht richtig oder gar nicht zitiert finden, wird für die nächste Auflage freundlich um Mitteilung gebeten.

mächtigten oder bei zu erwartendem (Erb-)Streit in der Familie kann insoweit Zurückhaltung geboten sein.[5]

I. Grundmuster I

Muster 1.1: Vorsorgevollmacht ausführlicher Text (beurkundet) – Grundmuster I

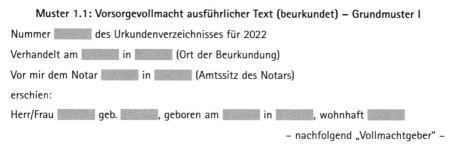

Nummer ▮▮▮▮ des Urkundenverzeichnisses für 2022

Verhandelt am ▮▮▮▮ in ▮▮▮▮ (Ort der Beurkundung)

Vor mir dem Notar ▮▮▮▮ in ▮▮▮▮ (Amtssitz des Notars)

erschien:

Herr/Frau ▮▮▮▮ geb. ▮▮▮▮, geboren am ▮▮▮▮ in ▮▮▮▮, wohnhaft ▮▮▮▮

– nachfolgend „Vollmachtgeber" –

Der/Die Erschienene wies sich zur Gewissheit des Notars aus durch Vorlage seines/ihres gültigen Personalausweises/Reisepasses;[6] der/die Erschienene ist damit einverstanden, dass der Notar eine Ablichtung des Ausweises zur Nebenakte bzw. in seine Ausweissammlung nimmt.[7]

Die Frage nach einer Vorbefassung gem. § 3 Abs. 1 Nr. 7 BeurkG wurde nach Erläuterung dieser Vorschrift verneint.

An der erforderlichen Geschäftsfähigkeit des/der Erschienenen bestanden nach der vom Notar – in eingehender Unterredung in einem Vorgespräch sowie in der Verhandlung – gewonnenen Überzeugung keine Zweifel.[8]

Der/Die Erschienene erklärte sodann mündlich zu Protokoll des Notars:

Vorsorgevollmacht

§ 1

Vollmachtserteilung

(1) Hiermit erteile ich

1. Herrn/Frau ▮▮▮▮ geb. ▮▮▮▮, geboren am ▮▮▮▮ in ▮▮▮▮, wohnhaft ▮▮▮▮,

2. Herrn/Frau ▮▮▮▮ geb. ▮▮▮▮, geboren am ▮▮▮▮ in ▮▮▮▮, wohnhaft ▮▮▮▮,

– nachfolgend „Bevollmächtigter" –

---

5 Siehe dazu bspw. die „vorsichtigen/zurückhaltenden" Muster inkl. Vertrag zum Grundverhältnis bei *Zimmermann*, Vorsorgevollmacht, Anhang 1 (S. 251 ff.).
6 Zur Identifizierungspflicht des Notars siehe § 7 Rdn 2 ff.
7 Zum Erfordernis des Einverständnisses siehe § 7 Rdn 8.
8 Zur Prüfung der Geschäftsfähigkeit durch den Notar siehe § 7 Rdn 11 ff.

Sticherling

und zwar jedem für sich (Einzelvertretung),[9] Vollmacht, mich in allen vermögensrechtlichen Angelegenheiten und in allen persönlichen und sonstigen nicht-vermögensrechtlichen Angelegenheiten zu vertreten, bei denen eine Vertretung kraft Vollmacht rechtlich zulässig ist.[10]

(2) Die Vollmacht soll insbesondere als Vorsorgevollmacht zur Vermeidung der Anordnung einer Betreuung dienen und soll daher bei Eintritt einer Geschäftsunfähigkeit ausdrücklich nicht erlöschen.

(3) Die Vollmacht gilt über den Tod hinaus (transmortale Vollmacht).

(4) Die Vollmacht wird wirksam, sobald der Bevollmächtige eine ihm – auf seinen Namen – erteilte Ausfertigung der Vollmacht besitzt (siehe zur Erteilung von Ausfertigungen § 6).[11]

(5) Die Vollmacht ist jederzeit widerruflich (siehe dazu auch den Hinweis § 5 Spiegelstrich 3).

§ 2

Vollmachtsumfang

(1) Die Vollmacht soll eine **Generalvollmacht** sein und im Umfang unbeschränkt gelten;[12]

Variante 1: der Bevollmächtigte ist ausdrücklich auch befugt, Schenkungen an sich oder Dritte vorzunehmen.

Variante 2: ausgenommen sind jedoch Schenkungen, es sei denn, diese sind nach meinen Lebensverhältnissen angemessen oder als Gelegenheitsgeschenke üblich.[13]

---

9 Das Grundmuster geht von einer Einzelvertretung aus; zur Frage Einzelvertretung oder Gesamtvertretung mit Formulierungsvorschlägen siehe Rdn 40 ff.
10 Bei bestimmten Rechtgeschäften/Rechtshandlungen ist eine Vertretung kraft Vollmacht (rechtsgeschäftliche Vertretung) nicht zulässig, so dass eine gesetzliche Vertretung (beim Erwachsenen: durch einen Betreuer, §§ 1814 ff. BGB; §§ 1896 ff. BGB a.F.) erforderlich ist, siehe Rdn 142 und § 4 Rdn 7.
11 Zum Besitz der Ausfertigung als Anknüpfungspunkt für das Wirksamwerden der Vollmacht siehe Rdn 188.
12 Wenn eine Beschränkung der Vollmacht – ausnahmsweise – im Außenverhältnis erfolgen soll, dann sollte die Beschränkung nicht später „irgendwo" im Text erfolgen, sondern hier in § 2 – wie die nachfolgende Einschränkung zu Schenkungen (Variante 2). Bei Vorlage der Vollmacht als „grundsätzliche Generalvollmacht" sollte die Einschränkung für den Rechtsverkehr sofort erkennbar sein. Wenn bestimmte Rechtsgeschäfte ausgenommen werden, muss in § 2 Abs. 2 die Ziff. 1 entsprechend angepasst werden (!); mit Formulierungsbeispiel zum Ausschluss von Verfügungen über Immobilien/Grundbesitz Rdn 91–93.
13 Der Ausschluss vom Ausschluss lässt Schenkungen in dem Umfang zu, in dem ein Betreuer ohne Genehmigung des Betreuungsgerichts Schenkungen vornehmen darf (§ 1854 Nr. 8 BGB; vgl. §§ 1804, 1908i Abs. 1 S. 1 BGB a.F.). Hierzu und zu weiteren Einschränkungen der Vollmacht im Außenverhältnis siehe Rdn 91–93 und Rdn 99 (Musterbaustein mit Variante 3, wonach nur Schenkungen an den Ehegatten und/oder die Abkömmlinge des Vollmachtgebers zugelassen werden).

Sticherling

(2) Zur Erläuterung der Bedeutung der Vollmacht sollen nachfolgend einige Angelegenheiten aufgezählt werden, die insbesondere von der Vollmacht erfasst sind, ohne dass durch die Aufzählung eine Beschränkung der Vollmacht getroffen wird. Die Aufzählung ist nur beispielhaft und nicht abschließend:

1. Vermögensangelegenheiten

Die Vollmacht umfasst insbesondere die Befugnis,
- alle Rechtshandlungen und Rechtsgeschäfte in meinem Namen vorzunehmen,
- über Vermögensgegenstände jeder Art zu verfügen,
- Erklärungen aller Art abzugeben und auch entgegenzunehmen sowie Anträge zu stellen, abzuändern, zurückzunehmen und auch entgegenzunehmen,
- geschäftsähnliche Handlungen, wie z.B. Mahnungen, Fristsetzungen, Anträge und Mitteilungen abzugeben und auch entgegenzunehmen,
- Zahlungen und Wertgegenstände anzunehmen,
- Verbindlichkeiten einzugehen, insbes. auch Darlehens-/Kreditverträge abzuschließen, bspw. auch sog. Verbraucherdarlehensverträge,[14]
- auch (abstrakte) persönliche Schuldversprechen/Schuldanerkenntnisse gem. §§ 780, 781 BGB abzugeben und mich dabei und auch sonst persönlich der Zwangsvollstreckung in mein gesamtes Vermögen zu unterwerfen,[15]
- mich gegenüber Behörden, Gerichten, Notaren und sonstigen öffentlichen Stellen sowie Banken und Versicherungsgesellschaften umfassend zu vertreten, für mich Prozess- und andere Verfahrenshandlungen aller Art vorzunehmen,
- für mich Erbschaften anzunehmen und auszuschlagen,[16]
- über Bankkonten und Depots sowie sonstiges Geldvermögen aller Art zu verfügen sowie Bankkonten und Depots zu eröffnen und aufzulösen (Bankvollmacht),
- Grundbesitz zu veräußern und auch zu erwerben, Grundpfandrechte für beliebige Gläubiger zu bestellen und die Eintragung im Grundbuch zu bewilligen und zu beantragen sowie den

---

14 Form der notariellen Beurkundung beim Verbraucherdarlehensvertrag aus praktischen Gründen wegen § 492 Abs. 4 BGB, siehe Rdn 113 und § 6 Rdn 30.
15 Mindestens Form der öffentlichen Beglaubigung erforderlich, arg. § 726 Abs. 1 ZPO (Erteilung einer vollstreckbaren Ausfertigung) und § 750 Abs. 1 S. 1 und Abs. 2 ZPO (Zustellung auch der Vollmacht), BGH, Beschl. v. 21.9.2006 – V ZB 76/06, NJW-RR 2007, 358 = DNotZ 2007, 33 = FamRZ 2006, 1836 (Ls). Die öffentliche Beglaubigung (der Unterschrift) erfolgt durch einen Notar (§ 129 Abs. 1 BGB). Seit dem 1.7.2005 ist auch die Betreuungsbehörde befugt, Unterschriften auf Vorsorgevollmachten und Betreuungsverfügungen zu beglaubigen (seit der Reform des Vormundschafts- und Betreuungsrechts § 7 Abs. 1 S. 1 BtOG; davor § 6 Abs. 2 S. 1 BtBG); siehe dazu Rdn 175 und § 6 Rdn 15 ff.
16 Für die Erbausschlagung ist die Form der öffentlichen Beglaubigung erforderlich, § 1943 Abs. 3 BGB. Zur Form der öffentlichen Beglaubigung siehe die unmittelbar vorstehende Fußnote (Fn 15).

Sticherling

Grundbesitz gem. § 800 ZPO der Zwangsvollstreckung zu unterwerfen, die Löschung von allen dinglichen Rechten zu erklären und im Grundbuch zu bewilligen.[17]

2. Persönliche Angelegenheiten

Soweit rechtlich zulässig, ist der Bevollmächtigte weiterhin auch zu meiner Vertretung in allen persönlichen Angelegenheiten befugt. Insbes. umfasst die Vollmacht auch nachfolgende Angelegenheiten:

a) Gesundheitsfürsorge

Die Vollmacht berechtigt den Bevollmächtigten zur Wahrnehmung von Angelegenheiten der Gesundheitsfürsorge, insbes. zur Einwilligung in eine Untersuchung des Gesundheitszustandes, eine Heilbehandlung oder einen ärztlichen Eingriff bzw. zur Nichteinwilligung oder zum Widerruf einer Einwilligung in eine solche Maßnahme; dies gilt auch dann, wenn die begründete Gefahr besteht, dass ich aufgrund der Maßnahme bzw. des Unterbleibens oder des Abbruchs einer medizinisch angezeigten Maßnahme sterbe oder einen schweren und länger dauernden gesundheitlichen Schaden erleide (§§ 1820 Abs. 2 Nr. 1, 1829 Abs. 1 S. 1 und 2 BGB).

Die Vollmacht umfasst auch das Recht, über die Anwendung neuer, noch nicht zugelassener Medikamente und neuer Behandlungsmethoden sowie über die Unterlassung oder Beendigung lebenserhaltender/lebensverlängernder Maßnahmen zu entscheiden.

b) Aufenthaltsbestimmung/Unterbringung

Die Vollmacht berechtigt auch dazu, meinen Aufenthalt zu bestimmen. Sie umfasst dabei die Befugnis zu meiner Unterbringung in einem Heim, einer Anstalt oder einer sonstigen Einrichtung, auch wenn die Unterbringung mit Freiheitsentziehung verbunden ist (§§ 1820 Abs. 2 Nr. 2, 1831 Abs. 1 BGB).

Bei meinem Aufenthalt in einem Krankenhaus, einem Heim oder einer sonstigen Einrichtung berechtigt die Vollmacht ferner zur Einwilligung in freiheitsentziehende Maßnahmen durch mechanische Vorrichtungen (wie z.B. Bettgitter oder Bettgurte), durch Medikamente oder auf andere Weise (§§ 1820 Abs. 2 Nr. 2, 1831 Abs. 4 BGB).

c) Einwilligung in ärztliche Zwangsmaßnahmen

Die Vollmacht berechtigt ferner zur Einwilligung in ärztliche Zwangsmaßnahmen und die damit ggf. verbundene Verbringung zu einem stationären Aufenthalt in ein Krankenhaus (§§ 1820 Abs. 2 Nr. 3, 1832 Abs. 1 und 4 BGB).

d)

In allen vorstehenden Angelegenheiten ist der Bevollmächtigte befugt, meine Rechte gegenüber Ärzten, Krankenhäusern, Pflegeheimen usw. wahrzunehmen, Einsicht in meine Krankenakten zu nehmen und alle nötigen Auskünfte und Informationen zu verlangen. Insoweit entbinde

---

17 Mindestens Form der öffentlichen Beglaubigung erforderlich, § 29 GBO und für die Vollstreckungsunterwerfung zusätzlich § 726 Abs. 1 ZPO und § 750 Abs. 1 S. 1 und Abs. 2 ZPO (dazu und zur Form der öffentlichen Beglaubigung siehe die vorzitierte Fußnote (Fn 15).

ich hiermit die Betroffenen – insbesondere die behandelnden Ärzte – ausdrücklich von ihrer Schweigepflicht.

3. Post- und Telekommunikation sowie elektronische/digitale Kommunikation[18]

Der Bevollmächtigte ist auch befugt, die an mich gerichtete Post entgegenzunehmen und zu öffnen, auch wenn diese bspw. mit dem Vermerk „persönlich/vertraulich/verschlossen" versehen ist. Entsprechendes gilt auch für E-Mails, andere elektronische/digitale Nachrichten, Telefonanrufe und das Abhören von Anrufbeantworter/Mailbox. Unabhängig vom Zugangsmedium (z.B. PC, Tablet, Smartphone) umfasst die Vollmacht auch den Zugriff auf meine sämtlichen Daten im World Wide Web (Internet) unter Einschluss des Rechts, zur Entscheidung, ob die dortigen Inhalte beibehalten, geändert oder gelöscht werden. Dazu weise ich hiermit meine entsprechenden Vertragspartner an, meinem Bevollmächtigten – falls erforderlich –, meine Zugangsdaten inkl. Passwörter auszuhändigen oder neue bereitzustellen.

§ 3

Untervollmacht, Befreiung/keine Befreiung von § 181 BGB

(1) Der Bevollmächtigte kann in Vermögensangelegenheiten Untervollmacht erteilen und dabei diese Vollmacht ganz oder teilweise auf Dritte übertragen.[19] In persönlichen Angelegenheiten ist die Vollmacht nicht übertragbar; Untervollmacht darf insoweit nicht erteilt werden.[20]

(2) Der Bevollmächtigte zu ▬▬▬ ist von den Beschränkungen des § 181 BGB in den Vermögensangelegenheiten befreit, so dass er befugt ist, Rechtsgeschäfte in meinem Namen mit sich selbst oder als Vertreter eines Dritten vorzunehmen (Insichgeschäft, Doppel-/Mehrfachvertretung).[21]

Alternative/bzw. bei mehreren Bevollmächtigten auch kumulativ:

Der Bevollmächtigte zu ▬▬▬ ist von den Beschränkungen des § 181 BGB in den Vermögensangelegenheiten nicht befreit, so dass dieser nicht befugt ist, Rechtsgeschäfte in meinem Namen mit sich selbst oder als Vertreter eines Dritten vorzunehmen. Unzulässig ist es daher, bspw. Gelder an sich zu transferieren oder Immobilien auf sich zu übertagen.

---

18 Formulierung auf Basis Müller-Engels/Braun/*Renner/Müller-Engels*, BetreuungsR, Kap. 2 Rn 231 und Limmer u.a./*Müller-Engels*, WürzbNotar-HdB, Teil 3 Kap. 3 Rn 20.
19 Alternativ: Untervollmacht nur im Einzelfall, siehe dazu Muster Rdn 72, 73.
20 Ob auch in Angelegenheiten der Personensorge i.e.S. (Gesundheitsfürsorge, Aufenthaltsbestimmung/Unterbringung, Einwilligung in ärztliche Zwangsmaßnahmen) die Erteilung von Untervollmachten zulässig ist, ist noch nicht abschließend geklärt (siehe dazu Rdn 70 und Rdn 132).
21 Eine „fehlende" Befreiung von den Beschränkungen des § 181 BGB birgt die Gefahr in sich, dass die Vollmacht in bestimmten Fällen nicht „funktioniert" (siehe dazu Rdn 51 ff.).

Sticherling

§ 4

Grundverhältnis,[22] Betreuungsverfügung, salvatorische Klausel, Geltung im Ausland

(1) Im Grundverhältnis (Innenverhältnis), d.h. ohne Einfluss auf die Vollmacht im Außenverhältnis,[23] soll von der Vollmacht erst Gebrauch gemacht werden, wenn der Vorsorgefall eintritt (Geschäftsunfähigkeit bzw. Betreuungsbedürftigkeit *(optional: oder wenn ich dies wünsche)*.[24] Der Bevollmächtigte hat bei der Wahrnehmung meiner Angelegenheiten dieselben Pflichten wie ein Betreuer gem. § 1821 BGB. Im Übrigen gilt Auftragsrecht (§§ 662 ff. BGB).[25]

(2) Für den Fall, dass die Bestellung eines Betreuers notwendig werden sollte, beantrage ich hiermit rein vorsorglich beim Betreuungsgericht die Bestellung des Bevollmächtigten zu meinem Betreuer, und zwar den Bevollmächtigten zu ▨▨▨, ersatzweise den Bevollmächtigten zu ▨▨▨. Wird ein Betreuer bestellt, soll die Vollmacht im Übrigen bestehen bleiben.[26]

(3) Sollte eine der Bestimmungen in dieser Urkunde unwirksam sein oder werden, so bleiben die übrigen Bestimmungen wirksam.

(4) optional:

Die Vollmacht soll – soweit möglich – auch im Ausland gelten. Soweit möglich soll auch bei Verwendung im Ausland auf die Vollmacht das Recht der Bundesrepublik Deutschland Anwendung finden (Rechtswahl).[27]

---

22 Eine Regelung des Grund- bzw. Innenverhältnisses zieht kostenrechtliche Konsequenzen nach sich, Kersten/Bühling/*Kordel*, Formularbuch und Praxis der Freiwilligen Gerichtsbarkeit, § 96 Rn 48 und 82 M a.E.; siehe Rdn 181.
23 Wenn eine Beschränkung der Vollmacht im Außenverhältnis gewünscht wird, dann ist dies entsprechend dem hier aufgebauten/verfolgten Konzept (zum dogmatisch-systematischen Aufbau Rdn 3, 4) nicht hier (§ 4) zu regeln, sondern in § 2 (ggf. mit Hinweis in § 1), siehe die Anmerkung (Fußnote) zu § 2 Abs. 1 im Grundmuster 1, Rdn 8, Fn 12 und Rdn 91. Siehe zum Grundverhältnis Rdn 164 ff. und ausführlich § 11.
24 Zu weiteren Einschränkungen der Vollmacht im Innenverhältnis siehe z.B. Rdn 42 (Ersatzbevollmächtigter), Rdn 129 ff. (persönlichen Angelegenheiten, insbes. Gesundheitsfragen und Behandlungsabbruch), Rdn 161 (Totenfürsorge) und § 11 Rdn 66 ff. Der Zusatz „oder wenn ich dies wünsche" ist m.E. i.d.R. geboten (siehe dazu Rdn 175).
25 Allgemein wird angenommen, dass einer Vorsorgevollmacht als Rechtsverhältnis i.d.R. entweder ein (unentgeltlicher) Auftrag oder eine (entgeltliche) Geschäftsbesorgung zugrunde liegt, auch bei besonderer persönlicher Nähe zwischen Vollmachtgeber und Bevollmächtigtem (m.E. im Einzelfall fraglich, siehe daher alternativ den Musterbaustein Rdn 170), siehe dazu Rdn 166 ff. und ausführlich § 11 Rdn 19 ff.; das hat Auswirkungen auf (spätere) Informationsansprüche gegen den Bevollmächtigen (siehe dazu mit Formulierungsvorschlägen Rdn 166 ff.
26 Zur Betreuungsverfügung mit Formulierungsvorschlägen siehe § 4 Rdn 25 ff.
27 Nach Herrler/*Heinze*, MVHdB Bürgerl. Recht II, Muster VIII. 10, dort I 3 und Anm. 8 (i.V.m. VIII. Einleitung Anm. 5). Siehe dazu Rdn 162.

Sticherling

§ 5

Hinweise des Notars

Der Notar hat darauf hingewiesen,
- dass der Bevollmächtigte mich aufgrund der heute erteilten Vollmacht nur dann vertreten kann, wenn er eine ihm – auf seinen Namen – erteilte Ausfertigung der heutigen Vollmachtsurkunde besitzt (zur Erteilung von Ausfertigungen s. § 6);
- dass die Erteilung dieser Generalvollmacht auf jeden Fall ein absolutes Vertrauen in den Bevollmächtigten voraussetzt; *optional: besondere Sicherungsmaßnahmen wie die Bevollmächtigung eines sog. Überwachungs-/Kontrollbevollmächtigten oder – für den Betreuungsfall – die Anordnung einer Kontrollbetreuung wünsche ich ausdrücklich nicht;*[28]
- dass ich die Vollmacht jederzeit widerrufen kann. Im Falle des Widerrufs habe ich die dem Bevollmächtigten erteilte Ausfertigung der heutigen Vollmacht – soweit eine solche erteilt ist (siehe dazu § 6) – zurückzuverlangen und den Notar unverzüglich zu unterrichten, andernfalls besteht die Gefahr, dass Dritte bei Vorlage der Ausfertigung in einem „guten Glauben" an den Fortbestand der Vollmacht geschützt sind (§ 172 BGB);[29]
- dass die Einwilligung des Bevollmächtigten in eine Untersuchung meines Gesundheitszustandes, eine Heilbehandlung oder einen ärztlichen Eingriff bzw. die Nichteinwilligung oder der Widerruf einer Einwilligung in eine solche Maßnahme der gerichtlichen Genehmigung bedürfen, wenn die begründete Gefahr besteht, dass ich aufgrund der Maßnahme bzw. des Unterbleibens oder des Abbruchs einer medizinisch angezeigten Maßnahme sterbe oder einen schweren und länger dauernden gesundheitlichen Schaden erleide (§ 1829 Abs. 1 und 2 über Abs. 5 BGB).
Eine entsprechende Genehmigung ist nicht erforderlich, wenn zwischen Bevollmächtigtem und behandelndem Arzt Einvernehmen darüber besteht, dass die Erteilung, Nichterteilung oder der Widerruf der Einwilligung meinem im Wege einer Patientenverfügung (§ 1827 BGB [§ 1901a BGB a.F.]) geäußerten Willen entspricht (§ 1829 Abs. 4 über Abs. 5 BGB).
- dass meine Unterbringung durch den Bevollmächtigten gem. § 1831 Abs. 1 BGB, dessen Einwilligung in andere freiheitsentziehende Maßnahmen gem. § 1831 Abs. 4 BGB sowie dessen Einwilligung in ärztlich angeordnete Zwangsmaßnahmen gem. § 1832 Abs. 1 BGB und die damit verbundene Verbringung zu einem stationären Aufenthalt in ein Krankenhaus gem. § 1832 Abs. 4 BGB der gerichtlichen Genehmigung bedürfen (§ 1831 Abs. 2 und 4 über Abs. 5 BGB und § 1832 Abs. 2 über Abs. 5 BGB);
- dass aufgrund dieser Vollmacht in den vorstehenden persönlichen Angelegenheiten solange nicht gehandelt werden kann, als ich noch selbst die natürliche Einsichtsfähigkeit habe, die Bedeutung und Tragweite einer entsprechenden Entscheidung beurteilen zu können (sog. Einwilligungsfähigkeit).[30]

---

28   Siehe Rdn 148 und ausführlich § 4 Rdn 40 und § 5.
29   Mit Formulierungsvorschlägen zum Widerruf der Vollmacht siehe § 14.
30   Siehe Rdn 117.

§ 6

Ausfertigungen[31]

(1)

Variante 1: („sofort")

*Ich weise den Notar an, dem Bevollmächtigten sofort eine Ausfertigung der heutigen Urkunde zu erteilen und diese **dem Bevollmächtigten sogleich** zu übersenden.*

Solange der Notar nicht schriftlich über einen Widerruf der Vollmacht unterrichtet ist, kann sich der Bevollmächtigte jederzeit auf einseitigen Antrag weitere Ausfertigungen erteilen lassen (Anweisung gem. § 51 Abs. 2 BeurkG).

Variante 2: (Kombination „Schublade" und „Attest")

*Ich weise den Notar an, dem Bevollmächtigten sofort eine Ausfertigung der heutigen Urkunde zu erteilen, diese jedoch **nicht dem Bevollmächtigten** zu übersenden, **sondern mir** zu meiner (späteren) Weiterleitung bzw. späteren Aushändigung an den Bevollmächtigten.*

Solange ich den Notar nicht schriftlich anders anweise, darf er dem Bevollmächtigten auf dessen einseitigen Antrag nur dann (weitere) Ausfertigungen erteilen, wenn der Bevollmächtigte dem Notar eine auf ihn erteilte Ausfertigung der Vollmacht vorlegt oder eine ärztliche Bescheinigung vorlegt, wonach ich die in der Vollmacht bezeichneten Angelegenheiten ganz oder teilweise nicht mehr selbst erledigen kann[32] (der Bescheinigung gleichgestellt ist eine Sterbeurkunde). Der Arzt ist ermächtigt, auf Antrag des Bevollmächtigten eine Bescheinigung zu erteilen. Der Notar muss die Rechtmäßigkeit der Bescheinigung nicht prüfen. Werden widersprechende Bescheinigungen vorgelegt oder ergeben sich andere Zweifelsfragen, so darf

---

31 Im Grundmuster werden bewusst zwei Varianten angeboten. Variante 1 ist m.E. – bei vollem Vertrauen, insbes. innerhalb der Familie – vorzugswürdig. Sie gewährleistet, dass die Vollmacht im Bedarfsfall sofort verfügbar ist. Die „Aktivierung" der Vollmacht wird nicht in die Hände Dritter – wie bspw. bei Variante 2 bei weiteren Ausfertigungen in die Hände des Notars und eines Arztes – gelegt. Variante 2 erfüllt – in praktikabler Art und Weise – die Erwartung eines „zurückhaltenden" (vorsichtigen) Vollmachtgebers. Dazu mit weiteren Formulierungsvorschlägen Rdn 186 ff.

32 Die Praxis hat gezeigt, dass für den Notar verwertbare ärztliche Bescheinigungen zur Geschäfts(un)fähigkeit zum einen schwer und zum anderen mitunter nicht zweifelsfrei zu erlangen sind. Hier soll der Arzt daher „nur" bescheinigen, dass der Vollmachtgeber die in der Vollmacht bezeichneten Angelegenheiten ganz oder teilweise nicht mehr selbst erledigen kann. Ggf. ist diese Schwelle auch noch zu hoch. Kersten/Bühling/*Kordel*, Formularbuch und Praxis der Freiwilligen Gerichtsbarkeit, § 96 Rn 65 M, 66 schlägt eine ärztliche Bescheinigung vor, dass der Vollmachtgeber den Notar nicht mehr schriftlich anweisen könne, eine Ausfertigung zu erteilen. Im Zweifelsfall könne der Notar sich selbst von dieser Voraussetzung – erforderlichenfalls auch im Rahmen eines Hausbesuchs – überzeugen. Dazu Rdn 198–201. Die „Ausfertigungssperre" führt zu höheren Notarkosten (Betreuungsgebühr bei späterer Ausfertigung, dazu Rdn 199).

der Notar auf Antrag des Bevollmächtigten keine Ausfertigung erteilen; erforderlichenfalls muss dann ein Betreuer bestellt werden.[33]

(2) Dem Bevollmächtigten erteilte Ausfertigungen verbleiben in meinem Eigentum. Ich kann die Herausgabe jederzeit und ohne Angabe von Gründen von jedem Besitzer einer Ausfertigung verlangen, ohne dass diesem ein Zurückbehaltungsrecht oder sonstiges Recht zum Besitz mir gegenüber zusteht.[34]

§ 7

Zentrales Vorsorgeregister[35]

Der Notar hat auf die Möglichkeit der Registrierung dieser Urkunde beim Zentralen Vorsorgeregister der Bundesnotarkammer hingewiesen (§ 20a BeurkG). Das Register dient der Information der mit Betreuungsverfahren befassten Stellen (i.d.R. Betreuungsgericht). Ich ermächtige und beauftrage den Notar, diese Urkunde einschließlich der in ihr enthaltenen personenbezogenen Daten dem Register mitzuteilen. Dem Register werden dabei auch die Daten des Bevollmächtigten mitgeteilt; der Bevollmächtigte erhält hierüber eine Benachrichtigung direkt vom Register.

§ 8

Kosten

Die Kosten dieser Urkunde und der Erteilung von Ausfertigungen trage ich.[36]

§ 9

Ausfertigungen, Abschriften/Ablichtungen

Von dieser Urkunde erhalten:

Ausfertigungen:
- siehe oben Anweisung § 6

---

[33] Ausfertigungssperre auf Basis Limmer u.a./*Müller-Engels*, WürzbNotar-HdB, Teil 3 Kap. 3 Rn 59.
[34] Siehe dazu § 7 Rdn 44.
[35] Der Notar soll auf die Möglichkeit der Registrierung hinweisen (§ 20a BeurkG, siehe § 7 Rdn 46 und § 9 Rdn 4). Zum Zentralen Vorsorgeregister siehe § 9.
[36] Zur Berechnung der Notarkosten, insbes. zur Ermittlung des maßgeblichen Werts siehe § 8 Rdn 70 ff. Die für die Kostenrechnung des Notars erforderlichen Wertangaben werden i.d.R. in der Urkunde festgehalten. Davon ist m.E. unbedingt abzusehen. Denn den Leser/Empfänger der Vollmacht geht die Wertangabe nichts an. Der Notar benötigt die Wertangabe des Vollmachtgebers für die Kostenberechnung und deren Prüfung durch die Dienstaufsicht. Dafür genügt aber eine vom Vollmachtgeber unterzeichnete Wertangabe auf einem gesonderten Blatt, welches dann zur Handakte oder für den Kostenprüfer zur Urkunde in der Urkundensammlung genommen wird.

Sticherling

(einfache) Abschriften/Ablichtungen:
- ich, der Vollmachtgeber,
- *ggf.* der Bevollmächtigte (wenn er keine Ausfertigung erhält).[37]

Dem/Der Erschienenen vom Notar vorgelesen, von dem/der Erschienenen genehmigt und wie folgt eigenhändig unterschrieben:

Unterschrift Vollmachtgeber und Unterschrift Notar (mit Amtsbezeichnung und Siegel)

II. Grundmuster II

Muster 1.2: Vorsorgevollmacht kurzer Text (Variante privatschriftlich bzw. mit Unterschriftsbeglaubigung) – Grundmuster II

(Zu Varianten und Anmerkungen/Fußnoten wird auf das vorstehende Grundmuster I verwiesen.)

Vorsorgevollmacht

§ 1

Vollmachtserteilung

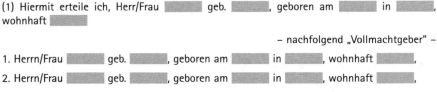

(1) Hiermit erteile ich, Herr/Frau ▇▇▇ geb. ▇▇▇, geboren am ▇▇▇ in ▇▇▇, wohnhaft ▇▇▇

– nachfolgend „Vollmachtgeber" –

1. Herrn/Frau ▇▇▇ geb. ▇▇▇, geboren am ▇▇▇ in ▇▇▇, wohnhaft ▇▇▇,
2. Herrn/Frau ▇▇▇ geb. ▇▇▇, geboren am ▇▇▇ in ▇▇▇, wohnhaft ▇▇▇,

– nachfolgend „Bevollmächtigter" –

und zwar jedem für sich (Einzelvertretung), Vollmacht, mich in **allen vermögensrechtlichen** Angelegenheiten und in **allen persönlichen** Angelegenheiten zu vertreten, bei denen eine Vertretung kraft Vollmacht rechtlich zulässig ist.[38]

---

37 Erhält der Bevollmächtigte nicht sogleich eine – auf seinen Namen – lautende Ausfertigung, sollte er zur Unterrichtung (siehe Rdn 195) eine Abschrift/Ablichtung der Vollmachtsurkunde erhalten, zur Vermeidung von „Missverständnissen" eine einfache Abschrift/Ablichtung, keine beglaubigte (siehe § 7 Rdn 33).

38 Hier im Grundmuster II wird zur Herstellung eines „kurzen Textes" bewusst auf einen Katalog vermögensrechtlicher Angelegenheiten verzichtet (siehe zur hier vertretenen Befürwortung des Kataloges Rdn 104 ff.). Der Fettdruck in § 1 Abs. 1 a.E. stellt einen (kurzen) Versuch dar, das „Alles" zu verdeutlichen. Erläuterungen und Hinweise, ja auch Warnungen, die sonst mit dem Katalog (siehe im Grundmuster I § 2 Abs. 2 Nr. 1) und den Hinweisen (Grundmuster I § 5) erfolgen und dokumentiert sind, müssen bei Wahl des kurzen Textes außerhalb der Urkunde erledigt und – auch für den Berater – dokumentiert werden (je nach Einzelfall in angemessener Art und Weise). Vgl. in diesem Zusammenhang auch den Hinweis „Kurzer Text" 1. Auflage 2020, § 2 Rn 17.

Sticherling

(2) Die Vollmacht soll insbesondere als Vorsorgevollmacht zur Vermeidung der Anordnung einer Betreuung dienen und soll daher bei Eintritt einer Geschäftsunfähigkeit ausdrücklich nicht erlöschen.

(3) Die Vollmacht gilt über den Tod hinaus (transmortale Vollmacht).

(4) Die Vollmacht wird wirksam, sobald der Bevollmächtige diese Vollmachtsurkunde – im Original – im Besitz hat.

(5) Die Vollmacht ist jederzeit widerruflich.

§ 2

Vollmachtsumfang

(1) Die Vollmacht soll eine **Generalvollmacht** sein und im Umfang unbeschränkt gelten; *der Bevollmächtigte ist ausdrücklich auch befugt, Schenkungen an sich oder Dritte vorzunehmen.*

(Zu Varianten siehe das Grundmuster I und die dortigen Anmerkungen.)

(2) Die Vollmacht gilt nicht nur in Vermögensangelegenheiten, sondern ausdrücklich auch in allen persönlichen Angelegenheiten, bei denen eine Vertretung Kraft Vollmacht zulässig ist. Zur Erläuterung der Bedeutung der Vollmacht in persönlichen Angelegenheiten sollen nachfolgend einige persönliche Angelegenheiten aufgezählt werden, die insbesondere von der Vollmacht erfasst sind, ohne dass durch die Aufzählung eine Beschränkung der Vollmacht getroffen wird; die Aufzählung ist nur beispielhaft und nicht abschließend:

a) Gesundheitsfürsorge

Die Vollmacht berechtigt den Bevollmächtigten auch zur Wahrnehmung von Angelegenheiten der Gesundheitsfürsorge, insbesondere zur Einwilligung in eine Untersuchung des Gesundheitszustandes, eine Heilbehandlung oder einen ärztlichen Eingriff bzw. zur Nichteinwilligung oder zum Widerruf einer Einwilligung in eine solche Maßnahme. Dies gilt auch dann, wenn die begründete Gefahr besteht, dass ich aufgrund der Maßnahme bzw. des Unterbleibens oder des Abbruchs einer medizinisch angezeigten Maßnahme sterbe oder einen schweren und länger dauernden gesundheitlichen Schaden erleide (§§ 1820 Abs. 2 Nr. 1, 1829 Abs. 1 S. 1 und 2 BGB).

Die Vollmacht umfasst auch das Recht, über die Anwendung neuer, noch nicht zugelassener Medikamente und neuer Behandlungsmethoden sowie über die Unterlassung oder Beendigung lebenserhaltender/lebensverlängernder Maßnahmen zu entscheiden.

b) Aufenthaltsbestimmung/Unterbringung

Die Vollmacht berechtigt auch dazu, meinen Aufenthalt zu bestimmen. Sie umfasst dabei die Befugnis zu meiner Unterbringung in einem Heim, einer Anstalt oder einer sonstigen Einrichtung, auch wenn die Unterbringung mit Freiheitsentziehung verbunden ist (§§ 1820 Abs. 2 Nr. 2, 1831 Abs. 1 BGB).

Bei meinem Aufenthalt in einem Krankenhaus, einem Heim oder einer sonstigen Einrichtung berechtigt die Vollmacht ferner zur Einwilligung in freiheitsentziehende Maßnahmen durch mechanische Vorrichtungen (wie z.B. Bettgitter oder Bettgurte), durch Medikamente oder auf andere Weise (§§ 1820 Abs. 2 Nr. 2, 1831 Abs. 4 BGB).

c) Einwilligung in ärztliche Zwangsmaßnahmen

Die Vollmacht berechtigt ferner zur Einwilligung in ärztliche Zwangsmaßnahmen und die damit ggf. verbundene Verbringung zu einem stationären Aufenthalt in ein Krankenhaus (§§ 1820 Abs. 2 Nr. 3, 1832 Abs. 1 und 4 BGB).

d) (bei bewusst kurzer Fassung, könnte diese Klausel entfallen)

In allen vorstehenden Angelegenheiten ist der Bevollmächtigte befugt, meine Rechte gegenüber Ärzten, Krankenhäusern, Pflegeheimen usw. wahrzunehmen, Einsicht in meine Krankenakten zu nehmen und alle nötigen Auskünfte und Informationen zu verlangen. Insoweit entbinde ich hiermit die Betroffenen – insbesondere die behandelnden Ärzte – ausdrücklich von ihrer Schweigepflicht.

§ 3

Untervollmacht, Befreiung von § 181 BGB

(1) Der Bevollmächtigte kann in Vermögensangelegenheiten Untervollmacht erteilen und dabei diese Vollmacht ganz oder teilweise auf Dritte übertragen. In persönlichen Angelegenheiten ist die Vollmacht nicht übertragbar; Untervollmacht darf insoweit nicht erteilt werden.

(2) Der Bevollmächtigte ist von den Beschränkungen des § 181 BGB in den Vermögensangelegenheiten befreit, so dass er befugt ist, Rechtsgeschäfte in meinem Namen mit sich selbst oder als Vertreter eines Dritten vorzunehmen (Insichgeschäft, Doppel-/Mehrfachvertretung).

(Alternativ keine Befreiung der unterschiedlichen Regelung bei mehreren Bevollmächtigten, siehe das Grundmuster I und die dortigen Anmerkungen.)

§ 4

Grundverhältnis, Betreuungsverfügung, salvatorische Klausel

(1) Im Grundverhältnis (Innenverhältnis), d.h. ohne Einfluss auf die Vollmacht im Außenverhältnis, soll von der Vollmacht erst Gebrauch gemacht werden, wenn der Vorsorgefall eintritt (Geschäftsunfähigkeit bzw. Betreuungsbedürftigkeit *(optional: oder wenn ich dies wünsche)*.

Der Bevollmächtigte hat bei der Wahrnehmung meiner Angelegenheiten dieselben Pflichten wie ein Betreuer gem. § 1821 BGB. Im Übrigen gilt Auftragsrecht (§§ 662 ff. BGB).

(2) Für den Fall, dass die Bestellung eines Betreuers notwendig werden sollte, beantrage ich hiermit rein vorsorglich beim Betreuungsgericht die Bestellung des Bevollmächtigten zu meinem Betreuer, und zwar den Bevollmächtigten zu ▓▓▓▓, ersatzweise den Bevollmächtigten zu ▓▓▓▓. Wird ein Betreuer bestellt, soll die Vollmacht im Übrigen bestehen bleiben.

(3) Sollte eine der Bestimmungen in dieser Urkunde unwirksam sein oder werden, so bleiben die übrigen Bestimmungen wirksam.

(Ggf. Auslandsklausel gem. Abs. 4 aus dem Grundmuster I ergänzen.)

§ 5

Eigentum der Vollmachtsurkunde

Diese Urkunde verbleibt in meinem Eigentum; ich kann die Herausgabe jederzeit und ohne Angabe von Gründen von jedem Besitzer verlangen, ohne dass diesem ein Zurückbehaltungsrecht oder sonstiges Recht zum Besitz mir gegenüber zusteht.

Ort, Datum, Unterschrift Vollmachtgeber

ggf. Beglaubigungsvermerk

III. Anmerkungen zur „kurzen" Vorsorgevollmacht

Bei bewusst kurzer Fassung entfallen die Hinweise aus dem Grundmuster I (dort § 5) in der Vollmachtsurkunde (alternativ könnten Sie mit dem nachstehenden Text als § 3a in der Urkunde aufgenommen werden). Ggf. sollten die nachstehenden Anmerkungen zur Erläuterung für den Vollmachtgeber und den Bevollmächtigten (dem dann mit der Vollmachtsurkunde eine Ablichtung/Abschrift der Anmerkungen zur Vollmacht auszuhändigen wäre) und auch zur Dokumentation für den Berater außerhalb der Vollmachturkunde festgehalten werden (Frage des Einzelfalls).

Muster 1.3: Anmerkungen zur Vorsorgevollmacht vom

Als Vollmachtgeber ist mir – u.a. aufgrund ausführlicher Erläuterung durch Herrn/Frau Rechtsanwalt/Rechtsanwältin ▬ am ▬ – bewusst,
- dass der Bevollmächtigte mich aufgrund der heute erteilten Vollmacht nur dann vertreten kann, wenn er diese Vollmachturkunde im Original besitzt;
- dass die Erteilung dieser Generalvollmacht auf jeden Fall ein absolutes Vertrauen in den Bevollmächtigten voraussetzt; *optional: besondere Sicherungsmaßnahmen wie die Bevollmächtigung eines sog. Überwachungs-/Kontrollbevollmächtigten oder – für den Betreuungsfall – die Anordnung einer Kontrollbetreuung wünsche ich ausdrücklich nicht;*
- dass ich die Vollmacht jederzeit widerrufen kann; im Falle des Widerrufs habe ich die Vollmachtsurkunde im Original zurückzuverlangen, andernfalls besteht die Gefahr, dass Dritte bei Vorlage der Vollmachtsurkunde im Original in einem „guten Glauben" an den Fortbestand der Vollmacht geschützt sind (§ 172 BGB);
- dass die Einwilligung des Bevollmächtigten in eine Untersuchung meines Gesundheitszustandes, eine Heilbehandlung oder einen ärztlichen Eingriff bzw. die Nichteinwilligung oder der Widerruf einer Einwilligung in eine solche Maßnahme der gerichtlichen Genehmigung bedürfen, wenn die begründete Gefahr besteht, dass ich aufgrund der Maßnahme bzw. des Unterbleibens oder des Abbruchs einer medizinisch angezeigten Maßnahme sterbe oder einen schweren und länger dauernden gesundheitlichen Schaden erleide (§ 1829 Abs. 1 und 2 über Abs. 5 BGB).

Eine entsprechende Genehmigung ist nicht erforderlich, wenn zwischen Bevollmächtigtem und behandelndem Arzt Einvernehmen darüber besteht, dass die Erteilung, Nichterteilung oder der Widerruf der Einwilligung meinem im Wege einer Patientenverfügung (§ 1827 BGB) geäußerten Willen entspricht (§ 1829 Abs. 4 über Abs. 5 BGB).
- dass meine Unterbringung durch den Bevollmächtigten gem. § 1831 Abs. 1 BGB, dessen Einwilligung in andere freiheitsentziehende Maßnahmen gem. § 1831 Abs. 4 BGB sowie dessen Einwilligung in ärztlich angeordnete Zwangsmaßnahmen gem. § 1832 Abs. 1 BGB und die damit verbundene Verbringung zu einem stationären Aufenthalt in ein Krankenhaus gem. § 1832 Abs. 4 BGB der gerichtlichen Genehmigung bedürfen (§ 1831 Abs. 2 und 4 über Abs. 5 BGB und § 1832 Abs. 2 über Abs. 5 BGB);
- dass aufgrund dieser Vollmacht in den vorstehenden persönlichen Angelegenheiten solange nicht gehandelt werden kann, als ich noch selbst die natürliche Einsichtsfähigkeit habe, die Bedeutung und Tragweite einer entsprechenden Entscheidung beurteilen zu können (sog. Einwilligungsfähigkeit).

Ort, Datum, Unterschrift Vollmachtgeber

C. Vorsorgevollmacht – Rechtsinstitut/Begriff der Vorsorgevollmacht

12 Die **Vorsorgevollmacht** hat sich zu einem **Rechtsinstitut** entwickelt. Die Vorsorgevollmacht wird insbes. mit der Patientenverfügung und der Betreuungsverfügung unter dem Begriff der **Vorsorgeverfügungen** zusammengefasst.[39] Das Recht der Vorsorgeverfügungen kann aufgrund seiner praktischen Bedeutung und besonderen Behandlung in Rechtsprechung und Literatur als besonderes **Rechtsgebiet** betrachtet werden. Der Begriff der Vorsorgevollmacht dürfte auf *Müller-Freienfels* zurückgehen (1982), der wohl als erster von einer sog. Altersvorsorge-Vollmacht sprach.[40] Die Bezeichnung „Altersvorsorge-Vollmacht" greift mittlerweile zu kurz. Der allgemeine **Begriff der Vorsorgevollmacht** ist mittlerweile **im Gesetz** fest „**verankert**" (siehe nach der Reform des Vormundschafts- und Betreuungsrechts zum 1.1.2023 insbes. § 1820 BGB).[41] Eine Legalde-

---

39 Siehe z.B. *Lipp*, Handbuch der Vorsorgeverfügungen, 2009; *Müller-Engels/Braun*, Betreuungsrecht und Vorsorgeverfügungen in der Praxis, 6. Aufl. 2022; Limmer u.a./*Müller-Engels*, WürzbNotar-HdB, Teil 3 Kap. 3.
40 Lipp/*Lipp*, Vorsorgeverfügungen, § 1 Rn 3 (Fn 4) mit Hinweis auf *Müller-Freienfels*, Festschrift für Coing, Bd. II, 1982, S. 395 ff.; Lipp/*Spalckhaver*, Vorsorgeverfügungen, § 8 Rn 1.
41 Der Begriff der Vorsorgevollmacht war bereits vor der Reform des Vormundschafts- und Betreuungsrechts zum 1.1.2023 im Gesetz fest verankert, siehe im BGB § 1908f Abs. 1 Nr. 2a BGB a.F. mit Wirkung vom 1.1.1999, § 1908f Abs. 4 BGB a.F. mit Wirkung vom 1.7.2005 und § 1901c BGB a.F. mit Wirkung vom 1.9.2009. Siehe neben dem BGB § 4 Abs. 1 BtBG und § 6 Abs. 2 BtBG sowie § 278 Abs. 2 S. 2 BGB und § 285 FamFG a.F. Siehe dazu 1. Auflage 2020, § 1 Rn 12.

finition der Vorsorgevollmacht gibt es nicht.[42] Unter einer Vorsorgevollmacht wird heute i.d.R. eine **umfassende Vollmacht** verstanden, die **im Hinblick auf eine künftige Geschäftsunfähigkeit oder Betreuungsbedürftigkeit** als Generalvollmacht in Vermögensangelegenheiten und in persönlichen Angelegenheiten (insbes. Gesundheitsfürsorge, Aufenthaltsbestimmung/Unterbringung) erteilt wird. Die Vorsorgevollmacht dient „insbesondere" der **Vermeidung der Einrichtung einer Betreuung**; siehe § 1 Abs. 2 in Grundmuster I (Rdn 8) und Grundmuster II (Rdn 9).[43]

Zum Erfordernis einer Betreuung bzw. zum Grundsatz der Subsidiarität der Betreuung gegenüber der (Vorsorge-)Vollmacht siehe § 4 Rdn 2.   13

Vielfach soll die „Vorsorgevollmacht" als Generalvollmacht auch außerhalb des Vorsorgefalles Verwendung finden. Mitunter tritt die Motivation der Vorsorge sogar in den Hintergrund (siehe Rdn 84).   14

D. Anmerkungen zur Vorsorgevollmacht

I. Zur Person des Vollmachtgebers

1. Geschäftsfähigkeit des Vollmachtgebers

a) Geschäftsfähigkeit und Einwilligungsfähigkeit

Soweit die Vorsorgevollmacht zu **rechtgeschäftlichem Handeln** – insbes. in **vermögensrechtlichen Angelegenheiten** – ermächtigt, muss der Vollmachtgeber bei Erteilung der Vollmacht geschäftsfähig sein. Ist er geschäftsfähig, darf er sich bei Erteilung der Vollmacht nicht im Zustand vorübergehender Störung der Geistestätigkeit[44] befinden (§ 105 Abs. 2 BGB; temporäre „Geschäftsunfähigkeit").   15

Geschäftsfähigkeit ist im Gesetz nicht positiv geregelt. Es gilt der **Grundsatz der Geschäftsfähigkeit**. Dementsprechend wird vom Notar auch nicht die (positive) Feststellung der Geschäftsfähigkeit verlangt, sondern die Ablehnung der Beurkundung bei Geschäfts**un**fähigkeit (§ 11 Abs. 1 BeurkG, siehe § 7 Rdn 11 ff.). Geschäfts**un**fähig ist, wer sich in einem die freie Willensbildung ausschließenden Zustand krankhafter Störung der Geistestätigkeit befindet, sofern nicht der Zustand seiner Natur nach ein vorübergehender ist (§ 104 Nr. 2 BGB). Ferner sind   16

---

42 Müller-Engels/Braun/*Renner/Braun*, BetreuungsR, Kap. 2 Rn 589; Limmer u.a./*Müller-Engels*, WürzbNotar-HdB, Teil 3 Kap. 3 Rn 9.
43 Siehe z.B. OLG Jena, Beschl. v. 6.6.2013 – 9 W 266/13, FamRZ 2014, 1139 (zu § 6 Abs. 2 BtBG).
44 Bspw. zeitlich befristete Folgen übermäßigen Alkoholkonsums, die eine freie Willensbildung ausschließen.

Minderjährige bis zur Vollendung des siebten Lebensjahres geschäftsunfähig (§ 104 Nr. 1 BGB). Minderjährige ab Vollendung des siebten Lebensjahrs sind in der Geschäftsfähigkeit nach Maßgabe der §§ 107–113 BGB beschränkt (§ 106 BGB); die Beschränkungen schließen die Erteilung einer Vorsorgevollmacht als Generalvollmacht ohne Mitwirkung des gesetzlichen Vertreters aus.[45]

17 Sowohl Geschäftsunfähigkeit (§ 104 Nr. 2 BGB) als auch temporäre „Geschäftsunfähigkeit" (§ 105 Abs. 2 BGB) erfordern einen – geistesstörungsbedingten – **Ausschluss der freien Willensbildung.** Ein solcher Ausschluss ist nach der Rechtsprechung des BGH dann gegeben, wenn eine Person nicht imstande ist, den eigenen Willen frei und unbeeinflusst von einer Geistesstörung **zu bilden** und nach zutreffend gewonnen Einsichten **zu handeln (Einsichts- und Handlungsfähigkeit).** Maßgeblich ist, ob eine freie Entscheidung nach Abwägung des Für und Wider im Rahmen einer sachlichen Prüfung der in Betracht kommenden Gesichtspunkte möglich ist oder ob umgekehrt von einer freien Willensbildung nicht mehr gesprochen werden kann. Letzteres ist gegeben, wenn die Willensbildung nicht auf rationalen Erwägungen beruht, sondern unkontrollierbaren Trieben oder Vorstellungen unterworfen ist. Die Beeinflussung durch dritte Personen kann genügen, wenn dadurch die Freiheit der Willensbildung ausgeschlossen wird. Willensschwäche und leichte Beinflussbarkeit allein sind allerdings ebenso wenig ausreichend wie das Unvermögen, die Tragweite einer Willenserklärung zu erfassen.[46]

18 Soweit die Vorsorgevollmacht zum Handeln **in persönlichen Angelegenheiten** wie Gesundheit und Aufenthalt/Unterbringung ermächtigt, ist umstritten, ob auch für diese Bereiche Geschäftsfähigkeit im Sinne der §§ 104 Nr. 2, 105 Abs. 2 BGB erforderlich ist oder ob stattdessen auf die natürliche Einsichts- und Steuerungsfähigkeit **(Einwilligungsfähigkeit)** abzustellen ist.[47] Letzteres dürfte – dogmatisch – richtig sein (arg. Gestattung/Ermächtigung zu tatsächlichem Handeln; siehe § 1 Rdn 116).[48] *Müller-Engels* und *Renner* weisen darauf hin, dass bei Berücksichtigung der Komplexität einer Vollmachtserteilung in persönlichen Angelegenheiten kaum Situationen vorstellbar seien, in denen zwar die Geschäftsfähigkeit fehle, aber ein ausreichendes natürliches Einsichtsvermögen des Vollmacht-

---

45 Soweit die Vollmacht auf die Vornahme einseitiger Rechtsgeschäfte gerichtet ist, greift § 111 BGB, soweit sie auf den Abschluss von Verträgen gerichtet ist, ist umstritten, ob § 111 BGB greift oder die §§ 108, 109 BGB (MüKo-BGB/*Spickhoff*, 9. Aufl. 2021, § 111 Rn 10).
46 Ständige Rspr. seit BGH, Urt. v. 14.7.1953 – V ZR 97/52, BGHZ 10, 266 = NJW 1953, 1342 = DNotZ 1953, 595; OLG München, Beschl. v. 5.6.2009 – 33 Wx 278/08, 33 Wx 279/08, ZErb 2009, 332 = ZEV 2010, 150 = DNotZ 2011, 43 = FamRZ 2009, 2033.
47 Müller-Engels/Braun/*Renner*/*Müller-Engels*, BetreuungsR, Kap. 2 Rn 18 m.w.N. zu beiden Meinungen.
48 Limmer u.a./*Müller-Engels*, WürzbNotar-HdB, Teil 3 Kap. 3 Rn 26, 45 und Müller-Engels/Braun/*Renner*/*Müller-Engels*, BetreuungsR, Kap. 2 Rn 18.

gebers vorliege. Jedenfalls dann, wenn sich die Vorsorgevollmacht nicht auf persönliche Angelegenheiten beschränkt, sondern als Generalvollmacht – auch in vermögensrechtlichen Angelegenheiten – erteilt wird, ist die Streitfrage ohne Belang.[49]

Siehe zur Frage der Einwilligungsfähigkeit bei Maßnahmen in persönlichen Angelegenheiten Rdn 116 sowie zur Patientenverfügung § 3 Rdn 54.

b) Besonderer Maßstab für die Vorsorgevollmacht

Das OLG München hat bereits 2009 **zur Vorsorgevollmacht** den Satz aufgestellt, dass die Wirksamkeit einer Bevollmächtigung auch dann zu bejahen sein kann,

„wenn keine Zweifel bestehen, dass der Vollmachtgeber das Wesen seiner Erklärung begriffen hat und diese in Ausführung freier Willensentschließung abgibt, sollte auch seine Geschäftsfähigkeit im allgemeinen Rechtsverkehr nicht mehr gesichert sein."[50]

Dem (neuen) Weg des OLG München ist der „Palandt" gefolgt (dort *Götz*, VorsRiOLG, München)[51] und dem „Palandt" das LG Bielefeld:[52]

„Insoweit ist zu beachten, dass allerdings keinesfalls Voraussetzung für die Wirksamkeit der Vollmachtserteilung das Bestehen der uneingeschränkten Geschäftsfähigkeit für alle Geschäfte ist. Ausreichend, aber auch erforderlich ist, dass die Betroffene die Vollmacht ohne fremde Willensbeeinflussung und im grundsätzlichen Bewusstsein ihrer Bedeutung erteilt hat (vgl. Palandt/Götz, 75. Aufl. 2016, Einf. vor § 1896 BGB, Rn 5 m.w.N.). Diese Voraussetzungen sind vorliegend erfüllt."[53]

Der **BGH** hat den Satz des OLG München jetzt (2020) in einer Entscheidung zur Vorsorgevollmacht eins zu eins übernommen.[54] Nicht zuletzt auch im Einklang mit der in Deutschland am 23.3.2009 in Kraft getretenen UN-Behinderten-

---

49 Limmer u.a./*Müller-Engels*, WürzbNotar-HdB, Teil 3 Kap. 3 Rn 45; Müller-Engels/Braun/Renner/*Müller-Engels*, BetreuungsR, Kap. 2 Rn 18.
50 OLG München, Beschl. v. 5.6.2009 – 33 Wx 278/08, 33 Wx 279/08, ZErb 2009, 332 = ZEV 2010, 150 = DNotZ 2011, 43 = FamRZ 2009, 2033.
51 Jetzt Grüneberg/*Götz*, 81. Aufl. 2022, Einführung vor § 1896 Rn 4/5.
52 LG Bielefeld, Beschl. v. 11.7.2017 – 22 T 59/16, BeckRS 2016, 21161 (nach Zurückweisung BGH Beschl. v. 17.2.2016 – XII ZB 498/15, FamRZ 2016, 704).
53 Fortsetzung des Zitats im Zusammenhang zur Prüfung der Geschäftsfähigkeit durch den Notar § 7 Rdn 20 (in diesem Zusammenhang sehr lesenswerter Beispielfall).
54 BGH, Urt. v. 29.7.2020 – XII ZB 106/20, FamRZ 2020, 1766 = NJW 2021, 63.

konvention (UN-BRK)⁵⁵ sowie der Intention der Reform des Vormundschafts- und Betreuungsrechts zum 1.1.2023 wird dadurch das **Selbstbestimmungsrecht des „Betroffenen" gestärkt**. Die schwierige dogmatische Frage, ob der Satz als Anerkennung einer partiellen Geschäftsfähigkeit für die Vorsorgevollmacht (Lebensbereich Vorsorgevollmacht) oder dogmatisch anderes einzuordnen ist, mag hier dahingestellt bleiben.⁵⁶ Jedenfalls wird es zugunsten des „Betroffenen" – zugunsten des Vollmachtgebers bei einer Vorsorgevollmacht – nach zutreffender Ansicht für die Wirksamkeit der Vollmachtserteilung als ausreichend zu erachten sein, wenn der Betroffene **in den wesentlichen Grundzügen versteht**, welche Befugnisse er dem Bevollmächtigten als bewusst ausgewählte Vertrauensperson mit der Vorsorgevollmacht einräumt.⁵⁷

c) Grenz- und Streitfälle

23 In erkennbaren Grenzfällen ist selbstverständlich Vorsicht geboten. Besteht die Gefahr, dass der Vollmachtgeber nicht mehr geschäftsfähig ist, sollte der Berater eine zur Erteilung der Vollmacht zeitnahe **Begutachtung durch einen Facharzt**, i.d.R. einen Facharzt für Psychiatrie und Psychotherapie und ggf. einen Neurologen, anregen.⁵⁸ Ggf. ist zum Schutz des Rechtsverkehrs – auch und insbes. im Interesse des Vollmachtgebers – zumindest für bestimmte – besonders wichtige – Bereiche (vorsorglich) die **Bestellung eines Betreuers** zu beantragen.

24 Steht bei einer bereits erteilten Vorsorgevollmacht die für die Wirksamkeit der Vollmacht zum Zeitpunkt ihrer Erteilung oder die für deren Widerruf zum Zeitpunkt seiner Erklärung erforderliche Geschäftsfähigkeit des Vollmachtgebers in Frage oder gar im Streit, ist für den Bevollmächtigten Vorsicht geboten. Ist die Geschäftsfähigkeit zum Zeitpunkt der Vollmachtserteilung im Streit, ist es **für**

---

55 Gesetz zu dem Übereinkommen der Vereinten Nationen vom 13.12.2006 über die Rechte von Menschen mit Behinderungen sowie zu dem Fakultativprotokoll vom 13.12.2006 zum Übereinkommen der Vereinten Nationen über die Rechte von Menschen mit Behinderungen v. 21.12.2008 (BGBl II, 1449); zum Verhältnis der UN-BRK zum Betreuungsrecht siehe *Lipp*, FamRZ 2012, 669.
56 Vgl. in diesem Zusammenhang mit Plädoyer für die vorgenannte Entscheidung des OLG München 1. Auflage 2020, § 2 Rn 7 ff.
57 *Griziwotz*, FamRB 2012, 352; *Schwab*, FamRZ 2014, 88; MüKo-BGB/*Schwab*, 7. Aufl. 2017, § 1896 Rn 52 = MüKo-BGB/*Schneider*, 7. Aufl. 2017, § 1896 Rn 53. Siehe i.Ü. bereits OLG Hamm, Beschl. v. 23.1.2001 – 15 W 365/00, FamRZ 2001, 870: *„Im Zusammenhang mit der Erteilung einer rechtsgeschäftlichen Vollmacht ist die Geschäftsfähigkeit des Betroffenen bereits dann zu bejahen, wenn er sich über die Bedeutung der von ihm erteilten Vollmacht im Klaren und insoweit zu einer freien Willensbestimmung in der Lage ist. Nicht erforderlich ist hingegen, dass der Betroffene geistig noch so uneingeschränkt leistungsfähig ist, dass er die Angelegenheiten, auf die sich die Vollmacht erstreckt, in allen Einzelheiten ebenso gut selbst wahrnehmen könnte (Senat, Beschl. v. 14.5.1996 – 15 W 94/96)."*
58 *Griziwotz*, FamRB 2012, 352; Müller-Engels/Braun/*Renner/Müller-Engels*, BetreuungsR, Kap. 2 Rn 27.

den **Bevollmächtigten** ausgesprochen riskant, auch wenn die dem Grundsatz gegebener Geschäftsfähigkeit folgende Vermutung für die Geschäftsfähigkeit streitet, auf den Forstbestand der Vollmacht zu vertrauen; der gute Glaube an die Geschäftsfähigkeit ist nicht geschützt (zu den Rechtsfolgen einer unwirksamen Bevollmächtigung siehe § 19.[59] Der Bevollmächtigte sollte daher durch das Betreuungsgericht die Notwendigkeit der Einrichtung einer Betreuung prüfen lassen.[60] Das Betreuungsgericht hat dann die Wirksamkeit der Vollmacht – und damit auch die zum Zeitpunkt der Vollmachtserteilung erforderliche Geschäftsfähigkeit – von Amts wegen zu prüfen (siehe § 4 Rdn 3). Ebenso kann die andere Seite – der **Gegner des Bevollmächtigten** bzw. der **Gegner der Vollmacht** – das Betreuungsgericht einschalten, um zu einer entsprechenden gerichtlichen Überprüfung zu gelangen (Stichwort/Taktik: Hinausdrängen aus der Vollmacht). Zum Widerruf der Vollmacht siehe § 14, zur Einrichtung einer Betreuung trotz Vollmacht siehe § 4 Rdn 3), zu gerichtlichen Sicherungsmaßnahmen siehe § 16.

2. Mehrere Vollmachtgeber in einer Urkunde?

Früher war es unter Ehegatten üblich, dass diese sich **in einer Urkunde gegenseitig bevollmächtigten** und ggf. ihre Kinder als Ersatzbevollmächtigte; wobei hier klargestellt sei, dass es sich dann auch um zwei Vollmachten handelt. Entsprechende Formulare werden noch „angeboten".[61] Die Emotionslage ist bei Eheleuten ggf. vergleichbar mit der „liebgewonnen Einrichtung" des gemeinschaftlichen Testaments.[62] Heute wird von einer solchen Gestaltung – Zusammenfassung von zwei Vollmachten in einer Urkunde – **überwiegend abgeraten**. Bei zwei Vollmachten in einer Urkunde (wie beim gemeinschaftlichen Testament, § 2270 BGB) kann sich die Frage stellen, ob im Falle bspw. des Widerrufs der einen Vollmacht auch die andere Vollmacht unwirksam sein soll (Auslegung einer auflösenden Bedingung, § 158 Abs. 2 BGB).[63] Auch praktische Gründe sprechen dagegen. Die Frage einer Zusammenfassung stellt sich nur bei Vorsorgevollmachten in beurkundeter Form, weil dort die Möglichkeit besteht, bei einer Urkunde mehrere Ausfertigungen – für den Rechtsverkehr – zu erteilen (siehe § 7 Rdn 31 ff.).

25

---

59 *Schwab*, FamRZ 2014, 888.
60 *Schwab*, FamRZ 2014, 888.
61 Z.B. Lipp/*Lipp/Spalckhaver*, Vorsorgeverfügungen, Anhang 1 (S. 601 ff.); Kersten/Bühling/*Kordel*, Formularbuch und Praxis der Freiwilligen Gerichtsbarkeit, § 96 Rn 86 M (nicht als Grundmuster, aber als Baustein für das Grundmuster Rn 82 M); bei Herrler/*Heinze*, MVHdB Bürgerl. Recht II, Muster VIII. 10 und Anm. Nr. 1 findet aktuell wohl noch der Übergang zur Vollmachtserteilung pro Vollmachtgeber/Ehegatten in einer Urkunde statt (das Grundmuster VIII. 10 geht noch von einer gemeinsamen Errichtung/Beurkundung – in einer Urkunde – aus, die Anmerkung dazu geht in die andere Richtung).
62 Dazu und allgemein zur Entstehungsgeschichte des gemeinschaftlichen Testaments *Sticherling*, Schenkungen in fraudem testamenti, 2005, S. 127 ff.
63 Dazu Lipp/*Spalckhaver*, Vorsorgeverfügungen, § 14 Rn 32.

Das Recht eines der Vollmachtgeber, gem. § 51 Abs. 1 Nr. 1 BeurkG Ausfertigungen der Urkunde zu verlangen, steht im Konflikt zum Recht des anderen Bevollmächtigten, im Falle bspw. des Widerrufs die Rückgabe der Vollmacht (Ausfertigung) zu verlangen (§ 175 BGB).[64] Zwar ließe sich dieser Konflikt durch die notarielle Praxis/Gestaltung lösen (siehe § 7 Rdn 39). Aber die Gestaltung je einer „eigenen" Urkunde für jeden Vollmachtgeber entspricht bei einer einseitigen, nicht von einer anderen Erklärung abhängigen Erklärung dem Grundsatz und ist schlicht einfacher und übersichtlicher. Wenn keine gegenseitige Abhängigkeit gewünscht ist (Grundsatz: keine im Außenverhältnis bedingte Vollmacht, siehe Rdn 191), gibt es keinen sachlichen Grund, zwei Vollmachten in einer Urkunde zusammenzufassen.

26 Hintergrund der Zusammenfassung in einer Urkunde war auch der Wunsch, Notargebühren zu sparen. Für die Beurkundung zweier Vollmachten in einer Urkunde wird angenommen, dass der Notar in Addition der Werte nur eine Beurkundung abzurechnen habe (Degressionswirkung). Nach neuer Meinung soll jedoch keine Addition der Werte erfolgen und damit **keine Ersparnis bei den Notargebühren**, weil – wie vorstehend dargestellt – kein sachlicher Grund für eine Zusammenfassung zweier Vorsorgevollmachten in einer Urkunde gesehen wird (§ 93 Abs. 2 GNotKG).[65]

27 Dem Wunsch nach emotionaler Verbindung kann der Notar durch **parallele Beurkundung** der Vorsorgevollmachten Rechnung tragen. Zulässig – wohl auch gängiger Praxis entsprechend – ist eine echte Parallelbeurkundung gem. § 13 Abs. 2 S. 1 BeurkG (auch sog. Sammelbeurkundung), d.h. einmaliges Vorlesen der übereinstimmenden und separates Vorlesen der voneinander abweichenden Textpassagen.[66]

---

64 Sie dazu den Hinweis im Muster bei Herrler/*Heinze*, MVHdB Bürgerl. Recht II, Muster VIII. 10 (seit der aktuellen, 8. Aufl. 2020).
65 BeckOK Kostenrecht/*Bachmayer*, Stand 1.7.2022, § 93 GNotKG Rn 47, 47.1; in diese Richtung Korintenberg/*Dien*, GNotKG, 22. Aufl. 2022, § 93 Rn 37; Herrler/*Heinze*, MVHdB Bürgerl. Recht II, Muster VIII. 10 Anm. 1; Lipp/*Spalckhaver*, Vorsorgeverfügungen, § 14 Rn 35 (anders aber § 7 Rn 34); dagegen geht Kersten/Bühling/*Kordel*, Formularbuch und Praxis der Freiwilligen Gerichtsbarkeit, § 96 Rn 86 M a.E. noch von einem Kostenvorteil aus (ebenso: Müller-Engels/Braun/*Renner/Braun*, BetreuungsR, Kap. 2 Rn 717 f.; Korintenberg/*Tiedtke*, 22. Aufl. 2022, § 98 Rn 34; Ländernotarkasse, Leipziger Kostenspiegel, 2. Aufl. 2017, Teil 23 Rn 78; Notarkasse, Streifzug durch das GNotKG, 13. Aufl. 2021, Rn 3329).
66 Lipp/*Spalckhaver*, Vorsorgeverfügungen, § 14 Rn 35.

II. Zur Person des Bevollmächtigten

1. Eignung der Person

a) Vertrauensverhältnis – Vollmacht oder Betreuungsverfügung?

Vorsorgevollmachten werden i.d.R. als Generalvollmachten erteilt (siehe Rdn 14 und Rdn 84). Von der „normalen" Generalvollmacht unterscheidet sich die Vorsorgevollmacht dann in erster Linie dadurch, dass sie im Hinblick auf eine besondere, oft noch in der Zukunft liegende Situation erteilt wird, auch und insbesondere für den Fall der eigenen rechtlichen Handlungsunfähigkeit (Geschäftsunfähigkeit, Einwilligungsunfähigkeit).[67] Es liegt auf der Hand, dass eine solche Vollmachtserteilung **besonders großes Vertrauen in die Person des Bevollmächtigten** voraussetzt, zumal die Kontrolle des Bevollmächtigten im Zeitpunkt der Ausübung der Vollmacht anders als bei sonstigen Vollmachten regelmäßig nicht mehr selbst ausgeübt werden kann (siehe zur Möglichkeit der Bevollmächtigung eines Kontrollbevollmächtigten § 5 Rdn 37 ff.).[68] Daher beschränkt sich die Bevollmächtigung in den meisten Fällen auf den Partner bzw. die nächsten Angehörigen des Vollmachtgebers. Liegt kein entsprechendes Vertrauensverhältnis zu der ausgewählten Person vor, kann die **Betreuungsverfügung** eine **gute Alternative zur Vorsorgevollmacht** darstellen (siehe zur Betreuungsverfügung § 4 Rdn 25 ff.).[69]

28

b) Bereitschaft, Qualifikation, Akzeptanz

Der Bevollmächtigte muss **bereit** und **in der Lage** sein, für den Vollmachtgeber tätig zu werden. In den meisten Fällen kommen nahe Angehörige in Betracht, insbesondere der Partner, die Kinder und Geschwister/Nichten/Neffen und Freunde. Aber auch Personen aus der Nachbarschaft und dem weiteren sozialen Umfeld werden bevollmächtigt. Die **Intensität der Bindung** und des **Vertrauens** ist für den Berater ein sehr wichtiger Punkt, ferner das damit nicht immer im Gleichlauf stehende (Ab-)Sicherungsinteresse des Vollmachtgebers. Denn an beidem hat sich der Berater bei der Gestaltung der Vorsorgevollmacht zu orientieren.

29

Der Berater darf sich nicht nur darauf konzentrieren, eine in möglichst allen Belangen (rechts-)sichere Vorsorgevollmacht zu gestalten.[70] Er hat auch den Auftrag eine Vollmacht zu gestalten, die vom Vollmachtgeber und vom Bevollmäch-

30

---

67 Limmer u.a./*Müller-Engels*, WürzbNotar-HdB, Teil 3 Kap. 3 Rn 10.
68 Limmer u.a./*Müller-Engels*, WürzbNotar-HdB, Teil 3 Kap. 3 Rn 10.
69 Limmer u.a./*Müller-Engels*, WürzbNotar-HdB, Teil 3 Kap. 3 Rn 10.
70 Eine große Aufgabe im „Spannungsverhältnis zwischen der Notwendigkeit weit reichender Vollmachtserteilung einerseits und der Missbrauchsgefahr andererseits" (Müller-Engels/Braun/*Renner/Braun*, BetreuungsR, Kap. 2 Rn 52, vgl. auch Rn 69) sowie bei direkter und indirekter Beteiligung mehrerer Personen (Stichwort: Streitvermeidung, Vermeidung von Kompetenzkonflikten).

tigten und von denjenigen, denen die Vollmacht im Rechtsverkehr vorgelegt wird, verstanden wird, optimalerweise schon beim ersten – schnellen – Lesen.[71] *Milzer* hat dazu in einem für den Gestalter mahnenden und auch wiederholt lesenswerten Beitrag den Begriff **„adressatengerechte" Gestaltung** geprägt.[72] Die Bevollmächtigung des langjährigen Partners und/oder des einzigen Kindes wird zumeist weniger komplex zu gestalten sein als die Vorsorgevollmacht für einen Nachbarn oder einen Dienstleister (i.d.R. wegen des Rechtsdienstleistungsgesetzes ein Rechtsanwalt, siehe dazu Rdn 35 und § 13. Im ersten Fall werden die hier vorangestellten Grundmuster zu reduzieren sein, im zweiten Fall werden sie ggf. unter Zuhilfenahme der zahlreichen hier angebotenen Musterbausteine zu ergänzen sein. Die Bevollmächtigung mehrerer Personen ist naturgemäß komplex (siehe dazu z.B. Rdn 40 ff. und Rdn 211, 212).

31 Der Berater sollte stets auch für die Vorsorgevollmacht einen Blick auf die voraussichtliche **Erbfolge des Vollmachtgebers** werfen; bei Bevollmächtigung des (unbeschränkten) Alleinerben wird die einfache Lösung im Vordergrund stehen.[73] Bei mehreren Personen im familiären/sozialen Umfeld, die sich zudem ggf. später in einer Erbengemeinschaft wiederfinden können, sollte die Person des Bevollmächtigten idealerweise **Akzeptanz im Umfeld** finden, da andernfalls Probleme schon bei Verwendung der Vollmacht zu Lebzeiten des Vollmachtgebers oder spätestens nach dessen Ableben auftreten können bzw. vorprogrammiert sind. Unterschiedliche **Qualifikationen bzw. Eignungen** können den Vollmachtgeber veranlassen, bestimmte Bevollmächtigte für bestimmte Bereiche vorzusehen, auch die **örtliche Nähe** kann eine (entscheidende) Rolle spielen.[74] Z.B. kann der Wunsch bestehen, dass sich ein Bevollmächtigter ausschließlich der Verwaltung des Vermögens oder bestimmter Vermögensgegenstände annimmt, während ein anderer Bevollmächtigter bzgl. des Vermögens für das „Tagesgeschäft" zuständig ist und sich der nichtvermögensrechtlichen Angelegenheiten wie Gesundheit und

---

71 Ein sehr hoher Anspruch, dem die hier vorangestellten Grundmuster aufgrund ihrer Länge und Dichte auch nicht genügen. Eine in diesem Sinne optimale Vorsorgevollmacht, lässt sich am ehesten dann gestalten, wenn das Sicherungsbedürfnis des Vollmachtgebers (und auch des Beraters! – Haftung) hinter dem Wunsch nach einer einfachen Lösung zurücktreten kann (Frage des Einzelfalls).
72 *Milzer*, NJW 2003, 1836; ganz auf dieser Linie liegen *Renner/Braun* mit ihren Gestaltungsvorschlägen (Müller-Engels/Braun, BetreuungsR, passim).
73 Erbrechtliche Bindung, Testamentsvollstreckung, Vor- und Nacherbschaft können Anlass zu besonderer Gestaltung geben, siehe z.B. aktuell zur Vor- und Nacherbschaft Rdn 216 a.E. und § 20 Rdn 32, 33.
74 Freilich ist bei einer entsprechenden „Intervention in das gesamte Familiensystem" auch Vorsicht geboten (siehe Rdn 41).

Aufenthalt annimmt.[75] Bei derartiger Aufgabenteilung hat der Berater zu klären, ob die Aufteilung auch im **Außenverhältnis** erfolgen soll, was dann als Beschränkung der Vollmacht im Außenverhältnis besonders kenntlich gemacht werden sollte (siehe nachstehenden Musterbaustein Rdn 32; ggf. besteht sogar Anlass für getrennte/individuelle Urkunden), oder ob er den Bevollmächtigten entsprechende Weisungen besser im **Innenverhältnis** erteilt (siehe Rdn 173, vgl. dazu die Musterbausteine Rdn 43 (Nachrang des Ersatzbevollmächtigten), Rdn 130 (Rangfolge oder zumindest Abstimmung in Gesundheitsfragen, Behandlungsabbruch) und Rdn 161 (Rangfolge Totenfürsorge)).

Muster 1.4: Baustein Grundmuster – Beschränkung im Außenverhältnis (zwei Bevollmächtigte in Vermögensangelegenheiten, nur einer davon in persönlichen Angelegenheiten)

32

§ 1

Vollmachtserteilung

(1) Hiermit erteile ich
1. Herrn/Frau ▓▓▓ geb. ▓▓▓, geboren am ▓▓▓ in ▓▓▓, wohnhaft ▓▓▓,
2. Herrn/Frau ▓▓▓ geb. ▓▓▓, geboren am ▓▓▓ in ▓▓▓, wohnhaft ▓▓▓,

– nachfolgend „Bevollmächtigter" –

Vollmacht, mich in allen **vermögensrechtlichen Angelegenheiten** zu vertreten, bei denen eine Vertretung kraft Vollmacht rechtlich zulässig ist.

Der Bevollmächtigte zu 1 ist darüber hinaus auch bevollmächtigt, mich in allen **persönlichen Angelegenheiten** und sonstigen nicht-vermögensrechtlichen Angelegenheiten zu vertreten, bei denen eine Vertretung kraft Vollmacht rechtlich zu lässig ist.

(2) (...)

§ 2

Vollmachtsumfang

(1) (...)

(2) Zur Erläuterung der Bedeutung der Vollmacht sollen nachfolgend einige Angelegenheiten aufgezählt werden, die insbes. von der Vollmacht erfasst sind, ohne dass durch die Aufzählung

---

75 Das Beispiel erfasst den Fall, dass eine Person in Vermögensangelegenheiten (mit-)bevollmächtigt werden soll, aber nicht in persönlichen Angelegenheiten, z.B. in der Patchworkfamilie soll allein der Partner in persönlichen Angelegenheiten bevollmächtigt sein oder der Unternehmer möchte bspw. einen sachkundigen Geschäftspartner, einen Mitarbeiter oder seinen Steuerberater in die Vorsorgevollmacht einbeziehen, allerdings nur in Vermögensangelegenheiten.

eine Beschränkung der Vollmacht getroffen wird; die Aufzählung ist nur beispielhaft und nicht abschließend:
1. Persönliche Angelegenheiten (nur der Bevollmächtigte zu 1, siehe § 1 Abs. 1)
2. (...)

Soweit rechtlich zulässig, ist der Bevollmächtigte zu 1 weiterhin auch zu meiner Vertretung in allen persönlichen Angelegenheiten befugt. Insbesondere umfasst die Vollmacht auch nachfolgende Angelegenheiten:
1. (...)
2. (...)

33 Ist die Vollmacht einer Person erteilt, die **in einem Abhängigkeitsverhältnis oder in einer anderen engen Beziehung** zu einem **Träger von Einrichtungen oder Diensten** steht, der in der Versorgung des Vollmachtgebers tätig ist (§ 1816 Abs. 6 BGB; vgl. § 1897 Abs. 3 BGB a.F.), greift der Subsidiaritätsgrundsatz (siehe § 4 Rdn 2 f.) von Gesetzes wegen nicht (§ 1814 Abs. 3 S. 2 Nr. 1 BGB; § 1896 Abs. 2 S. 2 BGB a.F.).[76] Eine entsprechende Bevollmächtigung ist zwar **nicht unwirksam** (str.), aber das Betreuungsgericht soll anhand der Umstände des Einzelfalls – unabhängig vor der gesetzlichen Wertung des § 1814 Abs. 3 S. 2 Nr. 1 BGB (§ 1896 Abs. 2 S. 2 BGB a.F.) – prüfen, ob ggf. doch eine Betreuung – ggf. auch nur eine Kontrollbetreuung gem. §§ 1815 Abs. 3, 1820 Abs. 3 BGB (§ 1896 Abs. 3 BGB a.F.) – einzurichten ist.[77]

34 Es ist umstritten, ob der – geschäftsfähige – Betreute den **Betreuer in dessen Aufgabenkreis** rechtsgeschäftlich bevollmächtigen kann, bspw. auch mittels (umfassender) Vorsorgevollmacht, so dass der zum Betreuer Bestellte als Bevollmächtigter Rechtsgeschäfte vornehmen könnte, für die er als Betreuer einer Genehmi-

---

76 Der Personenkreis derjenigen Personen, die nicht zum Betreuer bestellt werden dürfen, ist mit der Reform des Vormundschafts- und Betreuungsrechts zum 1.1.2023 ausgeweitet worden. In § 1897 Abs. 3 BGB a.F. bezog sich die Regelung noch auf die Einrichtung (insbes. Heim, Anstalt), in der der Vollmachtgeber untergebracht ist oder wohnt. Die Neuregelung (§ 1816 Abs. 6 BGB) bezieht sich nun auch auf Pflegedienste und andere ambulante Dienste, die im Rahmen der Versorgung des Vollmachtgebers tätig sind (Limmer u.a./*Müller-Engels*, WürzbNotar-HdB, Teil 3 Kap. 3 Rn 9; siehe dazu *Müller-Engels*, DNotZ 2021, 84; *dies.*, FamRZ 2021, 645).

77 Noch zum Recht vor der Vormundschafts- und Betreuungsrechtsreform (§§ 1896 Abs. 2 S. 2, 1897 Abs. 3 a.F.): BT-Drucks 13/7158, 33; OLG München, Beschl. v. 29.7.2005 – 33 Wx 115/05, FamRZ 2006, 441; Grüneberg/*Götz*, 81. Aufl. 2022, Einführung vor § 1896 a.F. Rn 4/5; *Grziwotz*, FamRB 2012, 352; *Müller/Renner*, BetreuungsR, 5. Aufl. 2018, Rn 42 (*Müller*) und Rn 257 ff. (*Renner*); Limmer u.a./*Müller-Engels*, WürzbNotar-HdB, Teil 3 Kap. 3 Rn 4; BeckOK BGB/*Müller-Engels*, 61. Ed. 1.2.2022, § 1896 a.F. Rn 35; MüKo-BGB/*Schneider*, 8. Aufl. 2020, § 1896 a.F. Rn 71; Lipp/*Spalckhaver*, Vorsorgeverfügungen, § 11 Rn 18; a.A. einst Palandt/*Diedrichsen*, 66. Aufl. 2007, Einführung vor 1896 Rn 7 und § 1897 Rn 15: Nichtigkeit gem. § 134 BGB wegen Umgehung von § 1896 Abs. 2 S. 2 BGB (später hat sich *Diedrichsen* jedoch der allgemeinen Meinung angeschlossen).

Sticherling

gung des Betreuungsgerichts bedürfte (§§ 1848 ff. BGB; zum Recht vor der Vormundschafts- und Betreuungsrechtsreform z.B. § 1795 Abs. 1 Nr. 1 BGB a.F., §§ 181, 1795 Abs. 2 BGB a.F. oder §§ 1821, 1822 BGB a.F., jeweils i.V.m. § 1908i Abs. 1 S. 1 BGB a.F.).[78]

Wenn keine Person aus dem privaten Umfeld des Vollmachtgebers (Ehegatte, Kinder, andere Verwandte oder Freunde) zur Verfügung steht oder dort Streit vermieden werden soll, kann auch die Beauftragung eines **Rechtsanwalts** als sog. Berufsbevollmächtigter in Betracht kommen;[79] siehe dazu ausführlich § 13. 35

Grundsätzlich kommen auch **juristische Personen** als (Vorsorge-)Bevollmächtigte in Betracht, wohl auch in nicht-vermögensrechtlichen Angelegenheiten.[80] Die Bevollmächtigung eines **Betreuungsvereins** ist im Hinblick auf die ihm gesetzlich zugewiesenen Aufgaben (§ 15 BtOG) problematisch.[81] 36

Zumindest wenn keine Person aus dem privaten Umfeld des Vollmachtgebers bevollmächtigt wird und auch kein Rechtsanwalt, stellt sich insbesondere dann, wenn das Grundverhältnis eine **Geschäftsbesorgung** darstellt (Entgeltlichkeit), die Frage, ob ein **Verstoß gegen das Rechtsdienstleistungsgesetz (RDG)** vorliegt.[82] Der Geschäftsbesorgungsvertrag wäre dann ganz oder teilweise nichtig (§§ 134, 139 BGB), was dann im Zweifel auf die Vollmacht durchschlüge (str.).[83]

Zur Vermeidung eines Verstoßes gegen das RDG wird in der Literatur eine Klausel zur Rechtsanwaltsbeauftragung vorgeschlagen.[84] 37

---

78 Müller-Engels/Braun, BetreuungsR, Kap. 1 Rn 192 *(Müller-Engels)* und Kap. 2 Rn 39 *(Renner/Müller-Engels)* (selbst wohl dafür, kritisch beim Berufsbetreuer); bejahend z.B. MüKo-BGB/*Schneider*, 8. Aufl. 2020, § 1902 a.F. Rn 10.
79 Müller-Engels/Braun/*Renner/Müller-Engels*, BetreuungsR, Kap. 2 Rn 43 f.
80 Müller-Engels/Braun/*Renner/Müller-Engels*, BetreuungsR, Kap. 2 Rn 45.
81 DNotI-Report 2012, 183 (Gutachten).
82 *Bühler*, FamRZ 2001, 1585 (zum bis zum 30.6.2008 geltenden Rechtsberatungsgesetz – RBerG); Limmer u.a./*Müller-Engels*, WürzbNotar-HdB, Teil 3 Kap. 3 Rn 66 ff.; Müller-Engels/Braun/*Renner/Müller-Engels*, BetreuungsR, Kap. 2 Rn 46 ff.
83 So z.B. OLG Schleswig, Beschl. v. 2.11.2005 – 2 W 169/05, FGPrax 2006, 73 und KG, Beschl. v. 28.11.2006, FamRZ 2007 1042 (jeweils zum bis zum 30.6.2008 geltenden Rechtsberatungsgesetz – RBerG); *Bühler*, FamRZ 2001, 1585 (zum RBerG); Müller-Engels/Braun/*Renner/Müller-Engels*, BetreuungsR, Kap. 2 Rn 51; a.A. *Zimmermann*, Vorsorgevollmacht, Rn 147a (kein Durchschlagen auf die Vollmacht).
84 So Lipp/*Spalckhaver*, Vorsorgeverfügungen, § 13 Rn 95; siehe auch Müller-Engels/Braun/*Renner/Müller-Engels*, BetreuungsR, Kap. 2 Rn 51, 478.

Muster 1.5: Baustein Grundmuster – Rechtsanwaltsbeauftragung

38 *(Standort im Grundmuster I und II: § 4 Abs. 1 als S. 3)*

Soweit in einer konkreten Angelegenheit eine rechtliche Einzelfallprüfung erforderlich ist, soll der Bevollmächtigte damit einen Rechtsanwalt beauftragen.[85]

c) Minderjährige

39 In der Praxis kommt hin und wieder die Frage auf, ob **Minderjährigen** Vollmacht erteilt werden kann. Die Antwort überrascht: Das Gesetz lässt die Vertretung durch einen in der Geschäftsfähigkeit beschränkten Minderjährigen (§§ 106 ff. BGB) – d.h. ab Vollendung des siebten Lebensjahres – zu (§ 165 BGB). Im Umkehrschluss ist die Vertretung durch einen Geschäftsunfähigen nicht möglich. Die Vertretung durch einen beschränkt geschäftsfähigen Minderjährigen dürfte in der Praxis aber kaum sinnvoll sein. Die Frage kommt i.d.R. dann auf, wenn die Kinder bevollmächtigt werden sollen, wobei bspw. das jüngste Kind noch nicht volljährig ist, aber in der Urkunde nicht fehlen soll. Der Wunsch ist nachvollziehbar, zumal der Zeitpunkt der Ausübung der Vollmacht in diesen Fällen oftmals weit in der Zukunft gesehen wird. Insbesondere bei der notariellen Vollmacht – i.d.R. in Form der Beurkundung – wird mit der Errichtung der Vollmachtsurkunde eine langfristige Vorsorge angestrebt. Gefühlten grundsätzlichen Bedenken gegen eine Bevollmächtigung vor Volljährigkeit kann bei der notariell beurkundeten Vollmacht gestaltend dadurch begegnet werden, dass die Vollmacht erst wirksam wird, wenn der Bevollmächtigte eine ihm auf seinen Namen erteilte Ausfertigung der Vollmacht besitzt (siehe Grundmuster I § 1 Abs. 4, Rdn 8; siehe § 7 Rdn 39), wobei der Notar angewiesen wird, dem Bevollmächtigten erst ab Vollendung des 18. Lebensjahres Ausfertigungen zu erteilen (sog. Ausfertigungssperre, siehe dazu Rdn 196 ff.).

2. Mehrere Bevollmächtigte in einer Urkunde

40 Die Bevollmächtigung mehrerer Personen birgt zwar Konfliktpotential in sich, ist aber beim Wunsch umfassender Vorsorge regelmäßig zweckmäßig. Bei Partnern mit erwachsenen Kindern werden neben dem Partner oft auch die Kinder bevollmächtigt.

41 Wenn mehrere Kinder vorhanden sind, entspricht es oftmals dem Wunsch des Vollmachtgebers, **alle Kinder** zu bevollmächtigen, und zwar auch dann, wenn voraussichtlich nur ein Kind die Vollmacht ausüben wird, bspw. weil es vor Ort ist bzw. aus anderen Gründen besonders geeignet ist. Auch wenn eine Mehrzahl Bevollmächtigter Probleme und Konflikte mit sich bringen kann, so muss der Berater diesem Wunsch nicht unbedingt widersprechen. Werden nämlich **nicht**

---

[85] Nach Lipp/*Spalckhaver*, Vorsorgeverfügungen, § 15 Rn 95; Zustimmung von Müller-Engels/Braun/*Renner/Müller-Engels*, BetreuungsR, Kap. 2 Rn 51, 478.

alle Kinder bevollmächtigt, kann die Bevollmächtigung eine „**Intervention in das gesamte Familiensystem**" darstellen, die den Beteiligten im Endergebnis viel größeren Ärger beschert.[86]

a) Gestaltung (Technik/Konstruktion)

Bei Bevollmächtigung mehrerer Personen sind zwei Gestaltungen geläufig: Entweder werden alle Bevollmächtigten entsprechend den vorangestellten Grundmustern I und II im Anfang der Urkunde bevollmächtigt oder der in erster Linie Bevollmächtigte (z.B. der Partner) steht als sog. Hauptbevollmächtigter vorne und die anderen Bevollmächtigen werden an späterer Stelle der Urkunde als sog. Ersatzbevollmächtigte (bzw. weitere Bevollmächtigte) gesondert geregelt (siehe Musterbaustein Rdn 43). Die erste Variante ist für den Berater einfacher zu handhaben – ein in der Praxis nicht zu unterschätzender Vorteil für den Berater und dessen Mitarbeiter (zumindest im notariellen Bereich bei Änderungen/Ergänzungen im Beurkundungstermin). Gleiches gilt für denjenigen, dem die Vollmacht vorgelegt wird. Die erste Variante erfasst die Fälle mehrerer Bevollmächtigter in Rangordnung (z.B. erst Partner, dann Kinder) nicht anders als die Fälle mehrerer Bevollmächtigter auf einer Ebene (z.B. mehrere Kinder). Zuzugeben ist allerdings, dass die zweite Variante bei einer – mit Blick auf die Funktionsfähigkeit der Vollmacht zweckmäßigerweise besser nur im Innenverhältnis geltenden[87] (siehe Rdn 89 und Rdn 211) – Rangordnung eher der emotionalen Lage des Vollmachtgebers entspricht.

42

Muster 1.6: Baustein Grundmuster – Ersatzbevollmächtigter

(Standort im Grundmuster I und II: nach § 4)

43

§ 4a

Ersatzbevollmächtigter[88]

Ich erteile ferner

Herrn/Frau ▓▓▓ geb. ▓▓▓, geboren am ▓▓▓ in ▓▓▓, wohnhaft ▓▓▓,

Vollmacht (Ersatzbevollmächtigter).

---

86 Müller-Engels/Renner/*Renner/Braun*, BetreuungsR, Kap. 2 Rn 489 mit Zitat *Mackscheidt*, notar 2003, 146.
87 *Bühler*, FamRZ 2001, 1585; *Grziwotz*, FamRB 2012, 352; Limmer u.a./*Müller-Engels*, WürzbNotar-HdB, Teil 3 Kap. 3 Rn 42; Heckschen/Herrler/Münch/*Reetz*, Beck'sches Notarhandbuch, 7. Aufl. 2019, § 16 Rn 21; Müller-Engels/Braun/*Renner/Braun*, BetreuungsR, Kap. 2 Rn 493.
88 Basis: Limmer u.a./*Müller-Engels*, WürzbNotar-HdB, Teil 3 Kap. 3 Rn 1 (dort Ziff. VIII).

Die Ersatzvollmacht wird wirksam, sobald der Ersatzbevollmächtigte eine ihm – auf seinen Namen – erteilte Ausfertigung der Vollmacht besitzt (zur Erteilung von Ausfertigungen siehe § 6).[89]

Im Innenverhältnis, d.h. ohne Einfluss auf die Vollmacht im Außenverhältnis, soll der Ersatzbevollmächtigte von der (Ersatz-)Vollmacht erst Gebrauch machen, wenn der (Haupt-)Bevollmächtigte (§ 1) nicht mehr für mich handeln kann (z.b. wegen Tod oder Geschäftsunfähigkeit) oder will (z.b. wegen altersbedingter Gebrechlichkeit oder Wegzugs).

Ansonsten gelten für den Ersatzbevollmächtigten die gleichen Bestimmungen wie für den (Haupt-) Bevollmächtigten. *Optional: Dem Ersatzbevollmächtigten steht jedoch nicht das Recht zu, die Hauptvollmacht zu widerrufen.*[90]

44 Bei notariell beurkundeter Vollmacht kommt eine **Regelung des Rangverhältnisses** – mit **Außenwirkung (z.b. Partner vor Kindern)** – durch eine sog. **sukzessive Ausfertigung** der Vollmacht in Betracht. So kann der Vollmachtgeber anordnen, dass der in erster Linie bevollmächtigte Partner vom Notar sofort eine Ausfertigung der Vollmacht erhält (zum Besitz der Ausfertigung als Start der Vollmacht siehe Rdn 188), während die Kinder die Ausfertigung erst später – unter konkret zu regelnden Umständen (i.d.R. Ausfall des Partners als Bevollmächtigter) erhalten (siehe dazu mit Musterbaustein Rdn 211, 212).

b) Einzel- oder Gesamtvertretungsbefugnis?

45 Bei mehreren Bevollmächtigten stellt sich – wie bei der Vertretung im Gesellschafterecht – die Frage, wie die Vertretungsbefugnis zu regeln ist; das Band ist breit, zwischen ausnahmslos jeder allein (Einzelvertretung) oder ausnahmslos immer alle bzw. zu zweit („Vier-Augen-Prinzip"). In der Bandbreite sind diverse Differenzierungen möglich, insbes. nach der Person des Bevollmächtigten und nach dem Gegenstand der Bevollmächtigung. Für den Rechtsverkehr, für das Funktionieren der Vollmacht – somit auch für den Vollmachtgeber – ist eine im Außenverhältnis **unbeschränkte Einzelvertretung zweckmäßig**.[91] Ob das im Einzelfall passt, ist eine **Frage des Vertrauens** des Vollmachtgebers in den einzelnen Bevollmächtigten und zudem eine Frage des **„Untereinander/Miteinander"** zwischen den Bevollmächtigten. Wenn und soweit der Vollmachtgeber keine Einzelvertretung wünscht, sollte das ausdrücklich geregelt/klargestellt werden

---

89 Zum Besitz der Ausfertigung als Anknüpfungspunkt für das Wirksamwerden der Vollmacht siehe Rdn 188.
90 Zum Widerruf bei mehreren Bevollmächtigten siehe Rdn 46, 47.
91 Limmer u.a./*Müller-Engels*, WürzbNotar-HdB, Teil 3 Kap. 3 Rn 71; Müller-Engels/Braun/ *Renner/Braun*, BetreuungsR, Kap. 2 Rn 494 ff. (Rn 498, die Gesamtvertretung von Kindern könne sich in der praktischen Ausübung später als „gut gemeintes Ärgernis" herausstellen; Regelungen im Innenverhältnis seien daher vorzuziehen!).

(sonst Auslegungsfrage!);[92] siehe dazu nachstehend inkl. Musterbaustein Rdn 46 ff.

Bei mehreren einzelvertretungsberechtigten Bevollmächtigten sollte ausdrücklich geregelt werden, inwieweit den Bevollmächtigten auch das Recht zustehen soll, die Vollmacht des/der anderen Bevollmächtigten zu **überwachen** und ggf. auch zu **widerrufen**.[93] Bei Bevollmächtigung „auf einer Ebene" dürfte der gegenseitige Widerruf besser auszuschließen sein (anders bei einer Rangordnung unter den Bevollmächtigten: z.B. Partner vor Kindern; alternativ kommt bei der notariell beurkundeten Vollmacht eine sukzessive Ausfertigung in Betracht, siehe vorstehend Rdn 44).[94]

46

Muster 1.7: Baustein Grundmuster – Widerruf bei mehreren Bevollmächtigten

(Standort im Grundmuster I und II: § 1 Abs. 1 anfügen oder wie im Musterbaustein Rdn 43 *in § 1a)*

47

Jeder Bevollmächtigte kann auch die mir gegenüber dem anderen Bevollmächtigten zustehenden Rechte ebenso geltend machen wie ein Kontrollbetreuer (§§ 1815 Abs. 3, 1820 Abs. 3 BGB). Hiervon ausgenommen ist das Recht zum Widerruf der Vollmacht.[95]

Insbesondere bei **unterschiedlicher Ausgestaltung** von Einzel- und Gesamtvertretung **im Außenverhältnis** – in der notariellen Praxis mit einer Urkunde und Ausfertigungen für den Rechtverkehr – sollte schnell erkennbar sein, ob und ggf. wie ein Bevollmächtigter in der Vertretungsbefugnis beschränkt ist, sei es durch das Verbot von Schenkungen (siehe dazu im Grundmuster I und II § 2 Abs. 1,

48

---

92 Herrler/*Heinze*, MVHdB Bürgerl. Recht II, Muster VIII. 10 Anm. 4: im Zweifel Einzelvollmacht (fragl.; anders zur Vorsorgevollmacht *Stascheidt*, RNotZ 2020, 61 unter Hinweis auf OLG Düsseldorf NZG 2014, 1066: im Zweifel der geringere Umfang, d.h. Einzelvertretung, Entscheidung zu notariell beglaubigter Vollmacht im Handels- und gesellschaftsrecht, Sitzverlegung).
93 Fehlt eine solche Regelung bei gleichrangiger Bevollmächtigung, soll mangels abweichender Bestimmung keiner der Bevollmächtigten befugt sein, die Vollmacht des anderen zu widerrufen, Folge: Einrichtung einer Kontrollbetreuung (OLG Karlsruhe, Beschl. v. 3.2.2010 – 19 U 124/09, FamRZ 2010, 1762; Grüneberg/*Götz*, 81. Aufl. 2022, Einführung vor § 1896 Rn 4/5 a.E.; a.A. z.B. Müller-Engels/Braun/*Renner/Braun*, BetreuungsR, Rn 523 ff.; mit Sympathie für die Argumentation von *Renner* Heckschen/Herrler/Münch/*Reetz*, Beck'sches Notarhandbuch, 7. Aufl. 2019, § 16 Rn 31). Mit der Reform zum Vorschundschafts- und Betreuungsrecht zum 1.1.2023 gelten für den Widerruf durch einen Betreuer strenge Voraussetzungen (§ 1820 Abs. 5 S. 1 BGB); der Widerruf bedarf zudem der Genehmigung des Betreuungsgerichts (§ 1820 Abs. 5 S. 2 BGB; beachte § 1858 BGB). Seit der Reform hat das Betreuungsgericht zudem die (mildere) Möglichkeit, die Vollmacht zu „suspendieren" (§ 1820 Abs. 4 BGB).
94 Limmer u.a./*Müller-Engels*, WürzbNotar-HdB, Teil 3 Kap. 3 Rn 72.
95 *Bühler*, FamRZ 2001, 1585; Limmer u.a./*Müller-Engels*, WürzbNotar-HdB, Teil 3 Kap. 3 Rn 73.

Rdn 8 und Rdn 9 und den Praxistipp Rdn 100), das Verbot des Selbstkontrahierens (siehe dazu mit Musterbaustein Rdn 61, 62) oder bspw. eine Gesamtvertretung. Versteckte Beschränkungen – wenn auch an systematisch richtiger Stelle – sind im Rechtsverkehr gefährlich. Die verschiedenen Themen einer Beschränkung/Befreiung haben in der Vollmachtsurkunde zwar ihren systematischen Platz. Das ist richtig so und dort muss die Beschränkung dann auch geregelt werden, weil sie der Kundige dort sucht. Hinweise zum Anfang der Urkunde helfen (siehe bereits den Hinweis in der Anmerkung (Fußnote) zu § 2 Abs. 1 im Grundmuster 1, Rdn 8, Fn 12). Besonders effektiv lässt sich dies über entsprechende **Hinweise schon im „Rubrum" bzw. bei der Benennung des Bevollmächtigten** erledigen. Diese Hinweistechnik birgt allerdings die Gefahr in sich, dass bei späteren Änderungen, die sich nicht selten auch erst während der Beurkundung ergeben, nur an einer Stelle geändert wird, nämlich an der relevanten systematischen Stelle und der Hinweis unverändert bleibt, so dass er falsch wird bzw. darin ein Widerspruch gesehen wird. Bei entsprechender – für den Rechtverkehr wünschenswerter – Hinweistechnik muss der Berater/Gestalter bei Änderungen aufpassen!

Muster 1.8: Baustein Grundmuster – Vertretungsbefugnisse bei mehreren Bevollmächtigten (Einzelvertretung/Gesamtvertretung)

§ 1

Vollmachtserteilung

(1) Hiermit erteile ich

1. (Einzelvertretung, siehe § 1a)

Herrn/Frau ▓▓▓ geb. ▓▓▓, geboren am ▓▓▓ in ▓▓▓, wohnhaft ▓▓▓,

2. (Gesamtvertretung, siehe § 1a)

Herrn/Frau ▓▓▓ geb. ▓▓▓, geboren am ▓▓▓ in ▓▓▓, wohnhaft ▓▓▓,

3. (Gesamtvertretung, siehe § 1a)

Herrn/Frau ▓▓▓ geb. ▓▓▓, geboren am ▓▓▓ in ▓▓▓, wohnhaft ▓▓▓,

4. (Gesamtvertretung, siehe § 1a)

Herrn/Frau ▓▓▓ geb. ▓▓▓, geboren am ▓▓▓ in ▓▓▓, wohnhaft ▓▓▓,

– nachfolgend „Bevollmächtigter" genannt –

Vollmacht, mich in allen vermögensrechtlichen Angelegenheiten und in allen persönlichen Angelegenheiten und sonstigen nicht-vermögensrechtlichen Angelegenheiten zu vertreten, bei denen eine Vertretung kraft Vollmacht rechtlich zulässig ist.

(…)

Sticherling

§ 1a

Vertretungsbefugnis

Der Bevollmächtigte zu 1 ist sowohl in vermögensrechtlichen Angelegenheiten als auch in nicht-vermögensrechtlichen Angelegenheiten berechtigt, mich allein zu vertreten.

Die Bevollmächtigten zu 2 bis einschließlich 4 sind in nicht-vermögensrechtlichen Angelegenheiten jeweils berechtigt, mich allein zu vertreten. In Vermögensangelegenheiten sind die Bevollmächtigten zu 2 bis einschließlich 4 dagegen jeweils nicht einzelvertretungsberechtigt, sondern nur gemeinsam mit einem anderen Bevollmächtigten, also zu zweit („Vier-Augen-Prinzip").

Muster 1.9: Baustein Grundmuster – Vertretungsbefugnisse bei mehreren Bevollmächtigten (Grundsatz: Einzelvertretung; Ausnahme Gesamtvertretung für bestimmte Angelegenheiten)[96]

50

§ 1

Vollmachtserteilung

(1) Hiermit erteile ich

1. (Einzelvertretung/Gesamtvertretung, siehe § 1a)

Herrn/Frau ▓▓▓ geb. ▓▓▓, geboren am ▓▓▓ in ▓▓▓, wohnhaft ▓▓▓,

2. (Einzelvertretung/Gesamtvertretung, siehe § 1a)

Herrn/Frau ▓▓▓ geb. ▓▓▓, geboren am ▓▓▓ in ▓▓▓, wohnhaft ▓▓▓,

– nachfolgend „Bevollmächtigter" genannt –

Vollmacht, mich in allen vermögensrechtlichen Angelegenheiten und in allen persönlichen Angelegenheiten und sonstigen nicht-vermögensrechtlichen Angelegenheiten zu vertreten, bei denen eine Vertretung kraft Vollmacht rechtlich zulässig ist.

(...)

§ 1a

Vertretungsbefugnis

Der Bevollmächtigte zu 1 und der Bevollmächtigte zu 2 sind – mit nachfolgender Ausnahme – jeweils berechtigt, mich allein zu vertreten **(Grundsatz der Einzelvertretung).**

---

96 Eine kurze Formulierung zur Gesamtvertretung bei Bevollmächtigung mehrerer Kinder bei Schenkungen und Grundbesitz z.B. bei *Bühler*, FamRZ 2001, 1585, dort IX (Muster, S. 1597).

Sticherling

Ausnahme (Gesamtvertretung): In den nachfolgenden Angelegenheiten sind der Bevollmächtigte zu 1 und der Bevollmächtigte zu 2 jeweils nicht einzelvertretungsberechtigt, sondern nur gemeinsam:
- bei **Schenkungen**
- in **Grundstücksangelegenheiten**
- in **Darlehens-/Kreditangelegenheiten.**

Bei Geschäftsunfähigkeit oder Tod eines Bevollmächtigten entfällt diese Ausnahme; dann ist der andere Bevollmächtigte auch in den vorgenannten Angelegenheiten allein vertretungsberechtigt. Der Geschäftsunfähigkeit gleichgestellt ist eine Bescheinigung des Notars, dass ihm der andere Bevollmächtigte eine ärztliche Bescheinigung vorgelegt hat, wonach der „ausgefallene" Bevollmächtigte die vorgenannten Angelegenheiten ganz oder teilweise nicht mehr für mich erledigen kann; der Notar ist muss die Rechtmäßigkeit der Bescheinigung nicht prüfen.

3. Befreiung von den Beschränkungen des § 181 BGB

51 Die Regelung des § 181 BGB, das Verbot des sog. Insichgeschäfts bzw. die Möglichkeit der Befreiung von diesem Verbot darf (auch) bei der Vorsorgevollmacht nicht unterschätzt werden. Ein sog. **Insichgeschäft** liegt vor, wenn der Bevollmächtigte im Namen des Vollmachtgebers ein Rechtsgeschäft
- mit sich im eigenen Namen – also **mit sich selbst** – (Selbstkontrahieren, § 181 Alt. 1 BGB) oder
- mit einem Dritten als dessen Vertreter (sog. **Doppel-/Mehrfachvertretung,** § 181 Alt. 2 BGB)

vornimmt. Solche Insichgeschäfte sind **nur zulässig, wenn**
- sie der Vollmachtgeber (durch Rechtsgeschäft, bspw. bei der Bevollmächtigung) **gestattet** oder
- das Rechtsgeschäft ausschließlich in der **Erfüllung einer Verbindlichkeit** besteht; die Verbindlichkeit – gleich ob eine Verbindlichkeit des Vollmachtgebers oder des Bevollmächtigten bzw. eines Dritten – muss formwirksam begründet, fällig und darf nicht mit Einreden des Vollmachtgebers behaftet sein.[97]

52 Bei der Vorsorgevollmacht stellt sich die **Frage, ob Insichgeschäfte zu gestatten oder gar (ausdrücklich) nicht zu gestatten** sind. Die Gestattung von Insichgeschäften ist ein einseitiges Rechtsgeschäft des Vollmachtgebers gegenüber dem Bevollmächtigten (bei der Doppel-/Mehrfachvertretung alternativ auch gegenüber dem anderen Vertragspartner). Da Insichgeschäfte nach dem Gesetz grundsätzlich verboten sind, ist die Gestattung eine – wenn auch übliche – **Erweiterung der allgemeinen Vertretungsmacht,** auch bei einer Generalvollmacht! Die Gestattung bedarf keiner Form, insbes. nicht der Form des vorzunehmenden Rechtsgeschäfts. Die Gestattung kann auch konkludent erfolgen (Frage der Auslegung, die Verkehrssitte ist zu beachten).[98] Es gibt keinen Satz dahingehend,

---

[97] MüKo-BGB/*Schubert*, 9. Aufl. 2021, § 181 Rn 101.
[98] MüKo-BGB/*Schubert*, 9. Aufl. 2021, § 181 Rn 76.

dass bei einer Generalvollmacht i.d.R. von einer Befreiung von den Beschränkungen des § 181 BGB ausgegangen werden kann!⁹⁹

Soll der Bevollmächtigte von den Beschränkungen des § 181 BGB **befreit** werden, sollte dies **ausdrücklich** geregelt werden, damit die Auslegungsfrage gar nicht erst aufkommt. Eine andere Frage ist die, ob auch die negative Entscheidung (keine Befreiung) ausdrücklich geregelt werden soll; dafür spricht das Ziel, eine eindeutige, nicht auslegungsbedürftige Vollmacht zu erstellen/erteilen (siehe daher die Alternative in § 3 in den Grundmustern I und II, Rdn 8 und Rdn 9). Auf der anderen Seite sollte Fällen, in denen eine Befreiung von den Beschränkungen des § 181 BGB unter Berücksichtigung des hypothetischen Willens des Vollmachtgebers gewünscht ist, durch eine ausdrückliche negative Entscheidung nicht der Lösungsweg über die Auslegung versperrt werden (siehe dazu Rdn 59).¹⁰⁰   53

Während ein generelles bzw. grundsätzliches Bedürfnis für eine Befreiung für den gesellschaftsrechtlichen Bereich anerkannt ist, wird ein entsprechendes Bedürfnis im privaten und familiären Bereich teilweise nicht ausgemacht.¹⁰¹ Bei der Beratung einer Vorsorgevollmacht gehört die Frage, ob **Insichgeschäfte zu gestatten** sind, neben den Fragen, ob **Schenkungen einzuschränken** oder gar **zu verbieten** sind (siehe dazu Rdn 96, 97) und wann die **Vollmacht wirksam** wird bzw. wann der Bevollmächtigte die Vollmacht/Ausfertigung erhält (siehe dazu Rdn 186 ff.), **zu den drei Kernfragen,** die der Berater mit dem Vollmachtgeber sorgfältig zu erörtern hat. *Renner/Braun* weisen zu Recht darauf hin, dass der Berater dem Vollmachtgeber nicht nur die „Vorteile" der Gestattung aufzuzeigen habe, sondern auch die mit der Gestattung verbundenen Risiken vor Augen führen müsse – vor allem, wenn auch Schenkungen möglich seien: Das bevollmächtigte Kind könne das Haus der Eltern unentgeltlich auf sich selbst übertragen.¹⁰² Das ist richtig. Hier sei aber auch der umgekehrte Hinweis gestattet: Während die Risiken i.d.R. schnell verstanden sind und auf diese auch in der Vollmacht hingewiesen wird (siehe § 3 in den Grundmustern I und II, Rdn 8 und   54

---

99 MüKo-BGB/*Schubert*, 9. Aufl. 2021, § 181 Rn 76.
100 *Zimmermann*, Vorsorgevollmacht, Rn 107 a.E. möchte mit einem ausdrücklichen Verbot von Insichgeschäften verhindern, dass durch Auslegung eine angebliche konkludente Befreiung aus der Urkunde „herausgeholt" wird.
101 So noch Müller/Renner/*Renner*, BetreuungsR, 5. Aufl. 2018, Rn 299; grundsätzlich gegen eine Befreiung *Zimmermann*, Vorsorgevollmacht, Rn 105 ff.; *Zimmermann*, NJW 2014, 1573.
102 Müller-Engels/Braun/*Renner/Braun*, BetreuungsR, Kap. 2 Rn 82.

Rdn 9),[103] sind die „Vorteile" der Gestattung bzw. die Nachteile einer fehlenden Gestattung – ebenso wie die Nachteile einer ausgeschlossenen Unterbevollmächtigung (siehe dazu Rdn 64 ff.) – dem Vollmachtgeber und mitunter auch dem Berater nicht so sehr bewusst.

55 **Praxishinweis: Befreiung/keine Befreiung von § 181 BGB**

Auf der einen Seite muss dem Vollmachtgeber bewusst sein bzw. bewusst gemacht werden, dass der von den Beschränkungen des § 181 BGB befreite Bevollmächtigte bspw. das Haus des Vollmachtgebers und/oder bspw. dessen Bankvermögen auf sich selbst übertragen kann, und zwar – so ihm keine Schenkungen verboten sind – unentgeltlich.

Auf der anderen Seite muss ihm auch bewusst gemacht werden, dass der Bevollmächtigte bei fehlender Befreiung von den Beschränkungen des § 181 BGB

- bspw. das Haus und/oder bspw. das Bankvermögen des Vollmachtgebers eben nicht auf sich selbst übertragen kann
- mit sich selbst keinen Pflegevertrag oder dergleichen für den Vollmachtgeber abschließen kann
- die Löschung des bspw. auf der vom Vollmachtgeber dem Bevollmächtigten im Wege vorweggenommener Erbfolge übergebenen Immobilie lastenden Wohnungsrechts und/oder der Rückauflassungsvormerkung des Vollmachtgebers bei dessen Heimunterbringung nicht bewilligen kann (siehe Rdn 58)[104]
- den Vollmachtgeber bei einer Erbauseinandersetzung nicht vertreten kann, wenn er (der Bevollmächtigte) – selbst Mitglied der Erbengemeinschaft und/oder (gesetzlicher) Vertreter eines Mitglieds der Erbengemeinschaft ist

---

103 Hier bietet sich bei einer beurkundeten Vollmacht eine dahingehende Arbeits-/Urkundentechnik an, dass der Notar im Beurkundungstermin beide Varianten vorliest, stoppt, beide Varianten noch einmal erörtert und sodann die nicht gewünschte Variante in der Originalurkunde – zu Dokumentationszwecken – sichtbar streicht. Es ist dann „Geschmackssache" bzw. Stilfrage, ob der Notar die Ausfertigungen mit der Streichung erteilt oder ob er dazu sog. Leseabschriften herstellt. Eine auch im Rechtsverkehr sichtbare Streichung kann für Vollmachtgeber und Bevollmächtigten gegenüber Dritten – aber auch für den Notar – streitvermeidend wirken.

104 Das kann natürlich zur Absicherung des Vollmachtgebers gerade gewünscht sein; dann sollte einer späteren „Grundbuchblockade" durch Gestaltung im Übergabevertrag vorgebeugt werden (siehe dazu Rdn 58).

Sticherling

- für den Vollmachtgeber keine Zustimmung nach § 1365 BGB erteilen kann (z.b. bei Veräußerung eigener Immobilien des bevollmächtigten Ehegatten und/oder Betriebsübergaben!)[105]
- ggf. bei Immobilienveräußerungen Vollmachten für Notarmitarbeiter problematisch werden (siehe Rdn 59)
- nicht einmal den Pkw des Vollmachtgebers auf sich „umschreiben" (übertragen) kann.

Da es sich bei der Erteilung einer Vorsorgevollmacht als Generalvollmacht in der Regel um eine **Maßnahme höchsten Vertrauens** gegenüber dem Bevollmächtigten handelt, steht eher die Frage nach der Auswahl der Person des Bevollmächtigten im Vordergrund als die Frage ihrer Befreiung von den Beschränkungen des § 181 BGB. Schenkt der Vollmachtgeber einer Person das Vertrauen, sein Generalbevollmächtigter (in allen Vermögensfragen) zu sein, dann dürfte das Vertrauen so weit reichen, dass dem Bevollmächtigten auch Insichgeschäfte gestattet werden können. Nicht zuletzt aufgrund der vielfältigen Umgehungsmöglichkeiten sollte ein bedenkentragender Vollmachtgeber überlegen, ob er bspw. eine Vorsorgevollmacht mit Einzelvertretung oder ob er überhaupt eine Vorsorgevollmacht erteilt (ggf. ist dann die Betreuungsverfügung eine gute Alternative oder zumindest die Installation eines Kontrollbevollmächtigten angezeigt, siehe dazu § 4 und § 5).[106]

56

Die Regelung des § 181 BGB gilt (entsprechend) auch für sog. **amtsempfangsbedürftige Erklärungen,** wenn das Amt/Gericht (z.B. das Grundbuchamt) zwar formell Empfänger der Erklärung ist, aber der Bevollmächtigte die Erklärung in der Sache auch gegenüber sich selbst hätte abgeben können, wie in den Fällen § 875 Abs. 1 S. 2 BGB (Aufhebung eines Rechts an einem Grundstück), § 876 S. 3 BGB (Aufhebung eines Rechts an einem Recht an einem Grundstück), §§ 1168 Abs. 2, 1192 Abs. 1 BGB (Verzicht auf eine Hypothek, Grundschuld) und §§ 1183, 1192 Abs. 2 BGB (Aufhebung einer Hypothek/Grundschuld). Beson-

57

---

105 So wie ein Ehevertrag durch einen Vertreter geschlossen werden kann (auch wenn das i.d.R. nicht zweckmäßig ist), so kann die Zustimmung nach § 1365 BGB durch einen Vertreter erfolgen (DNotI-Report 1999, 166 (Gutachten); siehe auch § 4 Rdn 12 m.w.N). Es gibt aber auch andere Stimmen, z.B. Grüneberg/*Siede*, § 1365 Rn 15: Zustimmungsrecht sei höchstpersönlich. Wie hier z.B. auch BeckOK BGB/*Scheller/Sprink*, 61. Ed. 1.2.2022, § 1365 Rn 58: Stellvertretung ist zulässig, ausdrücklich durch einen General- und/oder Vorsorgebevollmächtigten, auch dann, wenn dies der andere Ehegatte sei, vorausgesetzt, dieser sei von § 181 Alt. 1 BGB befreit (siehe in diesem Zusammenhang zu § 181 BGB DNotI-Report 1999, 166 (Gutachten)).
106 *Grziwotz*, FamRB 2012, 352.

ders praxisrelevant für den Bereich der Vorsorgevollmacht ist insoweit die Löschung von **Wohnungsrechten** und **Rückauflassungsvormerkungen**.[107]

58 **Praxishinweis: Aufgabe/Löschung von Wohnungsrechten und Rückauflassungsvormerkungen**

Wie und wann Wohnungsrechte und/oder Rückauflassungsvormerkungen im Grundbuch bei Geschäftsunfähigkeit des Berechtigten/des Veräußerers gelöscht werden können, hängt stark von ihrer Gestaltung bspw. im Übergabevertrag ab.[108]

Teilweise werden **Wohnungsrechte** auflösend bedingt bspw. auf die Vorlage einer amtlichen Abmeldebescheinigung gestaltet (materiell § 158 Abs. 2 BGB; formell §§ 22 Abs. 1 S. 1, 29 GBO).[109] Wenn keine – in der Form des § 29 GBO nachweisbare – auflösende Bedingung gestaltet ist, bedarf es der Mitwirkung des Berechtigten. Ohne besondere Regelung im Übergabevertrag gibt allein der dauerhafte Auszug und Umzug des Berechtigten in ein Pflegeheim dem Grundstückseigentümer grundsätzlich keinen Anspruch auf Aufhebung des Wohnungsrechts (aber Auslegungsfrage!).[110] Ein Betreuer würde daher ggf. an einer Aufhebung nicht mitwirken, zumindest können sich Schwierigkeiten bis hin zur Ablehnung im gerichtlichen Genehmigungsverfahren (§§ 1833 Abs. 3 S. 1 Nr. 4, 1850 Nr. 1 BGB) ergeben.[111] Eine **Vorsorgevoll-**

---

107 BGH, Beschl. v. 27.2.1980 – V ZB 15/79, BGHZ, 77, 7 = NJW 1980, 1577 (Löschung einer Hypothek durch Prokuristen einer GmbH); OLG München, Beschl. v. 26.3.2012 – 34 Wx 199/11, FamRZ 2012, 1672 (Löschung Rückauflassungsvormerkung durch Testamentsvollstrecker); OLG Nürnberg, Beschl. v. 26.11.2015 – 15 W 1757/15, BeckRS 2016, 1218 (Löschung eines Nießbrauchs durch Bevollmächtigten); MüKo-BGB/*Schubert*, 9. Aufl. 2021, § 181 Rn 55 und 56.
108 Instruktiv zur Aufgabe/Löschung bei Geschäftsunfähigkeit des Berechtigten/des Veräußerers: *Zimmer*, ErbR 2014, 105 (Wohnungsrecht) und *Zimmer*, ZEV 2006, 382 (Rückauflassungsvormerkung).
109 Vorschlag von *Müller-von Münchow*, ZEV 2009, 549. Zzgl. weiterer Gestaltungsvorschläge: *Krauß*, Vermögensnachfolge in der Praxis, 6. Aufl. 2022, Rn 1409 ff., 1827, 1846.
110 BGH, Urt. v. 13.7.2012 – V ZR 206/11, NJW 2012, 3572 = FamRZ 2012, 1708.
111 Vor der Reform des Vormundschafts- und Betreuungsrechts zum 1.1.2023 galt für den Betreuer ein Schenkungsverbot (§§ 1804, 1908i Abs. 2 BGB a.F.). Schon das Schenkungsverbot ließ den Betreuer eine Genleistung erwarten (siehe dagegen aber BGH, Beschl. v. 25.1.2012 – XII ZB 479/11, ZEV 2012, 371 = FamRZ 2012, 967 = NJW 2012, 1956; anders zu § 528 BGB: BGH, Urt. v. 17.4.2018 – X ZR 65/17, BGHZ 218, 227 = ZEV 2018, 600 = DNotZ 2018, 825 = FamRZ 2018, 1714 = NJW 2018, 3775; OLG Nürnberg, Beschl. v. 22.7.2013 – 4 U 1571/12, ZEV 2014, 37). Auch Auflagen des Betreuungsgerichts können Anlass zur Vereinbarung einer Gegenleistung geben. Die Gegenleistung kann sich orientieren am Kapitalwert gem. § 14 Abs. 1 BewG (fiktive Jahres-Netto-Kalt-Miete x Vervielfältiger gem. BMF-Schreiben) oder an den mit der Aufgabe des Wohnungsrechts einhergehenden Vorteilen des Grundstückseigentümers (siehe z.B. Art. 96 EGBGB, §§ 15 Abs. 2 Nr. 1, 16 AGBGB Nds.). Die Gegenleistung dürfte der Sozialhilfeträger auf sich überleiten können

macht vereinfacht das Thema ungemein, **allerdings** für den Grundstückseigentümer als Vorsorgebevollmächtigten **nur bei Befreiung von den Beschränkungen des § 181 BGB**.[112]

Bei der Gestaltung des durch **Rückauflassungsvormerkung** gesicherten Rückforderungsrechts (z.B. bei Veräußerung/Belastung ohne Zustimmung, Zwangsvollstreckung, Insolvenz, Vorversterben, Geschäftsunfähigkeit oder Ehescheidung des Erwerbers) ist Vorsicht geboten! *Zimmer* weist in einem instruktiven Beitrag zu diesem Thema darauf hin, dass die beim Übergabevertrag gewünschte Beschränkung der Ausübung des Rückforderungsrechts auf den Veräußerer **höchstpersönlich**, dazu führe, dass eine Aufgabe und Löschung durch einen Vertreter ausscheide; **dann hilft** also **auch keine Vorsorgevollmacht!**[113]

Lösungsmöglichkeiten:

Vorher (Gestaltungsvorschlag): Die Rückauflassungsvormerkung wird vielfach befristet auf den Tod des Veräußerers gestaltet.[114] Bei entsprechender „Risikobereitschaft" des Veräußerers könnte auch geregelt werden, dass die Rückauflassungsvormerkung bereits mit dessen Geschäftsunfähigkeit erlischt, wobei im Hinblick auf § 29 GBO nicht die Geschäftsunfähigkeit selbst als auflösende geregelt werden sollte, sondern die Vorlage eines amtsärztlichen Attests oder die Bestellung eines nicht nur vorläufigen Betreuers in Vermögensangelegenheiten.[115]

(§ 93 SGB XII). Siehe auch *Krauß*, Vermögensnachfolge in der Praxis, 6. Aufl. 2022, Rn 1408 und *Zimmer*, ErbR 2014, 105.

112 Die materiellrechtliche Aufgabeerklärung gem. § 875 Abs. 1 BGB (und die ihr ggf. zugrunde schuldrechtliche Abrede) kann formfrei erfolgen. Die nach dem formellen (Grundbuch-)Recht erforderliche Löschungsbewilligung bedarf zumindest der Form der öffentlichen Beglaubigung (§§ 19, 29 Abs. 1 GBO). Da dem Grundbuchamt auch die Bevollmächtigung in entsprechender Form nachgewiesen werden muss (§ 29 Abs. 1 GBO), reicht die privatschriftliche Vorsorgevollmacht für die Löschungsbewilligung nicht aus. Es müsste dann aber möglich sein, dass sich der Einsatz des Betreuers und das betreuungsgerichtliche Genehmigungsverfahren auf die Abgabe der Löschungsbewilligung – auf das formelle (Grundbuch-)Recht – beschränken, und zwar in Bindung an eine mit der privatschriftlichen Vorsorgevollmacht getroffene schuldrechtliche Abrede/Verpflichtung (*Zimmer*, ZfIR 2016, 769 zur Grundstücksveräußerung). Grundbuchlich lässt sich der Fall so lösen. Soweit die Aufhebung ohne Gegenleistung erfolgt, kann sich – insbes. für den Träger der Sozialhilfe die Frage ihrer Wirksamkeit (§ 138 BGB) bzw. ihres Widerrufs (§ 528 BGB) stellen (siehe dazu *Zimmer*, ErbR 2014, 105 unter Hinweis auf BGH, Urt. v. 6.2.2009 – V ZR 130/08, NJW 2009, 1346 = ZErb 2009, 150 = ZEV 2009, 254 = DNotZ 2009, 441 = FamRZ 2009, 865).

113 *Zimmer*, ZEV 2006, 382.

114 Z.B. *Krauß*, Vermögensnachfolge in der Praxis, 6. Aufl. 2022, Rn 2681, Rn 2682 (Muster), Rn 2713 (Muster, Gesamtbaustein), Rn 768 (Vertragsmuster).

115 Siehe das Muster *Krauß*, Vermögensnachfolge in der Praxis, 6. Aufl. 2022, Rn 2487.

Sticherling

Nachher („Kind ist schon im Brunnen"): Im Wege der (hypothetischen) Vertragsauslegung kann sich feststellen lassen, dass trotz (scheinbar) eindeutigen Wortlauts „höchstpersönlich" für den Fall der Geschäftsunfähigkeit keine „Grundbuchblockade" gewünscht war, so dass dann für die Löschungsbewilligung doch eine Vertretung – sei es durch Vorsorgevollmacht oder durch einen Betreuer – zugelassen ist.

59 Der Bevollmächtigte seinerseits kann den Unterbevollmächtigten (siehe dazu Rdn 64 ff.) nur von den Beschränkungen des § 181 BGB befreien, wenn er seinerseits von den Beschränkungen des § 181 BGB befreit ist[116] oder ihm die Befreiung des Unterbevollmächtigten (ausdrücklich) gestattet ist. Bei Vorsorgevollmachten wird die Unterbevollmächtigung selbst und Befreiung des Unterbevollmächtigten von den Beschränkungen des § 181 BGB insbes. bei den **sog. Mitarbeitervollmachten/Abwicklungsvollmachten des Notars** relevant.[117] Das „Nichtfunktionieren" einer solchen Mitarbeitervollmacht dürfte dem Vollmachtgeber vielfach nicht bewusst sein, so dass für die Mitarbeitervollmacht m.E. regelmäßig im Wege hypothetischer Auslegung der Vorsorgevollmacht eine entsprechende Gestattung zu finden ist (selbst bei einem allgemein gehaltenen ausdrücklichen Ausschluss). Gleiches kann bei **sog. Belastungs-/Finanzierungsvollmachten in Grundstückskaufverträgen** gelten.[118] Vielleicht wollte der Vollmachtgeber dem Bevollmächtigten grundsätzlich keine Insichgeschäfte gestatten; wenn er dem Bevollmächtigten aber eine Vollmacht auch und insbes. zur Veräußerung von Grundbesitz erteilt hat, dann wollte er die mit Mitarbeitervollmacht und Belastungsvollmacht übliche Abwicklung entsprechender Verträge sicherlich nicht einschränken/erschweren.

---

116 BayObLG, Beschl. v. 26.2.1993 – 2 Z BR 6/93, DNotI-Report 1993, 5 = MittBayNot 1993, 150 = MittRhNotK 1993, 117; Grüneberg/*Ellenberger*, § 167 Rn 12 und § 181 Rn 18; MüKo-BGB/*Schubert*, 9. Aufl. 2021, § 167 Rn 87.
117 BayObLG, Beschl. v. 26.2.1993 – 2 Z BR 6/93, DNotI-Report 1993, 5 = MittBayNot 1993, 150 = MittRhNotK 1993, 117; *Zimmer*, ZfIR 2016, 769.
118 Soweit Verkäufer (vom Käufer aufgrund Belastungs-Finanzierungsvollmacht vertreten) und Käufer in der Grundschuldbestellungsurkunde untereinander keine Vereinbarungen treffen, greift § 181 BGB nicht. Die Freistellung des Verkäufers von allen Kosten im Zusammenhang mit der Grundschuldbestellung und die Abtretung der Eigentümer- und Rückgewähransprüche kann bereits im Kaufvertrag erfolgen. Soweit der Käufer für den Verkäufer als Eigentümer und für sich als künftigen Eigentümer die dingliche Einigungserklärung zur Grundschuldbestellung (§§ 873 Abs. 1, 1191 Abs. 1 BGB) abgibt und den Grundbesitz der Zwangsvollstreckung unterwirft (§ 800 ZPO), liegen keine gegenläufigen, sondern – von § 181 BGB nicht erfasste – parallele Erklärungen vor. Gleiches dürfte für die Sicherungsabrede über den eingeschränkten Sicherungszweck bis zur Kaufpreiszahlung bzw. Eigentumsumschreibung gelten. Siehe zur Gestaltung der Grundschuldbestellung *Krauß*, Immobilienkaufverträge in der Praxis, 9. Aufl. 2020, Rn 2295 ff.

Sticherling

Zumeist hat der Vollmachtgeber (und mitunter auch der Berater) beim „Thema" § 181 BGB nur das Selbstkontrahieren i.e.S. (§ 181 Alt. 1 BGB) im Blick und nicht die Doppel-/Mehrfachvertretung (§ 181 Alt. 1 BGB). Als **milde Maßnahme** zur in den Grundmustern I und II (Rdn 8 und Rdn 9) als Alternative zur Befreiung von den Beschränkungen des § 181 BGB angebotenen „Nichtbefreiung" kann es sich anbieten, dem Bevollmächtigten **Befreiung vom Verbot der Doppel-/Mehrfachvertretung** zu erteilen.[119]

60

Damit die Reichweite einer (Vorsorge-)Vollmacht im Rechtsverkehr **unter Zeitdruck** (bspw. wird dem Notar die Vollmacht erst im Beurkundungstermin vorgelegt) nicht verkannt wird – woraus sich ein unwirksames Rechtsgeschäft (mit für den Bevollmächtigten, § 179 BGB, und ggf. auch den Notar, Rechtspfleger und/oder Bankmitarbeiter verbundener Haftung) ergeben kann – mag an zentraler Stelle, am Anfang der Vollmachtsurkunde mitgeteilt werden, dass der Bevollmächtigte nicht von den Beschränkungen des § 181 BGB befreit ist (alternativ kommt eine „sichtbare Streichung" in Betracht, siehe Rdn 63); Gleiches gilt für Gesamtvertretung (siehe Rdn 48–50), für Einschränkung/Ausschluss von Untervertretung (siehe Rdn 64 ff.) und für inhaltliche Beschränkungen der Vollmacht im Außenverhältnis (siehe Anmerkung (Fußnote) zu § 2 Abs. 1 im Grundmuster 1, Rdn 8, Fn 12 und Beispiele/Musterbausteine Rdn 32 und Rdn 99).

61

Muster 1.10: Baustein Grundmuster – Hinweis auf Befreiung/keine Befreiung von § 181 BGB

62

(Standort im Grundmuster I und II: § 1)

(1) Hiermit erteile ich

1. (Befreiung von § 181 BGB, siehe § 3 Abs. 2)

Herrn/Frau ▓▓▓▓ geb. ▓▓▓▓, geboren am ▓▓▓▓ in ▓▓▓▓, wohnhaft ▓▓▓▓,

2. (Keine Befreiung von § 181 BGB, siehe § 3 Abs. 2)

Herrn/Frau ▓▓▓▓ geb. ▓▓▓▓, geboren am ▓▓▓▓ in ▓▓▓▓, wohnhaft ▓▓▓▓,

(...)

Alternativ zur vorstehenden Mitteilung/zum Hinwies an zentraler Stelle kommt bei notarieller Beurkundung auch eine – ins Auge fallende – **sichtbare Streichung** der Befreiung von den Beschränkungen des § 181 BGB in Betracht; in den Grundmuster I und II (Rdn 8 und Rdn 9) würde dann bei § 3 Abs. 2 die dortige Alternative stehen bleiben (siehe auch die entsprechende Anmerkung (Fußnote) in Rdn 54, Fn 103). Siehe zu dieser (notariellen) Arbeitstechnik im Zusammenhang zu Schenkungen Rdn 100 und zum Start der Vollmacht/Erteilung von Ausfertigungen Rdn 210.

63

---

119 Zur Untervollmacht: Lipp/*Spalckhaver*, Vorsorgeverfügungen, § 13 Rn 178; *Schüller*, RNotZ 2014, 585.

4. Untervollmacht

64 Der (Vorsorge-)Bevollmächtigte handelt grundsätzlich selbst. Davon geht auch der Vollmachtgeber bei Erteilung der Vorsorgevollmacht aus. Dennoch gibt es i.d.R. ein Bedürfnis dafür, dass der Bevollmächtigte einen Dritten – als **Unterbevollmächtigten** – rechtsgeschäftlich handeln lässt, z.B.
- einen Steuerberater gegenüber dem Finanzamt
- einen Rechtsanwalt gegenüber einem Gegner und/oder gegenüber Behörden/ Gerichten
- einen Notar und dessen Mitarbeiter gegenüber der anderen Vertragspartei und/oder Behörden/Gerichten (sog. Mitarbeiter-/Abwicklungsvollmacht, zu § 181 BGB siehe Rdn 59)
- eine Vertragspartei (z.B. Belastungs-/Finanzierungsvollmacht gegenüber dem Käufer beim Grundstückskauf, zu § 181 BGB siehe Rdn 59)
- einen Hausverwalter gegenüber Mietern, Handwerkern etc.
- einen WEG-Verwalter.

65 Erteilt der (Vorsorge-)Bevollmächtigte (**Hauptvertreter**) einem Dritten **im Namen des Vollmachtgebers** Untervollmacht, dann handelt der Dritte nicht als Vertreter des Hauptvertreters, sondern als Vertreter des Vollmachtgebers der Vorsorgevollmacht (**Hauptvollmacht**). In einer notariellen Urkunde steht deshalb nur der (Vorsorge-)Vollmachtgeber, vertreten durch den Unterbevollmächtigten (der Hauptbevollmächtigte wird nicht aufgeführt), sog. **Direktvertretung** (auch sog. einfache Untervollmacht).[120]

66 Von der Direktvertretung zu unterscheiden ist die – in ihrer Zulässigkeit umstrittene – sog. **Durchgangsvertretung**, bei der Hauptbevollmächtigte den Unterbevollmächtigten des Geschäftsherrn – des (Haupt-)Vollmachtgebers – nicht im Namen des Geschäftsherrn beauftragt, sondern im eigenen Namen (auch sog. mittelbare Unterbevollmächtigung, Vertreter des Vertreters). Während eine solche (mittelbare) Unterbevollmächtigung in der Rechtsprechung akzeptiert wurde, wird sie in der Literatur wohl größtenteils abgelehnt.[121] Für die Rechtspraxis ist der dogmatische Streit nicht von Bedeutung; entweder kann sie sich auf die Rechtsprechung verlassen oder eine „geäußerte" Durchgangsvertretung ist entsprechend dem Willen der Beteiligten konstruktiv in eine Direktvertretung umzudeuten.[122]

---

120 *Zimmermann*, Vorsorgevollmacht, Rn 108.
121 Siehe dazu nur Grüneberg/*Ellenberger*, § 167 Rn 12 und MüKo-BGB/*Schubert*, 9. Aufl. 2021, § 167 Rn 83. Beide gegen eine Durchgangsvertretung, aber mit Nachweisen zur befürwortenden Rspr. (z.B. BGH, Urt. v. 5.5.1960 – III ZR 83/59, BGHZ 32, 250 = NJW 1960, 1565).
122 *Bous*, RNotZ 2004, 483.

In **Vermögensangelegenheiten** ist die Erteilung einer Untervollmacht – maximal im Umfang der Hauptvollmacht – grundsätzlich zulässig. Ob und in welchem Umfang die Vorsorgevollmacht (Hauptvollmacht) eine Unterbevollmächtigung ausschließt bzw. zulässt, ist eine **Frage der Auslegung**. Die Vorsorgevollmacht sollte dazu eine Regelung enthalten. Denn einerseits soll bei besonderem Vertrauen in die Person des Bevollmächtigten im Zweifel keine Unterbevollmächtigung gewünscht sein.[123] Andererseits heißt es, je größer der Umfang der Vollmacht, umso eher wird eine Berechtigung zur Erteilung von Untervollmachten, zumindest in einzelnen Angelegenheiten, anzunehmen sein, insbes. bei Generalvollmachten.[124] Die Vorsorgevollmacht bietet i.d.R. beides, besonderes Vertrauen in die Person des Bevollmächtigten und den größtmöglichen Umfang als Generalvollmacht. Steht bei der **Vorsorgevollmacht als Generalvollmacht** auch die Generalvollmacht im Fokus des Vollmachtgebers (siehe Rdn 14 und Rdn 84), sollte – der Empfehlung der Notare folgend – die Erteilung von Untervollmachten in Vermögensangelegenheiten ausdrücklich gestattet werden (siehe § 3 Abs. 1 in den Grundmustern I und II, Rdn 8 und Rdn 9). Im Übrigen gilt das oben zur Befreiung von den Beschränkungen des § 181 BGB Gesagte entsprechend (siehe Rdn 56): Schenkt der Vollmachtgeber einer Person das Vertrauen, sein Generalbevollmächtigter in allen Vermögensfragen zu sein (**Maßnahme höchsten Vertrauens**), dann dürfte das Vertrauen so weit reichen, dass dem Bevollmächtigten auch die Erteilung von Untervollmachten gestattet werden kann.[125] Selbstverständlich ist dies bei der Beratung/Gestaltung einer Vorsorgevollmacht eine **Frage des Einzelfalls**, die der Berater mit dem Vollmachtgeber erörtern muss. Kommen dabei erhebliche Bedenken des Vollmachtgebers zu Tage, die dann i.d.R. auch die Qualität bzw. Intensität des Vertrauens in die Person den Bevollmächtigten in Frage stellen, stellt sich die Frage, ob bspw. eine Vorsorgevollmacht mit Einzelvertretung oder ob überhaupt eine Vorsorgevollmacht erteilt werden soll (ggf. ist dann die Betreuungsverfügung eine gute Alternative oder zumindest die Installation eines Kontrollbevollmächtigten angezeigt, siehe dazu § 5 und § 6). 67

---

123 MüKo-BGB/*Schubert*, 9. Aufl. 2021, § 167 Rn 82; *Zimmermann*, Vorsorgevollmacht, Rn 110 (nimmt das konkret für die Vorsorgevollmacht an).
124 MüKo-BGB/*Schubert*, 9. Aufl. 2021, § 167 Rn 82; Müller-Engels/Braun/*Renner/Braun*, BetreuungsR, Kap. 2 Rn 89 (konkret zur Vorsorgevollmacht als Generalvollmacht).
125 *Zimmermann* hat einen anderen Ansatz: „Eine Rechtsmacht, die ein Bevollmächtigter voraussichtlich nicht braucht, sollte man ihm nicht einräumen." So *Zimmermann*, Vorsorgevollmacht, Rn 107 (zu § 181 BGB) und 112 (zur Untervollmacht) und *Zimmermann*, NJW 2014, 1573 (zu § 181 BGB S. 1574, zur Untervollmacht S. 1575). Die Prämisse „voraussichtlich nicht braucht" ist schon fragwürdig; vorstehend im Text wird hier aus der Perspektive des Notars der umfassenden Funktionsfähigkeit der Vollmacht der Vorzug gegeben, was im Regelfall durch das besondere Vertrauen bei Erteilung einer Vorsorgevollmacht gerechtfertigt ist.

68 **Checkliste: Untervollmacht**[126]

Fragen des Beraters:
- Untervollmacht: ja/nein?
- Untervollmacht nur im Einzelfall oder generell (siehe Rdn 71–73)?
- Erlöschen der Untervollmacht mit der Hauptvollmacht: ja/nein (siehe Rdn 74 ff.)?

69 Enthält eine Vorsorgevollmacht einen allgemein gehaltenen Ausschluss einer Unterbevollmächtigung, ist nach hier vertretener Auffassung der Weg für eine hypothetische Auslegung bei Abwicklungsvollmachten und Belastungsvollmachten nicht versperrt (siehe zu § 181 BGB Rdn 59).

70 Ob auch **in persönlichen Angelegenheiten**, namentlich in Angelegenheiten der Personensorge i.e.S. (Gesundheitsfürsorge, Aufenthaltsbestimmung/Unterbringung, Einwilligung in ärztliche Zwangsmaßnahmen) die Erteilung von Untervollmachten zulässig ist, ist noch nicht abschließend geklärt (siehe Rdn 132).[127]

71 In den Grundmustern (siehe dort § 3 Abs. 1, Rdn 8 und Rdn 9) ist dem Bevollmächtigten in Vermögensangelegenheiten eine **umfassende Unterbevollmächtigung** gestattet („Übertragung der Vorsorgevollmacht"). Dies kann im Einzelfall nicht gewünscht sein. Bei angespannten (Schwieger-)Familienverhältnissen kommt mitunter die Frage auf, ob denn „etwa" auch der Schwiegersohn bzw. die Schwiegertochter zur Vertretung berechtigt sei, ob die Vollmacht insoweit übertragbar oder gar vererblich sei. *Renner* spricht vorsichtig die Gestaltungsempfehlung aus, dass **bei einem Bevollmächtigten** – für dessen Verhinderung (längere berufliche oder urlaubsbedingte Abwesenheit, auch Krankheit) – eher eine umfassende Unterbevollmächtigung zu gestatten sei, wobei **bei mehreren Bevollmächtigten** eine Gestattung für Einzelfälle oder Einzelbereiche genüge.[128]

Muster 1.11: Baustein Grundmuster – Untervollmacht nur im Einzelfall

72 *(Standort im Grundmuster I und II: statt dortigem § 3 Abs. 1)*

Diese Vollmacht ist als Generalvollmacht nicht übertragbar, sie ist insbesondere auch nicht vererblich; der Bevollmächtigte kann aber in Vermögensangelegenheiten in von ihm zu bestimmenden Einzelfällen Untervollmacht erteilen. In persönlichen Angelegenheiten ist die Vollmacht nicht übertragbar; Untervollmacht darf insoweit nicht erteilt werden.

---

126 Müller-Engels/Braun/*Renner*/*Braun*, BetreuungsR, Kap. 2 Rn 98.
127 Limmer u.a./*Müller-Engels*, WürzbNotar-HdB, Teil 3 Kap. 3 Rn 38 f.
128 Müller-Engels/Braun/*Renner*/*Braun*, BetreuungsR, Kap. 2 Rn 91.

Sticherling

Muster 1.12: Baustein Grundmuster – Untervollmacht nur in bestimmten Angelegenheiten

(Standort im Grundmuster I und II: statt dortigem § 3 Abs. 1)

Der Bevollmächtigte ist nicht berechtigt, Untervollmacht zu erteilen; ausgenommen sind Prozess- und Verfahrensvollmachten für Rechtsanwälte und Steuerberater sowie Durchführungsvollmachten für Notare und deren Mitarbeiter *(optional: sowie in Grundstückskaufverträgen enthaltene Belastungs-/Finanzierungsvollmachten)*.[129]

Probleme kann die Untervollmacht beim **Erlöschen der Vorsorgevollmacht (Hauptvollmacht)** bereiten, sei es bspw. durch Tod des (Haupt-)Bevollmächtigten oder Widerruf der Hauptvollmacht (siehe zum Widerruf § 14). Ob die Untervollmacht mit der Hauptvollmacht erlischt, ist – bei der Direktvertretung (siehe Rdn 65) – eine **Frage der Auslegung**.[130] Im Regelfall dürfte das „Schicksal" der Untervollmacht **nicht** vom „Schicksal" der Hauptvollmacht abhängig sein (sog. **Eigenleben der Untervollmacht**).[131] Denn die Vertretungsmacht des Unterbevollmächtigten leitet sich nicht vom (Haupt-) Bevollmächtigten ab, sondern vom (Haupt-)Vollmachtgeber – vom Geschäftsherrn.[132] Bei einer Vorsorgevollmacht ist – wieder (wie bei § 181 BGB, siehe Rdn 56) – fraglich, ob ein dem Bevollmächtigten entgegengebrachtes besonderes Vertrauen eher für ein Stehen und Fallen der Untervollmacht mit der Vorsorgevollmacht spricht (das dürfte für den Fall des Widerrufs der Vorsorgevollmacht der Fall sein; ggf. aber nicht für Fortbestand bspw. von Abwicklungsvollmachten) oder ob gerade wegen des besonderen Vertrauens einen Fortbestand der Untervollmacht anzunehmen ist (das dürfte der Fall, sein, wenn die Vorsorgevollmacht mit dem Tod des Bevollmächtigten erlischt).[133]

Der Vollmachtgeber mag in der Urkunde ausdrücklich auf die Problematik ggf. zu widerrufender Untervollmachten **hingewiesen** werden:[134]

---

[129] Nach *Schüller*, RNotZ 2014, 585.
[130] MüKo-BGB/*Schubert*, 9. Aufl. 2021, § 167 Rn 88.
[131] Instruktive Beiträge zum Eigenleben der Untervollmacht, allgemein: *Bous*, RNotZ 2004, 483 und konkret zur Vorsorgevollmacht: *Schüller*, RNotZ 2014, 585.
[132] Müller-Engels/Braun/*Renner/Braun*, BetreuungsR, Kap. 2 Rn 93; Heckschen/Herrler/Münch/*Reetz*, Beck'sches Notarhandbuch, 7. Aufl. 2019, § 27 Rn 91; MüKo-BGB/*Schubert*, 9. Aufl. 2021, § 167 Rn 88.
[133] Müller-Engels/Braun/*Renner/Braun*, BetreuungsR, Kap. 2 Rn 94; *Schüller*, RNotZ 2014, 585.
[134] Anregung/Vorschlag: *Schüller*, RNotZ 2014, 585.

Muster 1.13: Baustein Grundmuster – Hinweis zum Widerruf von Untervollmachten

76 *(Standort im Grundmuster I: Hinweis des Notars in § 5 nach Spiegelstrich 2 oder – anders zu formulieren – dem dortigem § 3 Abs. 1 anfügen)*

Der Notar hat darauf hingewiesen,
- (...)
- dass durch Erlöschen der Vollmacht (bspw. durch Tod des Bevollmächtigten oder durch Widerruf der Vollmacht) ggf. nicht zugleich auch durch den Bevollmächtigten erteilte Untervollmachten erlöschen und diese daher erforderlichenfalls von mir zu widerrufen sind;
- (...)

77 **Praxistipp: Frage nach Untervollmachten**

Dementsprechend sollte der Vollmachtgeber beim Erlöschen der Vorsorgevollmacht, insbes. beim Widerruf unbedingt auch nach erteilten Untervollmachten fragen und erforderlichenfalls Maßnahmen ergreifen.[135]

78 Entsprechend der **Gestaltung** zur Hauptvollmacht (siehe Grundmuster I und II, Rdn 8 und Rdn 9, dort **§ 1 Abs. 4**; siehe Rdn 188) mag die Unterbevollmächtigung grundsätzlich **an den Besitz der Hauptvollmacht** im Original bzw. bei Beurkundung in Ausfertigung **geknüpft** werden:[136]

Muster 1.14: Baustein Grundmuster – Untervollmacht nur bei Besitz einer Ausfertigung der Hauptvollmacht[137]

79 *(Standort im Grundmuster I und II: statt dortigem § 3 Abs. 1)*

Der Bevollmächtigte kann in Vermögensangelegenheiten – mit folgender Einschränkung – Untervollmacht erteilen und dabei diese Vollmacht ganz oder teilweise auf Dritte übertragen (Untervollmacht).

Einschränkung: Ein Unterbevollmächtigter ist zu meiner Vertretung nur befugt, wenn er im Besitz einer auf den Namen des Bevollmächtigten (Hauptbevollmächtigten) erteilten Ausfertigung dieser Vollmacht ist. Diese Einschränkung gilt allerdings nicht, wenn die Untervollmacht gegenüber einem Gericht oder einer Behörde ausgeübt wird *(alternativ: durch einen Rechtsanwalt oder Steuerberater ausgeübt wird; ferner gilt diese Einschränkung nicht für Durchführungsvollmachten für Notare und deren Mitarbeiter sowie für in Grundstückskaufverträgen enthaltene Belastungs-/Finanzierungsvollmachten).*

In persönlichen Angelegenheiten ist die Vollmacht nicht übertragbar; Untervollmacht darf insoweit nicht erteilt werden.

80 Entsprechend der geläufigen (notariellen) Praxis ist in den Grundmustern I und II (Rdn 8 und Rdn 9) eine Unterbevollmächtigung in Vermögensangelegenheiten

---

135 *Schüller*, RNotZ 2014, 585.
136 Allgemein zum Besitz der Ausfertigung als Anknüpfungspunkt für das Wirksamwerden der Vollmacht siehe Rdn 188.
137 *Schüller*, RNotZ 2014, 585.

ausdrücklich gestattet. Ebenfalls entsprechend der geläufigen (notariellen) Praxis ist weder der Hinweis auf die Widerrufsproblematik bei Unterbevollmächtigung (Rdn 75, 76) aufgenommen noch der vorstehende Vorschlag zur Lösung/Absicherung des Vollmachtgebers (Rdn 79). Für den „Standardfall vollen Vertrauens" soll die Vollmacht nicht überfrachtet werden. Zur umfassenden Information und Absicherung lassen sich sicherlich zu vielen Themen noch weitere Formulierungen finden/entwickeln, die in Summe dann allerdings zu Lasten der Verständlichkeit/Aufnahmefähigkeit des Vollmachtgebers, Bevollmächtigten und sonstiger Leser gehen (Stichwort: **„adressatengerechte Vorsorgevollmacht"**).[138] Im Einzelfall mag ggf. unter Rückgriff auf die vorstehenden Formulierungsvorschläge anders zu entscheiden sein, insbes. dann, wenn das Vertrauen in die Person des/der Bevollmächtigten etwas reduziert ist (und dennoch eine Vorsorgevollmacht erteilt werden soll, Alternative: Betreuungsverfügung, siehe Rdn 67 a.E.).

5. Der Bevollmächtigte als Alleinerbe des Vollmachtgebers – Fortbestand der Vollmacht?

Ist bzw. wird der Bevollmächtigte **Alleinerbe** des Vollmachtgebers, ist nicht ganz klar, ob er dann noch aufgrund der (Vorsorge-)Vollmacht handeln kann. Die Frage stellt sich dann, wenn ein Rechtsgeschäft ansteht und sich der dafür (sonst) erforderliche Erbnachweis (Erbschein oder im Einzelfall Eröffnungsprotokoll bzgl. einer – notariellen – Verfügung von Todes wegen, § 35 GBO) kurzfristig nicht beschaffen lässt oder aber aus Kostengründen „entbehrlich" sein soll; Letzteres kommt insbes. dann zum Tragen, wenn keine notarielle Verfügung von Todes wegen vorliegt und mit einer notariellen transmortalen Vorsorgevollmacht ein Grundstück veräußert werden soll (siehe dazu nachstehend und Rdn 219). 81

Das OLG Hamm hat entschieden, dass ein – in der notariellen Veräußerungsurkunde – als Alleinerbe des im Grundbuch eingetragenen Eigentümers auftretender Bevollmächtigter für den Grundbuchvollzug seine Rechtsstellung als Erbe gem. § 35 GBO auch dann nachzuweisen habe, wenn er vom Erblasser in (notariell) beurkundeter oder notariell[139] beglaubigter Form über den Tod hinaus (transmortal) bevollmächtigt worden sei.[140] Die Entscheidung wird zwar – mit Blick auf das Ergebnis – heftig kritisiert. Zudem hat sich eine „gegenläufige" oder „mildere" Linie in der Rechtsprechung des OLG München aufgezeigt (so wohl 82

---

138 Siehe dazu den instruktiven Beitrag: *Milzer*, Die adressatengerechte Vorsorgevollmacht, NJW 2003, 1836. Stichwort daraus: „Überfrachtung mit Belehrungsvermerken". Die Grundmuster sind diesbezüglich ggf. schon ohne die Ergänzung zur Thematik des Widerrufs von Untervollmachten grenzwertig.
139 Mit der Reform des Vormundschafts- und Betreuungsrechts zum 1.1.2023 hat der Gesetzgeber die Wirkung der Beglaubigung einer Unterschrift auf einer (Vorsorge-)Vollmacht auf den Tod des Vollmachtgebers befristet (§ 7 Abs. 1 S. 2 BtOG; siehe dazu auch Rdn 220).
140 OLG Hamm, Beschl. v. 10.1.2013 – I-15 W 79/12, ZErb 2013, 158 = DNotZ 2013, 689.

zumindest die Erwartung in der Literatur).[141] Und es gibt mittlerweile eine – in der Literatur stark befürwortete – anders laufende Entscheidung des Kammergerichts.[142] Aber die (klare) Entscheidung des OLG Hamm und der Umstand, dass das OLG München bislang bei wiederholter Gelegenheit nicht gegenläufig entschieden hat, geben weiter Anlass zur Vorsicht. Siehe dazu auch § 20 Rdn 11 ff.

83 Auch wenn sich sehr starke Stimmen in der Literatur dafür aussprechen, dass auch der in notarieller Form transmortal bevollmächtigte (unbeschränkte) Alleinerbe für den Grundbuchvollzug keinen Erbnachweis gem. § 35 GBO zu erbringen hat,[143] sollte aktuell zumindest beim **unbeschränkten** Alleinerben nicht auf eine transmortale (Vorsorge-)Vollmacht „gebaut" werden, schon gar nicht aus Kostengründen (Erbschein). Etwas fragwürdig mutet die Empfehlung an, dem Grundbuchamt bei Verwendung einer transmortalen (Vorsorge-)Vollmacht die Alleinerbenstellung nicht mitzuteilen.[144] Sympathischer ist der Vorschlag von *Hertel*, der beim „Sowieso-Berechtigten" (Vollmacht oder Erbe) ein Handeln in erster Linie als Bevollmächtigter und hilfsweise als Alleinerbe vorschlägt.[145]

III. Inhalt/Umfang/Reichweite der Vollmacht

1. Vollmacht in vermögensrechtlichen Angelegenheiten, Generalvollmacht

a) Grundsatz

84 I.d.R. wird die Vorsorgevollmacht als **Generalvollmacht** gestaltet. Das entspricht zum einem ihrem Zweck, eine Betreuung zu vermeiden. Je enger eine (Vorsorge-)Vollmacht gefasst ist, umso größer wird die Wahrscheinlichkeit, dass ein Betreuer bestellt werden muss.[146] Zum anderen hat die Vorsorgevollmacht in der Praxis die klassische Generalvollmacht abgelöst. Selbst derjenige, der nicht so

---

141 OLG München, Beschl. v. 26.7.2012 – 34 Wx 248/12, FamRZ 2013, 402 (Bestand der Vollmacht des Alleinerben trotz Testamentsvollstreckung, arg. Beschränkung § 2211 BGB); zuletzt OLG München, Beschl. v. 4.1.2017 – 34 Wx 382/16 und 34 Wx 382/16, ZEV 2017, 280 (weiter offengelassen!); zum Meinungsstand OLG München, Beschl. v. 4.8.2016 – 34 Wx 110/16, ZErb 2017, 22 = ZEV 2016, 656 = ErbR 2017, 40 = FamRZ 2017, 328.
142 KG, Beschl. v. 10.3.2021 –1 W 1503/20, ZErb 2021, 190, 191 = ZErb 2021, 220, 221 = ZEV 2021, 332 = ErbR 2021, 705 = DNotZ 2021, 703 = FamRZ 2021, 1672. Sie dazu inkl. instruktivem „Dekandenblick" zur Prosperität der transmortalen Vollmacht: *Wendt*, ErbR 2021, 657.
143 Z.B. *Herrler*, NotBZ 2013, 454; *ders.*, DNotZ 2017, 508; *Keim*, DNotZ 2013, 692; *ders.*, MittBayNot 2017, 111; *Zimmer*, NJW 2016, 3341; *ders.*, ZfIR 2016, 769, 772; *Zimmermann*, Vorsorgevollmacht Rn 262 und 267.
144 So die Empfehlung bspw. von *Zimmer*, NJW 2016, 3341. Siehe auch *Keim*, MittBayNot 2017, 111. Kritisch dazu Müller-Engels/Braun/*Renner/Braun*, BetreuungsR, Kap. 2 Rn 110; klar ablehnend *Herrler*, DNotZ 2017, 508.
145 *Herrler*, DNotZ 2017, 508.
146 Müller-Engels/Braun/*Renner/Braun*, BetreuungsR, Kap. 2 Rn 66.

sehr an (Alters-)Vorsorge, sondern mehr an Sicherstellung von Handlungsfähigkeit (nicht nur für den Fall der Geschäftsunfähigkeit oder Betreuungsbedürftigkeit, sondern auch für Abwesenheiten und andere Verhinderungen bei voller Gesundheit) denkt, greift zum Institut der Vorsorgevollmacht bzw. wird dorthin vom Berater gelenkt,[147] bei notarieller Beurkundung mit Kostenvorteil,[148] bei Unterschriftsbeglaubigung durch die Betreuungsbehörde kann bei Beglaubigung bis zum 31.12.2022 die Wirksamkeit der Beglaubigung in Frage stehen (siehe dazu Rdn 175; bei Beglaubigung ab dem 1.1.2023 ist dagegen die Wirksamkeit der Beglaubigung der Betreuungsbehörde auf die Lebenszeit des Vollmachtgebers beschränkt, siehe dazu Rdn 220).

Während Vollmachten in ausländischen Rechtsordnungen oft sehr ausführlich und gegenständlich formuliert werden (müssen), ist die deutsche Rechtstradition eine andere: Entsprechend unseren Gesetzen – zumindest dem (historischen) BGB – finden in unserer Rechtstradition eher möglichst allgemeine, abstrakte Formulierungen Verwendung.[149] 85

Während das Gesetz in persönlichen Angelegenheiten – insbes. § 1820 Abs. 2 BGB (§§ 1904 ff. BGB a.F.) – mehr und mehr konkrete Formulierungen für eine wirksame Bevollmächtigung verlangt (siehe dazu Rdn 118 ff.), ist in Vermögensangelegenheiten eine Generalvollmacht ohne Aufzählung bestimmter „Angelegenheiten" anerkannt. Generalvollmachten berechtigen zur Vornahme von allen Rechtsgeschäften und geschäftsähnlichen Handlungen, bei denen eine (rechtsgeschäftliche) Vertretung zulässig ist.[150] Dementsprechend sieht das OLG Dresden keinen Grund, warum ein Generalbevollmächtigter nicht berechtigt sein soll, Vollstreckungsunterwerfungserklärungen nach §§ 800 Abs. 1, 794 Abs. 1 Nr. 5 ZPO abzugeben.[151] 86

> **Hinweis: „Immanente" Schranken von Generalvollmachten?**[152] 87
>
> Andererseits hat das OLG Düsseldorf entschieden, dass eine – notariell beurkundete – Generalvollmacht eines Nichtkaufmannes nicht ausreichend sei für die Übernahme einer **Bürgschaft** durch einen Vertreter.[153] Das OLG Frank-

---

147 Dementsprechend bietet die Formulierung im Grundmuster zum Grundverhältnis (§ 4 Abs. 1) die m.E. i.d.R. gebotene Ergänzung an: *„oder wenn ich dies wünsche."*
148 Eine Urkunde inkl. der persönlichen Angelegenheiten, die nicht gesondert bewertet werden, Müller-Engels/Braun/*Renner*/*Braun*, BetreuungsR, Kap. 2 Rn 699 m.w.N. und siehe § 8 Rdn 81.
149 Müller-Engels/Braun/*Renner*/*Braun*, BetreuungsR, Kap. 2 Rn 131.
150 Grüneberg/*Ellenberger*, § 167 Rn 7 (grundsätzlich); Limmer u.a./*Müller-Engels*, WürzbNotar-HdB, Teil 3 Kap. 3 Rn 11.
151 OLG Dresden, Beschl. v. 1.8.2016 – 17 W 663/16, NotBZ 2017, 49; Müller-Engels/Braun/*Renner*/*Braun*, BetreuungsR, Kap. 2 Rn 131.
152 Siehe dazu Müller-Engels/Braun/*Renner*/*Braun*, BetreuungsR, Kap. 2 Rn 157.
153 OLG Düsseldorf, Urt. v. 31.7.2003 – I-6 U54/03, DNotZ 2004, 313 m. abl. Anm. *Keim*; dagegen auch Kurze/*Kurze*, VorsorgeR, § 164 Rn 62.

furt hat „Palandt" folgend den Satz aufgestellt, dass „**völlig außergewöhnliche Rechtsgeschäfte**" von einer Generalvollmacht nicht gedeckt seien.[154] Fraglich ist, ob die Lösungen solcher Fälle – dogmatisch – anstatt auf der Ebene des Umfangs der Vollmacht richtig auf der Ebene des Missbrauchs der Vertretungsmacht zu suchen sind. Die Ergebnisse werden sich kaum unterscheiden.[155]

b) Einschränkungen durch den Vollmachtgeber

88 Mitunter wünscht der Vollmachtgeber bestimmte Einschränkungen. Er kann den Wunsch haben, bestimmte Rechtsgeschäfte/Rechtshandlungen generell von der Bevollmächtigung – im **Außenverhältnis** – auszunehmen, wobei ihm dann bewusst gemacht werden muss, dass diese dann im Falle seiner Geschäftsunfähigkeit bzw. Betreuungsbedürftigkeit von einem Betreuer wahrzunehmen wären (u.U. können Genehmigungserfordernisse Probleme bereiten, §§ 1848 ff. BGB, z.B. bei Schenkungen, § 1854 Nr. 8 BGB; Stichwort: Übergabe, siehe Rdn 94 ff.; Stichwort: Löschung Wohnungsrecht, siehe Rdn 58). Vielfach ist zu beobachten, dass der Vollmachtgeber, wenn er erfährt, dass die Herausnahme die Einrichtung einer Betreuung – die er i.d.R. mit der Vorsorgevollmacht vermeiden möchte – mit sich bringt, die Herausnahme fallen lässt und erforderlichenfalls auf andere – i.d.R. zweckmäßigere – Einschränkungen/Sicherungsmaßnahmen zurückgreift:
– Beschränkungen im **Innenverhältnis**
– **Gesamtvertretung,** u.U. beschränkt auf bestimmte Rechtsgeschäfte/Rechtshandlungen (siehe Rdn 48–50)[156]
– **keine Befreiung von § 181 BGB** (für bestimmte Rechtsgeschäfte/Rechtshandlungen)
– bei der notariell beurkundeten Vollmacht: verzögerte Ausfertigung (sog. **Ausfertigungssperre,** siehe dazu Musterbaustein Rdn 194 und Musterbaustein zur sukzessiven Ausfertigung Rdn 212).

89 Beschränkungen im Innenverhältnis sind aus Sicht des Verwenders/Empfängers (Bevollmächtigter, Vertragspartner, Notar, Grundbuchamt, Bank) stets vorzugswürdig, damit die Vollmacht ohne Zweifel funktioniert; für den Vollmachtgeber ist aber auch dessen Sicherungsinteresse zu beachten (Abwägung: Funktionsfähigkeit vs. Sicherungsinteresse).[157]

90 Reicht das Vertrauen des Vollmachtgebers nicht aus, eine unbeschränkte (General-)Vollmacht zu erteilen, mag der Wunsch, die Einrichtung einer Betreuung zu

---

154 OLG Frankfurt am Main, Beschl. v. 21.11.1986 – 20 W 247/86, NJW-RR 1987, 482.
155 In diesem Sinne Kurze/*Kurze*, VorsorgeR, § 164 Rn 62.
156 *Bühler*, FamRZ 2001, 1585.
157 *Grziwotz*, FamRB 2012, 352; Müller-Engels/Braun/*Renner*/*Braun*, BetreuungsR, Kap. 2 Rn 140.

vermeiden, hinter die „Zweifel" bzw. „Vorsicht" zurücktreten und statt einer Vorsorgevollmacht eine Betreuungsverfügung gewählt werden (siehe dazu § 5). Alternativ kommt neben der Bevollmächtigung des (eigentlichen) Vorsorgebevollmächtigten auch die **„Anordnung" einer Kontrollbevollmächtigung** vergleichbar einem Kontrollbetreuer gem. §§ 1815 Abs. 3, 1820 Abs. 3 BGB in Betracht (siehe dazu § 5). Siehe zur Beratungssituation mit dem „zaudernden" Vollmachtgeber auch Rdn 189.

Wünscht der Vollmachtgeber eine Herausnahme bestimmter Rechtsgeschäfte/Rechtshandlungen – im Außenverhältnis – sollte diese so gestaltet werden, dass sie für den Empfänger/Leser der Vollmacht sofort ersichtlich ist, am besten mit Hinweisen zum Anfang der Vollmachtsurkunde (siehe zu dieser Arbeits-/Gestaltungstechnik die Anmerkung (Fußnote) zu § 2 Abs. 1 im Grundmuster 1, Rdn 8, Fn 12). 91

So könnte die Herausnahme von „Grundbesitz" bspw. wie folgt gestaltet werden: 92

Muster 1.15: Baustein Grundmuster – Beschränkung im Außenverhältnis (Herausnahme Grundbesitz)

(Standort im Grundmuster I: § 2)

(1) Die Vollmacht soll eine **Generalvollmacht** sein und im Umfang – **mit nachfolgender Ausnahme** – unbeschränkt gelten.

Ausnahme: Der Bevollmächtigte ist – im Außenverhältnis – ausdrücklich **nicht befugt,** Grundbesitz zu veräußern, er ist ausdrücklich auch nicht befugt, Grundbesitz zu belasten, insbes. ist er nicht befugt, Grundpfandrechte zu bestellen; er ist nicht befugt, die Löschung von dinglichen Rechten zu bewilligen.

(2) (...)

1. Vermögensangelegenheiten

Soweit in Abs. 1 nicht ausdrücklich ausgenommen, umfasst die Vollmacht insbes. die Befugnis,

(...)

(Der Spiegelstrich 11 aus dem Grundmuster I („Grundbesitz zu veräußern ...") ist zu streichen.)

Die Herausnahme von Grundbesitz könnte mit einer Betreuungsverfügung gekoppelt werden, z.B. wenn Grundbesitz mit Vorbehalten (z.B. Nießbrauch oder Wohnungsrecht und ggf. Rückforderung) auf den Bevollmächtigten übergeben worden ist, um einerseits eine Beseitigung der Vorbehalte durch den Bevollmäch- 93 tigten zu verhindern, diesen aber andererseits nicht in eine Grundbuchblockade laufen zu lassen (siehe dazu auch Rdn 58).[158]

c) Sonderfall: Schenkungen

94 Vorsorglich sollte ausdrücklich geklärt werden, ob und inwieweit der Bevollmächtigte (bei mehreren Bevollmächtigten siehe Rdn 101) befugt ist, Vermögenswerte des Vollmachtgebers an sich oder Dritte zu verschenken. Zwar wird davon ausgegangen, dass ein Generalbevollmächtigter (auch ohne dahingehende ausdrückliche Erklärung des Vollmachtgebers) zu Schenkungen befugt ist, und zwar ohne Einschränkungen;[159] im Einzelfall kann eine Generalvollmacht aber dann doch einschränkend ausgelegt werden, insbes. bei ganz außergewöhnlichen Geschäften, die erkennbar den Vollmachtgeber schädigen (Kollusion, offensichtlicher Missbrauch/Evidenzfälle, siehe auch Rdn 87).[160] Ohne eine entsprechende Klarstellung oder Regelung zur Berechtigung von Schenkungen besteht die Gefahr, dass die Wirksamkeit einer Schenkung oder einer anderen – auch nur teilweise – unentgeltlichen Zuwendung (wie zum Beispiel auch ein Übergabevertrag) in den Streit kommt.[161]

Muster 1.16: Baustein Grundmuster – Schenkungen ohne Einschränkung

95 *(Standort im Grundmuster I: § 2 Abs. 1 Variante 1)*

Die Vollmacht soll eine **Generalvollmacht** sein und im Umfang unbeschränkt gelten; der Bevollmächtigte ist ausdrücklich auch befugt, Schenkungen an sich oder Dritte vorzunehmen.

96 Im Beratungsgespräch – für den Notar bis hin in den Beurkundungstermin – ist auf die **Frage der Schenkungsbefugnis** ein besonderes Augenmerk zu legen (**eine der drei Kernfragen** zur Vorsorgevollmacht, siehe Rdn 54). Die Wünsche des Vollmachtgebers und dessen Aufklärung müssen mit Bedacht vorgenommen werden. Wenn der Vollmachtgeber die Vollmacht unterschreibt, muss ihm bewusst sein, ob und inwieweit der Bevollmächtigte zu Schenkungen befugt ist.

---

158 Kersten/Bühling/*Kordel*, Formularbuch und Praxis der Freiwilligen Gerichtsbarkeit, § 96 Rn 29; Müller-Engels/Braun/*Renner/Braun*, BetreuungsR, Kap. 2 Rn 140. *Münch*, Ehebezogene Rechtsgeschäfte, 5. Aufl. 2020, Kap. 5 Rn 538 weist entsprechend den Ausführungen hier Rdn 58 zu Recht darauf hin, dass dies keine befriedigende Lösung sei; vorzugswürdig sei die Bevollmächtigung eines Dritten. Bei mehreren Bevollmächtigten kommt eine Gesamtvertretung bspw. gem. Musterbaustein Rdn 50 in Betracht (siehe zu Schenkungen Rdn 101).

159 *Bühler*, FamRZ 2001, 1585; Kurze/*Kurze*, VorsorgeR, § 164 Rn 66; Limmer u.a./*Müller-Engels*, WürzbNotar-HdB, Teil 3 Kap. 3 Rn 21; *Müller*, DNotZ 2015, 403; Müller-Engels/Braun/*Renner/Braun*, BetreuungsR, Kap. 2 Rn 165.

160 Limmer u.a./*Müller-Engels*, WürzbNotar-HdB, Teil 3 Kap. 3 Rn 21; Müller-Engels/Braun/*Renner/Braun*, BetreuungsR, Kap. 2 Rn 169 f.; *Stascheit*, RNotZ 2020, 61.

161 Limmer u.a./*Müller-Engels*, WürzbNotar-HdB, Teil 3 Kap. 3 Rn 21.

Mitunter wird die Frage, ob der Bevollmächtigte etwas verschenken darf, vorschnell verneint. „Ich habe nichts zu verschenken." „Wenn es etwas zu verschenken gibt, dann mache ich das (noch) selbst." Oftmals ist dem Vollmachtgeber nicht bewusst, dass er damit eine ggf. später gewünschte – ggf. auch sozialrechtlich motivierte[162] – Übertragung der Familienimmobilie gegen Wohnungsrecht bspw. auf ein Kind unmöglich macht oder zumindest erschwert. Denn wenn Schenkungen in der Vollmacht ausgeschlossen sind, stellt sich die Frage, ob sich das gewünschte Ergebnis über die gesetzliche Vertretung durch einen Betreuer überhaupt erzielen lässt. Bis zum 31.12.2022 galt für den Betreuer ein grundsätzliches Schenkungsverbot (§§ 1804, 1908i Abs. 2 S. 1 BGB a.F.; siehe dazu 1. Auflage 2020, § 1 Rn 89). Mit der Reform des Vormundschafts- und Betreuungsrechts zum 1.1.2023 sind Schenkungen mit Genehmigung des Betreuungsgerichts möglich; ausgenommen vom Genehmigungserfordernis sind Schenkungen, die nach den Lebensverhältnissen des Betreuten angemessen oder als Gelegenheitsgeschenke üblich sind (§ 1854 Nr. 8 BGB). Ein Übergabevertrag erfüllt diese Kriterien i.d.R. nicht. Insbesondere in Fällen einer – wenn auch in ferner Zukunft – bevorstehenden (Betriebs-) Übergabe ist daher seitens des Beraters darauf zu achten, dass sich der Vollmachtgeber in der Vollmacht nicht vorschnell für ein (umfassendes) Schenkungsverbot entscheidet.[163]

Praxistipp 97

Erklärt der Berater dem Vollmachtgeber die Folgen eines Schenkungsverbots für die ggf. später sozialrechtlich motivierte Übergabe des Familienwohnheims, wird der Vollmachtgeber von seinem meist – trotz Vorgespräch und Übersendung eines Entwurfs – spontan gewünschten Verbot Abstand nehmen oder dieses zumindest einschränken (siehe z.B. die Varianten im nachfolgenden Musterbaustein Rdn 99). Hat der Vollmachtgeber keine Immobilie oder ist ihm sein Auto lieber, mag vor Augen geführt werden, dass sein Auto im Falle seiner Geschäftsunfähigkeit nicht so ohne Weiteres bspw. auf seinen

---

162 Beginn der Zehnjahresfrist des § 529 Abs. 1 Alt. 1 BGB (Ausschlussfrist auch für den Sozialregress) ab Eingang des Antrags auf Eigentumsumschreibung beim Grundbuchamt trotz bspw. vorbehaltenem Wohnungsrecht (BGH, Urt. v. 19.7.2011 – X ZR 140/10, BGHZ 190, 281 = ZErb 2011, 338 = ZEV 2011, 666 = DNotZ 2012, 507 = FamRZ 2011, 1579 = NJW 2011, 3082; OLG Köln, Beschl. v. 24.6.2011 –11 U 43/11, ZEV 2011, 670 (Nießbrauch); MüKo-BGB/*Koch*, § 529 Rn 3.

163 Fehlt es an einer (Vorsorge-)Vollmacht bzw. sind darin Schenkungen ausgeschlossen, konnte bei einer Betriebsübergabe § 1908 BGB a.F. helfen: siehe dazu am Beispiel der Übergabe eines landwirtschaftlichen Betriebes durch einen Betreuer Müller-Engels/Braun/*Müller-Engels*, BetreuungsR, Kap. 1 Rn 208 ff. unter Hinweis u.a. auf OLG Stuttgart, Beschl. v. 30.6.2004 – 8 W 495/03, FamRZ 2005, 62. § 1908 BGB a.F. ermöglichte eine Ausstattung mit Genehmigung des Betreuungsgerichts; mit der Reform des Vormundschafts- und Betreuungsrechts zum 1.1.2023 ist die Genehmigung einer Betriebsübergabe – auch ohne deren Qualifikation als Ausstattung – möglich (§§ 1848 ff. BGB, siehe insbes. § 1854 Nr. 8 BGB).

Ehegatten oder ein Kind übertragen werden kann; der Übertragung müsste ein Kaufvertrag (Verkehrswert) vorangehen. Vergleichbar ist die Problematik bei der Frage der Befreiung von § 181 BGB (dazu Rdn 54).

98 Auch beim einfachen Verkauf des Familienwohnheims (z.B. nach bzw. wegen alters-pflegebedingtem Auszug) kann das Schenkungsverbot stören; ggf. ist dann zur Vorlage beim Notar, bei der finanzierenden Bank des Käufers und/oder spätestens beim Grundbuchamt ein (zeitaufwendiges, kostenträchtiges) Verkehrswertgutachten erforderlich (Stichwort: Werthaltigkeits- bzw. Entgeltnachweis; erreicht der vereinbarte Kaufpreis den vollen Verkehrswert?). Der Vorteil der Vorsorgevollmacht gegenüber einer vom Betreuungsgericht zu genehmigenden Veräußerung durch den Betreuer (§§ 1833 Abs. 3, 1850 Nr. 1 BGB) kann durch ein – ggf. auch nur eingeschränktes – Schenkungsverbot verlorengehen.[164]

99 **Muster 1.17: Baustein Grundmuster – Beschränkung im Außenverhältnis (Ausschluss/Einschränkung von Schenkungen)**

(Standort im Grundmuster I: statt dortigem § 2 Abs. 1)

Die Vollmacht soll eine **Generalvollmacht** sein und im Umfang unbeschränkt gelten;

Variante Totalausschluss:

ausgenommen sind jedoch Schenkungen.

Variante Betreuer (= Variante 2 im Grundmuster):

ausgenommen sind jedoch Schenkungen, es sei denn, diese sind nach meinen Lebensverhältnissen angemessen oder als Gelegenheitsgeschenke üblich.[165]

Variante 3 (Ehegatte und/oder Abkömmlinge):

ausgenommen sind jedoch Schenkungen, es sei denn, sie erfolgen zugunsten meines Ehegatten und/oder eines oder mehrerer meiner Abkömmlinge.

100 **Praxistipp: Sichtbare Streichungen (Arbeitstechnik des Notars)**

Insbesondere in der notariellen Beurkundungspraxis kann es ratsam sein, zur Frage der Schenkungsbefugnis gem. dem Grundmuster mit Varianten in den Beurkundungstermin zu gehen. Aus Gründen der Klarstellung und Dokumentation wird dann die nicht gewünschte Variante in der Urkunde im Termin vom Notar mit Randvermerk sichtbar gestrichen (§ 44a Abs. 1 S. 1 BeurkG); bei der Ausfertigung mag der Notar bewusst auf die ggf. sonst bei ihm übliche Fertigung einer sog. Leseabschrift verzichten, damit die Klarstellung im Rechtsverkehr verstärkt zur Geltung kommt. Ebenso mag bei der Frage einer

---

164 Siehe dazu DNotI-Report 2019, 108 (Gutachten).
165 Zu Recht kritisch Limmer u.a./*Müller-Engels*, WürzbNotar-HdB, Teil 3 Kap. 3 Rn 21; *Müller*, DNotZ 2021, 84.

Befreiung von den Beschränkungen des § 181 BGB (siehe Rdn 63) sowie bei den Anweisungen zur Ausfertigung verfahren werden (siehe Rdn 210).

Bei **mehreren Bevollmächtigten** kommt als Alternative zum Ausschluss von Schenkungen auch eine **Gesamtvertretung** in Betracht. Siehe dazu das Muster Rdn 50.[166]

d) Sonderthema: Auskunft über notarielle Verfügungen von Todes wegen

Unklar bzw. streitig ist, ob die Befreiung des Notars von seiner Pflicht zur Verschwiegenheit (§ 18 BNotO) ein höchstpersönliches Recht ist oder ob bei – ausdrücklicher – Bevollmächtigung eine Befreiung durch einen Bevollmächtigten möglich ist (siehe § 4 Rdn 12). Die Frage ist für die Vorsorgevollmacht von Relevanz, wenn es um die Frage geht, ob der Notar dem Bevollmächtigten auf dessen Verlangen eine Ablichtung einer gem. § 31 Abs. 1 Nr. 1 lit. a NotAktVV (bzw. § 20 Abs. 1 S. 3 DONot a.F.) vorhandenen Abschrift/Ablichtung einer Verfügung von Todes wegen aushändigen muss. Wenn der Vollmachgeber das nicht möchte, mag eine entsprechende Berechtigung in der Vorsorgevollmacht ausgeschlossen werden[167] (alternativ/kumulativ könnte der Notar entgegen dem Normalfall nicht angewiesen werden, eine beglaubigte Ablichtung/Abschrift in die Urkundensammlung zu nehmen):

Muster 1.18: Baustein Grundmuster – Beschränkung im Außenverhältnis (Herausnahme Auskunft über Verfügen von Todes wegen)

(Standort im Grundmuster I und II: § 2)

(1) Die Vollmacht soll eine **Generalvollmacht** sein und im Umfang – mit nachfolgender **Ausnahme** – unbeschränkt gelten.

Ausnahme: Der Bevollmächtigte ist – im Außenverhältnis – ausdrücklich **nicht befugt**, von einem Notar Ablichtungen, Abschriften oder Ausfertigungen von Verfügungen von Todes wegen zu verlangen, die ich vor diesem Notar errichtet habe.[168]

(...)

e) Katalog

Eine grundsätzliche Frage, aber in bestimmten Situationen auch durchaus eine Frage des Einzelfalls ist die, ob in die Vollmachtsurkunde einer als Generalvollmacht erteilten Vorsorgevollmacht für **Vermögensangelegenheiten** ein Katalog von zulässigen/möglichen Rechtsgeschäften/Rechtshandlungen aufzunehmen ist.

---

166 *Bühler*, FamRZ 2001, 1585.
167 Kersten/Bühling/*Kordel*, Formularbuch und Praxis der Freiwilligen Gerichtsbarkeit, § 96 Rn 58 f.; *Münch*, Ehebezogene Rechtsgeschäfte, 5. Aufl. 2020, Kap. 5 Rn 539.
168 Nach Kersten/Bühling/*Kordel*, Formularbuch und Praxis der Freiwilligen Gerichtsbarkeit, § 96 Rn 60.

Zum Grundsatz gehen die Meinungen in der kautelarjuristischen Literatur und auch in der Gestaltungspraxis – gefühlt 50:50 mit Tendenz zum Katalog – auseinander.[169]

105 Für die Aufnahme eines entsprechenden Kataloges spricht:

1. Dem **Vollmachtgeber** wird – noch einmal (unmittelbar vor seiner Unterschrift) – die Dimension einer Generalvollmacht **vor Augen geführt**. Hiermit erfüllt der Berater seine **Hinweis- und Warnfunktion**, die zugleich für ihn unmittelbar in der Urkunde **dokumentiert** ist. Nicht selten erlebt der Berater Fragen oder gar eine Diskussion zu einzelnen im Katalog aufgeführten Rechtsgeschäften/Rechtshandlungen, die es für den Vollmachtgeber bei einer „schlichten" Generalvollmacht (ohne Katalog) nicht gegeben hätte: „Was, das darf der Bevollmächtigte auch? Das hätte ich ja nie gedacht!" Die Erfahrung in der Beratung und Umsetzung von Vorsorgevollmachten (insbes. im Fall der notariellen Beurkundung beim Vorlesen) zeigt, dass es für viele Vollmachtgeber doch **mehr als „alles"** gibt. Das gilt mitunter sogar für juristisch (vor-)gebildete Vollmachtgeber (bis hin zur Befähigung zum Richteramt) in dessen eigener Sache. Eben an diesen Fragen/Diskussionen – am Katalog – können die wichtigen Themen wie Schenkungen, Befreiung von den Beschränkungen des § 181 BGB und Start der Vollmacht/Ausfertigungen erörtert werden (die drei „Kernfragen", siehe Rdn 54). Der Berater kann dabei auch seine **Einschätzung zur Intensität des Vertrauens** des Vollmachtgebers in die Person des/der Bevollmächtigten überprüfen (siehe dazu z.B. Rdn 29).

106 2. Bei entsprechender Gestaltung des Kataloges kann der **Empfänger/Leser** der Vorsorgevollmacht sein Thema schnell finden und hat so eine Bestätigung, dass die Vollmacht **auch für „seinen" Fall** gilt. Das gilt nicht so sehr für den juristischen Empfänger wie etwa ein Gericht (z.B. das Grundbuchamt),[170] sondern mehr für den nicht-juristischen Geschäftsverkehr, wozu hier auch Bankmitarbei-

---

169 Entgegen der hier vertretenen Auffassung gegen einen Katalog: Limmer u.a./*Müller-Engels*, WürzbNotar-HdB, Teil 3 Kap. 3 Rn 13; Müller-Engels/Braun/*Renner/Braun*, BetreuungsR, Kap. 2 Rn 137; *Milzer*, NJW 2003, 1836. Dafür z.B. *Bühler*, FamRZ 2001, 1585; Lipp/*Spalckhaver*, Vorsorgeverfügungen, § 13 Rn 54 ff.
170 Siehe aber OLG Celle, Beschl. v. 20.6.2018 – 6 W 78/18, ZErb 2018, 200 = ZEV 2018, 728 m. Anm. *Litzenburger* = FamRZ 2018, 1795. Das OLG Celle äußert sich zur Frage, ob ein Vorsorgebevollmächtigter mit Generalvollmacht im Erbscheinsverfahren ebenso zur eidesstattlichen Versicherung – anstatt des Antragstellers – zuzulassen ist (siehe dazu § 4 Rdn 7]). Das OLG Celle arbeitet bei einer Prüfung zu Umfang/Reichweite der Vorsorgevollmacht die passenden Passagen aus einem Katalog in der Vorsorgevollmacht ab und stützt damit seine Entscheidung zur Zulassung des Vorsorgebevollmächtigten.

ter – außerhalb der dortigen Rechtsabteilung – zählen (Stichwort: „bankenfreundliche" Vollmacht[171]).

3. **Renner/Braun** (selbst grundsätzlich keine Befürworter des Katalogs) weisen noch auf die folgenden beiden Vorteile hin: Da das Gesetz in persönlichen Angelegenheiten konkrete Formulierungen fordert (siehe dazu Rdn 118 ff.), brächte der (freiwillige) Katalog in Vermögensangelegenheiten einen **Gleichlauf** zwischen beiden Urkundsteilen;[172] man könnte auch von einem gewissen (optischen) **Gleichgewicht** sprechen (siehe im Grundmuster I Rdn 8, dort § 2 Abs. 2 Nr. 1 zu Nr. 2). Ferner werde die Verwendbarkeit der Vollmacht im **Ausland** erhöht.[173] 107

Gegen die Aufnahme eines entsprechenden Kataloges spricht: 108

1. Auch eine ausdrücklich beispielhafte Aufzahlung von Rechtsgeschäften/Rechtshandlungen kann den Empfänger/Leser einer Vorsorgevollmacht (auch Gerichte[174]) dazu veranlassen, **nicht aufgezählte Rechtsgeschäfte/Rechtshandlungen als** von der Bevollmächtigung **ausgenommen** anzusehen. Dieses Problem dürfte aber heute nicht mehr so groß sein wie in der Vergangenheit. Die Vorsorgevollmacht wird in der Praxis mehr und mehr auch und insbes. als Generalvollmacht wahrgenommen. Außerdem haben sich aus der Erfahrung/Rechtsprechung der Vergangenheit zwischenzeitlich so vorsichtige/klarstellende Formulierungen entwickelt, die die Besorgnis einer nicht gewünschten Einschränkung beseitigen sollten (siehe im Grundmuster I Rdn 8 die Einleitung zum Katalog, § 2 Abs. 2 Nr. 1).

2. Der Katalog führt zu einer **inhaltlich und textlich umfangreicheren** Vollmacht. Das könnte die **Konzentrationsfähigkeit/Aufnahmekapazität** des Vollmachtgebers einschränken bzw. den Vollmachtgeber überfordern. Auf der anderen Seite macht aber gerade der Katalog (wenn er sich auf für den konkreten Vollmachtgeber zu erwartenden Rechtsgeschäfte/Rechtshandlungen beschränkt) dem Vollmachtgeber die Themen der Vollmacht plastisch. 109

3. Im **Einzelfall** können Umfang und inhaltliche Dichte für den Vollmachtgeber in seiner persönlichen Situation (z.B. bei **schwerer Erkrankung,** nicht mit Blick auf die Geschäftsfähigkeit, aber z.B. mit Blick auf die Dauer der Konzentrationsfähigkeit) zur **Zumutung** werden. Dann sollte die Vollmacht unter angemessener Berücksichtigung der Hinweis-/Warnfunktion des Beraters und entsprechender Dokumentation gekürzt werden, wobei es sich dann anbietet, den hier vorge- 110

---

171 Müller-Engels/Braun/*Renner/Braun*, BetreuungsR, Kap. 2 Rn 156 unter Hinweis auf Muster bei Lipp/*Spalckhaver*, Vorsorgeverfügungen, § 14 Rn 63 mit Fn 72; siehe hier im Grundmuster I § 2 Abs. 2 Nr. 1 Spiegelstriche 6 und 10, aber auch 7 und 11 (Rdn 8).
172 Müller-Engels/Braun/*Renner/Braun*, BetreuungsR, Kap. 2 Rn 132.
173 Müller-Engels/Braun/*Renner/Braun*, BetreuungsR, Kap. 2 Rn 132; Lipp/*Spalckhaver*, Vorsorgeverfügungen, § 14 Rn 102.
174 Siehe z.B. OLG Celle (vorstehend zitiert, Fn 170) – dort hat der Katalog „geholfen".

schlagenen Katalog stark zu reduzieren oder gar ganz zu streichen (siehe dazu den Hinweis 1. Auflage 2020, § 2 Rn 17).

111 Hier wird mit dem Grundmuster I (Rdn 8) die Aufnahme eines Kataloges befürwortet (siehe dort § 2 Abs. 2 Nr. 1). Der Katalog darf allerdings nicht „ausufern" – weder vom Umfang noch vom Inhalt her. Vom Umfang her sollte eine Seite nicht überschritten werden und vom Inhalt her sollte er sich auf die für den konkreten Vollmachtgeber (typischerweise) zu erwartenden Rechtsgeschäfte/Rechtshandlungen beschränken (kein flächendeckender Schrottschuss). Generell wird sich aber für den klassischen Fall der Familie mit Familienwohnheim und Bankvermögen ein standardisierter Katalog verwenden lassen (Vorschlag § 2 Abs. 1 Nr. 1 im Grundmuster I, Rdn 8), ggf. ebenso für den Unternehmer (siehe dazu § 2 Rdn 90).

112 **Muster 1.19: Baustein Grundmuster – Beispiele zur Erweiterung des Kataloges insbes. zulässiger Rechtsgeschäfte etc.**

(Standort im Grundmuster I: zur Ergänzung § 2 Abs. 1 Ziff. 1)

Die Vollmacht umfasst insbes. die Befugnis,
- (...)
- einen Heimvertrag oder eine ähnliche Vereinbarung abzuschließen,
- Mietverhältnisse abzuschließen, zu ändern, aufzuheben und zu kündigen (auch über Wohnraum),
- zur Beantragung von amtlichen Ausweisdokumenten, insbes. Personalausweis, Reisepass *(Vertretung nur bei Handlungs- oder Einwilligungsunfähigkeit, zumindest Form der öffentlichen Beglaubigung erforderlich, § 9 Abs. 1 Personalausweisgesetz, § 6 Abs. 1 Passgesetz)*
- von mir erteilte Spezialvollmachten zu widerrufen,
- Gesellschaftsanteile aller Art zu veräußern und auch zu erwerben, Gesellschaften zu gründen, Gesellschafterrechte wahrzunehmen, insbes. das Stimmrecht auszuüben (Stimmrechtsvollmacht), für mich Erklärungen aller Art, insbes. Anmeldungen gegenüber dem Handelsregister vorzunehmen (Handelsregistervollmacht, § 12 Abs. 1 S. 1 HGB).[175]

f) Exkurs: Verbraucherdarlehensvertrag (besondere Form der Vollmacht)

113 Die Vorsorgevollmacht als Generalvollmacht ermöglicht auch den Abschluss eines Darlehens-/Kreditvertrages. Im privaten Bereich wird es sich dann regelmäßig um einen sog. **Verbraucherdarlehensvertrag** handeln. Die Vollmacht zum Abschluss eines Verbraucherdarlehensvertrages bedarf der **Schriftform** und muss als privatschriftliche Vollmacht die für den Verbraucherdarlehensvertrag vorgeschriebenen **Angaben** nach Art. 247 §§ 6 bis 13 EGBGB enthalten (§ 492 Abs. 4 S. 1 BGB), die erst gegeben werden können, wenn schon über den Vertragsinhalt verhandelt wurde. Eine Vorsorgevollmacht, die nur allgemein zu einer erst späteren Aufnahme von Verbraucherdarlehen ermächtigen soll, kann solche Informati-

---

175 Siehe dazu mit weiteren Formulierungsvorschlägen § 2 Rdn 90.

onen nicht enthalten.[176] **Für eine notariell beurkundete Vollmacht gilt diese Einschränkung nicht** (§ 492 Abs. 4 S. 2 BGB).[177]

g) Kein Erfordernis gerichtlicher Genehmigungen

Während der Betreuer als gesetzlicher Vertreter umfangreichen Genehmigungserfordernissen unterworfen ist (siehe in Vermögensangelegenheiten: §§ 1848 ff. BGB), handelt der rechtsgeschäftlich (Vorsorge-)Bevollmächtigte – mit Ausnahme der §§ 1829, 1831 und 1832 BGB (§§ 1904, 1906 und 1906a BGB a.F.) (siehe dazu Rdn 126 ff.) – ohne entsprechende Einschaltung des Staates/Betreuungsgerichts (ganz h.M.).[178] 114

2. Vollmacht in persönlichen Angelegenheiten

a) Personensorge i.e.S.

Grundsätzlich wird – auch und insbes. bei Vorsorgevollmachten – zwischen vermögensrechtlichen Angelegenheiten und **persönlichen Angelegenheiten** differenziert. Die persönlichen Angelegenheiten werden in Abgrenzung von den vermögensrechtlichen Angelegenheiten als **nicht-vermögensrechtlich** bezeichnet. Bei der Vorsorgevollmacht geht es dabei insbes. um die Themen Gesundheitsfürsorge, Aufenthaltsbestimmung/Unterbringung, Einwilligung in ärztliche Zwangsmaßnahmen; insoweit wird auch von der **Personensorge (im engeren Sinne)** gesprochen. 115

Bei den Erklärungen des Betroffenen bzw. seines Bevollmächtigten zur Personensorge i.e.S. handelt es sich um **keine rechtsgeschäftlichen Willenserklärungen**, sondern um **Gestattungen oder Ermächtigungen zur Vornahme tatsächlicher Handlungen**;[179] daher dürfte es bei der diesbezüglichen Bevollmächtigung auch nicht auf die Geschäftsfähigkeit des Vollmachtgebers ankommen, sondern auf 116

---

176 Siehe auch Bundesministerium der Justiz und für Verbraucherschutz, Betreuungsrecht – Mit Ausführlichen Informationen zur Vorsorgevollmacht, Stand August 2021, Ziff. 2.1.6, S. 46.
177 Siehe dazu auch Lipp/*Spalckhaver*, Vorsorgeverfügungen, § 14 Fn 68 und Rn 81 ff.
178 BT-Drucks 11/4528, 123, 135; DNotI-Report 2003, 113 (Gutachten); *Bühler*, FamRZ 2001, 1585; *Demharter*, Grundbuchordnung, 32. Aufl. 2021, § 19 Rn 81.4; *Müller*, DNotZ 1997, 100; Limmer u.a./*Müller-Engels*, WürzbNotar-HdB, Teil 3 Kap. 3 Rn 33; MüKo-BGB/*Schubert*, 9. Aufl. 2021, § 168 Rn 13. Zimmer, ZfLR 2016, 769 weist im Zusammenhang zum Erfordernis betreuungsgerichtlicher Genehmigung von Rechtsgeschäften des Betreuers darauf hin, dass dies im Hinblick darauf, dass die Vorsorgevollmacht in anderen Bereichen immerhin der Betreuung gleichgestellt werde (siehe dazu auch § 4 Rdn 7), nicht zwingend sei.
179 BGH, Urt. v. 5.12.1958 – VI ZR 266/57, BGHZ 29, 33 = FamRZ 1959, 200 = NJW 1959, 811; OLG Düsseldorf, Beschl. v. 6.12.1996 – 25 Wx 60/96, MittRhNotK 1998, 16; Limmer u.a./*Müller-Engels*, WürzbNotar-HdB, Teil 3 Kap. 3 Rn 26 m.w.N. zur Rspr.

dessen **Einwilligungsfähigkeit** (siehe Rdn 18). Mit dem (ersten) Betreuungsrechtsänderungsgesetz (1. BtÄndG, 1998) hat der Gesetzgeber die Vertretung im Bereich der Personensorge i.e.S. ausdrücklich geregelt (§ 1904 Abs. 2 BGB a.F.); damit wurde ein Streit zur **Zulässigkeit einer Vertretung außerhalb rechtsgeschäftlicher Willenserklärungen** beendet.[180]

117 Solange der Vollmachtgeber **noch selbst** die natürliche Einsichtsfähigkeit hat, die Bedeutung und Tragweite einer Entscheidung zur Personensorge i.e.S. zu beurteilen (sog. Einwilligungsfähigkeit), kann aufgrund (Vorsorge-)Vollmacht nicht gehandelt werden (der Vollmacht „**immanente**" Beschränkung im Außenverhältnis).[181]

b) Schriftform und Erfordernis der ausdrücklichen Benennung von Maßnahmen

118 Während die vom Gesetz geforderte **Schriftform** (§ 126 BGB) bei Vorsorgevollmachten i.d.R. kein Problem darstellt, sieht das bei der inhaltlichen Ausgestaltung (Formulierung, Text) anders aus. Im Bruch mit der deutschen Rechtstradition verlangt das Gesetz eine **ausdrückliche Benennung bestimmter Maßnahmen**, zu denen der Bevollmächtigte berechtigt ist.[182] Aktuell ist unklar, ob sich das Erfordernis der ausdrücklichen Benennung auf die im Gesetz geregelten Fälle beschränkt oder ob die insoweit „hohen Anforderungen" des Gesetzes **generell auf Vollmachten in persönlichen Angelegenheiten** zu übertragen sind.[183]

119 Die hier vorangestellten Grundmuster enthalten – vorsorglich – neben dem **Behandlungsabbruch** ausdrücklich auch die Ermächtigung zur Entscheidung über die Anwendung **neuartiger Medikamente und Behandlungsmethoden** sowie zur Einholung **ärztlicher Auskünfte** einschließlich **Entbindung von der ärztlichen Schweigepflicht** (Rdn 8 und Rdn 9, dort § 2 Abs. 2 Nr. 2 Buchst. a und Buchst. d).[184]

---

180 Siehe dazu nur einen kurzen Abriss bei Müller-Engels/Braun/*Renner*/*Müller-Engels*, BetreuungsR, Kap. 2 Rn 174 m.w.N.
181 OLG Stuttgart, Beschl. v. 23.2.1994 – 8 W 534/93, DNotZ 1995, 687 = FamRZ 1994, 1417; Limmer u.a./*Müller-Engels*, WürzbNotar-HdB, Teil 3 Kap. 3 Rn 26; *Perau*, MittRhNotK 1996, 285 und *Bühler*, FamRZ 2001, 1585.
182 Müller/Renner/*Renner*, BetreuungsR, 5. Aufl. 2018, Rn 376; *Müller-von Münchow*, NotBZ 2010, 31.
183 Siehe dazu wiederum auch nur den kurzen Abriss bei Müller/Renner/*Renner*, BetreuungsR, 5. Aufl. 2018, Rn 377 (Fn 590).
184 Gegen eine Übertragung bspw. für die Ermächtigung zur Einholung ärztlicher Auskünfte, zur Entbindung des Arztes von der Schweigepflicht oder zur Entscheidung über die Anwendung neuartiger Medikamente: Grüneberg/*Götz*, 81. Aufl. 2022, Einführung vor § 1896 Rn 4/5; Heckschen/Herrler/Münch/*Reetz*, Beck'sches Notarhandbuch, 7. Aufl. 2019, § 16 Rn 77.

Folgende Maßnahmen bzw. die Einwilligung, Nichteinwilligung und/oder Widerruf der Einwilligung in folgende Maßnahmen müssen lt. Gesetz von der Vollmacht „ausdrücklich umfasst" sein: 120
– Einwilligung, Nichteinwilligung oder Widerruf einer Einwilligung in eine **Untersuchung des Gesundheitszustandes,** eine **Heilbehandlung** oder einen **ärztlichen Eingriff,** wenn die begründete Gefahr besteht, dass der Bevollmächtigte aufgrund der Maßnahme stirbt oder einen schweren und länger dauernden gesundheitlichen Schaden erleidet (§§ 1820 Abs. 2 Nr. 1, 1829 Abs. 1 S. 1 und 2 BGB; § 1904 Abs. 1 S. 1 und Abs. 2 mit Abs. 5 BGB a.F.)[185]
– **Unterbringung** des Vollmachtgebers **durch den Bevollmächtigten, die mit Freiheitsentziehung verbunden** ist (§§ 1820 Abs. 2 Nr. 2, 1831 Abs. 1 BGB; § 1906 Abs. 1 mit Abs. 5 BGB a.F.)
– **Freiheitsentziehung** des sich in einem **Krankenhaus,** einem **Heim** oder einer **sonstigen Einrichtung** aufhaltenden Vollmachtgebers durch **mechanische Vorrichtungen, Medikamente oder auf andere Weise** über einen längeren Zeitraum oder regelmäßig (§§ 1820 Abs. 2 Nr. 2, 1831 Abs. 4 BGB; § 1906 Abs. 4 mit Abs. 5 BGB a.F.)
– Einwilligung in **ärztliche Zwangsmaßnahmen,** d.h. dem natürlichen Willen des Vollmachtgebers widersprechende Untersuchungen des Gesundheitszustandes, entsprechende Heilbehandlungen und/oder entsprechender ärztliche Eingriffe (§§ 1820 Abs. 2 Nr. 3, 1832 Abs. 1 BGB; § 1906a Abs. 1 mit Abs 5 BGB a.F.); entsprechende Maßnahmen sind nur bei stationärem Aufenthalt in einem Krankenhaus gem. § 1832 Abs. 1 S. 1 Nr. 7 (§ 1906a Abs. 1 Nr. 7 BGB a.F.) zulässig, siehe daher den nächsten Spiegelstrich
– Einwilligung in eine **Verbringung** des Vollmachtebers **für eine in Betracht kommende ärztliche Zwangsmaßnehme in ein Krankenhaus** gem. § 1832 Abs. 1 S. 1 Nr. 7 BGB (§§ 1820 Abs. 2 Nr. 3, 1832 Abs. 4 BGB) (§ 1906a Abs. 1 Nr. 7 BGB a.F.; § 1906a Abs. 4 mit Abs. 5 BGB a.F.).

Mit dem Konkretisierungserfordernis soll sichergestellt werden, dass sich der Vollmachtgeber bei Erteilung der Vollmacht zu Themen der Personensorge i.e.S. über den entsprechenden Inhalt und die Reichweite der Bevollmächtigung im Klaren ist **(Warnfunktion).**[186] Die Maßnahmen müssen daher konkret (aus-)formuliert werden. Es reicht nicht aus, wenn nur auf die entsprechenden 121

---

185 Siehe dazu BGH, Beschl. v. 6.7.2016 – XII ZB 61/16, BGHZ 211, 67 = ZErb 2016,330 = ZEV 2016, 649 = ErbR 2016, 632 = DNotZ 2017, 199 = FamRZ 2016, 1671 = NJW 2016, 3297.
186 BGH, Beschl. v. 6.7.2016 – XII ZB 61/16, BGHZ 211, 67 = ZErb 2016,330 = ZEV 2016, 649 = ErbR 2016, 632 = DNotZ 2017, 199 = FamRZ 2016, 1671 = NJW 2016, 3297; Limmer u.a./*Müller-Engels,* WürzbNotar-HdB, Teil 3 Kap. 3 Rn 27 unter Hinweis auf OLG Stuttgart, Beschl. v. 23.2.1994 – 8 W 534/93, DNotZ 1995, 687 = FamRZ 1994, 1417 (vor dem gesetzlichen Konkretisierungserfordernis; auf diese Entscheidung wird aber in den Gesetzesmaterialien Bezug genommen, BT-Drucks 13/7158, 34).

Paragraphen im BGB verwiesen wird.[187] Auf der einen Seite muss das Gesetz nicht wörtlich wiedergegeben werden; auf der anderen Seite ist die Übernahme des Gesetzeswortlauts aber in jedem Fall ausreichend.[188] Um einerseits formell dem Konkretisierungserfordernis, aber anderseits auch der dahinterstehenden Warnfunktion gerecht zu werden, empfiehlt sich eine am **Gesetzeswortlaut orientierte Formulierung, ergänzt um beispielhafte Aufzählungen**.[189]

122 Mit § 2 Abs. 2 in den Grundmustern (Rdn 8 und Rdn 9) wird für die persönlichen Angelegenheiten bzw. für die Personensorge i.e.S. ein **(umfassender) Formulierungsvorschlag** geliefert, der bzgl. des Erfordernisses fehlender Einwilligungsfähigkeit (siehe Rdn 117) und gerichtlicher Genehmigungen mit den Hinweisen Spiegelstriche 4 bis 6 in § 5 zu ergänzen ist (siehe dazu auch Rdn 126 ff.).

123 Über die ausdrücklich zu erfassenden Maßnahmen sind seit der gesetzlichen Regelung der Bevollmächtigung (1. BtÄndG, 1998) zwei **Gesetzesänderungen** ergangen, die für die Gestaltungspraxis von Bedeutung sind:
– zum 1.9.2009 neu (im Rahmen des 3. BtÄndG, 2009): **Nichteinwilligung und Widerruf der Einwilligung in lebenserhaltende Maßnahmen (Behandlungsabbruch)**[190]
– zum 26.2.2013[191] neu: Regelungen zu **ärztlichen Zwangsmaßnahmen** (zunächst Änderung in § 1906 BGB: Zwangsmaßnahmen nur bei geschlossener Unterbringung (angeordnete stationäre Unterbringung);[192] Korrektur/Ergänzung zum 22.7.2017:[193] Ergebnis § 1906a BGB a.F.,[194] Zwangsmaßnahmen auch ohne geschlossene Unterbringung, aber Zwangsmaßnahmen außerhalb von Krankenhäusern gem. § 1906a Abs. 1 Nr. 7 BGB a.F. sind weiter verboten,

---

187 BGH, Beschl. v. 6.7.2016 – XXII ZB 61/16, BGHZ 211, 67 = ZErb 2016,330 = ZEV 2016, 649 = ErbR 2016, 632 = DNotZ 2017, 199 = FamRZ 2016, 1671 = NJW 2016, 3297; Grüneberg/*Götz*, 81. Aufl. 2022, § 1904 Rn 26; Müller-Engels/Braun/*Renner/Müller-Engels*, BetreuungsR, Kap. 2 Rn 181 f.
188 Müller/Renner/*Renner*, BetreuungsR, 5. Aufl. 2018, Rn 378.
189 Limmer u.a./*Müller-Engels*, WürzbNotar-HdB, Teil 3 Kap. 3 Rn 27 und Müller/Renner/*Renner*, BetreuungsR, 5. Aufl. 2018, Rn 378, jeweils m.w.N.
190 Vorausgegangen: BGH, Beschl. v. 17.3.2003 – XII ZB 2/03, BGHZ 154, 205 = DNotZ 2003, 850 = FamRZ 2003, 748 = NJW 2003, 1588.
191 Gesetz zur Regelung der betreuungsgerichtlichen Einwilligung in eine ärztliche Zwangsmaßnahme vom 18.2.2013 (BGBl I, 266).
192 Vorausgegangen: BGH, Beschl. v. 20.6.2012 – XII ZB 99/12, BGHZ 193, 337 = FamRZ 2012, 1366 = FamRZ 2012, 1372 = NJW 2012, 2967 (Änderung der BGH-Rspr. wegen BVerfG, Beschl. v. 23.3.2011 – 2 BvR 882/09, FamRZ 2011, 1128 = NJW 2011, 2113 und BVerfG, Beschl. v. 12.10.2011 – 2 BvR 633/11, FamRZ 2011, 1927 = NJW 2011, 3571).
193 Gesetz zur Änderung der materiellen Zulässigkeitsvoraussetzungen von ärztlichen Zwangsmaßnahmen und zur Stärkung des Selbstbestimmungsrechts von Betreuten vom 17.7.2017 (BGBl I, 2426).
194 Vorausgegangen: BVerfG, Beschl. v. 26.7.2016 – 1 BvL 8/15, FamRZ 2016, 1738 = NJW 2017, 53.

Sticherling

d.h. keine ambulante Zwangsbehandlung und keine Zwangsbehandlung bspw. in Pflegeheimen; erforderlichenfalls muss der Zwangsmaßnahme eine Verbringung zu einem stationären Aufenthalt in ein entsprechendes Krankenhaus vorausgehen, § 1906a Abs. 4 BGB a.F.).

Zum Umgang mit bestehenden Vollmachten, die die vorstehenden Gesetzesänderungen noch nicht beinhalten, siehe 1. Auflage 2020, § 1 Rn 124, 125.[195] Ein Notar ist aus dem Bestand seiner Urkundensammlung heraus nicht zu „Rückrufaktionen" verpflichtet.[196] 124

Die Reform des Vormundschafts- und Betreuungsrechts zum 1.1.2023 hat keine inhaltlichen Änderungen gebracht, lediglich der „Standort" der Regelungen hat sich geändert: 125
- § 1904 BGB a.F. → § 1829 BGB, zur Vollmacht: §§ 1820 Abs. 2 Nr. 1, 1829 Abs. 5 BGB
- § 1906 BGB a.F. → § 1831 BGB, zur Vollmacht: §§ 1820 Abs. 2 Nr. 2, 1831 Abs. 5 BGB
- § 1906a BGB a.F. → § 1832 BGB, zur Vollmacht: §§ 1820 Abs. 2 Nr. 3, 1832 Abs. 5 BGB

c) Voraussetzungen/Grenzen und Erfordernis der gerichtlichen Genehmigung

Handlungen/Erklärungen des Bevollmächtigten zur Personensorge i.e.S. sind **strenge Voraussetzungen** im Gesetz gebunden; sie bedürfen zudem in bestimmen Fällen der **Genehmigung des Betreuungsgerichts** (§ 1829 Abs. 1 und 2 BGB, § 1831 Abs. 2 und 4 BGB, § 1832 Abs. 2 BGB).[197] Die Darstellung der Voraussetzungen etc. inkl. der entsprechenden Behandlung in der betreuungsgerichtlichen Rechtspraxis unterbleibt hier; insoweit wird auf die betreuungsgerichtliche Literatur verwiesen. Der Berater wird den Vollmachtgeber – je nach Bedarf – über die Voraussetzungen und das Genehmigungserfordernis aufklären, mit nachfolgenden Ausnahmen aber außerhalb der Urkunde. Die Vollmachtsurkunde sollte insoweit von umfangreichen Ausführungen zur Gesetzes- und Rechtslage freigehalten werden, weil sie sonst – mit ihrem ohnehin schon langen Text – überfrachtet wird. Ratsam kann es – gerade zu Themen der Personensorge i.e.S. – sein, dem Vollmachtgeber nach dem ersten Beratungsgespräch oder gar 126

---

195 Siehe auch Limmer u.a./*Müller-Engels*, WürzbNotar-HdB, 5. Aufl. 2018, Teil 3 Kap. 3 Rn 26 ff.; Müller/Renner/*Renner*, BetreuungsR, 5. Aufl. 2018, Rn 383, 410.
196 *Renner*, ZEV 2017, 210; Müller-Engels/Braun/*Renner/Müller-Engels*, BetreuungsR, Kap. 2 Rn 197.
197 Während der Betreuer als gesetzlicher Vertreter umfangreichen Genehmigungserfordernissen unterworfen ist, handelt der rechtsgeschäftlich (Vorsorge-)Bevollmächtigte – mit Ausnahme der im Text genannten Vorschriften (vgl. bis zum 31.12.2022: §§ 1904, 1906 und 1906a BGB a.F.) – ohne entsprechende Einschaltung des Staates/Betreuungsgerichts. Die gesetzlichen Ausnahmen bei Maßnahmen der Personensorge i.e.S. sind verfassungsgemäß: BVerfG, 10.6.2015 – 2 BvR 1967/12, FamRZ 2015, 1365.

Sticherling

im Vorwege dessen mit einem **„Informationsblatt"** zu versorgen; für Notare hält die Bundesnotarkammer bspw. ein sehr brauchbares Glossar zur Verfügung („Vorsorgevollmacht und Patientenverfügung"), welches dem Vollmachtgeber zum Einstieg und als „Übersetzungshilfe" sehr gut an die Hand gegeben werden kann.[198]

127 Aufgenommen sei hier für die Beratung (und auch für die Vollmachtsurkunde) die Anmerkung, dass Vollmachtgeber in der Beratungspraxis oftmals überrascht sind, dass trotz der Vorsorgevollmacht das Betreuungsgericht ins Spiel kommt. Ein Betreuungsverfahren und auch die sonstige Einschaltung des Staates soll doch gerade durch die Vorsorgevollmacht vermieden werden. Dementsprechend sollte in der Urkunde (bzw. bei kurzem Text neben der Urkunde) auf das Erfordernis betreuungsgerichtlicher Genehmigungen hingewiesen werden.[199] Hier – im Grundmuster I Rdn 8 (bzw. in den Anmerkungen zum kurzen Text, Rdn 10) – erfolgt der Hinweis bewusst nicht bei der gesetzlich gebotenen Konkretisierung der Bevollmächtigung in § 2 Abs. 2 Nr. 2, sondern gesammelt mit anderen Hinweisen zum Ende der Urkunde (§ 5). Hier wurde der Übersichtlichkeit der eigentlichen Regelung der Vorzug vor einer „zusammenhängenden" Regelung „in einem Block" gegeben.[200]

128 Die „Überraschung" des Vollmachtgebers wird zumeist dadurch wieder eingefangen, wenn ihm der Berater erklärt, dass die Vollmacht in diesen Fällen immerhin schon einmal die Bestellung eines Betreuers vermeidet und dass das **Genehmigungserfordernis** bei Einwilligung, Nichteinwilligung und Widerruf einer Einwilligung in Untersuchungen des Gesundheitszustandes, Heilbehandlungen und/oder ärztliche Eingriffe **dann nicht erforderlich** ist, wenn zwischen Bevollmächtigtem und behandelnden Arzt Einvernehmen darüber besteht, dass die Erteilung, Nichterteilung oder der Widerruf dem nach § 1827 BGB (§ 1901a BGB a.F.) festgestellten Willen des Bevollmächtigten entspricht (§ 1829 Abs. 4 und 5 BGB; § 1904 Abs. 4 BGB a.F., **Konsensprinzip**), d.h. bei fehlender Patientenverfügung i.e.S. (§ 1827 Abs. 1 BGB; § 1901a Abs. 1 BGB a.F.)[201] nach den Behandlungswünschen des Vollmachtgebers oder seinem mutmaßlichen Willen (§ 1827 Abs. 2 BGB; § 1901a Abs. 2 BGB a.F.). Das gilt grundsätzlich auch für besonders

---

198 Im Internet abrufbar unter /www.notar.de/downloads.de oder/www.vorsorgeregister.de/hilfe/download, (Abruf am 30.4.2022).
199 Limmer u.a./*Müller-Engels*, WürzbNotar-HdB, Teil 3 Kap. 3 Rn 32.
200 So z.B. auch Müller-Engels/Braun/*Renner/Braun*, BetreuungsR, Kap. 4 Rn 6 und Rn 7 (allerdings knapper); anders z.B. Limmer u.a./*Müller-Engels*, WürzbNotar-HdB, Teil 3 Kap. 3 Rn 1 (dort unter III).
201 Liegt eine Patientenverfügung i.e.S. bzw. im strengen Sinne des § 1827 Abs. 1 BGB (§ 1901a Abs. 1 BGB a.F.) vor, bedarf es schon keiner Einwilligung oder Versagung der Einwilligung.

schwerwiegende Eingriffe, insbes. bei einem zum Tod führenden **Behandlungsabbruch**.[202]

d) Differenzierung bei mehreren Bevollmächtigten

Bei Erörterung der persönlichen Angelegenheiten auch und insbes. im Zusammenhang mit einer Patientenverfügung wünscht der Vollmachtgeber bei mehreren Bevollmächtigten in der Konstellation Partner und Kinder (Familie), dass ein Bevollmächtigter „Vorrang" hat (i.d.R. der Partner gegenüber den Kindern) oder dass sich Bevollmächtigte bei besonders schwerwiegenden und insbes. finalen Entscheidungen untereinander abstimmen. Für den einen ist das selbstverständlich, für den anderen bedarf es einer „Klarstellung" in der Urkunde.

129

Muster 1.20: Baustein Grundmuster – Regelung Innenverhältnis in persönlichen Angelegenheiten

(Standort im Grundmuster: in § 4 Abs. 1, als Unterabsatz 2)

Im Innenverhältnis, d.h. ohne Einfluss auf die Vollmacht im Außenverhältnis, soll sich jeder Bevollmächtigte **bei einer Vertretung in persönlichen Angelegenheiten** vor Gebrauch der Vollmacht mit den anderen Bevollmächtigten abstimmen, insbes. bei Entscheidung über den Abbruch lebenserhaltender Maßnahmen.[203]

130

Statt dem vorstehenden „**Appell**" zur Abstimmung kann im Innenverhältnis eine Rangfolge festgelegt werden, als **Beschränkung** der Vollmacht in persönlichen Angelegenheiten **auf einen Bevollmächtigten im Innenverhältnis** (siehe dazu das Muster zur Totenfürsorge Rdn 161). Zur Beschränkung der Vollmacht in persönlichen Angelegenheiten **auf einen Bevollmächtigten im Außenverhältnis** siehe den Musterbaustein Rdn 32. Alternativ kommt bei der notariell beurkundeten Vollmacht für das Außenverhältnis auch eine sukzessive Ausfertigung in Betracht, siehe dazu mit Musterbaustein Rdn 211, 212). Ferner kommt auch die Erteilung zweier Vollmachten in Betracht, eine Vollmacht beschränkt auf Vermögensangelegenheiten und eine Vollmacht beschränkt auf persönliche Angelegenheiten.

131

---

202 Allerdings darf dann die Schwelle für gerichtliches Einschreiten auch bei grundsätzlichem Einvernehmen nicht zu hoch angesetzt werden, so dass ein Genehmigungsverfahren bereits dann durchzuführen ist, wenn einer der Handelnden Zweifel an der hat oder objektive Zweifel angebracht sind; dies dient nicht nur dem Schutz des Vollmachtgebers, sondern auch dem Schutz des Bevollmächtigten vor dem Risiko einer abweichenden strafrechtlich ex-post Beurteilung: BGH, Beschl. v. 17.9.2014 – XII ZB 202/13 (Rn/Tz 19), BGHZ 202, 226 = DNotZ 2015, 47 = FamRZ 2014, 1909 = NJW 2014, 3572; Grüneberg/Götz, 81. Aufl. 2022, § 1901a Rn 8 und 1904 Rn 22.
203 Entsprechend der hier vorgeschlagenen Arbeits-/Gestaltungstechnik (siehe dazu die Anmerkung (Fußnote) zu § 2 Abs. 1 im Grundmuster 1, Rdn 8, Fn 12), mag bei der Überschrift in § 2 Abs. 2 Nr. 2 (Persönliche Angelegenheiten) auf die besondere Regelung im Innenverhältnis hingewiesen werden: „(vgl. dazu § 4 Abs. 1 Unterabsatz 2)."

e) Untervollmacht in persönlichen Angelegenheiten

132 Ob auch in persönlichen Angelegenheiten, namentlich in Angelegenheiten der Personensorge i.e.S. (Gesundheitsfürsorge, Aufenthaltsbestimmung/Unterbringung, Einwilligung in ärztliche Zwangsmaßnahmen) die Erteilung von **Untervollmachten** zulässig ist, ist noch nicht abschließend geklärt.[204]

In § 3 Abs. 1 S. 2 der Grundmuster I und II (Rdn 8 und Rdn 9) ist ein Ausschluss der Unterbevollmächtigung geregelt. Im Einzelfall mag anders entschieden werden.[205]

3. Post- und Telekommunikation sowie elektronische/digitale Kommunikation

133 Ein Betreuer ist nur dann zur Entscheidung „über die **Telekommunikation** des Betreuten und über die Entgegennahme, das Öffnen und das Anhalten der **Post** des Betreuten" befugt, wenn das Betreuungsgericht dies ausdrücklich angeordnet hat; der (allgemeine) Aufgabenkreis „Vermögensangelegenheiten" deckt diese Befugnis nicht ab (§ 1815 Abs. 2 Nr. 5 und Nr. 6; § 1896 Abs. 4 BGB a.F.). Für die **Vorsorgevollmacht** kann es mittlerweile als geklärt betrachtet werden, dass für diese Themen **keine ausdrückliche Anordnung/Bevollmächtigung erforderlich** ist; als Generalvollmacht deckt die Vorsorgevollmacht auch diese Themen ab.[206] Dennoch wird die Aufnahme einer ausdrücklichen Regelung/Bestätigung noch empfohlen.[207]

---

[204] Limmer u.a./*Müller-Engels*, WürzbNotar-HdB, Teil 3 Kap. 3 Rn 38 f. und Müller-Engels/Braun/*Renner/Müller-Engels*, BetreuungsR, Rn 219 ff. (beide lassen eine entsprechende Unterbevollmächtigung zu, jeweils mit Nachweisen zur Gegenansicht).

[205] Müller/Renner/*Renner*, BetreuungsR, 5. Aufl. 2018, Rn 387 ff. lässt die Unterbevollmächtigung für die Personensorge i.e.S. zu und hält diese zur Vermeidung eines Betreuers bei Ausfall des (Haupt-)Bevollmächtigten für zweckmäßig (siehe auch dessen Muster Rn 1113 (Ziff. 1) und Rn 1114 (Ziff. 1); siehe ebenso auch Müller-Engels/Braun, BetreuungsR, Kap. 2 Rn 219 ff. (*Renner/Müller-Engels*) und Kap. 4 Rn. 7 (Ziff. 1) und Rn 8 (Ziff. 1) (*Renner/Braun*).

[206] DNotI-Report 2013, 148 (Gutachten); *Müller*, DNotZ 2015, 403; Müller-Engels/Braun/*Renner/Müller-Engels*, BetreuungsR, Kap. 2 Rn 228, u.a. Hinweis auf die Akzeptanz der Rechtsabteilung der Deutschen Post AG (2013).

[207] Lipp/*Lipp*, Vorsorgeverfügungen, § 16 Rn 123 f.; Müller-Engels/Braun/*Renner/Müller-Engels*, BetreuungsR, Kap. 2 Rn 229 (etwas zurückhaltender, da beide Autoren keine Befürworter des Kataloges, siehe dazu oben Rdn 104 ff.). Siehe auch *Reetz*, der die Aufnahme in Heckschen/Herrler/Starke, Beck'sches Notarhandbuch, 6. Aufl. 2015, Kap. F Rn 184 noch als „sinnvoll" erachtet, in der aktuellen Auflage zurückhaltender: Heckschen/Herrler/Münch/*Reetz*, Beck'sches Notarhandbuch, 7. Aufl. 2020, § 16 Rn 94 (wohl allgemein auch eher gegen den Katalog, Rn 82 ff.).

Im Grundmuster I (Rdn 8) ist die Regelung/Bestätigung – auch und insbes. im Hinblick auf die nachstehend ausführten Themen – als Ziffer 3 nach den Vermögensangelegenheiten (Ziff. 1) und nach den persönlichen Angelegenheiten (Ziff. 2) als eigener Punkt (Ziff. 3) wie folgt aufgenommen worden.[208]

134

Muster 1.21: Baustein Grundmuster – Post- und Telekommunikation sowie elektronische/digitale Kommunikation

135

(Standort im Grundmuster I: in § 2 Abs. 2 Ziff. 3)

Der Bevollmächtigte ist auch befugt, die an mich gerichtete Post entgegenzunehmen und zu öffnen, auch wenn diese bspw. mit dem Vermerk „persönlich/vertraulich/verschlossen" versehen ist. Entsprechendes gilt auch für E-Mails, andere elektronische/digitale Nachrichten, Telefonanrufe und das Abhören von Anrufbeantworter/Mailbox. Unabhängig vom Zugangsmedium (z.B. PC, Tablet, Smartphone) umfasst die Vollmacht auch den Zugriff auf meine sämtlichen Daten im World Wide Web (Internet) unter Einschluss des Rechts, zur Entscheidung, ob die dortigen Inhalte beibehalten, geändert oder gelöscht werden. Dazu weise ich hiermit meine entsprechenden Vertragspartner an, meinem Bevollmächtigten – falls erforderlich –, meine Zugangsdaten inkl. Passwörter auszuhändigen oder neue bereitzustellen.[209]

Der vorstehende Formulierungsvorschlag unternimmt den Versuch, auch das Thema **elektronische/digitale Kommunikation** und weitergehend „**digitaler Nachlass**" – ganz im Sinne einer Generalvollmacht – umfassend abzudecken. Insbes. die **Kommunikation im Internet**, sei es über **E-Mail**, über **Instant-Messaging-Dienste** (bspw. WhatsApp), auf **Social-Media-Plattformen** (bspw. Facebook, Instagram, Snapchat, TikTok, Twitter, YouTube) oder auf welchen Plattformen auch immer, bis hin zum – aus Sicht des Vollmachtgebers – einseitigen „**Surfen**" **im Netz**, hat für die Vorsorgevollmacht neue Themen gebracht, die der Vorsorgebevollmächtigte als Nutzer und der Berater erst einmal erkennen und für ggf. gewünschte Regelungen verstehen müssen. Diese „neuen" Themen entwickeln sich zudem in einem rasanten Tempo weiter.[210]

136

Da die Vererblichkeit „digitaler" Vertragsverhältnisse wie Accounts in sozialen Netzwerken und insbes. deren persönliche, mitunter intime Inhalte (Daten) in Frage gestellt war, wurde in der Literatur zur Regelung des digitalen Nachlasses die Erteilung einer entsprechenden **postmortalen Vollmacht** angeregt.[211] Der

137

---

208 Im kurzen Grundmuster II (Rdn 9) ist zur Kürzung auf eine Aufnahme verzichtet worden.
209 Formulierung auf Basis Müller-Engels/Braun/*Renner/Müller-Engels*, BetreuungsR, Kap. 2 Rn 231 und Limmer u.a./*Müller-Engels*, WürzbNotar-HdB, Teil 3 Kap. 3 Rn 20. Ein Formulierungsvorschlag zu den digitalen Themen mit umfangreicherem Katalog findet sich bei *Herzog/Pruns*, Der digitale Nachlass in der Vorsorge- und Erbrechtspraxis, § 10 Rn 21.
210 Sie dazu ausführlich *Herzog/Pruns*, Der digitale Nachlass in der Vorsorge- und Erbrechtspraxis, speziell zur Vorsorgevollmacht siehe dort § 10 (S. 158 ff.).
211 *Herzog*, NJW 2013, 3745; *Steiner/Holzer*, ZEV 2015, 262: Zur größeren Akzeptanz bei den internationalen Anbietern wird notarielle Beurkundung empfohlen.

BGH hat zwischenzeitlich in seiner **Facebook-Entscheidung** bestätigt, dass das Vertragsverhältnis zwischen dem Erblasser und Facebook – u.a. mangels vertraglichem Ausschluss der Vererblichkeit – auf die Erben gem. § 1922 BGB übergegangen ist; die Erben haben als Vertragspartner einen Anspruch auf Zugang zum Benutzerkonto des Erblassers und damit zu den darin enthaltenen vermögensrechtlichen und (höchst-)persönlichen – digitalen – Inhalten.[212] Trotz dieser klärenden BGH-Entscheidung ist es **weiter zweckmäßig, die digitalen Themen ausdrücklich** in der Vorsorgevollmacht **zu benennen,** nicht zuletzt auch für die Zeit vor einem Erbfall, z.B. Ausfall wegen Krankheit oder Abwesenheit.[213]

138 Die vorgeschlagene **Generalklausel** (keine Einschränkung des Bevollmächtigten) dürfte dem aktuellen „Standard" entsprechen; zumindest ist sie eine geeignete Basis, auf der der Berater mit dem Vollmachtgeber im Einzelfall individuell abweichende Lösungen – d.h. konkrete Einschränkungen – erarbeiten kann. Der Standardfall bzw. dessen Rahmenbedingungen befinden sich in einem zügigen Änderungsprozess. Vorsorgevollmachten werden zumeist erst in mittlerem oder gar fortgeschrittenem Alter erteilt.[214] Es ist allerdings zu beobachten, dass die Vollmachtgeber „jünger" werden; das Bewusstsein zur rechtlichen Vorsorge wächst in der Bevölkerung. Mit jüngeren Vollmachtgebern und mit dem Älterwerden „digital orientierter" Menschen erhält das Thema für die Vorsorgevollmacht „von Tag zu Tag" eine größere Bedeutung. In der Beratungspraxis des Autors ist zu beobachten, dass die mit dem Grundmuster angebotene Generalklausel zwar zunehmend in Frage gestellt wird bzw. Anlass zu (guten) Diskussionen/Reflektionen gibt. Zumeist ist der Vollmachtgeber erst einmal überrascht, dass der Bevollmächtigte so weit in seine „digitale Welt" eintreten kann. Im Ergebnis wird dann aber doch regelmäßig auch insoweit eine umfassende Bevollmächtigung gewünscht oder wenigstens gebilligt; in der Praxis des Autors kommt es jedenfalls selten vor, dass ein Vollmachtgeber im Endergebnis konkrete Einschränkungen wünscht.[215]

139 So wie der Erblasser mit seinen digitalen Vertragspartnern eine Vererblichkeit – vertraglich – ausschließen kann, kann er selbstverständlich auch eine (General-)Vollmacht bzgl. digitaler Themen **einschränken.** Damit ein entsprechender

---

212 BGH, Urt. v. 12.7.2018 – III ZR 182/17, ErbR 2018, 566 = ZEV 2018, 582 = DNotZ 2018, 846 = FamRZ 2018, 1456 = NJW 2018, 3178.
213 *Herzog/Pruns,* Der digitale Nachlass in der Vorsorge- und Erbrechtspraxis, § 10 Rn 20; Müller-Engels/Braun/*Müller-Engels,* BetreuungsR, Kap. 3 Rn 178.
214 Müller-Engels/Renner/*Braun/Müller-Engels,* BetreuungsR, Kap. 2 Rn 230.
215 Nicht, weil der Berater oder dessen Muster keine Einschränkungen vorgeben, sondern weil entweder die Zweckmäßigkeit einer umfassenden Bevollmächtigung gesehen wird („einer muss den Spuk doch beenden können") oder weil Einschränkungen dann doch als zu kompliziert empfunden werden oder schlicht, weil das Vertrauen in die Person des Bevollmächtigten so groß ist, dass nicht angenommen wird, dass dieser sich der Vollmacht zu „Spionagezwecken" bedienen wird.

Ausschluss im Außenverhältnis nicht zur Auslegungsfrage wird, sollte der Ausschluss ausdrücklich erfolgen, ggf. auch entsprechend der hier vorgeschlagenen Arbeits-/Gestaltungstechnik mit Hinweis zum Anfang der Vollmachtsurkunde (siehe die Anmerkung (Fußnote) zu § 2 Abs. 1 im Grundmuster 1, Rdn 8, Fn 12). Von einer Beschränkung der Vollmacht auf die Beendigung „digitaler" Vertragsverhältnisse und das Löschen von Daten bis hin zum Totalausschluss der digitalen Themen sind viele Lösungen/Einschränkungen denkbar. Auch kommen Regelungen/Anweisungen im Innenverhältnis in Betracht: So kann der Vollmachtgeber dem (transmortal) Bevollmächtigten konkrete Anweisungen erteilen, wie dieser mit dem digitalen Nachlass, insbes. einzelnen Accounts verfahren soll.[216]

Auch wenn der BGH auf das Vertragsverhältnis als „Vermögensangelegenheit" abstellt, trotz der dortigen teils (höchst-)persönlichen Inhalte, ist es angezeigt, das Thema Post- und Telekommunikation sowie elektronische/digitale Kommunikation in der Vollmachtsurkunde **extra** – außerhalb der Vermögensangelegenheiten und persönlichen Angelegenheiten – **zu verorten**. Nicht nur seiner Zwitterstellung zwischen Vermögen (Rahmen) und Persönlichkeit (Inhalt), sondern auch seiner zunehmenden (praktischen und emotionalen) Bedeutung wird ein solcher Standort als „**Stoppstelle**" – außerhalb eines allgemeinen Kataloges – **zum Überlegen und Entwickeln persönlicher Lösungen** gerecht. Außerdem ermöglicht die „Extra-Verortung" entsprechend der vorgeschlagenen Arbeits-/Gestaltungstechnik (siehe dazu die Anmerkung (Fußnote) zu § 2 Abs. 1 im Grundmuster 1, Rdn 8, Fn 12) leicht und gut/schnell erkennbar eine **Differenzierung im Außenverhältnis bei mehreren Bevollmächtigten** (siehe dazu das Muster Rdn 32, dort nur Differenzierung zwischen vermögensrechtlichen und persönlichen Angelegenheiten, die digitalen Themen müssten noch „eingebaut" werden). 140

Um dem Bevollmächtigten einen einfachen Zugang zu den Daten bzw. Accounts zu verschaffen, wird angeraten, eine umfassende Übersicht über sämtliche Internetaktivitäten und Accounts samt zugehöriger Passwörter (auch für die Hardware) anzulegen, und zwar in Papierform, **digitale Vorsorgemappe** (Zugriff für den Bevollmächtigten/Erben im Vorsorgefall/Erbfall muss sichergestellt sein).[217] Alternativ wird die Übersicht in **elektronischer Form** erstellt und passwortgeschützt. Das sog. **Masterpasswort** kann in einer notariellen Niederschrift (Beurkundung) festgehalten werden, mit verzögerter Aushändigungs-/Ausfertigungs- 141

---

[216] *Herzog/Pruns*, Der digitale Nachlass in der Vorsorge- und Erbrechtspraxis, § 10 Rn 22; Müller-Engels/Braun/*Müller-Engels*, BetreuungsR, Kap. 3 Rn 181; *Steiner/Holzer*, ZEV 2015, 262 mit ausführlichem Formulierungsvorschlag.
[217] *Herzog/Pruns*, Der digitale Nachlass in der Vorsorge- und Erbrechtspraxis, § 9 Rn 13 f.; Müller-Engels/Braun/*Müller-Engels*, BetreuungsR, Kap. 3 Rn 176, 183 ff. m.w.N.

Sticherling

anweisung an den Notar, ggf. in einer Anlage zur Vorsorgevollmacht (siehe zur sog. Ausfertigungssperre Rdn 196 ff.).[218]

4. Keine Vollmacht in höchstpersönlichen Angelegenheiten

142 Bei der Planung/Beratung der Vertretung/Vorsorge müssen die Beteiligten inkl. Berater im Blick haben, dass für bestimmte Rechtsgeschäfte/Handlungen eine **Vertretung**
– **komplett ausgeschlossen** ist (sog. höchstpersönliche Angelegenheiten, siehe § 4 Rdn 13)
– oder dass eine rechtsgeschäftliche Vertretung ausgeschlossen ist, so dass **nur eine Vertretung durch den gesetzlichen Vertreter** (beim Volljährigen also durch den Betreuer) möglich ist (siehe § 4 Rdn 6); siehe dort auch zur Entgegennahme des Widerrufs wechselbezüglicher Verfügungen beim gemeinschaftlichen Testament und oder der Rücktrittserklärung beim Erbvertrag).

Siehe dazu in Abgrenzung zu Fällen zulässiger rechtsgeschäftlicher Vertretung – insbes. auch durch Vorsorgevollmacht – § 4 Rdn 12.

5. Sorgerechtsvollmacht

143 Auch Angelegenheiten der elterlichen Sorge können durch Vollmacht geregelt werden **(Sorgerechtsvollmacht)** und damit Teil einer Vorsorgevollmacht sein,[219] nicht jedoch eine Vollmacht *für das Kind* in die Volljährigkeit zur Vermeidung einer Betreuung.[220] Siehe zur Sorgerechtsvollmacht ausführlich § 10.

---

218 *Herzog/Pruns*, Der digitale Nachlass in der Vorsorge- und Erbrechtspraxis, § 9 Rn 15 ff.; Müller-Engels/Braun/*Müller-Engels*, BetreuungsR, Kap. 2 Rn 186 ff. m.w.N. (Vorschlag: Datenbank bei BNotK für entsprechende Masterpasswörter, ähnlich ZVR und ZTR siehe dazu § 9).
219 BGH, Beschl. v. 29.4.2020 – XII ZB 112/19, NJW 2020, 2182 = FamRZ 2020, 1171; DNotI-Report 2010, 203 (Gutachten); Müller-Engels/Braun/*Müller-Engels*, BetreuungsR, Kap. 2 Rn 236 und Kap. 3 Rn 195 ff.; Müller-Engels/Braun/*Müller-Engels*, BetreuungsR, Kap. 3 Rn 201.
220 Müller-Engels/Braun/*Renner/Müller-Engels*, BetreuungsR, Kap. 2 Rn 42 unter Hinweis auf *Müller* in Sonnenfeld, FS für Bienwald, 2006, S. 203 ff.

Muster 1.22: Baustein Grundmuster – Sorgerechtsvollmacht

(Standort in den Grundmustern I und II: § 2 Abs. 2 als Nr. 4 bzw. Buchst. e)

Sorgerechtsvollmacht

Weiterhin ist erfasst die Erledigung von Angelegenheiten der elterlichen Sorge, soweit ich sorgeberechtigt bin (alternativ: und zwar in folgenden Bereichen ...[221]).[222]

6. Kombination mit Betreuungsverfügung

a) Die Vorsorgevollmacht ergänzende Betreuung („Auffangregelung")

Mit der Erteilung einer Vorsorgevollmacht geht entsprechend einhelliger Empfehlung regelmäßig – in der Urkunde der Vorsorgevollmacht – die Errichtung einer **Betreuungsverfügung** einher (siehe zur Betreuungsverfügung § 4).[223] Da der Vollmachtgeber regelmäßig den Wunsch hat, den Staat – mit einem vom Gericht bestellten Betreuer und gerichtlichen Genehmigungsverfahren – soweit wie möglich rauszuhalten bzw. dieser öffentlichen „Notlösung" durch private Vorsorge vorzubeugen, ist die Vorsorgevollmacht für den Fall einer (ausnahmsweise) doch notwendigen Betreuung um eine Betreuungsverfügung zu ergänzen.

Muster 1.23: Baustein Grundmuster – Betreuungsverfügung

(Standort in den Grundmustern I und II: § 4 Abs. 2)

Für den Fall, dass die Bestellung eines Betreuers notwendig werden sollte, beantrage ich hiermit rein vorsorglich beim Betreuungsgericht die Bestellung des Bevollmächtigten meinem Betreuer, und zwar den Bevollmächtigten zu , ersatzweise den Bevollmächtigten zu ▮. Wird ein Betreuer bestellt, soll die Vollmacht im Übrigen bestehen bleiben.

Die Aufnahme der Betreuungsverfügung in der Vorsorgevollmacht hat der Berater dem Vollmachtgeber gegenüber i.d.R. zu erläutern bzw. zu rechtfertigen. Wer zur privaten Vorsorge eine umfassende Vorsorgevollmacht erteilen möchte, ist nicht selten überrascht, dass es dennoch zu einer (staatlichen) Betreuung kommen kann; Gleiches gilt für das Erfordernis betreuungsgerichtlicher Genehmigung (siehe dazu Rdn 114). Dem Vollmachtgeber ist zu erläutern, dass es – **einige**

---

221 Da die Erteilung einer Generalvollmacht zur Ausübung des Sorgerechts umstritten war, empfiehlt es sich, einzelne Bereiche aufzuführen; außerdem kann es geboten sein, einzelne Angelegenheiten auszunehmen: Müller-Engels/Braun/*Müller-Engels*, BetreuungsR, Kap. 3 Rn 211 (mit Muster für eine umfassende Sorgerechtsvollmacht, Rn 212).
222 Basis Herrler/*Heinze*, MVHdB Bürgerl. Recht II, Muster VIII. 10, dort I 1 Spiegelstrich/Punkt 12. Ein umfassendes Muster findet sich jetzt bei Müller-Engels/Braun/*Müller-Engels*, BetreuungsR, Kap. 3 Rn 212.
223 Müller/Renner/*Renner*, BetreuungsR, 5. Aufl. 2018, Rn 430 hält die Kombination nicht für geboten (anders noch in der 2. Aufl. 2008; anders wieder Müller-Engels/Braun/*Renner/Müller-Engels*, BetreuungsR, Kap. 2 Rn 255).

wenige – **Rechtsgeschäfte** gibt, die nicht durch (rechtsgeschäftlich) erteilte Vollmacht erledigt werden können, sondern **nur durch** einen **gesetzlichen Vertreter**, d.h. beim Volljährigen durch einen vom Betreuungsgericht zu bestellenden **Betreuer** (siehe dazu die Beispiele § 4 Rdn 6). I.d.R. wünscht der Vollmachtgeber dann, dass im Sinne seiner privaten Vorsorge der Bevollmächtigte zum Betreuer bestellt wird. In der Betreuungsverfügung sollte – dem Grundsatz der Subsidiarität der Betreuung entsprechend (siehe § 4 Rdn 2 f.), klargestellt werden, dass die Vollmacht auch bei Bestellung eines Betreuers weiter wirksam bleibt.

147 Der vorstehende Musterbaustein sieht eine Rangfolge der als Betreuer benannten Personen vor. Im Fall der Bevollmächtigung innerhalb der Familie über zwei Generationen wird der Vollmachtgeber zumeist in erster Linie seinen Partner benennen und sodann die Kinder. Bei mehreren Kindern kommt mitunter die Frage auf, ob – entgegen dem Muster – auch **mehrere Personen als Betreuer** in Betracht kommen.[224] Das ist möglich (§ 1817 BGB, § 1899 BGB a.F.; i.d.R. Gesamtvertretung, § 1817 Abs. 3 BGB, § 1817 Abs. 3 BGB a.F.); fraglich ist aber, ob die Bestellung mehrerer Personen für einen Aufgabenkreis – in Gesamtvertretung – zweckmäßig ist (vgl. zur Gesamtvertretung Rdn 45 ff.).

b) Die Vorsorgevollmacht begleitende/flankierende (Kontroll-)Betreuung

148 Der Betreuungsverfügung in Kombination mit einer Vorsorgevollmacht kommt nicht nur Bedeutung für den Fall der die Vollmacht im vorstehenden Sinne ergänzenden Betreuung zu, sondern auch bei einer die Vorsorgevollmacht „begleitenden" Betreuung, insbes. einer notwendig werdenden oder auch selbst gewünschten **Kontrollbetreuung**; in diesem Fall wird eine **andere Person als der Bevollmächtigte** benannt (siehe dazu und zur Alternative einer **Kontrollbevollmächtigung** mit Formulierungsvorschlägen § 5.[225]

7. Kombination mit Patientenverfügung

149 Vielfach, ja vielleicht sogar regelmäßig wird der Vollmachtgeber im Zusammenhang mit der Vorsorgevollmacht auch eine Patientenverfügung errichten wollen (siehe zu Inhalt und Gestaltung der Patientenverfügung § 3). Ob der Gestalter bzw. im Endergebnis der Vollmachtgeber die Patientenverfügung mit der Vorsorgevollmacht in einer Urkunde errichtet oder ob die Patientenverfügung besser in

---

224 Z.B. zur Vermeidung einer „Intervention in das gesamte Familiensystem" (siehe dazu Rdn 41).
225 Siehe dazu z.B. Müller-Engels/Braun, BetreuungsR, Kap. 2 Rn 259 *(Renner/Müller-Engels)* und Kap. 2 Rn 501 ff. *(Renner/Braun).*

einer gesonderten Urkunde errichtet wird, wird als „Geschmacksache" bezeichnet oder als Frage des Einzelfalls gesehen.[226]

M.E. sprechen die besseren Gründe generell **für eine Trennung**:
– Für den Vollmachtgeber ist es mitunter schon schwierig, die drei Themen Vorsorgevollmacht, Patientenverfügung (es wird auch vom Patiententestament gesprochen) und Verfügung von Todes wegen (insbes. Testament) auseinanderzuhalten. Teilweise ist zu beobachten, dass Mandanten schon in der reinen Vorsorgevollmacht „alles" sehen. Mit den (zwingend) umfangreichen Formulierungen zur Personensorge i.e.S. (siehe dazu Rdn 118 ff.) sehen sie die Patientenverfügung abgehandelt. Schon mit der Vollmachtserteilung oder spätestens mit ihrem „transmortalen Teil" sehen sie die Nachfolge von Todes wegen geregelt. Auf den ersten Blick mag dies dafür sprechen, den Vorstellungen des Mandanten entgegenzukommen und das Paket Vorsorgevollmacht und Patientenverfügung in einer Urkunde zu schnüren (siehe unten Rdn 157). M.E. hilft es dem Mandanten aber mehr, wenn er verschiedene Themen auch in verschiedenen/getrennten Urkunden abhandelt. Die dazu erforderlichenfalls einhergehende Aufklärung des Beraters ist ein guter Einstieg für den Mandanten in sein „Vorsorgepaket". Die Trennung gibt dem „Paket" (schärfere) Konturen, die das Verständnis für die einzelnen, für sich schon komplizierten Themen erleichtern. Dem Mandanten/Vollmachtgeber wird so für die Situation der Patientenverfügung plastisch, dass er einerseits einen anderen für sich sprechen/handeln und in bestimmten Situationen auch entscheiden lässt, dass er aber andererseits mit der Patientenverfügung für sich selbst entscheidet bzw. dem Bevollmächtigten und dem Arzt seinen Willen quasi als „Handlungsanweisung" mitteilt. Ein wichtiges – nicht selten ohne Beratung/Hinweis missverstandenes Thema – ist der Start der Vollmacht (siehe dazu Rdn 186 ff.). Dem Vollmachtgeber ist oftmals nicht sofort bewusst, dass die Vollmacht im Außenverhältnis auch bereits vor dem Vorsorgefall wirksam sein kann. Eine Verbindung von Vorsorgevollmacht und Patientenverfügung in einer Urkunde trägt zu diesem Missverständnis bei.

– Die Patientenverfügung geht den Mitarbeiter bei der Bank oder den Rechtspfleger beim Grundbuchamt nichts an.[227] Aus Sicht des Vollmachtgebers sollte das sehr persönliche Thema Patientenverfügung für den sonstigen (vermögensrechtlichen) Geschäftsverkehr verschlossen bleiben. Aus Sicht des Empfängers/Lesers sollte der sonstige Geschäftsverkehr von persönlichen – dort nicht relevanten – Themen verschont bleiben; der Text einer Vorsorgevoll-

---

226 Müller-Engels/Braun/*Renner*/*Braun*, BetreuungsR, Kap. 2 Rn 630 (Geschmacksache); Kersten/Bühling/*Kordel*, Formularbuch und Praxis der Freiwilligen Gerichtsbarkeit, § 96 Rn 111 (Einzelfall).
227 Lipp/*Lipp*, Vorsorgeverfügungen, § 17 Rn 235; Müller-Engels/Braun/*Renner*/*Braun*, BetreuungsR, Kap. 2 Rn 631; vgl. Limmer u.a./*Müller-Engels*, WürzbNotar-HdB, Teil 3 Kap. 3 Rn 65.

macht ist – nicht zuletzt aufgrund der erforderlichen Konkretisierung zur Personensorge i.e.S. (siehe dazu Rdn 118 ff.)[228] – ohne Patientenverfügung schon sehr lang. Für die notariell beurkundete Vorsorgevollmacht gilt dieses Argument nur eingeschränkt, weil der Notar angewiesen werden kann, eine Urkunde für deren Verwendung im Rechtsverkehr auszugsweise auszufertigen (§ 49 Abs. 5 BeurkG; siehe dazu § 7 Rdn 42, 43).[229] Verschiedene auszugsweise Ausfertigungen (und Abschriften) dürften den Mandanten/Vollmachtgeber aber mehr (über-) fordern als getrennte Urkunden mit verschiedenen – jeweils das Thema treffenden – „Überschriften" und jeweils einer eigenen Nummer des Urkundenverzeichnisses des Notars (UVZ-Nr.).[230]

152 – In gesonderter Urkunde kann die Patientenverfügung für sich bei weiteren Stellen „hinterlegt" werden, bspw. beim Arzt (das gilt insbes. für die notariell beurkundete Patientenverfügung;[231] allerdings lässt sich das auch über auszugsweise Ausfertigungen erreichen, siehe unmittelbar vorstehend).

153 – Soll dem Vorsorgebevollmächtigten (als Sprecher der Patientenverfügung) ein gewisser Entscheidungsspielraum eingeräumt werden, ob und wann er die Patientenverfügung vorlegt,[232] so kann dieses Ziel nur über eine gesonderte Urkunde für die Patientenverfügung erreicht werden. Bei notarieller Beurkundung würde eine auszugsweise Ausfertigung der Vorsorgevollmacht (ohne die Patientenverfügung) nur eingeschränkt helfen, denn es dürfte sich für den Empfänger/Leser recht leicht erkennen lassen, dass etwas fehlt bzw. dass es eine Patientenverfügung gibt. Daher sollte bei getrennter Beurkundung darauf geachtet werden, dass zwar in der Patientenverfügung auf eine Bevollmächtigung verwiesen wird,[233] aber nicht umgekehrt in der Vorsorgevollmacht auf die Patientenverfügung.

154 – Vielleicht nicht entscheidend, aber doch der Vollständigkeit halber aufzuführen ist das sog. Widerrufsargument (beim Widerruf der Vorsorgevollmacht). Die Beurkundung von Vorsorgevollmacht und Patientenverfügung in einer

---

228 Um die Vollmacht – für den Empfänger/Leser – in Vermögensangelegenheiten nicht zu überfrachten, kann bereits darüber nachgedacht werden, getrennte Vollmachten in vermögensrechtlichen Angelegenheiten und persönlichen Angelegenheiten zu erteilen (*Milzer*, NJW 2003, 1836).
229 Müller-Engels/Braun/*Renner/Braun*, BetreuungsR, Kap. 2 Rn 631.
230 Seit dem 1.1.2022 (§ 1 Nr. 1 und §§ 7 ff. NotAktVV). Bis zum 31.12.2021 Urkundenrolle und UR-Nr. (§ 8 DONot a.F.).
231 Mehrfache Ausfertigung möglich (§ 48 BeurkG); auch ein großer Vorteil der Beurkundung einer Vorsorgevollmacht, siehe z.B. Rdn 44, 211 sowie § 6 Rdn 22, 36, 37.
232 Lipp/*Lipp*, Vorsorgeverfügungen, § 17 Rn 236.
233 Der Verweis sollte nicht auf die konkrete Vorsorgevollmacht zum Zeitpunkt der Errichtung der Patientenverfügung erfolgen, sondern (dynamisch) auf den Vorsorgebevollmächtigten, z.B. „Ein von mir zum Zeitpunkt des Gebrauchs dieser Patientenverfügung Bevollmächtigter soll sich nach meinen hier geäußerten Wünschen richten."

Sticherling

Urkunde bereitet Schwierigkeiten, wenn die Vorsorgevollmacht widerrufen wird, aber die Patientenverfügung Bestand haben soll.[234]

- Auch wenn es für Patientenverfügungen kein „Verfallsdatum" gibt,[235] so kann die neuere Rechtsprechung zur Patientenverfügung[236] zumindest bei veränderter gesundheitlicher Situation doch Anlass geben, die Patientenverfügung zu aktualisieren[237] Bei einer gesonderten Urkunde für die Patientenverfügung erfolgt die von der Vorsorgevollmacht losgelöste Aktualisierung einfacher und für den Vollmachtgeber, aber auch den Empfänger/Leser des „Vorsorgepaktes" klarer (eine überholte Patientenverfügung in der Vorsorgevollmacht kann zumindest irritieren bzw. als störend empfunden werden; bei notarieller Beurkundung könnte die überholte Patientenverfügung zwar durch eine auszugsweise Ausfertigung „eliminiert" werden, aber auch eine erkennbare „Lücke" kann als störend empfunden werden; siehe zur auszugsweisen Ausfertigung vorstehend Rdn 151). 155

- Kostengründe sprechen i.d.R. nicht gegen eine Trennung, auch nicht bei notarieller Beurkundung. Die Kosten einer von der Vorsorgevollmacht getrennt beurkundeten Patientenverfügung liegen bei 60 EUR zzgl. Auslagen und Umsatzsteuer (siehe zu den Kosten von Vorsorgevollmacht und Patientenverfügung mit Rechenbeispielen § 8 Rdn 63 ff.). 156

---

234 Kersten/Bühling/*Kordel*, Formularbuch und Praxis der Freiwilligen Gerichtsbarkeit, § 96 Rn 114. Müller-Engels/Braun/*Renner*/*Braun*, BetreuungsR, Kap. 2 Rn 631 weisen darauf hin, dass die Errichtung einer neuen Patientenverfügung beim Widerruf der Vorsorgevollmacht i.d.R. kein (kostenintensives) Problem darstellt. Zudem gäbe es bei notarieller Beurkundung die „Technik" der auszugsweisen Ausfertigung (siehe oben Rdn 151), die bei widerrufender Vollmacht und Fortbestand ggf. etwas „kompliziert" ausschauen würde bzw. den mit der Kombination beider Verfügungen gewünschten Erfolg ins Gegenteil verkehrt.
235 Limmer u.a./*Müller-Engels*, WürzbNotar-HdB, Teil 3 Kap. 3 Rn 111; Müller-Engels/ Braun/*Renner*/*Müller-Engels*, BetreuungsR, Kap. 2 Rn 384 ff.
236 BGH, Beschl. v. 6.7.2016 – XII ZB 61/16, BGHZ 211, 67 = ZErb 2016, 330 = ZEV 2016, 649 = ErbR 2016, 632 = DNotZ 2017, 199 = FamRZ 2016, 1671 = NJW 2016, 3297; BGH, Beschl. v. 8.2.2017 – XII ZB 604/15, BGHZ 214, 62 = ZEV 2017, 335 = ErbR 2017, 336 = DNotZ 2017, 611 = FamRZ 2017, 748 = NJW 2017, 1737 (Zurückweisung an das Landgericht, danach jetzt BGH, Beschl. v. 14.11.2018 – XII ZB 107/18, ZErb 2019, 38 = ZEV 2019, 94 = ErbR 2019, 158 = FamRZ 2019, 236 = NJW 2019, 600).
237 Eine allgemein formulierte Patientenverfügung kann im Einzelfall als Behandlungswunsch im Sinne des § 1827 Abs. 2 BGB (§ 1901a Abs. 2 BGB a.F.) verstanden werden (Patientenverfügung i.w.S.); bei fortgeschrittenem Alter oder konkreter Erkrankung kann eine Aktualisierung geboten sein, die dann zu einer Patientenverfügung i.e.S. führt (§ 1827 Abs. 1 BGB; § 1901a Abs. 1 BGB a.F.).

Sticherling

157 Für die Beurkundung von Vorsorgevollmacht und Patientenverfügung **in einer Urkunde** wird vorgebracht:
– Der Mandant/Vorsorgebevollmächtigte und auch der Bevollmächtigte würden durch mehrere Urkunden überfordert. Bei notarieller Beurkundung bestünden sowieso schon Probleme, Ausfertigungen, beglaubigte Abschriften/Ablichtungen und einfache Abschriften/Ablichtungen voneinander zu unterscheiden. Bei getrennter Beurkundung von Vorsorgevollmacht und Patientenverfügung gäbe es mit Ausfertigungen und Abschriften schon mindestens vier Schriftstücke, bei mehreren Bevollmächtigten noch mehr.[238] M.E. ist das nicht überzeugend. Auch wenn die Beurkundung von Vorsorgevollmacht und Patientenverfügung aktuell ggf. noch den „statistischen" Regelfall der Beurkundungspraxis darstellen sollte,[239] kann insoweit nicht von einer festen Erwartung des Mandanten/Vollmachtgebers und des Empfängers/Lesers gesprochen werden, die durch eine Gestaltung in getrennten Urkunden überfordert bzw. verunsichert würden. Das Gegenteil ist der Fall (siehe oben Rdn 150). Das „Problem" der vielen Schriftstücke inkl. Differenzierung zwischen Ausfertigungen, beglaubigten und einfachen Abschriften/Ablichtungen lässt sich von Seiten des Notars mandantenfreundlich in den Griff bekommen (siehe dazu § 7 Rdn 33).
– Zwischen Vorsorgevollmacht und Patientenverfügung gibt es i.d.R. enge Verknüpfungen. In der Patientenverfügung ist i.d.R. der (General-)Bevollmächtigte in Vermögensangelegenheiten als „Sprecher" (= Bevollmächtigter für die Personensorge i.e.S.) genannt.

8. Kombination mit Totenfürsorge

158 Über seinen späteren Leichnam bestimmt der Vollmachtgeber, er entscheidet über die Art seiner späteren Bestattung sowie die letzte Ruhestätte. Die Entscheidung bedarf keiner bestimmten Form, insbes. nicht der Form einer Verfügung von Todes wegen.[240] Lässt sich eine Entscheidung des Erblassers bzw. sein Wille nicht ausmachen, steht die Entscheidung demjenigen zu, der die sog. **Totenfürsorge** innehat, d.h. das Recht und auch die Pflicht, über den Leichnam zu bestim-

---

238 Müller-Engels/Braun/*Renner/Braun*, BetreuungsR, Kap. 2 Rn 632.
239 Herrler/*Heinze*, MVHdB Bürgerl. Recht II, Muster VIII. 9 Anm. 3 unter Hinweis auf *Görk*, FUR 2007, 84 (75 % der beim ZVR registrierten Vorsorgevollmachten enthalten eine Patientenverfügung); Müller-Engels/Braun/*Renner/Braun*, BetreuungsR, Kap. 2 Rn 632. Lt. Jahresbericht des ZVR für das Jahr 2021 enthielten im Berichtsjahr 77,5 % aller registrierten Vorsorgevollmachten eine Patientenverfügung, abrufbar im Internet www.vorsorgeregister.de/footer/jahresbericht-und-statistik (abgerufen am 30.4.2022).
240 MüKo-BGB/*Küpper*, § 1968 Rn 7 m.w.N.

men und über die Art der Bestattung und die letzte Ruhestätte zu entscheiden.[241] Das Totenfürsorgerecht umfasst auch die Entscheidung über den Zugang (naher, anderer) Angehöriger zum Leichnam.[242] Das Recht zur Durchführung einer anonymen Bestattung ohne Benachrichtigung naher Angehöriger wird dem Totenfürsorgeberechtigten aber wohl nicht zuzubilligen sein.[243]

Die Totenfürsorge muss nicht im Einklang mit den landesrechtlichen Bestimmungen zur Bestattungspflicht stehen. Auf diese wird aber in Zweifelsfällen zurückgegriffen, so dass bspw. im Zweifel der Ehegatte/Lebenspartner berechtigt ist.[244] Das Recht der Totenfürsorge – nicht die Pflicht[245] – kann der Vollmachtgeber/ Erblasser auf einen Dritten übertragen. So wie die „Verfügung" des Erblassers über seinen Leichnam, die Art seiner Bestattung sowie seine letzte Ruhestätte keiner bestimmten Form bedarf, bedarf auch die **Übertragung** der Totenfürsorge keiner bestimmten Form.[246] Vorsorglich und zur Klärung/Streitvermeidung kann die Vorsorgevollmacht – alternativ zu einer oder neben einer gesonderten Bestattungsverfügung – der richtige Ort sein, um das Recht der Totenfürsorge auf den Bevollmächtigten oder einen von mehreren Bevollmächtigten zu übertragen.

Ohne **ausdrückliche Übertragung** in der Vorsorgevollmacht ist der Vorsorgebevollmächtigte **nicht automatisch berechtigt**, über die Art der Bestattung und die letzte Ruhestätte zu entscheiden;[247] der Umstand seiner Bevollmächtigung kann aber ein **Indiz** dafür sein, dass der Erblasser in der Person des Bevollmächtigten auch seinen nächsten Angehörigen für die Totenfürsorge gesehen hat.[248]

Muster 1.24: Baustein Grundmuster – Totenfürsorge
(Standort im Grundmuster I: § 2 Abs. 2 als Ziff. 4)

Der Bevollmächtigte ist ferner befugt, über die Art der Bestattung sowie meine letzte Ruhestätte zu entscheiden.

Optional: Im Innenverhältnis, d.h. ohne Einfluss auf die Vollmacht im Außenverhältnis, entscheidet vorrangig der Bevollmächtigte zu ▬▬▬ *, danach der Bevollmächtigte zu* ▬▬▬ *(etc.).*

---

241 BGH, Beschl. v. 14.12.2011 – IV ZR 132/11, ZErb 2012, 142 = ZEV 2012, 559 = NJW 2012, 1651; *Karczewski*, ZEV 2017, 129 und MüKo-BGB/*Küpper*, § 1968 Rn 7, jeweils m.w.N.
242 LG Bielefeld, Urt. v. 24.2.2016 – 21 S 10/15, ErbR 2016, 532; *Karczewski*, ZEV 2017, 129.
243 AG Frankfurt am Main, Urt. v. 19.6.1997 – 32 C 1486/84, FamRZ 1997, 1505; Grüneberg/ *Weidlich*, Einleitung vor § 1922 Rn 11; offengelassen: *Karczewski*, ZEV 2017, 129.
244 *Karczewski*, ZEV 2017, 129.
245 MüKo-BGB/*Küpper*, § 1968 Fn 51.
246 *Karczewski*, ZEV 2017, 129; Kurze/*Kurze*, VorsorgeR, § 164 BGB Rn 28.
247 OLG Naumburg, Urt. v. 8.10.2015 – 1 U 72/15, ErbR 2016, 281 = FamRZ 2016, 106; *Karczewski*, ZEV 2017, 129; Kurze/*Kurze*, VorsorgeR, § 164 BGB Rn 28.
248 OLG Naumburg, Urt. v. 8.10.2015 – 1 U 72/15, ErbR 2016, 281 = FamRZ 2016, 106.

9. Auslandsbezug

162 Im Grundmuster I (Rdn 8) wird im „Sammelbecken" des § 4 (siehe zum Aufbau der Grundmuster Rdn 3 f.) für einen Auslandsbezug[249] die nachstehende Regelung angeboten; das „Angebot" dient als Stoppstelle für weitere Überlegungen. Wenn ersichtlich kein Auslandsbezug vorliegt, mag die vorgeschlagene Klausel zur „Entschlackung" der Vollmacht entfallen. Bei der notariell beurkundeten Vorsorgevollmacht ist zu beachten, dass eine Rechtswahl zu Mehrkosten führt.

Muster 1.25: Baustein Grundmuster – Ausland

163 *(Standort im Grundmuster I: § 4 Abs. 4)*

Die Vollmacht soll – soweit möglich – auch im Ausland gelten. Soweit möglich soll auch bei Verwendung im Ausland auf die Vollmacht das Recht der Bundesrepublik Deutschland Anwendung finden (Rechtswahl).[250]

IV. Grundverhältnis

164 Die Erteilung einer (Vorsorge-)Vollmacht ist ein **einseitiges Rechtsgeschäft** (§ 167 Abs. 1 BGB; i.d.R. Innenvollmacht, Alt. 1). Von der – einseitigen – Erteilung der Vollmacht zu unterscheiden ist das **der Vollmacht zugrunde liegende** – zweiseitige – **Rechtsverhältnis** zwischen Vollmachtgeber und Bevollmächtigtem, das sog. **Grundverhältnis** (Abstraktionsprinzip, mit gewisser Verknüpfung über § 168 S. 1 BGB).

165 Trifft der Vollmachtgeber in der Vollmacht (in der Vollmachtsurkunde) einseitig Anordnungen zum Grundverhältnis, dürfte die für das Grundverhältnis notwendige **Vereinbarung** mit dem Bevollmächtigten regelmäßig spätestens dann zustande kommen, wenn der Bevollmächtigte die Vollmacht verwendet, d.h. aufgrund der Vollmacht für den Vollmachtgeber handelt.[251]

1. Rechtsnatur des Grundverhältnisses – Auftragsrecht?

166 I.d.R. wird angenommen, dass der Vorsorgevollmacht als Rechtsverhältnis ein (unentgeltlicher) **Auftrag** (§§ 662 ff. BGB) oder eine (entgeltliche) **Geschäftsbe-**

---

249 Zur Verwendung der Vorsorgevollmacht im Ausland mit weiteren Formulierungsvorschlägen siehe Müller-Engels/Braun/*Renner*/*Braun*, BetreuungsR, Kap. 3 Rn 1 ff. (international privatrechtliche Aspekte); ausführlich – ebenso mit weiteren Formulierungsvorschlägen inkl. Vorschlag einer Ermächtigung zu einer (nachgeschobenen) Rechtswahl durch den Bevollmächtigten – siehe auch Kersten/Bühling/*Kordel*, Formularbuch und Praxis der Freiwilligen Gerichtsbarkeit, § 96 Rn 120 ff.
250 Nach Herrler/*Heinze*, MVHdB Bürgerl. Recht II, Muster VIII. 10, dort I 3 und Anm. 8 (i.V.m. VIII. Einleitung Anm. 5).
251 *Horn*, ZEV 2016, 373.

D. Anmerkungen zur Vorsorgevollmacht

sorgung (§§ 675 ff. BGB) zugrunde liegt.[252] Es kommt aber auch durchaus ein **Gefälligkeitsverhältnis** (d.h. kein **Rechts**verhältnis) in Betracht[253] (insbes. unter Ehegatten, aber auch bei Kindern, die umfassend in die Angelegenheiten des Vollmachtgebers eingebunden sind, str.).[254] Teilweise wird auch von einem besonderen oder **sonstigen Treueverhältnis** gesprochen.[255] Siehe ausführlich zum Rechtsverhältnis zwischen Vollmachgeber und Bevollmächtigtem § 11.

In der Praxis wird die Frage des Rechtsverhältnisses in Abgrenzung der Gefälligkeit vom Auftrag zumeist im Streit um (spätere) **Informationsansprüche** des Vollmachtgebers oder seiner Erben gegen den Bevollmächtigten relevant (siehe dazu § 11 Rdn 72 ff.). 167

Überwiegend wird empfohlen in der Vorsorgevollmacht klarzustellen bzw. zu regeln, dass im Verhältnis zwischen Vollmachtgeber und Bevollmächtigtem **Auf- 168

---

252 OLG Brandenburg, Urt. v. 19.3.2013 – 3 U 1/12, BeckRS 2013, 06305; OLG Schleswig, Urt. v. 18.3.2014 – 3 U 50/13, FamRZ 2014, 1397; OLG Karlsruhe, Urt. v. 16.5.2017 – 9 U 167/15, ErbR 2017, 570 = FamRZ 2017, 1873; OLG München, Urt. v. 6.12.2017 – 7 U 1519/17, ZEV 2018, 149 = ErbR 2018, 163 = FamRZ 2018, 1116; OLG Brandenburg, Urt. v. 2.4.2019 – 3 U 39/18, ZErb 2019, 145 = ErbR 2019, 521; *Horn/Schnabel*, NJW 2012, 3473; *Horn*, ZEV 2016, 373; *Horn*, NJW 2018, 2611.
253 Str., a.A. z.B. *Bühler*, FamRZ 2001, 1585 und Lipp/*Spalckhaver*, Vorsorgeverfügungen, § 15 Rn 5; *Stascheit*, RNotZ 2020, 61.
254 Gefälligkeitsverhältnis bei Bevollmächtigung: BGH, Urt. v. 5.7.2000 – XII ZR 26/98, FamRZ 2001, 23 = NJW 2000, 3199 (zur Wirtschaftsführung von Ehegatten während der Ehe, nicht zur Vorsorgevollmacht); OLG Düsseldorf, Urt. v. 28.3.2006 – I-4 U 102/05, ZEV 2007, 184 (Partner, nichteheliche Lebensgemeinschaft über 20 Jahre, nicht zur Vorsorgevollmacht, sondern zur Bank-/Kontovollmacht); OLG Naumburg, Urt. v. 6.7.2007 – 10 U 27/07, BeckRS 2008, 11185 (Enkel in einem Haushalt, Kontovollmacht); OLG Köln, Urt. v. 19.9.2012 – 16 U 69/11, ZEV 2013, 339 (Kind in unmittelbarer Nachbarschaft, Kontovollmacht); OLG Köln, Urt. v. 11.5.2017- 16 U 99/16, ErbR 2018, 741 = FamRZ 2018, 61 (Kind in unmittelbarer Nähe, Kontovollmacht); LG Bonn, Urt. v. 20.5.2016, FamRZ 2016, 1963 (enges freundschaftliches, nahezu verwandtschaftliches Verhältnis, zur Vorsorgevollmacht offengelassen). Vgl. in diesem Zusammenhang kürzlich OLG Braunschweig, Urt. v. 24.8.2021 – 9 U 24/20, ZErb 2021, 316 = ErbR 2021, 706 = FamRZ 2021, 1582 (Kind, zur Vorsorgevollmacht, im Ergebnis Auftrag nebst Rechnungslegungspflicht, aber ausdrücklich kein „automatisches" Auftragsverhältnis, sondern auch und insbesondere aufgrund bei Erteilung der Vollmacht vereinbarter *Verpflichtung* im Vorsorgefall tätig zu werden.
255 *Schwab*, FamRZ 2014, 880, der aus BGH, Urt. v. 25.3.2014 – X ZR 94/12, ZEV 2014, 429 = FamRZ 2014, 937 = NJW 2014, 2021 darauf hinweist, dass das Grundverhältnis gerade wegen des persönlichen Einschlags durch die Pflicht zur Rücksichtnahme auf den Vollmachtgeber geprägt sei, vor allem auf die Achtung von dessen Selbstbestimmungsinteressen und dessen persönlicher Autonomie – Betreuung und Vorsorgevollmacht liefen hier trotz aller rechtstechnischen Unterschiede parallel.

tragsrecht gelten soll (Klarstellung bzw. Minimalregelung; so der Vorschlag im Grundmuster I und II (Rdn 8, 9) § 4 Abs. 1 S. 2).[256]

169 Alternativ kann aber im „Normalfall" mit guten Gründen auch bewusst **keine „Anordnung" zum Rechtsverhältnis** getroffen werden.[257] Wenn der Bevollmächtigte in der Vollmacht nämlich zu sehr in die Pflicht genommen wird, besteht die Gefahr, dass er nicht „annimmt" und damit als Bevollmächtigter ausfällt, so dass dann letztendlich doch ein Betreuer bestellt werden muss, was der Vollmachtgeber aber gerade vermeiden möchte. Ferner sind durchaus Fälle denkbar, die ohne Grundverhältnis bzw. im Gefälligkeitsverhältnis starten und später – ggf. auch nur in Teilbereichen/Aufgabenkreisen – aufgrund Intensität oder Umfang der zu erledigenden Geschäfte oder aufgrund eines später vereinbarten Entgelts in ein Auftragsverhältnis bzw. eine Geschäftsbesorgung (mit dem entsprechenden Rechtsbindungswillen) „hineinwachsen". Eine frühzeitige Festlegung von Auftragsrecht nähme diesen Fällen – ohne sachlichen Grund – die Chance auf eine Einstufung als Gefälligkeitsverhältnis.[258]

170

Muster 1.26: Baustein Grundmuster – Ausdrücklich keine Regelung des Grundverhältnisses

(Standort im Grundmuster I: anstelle des dortigen S. 2 in § 4 Abs. 1; zusätzlich den Hinweis Musterbaustein Rdn 183 im Grundmuster I § 5 als Spiegelstrich 7 ergänzen)

Weitere Bestimmungen zum Grundverhältnis sollen hier in dieser Vollmachtsurkunde heute ausdrücklich nicht aufgenommen werden (siehe dazu den Hinweis § 5 Spiegelstrich 7).[259]

171 Wird **Auftragsrecht „angeordnet"**, sollte der Berater mit dem Vollmachtgeber in Fällen besonderer Nähe bzw. besonderen Vertrauens zum Bevollmächtigten (Partner, Kinder) erörtern, ob und inwieweit der Bevollmächtigte vor Informationsansprüchen der (Mit-)Erben des Vollmachtgebers zu bewahren/zu schützen ist.[260]

---

256 *Bühler*, FamRZ 2001, 1585; *Horn*, ZEV 2016, 373; *Limmer* u.a./*Müller-Engels*, WürzbNotar-HdB, Teil 3 Kap. 3 Rn 1 (Grundmuster, dort VI Abs. 2) und Rn 63.
257 So im Ergebnis für den „Normalfall" (Bevollmächtigung nahestehender Personen) *Müller/Renner/Renner*, BetreuungsR, 5. Aufl. 2018, Rn 658 f.
258 OLG München, Urt. v. 16.12.2017 – 7 U 1519/17, ErbR 2018, 163 = ZEV 2018, 149 = FamRZ 2018, 116 zieht ein Gefälligkeitsverhältnis wegen ausdrücklicher Festlegung von Auftragsecht in der Vorsorgevollmacht gar nicht in Erwägung.
259 Vgl. Muster 1.29 Rdn 183.
260 Sie dazu jetzt auch *Limmer* u.a./*Müller-Engels*, WürzbNotar-HdB, Teil 3 Kap. 3 Rn 64. Dazu ausführlich *Stascheit*, RNotZ 2020, 61.

Muster 1.27: Baustein Grundmuster – Kurze Regelung des Grundverhältnisses (Auftragsrecht[261] mit Alternativen zur Einschränkung der Rechenschaftspflicht[262])

(Standort im Grundmuster I und II: als Satz 2 in § 4 Abs. 1)

Der Bevollmächtigte hat bei der Wahrnehmung meiner Angelegenheiten dieselben Pflichten wie ein Betreuer gem. § 1821 BGB. Im Übrigen gilt Auftragsrecht (§§ 662 ff. BGB).

Alternativ: Im Übrigen gilt Auftragsrecht (§§ 662 ff. BGB), wobei der Bevollmächtigte nur eingeschränkt verpflichtet ist, gem. § 666 BGB Rechenschaft abzulegen,

Variante 1: und zwar nur für Rechtsgeschäfte, die Verpflichtungen/Verfügungen betreffen, die im Einzelfall einen Wert von ▬▬▬ EUR – und bei Dauerschuldverhältnissen insgesamt – einen Wert von ▬▬▬ EUR überschreiten.

Variante 2: und zwar nur für rückwirkend für ▬▬▬ Monate.

Variante 3: und zwar nur für Rechtsgeschäfte eines Kalenderjahres, wenn ich ein entsprechendes Verlangen spätestens bis zum 30.6. des folgenden Kalenderjahres stelle *(optional: das Verlangen kann nur von mir persönlich gestellt werden, nicht von einem anderen Bevollmächtigten und/oder Betreuer und auch nicht von meinen Erben).*

Variante 4.1: und zwar nur mir, einem anderen Bevollmächtigten und/oder einem Betreuer gegenüber, nicht gegenüber meinen Erben.

Variante 4.2: und zwar nur mir persönlich gegenüber, nicht gegenüber einem anderen Bevollmächtigten und/oder Betreuer und auch nicht gegenüber meinen Erben.

2. Regelungen im Grundverhältnis

a) Typische Regelungen/Klarstellungen im Grundverhältnis

Neben der Festlegung der Rechtsnatur des Grundverhältnisses sind typische Regelungen im **Innenverhältnis** auch der **Start der Vollmacht als Vorsorgevollmacht** (siehe Rdn 205 ff. „Königsweg"; siehe in den Grundmustern § 4 = nachstehender Musterbaustein) oder eine bestimmte **Aufgabenverteilung** bzw. **Absprachen** (siehe z.B. in Gesundheitsfragen und insbes. zum Behandlungsabbruch Rdn 129, 130) oder **Rangfolge** unter mehreren Bevollmächtigten (siehe z.B. zum Ersatzbevollmächtigten Rdn 43 oder zur Totenfürsorge Rdn 161).

---

261 Nach *Bühler*, FamRZ 2001, 1585; Limmer u.a./*Müller-Engels*, WürzbNotar-HdB, Teil 3 Kap. 3 Rn 1 (Grundmuster, dort VI).
262 Nach *Horn*, ZEV 2016, 373.; siehe ergänzend *Horn*, NJW 2018, 2611 (mit weiteren Mustern) und *Stascheit*, RNotZ 2020, 61 mit Muster (inkl. plastischer Erläuterung für die Beteiligten).

174 **Muster 1.28: Baustein Grundmuster – Kurze Regelung des Grundverhältnisses (Rechtsverhältnis offen)**

(Standort im Grundmuster I und II: § 4 Abs. 1)

Im Grundverhältnis (Innenverhältnis), d.h. ohne Einfluss auf die Vollmacht im Außenverhältnis, soll von der Vollmacht erst Gebrauch gemacht werden, wenn der Vorsorgefall eintritt (Geschäftsunfähigkeit bzw. Betreuungsbedürftigkeit *(optional: oder wenn ich dies wünsche).*

175 Der **Zusatz** „oder wenn ich dies wünsche" ist m.E. i.d.R. geboten.[263] Vielfach soll die „Vorsorgevollmacht" als Generalvollmacht auch außerhalb des Vorsorgefalles Verwendung finden. Mitunter tritt die Motivation der Vorsorge sogar in den Hintergrund (siehe bereits Rdn 14 und Rdn 84).

176 **Hinweis: Vorsicht bei Beglaubigung gem. § 6 Abs. 2 S. 1 BtBG a.F. und § 7 Abs. 2 BtOG**

1. Bei entsprechendem Zusatz in einer Vorsorgevollmacht, auf der die Unterschrift bis zum 31.12.2022 von der Urkundsperson der Betreuungsbehörde beglaubigt worden ist (§ 6 Abs. 2 S. 1 BtBG a.F.), steht die Wirksamkeit der Beglaubigung in Frage, weil die Befugnis ausdrücklich (nur) für „Vorsorgevollmachten oder Betreuungsverfügungen" geregelt war (siehe 1. Auflage 2020, Rn 165 und § 7 Rn 15 ff.).[264]
2. Mit der Reform des Vormundschafts- und Betreuungsrechts zum 1.1.2023 hat der Gesetzgeber reagiert und die Befugnis geregelt für Unterschriften „auf Betreuungsverfügungen und auf Vollmachten, soweit sie von natürlichen Personen erteilt werden" (§ 7 Abs. 1 S. 1 BtOG). Zwar „darf" der Urkundsbeamte die Beglaubigung einer entsprechenden „Vollmacht" nur vornehmen, „wenn diese zu dem Zweck erteilt wird, die Bestellung eines Betreuers zu vermeiden" (§ 7 Abs. 2 S. 1 BtOG); ein Verstoß hiergegen begründet eine Amtspflichtverletzung, führt aber nicht zur Unwirksamkeit der Beglaubigung.[265] Für Beglaubigungen ab dem 1.1.2023 stattdessen Vorsicht wegen zeitlicher Befristung der Beglaubigung auf die Lebenszeit des Vollmachtgebers, siehe dazu den Hinweis Rdn 220.

---

263 Siehe bereits das Muster von *Bühler*, FamRZ 2001, 1585, dort IX Nr. 7 Buchst. a (S. 1597).
264 Von *Zimmer*, NotBZ 2014, 237 und ZfIR 2016, 769 wird die Wirksamkeit der Beglaubigung bereits für den Fall einer unbedingten Vorsorge-/Generalvollmacht – die auch außerhalb des Vorsorgefalles Verwendung finden kann – verneint.
265 BT-Drucks 19/24445, 350; *Müller-Engels*, DNotZ 2021, 84.

b) Besondere Regelungen im Grundverhältnis

In der Gestaltungsliteratur sind Regelungen zum Grundverhältnis darüber hinaus ins Angebot bzw. in die Diskussion gekommen.²⁶⁶ Regelungsbedarf oder wenigstens Regelungsmöglichkeiten werden damit ferner in folgenden Bereichen gesehen:²⁶⁷

- Bereithaltungspflicht des Bevollmächtigten
- Ausführungspflicht des Bevollmächtigten
- Rücksprachevorbehalte (Rücksprache mit dem Vollmachtgeber oder einem Kontrollbevollmächtigten, siehe zum Kontrollbevollmächtigten § 5)
- Dokumentationspflichten zum Eintritt des Vorsorgefalls und zum Bestand des Vermögens
- Vorgaben zur Vermögensverwaltung, zur Vermögensanlage und zu Vermögensveräußerungen
- Vorgaben zur Wohnung, zur häuslichen Betreuung, zur Heimunterbringung und in Gesundheitsangelegenheiten
- Informationsrechte, Auskunfts- und Rechenschaftspflichten (siehe oben Rdn 171, 172)
- Pflicht zur Anregung der Bestellung eines Betreuers oder der Anordnung eines Einwilligungsvorbehalts
- Beginn, Dauer und Beendigung des Vorsorgeverhältnisses (u.a. Kündigungsmöglichkeiten)
- Vergütung des Bevollmächtigten
- Haftungsmaßstab (Haftung für jede Form der Fahrlässigkeit oder Maßstab nur die eigenübliche Sorgfalt – diligentia qaum in suis – oder nur für Vorsatz und grobe Fahrlässigkeit; Regelung zum Abschluss einer Haftpflichtversicherung)
- Regelung von Verschwiegenheitspflichten.

Siehe hierzu mit Gestaltungsvorschlägen § 11 und § 12.²⁶⁸

Horn weist zu Recht darauf hin, dass umfangreiche Regelungen die Vorsorgeberatung ganz erheblich erschweren und oft nicht gewünscht seien.²⁶⁹ Im „Normalfall" der Bevollmächtigung des Ehegatten/Partners, der Kinder und sonstiger besonders nahestehender Personen (*Renner* beziffert diesen Normalfall in seiner

---

266 Siehe z.B. *Litzenburger*, NotBZ 2007, 1; *Sauer*, RNotZ 2009, 79; Lipp/*Spalckhaver*, Vorsorgeverfügungen, § 13 Rn 18 ff.
267 Die Auflistung folgt Müller-Engels/Braun/*Renner*/*Müller-Engels*, BetreuungsR, Kap. 2 Rn 478; siehe daneben z.B. auch *Bühler*, FamRZ 2001, 1585.
268 Siehe zum Einstieg bspw. auch die Muster bei Lipp/*Lipp/Spalckhaver*, Vorsorgeverfügungen, Anhang 1 (S. 601 ff., dort Buchst. B „Vorsorgeverhältnis") und *Zimmermann*, Vorsorgevollmacht, Anhang 2 (S. 259 ff., „Vertrag zwischen dem Vollmachtgeber und dem Bevollmächtigten").
269 *Horn*, ZEV 2016, 373; siehe in diesem Sinne auch Müller-Engels/Braun/*Renner*/*Müller-Engels*, BetreuungsR, Kap. 2 Rn 479.

notariellen Praxis mit 95 %[270] – was der Autor aus seiner Praxis bestätigen kann), wird auf eine detaillierte Ausgestaltung des Grundverhältnisses sehr gut verzichtet werden können. Eine detaillierte Ausgestaltung des Grundverhältnisses würde das ohnehin schon inhaltlich und textlich umfangeiche Vorsorgepakt überfrachten und dem Vollmachtgeber Kapazitäten der Aufnahmefähigkeit für die wesentlichen Regelungsbereiche nehmen.[271] Letztendlich gilt zusätzlich das „Flexibilitäts-Argument", welches oben schon gegen die pauschale Anordnung von Auftragsrecht vorgebracht worden ist (siehe Rdn 169): Pauschale, gut gemeinte Regelungen können in den einfachen/klaren Fällen zu einer – auch vom Vollmachtgeber – nicht gewünschten, unangemessenen Belastung/Bürokratie werden (auch als Gefahr der „textlichen Zementierung" bezeichnet).[272]

179 Wenn eine konkrete/detaillierte Regelung gewünscht ist, sprechen gute Gründe dafür, dieses **außerhalb der Vollmachtsurkunde** zu erledigen:[273]
– Reduzierung des Textes der Vollmacht für den Empfänger/Leser auf die für ihn relevanten Themen im Außenverhältnis
– Vermeidung, dass die Regelung als Beschränkung der Vollmacht im Außenverhältnis aufgefasst wird
– Das (Innen-)Verhältnis zwischen Vollmachtgeber und Bevollmächtigten geht den Leser/Empfänger i.d.R. nichts an (Privatsache/Geheimhaltung; vergleichbar der Argumentation zur getrennten Errichtung von Vorsorgevollmacht und Patientenverfügung, siehe Rdn 151).
– Möglichkeit, auf veränderte Verhältnisse durch eine Anpassung lediglich der Vereinbarungen im Innenverhältnis – ohne Eingriff in die Vollmacht – zu reagieren.

180 Für die notariell beurkundete Vorsorgevollmacht gelten die Argumente zwar nur eingeschränkt, weil der Notar angewiesen werden kann, eine Urkunde für deren Verwendung im Rechtsverkehr **auszugsweise auszufertigen** (§ 49 Abs. 5 BeurkG; siehe dazu § 7 Rdn 42, 43). Eine – auch zum Grundverhältnis/Vorsorgeverhältnis – sehr gute **Arbeits-/Gestaltungsanleitung** liefern die Muster von *Lipp/Spalckhaver* (Zitat vorstehend in Rdn 177 a.E.).

---

270 Müller/Renner/*Renner*, BetreuungsR, 5. Aufl. 2018, Rn 651.
271 Kersten/Bühling/*Kordel*, Formularbuch und Praxis der Freiwilligen Gerichtsbarkeit, 25. Aufl. 2016, § 96 Rn 46.
272 Müller-Engels/Braun/*Renner/Müller-Engels*, BetreuungsR, Kap. 2 Rn 482 im Anschluss an *Sauer*, RNotZ 2009, 80.
273 *Bühler*, FamRZ 2001, 1585; Kersten/Bühling/*Kordel*, Formularbuch und Praxis der Freiwilligen Gerichtsbarkeit, § 96 Rn 54; Limmer u.a./*Müller-Engels*, WürzbNotar-HdB, Teil 3 Kap. 3 Rn 67; Müller--Engels/Braun/*Renner/Müller-Engels*, BetreuungsR, Kap. 2 Rn 480 f., 485.

Bei der **notariell beurkundenden Vorsorgevollmacht** ist dann aber zu beachten, dass eine – nicht nur deklaratorische – Regelung des Grundverhältnisses zu – im Einzelfall beträchtlichen – **Mehrkosten** führt.[274]

3. Hinweise zum Grundverhältnis

Nicht zuletzt angesichts der in der Gestaltungsliteratur – vor dem Hintergrund möglicher (Notar-)Haftung[275] – aufgekommenen Diskussion zu einer konkreten/ detaillierten Ausgestaltung des Grundverhältnisses sollten der Vollmachtgeber und auch der Bevollmächtigte auf das Thema – in der Urkunde – hingewiesen werden. Anlässlich der Erörterung am Hinweis als Stoppstelle kann der Berater prüfen, ob ein Normalfall vorliegt oder ausnahmsweise ein besonderes Regelungsbedürfnis besteht.

Muster 1.29: Baustein Grundmuster – Hinweis zum Grundverhältnis (offenes Rechtsverhältnis)

(Standort im Grundmuster I: § 5 Spiegelstrich 7)

Der Notar hat darauf hingewiesen,
- (...)
- sich die Rechte und Pflichten des Bevollmächtigten mir gegenüber – und auch gegenüber meinen Erben – aus dem der Vollmacht zugrundeliegenden (Rechts-)Verhältnis ergeben. Dieses kann lediglich ein sog. Gefälligkeitsverhältnis sein; bei fehlender ausdrücklicher Regelung kann aber bspw. auch ein Auftrag (§§ 662 ff. BGB) oder – im Falle der Entgeltlichkeit – eine Geschäftsbesorgung (§§ 675 ff. BGB) anzunehmen sein. (ggf. ergänzen: Festlegungen zum Grundverhältnis mit dem Bevollmächtigten (z.B. Vergütung, Rechenschaftspflicht, Haftungsmaßstab) möchte ich heute in dieser Urkunde nicht treffen; ggf. werde ich zu einem späteren Zeitpunkt entsprechende Regelungen mit dem Bevollmächtigten außerhalb dieser Urkunde vornehmen).[276]

Muster 1.30: Baustein Grundmuster – Hinweis zum Grundverhältnis

(Standort im Grundmuster I und II: alternativ zu § 4 Abs. 1 S. 2)

Festlegungen zum Grundverhältnis mit dem Bevollmächtigten (z.B. Vergütung, Rechenschaftspflicht, Haftungsmaßstab) möchte ich heute in dieser Urkunde nicht treffen; ggf. werde ich zu einem späteren Zeitpunkt entsprechende Regelungen mit dem Bevollmächtigten außerhalb dieser Urkunde vornehmen.[277]

---

274 Kersten/Bühling/*Kordel*, Formularbuch und Praxis der Freiwilligen Gerichtsbarkeit, § 96 Rn 49, 69. Siehe dazu zusammenfassend Müller-Engels/Braun/*Renner*/*Müller-Engels*, BetreuungsR, Kap. 2 Rn 483, 708 ff.
275 Auch insoweit mit Augenmaß gegen eine (konkrete/detaillierte) Gestaltung des Grundverhältnisses: Müller/Renner/*Renner*, BetreuungsR, 5. Aufl. 2018, Rn 629 f., 638, 644 ff. (keine übertriebene Angst vor Notarhaftung).
276 Nach Müller/Renner/*Renner*, BetreuungsR, 5. Aufl. 2018, Rn 659.
277 Nach Müller/Renner/*Renner*, BetreuungsR, 5. Aufl. 2018, Rn 659.

Muster 1.31: Baustein Grundmuster – Hinweis zum Vollmachtsmissbrauch

185 *(Standort im Grundmuster I: als zusätzlicher Spiegelstrich in § 5)*
Der Notar hat darauf hingewiesen,
- (...)
- dass ein Missbrauch der Vollmacht seitens des Bevollmächtigten zivil- und strafrechtliche Folgen haben kann; der Bevollmächtigte soll zur eigenen Absicherung den jeweiligen Rechtsgrund für den Gebrauch der Vollmacht, jedenfalls bei Geldgeschäften, dokumentieren;
- (...)[278]

V. Start und Ende der Vollmacht

1. Start der Vollmacht (Wirksamwerden)

a) Grundlagen/Einführung

186 Eines der zentralen Themen bei der Vorsorgevollmacht ist der „**Start der Vollmacht**".

Für den Berater zwei **Vorgaben** vorweg:
- (Vorgabe 1) Je umfassender die Vorsorgevollmacht gestaltet ist (Stichwort: **Generalvollmacht**, ohne bzw. mit wenigen nicht störenden Einschränkungen im Außenverhältnis) und
- (Vorgabe 2) wenn sichergestellt ist, dass der der Bevollmächtigte zu gegebener Zeit im **Besitz der Vollmachtsurkunde** ist, um sich als solcher durch deren Vorlage zu legitimieren bzw. die Wirkungen der §§ 171, 172 BGB zu erzielen (Rechtsscheinvollmacht, Nachweis der Bevollmächtigung),

umso größer ist die Chance, dass der (Haupt-)Wunsch des Vollmachtgebers – und des Gesetzgebers – erreicht wird, nämlich die **Vermeidung der Einrichtung einer staatlichen/gerichtlichen Betreuung**.

> Für den Berater die Lösung (Königsweg, vgl. Rdn 205 ff.) vorweg:
>
> Erteilung einer **umfassenden, sofort wirksamen** und **dem Bevollmächtigten auch sofort ausgehändigten** Vollmacht, und zwar **vom Notar beurkundet**, wegen der amtlichen Prüfung der Geschäftsfähigkeit (siehe dazu § 7 Rdn 11 ff.) und wegen der Möglichkeit – im Falle des Verlustes bei entsprechender Anweisung – ohne Einschränkungen jederzeit weitere Ausfertigungen der Vollmacht zu erhalten (siehe dazu § 7 Rdn 31 ff.).

187 Die Vorsorgevollmacht wird in der Regel dem Bevollmächtigten gegenüber erteilt (sog. **Innenvollmacht**, § 167 Abs. 1 Alt. 1 BGB). Wenn für das **Wirksamwerden** kein bestimmter Zeitpunkt bzw. kein bestimmtes Ereignis **ausdrücklich festgelegt** ist und auch im Wege der **Auslegung** nicht ausgemacht werden kann (Befris-

---

278 Basis Herrler/*Heinze*, MVHdB Bürgerl. Recht II, Muster VIII.10, dort IV.

tung oder Bedingung), dann wird die Vollmacht mit ihrer Erteilung – **sofort** – **wirksam**.[279] Von der Frage der Wirksamkeit – des Starts der Vollmacht – zu unterscheiden ist die wichtige, aber für die Wirksamkeit der Vollmacht ohne besondere Regelung nicht entscheidende Frage, wann und wie sich der Vollmachtgeber im Rechtsverkehr legitimieren kann bzw. die Bevollmächtigung so nachweisen kann, dass sie akzeptiert wird bzw. zu akzeptieren ist (zum Gebrauch der Vollmacht insbes. gegenüber dem Grundbuchamt und gegenüber Banken siehe § 17). Grundsätzlich bedarf die Vollmacht keiner besonderen Form; sie bedarf grundsätzlich nicht der Form, welche für das Rechtsgeschäft bestimmt ist, auf das sich die Vollmacht bezieht (§ 167 Abs. 2 BGB; wichtige Ausnahmen im materiellen Recht: z.B. § 1943 Abs. 3 BGB und § 2 Abs. 2 GmbHG, im Verfahrensrecht: Grundbuch § 29 GBO, Handelsregister § 12 HGB; siehe zu Formvorschriften § 6). Der Rechtsverkehr darf auf die Bevollmächtigung vertrauen, wenn der Vollmachtgeber eine **Vollmachtsurkunde** (das Original bzw. bei der beurkundeten Vollmacht eine Ausfertigung, siehe zur Ausfertigung von Vollmachten § 7 Rdn 31 ff.) **dem Bevollmächtigten ausgehändigt** hat und der Bevollmächtigte diese **dem Dritten (dem Vertragspartner) vorlegt** (§ 172 Abs. 1 BGB), und zwar bis die Vollmachtsurkunde dem Vollmachtgeber zurückgegeben oder für kraftlos erklärt wird (siehe zum Letzteren § 15).

> **Hinweis: Besitz der Vollmachtsurkunde als Wirksamkeitsvoraussetzung („erlaubte/sinnvolle" Bedingung)** 188
>
> Es dürfte i.d.R. angezeigt sein („erlaubte" Bedingung), das Wirksamwerden der Vollmacht (ausdrücklich) davon abhängig zu machen, dass der Bevollmächtigte im **Besitz** der (Original-)Vollmachtsurkunde bzw. bei der beurkundeten Vollmacht im Besitz einer ihm – auf seinen Namen – erteilten Ausfertigung der Vollmacht ist (siehe die Regelung in § 1 Abs. 4 im Grundmuster I und II, Rdn 8 und Rdn 9; *Renner/Braun* sprechen insoweit von einem „technischen Trick", den Gleichlauf von materiellem und formellem Recht herzustellen[280]). Alternativ kann strenger nicht nur auf den Besitz abgestellt werden, sondern auf die **Vorlage** des Originals bzw. der Ausfertigung, was aber den Gebrauch der Vollmacht einschränkt. Wird auf den Besitz abgestellt, fehlt es zwar an der Rechtsscheinhaftung (§ 172 BGB) und es können sich Nachweisprobleme ergeben (siehe nachstehenden Hinweis); wird aber weitergehend auf die Vorlage abgestellt, ist die Vollmacht ohne ihre Vorlage – im Außenverhältnis – nicht wirksam.[281]

---

279 Müller-Engels/Braun/*Renner/Braun*, Kap. 2 Rn 73 f.
280 Müller-Engels/Braun/*Renner/Braun*, BetreuungsR, Kap. 2 Rn 75 (weniger einschränkend: „in den Besitz … gelangt", Rn 76); „Schein und Sein der Vollmacht" können so synchronisiert werden: *Braun*, NotBZ 2009, 491.
281 Insbesondere bei formfreien Geschäften besteht die Gefahr einer – ungewollt – unwirksamen Vertretung, wenn die Vorlage versäumt wird (*Mehler/Braun*, DNotZ 2008, 810; *Stascheit*, RNotZ 2020, 61).

Ohne eine solche „Einschränkung" wäre die Vollmacht ggf. sofort wirksam erteilt.[282] Etwas anderes dürfte m.E. allerdings dann gelten, wenn die Vollmacht mit verzögerter Aushändigung erteilt wird (siehe dazu Lösung 2, Rdn 196 ff. und Lösung 3 Rdn 205 ff.), selbst dann, wenn es ausdrücklich heißt, dass die Vollmacht sofort wirksam wird (Auslegungsfrage).

Hinweis: Vergessenes Original/vergessene Ausfertigung

Da die Vollmacht bei Vornahme des Rechtsgeschäfts wirksam erteilt sein muss (und für § 172 Abs. 2 BGB dem Bevollmächtigten ausgehändigt und dem Vertragspartner vorgelegt werden muss), kann es abgesehen vom Risiko des Vertragspartners Probleme beim Grundbuchvollzug bereiten, wenn der Bevollmächtigte bspw. bei Beurkundung eines Grundstückskaufvertrages nur eine beglaubigte Abschrift/Ablichtung der Vollmacht vorlegt. Das passiert in der Praxis gar nicht so selten; für den Laien sieht auch die beglaubigte Abschrift/Ablichtung „offiziell" aus, so dass er im wahrsten Sinne des Wortes beim Gang zum Notar neben die Ausfertigung greift (siehe dazu § 7 Rdn 31 ff.). Da dem Grundbuchamt die Bevollmächtigung zum Zeitpunkt des Vertragsschlusses in der Form des § 29 GBO nachzuweisen ist, dürfte es an sich nicht ausreichen, wenn der Bevollmächtigte dem Notar die Ausfertigung nachträglich vorlegt (ggf. wäre das aber auch im Wege der Auslegung des Wirksamwerdens zu retten). Kann die Ausfertigung zum Beurkundungstermin nicht beschafft werden und soll trotzdem beurkundet werden, weil der andere Vertragspartner auf den Besitz der Ausfertigung beim Bevollmächtigten vertraut, dann sollte die Vertretung durch den Bevollmächtigten bzw. dessen Bevollmächtigung vom Vollmachtgeber in der Form des § 29 GBO genehmigt/bestätigt werden. Genehmigung/Bestätigung des Vollmachtgebers können durch den Bevollmächtigten – dann unter Vorlage der Ausfertigung – erfolgen, wobei dieser ggf. von den Beschränkungen des § 181 BGB befreit sein muss (str. und tlw. unklar). Fehlt eine ausdrückliche Befreiung von den Beschränkungen des § 181 BGB, sollte für den Vollmachtgeber im Kaufvertrag nicht der Bevollmächtigte (ohne Ausfertigung) auftreten, sondern ein Dritter, z.B. in einem solchen „Notfall" ein Mitarbeiter des Notars.

189 Der Berater sieht sich gar nicht so selten der Beratungssituation ausgesetzt, dass der Vollmachtgeber selbst in klassischen Fällen familiärer Nähe und eigentlich vollen Vertrauens (Bevollmächtigung des Partners und/oder der Kinder) irgendwie doch zaudert. Für den Vorsorgefall besteht uneingeschränktes Vertrauen in den/die Bevollmächtigten bzw. der Vollmachtgeber hat für den Vorsorgefall keine Bedenken, eine uneingeschränkte (General-)Vollmacht zu erteilen. Der Vollmachtgeber möchte aber nicht, dass der Bevollmächtigte jetzt schon handeln könnte. Dass viele Musterformulierungen dieses Thema aufgreifen und gestalten, halten *Renner/Braun* für einen „überraschenden" Wertungswiderspruch. Dem

---

282 Müller-Engels/Braun/*Renner/Braun*, BetreuungsR, Kap. 2 Rn 73 f.

Vertrauen einerseits stehe ein erhebliches Misstrauen anderseits gegenüber.[283] Mit entsprechendem Hinweis lässt sich ein vermeintlich misstrauischer Vollmachtgeber dazu bewegen, die Vollmacht dem Vollmachtgeber entgegen dem ersten Zaudern sofort zu überlassen (mit Abreden zur Verwendung im Innverhältnis, siehe § 4 Abs. 1 im Grundmuster I, Rdn 8). Tut sich der Vollmachtgeber weiter schwer, dann ist sein Vertrauen offenbar doch nicht so groß. Das ist kein Wertungswiderspruch; der Vollmachtgeber hat für den Fall seiner Geschäftsunfähigkeit einen anderen Maßstab („ja, wenn ich später geschäftsunfähig bin, dann soll es mir auch egal sein"). In der Praxis kommt das gar nicht so selten vor. Soweit in diesen Fällen der Vertrauensrest so groß ist, dass der Vollmachtgeber noch nicht auf die Alternative einer Betreuungsverfügung zu verweisen ist (siehe Rdn 28, zur Betreuungsverfügung mit Formulierungsvorschlägen siehe § 4 Rdn 25 ff.), muss der Berater Lösungen parat haben. Die Erfahrung zeigt, dass sich die vorstehende Vorgabe 1 (Rdn 186) wesentlich leichter beraten/gestalten lässt, wenn der Vollmachtgeber weiß, dass die Vollmacht nicht sofort „scharf geschaltet" wird.

b) Lösungen für einen verzögerten Start

Für einen verzögerten Start der Vollmacht bieten sich folgende „Lösungen" an,[284] wobei die bedingte Vollmacht nur der Vollständigkeit halber genannt wird und für die Vorsorgevollmacht und für den Berater aus dem Angebot für den Vollmachtgeber zu streichen ist (Ausnahme: Besitz der Vollmachtsurkunde, siehe Rdn 188): 190

aa) Grundsätzlich keine Lösung: Bedingte Vollmacht

> **Spezifizierung**
>
> **Vollmachtserteilung unter aufschiebender Bedingung:** (Beschränkung der Vertretungsmacht im Außenverhältnis, § 158 BGB), z.B. Bedingung = Geschäftsunfähigkeit oder Betreuungsbedürftigkeit des Vollmachtgebers oder Vorlage eines ärztlichen Attestes über Geschäftsunfähigkeit oder Betreuungsbedürftigkeit

191

Die Rechtsprechung hat die **Praxisuntauglichkeit** dieser Lösung bestätigt.[285] Die Feststellung des Eintritts der Bedingung Geschäftsunfähigkeit – nicht zuletzt

---

283 Müller-Engels/Braun/*Renner/Braun*, BetreuungsR, Kap. 2 Rn 64.
284 Ausführlich dazu *Müller*, DNotZ 1997, 100; Limmer u.a./*Müller-Engels*, WürzbNotar-HdB, Teil 3 Kap. 3 Rn 48 ff.; Müller-Engels/Braun/*RennerBraun*, BetreuungsR, Kap. 2 Rn 53 ff.
285 OLG Köln, Beschl. v. 10.4.2007 – 2 Wx 20/07, ZEV 2007, 592 m. Anm. *Müller* = MittBayNot 2008, 53 (Ls) m. Anm. *Renner*; auch postmortal ärztliche Bescheinigung: OLG Koblenz, Urt. v. 8.3.2007 – 5 U 1153/06, ZEV 2007, 595 m. Anm. *Müller* = FamRZ 2007, 1190; Bedingung nicht gleich genauso gut wie Betreuer (§ 1896 Abs. 2 S. 2 BGB): KG, Beschl. v. 19.11.2009 – 1 W 49/09, FamRZ 2010, 835; Grüneberg/*Götz*, 81. Aufl. 2022, Einführung vor § 1896 Rn 4/5 m.w.N. zur Rspr.

Sticherling

auch unter der Diskussion zur partiellen Geschäftsfähigkeit (siehe dazu 1. Auflage 2020, § 2 Rn 7 ff.) – und deren Nachweis im Rechtsverkehr (z.B. gem. § 174 BGB oder aus formell-rechtlichen Gründen, z.b. gegenüber dem Grundbuchamt in der Form des § 29 GBO) bereitet große bis in der Praxis unlösbare Schwierigkeiten.[286] „Hände weg von bedingten (Vorsorge-) Vollmachten!"(*Müller*).[287] Die Untauglichkeit hat sich herumgesprochen, in der Praxis finden sich solche bedingten Vorsorgevollmachten nur noch sehr selten (i.d.R. Altfälle). Hin und wieder kommt die (untaugliche) Bedingung im Außenverhältnis aber – **insbes. bei Regelungen zum Ersatzbevollmächtigten** – durch (aufpassen!);[288] siehe zur Ersatzbevollmächtigung – mit Regelung im Innenverhältnis – den Musterbaustein Rdn 43).[289]

Keine untaugliche Bedingung im vorstehenden Sinne ist die Bedingung, dass der Bevollmächtigte im Besitz der Vollmachtsurkunde im Original bzw. bei beurkundeter Vollmacht im Besitz einer Ausfertigung ist oder eine solche vorzulegen hat (siehe dazu Rdn 188).

bb) Lösung 1: „Schubladenlösung"

192 **Spezifizierung**

„**Unbedingte**" **Vollmachtserteilung und deren private Aufbewahrung**, sog. Schubladenlösung, „unbedingte" Erteilung der Vollmacht, aber zunächst Verwahrung privat (zu Hause oder bei einer Vertrauensperson), ggf. ohne dass der Bevollmächtigte informiert wird (Letzteres funktioniert nur, wenn die Vollmacht nicht im Zentralen Register für Vorsorgevollmachten (ZVR) registriert wird, siehe zum ZVR § 9 Rdn 4 ff.; Letzteres ist i.Ü. aber im Hinblick auf die für die Wirksamkeit erforderliche Erteilung der Vollmacht problematisch, siehe dazu den nachstehenden Hinweis Rdn 195).[290]

193 Bei der Schubladenlösung besteht die **Gefahr**, dass die die Vollmachtsurkunde (Original) bzw. bei notarieller Beurkundung die für den Bevollmächtigten (später) bestimmte Ausfertigung (siehe zur Ausfertigung § 7 Rdn 31 ff.) beim Vollmachtgeber, bei der Vertrauensperson oder später beim Bevollmächtigten oder einem Empfänger/Leser **nicht gefunden** wird oder **verlorengeht**. Dem kann und sollte bei notarieller Beurkundung durch eine Anweisung zur Erteilung

---

286 Limmer u.a./*Müller-Engels*, WürzbNotar-HdB, Teil 3 Kap. 3 Rn 50; Müller-Engels/Braun/*Renner/Braun*, BetreuungsR, Kap. 2 Rn 53 ff.
287 *Müller*, DNotZ 1997, 100; Limmer u.a./*Müller-Engels*, WürzbNotar-HdB, Teil 3 Kap. 3 Rn 54.
288 Siehe z.B. OLG München, Beschl. v. 16.12.2009 – 34 Wx 97/09, FamRZ 2010, 1271.
289 Müller-Engels/Braun/*Renner/Braun*, BetreuungsR, Kap. 2 Rn 58.
290 Limmer u.a./*Müller-Engels*, WürzbNotar-HdB, Teil 3 Kap. 3 Rn 55 f.; Müller-Engels/Braun/*Renner/Braun*, BetreuungsR, Kap. 2 Rn 59, 73, 619.

weiterer Ausfertigungen vorgebeugt werden (siehe im nachstehenden Muster den Hinweis in Variante 1 und die Lösung in Variante 2).

Muster 1.32: Baustein Grundmuster – Ausfertigung zur Weiterleitung (Schubladenlösung, ggf. mit Variante Attest)

(Standort im Grundmuster I: § 6 Abs. 1)

Ich weise den Notar an, dem Bevollmächtigten sofort eine Ausfertigung der heutigen Urkunde zu erteilen, diese jedoch **nicht dem Bevollmächtigen** zu übersenden, **sondern mir** zu meiner (späteren) Weiterleitung bzw. späteren Aushändigung an den Bevollmächtigten.

Variante 1 (keine weiteren Ausfertigungen):

Der Notar hat darauf hingewiesen, dass dem Bevollmächtigten auf dessen einseitigen Antrag keine weiteren Ausfertigungen erteilt werden (§ 51 Abs. 1 BeurkG).

Variante 2 (weitere Ausfertigungen bei Vorlage Attest/Sterbeurkunde):[291]

Solange ich den Notar nicht schriftlich anders anweise, darf er dem Bevollmächtigten auf dessen einseitigen Antrag nur dann (weitere) Ausfertigungen erteilen, wenn der Bevollmächtigte dem Notar eine auf ihn erteilte Ausfertigung der Vollmacht vorlegt oder eine ärztliche Bescheinigung vorlegt, wonach ich die in der Vollmacht bezeichneten Angelegenheiten ganz oder teilweise nicht mehr selbst erledigen kann (der Bescheinigung gleichgestellt ist eine Sterbeurkunde). Der Arzt ist ermächtigt, auf Antrag des Bevollmächtigten eine Bescheinigung zu erteilen. Der Notar muss die Rechtmäßigkeit der Bescheinigung nicht prüfen. Werden widersprechende Bescheinigungen vorgelegt oder ergeben sich andere Zweifelsfragen, so darf der Notar auf Antrag des Bevollmächtigten keine Ausfertigung erteilen; erforderlichenfalls muss dann ein Betreuer bestellt werden.

> **Hinweis: Erteilung der Vollmacht bei der Schubladenlösung**
>
> Die **Erteilung** einer Vollmacht ist ein einseitiges Rechtsgeschäft, eine einseitige Willenserklärung. Eine Annahme durch den Bevollmächtigten ist nicht erforderlich.[292] Auf die Wirksamkeit einer Willenserklärung ist es ohne Einfluss, wenn der Erklärende „nach der Abgabe" stirbt oder geschäftsunfähig wird (§ 130 Abs. 2 BGB). Wann gibt der Vollmachtgeber die Willenserklärung zur Erteilung der Vollmacht ab? Eine wirksame Abgabe liegt nur vor, wenn der Erklärende seinerseits alles getan hat, damit die Erklärung dem Empfänger zugehen kann.[293] Dies ist nicht der Fall, wenn die Kenntniserlangung durch den Bevollmächtigten dem Zufall überlassen wird. Für den Fall der „Schublade" wird vertreten, dass bereits das Einlegen in die Schublade als „Abgabe"

---

291 Auf Basis Limmer u.a./*Müller-Engels*, WürzbNotar-HdB, Teil 3 Kap. 3 Rn 59.
292 BGH, Urt. v. 5.12.2006 – XI ZR 341/05, NJW-RR 2007, 1202; Grüneberg/*Ellenberger*, § 167 Rn 1; *Grziwotz*, FamRB 2012, 352.
293 *Müller*, DNotZ 1997, 100 und Limmer u.a./*Müller-Engels*, WürzbNotar-HdB, Teil 3 Kap. 3 Rn 56, jeweils m.w.N.

anzusehen ist.[294] Bei Beurkundung der Vollmacht sollte dem (Schubladen-)Bevollmächtigten nach der Beurkundung eine (einfache) Abschrift/Ablichtung[295] der Vollmachtsurkunde ausgehändigt werden (siehe daher § 9 im Grundmuster I, Rdn 8).[296]

cc) Lösung 2: Notarielle Beurkundung mit verzögerter Aushändigungsanweisung

196 **Spezifizierung**

Wirksamkeit mit Besitz der Ausfertigung beim Bevollmächtigten (siehe dazu Rdn 188) und Anweisung des Notars gem. § 52 Abs. 2 BeurkG, dem Bevollmächtigten nur unter bestimmten Voraussetzungen eine Ausfertigung zu erteilen (sog. **Ausfertigungssperre**)

197 Diese Gestaltung geht auf *Bühler* zurück und war einige Zeit im notariellen Bereich das „Standardmodell".[297] Auch in der heutigen Beratungspraxis findet das „Modell" beim „zaudernden" Vollmachtgeber (siehe Rdn 189) großen Zuspruch. Zumeist ist er im Beratungsgespräch überrascht, dass die Vollmacht im Außenverhältnis unbeschränkt – zumindest unbedingt – zu gestalten ist (siehe Rdn 191). Wenn dieser weiß, dass der Notar als Amtsperson über die Aushändigung der Vollmacht (Ausfertigung) wacht, dann schafft das i.d.R. die Basis/Bereitschaft für eine umfassende – sonst uneingeschränkte – Vorsorgevollmacht. Der Vorteil dieser Lösung liegt darin, dass die Vollmacht erst „später" (z.B. bei Geschäftsunfähigkeit oder Betreuungsbedürftigkeit) verwendet werden kann und der Rechtsverkehr nicht – wie bei der Bedingung (siehe Rdn 191) – mit Nachweisproblemen belastet wird.[298]

198 Ein entscheidender Nachteil wird von Notarseite jedoch darin gesehen, dass der **Notar** mit der Aufgabe „**belastet**" wird, den Eintritt der Aushändigungsvoraus-

---

294 Kurze/*Kurze*, VorsorgeR, § 167 Rn 21; Müller-Engels/Braun/*Renner/Braun*, BetreuungsR, Kap. 2 Rn 73, 619; *Zimmermann*, Vorsorgevollmacht Rn 44; eher zweifelnd: *Bühler*, BWNotZ 1990, 1; *Stascheit*, RNotZ 2020, 61.
295 Eine einfache Abschrift/Ablichtung reicht aus; auf den Zugang einer Ausfertigung kann selbst bei formbedürftigen Erklärungen konkludent verzichtet werden (Grüneberg/*Ellenberger*, § 130 Rn 10, 19; Müller-Engels/Braun/*Renner/Braun*, BetreuungsR, Kap. 2 Rn 69 und Fn 961).
296 So *Bühler*, BWNotZ 1990, 1; *ders.*, FamRZ 2001, 1585; Kersten/Bühling/*Kordel*, Formularbuch und Praxis der Freiwilligen Gerichtsbarkeit, § 96 Rn 67; Limmer u.a./*Müller-Engels*, WürzbNotar-HdB, Teil 3 Kap. 3 Rn 56; *Münch*, Ehebezogene Rechtsgeschäfte, 6. Aufl. 2020, Kap. 5 Rn 530; Müller-Engels/Braun/*Renner/Braun*, BetreuungsR, Kap. 2 Rn 73, 619.
297 Limmer u.a./ *Müller-Engels*, WürzbNotar-HdB, Teil 3 Kap. 3 Rn 57 mit Hinweis auf *Bühler*, BWNotZ 1990, 1.
298 Limmer u.a./*Müller-Engels*, WürzbNotar-HdB, Teil 3 Kap. 3 Rn 58.

setzungen prüfen zu müssen.²⁹⁹ Um den Notar nicht über Gebühr zu belasten, sollte bei der Formulierung der Aushändigungssperre darauf geachtet werden, dass der Notar sich auf eine ärztliche Bescheinigung (siehe dazu Rdn 201) verlassen darf, deren Rechtmäßigkeit (inkl. des Ausstellers und dessen Eigenschaft als Arzt) der Notar nicht zu überprüfen hat.³⁰⁰ Wird dem Notar eine „gefälschte" bzw. eine (bewusst) falsche Bescheinigung vorgelegt, bewegt sich der Bevollmächtigte im strafrechtlich relevanten Bereich, der der Kontrolle des Notars entzogen ist, soweit die Straftat für den Notar nicht (offenbar) erkennbar ist.

Die Ausfertigungssperre beim Notar ist mit (zusätzlichen) Kosten (Notargebühren) verbunden. Der Notar hat eine 0,5 **Betreuungsgebühr** gem. Nr. 22200 Nr. 3 KV GNotKG abzurechnen, d.h. die Notarkosten steigen um die Hälfte bzw. auf 150 % (Maximalbeispiel: 0,5 Gebühr auf den Höchstwert von 1 Mio. EUR = 867,50 EUR zzgl. Auslagen und Umsatzsteuer); die Betreuungsgebühr fällt allerdings erst an, wenn der Notar die Voraussetzungen für die Erteilung der Vollmacht zu prüfen hat.³⁰¹ Der Vollmachtgeber sollte auf diese „Zusatzgebühr" hingewiesen werden. Bei Bevollmächtigungen innerhalb der Familie ist dies meist die Nagelprobe: Wenn dem Vollmachtgeber die Ausfertigungssperre die spätere Betreuungsgebühr nicht wert ist, dann ist sein Vertrauen in den Bevollmächtigten offenbar doch größer als zunächst angenommen (ausgenommen, er ist von extremem „Kostenbewusstsein" getrieben).

199

Muster 1.33: Baustein Grundmuster – Ausfertigung gegen Vorlage ärztlicher Bescheinigung/Attest

1.33

200

(Standort im Grundmuster I: § 6 Abs. 1)

Solange ich den Notar nicht schriftlich anders anweise, darf er dem Bevollmächtigten auf dessen einseitigen Antrag nur dann Ausfertigungen erteilen, wenn der Bevollmächtigte dem Notar eine ärztliche Bescheinigung vorlegt, wonach ich die in der Vollmacht bezeichneten Angelegenheiten ganz oder teilweise nicht mehr selbst erledigen kann (der Bescheinigung gleichgestellt ist eine Sterbeurkunde). Der Arzt ist ermächtigt, auf Antrag des Bevollmächtigten eine Bescheinigung zu erteilen. Der Notar muss die Rechtmäßigkeit der Bescheinigung nicht prüfen. Werden widersprechende Bescheinigungen vorgelegt oder ergeben sich andere Zwei-

---

299 Limmer u.a./*Müller-Engels*, WürzbNotar-HdB, Teil 3 Kap. 3 Rn 58; Heckschen/Herrler/Münch/*Reetz*, Beck'sches Notarhandbuch, 7. Aufl. 2019, § 16 Rn 57; Müller-Engels/Braun/*Renner/Braun*, BetreuungsR, Kap. 2 Rn 59 ff., 715 m.w.N.; wie hier weniger ablehnend: Kersten/Bühling/*Kordel*, Formularbuch und Praxis der Freiwilligen Gerichtsbarkeit, § 96 Rn 66.
300 *Bühler*, FamRZ 2001, 1585; Limmer u.a./*Müller-Engels*, WürzbNotar-HdB, Teil 3 Kap. 3 Rn 58; Müller-Engels/Braun/*Renner/Braun*, BetreuungsR, Kap. 2 Rn 62.
301 Müller-Engels/Braun/*Renner/Braun*, BetreuungsR, Kap. 2 Rn 715; Korintenberg/*Tiedtke*, 22. Aufl. 2022, KV 22200 Rn 20; *Stascheit*, RNotZ 2020, 61.

felsfragen, so darf der Notar auf Antrag des Bevollmächtigten keine Ausfertigung erteilen; erforderlichenfalls muss dann ein Betreuer bestellt werden.[302]

201 Der vorstehende Musterbaustein stellt für die ärztliche Bescheinigung mit *Perau* – und diesem bspw. folgend *Bühler* und *Müller-Engels* – darauf ab, dass der Vollmachtgeber **betreuungsbedürftig** ist bzw. die in der Vollmacht bezeichneten Angelegenheiten ganz oder teilweise nicht mehr selbst erledigen kann.[303] Alternativ kann auch auf eine Bescheinigung abgestellt werden, dass der Vollmachtgeber **geschäftsunfähig** ist oder **Zweifel an seiner Geschäftsfähigkeit** bestehen,[304] oder auf den Umstand, dass der Vollmachtgeber den Notar – gesundheitlich bedingt – **nicht mehr schriftlich anweisen kann** (siehe dazu auch bereits die Anmerkung (Fußnote) bei § 6 Abs. 1 im Grundmuster I, Rdn 8, Fn 32).[305] Die Überlegung, was genau ärztlich zu bescheinigen bzw. zu attestieren ist, zeigt den eigentlichen Nachteil dieser Lösung auf: Sind die Ärzte bereit, entsprechende Bescheinigungen zu erteilen?[306] Vorsorglich sollte – wie im vorstehenden Muster – Befreiung von der ärztlichen Schweigepflicht erteilt werden.[307] Ferner sind die mit der Erlangung der ärztlichen Bescheinigung und dem notariellen Erteilungsverfahren verbundenen Verzögerungen hinzunehmen; der Berater sollte dies mit dem Vollmachtgeber bei Vorstellung der Lösungen besprechen. Der Vollmachtgeber hat neben den zusätzlichen Kosten (siehe Rdn 199) auch hier eine Abwägung zu treffen: Ist es ihm wichtig, dass der Bevollmächtigte im Fall des Falles sofort handeln kann oder überwiegt sein Bedürfnis, die Vollmacht erst später wirksam werden zu lassen?

---

302 Basis *Bühler*, FamRZ 2001, 1585; dem folgend Limmer u.a./*Müller-Engels*, WürzbNotar-HdB, Teil 3 Kap. 3 Rn 59.
303 *Perau*, MittRhNotK 1996, 285 (Fn 160); *Bühler*, FamRZ 2001, 1585; Limmer u.a./*Müller-Engels*, WürzbNotar-HdB, Teil 3 Kap. 3 Rn 59.
304 *Bühler*, BWNotZ 1990, 1; Müller-Engels/Braun/*Renner/Braun*, BetreuungsR, Kap. 2 Rn 63.
305 So bzw. so ähnlich Kersten/Bühling/*Kordel*, Formularbuch und Praxis der Freiwilligen Gerichtsbarkeit, § 96 Rn 65 M und 66; siehe bereits *Perau*, MittRhNotK 1996, 285 (Fn 160).
306 *Weser*, MittBayNot 1992, 161; *Münch*, Ehebezogene Rechtsgeschäfte, 5. Aufl. 2022, Kap. 5 Rn 526 spricht insoweit von einer (berechtigter) Zurückhaltung der Ärzte. Lässt sich eine solche Bescheinigung im Fall des Falles nicht sofort erlangen, so kann die entsprechende Bescheinigung ggf. dann zu erlangen sein, wenn ein Betreuungsverfahren eingeleitet ist (was eigentlich vermieden werden soll) und die dortigen Erkenntnisse auf eine Betreuungsbedürftigkeit hindeuten, spätestens aber dann, wenn das Betreuungsgericht zum Ergebnis gelangt, dass bei fehlender Vollmacht eine Betreuung einzurichten ist; in dem Sinne auch Müller-Engels/Braun/*Renner/Braun*, BetreuungsR, Kap. 2 Rn 61; *Zimmermann*, Vorsorgevollmacht, Rn 62.
307 *Bühler*, FamRZ 2001, 1585.

Hinweis: Erteilung der Vollmacht bei Ausfertigungssperre

202

Auch bei der verzögerten Aushändigungsanweisung („Ausfertigungssperre") wird wegen des Problems der wirksamen Abgabe der Erklärung (siehe Hinweis Rdn 195) empfohlen, dass der Bevollmächtigte über die Vollmachtserteilung informiert wird.[308]

Es kann im Einzelfall angezeigt sein, dass der Notar bei Erteilung von Ausfertigungen den Vollmachtgeber unterrichtet.[309] Im Falle dessen Geschäftsunfähigkeit bzw. Betreuungsbedürftigkeit hilft die Unterrichtung dem Vollmachtgeber allerdings wenig. Insbesondere für die vorstehende Attest-Lösung kann es im Einzelfall angezeigt sein, dass der Vollmachtgeber den Notar anweist, die Erteilung der Vollmacht durch Übersendung einer Abschrift dem **Betreuungsgericht anzuzeigen**.[310] Das Gericht muss dann prüfen, ob ein **Kontrollbetreuer** zu bestellen ist (§§ 1815 Abs. 3, 1820 Abs. 3 BGB; § 1896 Abs. 3 BGB a.F.).[311] Ist ein Kontroll-/Überwachungsbevollmächtigter „eingesetzt", wäre dieser zu benachrichtigen (zur Kontrollbevollmächtigung siehe § 6). Sind mehrere Personen bevollmächtigt, kann die Unterrichtung der anderen Bevollmächtigten sinnvoll sein (Frage des Einzelfalls).

203

Muster 1.34: Baustein Grundmuster – Unterrichtung bei Erteilung von Ausfertigungen

(Standort im Grundmuster I: Zusatz in § 6 Abs. 1)

204

Über die Erteilung von Ausfertigungen hat der Notar den Vollmachtgeber – unter der ihm zuletzt bekannten Anschrift – schriftlich zu unterrichten. *(optional: Ferner hat der Notar das Betreuungsgericht zu unterrichten, damit dieses erforderlichenfalls prüft, ob ein Kontrollbetreuer zu bestellen ist (§§ 1815 Abs. 3, 1820 Abs. 3 BGB; § 1896 Abs. 3 BGB a.F.).*

Optional bei mehreren Bevollmächtigten: Ferner hat der Notar den/die anderen Bevollmächtigten – unter dem ihm zuletzt bekannten Anschrift – schriftlich zu unterrichten.)

---

308 *Bühler*, FamRZ 2001, 1585; Limmer u.a./*Müller-Engels*, WürzbNotar-HdB, Teil 3 Kap. 3 Rn 60.
309 *Renner/Braun* gehen einen Schritt weiter: Müller-Engels/Braun/*Renner/Braun*, BetreuungsR, Kap. 2 Rn 81: *officium nobile*.
310 *Bühler*, BWNotZ 1990, 1; *ders.*, FamRZ 2001, 1585; *Perau*, MittRhNotK 1996, 285.
311 I.Ü würde der Notar damit § 1820 Abs. 1 BGB (§ 1901c BGB a.F.) vorgreifen (siehe dazu § 7 Rdn 52 ff.).

dd) Lösung 3: Unbedingte Vollmachtserteilung (mit interner Weisung)

205 ▍ **Spezifizierung**

Bei entsprechendem Vertrauen der „Königsweg", das gängigste Gestaltungsmodell, das mittlerweile überwiegend empfohlen wird[312]

206 Der große Vorteil dieser Lösung besteht drain, dass sie einen **unkomplizierten** und daher ggf. **schnellen Übergang von der Eigen- zur Fremdfürsorge** ermöglicht.[313] Sie setzt ein **besonderes Vertrauen** des Vollmachtgebers in die Person des Bevollmächtigten voraus (siehe dazu Rdn 28); dieses wird i.d.R. nur im engsten Familienkreis gegeben sein (insbes. bei wechselseitiger Bevollmächtigung unter Partnern und bei Bevollmächtigung der Kinder).[314]

Muster 1.35: Baustein Grundmuster – Ausfertigung sofort an den Bevollmächtigten

207 *(Standort im Grundmuster I: § 6 Abs. 1)*

Ich weise den Notar an, dem Bevollmächtigten sofort eine Ausfertigung der heutigen Urkunde zu erteilen und diese **dem Bevollmächtigen** sogleich zu übersenden. Solange der Notar nicht schriftlich über einen Widerruf der Vollmacht unterrichtet ist, kann sich der Bevollmächtigte jederzeit auf einseitigen Antrag weitere Ausfertigungen erteilen lassen (Anweisung gem. § 51 Abs. 2 BeurkG).

208 Da dem Vollmachtgeber mitunter die sofortige Wirksamkeit der Vollmacht bzw. bei Aushändigung des Originals bzw. einer Ausfertigung die sofortige Handlungsfähigkeit nicht bewusst ist, ist dies eines der zentralen Themen, welches im Vorwege der Bevollmächtigung eingehend besprochen werden muss; der Vollmachtgeber sollte zudem – nicht zuletzt auch aus Gründen der Dokumentation für den Berater – hierauf im Text der Urkunde an exponierter Stelle hingewiesen werden (am Anfang der Urkunde oder am Anfang der Hinweise/Belehrungen, siehe im Grundmuster § 1 Abs. 4 und § 5 Spiegelstriche 1 bis 3).[315]

Muster 1.36: Baustein Grundmuster – Keine Wirksamkeitsbeschränkung

209 *(Standort im Grundmuster I: § 1 Abs. 4 anfügen; alternativ – anders zu formulieren – in § 5 als gesonderter Spiegelstrich)*

Eine Wirksamkeitsbeschränkung der Vollmacht dahin gehend, dass erst mit Eintritt von Geschäftsunfähigkeit oder Betreuungsbedürftigkeit von der Vollmacht Gebrauch gemacht werden

---

312 Grüneberg/*Götz*, 81. Aufl. 2022, Einführung vor § 1896 Rn 4/5; Limmer u.a./*Müller-Engels*, WürzbNotar-HdB, Teil 3 Kap. 3 Rn 61 mit Hinweis u.a. auf *Perau*, MittRhNotK 1996, 285; *Müller*, DNotZ 1997, 100; Müller-Engels/Braun/*Renner/Braun*, BetreuungsR, Kap. 2 Rn 67 ff.; *Milzer*, NJW 2003, 1836; Heckschen/Herrler/Münch/*Reetz*, Beck'sches Notarhandbuch, 7. Aufl. 2019, § 16 Rn 54, 55.
313 Limmer u.a./*Müller-Engels*, WürzbNotar-HdB, Teil 3 Kap. 3 Rn 62.
314 Limmer u.a./*Müller-Engels*, WürzbNotar-HdB, Teil 3 Kap. 3 Rn 62.
315 *Bühler*, FamRZ 2001, 1585.

kann, wünsche ich nach Beratung des Notars über die hierzu bestehenden Gestaltungsmöglichkeiten (aufschiebende Bedingung als Beschränkung der Vollmacht im Außenverhältnis oder sog. Ausfertigungssperre) ausdrücklich nicht.[316]

Alternativ zum vorstehenden Hinwies kommt auch eine – ins Auge fallende – **sichtbare Streichung** der im Text als Variante angebotenen Ausfertigungssperre in Betracht; im Grundmuster I (Rdn 8) würde dann bei § 6 Abs. 1 die dortige Variante 1 (sofort) gestrichen und die Variante 2 (Kombination Schublade und Attest) oder eine andere Variante (z.b. Musterbaustein Rdn 200) stehen bleiben. Siehe zu dieser (notariellen) Arbeitstechnik im Zusammenhang zu § 181 BGB die Anmerkung (Fußnote) bei Rdn 54 (Fn 103) und Rdn 61 und zu Schenkungen Rdn 100.

210

Vielfach wird bei Bevollmächtigung mehrerer Personen eine **Rangordnung** gewünscht (z.b. erst der Partner, dann Kinder, siehe auch Rdn 42, 46). Eine Rangordnung als Beschränkung im Außenverhältnis ist i.d.R. nicht zweckmäßig bzw. praxisuntauglich (siehe Rdn 42 und Rdn 191). Die Rangordnung sollte daher im Innenverhältnis geregelt werden (siehe z.b. die Musterbausteine Rdn 43 und Rdn 161).[317] Bei der beurkundeten Vollmacht kann die Rangordnung – mit Außenwirkung – durch eine **sukzessive Ausfertigung** geregelt werden:

211

Muster 1.37: Baustein Grundmuster – Ausfertigung an einen Bevollmächtigten sofort (z.B. Partner) und weitere Bevollmächtigte (z.B. Kinder) später

212

(Standort im Grundmuster I: statt dortigem § 6 Abs. 1)

Ich weise den Notar an,
1. dem Bevollmächtigten zu 1 sofort eine Ausfertigung der heutigen Urkunde zu erteilen und diese **dem Bevollmächtigten** sogleich zu übersenden. Solange der Notar nicht schriftlich über einen Widerruf der Vollmacht unterrichtet ist, kann sich der Bevollmächtigte jederzeit auf einseitigen Antrag weitere Ausfertigungen erteilen lassen (Anweisung gem. § 51 Abs. 2 BeurkG).
2. dem Bevollmächtigten zu 2 und/oder dem Bevollmächtigten zu 3 erst dann Ausfertigungen zu erteilen, wenn ich den Notar später – schriftlich – anweise oder der entsprechende Bevollmächtigte dem Notar
   a) eine ärztliche Bescheinigung vorlegt, wonach ich die in der Vollmacht bezeichneten Angelegenheiten ganz oder teilweise nicht mehr selbst erledigen kann. Der Arzt ist ermächtigt, auf Antrag des entsprechenden Bevollmächtigten eine Bescheinigung zu erteilen
   und

---

316 Nach Limmer u.a./*Müller-Engels*, WürzbNotar-HdB, Teil 3 Kap. 3 Rn 1 (dort unter V) und Rn 62 a.E.
317 Sie auch das Muster von *Bühler*, FamRZ 2001, 1585, dort IX Nr. 7 Buchst. a (S. 1597).

b) eine schriftliche Anweisung des Bevollmächtigten zu 1 oder eine ärztliche Bescheinigung vorlegt, wonach der Bevollmächtigte zu 1 geschäftsunfähig bzw. betreuungsbedürftig ist, oder den Tod des Bevollmächtigten zu 1 durch Sterbeurkunde belegt. Der Notar muss die Rechtmäßigkeit der Bescheinigungen nicht prüfen. Werden dem Notar widersprechende Bescheinigungen vorgelegt oder ergeben sich andere Zweifelsfragen, so darf der Notar auf Antrag des entsprechenden Bevollmächtigten keine Ausfertigung erteilen. Erforderlichenfalls muss dann ein Betreuer bestellt werden.[318]

213 Zur Unterrichtung des Vollmachtgebers und anderer Bevollmächtigter bei späterer Ausfertigung siehe Rdn 203, 204.

2. Widerruf der Vollmacht

214 Die Vorsorgevollmacht ist stets widerruflich (§ 168 S. 2 BGB); **als Generalvollmacht** und **als Vollmacht ausschließlich im Interesse des Vollmachtgebers** lässt sie sich nicht als unwiderruflich gestalten (d.h. vereinbaren).[319] Der Widerruf durch den Vollmachtgeber (§§ 167 Abs. 1 BGB, 168 Abs. 1 BGB) setzt allerdings dessen Geschäftsfähigkeit voraus (bzgl. der persönlichen Angelegenheiten dürfte Einwilligungsfähigkeit ausreichen, siehe dazu Rdn 18); bei Geschäftsunfähigkeit des Vollmachtgebers kommt der Widerruf durch einen Kontrollbetreuer (§§ 1815 Abs. 3, 1820 Abs. 3 BGB) in Betracht (siehe dazu auch § 14 Rdn 20 ff.). Da sich eine Vorsorgevollmacht nicht unwiderruflich vereinbaren lässt, dürfte es nicht möglich sein, die Einrichtung einer Kontrollbetreuung – mit der Folge einer Unwiderruflichkeit der Vollmacht bei Geschäftsunfähigkeit – auszuschließen. Angesichts der Schwere des Eingriffs in das Selbstbestimmungsrecht des Vollmachtgebers – Grundsatz der Subsidiarität der Vollmacht (Rdn 13 und § 4 Rdn 2) – darf der Kontrollbetreuer die Vollmacht nur widerrufen, wenn das Festhalten an der Vollmacht eine künftige Verletzung der Person oder des Vermögens des Vollmachtgebers mit hinreichender Wahrscheinlichkeit und in erheblicher Schwere befürchten lässt und mildere Maßnahmen nicht zur Abwehr eines Schadens für den Vollmachtgeber geeignet erscheinen (§ 1820 Abs. 5 S. 1 BGB). Mit der Reform zum Vorschundschafts- und Betreuungsrecht zum 1.1.2023 bedarf der Widerruf der Genehmigung des Betreuungsgerichts (§ 1820 Abs. 5 S. 2 BGB); die „Genehmigung" muss vor dem Widerruf erteilt sein (§ 1858 BGB).[320]

---

318 Entwickelt auf Basis *Bühler*, FamRZ 2001, 1585 bzw. dem folgend *Limmer u.a./Müller-Engels*, WürzbNotar-HdB, Teil 3 Kap. 3 Rn 59.
319 Siehe nur *Limmer u.a./Müller-Engels*, WürzbNotar-HdB, Teil 3 Kap. 3 Rn 40 m.w.N.
320 Die Zuständigkeit liegt beim Richter (§ 15 Abs. 1 Nr. 1 RPflG). Das Gericht hat von Amts wegen zu ermitteln, wenn der Betreuer seine Absicht erklärt hat, die Vorsorgevollmacht ganz oder teilweise widerrufen zu wollen. Der Vollmachtgeber ist vom Gericht vor der Genehmigung des Widerrufs persönlich anzuhören (§ 299 S. 1 FamFG).

Seit der Reform hat das Betreuungsgericht zudem die (mildere) Möglichkeit, die Vollmacht zu „suspendieren" (§ 1820 Abs. 4 BGB).³²¹

Die Vorsorgevollmacht hat „**kein Verfallsdatum**"; bei Vorsorgevollmachten älteren Datums lässt sich kein zwischenzeitlicher Widerruf der Vollmacht „unterstellen".³²² 215

Siehe zum **Widerruf bei mehreren Bevollmächtigten** mit Musterbaustein Rdn 46, 47 und § 14 Rdn 26 ff.³²³

Siehe zum **Widerruf der Untervollmacht** Rdn 74–77.

Siehe allgemein zum Widerruf § 14.

3. Vollmacht über den Tod hinaus (transmortale Vollmacht)

Nach der gesetzlichen Regelung im **Auftragsrecht** bleibt die (Vorsorge-)Vollmacht nach dem Tod des Vollmachtgebers **im Zweifel** bestehen (§§ 168, 672 BGB). Unabhängig vom Grundverhältnis (Gefälligkeit, Auftrag, Geschäftsbesorgung, siehe Rdn 173 ff. und § 11 Rdn 19 ff.), sollte in der Vollmacht aber **ausdrücklich** klargestellt/geregelt werden, ob die Vollmacht über den Tod des Vollmachtgebers hinaus gelten soll – sog. **transmortale Vollmacht** – oder nicht (siehe § 1 Abs. 3 in den Grundmustern I und II, Rdn 8 und Rdn 9).³²⁴ Die Klarstellung/Regelung sollte insbes. auch vor dem Hintergrund erfolgen, dass der Vorsorgevollmacht als „Altersvorsorgevollmacht" bzw. als Vollmacht zur Vermeidung einer Betreuung mitunter eine Erledigung mit dem Tod beigemessen wird (siehe in diesem Zusammenhang Rdn 220).³²⁵ Eine transmortale Vollmacht kann für die Nachlassabwicklung ggf. einen Erbschein entbehrlich machen oder ermöglicht es, in der Zwischenzeit zwischen Tod und Erhalt des Erbnachweises (Erbschein oder Eröffnungsprotokoll bzgl. einer – notariellen – Verfügung von Todes wegen, § 35 GBO) kurzfristige Verbindlichkeiten (wie z.B. Beerdigungskosten) aus dem 216

---

321 Zur Reform: Limmer u.a./*Müller-Engels*, WürzbNotar-HdB, Teil 3 Kap. 3 Rn 77; *Müller-Engels*, DNotZ 2021, 84; *dies.*, FamRZ 2021, 645.
322 Limmer u.a./*Müller-Engels*, WürzbNotar-HdB, Teil 3 Kap. 3 Rn 47; Müller-Engels/Braun/*Renner/Braun*, BetreuungsR, Kap. 2 Rn 357.
323 Ausführlich dazu *Renner*, ZNotP 2004, 388.
324 Herrler/*Heinze*, MVHdB Bürgerl. Recht II, Muster VIII. 10 Anm. 6; Limmer u.a./*Müller-Engels*, WürzbNotar-HdB, Teil 3 Kap. 3 Rn 34 f.; Müller-Engels/Braun/*Renner/Braun*, BetreuungsR, Kap. 2 Rn 127: i.d.R. empfiehlt sich Fortgeltung (a.A. Zimmermann, Vorsorgevollmacht Rn 270: nur im Ausnahmefall).
325 So vom OLG Hamm, Beschl. v. 17.9.2002 – 15 W 338/02, ZEV 2003, 470 = FamRZ 2003, 324 = DNotZ 2003, 120 und ähnlich OLG München, Beschl. v. 7.7.2014 – 34 Wx 265/14, ZErb 2015, 29 = FamRZ 2014, 615 = FamRZ 2014, 1942 = NJW 2014, 3166; kritisch dazu auch: Limmer u.a./*Müller-Engels*, WürzbNotar-HdB, Teil 3 Kap. 3 Rn 35; Müller-Engels/Braun/*Renner/Braun*, BetreuungsR, Kap. 2 Rn 99; Heckschen/Herrler/Münch/*Reetz*, Beck'sches Notarhandbuch, 7. Aufl. 2019, § 20 Rn 96, 97.

Vermögen des Vollmachtgebers (Erblassers) zu begleichen (siehe in diesem Zusammenhang zur Totenfürsorge Rdn 158 ff.). Auch gerade im Bereich der Unternehmensnachfolge kann die transmortale Vollmacht zur Gewährleistung **fortdauernder Handlungsfähigkeit** geboten sein (siehe dazu § 2 Rdn 76 ff.). Der Bevollmächtigte vertritt dann allerdings nicht mehr den Vollmachtgeber, sondern dessen **Erben**. Nicht ganz klar ist, **in wessen Interesse** der Bevollmächtigte nach dem Tod des Vollmachtgebers handeln muss, im Interesse des verstorbenen Vollmachtgebers oder der Erben?[326] Umstritten ist, ob eine transmortale Bevollmächtigung des **Alleinerben** diesem einen Erbnachweis nach § 35 GBO erspart (siehe dazu Rdn 81 ff. und § 19 Rdn 11 ff.). Ein **Miterbe** kann die Vollmacht allein – allerdings nur für sich – widerrufen.[327] Eine (transmortale) Vollmacht erlischt nicht (automatisch) mit Testamentsvollstreckung; der **Testamentsvollstrecker** kann die Vollmacht aber widerrufen (siehe zum Verhältnis zwischen Vollmacht und Testamentsvollstreckung § 20 Rdn 39 ff.).[328] Das Verhältnis zwischen Vollmacht und **Vor- und Nacherbfolge** ist umstritten, siehe dazu § 20 Rdn 32, 33 (mit „klarstellendem" Muster, zur Frage, ob der Bevollmächtigte auch die Nacherben vertritt).[329]

217 Zur Vermeidung des – nicht unbeträchtlichen – **Missbrauchsrisikos** bei von der Erbfolge abweichender Bevollmächtigung und/oder mehreren Erben wird teilweise auch generell eine **Beschränkung der Vollmacht auf den Tod** des Vollmachtgebers empfohlen (siehe in diesem Zusammenhang zur entsprechenden Befristung der Beglaubigung gem. § 7 Abs. 1 S. 2 BtOG den nachstehenden Hinweis Rdn 220).[330] Mit einer Beschränkung der Vollmacht auf den Tod des Vollmachtgebers ist dann aber der **Nachteil** verbunden, dass ggf. bei Ausübung der Vollmacht der Nachweis erbracht werden muss, dass der Vollmachtgeber noch

---

326 Müller-Engels/Braun/*Renner/Braun*, BetreuungsR, Kap. 2 Rn 103. Wenigstens ein Fortwirken der Interessen des Erblassers wird anzunehmen sein: MüKo-BGB/*Schubert*, 9. Aufl. 2021, § 168 Rn 58 (Auslegungsfrage); *Zimmermann*, Vorsorgevollmacht, Rn 263.
327 Herrler/*Heinze*, MVHdB Bürgerl. Recht II, Muster VIII. 10 Anm. 6; Müller/Renner/*Renner*, BetreuungsR, 5. Aufl. 2018, Rn 327; Müller-Engels/Braun/*Renner/Braun*, BetreuungsR, Kap. 2 Rn 571.
328 OLG München, Beschl. v. 15.11.2011 – 34 Wx 388/11, ZErb 2012, 18 = ZEV 2012, 376 = DNotZ 2012, 303 = FamRZ 2012, 1004 (Vorsorgevollmacht); Herrler/*Heinze*, MVHdB Bürgerl. Recht II, Muster VIII. 53a Anm. 6; Müller-Engels/Braun/*Renner/Braun*, BetreuungsR, Kap. 2 Rn 573.
329 Siehe einerseits OLG Stuttgart, Beschl. v. 29.5.2019 – 8 W 160/19, ZEV 2019, 530 = FamRZ 2019, 1956 (Vertretung des Nacherben) und andererseits OLG München, Beschl. v. 14.6.2019 – 34 Wx 237/18, ZEV 2019, 533 = FamRZ 2019, 1746 (keine Vertretung des Nacherben); dazu ausführlich *Keim*, ZEV 2020,1; siehe z.B. auch Herrler/*Heinze*, MVHdB Bürgerl. Recht II, Muster VIII. 10a Anm. 6; Limmer u.a./*Müller-Engels*, WürzbNotar-HdB, Teil 3 Kap. 3 Rn 35; *Müller-Engels*, DNotZ 2021, 84.
330 So *Zimmermann*, Vorsorgevollmacht Rn 270.

Sticherling

lebt.³³¹ Wie an vielen Stellen der Vollmacht (Einzelvertretung, Schenkungen, Befreiung von § 181 BGB, sofortige Wirksamkeit/Ausfertigung) ist die Frage der Fortgeltung über den Tod hinaus eine **Frage des Vertrauens** (vgl. bereits Rdn 29, 45, insbes. Rdn 56, 67).

Die Erteilung einer transmortalen (Vorsorge-)Vollmacht soll der Anordnung einer **Nachlasspflegschaft** nicht im Wege stehen (siehe zum Verhältnis zwischen Vollmacht und Nachlasspflegschaft § 20 Rdn 34 ff.).³³² 218

Eine transmortale (Vorsorge-)Vollmacht – in der Form des § 29 GBO (also notariell beurkundet oder beglaubigt) – ermöglicht es den Erben, bspw. eine **Immobilie des Vollmachtgebers/Erblassers zu veräußern**, ohne dass die Erbfolge durch einen amtlichen Erbnachweis (Erbschein oder im Einzelfall Eröffnungsprotoll bzgl. einer – notariellen – Verfügung von Todes wegen, § 35 GBO) belegt werden muss. Es bedarf keiner Voreintragung der Erben im Grundbuch (Grundsatz § 39 GBO; Ausnahme § 40 Abs. 1 GBO). Das gilt nicht nur für die Vormerkung und die Auflassung, sondern mit neuerer OLG-Rechtsprechung jetzt **auch für die (Finanzierungs-)Grundschuld** des Käufers (§ 40 Abs. 1 Alt. 2 GBO analog).³³³ Allerdings kann sich der Käufer mangels Voreintragung neben dem Rechtsschein der Vollmacht (§ 172 BGB) nicht zusätzlich auch auf den guten Glauben an das Grundbuch berufen (§§ 891, 892 BGB). Zum Sonderproblem des transmortal bevollmächtigten Alleinerben siehe Rdn 81 ff. und § 19 Rdn 11 ff. 219

> **Hinweis: Auf den Tod befristete Beglaubigungswirkung gem. § 7 Abs. 1 S. 2 BtBG** 220
>
> Mit der Reform zum Vormundschafts- und Betreuungsrecht zum 1.1.2023 hat der Gesetzgeber die Wirkung der Beglaubigung einer (Vorsorge-)Vollmacht – entgegen der für das bis zum 31.12.2022 geltenden Recht (§ 6 Abs. 2 S. 1 BtBG a.F.) klärenden BGH-Entscheidung³³⁴ – auf die Lebenszeit des Vollmachtgebers beschränkt (§ 7 Abs. 1 S. 2 BtBG).³³⁵

---

331 Müller-Engels/Braun/*Renner/Braun*, BetreuungsR, Kap. 2 Rn 126.
332 BGH, Beschl. v. 17.7.2012 – IV ZB 23/11, ZEV 2013, 26= FamRZ 2012, 1869; OLG München, Beschl. v. 26.2.2010 – 31 Wx 16/10, ZErb 2010, 420 = FamRZ 2010, 1113 = NJW 2010, 2364; OLG Hamm, NJW-aktuell 20/2014, S. 6 (zitiert nach Müller-Engels/Braun/*Renner/Braun*, BetreuungsR, Kap. 2 Rn 107), OLG Stuttgart, Beschl. v. 27.5.2015 – 8 W 147/15, BeckRS 2016, 6406; kritisch dagegen: Müller-Engels/Braun/*Renner/Braun*, BetreuungsR, Kap. 2 Rn 107.
333 OLG Frankfurt am Main, Beschl. v. 27.6.2017 – 20 W 179/17, ErbR 2018, 157 = FamRZ 2018, 787; OLG Köln, Beschl. v. 16.3.2018 – 2 Wx 123/18, ZEV 2018, 418 = FamRZ 2019, 320; OLG Stuttgart, Beschl. v. 17.10.2018 – 8 W 311/18, ZErb 2018, 337; OLG Celle, Beschl. v. 16.8.2019 – 18 W 33/19, ErbR 2020, 126; KG, Beschl. v. 20.10.2020 – 1 W 1357/20, ErbR 2021, 702 = FamRZ 2021, 1676.
334 BGH, Beschl. v. 12.11.2020 – V ZB 148/19, ZErb 2021, 179 = ZEV 2021, 267 = ErbR 2021, 522 = DNotZ 2021, 710 = FamRZ 2021, 789.
335 Kritisch dazu *Müller-Engels*, DNotZ 2021, 84.

Sticherling

> Die notarielle Vollmacht wird durch diese Entscheidung des Gesetzgebers weiter aufgewertet.[336]

VI. AGB-Kontrolle?

221 Die vorstehende Überschrift ist bewusst etwas provokant gewählt und trifft dogmatisch auch nicht die Vorsorgevollmacht, zumindest dann nicht, wenn sie – wie im Regelfall – außerhalb irgendwelcher Verträge erteilt wird. Dogmatisch kommt die Vorsorgevollmacht allerdings dann in das AGB-Recht, wenn bspw. Verträge zur Pflege und/oder Heimunterbringung Vollmachten beinhalten.

222 Hier soll die Frage kurz angestoßen werden, ob die Verwendung von Texten, die bspw. vom Notar oder vom Rechtsanwalt für eine Vielzahl von Fällen/Vollmachten vorformuliert sind, dazu führen kann, dass die Vollmacht bzw. deren Reichweite – trotz eindeutiger Formulierung – angezweifelt wird. Bei Ärzten und auch bei Richtern mit „AGB-Brille" mag das gelegentlich der Fall sein. Dem muss entgegengetreten werden. Im Rechtsverkehr werden systematisch an der richtigen Stelle eindeutige/klare, im Idealfall auch praxiserprobte Formulierungen benötigt; dies gilt insbes. bei (Vorsorge-)Vollmachten. Hier ist eine klare Systematik mit „Standardformulierungen" gefragt. Die Reichweite einer Vollmacht muss im Rechtsverkehr schnell erfasst werden können.

223 Generelle Zweifel aufgrund Verwendung vorformulierter Texte verbieten sich bei der beurkundeten Vollmacht. Das Beurkundungsverfahren bietet Gewähr, dass der Text in der Vollmachtsurkunde dem geäußerten Willen des Vollmachtgebers entspricht. Der Notar ist gem. § 17 Abs. 1 BeurkG verpflichtet, den Willen des Vollmachtgebers zu erforschen, den Vollmachtgeber über die rechtliche Tragweite zu belehren bzw. aufzuklären und die Erklärung klar und zweifelsfrei in der Vollmachtsurkunde wiederzugeben. In der Regel findet beim Notar zunächst ein Vorgespräch statt, anschließend erhält der Vollmachtgeber zur Prüfung und Vorabinformation den Text der Vollmacht im Entwurf, der in einem gesonderten Beurkundungstermin vom Notar vorgelesen, mit dem Vollmachtgeber erörtert, erforderlichenfalls geändert und dann vom Vollmachtgeber genehmigt und unterschrieben wird.

224 Aber auch bei privatschriftlichen Vorsorgevollmachten – sei es mit oder ohne Unterschriftsbeglaubigung – kann generellen Zweifeln Einhalt geboten werden. Die Beratung und der Entwurf einer Vorsorgevollmacht bspw. durch einen Rechtsanwalt erfolgt ebenso i.d.R. durch ein Vorgespräch, einen Entwurf und dessen Erörterung vor Unterzeichnung, was vor der Unterschrift in der Vollmachturkunde vorsorglich vermerkt werden sollte.

---

336 *Müller-Engels*, DNotZ 2021, 84.

Muster 1.38: Baustein Grundmuster – Vermerk zur Beratung durch einen Rechtsanwalt

(Standort im Grundmuster II: vor der Unterschrift)

Der heutigen Unterzeichnung dieser Vollmacht sind Beratungsgespräche mit einem Rechtsanwalt – Herrn/Frau ▬ – vorausgegangen. Der Text der Vollmacht entspricht dem Entwurf des Rechtsanwalts. Den Entwurf hat der Rechtsanwalt entsprechend meinen Bedürfnissen erstellt und mit mir erörtert. Über die rechtliche Tragweite dieser Vollmacht hat mich der Rechtsanwalt aufgeklärt.

Gerade die vorformulierten (Muster-)Texte erleichtern die Willensbildung des Vollmachtgebers. Die Praxis zeigt, dass der Vollmachtgeber mit bestimmten Vorstellungen in ein erstes Beratungsgespräch kommt, die er dann erforderlichenfalls noch einmal überdenken bzw. zu Ende denken muss. Hier ist ein auf die Vorstellungen und Bedürfnisse angepasstes Muster mit konkret ausformulierten Varianten i.d.R. sehr hilfreich.

Das nachstehende Fazit von *Renner/Braun* beantwortet die hier angestoßene Frage, mahnt den Berater aber auch zur ordentlichen Arbeit:[337]

> *„Der gute Berater verwendet Musterformulierungen nicht schematisch in immer gleicher Weise, sondern er setzt sie fallbezogen ein. Es ist nicht vorwerfbar, wenn bei der Textgestaltung auf ‚erprobte' Formulierungen zurückgegriffen wird und diese wie ‚Bausteine' zusammengefügt werden. Das Rad muss nicht immer wieder neu erfunden werden."*

Dem ist nichts hinzuzufügen.

---

337 Müller-Engels/Braun/*Renner/Braun*, BetreuungsR, Kap. 2 Rn 754.

§ 2 Vorsorgevollmacht für Unternehmer

Übersicht:

	Rdn		Rdn
A. Einführung	1	4. Stellungnahme	55
I. Gesellschaftsrechtliche Risiken einer Betreuung	2	a) Das Argument vom Schutz der Gesellschafter	58
II. Gesellschaftsrechtliche Folgen bei Geschäftsunfähigkeit	5	b) Das Argument der Rechtssicherheit	59
1. Geschäftsunfähige Leitungsorgane einer Kapitalgesellschaft	6	c) Das Argument der besonderen Verantwortlichkeit	66
2. Geschäftsunfähige Leitungsorgane einer Personengesellschaft	7	d) Zusammenfassung	67
3. Geschäftsunfähige Gesellschafter einer Personen- oder Kapitalgesellschaft	8	5. Folgen einer gegebenenfalls unwirksamen Bevollmächtigung für Leitungsaufgaben	68
B. Vorsorgevollmachten im Gesellschaftsrecht	9	IV. Gesellschaftsrechtliche Treuepflicht für Vorsorgebevollmächtigte?	69
I. Gesellschaftsrechtliche Zulässigkeit von Vorsorgevollmachten	10	1. Rechtslage im Personengesellschaftsrecht	72
II. Zustimmung der Mitgesellschafter zur gesellschaftsrechtlichen Vertretung	16	2. Rechtslage im Kapitalgesellschaftsrecht	74
1. Zustimmungsbedürftigkeit	17	3. Gesellschaftsvertragliche Regelung zur Abgabe einer Treuepflichtserklärung des Vorsorgebevollmächtigten	75
a) Zustimmungsbedürftigkeit im Personengesellschaftsrecht	17		
b) Keine Zustimmungsbedürftigkeit im Kapitalgesellschaftsrecht	21	V. Gesellschaftsvertragliche Verpflichtung zur Vorsorgevollmacht?	76
2. Erteilung der Zustimmung	25	1. Verpflichtungsklausel im Gesellschaftsvertrag	77
3. Widerruf der Zustimmung	31	a) Vorsorgevollmacht für Gesellschafterrechte	78
a) Zulässigkeit des Widerrufs	32	b) Vorsorgevollmacht für Gesellschafterrechte und Organbefugnisse	79
aa) Unwiderruflichkeit der Zustimmung	33		
bb) Freie Widerruflichkeit der Zustimmung für Organbefugnisse bis zum Vorsorgefall	34	2. „Auffanglösung" – Wechselseitige Bevollmächtigung der Gesellschafter	81
cc) Widerruflichkeit nur aus wichtigem Grund	35	3. Kontrolle und Sanktion bei Verstoß	83
dd) Stellungnahme	38	C. Ausgestaltung der Vorsorgevollmacht des Unternehmers	86
b) Ausübung des Widerrufs	43	I. Trennungs- und Abstraktionsprinzip	87
4. Folgen fehlender oder widerrufener Zustimmung	44	II. Ausgestaltung im Außenverhältnis	88
III. Wahrnehmung von Organbefugnissen durch Vorsorgebevollmächtigte?	46	1. Unbeschränkte Vollmacht	89
1. Auffassung der unbeschränkten Wahrnehmung	47	2. Vollmacht mit Herausnahme von Organbefugnissen	91
2. Auffassung der beschränkten Wahrnehmung	50	III. Ausgestaltung im Innenverhältnis	96
3. Höchstrichterliche Rechtsprechung	51	1. Regelungen in gesonderter Urkunde	97
		2. Inhalt der Anweisungen	100
		3. Haftung des Bevollmächtigten	102

A. Einführung

Vorsorgevollmachten dienen der Absicherung für den Fall der Geschäftsunfähigkeit. Dies belegt bereits ein Blick auf § 1814 Abs. 3 S. 1 BGB (§ 1896 Abs. 2 S. 2

1

Hölscher

BGB a.F.): Durch eine Bevollmächtigung kann die Bestellung eines Betreuers vermieden und dadurch das Selbstbestimmungsrecht des Betroffenen gewahrt werden.[1] Diesem Selbstbestimmungsrecht kommt im unternehmerischen Bereich eine besondere Bedeutung zu. Denn die Bestellung eines Betreuers für einen Gesellschafter kann für die Gesellschaft und die Mitgesellschafter äußerst nachteilige Konsequenzen haben.

I. Gesellschaftsrechtliche Risiken einer Betreuung

2   Zu den unliebsamen Folgen einer Betreuung gehört, dass der Betreuer die organisatorischen Mitgliedschaftsrechte und – soweit möglich (siehe Rdn 9) – sogar Geschäftsführungsaufgaben des betreuten Mitgesellschafters wahrnimmt.[2] Obwohl der Betreuer zum Unternehmen und den übrigen Gesellschaftern keine persönliche Beziehung hat und über keine spezifischen Fachkenntnisse verfügen muss,[3] haben die Mitgesellschafter auf seine Auswahl keinen Einfluss.[4] Insbesondere kann die Wahrnehmung von Gesellschafterrechten durch Betreuer nicht durch den Gesellschaftsvertrag ausgeschlossen werden.[5] Von Betreuungsgerichten bestellte Betreuer sind nicht selten unternehmerisch unerfahren und werden von Betreuungsrichtern ausgewählt, welche regelmäßig ebenfalls nicht über unternehmerische Erfahrung verfügen.[6] Bei seinem Handeln innerhalb der Gesellschaft ist der Betreuer auch nicht frei; er ist kein Unternehmer sondern nach gesetzlichem Leitbild ein Vermögensverwalter,[7] welcher bereits zur Vermeidung eigener Pflichtverletzungen riskante unternehmerische Entscheidungen nicht oder jedenfalls mit gebotener Zurückhaltung treffen wird. Denn welche Sorgfaltspflichten den Betreuer bei unternehmerischen Entscheidungen treffen, ist nicht abschließend geklärt.[8]

3   Für bestimmte Geschäfte bedarf der Betreuer zudem der Genehmigung des Betreuungsgerichts.[9] Zu den genehmigungsbedürftigen Geschäften gehören die Gründung von Unternehmen und der Beteiligungserwerb nach § 1852 Nr. 1 und 2 BGB (§ 1822 Nr. 3 BGB a.F.). Die Einholung der Genehmigung kann zu unlieb-

---

1   BT-Drucks 11/4528, S. 122; *Schäfer*, ZHR 2011, 557, 558.
2   *Holtwiesche*, RFamU 2022, 118, 120; *v. Proff*, DStR 2020, 1380, 1383; *Münch*, Unternehmerehe, § 16 Rn 2 ff.; *Wedemann*, ZIP 2013, 1508.
3   *Baumann/Selzener*, RNotZ 2015, 605.
4   *Wilde*, GmbHR 2010, 123; *Wedemann*, ZIP 2013, 1508; zum Auswahlverfahren vgl. *v. Proff*, DStR 2020, 1380, 1381.
5   BGH v. 21.6.1965 – II ZR 68/63, BGHZ 44, 98 (zum Gebrechlichkeitspfleger); *v. Proff*, DStR 2020, 1380, 1383; *Jocher*, notar 2014, 3, 4.
6   *Heckschen*, NZG 2012, 10, 13; *Baumann/Selzener*, RNotZ 2015, 605; *v. Proff*, DStR 2020, 1380, 1383.
7   *Baumann/Selzener*, RNotZ 2015, 605.
8   *Scholz*, FamRZ 2020, 1693.
9   Umfassend hierzu: *Eble*, RNotZ 2021, 117.

samen – bis hin zu existenzbedrohenden – zeitlichen Verzögerungen führen.[10] Denn bis zur Bestellung eines Betreuers kann keine Gesellschafterversammlung einberufen werden und dennoch gefasste Beschlüsse sind nichtig.[11] Die Einholung betreuungsgerichtlicher Genehmigungen ist zudem mit nicht unerheblichem Kosten- und vor allem Begründungsaufwand verbunden.[12]

Der aus unternehmerischer Sicht unliebsamen Bestellung eines Betreuers durch Erteilung einer umfassenden Vorsorgevollmacht zu begegnen, liegt auf der Hand.[13] Bevor auf die Frage der Zulässigkeit von Vorsorgevollmachten eingegangen werden kann (siehe Rdn 9 ff.) ist zu klären, wann eine Vertretung durch einen Vorsorgebevollmächtigten im unternehmerischen Bereich überhaupt in Betracht kommt. Hierzu sind die gesellschaftsrechtlichen Folgen einer dauernden Geschäftsunfähigkeit zu untersuchen (siehe Rdn 5 ff.).

4

II. Gesellschaftsrechtliche Folgen bei Geschäftsunfähigkeit

Die gesellschaftsrechtlichen Folgen einer dauernden Geschäftsunfähigkeit und die Beantwortung der Frage, ob eine Vertretung durch einen Vorsorgebevollmächtigten überhaupt in Betracht kommt, hängen davon ab, ob eine Personen- oder Kapitalgesellschaft vorliegt und ob ein Leitungsorgan (Geschäftsführer/Vorstand) oder ein Gesellschafter ohne Leitungsfunktion dauerhaft geschäftsunfähig wird. Grundsätzlich ist wie folgt zu differenzieren:

5

1. Geschäftsunfähige Leitungsorgane einer Kapitalgesellschaft

Wird ein **Geschäftsführer** oder **Vorstand** einer Kapitalgesellschaft geschäftsunfähig, führt dies von Rechts wegen zum sofortigen Amtsverlust; einer Abberufung bedarf es nicht.[14] Denn Geschäftsführer oder Vorstand einer Kapitalgesellschaft kann nur sein, wer unbeschränkt geschäftsfähig ist (vgl. § 6 Abs. 2 S. 1 GmbHG, § 76 Abs. 3 S. 1 AktG). Die **Frage einer Vertretung** von geschäftsunfähigen Leitungsorganen durch Vorsorgebevollmächtigte **stellt sich** im Kapitalgesellschaftsrecht mithin **nicht**.

6

---

10 *Münch*, Unternehmerehe, § 16 Rn 42; *Wilde*, GmbHR 2010, 123; *Wedemann*, ZIP 2013, 1508.
11 *Münch*, Unternehmerehe, § 16 Rn 42.
12 *Münch*, Unternehmerehe, § 16 Rn 42.
13 Zur möglichen steuerlichen Konsequenz einer Betriebsaufspaltung durch Vorsorgevollmacht vgl. *Bochmann/Bron/Staake*, BB 2020, 1367, 1372.
14 BGH, Urt. v. 1.7.1991 – II ZR 292/90, BGHZ 115, 78, 80 (für die GmbH); MüKo-AktG/*Spindler*, § 76 Rn 126.

2. Geschäftsunfähige Leitungsorgane einer Personengesellschaft

7 Im Personengesellschaftsrecht fehlen gesetzliche Regelungen, wonach ein geschäftsunfähiger Geschäftsführer sein Amt verliert. Dies ist dem **Grundsatz der Selbstorganschaft** geschuldet. Denn anders als im Kapitalgesellschaftsrecht, wo auch ein fremder Dritter Leitungsaufgaben übernehmen kann, ist dies bei Personengesellschaften grundsätzlich ausgeschlossen. Würde man an die Geschäftsunfähigkeit eines Gesellschafters das Ausscheiden aus der Geschäftsführung knüpfen, könnten führungslose Personengesellschaften entstehen.[15] Mangels vergleichbarer Interessenlage scheidet daher auch eine Analogie zu § 6 Abs. 2 S. 1 GmbHG oder § 76 Abs. 3 S. 1 AktG aus.[16] Ein **Geschäftsunfähiger kann** mithin **Geschäftsführer** einer Personengesellschaft **bleiben**; an seiner Stelle handelt sein gesetzlicher Vertreter.[17] Bei einem volljährigen Geschäftsunfähigen ist dies der Betreuer (§ 1814 Abs. 1 BGB; § 1902 BGB a.F.).

3. Geschäftsunfähige Gesellschafter einer Personen- oder Kapitalgesellschaft

8 Wird ein Gesellschafter einer Personen- oder Kapitalgesellschaft geschäftsunfähig, stellt sich ebenfalls die Frage, ob und unter welchen Voraussetzungen er sich durch einen Vorsorgebevollmächtigten vertreten lassen kann.

B. Vorsorgevollmachten im Gesellschaftsrecht

9 Für geschäftsunfähige Gesellschafter von Personen- und Kapitalgesellschaften sowie geschäftsunfähige Geschäftsführer von Personengesellschaften ist eine Vertretung durch einen Vorsorgebevollmächtigten grundsätzlich denkbar (siehe Rdn 6 ff.). Eine Vorsorgevollmacht kann jedoch mit einer Reihe **gesellschaftsrechtlicher Grundsätze kollidieren**, weshalb die Voraussetzungen einer Vertretung durch Vorsorgebevollmächtigte umstritten sind.

I. Gesellschaftsrechtliche Zulässigkeit von Vorsorgevollmachten

10 Im Ausgangspunkt ist festzustellen, dass Vorsorgevollmachten **nicht gegen** das sog. **Abspaltungsverbot** und den **Grundsatz der Selbstorganschaft** verstoßen.

---

15 *Wedemann*, ZIP 2013, 1508, 1514; *Schäfer*, ZHR 2011, 557, 573.
16 *Wedemann*, ZIP 2013, 1508, 1514; *Schäfer*, ZHR 2011, 557, 572; *Uphoff*, Vorsorgevollmachten, S. 260 ff.
17 Vgl. die h.M. etwa bei MüKo-HGB/*K. Schmidt*, § 125 Rn 18 m.w.N.; vertieft zur Thematik: *Staake/Weeber*, ZIP 2021, 611; kritisch äußert sich – soweit ersichtlich – nur *Heckschen*, NZG 2012, 10, 14: „durchaus fraglich (…), ob mit diesem Prinzip zumindest eine dauerhafte Geschäftsführung durch einen Betreuer vereinbar ist".

B. Vorsorgevollmachten im Gesellschaftsrecht

Die hierfür gegebenen Begründungen differieren zwar, führen jedoch allesamt zu den gleichen Ergebnissen. Im Einzelnen:

Nach h.M. kann das Stimmrecht eines Gesellschafters nicht von einem Gesellschaftsanteil getrennt und isoliert auf einen Dritten übertragen werden.[18] Hierfür hat sich der Begriff des **Abspaltungsverbots** herausgebildet, welches im Personen- und Kapitalgesellschaftsrecht gilt. Das Stimmrecht lässt sich also nicht von der Mitgliedschaft trennen; etwas anderes gilt für seine Ausübung.[19] Diese ist grundsätzlich auch durch Bevollmächtigte möglich.[20] Im Personengesellschaftsrecht ist zudem zu beachten, dass aufgrund des Grundsatzes der Selbstorganschaft die Bestellung von Nichtgesellschaftern zu Geschäftsführern grundsätzlich ausgeschlossen ist. Weder führt die Erteilung einer Vorsorgevollmacht zu einer Abspaltung noch wird durch sie ein Nichtgesellschafter zum Geschäftsführer bestellt. Beide Grundsätze sind bei einer Vorsorgevollmacht nicht tangiert.[21]

11

Einer unzulässigen Abspaltung steht nach h.M. die **unwiderrufliche** und zugleich **verdrängende Stimmrechtsvollmacht** gleich,[22] weswegen hierin ein mittelbarer Verstoß gegen das Abspaltungsverbot liegen könnte. Die von der höchstrichterlichen Rechtsprechung angesprochene **verdrängende Vollmacht** beinhaltet einen **Stimmrechtsverzicht** des Vollmachtgebers.[23] Nachdem Vorsorgevollmachten regelmäßig als widerrufliche und nicht verdrängende Vollmachten ausgestaltet werden,[24] kollidieren diese auch nicht mittelbar mit dem Abspaltungsverbot.

12

Vereinzelt wird vertreten, diese Begründung sei unzureichend und greife zu kurz (*Wedemann*).[25] Ergänzend wird angeführt, dass Vorsorgevollmachten mit dem Eintritt der Geschäftsunfähigkeit faktisch unwiderruflich würden; denn ein Widerruf durch einen Kontrollbetreuer sei an hohe Hürden geknüpft.[26] Weil nach Eintritt der Geschäftsunfähigkeit eine Ausübung des Stimmrechts durch den Vollmachtgeber ebenfalls nicht mehr möglich sei, müsse man Vorsorgevollmachten nach Eintritt der Geschäftsunfähigkeit den **Charakter einer unwiderruflichen erteilten verdrängenden Vollmacht** zuschreiben.[27]

13

Die überzeugende Begründung dafür, dass Vorsorgevollmachten nicht gegen das Abspaltungsverbot verstoßen, gebe jedoch ein Erst-Recht-Schluss aus dem Be-

14

---

18 BGH, Urt. v. 11.10.1976 – II ZR 119/75, GmbHR 1977, 244.
19 MüKo-GmbHG/*Drescher*, § 47 Rn 75.
20 *Schäfer*, ZHR 2011, 557, 567; *v. Proff*, DStR 2020, 1380, 1386.
21 *v. Proff*, DStR 2020, 1380, 1386.
22 BGH, Urt. v. 11.10.1976 – II ZR 119/75, GmbHR 1977, 244; BGH, Urt. v. 15.12.1969 – II ZR 69/67, NJW 1970, 468; BGH, Urt. v. 8.10.1953 – IV ZR 248/52, LM HGB § 105 Nr. 6; BGH, Urt. v. 10.11.1951 – II ZR 111/50, BGHZ 3, 354, 358.
23 BGH, Urt. v. 15.12.1969 – II ZR 69/67, NJW 1970, 468; *Schäfer*, ZHR 2011, 557, 567.
24 *Wedemann*, ZIP 2013, 1508, 1510; *Schäfer*, ZHR 2011, 557, 567.
25 So *Wedemann*, ZIP 2013, 1508, 1511.
26 *Wedemann*, ZIP 2013, 1508, 1510.
27 *Wedemann*, ZIP 2013, 1508, 1510.

treuungsrecht: Die Ausübung organisatorischer Mitgliedschaftsrechte durch einen Betreuer sei nämlich anerkannt, weil ansonsten geschäftsunfähige Gesellschafter rechtlos gestellt wären.[28] Nachdem der Gesetzgeber Vorsorgevollmachten den Vorrang vor einer Betreuung einräume, müsse aufgrund der Anerkennung der Vertretung durch einen Betreuer erst recht eine Vertretung durch einen Vorsorgebevollmächtigten möglich sein.

15 Die Tatsache, dass ein Widerruf einer Vorsorgevollmacht nach Eintreten der Geschäftsunfähigkeit an hohe Hürden geknüpft sein mag, macht die Vorsorgevollmacht noch nicht zu einer unwiderruflichen verdrängenden Vollmacht. Die Argumentation der h.M. überzeugt. Der von *Wedemann* vorgebrachte Erst-Recht-Schluss aus dem Betreuungsrecht liefert jedoch ein ergänzendes Argument für die Zulässigkeit von Vorsorgevollmachten im Gesellschaftsrecht.

II. Zustimmung der Mitgesellschafter zur gesellschaftsrechtlichen Vertretung

16 Vorsorgevollmachten sind im unternehmerischen Bereich grundsätzlich zulässig (siehe Rdn 9 ff.). Fraglich ist, ob und unter welchen Voraussetzungen eine Vorsorgevollmacht der Zustimmung der Mitgesellschafter bedarf. Die Frage der **Zustimmungsbedürftigkeit** ist für das Personen- und Kapitalgesellschaftsrecht jeweils gesondert zu beurteilen.

1. Zustimmungsbedürftigkeit

a) Zustimmungsbedürftigkeit im Personengesellschaftsrecht

17 Im Personengesellschaftsrecht bedarf die gewillkürte Stellvertretung durch einen Vorsorgebevollmächtigten im Falle der Geschäftsunfähigkeit eines Gesellschafters nach h.M. stets der **Zustimmung** der Mitgesellschafter.[29] Und zwar sowohl für die Ausübung von **Gesellschafterrechten** als auch für die Ausübung von **Leitungsaufgaben**. Dies zeigen folgende Erwägungen:

18 Zwar wird für den Fall der vorübergehenden Verhinderung aufgrund Krankheit angenommen, dass ein Anspruch auf Zustimmung zur Vertretung gegen die Mitgesellschafter aufgrund der gesellschaftsvertraglichen Treuepflicht besteht. Dieser Argumentation liegt die Überlegung zugrunde, dass ein Gesellschaftsanteil durch die Verweigerung der Zustimmung nicht faktisch rechtlos gestellt werden darf, wenn der Gesellschafter zur eigenen Rechtswahrnehmung objektiv nicht in der Lage ist.[30] Im Falle einer Geschäftsunfähigkeit greift diese Argumentation jedoch gerade nicht durch. Wegen der stets möglichen Betreuung droht

---

28 *Wedemann*, ZIP 2013, 1508, 1511.
29 Allg. M: *Krauß*, Vermögensnachfolge, Kap. 1 Rn 407 ff.
30 *Sikora*, notar 2021, 347; *Schäfer*, ZHR 2011, 557, 567.

eine solche Rechtlosigkeit gerade nicht.[31] Zudem kommt dem Vorsorgebevollmächtigten bei der Ausübung des Stimmrechts und der übrigen aus der Mitgliedschaft folgenden Rechte ein erheblicher Ermessensspielraum zu, welcher zugleich die Gesellschaft sowie die **Interessen und Haftungsrisiken der Mitgesellschafter tangiert**.[32]

Der BGH hat die Zulässigkeit der Wahrnehmung von Gesellschafterrechten einer OHG durch einen Gebrechlichkeitspfleger in einer älteren Entscheidung gerade damit begründet, dass die Mitgesellschafter gegen einen Missbrauch geschützt seien, weil der Pfleger der Aufsicht des Vormundschaftsgerichts unterliege.[33] An einer solchen Aufsicht, welche heute das Betreuungsgericht ausüben würde, fehlt es im Fall der Vorsorgevollmacht jedoch, was ebenfalls dafür spricht, dieses **niedrigere Schutzniveau** der Mitgesellschafter **nur bei** deren **Zustimmung** zu akzeptieren.[34] Die dauerhafte personale Trennung von Mitgliedschaft und Rechtsausübung begründet zudem eine **Doppelzuständigkeit**, welche für die Mitgesellschafter Probleme aufwerfen kann.[35]

19

Im Ergebnis ist es aus diesen Gründen richtig, im Personengesellschaftsrecht eine umfassende gesellschaftsbezogene Vertretung nur mit Zustimmung der Mitgesellschafter zuzulassen. Ohne diese Zustimmung soll eine erteilte Vorsorgevollmacht gesellschaftsbezogen keine Wirkung entfalten.[36] **Ob die fehlende Zustimmung die Vorsorgevollmacht auch im Außenverhältnis unwirksam macht, ist umstritten** (siehe Rdn 88 ff.).

20

b) Keine Zustimmungsbedürftigkeit im Kapitalgesellschaftsrecht

Im Kapitalgesellschaftsrecht bedarf die gewillkürte Vertretung auf Gesellschafterebene durch einen Vorsorgebevollmächtigten – im Falle der Geschäftsunfähigkeit – **nicht der Zustimmung** der Mitgesellschafter.[37]

21

> **Hinweis**
>
> Für die Übernahme von Organbefugnissen stellt sich die Frage der Zustimmung im Bereich der Vorsorgevollmacht wegen der automatischen Amtsbeendigung bei Geschäftsunfähigkeit nicht (siehe Rdn 6). Geht es hingegen um die Frage, ob ein GmbH-Geschäftsführer durch einen Generalbevollmächtigten vertreten werden kann, so ist hierfür analog § 46 Nr. 7 GmbHG (Bestellung

---

31 *Schäfer*, ZHR 2011, 557, 568.
32 *Schäfer*, ZHR 2011, 557, 568.
33 BGH, Urt. v. 21.6.1965 – II ZR 68/63, NJW 1965, 1961.
34 Hierauf weist *Wedemann*, ZIP 2013, 1508, 1511 für die Situation bei der GmbH hin.
35 *Schäfer*, ZHR 2011, 557, 568.
36 *Schäfer*, ZHR 2011, 557, 568.
37 *Heckschen*, NZG 2012, 10, 15; *Heckschen/Kreußlein*, NotBZ 2012, 321, 322; a.A. *Wedemann*, ZIP 2013, 1508, 1511 f.

> von Prokuristen und Handlungsbevollmächtigten für den gesamten Geschäftsbetrieb) die Zustimmung der Gesellschafter erforderlich.[38]

22 Dass eine Zustimmung der Mitgesellschafter für die Ausübung von Gesellschafterrechten durch Vorsorgebevollmächtigte nicht erforderlich ist, zeigen folgende Erwägungen: Bereits § 47 Abs. 3 GmbHG regelt den Fall der Stimmrechtsvollmacht; sie ist bei der GmbH grundsätzlich zulässig. Damit unterscheidet sich das Kapitalgesellschaftsrecht bereits im Ausgangspunkt vom Personengesellschaftsrecht, wo eine Vertretung im Einzelfall der Zustimmung aller Mitgesellschafter bedarf (siehe Rdn 17 ff.).

23 **Trotzdem** wird für den Fall einer dauerhaften Vertretung durch einen Vorsorgebevollmächtigten aufgrund Geschäftsunfähigkeit eines Gesellschafters **vertreten**, dass diese **nur mit Zustimmung der Mitgesellschafter zulässig** sei.[39] *Wedemann* versucht dies damit zu begründen, dass die mit einer Doppelzuständigkeit einhergehenden Probleme auch bei der GmbH drohen.[40] Ebenfalls könne es zu einer erheblichen persönlichen Betroffenheit der Gesellschaft und der Mitgesellschafter durch das Handeln eines dauerhaft agierenden Vorsorgebevollmächtigten kommen. Wenn nicht die Voraussetzungen einer Kontrollbetreuung vorliegen, unterliege der Vorsorgebevollmächtigte keiner Aufsicht durch das Betreuungsgericht.[41] Dieses niedrigere Schutzniveau könne ausschließlich mit Zustimmung der Mitgesellschafter akzeptiert werden.[42]

24 Im Ergebnis überzeugen die vorstehenden Argumente von *Wedemann* nicht. Denn das Schutzniveau bei Kapitalgesellschaften muss keineswegs dem von Personengesellschaften entsprechen. Bei Kapitalgesellschaften ist die Haftung auf das Gesellschaftsvermögen beschränkt und eine persönliche Haftung der Mitgesellschafter ist grundsätzlich ausgeschlossen. Zudem hat sich der Gesetzgeber bei Kapitalgesellschaften dafür entschieden, von einer Höchstpersönlichkeit der Gesellschafterrechte abzusehen. Kapitalgesellschaftsanteile sind de lege lata nicht vinkuliert und frei vererblich.

2. Erteilung der Zustimmung

25 Die Vertretung durch einen Vorsorgebevollmächtigten bedarf in bestimmten Konstellationen der Zustimmung der Mitgesellschafter (siehe Rdn 17 ff.). Es stellt sich die Frage, wie die Zustimmung erteilt werden kann.

---

38 BGH, Beschl. v. 14.2.1974 – II ZB 6/73, NJW 1974, 1194; *Schippers*, DNotZ 2009, 353, 366.
39 *Wedemann*, ZIP 2013, 1508, 1511 f.
40 *Wedemann*, ZIP 2013, 1508, 1510.
41 *Wedemann*, ZIP 2013, 1508, 1511, 1512.
42 *Wedemann*, ZIP 2013, 1508, 1511.

Zustimmung ad hoc

Die Mitgesellschafter können ihre Zustimmung **ad hoc** im Falle der Geschäftsunfähigkeit erklären.[43]

Einfache Zustimmung im Gesellschaftsvertrag

Die Mitgesellschafter können ihre Zustimmung auch im Gesellschaftsvertrag erklären.

Muster 2.1: Gesellschaftsvertragliche einfache Zustimmung

Alle Gesellschafter stimmen der dauerhaften Vertretung eines Mitgesellschafters durch einen Vorsorgebevollmächtigten zur Vermeidung einer sonst notwendigen Anordnung einer Betreuung zu, sofern die Vorsorgevollmacht zumindest in notariell beglaubigter Form erteilt ist und nicht unter einer im Außenverhältnis zu überprüfenden Bedingung steht. Unter dieser Voraussetzung sind die Mitgesellschafter bereits jetzt uneingeschränkt mit der Dauervertretung einverstanden.

Qualifizierte Zustimmung im Gesellschaftsvertrag

Die Mitgesellschafter können ihre Zustimmung an weitere gesellschaftsvertragliche Bedingungen für den Bevollmächtigten oder den Inhalt der Vorsorgevollmacht knüpfen. Beispielsweise, dass der Bevollmächtigte sich vor Ausübung der Vollmacht schriftlich zur Einhaltung der gesellschaftsvertraglichen **Treuepflicht** (siehe Rdn 69 ff.) und zur Geheimhaltung gegenüber der Gesellschaft und gegenüber den Mitgesellschaftern zu verpflichten hat oder der Bevollmächtigte nicht für ein **Wettbewerbsunternehmen** tätig sein darf.[44]

Muster 2.2: Gesellschaftsvertragliche qualifizierte Zustimmung

Alle Gesellschafter stimmen der dauerhaften Vertretung eines Mitgesellschafters durch einen Vorsorgebevollmächtigten zur Vermeidung einer sonst notwendigen Anordnung einer Betreuung zu, sofern die Vorsorgevollmacht zumindest in notariell beglaubigter Form erteilt ist und nicht unter einer im Außenverhältnis zu überprüfenden Bedingung steht. Weitere Voraussetzung der Zustimmung ist, dass ▬▬ und ▬▬ und ▬▬. Unter diesen Voraussetzungen sind die Mitgesellschafter bereits jetzt uneingeschränkt mit der Dauervertretung einverstanden.

Konkludente Zustimmung

Umstritten ist, ob die Zustimmung auch konkludent durch andere Regelungen im Gesellschaftsvertrag erklärt werden kann.

---

[43] v. Proff, DStR 2020, 1380, 1384; Schäfer, ZHR 2011, 557, 569.
[44] Krauß, Vermögensnachfolge, Kap. 1 Rn 407 ff.

Im **Personengesellschaftsrecht** soll eine gesellschaftsvertragliche **Befreiung von der gesetzlich vorgesehen Vinkulierung** zumindest ein **Indiz für eine Zustimmung** zur Vertretung darstellen.[45] Selbiges soll für **einfache Nachfolgeklauseln** gelten, welche die Fortsetzung der Mitgliedschaft jedem Erben eines Mitgesellschafters ermöglicht. Denn mit beiden Regelungen brächten die Gesellschafter zum Ausdruck, dass sie eine Fortsetzung mit Dritten akzeptieren, was freilich auch Rückschlüsse für den Vertretungsfall durch einen Vorsorgebevollmächtigten zulässt. Zu Bedenken bleibt aber, dass sich die Problematik der Doppelzuständigkeit bei dauerhafter Vertretung durch einen Vorsorgebevollmächtigten bei der vollständigen Übertragung der Mitgliedschaft auf einen Dritten gerade nicht stellt.[46] Es überzeugt, eine konkludente Zustimmung **nicht allein aufgrund von Vinkulierungs- und Nachfolgeregelungen** in Gesellschaftsverträgen zu bejahen.[47]

30 Im **Kapitalgesellschaftsrecht** bedarf die Vorsorgevollmacht bereits nicht der Zustimmung durch die Mitgesellschafter (siehe Rdn 21), so dass sich auch die Frage einer konkludenten Zustimmung durch die Mitgesellschafter nicht stellt.

3. Widerruf der Zustimmung

31 Fraglich ist, ob eine erteilte Zustimmung zur Vertretung durch Vorsorgebevollmächtigte (siehe Rdn 25) widerrufen werden kann.

a) Zulässigkeit des Widerrufs

32 Ob und unter welchen Voraussetzungen Mitgesellschafter eine einmal erteilte Zustimmung (ganz oder teilweise für konkrete Bevollmächtigte) widerrufen können, ist **umstritten**. Folgende Auffassungen werden vertreten:

aa) Unwiderruflichkeit der Zustimmung

33 *Jocher*[48] hält den Widerruf der Zustimmung zur Vollmachtserteilung seitens der Mitgesellschafter für unzulässig. Er argumentiert, eine Widerrufsmöglichkeit brächte ein erhebliches Maß an Rechtsunsicherheit mit sich. Denn bei einer

---

45 *Reymann*, DNotZ 2021, 103, 120; *Heckschen*, NZG 2012, 10, 15; *Schäfer*, ZHR 2011, 557, 569; bezogen auf den ebenfalls von der Zustimmung der Mitgesellschafter abhängigen Fall der Testamentsvollstreckung dahingehend: MüKo-BGB/*Ulmer*/*Schäfer*, § 705 Rn 116 (Fn 10); tendenziell auch Erman/*Westermann*, § 727 Rn 10; a.A. OLG Hamburg, Urt. v. 24.4.1984 – 12 U 204/82, ZIP 1984, 1226, 1228; *Faust*, DB 2002, 194; *Stimpel*, FS Brandner, 1996, 779, 781.
46 Darauf weisen zutreffend hin: *Schäfer*, ZHR 2011, 557, 570; *Wedemann*, ZIP 2013, 1508, 1512, welche es aus diesem Grund ausdrücklich ablehnt, Abtretungs- und Nachfolgeklauseln als Zustimmung zur Vertretung durch einen Vorsorgebevollmächtigten zu werten.
47 Ebenso: *Raub*, Vorsorgevollmachten, S. 115 f.; *Uphoff*, Vorsorgevollmachten, S. 161.
48 *Jocher*, notar 2014, 3, 11.

Widerrufsmöglichkeit sei fraglich, ob der gesellschaftsrechtliche Widerruf den Rechtsschein der bis zur Rückgabe der Vollmachtsurkunde oder deren Kraftloserklärung fortbestehenden Vollmacht überlagere.[49] Durch die Anerkennung einer Widerrufsmöglichkeit werde zudem eine Vermischung getrennt zu beurteilender Regelungskreise vorgenommen.[50] Was mit Letzterem genau gemeint sein soll, erläutert *Jocher* in seinem Beitrag nicht.

bb) Freie Widerruflichkeit der Zustimmung für Organbefugnisse bis zum Vorsorgefall

Schäfer[51] vertritt die Auffassung, dass die erteilte Zustimmung **grundsätzlich nur aus wichtigem Grund** widerrufen werden kann. Für die Ausübung von Geschäftsführungsaufgaben will *Schäfer* von diesem Grundsatz jedoch eine gewichtige **Ausnahme** zulassen: Für diese soll die Zustimmung zur Vertretung **bis zum Eintritt des Vorsorgefalls** ohne Vorliegen eines wichtigen Grundes **jederzeit widerruflich** sein.[52] *Schäfer* begründet dies damit, dass es wegen des Grundsatzes der Selbstorganschaft problematisch erscheine, wenn die Überlassung des Geschäftsführungsrechts durch den Vorsorgebevollmächtigten nur aus wichtigem Grund widerrufen werden könne.[53] Demgegenüber stehe aber die Erwägung, dass nach Eintritt der Geschäftsunfähigkeit der Widerruf der Zustimmung letztlich zum Scheitern der Vorsorgevollmacht führen kann, weil der Gesellschafter selbst nicht mehr in der Lage ist, eine neue Vorsorgevollmacht zu erteilen.[54] Daher sei die Zustimmung – mit Rücksicht auf vorrangige Interessen der Mitgesellschafter und den Grundsatz der Selbstorganschaft – ohne wichtigen Grund nur bis zum Eintritt des Vorsorgefalls widerrufbar, soweit der Gesellschaftsvertrag ein solches Widerrufsrecht nicht ausschließe.[55]

cc) Widerruflichkeit nur aus wichtigem Grund

Zuletzt wird vertreten, dass **unabhängig davon, ob bereits der Vorsorgefall** durch Geschäftsunfähigkeit **eingetreten** ist oder nicht, ein Widerruf der Zustimmung **nur aus wichtigem Grund** in Betracht kommt.[56] Dies gebiete der **Vertrauensschutz** für den vollmachtgebenden Gesellschafter.[57]

---

49 *Jocher*, notar 2014, 3, 11; ähnlich, aber offenlassend, ob ein Widerruf möglich ist: *Baumann/Selzener*, RNotZ 2015, 605, 622 „Der gesellschaftsrechtliche Widerruf der Zustimmung kollidiert mit dem Rechtsschein der bis zur Rückgabe der Vollmachtsurkunde oder deren Kraftloserklärung fortbestehenden Vollmacht".
50 *Jocher*, notar 2014, 3, 11.
51 *Schäfer*, ZHR 2011, 557, 581, 583.
52 *Schäfer*, ZHR 2011, 557, 581, 583.
53 *Schäfer*, ZHR 2011, 557, 581.
54 *Schäfer*, ZHR 2011, 557, 581.
55 *Schäfer*, ZHR 2011, 557, 581.
56 Zu dieser Differenzierung vgl. *Uphoff*, Vorsorgevollmachten, S. 164, welche im Ergebnis die jederzeitige Widerruflichkeit der Zustimmung in beiden Fällen verneint.
57 Vgl. dazu *Raub*, Vorsorgevollmachten, S. 219 f.; *Uphoff*, Vorsorgevollmachten, S. 164.

36 Ein Vergleich zur Betreuung rechtfertige dieses Ergebnis ebenfalls. Bei der Betreuung hätten die Mitgesellschafter nicht die Möglichkeit den bestellten Betreuer zu entlassen.[58] Aufgrund **funktionaler Äquivalenz** beider Rechtsinstitute müsse ein Widerruf der Zustimmung ohne wichtigen Grund daher ausscheiden.

37 Weiter wird mit einem Vergleich zum Verbot von Hinauskündigungsklauseln nach freiem Ermessen argumentiert:[59] Wäre der Bevollmächtigte einem jederzeitigen Widerruf der Zustimmung ausgesetzt, könnte er von der ordnungsgemäßen Wahrnehmung der Gesellschafterrechte des Vollmachtgebers abgehalten sein.[60] Zudem spreche die gesellschaftsrechtliche Treuepflicht gegen die Annahme einer Widerrufsmöglichkeit ohne wichtigen Grund.[61]

dd) Stellungnahme

38 Im Ergebnis überzeugt es, die Widerruflichkeit der erteilten Zustimmung zur gesellschaftsrechtlichen Vertretung durch einen Vorsorgebevollmächtigten vom Vorliegen eines **wichtigen Grundes** abhängig zu machen. Und zwar unabhängig davon, ob der Vorsorgefall bereits eingetreten ist oder nicht.

39 Die Auffassung von *Jocher*, eine einmal erteilte Zustimmung zur gesellschaftsrechtlichen Vertretung sei **grundsätzlich unwiderruflich**, überzeugt nicht. Im Ausgangspunkt ist zu beachten, dass eine vorherige Zustimmung nach § 183 BGB bis zur Vornahme des Rechtsgeschäfts nach den gesetzlichen Bestimmungen widerruflich ist. Auch wenn durch die Erteilung einer Zustimmung ein Vertrauenstatbestand gesetzt wurde, muss jedenfalls in Fällen eines wichtigen Grundes ein Widerruf möglich bleiben. Die von *Jocher* angeführten Probleme einer Rückgabe der Vollmachtsurkunde an den Vollmachtgeber oder einer Kraftloserklärung im Falle des Widerrufs der Zustimmung zu einer gesellschaftsrechtlichen Vertretung, drohen nicht. Denn eine Rückgabe der Vollmachtsurkunde setzt nach § 175 BGB voraus, dass die Vollmacht erloschen ist. Eine Kraftloserklärung setzt nach § 176 BGB den Widerruf einer Vollmacht voraus. Der Widerruf einer Zustimmung zur gesellschaftsrechtlichen Vertretung durch Mitgesellschafter führt jedoch weder zum Erlöschen der erteilten Vorsorgevollmacht noch stellt sie einen Widerruf durch den Vollmachtgeber dar.

40 Dennoch ist nicht von der Hand zu weisen, dass die Interessenlage beim Widerruf der Zustimmung zu einer gesellschaftsrechtlichen Vertretung derjenigen beim Vollmachtswiderruf gleicht.[62] Genau aus diesem Grund werden auf den Widerruf einer erteilten Zustimmung nach allgemeiner Meinung auch die **§§ 170–173 BGB**

---

58 *Wedemann*, ZIP 2013, 1508, 1515; *Uphoff*, Vorsorgevollmachten, S. 165.
59 *Wedemann*, ZIP 2013, 1508, 1515.
60 *Wedemann*, ZIP 2013, 1508, 1515; dem folgend: *Uphoff*, Vorsorgevollmachten, S. 165.
61 *Uphoff*, Vorsorgevollmachten, S. 172.
62 Vgl. dazu allgemein BeckOK BGB/*Bub*, § 183 Rn 6.

analog angewendet.⁶³ Eine einmal erteilte Zustimmung gilt mithin über die analoge Anwendung von § 172 BGB gegenüber einem Gutgläubigen i.S.d. § 173 BGB als fortbestehend, wenn ihm eine Urkunde über die Zustimmung vorgelegt wird. Dem gutgläubigen Empfänger der einmal mitgeteilten Zustimmung bleibt diese – über die analoge Anwendung von § 170 BGB – jedenfalls solange wirksam, bis der Widerruf auch ihm gegenüber erklärt wird. Mit diesen allgemeinen Grundsätzen ist die Problematik einer zunächst erteilten und später widerrufenen Zustimmung zur gesellschaftsrechtlichen Vertretung zu lösen, wenn man annimmt, die Zustimmung entfalte gegenüber Dritten hinsichtlich der Wirksamkeit der Vorsorgevollmacht Außenwirkung (siehe zu dieser Frage Rdn 60). Die Mitgesellschafter sind demnach gehalten, den durch die einmal erteilte Zustimmung gegebenenfalls gesetzten **Rechtsschein zu beseitigen**. Das mag – wie *Jocher* ausführt⁶⁴ – eine Rechtsunsicherheit begründen. Die mit einem Widerruf der Zustimmung einhergehenden Risiken sind die Mitgesellschafter mit ihrer ursprünglichen Zustimmung jedoch selbst eingegangen. Sie sind insoweit nicht schutzwürdig.

Die Auffassung von *Schäfer*, ein Widerruf sei bis zum Eintritt des Vorsorgefalls bzgl. der mit dem Anteil verbundenen Geschäftsführungsrechte möglich, liegt eine **Abwägungsentscheidung** zugrunde. Auf der einen Seite sieht *Schäfer* dabei die Interessen des Gesellschafters, der die Vorsorgevollmacht für den Fall der eigenen Handlungsunfähigkeit erteilt hat.⁶⁵ Auf der anderen Seite sieht er die Interessen der Mitgesellschafter, den Vertreter ihres Mitgesellschafters wieder „aus der Gesellschaft drängen zu können".⁶⁶ Ein **schutzwürdiges Interesse**, warum die Mitgesellschafter – ohne Vorliegen eines wichtigen Grundes – berechtigt sein sollen, einen Vertreter ihres Mitgesellschafters mit den Worten von *Schäfer* „aus der Gesellschaft zu drängen", ist **meines Erachtens nicht ersichtlich**. Insbesondere wenn man sich vergegenwärtigt, dass die Mitgesellschafter zuvor eine unbedingte gesellschaftsvertragliche Zustimmung zur Vertretung erteilt haben, deren Widerruf die gerade zu vermeidende Betreuung heraufbeschwört und zudem Kosten auslöst. Zu denken ist an die Verfahrenskosten (§ 81 FamFG), den Anspruch des ehrenamtlichen Betreuers auf Aufwendungsersatz (§§ 1875, 1877 BGB; § 1835a BGB a.F.) und bei Berufsbetreuern der Vergütungs- und Aufwendungsersatzanspruch nach dem Vormünder- und Betreuervergütungsgesetz (§ 1876 BGB i.V.m. VBVG).

41

Im Rahmen einer **Gesamtabwägung** überzeugt es, im Falle einer fehlenden Regelung davon auszugehen, dass ein **Widerruf der Zustimmung nur aus wichtigem Grund** möglich ist. Hierfür spricht zunächst die gesellschaftsrechtliche **Treuepflicht**. Das schutzwürdige Interesse (welches durch eine originäre gesellschaftsvertragliche Zustimmung Mitgesellschaftern anerkannt wurde), eine Ver-

42

---

63 Vgl. anstatt aller BeckOK BGB/*Bub*, § 183 Rn 6.
64 *Jocher*, notar 2014, 3, 11.
65 So *Schäfer*, ZHR 2011, 557, 580.
66 So *Schäfer*, ZHR 2011, 557, 580.

trauensperson für den Vorsorgefall auszuwählen, wiegt schwerer als das recht beliebig erscheinende Interesse der Mitgesellschafter, den ausgewählten Bevollmächtigten ohne Vorliegen eines wichtigen Grundes „aus der Gesellschaft drängen zu können". Weiter spricht für dieses Ergebnis der **Vertrauensschutz**. Das von *Wedemann* bemühte Argument der **funktionalen Äquivalenz** zwischen Vollmacht und Betreuung und der gezogene Vergleich mit dem Verbot von **Hinauskündigungsklauseln** bekräftigen das Ergebnis: Nach einer einmal erteilten Zustimmung zur gesellschaftsrechtlichen Vertretung durch einen Vorsorgebevollmächtigten bedarf der Widerruf dieser Zustimmung eines wichtigen Grundes.

b) Ausübung des Widerrufs

43 Die Ausübung des Widerrufs der Zustimmung aus wichtigem Grund erfolgt durch **Gesellschafterbeschluss**,[67] welcher mit **einfacher Mehrheit** gefasst werden kann.[68] Der Gesellschafterbeschluss **muss** dem betroffenen Vorsorgebevollmächtigten **mitgeteilt werden**.[69] Es handelt sich um eine empfangsbedürftige Willenserklärung gegenüber dem Vorsorgebevollmächtigten.[70]

4. Folgen fehlender oder widerrufener Zustimmung

44 **Fehlt** eine erforderliche **Zustimmung** oder wird sie wirksam widerrufen, fragt sich, ob und gegebenenfalls welche Rechte der Vorsorgebevollmächtigte mit der Vollmacht ausüben kann. Zutreffend hat *Schäfer* herausgearbeitet,[71] dass der Bevollmächtigte in dieser Konstellation **nicht völlig machtlos** ist. Der Vorsorgebevollmächtigte ist auch ohne Zustimmung der Mitgesellschafter **berechtigt**, die mit dem Gesellschaftsanteil verbundenen **Vermögensrechte** – vor allem das Gewinnrecht – **auszuüben**.[72]

45 Dafür, dass der Vorsorgebevollmächtigte auch bei fehlender Zustimmung der Mitgesellschafter die mit dem Gesellschaftsanteil verbundenen Vermögensrechte ausüben kann, spricht insbesondere ein **Vergleich mit** der Rechtslage bei angeordneter **Testamentsvollstreckung im Personengesellschaftsrecht**. Die h.M. erachtet die Dauertestamentsvollstreckung an einem zum Nachlass gehörenden Kommanditanteil – bei Zustimmung der Mitgesellschafter – für zulässig.[73] Im Fall einer fehlenden Zustimmung soll der Testamentsvollstrecker zwar nicht in

---

67 *Uphoff*, Vorsorgevollmachten, S. 179.
68 Vgl. dazu auch BGH, Urt. v. 22.3.1982 – II ZR 74/81, NJW 1982, 2495 f. (Widerruf des Ausübungsrechts mit einfacher Mehrheit für eine Publikumspersonengesellschaft); *Schäfer*, ZHR 2011, 557, 580.
69 *Uphoff*, Vorsorgevollmachten, S. 179.
70 *Schäfer*, ZHR 2011, 557, 580.
71 ZHR 2011, 557, 570; ebenso: *Uphoff*, Vorsorgevollmachten, S. 152.
72 *Schäfer*, ZHR 2011, 557, 570; *Uphoff*, Vorsorgevollmachten, S. 152.
73 BGH, Beschl. v. 3.7.1989 – II ZB 1/89, BGHZ 108, 187 m.w.N.

die inneren Angelegenheiten der Gesellschaft eingreifen dürfen; seiner Dispositionsbefugnis unterliegt aber die sog. **"Außenseite" des Gesellschaftsanteils**.[74] Zu dieser sog. Außenseite gehören die nach § 717 S. 2 BGB übertragbaren Ansprüche; insbesondere die Ansprüche auf den Gewinnanteil und das Auseinandersetzungsguthaben.[75] Nachdem der Testamentsvollstrecker den Erwerber des Gesellschaftsanteils nicht für dessen Privatvermögen – anders als der Vorsorgebevollmächtigte den Vollmachtgeber – verpflichten kann, hat er eine im Vergleich schwächere Rechtsstellung als der Vorsorgebevollmächtigte inne. Aus diesem Grund müssen die für den Testamentsvollstrecker durch die Rechtsprechung herausgebildeten Grundsätze für den Vorsorgebevollmächtigten erst recht gelten.

III. Wahrnehmung von Organbefugnissen durch Vorsorgebevollmächtigte?

Wird ein **Geschäftsführer** oder **Vorstand** einer Kapitalgesellschaft geschäftsunfähig, führt dies nach § 6 Abs. 2 S. 1 GmbHG bzw. § 76 Abs. 3 S. 1 AktG zum **sofortigen Amtsverlust** (siehe Rdn 6 ff.). Im Personengesellschaftsrecht fehlt es an vergleichbaren Regelungen. Diese sind auch nicht analog anwendbar (siehe Rdn 7). Ob sich geschäftsunfähige Geschäftsführer einer Personengesellschaft durch Vorsorgebevollmächtigte vertreten lassen können, ist **umstritten**. Im Wesentlichen finden sich zu dieser Thematik folgende Ansichten und höchstrichterliche Entscheidungen:

46

1. Auffassung der unbeschränkten Wahrnehmung

Vertreten wird die Auffassung, dass Vorsorgebevollmächtigte im Personengesellschaftsrecht **umfassend Organbefugnisse** übernehmen können, soweit nur sämtliche Gesellschafter der Erteilung einer Vorsorgevollmacht zugestimmt haben.[76]

47

Schäfer[77] und *Wedemann*[78] haben gute Argumente herausgearbeitet, welche dafür sprechen, dass sich der geschäftsunfähige Geschäftsführer einer Personengesellschaft auch in Organbefugnissen durch seinen Vorsorgebevollmächtigten vertreten lassen kann. Zur Begründung ihrer Auffassung haben sie insbesondere einen

48

---

74 BGH, Urt. v. 14.5.1986 – IVa ZR 155/84, BGHZ 98, 48, 57.
75 BGH, Urt. v. 14.5.1986 – IVa ZR 155/84, BGHZ 98, 48, 57; *Schäfer*, ZHR 2011, 557, 564 und 570; *Uphoff*, Vorsorgevollmachten, S. 153.
76 Vgl. *Schäfer*, ZHR 2011, 557, 573; *Wedemann*, ZIP 2013, 1508, 1514; *Uphoff*, Vorsorgevollmachten, S. 298; *Schippers*, DNotZ 2009, 353, 372 vertritt die Ansicht, bei Personengesellschaften könnten Leitungsaufgaben durch Generalvollmacht insgesamt übertragen werden, wohl übersehend, dass der von ihm im Kontext einer Generalvollmacht des GmbH-Geschäftsführers behandelten Entscheidung des BGH, Urt. v. 18.7.2002 – III ZR 124/01, DNotZ 2003, 147, 148 ein personengesellschaftsrechtlicher Sachverhalt zugrunde lag und die Zulässigkeit der Generalvollmacht verneint wurde.
77 *Schäfer*, ZHR 2011, 557, 573.
78 *Wedemann*, ZIP 2013, 1508, 1514.

Vergleich zur Betreuung herangezogen, welche nach h.M. auch für einen geschäftsunfähigen geschäftsführenden Personengesellschafter möglich ist (siehe Rdn 19). Nachdem auch für gesellschaftsrechtliche Sachverhalte der **Grundsatz der Subsidiarität der Betreuung** (§ 1814 Abs. 3 S. 1 BGB; § 1896 Abs. 2 BGB a.F.) gelte, müsse einer Vollmachtslösung auch hier der Vorrang vor einer Betreuung eingeräumt werden. Gründe dafür, warum eine Interessenwahrnehmung durch Betreuer möglich und einer privatautonomen Lösung durch Vorsorgebevollmächtigte die Zulässigkeit versagt werden soll, seien nicht ersichtlich.[79] Die Interessen der Mitgesellschafter könnten nicht der Grund hierfür sein; diese seien durch die stets erforderliche Zustimmung zur Vertretung ausreichend geschützt (siehe Rdn 16 ff.).[80] Auch der **Grundsatz der Selbstorganschaft** sei **nicht verletzt**. Denn die Ausübung von Organfunktionen durch Dritte sei nach h.M. – solange sie nicht unwiderruflich ausgestaltet sei – grundsätzlich möglich.[81]

49 *Uphoff*[82] hat sich der Auffassung von *Schäfer* und *Wedemann* (siehe Rdn 48) angeschlossen und ergänzend vertreten, dass Vorsorgebevollmächtigte auch **höchstpersönliche Leitungsaufgaben** übernehmen können. Bei Eintritt des Vorsorgefalls sei es dem Vorsorgebevollmächtigten z.b. möglich Prokura (§ 48 HGB) zu erteilen und den Jahresabschluss zu unterzeichnen (§ 245 HGB). Ihre Auffassung begründet *Uphoff* mit den von *Schäfer* und *Wedemann* herausgearbeiteten Wertungsgesichtspunkten (siehe Rdn 48). Ergänzend verweist sie darauf, dass auch das Gesetz – z.b. bei einer GmbH & Co. KG – eine gestufte Vertretung kenne. So werde die KG durch die Komplementär-GmbH vertreten und diese wiederum durch ihren Geschäftsführer.[83] Diese gestufte Vertretung sei der Vertretung durch einen Vorsorgebevollmächtigen vergleichbar.[84]

2. Auffassung der beschränkten Wahrnehmung

50 Es finden sich jedoch auch Stimmen, welche die Übernahme von Leitungsaufgaben durch Vorsorgebevollmächtigte anstelle von geschäftsunfähigen Gesellschaftern grundsätzlich für **kritisch erachten**.[85] Zur Begründung wird – ohne

---

79 *Wedemann*, ZIP 2013, 1508, 1514; *Schäfer*, ZHR 2011, 557, 573.
80 *Wedemann*, ZIP 2013, 1508, 1514; *Schäfer*, ZHR 2011, 557, 573.
81 Vgl. *Wedemann*, ZIP 2013, 1508, 1514 (allerdings mit dem Hinweis an die hohen Hürden eines Widerrufs durch einen Kontrollbetreuer nach Eintritt der Geschäftsunfähigkeit); *Schäfer*, ZHR 2011, 557, 573 m.w.N.; ausführlich zum Ganzen: *Uphoff*, Vorsorgevollmachten, S. 254 ff.
82 *Uphoff*, Vorsorgevollmachten, S. 298.
83 *Uphoff*, Vorsorgevollmachten, S. 303, 304.
84 *Uphoff*, Vorsorgevollmachten, S. 303, 304.
85 Vgl. etwa *Zecher*, ZErb 2009, 316, 320; *Reymann*, ZEV 2005, 457, 460 (mit dem Verweis darauf, dass „organersetzende Generalvollmachten" unzulässig sind und organschaftliche Kernbefugnisse aus Vollmachten ausgenommen werden sollten).

Differenzierung möglicher Unterschiede zwischen Kapital- und Personengesellschaftsrecht – auf die restriktive BGH-Rechtsprechung verwiesen.[86]

3. Höchstrichterliche Rechtsprechung

In der höchstrichterlichen Rechtsprechung finden sich verschiedene Entscheidungen, welche sich direkt oder mittelbar mit der Thematik befassen. 51

Entscheidungen zum Grundsatz der Selbstorganschaft 52

Der BGH hat es in verschiedenen Entscheidungen für zulässig erachtet, dass Geschäftsführungsaufgaben bei Personengesellschaften im umfassenden Sinn durch Bevollmächtigte ausgeübt werden; solange keine organverdrängende Vollmacht erteilt wird, verstößt eine solche Bevollmächtigung nicht gegen den Grundsatz der Selbstorganschaft.[87]

BGH, Urt. v. 22.1.1962 – II ZR 11/61 (Andeutung des Vorsorgefalls) 53

Der BGH hat zudem eine Bevollmächtigung durch einen Gesellschafter-Geschäftsführer behandelt und – obiter dictum – darauf hingewiesen, dass es nicht ausgeschlossen sei, einem *„geschäftsführenden Gesellschafter, etwa mit Rücksicht auf seine persönlichen Verhältnisse („im Falle seines Unvermögens")"*, das Recht einzuräumen, einen Dritten im weiten Umfang mit Geschäftsführungsaufgaben zu betrauen.[88]

BGH, Urt. v. 18.7.2002 – III ZR 124/01 (Absage für Generalvollmacht) 54

Gegen die Zulässigkeit der Ausübung von Leitungsaufgaben durch Vorsorgebevollmächtigte spricht eine Entscheidung des BGH aus dem Jahr 2002: Der 3. Zivilsenat hat eine notariell beurkundete Generalvollmacht, durch welche der Vollmachtgeber den Bevollmächtigten – nicht verdrängend – ermächtigte, für ihn sämtliche Erklärungen und Rechtshandlungen vorzunehmen, die ihm in seiner Eigenschaft als Geschäftsführer einer GbR zustanden, für unwirksam erachtet und hierzu Folgendes ausgeführt (Hervorhebungen durch den Autor):[89]

> *„Die im Jahr 1913 geborene J. R. war bis zu ihrem Tod im Frühjahr 2000 alleinvertretungsberechtigte Geschäftsführerin der beklagten GbR. Sie bestellte durch eine am 17.2.1983 vom Notar S. in B. beurkundete Generalvollmacht ihren Sohn, den Rechtsanwalt P. R., zu ihrem alleinigen Bevollmächtig-*

---

86 *Zecher*, ZErb 2009, 316, 320; *Reymann*, ZEV 2005, 457.
87 BGH, Urt. v. 20.9.1993 – II ZR 204/92, NJW-RR 1994, 98 (zur GbR); BGH, Urt. v. 5.10.1981 – II ZR 2003/80, NJW 1982, 1817 (zur KG); BGH, Urt. v. 22.1.1962 – II ZR 11/61, NJW 1962, 738.
88 BGH, Urt. v. 22.1.1962 – II ZR 11/61, NJW 1962, 738.
89 BGH, Urt. v. 18.7.2002 – III ZR 124/01, DNotZ 2003, 147, 148.

ten und ermächtigte ihn zur Besorgung aller ihrer Angelegenheiten. Namentlich sollte er – wie in der Urkunde beispielhaft aufgeführt wird – befugt sein, für sie sämtliche Erklärungen und Rechtshandlungen vorzunehmen, die ihr in ihrer Eigenschaft als Geschäftsführerin der von ihr vertretenen Unternehmungen zustanden.
Die Parteien streiten über die Verbindlichkeit zweier Verträge vom 29.10.1998, die P.R. unter Bezugnahme auf die im Beurkundungstermin im Original vorliegende Vollmachtsurkunde für die Beklagte abgeschlossen hat. (...)
a) Das BerufungsG geht unter Bezugnahme auf das Urt. des II. Zivilsenats des BGH v. 18.10.1976 (II ZR 9/75, NJW 1977, 199 f. = WM 1976, 1246) davon aus, die frühere Geschäftsführerin der Beklagten habe ihren Sohn mit der Generalvollmacht vom 17.2.1983 nicht wirksam bevollmächtigt. Richtig ist, dass nach dieser Entscheidung die Befugnis des Geschäftsführers einer GmbH zur organschaftlichen Willensbildung und -erklärung und die damit verbundene Verantwortung unübertragbar sind (in diesem Sinn vorher bereits BGHZ 13, 61/65; 34, 27/30; 64, 72/76; BGH, Urt. v. 19.6.1975 – II ZR 170/73, WM 1975, 790/791). Infolgedessen kann der Geschäftsführer seine Vertretungsmacht nicht im Ganzen durch einen anderen ausüben lassen. Das Verbot einer umfassenden Übertragung der organschaftlichen Vertretungsmacht schützt nicht nur die Gesellschafter vor einer Ausübung aller Geschäftsführungsbefugnisse durch Personen, die nicht ihr Vertrauen genießen, sondern es will auch der besonderen Verantwortlichkeit des Geschäftsführers Rechnung tragen. Ob die Gesellschafter einer entsprechenden Bevollmächtigung zugestimmt haben, ist deshalb nicht von Bedeutung, weil Rechtssicherheit und die Belange des Rechtsverkehrs darunter leiden könnten, wenn solche nicht nach außen tretenden gesellschaftsinternen Vorgänge für die allgemeine Vertretungsmacht maßgebend wären (vgl. BGH, Urt. v. 18.10.1976 – II ZR 9/75, WM 1976, 1246).
*b) Mit Recht wendet jedoch die Revision hiergegen ein, die genannte Rechtsprechung schließe es nicht aus, in geeigneten Fällen die Vollmachtserklärung als eine sog. Generalhandlungsvollmacht nach § 54 HGB aufzufassen oder in eine solche umzudeuten. Insoweit habe das BerufungsG zu Unrecht eine Auslegung unterlassen und **unberücksichtigt gelassen, dass die Vollmacht der damaligen Geschäftsführerin in erster Linie für ihren eigenen, persönlichen Rechtskreis erteilt worden sei und sich nur daneben auf ihre Tätigkeit als Geschäftsführerin der von ihr vertretenen Unternehmungen erstreckt habe.** Diese Rüge ist begründet. Das BerufungsG hat den Inhalt der P. R. erteilten Vollmacht nicht näher gewürdigt, sondern sich darauf beschränkt, eine Passage aus ihr herauszugreifen, die – bei isolierter Betrachtung – als unzulässige Übertragung von Organbefugnissen eines Geschäftsführers angesehen werden könnte. Es hat damit zugleich den **Grundsatz einer interessengerechten Auslegung der von der Vollmachtgeberin abgegebenen Erklärung verletzt,** der*

es darum ging, ihrem Sohn im Rahmen des rechtlich Zulässigen möglichst weitgehende Befugnisse zu verleihen, um sie in ihren persönlichen und geschäftlichen Angelegenheiten zu vertreten. Da die Vollmachtsurkunde in das Verfahren eingeführt worden ist und weiterer Vortrag der Parteien hierzu nicht zu erwarten ist, kann der Senat diese Auslegung selbst vornehmen. Sie führt zum Ergebnis, die Vollmacht – soweit sie die geschäftlichen Aktivitäten der Vollmachtgeberin für die Beklagte betrifft – als eine Generalhandlungsvollmacht nach § 54 HGB anzusehen. In der Rechtsprechung des BGH ist geklärt, dass gegen die Zulässigkeit einer solchen allgemeinen Handlungsvollmacht, die sich auf sämtliche Geschäfte erstreckt, die in einem Geschäftsbetrieb wie dem der GmbH üblich sind, und die nicht auf die unmittelbare Vertretung der GmbH, sondern lediglich auf ein Handeln in (Unter-)Vollmacht des oder der Geschäftsführer gerichtet ist, keine Bedenken bestehen (vgl. BGH, Urt. v. 8.5.1978 – II ZR 209/76, WM 1978, 1048). Ein beachtliches Interesse der Beklagten, die von ihrer früheren Geschäftsführerin erteilte Vollmacht als unzulässige Übertragung organschaftlicher Befugnisse aufzufassen, vermag der Senat nicht zu erkennen. In erster Linie geht es zunächst um das Anliegen der Vollmachtgeberin, in wirksamer Weise eine – auch weitgehende – Bevollmächtigung vorzunehmen. Dabei verlieh ihre Rechtsstellung als Geschäftsführerin ihr das Recht, ihrem Sohn Befugnisse zu erteilen, die einem Generalhandlungsbevollmächtigten nach § 54 Absatz 1 HGB zukommen. Dass der Bevollmächtigte durch die am 29.10.1998 geschlossenen Verträge seine Befugnisse überschritten hätte, ist nicht erkennbar. (...)."

4. Stellungnahme

Die Übernahme von Leitungsaufgaben durch Vorsorgebevollmächtigte ist meines Erachtens zuzulassen. Hierfür sprechen folgende Argumente:

55

Im Ausgangspunkt bleibt festzuhalten, dass der **Grundsatz der Selbstorganschaft** der Ausübung von Leitungsaufgaben durch Vorsorgebevollmächtigte im Personengesellschaftsrecht nicht entgegensteht. Mit Eintritt der Geschäftsunfähigkeit wird die Vorsorgevollmacht faktisch keineswegs zu einer unwiderruflichen und den geschäftsunfähigen Vollmachtgeber verdrängenden Vollmacht, weswegen auch kein Verstoß gegen das Abspaltungsverbot (siehe Rdn 10 ff.) und den Grundsatz der Selbstorganschaft vorliegt. Denn die Rechte des geschäftsunfähigen Vollmachtgebers gegenüber dem Bevollmächtigten können auch nach Eintritt der Geschäftsunfähigkeit durch einen Kontrollbetreuer wahrgenommen werden.

Für die Zulässigkeit der Ausübung von Leitungsaufgaben durch einen Vorsorgebevollmächtigten spricht die **funktionale Äquivalenz zwischen Betreuung und Vorsorgevollmacht**. Auch für gesellschaftsrechtliche Sachverhalte gilt die Subsidiarität der Betreuung, weswegen Vorsorgebevollmächtigte – genau wie Betreuer, für welche die h.M. dies anerkannt – bei Personengesellschaften Leitungsaufga-

56

ben ausüben können sollten. Von diesem Ergebnis scheint auch der BGH in seiner Entscheidung vom 22.1.1962 ausgegangen zu sein (siehe Rdn 53).[90]

Ob mit *Uphoff* auch eine Vertretung bei **höchstpersönlichen Rechtsgeschäften möglich ist** (siehe Rdn 49), bedarf einer differenzierten Betrachtung. *Uphoffs* Verweis auf die Rechtslage bei der GmbH & Co. KG überzeugt nicht. Denn die bei der GmbH & Co. KG anzutreffende gestufte Vertretung ist gerade ein Fall gesetzlicher Vertretung. Die KG wird gesetzlich durch die Komplementär-GmbH vertreten, die Komplementär-GmbH gesetzlich durch ihren Geschäftsführer. Die Zulassung höchstpersönlicher Rechtsgeschäfte durch den Vorsorgebevollmächtigten kollidiert mit der Entscheidung des Gesetzgebers, ausgewählte Rechtshandlungen nur höchstpersönlich oder durch den gesetzlichen Vertreter vornehmen zu lassen. Der Vorsorgebevollmächtigte ist zwar kein gesetzlicher Vertreter, aufgrund der ebenfalls getroffenen Entscheidung des Gesetzgebers die Betreuung subsidiär auszugestalten, erscheint es jedoch gut vertretbar den Vorsorgebevollmächtigten als dem Betreuer gleichgestellt zu erachten.[91]

57 Dennoch hat der 3. Zivilsenat des BGH durch Urt. v. 18.7.2002[92] der **Zulässigkeit von Generalvollmachten, welche auch die organschaftlichen Kompetenzen des Geschäftsführers umfassen, eine Absage erteilt** (siehe Rdn 54). Bevor auf die einzelnen Argumente und den konkreten Sachverhalt der Entscheidung eingegangen werden kann, muss man sich vergegenwärtigen, dass der BGH in dieser Entscheidung eine bereits viele Jahre zuvor für die Erteilung von Generalvollmachten durch GmbH-Geschäftsführer geprägte Rechtsprechung ins Personengesellschaftsrecht übertragen hat (siehe Rdn 54) und es sich – soweit ersichtlich – um die einzige Entscheidung im Personengesellschaftsrecht mit diesem Ergebnis handelt. Wie zu zeigen sein wird, finden sich sehr gute Argumente gegen die zum GmbH-Recht geprägte Rechtsprechung des BGH[93] und erst recht gegen ihre pauschale Übertragung ins Personengesellschaftsrecht. Im Einzelnen:

a) Das Argument vom Schutz der Gesellschafter

58 Das erste Argument der Ungültigkeitsrechtsprechung des BGH ist der **Schutz der Gesellschafter**.[94] Dass jedenfalls im Falle einer Zustimmung der Mitgesellschafter (zur Frage der Erforderlichkeit vgl. Rdn 16) der Schutz der Mitgesellschafter der Erteilung einer Vorsorgevollmacht nicht entgegensteht, sieht auch

---

90 BGH, Urt. v. 22.1.1962 – II ZR 11/61, NJW 1962, 738.
91 So aktuell für die Abgabe der eidesstattlichen Versicherung im Erbscheinsverfahren durch Vorsorgebevollmächtigte, OLG Celle, Beschl. v. 20.6.2018 – 6 W 78/18, ErbR 2019, 113 m. zustimmender Anm. v. *Baumann*, ErbR 2019, 69.
92 BGH, Urt. v. 18.7.2002 – III ZR 124/01, DNotZ 2003, 147, 148.
93 Ausführlich und in weiten Teilen überzeugend: *Schippers*, DNotZ 2009, 353, 365.
94 BGH, Urt. v. 18.7.2002 – III ZR 124/01, DNotZ 2003, 147, 148 m.w.N. der früheren BGH-Rechtsprechung.

der BGH, der seine Entscheidung auf die weiteren Argumente der **Rechtssicherheit** und der **Verantwortlichkeit des Geschäftsführers** stützt.

b) Das Argument der Rechtssicherheit

Auch das zweite Argument der Rechtssicherheit kann die Ungültigkeit von Vorsorgevollmachten für Organbefugnisse nicht rechtfertigen. Im Ausgangspunkt ist dem BGH **zuzustimmen**: Die Rechtslage in puncto Rechtssicherheit unterscheidet sich zwischen rechtsgeschäftlicher Vertretung und gesetzlicher Betreuung, für welche die Zustimmung der Gesellschafter gerade nicht erforderlich ist. Damit wären die vom BGH aus einer gesellschaftsinternen Zustimmungspflicht resultierenden Risiken bei einer Betreuung ausgeräumt, wohingegen diese bei einer Vollmachtslösung fortbestehen könnten.

59

Dies würde aber voraussetzen, dass – wovon der 3. Zivilsenat des BGH in seiner Entscheidung ausgeht – die fehlende Zustimmung der Mitgesellschafter im Innenverhältnis auf die Wirksamkeit der erteilten Vollmacht im **Außenverhältnis durchschlägt**. Hiergegen sprechen bereits im GmbH-Recht verschiedene Argumente: Im Interesse des Verkehrsschutzes ist die organschaftliche Vertretungsbefugnis nur in wenigen gesetzlichen **Ausnahmefällen** – z.B. bei Umwandlungsvorgängen und Unternehmensverträgen – im Außenverhältnis von der Zustimmung der Gesellschafter abhängig.[95] Zu Recht weist *Schippers* darauf hin, dass eine Durchbrechung dieses Systems der strikten Trennung zwischen Innen- und Außenverhältnis im Falle einer Generalvollmacht nicht zu rechtfertigen ist.[96] Als Ungültigkeitsgrund eignen sich Rechtssicherheit und Verkehrsschutz mithin nicht. *Schippers*[97] weist für die GmbH zudem darauf hin, dass eine Beschränkung der Wirksamkeit der Erteilung von Generalvollmachten im Außenverhältnis mit der unbeschränkten (§ 35 Abs. 1 GmbHG) und unbeschränkbaren (§ 37 Abs. 2 S. 1 GmbHG) Vertretungsbefugnis in Widerspruch steht, welche ja gerade dem Schutz des Rechtsverkehrs zugutekommen soll. Der BGH hat in einer zur Prokuraerteilung ergangenen älteren Entscheidung genau hierauf hingewiesen und ausgeführt (Hervorhebung durch den Autor):[98]

60

„Nach § 35 Abs. 1 GmbHG wird die GmbH bei allen Rechtsgeschäften gegenüber Dritten – wozu auch die Erteilung der Prokura und der Handlungsvollmacht gehört – ausschließlich von den Geschäftsführern vertreten. Diese Regelung, die im Interesse der Verkehrssicherheit notwendig ist – denn eine Prüfung, ob ein wirksamer Gesellschafterbeschluss vorliegt, wäre außenstehenden Dritten vielfach nicht ohne weiteres möglich –, gilt auch für Rechtsgeschäfte, die für die Gesellschaft besonders bedeutsam sind. Aus § 46 GmbHG, der für

---

95 *Schippers*, DNotZ 2009, 353, 367.
96 *Schippers*, DNotZ 2009, 353, 367.
97 *Schippers*, DNotZ 2009, 353, 367.
98 BGH, Beschl. v. 14.2.1974 – II ZB 6/73, NJW 1974, 1194.

gewisse grundlegende Rechtshandlungen die Zuständigkeit der Gesellschafterversammlung vorsieht, lässt sich insoweit nichts Gegenteiliges herleiten. Wie bereits in RGZ 75, 166 ausgeführt, betreffen die in § 46 genannten Fälle ausschließlich das interne Verhältnis zwischen den Gesellschaftern oder zwischen Gesellschaftern und Gesellschaftsorganen. Dass insb. § 46 Nr. 7 GmbHG lediglich für das Innenverhältnis von Bedeutung ist, ergibt sich überdies eindeutig aus den Gesetzesmotiven (vgl. Mot. S. 98) und **entspricht der zum Teil ähnlichen Regelung bei der OHG; auch bei dieser gilt die für die Prokuraerteilung notwendige Zustimmung sämtlicher geschäftsführender Gesellschafter (§ 116 Abs. 3 HGB) nur für das Innenverhältnis (RGZ 134, 303, 305), während mit Wirkung nach außen die allgemeinen Vertretungsgrundsätze Anwendung finden (§ 126 HGB).**[99]

61 Zuletzt weist *Schippers*[100] zutreffend darauf hin, dass das Risiko des Organhandelns innerhalb des rechtlichen Könnens unter Überschreitung des rechtlichen Dürfens auch in anderen Fällen die Gesellschafter zu tragen haben, was als Folge des selbst investierten Vertrauens in die Person des Geschäftsführers auch berechtigt sei. Vor diesem Hintergrund sprechen bereits im GmbH-Recht gute Argumente dafür, dass eine fehlende Zustimmung im Innenverhältnis nicht auf das Außenverhältnis durchschlägt und ein besonderer Schutz des Rechtsverkehrs durch Annahme der Ungültigkeit von Generalvollmachten überhaupt nicht erforderlich ist.

62 Dabei hat es jedoch nicht sein Bewenden: Selbst wenn man den überzeugenden Argumenten von *Schippers* nicht folgen wollte und das Argument von der Erforderlichkeit des Schutzes des Rechtsverkehrs für GmbH-Sachverhalte anerkennt, **kann es nicht pauschal auf das Personengesellschaftsrecht übertragen werden.** Der 3. Zivilsenat verkennt in seinem Urt. v. 18.7.2002, dass der Schutz des Rechtsverkehrs – in dem von ihm entschiedenen GbR-Vertretungsfall – bereits durch die im GbR-Recht geltende Rechtslage völlig anders zu beurteilen ist als im GmbH-Recht.

63 Hierzu muss man sich nochmals vergegenwärtigen, dass im GmbH-Recht eine Beschränkung der Vertretungsbefugnis im Außenverhältnis über § 37 Abs. 2 S. 1 GmbHG ausgeschlossen ist. Im Personengesellschaftsrecht sieht die Rechtslage für die GbR gänzlich anders aus: Eine Beschränkung der Vertretungsbefugnis im Außenverhältnis ist zulässig. Inhalt und Umfang der organschaftlichen Vertretungsmacht können beliebig im Gesellschaftsvertrag mit Außenwirkung ausgestaltet werden.[101] Und welche Rechtssicherheit hat nun der Rechtsverkehr bei Fragen zur Vertretungsbefugnis einer GbR? Nachdem es kein Register gibt, in welchem die Vertretungsverhältnisse einer GbR eingesehen werden können,

---

99 BGH, Beschl. v.14.2.1974 – II ZB 6/73, NJW 1974, 1194.
100 *Schippers*, DNotZ 2009, 353, 367.
101 Vgl. BeckOK BGB/*Schöne*, § 714 Rn 2; MüKo-BGB/*Schäfer*, § 714 Rn 24.

Hölscher

besteht für den Rechtsverkehr kein dem Handelsregister vergleichbarer Publizitätsschutz. **Der Rechtsverkehr muss sich auf die Angaben des Handelnden (und gegebenenfalls auf Briefkopf, Impressum etc.) verlassen.** Die bei einer Vertretung eines GbR-Geschäftsführers durch einen Vorsorgebevollmächtigten zusätzliche Angabe, dass die Zustimmung der Gesellschafter vorliegt, dürfte eingedenk dessen keine wesentliche darüber hinausgehende Rechtsunsicherheit begründen.

Wie wäre die Rechtslage bei der GbR, wenn die Zustimmung der Mitgesellschafter nicht erteilt wurde und ein Vorsorgebevollmächtigter agiert? Die Vorsorgevollmacht würde – jedenfalls wenn man der Auffassung des BGH[102] folgt (siehe Rdn 54) – gesellschaftsbezogen keine Wirkungen entfalten und der Bevollmächtigte ohne Vertretungsmacht handeln. Bliebe der Rechtsverkehr tatsächlich schutzlos? Mit § 179 BGB bestünde für entsprechende Fälle eine gesetzliche Regelung. Der Vorsorgebevollmächtigte wird bereits im eigenen Interesse die Zustimmung der Gesellschafter zur Vertretung einholen, damit ihn nicht die Folgen einer persönlichen Haftung treffen können. Zudem bleibt zu berücksichtigen, dass der BGH im Wege der Auslegung zu dem Ergebnis gelangte, dass die unwirksame Generalvollmacht als Handlungsvollmacht nach § 54 HGB anzusehen war.[103] **Der Schutz des Rechtsverkehrs stellt mithin kein überzeugendes Argument dar, welches einer Vertretung des geschäftsunfähigen Geschäftsführers durch einen Vorsorgebevollmächtigten entgegensteht.**

64

Der Rechtsverkehr mag im Vorsorgefall sogar ein Interesse daran haben, dass ein Handeln durch Vorsorgebevollmächtigte möglich ist, damit unverändert Geschäfte mit der Gesellschaft abgeschlossen werden können und man nicht auf die Bestellung eines Betreuers warten muss.

65

c) Das Argument der besonderen Verantwortlichkeit

Zuletzt bleibt das Argument von der besonderen Verantwortlichkeit des Geschäftsführers. Auch dieses steht einer Vertretung durch einen Vorsorgebevollmächtigten nicht grundsätzlich entgegen. Gläubiger können auch beim Handeln eines Vorsorgebevollmächtigten aufgrund der akzessorischen Haftung aus § 128 HGB die Personengesellschafter in Anspruch nehmen.[104] Gesellschaftsrechtliche und öffentliche Handlungs- und Haftungspflichten des Geschäftsführers werden durch Bestellung eines Vorsorgebevollmächtigten **nicht mit befreiender Wirkung übertragen**, sondern verbleiben bei diesem, ohne dass sich dieser durch Vollmachtserteilung exkulpieren kann.[105]

66

---

102 BGH, Urt. v. 18.7.2002 – III ZR 124/01, DNotZ 2003, 147, 148.
103 BGH, Urt. v. 18.7.2002 – III ZR 124/01, DNotZ 2003, 147, 148.
104 *Uphoff*, Vorsorgevollmachten, S. 288.
105 *Schippers*, DNotZ 2009, 353, 370.

d) Zusammenfassung

67 Im Ergebnis ist für die Beantwortung der Frage, ob ein Vorsorgebevollmächtigter im Personengesellschaftsrecht Organbefugnisse übernehmen kann, eine Wertungsentscheidung erforderlich. Für die Zulässigkeit sprechen die Subsidiarität der Betreuung und die zwischen Betreuung und Vorsorgevollmacht bestehende Funktionsäquivalenz. Das Argument des BGH, dass fehlende interne gesellschaftsrechtliche Zustimmungen zu einer fehlenden Vertretungsmacht der Vorsorgebevollmächtigten führen können und der Rechtsverkehr geschützt werden müsse, überzeugt nicht. Die vom Regelfall abweichende Annahme, eine fehlende Zustimmung entfalte Außenwirkung, begründet die Gefährdung des Rechtsverkehrs erst. Aber auch wenn man die Argumentation des BGH für das GmbH-Recht für richtig erachten wollte, sprechen jedenfalls gute Argumente gegen ihre Übertragung ins Personengesellschaftsrecht. Bei erteilter **Zustimmung** der Mitgesellschafter ist mithin von der **Zulässigkeit der Übernahme von Organbefugnissen durch Vorsorgebevollmächtigte** auszugehen.

> **Hinweis**
>
> Unter Beachtung des **Grundsatzes des sichersten Wegs** kann man – trotz der vorstehenden Argumente – über die Entscheidung des BGH vom 18.7.2002[106] nicht hinweggehen. Die Risiken einer möglicherweise zu weit reichenden Bevollmächtigung werden nachfolgend dargestellt (siehe Rdn 68).

5. Folgen einer gegebenenfalls unwirksamen Bevollmächtigung für Leitungsaufgaben

68 Eingedenk der unsicheren Rechtslage zur Wahrnehmung von Organbefugnissen durch Vorsorgebevollmächtigte (siehe Rdn 67) stellt sich die Frage, welche **Rechtsfolgen** die **Unwirksamkeit** nach sich ziehen kann. *Zecher*[107] meint, dass Vollmachten, die sich ohne jede Ausnahme auf alle Befugnisse des Geschäftsführers erstrecken, nach der Rechtsprechung des BGH ungültig seien und von der Kautelarpraxis nicht verwendet werden dürfen. Die Annahme die Aufnahme von Organbefugnissen in eine Vorsorgevollmacht könne eine **Gesamtunwirksamkeit** der Vollmacht begründen, ist **weder dogmatisch überzeugend** begründbar **noch** entspricht diese Rechtsfolge der **Rechtsprechung des BGH**. Einzelne von der Stellvertretung ausgeschlossene Rechtsakte führen – auch wenn sie in die Vollmachtsurkunde ausdrücklich aufgenommen sind – nicht zu einer „**Vollmachtsvergiftung**", sondern zu einer **geltungserhaltenden Vollmachtsauslegung;**[108] der einschränkende Formulierungszusatz „soweit rechtlich zulässig" ist, selbst wenn er nicht ausdrücklich im Text der Vollmacht enthalten ist, dem Wesen von

---

106 BGH, Urt. v. 18.7.2002 – III ZR 124/01, DNotZ 2003, 147, 148.
107 *Zecher*, ZErb 2009, 316, 320.
108 *Schippers*, DNotZ 2009, 353, 373; *Baumann*, Freundesgabe für Willi Weichler, 1997, 1, 5.

General- (und Vorsorge)vollmacht immanent.[109] Auch der BGH ist in seinem Urt. v. 18.7.2002 – trotz ausdrücklich zugestandenen Leitungsaufgaben des Bevollmächtigten – von der Wirksamkeit der Generalvollmacht im Übrigen ausgegangen (siehe auch Rdn 54).[110]

IV. Gesellschaftsrechtliche Treuepflicht für Vorsorgebevollmächtigte?

Der Vorsorgebevollmächtigte ist nicht persönlich in den mitgliedschaftlichen Verband der Gesellschafter einbezogen. Zwar leitet der Vorsorgebevollmächtigte seine Rechte vom Vollmachtgeber ab, er tritt aber weder mit der erteilten Vollmacht noch mit dem der Vollmachterteilung zugrunde liegenden Grundverhältnis in die gesellschaftsrechtlichen Pflichten des vollmachtgebenden Gesellschafters ein.[111]

69

Unklar ist, ob dies auch für die **gesellschaftsrechtliche Treuepflicht** gilt.[112] Denn aus der Treuepflicht folgen Handlungs- und Unterlassungspflichten, deren Durchsetzung gegenüber einem geschäftsunfähigen Gesellschafter erhebliche Probleme heraufbeschwören und das Schutzniveau der Mitgesellschafter beeinträchtigen können, wenn sich ein Bevollmächtigter nicht an diese hält.[113] Würde der Bevollmächtigte keiner eigenen Treuepflicht unterliegen, so müssten Gesellschafter den geschäftsunfähigen Mitgesellschafter darauf in Anspruch nehmen, dass er seinen Vorsorgebevollmächtigten zum gewünschten Handeln oder Unterlassen anweist.[114] Aus diesem Grund wird es in diesen Konstellationen für erforderlich erachtet, den Vorsorgebevollmächtigten unmittelbar in Anspruch nehmen zu können.[115] Ob eine solche Zustimmungspflicht dogmatisch begründet werden kann, erscheint allerdings fraglich.

70

Zu differenzieren ist zwischen Personen- und Kapitalgesellschaften. Das zu dieser Frage vorhandene Schrifttum befasst sich überwiegend nur mit der gesellschaftsvertraglichen Treuepflicht bei Vorsorgevollmachten im Personengesellschaftsrecht. Die Frage, ob ein Vorsorgebevollmächtigter einer eigenen gesellschaftsvertraglichen Treuepflicht unterliegt, stellt sich jedoch auch im Kapitalgesellschaftsrecht.

71

---

109 *Schippers*, DNotZ 2009, 353, 373 m.w.N.
110 BGH, Urt. v. 18.7.2002 – III ZR 124/01, DNotZ 2003, 147, 148.
111 *Baumann/Selzener*, RNotZ 2015, 605, 610 f.; *Jocher*, notar 2014, 3, 6; *Schäfer*, ZHR 2011, 557, 574.
112 Im Ergebnis für eine eigene Treubindung des Vorsorgebevollmächtigten im Personengesellschaftsrecht: *Schäfer*, ZHR 2011, 557, 575, 576; *Raub*, Vorsorgevollmachten, S. 165; ablehnend: *Baumann/Selzener*, RNotZ 2015, 605, 610 f.; *Uphoff*, Vorsorgevollmachten, S. 216, 247; offengelassen: *Jocher*, notar 2014, 3, 6.
113 *Schäfer*, ZHR 2011, 557, 574.
114 *Schäfer*, ZHR 2011, 557, 574.
115 *Schäfer*, ZHR 2011, 557, 575.

1. Rechtslage im Personengesellschaftsrecht

72 Der BGH hat in seiner zum Aktienrecht ergangenen sog. Girmes-Entscheidung die Annahme einer eigenen **Treuepflicht für den Stimmrechtsvertreter abgelehnt.**[116] *Schäfer*[117] hat überzeugend herausgearbeitet, dass diese Entscheidung der Annahme einer eigenen Treuepflicht des Vorsorgebevollmächtigten im Personengesellschaftsrecht nicht entgegensteht. Bei der Vorsorgevollmacht gehe es um eine Dauervertretung während sich der BGH mit einer Stimmrechtsvollmacht im Einzelfall zu befassen hatte.[118] Konstruktiv bestehe zudem ein bedeutsamer Unterschied zwischen einer aktienrechtlichen Stimmrechtsvollmacht für eine einzelne Hauptversammlung und einer dauerhaften Vorsorgevollmacht zur Vertretung eines geschäftsunfähigen Gesellschafters. Denn im Personengesellschaftsrecht könne ein Vorsorgebevollmächtigter nur mit Zustimmung der Mitgesellschafter umfassend die Rechte eines geschäftsunfähigen Gesellschafters wahrnehmen.[119] Gerade diese erforderliche Zustimmung vermittle eine **mitgliedschaftsähnliche Beziehung zum Vorsorgebevollmächtigten** und bewirke dessen eigene Treupflichtbindung.[120] Zudem sei die Vorsorgevollmacht mit der Testamentsvollstreckung verwandt, bei welcher eine umfassende Wahrnehmung von Gesellschafterrechten ebenfalls der Zustimmung der Mitgesellschafter bedürfe. Bei der Testamentsvollstreckung vertrete die h.L. gerade eine Erstreckung der Treupflicht auf den Fremdverwalter.[121]

73 Mit den systematischen Argumenten von *Schäfer* lässt sich meines Erachtens eine eigene Treuepflicht des Vorsorgebevollmächtigten im Personengesellschaftsrecht überzeugend begründen.

2. Rechtslage im Kapitalgesellschaftsrecht

74 Lässt sich mit den systematischen Argumenten von *Schäfer* im Personengesellschaftsrecht (siehe Rdn 72) eine eigene Treuepflicht des Vorsorgebevollmächtigten überzeugend begründen, sieht dies im Kapitalgesellschaftsrecht anders aus. Folgt man der Auffassung, dass die Wahrnehmung von Gesellschafterrechten durch einen Vorsorgebevollmächtigten im Kapitalgesellschaftsrecht nicht der Zustimmung der Mitgesellschafter bedarf (siehe Rdn 21), **lässt sich** mit den vorstehenden Argumenten zur Rechtslage im Personengesellschaftsrecht eine **eigene Treuepflicht des Vorsorgebevollmächtigten nicht begründen.** Denn an der durch die Zustimmung vermittelten mitgliedschaftsähnlichen Beziehung fehlt es in diesen Fällen.

---

116 BGH, Urt. v. 20.3.1995 – II ZR 205/94, NJW 1995, 1739.
117 *Schäfer*, ZHR 2011, 557, 575.
118 *Schäfer*, ZHR 2011, 557, 575.
119 *Schäfer*, ZHR 2011, 557, 575.
120 *Schäfer*, ZHR 2011, 557, 576.
121 *Schäfer*, ZHR 2011, 557, 576.

3. Gesellschaftsvertragliche Regelung zur Abgabe einer Treuepflichtserklärung des Vorsorgebevollmächtigten

Der umsichtige Kautelarjurist wird es – sowohl im Personen- als auch im Kapitalgesellschaftsrecht[122] – **auf die vorstehende Streitfrage nicht ankommen lassen.** Er wird regeln, ob eine dauerhafte Vertretung durch einen Vorsorgebevollmächtigten der Zustimmung der Mitgesellschafter bedarf und ob diese Zustimmung an die Bedingung geknüpft wird, dass sich der Vorsorgebevollmächtigte der gesellschaftsvertraglichen Treuepflicht unterwirft. Im Kapitalgesellschaftsrecht – wo es der Zustimmung der Mitgesellschafter für eine Vertretung durch einen Vorsorgebevollmächtigten grundsätzlich nicht bedarf – ist zu beachten, dass die Anforderungen für eine Vertretung nicht zu weit gefasst werden. Denn selbst bei personalistisch strukturierten Kapitalgesellschaften dürfen Einschränkungen der grundsätzlich zulässigen Vertretung nicht zur Stimmrechtslosigkeit führen.[123] Eine in die Satzung von einer personalistisch strukturierten GmbH aufgenommene Bedingung, dass sich ein Vorsorgebevollmächtigter der gesellschaftsvertraglichen Treuepflicht unterwirft, schränkt eine Vertretung nicht unzulässig ein. Im Verhältnis zu der häufig verwendeten und zulässigen Einschränkung,[124] dass zur Vertretung nur Mitgesellschafter und/oder zur Berufsverschwiegenheit verpflichtete Angehörige der rechts- und steuerberatenden Berufe bevollmächtigt werden können, handelt es sich insoweit um ein Minus.

75

Muster 2.3: Gesellschaftsvertragliche qualifizierte Zustimmung mit Treuepflichtsunterwerfung

Alle Gesellschafter stimmen der dauerhaften Vertretung eines Mitgesellschafters durch einen Vorsorgebevollmächtigten zur Vermeidung einer sonst notwendigen Anordnung einer Betreuung zu, sofern die Vorsorgevollmacht zumindest in notariell beglaubigter Form erteilt ist und nicht unter einer im Außenverhältnis zu überprüfenden Bedingung steht. Weitere Voraussetzung der Zustimmung ist, dass sich der Vorsorgebevollmächtigte gegenüber den Gesellschaftern und der Gesellschaft schriftlich zur Einhaltung der gesellschaftsvertraglichen Treuepflicht verpflichtet. Unter diesen Voraussetzungen sind die Mitgesellschafter bereits jetzt uneingeschränkt mit der Dauervertretung einverstanden.

V. Gesellschaftsvertragliche Verpflichtung zur Vorsorgevollmacht?

Neben der gesellschaftsvertraglichen Zustimmung zur Vertretung durch Vorsorgebevollmächtigte wird diskutiert, ob weitere gesellschaftsvertragliche Regelungen im Zusammenhang mit Vorsorgevollmachten zweckmäßig sind.

76

---

122 Vgl. dazu auch *Heckschen*, NotBZ 2012, 321, 323.
123 Vgl. *Heckschen*, NotBZ 2012, 321, 323 m.w.N.
124 Vgl. *Jocher*, notar 2014, 3, 6.

1. Verpflichtungsklausel im Gesellschaftsvertrag

77 Ähnlich einer Güterstandsklausel kann eine Verpflichtung zur Erteilung von Vorsorgevollmachten in den Gesellschaftsvertrag aufgenommen werden, wobei zwischen folgenden Konstellationen zu unterscheiden ist.

a) Vorsorgevollmacht für Gesellschafterrechte

78 Ist den Gesellschaftern daran gelegen, alle Mitgesellschafter zur Erteilung einer Vorsorgevollmacht zur Ausübung von Gesellschafterrechten zu verpflichten, kann dies – sowohl bei Personen- als auch bei Kapitalgesellschaften – durch eine entsprechende Regelung im Gesellschaftsvertrag umgesetzt werden.

Muster 2.4: Gesellschaftsvertragliche Verpflichtung zur Erteilung einer Vorsorgevollmacht

Jeder Gesellschafter ist gegenüber seinen Mitgesellschaftern verpflichtet, eine zumindest notariell beglaubigte Vollmacht für den Fall seiner Geschäfts- und/oder Handlungsunfähigkeit zu erteilen, welche den Bevollmächtigten zur Wahrnehmung seiner Gesellschafterrechte und -aufgaben berechtigt und nicht unter einer im Außenverhältnis zu überprüfenden Bedingung steht.

b) Vorsorgevollmacht für Gesellschafterrechte und Organbefugnisse

79 Sollen auch Organbefugnisse bei Personengesellschaften von der Verpflichtung umfasst sein, könnte dies ebenfalls ausdrücklich geregelt werden. Die Aufnahme einer entsprechenden Klausel bietet sich jedoch meines Erachtens allenfalls an, wenn man die Auffassung teilt, dass Leitungsaufgaben durch einen Vorsorgebevollmächtigten ausgeübt werden können, was wie gesehen umstritten ist (siehe Rdn 46 ff.).

Muster 2.5: Gesellschaftsvertragliche Verpflichtung zur Erteilung einer Vorsorgevollmacht mit Leitungsaufgaben

Jeder Gesellschafter ist gegenüber seinen Mitgesellschaftern verpflichtet, durch zumindest notariell beglaubigte Vollmacht einen Bevollmächtigten zur Vorsorge für den Fall seiner Geschäfts- und/oder Handlungsunfähigkeit zu bestellen, welcher zur Wahrnehmung seiner Gesellschafterrechte und -aufgaben sowie der Abgabe von Erklärungen im Namen der Gesellschaft berechtigt und nicht unter einer im Außenverhältnis zu überprüfenden Bedingung steht.[125]

80 Gesellschaftern, welchen an der Sicherung der Handlungsfähigkeit im Falle einer Geschäftsunfähigkeit besonders gelegen ist, sollten sich allerdings besser fragen, ob sie nicht gesellschaftsrechtlich **mehrere** alleinvertretungsberechtigte **Geschäftsführer** einsetzen und/oder zusätzlich **Prokuristen** und **Handlungsbe-**

---

[125] Nach *Baumann/Selzener*, RNotZ 2015, 605, 612, ergänzt um den Zusatz der Unbedingtheit und im Hinblick auf die Form von notarieller Beurkundung auf notarielle Beglaubigung herabgesetzt.

vollmächtigte bestellen. Dafür spricht die aufgrund der BGH-Rechtsprechung unsichere Rechtslage (siehe Rdn 46 ff., 51 und 51 ff.).

2. „Auffanglösung" – Wechselseitige Bevollmächtigung der Gesellschafter

Für den Fall, dass keine (wirksame) Vorsorgevollmacht vorliegt – z.b. mangels Zustimmung oder Nichterteilung – ist daran zu denken, dass sich die Gesellschafter wechselseitig bevollmächtigen können. 81

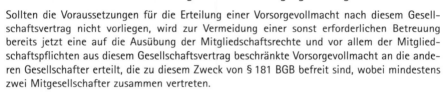

Muster 2.6: Gesellschaftsvertragliche Bevollmächtigung der Mitgesellschafter

Sollten die Voraussetzungen für die Erteilung einer Vorsorgevollmacht nach diesem Gesellschaftsvertrag nicht vorliegen, wird zur Vermeidung einer sonst erforderlichen Betreuung bereits jetzt eine auf die Ausübung der Mitgliedschaftsrechte und vor allem der Mitgliedschaftspflichten aus diesem Gesellschaftsvertrag beschränkte Vorsorgevollmacht an die anderen Gesellschafter erteilt, die zu diesem Zweck von § 181 BGB befreit sind, wobei mindestens zwei Mitgesellschafter zusammen vertreten.

Soll der Gesellschaftsvertrag Dritten nicht vorgelegt werden, kann eine solche „Auffangvollmacht" auch in einer **gesonderten Urkunde** erteilt werden. 82

3. Kontrolle und Sanktion bei Verstoß

Damit die Gesellschafter zur Erteilung der gewünschten Vorsorgevollmacht angehalten werden, sollte ein Verstoß gegen eine gesellschaftsvertraglich vereinbarte Verpflichtung **sanktionierbar und kontrollierbar** sein.[126] Im Personengesellschaftsrecht ist an den Ausschluss des gegen die Klausel verstoßenden Gesellschafters zu denken. 83

Muster 2.7: Gesellschaftsvertragliche Ausschluss- und Zwangsabtretungsklausel bei fehlender Vorsorgevollmacht

Die Gesellschafterversammlung kann von jedem Gesellschafter den Nachweis des Abschlusses bzw. Bestehens einer zumindest notariell beglaubigten Vorsorgevollmacht verlangen (vgl. §), wobei der jeweils betroffene Gesellschafter kein Stimmrecht hat. Als Nachweis gilt insbesondere die Vorlage der Originalurkunde, einer Ausfertigung oder beglaubigten Ablichtung verbunden mit der schriftlichen Erklärung, dass die vorgelegte Vollmacht nicht geändert oder widerrufen worden ist. Kommt ein Gesellschafter der Aufforderung der Gesellschafterversammlung nicht innerhalb von drei Monaten nach, so gilt dies als wichtiger, seinen Ausschluss nach § bzw. Zwangsabtretung nach § rechtfertigender Grund. Für die Höhe der Abfindung gilt § entsprechend.

---

126 *Jocher*, notar 2014, 3, 11.

84 Im Kapitalgesellschaftsrecht kommt anstelle des Ausschlusses eine Einziehung in Betracht.

Muster 2.8: Gesellschaftsvertragliche Einziehungs- und Zwangsabtretungsklausel bei fehlender Vorsorgevollmacht

Die Gesellschafterversammlung kann von jedem Gesellschafter den Nachweis des Abschlusses bzw. Bestehens einer zumindest notariell beglaubigten Vorsorgevollmacht verlangen, wobei der jeweils betroffene Gesellschafter kein Stimmrecht hat. Als Nachweis gilt insbesondere die Vorlage der Originalurkunde, einer Ausfertigung oder beglaubigten Ablichtung verbunden mit der schriftlichen Erklärung, dass die vorgelegte Vollmacht nicht geändert oder widerrufen worden ist. Kommt ein Gesellschafter der Aufforderung der Gesellschafterversammlung nicht innerhalb von 3 Monaten nach, so gilt dies als wichtiger, die Einziehung nach § ▓▓▓ bzw. die Zwangsabtretung nach § ▓▓▓ rechtfertigender Grund. Für die Höhe der Abfindung gilt § ▓▓▓ entsprechend.

85 Sowohl im Personen als auch im Kapitalgesellschaftsrecht empfiehlt es sich – wie in den vorstehenden beiden Mustern vorgesehen – Zwangsabtretungsklauseln in die Gesellschaftsverträge als zusätzliche Variante zum Ausschluss bzw. zur Einziehung aufzunehmen; ihr Vorteil besteht darin, dass der Abtretungsempfänger und nicht die Gesellschaft mit der Zahlung von Abfindungen belastet wird.

> **Hinweis**
>
> Soll die Vorlage von jedem Gesellschafter und nicht von der Gesellschafterversammlung gefordert werden können, sind die vorstehenden Muster entsprechend anzupassen. Dies kann insbesondere für Minderheitsgesellschafter Bedeutung erlangen.

C. Ausgestaltung der Vorsorgevollmacht des Unternehmers

86 Zuletzt stellt sich die Frage, ob und ggf. welche Besonderheiten bei der Ausgestaltung der Vorsorgevollmacht des Unternehmers zu beachten sind.

I. Trennungs- und Abstraktionsprinzip

87 Von der durch Vollmacht vermittelten rechtsgeschäftlichen Vertretungsbefugnis im Außenverhältnis (sog. rechtliches Können) ist stets das Innenverhältnis (sog. rechtliches Dürfen) zu unterscheiden. Die Vollmacht ist zudem abstrakt. Mängel des der Vollmacht im Innenverhältnis zugrundeliegenden Grundgeschäfts lassen die Vollmacht grundsätzlich unberührt.

II. Ausgestaltung im Außenverhältnis

Die Meinungen darüber, wie die Vertretungsmacht für Gesellschafter und Unternehmer im Außenverhältnis erteilt werden soll, gehen auseinander. 88

1. Unbeschränkte Vollmacht

Teilweise wird vertreten, eine Vorsorgevollmacht von Unternehmern und Gesellschaftern sollte im **Außenverhältnis keine Beschränkungen** enthalten, um sicherzustellen, dass eine Betreuung bestmöglich vermieden wird.[127] Dem ist grundsätzlich zuzustimmen. 89

> **Hinweis**
>
> Man muss sich an dieser Stelle jedoch darüber im Klaren sein, dass auch von einer unbeschränkten Vollmacht die Ausübung von Leitungsaufgaben aufgrund der Rechtsprechung des BGH nicht gedeckt sein kann (siehe Rdn 46 ff., 51 und 51 ff.).

Wer die kautelarjuristische Auffassung vertritt, in die Vorsorgevollmacht sollten beispielhafte und nicht als abschließend gekennzeichnete Aufzählungen wichtiger Schwerpunkte aufgenommen werden,[128] kann dies umsetzen.[129] Auch wenn eine entsprechende Aufzählung dem Sinn und Zweck einer Generalvollmacht widerspricht, finden sich in der Praxis Fälle, in denen ein gesellschaftsrechtliches Handeln durch den Vorsorgebevollmächtigten mangels ausdrücklicher Nennung erst nach gerichtlicher Entscheidung durchgesetzt werden konnte.[130] 90

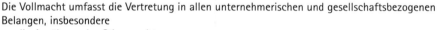
Muster 2.9: Vorsorgevollmacht mit Beispielen gesellschaftsbezogener Belange

Die Vollmacht umfasst die Vertretung in allen unternehmerischen und gesellschaftsbezogenen Belangen, insbesondere
- die Ausübung des Stimmrechts
- die Mitwirkung an Änderungen des Gesellschaftsvertrags jeglicher Art einschließlich der Auflösung und Liquidation des Unternehmens
- die Entgegennahme von Abfindungen und Liquidationserlösen
- die Ausübung von Kontroll- und Einsichtsrechten

---

127 *Baumann/Selzener*, RNotZ 2015, 605, 616; *Jocher*, notar 2014, 3, 7.
128 Kritisch hierzu *Baumann/Selzener*, RNotZ 2015, 605, 617.
129 Vgl. zur Aufzählung *Jocher*, notar 2014, 3, 9.
130 OLG Frankfurt a.M., Beschl. v. 27.1.2020 – 20 W 145/19, FGPrax 2020,110; *Heckschen/Strnad*, GWR 2021, 175, 181. Das Grundbuchamt bemängelte das Handeln des Bevollmächtigten, weil die GbR für welche GbR-Gesellschafterrechte durch Vollmacht ausgeübt werden sollten, erst nach Errichtung der Vollmacht gegründet worden war.

- die Mitwirkung an Umwandlungen
- die Verfügung über die Beteiligung (ganz oder teilweise)
- die Vertretung in registerrechtlichen Angelegenheiten.[131]

2. Vollmacht mit Herausnahme von Organbefugnissen

91 *Reymann* schlägt – aufgrund der restriktiven BGH-Rechtsprechung[132] (siehe Rdn 46 ff., 51 und 51 ff.) – vor, bei Personen- und Kapitalgesellschaften von General- und Vorsorgevollmachten nur in **inhaltlich reduzierter Weise** Gebrauch zu machen, um einer drohenden Unwirksamkeit der Bevollmächtigung von vornherein entgegenzuwirken.[133] *Reymann* rät, organschaftliche Befugnisse bereits aus dem Wortlaut der Vollmacht auszuklammern.[134]

92 Muster 2.10: Vorsorgevollmacht mit Rückausnahme originärer Kernbefugnisse von Leitungsorganen (1)

Von der Vollmacht ausgenommen sind sämtliche Erklärungen und Rechtshandlungen, die kraft Gesetzes zu den originären Kernbefugnissen der Leitungsorgane zählen.[135]

93 *Zecher*[136] hat in Anlehnung an *Reymann*[137] für die GmbH folgende Formulierung vorgeschlagen, wobei nicht verkannt werden darf, dass im Falle der Geschäftsunfähigkeit bei der GmbH der Vollmachtgeber sein Geschäftsführeramt nach § 6 Abs. 2 GmbHG ohnehin verliert.

94 Muster 2.11: Vorsorgevollmacht mit Rückausnahme originärer Kernbefugnisse von Leitungsorganen (2)

Die Wahrnehmung von Rechten und Pflichten, die nach dem GmbH-Gesetz nur ein Geschäftsführer der Gesellschaft vornehmen darf, also insbesondere die Anmeldung, Versicherung oder sonstige Erklärungen straf- bzw. bußgeldbewehrter Tatsachen gegenüber dem Registergericht, Behörden oder sonstigen zuständigen Stellen, die Aufstellung und Vorlage des Jahresabschlusses, die Unterzeichnung und Einreichung der Gesellschafterliste zum Handelsregister sowie die Stellung des etwaig gebotenen Antrags auf Eröffnung des Insolvenzverfahrens, ist dem Bevollmächtigten in keinem Fall gestattet (keine sog. organverdrängende oder ersetzende Vollmacht).[138]

---

131 Aufzählung nach *Jocher*, notar 2014, 3, 9.
132 BGH, Urt. v. 18.7.2002 – III ZR 124/01, DNotZ 2003, 147 (zur GbR); BGH, Urt. v. 18.10.1976 – II ZR 9/75, NJW 1977, 199 (zur GmbH) m.w.N.
133 *Reymann*, ZEV 2005, 457, 460; ihm folgend: *Zecher*, ZErb 2009, 316, 320.
134 *Reymann*, ZEV 2005, 457, 461.
135 Vgl. dazu *Reymann*, ZEV 2005, 457, 461.
136 *Zecher*, ZErb 2009, 316, 320.
137 *Reymann*, ZEV 2005, 457, 460.
138 Nach *Zecher*, ZErb 2009, 316, 320.

Nachdem eine zu weit gefasste Vollmacht nicht insgesamt unwirksam ist (siehe Rdn 54) muss im Einzelfall geprüft und besprochen werden, ob gegebenenfalls auch originäre Organbefugnisse durch den Vorsorgebevollmächtigten ausgeübt werden können sollen. Ist dies ausgeschlossen, kann darüber nachgedacht werden, eine einschränkende Formulierung in die Vollmachtsurkunde mit aufzunehmen.

95

III. Ausgestaltung im Innenverhältnis

Bei Vorsorgevollmachten von Unternehmern und Gesellschaftern ist daran zu denken, die **unternehmerischen und gesellschaftsrechtlichen Ziele** des Vollmachtgebers im Innenverhältnis **vorzugeben**.[139] Dies kann auch im Interesse des Bevollmächtigten liegen, der durch Regelungen im Innenverhältnis seine Haftungsgefahren minimieren kann.[140] Ebenso können – wie bei jeder anderen Vollmacht – natürlich Vergütung, Handeln mehrerer Bevollmächtigter, Auskunfts- und Rechenschaftspflichten und Ähnliches geregelt.

96

1. Regelungen in gesonderter Urkunde

Bei der Vorsorgevollmacht von Unternehmern empfiehlt es sich, Handlungsanweisungen **außerhalb der Vollmachtsurkunde** zu regeln.[141] Das ist **privatschriftlich** möglich.[142]

97

Muster 2.12: Konkrete unternehmerische Handlungsanweisungen für den Vorsorgebevollmächtigten

2.12

98

Ich habe am ▮▮▮ Herrn/Frau ▮▮▮ eine Vorsorgevollmacht zur Vertretung in allen Angelegenheiten erteilt, die auch meine Beteiligungen an folgenden Gesellschaften umfasst: ▮▮▮ Der Bevollmächtigte hat die folgenden Handlungsanweisungen zu beachten: ▮▮▮

Für die Aufnahme der Anweisungen in eine gesonderte Urkunde spricht, dass entsprechende Anweisungen im Rechtsverkehr nicht als Einschränkung der Vollmacht in bestimmten Punkten aufgefasst werden können. Zudem handelt es sich bei Anweisungen des Unternehmers häufig um Gesichtspunkte, welche Dritten nicht bekannt werden sollen. Werden diese in die Vollmachtsurkunde mit aufgenommen, ist die Geheimhaltung nicht mehr gewährleistet.

99

---

139 *Baumann/Selzener*, RNotZ 2015, 605, 616; *Jocher*, notar 2014, 3,7.
140 *Langenfeld*, ZEV 2005, 52.
141 Vgl. auch *Sauer*, RNotZ 2009, 79, 80; *Jocher*, notar 2014, 3, 8; *Baumann/Selzener*, RNotZ 2015, 605, 616.
142 *Reymann*, ZEV 2005, 457, 458; *Baumann/Selzener*, RNotZ 2015, 605, 616.

2. Inhalt der Anweisungen

100 Überwiegend findet sich die Auffassung, der Unternehmer solle Anweisungen zur Fortführung, zum Verkauf oder zur Liquidation des Unternehmens treffen.[143] Dass zu detaillierte Handlungsanweisungen bei Eintritt des Vorsorgefalls des Unternehmers von „Brot" zu „Steinen" werden können, sollte man allerdings nicht aus dem Blick verlieren. Denn Handlungsanweisungen können durch Veränderungen im Unternehmen und am Markt rasch überholt sein.[144] Deswegen wird ihre ständige Überprüfung auf Aktualität empfohlen.[145] Mit Eintritt des Vorsorgefalls ist eine solche Aktualisierung jedoch regelmäßig nicht mehr möglich. Überholte Handlungsanweisungen können damit auch zu einer eingeschränkten unternehmerischen Handlungsfreiheit führen. In welchem Umfang Regelungen für das Innenverhältnis getroffen werden, ist daher im Einzelfall abzustimmen. Neben konkreten sind auch **Handlungsanweisungen in groben Zügen** möglich.[146] Von Bedeutung ist insbesondere die Beantwortung der Frage, ob der Vorsorgebevollmächtigte zur Vorbereitung und Durchführung einer **Unternehmensnachfolge** berechtigt sein soll.[147]

101 Muster 2.13: Großzügige unternehmerische Handlungsanweisungen für den Vorsorgebevollmächtigten

Jeder Bevollmächtigte darf nach billigem Ermessen alle zweckmäßigen Rechtshandlungen vornehmen. Hierzu zählen z.B.
- die Fortführung der Gesellschaft oder
- die Umwandlung der Gesellschaft in eine andere Rechtsform oder
- die Liquidation der Gesellschaft oder
- die Vorbereitung der Unternehmensnachfolge oder
- die Durchführung der Unternehmensnachfolge.

Die Bevollmächtigten sind berechtigt, meine Gesellschaftsbeteiligungen auf einen oder mehrere Nachfolger, unter Beachtung der Regelungen des betreffenden Gesellschaftsvertrags, zu übertragen, wenn nach ihrem pflichtgemäßen Ermessen eine Wiederaufnahme meiner Gesellschafterrechte durch mich persönlich dauerhaft ausgeschlossen erscheint.

Ist einer oder sind mehrere meiner nachfolgeberechtigten Abkömmlinge nach den Regeln des Gesellschaftsvertrages zur Nachfolge geeignet, ist die Übertragung auf meine nachfolgeberechtigten Abkömmlinge einer Übertragung auf Mitgesellschafter oder sonstige Dritte vorzu-

---

143 Vgl. etwa *Langenfeld*, ZEV 2005, 52; *Zecher*, ZErb 2009, 316, 318; *Sauer*, RNotZ 2009, 79, 92; *Baumann/Selzener*, RNotZ 2015, 605, 616.
144 *Jocher*, notar 2014, 3, 7 spricht zutreffend von erforderlichen „prophetischen Gaben".
145 *Baumann/Selzener*, RNotZ 2015, 605, 616; *Jocher*, notar 2014, 3, 7.
146 *Jocher*, notar 2014, 3, 7; *Langenfeld*, ZEV 2005, 52, 54 mit Formulierungsbeispielen. Weitere Formulierungsbeispiele finden sich etwa auch bei *Zecher*, ZErb 2009, 316, 319; *Baumann/Selzener*, RNotZ 2015, 605, 624.
147 *Jocher*, notar 2014, 3, 9.

ziehen. Hierbei sind meine im Testament vom ▅▅▅▅ angeordneten Unternehmensnachfolgeregelungen zu beachten.[148]

3. Haftung des Bevollmächtigten

Liegt der Vollmacht im Innenverhältnis nicht eine bloße Gefälligkeit, sondern ein Auftrag oder Geschäftsbesorgungsvertrag zugrunde, so haftet der Bevollmächtigte für Pflichtverletzungen nach § 276 BGB (Vorsatz und Fahrlässigkeit).[149] Dieser Maßstab kann vertraglich herabgesetzt werden. Vorgeschlagen wird eine Herabsetzung des Haftungsmaßstabs auf Vorsatz und grobe Fahrlässigkeit.[150]

> **Muster 2.14: Vorsorgevollmacht mit Haftungsbegrenzung auf Vorsatz und grobe Fahrlässigkeit**
>
> Der Bevollmächtigte haftet gegenüber dem Vollmachtgeber nur für Vorsatz und grobe Fahrlässigkeit. Eine Haftung des Bevollmächtigten für sonstige fahrlässig verursachte Pflichtverletzungen wird ausgeschlossen.

Auch eine Zugrundelegung der Sorgfalt des Bevollmächtigten in eigenen Angelegenheiten nach § 277 BGB (**diligentia quam in suis**) kommt in Betracht.[151]

> **Muster 2.15: Vorsorgevollmacht mit Haftungsbegrenzung auf eigenübliche Sorgfalt**
>
> Der Bevollmächtigte hat gegenüber dem Vollmachtgeber nur für diejenige Sorgfalt einzustehen, welche er in eigenen Angelegenheiten anzuwenden pflegt (§ 277 BGB).

Gerade im unternehmerischen Bereich kommt der Verantwortlichkeit des Bevollmächtigten eine besondere Rolle zu. Zugeständnisse hinsichtlich des Haftungsmaßstabs sollten nur im Einzelfall Anwendung finden und aus Sicht des Vollmachtgebers kritisch hinterfragt werden.

Geht es um die umstrittene Frage der Übernahme von Leitungsaufgaben durch einen Vorsorgebevollmächtigten, könnte eine Herabsetzung des Fahrlässigkeitsmaßstabs des Bevollmächtigten sogar ein Argument gegen die Ausführung von Leitungsaufgaben sein, weil den Bevollmächtigten die Folgen einer Pflichtverletzung durch Regressansprüche nur noch begrenzt träfen. Jedenfalls bei Personengesellschaften soll der **Grundsatz der Selbstorganschaft** mitunter auch persönlich haftende Mitgesellschafter schützen, indem der Geschäftsführer als Mitgesellschafter ebenfalls persönlich haftet und deshalb die Folgen seines Handelns gründlich überdenkt. Zwar bliebe ein geschäftsunfähiger Gesellschafter-Ge-

---

148 Nach *Baumann/Selzener*, RNotZ 2015, 605, 624.
149 *Sauer*, RNotZ 2009, 79, 84.
150 *Sauer*, RNotZ 2009, 79, 84.
151 *Sauer*, RNotZ 2009, 79, 84.

schäftsführer seinen Mitgesellschaftern haftbar, wenn sein Bevollmächtigter ihm zurechenbare Pflichtverletzungen begeht. Das ändert aber nichts daran, dass durch einen eingeschränkten Innenregress der Schutz der Mitgesellschafter tangiert sein kann. Ob man diesen Schutz durch die erforderliche Zustimmung der Mitgesellschafter zu einer Vertretung durch Vorsorgebevollmächtigte im Personengesellschaftsrecht als aufgegeben ansieht, liegt nahe. Sicher ist dies jedoch nicht. Denn selbst bei Zustimmung zur Vertretung können die Mitgesellschafter ein Interesse daran haben, dass der Vorsorgebevollmächtigte dem Vollmachtgeber im gesetzlichen Umfang haftet und sein Handeln genauso überdenkt wie ein persönlich haftender Geschäftsführer.

Hinweis

Jedenfalls wenn der Bevollmächtigte auch Leitungsaufgaben wahrnehmen soll, sollte es daher beim gesetzlichen Haftungsmaßstab verbleiben.

§ 3 Patientenverfügung/Bestattungsverfügung

Übersicht:	Rdn		Rdn
A. Grundlagen für die Beratung 1		II. Inhaltliche Ausgestaltung der Patientenverfügung 66	
I. Grundrechtsrelevanz von Vorsorgeregelungen 2		1. Was gibt es schon? 66	
II. Vertretung eines Volljährigen – rechtliche Alternativen und ihr Ranking ... 5		2. Advance care planning statt anwaltlicher Patientenverfügung? 71	
1. Vorsorgevollmacht 7		3. Bestimmtheitsgrundsatz und Konkretisierungsgebot 74	
2. Betreuungsverfügung 12		4. Orientierung an Textmustern – Der Klassiker des BMJ und andere Patientenverfügungstexte 79	
3. Ehegattenvertretungsrecht in Angelegenheiten der Gesundheitssorge (§ 1958 BGB) 19			
4. Konkurrenz zwischen selbstbestimmten Entscheidungen und Vertreterhandeln in gesundheitlichen Angelegenheiten 24		5. Vorschläge der Autorin 82	
		a) Deckblatt zur ersten Orientierung 82	
a) Einwilligungsfähigkeit im Arztrecht 25		b) Wer soll informiert werden? Wer darf handeln? 83	
b) Vorrang der Wünsche des Betroffenen, § 1821 BGB (§ 1901 Abs. 3 BGB a.F.) 29		c) Aufklärung nach §§ 630d Abs. 2, 630e BGB 85	
		d) Anamnestische Daten/ Medikamentenplan, § 31a SGB V 88	
c) Assistenz geht vor Vertreterhandeln – Behindertenrechtskonvention 30		e) Allgemeingültige Behandlungsanweisungen/-verbote unabhängig von speziellen Lebenssituationen 93	
III. Fragebogen zur Entscheidung über die richtigen Vorsorgeinstrumente 33			
IV. Keine Patientenverfügung ohne Vorsorgevollmacht oder Betreuungsverfügung 35		aa) Schmerzbehandlung 95	
		bb) Behandlungsregelungen ohne Reichweitenbegrenzung 105	
B. Die Patientenverfügung, §§ 1827 ff. BGB (§§ 1901a ff. BGB a.F.) .. 38		cc) Konkrete Lebens- und Behandlungssituationen 111	
I. Grundlagen, § 1827 BGB (§ 1901a BGB a.F.) 39		(1) 4 Situationen, in denen die Patientenverfügung Anwendung finden soll (4 Regelungsbereiche) .. 112	
1. Keine Vernunfthoheit des Arztes, sondern auch das Recht auf Krankheit/Selbstschädigung/Tod ... 39			
		(2) Eine Auffangklausel 121	
2. Keine Vernunfthoheit staatlicher Gewalt, sondern auch das Recht auf Krankheit/Selbstschädigung/Tod ... 41		dd) Aufzählung spezieller ärztlicher Maßnahmen 122	
		(1) Künstliche Ernährung und künstliche Flüssigkeitszufuhr 125	
3. Keine Pflicht zur Errichtung einer Patientenverfügung 48			
4. Patientenverfügung und Ranking des Patientenwillens 50		(2) Beatmung 132	
		(3) Diverse sonstige Behandlungen 136	
5. Einwilligungsfähigkeit und Stellvertretung 54			
		(4) Organ- und Gewebespende 138	
6. Exkurs: Einwilligungsfähigkeit und Widerruf der Patientenverfügung ... 56			
7. Weiteres Patientenverfügungsrecht . 62		ee) Die lebenssituationsorientierte Patientenverfügung ... 144	
a) Behandlungsvereinbarungen 62			
b) Persönliche Vorsorge in der letzten Lebensphase 63		(1) Beispiel: Herzschrittmacher und Kombigeräte 145	
c) Hinweis auf Eigenes – Die Interviewmethode 65		(2) Beispiel: Amyotrophe Lateralsklerose 147	

ff) Religiös ausgerichtete
   Patientenverfügung 148
   (1) Christliche Patienten-
       verfügung 149
   (2) Patientenverfügung
       muslimischer
       Mandanten 151
   (3) Patientenverfügung
       jüdischer Mandanten ... 153
   (4) Nachweise weiterer
       religiöser und welt-
       anschaulicher Aus-
       richtungen 156
gg) Interpretationshilfen (Werte-
    Wunsch-Angst-Erwartungs-
    Profil des Mandanten) 157
    (1) Wunsch-Werte-Profil I:
        Biografisches 163
    (2) Wunsch-Werte-Profil II:
        Erfahrungen 166
    (3) Wunsch-Werte-Profil III:
        Einstellungen 168
    (4) Wunsch-Werte-Profil IV:
        Entscheidungskriterien
        für oder gegen das
        Leben/eine Behand-
        lung/Nichtbehandlung .. 173
hh) Festlegungen zu Behandlung
    und Pflege allgemein 178
ii) Das Gespräch zur Feststel-
    lung des Patientenwillens
    nach § 1828 BGB
    (§ 1901b BGB a.F.) 184
jj) Verbindlichkeit der
    Patientenverfügung, § 1827
    Abs. 1 S. 3 BGB (§ 1901a
    Abs. 1 S. 3 BGB a.F.)/Anwei-
    sungen zur Durchsetzung .. 186
    (1) Kopien und unter-
        schiedliche Versionen ... 187
    (2) Erneuerungszusatz und
        Aktualitätscheck 188
    (3) Widerruf und
        Interpretationsverbot ... 191
    (4) Durchsetzung-
        verfügungen 198
kk) Anwaltliche und medizini-
    sche Beraterbestätigung 199
C. **Obduktions- und Bestattungsverfügung** 201
   I. Die Obduktionsverfügung/Körper-
      spende 201
   II. Die Bestattungsverfügung 204

A. Grundlagen für die Beratung

1   Der Wunsch nach schnellen, möglichst kostenfreien Ankreuzlösungen bei der lebzeitigen Vorsorgeberatung steht im umgekehrten Verhältnis zu der Bedeutung, die der **Verlust der Selbstbestimmung** für den Einzelnen lebzeitig hat und zu dem Aufwand, der zum Teil für die Zeit nach dem Tod betrieben wird.

I. Grundrechtsrelevanz von Vorsorgeregelungen

2   Dabei muss man sich vergegenwärtigen, dass anwaltliche Vorsorgeberatung immer „worst-case-Beratung" ist. Es geht um in der Zukunft drohende Gefahren für die **Würde**[1] und die **Grundrechte des Mandanten**. Durch dessen selbstbestimmte Entscheidung wird festgelegt, was für ihn als einzigartiges Individuum seine Würde ausmacht. Das durch Art. 2 i.V.m. Art. 1 Abs. 1 GG garantierte Recht auf freie und selbstbestimmte Entfaltung der Persönlichkeit sichert jedem Einzelnen einen autonomen Bereich privater Lebensgestaltung, in dem er seine Individualität entwickeln und wahren kann,[2] soweit nicht Rechte Dritter oder

---

1 BGH, Urt. v. 25.6.2010 – 2 StR 454/09, NJW 2010, 2963; BGH, Urt. v. 15.11.1996 – 3 StR 79/76, NJW 1997, 807.
2 BVerfG, Beschl. v. 23.3.2016 – 1 BvR 184/13, NJW 2016, 2559, Rn 12.

andere mit Verfassungsrang ausgestattete Rechtsgüter betroffen sind (Art. 2 Abs. 1 GG). Das Grundgesetz verlangt „*Respekt vor der autonomen Selbstbestimmung des Einzelnen*".[3] Es geht um den „*unbedingten Vorrang individueller Selbstbestimmung auf der Grundlage des allgemeinen Persönlichkeitsrechts*",[4] der es verbietet, die eigene Einschätzung vom „Besten" für den Betroffenen an die Stelle seiner autonomen Entscheidung zu setzen.[5] Aber was ist, wenn die Autonomie durch individuelle Handicaps abhandenkommt? „*Die Selbstbestimmung von Erwachsenen endet nicht mit dem Eintritt der Geschäfts- oder Einwilligungsunfähigkeit.*"[6] Es ist nach Art. 1 Abs. 1 S. 2 GG die Verpflichtung aller staatlichen Gewalt, die **Würde des Menschen** zu achten und zu schützen.[7] Das ist auch der Ausgangspunkt anwaltlichen Handelns, dem als unabhängiges Organ der Rechtspflege und damit als Sachwalter der Interessen seines Mandanten die Aufgabe zukommt, dessen Recht auf freie und selbstbestimmte Entfaltung der Persönlichkeit zu sichern und zu verteidigen.

Die verfassungsrechtliche Dimension einer zukünftigen Unfähigkeit zur Selbstbestimmung wird in der Praxis bis hin zu den Betroffenen selbst bisher immer noch nicht ausreichend wahrgenommen. **Vorsorgeplanung bedeutet aber, von den bestehenden Grundrechten aktiv und konkret Gebrauch zu machen und sie mit Leben zu füllen.**

3

Über die inhaltlichen Unterschiede der verschiedenen Vorsorgeinstrumente und deren Umsetzung in die Praxis bestehen bei Mandanten zum Teil nur sehr verschwommene Vorstellungen. Es ist daher notwendig, jede Beratung – auch wenn der Mandant nur eine Patientenverfügung wünscht – mit den unterschiedlichen Anforderungen und Möglichkeiten der rechtlichen Vorsorge – getrennt für die Situation vor dem Tod und nach dem Tod – zu beginnen und klassische Irrtümer zu beseitigen.

4

II. Vertretung eines Volljährigen – rechtliche Alternativen und ihr Ranking

Die Irrtümer darüber, wer über die Belange eines Volljährigen entscheiden darf, sind nahezu unausrottbar. Die Antwort ergibt sich aus den „**drei großen B**". Berechtigt zu entscheiden und wirksam zu handeln sind:
– der Betroffene
– der Bevollmächtigte
– der Betreuer,

5

---

3 BVerfG, Beschl. v. 5.11.2019 – 1 BvL 7/16 m.v.w.N. NJW 2019, 3703.
4 BVerfG, Beschl. v. 5.11.2019 – 1 BvL 7/16 m.v.w.N. NJW 2019, 3703.
5 BVerfG, Beschl. v. 8.6.2021 – 2 BvR 1866/17 Rn 73, 74, NStZ-RR 2021, 356.
6 BT-Drucks 19/24445, 249.
7 BVerwG, Urt. v. 2.3.2017 – C 19.15, NJW 2017, 2215, Rn 27 zum Anspruch auf Verordnung von Pentobarbitol.

und zwar in dieser Reihenfolge. Entgegen landläufiger Meinung gelten auch für Familienangehörige keine anderen Regeln. Eine Ausnahme besteht, wenn ein zeitlich befristetes gegenseitiges Notvertretungsrecht von Ehegatten in Angelegenheiten der Gesundheitssorge besteht[8] (dazu nachfolgend Rdn 20 ff.).

6 Grundsätzlich scheidet ein unmittelbares Abstellen auf den Willen des Ehegatten – auch mit Blick auf Art. 6 Abs. 1 GG – aus. Durch die Ehe ist ein Betroffener nicht in seinen Möglichkeiten eingeschränkt, in den rechtlichen Grenzen z.B. über sein eigenes Leben oder dessen Beendigung genauso wie eine nicht verheiratete Person zu entscheiden.[9] Das gilt auch in gesundheitlichen Angelegenheiten. Und das gilt erst recht gegenüber Abkömmlingen oder sonstigen Familienangehörigen. Der Gesetzgeber hat ihnen stattdessen Beteiligungsmöglichkeiten im Rahmen eines Betreuungsverfahrens gegeben (vgl. §§ 7, 274 Abs. 4 Nr. 1, 279 FamFG) und angeordnet, dass nahen Angehörigen und sonstigen Vertrauenspersonen im Rahmen der Feststellung des Patientenwillens nach § 1828 Abs. 2 BGB (§ 1901b Abs. 2 BGB a.F.) Gelegenheit zur Äußerung gegeben werden soll, sofern dies ohne erhebliche Verzögerung möglich ist.

1. Vorsorgevollmacht

7 Die **Erteilung einer Vorsorgevollmacht** zur Vermeidung einer rechtlichen Betreuung ist Ausdruck des durch Art. 2 Abs. 1 i.V.m. Art. 1 Abs. 1 GG garantierten **Selbstbestimmungsrechts** des Menschen.[10] Die Vorsorgevollmacht folgt den allgemeinen Regeln des **Stellvertretungsrechtes** der §§ 164 ff. BGB, die auch für die im Rahmen der Vorsorgetätigkeit anfallenden **geschäftsähnlichen Handlungen** analog Anwendung finden.[11] Sie kann **Vertretungsmacht** in **vermögensrechtlichen** und **höchstpersönlichen** Belangen gleichermaßen verleihen. Sie kann aber im Zusammenhang mit einer Patientenverfügung auch auf die persönlichen Belange des Mandanten beschränkt sein.

8 Die Vertretungsmacht ist **kein** subjektives Recht des Bevollmächtigten, sondern lediglich die Legitimation, für einen anderen durch Handeln in seinem Namen für ihn gültige Regelungen zu treffen.[12]

---

8 Vgl. hierzu BT-Drucks 19/24445, 232 f.
9 BGH, Beschl. v. 8.2.2017 –XII ZB 604/15, ZEV 2017, 335.
10 BVerfG, Beschl. v. 23.3.2016 – 1 BvR 184/13, NJW 2016, 2559, Rn 12; BVerfG, Beschl. v. 10.10.2008 – 1 BvR 1415/08, BeckRS 2008, 40026 = FamRZ 2008, 2260, Rn 26; BGH, Beschl. v. 17.2.2016 – XII ZB 498/15, FGPrax 2016, 127, Rn 20; BGH, Beschl. v. 28.7.2015 – XII ZB 674/14, FamRZ 2015, 1702; BGH, Beschl. v. 15.4.2015 – XII ZB 330/14, ZEV 2015, 416, Rn 9.
11 MüKo-BGB/*Schubert*, § 164 Rn 5.
12 OLG München, Beschl. v. 26.2.2010, ZErb 2010, 120 f. m.w.N.

Doering-Striening

Um Vorrang gegenüber der Betreuung zu haben, muss die Vollmacht
- **wirksam** – also im **Zustand der Geschäftsfähigkeit** – erteilt worden und
- der **Bevollmächtigte** geeignet sein.

Eine erteilte Vollmacht steht der Anordnung einer Betreuung nur dann nicht entgegen, wenn die Unwirksamkeit der Vorsorgevollmacht positiv festgestellt werden kann.[13] Die **Einwilligungsfähigkeit** eines Menschen allein lässt keinen Rückschluss auf die Geschäftsfähigkeit des Betroffenen zu.[14]

Die Eignung des Bevollmächtigten war schon im bisherigen Recht einer der Angriffspunkte, um einer wirksam erteilten Vorsorgevollmacht die Vorrangstellung zu nehmen. So hat der BGH jüngst entschieden, dass sich Mängel im Entscheidungsprozess des handelnden Bevollmächtigten (Nichtberücksichtigung des verfassungsrechtlichen Schutzes der Ehe) auf dessen Eignung auswirken können. Dabei ging es um einen Streit zwischen Vater/Ehemann und den – mit einer alleinvertretungsberechtigenden Vollmacht ausgestatten- Kindern über eine 200 km vom Wohnort des Vaters entfernten Heimunterbringung der Mutter/ Ehefrau.[15] Einen Eignungsmangel hat die untergerichtliche Literatur in jüngster Zeit auch dann angenommen, wenn ein Betreuer die Impfung ihres besonders gefährdeten Betreuten gegen COVID-19 grundsätzlich, dauerhaft und ungeachtet der sich zuspitzenden Situation ablehnt, ohne dass hierfür tragfähige Erwägungen vorliegen.[16]

Dreh- und Angelpunkt des neuen Betreuungsrechts sind die **Wünsche** des Betreuten bzw. auch die des Vollmachtgebers. Deswegen hat der Vorrang der Vorsorgevollmacht gegenüber der Betreuung im neuen Betreuungsrecht Veränderungen bzw. Einschränkungen erfahren. Die durch einen Geschäftsfähigen wirksam erteilte **Vorsorgevollmacht** macht nach § 1814 Abs. 3 Nr. 1 BGB (§ 1896 Abs. 2 S. 2 BGB a.F.) die Bestellung eines Betreuers entbehrlich, wenn seine Angelegenheiten durch einen Bevollmächtigten, der nicht zu den in § 1816 Abs. 6 BGB (§§ 1896 Abs. 2, 1897 Abs. 3 BGB a.F.) bezeichneten Personen gehört, gleichermaßen besorgt werden können. Die alte Fassung der trotz der erteilten Vorsorgevollmacht ausgeschlossenen Personen wurde in der Neufassung des Gesetzes auf sämtliche Personen, die zu einem Träger von Einrichtungen oder Diensten, die in der Versorgung des Volljährigen tätig sind, in einem Abhängigkeitsverhältnis oder einer anderen engen Beziehung stehen, erweitert. *„Damit werden die Fälle deutlich ausgeweitet, in denen das Betreuungsgericht **trotz des Bestehens einer***

9

---

13 BGH, Beschl. v. 16.6.2021 – XII ZB 554/20 Rn 16, NJW-RR 2021, 1086; BtPrax 2021 190, 191 m.w.N; vgl. hierzu *Wendt*, ErbR 2021, 833 ff.
14 BGH, Beschl. v. 16.6.2021 – XII ZB 554/20 Rn 16, NJW-RR 2021, 1086; BtPrax 2021 190, 191 m.w.N.
15 BGH, Beschl. v. 21.4.2021 – XII ZB 164/20, BtPrax 2021, 152.
16 AG Köln, Beschl. 24.11.2021 – 60 XVII 232/17 m.w.N. aus Rechtsprechung und Literatur.

Vorsorgevollmacht *einen Betreuer bestellen und hierdurch einen gegebenenfalls drohenden Missbrauch der Vollmacht von vornherein verhindern kann."*[17]

10 Die alte Fassung des § 1896 Abs. 2 BGB forderte in diesem Zusammenhang noch, dass die Angelegenheiten des Volljährigen durch eine Vollmacht **ebenso gut** wie durch einen Betreuer besorgt werden können müssten.[18] Dieser Vergleichsmaßstab ist im Rahmen der Reform geändert worden. *"Während bisher in der Formulierung „ebenso gut" ein Qualitätsaspekt enthalten ist, soll nunmehr klargestellt werden, dass Vergleichsmaßstab nicht eine bestimmte Qualität („gut") ist, sondern eine mit einer Betreuung vergleichbare Besorgung der Angelegenheiten („gleichermaßen")."*[19]

11 Durch das neue Betreuungsrecht[20] werden in § 1820 Abs. 4 BGB ab 1.1.2023 außerdem die **Vorsorgevollmacht**, das Instrument der Kontrollbetreuung und die **Widerrufsmöglichkeiten** einer Vollmacht durch einen Betreuer nach Maßgabe des Übermaßverbotes geregelt. Das Betreuungsgericht kann nach § 1820 Abs. 4 BGB auch anordnen, dass ein Bevollmächtigter die ihm erteilte Vollmacht nicht ausüben darf und die Vollmachtsurkunde an den Betreuer herauszugeben hat, wenn die dringende Gefahr besteht, dass der Bevollmächtigte nicht den **Wünschen des Vollmachtgebers** entsprechend handelt und dadurch die Person des Vollmachtgebers oder dessen Vermögen gefährdet.

2. Betreuungsverfügung

12 Der Begriff der **Betreuungsverfügung** wird in § 1816 Abs. 2 BGB legaldefiniert als ein Dokument, in dem der Volljährige für den Fall, dass für ihn ein Betreuer bestellt werden muss, Wünsche zur Auswahl des Betreuers oder zur Wahrnehmung der Betreuung geäußert hat. Hierunter fallen sowohl klassische Schriftstücke in „Papierform" als auch elektronische Dokumente, in denen die geregelten Inhalte verschriftlicht worden sind.[21] Es besteht Ablieferungspflicht bei Einleitung eines Betreuungsverfahrens.

Die Anordnung einer Betreuung[22] nach § 1896 BGB a.F. ist durch das Tatbestandsmerkmal *„die Bestellung eines **rechtlichen** Betreuers"* in § 1814 BGB[23] ersetzt worden. Kann ein Volljähriger seine Angelegenheiten danach ganz oder teilweise rechtlich nicht besorgen und beruht das auf einer Krankheit oder Behinderung, so bestellt das Betreuungsgericht für ihn einen rechtlichen Betreuer. Die

---

17 BT-Drucks 19/ 24445, 233.
18 Vgl. hierzu BGH, Beschl. v. 17.2.2016 – XII ZB 498/15, FGPrax 2016, 127, Rn 14.
19 BT-Drucks 19/24445, 233.
20 BT-Drucks 19/24445, 244 ff.
21 BT-Drucks 19/24445, 238.
22 Zur Betreuungsverfügung siehe auch § 5 in diesem Buch.
23 Vgl. BT-Drucks 19/24445, 229.

geistigen Folgen des Altersabbaus haben die Qualität einer seelischen Behinderung.[24]

Die Betreuung ist subsidiär. *„Die Anordnung einer Betreuung beeinträchtigt das Recht sich in eigenverantwortlicher Gestaltung des eigenen Schicksals frei zu entfalten, denn sie weist Dritten zumindest eine rechtliche und tatsächliche Mitverfügungsgewalt bei Entscheidungen im Leben der Betroffenen zu."*[25] § 1814 BGB bestimmt daher, dass ein Betreuer nur bestellt werden darf, wenn dies erforderlich ist.

13

Soweit die Angelegenheiten durch einen geeigneten **Bevollmächtigten** besorgt werden können und der Betroffene in der Lage ist, eine Person seines Vertrauens mit der Wahrnehmung der Angelegenheiten zu beauftragen,[26] kommt eine Betreuung nicht in Betracht.

Für die Betreuung gilt mehr denn je das **Übermaßverbot**.[27] Nach § 1815 BGB (§ 1896 Abs. 2 S. 1 BGB a.F) besteht ein Aufgabenkreis eines Betreuers aus mehreren Aufgabenbereichen. Ein Aufgabenbereich darf nach § 1815 Abs. 1 S. 2 BGB nur angeordnet werden, wenn und soweit dessen rechtliche Wahrnehmung durch einen Betreuer erforderlich ist. Wenn z.b. eine Betreuung in einer medizinischen Richtung erforderlich ist, darf keine Betreuung in allen gesundheitlichen Angelegenheiten angeordnet werden.[28] Die Neuregelung des Vormundschafts- und Betreuungsrecht will auch die **Grenzen der Handlungsmacht des Betreuers** deutlich machen und bestimmt, dass gewisse Aufgabenbereiche namentlich benannt werden müssen, falls der Betreuer sie regeln dürfen soll:

14

> *§ 1815 Abs. 2 BGB*
> *(2) Folgende Entscheidungen darf der Betreuer nur treffen, wenn sie als Aufgabenbereich vom Betreuungsgericht ausdrücklich angeordnet worden sind:*
> *1. eine mit Freiheitsentziehung verbundene Unterbringung des Betreuten nach § 1831 Absatz 1,*
> *2. eine freiheitsentziehende Maßnahme im Sinne des § 1831 Absatz 4, unabhängig davon, wo der Betreute sich aufhält,*
> *3. die Bestimmung des gewöhnlichen Aufenthalts des Betreuten im Ausland,*
> *4. die Bestimmung des Umgangs des Betreuten,*
> *5. die Entscheidung über die Telekommunikation des Betreuten einschließlich seiner elektronischen Kommunikation,*

---

24 Vgl. hierzu BT-Drucks 11/4528, 116: seelische Behinderungen sind bleibende psychische Beeinträchtigungen infolge psychischer Krankheiten; dazu soll nach dem Willen des Gesetzgebers auch die geistigen Auswirkungen des Altersabbaus gehören.
25 BVerfG, Beschl. v. 23.3.2016 – 1 BvR 184/13, NJW 2016, 2559, Rn 12.
26 BGH, Beschl. v. 21.11.2013 – XII ZB 481/12, FamRZ 2014, 294, Rn 11.
27 BGH, Beschl. v. 18.11.2015 – XII ZB 16/15, FGPrax 2016, 82, Rn 11.
28 BayObLG, Beschl. v. 3.8.1995 – 3 B ZR 190/95, FamRZ 1996, 250 (Ls.).

6. *die Entscheidung über die Entgegennahme, das Öffnen und das Anhalten der Post des Betreuten.*

15 Grund für diese besondere Regelung ist, dass die Wahrnehmung dieser Aufgabenbereiche *„mit einer erhöhten Eingriffsintensität im Hinblick auf das Selbstbestimmungsrecht des Betreuten verbunden ist"*,[29] ohne dass das Tätigwerden des Betreuers unter den Vorbehalt einer Genehmigung des Betreuungsgerichts gestellt werden sollte. Damit soll ein Mindestmaß an gerichtlicher Kontrolle sichergestellt werden.

> **Hinweis**
>
> Der konkret festgelegte Aufgabenkreis und die ihn begründenden **Aufgabenbereiche** nach § 1815 BGB sind insbesondere bei der **Umsetzung einer Patientenverfügung** von allen Beteiligten mit äußerster Sorgfalt zu prüfen. Dies gilt umso mehr, als Entscheidungen im Sinne von § 1829 BGB (§ 1904 BGB a.F.) nicht von der ausdrücklichen Anordnungspflicht umfasst sind. Nichts anderes gilt für die Prüfung, in welchem konkreten Umfang dem Vorsorgebevollmächtigten überhaupt wirksam eine Vorsorgevollmacht erteilt wurde.

16 Wenn die Voraussetzungen für eine Betreuung und die Bestellung eines Betreuers vorliegen, war schon nach alter Rechtslage klar, dass der Betroffene selbst im Zustand der **Geschäftsunfähigkeit** noch darüber entscheiden kann, welche Person sein Betreuer sein soll und ob er z.B. seiner Familie irgendein Einfluss auf die zu treffenden Entscheidungen zukommen lassen will. Maßgebend ist sein **Wunsch**, wen er als Betreuer wünscht. Ein solcher Vorschlag erfordert **weder Geschäftsfähigkeit noch natürliche Einsichtsfähigkeit**. *„Vielmehr genügt, dass der Betroffene seinen Willen oder Wunsch kundtut, eine bestimmte Person solle sein Betreuer werden. Auch die Motivation des Betroffenen ist für die Frage, ob ein betreuungsrechtlich beachtlicher Vorschlag vorliegt, ohne Bedeutung."*[30] Einer Form bedarf es dazu nicht. Grundsätzlich ist die Kommunikation auch nonverbal möglich, allerdings muss man daraus eindeutige Schlussfolgerungen ziehen können.[31]

Die Gesetzesmaterialien zur Neuregelung des Vormundschafts- und Betreuungsrechts bringen die Bedeutung des Vorrangs des Betreuerwunsches wie auch sonstiger Wünsche des Volljährigen auf den Punkt: *„Die **Wunschbefolgungspflicht des Gerichts** soll nicht auf die Fälle des freien Willens eingeschränkt werden."*[32]

---

29 BT-Drucks 19/24445, 135.
30 BGH, Beschl. v. 18.8.2021 – XII ZB 151/20 (Ls.), FamRZ 2021, 1822; BGH, Beschl. v. 9.5.2018 – XII ZB 553/17, NJW-RR 2018, 1029, Rn 12; BGH, Beschl. v. 28.3.2018 – XII ZB 558/17, NJW-RR 2018, 705, Rn 9; BGH, Beschl. v. 14.3.2018 – XII ZB 589/17, NJW 2018, 1878, Rn 13.
31 Bienwald u.a./*Staudinger*, BetreuungsR, § 1897 Rn 52.
32 BT-Drucks 19/24445, 484.

Das gilt auch für Wünsche, die der Volljährige vor Einleitung des Betreuungsverfahrens geäußert hat, es sei denn, er will erkennbar daran nicht mehr festhalten.

Nach § 1816 Abs. 2 S. 2 BGB gilt die Wunschbefolgungspflicht des Gerichtes nunmehr auch für die **Ablehnung einer bestimmten Person** als Betreuer, es sei denn die Ablehnung bezieht sich nicht auf die Person, sondern auf die Bestellung eines Betreuers als solchen. 17

Auch der **Widerruf einer Betreuungsverfügung** setzt keine Geschäftsfähigkeit voraus.[33] Gleiches gilt für den Wunsch auf Bestimmung eines anderen Betreuers. 18

Im Betreuungsrecht gilt mit der Reform des Vormundschafts- und Betreuungsrechts das **Primat der Wünsche des Betreuten**. Der Betreuer hat die Wünsche des Betreuten festzustellen (§ 1821 Abs. 2 S. 1 BGB) und den Betreuten bei dessen Umsetzung rechtlich zu unterstützen. Kann der Betreuer keine Wünsche des Betreuten feststellen oder darf er ihnen nach § 1821 Abs. 3 BGB nicht entsprechen, so hat er den **mutmaßlichen Willen** aufgrund **konkreter Anhaltspunkte** festzustellen zu ermitteln und Geltung zu verschaffen. Zu berücksichtigen sind insbesondere frühere Äußerungen, ethische oder religiöse Überzeugungen und Wertvorstellungen des Betreuten. Nahen Angehörigen und sonstigen Vertrauenspersonen soll Gelegenheit zur Äußerung gegeben werden.

> **Hinweis**
>
> Durch §§ 1816 Abs. 2 und 3, 1821 BGB gewinnt die **Betreuungsverfügung als Vorsorgeinstrument** erheblich an Bedeutung, und nicht nur in der Patientenverfügung sollten Kriterien zur Bildung des mutmaßlichen Willens aufgenommen werden, sondern auch die Betreuungsverfügung sollte sich ab sofort nicht mehr mit einem Betreuerwunsch begnügen. Da in nahezu allen Vorsorgevollmachten als Störfallregelung auch eine Betreuungsverfügung aufgenommen ist, sollte jetzt überlegt werden, ob die Betreuungsverfügung als gesondertes (ausführliches!) Dokument – ggf. als Anlage zur Vorsorgevollmacht – geführt wird.

3. Ehegattenvertretungsrecht in Angelegenheiten der Gesundheitssorge (§ 1958 BGB)

Versuche, Ehegatten und Angehörige mit gesetzlicher Vertretungsmacht in gesundheitlichen Angelegenheiten auszustatten, sind bis vor Kurzem gescheitert.[34] Durch das **Gesetz zur Reform des Vormundschafts- und Betreuungsrechts** 19

---

33 BayObLG, Beschl. v. 18.3.1993 – 3 Z BR 42/93, FamRZ 1993, 1110.
34 Vgl. § 1358 Vertretung durch Ehegatten für die Vermögenssorge; § 1358a Vertretung durch Ehegatten für die Gesundheitssorge; § 1618b Vertretung durch Angehörigen für die Gesundheitssorge in BT-Drucks 15/2494, 5 f.; Gesetz zur Verbesserung der Beistandsmöglichkeiten unter Ehegatten und Lebenspartnern in Angelegenheiten der Gesundheitssorge und Fürsorgeangelegenheiten (BT-Drucks 8/10485) in der vom Ausschuss für Recht und Verbraucherschutz vorgeschlagenen Fassung (BT-Drucks 18/12427).

vom 4.5.2021[35] ist mit § 1358 BGB[36] erstmals eine Türe zum Ehegattenvertretungsrecht in Angelegenheiten der Gesundheitssorge – zumindest für einen zeitlich begrenzten Zeitraum von 6 Monaten – eröffnet worden:

§ 1358 BGB

(1) Kann ein Ehegatte aufgrund von Bewusstlosigkeit oder Krankheit seine Angelegenheiten der Gesundheitssorge rechtlich nicht besorgen (vertretener Ehegatte), ist der andere Ehegatte (vertretender Ehegatte) berechtigt, für den vertretenen Ehegatten
1. *in Untersuchungen des Gesundheitszustandes, Heilbehandlungen oder ärztliche Eingriffe einzuwilligen oder sie zu untersagen sowie ärztliche Aufklärungen entgegenzunehmen,*
2. *Behandlungsverträge, Krankenhausverträge oder Verträge über eilige Maßnahmen der Rehabilitation und der Pflege abzuschließen und durchzusetzen,*
3. *über Maßnahmen nach § 1831 Absatz 4 zu entscheiden, sofern die Dauer der Maßnahme im Einzelfall sechs Wochen nicht überschreitet, und*
4. *Ansprüche, die dem vertretenen Ehegatten aus Anlass der Erkrankung gegenüber Dritten zustehen, geltend zu machen und an die Leistungserbringer aus den Verträgen nach Nummer 2 abzutreten oder Zahlung an diese zu verlangen.*

(2) Unter den Voraussetzungen des Absatzes 1 und hinsichtlich der in Absatz 1 Nummer 1 bis 4 genannten Angelegenheiten sind behandelnde Ärzte gegenüber dem vertretenden Ehegatten von ihrer Schweigepflicht entbunden. Dieser darf die diese Angelegenheiten betreffenden Krankenunterlagen einsehen und ihre Weitergabe an Dritte bewilligen.

(3) **Die Berechtigungen nach den Absätzen 1 und 2 bestehen nicht,** *wenn*
1. *die Ehegatten getrennt leben,*
2. *dem vertretenden Ehegatten oder dem behandelnden Arzt bekannt ist, dass der vertretene Ehegatte*
   a) *eine Vertretung durch ihn in den in Absatz 1 Nummer 1 bis 4 genannten Angelegenheiten ablehnt oder*
   b) **jemanden zur Wahrnehmung seiner Angelegenheiten bevollmächtigt hat,** *soweit diese Vollmacht die in Absatz 1 Nummer 1 bis 4 bezeichneten Angelegenheiten umfasst,*
3. *für den vertretenen Ehegatten ein Betreuer bestellt ist, soweit dessen Aufgabenkreis die in Absatz 1 Nummer 1 bis 4 bezeichneten Angelegenheiten umfasst, oder*

---

35 BGBl I 2021, 883.
36 Gemäß Art. 1 Nr. 7 i.V.m. Art. 16 Abs. 1 Gesetz v. 4.5.2021 (BGBl I, 882) wird § 1358 BGB neu gefasst.

4. die Voraussetzungen des Absatzes 1 nicht mehr vorliegen oder mehr als sechs Monate seit dem durch den Arzt nach Absatz 4 Satz 1 Nummer 1 festgestellten Zeitpunkt vergangen sind.
(4) Der Arzt, gegenüber dem das Vertretungsrecht ausgeübt wird, hat
1. das Vorliegen der Voraussetzungen des Absatzes 1 und den Zeitpunkt, zu dem diese spätestens eingetreten sind, schriftlich zu bestätigen,
2. dem vertretenden Ehegatten die Bestätigung nach Nummer 1 mit einer schriftlichen Erklärung über das Vorliegen der Voraussetzungen des Absatzes 1 und das Nichtvorliegen der Ausschlussgründe des Absatzes 3 vorzulegen und
3. sich von dem vertretenden Ehegatten schriftlich versichern zu lassen, dass
   a) das Vertretungsrecht wegen der Bewusstlosigkeit oder Krankheit, aufgrund derer der Ehegatte seine Angelegenheiten der Gesundheitssorge rechtlich nicht besorgen kann, bisher nicht ausgeübt wurde und
   b) kein Ausschlussgrund des Absatzes 3 vorliegt.
Das Dokument mit der Bestätigung nach Satz 1 Nummer 1 und der Versicherung nach Satz 1 Nummer 3 ist dem vertretenden Ehegatten für die weitere Ausübung des Vertretungsrechts auszuhändigen.
(5) Das Vertretungsrecht darf ab der Bestellung eines Betreuers, dessen Aufgabenkreis die in Absatz 1 Nummer 1 bis 4 bezeichneten Angelegenheiten umfasst, nicht mehr ausgeübt werden.
(6) § 1821 Absatz 2 bis 4, § 1827 Absatz 1 bis 3, § 1828 Absatz 1 und 2, § 1829 Absatz 1 bis 4 sowie § 1831 Absatz 4 in Verbindung mit Absatz 2 gelten entsprechend.

Eine Ausdehnung auf Familienangehörige ist damit ebenso ausgeschlossen, wie auf faktische Lebenspartner. Lediglich nach § 21 LPartG gilt eine Ausdehnung auf Lebenspartnerschaften.

Das gesetzliche **Ehegattenvertretungsrecht** in Angelegenheiten der Gesundheitssorge,[37] das z.T. als **Notgeschäftsführungsrecht** zwischen Eheleuten[38] oder **Notvertretungsrecht**[39] bezeichnet wird, hat im Ranking grundsätzlich hinter Vollmacht und schon erfolgter Bestellung eines Betreuers zurückzustehen, fügt sich also in das vorstehend beschriebene Ranking ein, sofern die Bevollmächtigung oder die Betreuungsanordnung den jeweiligen **Arbeitskreis** (§ 1815 Abs. 1 BGB; § 1896 Abs. 1 BGB a.F.) umfasst. Eine bereits bestehende Betreuung ist also auch dann nicht aufzuheben, wenn die Voraussetzungen für die Entstehung des Ehegattenvertretungsrechts eintreten. Ist zum Zeitpunkt des Eintritts der das Ehegattenvertretungsrecht auslösenden Bewusstlosigkeit oder Krankheit ein Betreuungsverfahren bereits eingeleitet oder kommt es während der für das Ver-

---

37 Vgl. hierzu *Krämer*, BtPrax, 2021, 208; *Lugani*, MedR 2022, 91; *Müller-Engels*, DNotZ 2021, 84 (99 ff.).
38 So z.B. *Szantay*, NZFam 2021, 805.
39 BT-Drucks 19/24445, 232.

tretungsrecht gesetzlich vorgesehenen Geltungsdauer zur Einleitung eines Betreuungsverfahrens, hat das Betreuungsgericht die Erforderlichkeit der Bestellung eines Betreuers im Einzelfall zu prüfen.[40]

21 Eine **wirksame Patientenverfügung** ist von dem vertretenden Ehegatten und dem behandelnden Arzt vorrangig zu beachten.[41] Dies ergibt sich aus § 630d BGB, der regelt, dass dann, wenn der Patient einwilligungsunfähig ist, stets die Einwilligung eines hierzu Berechtigten einzuholen ist, soweit nicht eine Patientenverfügung nach § 1901a Abs. 1 S. 1 BGB die Maßnahme gestattet oder untersagt. Der Vorrang der Patientenverfügung und des mutmaßlichen Willens des einwilligungsunfähigen Ehegatten ergibt sich auch aus der Verweisung auf § 1827 Abs. 1–3 BGB (bisher § 1901a BGB a.F.).

Das Ehegattenvertretungsrecht umfasst ausdrücklich nicht die Befugnis, über eine **zwangsweise vorzunehmende ärztliche Behandlung** nach § 1832 BGB (§§ 1906, 1906 a BGB a.F.) zu entscheiden. Die vom Ehegattenvertretungsrecht umfassten Entscheidungen werden vielmehr von § 1358 Abs. 1 Nr. 1–4 BGB ausdrücklich aufgelistet.

22 Der vertretende Ehegatte wird durch die Verweisungen in § 1358 Abs. 6 BGB im **Innenverhältnis** zum vertretenen Ehegatten gebunden:
– § 1821 Abs. 2–4 BGB (§ 1901 BGB a.F.): Er hat die Wünsche des vertretenen Ehegatten festzustellen und ihnen – mit gewissen Beschränkungsmöglichkeiten – zu entsprechen. Sind die Wünsche nicht ermittelbar, hat er den mutmaßlichen Willen des vertretenen Ehegatten aufgrund konkreter Anhaltspunkte zu ermitteln und ihnen Geltung zu verschaffen.
– § 1827 Abs. 1–3 BGB (§ 1901a BGB a.F.): Bindung an die Regeln der Patientenverfügung
– § 1828 Abs. 1 und 2 BGB (§ 1901b Abs. 1 und 2 BGB a.F.): Bindung an die Regeln über das Gespräch zur Feststellung des Patientenwillens
– § 1829 Abs. 1–4 BGB (§ 1904 BGB a.F.): Bindung an die Regeln zur Genehmigung des Betreuungsgerichtes bei ärztlichen Maßnahmen
– § 1831 Abs. 4 i.V.m. Abs. 2 BGB (§ 1906 BGB a.F.): Bindung an die Regeln zur freiheitsentziehenden Unterbringung.

Der Nachweis seiner Handlungsbefugnis leitet sich aus einem Dokument ab, das der behandelnde Arzt bei der erstmaligen Ausübung des Vertretungsrechts auszustellen hat.

23 Das neue Ehegattenvertretungsrecht wird durchweg kritisch bewertet:
– Der Charakter als Notvertretungsrecht sei nicht hinreichend im Normtext reflektiert.[42]

---

40 BT-Drucks 19/24445, 232.
41 *Krämer*, BtPrax, 2021, 208, 209 m.w.N.
42 *Lugani*, MedR 2022, 91, 95.

- Das Konzept des Betreuungsfalls des § 1358 BGB sei nicht hinreichend klar umrissen.[43]
- Ein Gleichlauf mit der Einwilligungsfähigkeit des vertretenen Ehegatten bestehe nicht[44] und das Verhältnis zur mutmaßlichen Einwilligung nach § 630d Abs. 1 S. 4 BGB sei unklar.[45] Es bestehe die Gefahr eines Eingriffs in die Rechte selbst einwilligungsfähiger Ehegatten.[46]

Der durch eine gesetzliche Vertretung durch seinen Ehegatten betroffene Ehegatte kann sich bereits im Rahmen einer Vorsorgeplanung gegen eine solche Vertretung bzw. Risikolage durch einen **Widerspruch** wehren. § 78a BNotO i.V.m. der Vorsorgeregister-Verordnung (VRegV) regelt, was vorsorgend ins Bundesvorsorgeregister eingetragen werden kann. Ab 1.1.2023 gilt § 1 Abs. 1 Nr. 7 VRegV. Danach kann auch ein Widerspruch gegen eine Vertretung durch den Ehegatten nach § 1358 BGB mit den Daten zur Person des Widersprechenden ins Vorsorgeregister eingetragen werden.

4. Konkurrenz zwischen selbstbestimmten Entscheidungen und Vertreterhandeln in gesundheitlichen Angelegenheiten

Die Bestellung eines Betreuers bedeutet nicht, dass das Selbstbestimmungsrecht des Betroffenen deswegen völlig aufgehoben wäre. Die Anordnung einer Betreuung berührt nicht zwingend die Geschäftsfähigkeit und endet auch nicht zwingend in der Geschäftsunfähigkeit.[47] Der Betreute kann daher grundsätzlich selbst weiter am Rechtsverkehr teilnehmen (Einschränkung ist der angeordnete Einwilligungsvorbehalt des § 1825 BGB; § 103 BGB a.F.). Seine Wünsche haben im Übrigen oberste Priorität.

24

Wenn Körper, Gesundheit, Leben und Freiheit betroffen sind, lässt es der Gesetzgeber ausreichen, dass der Volljährige **einwilligungsfähig** ist.

a) Einwilligungsfähigkeit im Arztrecht

§ 630d Abs. 1 BGB bestimmt, dass der Behandelnde vor der Durchführung einer medizinischen Maßnahme, insbesondere eines Eingriffs in den Körper oder die Gesundheit, verpflichtet ist, die **Einwilligung** des Patienten einzuholen:

25

Ist der Patient einwilligungsunfähig, ist die Einwilligung eines hierzu Berechtigten einzuholen, soweit nicht eine Patientenverfügung nach § 1827 Abs. 1 S. 1 BGB (§ 1901a Abs. 1 S. 1 a.F.) die Maßnahme gestattet oder untersagt.

---

43 *Lugani*, MedR 2022, 92; *Müller-Engels*, DNotZ 2021, 84, 101.
44 *Lugani*, MedR 2022, 93 m.w.N; *Szantay*, NZFam 2021, 805, 807; *Müller-Engels*, DNotZ 2021, 84, 99.
45 *Lugani*, MedR 2022, 94.
46 *Müller-Engels*, DNotZ 2021, 84 (102).
47 Dodegge/Roth/*Roth*, SK Betreuungsrecht, 3. Aufl. 2010, Rn 45.

26 Für die Errichtung einer **Patientenverfügung** bestimmt § 1827 BGB (§ 1901a BGB a.F.), dass der Betroffene nur **einwilligungsfähig** sein muss. Die Patientenverfügung ist bindend, wenn sie der aktuellen Lebens- und Behandlungssituation entspricht und erlaubt den Vertretern nicht, eigene Entscheidungen zu treffen.

27 § 630e Abs. 5 BGB bestimmt sogar ausdrücklich, dass selbst dann, wenn nur noch der Vertreter die Einwilligung erteilen kann, die wesentlichen Umstände nach Abs. 1 auch dem **einwilligungsunfähigen Patienten** entsprechend seinem Verständnis zu erläutern sind, soweit dieser aufgrund seines Entwicklungsstandes und seiner Verständnismöglichkeiten in der Lage ist, die Erläuterung aufzunehmen, und soweit dies seinem Wohl nicht zuwiderläuft. Zu den wesentlichen Umständen gehören insbesondere Art, Umfang, Durchführung, zu erwartende Folgen und Risiken der Maßnahme sowie ihre Notwendigkeit, Dringlichkeit, Eignung und Erfolgsaussichten im Hinblick auf die Diagnose oder die Therapie. Bei der Aufklärung ist auch auf Alternativen zur Maßnahme hinzuweisen, wenn mehrere medizinisch gleichermaßen indizierte und übliche Methoden zu wesentlich unterschiedlichen Belastungen, Risiken oder Heilungschancen führen können.

28 Anders als in vermögensrechtlichen Angelegenheiten kann es bei **klarer Einwilligungsfähigkeit des Betroffenen in gesundheitlichen Fragen** zu einer Konkurrenz zwischen der Entscheidung seines gewillkürten oder gesetzlichen Vertreters nicht kommen. Hat das Gericht einen Betreuer für die Gesundheitsfürsorge bestellt, dann soll zwar in der Regel davon ausgegangen werden, dass der Betroffene seine Angelegenheiten nicht mehr selbst regeln kann.[48] Zwingend ist das nicht. Der Gesetzgeber geht in § 1827 Abs. 4 BGB (§ 1901a Abs. 4 BGB a.F.) nämlich selbst davon aus, dass auch ein unter Betreuung stehender Mensch eine wirksame Patientenverfügung errichten kann und der Betreuer den Betreuten in geeigneten Fällen auf die Möglichkeit, eine Patientenverfügung errichten zu können, hinweisen und ihn bei dessen Wunsch bei der Errichtung der Patientenverfügung unterstützen soll.

b) Vorrang der Wünsche des Betroffenen, § 1821 BGB (§ 1901 Abs. 3 BGB a.F.)

29 Selbst dann, wenn der Betroffene einwilligungsunfähig ist, hat ein Betreuer nach § 1821 Abs. 2 S. 3 BGB (§ 1901 Abs. 3 BGB a.F.) den Wünschen des Betreuten zu entsprechen, soweit die Person des Betreuten oder dessen Vermögen hierdurch nicht erheblich gefährdet würde oder soweit dies dem Betreuer nicht zuzumuten ist. Dies gilt auch für Wünsche, die der Betreute vor der Bestellung des Betreuers geäußert hat, es sei denn, dass er an diesen Wünschen erkennbar nicht festhalten will. Diesen hat der Betreuer zu entsprechen.

---

48 Staudinger/*Bienwald*, § 1904 Rn 22.

c) Assistenz geht vor Vertreterhandeln – Behindertenrechtskonvention

Art. 12 Abs. 3 Behindertenrechtskonvention[49] regelt:

30

„*Die Vertragsstaaten treffen geeignete Maßnahmen, um Menschen mit Behinderungen Zugang zu der Unterstützung zu verschaffen, die sie bei der Ausübung ihrer Rechts- und Handlungsfähigkeit benötigen.*"

Das bedeutet, dass – unter Berücksichtigung der Ressourcen des Betroffenen und seines sozialen Umfeldes – die Assistenz Vorrang vor Vertretungsregelungen hat, die mit einer Einschränkung der Handlungsfähigkeit einhergehen.[50] Dies findet Ausdruck in dem im Jahr 2023 in Kraft tretenden neuen Betreuungsrecht. Auch der unter Betreuung stehende, aber einwilligungsfähige Patient entscheidet daher allein über seine medizinische Behandlung.

> **Fazit**
>
> Es gilt der **Vorrang der persönlichen Entscheidung des einwilligungsfähigen Volljährigen** bei allen Entscheidungen, die Körper, Leben, Gesundheit und Freiheit betreffen. Für den aus Vertragsrecht (Auftrag/Geschäftsbesorgung) abzuleitenden Pflichtenkreis eines Vorsorgebevollmächtigten dürfte nichts anderes gelten. Dieser Vorrang findet seinen stärksten Ausdruck im Patientenverfügungsrecht, das den Vertreter an die im einwilligungsfähigen Zustand abgegebene Patientenverfügung, die Behandlungswünsche oder den mutmaßlichen Willen des Betroffenen bindet.

31

Angesichts der unterschiedlichen Vorsorgeinstrumente und der Komplexität ihrer Umsetzung in die Praxis ist daher m.E. nach zu Beginn jedes Vorsorgemandats **allgemein und nicht nur für die Umsetzung der Patientenverfügung** über die rechtlichen Grundlagen der Vorsorge Klarheit zu schaffen.

32

III. Fragebogen zur Entscheidung über die richtigen Vorsorgeinstrumente

Zur Einstimmung auf eine anwaltliche Erstberatung kann es sich empfehlen, dem Mandanten **schriftliche Erstinformationen und -fragen** zur Verfügung zu stellen, die sich mit den Regelungsinstrumenten der Vorsorgevollmacht und der Betreuungsverfügung beschäftigen und die z.B. dem nachstehenden Muster folgen können. Das nachfolgende Muster orientiert sich daran, dass der Mandant noch gar keine Vorstellungen darüber hat, welche Angelegenheiten er wie regeln will. Wenn es nur um persönliche, insbesondere gesundheitliche Angelegenheiten geht, kann man das Muster entsprechend anpassen.

33

---

49 BGBl II 2008, 1430.
50 *Zinkler*, R&P 2015, 67.

Muster 3.1: Formular: Allgemeine Informationen für Ihre Entscheidung zu einer Vorsorgevollmacht oder einer Betreuungsverfügung

1. Die populärsten Irrtümer darüber, was Ehegatten/Lebenspartner und Kinder für einen tun dürfen

Falsch ist:
- Irrtum Nr. 1: Mein Ehe-/Lebenspartner ist vom Gesetz automatisch bevollmächtigt und darf im Einzelfall für mich entscheiden.
- Irrtum Nr. 2: Wenn ich selbst und mein Ehe-/Lebenspartner nicht mehr entscheiden können, können auch meine Kinder für mich entscheiden.

Richtig ist:
- Für jede Entscheidung, die Sie nicht selbst treffen können oder wollen, brauchen Sie einen Vertreter.
- Ihr Ehe-/Lebenspartner oder Ihre Kinder/Familie sind nicht automatisch Ihre Vertreter. Ein Ehegattenvertretungsrecht gibt es nur ausnahmsweise, unter engen Voraussetzungen für Gesundheitsangelegenheiten und nur für kurze Zeit!
- Für jede rechtsgeschäftliche Entscheidung müssen Sie geschäftsfähig sein. Für eine ärztliche Behandlung oder deren Ablehnung müssen Sie wenigstens einwilligungsfähig sein.

2. Welche rechtlich zulässigen Möglichkeiten des Handelns für einen Volljährigen gibt es?
- Das Handeln aufgrund einer wirksamen Betreuung.
- Das Handeln aufgrund einer wirksam erteilten Vollmacht, §§ 164 ff. BGB durch einen geeigneten Bevollmächtigten
- Ausnahmsweise auch: das zeitlich befristete und auf einzelne Gesundheitsangelegenheiten beschränkte gesetzliche Ehegattenvertretungsrecht.

3. Was ist Betreuung (§§ 1814 ff. BGB)?
- Betreuung ist nicht im wörtlichen Sinne als fürsorgend zu verstehen, sondern als rechtliche Unterstützung und Vertretung. Ein **rechtlicher** Betreuer wird vom Betreuungsgericht dann angeordnet, wenn Sie Ihre Angelegenheiten ganz oder teilweise rechtlich nicht besorgen können, dies auf einer Krankheit oder Behinderung beruht und Sie keine (wirksame) Vollmacht erteilt haben, durch die Ihre Angelegenheiten gleichermaßen wie bei einer Betreuung besorgt werden können.
- Ein Betreuer darf nur für den Aufgabenkreis (bestehend aus einem oder mehreren Aufgabenbereichen) bestellt werden, für den eine rechtliche Wahrnehmung durch einen Betreuer wirklich erforderlich ist.
- Das Gericht führt die Aufsicht über den Betreuer, § 1862 BGB. Der Betreuer muss – anders als der Vorsorgebevollmächtigte – gegenüber dem Gericht jährlich berichten (Jahresbericht) und hat Rechnungslegungspflichten (§ 1865 BGB).

4. Alternative: Vorsorgevollmacht

- Die Vorsorgevollmacht gibt einem ausgewählten Menschen das Recht zu Ihrer Vertretung („Unterschrift") in den Angelegenheiten, die Sie bestimmen.
- Durch Erteilung einer Vorsorgevollmacht (§ 164 BGB) an eine oder mehrere Vertrauenspersonen soll für den Fall der eigenen künftigen Handlungs- oder Entscheidungsunfähigkeit so vorgesorgt werden, dass sich eine spätere Bestellung eines amtlichen Betreuers erübrigt oder auf Teilbereiche beschränkt.

5. Gründe für eine Vorsorgevollmacht

- Man hat eine Person, der man uneingeschränkt vertraut und die bereit ist, für einen zu handeln.
- Man will keine gerichtliche Einmischung, z.B. durch Bestellung eines Betreuers, den man gar nicht kennt und ggf. bezahlen muss (Betreuervergütung).
- Man will die Vertrauensperson, die das Handeln für einen übernehmen würde, nicht der gerichtlichen Überwachung aussetzen.

6. Vorsorgevollmacht: Die „Was-wäre-wenn-Frage" beantworten

- Wie wird sich Ihre Lebenssituation in der Zukunft – in persönlicher und wirtschaftlicher Hinsicht – voraussichtlich entwickeln?
- Was ist, wenn Sie auf die Hilfe anderer angewiesen sind? Wie und wo wollen und können Sie dann leben?
- Wer käme jetzt im Moment für Sie in Betracht, der für Sie handelt und entscheidet?
- Zu wem haben Sie wirklich 100% Vertrauen? Wer wird sicher Ihren Willen beachten und durchsetzen?

7. Die entscheidenden „W-Fragen" zur Vorsorgevollmacht

- Welche konkreten Angelegenheiten?
- Soll wer?
- Unter welchen Voraussetzungen/in welchen Situationen?
- Kontrolliert durch wen?
- Ab wann?
- Wie lange regeln?
- Wer kommt als Ersatz in Betracht?

8. Wie macht man eine Vorsorgevollmacht? – Anforderung an den Inhalt

- Vollmachten, die gegenüber außenstehenden Dritten an Bedingungen geknüpft sind, sind **unbrauchbar**. (Also nicht: „Für den Fall, dass ich einmal nicht selbst entscheiden kann, erteile ich A Vollmacht in folgenden Angelegenheiten ▮▮▮; sondern „Ich erteile Vollmacht an ▮▮▮") Der Außenstehende kann den Eintritt von Bedingungen nicht rechtssicher selbst überprüfen.
- Die Formulierung: „ist bevollmächtigt, mich in **allen** persönlichen und vermögensrechtlichen Angelegenheiten zu vertreten" reicht nicht aus. **Detailregelungen** sind insbesondere in gesundheitlichen Angelegenheiten erforderlich.

Beispiele für Detailregelungen:
- Der Bevollmächtigte soll die Befugnis haben, in eine Untersuchung des Gesundheitszustandes, eine Heilbehandlung oder in einen ärztlichen Eingriff einzuwilligen, wenn hierbei Lebensgefahr für Sie droht oder ein schwerer länger andauernder Gesundheitsschaden (z.B. auch über die Anwendung neuer noch nicht zugelassener Medikamente und Behandlungsmethoden).
- Der Bevollmächtigte darf die Nichteinwilligung oder den Widerruf in eine ärztliche Maßnahme erklären, wenn diese mit Lebensgefahr oder der Gefahr eines schweren Gesundheitsschadens verbunden ist
- Der Bevollmächtigte kann unter besonderen engen Voraussetzungen, sie aufgeführt werden, auch freiheitsentziehenden Maßnahmen zustimmen oder sie veranlassen.

Fazit: Was in der Vollmacht fehlt, führt mindestens zu Zweifeln oder kann sogar dazu führen, dass es an einer wirksamen Bevollmächtigung fehlt und die Notwendigkeit entsteht, für Sie einen rechtlichen Betreuer zu bestellen.

Vollmachten können und sollten wie ein „Maßkleid" gemacht werden. Sie können sich auf einzelne Regelungen beschränken (z.B. nur in gesundheitlichen Angelegenheiten) oder auch nur einzelne Regelungsbereiche aus einer Generalvorsorgevollmacht herausnehmen. (z.B. das Verbot Schenkungen zu machen; über freiheitseinschränkende Maßnahmen zu entscheiden etc.)

9. Wer? Überlegung zum Bevollmächtigten[51]
- Bevollmächtigt werden kann jede Person, die selbst unbeschränkt handlungsfähig ist.
- Kann der/die Bevollmächtigte sein Amt persönlich/körperlich/altersgemäß ausüben? Traut er sich selbst zu, z.B. schwierige Entscheidungen am Lebensende verantwortlich selbst zu entscheiden? Kann er sich gegenüber Dritten durchsetzen?
- Kann er es aufgrund der räumlichen Entfernung zeit- und umfangsmäßig ausüben?
- Kann er/sie das Amt fachlich ausüben? (z.B. versteht er etwas vom Umgang mit Behörden, Ärzten, Versicherungen, Banken, juristischen Fragestellungen? Wird er für den behandelnden Arzt ein kompetenter Ansprechpartner sein?)
- Gibt es Interessenkollisionen? Ist mit „Störfeuer" ausgeschlossener Personen zu rechnen? (Ist der Bevollmächtigte z.B. Erbe/Nichterbe? Ist er z.B. als Angehöriger überhaupt willens und in der Lage die getroffenen Verfügungen umzusetzen?)
- Soll die Vertretung ehrenamtlich oder professionell (z.B. durch eine Anwältin/einen Anwalt) geführt werden? Zu welchen Bedingungen? (An Geschäftsbesorgungsvertrag denken!)
- Wer kommt als Ersatzbevollmächtigte(r) in Betracht?
- Wer kommt als Kontrollbevollmächtigte(r) in Betracht?

---

[51] Vgl. zur Eignung des Betreuers und damit auf den Bevollmächtigten entsprechend anwendbar BGH, Beschl. v. 8.11.2017 – XII ZB 90/17, FamRZ 2018, 206, Rn 12 f. m.w.N.

10. Überlegungen zur Sicherheit einer Vollmacht gegen Missbrauch

- Das wirksame Handeln aufgrund der Vollmacht kann davon abhängig gemacht werden, dass der Bevollmächtigte die Urkunde im Original vorweisen kann.
- Deshalb muss eine Vollmacht auffindbar sein. Im Tresor des Vollmachtgebers mag sie sicher aufgehoben sein, aber sie ist wertlos, wenn der Bevollmächtigte keinen Zugriff darauf hat. Deshalb muss bei Schutzbedarf vor Missbrauch nach anderen Sicherheitsvorkehrungen gesucht werden.
- Die Vollmacht – speziell in gesundheitlichen Angelegenheiten – muss jederzeit widerruflich/änderbar/beschränkbar sein.
- Dem Bevollmächtigten können Sie zur Sicherheit einen Kontrollbevollmächtigter an die Seite stellen.
- Der Bevollmächtigte kann und sollte durch Ihre internen Anweisungen gebunden werden. Zu solchen internen Anweisungen gehört im weitesten Sinne auch Ihre Patientenverfügung. Sie enthält die „Regieanweisungen" für das Handeln Ihres Bevollmächtigten, wenn Sie selbst nicht mehr einwilligungsfähig sind.

11. Wie macht man eine Vorsorgevollmacht? Anforderungen an die Form einer Vollmacht

- Die Erteilung einer Vorsorgevollmacht ist grundsätzlich formfrei, eine bloß mündliche Vollmacht ist aber keinesfalls anzuraten.
- Eine Vollmacht muss für manche Aufgabenbereiche zwingend schriftlich gemacht werden, z.B. bei lebensgefährlichen ärztlichen Maßnahmen und Eingriffen in Ihre Freiheit. Eine notarielle Beurkundung für gesundheitliche Angelegenheiten ist aber nicht zwingend erforderlich.
- Es gibt aber aus anderen Gründen beurkundungs- oder beglaubigungspflichtige Vorgänge. Hier muss ein Notar tätig werden. Wer Immobilienvermögen oder umfangreiches sonstiges Vermögen hat, sollte grundsätzlich eine notarielle Vollmacht wählen.
- Wer auf eine notarielle Beurkundung verzichtet, muss klären, ob seine Bank dies akzeptiert oder eine gesonderte Bankvollmacht erforderlich ist. Banken verlangen i.d.R. notarielle Vollmachten, die sofort wirksam sind. Ebenso die Post. Auch wenn das rechtlich nicht zwingend ist.
- Vollmachten können und sollen im elektronischen Register der Bundesnotarkammer registriert werden. Die Texte werden dort aber nicht hinterlegt.

12. Alternative: Betreuungsverfügung

- Die Bestellung eines rechtlichen Betreuers kommt in Betracht, wenn man auf eine Vorsorgevollmacht verzichtet. Sie kommt auch in Betracht, wenn eine Vorsorgevollmacht unwirksam ist oder aus anderen Gründen – z.B. wegen fehlender Eignung des Bevollmächtigten – nicht funktioniert.
- Anstelle einer Vorsorgevollmacht, ergänzend oder auch kombinierend, kann man deshalb eine Betreuungsverfügung machen (z.B. wenn man nicht uneingeschränktes Vertrauen hat und eine gewisse Kontrolle durch das Betreuungsgericht möchte).

Doering-Striening

- Mit einer Betreuungsverfügung kann man für den Fall der Bestellung eines amtlichen Betreuers durch das Betreuungsgericht Wünsche zur Auswahl des Betreuers oder zur Wahrnehmung der Betreuung äußern (§ 1816 Abs. 2 BGB; § 1897 BGB a.f.).
- Der Betreuer unterstützt den Betreuten dabei, seine Angelegenheiten selbst rechtlich zu regeln. Er macht von seiner Vertretungsmacht nur Gebrauch, soweit dies erforderlich ist.
- Den Wünschen des Betreuten hat der Betreuer zu entsprechen, es sei denn, damit würde die Person des Betreuten oder sein Vermögen gefährdet.
- Die Wünsche können und sollten in der Betreuungsverfügung niedergelegt werden, ebenso Anhaltspunkte dafür, wie der Betreuer im Zweifelsfalle den mutmaßlichen Willen des Betreuten ermitteln und danach handeln soll.

13. Was Sie mit Ihrem Bevollmächtigten/Betreuer besprechen sollten

- Die Erteilung einer Vorsorgevollmacht und die Übernahme der Tätigkeit für den Vollmachtgeber begründen zwischen den Beteiligten in der Regel ein Rechts- und nicht nur ein Gefälligkeitsverhältnis.
- Es entstehen Rechte und Pflichten und ggf. auch Haftungsprobleme (z.B. muss der Bevollmächtigte in gesundheitlichen Belangen regelhaft in die ärztlichen Behandlungen und Medikamentengaben einwilligen).
- Wird keine ausdrückliche Regelung über die Art des Rechtsverhältnisses getroffen, besteht ein Auftragsverhältnis. Bei einem Auftragsverhältnis hat der Beauftragte, gleichgültig welche Leistung er erbringt, keinen Anspruch auf irgendeine Entlohnung. Er hat das Geschäft unentgeltlich zu führen und kann nur Ersatz seiner Aufwendungen verlangen.
- Wer nicht unentgeltlich tätig werden will, muss einen Geschäftsbesorgungsvertrag vereinbaren und sollte eine Vereinbarung über die Vergütung treffen.
- Wer ein großes Risiko trägt, sollte eine Vereinbarung über die Begrenzung der Haftung treffen.
- Die Vollmacht wirkt üblicherweise über den Tod hinaus. Der Bevollmächtigte wird dadurch bis zu deren Widerruf auch der bevollmächtigte Vertreter der Erben bezogen auf den Nachlass des Vollmachtgebers. Die Vollmacht in gesundheitlichen Angelegenheiten endet naturgemäß mit dem Tod und umfasst **nicht** das Recht zur Bestattung. Wer hierzu Anweisungen erteilen will, sollte eine Bestattungsvollmacht mit entsprechenden Anweisungen im Innenverhältnis (Bestattungsverfügung) erteilen.

14. Weitere/ergänzende Dokumente

- Spezialvollmacht statt Generalvollmacht (z.B. gesonderte Bank- und Postvollmacht – ggf. über den Tod hinaus)
- Geschäftsbesorgungsvertrag/Haftungsbegrenzungs- und Vergütungsvereinbarung für den Bevollmächtigten
- Patientenverfügung (Regelung z.B. von Untersuchungen, Heilbehandlungen und ärztlichen Eingriffen)
- Notfallverfügung (ergänzende Kurzfassung einer Patientenverfügung nur für den Notfall)
- Organverfügung (für die Zeit nach dem Hirntod)
- Bestattungsverfügung (für die Zeit unmittelbar nach dem Tod)
- Testament/Erbvertrag (für die Zeit nach dem Tod)

IV. Keine Patientenverfügung ohne Vorsorgevollmacht oder Betreuungsverfügung

Wenn ein Mandant eine Patientenverfügung errichten will, sollte er sich anhand der vorstehenden oder einer ähnlichen Liste dafür entschieden haben, ob er begleitend mindestens eine **Vorsorgevollmacht in persönlichen, speziell gesundheitlichen Angelegenheiten** oder eine entsprechende **Betreuungsverfügung** errichten will. 35

Das ist schon allein deshalb notwendig, weil es einer Person bedarf, die für den Einwilligungsunfähigen den **Behandlungsvertrag** mit dem Arzt abschließt (§§ 630a ff. BGB). Bei Einwilligungsunfähigen gilt § 630d Abs. 1 S. 2 BGB und die Einwilligungen des Vertreters in die Untersuchung, Heilbehandlung oder den ärztlichen Eingriff müssen eingeholt werden. Der behandelnde Arzt hat aus dem Behandlungsvertragsverhältnis die Pflicht zu prüfen, welche ärztliche Maßnahme im Hinblick auf den Gesamtzustand und die Prognose des – zur Entscheidung selbst nicht mehr fähigen – Patienten indiziert ist, und diese Maßnahme mit dem Betreuer unter Berücksichtigung des Patientenwillens zu erörtern.[52] Der Einwilligung in eine Behandlung muss nach § 630c BGB eine **verständliche Information** und **eine Aufklärung** nach § 630d Abs. 2 BGB vorausgehen, die nach § 630e Abs. 4 BGB dem Vertreter zu erteilen ist. Dabei reicht eine einmalige Aufklärung ggf. nicht aus – so z.B. bei der Fortsetzung einer künstlichen Ernährung[53] –, weil auch die Fortsetzung einer Behandlung regelhaft auf das Fortbestehen der medizinischen Indikation und den Patientenwillen zu prüfen sind.[54] 36

Der Patient kann zwar auf die Aufklärung nach § 630e Abs. 3 BGB ausdrücklich verzichten. Das muss dann aber auch ausdrücklich in die Patientenverfügung aufgenommen werden.

Eine begleitende Vorsorgevollmacht und/oder Betreuungsverfügung wird auch nicht deshalb entbehrlich, weil der BGH von einer **unmittelbaren Bindungswirkung der Patientenverfügung** ausgeht.[55] § 1828 BGB (§ 1901b BGB a.F.) geht von der Idee eines **therapeutischen Arbeitsbündnisses zwischen dem behandelnden Arzt und dem Betreuer/Vorsorgebevollmächtigten** aus. Selbst eine unmittelbar anwendbare Patientenverfügung entbindet deshalb nach diesseitiger Ansicht nicht von der gesetzgeberischen Anforderung, dass es einer Person nach § 1827 Abs. 1 S. 2 BGB (§ 1901a Abs. 1 S. 1 BGB a.F.) bedarf, die der auf ihre Anwendbarkeit geprüften Patientenverfügung *„Ausdruck und Geltung ver-* 37

---

52 OLG München, Urt. v. 21.12.2017 – 1 U 454/17, FamRZ 2018, 723, Rn 26.
53 OLG München, Urt. v. 21.12.2017 – 1 U 454/17, FamRZ 2018, 723 mit vielen Verweisen zur Indikation einer künstlichen Ernährung.
54 OLG München, Urt. v. 21.12.2017 – 1 U 454/17, FamRZ 2018, 723.
55 BGH, Beschl. v. 14.11.2018 – XII ZB 107/18, NZFam 2019, 73, Rn 18 f. m.w.N.

schafft".⁵⁶ Es wird sich – außer bei Gefahr im Verzug – auch kaum ein Arzt finden lassen, der sich in den wirklich existentiellen Entscheidungssituationen allein darauf verlassen wird, dass er aufgrund einer Patientenverfügung risikolos handeln kann.

Beratungshinweis

Grundsätzlich sollte ein Mandant sich nicht nur auf eine isolierte Patientenverfügung und ein evtl. in Betracht kommendes, zeitlich begrenztes Ehegattenvertretungsrecht verlassen, sondern eine Vollmacht oder eine Betreuungsverfügung in gesundheitlichen Angelegenheiten mit einer Schweigepflichtsentbindung errichten. Auch einem Mandanten, der den zusätzlichen Kostenaufwand für eine Vorsorgevollmacht oder eine Betreuungsverfügung scheut, sollte daher deutlich gemacht werden, dass es einer Person bedarf, die die Patientenverfügung umsetzt und notfalls auch aufgrund des mutmaßlichen Willens des Betroffenen entscheiden kann.

Da sie vom Bevollmächtigten zur Umsetzung der Patientenverfügung regelhaft gebraucht wird, ist in § 18 (Umsetzung der Patientenverfügung) ein Muster aufgenommen worden (siehe § 18 Rdn 32).

B. Die Patientenverfügung, §§ 1827 ff. BGB (§§ 1901a ff. BGB a.F.)

38   Die **Patientenverfügung** ist **das Mittel der Selbstbestimmung**, um über das Ob und das Wie, die Art und Weise ärztlicher und ggf. pflegerischer Maßnahmen und Eingriffe selbst entscheiden zu können und damit die Kontrolle auch dann noch zu haben, wenn man selbst nicht mehr einwilligungsfähig ist.

I. Grundlagen, § 1827 BGB (§ 1901a BGB a.F.)

1. Keine Vernunfthoheit des Arztes, sondern auch das Recht auf Krankheit/Selbstschädigung/Tod

39   Die **Rechtsbeziehung** zwischen **Arzt** und **Patienten** ist das Fundament, auf dem die Patientenverfügung überhaupt entstehen konnte. Das Arzt-Patienten-Verhältnis wird von dem Grundsatz beherrscht, dass der Patient aufgrund seines verfassungsrechtlich geschützten **Selbstbestimmungsrechts** frei entscheidet, welche Untersuchungen, Heilbehandlungen oder Eingriffe er von denjenigen, die der Arzt als medizinisch indiziert ansieht, zulässt. Er ist – nach ordnungsgemäßer

---

56   Für die Auffassung, dass es immer eines Betreuers oder Vorsorgebevollmächtigten bedarf, um eine Patientenverfügung umzusetzen z.B. mit ausführlicher Diskussion der unterschiedlichen Auffassungen Kurze/*Kurze*, VorsorgeR, § 1901a Rn 139 ff.; a.A. z.B. MüKo-BGB/*Schwab*, § 1904 Rn 53.

Aufklärung – frei darin zu entscheiden, welche Maßstäbe er für sich wählt und wie mit ihm als Patient zu verfahren ist. Er kann **eine Einwilligung** in eine Behandlung erteilen, muss es aber nicht. Der Patient kann seine einmal erteilte Einwilligung auch jederzeit widerrufen. Zusammengefasst heißt das: Es gibt **keine Vernunfthoheit des Arztes** über seinen Patienten.[57]

Willigt der Patient in die medizinisch indizierte angebotene Maßnahme ein, so liegt darin die **Rechtfertigung** für den Eingriff in seine körperliche Integrität.[58] Ohne Einwilligung bleibt die Maßnahme – sei sie auch noch so sinnvoll und zielführend – eine **verbotene Körperverletzung**. Sie wird es, sobald in die Fortsetzung einer ärztlichen Maßnahme nicht mehr eingewilligt wird, gleich, ob dies durch Unterlassen weiterer Behandlungsmaßnahmen oder durch aktives Tun umzusetzen ist, wie es etwa das Abschalten eines Respirators oder die Entfernung einer Ernährungssonde darstellen. 40

2. Keine Vernunfthoheit staatlicher Gewalt, sondern auch das Recht auf Krankheit/Selbstschädigung/Tod

*„Die Entscheidung, ob und inwieweit eine Person eine Krankheit diagnostizieren und behandeln lässt, muss sich nicht an einem Maßstab objektiver Vernünftigkeit ausrichten. Die Pflicht des Staates, den Einzelnen „vor sich selbst in Schutz zu nehmen", eröffnet keine „**Vernunfthoheit**" staatlicher Organe über den Grundrechtsträger",*[59] selbst wenn seine Entscheidung von durchschnittlichen Entscheidungskategorien abweicht oder aus der Außensicht unvernünftig erscheint. Der Staat hat nicht das Recht, den zur freien Willensbestimmung fähigen Betroffenen zu erziehen, zu bessern oder zu hindern, sich selbst zu schädigen.[60] Es ist dem Staat verwehrt, seine eigene Entscheidung vom „Besten" für den Betroffenen an die Stelle dessen autonomer Entscheidung zu setzen.[61] Es gibt – verfassungsrechtlich gesichert – ein nur an wenige echte Grenzen stoßendes Recht auf 41

– Unvernunft
– Krankheit und
– Lebensgefährdung

bis hin zum eigenen Tod, auch wenn dies in den Augen Dritter den wohlverstandenen Interessen des Betroffenen zuwiderläuft; auch nicht allein deshalb, um z.B. dem Betroffenen ein Leben außerhalb des Maßregelvollzugs zu ermöglichen.

---

57 BVerfG, Beschl. v. 7.10.1981 – 2 BvR 1194/80 Rn 55; *Ulsenheimer/Gaede*, Arztstrafrecht in der Praxis, 6. Auflage 2021, Kapitel 1 Rn 356 m.w.N.
58 BGH, Urt. v. 10.7.1954 – VI ZR 45/54, NJW 1956, 1107 schon mit Hinweis auf RGZ 88, 436; RGZ 163, 138.
59 BVerfG, Beschl. v. 8.6.2021 – 2 BvR 1866/17 Rn 72 m.v.w.N., 134 juris.
60 BT-Drucks 15/2494, 28; BVerfG, Beschl. v. 2.7.2010 – 1 BvR 2579/08, NJW 2010, 3360, Rn 50.
61 BVerfG, Beschl. v. 8.6.2021 – 2 BvR 1866/17 Rn 73.

> **Hinweis**
>
> In der Praxis zeigen sich jetzt erste Fälle, in der diese Freiheit zur Selbstschädigung an und über die Grenzen der Familienangehörigen im unmittelbaren Umfeld gehen kann; z.b. wenn Ehe- und Lebenspartner eine stationäre Versorgung verweigern und damit unzumutbare Lebensverhältnisse zu Hause schaffen. Die Anweisung an den Vorsorgebevollmächtigen, man wolle unbedingt so lange wie möglich zu Hause versorgt werden, muss daher in Vollmachten, Geschäftsbesorgungsverträgen oder Patientenverfügungen im Lichte dieser Probleme in der anwaltlichen Beratung noch einmal völlig neu gedacht werden.

42 Nach der Rechtsprechung gewährleistet Art. 2 Abs. 1 i.V.m. Art. 1 Abs. 1 GG nicht nur die Freiheit, grundsätzlich frei über den Umgang mit seiner Gesundheit nach freiem Gutdünken zu entscheiden,[62] sondern auch das Recht des Einzelnen darüber zu entscheiden, wie und wann er sein Leben beenden möchte, sofern er diesbezüglich zu einer freien Willensbildung in der Lage und fähig ist, entsprechend zu handeln.[63] Das allgemeine Persönlichkeitsrecht gewährleistet ein **Recht auf selbstbestimmtes Sterben** incl. des Rechts sein Leben eigenhändig, bewusst und gewollt zu beenden. Der Grundrechtsschutz erstreckt sich auch auf die **Freiheit bei der Selbsttötung bei Dritten Hilfe zu suchen** und sie, soweit sie angeboten wird, in Anspruch zu nehmen.[64] Das Recht, über das eigene Leben zu verfügen, ist dabei nicht auf schwere und unheilbare Krankheitszustände oder bestimmte Lebens- und Krankheitsphasen beschränkt. *"Die Verwurzelung des Rechts auf selbstbestimmtes Sterben in der Menschenwürdegarantie des Art. 1 Abs. 1 GG impliziert ferner, dass die eigenverantwortliche Entscheidung über das eigene Lebensende keiner weiteren Begründung oder Rechtfertigung bedarf."*[65]

43 Manche Wege zu einem aktiv selbstbestimmten Tod sind allerdings aus rechtlichen Gründen verschlossen.[66] Der Patient kann aktiv nichts verlangen, was mit der Rechtsordnung nicht in Übereinklang steht. Er wird auch nicht in seinem Grundrecht auf selbstbestimmtes Sterben unzulässig beschränkt, weil die bestehenden Möglichkeiten der Realisation nicht seinen Vorstellungen entsprechen.[67] Niemand, insbesondere kein Arzt, kann zur Mitwirkung an einer Selbsttötung

---

62 BGH, Urt. v. 3.7.2019 – 5 StR 132/18 und 5 StR 393/18.
63 Europäischer Gerichtshof für Menschenrechte Nr. 497/09 – Urt. v. 19.7.2012 (Koch vs. Deutschland) unter Berufung auf den Fall Haas/Schweiz Nr. 31322/07 v. 20.1.2011.
64 BVerfG, Urt. v. 26.2.2020 – 2 BvR 247/15, Rn 203 ff.; OVG NRW, Urt. v. 2.2.2022 – 9 a 146/21 Rn 56 ff.
65 BVerfG, Urt. v. 26.2.2020 – 2 BvR 247/15, Rn 210; OVG NRW, Urt. v. 2.2.2022 – 9 a 146/21 Rn 58.
66 Vgl. BVerwG, Urt. v. 2.3.2017 – 3 C 19.15, NJW 2017, 2215.
67 OVG NRW, Urt. v. 2.2.2022 – 9 A 146/21 Rn 132.

gezwungen werden.[68] Es besteht auch kein Anrecht darauf, die Freiheit zum Suizid in einer speziellen Form umzusetzen, z.b. durch den freien Erwerb von **Betäubungsmitteln zum Zwecke der Selbsttötung**.[69]

Die hochumstrittene Entscheidung des BVerwG aus 2017[70] zu diesem Thema hat sich mit der Entscheidung des Bundesverfassungsgerichts zur Verfassungswidrigkeit von § 217 StGB[71] überholt. Die Rechtsprechung sieht in dieser Entscheidung eine grundlegende Änderung der Verhältnisse.[72] Der Erwerb einer letalen Dosis Natrium Pentobarbital sei derzeit nicht die einzige zumutbare Möglichkeit Suizidwilliger, ihren Sterbewunsch umzusetzen: 44

Die Ärzteschaft hat ihre Entscheidung, dass sich die Verschreibung einer tödlichen Dosis eines Betäubungsmittels nicht mit den Regeln der Heilkunde und dem hippokratischen Eid vereinbaren lasse, nach der Entscheidung des BVerfG überdacht und § 16 S. 3 MBO-Ä aufgehoben. Diese Bestimmung sah vor, dass Ärzte keine Hilfe zur Selbsttötung leisten dürfen, während es nunmehr *„eine individuelle Entscheidung des einzelnen Arztes sein soll, ob er den an ihn herangetragenen Wunsch nach assistiertem Suizid nachkommt und ein solches Handeln mit seinem Gewissen und seinem ärztlichen Selbstverständnis vereinbaren kann"*.[73] Die Rechtsprechung sieht hierin ein Signal, dass weiterbestehende gegenteilige Landesberufsordnungen sicherlich auch einer alsbaldigen Überprüfung unterzogen werden.[74]

Die vorstehenden Grundsätze gehen vom **„Leitbild des mündigen statt des bevormundeten Patienten"** aus, bei dem Behandler und Behandelter „auf Augenhöhe" im **therapeutischen Arbeitsbündnis** miteinander agieren.[75] Das gilt auch für den wegen Erkrankung oder Behinderung gehandicapten Menschen; Art. 12 Abs. 3 Behindertenrechtskonvention.[76] 45

Auch für den zukünftigen drohenden **Verlust der Geschäftsfähigkeit** oder den zukünftigen drohenden **Verlust der Einwilligungsfähigkeit** verliert der Mensch nicht automatisch das Recht, über sich, seinen Körper, seine Gesundheit und sein Sterben selbst zu entscheiden. Es gibt keine Entscheidungshoheit des Arztes, und 46

---

68 Vgl. hierzu Hinweise der Bundesärztekammer zum ärztlichen Umgang mit Suizidalität und Todeswünschen nach dem Urteil des Bundesverfassungsgerichts zu § 217 StGB, Dt. Ärzteblatt 2021, A 1428,1432.
69 Vgl. BVerwG, Urt. v. 28.5.2019 – 3 C 6.17.
70 BVerwG, Urt. v. 2.3.2017 – 3 C 19.15, NJW 2017, 2215.
71 BVerfG, Urt. v. 26.2.2020 – 2 BvR 247/15.
72 OVG NRW, Urt. v. 2.2.2022 – 9 a 146/21 Rn 90.
73 Vgl. Hinweise der Bundesärztekammer zum ärztlichen Umgang mit Suizidalität und Todeswünschen nach dem Urteil des Bundesverfassungsgerichts zu § 217 StGB, Dt. Ärzteblatt 2021, A 1428,1432.
74 OVG NRW, Urt. v. 2.2.2022 – 9 a 146/21 Rn 106.
75 Vgl. zur Kodifizierung seit 2013 Patientenrechtegesetz BT-Drucks 17/10488, 1, 9.
76 BGBl II 2008, 1430.

jede zukünftige Behandlung gegen den Willen des Patienten bleibt eine strafbare Körperverletzung.

47 Um dieses Selbstbestimmungsrecht leben zu können, hat der Gesetzgeber im Betreuungsrecht in den §§ 1827 ff. BGB (§§ 1901a ff. BGB a.F.) die **materiellrechtlichen Normen geschaffen, die man als Patientenverfügungsrecht bezeichnet.** § 1827 BGB (§ 1901a BGB a.F.) gibt dem in der Zukunft Einwilligungsunfähigen – jetzt aber noch Einwilligungsfähigen – das Recht, für den Fall seiner Einwilligungsunfähigkeit festzulegen, ob er in bestimmte Untersuchungen seines Gesundheitszustandes, in Heilbehandlungen oder ärztliche Eingriffe einwilligt, seine Einwilligung widerruft oder die Maßnahmen untersagt.

3. Keine Pflicht zur Errichtung einer Patientenverfügung

48 Mit dem Recht zur Errichtung einer Patientenverfügung geht keine Pflicht zur Errichtung einer Patientenverfügung einher. Nach § 1827 Abs. 5 BGB (§ 1901a Abs. 5 BGB a.F.) darf **niemand** zur **Errichtung einer Patientenverfügung verpflichtet** werden. Die Errichtung oder die Vorlage einer Patientenverfügung darf auch nicht zur Bedingung eines Vertragsabschlusses gemacht werden. Vereinbarungen, die gegen das **Kopplungsverbot** verstoßen, sind nichtig.[77]

49 Fraglich ist die **Auswirkung** von Verstößen gegen diese Errichtungsverbote für die Wirksamkeit der **Patientenverfügung**. Ist sie durch Druck i.S.v. § 138 BGB zustande gekommen, ist sie m.E. nichtig. Liegt eine Täuschung vor, so kann sie jederzeit widerrufen werden, wenn die Täuschung erkannt wird. Erkennt der Betreuer/Bevollmächtigte sie aber nicht, so ist die Rechtsfolge offen.

4. Patientenverfügung und Ranking des Patientenwillens

50 Das materielle Patientenverfügungsrecht beschränkt sich nicht auf die Patientenverfügung, wie sie § 1827 Abs. 1 S. 1 BGB (§ 1901a Abs. 1 S. 1 BGB a.F.) definiert, sondern unterscheidet zwischen
– der Patientenverfügung – § 1827 Abs. 1 BGB (§ 1901a Abs. 1 BGB a.F.)
– den Behandlungswünschen – § 1827 Abs. 2 BGB (§ 1901a Abs. 2 BGB a.F.) und
– dem mutmaßlichen Willen des Patienten – § 1827 Abs. 2 BGB (§ 1901a Abs. 2 BGB a.F.).

51 Eine **Patientenverfügung** im Sinne des Gesetzes § 1827 Abs. 1 S. 1 BGB (§ 1901 Abs. 1 S. 1 BGB a.F.) liegt (unabhängig von Art und Stadium einer Erkrankung) immer nur dann vor, wenn
– ein einwilligungsfähiger Volljähriger
– für den Fall seiner Einwilligungsunfähigkeit

---

77 *Albrecht/Albrecht/Böhm/Böhm-Rößler*, Patientenverfügung, Rn 162 ff. m.w.N.

- in Schriftform festgelegt hat,
- dass er in bestimmte
- unmittelbar noch nicht bevorstehende
- Untersuchungen seines Gesundheitszustands, in Heilbehandlungen oder ärztliche Eingriffe
- einwilligt oder
- sie untersagt.

Eine **Patientenverfügung** kommt nach § 1827 Abs. 1 BGB (§ 1901a Abs. 1 BGB a.F.) bei einer Entscheidung über eine medizinische Maßnahme/Unterlassung nur dann zum Einsatz, wenn
- der Patient für eine aktuell und konkret anstehende medizinische Behandlung **einwilligungsunfähig, ablehnungsunfähig oder widerrufsunfähig** ist
- die Patientenverfügung wirksam ist
- die Patientenverfügung die konkret anstehende Entscheidungssituation geregelt hat und
- die Patientenverfügung (noch) auf die aktuelle Lebens- und Behandlungssituation des Patienten zutrifft.

52

Liegt eine dieser Voraussetzungen nicht vor, muss der Betreuer/der Bevollmächtigte nach § 1827 Abs. 2 BGB (§ 1901a Abs. 2 BGB a.F.)
- die **Behandlungswünsche** oder
- den **mutmaßlichen Willen**

des Patienten feststellen und dann entscheiden, ob er aufgrund des so festgestellten Patientenwillens in die ärztliche Maßnahme einwilligt, sie untersagt oder widerruft.

Patientenverfügung, Behandlungswünsche und der mutmaßliche Wille sind im Sinne eines **Rankings** zu verstehen, wenn der Patient selbst nicht mehr einwilligungsfähig ist.[78] Und nur dann! Es gilt immer der Vorrang der eigenen Entscheidung des **einwilligungsfähigen** Patienten, die selbst dann nicht durch einen Betreuer ersetzt werden kann, wenn diesem der Aufgabenbereich der Gesundheitssorge zugewiesen ist. Das setzt sich fort, wenn eine **Patientenverfügung** i.S.d. § 1827 Abs. 1 BGB (§ 1901a Abs. 1 BGB a.F.) besteht, wie der BGH ausdrücklich bestätigt hat:

53

> „Enthält die schriftliche Patientenverfügung eine Entscheidung über die Einwilligung oder Nichteinwilligung in bestimmte ärztliche Maßnahmen, die auf die konkret eingetretene Lebens- und Behandlungssituation zutrifft, ist eine Einwilligung des Betreuers, die dem betreuungsgerichtlichen Genehmigungserfordernis unterfällt, in die Maßnahme nicht erforderlich, da der Betroffene diese Entscheidung selbst in einer alle Beteiligten bindenden Weise getroffen

---

78 Vgl. BGH, Beschl. v. 6.7.2016 – XII ZB 61/16, ZErb 2016, 330, Rn 42 ff.

hat.⁷⁹ *Dem Betreuer obliegt es in diesem Fall nur noch, dem in der Patientenverfügung niedergelegten Willen des Betroffenen Ausdruck und Geltung zu verschaffen (§ 1901a Abs. 1 S. 2 BGB).*"⁸⁰
Handlungsleitend ist für Betreuer und Vorsorgebevollmächtigten immer der Wille des Betreuten/Vollmachtgebers. *„Die Ersetzung des Willens der Betreuten durch den Betreuer und das Betreuungsgericht kommt unter den Voraussetzungen des § 1904 BGB überhaupt nur subsidiär in Betracht, wenn ihr tatsächlicher oder mutmaßlicher Wille nicht festzustellen ist."*⁸¹

5. Einwilligungsfähigkeit und Stellvertretung

54 Eine Patientenverfügung kann nur von einem **volljährigen einwilligungsfähigen Menschen** errichtet werden. **Einwilligungsfähig** ist, wer Grund, Wesen, Bedeutung und Tragweite des ärztlichen Handelns in deren Grundzügen zu erkennen vermag. Davon sind umfasst:
– man kann sinnlich und intellektuell die Tatsachen erfassen, die die eigene individuelle Situation prägen
– man kann die Existenz der Erkrankung/Behinderung mit dem daraus folgenden Regelungsbedarf und -bedürftigkeit erkennen
– man kann die Tatsachen in ihrer Wirkung verstehen und prognostisch beurteilen.

Die Anforderungen dürfen nicht zu hoch angesiedelt werden. Deshalb gibt es **Patientenverfügungen** für behinderte oder unter Betreuung stehende Menschen **in leichter Sprache**.⁸²

55 Bei der Errichtung von Patientenverfügungen besteht ein wesentliches Problem in der Frage, ob für volljährige, aber geistig behinderte oder sonst gehandicapte Menschen **durch deren Betreuer** eine Patientenverfügung errichtet werden kann.

In der Praxis von stationären Einrichtungen erhalten Betreuer gelegentlich Formularmaterial, mit dem sie aufgefordert werden, Patientenverfügungen mit ihren Betreuten zu errichten. Das ist möglich, denn grundsätzlich führt die Betreuung nicht zur Geschäftsunfähigkeit, ja nicht einmal zur Einwilligungsunfähigkeit. Art. 2 Abs. 2 UN-BRK garantiert behinderten Menschen das Recht, ebenso wie

---

79 Zitiert: BT-Drucks 16/8442, 14; BGH, Beschl. v. 17.3.2003 – XII ZB 2/03, BGHZ 154, 205 = FamRZ 2003, 748, 750; Palandt/*Götz*, 73. Aufl., § 1901a a.F. Rn 2; Bienwald u.a./*Hoffmann*, BetreuungsR, 5. Aufl., § 1901a a.F. BGB Rn 50; HK-BUR/*Bauer*, Stand: Juli 2011, § 1901a a.F. BGB Rn 27 f.; a.A. Erman/*Roth*, 13. Aufl., § 1901a a.F. Rn 8; Albrecht/*Albrecht*, MittBayNot 2009, 426, 432 f.
80 BGH, Beschl. v. 8.2.2017 –XII ZB 604/15, ZEV 2017, 335, Rn 14; BGH, Beschl. v. 17.9.2014 – XII ZR 202/13, FamRZ 2014, 1909, Rn 13 f.
81 Zur Entscheidung über die Impfung von Betreuten BVerfG, Beschl. v. 31.5.2021 – 1 BvR 1211/21, Rn 6.
82 Z.B.: www.saarland.de/dokumente/thema_soziales/Patientenverfuegung_LS_END.pdf.

Menschen ohne Behinderung **für den Fall ihrer Einwilligungsunfähigkeit** schriftlich festzulegen, ob sie in bestimmte, zum Zeitpunkt der Festlegung noch nicht unmittelbar bevorstehende Untersuchungen ihres Gesundheitszustands, Heilbehandlungen oder ärztliche Eingriffe einwilligen oder diese versagen wollen.

> **Hinweis**
>
> Ein behinderter, aber **nicht einwilligungsfähiger Mensch** kann keine Patientenverfügung im klassischen Sinn errichten.[83] Eine Stellvertretung bei der Errichtung ist unzulässig. Die Patientenverfügung ist eine höchstpersönliche Erklärung.[84]

6. Exkurs: Einwilligungsfähigkeit und Widerruf der Patientenverfügung

Die Behandlung eines einwilligungsunfähigen Patienten entgegen einer im einwilligungsfähigen Zustand geschrieben Patientenverfügung ist grundsätzlich unzulässig und kann auch nicht durch § 1906 BGB (§ 1831 BGB n.F.) oder eine öffentlich-rechtliche Unterbringung überwunden werden.[85] Behandlungen, die ein Patient im Zustand der Einsichtsfähigkeit durch eine Patientenverfügung wirksam ausgeschlossen hat, können nicht mit staatlichen Schutzpflichten aus Art. 2 Abs. 2 S. 1 und 2 GG legitimiert werden.[86] Das taucht als Problem insbesondere bei sog. **psychiatrischen Patientenverfügungen** auf. In solchen Patientenverfügungen wird häufig die Medikation mit Neuroleptika oder anderen schwer sedierenden Medikamenten verboten und es nicht selten fraglich, ob dies wirklich im Zustand der Einwilligungsfähigkeit geschehen ist. Denn nur dann ist die Entscheidung bindend.

56

> **Hinweis**
>
> Es gibt insbesondere bei Patienten mit psychiatrischen Krankheitsbildern Gestaltungen, bei denen der Patient mit seinem behandelnden Arzt, der ihn beraten und aufgeklärt hat, eine positive Behandlungsvereinbarung für den Fall einer zukünftigen Behandlungssituation getroffen hat (sog. positive Patientenverfügung oder To-Do-Patientenverfügung).

Dem Recht auf Errichtung einer Patientenverfügung entspricht das Recht auf jederzeitigen Widerruf einer solchen. Nach § 1827 Abs. 1 S. 3 BGB (§ 1901a

57

---

83 *Bienwald*, BtPrax 2013, 145 f.
84 DNotI-report, Errichtung einer Patientenverfügung durch Eltern für ihr geistig behindertes Kind; Zulässigkeit der Stellvertretung, 2013, 51 ff.
85 *Stolz/Steinert*, BtPrax, 2014, 12, 13; *Milzer*, DNotZ 2014, 95, 101; *Olzen*, Auswirkungen des Patientenverfügungsgesetzes auf die medizinische Versorgung psychisch Kranker, Patientenverfügung und Behandlungsvereinbarungen bei psychischen Erkrankungen, Workshop 2010, 11, 15.
86 BVerfG, Beschl. v. 8.6.2021 – 2 BvR 1866/17, 2 BvR 1314/18 Rn 131.

Abs. 1 S. 3 BGB a.F.) ist eine Patientenverfügung deshalb – anders als ihre Errichtung – jederzeit **formlos** widerrufbar.

Ein Problem kann aufgrund des fehlenden Formerfordernisses entstehen, wenn es einerseits eine im einwilligungsfähigen Zustand errichtete Patientenverfügung gibt, andererseits aber eine Erklärung oder ein Verhalten, die als Änderungswillen des Betroffenen interpretiert werden kann. Eine Änderung der Patientenverfügung ist ja letztlich nichts anderes als eine neue Patientenverfügung. Aus diesem Grund wird vertreten, dass der nur teilweise Widerruf nicht formlos möglich sei. Fehle es an der Schriftform, so müsse man die Willensäußerung als Behandlungswunsch verstehen.[87]

58 Es ist außerdem umstritten, ob der **Widerruf** das Fortbestehen der **Einwilligungsfähigkeit des Patienten** voraussetzt oder ob hierfür der **natürliche Wille des Patienten**[88] ausreicht. Reichte Letzteres aus, so würde das Handeln des Vorsorgebevollmächtigten trotz zumeist anders lautender Regelung in der Vorsorgevollmacht verdrängt.

59 Die Akzeptanz eines nur natürlichen Willens macht die Prüfung eines Widerrufes/die Errichtung einer neuen Patientenverfügung schwierig und führt in die Gefahr, einen ausdrücklich geäußerten Willen durch einen ggf. nur interpretativ ermittelten mutmaßlichen Willen eines irgendwie noch Reagierenden zu ersetzen. Aus Parametern wie Blutdruck, Herzfrequenz etc. darf und kann man m.E. keinen konkludenten Willen ableiten, der es rechtfertigt, einen Widerruf/eine Änderung einer vorherigen Patientenverfügung anzunehmen.

60 Genauso problematisch ist die Entscheidung über die Versorgung des „glücklich erscheinenden schwer Dementen", der jegliche Form von medizinischen Maßnahmen bis hin zur künstlichen Ernährung durch eine Patientenverfügung abgelehnt hat.[89] Hier reicht das Meinungsspektrum vom zulässigen Widerruf bei verbliebenem natürlichem Willen bis hin zur Zulässigkeit des Widerrufs nur bei Einwilligungsfähigkeit.[90]

61 Die Gesetzesbegründung geht ausdrücklich von der **Notwendigkeit einer Einwilligungsfähigkeit** für den Widerruf aus[91] (**„Primat der Patientenverfügung"**). Dem folgt ein Teil der Literatur.[92] Viele andere Autoren vertreten die Auffassung, es müsse auch der natürliche Wille reichen. Die staatliche Verpflichtung zum

---

87 *Albrecht/Albrecht/Böhm/Böhm-Rößler*, Patientenverfügung, Rn 205.
88 Differenziert je nach Inhalt der Patientenverfügung, Kaiser/Schnitzler/Friederici/Schilling/ *Heitmann*, 3. Aufl. 2014, BGB-Familienrecht, § 1901a a.F. Rn 33, 46.
89 Vgl. ausführlich *Steenbreker*, MedR 2012, 725 ff.
90 Vgl. hierzu *Steenbreker*, NJW 2012, 3207 ff.
91 BT-Drucks 16/8842, 13.
92 So z.B. *Olzen*, Auswirkungen des Patientenverfügungsgesetzes auf die medizinische Versorgung psychisch Kranker, Patientenverfügung und Behandlungsvereinbarungen bei psychischen Erkrankungen, Workshop 2010, 11, 12.

Schutz der Freiheitsgrundrechte sei nicht auf die Grundrechte einwilligungsfähiger Patienten beschränkt und deshalb müsse man am natürlichen Patientenwillen anknüpfen.[93]

7. Weiteres Patientenverfügungsrecht

a) Behandlungsvereinbarungen

Der Gesetzgeber hat zur Förderung der Verbreitung von Patientenverfügungen und **vorweggenommenen Behandlungsvereinbarungen**,[94] die er ebenfalls als Patientenverfügung ansieht, Betreuern durch § 1827 Abs. 4 BGB (§ 1901a Abs. 4 BGB a.F.) als „Sollregelung" aufgegeben, den Betreuten in geeigneten Fällen auf die Möglichkeit einer Patientenverfügung hinzuweisen und ihn auf dessen Wunsch bei der Errichtung einer solchen zu unterstützen. Geeignete Fälle hat der Gesetzgeber angenommen, wenn *„der Betreute nach einer im Zustand der Einwilligungsunfähigkeit durchgeführten ärztlichen (Zwangs-)Behandlung wieder einwilligungsfähig ist, jedoch die Gefahr des erneuten Verlustes der Einwilligungsfähigkeit, namentlich in einer psychischen Krisensituation, droht. Der Betreute soll durch den Betreuer dabei unterstützt werden, für den Fall seiner Einwilligungsunfähigkeit festzulegen, ob und welche medizinischen Behandlungen dann auch gegen seinen natürlichen Willen vorgenommen werden sollen und welche Behandlungen zu unterlassen sind."*[95] Vom Betreuer wird nicht erwartet, dass er den Betreuten in medizinischen Fragen selbst berät. Er soll eine gegebenenfalls notwendige medizinische Beratung durch einen Arzt vermitteln.

62

b) Persönliche Vorsorge in der letzten Lebensphase

Durch das Gesetz zur Verbesserung der Hospiz- und Palliativversorgung in Deutschland (**Hospiz- und Palliativgesetz – HPG**)[96] haben Versicherte nach § 39b Abs. 1 SGB V einen Anspruch auf **individuelle Beratung und Hilfestellung** durch die Krankenkasse **zu den Leistungen der Hospiz- und Palliativversorgung** erhalten. Nach § 39b Abs. 2 SGB V informiert die Krankenkasse ihre Versicherten in allgemeiner Form über die Möglichkeiten **persönlicher Vorsorge für die letzte Lebensphase**, insbesondere zu Patientenverfügung, Vorsorgevollmacht und Betreuungsverfügung.

63

Durch das HPG wurde durch § 132g SGB V die **gesundheitliche Versorgungsplanung für die letzte Lebensphase** als Leistung eingeführt. Zugelassene Pflege-

64

---

93 *Milzer*, DNotZ 2014, 95, 102.
94 Vgl. zu den Unterschieden zur klassischen Patientenverfügung *Steinert/Stolz*, BtPrax 2018, 174 ff. und ausführlich *Albrecht/Albrecht/Böhm/Böhm-Rößler*, Patientenverfügung, Rn 165 ff.
95 BR-Drucks 66/17, 14 ff.
96 Vom 1.12.2015, BGBl I 2015, 2114.

einrichtungen im Sinne des § 43 SGB XI und Einrichtungen der Eingliederungshilfe für behinderte Menschen können den Versicherten in den Einrichtungen danach eine gesundheitliche Versorgungsplanung für die letzte Lebensphase anbieten. Im Rahmen der Versorgungsplanung können und sollen ggf. auch Patientenverfügungen erstellt bzw. erstellte Patientenverfügungen überprüft und erneuert werden:

> *„Im Rahmen der gesundheitlichen Versorgungsplanung für die letzte Lebensphase soll den Leistungsberechtigten bezogen auf ihre individuelle Situation ermöglicht werden, Vorstellungen über medizinisch-pflegerische Abläufe, das Ausmaß, die Intensität, Möglichkeiten und die Grenzen medizinischer Interventionen sowie palliativ-medizinischer und palliativ-pflegerischer Maßnahmen in der letzten Lebensphase zu entwickeln und mitzuteilen.*
>
> *Inhalt der gesundheitlichen Versorgungsplanung für die letzte Lebensphase ist ein individuell zugeschnittenes Beratungsangebot über die medizinisch-pflegerische Versorgung und Betreuung in der letzten Lebensphase. Dabei sollen bedürfnisorientiert auf medizinische Abläufe in der letzten Lebensphase und während des Sterbeprozesses eingegangen, mögliche Notfallsituationen besprochen und geeignete Maßnahmen zur palliativen und psychosozialen Versorgung dargestellt werden. Bestandteil der Beratungsgespräche soll auch das Angebot zur Aufklärung über bestehende rechtliche Vorsorgeinstrumente (insbesondere Patientenverfügung, Vorsorgevollmacht und Betreuungsvollmacht) bzw. die Möglichkeit ihrer Aktualisierung sein.*
>
> *Durch die Dokumentation der Beratungsergebnisse – beispielsweise in Form einer Patientenverfügung – soll ein rechtssicherer Umgang der Einrichtungen sowie der unmittelbar an der Versorgung Beteiligten mit dem geäußerten Willen der bzw. des Leistungsberechtigten ermöglicht werden. Dadurch sollen die individuellen Wünsche mit Blick auf medizinisch-pflegerische Behandlungsabläufe und die Betreuung beachtet werden, selbst wenn die bzw. der Leistungsberechtigte zum Zeitpunkt der Entscheidung über Behandlungen nicht mehr zu einer Äußerung des natürlichen Willens fähig ist."*[97]

c) Hinweis auf Eigenes – Die Interviewmethode

65 Rechtlich darf niemand zur Errichtung einer Patientenverfügung gezwungen werden, und trotzdem haben insbesondere Menschen im Umfeld bereits erkrankter, aber sich einer schriftlichen Erklärung verweigernder Menschen oft einen großen Bedarf danach, dass der Betroffene seine Entscheidungen doch selbst niederlegen möge. Wenn der Betroffene den Weg zum Anwalt verweigert, ist es nicht legal, dem Betroffenen einfach eine Unterschrift unter ein „Kreuzchen-

---

[97] Vgl. Vereinbarung nach § 132g Abs. 3 SGBV über Inhalte und Anforderungen der gesundheitlichen Versorgungsplanung für die letzte Lebensphase des GKV-Spitzenverbandes vom 13.12.2017, www.gkv-spitzenverband.de.

Patientenverfügungsmuster" abzuluchsen und die Kreuze dann nachträglich selbst zumachen. Solche Dinge sind in der Praxis nicht ungewöhnlich. Es ist aber völlig legitim, jemanden zu interviewen und ihn dann um eine Unterschrift unter den auf Papier übertragenen Text zu bitten. Die Autorin empfiehlt Angehörigen eine solche Vorgehensweise, wenn *„nichts anderes geht"*. Es ist auch möglich, immer dann, wenn es geeignete Erklärungen des Betroffenen gibt (z.b. anlässlich von Zeitungsartikeln oder Fernsehsendungen), diese spontan aufzuschreiben und um eine Unterschrift zu bitten. Auch das kann sich zu einer geeigneten Patientenverfügung „auswachsen". Auf jeden Fall sind Gespräche und Protokolle hilfreiche Mittel, um später genügend Anhaltspunkte für einen mutmaßlichen Willen zusammentragen zu können.

II. Inhaltliche Ausgestaltung der Patientenverfügung

1. Was gibt es schon?

Die Praxis beklagt, dass *„das traditionelle Konzept von Patientenverfügungen („living wills") als gescheitert angesehen werden müsse."*[98] Es gibt aber trotz aller Kritik am Istzustand eine schier unübersehbare Anzahl von Patientenverfügungsanbietern und Patientenverfügungsmustern,[99] z.b. für spezielle Personengruppen, wie z.b. die **psychiatrische oder jetzt psychosoziale genannte Patientenverfügung**[100] oder die **Patientenverfügungen** für behinderte oder unter Betreuung stehende Menschen **in leichter Sprache**.[101] Gewerbliche Anbieter werben mit Patientenverfügungen, die an medizinischen Parametern ausgerichtet sind.[102] Zum Teil werden Patientenverfügungen ergänzt durch sog. **Notfalltexte**,[103] in denen bereits schwer Erkrankte Anweisungen an ihren behandelnden Arzt, den Rettungsdienst oder ihr Palliativteam geben.

66

Dem stehen eine Vielzahl von juristischen Kommentaren und Handbüchern gegenüber, die eher zurückhaltend mit Textvorschlägen sind, sich lieber an Textklassikern wie dem Vorschlag des Bundesjustizministeriums[104] oder des bayerischen

67

---

98 *Coors/Jox/in der Schmitten*, Advance care planning: eine Einführung, 2015, 12.
99 Vgl. bei *May, Arnd T.*: Verfügungsliste. Liste Vorsorglicher Verfügungen wie Patientenverfügung, Vorsorgevollmacht und Betreuungsverfügung, online im Internet: http://www.ethikzentrum.de/verfuegungen.htm; etwa 260 zusammengetragene Muster.
100 Www.antipsychiatrieverlag.de/psychpav.
101 Z.B.: www.saarland.de/dokumente/thema_soziales/Patientenverfuegung_LS_END.pdf.
102 Www.dipat.de; Das Ergebnis kann dann so aussehen: *„Hinsichtlich einer bereits begonnenen maschinellen Beatmung verstehe ich hierunter zumindest: Fi02=0.21 und PEEP < 5mbar"*.
103 *Albrecht/Albrecht/Böhm/Böhm-Rößler*, Patientenverfügung, Rn 405 ff.
104 Z.B. BeckOF ErbR/*Roglmeier*, Patientenverfügung nebst Mandantenanschreiben unter 4.6.

Staatsministeriums[105] orientieren, vorsichtshalber gleich ganz auf Textmuster verzichten oder zumindest vertreten, dass sich eine Standardisierung oder auch nur eine Typisierung verbiete.[106] Wenn die Fachbücher Textmuster enthalten, sind sie häufig sehr kurz, insbesondere, wenn sie in notariellen Urkunden mit Vorsorgevollmachten zusammengefasst sind.[107]

> **Hinweis**
>
> Es ist m.E. ein Wagnis, sich in einem solchen Handbuch mit Mustertexten und Aussagen zu Formalien eindeutig zu positionieren. Angesichts des eigenen Erfahrungshorizontes wird aber der oft vertretenen Praxis, Vollmachtsdokumente und Patientenverfügung in einer Urkunde zu koppeln, entgegengetreten. Es ist weder zwingend noch sinnvoll, die Dokumente miteinander zu koppeln.
>
> So manche notarielle Urkunde legt Beweis dafür ab, dass der Notar nicht die Zeit für eine wirklich individuelle Patientenverfügung hatte und es sich um beliebige Standardtexte handelt. Der Mandant benötigt aber keinen Annex an eine Vollmacht, sondern ein „individuelles Maßkleid." Davon benötigt er mehrere Exemplare (z.B. für den behandelnden Arzt, für seinen Bevollmächtigten/Betreuer, für das Krankenhaus bei stationärer Aufnahme, für das Pflegeheim etc.). Diese Adressaten benötigen keine beurkundeten Generalvollmachten mit Informationen, die sie nichts angehen. Sie benötigen nicht einmal eine **beurkundete** Gesundheitsvollmacht. Es gilt lediglich das bloße Schriftformerfordernis.

> **Praxistipp**
>
> Zusätzliche Exemplare im Broschürenformat fertigen, die in die Hand- bzw. Brieftasche passen. Auf der Versicherungskarte sollte der Mandant ergänzend einen Hinweis anbringen, wo sich seine Patientenverfügung befindet, wenn er nicht ohnehin eine Informationsscheckkarte bei sich trägt (in den Tresor gehört eine Patientenverfügung nicht, sondern sie sollte gut zugänglich und auf jeden Fall auch beim Hausarzt hinterlegt sein).

68 Es wäre angesichts der Vielfalt der unterschiedlichen gedanklichen Ansätze vermessen anzunehmen, an dieser Stelle könne nun nachfolgend „das Rad neu erfunden", sämtliche Bedenken gegen Textmuster aufgelöst oder etwas geschaffen werden, was allgemein Akzeptanz findet oder gar allgemeingültig wäre. Die nachfolgenden Hinweise und Texte können allenfalls **ein Versuch** sein, aus schon

---

105 Vgl. z.B. Muster bei *Putz/Steldinger*, Vorsorgevollmacht, Patientenverfügung, selbstbestimmtes Sterben, 6. Aufl. 2016, XXIX, 280 ff.; BeckOF Vertrag/*Schervier/Schwarz*, 46. Ed. 2018, Stand 1.9.2018, zu 24.3 Generalvollmacht mit Betreuungs- und Patientenverfügung, Rn 13.
106 *Albrecht/Albrecht/Böhm/Böhm-Rößler*, Patientenverfügung, Rn 210.
107 *Albrecht/Albrecht/Böhm/Böhm-Rößler*, Patientenverfügung, Rn 402.

vorhandenem Material und der eigenen Erfahrung im Umgang mit Mandanten und ihren Wünschen **Anregungen** zu geben, wie man für jeden Mandanten **etwas Individuelles** schaffen kann, das für die Frage über die Behandlung/Nichtbehandlung des Nichteinwilligungsfähigen geeignet ist, zu einer guten Entscheidung zu kommen.

Dabei setzt der hiesige gedanklich Ansatz etwas voraus, was in der Praxis häufig fehlt: **Zeit.** Zeit, um sich individuell und intensiv mit dem **Mandanten** auseinandersetzen zu können und zu wollen. Wenn es aber z.B. an der Möglichkeit fehlt, diese Zeit adäquat zu bezahlen, dann muss man darüber nachdenken, wie und in welchen Formen man einen – oder ggf. auch mehrere Mandanten zusammen – anleiten kann, möglichst viel Vorarbeit anhand eigener Muster selbst zu übernehmen, so dass man sich auf den „Feinschliff" konzentrieren kann. 69

Es ist nach Überzeugung der Verfasserin nicht ausreichend, nur eine Patientenverfügung im Sinne der Legaldefinition des § 1827 Abs. 1 BGB (§ 1901a Abs. 1 BGB a.F.) zu entwerfen, denn – glaubt man den Medizinern – wird sie die zu entscheidende Lebenssituation ohnehin nicht treffen. *Albrecht/Albrecht/Böhm/Böhm-Rößler*[108] führen dies in ihrem Buch anhand einzelner klassischer Formulierungen zu einzelnen Regelungsbereichen, die auch hier mangels überzeugender Alternativen durchaus benutzt werden, nachvollziehbar vor. Ist das aber so, dann muss sich der Anwalt auf seine Kernkompetenz konzentrieren und **Störfallregeln** für das Scheitern der Patientenverfügung entwickeln. 70

> **Hinweis**
>
> Die wesentliche anwaltliche Arbeit neben der Patientenverfügung im engen rechtlichen Sinne ist daher m.E. das Herausarbeiten von Regeln, die gelten sollen, wenn die Patientenverfügung keine unmittelbare Anwendung findet.

Die Verfasserin überschreibt ihre medizinischen Vorsorgetexte daher konsequent mit **„Patientenverfügung und sonstige Verfügungen in gesundheitlichen Angelegenheiten"**, manchmal ergänzt um die **Bestattungsverfügung**. § 1827 BGB (§ 1901a BGB a.F.) lautet ab 1.1.2023: Patientenverfügung, Behandlungswünsche oder mutmaßlicher Wille des Betreuten.

2. Advance care planning statt anwaltlicher Patientenverfügung?

Der Gesetzgeber hat mit § 132g SGB V den Schritt weg von der allgemein geltenden Patientenverfügung hin zu der individuell-gesundheitlichen **Versorgungsplanung am Lebensende** getan.[109] Die gesundheitliche Versorgungsplanung in stationären Einrichtungen sieht unter anderem vor, dass die Versicherten über die 71

---

108 *Albrecht/Albrecht/Böhm/Böhm-Rößler*, Patientenverfügung, Rn 189.
109 Vgl. hierzu die S 3-Leitlinie Palliativmedizin für Patienten mit einer nicht heilbaren Krebserkrankung, www.dgpalliativmedizin.de/images/stories/LL_Palliativmedizin_Lang version_1_1.pdf, 144 ff.

medizinisch-pflegerische Versorgung und Betreuung in der letzten Lebensphase beraten werden und ihnen Hilfe und Angebote der Sterbebegleitung aufgezeigt werden sollen. Im Rahmen einer Fallbesprechung soll nach den individuellen Bedürfnissen des Versicherten insbesondere auf medizinische Abläufe in der letzten Lebensphase und während des Sterbeprozesses eingegangen, sollen mögliche Notfallsituationen besprochen und geeignete einzelne Maßnahmen der palliativ-medizinischen, palliativ-pflegerischen und psychosozialen Versorgung dargestellt werden. In die Fallbesprechung sind der den Versicherten behandelnde Hausarzt oder sonstige Leistungserbringer der vertragsärztlichen Versorgung nach § 95 Abs. 1 S. 1 SGB V einzubeziehen. Auf Wunsch des Versicherten sind Angehörige und weitere Vertrauenspersonen zu beteiligen. Für mögliche Notfallsituationen soll die erforderliche Übergabe des Versicherten an relevante Rettungsdienste und Krankenhäuser vorbereitet werden.[110]

72 Damit kann davon ausgegangen werden, dass die präventiv-abstrakte Patientenverfügung **nach reinen Textbausteinen** in naher Zukunft zumindest in stationären Einrichtungen vom Konzept des **Advance care planning** abgelöst werden wird. Advance care planning versteht sich nicht als einmaliger Akt der Erstellung einer Patientenverfügung, sondern als Prozess. Es handelt sich um eine **dynamische Form der Patientenverfügung**, die aus einem Gesprächsprozess zwischen dem Betroffenen, ggf. seinem Vertreter (oder nahen Angehörigen) und einer hierfür geschulten **Gesundheitsfachkraft** entsteht. Diese soll als professioneller Moderator einen Prozess steuern, bei dem der Patient seine Werte, Grundlagen und Ziele definiert, relevante künftige hypothetische Szenarien kennen- und verstehen lernt, seine Behandlungspräferenzen entwickelt und festlegt. Der Gesprächsprozess soll in *„einer im formalen Aufbau möglichst regional einheitlichen, inhaltlich aber mit Unterstützung des professionellen Prozessbegleiters **individuell ausgefüllten Patientenverfügung** als Ausdruck einer informierten Einwilligung bzw. Ablehnung von etwaigen künftigen Behandlungsmaßnahmen unter den im Gespräch erörterten Bedingungen münden."*[111]

73 Das wird in der Zukunft interessante Fragen zum Verhältnis der anwaltlich geschaffenen Patientenverfügung aufwerfen. Wird dann eine in der Vergangenheit sorgfältig anwaltlich erstellte Patientenverfügung nicht ohnehin außer Kraft gesetzt? Oder andersherum: Hat der Patient nicht grundsätzlich einen Anspruch darauf, in Ruhe gelassen und ungefragt aufgedrängte Beratungsangebote unter Hinweis auf eine bereits erstellte Patientenverfügung ablehnen zu können? Jedenfalls weist die Entwicklung zum Advance care planning den Weg zu einer Patientenverfügung, die von Anfang an den Zielen und Werten des Mandanten ausge-

---

110 Gesetz zur Verbesserung der Hospiz- und Palliativversorgung in Deutschland (Hospiz- und Palliativgesetz – HPG) v. 1.12.2015 BGBl I 2015, 2114.
111 *Cors/Jox/in der Schmitten*, Advance care planning, Stuttgart 2015, 11, 13; GKV-Spitzenverband, Vereinbarung nach § 132g Abs. 3 SGB V über Inhalte und Anforderungen der gesundheitlichen Versorgungsplanung für die letzte Lebensphase vom 13.12.2017 zu § 5.

richtet – also eine **höchst individuelle** – **Patientenverfügung** sein muss, um sich in der schwächsten Phase des Lebens ausreichend gegen Einflüsse von außen zu schützen.

3. Bestimmtheitsgrundsatz und Konkretisierungsgebot

Patientenverfügungen erheben tatsächlich wie rechtlich den **Anspruch, Sicherheit** für alle Beteiligten – insbesondere am Lebensende – **zu schaffen**: 74
- Für den Patienten ist die Patientenverfügung die „**Regieanweisung**" bzw. die lebzeitige Verwaltungsanordnung für die ärztliche Behandlung und medizinische Pflege in der nicht mehr bestimmbaren Zukunft. Sie muss das imaginäre Gespräch mit dem behandelnden Arzt der Zukunft sein.
- Für den Bevollmächtigten/Betreuer ist die Patientenverfügung **Handlungs-, Pflichten- und Haftungsmaßstab** nach Maßgabe des zugrunde liegenden Rechtsverhältnisses zum Patienten.
- Für den behandelnden Arzt ist die Patientenverfügung **Maßstab für ein erlaubtes Handeln** oder Unterlassen bei indizierten medizinischen Maßnahmen, also ein **Instrument zur Vermeidung von Behandlungsfehlern und strafbaren Handlungen**.
- Für das Betreuungsgericht ist die Patientenverfügung das maßgebliche **Arbeitsmaterial** für die **Entscheidung über** „gefährliche" Maßnahmen i.S.v. § 1829 BGB (§ 1904 BGB a.F.).

Die Patientenverfügung muss versuchen, diesen Zielen gerecht zu werden. Dazu 75 muss sie auf jeden Fall **bestimmte**, zum Zeitpunkt der Festlegung noch nicht unmittelbar bevorstehende **Festlegungen** für den Fall der Untersuchung des Gesundheitszustandes, der Heilbehandlung oder des ärztlichen Eingriffs enthalten. Für den positiv verlaufenden Wirksamkeits-Check einer Patientenverfügung sind also **konkret detaillierte To-Dos (positive Patientenverfügung)** oder **Not-To-Dos (negative Patientenverfügung)** notwendig.

Sätze wie „*Wenn ich einmal sehr krank und nicht mehr in der Lage bin, ein für* 76 *mich erträgliches und umweltbezogenes Leben zu führen, möchte ich würdevoll sterben*",[112] „*Wenn keine Aussicht auf Besserung im Sinne eines für mich erträglichen und umweltbezogenem Lebens besteht, möchte ich keine lebensverlängernden Maßnahmen*",[113] „*Es soll ein würdevolles Sterben ermöglicht oder zugelassen werden, wenn ein Therapieerfolg nicht mehr zu erwarten ist*",[114] „*Ich will nicht von Maschinen abhängig sein*", „*Ich lehne Lebensverlängerung um jeden Preis ab*" sind leere Hüllen ohne Inhalt und müssen konkret gefüllt werden. Die erforderliche **Konkretisierung** kann sich dann nur im Einzelfall durch die Bezugnahme auf ausreichend spezifizierte Krankheiten oder Behandlungssituationen

---

112 BT-Drucks 16/8442, 13.
113 BT-Drucks 16/8442, 14.
114 BGH, Beschl. v. 17.9.2014 – XII ZB 202/13, NJW 2014, 3572, Rn 36.

ergeben. Ob in solchen Fällen eine hinreichend konkrete Patientenverfügung vorliegt, ist dann durch Auslegung der in der Verfügung enthaltenen Erklärungen zu ermitteln.[115] Das gilt es zu vermeiden.

77 Der BGH[116] fordert allgemein:

> „Neben Erklärungen des Erstellers der Patientenverfügung zu den ärztlichen Maßnahmen, in die er einwilligt oder die er untersagt, verlangt der Bestimmtheitsgrundsatz aber auch, dass die Patientenverfügung erkennen lässt, **ob sie in der konkreten Behandlungssituation Geltung beanspruchen soll.** Eine Patientenverfügung ist nur dann ausreichend bestimmt, wenn sich feststellen lässt, in welcher Behandlungssituation welche ärztlichen Maßnahmen durchgeführt werden bzw. unterbleiben sollen. Danach genügt eine Patientenverfügung, die einerseits konkret die **Behandlungssituationen** beschreibt, in der die Verfügung gelten soll, und andererseits die **ärztlichen Maßnahmen** genau bezeichnet, in die der Ersteller einwilligt oder die er untersagt, etwa durch Angaben zur Schmerz- und Symptombehandlung, künstlichen Ernährung und Flüssigkeitszufuhr, Wiederbelebung, künstlichen Beatmung, Antibiotikagabe oder Dialyse, dem Bestimmtheitsgrundsatz."

78 Inhaltlich begrenzt der BGH[117] die Bestimmtheits- und Konkretisierungsanforderungen durch folgende Überlegungen:

> „Die Anforderungen an die Bestimmtheit einer Patientenverfügung dürfen aber auch nicht überspannt werden. Vorausgesetzt werden kann nur, dass der Betroffene umschreibend festlegt, was er in einer bestimmten Lebens- und Behandlungssituation will und was nicht. Maßgeblich ist nicht, dass der Betroffene seine eigene Biografie als Patient voraussahnt und die zukünftigen Fortschritte in der Medizin vorwegnehmend berücksichtigt. Insbesondere kann nicht ein gleiches Maß an Präzision verlangt werden, wie es bei der Willenserklärung eines einwilligungsfähigen Kranken in die Vornahme einer ihm angebotenen Behandlungsmaßnahme erreicht werden kann. Andernfalls wären nahezu sämtliche Patientenverfügungen unverbindlich, weil sie den Anforderungen an die Bestimmtheit nicht genügten."

Nachfolgend geht es darum, wie man für den Mandanten ein **hinreichend konkretes** Dokument erstellt.

Dabei ist vorab immer zu berücksichtigen, was gar nicht geht und deshalb nicht Gegenstand einer Patientenverfügung sein kann. Damit ist nicht nur das unzulässige Verlangen nach der Begehung strafbarer Handlungen gemeint. Dazu gehört z.B. auch die vorab erklärte Einwilligung in freiheitseinschränkende Maßnahmen im Rahmen einer Patientenverfügung. Nach § 1827 BGB (§ 1901a BGB a.F.) kann

---

115 BGH, Beschl. v. 14.11.2018 – XII ZB 107/18, NZFam 2019, 73, Rn 34 m.w.N.
116 BGH, Beschl. v. 14.11.2018 – XII ZB 107/18, NZFam 2019, 73, Rn 32 m.w.N.
117 BGH, Beschl. v. 17.9.2014 – XII ZB 202/13, NJW 2014, 3572, Rn 35.

ein einwilligungsfähiger Volljähriger nur Vorausverfügungen über „Untersuchungen seines Gesundheitszustandes, Heilbehandlungen oder ärztliche Eingriffe" treffen. Eine Beschränkung der individuellen Handlungs- und Bewegungsfreiheit ist jedoch kein tauglicher Gegenstand einer Patientenverfügung. Ein Festbinden der Gliedmaßen des Patienten, um eine Manipulation an den Zugängen oder deren Entfernung zu verhindern, lässt sich daher nicht vorab über eine Patientenverfügung regeln.[118]

Durch eine Patientenverfügung kann auch niemand – auch kein Arzt – verpflichtet werden, Hilfe zur Selbsttötung zu leisten.[119]

4. Orientierung an Textmustern – Der Klassiker des BMJ und andere Patientenverfügungstexte

Den „Klassiker" unter den Patientenverfügungsmustern dürfte man in der Broschüre des Bundesministeriums der Justiz[120] bzw. in der „bayerischen" Patientenverfügung[121] finden. Daran orientieren sich nahezu alle anderen Patientenverfügungsmuster. Diese beiden Muster verstehen sich selbst aber nur als *„Anregungen und Formulierungshilfen, weil es ein einheitliches Muster nicht geben kann."*[122]

Empfohlener Aufbau einer Patientenverfügung[123] und ergänzende Aussagen nach dem Muster des BMJ
– Eingangsformel
– Situationen, für die die Patientenverfügung gelten soll

---

118 *Beckmann*, BtPrax, 2019, 190, zu b. Vorweggenommene Einwilligung in einer Patientenverfügung.
119 Vgl. hierzu BVerfG, Beschl. v. 26.2.2020 – 2 BVr 2347/15 Ls. 6, Rn 342; Bundesärztekammer, Hinweis der Bundesärztekammer zum ärztlichen Umgang mit Suizidalität und Todeswünschen nach dem Urteil des Bundesverfassungsgerichts zu § 217 StGB, Dt. Ärzteblatt 2021, A 1428; A 1431 f.
120 BMJ, Patientenverfügung – wie sicher ich meine Selbstbestimmung in gesundheitlichen Angelegenheiten?; https://www.bmj.de/SharedDocs/Publikationen/DE/Patientenverfuegung.pdf?__blob=publicationFile&v=41.
121 Bayerisches Staatsministerium der Justiz, Vorsorge für Unfall, Krankheit Alter, 33 ff.; September 2021, /www.bestellen.bayern.de/application/applstarter?APPL=eshop&DIR=eshop&ACTIONxSETVAL(artdtl.htm,APGxNODENR:283773,AARTxNR:04004713,AARTxNODENR:333708,USERxBODYURL:artdtl.htm,KATALOG:StMJV,AKAT xNAME:StMJV,ALLE:x)=X.
122 BMJ, Patientenverfügung – wie sicher ich meine Selbstbestimmung in gesundheitlichen Angelegenheiten?; https://www.bmj.de/SharedDocs/Publikatioen/DE/Patientenverfuegung.pdf?__blob=publicationFile&v=41, S. 19.
123 BMJ, Patientenverfügung – wie sicher ich meine Selbstbestimmung in gesundheitlichen Angelegenheiten?; https://www.bmj.de/SharedDocs/Publikationen/DE/Patientenverfuegung.pdf?__blob=publicationFile&v=41, S. 20 f.

- Festlegungen zu ärztlichen/pflegerischen Maßnahmen
- Wünsche zu Ort und Begleitung
- Aussagen zur Verbindlichkeit
- Hinweise auf weitere Vorsorgeverfügungen
- Hinweis auf beigefügte Erläuterungen zur Patientenverfügung
- Organspende
- Schlussformel
- Schlussbemerkungen
- Datum, Unterschrift
- Aktualisierung(en), Datum, Unterschrift
- Anhang: Wertvorstellung

81 Die Textbausteine beginnen in der Regel mit den Personendaten und gehen dann gleich über zu den **Regelungsbereichen** und **einzelnen medizinischen Maßnahmen**.

Die Patientenverfügung des BMJ und diejenigen Textmuster, die ihr folgen, stellen einheitlich immer auf *„die oben beschriebenen Situationen"* ab, in der der Patient etwas will oder nicht will. Die Erfahrungen der Verfasserin mit der Erstellung von Patientenverfügungen zeigen aber, dass es neben den Optionen
- *„das will ich"*,
- *„das will ich nicht"*

auch die Option gibt,
- *„dazu habe ich aktuell noch keine Meinung und stelle die Entscheidung in das Ermessen des mich behandelnden Arztes und meines Bevollmächtigten/ Betreuers, die sie aus meinem mutmaßlichen Willen zu dieser Zeit bilden sollen".*

Außerdem kann die Entscheidung des Mandanten durchaus – je nach geregelter Situation und medizinischer Maßnahme – variieren. Deshalb ist es wichtig bei der Übernahme solcher Textmuster darauf zu achten, dass für jede Lebens- und Behandlungssituation bei jeder medizinischen Maßnahme **drei Optionen** zur Auswahl stehen und zu entscheiden sind. Niemand kann zu einer Entscheidung zwischen zwei Optionen gezwungen werden. Man kann die Einzelsituationen und Behandlungsoptionen auch nicht einheitlich schematisch abarbeiten. Die Praxis zeigt, dass Mandanten häufig gar nicht wissen, was sie bei einer solchen schematischen Bearbeitung zu entscheiden haben. Wenn man entscheidungsoffen vorgeht, werden sich für den Mandanten sehr schnell individuelle Einzelfragen und -entscheidungen herauskristallisieren.

5. Vorschläge der Autorin

a) Deckblatt zur ersten Orientierung

82 Die Patientenverfügung ist nach diesseitiger Ansicht immer ein umfangreicheres Textdokument, auch wenn sich in der Praxis eine Tendenz zu einer Patientenver-

fügung auf einer DIN A-4 Seite herauszukristallisieren scheint.[124] Im Falle der langen Version bleibt in der Praxis jedenfalls nicht immer genügend Zeit, um sich erst einmal einen solchen ausführlichen Text „durchlesen" zu können. Deshalb empfiehlt sich bei der Langversion ein **grafisch gestaltetes Deckblatt**, das auf den **ersten Blick** Auskunft darüber gibt, um wen es sich handelt, wer zu informieren ist, für welche Behandlungssituation der Patient welche Entscheidung getroffen hat und auf welcher Seite der Patientenverfügung man dazu etwas findet.

b) Wer soll informiert werden? Wer darf handeln?

Betreuer oder Vorsorgebevollmächtigter haben für den **nicht einwilligungsfähigen Patienten** die Entscheidung über die Durchführung, Nichtdurchführung oder den Abbruch einer Untersuchung des Gesundheitszustandes, einer Heilbehandlung oder eines ärztlichen Eingriffs zusammen mit dem behandelnden Arzt in einem Gespräch nach § 1828 BGB (§ 1901b BGB a.F.) zu treffen. Es empfiehlt sich daher m.E. gleich zu Beginn einer Patientenverfügung und nicht erst am Ende Angaben darüber aufzunehmen, wer unverzüglich über den Zustand des Betroffenen zu informieren ist und wer rechtlich zum Handeln und zur Entscheidung legitimiert ist.

Muster 3.2: Einleitung: Informationen und Entscheidungskompetenzen

Personenstandsdaten

Wer soll informiert werden?

Sollte ich in einen Zustand geraten, in dem ich meine Urteils- und/oder Entscheidungsfähigkeit verloren habe oder diese wesentlich beeinträchtigt ist, so soll über meinen Zustand und meinen Aufenthaltsort ▓▓▓ unverzüglich unterrichtet werden.

Wer darf handeln?

Ich habe ▓▓▓ eine General- und Vorsorgevollmacht erteilt. Eine Ersatzvollmacht in gesundheitlichen Belangen habe ich an ▓▓▓ erteilt.

Alternativ:

Ich habe eine Vollmacht in persönlichen, insbesondere gesundheitlichen Angelegenheiten an ▓▓▓ erteilt. Sie enthält (*alternativ:* enthält nicht) auch die Befugnis zur Entscheidung über lebensgefährdende Maßnahmen, freiheitsentziehende Unterbringung und Maßnahmen und ärztliche Zwangsbehandlung. Eine Ersatzvorsorgevollmacht habe ich an ▓▓▓ erteilt. Eine Vollmacht in Vermögens-, Steuer- und sonstigen Rechtsangelegenheiten habe ich an ▓▓▓ erteilt. Der Bevollmächtigte ist verpflichtet, diejenigen Mittel zur Verfügung zu stellen, die für die Umsetzung meiner Anordnungen in persönlichen, speziell gesundheitlichen Angelegenheiten, notwendig sind.

---

124 Z.B. *Albrecht/Albrecht/Böhm/Böhm-Rößler*, Patientenverfügung, Rn 242.

Befreiung von der Schweigepflicht

Ich befreie meine behandelnden Ärzte/Pfleger ausdrücklich von ihrer Schweigepflicht gegenüber meinen Bevollmächtigten bzw. evtl. Betreuern.

Vorhergehende Patientenverfügungen

Ich habe bisher keine Patientenverfügung errichtet.

Alternativ:

Ich habe am ▪▪▪▪▪ eine Patientenverfügung errichtet, die ich hiermit vollinhaltlich widerrufe. Es gilt ausschließlich, was folgt.

Alternativ:

Ich habe am ▪▪▪▪▪ eine Patientenverfügung errichtet, die ich hiermit wie folgt ergänze/ändere: ▪▪▪▪▪

Ggf. Rechtswahl

Diese Patientenverfügung soll – einschließlich der Rechtswahl – soweit als möglich auch im Ausland Geltung haben. Ich wähle für diese Patientenverfügung deutsches Recht. Demnach soll insbesondere für Errichtung, Wirksamkeit, Umfang, Auslegung, Dauer und Erlöschen der Patientenverfügung vorrangig deutsches Recht gelten. Sofern Streit über die Bedeutung, Auslegung und Reichweite der in dieser Patientenverfügung verwendeten Rechtsbegriffe entsteht, sollen im Sinne der deutschen Rechtsordnung ausgelegt werden.

c) Aufklärung nach §§ 630d Abs. 2, 630e BGB

85 Die Durchführung, Fortführung und die Beendigung einer **medizinisch indizierten** Maßnahme (nur eine solche ist zulässig!) bedürfen der **Einwilligung** nach § 630d BGB, die Unterlassung nicht. Eine wirksame Einwilligung bedarf einer vorherigen **Aufklärung** nach § 630e BGB, es sei denn der Betroffene hätte einen Verzicht nach § 630e Abs. 3 BGB erklärt. Ob ein solcher Verzicht sinnvoll ist, scheint sehr fraglich, denn § 1828 Abs. 1 BGB (§ 1901b Abs. 1 BGB a.F.) fordert: *„Der behandelnde Arzt prüft, welche ärztliche Maßnahme im Hinblick auf den Gesamtzustand und die Prognose des Patienten indiziert ist. Er und der Betreuer erörtern diese Maßnahme unter Berücksichtigung des Patientenwillens als Grundlage für die nach § 1901a BGB zu treffende Entscheidung."* Das Gespräch nach § 1828 BGB (§ 1901b BGB a.F.) ist nach der Rechtsprechung des BGH als verfahrensrechtliche Absicherung der Belange des Patienten unverzichtbar.[125]

---

125 BGH, Urt. v. 25.6.2010 – 2 StR 454/09, NJW 2010, 2963, Rn 38; BGH, Beschl. v. 10.11.2010 –2 StR 320/10, NJW 2011, 161, Rn 21.

Muster 3.3: Wer ist aufzuklären/Verzicht auf Aufklärung

In jedem Fall, in dem ich ärztlicher Behandlung bedarf, will ich ohne Vorbehalte informiert und aufgeklärt werden. Im Falle meiner Einwilligungsunfähigkeit ist der jeweils Bevollmächtigte oder der jeweilige Betreuer umfassend aufzuklären. Insbesondere ist meinen Bevollmächtigten stets ein aktualisierter Medikamentenplan zur Verfügung zu stellen.

Alternativ:

Ich verzichte für mich (*optional:* und ggf. für meinen Vertreter insoweit, als ▬▬▬[126]) auf eine Aufklärung über vorgesehenen Behandlungen/ärztliche Eingriffe.

Der Hinweis darauf, dass dem Betreuer/Vorsorgebevollmächtigten ein **Medikamentenplan** auszuhändigen ist, schärft das Bewusstsein für die Probleme, die mit der Einnahme bestimmter oder einfach nur vieler Medikamente („**Multimedikation**") einhergehen können. Insbesondere sollte die Überwachung der Gabe von Psychopharmaka für jeden Betreuer/Vorsorgebevollmächtigten ein „Muss" sein. Der Gesetzgeber hat die gesetzlichen Krankenkassen nach § 31a SGB V verpflichtet, dem Betroffenen, der mehr als drei verschiedene Arzneimittel anwendet, einen Medikationsplan auszuhändigen und diesen fortzuschreiben.

d) Anamnestische Daten/Medikamentenplan, § 31a SGB V

Die Patientenverfügung ist nach diesseitiger Ansicht **das imaginäre Gespräch des Patienten mit dem Arzt der Zukunft**[127] über Untersuchungen, Behandlungen, Eingriffe, pflegerische Versorgung. „*Sie ist der Dialog, den das Bundesverfassungsgericht bereits 1979 vom Patienten eingefordert hat,*"[128] und der jetzt durch § 630c Abs. 1 BGB im Patientenrechtegesetz seinen Ausdruck findet.

Der behandelnde Arzt der Zukunft hat nicht unbedingt die Möglichkeit, eine eigene **Anamnese** über seinen Patienten zu erstellen. Er kennt möglicherweise relevante **Vorerkrankungen** des Patienten nicht, weiß nichts über seine **Allergien** und Unverträglichkeiten (z.B. gegen Pflaster, Medikamente, Kontrastmitteln etc.), notwendige Medikationen oder körperliche Besonderheiten, die es z.B. unmöglich machen, einen Mandanten zu intubieren. Die Zeiten von COVID-19 zeigen überdies, dass es wichtig sein kann, durchgeführte Impfungen aufzulisten oder eine Kopie des Impfpasses an die Patentenverfügung anzuhängen. Das Problem wird sich ggf. lösen, wenn es für alle Patienten flächendeckend eine elektronische Gesundheitskarte geben wird, mit der alle Daten einschließlich der Patien-

---

[126] Es ist vorstellbar, dass man den Bevollmächtigten/Dritten ggf. für spezielle Fallgestaltungen freistellt; m.E. ist eine umfassende Freistellung nicht möglich.
[127] Vgl. *Doering-Striening*, Patientenverfügung – das imaginäre Gespräch mit dem Arzt der Zukunft, ASR 2019, 4 ff.
[128] BVerfG, Beschl. v. 25.7.1979 – 2 BvR 878/74, NJW 1979, 1925.

tenverfügung verfügbar gemacht werden können.[129] Bis dahin empfiehlt es sich m.E., **medizinische Grunddaten** in die Patientenverfügung aufzunehmen:

Muster 3.4: Medizinische Grunddaten

90 Blutgruppe:

Ärztliche Befunde und Berichte: (nach Anlage)

Chronische/sonstige Erkrankungen:

Dauernde Medikation: (ggf. regelhaft aktualisierter Medikamentenplan)

Herzschrittmacher, Bypass etc.:

Allergien:

Impfstatus:

91 In den gängigen Patientenverfügungsmustern werden diese Daten unter der Rubrik „Raum für sonstige Anmerkungen" abgehandelt. Das kann man so machen. M.E. sind aber insbesondere **chronische Erkrankungen** und ihre Dauerbehandlungen bereits **an den Anfang jeder Patientenverfügung** zu stellen, weil deren korrekte Behandlung zunächst einmal das Allerwichtigste für den Patienten ist (vgl. nachfolgend z.B. zum Herzschrittmacher).

92 Es ist auch sinnvoll zu prüfen, ob dem Text eine mit Datum versehene **Medikamentenliste** für bestehende **Dauermedikationen** beigefügt werden soll. Möglicherweise lassen sich an dieser Stelle schon Probleme einer bestehenden falschen oder ggf. zu überprüfenden **(Multi-)medikation** identifizieren (vgl. hierzu z.B. „**Priscusliste**" **potenziell inadäquater Medikation für ältere Menschen**).[130]

e) Allgemeingültige Behandlungsanweisungen/-verbote unabhängig von speziellen Lebenssituationen

93 Viele Menschen haben Angst, dass Ihnen durch die Erstellung der Patientenverfügung Behandlungsoptionen abgeschnitten werden oder man sie einfach sterben lassen könnte, obwohl sie noch Chancen auf ein Leben nach ihren Vorstellungen haben. Deshalb kann man an den Anfang einen klarstellenden Vorspann aufnehmen, der dann aber im Weiteren auch mit klaren und bestimmten Ausführungen zu den eigenen Vorstellungen einher gehen muss.

---

129 Vgl. zum vorgesehenen Datenumfang einer Gesundheitskarte § 291a Abs. 2 SGB V.
130 http://priscus.net/download/PRISCUS-Liste_PRISCUS-TP3_2011.pdf; die Priscusliste befindet sich im Stadium der Überarbeitung. Prof. Dr. Petra Thürmann, die an der Universität Witten/Herdecke den Lehrstuhl für Klinische Pharmakologie innehat, ist federführende Autorin dieser Liste, die 2021 eine alsbaldige Veröffentlichung der neuen Daten angekündigt hat.

Muster 3.5: Behandlungsvorspann

Für meine ärztliche und pflegerische Behandlung gilt allgemein:

94

Ich wünsche ärztliche und pflegerische Behandlung unter Ausschöpfung der medizinisch indizierten Möglichkeiten, solange eine Aussicht auf Heilung oder wesentliche Verbesserung einer Erkrankung besteht oder eine Behandlung chronischer oder schwerer Krankheiten möglich ist, die mir noch eine Teilhabe am Leben in der Gemeinschaft und Lebensqualität nach meinen nachfolgend dargelegten Vorstellungen (Wichtig: Diese Vorstellungen müssen dann aber auch wirklich später folgen.) ermöglicht.

Ärztliche und/oder pflegerische Untersuchungen, Eingriffe und Behandlungen dürfen nur nach Maßgabe der nachfolgenden Anordnungen durchgeführt werden. Soweit ausdrückliche Regelungen fehlen oder Zweifel entstehen sollten, ist mein **mutmaßlicher Wille** anhand dieser Patientenverfügung zu ermitteln und einer Entscheidung über eine **medizinisch indizierte** ärztliche oder pflegerische Behandlung zugrunde zu legen.

aa) Schmerzbehandlung

Klassische Muster von Patientenverfügungen setzen sich zu Beginn allgemein mit Fragen der Basisversorgung und der **Schmerzbehandlung** auseinander.[131] Das Lindern von Schmerzen gehört zur **Basisbetreuung** eines Menschen. Ebenso wie das Lindern von Atemnot, Übelkeit, Stillen von Hunger und Durst auf natürlichem Weg könne diese Maßnahmen nicht von einer Patientenverfügung ausgeschlossen werden. Sie bedürfen daher eigentlich auch keiner Erwähnung. Gleichwohl findet man sie in fast jedem Textmuster.

95

Ein Problem stellt die Dosierung eines Medikaments zur Schmerzlinderung dar. Wenn man die Dosis eines Schmerzmedikaments erhöht, um damit die Schmerzen zu lindern, und tritt der Tod eines Patienten deshalb früher ein, so stellt sich die Frage, ob die Lebensverkürzung wegen der Schmerzmedikation einen Straftatbestand darstellt. „*Eine ärztlich gebotene schmerzlindernde Medikation bei einem sterbenden Patienten wird aber nicht dadurch unzulässig, dass sie als unbeabsichtigte, aber in Kauf genommene unvermeidbare Nebenfolge den Todeseintritt beschleunigen kann (...). Denn die Ermöglichung eines Todes in Würde und Schmerzfreiheit gemäß dem erklärten oder mutmaßlichen Patientenwillen ist ein höheres Rechtsgut als die Aussicht, unter schwersten, insbesondere Vernichtungsschmerzen noch kurze Zeit leben zu müssen.*"[132]

96

Das Problem ist mittlerweile relativiert, weil es eine Reihe von Studien gibt, die nachweisen konnten, dass die Schmerzbehandlung mit sedierenden Medikamenten gar nicht sicher lebensverkürzend wirkt, sondern sogar leicht lebensverlän-

97

---

[131] Vgl. hierzu May/Kreß/Verrel/Wagner/*Lux/Laubenthal/Heinz*, Patientenverfügung, 2016, 235 ff.
[132] BGH, Urt. v. 15.11.1996 – 3 StR 79/96, NJW 1997, 807.

gernd.[133] Klassische Patientenverfügungen regeln gleichwohl den Fall eines frühzeitigen Versterbens wegen des Gebotes optimaler Schmerzbehandlung in der Regel sehr ausführlich.

Muster 3.6: Risikoerklärung zur Schmerzbehandlung

98 Stets wünsche ich die weitestgehende Beseitigung von **Schmerzen** und **Atemnot** sowie anderen schwerwiegenden belastenden Begleitsymptomen und sonstigen Krankheitserscheinungen durch ärztliche und pflegerische Maßnahmen: Schmerzmittel und Narkotika sollen zur **Vermeidung** oder **Linderung** von **Schmerzen** unter Ausschöpfung aller Möglichkeiten der modernen Schmerztherapie angewendet werden.

Operative Eingriffe zur Schmerzlinderung sind zulässig.

Versagen alle sonstigen medizinischen Möglichkeiten zur Schmerz- und Symptomkontrolle, so dürfen bewusstseinsdämpfende Mittel zur Beschwerdelinderung eingesetzt werden. Ich nehme dabei bewusst in Kauf:
- die Möglichkeit einer ungewollten, aber mit den Maßnahmen unter Umständen verbundenen Verkürzung meiner Lebenszeit durch schmerz- und symptomlindernde Maßnahmen
- durch eine solche Behandlung müde und schläfrig zu werden
- vergleichbar einer Narkose das Bewusstsein zu verlieren.

99 Die Überdosierung von Schmerzmitteln ist in der Praxis heute eher ein geringeres Problem. Für die Anwendung **sedierender Medikamente in der Palliativmedizin** gilt im Übrigen die Leitlinie der European Association for Palliative Care (EAPC)[134] als richtungsweisend.

100 Ein wirkliches Problem ist die Anwendung von **nicht geeigneten** (vgl. „Priscusliste" potenziell inadäquater Medikation für ältere Menschen[135]), von zu vielen Medikamenten (**Multimedikation**) oder **nicht indizierten** Medikamenten. Multimedikation ist ein Alltagsphänomen mit hohem Risikopotential.[136] Sie ist möglichst zu vermeiden. Sie kann neben einem erhöhten Sterberisiko bei älteren Menschen auch zu einer signifikanten Verschlechterung der kognitiven Leistungsfähigkeit führen. Verstärkt wird das Problem dadurch, dass bei der Behandlung von Patienten in Heimeinrichtungen die Gabe von Psychopharmaka neben der Vielzahl der anderen Medikamente eine große Rolle spielt. Nach internationalen Studien[137] liegt die Verordnungsrate von Psychopharmaka bei Altenheim-

---

133 Zitiert nach *Borasio*, Selbstbestimmt sterben, 2014, 57.
134 Sedierung in der Palliativmedizin – Leitlinie 1 für den Einsatz sedierender Maßnahmen in der Palliativ-Versorgung.
135 Vgl. Fn 130.
136 Vgl. z.B. *Mertens*, Polypharmazie im Alter, Magisterarbeit 2009; *Jaehde/Franke/Demgenski*, Mehr Überblick trotz Polymedikation, Pharmazeutische Zeitung online, 2008; *Schubert/Feßler/Kirchner/Muth/Harder*, Hausärztliche Leitlinie „Multimedikation" erschienen, Hessisches Ärzteblatt, 2013, 684 ff.
137 *Pantel/Weber*, Abschlussbericht Psychopharmaka im Altenpflegeheim, 8 m.w.N.

bewohnern zwischen 34 und 75 %. Dies geschieht nicht selten **zur „Ruhigstellung"** des Bewohners. „Ruhigstellung" ist keine medizinische Indikation und daher zu unterlassen. Gleichwohl ist sie Alltag.

Es empfiehlt sich daher, mit dem Mandanten dieses Problem ausdrücklich zu besprechen und ggf. einen Zusatz aufzunehmen, der die Behandlung mit solchen Medikamenten **zur allgemeinen Ruhigstellung** regelt. Auf jeden Fall sollte der Mandant sich bei seinem Arzt über dieses Problem sachkundig machen. 101

Muster 3.7: Behandlung mit Psychopharmaka

In die Behandlung mit Psychopharmaka zur Beseitigung von Atemnot, Schmerzen, erheblich belastenden neuropsychiatrischen Symptomen und/oder zur palliativen Sedierung willige ich ein. 102

Die Anwendung außerhalb dieses Anwendungsbereiches (z.B. die Anwendung von Neuroleptika zur bloßen Ruhigstellung aus sonstigen Gründen) lehne ich ab.

Alternativ: Das gilt auch für ▓▓▓▓.

oder

Die Anwendung außerhalb dieses Anwendungsbereiches müssen behandelnder Arzt und Bevollmächtigter/Betreuer stets sorgfältig miteinander erörtern und fortlaufend überprüfen, falls der Bevollmächtigte/Betreuer in die Behandlung einwilligt.

Häufig ist die weitestgehende Schmerzbehandlung eines der Hauptziele der Patientenverfügung. Es kann aber durchaus sein, dass die Behandlung mit Medikamenten zur optimalen Schmerzbehandlung mit anderen Anweisungen in der Patientenverfügung kollidiert. Hier empfiehlt es sich darüber nachzudenken, ob man Kollisionsregeln in die Patientenverfügung aufnimmt. 103

Muster 3.8: Kollisionsregel

Sollte eine der nachfolgenden Anordnungen mit dem Ziel, möglichst ohne Schmerzen und/oder Leiden zu sein, kollidieren, so gilt der Vorrang der Schmerzlinderung. 104

bb) Behandlungsregelungen ohne Reichweitenbegrenzung

Nach § 1827 Abs. 3 BGB (§ 1901a Abs. 3 BGB a.F.) gibt es **keine Reichweitenregelung** für eine Patientenverfügung. Über jede ärztliche Untersuchung, jede ärztliche Maßnahme kann eine Entscheidung getroffen werden, z.B.: 105
– *„Ich lehne Bluttransfusionen,*[138] *fremdes Gewebe und fremde Organe generell ab."*
– *„Ich lehne die Behandlung mit folgenden Medikamenten ab: …"*

---

138 Vgl. z.B. Grundsätze zur Behandlung von Zeugen Jehovas, https://ethikkomitee.de/downloads/leitlinie-kd-zeugen-jehovas.pdf.

– *„Ich lehne jegliche Impfung ab."* oder *„Ich bin mit jeder Impfung gegen alle möglichen Krankheiten einverstanden."*[139]

Obgleich gesetzlich geregelt musste der BGH die gesetzgeberische Entscheidung durch eigene richterliche Entscheidung bestätigen.[140] Auch für den Fall einer schweren **Altersdemenz** kann deshalb z.b. ein Behandlungsabbruch oder -verbot verlangt werden.[141]

106 Das klassischerweise diskutierte Behandlungsverbot, das unabhängig von einem festgelegten Zustand des Patienten ist, ist das **Reanimationsverbot** bei einem Herzkreislaufstillstand/Atemversagen.

Muster 3.9: Reanimationsregeln bei Herzkreislaufstillstand/Atemversagen

„Ich lehne Wiederbelebungsmaßnahmen nach einem Herz-/Kreislaufstillstand oder Atemversagen nicht nur in den oben beschriebenen Situationen, sondern generell ab."[142]

Alternativ: ... nach Ablauf von ▇▇▇ Minuten seit ▇▇▇ ab

Alternativ: ... bei folgenden medizinischen Parametern ▇▇▇ ab

Alternativ: Ich lehne Wiederbelebungsmaßnahmen generell ab, sofern diese Situationen nicht im Rahmen ärztlicher Maßnahmen (z.B. Operationen) unerwartet eintreten.[143]

107 Was passiert beim Herzkreislaufstillstand? Die Herzfunktion fällt durch eine fehlende Herzaktion aus. Das Herz pumpt kein Blut mehr in das Gehirn und den restlichen Körper. Ca. zwölf Sekunden nach einem Kreislaufstillstand verliert der Betroffene das Bewusstsein, da die neuronalen Funktionen des zentralen Nervensystems komplett zum Erliegen kommen. Pro Minute des Herzstillstandes reduziert sich die Wahrscheinlichkeit eines Überlebens um 10 %. Wenn nach einem Herzstillstand nicht innerhalb von fünf Minuten einfache Herzmassagen durchgeführt werden, dann ist ein Überleben unwahrscheinlich.[144] *„Da das Gehirn nicht dazu in der Lage ist, größere Mengen an Sauerstoff und Energielieferanten zu speichern, diese jedoch zwingend für seinen Stoffwechsel benötigt, hat es nur eine geringe Toleranzgrenze hinsichtlich einer Minderdurchblutung. Bei einer vollständigen Ischämie, das heißt einem vollständigen Durchblutungsstopp*

---

139 *Stein*, Impfklauseln in der Patientenverfügung, Seniorenrecht aktuell 2021, S. 61, 162.
140 BGH, Beschl. v. 17.9.2014 – XII ZB 202/13, NJW 2014, 3572, Rn 28.
141 *Steenbreker*, NJW 2012, 3207, 3209.
142 BMJ, Patientenverfügung – wie sicher ich meine Selbstbestimmung in gesundheitlichen Angelegenheiten?; https://www.bmj.de/SharedDocs/Publikationen/DE/Patientenverfuegung.pdf?__blob=publicationFile&v=41, S. 25.
143 BMJ, Patientenverfügung – wie sicher ich meine Selbstbestimmung in gesundheitlichen Angelegenheiten?; https://www.bmj.de/SharedDocs/Publikationen/DE/Patientenverfuegung.pdf?__blob=publicationFile&v=41, S. 25.
144 Entnommen aus Wiederbelebung in Deutschland, Zahlen und Fakten, www.einlebenretten.de.

beispielsweise im Rahmen eines Herzkreislaufstillstands, beträgt die Wiederbelebungszeit des Gehirns sieben bis zehn Minuten, bis es zur irreversiblen Gewebeschädigung kommt. Auf die Herzfunktion bezogen bedeutet dieses jedoch, dass der Herzstillstand bereits nach drei bis vier Minuten behoben sein sollte, da das Herz in den ersten Minuten nach einem Kreislaufstillstand noch keinen ausreichenden Perfusionsdruck erzeugen kann."[145]

Fälle von **Reanimation mit schweren Hirnschäden** sind verknüpft mit einer Vielzahl rechtlicher Fragestellungen, insbesondere bei Notfalleinsätzen. Wird sich der Notarzt an die Patientenverfügung halten oder macht es gar keinen Sinn, solche Verfügungen zu treffen?

Patientenverfügungen sind für ärztliche und nichtärztliche Mitglieder des Rettungsdienstes zwar grundsätzlich verbindlich, müssen aber eine Reihe von Bedingungen erfüllen, was in der Praxis häufig nicht der Fall ist.[146] Die grundsätzliche Akzeptanz der Bindung an die Patientenverfügung nutzt in der Praxis häufig deshalb nichts, weil der Rettungssanitäter die Prüfung der Validität einer Patientenverfügung nicht vornehmen kann. Hinzu kommt, dass das nichtärztliche Rettungspersonal beim Eintreffen unverzüglich – auch ohne Anwesenheit des Arztes – von den ihm zustehenden Notfallkompetenzen Gebrauch machen muss, der Abbruch der Therapie aber nach § 28 Abs. S. 2 SGB V zumindest sozialrechtlich in der ausschließlichen Kompetenz des Arztes liegt.[147] **§ 28 SGB V** regelt: „... *Zur ärztlichen Behandlung gehört auch die Hilfeleistung anderer Personen, die von dem Arzt angeordnet und von ihm zu verantworten ist. ...*"

In der Praxis wird versucht, dieses Problem durch ärztlich mitverantwortete, regional standardisierte **Notfallbögen**, die die Zielgruppe chronisch erkrankter Patienten im Blick haben, zu beseitigen.[148] Sie stellen eine **Unterart der Patientenverfügung** für eine begrenzte Fallgruppe und einen begrenzten Regelungsbereich dar.[149]

Hinweis

Es ist bei **chronisch erkrankten Patienten** darüber nachzudenken, einen Extrakt der Patientenverfügung für den ersten Zugriff gut sichtbar „vor die Klammer zu ziehen".

Außerdem ist angesichts der begrenzten Möglichkeiten für eine erfolgreiche Reanimation mit Nichtschadensprognose daran zu erinnern, dass für Patien-

---

145 *Demand*, Rehabilitation nach hypoxischer Hirnschädigung: neuropsychologisch Funktionen, Alltagskompetenzen und Lebenszufriedenheit im Langzeitverlauf, Diss. Bonn 2014, 8.
146 *In der Schmitten/Rixen/Marckmann*, Notfall + Rettungsmedizin 2011, 8.
147 May/Kreß/Verrel/Wagner/*Engelbrecht*, Patientenverfügung, 2016, 189, 193 f.
148 *In der Schmitten/Rixen/Marckmann*, Notfall + Rettungsmedizin 2011, 1 ff.
149 Z.B.: Albrecht/Albrecht/Böhm/*Böhm-Rößler*, Patientenverfügung, Rn 405.

tenverfügungen keine **Reichweitenbegrenzungen** existieren und auch der vollkommene Ausschluss der Reanimation zu akzeptieren ist. Ist dies gewollt, dann empfiehlt sich die Kennzeichnung des Deckblattes einer Patientenverfügung mit

DNR = Do not resucitate = Bitte nicht wiederbeleben.

110 Bei der Entscheidung ist zu bedenken, dass es Umfeldbedingungen eines Herzkreislaufstillstandes geben kann, bei denen die Wahrscheinlichkeit des Überlebens ohne gravierende Schäden größer ist als sonst, nämlich z.b. in Kliniken im unmittelbaren Kontext mit einem ärztlichen Eingriff. Eine Patientenverfügung mit Wiederbelebungsverzicht soll für solche Fälle angeblich riskant sein.[150]

cc) Konkrete Lebens- und Behandlungssituationen

111 Für die Anzahl der aufzunehmenden **konkreten Lebens- und Behandlungssituationen** gibt es keine festen Regeln.

(1) 4 Situationen, in denen die Patientenverfügung Anwendung finden soll
(4 Regelungsbereiche)

112 Das klassische Patientenverfügungsformular des BMJ orientiert sich an **4 Lebens- und Behandlungssituationen** und weist auf die Möglichkeit hin, weitere Lebenssituationen zu benennen. Andere Muster tun sich schwer mit der Regelung des unumkehrbaren Hirnschadens und des Hirnabbauprozesses und regeln diese Situationen nicht ausdrücklich.

113 Meines Erachtens nach müssen alle 4 Lebens- und Behandlungssituationen mit dem Mandanten offen und klar erörtert werden. Werden alle 4 Lebens- und Behandlungssituationen aufgenommen, bedarf es im Regelfall auch noch einer **Auffangklausel** für den Fall, dass keine der 4 Lebens- und Behandlungssituation den Zustand beschreibt, in der sich der Betroffene befindet. Das kommt nicht so selten vor. Die Auffangklausel muss eine Situation beschreiben, die für den Betroffenen vergleichbar schwere Auswirkungen hat wie die klassischen 4 Grundsituationen. Zumeist meinen die Mandanten damit eine Situation, in der sie nicht mehr kommunizieren können und andere Personen ihre existentiell wichtigen Lebensfunktionen aufrechterhalten. Von Mandanten wird das beschrieben als ein Zustand fehlender Teilhabe am eigenen wie am Leben der anderen; ein Zustand, in dem man nicht mehr selbst lebt, sondern „quasi von anderen gelebt wird".

---

150 Vgl. zu einer Studie über das höhere Mortalitätsrisiko bei Notfalloperationen www.aerzte zeitung.de v. 13.2.2013, Per Patientenverfügung früher ins Grab.

Muster 3.10: Vier klassische Lebens- und Behandlungssituationen nach BMJ-Muster

Meine nachfolgenden Anordnungen finden Anwendung, wenn
- ich mich aller Wahrscheinlichkeit nach unabwendbar im **unmittelbaren Sterbeprozess** befinde
- ich mich aller Wahrscheinlichkeit nach im Endstadium einer unheilbaren, tödlich verlaufenden Krankheit befinde, selbst wenn der Todeszeitpunkt noch nicht absehbar ist (**infauste Prognose**)
- infolge einer Gehirnschädigung meine Fähigkeit, Einsichten zu gewinnen, Entscheidungen zu treffen und mit anderen Menschen in Kontakt zu treten, nach Einschätzung zweier erfahrener Ärztinnen oder Ärzte (können namentlich benannt werden) aller Wahrscheinlichkeit nach unwiederbringlich erloschen ist, selbst wenn der Todeszeitpunkt noch nicht absehbar ist. Dies gilt für direkte Gehirnschädigung z.B. durch Unfall, Schlaganfall oder Entzündung ebenso wie für indirekte Gehirnschädigung z.B. nach Wiederbelebung, Schock oder Lungenversagen. Es ist mir bewusst, dass in solchen Situationen die Fähigkeit zu Empfindungen erhalten sein kann und dass ein Aufwachen aus diesem Zustand nicht ganz sicher auszuschließen, aber unwahrscheinlich ist (**irreversibler Hirnschaden**)
- ich infolge eines weit fortgeschrittenen Hirnabbauprozesses (z.B. bei Demenzerkrankung) auch mit ausdauernder Hilfestellung nicht mehr in der Lage bin, Nahrung und Flüssigkeit auf natürliche Weise zu mir zu nehmen (**fortgeschrittener Hirnabbauprozess**)

Obwohl man annehmen könnte, dass man als Gestalter mit diesen Textvorschlägen des BMJ auf der sicheren Seite ist, gibt es in der Anwendungspraxis immer wieder Probleme. Die **unmittelbare Sterbephase** und auch die **infauste Prognose**[151] machen als Fallkategorie weniger Probleme, aber schon beim **unumkehrbaren Hirnschaden** beanstanden Ärzte, dass man generell nie feststellen könne, ob die Fähigkeiten des Patienten **unwiederbringlich** erloschen seien. So wird berichtet, dass z.B. die Wahrscheinlichkeit, aus einem länger andauernden Wachkoma wieder aufzuwachen, viel größer ist, als man gemeinhin bisher annahm. Deshalb wird erörtert, ob die Anforderungen zur Beendigung medizinischer Maßnahmen bei einem länger andauernden Wachkoma zu konkretisieren sind.[152]

Die Diskussion über den Grad der Aufwachwahrscheinlichkeit mag aus **medizinischer Sicht** zutreffend sein. Aus **juristischer Sicht** ist das eine Diskussion über die Anforderungen an den Beweismaßstab, denn mit der gewählten Formulierung wird ja gerade nicht gefordert, dass man 100 % sicher ausschließen kann, dass jemand wieder aufwachen wird. Das meinen die Betroffenen in der Regel auch gar nicht, wenn man sich die Patientenverfügung als Ganzes anschaut. Es wird von den Betroffenen gerade **kein Vollbeweis** gefordert, sondern als **Beweismaßstab** für das Vorliegen der Lebens- und Behandlungssituation reicht nach der Formulierung die **Wahrscheinlichkeit** aus. Selbst der Vollbeweis verlangt keine

---

151 Vgl. zur Formulierung der infausten Prognose aber kritisch: *Albrecht/Albrecht/Böhm/Böhm-Rößler*, Patientenverfügung, 189.
152 *Weigl*, NotBZ 2016, 89 ff.

absolute Gewissheit, sondern lässt eine an Gewissheit grenzende Wahrscheinlichkeit ausreichen, weil ein darüberhinausgehender Grad an Gewissheit so gut wie nie zu erlangen ist. Daraus folgt, dass auch dem Vollbeweis gewisse Zweifel innewohnen können und verbleibende Restzweifel bei der Überzeugungsbildung unschädlich sind, solange sie sich nicht zu gewichtigen Zweifeln verdichten.

117 Wer sichergehen will, setzt einen klarstellenden Satz über den zu fordernden **Beweismaßstab** hinzu, denn letztendlich geht es bei der Entscheidung über die Umsetzung der Patientenverfügung immer um das Haftungsrisiko und wer ab wann und unter welchen Voraussetzungen **das Irrtumsrisiko** trägt.

Muster 3.11: Beweismaßstab

118 Ich bin mir darüber im Klaren, dass
- das Unterlassen einer Therapiemaßnahme meine Lebenszeit unwiderruflich verkürzen kann
- bei der Einschätzung des weiteren Verlaufs einer Krankheit immer eine Unsicherheit verbleibt. Das nehme ich in Kauf. Für die Feststellung der vorstehenden Situationen gilt der Beweismaßstab der überwiegenden Wahrscheinlichkeit. Ein Vollbeweis wird nicht vorausgesetzt.

119 Problematisch ist m.E. auch die Forderung nach **zwei erfahrenen Ärzten oder Ärztinnen**: Welcher Fachrichtung? Behandelnde oder unabhängige Ärzte? Was tun, wenn man drei braucht, um die widersprechenden Entscheidungen von zwei Ärzten/Ärztinnen aufzulösen? Zählt dann die Mehrheit? Was ist, wenn eine weitere Stellungnahme wiederum zu einem „Patt" führt? Gibt es genügend finanzielle Mittel für ein solches Prozedere? Es besteht keine große Wahrscheinlichkeit dafür, dass man *„zwei erfahrene Ärzte oder Ärztinnen"* in angemessener Zeit und mit angemessenem Aufwand finden wird, die eine solche Bestätigung abgeben. Die Verfasserin verzichtet daher auf den Zusatz. Im Streitfall muss dies ohnehin ein Sachverständiger klären.

120 Die Fixierung der Ärzte auf den gewählten Wortlaut einer Patientenverfügung ist ein großes Problem und zeigt nur, dass die Beschreibungen der einzelnen Lebens- und Behandlungssituationen allein nicht ausreichend sind, um zu einer leicht umsetzbaren Patientenverfügung zu gelangen. Einmal mehr kommt es daher darauf an, dass eine Patientenverfügung **zusätzliche Auslegungsregeln** enthält, falls die Patientenverfügung nicht oder nicht mehr die aktuelle Lebens- und Behandlungssituation des Betroffen trifft. Es ist unerträglich zu sehen, wie andernfalls zwischen dem Schlaganfall und einer höchstrichterlichen Entscheidung zehn Jahre vergehen können, bis beispielsweise eine künstliche Ernährung endlich abgebrochen werden kann, weil kleinteiligst über den Wortlaut einer Patientenverfügung diskutiert wird.[153]

---

153 Z.B. BGH, Beschl. v. 14.11.2018 – XII ZB 107/18, NZFam 2019, 73.

(2) Eine Auffangklausel

Die Auffangklausel setzt an den Punkten an, die für die **Lebensqualität des Mandanten** wichtig sind, z.b. an der Möglichkeit der Kommunikation mit anderen bzw. der Teilhabe am Leben mit allen Sinnen.

121

Muster 3.12: Auffangklausel

Die Patientenverfügung gilt auch bei sämtlichen vergleichbaren, zuvor nicht genannten schwersten körperlichen und/oder geistigen Leiden, Verletzungen etc., wenn aller Wahrscheinlichkeit nach keine Aussicht mehr auf Besserung meines Leidens besteht und ich ohne Aussicht auf Besserung ein umweltbezogenes Leben mit eigener Persönlichkeitsentfaltung und eigener Lebensgestaltung im Sinne einer Teilhabe am allgemeinen Leben wahrscheinlich dauerhaft nicht mehr werde führen können.

dd) Aufzählung spezieller ärztlicher Maßnahmen

Die beschriebenen Lebens- und Behandlungssituationen müssen in einem nächsten Schritt mit **speziellen typischen und lebenserhaltenden bzw. lebensverlängernden Behandlungsmaßnahmen** in Bezug gesetzt werden.

122

Muster 3.13: Eingangsformel zu Einleitung, Umfang oder Beendigung bestimmter ärztlicher Maßnahmen

Lebenserhaltende Maßnahmen

123

In den oben beschriebenen Situationen (*alternativ*: in den folgenden Situationen) wünsche ich, dass ▇▇▇▇, in anderen ▇▇▇▇,

dass alles medizinisch Mögliche und Sinnvolle getan wird, um mich am Leben zu erhalten

alternativ:

dass alle lebenserhaltenden Maßnahmen unterlassen bzw. abgebrochen werden.

Der Eingangsformel folgen dann spezielle medizinische Behandlungsmaßnahmen.

124

> **Hinweis**
>
> Es ist ausdrücklich nicht Aufgabe der anwaltlichen Beratung, auch medizinische Fragen zu beraten. Es ist aber Aufgabe, auf die Situationen aufmerksam zu machen, die gängig in eine Patientenverfügung aufgenommen werden sollten.

(1) Künstliche Ernährung und künstliche Flüssigkeitszufuhr

125 Natürliche Ernährung ist die Ernährung über den Mund. **Künstliche Ernährung**[154] kann als Ernährung
- über den Verdauungstrakt (**enterale Ernährung**)
- unter Umgehung des Verdauungstraktes (**parenterale Ernährung**)

durchgeführt werden.

Bei der **parenteralen Ernährung** werden Nährstoffe durch Infusionen direkt in die Blutbahn verabreicht. Der Verdauungstrakt wird völlig umgangen.

Die **enterale Ernährung** wird über den Magen-Darm-Trakt durchgeführt. Dies geschieht z.B. durch eine **Magensonde**. Dabei wird ein Schlauch durch Nase oder Mund, Rachen und Speiseröhre in den Magen oder bis in einen Teil des Dünndarms geführt.

126 Die häufiger verwendete Alternative ist die **perkutane endoskopische Gastrotomie**. Dabei handelt es sich um einen endoskopisch angelegten direkten Zugang zum Magen, der die Bauchwand durchdringt. Dazu wird ein elastischer Kunststoffschlauch (**PEG-Sonde**) im Rahmen einer Magenspiegelung angelegt. Der Patient kann bei dieser Art der Ernährung/Medikation weiterhin schlucken. Die Aspirationsgefahr ist verringert.[155] Welche Art der künstlichen Ernährung gewählt wird, hängt insbesondere von der prognostizierten Dauer und der Indikation ab. Bei einer **irreversiblen schweren Schluckstörung** kommt in der Regel nur eine PEG-Sonde in Betracht.[156]

127 Das Verbot der künstlichen Ernährung und der künstlichen Flüssigkeitszufuhr löst bei vielen Mandanten die Vision eines Verhungerns und Verdurstens unter großen Qualen aus. Andere wählen dagegen selbstbestimmt durch den freiwilligen Verzicht auf Nahrung und Flüssigkeit den Tod.[157]

Von einem gesunden Erwachsenen müssen zur Erhaltung der Körperfunktionen täglich ca. 1,5 l Wasser aufgenommen werden. Dabei spielt die Umgebungstemperatur wegen der Wasserverdunstung eine Rolle. In der letzten Lebensphase besteht dagegen eher eine Neigung zur Überwässerung mit nachfolgenden Ödemen,[158] so dass man von einem reduzierten Flüssigkeitsstoffwechsel ausgeht. Das ist nicht anders bei der Ernährung: *"Am Lebensende verliert die an einem kalo-*

---

154 Vgl. hierzu ausführlich, May/Kreß/Verrel/Wagner/*Synofzik*, Patientenverfügung, 2016, 209 ff.
155 Vgl. www.Wikipedia.org zur künstlichen Ernährung bzw. zur PEG-Sonde.
156 May/Kreß/Verrel/Wagner/*Synofzik*, Patientenverfügung, 2016, 213.
157 Vgl. dazu etwa *Borasio*, Selbstbestimmt sterben, 2014, 97 ff.
158 *Prönneke*, Das Für und Wider der Flüssigkeitsgabe am Lebensende, pflegen: palliativ 2009, 4 ff.

rien- und inhaltsstoffbezogenen objektivierten Bedarf orientierte Nahrungszufuhr zunehmend an Bedeutung."[159]

Die Wahrnehmung von Hunger und Durst ist in der letzten Lebens-/Sterbephase aus ärztlicher Sicht bei älteren und sterbenden Menschen verändert. Es sollen bereits kleinste Mengen von Flüssigkeit und Nahrung reichen. In der eigentlichen Sterbephase sollen Menschen in der Regel eher keinen Hunger haben.[160] Die Entwässerung soll eine Ausschüttung körpereigener Opiate und einen euphorisierenden Effekt durch Veränderung des Stoffwechsels bewirken.[161] Und es wird beschrieben, dass es eine Reihe von Vorteilen einer verminderten Flüssigkeitszufuhr am Lebensende gäbe: weniger Erbrechen, Verringerung von Husten und Verschleimung, Verringerung von Wasseransammlungen in Gewebe, Lunge und Bauch sowie weniger Schmerzen.[162] Das Durstgefühl hänge dagegen nicht von einer weiteren künstlichen Flüssigkeitszufuhr ab, sondern werde durch Austrocknung von Mundschleimhäuten, z.b. durch die Beatmungsmaske, verursacht.[163] Diese können die Mediziner und die Pfleger aber wohl durch diverse Maßnahmen hinreichend gut in den Griff bekommen. Es sollte daher immer frühzeitig versucht werden, vom Patienten konkrete Erklärungen zu bekommen.

128

Die künstliche Nahrungs- und Flüssigkeitsgabe kann in einzelnen Situationen nicht mehr indiziert sein und ist deshalb auch ohne Patientenverfügung ausgeschlossen.[164] Das Legen einer PEG-Sonde ist nach *Borasio* bei Menschen mit einer fortgeschrittenen Demenz nicht nur unwirksam, sondern schädlich.[165]

129

Es wird empfohlen, im Rahmen einer Patientenverfügung auf jeden Fall mehrere Szenarien anzusprechen und „durchzuspielen":
– fortgeschrittene Demenz-Erkrankung
– Wachkoma mit hoher Wahrscheinlichkeit der irreversiblen Bewusstlosigkeit
– schwerer Schlaganfall in fortgeschrittenem Lebensalter mit hoher Wahrscheinlichkeit der bleibenden Halbseitenlähmung und weitestgehender Pflegebedürftigkeit.

130

---

159 Vgl. Leitlinie der Deutschen Gesellschaft für Ernährungsmedizin (DGEM), Ethische und rechtliche Gesichtspunkte der künstlichen Ernährung, Aktuelle Ernährungsmedizin 2013, 113, 114.
160 *Borasio*, Über das Sterben, 2012, 109; May/Kreß/Verrel/Wagner/*Synofzik*, Patientenverfügung, 2016, 220; vgl. bei *Prönneke*, Das Für und Wider der Flüssigkeitsgabe am Lebensende, pflegen: palliativ 2009, 5 den Hinweis auf die Untersuchung von McCann et. Al.
161 May/Kreß/Verrel/Wagner/*Synofzik*, Patientenverfügung, 2016, 220.
162 *Borasio*, Über das Sterben, 2012, 110.
163 May/Kreß/Verrel/Wagner/*Synofzik*, Patientenverfügung, 2016, 220.
164 May/Kreß/Verrel/Wagner/*Synofzik*, Patientenverfügung, 2016, 224.
165 *Borasio*, Über das Sterben, 2012, 114.

Muster 3.14: Künstliche Ernährung und Flüssigkeitszufuhr

131 In den oben beschriebenen Situationen/*alternativ*: In folgenden Situationen wünsche ich,
- dass eine künstliche Ernährung und Flüssigkeitszufuhr begonnen oder weitergeführt wird, wenn damit mein Leben verlängert werden kann.

alternativ:
- dass eine künstliche Ernährung und/oder eine künstliche Flüssigkeitszufuhr nur bei palliativmedizinischer Indikation zur Beschwerdelinderung erfolgen.

alternativ:

Solange ich bei der Nahrungs- und Flüssigkeitsaufnahme noch mitwirken kann, soll dies geschehen. Sollte ich allerdings, gleich aus welchem Grunde, bewusst oder unbewusst, dauerhaft nicht mehr bei der Nahrungs- und Flüssigkeitsaufnahme mitwirken können, so soll meine Mitwirkung nicht künstlich ersetzt werden.

Ich ordne an, dass
- künstliche Ernährung
- künstliche Flüssigkeitszufuhr
unterbleiben soll. Dies ist unabhängig von der Form der Maßnahme.

Ggf. ergänzende Ausnahmen:

Sollte es zu einem erkennbaren Durstgefühl kommen, so erlaube ich ausnahmsweise subkutane Infusionen, deren Anwendung ich in das Ermessen des mich in der konkreten Situation behandelnden und verantwortlichen Arztes stelle.

Auf den Vorrang der Schmerzlinderung nehme ich Bezug.

(2) Beatmung

132 Die Hauptfunktion der Lunge ist es, Sauerstoff zuzuführen und Kohlendioxid abzuatmen. Damit wird der Gastaustausch gesichert. Dazu stehen zwei unterschiedliche Funktionsbereiche zur Verfügung, nämlich das **Lungengewebe** (Lungenparenchym) und die **Atemmuskulatur**. Eine lebensbedrohliche Störung des Lungenparenchyms führt im Wesentlichen zu einer Störung der Sauerstoffversorgung des Organismus (**hypoxische Insuffizienz**). Eine Überlastung der Atemmuskulatur oder eine neurologische Erkrankung mit einer Störung der Atmungsmuskelfunktion können zum Atmungsversagen führen. Der Sauerstoffgehalt im Blut sinkt und CO_2 kann nicht ausreichend abgeatmet werden (**hyperkapnische Insuffizienz**).[166]

133 Zur Behandlung des Lungen- bzw. Atmungsversagens stehen
- die invasive Beatmung mit dem Tubus in der Luftröhre als Beatmungszugang
- die nicht-invasive (NIV) Beatmung über eine Nasen- bzw. eine Nasen-Mundmaske

---

166 May/Kreß/Verrel/Wagner/*Schönhofer*/*Köhler*, Patientenverfügung, 2016, 225, 228.

zur Verfügung. Die invasive Beatmung erfordert eine tiefe Narkose, da nur so der Tubus in der Luftröhre toleriert wird.[167] Die nicht invasive Beatmung erfordert deutlich weniger sedierende Medikamente. Während der Maskenbeatmung bleiben das Bewusstsein und die Kommunikationsfähigkeit erhalten. Die Maske kann zumindest zeitweise abgenommen werden.[168] Der Patient kann nach seiner aktuellen Entscheidung gefragt werden. Eine Patientenverfügung kann insoweit überflüssig werden. Die intensive Auseinandersetzung mit einer **dauerhaften Maskenbeatmung** wird aber empfohlen:

„Patienten mit häuslicher Maskenbeatmung, die mit hoher Wahrscheinlichkeit infolge des Fortschreitens der Erkrankung in absehbarer Zeit dauerhaft beatmungspflichtig werden, sollten in der Patientenverfügung frühzeitig entscheiden, ob sie bei kontinuierlicher Maskenbeatmung mit Komplikationen die Beendigung der Beatmung, d.h. Sterbebegleitung wünschen, oder die Langzeitbeatmung über Tracheostoma fortgesetzt werden soll."[169]

Die Frage, ob und welche **Form der Beatmung** in Betracht kommt, hängt u.a. davon ab, ob die Beatmung eine Intervention am Ende einer **fortschreitenden Grunderkrankung** ist.[170] Für akute Erkrankungen, die umkehrbar sind, werden alle Formen der Beatmung genutzt. Einschränkende Empfehlungen für Patientenverfügungen gibt es nicht.[171] Für **chronische Erkrankungen** sieht das anders aus. Die Medizin empfiehlt, sich für den Fall einer chronischen Lungenerkrankung oder einer neuromuskulären Erkrankung mit Beteiligung der Atemmuskulatur intensiv mit dem Thema Langzeitbeatmung über Tracheostoma zu beschäftigen:

– *„bei Patienten mit Lungenversagen infolge fortgeschrittener Lungenfibrose sollte auf eine invasive Beatmung verzichtet werden, da fast immer eine ausweglose Langzeitbeatmung droht"*[172]
– *„Entspricht die Tracheotomie dann nicht dem erklärten Willen des Patienten, muss das in der Patientenverfügung klar zum Ausdruck kommen."*[173]

Muster 3.15: Beatmung

In den oben beschriebenen Situationen/*alternativ*: In folgenden Situationen wünsche ich
– eine Beatmung, falls dies mein Leben verlängern kann.

alternativ:
– dass keine künstliche Beatmung durchgeführt bzw. eine schon eingeleitete Beatmung eingestellt wird, unter der Voraussetzung, dass ich Medikamente zur Linderung der Luftnot

---

167 May/Kreß/Verrel/Wagner/*Schönhofer/Köhler*, Patientenverfügung, 2016, 225 f.
168 May/Kreß/Verrel/Wagner/*Schönhofer/Köhler*, Patientenverfügung, 2016, 225, 231.
169 May/Kreß/Verrel/Wagner/*Schönhofer/Köhler*, Patientenverfügung, 2016, 225, 233.
170 May/Kreß/Verrel/Wagner/*Schönhofer/Köhler*, Patientenverfügung, 2016, 225, 226.
171 May/Kreß/Verrel/Wagner/*Schönhofer/Köhler*, Patientenverfügung, 2016, 225, 228.
172 May/Kreß/Verrel/Wagner/*Schönhofer/Köhler*, Patientenverfügung, 2016, 225, 229.
173 May/Kreß/Verrel/Wagner/*Schönhofer/Köhler*, Patientenverfügung, 2016, 225, 232.

erhalte. Die Möglichkeit einer Bewusstseinsdämpfung oder einer ungewollten Verkürzung meiner Lebenszeit durch diese Medikamente nehme ich in Kauf.

oder:
- Einer Sauerstoffversorgung mit einer Nasenbrille oder einer Teil-/Vollmaske stimme ich zu, andere Beatmungsformen lehne ich ab.

(3) Diverse sonstige Behandlungen

136 Es gibt eine Vielzahl von weiteren Behandlungsmaßnahmen, die insbesondere auf Intensivstationen zum Einsatz kommen können.

Muster 3.16: Diverse sonstige Maßnahmen

137 Für sämtliche/*alternativ*: für folgende **oben beschriebene Situationen** ordne ich an, dass ich in die nachfolgenden Maßnahmen einwillige/*alternativ*: nicht einwillige:
- Dialyse
- die Gabe von Blut oder Blutbestandteilen
- die Transplantation fremder Gewebe und Organe
- zusätzliche Hilfsmittel und Implantate, wie z.B. einen Herzschrittmacher
- kreislaufunterstützende Substanzen (Katecholamine)
- Antibiotikagabe.

Bei **Nichteinwilligung** ggf. ergänzend:

Dient eine Maßnahme nur zur Linderung meiner Beschwerden, nicht aber der Lebensverlängerung, entscheidet der mich konkret behandelnde und verantwortliche Arzt zusammen mit meinem Bevollmächtigten/Betreuer.

(4) Organ- und Gewebespende

138 Wenn der Verfügende einer Organ- oder Gewebespende zugestimmt hat, gleichzeitig aber lebenserhaltende Maßnahmen in einer Patientenverfügung ablehnt, so liegen zwei sich scheinbar widersprechende Erklärungen vor, die den Patientenwillen abbilden und interpretiert werden müssen, weil eine postmortale Spende erst zulässig ist, wenn der Hirntod des Spenders feststeht (§§ 3, 5 TPG). Die Spende setzt die Einwilligung des Spenders oder ggf. eines nächsten Angehörigen voraus. § 4 TPG regelt:

(1) Liegt dem Arzt, der die Organ- oder Gewebeentnahme vornehmen oder unter dessen Verantwortung die Gewebeentnahme nach § 3 Abs. 1 Satz 2 vorgenommen werden soll, weder eine schriftliche Einwilligung noch ein schriftlicher Widerspruch des möglichen Organ- oder Gewebespenders vor, ist dessen nächster Angehöriger zu befragen, ob ihm von diesem eine Erklärung zur Organ- oder Gewebespende bekannt ist. Ist auch dem nächsten Angehörigen eine solche Erklärung nicht bekannt, so ist die Entnahme unter den Voraussetzungen des § 3 Abs. 1 Satz 1 Nr. 2 und 3, Satz 2 und Abs. 2 Nr. 2 nur zulässig, wenn ein Arzt den nächsten Angehörigen über eine in Frage kommende

Organ- oder Gewebeentnahme unterrichtet und dieser ihr zugestimmt hat. Kommt eine Entnahme mehrerer Organe oder Gewebe in Betracht, soll die Einholung der Zustimmung zusammen erfolgen. Der nächste Angehörige hat bei seiner Entscheidung einen mutmaßlichen Willen des möglichen Organ- oder Gewebespenders zu beachten. Der Arzt hat den nächsten Angehörigen hierauf hinzuweisen. Der nächste Angehörige kann mit dem Arzt vereinbaren, dass er seine Erklärung innerhalb einer bestimmten, vereinbarten Frist widerrufen kann; die Vereinbarung bedarf der Schriftform.

(2) Der nächste Angehörige ist nur dann zu einer Entscheidung nach Absatz 1 befugt, wenn er in den letzten zwei Jahren vor dem Tod des möglichen Organ- oder Gewebespenders zu diesem persönlichen Kontakt hatte. Der Arzt hat dies durch Befragung des nächsten Angehörigen festzustellen. Bei mehreren gleichrangigen nächsten Angehörigen genügt es, wenn einer von ihnen nach Absatz 1 beteiligt wird und eine Entscheidung trifft; es ist jedoch der Widerspruch eines jeden von ihnen beachtlich. Ist ein vorrangiger nächster Angehöriger innerhalb angemessener Zeit nicht erreichbar, genügt die Beteiligung und Entscheidung des zuerst erreichbaren nächsten Angehörigen. Dem nächsten Angehörigen steht eine volljährige Person gleich, die dem möglichen Organ- oder Gewebespender bis zu seinem Tode in besonderer persönlicher Verbundenheit offenkundig nahegestanden hat; sie tritt neben den nächsten Angehörigen.

(3) ...

(4) Der Arzt hat Ablauf, Inhalt und Ergebnis der Beteiligung der nächsten Angehörigen sowie der Personen nach Absatz 2 Satz 5 und Absatz 3 aufzuzeichnen. Die nächsten Angehörigen sowie die Personen nach Absatz 2 Satz 5 und Absatz 3 haben das Recht auf Einsichtnahme.

Entscheidend ist, dass § 4 Abs. 3 TPG regelt, dass die Kompetenz über eine Organ- und Gewebespende auch auf einen Dritten übertragen werden kann: 139

(3) Hatte der mögliche Organ- oder Gewebespender die Entscheidung über eine Organ- oder Gewebeentnahme einer bestimmten Person übertragen, tritt diese an die Stelle des nächsten Angehörigen.

In der Beratung taucht manchmal die Frage auf, ob man denn nicht zu alt für eine Organ- oder Gewebespende sei. Die veröffentlichten Hinweise dazu sind nicht einheitlich. Auf der website des Bundesgesundheitsministeriums[174] heißt es dazu: 140

„Es gibt keine feste Altersgrenze für eine Organ- und Gewebespende. Ob gespendete Organe und Gewebe für eine Transplantation geeignet sind, kann erst im Fall einer tatsächlichen Spende medizinisch geprüft werden. Spenderorgane, die diese Prüfung nicht bestehen, werden nicht übertragen. Wichtig ist

---

174 https://www.bundesgesundheitsministerium.de/themen/praevention/organspende/faqs.html.

dabei nicht das kalendarische Alter des Spenders, sondern das „biologische Alter", d.h. der Zustand der Organe und Gewebe. Generell gilt: Je jünger die verstorbene Person ist, desto besser eignen sich die Organe in der Regel zur Transplantation. Doch auch die funktionstüchtige Niere einer über 70-jährigen verstorbenen Person kann einem Dialyse- und Wartelistenpatienten wieder ein fast normales Leben ermöglichen.
1999 wurde von der Vermittlungsstelle Eurotransplant (ET) das European Senior Programm (ESP) eingeführt. Dieses europäische Seniorenprogramm ist ein von ET entwickeltes Sonderprogramm, das potenziellen Wartelisten-Empfängern ab dem 65. Lebensjahr die Chance bietet, durch die Vermittlung eines Organs eines Spenders, der ebenfalls 65 Jahre oder älter ist, die Wartezeit auf eine notwendige Transplantation zu verkürzen."

141 In der Beratung muss darüber aufgeklärt werden, dass bis zur Entnahme von Organen intensivmedizinische Maßnahmen fortgeführt werden müssen, um die Transplantationsfähigkeit zu erhalten. Die Bundesärztekammer hat ein Arbeitspapier[175] erarbeitet, mit dem sie den scheinbaren Widerspruch in Abhängigkeit zur jeweils konkreten Situation aufzulösen versucht und **konkrete Formulierungsvorschläge** unterbreitet:

Muster 3.17: Organspende

142 Es ist mir bewusst, dass Organe nur nach Feststellung des Hirntods bei aufrechterhaltenem Kreislauf entnommen werden können. Deshalb gestatte ich ausnahmsweise für den Fall, dass bei mir eine Organspende medizinisch infrage kommt, die kurzfristige (Stunden bis höchstens wenige Tage umfassende) Durchführung intensivmedizinischer Maßnahmen zur Bestimmung des Hirntods nach den Richtlinien der Bundesärztekammer und zur anschließenden Entnahme der Organe.

Dies gilt auch für die Situation, dass der Hirntod nach Einschätzung der Ärzte in wenigen Tagen eintreten wird.

Alternativ:

Es ist mir bewusst, dass Organe nur nach Feststellung des Hirntods bei aufrechterhaltenem Kreislauf entnommen werden können. Deshalb gestatte ich ausnahmsweise für den Fall, dass bei mir eine Organspende medizinisch infrage kommt, die kurzfristige (Stunden bis höchstens wenige Tage umfassende) Durchführung intensivmedizinischer Maßnahmen zur Bestimmung des Hirntods nach den Richtlinien der Bundesärztekammer und zur anschließenden Entnahme der Organe.

---

175 Arbeitspapier der Bundesärztekammer zum Verhältnis von Patientenverfügung und Organspendeerklärung v. 18.1.2013, Deutsches Ärzteblatt 2013, A7). Siehe Anhang II im 6. Teil in diesem Buch.

Die Verfasserin händigt mit der Patientenverfügung immer auch das Arbeitspapier der Bundesärztekammer aus. Der **Organspendeausweis** sollte – falls vorhanden – mit der Patientenverfügung verbunden werden.

> **Hinweis**
>
> Auf der Seite www.organspende-info.de finden sich Hinweise über die Organspende aus der Sicht
> – des Christentums
> – des Judentums
> – des Islam
> – des Buddhismus.
>
> Sie können nützliche Hinweise bieten, wenn es darum geht, dass der Verfügende seine Religion zum Maßstab der in seiner Patientenverfügung getroffenen Entscheidungen macht.

143

ee) Die lebenssituationsorientierte Patientenverfügung

Wenn Menschen bereits erkrankt sind oder in der Gefahr der (wiederholten) Erkrankung stehen, ist es notwendig, sich ganz konkret mit der real bestehenden Erkrankungs- oder Gefährdungssituation auseinanderzusetzen.

144

> **Hinweis**
>
> Es ist ausdrücklich **nicht Aufgabe der anwaltlichen Beratung,** auch medizinische Fragen zu beraten! Es ist aber Aufgabe, auf die Situationen aufmerksam zu machen, die einer speziellen ärztlichen Beratung bedürfen, um Probleme bei der Umsetzung der Patientenverfügung auszuschließen. Wenn der Mandant eine ärztliche Beratung ablehnt, sollte dies in der Patientenverfügung dokumentiert werden, da der Mandant damit eine rechtserhebliche Risikoentscheidung trifft.

Zum Teil finden sich in der juristischen Literatur Hinweise dazu, z.B. bei progredient fortschreitenden Erkrankungen wie z.B. der Alzheimer-Erkrankung,[176] zum Teil muss man sehr danach suchen. Hinweise finden sich bei medizinischen Fachgesellschaften und Stiftungen.

(1) Beispiel: Herzschrittmacher und Kombigeräte

Mandanten mit einer Herzerkrankung, die einen Herzschrittmacher mit oder ohne Defibrillatorfunktion tragen oder ihn voraussichtlich erhalten werden, sollten die speziellen Fragen, die sich daraus ergeben, insbesondere, wenn weitere schwerwiegende Erkrankungen hinzutreten, unbedingt mit ihrem Arzt besprechen und entscheiden. Das Ergebnis sollte in die Patientenverfügung aufgenommen werden.

145

---

176 Vgl. Muster *bei Putz/Steldinger,* Patientenrechte am Ende des Lebens, 6. Aufl. 2016, 289 f.

Im Netz finden sich Hinweise darauf, welche Situationen regelungsbedürftig sein könnten.

Muster 3.18: Wechsel der Batterie eines Herzschrittmacher- oder ICD-Geräts[177]

146 Falls sich abzeichnet, dass die Batterie meines Herzschrittmachers oder ICDs bald leer sein wird, will ich, dass
- die Batterie ausgewechselt wird (falls dies medizinisch indiziert ist),
- die Batterie nicht ausgewechselt wird. Ich nehme damit in Kauf, dass mein Leben verkürzt werden wird,
insbesondere wenn mein Herz vom Herzschrittmacher abhängig ist.

Abschalten des ICDs oder des Herzschrittmachers am Lebensende

Ich bin Träger/in eines ICD-Geräts. Falls es sich aufgrund meiner zusätzlichen Erkrankung oder meiner Herzerkrankung abzeichnet, dass mein Leben zu Ende geht, will ich, dass
- die Ärzte die Defibrillatorfunktion meines Geräts ausschalten. Eine allfällige Verkürzung des Lebens nehme ich damit in Kauf.
- die Ärzte die Defibrillatorfunktion meines Geräts nicht ausschalten.

Ich bin Träger/in eines Herzschrittmachers. Falls es sich aufgrund meiner zusätzlichen Erkrankung oder meiner Herzerkrankung abzeichnet, dass mein Leben zu Ende geht, möchte ich,
- dass der behandelnde Kardiologe den Herzschrittmacher abschaltet. Mir ist bewusst, dass sich dadurch meine Lebensqualität verschlechtern kann. Falls ich vital vom Herzschrittmacher abhängig bin, hat dieses Abschalten unmittelbar den Tod zur Folge.
- dass der behandelnde Kardiologe den Herzschrittmacher nicht abschaltet.

(2) Beispiel: Amyotrophe Lateralsklerose

147 Die Forderung nach einer lebens- und krankheitsgerechten Patientenverfügung gilt ganz sicher auch für Patienten, die an einer sog. **amyotrophen Lateralsklerose** erkrankt sind. Die amyotrophe Lateralsklerose ist eine chronische neurologische Erkrankung. Es findet sich ein Zugrundegehen ausschließlich motorischer Nervenzellen in Gehirn und Rückenmark. Es treten **keine Gefühlsstörungen, Intelligenzeinbußen oder Persönlichkeitsveränderungen** bei den Patienten auf.[178] Die Erkrankung schreitet rasch fort. Bei den meisten Patienten besteht spätestens nach zwei Jahren Pflegebedürftigkeit. Die wesentlichen Probleme bei zunehmender Lähmung bestehen in dem zunehmenden Unvermögen, ausreichend Nahrung und Flüssigkeit zu sich zu nehmen und in der eingeschränkten Funktion ausreichend zu atmen. Diese Perspektive ist relativ gesichert vorhersehbar. Es besteht daher die Notwendigkeit eine sehr konkrete, auf die Lebenssituation abgestimmte Patientenverfügung zu erstellen.[179]

---

177 Vorschlag der Schweizerischen Herzstiftung: www.swissheart.ch/fileadmin/user_upload/Swissheart/Shop/Patienten/ICD_Beiblatt_2016_DE.pdf.
178 May/Kreß/Verrel/Wagner/*Kotterba*, Patientenverfügung, 2016, 251.
179 Vgl. Muster bei *Putz/Steldinger*, Patientenrechte am Ende des Lebens, 6. Aufl. 2016, 289 f.

ff) Religiös ausgerichtete Patientenverfügung

„Jeder Mensch hat das Recht, die Gestaltung seines letzten Lebensabschnittes zu bestimmen („Patientenverfügung mit Vorsorgevollmacht und Betreuungsverfügung"), aber immer im Rahmen der gültigen Gesetze und nach seiner religiösen Überzeugung."[180]
Der Satz stammt aus einer **Handreichung des Zentralrates der Muslime in Deutschland** und weist darauf hin, dass eine Patientenverfügung im höchsten Grad etwas Individuelles ist und erforderlichenfalls im Lichte der religiösen Überzeugung des Verfügenden erstellt und ausgelegt werden muss. Nachgewiesene **offizielle Muster** von Patientenverfügungen aus Sicht spezieller Religionen findet man aber gleichwohl kaum.

148

(1) Christliche Patientenverfügung

Die deutsche Bischofskonferenz, die evangelische Kirche in Deutschland (EKD) und die Arbeitsgemeinschaft Christlicher Kirchen in Deutschland (ACK) haben 2018 die im Internet verfügbare aktualisierte Neuauflage der „Christlichen Patientenvorsorge durch Vorsorgevollmachten, Betreuungsverfügung, Patientenverfügung und Behandlungswünsche" veröffentlicht.[181] Im Kapitel 3 findet sich ein Formular „Christliche Patientenvorsorge und Hinweiskarte" mit der die „theologisch-ethischen Aspekte eines christlichen Umgangs mit dem Ende des irdischen Lebens" berücksichtigt werden.

149

Die **christliche Patientenverfügung**[182] enthält in ihrem Formular nur zwei Grundsituationen und verweist ansonsten in den Bereich der ergänzenden Verfügungen, die der Patient selbstständig einfügen kann. Dort soll ggf. eingefügt werden, dass lebenserhaltende Maßnahmen für den Fall der Einsichts- und Entscheidungsunfähigkeit aufgrund einer Gehirnschädigung beendet oder untersagt werden können, auch wenn noch kein tödlicher Verlauf begonnen hat.[183] Wegen dieser unklaren Ausgestaltung und der Beschränkung wurde das Muster in der Vergangenheit heftig kritisiert.[184]

150

---

180 Sterbehilfe bzw. Sterbebegleitung und Palliative Care aus islamischer Sicht – Eine Handreichung des Zentralrates der Muslime in Deutschland, abgedr. unter islam.de/files/pdf/sterbehilfe_islam_zmd_2013_03.pdf.
181 Deutsche Bischofskonferenz u.a., Christliche Patientenvorsorge, 4. Aufl. 2018, 6.
182 Deutsche Bischofskonferenz u.a., Christliche Patientenvorsorge, 4. Aufl. 2018, 6.
183 Vgl. hierzu auch *Coeppicus*, NJW 2011, 3749.
184 *Coeppicus*, NJW 2011, 3750; May/Kreß/Verrel/Wagner/*Meier*, Patientenverfügung, 2016, 23, 25.

(2) Patientenverfügung muslimischer Mandanten

151 Anhaltspunkte für muslimische Positionen finden sich in einer Stellungnahme des Zentralrates der Muslime zur Sterbehilfe.[185] Dort wird entlang der Begriffe
- **aktive Sterbehilfe** (gezielte Herbeiführung des Todes durch Handeln aufgrund eines tatsächlichen oder mutmaßlichen Wunsches einer Person)
- **indirekte aktive Sterbehilfe** (die in Kauf genommene Beschleunigung des Todeseintritts als Nebenwirkung z.B. einer gezielten Schmerzbekämpfung)
- **passive Sterbehilfe** (das Unterlassen oder die Reduktion von eventuelle lebensverlängernden Behandlungsmaßnahmen)

aus muslimischer Sicht Stellung zu einzelnen Positionen bezogen.

Danach hat Allah dem Menschen das Leben als Leihgabe und die Gesundheit als Geschenk und anvertrautes Gut gegeben. Der Mensch muss sein Leben und seine Gesundheit pflegen und bewahren. Er darf es nicht gefährden und sich und andere Menschen nicht töten. In der Stellungnahme heißt es u.a.:

> *„Bei schwerst-unheilbarer Krankheit und schweren unerträglichen Symptomen (Schmerzen, Verwirrtheit etc.) darf die Ärzteschaft die entsprechenden Mittel wie Opioide und Sedierungsmittel, auch in hoher Sedierung zur Linderung der Beschwerden einsetzen. Dabei darf auch eine mögliche Beschleunigung des Todeseintritts als Nebenwirkung in Kauf genommen werden. ... Aus islamischer Sicht sehen wir keine Einwände für den Einsatz von Sedierungs- und Schmerzmitteln (Opioide, Derivate), auch in hoher Dosierung, wenn es bei diesem schwerstkranken Menschen erforderlich wird."*[186]

152 Eine Patientenverfügung ist aus muslimischer Sicht machbar. Die Religion setzt aber deutlich engere Grenzen als das Bürgerliche Gesetzbuch. Das beginnt bereits mit der Frage, wer die Frage der medizinischen Behandlung bestimmt und geht weiter bis zu den einzelnen Maßnahmen. Eine Bestimmung ohne Reichweitenbegrenzung ist somit z.B. kaum vorstellbar. Die Umsetzung eines Behandlungswillens oder Nichtbehandlungswillens des Patienten durch einen nicht-muslimischen Betreuer oder Vorsorgebevollmächtigten scheint schwerlich vorstellbar.[187]

Eine muslimische Patientenverfügung wird aber auf jeden Fall Wünsche nach religiöser Begleitung am Lebensende aussprechen (z.B. Vorsprechen des Glaubensbekenntnisses).

---

185 Sterbehilfe bzw. Sterbebegleitung und Palliative Care aus islamischer Sicht – Eine Handreichung des Zentralrates der Muslime in Deutschland, abgedr. unter islam.de/files/pdf/sterbehilfe_islam_zmd_2013_03.pdf.
186 Sterbehilfe bzw. Sterbebegleitung und Palliative Care aus islamischer Sicht – Eine Handreichung des Zentralrates der Muslime in Deutschland, abgedr. unter islam.de/files/pdf/sterbehilfe_islam_zmd_2013_03.pdf, 10.
187 Vgl. auch May/Kreß/Verrel/Wagner/*Ilkilic*, Patientenverfügung, 2016, 43 ff.

(3) Patientenverfügung jüdischer Mandanten

Offizielle Patientenverfügungsmuster für Mandanten jüdischen Glaubens finden sich ebenfalls nicht.[188] Ein Textmuster hat der Bielefelder *Oberarzt Dr. med Stephan Probst* der Verfasserin freundlicherweise zur Verfügung gestellt.[189] *Probst* wies in einer Veröffentlichung 2014 darauf hin, dass es in Israel seit 2005 gesetzliche Regelungen gibt, die allgemeine Richtlinien zu Therapieentscheidungen für und bei Patienten am Lebensende definieren. Aus einem über 100 Paragrafen umfassenden Gesetzesvorschlag sei ein Gesetz geworden, das heute in Israel die Grundlage für Entscheidungen am Lebensende in Einklang mit der **Halacha**, auch nach orthodoxen Maßstäben, darstelle. Solange es in Deutschland keine eigenen jüdischen Texte gebe, könnten diese israelischen Gesetze wegen ihrer anschaulich und klar geschilderten Aspekte zum Abfassen von Willensverfügungen und der Benennung von Vorsorgebevollmächtigten Rat und Unterstützung bei der Abfassung von Patientenverfügungen geben.[190]

153

> *„Das Judentum stellt die Heiligkeit des Lebens nahezu über alles und die Halacha verbietet eindeutig jede Handlung, die das Leben verkürzt, jedoch widerspricht es ausdrücklich jüdischer Auffassung, Schmerz und Leiden aktiv zu verlängern."*[191]

Die sich daraus ergebenden Grenzfragen werden auch im Judentum nicht einheitlich beantwortet.[192] So setzt das **Konzept der Heiligkeit des Lebens** nach einer Ansicht die persönliche Freiheit außer Kraft. Ein Menschenleben kann nur von Gott zurückgefordert werden. Ein Patient darf danach einerseits eine lebenserhaltende Behandlung nicht verweigern.[193] Andererseits sollen lebensverlängernde Maßnahmen bei unerträglichen Schmerzen vorenthalten werden[194] können.

154

Andere interpretieren die jüdischen Anforderungen so, dass einem unheilbar und schwerstkranken Patienten Sauerstoff und Nahrung zugeführt werden müssen, sogar dann, wenn dies gegen seinen Willen sein sollte. Bluttransfusionen, Sauerstoff, Antibiotika sowie orale und parenterale Ernährung sollen einerseits bei

155

---

188 Vgl. allgemein *Probst* (Hrsg.), Das Antlitz der Alten umschönen – vom Umgang mit dem Älterwerden und dem Alter im Judentum; darin speziell: *Margula*, Patientenverfügung aus jüdischer Sicht, 137 ff.
189 Einführung in die jüdischen Grundlagen einer Entscheidung und langes Textmuster in *Probst*, Bestimmtheitsanforderungen an Patientenverfügungen, ASR 2/2019.
190 *Probst*, Der vorletzte Wille, Jüdische Allgemeine 30.10.2014.
191 *Probst*, Die Sterbehilfedebatte, Jüdisches Leben online, www.hagalil.com2015.
192 Vgl. zur Darstellung des Diskussionsstandes *Probst*, Texte zum Seminar End-of-Life: Jewish Perspectives 2015 Palliativmedizin aus jüdischer Sicht.
193 *Bleich*, zitiert bei Kucera, Erlaubt das Judentum die Sterbehilfe?, Jüdisches Leben online, www.hagalil.com.
194 *Bleich*, zitiert bei Kucera, Erlaubt das Judentum die Sterbehilfe?, Jüdisches Leben online, www.hagalil.com.

einem unheilbar kranken Patienten bis zu dessen Tod gegeben werden,[195] während sich andere *Borasio*[196] anschließen und darauf verweisen, dass die palliative Forschung beweise, dass gerade diese Behandlungen Leiden und Schmerzen verursachten. Dies müsse aber dem jüdischen Gesetz gemäß vermieden werden.[197] Die Palliativmedizin stehe deshalb mit der Halacha in Übereinstimmung. Sie messe dem Leben einen allerhöchsten Wert bei, fordere das Lindern von Leid und lehnen ein Hinauszögern des Todes ab.[198] Die Empfehlungen für eine jüdische Patientenverfügung in der Literatur lauten:

- *Eine Patientenverfügung zu verfassen, die nur jene Behandlungen anspricht, zu deren Veranlassung oder Unterlassung der Ersteller keine Diskussion zulässt und die Angaben zur Behandlung seines Körpers (Organspende) nach dem Ableben enthält.*
- *In ihr soll auch festgehalten werden, welche rabbinischen Autoritäten und eventuell auch welche Art und welcher Rechtsbeistand von den Bevollmächtigten zu Rate gezogen werden müssen.*
- *Die Patientenverfügung sollte zeitlich begrenzt und laufend aktualisiert werden."*[199]

(4) Nachweise weiterer religiöser und weltanschaulicher Ausrichtungen

156 Es gibt eine Vielzahl von religiösen und weltanschaulichen Ausrichtungen, die hier nicht im Einzelnen dargestellt werden können:
- *Geldbach*, Evangelische Freikirchen: Baptisten. Religiöse Überzeugungen – Beurteilung von Patientenverfügungen[200]
- *Dreuw*, Jehovas Zeugen: Glaubensüberzeugungen und Einstellung zu medizinischen Behandlungen[201]
- *Schlieter*, Ethische Grundlehren der buddhistischen Traditionen im Blick auf das Lebensende[202]
- *Groschopp*, Humanistischer Verband Deutschlands zu den Fragen des Lebensendes[203]

---

195 *Auerbach*, zitiert bei Kucera, Erlaubt das Judentum die Sterbehilfe?, Jüdisches Leben online, www.hagalil.com.
196 *Borasio*, Über das Sterben, 2012, 168.
197 *Kucera*, Erlaubt das Judentum die Sterbehilfe?, Jüdisches Leben online, www.hagalil.com.
198 *Probst*, Texte zum Seminar End-of-Life: Jewish Perspectives 2015 Palliativmedizin aus jüdischer Sicht.
199 Zitiert nach May/Kreß/Verrel/Wagner/*Weisz*, Patientenverfügung, 2016, 41.
200 In May/Kreß/Verrel/Wagner, Patientenverfügung, 2016, 29 ff.
201 In May/Kreß/Verrel/Wagner, Patientenverfügung, 2016, 37 ff.
202 In May/Kreß/Verrel/Wagner, Patientenverfügung, 2016, 49 ff.
203 In May/Kreß/Verrel/Wagner, Patientenverfügung, 2016, 53 ff.

gg) Interpretationshilfen (Werte-Wunsch-Angst-Erwartungs-Profil des Mandanten)

Alle Entscheidungen aus der Vergangenheit haben gezeigt, dass die Schwachstelle von Patientenverfügungen darin besteht, dass sie im Zweifelsfalle nicht hundertprozentig auf die „aktuelle Lebens- und Behandlungssituation" des Patienten i.S.v. § 1827 Abs. 1 BGB (§ 1901a Abs. 1 BGB a.F.) passen. Also muss die Erklärung des Patienten nach den allgemein gültigen Regeln ausgelegt werden. Es ist zu klären, was der Patient gemeint hat. Und wenn sich das nicht sicher feststellen lässt: Was hätte er mutmaßlich gewollt?

157

Hierzu fordert die Medizin, dass der medizinische Laie nicht nur das Recht, sondern auch die moralische Pflicht habe, sich dem Fachmann als Mensch mit einem **eigenen Werte-Wunsch-Angst-Erwartungsprofil** vorzustellen.[204] Das entspricht der Rechtsprechung des BVerfG wonach die medizinische Versorgung nicht nur gute Diagnose und Anamnese voraussetzt, sondern auch die **Integration des Werte-Wunsch-Angst-Profils des Patienten in die medizinische Diagnose, Prognose und Therapie**. Verlangt wird – soweit möglich – der von Seiten des Patienten mitverantwortlich geführte **Dialog**.[205] Das entspricht § 630c Abs. 1 BGB.

158

Da die Patientenverfügung das **vorweggenommene Gespräch mit dem Arzt der Zukunft** und insoweit antizipierte Einwilligungs- bzw. Verweigerungsentscheidungen des Mandanten enthält, ist es m.E. nach unabdingbar, diese Forderung auch bei der Gestaltung der Patientenverfügung zu beachten, auch, um sie auf Dauer anwendbar zu halten. Sie ist das **Herzstück einer Patientenverfügung**. Hier ist die entscheidende Arbeit des Anwalts zu leisten, die man durch den nachfolgenden **Vorspann** einleiten kann.

159

Muster 3.19: Vorspann

Meine Grundsituation, Erfahrungen und persönliche Einstellung – Anhaltspunkte für meinen mutmaßlichen Willen

160

Ich weiß, dass man nicht jede Situation genau vorhersehen und regeln kann. Trotzdem sollen meine Vorstellungen, wie ich ärztlich und pflegerisch behandelt oder nicht behandelt werden will, so weit wie möglich umgesetzt werden. Dazu lege ich nachfolgend meine Erfahrungen, Vorstellungen und Werte dar, die Ausdruck meiner Persönlichkeit, Grundeinstellungen und Motive sind. Sie müssen herangezogen werden, um notfalls meinen mutmaßlichen Willen zu ermitteln.

Der Ausgestaltung von evtl. **Behandlungswünschen** und der **Ermittlung von Anhaltspunkten für die Festlegung eines mutmaßlichen Willens** in einer „Patientenverfügung im weiteren Sinne" sind sodann besondere Aufmerksamkeit zu widmen. Der mutmaßliche Wille ist die schwächste Grundlage für ein hinrei-

161

---

204 *Süß*, Patientenverfügungen: Werte, Wünsche, Ängste, Ärzteblatt 2009, 106, A-2358.
205 BVerfG, Beschl. v. 25.7.1979 – 2 BvR 878/74, NJW 1979, 1925.

chend sicheres Handeln von Arzt und Betreuer/Bevollmächtigtem. Er ist ein Konstrukt. Vorverständnis, Ängste, Bedürfnisse und Interessen der jeweils Beteiligten fließen ein und können damit zur Richtschnur für den Patientenwillen werden. **Ziele, Interessen, Werte, Vorverständnis, Ängste und Bedürfnisse des Patienten sind deshalb in einem Patientenverfügungsdokument** herauszuarbeiten. Das Gesetz verlangt, dass insbesondere frühere mündliche und schriftliche Äußerungen, ethische oder religiöse Überzeugungen oder sonstige persönliche Wertvorstellungen des Betroffenen zu berücksichtigen sind. Insbesondere die religiöse Ausrichtung kann den Inhalt einer Patientenverfügung bestimmen.[206]

162 Die Frage nach der Definition der **individuellen Lebensqualität** des Verfügenden ist hilfreich, um Daten für die Bildung eines mutmaßlichen Willens zu sammeln. Er ist untrennbar verbunden mit dem Einleitungssatz, wie er in Rdn 94 formuliert ist. Der Begriff der Lebensqualität ist eng verbunden mit dem Begriff der Zufriedenheit. Dieser hängt häufig davon ab, wie Menschen ihr Leben sehen und beurteilen, welche Grundeinstellungen sie haben. Sieht man z.B. die möglicherweise eintretenden Veränderungen unter dem Gesichtspunkt des Defizits und nicht unter dem Gesichtspunkt dessen, was verbleibt, wird man Lebensqualität eher verneinen. Wertet man positiv, was bleibt, dann wird die Entscheidung eher zum „Weiterleben" fallen.

(1) Wunsch-Werte-Profil I: Biografisches

163 Um das vom BVerfG geforderte **„Wunsch-Werte-Profil"** zu erstellen, gibt es keinen Königsweg. Optimal ist, wenn der Mandant mit anwaltlicher Anleitung hier seine eigenen Worte findet. Hilfreich ist oft ein Einstieg über die **Biographie** des Mandanten, in der die Persönlichkeit, die Erfahrungen und aktuelle Lebenssituation herausgearbeitet werden können. Insbesondere Menschen, die es gewohnt sind, verantwortlich zu entscheiden, die Kontrolle über die Dinge zu haben und sie zu behalten und die Selbstbestimmung für sich für einen existentiellen Wert halten, können sich in einer solchen Vorgehensweise gut wiederfinden.

164 Unsichere und leicht beeinflussbare Menschen können hier erkannt und motiviert werden, selbst etwas zu entwickeln oder auch Abstand zu nehmen von einem „Klipp-Klapp"-Schema, das sie eigentlich gar nicht wollen. Niemand darf gezwungen werden, eine Patientenverfügung zu errichten!

> **Tipp**
>
> In der Praxis zeigt sich z.B. immer wieder, dass Ehegatten zusammen zum Gespräch über die Patientenverfügung erscheinen, aber nur ein Ehegatte wirklich eine solche wünscht. Der andere will es nur schnell hinter sich bringen und bittet darum, alles ganz genauso zu machen wie der „führende" Ehegatte.

---

206 Zu den unterschiedlichen Sichtweisen bei der Organspende vgl. z.B.: www.oganspende-info.de.

Hier empfiehlt es sich, die Ehegatten jeweils um ein Einzelgespräch zu bitten, denn nur so hat man eine Chance, etwas über den individuellen Willen zu erfahren. Gleichzeitig ist dies eine gute Chance für den anderen Ehegatten, etwas zur Einstellung seines Partners zu erfahren, was er sonst vielleicht nicht erfahren würde.

Muster 3.20: Wunsch-Werte-Profil – Biographisches

Ich bin ▓▓▓ Jahre alt und Rentner/▓▓▓. Ich war/bin beruflich als ▓▓▓ tätig. Ich bin deshalb
- gewohnt, Verantwortung für mich und/oder andere zu übernehmen
- Entscheidungen vorauszuplanen und konsequent umzusetzen
- die Kontrolle über ▓▓▓ zu haben

Ich lebe in folgender familiärer Situation:
- alleinstehend/in Beziehung/Ehe/Lebenspartnerschaft (nicht ehelich)
- mit Kindern/Enkelkindern
- kinderlos
- mit vielen/keinen familiären Kontakten

Meine familiäre Situation hat im Zusammenhang mit dieser Patientenverfügung für mich folgende Bedeutung:
- Ohne Einbettung in meine Familie kann ich mir ein gutes Leben nicht vorstellen
- Familie hat für mich keine Bedeutung
- ▓▓▓

(2) Wunsch-Werte-Profil II: Erfahrungen

Wer Erfahrungen mit Entscheidungen in Krisen oder am Lebensende hat, hat wahrscheinlich eine konkretere und breitere Tatsachenbasis für seine Entscheidungen. Das kann bei der Akzeptanz von Entscheidungen in Patientenverfügungen eine Rolle spielen.

Muster 3.21: Wunsch-Werte-Profil – Erfahrungen

Ich habe mit Krankheit/Behinderung/Tod folgende Erfahrungen:
- Ich bin aus beruflichen Gründen mit medizinischen/pflegerischen Sachverhalten vertraut: ▓▓▓
- Ich war selbst schon einmal lebensgefährlich erkrankt und habe dabei folgende Erfahrungen gemacht: ▓▓▓
- Ich habe in meinem Umfeld folgende Situationen erlebt, die ich aus folgenden Gründen für mich so nicht erleben möchte ▓▓▓ *alternativ*: aus folgenden Gründen für mich vorbildlich fand: ▓▓▓
- Ich habe mit Heimeinrichtungen/Krankenhäusern folgende positive/*alternativ*: negative Erfahrungen gemacht: ▓▓▓

Aus diesen Erfahrungen ziehe ich für mich folgende Schlussfolgerungen ▓▓▓.

(3) Wunsch-Werte-Profil III: Einstellungen

168 Die persönlichen Grundeinstellungen eines Menschen können helfen, die Grenzen eines Patientenwillens herauszuarbeiten und auszuloten. Dazu kann ganz entscheidend sein, ob und welcher Religion jemand angehört (vgl. vorstehend)

Nicht gläubige Menschen sind i.d.R. nicht durch religiöse Ge- oder Verbote in ihrer persönlichen Selbstbestimmung eingeschränkt. Aber auch sehr gläubige Menschen offenbaren sich in der Beratung häufig als solche, die sich in keiner Weise durch einen göttlichen Plan eingeschränkt sehen und sich als einen von Gott mit Geisteskraft und Vernunft ausgestatteten Menschen sehen. Menschen die sich „in Gottes Hand" sehen, muss aufgezeigt werden, dass die Verbindlichkeit ihrer Aussagen besonders kritisch bewertet werden könnte und vielleicht aus diesem Grund gar nicht umsetzungsfähig sind. Denkbar sind Einleitungssätze wie:

Muster 3.22: Wunsch-Werte-Profil – Einstellungen

169 Ich bin religiös/nicht religiös

Ich sehe mich aus religiösen oder ethischen Gründen nicht/wie folgt   bei der Errichtung dieser Patientenverfügung eingeschränkt.

Selbstbestimmt leben und entscheiden zu können, hat für mich folgende Bedeutung:

170 In einer Patientenverfügung kann nichts verlangt werden, was rechtlich verboten ist. Man kann also z.B. von niemanden verlangen, dass er einen Suizidwillen umsetzt. Eine solche Verfügung würde die Patientenverfügung gefährden, wenn man auf sie §§ 134, 139 BGB anwenden würde. Gegen die Folgen einer Nichtigkeit spricht allerdings, dass man aus einem solchen Text auf jeden Fall nicht nur den mutmaßlichen Willen ableiten kann, sondern sogar den realen. Wenn die **Einstellung zur Sterbehilfe** diskutiert und ggf. mit der notwendigen Zurückhaltung dokumentiert wird, dann wird etwas darüber ausgesagt, welche Absolutheit ein Mensch seinem eigenen Überleben zumisst, wenn Sterbehilfe für ihn selbst eine Möglichkeit darstellt.

Muster 3.23: Wunsch-Werte-Profil – Einstellung zur Sterbehilfe

171 Ich weiß, dass aktive Sterbehilfe in Deutschland verboten ist und ich eine solche Maßnahme auch von niemandem verlangen kann. Ich vertrete folgende Ansicht:

172 Man kann zu einer solchen Vorgehensweise durchaus unterschiedlicher Auffassung sein. Die Gefahren einer Äußerung liegen auf der Hand. Gleichwohl entspricht es der Erfahrung der Verfasserin, dass die Diskussion über dieses Thema viel über das persönliche Wunsch-Werte-Profil eines Menschen aussagt. Insbesondere Menschen, die Sterbehilfe strikt ablehnen, haben oft sehr dezidierte

Gründe für ihre ablehnende Haltung, die für ein Wunsch-Werte-Profil herangezogen werden können.

(4) Wunsch-Werte-Profil IV: Entscheidungskriterien für oder gegen das Leben/eine Behandlung/Nichtbehandlung

Bei der Bildung eines **mutmaßlichen Willens** für oder gegen das Leben, geht darum festzustellen, wie der Betroffene mit dem Argument umgeht, dass man eigentlich erst dann wirklich sicher sein kann, wie man sich entscheidet, wenn man die konkrete Situation erlebt. Mediziner wenden häufig ein, dass Menschen oft meinen, ein Leben sei für sie nicht mehr lebenswert, z.B. wenn sie im Rollstuhl säßen. Wären sie aber in einer solchen Situation, dann könnten sie sich oft erstaunlich gut mit der Situation arrangieren und wären froh, dass man sie nicht habe sterben lassen. 173

Das ist eine – paternalistische und damit m.E. nicht mehr zutreffende – Sicht der Dinge. Andere sehen dies deshalb zu Recht völlig anders und bestehen auf ihr Recht, die Erfahrung, ob sie sich eines anderen besinnen, keinesfalls machen zu wollen. Der Gesetzgeber unterstützt die Zulässigkeit dieser Sichtweise mit einem Recht auf eine **Patientenverfügung ohne Reichweitenbegrenzung**, das verfassungsrechtlich durch die MRK „unterfüttert" ist mit den Sätzen: 174

- *„Der Staat hat nicht das Recht, den zur freien Willensbestimmung fälligen Betroffenen zu erzielen, zu bessern oder zu hindern, sich selbst zu schädigen."*[207]
- *„Das Recht des Einzelnen, darüber zu entscheiden, wie und wann er sein Leben beenden möchte – sofern er diesbezüglich zu einer freien Willensbildung in der Lage und fähig ist, entsprechend zu handeln stellt einen Aspekt des Rechts auf Achtung der Privatsphäre nach Art. 8 der MRK dar."*[208]

Es geht also darum herauszufinden, unter welchen Voraussetzungen ein Mandant behandelt und wann er nicht mehr behandelt werden will. Wann würde er eine Entscheidung zu Gunsten, wann eine Entscheidung gegen das Leben treffen? In vielen Fällen ist das Kriterium die **Lebensqualität**. Je nach Religion kann es aber auch sein, dass die Lebensqualität keine oder nur eine untergeordnete Rolle spielt. Das ist herauszuarbeiten. 175

Für viele Mandanten ist ein gutes Leben gleichbedeutend mit „**wahrnehmen können**" und „**selbst wahrgenommen zu werden**" Der Ausfall aller oder nahezu aller Sinne – nicht mehr mit allen Sinnen am Leben teilhaben können – wird von 176

---

207 BT-Drucks 15/2494; BVerfG, Beschl. v. 2.7.2014 – 1 BvR 2579/08, NJW 2010, 3360, Rn 50.
208 EGMR, Urt. v. 19.7.2012 – 497/09 (Koch/Deutschland), NJW 2013, 2953 Rn 51 f. unter Berufung auf EGMR, Urt. v. 20.1.2011 – 31322/07 (Haas/Schweiz), NJW 2014, 3773 Rn 50 f und auf EGMR, Urt. v. 30.9.2014 – 67810/10 (Grass/Schweiz), NJW 2016, 143, Rn 58 f.

vielen Mandanten als Verlust der Lebensqualität gesehen. Nicht mehr kommunizieren und am Leben anderer Menschen teilhaben zu können – und sei es auch nur nonverbal – wird von vielen als das Ende ihrer eigenen sinnhaften Existenz definiert, als „ich will nicht von anderen gelebt werden".

Muster 3.24: Wunsch-Werte-Profil – Entscheidungskriterien

177 Als Maßstab in Zweifelsfragen meiner Behandlung/Nichtbehandlung sehe ich die Antwort auf die Frage an, „unter welchen Voraussetzungen besteht für mich noch Lebensqualität?"
- Z.B.: Lebensqualität geht nicht schon durch körperliche Einschränkungen verloren. Ein Rollstuhl wäre daher noch akzeptabel, aber ▬.
- Z.B.: Lebensqualität ist für mich wesentlich davon abhängig, mein Leben und meinen Tagesablauf noch einigermaßen selbst bestimmt leben zu können. Dazu gehören der Kontakt und der Austausch mit dem Partner, Kommunikationsfähigkeit und -möglichkeit. Es ist essentiell, noch selbst Einfluss auf die eigenen Lebensumstände nehmen zu können.
- Z.B.: Ein Zustand der totalen Hilflosigkeit, beziehungsweise der kompletten Abhängigkeit von anderen, ist für mich kein lebenswerter Zustand.
- Z.B.: Ein Zustand, bei dem ich auf Dauer nur noch im Bett liegen muss, ist für mich ▬.
- Z.B.: Ein Zustand unbeherrschbarer Schmerzen bedeutet für mich ▬.

hh) Festlegungen zu Behandlung und Pflege allgemein

178 In einem Patientenverfügungsdokument können ergänzend Verfügungen zu der gewünschten Betreuungs- und Pflegesituation in der Zukunft gemacht werden. Das erleichtert den Vertretern die Entscheidung darüber, für welche Zwecke die vorhandenen wirtschaftlichen Mittel verwendet werden sollen und müssen. Aber es geht hier auch um die Lebensqualität des Betroffenen. Warum?

179 Die Menschen sind unterschiedlich. So kann das Zweitbettzimmer für den einen der blanke Horror sein, während den anderen die Isolation eines Einzelzimmers schreckt. Traumatische Erfahrungen aus der Vergangenheit können für die Pflege bedeutsam sein.[209] Wer aufschreibt, was er erlitten hat, macht deutlich, warum er es z.b. nicht erträgt, von einem andersgeschlechtlichen Pfleger katheterisiert zu werden, warum er keine Beatmungsmaske erträgt, bei einer Untersuchung in einem MRT-Gerät in existentielle Panik verfällt etc.

180 Auch die „kleinen Dinge", die nicht Patientenverfügungen i.S.d Gesetzes, aber genauso wichtig wie die rechtlichen Essentialia sind, müssen in einer anwaltlich gestalteten Patientenverfügung **nicht außen vor** bleiben. *„Mein Fuß muss immer rauskucken"*, fordert *Abt-Zegelin* in ihren persönlichen Anmerkungen zur Patientenverfügung. Die Missachtung dieser Forderung – so ihre Einschätzung – könnte ihr das Leben unerträglich machen.[210]

---

[209] Vgl. hierzu z.B.: *Böhmer*, BtPrax 2015, 95 ff.
[210] Schnell/*Abt-Zegelin*, Patientenverfügung, 265 ff.

Muster 3.25: Festlegungen zu Behandlung und Pflege allgemein

Ich lehne eine Unterbringung in einer stationären Einrichtung ab und bin auch aus finanziellen Gründen in der Lage, rund um die Uhr zu Hause gepflegt zu werden.

Alternativ: Solange und soweit dies mit den Anforderungen an eine ordnungsgemäße, fachgerechte und wirtschaftliche Behandlung und Pflege in Übereinklang zu bringen ist, wünsche ich in meiner gewohnten Umgebung zu verbleiben. Vor der Unterbringung in einer stationären Einrichtung wünsche ich die Prüfung der Möglichkeiten in einer Wohngemeinschaft oder der Tagespflege/Nachtpflege.

Sollte eine Unterbringung in einer stationären Einrichtung unvermeidbar sein, so muss gewährleistet sein, dass
- diese Einrichtung diese Patientenverfügung uneingeschränkt akzeptiert und umsetzt
- ich in einem Einzelzimmer mit eigenem Sanitärbereich untergebracht werde
- meinen religiösen Vorstellungen in dieser Einrichtung entsprochen wird
- Pflegepersonal in meiner Muttersprache zur Pflege zur Verfügung steht
- mein Wunsch beachtet wird, nur von gleichgeschlechtlichem Pflegepersonal versorgt zu werden
- ich Ansprache und Anregung erfahre

Ich wünsche keine seelsorgerliche Betreuung/*alternativ*: Ich wünsche seelsorgerliche Betreuung

Ich wünsche die Aufnahme in ein Hospiz in der Endphase einer schweren Krankheit /*alternativ*: Ich lehne die Aufnahme in ein Hospiz ab

Es sind ggf. auch Angaben im Hinblick für die Anwendung **freiheitsentziehender Maßnahmen** im Sinne des § 1831 BGB (§ 1906 BGB a.F.) sinnvoll. Pflegeeinrichtungen fürchten Regressverfahren, bei denen ihnen vorgeworfen wird, dass sie nicht genug für den Schutz ihrer Bewohner getan hätten.[211] Insbesondere geht es dabei um Stürze in Heimen und um das Weglaufen aus Heimen, dem man mit freiheitseinschränkenden Maßnahmen (FEM) zu begegnen sucht, obwohl bekannt ist, dass
- die Anwendung von FEM nicht mit einer Verringerung der Stürze assoziiert ist
- die Reduktion von FEM nicht mit einer Zunahme von Stürzen einhergeht
- es Hinweise gibt, dass sich das Sturzrisiko der von FEM betroffenen Personen in Zeiten ohne FEM sogar erhöht

---

[211] Vgl. z.B. BGH, Urt. v. 14.1.2021 – III ZR 168/19 m.w.N.; BGH, Urt. v. 28.4.2005 – III ZR 399/04, NJW 2005, 1937; BGH, Urt. v. 14.7.2005 – III ZR 391/04, MedR 2005, 721; OLG Düsseldorf, Beschl. v. 18.5.2016 – I-24 U 7/16, VersR 2017, 501; OLG Köln, Beschl. v. 13.11.2015 – 5 U 72/15, VersR 2016, 873; OLG Hamm, Beschl. v. 5.1.2015 – 5 U 124/14, NJOZ 2015, 963; OLG Köln, Beschl. v. 5.1.2015 – 5 U 124/14, VersR 2015, 1393; OLG Hamm, Urt. v. 30.9.2015 – 12 U 197/14, MedR 2016, 198.

Doering-Striening

- die Empfehlungen des aktualisierten Expertenstandards zur Sturzprophylaxe FEM als ungeeignete Maßnahmen zur Sturzprävention einstufen und freiheitsbeschränkende Maßnahmen danach keinesfalls zur Sturzvorbeugung eingesetzt werden dürfen.[212]

183 Die **Entscheidungskompetenz** über solche Maßnahmen steht allein **dem Betroffenen** zu. Er hat ein Recht auf Unvernunft, Krankheit, Tod[213] und kann die Freiheit der Freiheitseinschränkung aus Fürsorgegründen ablehnen. Dieses Recht erleidet keine Einschränkung aus dem Versicherungsverhältnis zur Krankenkasse,[214] so dass der Betroffene nicht fürchten muss, seine medizinische Versorgung nicht mehr sicherstellen zu können.

Hinweis

Deswegen kann es sich empfehlen, in die Patientenverfügung ggf. Hinweise zur Haftungsfreistellung aufzunehmen, wenn auf Sicherheit zugunsten der Freiheit verzichtet wird. Dies ist möglich. Es kann lediglich nicht auf Schadensersatz bei vorsätzlicher Schädigung verzichtet werden (§ 276 Abs. 3 BGB)

ii) Das Gespräch zur Feststellung des Patientenwillens nach § 1828 BGB (§ 1901b BGB a.F.)

184 Der Arzt hat mit dem Betreuer/Bevollmächtigten nach Maßgabe des § 1828 BGB (§ 1901b BGB a.F.) ein Gespräch zu führen, in dem darüber entschieden wird, ob der Betreuer/Bevollmächtigte in die medizinisch indizierten Maßnahmen einwilligt. Bei der Feststellung des Patientenwillens nach § 1827 Abs. 1 BGB (§ 1901a Abs. 1 BGB a.F.) sowie seiner Behandlungswünsche oder seines mutmaßlichen Willens nach § 1827 Abs. 2 BGB (§ 1901a Abs. 2 BGB a.F.), soll **nahen Angehörigen** und **sonstigen Vertrauenspersonen** des Patienten Gelegenheit zur Äußerung gegeben werden, soweit dies ohne erhebliche Verzögerung möglich ist. Diese Aufgabe richtet sich an den Betreuer wie den Bevollmächtigten gleichermaßen. Da die Norm als **Soll-Vorschrift** ausgestaltet ist, ist die Anhörung im Regelfall zwingend.[215] Die Form der Anhörung steht im Ermessen des Betreuers/Bevollmächtigten. **Besondere Kompetenzen zur Durchsetzung** der Anhörung stehen ihm jedoch **nicht** zu.[216]

---

212 Expertenstandard Sturzprophylaxe in der Pflege; Deutsches Netzwerk für Qualitätsentwicklung in der Pflege, BiVA-Ausgabe Bl. 21; Freiheitsentziehende Maßnahmen: Gratwanderung zwischen Schutz und Freiheit; *Biva* 2015, 55 ff.
213 BVerfG, Beschl. v. 20.10.1981 – 1 BvR 640/80, NJW 1982, 921.
214 Vgl. OLG Düsseldorf, Beschl. v. 18.5.2016 – I 24 U 7/16, VersR 2017, 501 = vergleichbar zu Risikosportarten; OLG Köln, Beschl. v. 13.11.2015 – 5 U 72/15, VersR 2016, 873.
215 *Locher*, FamRB 2010, 61; *Albrecht/Albrecht/Böhm/Böhm-Rößler*, Patientenverfügung, Rn 249.
216 *Albrecht/Albrecht/Böhm/Böhm-Rößler*, Patientenverfügung, Rn 248.

Die **Zulässigkeit eines vorweggenommenen Verzichts auf Anhörung** wird allgemein **verneint**.[217] Die Möglichkeit, bestimmte Personen im Einzelfall vom Meinungsbildungsprozess ausdrücklich auszuschließen, wird demgegenüber aber ausdrücklich bejaht, sofern dadurch § 1827 Abs. 2 BGB (§ 1901b Abs. 2 BGB a.F.) nicht vollumfänglich abbedungen wird.[218] Es empfiehlt sich also bei der Erstellung der Patientenverfügung darauf zu achten, dass hierzu Angaben gemacht werden.

Muster 3.26: Gespräch mit dem Arzt, § 1828 BGB

Ich bin darüber informiert, dass meine Vorsorgebevollmächtigten mit dem Arzt ein Gespräch über medizinisch indizierte Maßnahmen zu führen haben. Nächste Angehörige und Vertrauenspersonen sollen nach § 1828 BGB herzu gegebenenfalls angehört werden. Dazu kommen nur in Betracht:

Eine Beteiligung anderer Personen wünsche ich ausdrücklich nicht.

jj) Verbindlichkeit der Patientenverfügung, § 1827 Abs. 1 S. 3 BGB (§ 1901a Abs. 1 S. 3 BGB a.F.)/Anweisungen zur Durchsetzung

Es ist sinnvoll in einer Patientenverfügung Ausführungen im Hinblick auf die Rechtssicherheit und Umsetzung der Patientenverfügung zu machen.

(1) Kopien und unterschiedliche Versionen

Eine Patientenverfügung muss **schriftlich** erstellt und eigenhändig unterschrieben worden sein. Eine Beglaubigung oder Beurkundung[219] ist möglich, m.E. nach aber in den seltensten Fällen angezeigt. Leider verbindet das Vorsorgeregister, in das man die Vorsorgevollmacht bzw. Betreuungsverfügung registrieren lassen kann, die Patientenverfügung ausschließlich mit diesen Vorsorgedokumenten und fragt, ob eine Patientenverfügung in diesen enthalten ist. Zum einen haben die meisten Menschen voneinander unabhängige Dokumente; zum anderen fordert dies Verknüpfungen mit Einheitspatientenverfügungen heraus, weil sie in notariellen Dokumenten nicht selten einfach mustermäßig angehängt werden.

Bei dem Schriftlichkeitserfordernis der Patientenverfügung ist bisher ungeklärt, welche Bedeutung es hat, wenn nur **Kopien** einer Patientenverfügung vorliegen oder unterschiedliche Versionen ohne zeitliche Zuordnung.

---

217 *Albrecht/Albrecht/Böhm/Böhm-Rößler*, Patientenverfügung, Rn 250; *Schmitz*, FamFR 2009, 66 unter Hinweis auf a.A.
218 *Schmitz*, FamFR 2009, 66.
219 Zu den Kosten vgl. *Roglmeier*, Beck'sche Online-Formulare Erbrecht, 34. Edition 2022, Stand: 1.1.2022, Rn 28.

> **Hinweis**
>
> Mandanten sollten m.E. mehrere zeitgleich datierte und gleichlautende Patientenverfügungen – handschriftlich und eigenhändig unterzeichnet – für ihren Gebrauch erhalten (für sich, für ihre Vorsorgebevollmächtigten und Betreuer, für ihre behandelnden Ärzte, für Krankenhaus und Heime). Es sollten keine Kopien kursieren, sondern besser weitere unterzeichnete Exemplare geschaffen werden. Mandanten sollten darauf hingewiesen werden, dass bei Änderungen/Erneuerungen das neue Exemplar zumindest einen Hinweis auf den Widerruf/die Änderung der alten Patientenverfügung erhalten soll.

(2) Erneuerungszusatz und Aktualitätscheck

188 Immer wieder wird empfohlen, die Patientenverfügung „alle zwei bis drei Jahre durch eine weitere Unterschrift zu bestätigen oder zu erneuern."[220] Das entspricht einem Fehlverständnis von rechtlich nach außen wirksamen Erklärungen. Sie gelten fort, bis sie aufgehoben werden. Das Nichtstun hat keine rechtliche Wirkung und erlaubt auch nicht die Schlussfolgerung, dass darin ein konkreter Sinneswandel liege.

189 Die zumeist von Medizinern geforderte regelhafte Erneuerung ist nicht nur falsch, sondern auch gefährlich. Was soll man aus einer Patientenverfügung ableiten, die über einige Zeit regelhaft erneuert wurde und später nicht mehr, weil der Betroffene dies vergessen hat, nicht mehr schreiben konnte etc.? Hat sich der Patient tatsächlich von seiner Verfügung distanziert? Das Risiko solcher Diskussionen darf nicht hingenommen werden. Es sollte daher der Gesetzeswille respektiert und **keine** Erneuerung verlangt oder empfohlen werden.

Muster 3.27: Erneuerungszusatz

190 Diese Patientenverfügung habe ich nach persönlicher Beratung erstellt. Eine **medizinische** Beratung habe ich eingeholt

alternativ: werde ich gegebenenfalls selbst einholen

alternativ: Ich verzichte ausdrücklich und bewusst auf eine ärztliche Beratung.

Ich weise ausdrücklich darauf hin, dass ich vom hier erfassten Regelungsumfang nicht abweichen will, es sei denn ich widerrufe diese Patientenverfügung. Ich verzichte bewusst auf regelmäßige neue Unterschrift unter meine Patientenverfügung und wünsche nicht, dass in einer akuten Situation eine Änderung oder die Aufgabe meines vorstehend bekundeten Willens wegen des Fehlens einer aktuellen Bestätigung meines Willens unterstellt wird.

---

220 Vgl. z.B. Deutsche Bischofskonferenz u.a.: Patientenvorsorge, 4. Aufl. 2018, 25.

Unabhängig von dem Erneuerungszusatz muss der Mandant den Hinweis erhalten, dass die Patientenverfügung regelmäßig gewissen **Aktualitäts- und Anpassungschecks** unterzogen werden sollte, wenngleich dies gesetzlich nicht gefordert ist.

(3) Widerruf und Interpretationsverbot

Aus rechtlichen Gründen gilt eine Patientenverfügung so lange, bis sie widerrufen wird. Nach § 1827 Abs. 1 S. 3 BGB (§ 1901a Abs. 1 S. 3 BGB a.F.) kann der Widerruf einer Patientenverfügung **jederzeit** formlos erfolgen. Der Widerruf kann ausdrücklich **mündlich** sowie auch durch **schlüssiges Verhalten** erfolgen.[221] Davon soll abzugrenzen sein die **(teilweise) Abänderung** einer Patientenverfügung, die wiederum dem Schriftformerfordernis des § 1827 Abs. 1 BGB (§ 1901a Abs. 1 BGB a.F.) unterfallen soll.[222] Ob diese Differenzierung sinnvoll und richtig ist, erscheint fraglich.

Ein besonderes Problem besteht in später abgegebenem **situativ-spontanem Verhalten** der Patienten gegenüber vorzunehmenden oder zu unterlassenden ärztlichen Maßnahmen. Ist das ein wirksamer Widerruf einer Patientenverfügung? Das Bundesverfassungsgericht verweist auf die Gesetzesbegründung:

> „Nach der Gesetzesbegründung umfasst die Prüfung alle Gesichtspunkte, die sich aus der aktuellen Lebens- und Behandlungssituation der Betroffenen ergeben, insbesondere auch die Prüfung, ob das aktuelle Verhalten der nicht mehr entscheidungsfähigen Patienten konkrete Anhaltspunkte dafür zeigt, dass sie unter den gegebenen Umständen den zuvor schriftlich geäußerten Willen nicht mehr gelten lassen wollen (BT-Drucks 16/8442, 14 f.). Derartige Anhaltspunkte können sich nach der Gesetzesbegründung insbesondere aus dem situativ-spontanen Verhalten der Patienten gegenüber vorzunehmenden oder zu unterlassenden ärztlichen Maßnahmen ergeben (vgl. BT-Drucks 16/8442, 15)."[223]

Fraglich ist, ob man das Problem durch den vorweggenommenen **Verzicht auf das Widerrufsrecht** regeln kann. Das Widerrufsrecht garantiert den Schutz des Patienten. Das BVerfG hat – wenn auch im Kontext freiheitseinschränkender Maßnahmen – z.B. entschieden, dass ein Betroffener nicht vorab auf den staatlichen Schutz wie er durch die der betreuungsgerichtlichen Genehmigung vorgesehen sei, verzichten könne. Gerade in einer solchen Situation könne ein solcher Verzicht besonders schwerwiegende Folgen nach sich ziehen.[224] Die Parallele liegt nahe. Ein genereller Verzicht auf jede Art von Widerruf, also eine **immer-**

---

221 *Locher*, FamRB 2010, 58.
222 *Albrecht/Albrecht/Böhm/Böhm-Rößler*, Patientenverfügung, Rn 180.
223 BVerfG, Beschl. v. 10.6.2015 – 2 BvR 1967/12, NJW-RR 2016, 193, Rn 19.
224 BVerfG, Beschl. v. 10.6.2015 – 2 BvR 1667/12, NJW-RR 2016, 193.

währende **Weitergeltungsklausel** dürfte jedenfalls wegen der jederzeitigen Widerrufsmöglichkeit **unzulässig** sein.

194 Das Problem müsste sich aber ggf. durch ein **Interpretationsverbot** zumindest für die „situativ-spontanen Verhaltensweisen" lösen lassen. Der Nationale Ethikrat[225] hält es nach vorherigen Belehrungen für zulässig, ein solches Interpretationsverbot auszusprechen.

Muster 3.28: Interpretations-/Auslegungsverbot

195 Die Patientenverfügung bleibt wirksam, bis ich sie widerrufen habe.

Wenn ich meinen natürlichen Willen selbst nicht mehr äußern kann, dann erlaube ich keine Interpretation meiner Verhaltensweisen oder Reaktionen als schlüssigen Widerruf meiner Patientenverfügung.

196 Da es in solchen Situationen für Arzt und Vorsorgebevollmächtigten/Betreuer um Haftungsfragen geht, ist auch zu überlegen, ob man das Thema offen anspricht, um zu verhindern, dass aus Angst vor haftungsrechtlichen Konsequenzen insbesondere Verbote/Nichteinwilligungen nicht offen angesprochen werden. Eine ausdrückliche Entlassung aus der Haftung im schuldrechtlichen Sinne kann damit nicht verbunden sein. Für den Bevollmächtigten kann im Rahmen der Vollmachtserteilung nur eine in einem begrenzten Rahmen zulässige Haftungsbegrenzungsvereinbarung abgeschlossen werden. Eine solche Erklärung macht aber die Ernsthaftigkeit der Anordnungen und die Abwehr paternalistischer Entscheidungsgründe deutlich.

Muster 3.29: Erklärung zum Verlust von Änderungsmöglichkeiten

197 Ich weiß, dass ich mit dem Verbot, konkludente Verhaltensweisen oder Reaktionen meines Körpers als Widerruf meiner Patientenverfügung zu interpretieren, das Risiko trage, dass eine Änderung meines Patientenwillens nicht mehr realisiert werden kann. Ich nehme das Risiko einer Fehlentscheidung ausdrücklich in Kauf, um eine Fremdbestimmung über die Art und den Umfang meiner Behandlung, insbesondere aber über einen Behandlungsabbruch, soweit wie möglich und rechtlich zulässig zu vermeiden. Ein solches Irrtumsrisiko trage ich. Ich bin mir bewusst, dass ich damit ggf. eine Chance vergebe.

(4) Durchsetzungverfügungen

198 Patientenverfügungen werden manchmal auch von Vorsorgebevollmächtigten oder Betreuern nicht umgesetzt. Rechtsstreitigkeiten werden lange Zeit gescheut. Wer deutlich machen will, dass es ihm wirklich ernst ist mit der alsbaldigen Durchsetzung seiner Patientenverfügung, kann einen Zusatz zur Durchsetzung seiner Patientenverfügung machen.

---

225 Nationaler Ethikrat, Patientenverfügung. Ein Instrument der Selbstbestimmung, www.ethikrat.org/stellungnahmen/pdf/Stellungnahme_Patientenverfügung.pdf.

Muster 3.30: Durchsetzungsverfügung

Sollte diese Patientenverfügung aufgrund gesetzlicher Regeln oder Rechtsprechung oder aus sonstigen Gründen ganz oder teilweise unwirksam sein oder werden oder auch nur für unwirksam gehalten werden, dann sind diese Verfügungen als Behandlungswünsche zu behandeln oder zur Bildung meines mutmaßlichen Willens zu berücksichtigen, damit **unverzüglich** geschehen kann, was demjenigen, was ich in dieser Patientenverfügung zum Ausdruck gebracht habe, am nächsten kommt. Soweit Teile unwirksam sind, ist die Wirksamkeit der übrigen Anordnungen davon nicht betroffen.

Sollte für meine Behandlung, meine Nichtbehandlung oder meinen Behandlungsabbruch die Genehmigung eines Gerichtes eingeholt werden müssen, so beauftrage ich meine Bevollmächtigten oder eventuellen Betreuer diese **ohne Verzögerung** einzuholen und alle rechtlichen Mittel gegenüber Ärzten und Pflegern, Pflegeeinrichtungen in Anspruch zu nehmen, um meinen Willen durchzusetzen. Hierzu müssen meine finanziellen Mittel vorrangig eingesetzt werden.

kk) Anwaltliche und medizinische Beraterbestätigung

Die Bestätigung anwaltlicher und medizinischer Beratungen verleiht einer Patientenverfügung in der Praxis mehr Akzeptanz und Durchschlagskraft. Der **Gesetzgeber** hat sich aber insbesondere **gegen** die **vorherige ärztliche Beratung** entschieden. Zum einen bedeutet dies, dass es nicht begründbar ist, an die individuell konkret-detaillierte Festlegung in einer Patientenverfügung so hohe Anforderungen zu stellen, dass sie letztlich jeder, der nicht Facharzt ist, nicht mehr erfüllen kann.[226] Zum anderen macht es Sinn, eine fertige Patientenverfügung dem behandelnden Arzt vorzulegen und ihn zu bitten, evtl. Durchsetzungsbedenken zu formulieren, Fehler zu korrigieren und seine Beratung zu bestätigen. Es geht dabei aber nicht darum, den Willen des Mandanten zu verändern.

Auch die anwaltliche Bestätigung ist m.E. sinnvoll, weil der Anwalt im Streitfall Zeuge für den tatsächlichen und mutmaßlichen Willen des Betroffenen ist. Sie mag Einfallstor für Haftungsrisiken sein und will deshalb wohl abgewogen sein. Die Verfasserin dokumentiert, dass sie die ärztliche Beratung dringend empfohlen habe, der Mandant diese aber abgelehnt oder darauf verwiesen hat, dass er eine solche Beratung noch einholen wolle.

---

[226] Ebenso *Müller* unter ausführlicher Darstellung des Sach- und Streitstandes, DNotZ 2010, 178 ff.

C. Obduktions- und Bestattungsverfügung

I. Die Obduktionsverfügung/Körperspende

201 Öffnet ein Rechtmediziner oder Pathologe eine Leiche, handelt es sich um eine **Autopsie**, die auch **Obduktion** oder Sektion genannt wird.[227] Es gibt keine bundeseinheitlichen Regelungen über die Obduktion für den Fall, dass eine postmortale Verfügung des Betroffenen nicht vorliegt. Die Bestattungsgesetze der Länder regeln z.T. die Einzelheiten, z.T. gibt es Sektionsgesetze.

202 Der Betroffene entscheidet selbst, ob er eine Obduktion zulässt oder nicht, es sei denn, es gäbe gesetzlich geregelte anderslautende Regelungen (z.b. im Rahmen der Strafverfolgung). Die Entscheidungskompetenz ist als Ausfluss des Menschenwürdeprinzips, das auch nach dem Tod gilt, durch eine postmortal wirkende Vollmacht übertragbar.

203 Ein Leichnam wird grundsätzlich als Sache angesehen. Eine Körperspende sollte bereits lebzeitig mit der jeweils nächstliegenden Universität geregelt werden. Es gibt unterschiedliches Prozedere, insbesondere zu der Übernahme der Bestattungskosten. Hier empfiehlt sich eine Recherche im Internet.

II. Die Bestattungsverfügung

204 Bei der **Totenfürsorge** handelt es sich um das Recht und die Pflicht der nächsten Angehörigen, über den Leichnam zu bestimmen und über die Art der Bestattung sowie die letzte Ruhestätte zu entscheiden.[228]

> *„Das Totenfürsorgerecht umfasst unter anderem das Recht, für die Bestattung des Verstorbenen zu sorgen. Dies schließt die Bestimmung der Gestaltung und des Erscheinungsbilds einer Grabstätte ein. Das Totenfürsorgerecht beinhaltet darüber hinaus die Befugnis zu deren Pflege und zur Aufrechterhaltung deren Erscheinungsbilds. Denn die Grabstätte dient nicht nur der Aufnahme des Sargs oder der Urne; als Ort des Erinnerns und Gedenkens an den Verstorbenen ist ihre Bedeutung vielmehr auch in die Zukunft gerichtet."*[229]

205 Für das zivilrechtliche Totenfürsorgerecht ist aber nicht zwingend auf die Reihenfolge der totenfürsorgeberechtigten und -verpflichteter Angehörigen in den öffentlich-rechtlichen Bestattungsgesetzen der Länder zurückzugreifen. Diese stellen lediglich einen Anhalt dar, wer im Falle der Unmöglichkeit der Ermittlung

---

227 Vgl. hierzu: Leitlinien zur rechtsmedizinischen Leichenöffnung, https://www.awmf.org/leitlinien/detail/ll/054–001.html.
228 BGH, Beschl. v. 14.12.2011 – IV ZR 132/11, ZEV 2012, 559.
229 BGH, Urt. v. 26.2.2019 – VI ZR 272/18 jeweils mit einer Vielzahl weiterer Hinweise auf Rspr. und Lit.

des Erblasserwillens als totenfürsorgeberechtigt anzusehen ist.[230] Das Totenfürsorgerecht kann auch einer anderen, nicht verwandten Person, übertragen werden.

Aus einer Vorsorgevollmacht oder Betreuungsverfügung allein lässt sich die Einräumung des Totenfürsorgerechts durch den Erblasser i.d.R. nicht herleiten.[231] Der Erblasser kann und soll Dritten ausdrücklich vor seinem Tod unter Ausschluss seiner Angehörigen im Übrigen das Totenfürsorgerecht übertragen. Dies kann im Rahmen einer **Generalvorsorgevollmacht** als ein Unterpunkt geschehen oder gesondert als Bestattungsvollmacht.

Muster 3.31: Übertragung des Totenfürsorgerechts

Zu meinem Totenfürsorgeberechtigten bestimme ich Frau/Herrn ▬. Meine Angehörigen schließe ich von der Totenfürsorge aus. Frau/Herr ▬ ist berechtigt, über sämtliche Fragen zu entscheiden, die mit meiner Bestattung (ggf. der Pflege meines Grabes) zu tun haben.

Davon abzugrenzen ist eine reine **Bestattungsverfügung**. Sie ist die Erklärung des Betroffenen, in der er seine Anordnungen und Wünsche für die Bestattung und ggf. auch die Grabpflege festhält. Das Recht, über Art und Weise der Bestattung zu entscheiden, steht lebzeitig jedem Menschen selbst zu.[232] Es wird keine Geschäftsfähigkeit für die Abgabe dieser Erklärung verlangt.

Die Bestattungsverfügung muss weder ausdrücklich noch in den für letztwillige Verfügungen maßgeblichen Formen geäußert werden.[233] Aus Dokumentations- und Beweiszwecken ist **Schriftform** anzuraten.

Das Totenfürsorgerecht ist ein sonstiges Recht im Sinne von § 823 Abs. 1 BGB, das im Falle seiner Verletzung Ansprüche auf Schadensersatz sowie auf Beseitigung und Unterlassung von Beeinträchtigungen entsprechend § 1004 BGB begründen kann.[234]

*„Beherrschender Grundsatz des Totenfürsorgerechts ist die **Maßgeblichkeit des Willens des Verstorbenen**. Der vom Verstorbenen Berufene ist berechtigt, den Willen des Verstorbenen notfalls auch gegen den Willen von (weiteren) Angehörigen zu erfüllen. Wenn und soweit ein Wille des Verstorbenen nicht erkennbar ist, kann der Totenfürsorgeberechtigte über die Art der Bestattung entscheiden und den Ort der letzten Ruhestätte auswählen. Bei der Ermittlung des für die Wahrnehmung der Totenfürsorge maßgebenden Willens des Verstorbenen kommt es nicht nur auf dessen ausdrückliche Willens-*

---

230 *Karczewski*, ZEV 2017, 129.
231 *Karczewski*, ZEV 2017, 129, 134.
232 Im Einzelnen: *Kurze/Goertz*, Bestattungsrecht, § 16.
233 Im Einzelnen hierzu: *Kurze/Goertz*, Bestattungsrecht, § 16.
234 BGH, Urt. v. 26.2.2019 – VI ZR 272/18 jeweils mit einer Vielzahl weiterer Hinweise auf Rspr. und Lit.

bekundungen, etwa in einer letztwilligen Verfügung, an. Es genügt, wenn der Wille aus den Umständen mit Sicherheit geschlossen werden kann.²³⁵

211 Die Bestattungsverfügung über die Art und Weise der Bestattung kann mit wenigen Sätzen auskommen oder auch sehr ausführlich sein. Fallen Totenfürsorgeberechtigter und Erbe auseinander, ist die Kostentragung nach § 1968 BGB zu berücksichtigen.

212 Checkliste: Bestattungsverfügung
- Wer soll über Bestattungs- und Grabpflegefragen entscheiden = Wer ist totenfürsorgeberechtigt?
- Zulässigkeit der Obduktion? Umgang mit dem Leichnam
- Bestattungsmodalitäten?
  - Art der Bestattung (Erde oder Feuer)
  - Art der Beisetzung (anonymes oder nicht anonymes Grab, Seebestattung, sonstiges)
  - Reihen- oder Wahlgrab
  - Art des Sarges/der Urne
  - Religiöse/nichtreligiöse Beisetzung/Beisetzungsfeier
  - Gestaltung der Beisetzungsfeier/Gestaltung nach der Beisetzung
  - zu benachrichtigende Personen; Teilnahmeausschluss
  - Blumen/Spenden
  - Art und Weise der Bekanntmachung/Trauerkarten
- Grabsteinart und -beschriftung
- Grabpflege

213 Der Umgang mit dem Leichnam ist z.T. von **religiösen Vorstellungen** abhängig und fordert dann ausdrückliche Regelungen. Probst, Oberarzt am Klinikum in Bielefeld verdankt die Verfasserin die nachfolgende Bestattungsverfügung aus **jüdischer Sicht**.

Muster 3.32: Organ-, Obduktions- und Bestattungsverfügung aus jüdischer Sicht

214 Ich wünsche mir ein jüdisches Begräbnis und die rituelle Totenwaschung gemäß der jüdischen Tradition. Beim Eintritt des Todes ist dazu die Chewra kadischa der Jüdischen Gemeinde ▬▬▬ zu informieren.

Aus religiösen Gründen lehne ich eine Obduktion meines Leichnams ab.

Da das Gebot, Leben zu retten, über nahezu allen anderen Ge- und Verboten der Halacha steht und es mir viel bedeutet, dass ich auch nach meinem Tod durch eine Organspende das Leben anderer Menschen retten könnte, stimme ich der Entnahme meiner Organe zu Transplantationszwecken zu. Dafür nehme ich auch in Kauf, dass mein Sterben auf einer Intensivstation

---

235 BGH, Urt. v. 26.2.2019 – VI ZR 272/18 jeweils mit einer Vielzahl weiterer Hinweise auf Rspr. und Lit.

geschehen muss und intensivmedizinische Verfahren angewandt werden müssen, um meine Organe nach Eintritt und Feststellung des Hirntodes weiterhin durchblutet zu erhalten und mit ausreichend Sauerstoff zu versorgen. (Wenn im Falle, dass ich als Organspender in Betracht komme, Maßnahmen durchgeführt werden, die ich an anderer Stelle dieser Patientenverfügung ausgeschlossen habe, geht meine Bereitschaft zur Organspende und die Erfüllung der Mizwa zur Rettung des Lebens anderer vor!)

oder aber:

Weil für mich die Feststellung des Hirntodes nicht zwangsläufig bedeutet, dass sich damit die Seele bereits vom Körper gelöst hat und der Hirntod nach meiner Überzeugung auch nur eine Etappe im Sterbeprozess sein könnte, wünsche ich, dass man meinen Körper im Sterbeprozess und auch nach Eintritt des Todes noch eine halbe Stunde lang nicht anrührt, so wie es der jüdischen Tradition entspricht. Mein Tod soll erst dann als eingetreten gelten, wenn Atmung und Herzschlag zum Erliegen gekommen sind und die klassischen sicheren Todeszeichen feststellbar sind. Ich weiß, dass dies eine Organspende (außer Hornhautspende) ausschließt *(ggf. mit dem Zusatz:)* Einer Hornhautspende stimme ich jedoch grundsätzlich zu.

oder auch nur:

Eine Organspende und die Entnahme meiner Organe zu Transplantationszwecken lehne ich ab.

Die Bestattungsverfügung ist nicht selten auch schon im Zusammenhang mit einem **Bestattungsvorsorgevertrag** errichtet worden. Es kann dann ggf. zu Überschneidungen und Abweichungen kommen. 215

Hinweis

Der Bestattungsvorsorgevertrag gewinnt im Zusammenhang mit Heimpflegefällen in der Praxis eine immer größere Bedeutung. Schon das BVerwG[236] hat dem Wunsch des Menschen, für die Zeit nach seinem Tod durch eine angemessene Bestattung und Grabpflege vorzusorgen, Rechnung getragen und Vermögen aus einem Bestattungsvorsorgevertrag sowohl für eine angemessene Bestattung als auch für eine angemessene Grabpflege im Sozialhilferecht als **Schonvermögen** im Sinne von § 90 Abs. 3 SGB XII angesehen. Das Bundessozialgericht hat dies bestätigt[237] und seither wird in nahezu jedem Heimpflegfall vorab ein solcher Bestattungsvorsorgevertrag abgeschlossen. Die Wünsche des Betroffenen finden ihre Grenze in der **Angemessenheit**:

*"Ob die Bestattungsvorsorge der Höhe nach angemessen ist, beurteilt sich anhand der vorgesehenen Leistungen und der örtlichen Preise für eine Bestattung. Zur Bestimmung der Angemessenheit einer Bestattungsvorsorge ist zunächst auf die Kosten abzustellen, die die örtlich zuständige Behörde als erforderliche Kosten der Bestattung nach § 74 SGB XII zu übernehmen hat (**Grundbetrag**). Insofern wird den örtlichen Besonderheiten sowie den unter-*

---

236 BVerwG, Urt. v. 11.12.2003 – 5 C 84.02, FEVS 56, 302 ff.
237 BSG, Urt. v. 18.3.2008 – B 8/9b SO 9/06 R.

schiedlichen Friedhofskosten Rechnung getragen. Dabei ist hinsichtlich der Art der Bestattung (Erdbestattung, Feuerbestattung etc.) in der Regel die Entscheidung des Heimbewohners zugrunde zu legen. Der sich daraus ergebende Kostenbetrag, der lediglich den einfachen Standard repräsentiert und darüber hinaus auf vertraglichen Rabattvereinbarungen der Behörde mit den örtlichen Bestattern beruhen kann, ist **unter Berücksichtigung etwaiger Gestaltungswünsche des Heimbewohners** *bis zur Grenze der Angemessenheit zu erhöhen (***Erhöhungsbetrag***). Dabei können die Kosten einer durchschnittlichen Bestattung als Richtschnur dienen.*"[238]

216 Im Rahmen der notwendigen Angemessenheitskontrolle werden die in einer Bestattungsverfügung üblicherweise geregelten Inhalte zur Bestattung gewöhnlich bereits vollständig in der Vereinbarung mit dem Bestatter geregelt.

---

[238] OVG NRW, Beschl. v. 27.2.2013 – 12 A 1255/12.

§ 4 Betreuungsverfügung

Übersicht:	Rdn		Rdn
A. Überblick	1	D. Untätiger Bevollmächtigter	15
B. Einzelfälle	6	E. Ungeeigneter Bevollmächtigter	18
I. ABC der Fälle mit erforderlicher gesetzlicher Vertretung	6	F. Exkurs: Ergänzungs- bzw. Verhinderungsbetreuer	
II. Sonderfall: Abgabe der eidesstattlichen Versicherung	7	(§ 1817 Abs. 4, 5 BGB)	22
		G. Klauseln	24
III. Sonderfall: Zustellung eines Widerrufs oder eines Rücktritts von Ehegattentestament oder Erbvertrag	8	I. Überblick	24
		II. Vorsorgliche Betreuungsverfügung	25
IV. ABC der Fälle mit ausreichender rechtsgeschäftlicher Vertretung	12	III. Detaillierte Betreuungsverfügung	28
		1. Überblick	28
V. Fälle höchstpersönlicher Angelegenheiten ohne rechtsgeschäftliche bzw. gesetzliche Vertretungsmöglichkeit	13	2. Wünsche zur Person des Betreuers (§ 1816 BGB)	29
		3. Befreiung (§ 1859 BGB)	34
C. Ergänzungsbetreuung bei Interessenkollision	14	4. Wünsche des Betreuten (§ 1821 BGB)	35
		IV. Kontrollbetreuer	40

A. Überblick

Im Zuge der Reform des Vormundschafts- und Betreuungsrechts,[1] die zum 1.1.2023 in Kraft tritt, ist das Betreuungsrecht vollständig neu strukturiert und gefasst worden. Wesentliche Änderungen liegen in vielen Bereichen nicht vor, aber durch gewisse Änderungen im Wortlaut der Paragrafen hat der Gesetzgeber optimiert, angepasst und vor allem modernisiert. § 1814 BGB bezeichnet der Gesetzgeber selber als „Fundamentalnorm" des Betreuungsrechts: Kann ein Volljähriger seine Angelegenheiten ganz oder teilweise nicht besorgen und beruht dies auf einer Krankheit oder einer Behinderung, so bestellt gem. § 1814 Abs. 1, 4 BGB (§ 1896 Abs. 1 BGB a.F.) das Betreuungsgericht auf seinen Antrag oder von Amts wegen für ihn einen Betreuer. Zunächst ist der objektive Unterstützungsbedarf (Angelegenheiten nicht besorgen) festzustellen und dann erst die subjektive Betreuungsbedürftigkeit (Krankheit oder Behinderung), wobei die Kausalität zwischen beiden festgestellt werden muss. Nach bis zum 31.12.2022 geltendem Recht musste erst die Betreuungsbedürftigkeit und erst danach der Unterstützungsbedarf festgestellt werden. Der Gesetzgeber möchte damit den Fokus auf den Unterstützungsbedarf legen. Aufgegeben hat der Gesetzgeber auch, vor Krankheit „psychisch" und vor Behinderung „körperlichen, geistigen und seelischen" zu setzen. Eine inhaltliche Änderung ist damit aber nicht beabsichtigt.[2]

1

---

1 BGBl I 2021, 882.
2 Regierungsentwurf, BT-Drucks 12/24445, 231.

Horn

2   Eine Betreuung muss „erforderlich" sein (§ 1814 Abs. 3 BGB). Damit besteht der Grundsatz des Nachrangs der Betreuung, da durch die Betreuung in das Selbstbestimmungsrecht des Betroffenen eingegriffen wird. Nach dem BGH vom 17.2.2016[3] ist die Möglichkeit der vorsorgenden Bevollmächtigung Ausfluss des von Art. 2 Abs. 1 i.V.m. Art. 1 Abs. 1 GG garantierten Selbstbestimmungsrechts des Betroffenen. Mit dieser soll eine staatliche Einflussnahme mittels Betreuung vermieden werden. § 1896 Abs. 2 S. 2 BGB a.F. (vgl. § 1814 Abs. 3 S. 2 BGB) bringe zum Ausdruck, dass dieses Selbstbestimmungsrecht aus den Gründen des dem Staat obliegenden Erwachsenschutzes und damit zum Wohl des Betroffenen im Einzelfall erst dann endet, wenn die rechtliche Fürsorge durch einen Betreuer derjenigen durch den Bevollmächtigten überlegen ist. Im Mittelpunkt steht aber stets der Schutz des Betroffenen, auf den dieser in letzter Konsequenz zu Recht nicht verzichten kann. So ist er zu schützen, wenn der von ihm bestimmte Bevollmächtigte nicht handelt oder überfordert ist (siehe Rdn 15 ff.) bzw. wenn dieser sich als unredlich erweist (siehe Rdn 18 ff.).

3   Das Betreuungsgericht darf einen Betreuer nur für Aufgabenbereiche bestellen, in denen eine Betreuung erforderlich ist (§§ 1814 Abs. 3 S. 1, 1815 Abs. 1 S. 3 BGB; § 1896 Abs. 2 S. 1 BGB a.F.). Nicht erforderlich ist eine Betreuung, wenn die betroffene Person einen Bevollmächtigten eingesetzt hat, außer wenn dieser gem. § 1816 Abs. 6 BGB ausgeschlossen ist (§ 1814 Abs. 3 S. 2 Nr. 1 BGB). Ebenfalls nicht erforderlich ist ein Betreuuer, wenn Angelegenheiten durch andere Hilfen erledigt werden können, insbesondere durch solche Unterstützung, die auf sozialen Rechten oder anderen Vorschriften beruht (§ 1814 Abs. 3 S. 2 Nr. 2 BGB) – gemeint ist durch den Gesetzgeber[4] – aber auch die rein tatsächliche Unterstützung durch Familie und Freunde. Die Betreuung ist damit subsidiär und nachrangig zu Selbsthilfemöglichkeiten. In folgenden Konstellationen wird trotz Erteilung einer Vollmacht eine Betreuung für einen Teilbereich erforderlich:[5]

– Rechtsgeschäfte, für deren Vornahme das Gesetz einen **gesetzlichen Vertreter** und damit bei Volljährigen einen Betreuer vorschreibt (siehe Rdn 6).
– **Aufgrund Formerfordernissen**: Die erteilte Vollmacht ist privatschriftlich erteilt, und für das anstehende Geschäft oder die anstehende Erklärung sieht das Gesetz etwa zumindest die öffentliche Beglaubigung vor. Dann ist eine Betreuung nur für diesen Aufgabenbereich einzurichten.[6] Das kann etwa bei Grundstücksgeschäften der Fall sein.
– **Geschäftsunfähigkeit** des Vollmachtgebers bei Erteilung der Vollmacht, da dieser bei „Abgabe" (§ 130 Abs. 2 BGB) geschäftsfähig sein muss (§ 104 BGB).

---

3 BGH, Beschl. v. 17.2.2016 – XII ZB 498/15, NJW-RR 2016, 1025, 1026.
4 Regierungsentwurf, BT-Drucks 19/24445, 233.
5 Vgl. *Zimmermann*, Vorsorgevollmacht, Rn 324 ff.; *Jordans*, MDR 2015, 1045.
6 BGH, Beschl. v. 3.2.2016 – XII ZB 454/15, XII ZB 307/15, NJW 2016, 1516.

So wird die Vollmacht „durch Rechtsgeschäft" erteilt.[7] Der spätere Eintritt der Geschäftsunfähigkeit ist unschädlich (vgl. §§ 168 S. 1, 672 BGB).[8] Die Frage der Geschäftsfähigkeit hat das Betreuungsgericht im Rahmen des Amtsermittlungsgrundsatzes aufzuklären (§ 26 FamFG).[9] Kann die Unwirksamkeit einer Vorsorgevollmacht nicht positiv festgestellt werden, bleibt es bei der wirksamen Bevollmächtigung.[10] Trotz Zweifel an der Geschäftsfähigkeit bei Vollmachtserteilung ist die Betreuung subsidiär zu der Bevollmächtigung.
- Es ist zum Schutz des Betroffenen ein **Einwilligungsvorbehalt** nach § 1825 BGB (§ 1903 BGB a.F.) erforderlich.[11]
- Die Vollmacht ist aufschiebend bedingt auf die Geschäftsunfähigkeit des Vollmachtgebers erteilt worden. Eine Betreuung kann möglicherweise wegen der Praxisuntauglichkeit einzurichten sein.[12]
- Die Vollmacht deckt **nicht** den **konkreten Aufgabenbereich** ab, für das eine Vertretung ansteht.[13]
- Es liegt eine **Interessenkollision** zwischen Vollmachtgeber und Bevollmächtigtem vor (siehe Rdn 14).
- Es bestehen **Zweifel an der Geeignetheit** der bevollmächtigten Person, etwa aufgrund ihrer Unredlichkeit (siehe Rdn 18 ff.).
- Die zum Bevollmächtigten bestimmte Person ist i.S.d. § 1814 Abs. 3 S. 2 BGB (§ 1897 Abs. 3 BGB a.F.) ungeeignet, weil sie zu einem Träger von Einrichtungen oder Diensten, die für die Versorgung der betroffenen Person tätig ist, in einem Abhängigkeitsverhältnis oder einer sonst engen Beziehung steht.[14]
- Der Bevollmächtigte ist nicht willens oder in der Lage, von der Vollmacht Gebrauch zu machen (siehe Rdn 15 ff.).[15]
- Es wird die Überwachung des Bevollmächtigten erforderlich. Dann muss ein **Kontrollbetreuer** bestellt werden (§ 1815 Abs. 3 BGB; § 1896 Abs. 3 BGB a.F.; siehe § 5 Rdn 5 ff.), falls die betroffene Person nicht einen Kontrollbevollmächtigten eingesetzt hat. Sowohl ein Kontrollbetreuer, der hierzu die betreu-

---

7 *Zimmermann*, Vorsorgevollmacht, Rn 41 ff.
8 Staudinger/*Bienwald*, Neub. 2017, § 1896 a.F. Rn 293.
9 BGH, Beschl. v. 29.7.2020 – XII 106/20, NJW 2021, 63, 64.
10 BGH, Beschl. v. 16.6.2021 – XII ZB 554/20, ErbR 2021, 846, 847 mit Anm. *Wendt*; BGH, Beschl. v. 29.7.2020 – XII 106/20, NJW 2021, 63; BGH, Beschl. v. 3.2.2016 – XII ZB 425/14, NJW 2016, 1514, 1515 (Änderung der BGH-Auffassung); danach auch BGH, Beschl. v. 15.6.2016 – XII ZB 581/15, NJW 2016, 2745, 2746.
11 BGH, Beschl. v. 27.7.2011 – XII ZB 118/11, NJW-RR 2011, 1507, 1508; Grüneberg/*Götz*, 81. Aufl. 2022, § 1896 a.F. Rn 12a.
12 BeckOK BGB/*Müller-Engels*, 60. Ed. Stand 1.8.2021, § 1896 a.F. Rn 27.
13 Vgl. BGH, Beschl. v. 1.4.2015 – XII ZB 29/15, ZEV 2015, 536: Grüneberg/*Götz*, 81. Aufl. 2022, § 1896 a.F. Rn 12a.
14 *Zimmermann*, Vorsorgevollmacht, Rn 134.
15 Jurgeleit/*Jurgeleit*, BetreuungsR, § 1896 a.F. Rn 74.

ungsgerichtliche Genehmigung bedarf (§ 1820 Abs. 6 BGB), als auch ein Kontrollbevollmächtigter können ggf. die Vollmacht widerrufen.

4 Einstweilen wünschen Mandanten auch, dass das Betreuungsgericht erst prüft und durch Beschluss feststellt, dass die Voraussetzungen zur Einrichtung einer Betreuung bestehen, also ob sie in der konkreten Situation betreuungsbedürftig sind. Erst bei Bejahung durch das Gericht soll dieses dann ihre Vertrauensperson zum Betreuer bestellen. Denkbar ist, dass etwa Ehegatten sich gegenseitig zu Bevollmächtigten einsetzen und ersatzweise ihre Kinder zu Betreuern bestimmen. Die Kinder können erst die Vertretung übernehmen, wenn das Gericht die Betreuungsbedürftigkeit festgestellt hat. Sinnvoller dürfte indes sein, den Bevollmächtigten zunächst kein Original bzw. keine Ausfertigung der Vollmacht zukommen zu lassen. Dann können sie nicht tätig werden. Die Vollmachtgeber müssen dann aber sicherstellen, dass ihre Bevollmächtigten im Ernstfall an das Original bzw. die Ausfertigung gelangen.

5 Im Zuge der Reform des Vormundschafts- und Betreuungsrechts ist es ab dem 1.1.2023 erforderlich, dass die Ausgabenbereiche im Einzelnen durch das Betreuungsgericht angeordnet werden müssen (§ 1815 Abs. 1 BGB). Schließlich darf ein Aufgabenbereich nur dann angeordnet werden, wenn und soweit dessen rechtliche Wahrnehmung durch einen Betreuer erforderlich wird (§ 1815 Abs. 1 S. 2 BGB), so dass nun der Erforderlichkeitsgrundsatz auch auf den Umfang der Betreuung bezogen wird. Aus den einzelnen Aufgabenbereichen ergibt sich für einen Betreuer sein Aufgabenkreis, für den er zuständig ist. Wenn die Angelegenheiten der betreuten Person so besser besorgt werden können, sind mehrere Betreuer zu bestellen (§ 1817 Abs. 1 BGB). Ab dem 1.1.2023 ist eine Betreuung wie etwa „in allen Angelegenheiten" unzulässig.[16] Nach der Übergangsvorschrift § 54 Abs. 3 EGBGB hat eine solche Aufgliederung bis zum 1.1.2024 zu erfolgen; bis dahin sind auch pauschale Betreuungsanordnungen in Altfällen wirksam.

B. Einzelfälle

I. ABC der Fälle mit erforderlicher gesetzlicher Vertretung

6 Für einige Rechtsgeschäfte und einseitige Erklärungen lässt der Gesetzgeber eine rechtsgeschäftliche Vertretung nicht zu, sondern fordert **zwingend eine gesetzliche Vertretung**, mithin bei volljährigen Personen einen Betreuer. Eine rechtsgeschäftliche Vertretung ist immer dann möglich, wenn das Gesetz weder die

---

16 Regierungsentwurf, BT-Drucks 19/24445, 232.

B. Einzelfälle

Höchstpersönlichkeit noch die gesetzliche Vertretung angeordnet hat.[17] Folgende Konstellationen sind zu nennen:[18]

- **Adoption**, Antrag (§ 1768 Abs. 2 BGB; auch für den Antrag auf Aufhebung, § 1762 Abs. 1 S. 2 Alt. 2 und S. 3 BGB); Einwilligung für geschäftsunfähiges oder noch nicht 14-jähriges Kind zu seiner Adoption (§ 1746 Abs. 1 S. 2 und S. 3 Hs. 2 BGB)
- **Anfechtung des Erbvertrages** als Erblasser[19] (§ 2282 Abs. 1 BGB: „nicht durch einen Vertreter", betreuungsgerichtliche Genehmigung nach § 1851 Nr. 4 BGB (§ 2282 Abs. 2 Hs. 2 BGB a.F.) erforderlich); Gleiches gilt für wechselbezügliche Verfügungen in einem gemeinschaftlichen Testament (§ 2281 BGB analog)
- **Beistandschaft** – durch das Jugendamt – für ein Kind durch Antrag der werdenden Mutter (§ 1713 Abs. 2 S. 3 BGB)
- **Erbverzicht**,[20] Abschluss eines Vertrages über einen Erbverzicht (§ 2346 Abs. 1 BGB), **Zuwendungsverzicht** (§ 2352 BGB) und/oder **Pflichtteilsverzicht** (§ 2346 Abs. 2 BGB) sowie dessen Aufhebung (§ 2351 BGB)[21] für den Erblasser (§ 2347 S. 2 BGB, betreuungsgerichtliche Genehmigung erforderlich nach § 1851 Nr. 9 BGB (§ 2347 Abs. 2 S. 2 BGB a.F.). Gem. § 2347 S. 2 BGB ist eine gesetzliche Vertretung nur bei einem geschäftsunfähigen Erblasser zulässig. Steht die Geschäftsunfähigkeit nicht zweifelsohne fest, sollten den Verzicht der Erblasser höchstpersönlich und sein Betreuer abgeben.[22] Abgrenzung: Die Vertretung des Verzichtenden ist formlos möglich (§ 167 Abs. 2 BGB)[23]
- **Hoferklärung**, Abgabe für den testierunfähigen Hofeigentümer (§ 1 HöfeO)[24]
- **Kirchenaustritt**, Unterschiede je nach Bundesland[25]
- **klinische Studien**, Einwilligung in (§ 40b AMG, Inkrafttreten am 27.1.2022)[26]
- **Namensänderung** (§ 2 Abs. 1 Namensänderungsgesetz – NamÄndG)[27]
- **Vaterschaft**, Anerkennung der und hierzu die Zustimmung der Mutter (§ 1596 Abs. 1 S. 3, 4 BGB; betreuungsgerichtliche Genehmigung erforderlich

---

17 *Zimmer*, ZEV 2021, 295.
18 Hierzu sehr detailliert Kurze/*Kurze*, VorsorgeR, § 164 Rn 27 ff.
19 *Zimmer*, ZEV 2021, 295.
20 *Zimmer*, ZEV 2021, 295.
21 § 2351 BGB analog für den Zuwendungsverzicht, BGH, Urt. v. 20.2.2008 – IV ZR 32/06, ZErb 2008, 162 = ZEV 2008, 237.
22 MüKo-BGB/*Wegerhoff*, § 2347 Rn 10; vgl. OLG Düsseldorf, Urt. v. 6.7.2001 – 7 U 205/00, NJW-RR 2002, 584.
23 MüKo-BGB/*Wegerhoff*, § 2347 Rn 3.
24 Zimmermann/*Sticherling*, Erbrechtliche Nebengesetze, 2. Aufl. 2017, § 1 HöfeO Rn 16.
25 www.bundesanzeiger-verlag.de/betreuung/wiki/Kirchenaustritt.
26 BGBl I 2016, 3048.
27 Kurze/*Kurze*, VorsorgeR, § 164 Rn 36 (Namensänderung).

nach § 1596 Abs. 1 BGB); Gleiches gilt für die Anfechtung der Vaterschaft (§ 1600a Abs. 1, Abs. 2 S. 3 BGB).

II. Sonderfall: Abgabe der eidesstattlichen Versicherung

7 Umstritten ist, ob die Abgabe einer **eidesstattlichen Versicherung** – bspw. im **Erbscheinsverfahren** (§ 352 FamFG)[28] – durch einen Vorsorgebevollmächtigten zulässig ist.[29] Einigkeit dürfte heute darüber bestehen, dass der Bevollmächtige in Vertretung des Vollmachtgebers – also für den Bevollmächtigten – keine eidesstattliche Versicherung abgeben kann (arg. Strafandrohung des § 156 StGB). So handelt es sich hierbei um eine höchstpersönliche Erklärung,[30] und zwar eine Wissenserklärung (Kundgabe des Wissens des Erben). Kann der Antragsteller aus gesundheitlichen Gründen selbst keine eidesstattliche Versicherung abgeben, könnte bspw. im Erbscheinsverfahren das Gericht dem Antragsteller die Abgabe einer eidesstattlichen Versicherung erlassen (§ 352 Abs. 3 S. 4 FamFG).[31] Soweit das Gericht wie im Regelfall auf eine eidesstattliche Versicherung besteht, ist nach zutreffender Auffassung anstatt der eidesstattlichen Versicherung eines eigens dafür zu bestellenden Betreuers (der auch „nur" eine Versicherung im eigenen Namen abgeben kann) auch die Versicherung eines Vorsorgebevollmächtigten zuzulassen.[32] Teilweise wird gefordert, dass dieser dem Gericht belegt oder dem Gericht bekannt ist, dass der Antragsteller zur Abgabe einer Versicherung gesundheitlich nicht (mehr) in der Lage ist.[33] So steht ein Vorsorgebevollmächtig-

---

28 Ebenso aber auch bei den Informationsansprüchen des Pflichtteilsberechtigten (§§ 260 Abs. 2, 2314 Abs. 1 S. 1 BGB) oder des Beauftragten (§§ 259 Abs. 2, 260 Abs. 2, 666 BGB), Kurze/*Kurze*, VorsorgeR, § 164 Rn 29.
29 Abgabe nur durch gesetzlichen Vertreter: KG, Beschl. v. 4.6.1953 – 1 W 2027/53, JR 1953, 307; BayObLG, Beschl. v. 13.1.1961 – BReg. 1 ZS 143/58, BayObLGZ 1961, 4; *Zimmermann*, Vorsorgevollmacht, Rn 141.
30 OLG Celle, Beschl. v. 20.6.2018 – 6 W 78/18, ZErb 2018, 200; *Baumann*, ErbR 2019, 69.
31 OLG München, Beschl. v. 15.11.2005 – 31 Wx 56/05, ZEV 2006, 118 (Möglichkeit des Erlasses bei Auslandsaufenthalt mit Versicherung vor ausländischem Notar); OLG München, Beschl. v. 28.11.2006 – 31 Wx 80/06, ZErb 2007, 59 (im Ergebnis kein Erlass bei Stiftung als Erbe); LG Kassel, Beschl. v. 11.9.2009 – 3 T 478/09, FamRZ 2010, 1016 (Erlass beim antragstellenden Gläubiger).
32 OLG Bremen, Beschl. v. 14.9.2021 – 5 W 27/21, ZEV 2021, 765, 766; OLG Celle, Beschl. v. 20.6.2018 – 6 W 78/18, NJW-RR 2018, 1031, 1032; OLG Düsseldorf, Beschl. v. 17.4.2018 – 25 Wx 68/17, ZEV 2019, 422, 423; Kurze/*Kurze*, VorsorgeR, § 164 Rn 29 (de lege lata); *Litzenburger*, ZEV 2004, 450 (de lege ferenda); *Baumann*, NotBZ 2011, 157; *Zimmermann*, Vorsorgevollmacht, Rn 141; zust. Oder zumindest mit Sympathiebekundung Müller-Engels/Braun/*Renner/Braun*, BetreuungsR, Kap. 2 Rn 169 (dort Fn 287 f.) und *Zimmer*, ZEV 2013, 307; für Vermögensauskunft: BGH, Beschl. v. 23.10.2019 – I ZB 60/18, NJW 2020, 1143; a.A. Keidel/*Zimmermann* § 352 FamFG Rn 78; MüKo-FamFG/ *Grziwotz* § 352 Rn. 94; *Zimmermann*, ZErb 2008, 151.
33 OLG Celle, Beschl. v. 20.6.20218 – 6 W 78/18, ZErb 2018, 200.

ter einem gesetzlichen Vertreter gleich, weil nach § 1814 Abs. 3 S. 2 BGB (§ 1896 Abs. 2 S. 2 BGB a.f.) durch die Vorsorgevollmacht gerade die Anordnung einer Betreuung ersetzt werden soll.[34] Es ist aber eine Erklärung des Bevollmächtigten im eigenen, nicht im fremden Namen. Daher trifft die strafrechtliche Verantwortung alleine den Erklärenden, nicht den Vertretenen.[35]

Ein Schuldner kann innerhalb der Zwangsvollstreckung Auskunft über den Bestand seines Vermögens abgeben und die Richtigkeit durch eidesstattliche Versicherung versichern müssen (§ 802c ZPO). Hat der Schuldner eine schriftliche Vollmacht erteilt, kann der Bevollmächtigte die Versicherung abgeben (§ 51 Abs. 3 ZPO).[36] Voraussetzung ist dafür, dass der Schuldner nicht prozessfähig ist.

III. Sonderfall: Zustellung eines Widerrufs oder eines Rücktritts von Ehegattentestament oder Erbvertrag

Haben sich die Vertragspartner eines Erbvertrages den Rücktritt vorbehalten, dann muss der Rücktritt dem anderen zugestellt werden (§ 2296 BGB).[37] Die entsprechenden Regeln gelten gem. § 2271 Abs. 1 BGB auch für den Widerruf von wechselbezüglichen Verfügungen in einem gemeinschaftlichen Testament. Die Rechtslage stellt sich komplex dar, wenn der Rücktritts- bzw. Widerrufsgegner nicht mehr geschäfts- bzw. testierfähig geworden ist.

8

Nach ganz h.M. kann ein Rücktritt bzw. ein Widerruf auch gegenüber dem anderen, mittlerweile testierunfähig gewordenen Ehegatten bzw. geschäftsunfähig gewordenen Vertragspartner erfolgen, wenn dieser bei Empfang der Widerrufs- bzw. Rücktrittserklärung wirksam vertreten wurde.[38] Das hat der BGH in seinem Grundsatzbeschluss vom 27.1.2021 festgestellt.[39] Zwar würde dem testierunfähig gewordenen Vertragspartner die Möglichkeit genommen, auf die durch den Rücktritt veränderte erbrechtliche Lage zu reagieren. Das sei aber dem Gesetz nicht fremd: Nach § 2298 Abs. 2 S. 3 BGB kann der Längerlebende das ihm durch den Erbvertrag Zugewendete ausschlagen und so seine eigene letztwillige

9

---

34 OLG Celle, Beschl. v. 20.6.2018 – 6 W 78/18, ZErb 2018, 200; vgl. OLG Bremen, Beschl. v. 14.9.2021 – 5 W 27/21, BeckRS 2021, 29937 Rn 12.
35 *Baumann*, ErbR 2019, 69.
36 BGH, Beschl. v. 23.10.2019 – I ZB 60/18, NJW 2020, 1143, 1144; *Zimmermann*, Vorsorgevollmacht, Rn 139.
37 Zustellung einer beglaubigten Abschrift durch den Gerichtsvollzieher dürfte reichen: So *Weidlich*, MittbayNot 2018, 425.
38 OLG Karlsruhe, Beschl. v. 9.6.2015 – 11 Wx 12/15, NJW-RR 2015, 1031, 1032; OLG Nürnberg, Beschl. v. 6.6.2013 – 15 W 764/13, ZEV 2013, 450, 451; NK-BGB/*Müßig*, § 2271 Rn 15.
39 BGH, Beschl. v. 27.1.2021 – XII ZB 450/29, ErbR 2021, 410 m. Anm. *Horn*; a.A. AnwForm Vollmachten/*Horn*, 1. Aufl. 2020, § 5 Rn 7 und *Damrau/Bittler*, ZErb 2004, 77.

Verfügung aufheben. Der BGH weist auch darauf hin, dass durch seine Entscheidung tatsächliche Unsicherheiten wie bei Anknüpfung an die Testier- bzw. Geschäftsfähigkeit vermieden werden.[40]

10 Der h.M. zufolge haben die Rücktrittserklärung bzw. der Widerruf gegenüber dem gesetzlichen Vertreter zu erfolgen; der Rücktritt ist mithin gegenüber dem Betreuer zu erklären.[41] Ein Betreuer muss etwa für den Aufgabenkreis der „Vermögensangelegenheiten" bestellt sein;[42] „Postvollmacht" reicht nicht aus.[43] Wird nach Zustellung der Aufgabenkreis erweitert, tritt keine Heilung ein.[44] Sollte der Ehegatte, der den Rücktritt bzw. den Widerruf erklärt, der Betreuer sein, ist ein Ergänzungsbetreuer nur für die Entgegennahme der Erklärung zu bestellen (Vertretungsverbot nach § 1824 BGB; §§ 1908i Abs. 1 S. 1, 1795, 181 BGB a.F.).[45]

11 In seinem Grundsatzbeschluss vom 21.7.2021 hat der BGH[46] auch festgestellt, dass der Rücktritt von einem Erbvertrag auch gegenüber einem Vorsorgebevollmächtigten erklärt werden kann. Entsprechendes wird für den Widerruf wechselbezüglicher Verfügungen gelten. In seiner Begründung weist der BGH darauf hin, dass es Wille des Gesetzgebers sei, durch die rechtliche Anerkennung der Vorsorgevollmacht das Selbstbestimmungsrecht des Betroffenen zu stärken. Offen lässt der BGH die Frage, ob ein von dem Verbot der Selbstkontrahierung befreiter Bevollmächtigter empfangsberechtigt ist. Er weist nur auf eine Missbrauchsgefahr hin. Der Widerrufende kann sich nach *Braun* trotz formal erfolgten Zugangs auf seinen Widerruf nicht berufen, wenn er versucht, die Stellvertretung für einen „heimlichen" Widerruf auszunutzen.[47] Es wird auf den Einzelfall ankommen: Wenn ein Vertragspartner den anderen Vertragspartner vertritt, selbst dann als Vertreter die Rücktrittserklärung entgegennimmt und sogleich anderweitig selber für sich letztwillig verfügt, wird kein wirksamer Rücktritt vorliegen. Damit bestätigt der BGH die Auffassung vom LG Leipzig,[48] das schon am 1.10.2009 entschieden hatte, dass der Widerruf dem rechtsgeschäftlich Bevollmächtigten des geschäftsunfähigen Ehegatten zugestellt werden kann.[49] Für die Praxis bedeutet der Grundsatzbeschluss des BGH vom 21.7.2021 Rechtssicherheit. Es ist nun nicht mehr erforderlich, vorsorglich die Einrichtung einer Betreu-

---

40 BGH, Beschl. v. 27.1.2021 – XII ZB 450/29, ErbR 2021, 410, 411 m. Anm. *Horn*.
41 OLG Hamm, Beschl. v. 5.11.2013 – I-15 W 17/13, ZErb 2014, 81.
42 OLG Hamm, Beschl. v. 5.11.2013 – I-15 W 17/13 ZErb 2014, 81, BtPrax 2014, 85.
43 OLG Karlsruhe, Beschl. v. 9.6.2015 – 11 Wx 12/15, NJW-RR 2015, 1031, 1033; vgl. OLG Nürnberg, ZEV 2013, 450, 451.
44 OLG Karlsruhe, Beschl. v. 9.6.2015 – 11 Wx 12/15, NJW-RR 2015, 1031, 1034.
45 AG München, Beschl. v. 13.10.2010 – 705 XVII 1559/08, NJW 2011, 618; *Hecker/Kieser*, Kap. 1 Rn 1.7.1.
46 BGH, Beschl. v. 27.1.2021 – XII ZB 450/29, ErbR 2021, 410, 412 m. Anm. *Horn*.
47 BeckOGK BGB/*Braun*, § 2271 Rn 50.
48 LG Leipzig, Beschl. v. 1.10.2009 – 4 T 549/08, ZErb 2009, 360; MüKo-BGB/*Musielak*, § 2271 Rn 8.
49 BeckOK BGB/*Litzenburger*, § 2271 Rn 14c.

ung mit dem Aufgabengebiet Entgegennahme der Rücktrittserklärung anzuregen. Für die Praxis bedeutet das aber auch, dass in Vorsorgevollmachten explizit erklärt werden sollte, ob der Bevollmächtigte zur Entgegennahme von Rücktritts- bzw. Widerrufserklärungen im Außenverhältnis berechtigt ist oder eben nicht. Nach *Zimmermann* sollte der Bevollmächtigte im privaten Bereich keine Empfangszuständigkeit haben, so dass u.a. der Zugang des Widerrufs an den Bevollmächtigten nicht reicht.[50]

IV. ABC der Fälle mit ausreichender rechtsgeschäftlicher Vertretung

In Abgrenzung zu den vorherigen Konstellationen, in denen der Gesetzgeber das Erfordernis einer gesetzlichen Vertretung vorgeschrieben hat, ist grundsätzlich eine **Vertretung aufgrund einer (Vorsorge-)Vollmacht zulässig und ausreichend.** Hierzu einige Beispiele: 12

- **Annahme einer Erbschaft**[51]
- **Ausschlagung einer Erbschaft** (§ 1944 BGB), jedoch muss die Vollmacht öffentlich beglaubigt sein (§ 1945 Abs. 3 S. 1 BGB)
- **Ausgleichungsanordnungen** und **Anrechnungsbestimmung** bei Schenkungen (§§ 2050 Abs. 3, 2315 BGB; keine Verfügung von Todes wegen, sondern eine Modifikation der Schenkung)[52]
- **Erbschein**, rechtsgeschäftliche Vertretung im Erbscheinsverfahren ist möglich und der geschäftsunfähige Antragsteller kann sich bei Abgabe der eidesstattlichen Versicherung nach § 352 Abs. 3 S. 3 FamFG rechtsgeschäftlich vertreten lassen (siehe Rdn 7).[53]
- **Ehevertrag**, Abschluss, Änderung und Aufhebung (§§ 1410 ff. BGB), Vertretung durch formlose Vollmacht möglich (§ 167 Abs. 2 BGB;[54] betreuungsgerichtliche Genehmigung ist bei gewissen Modifikationen gem. § 1411 Abs. 1 BGB erforderlich; für die Eintragung im Güterrechtsregister ist eine öffentlich beglaubigte Vollmacht erforderlich[55])
- **Einwilligung** des Ehegatten gem. § 1365 BGB (bei Bevollmächtigung des anderen Ehegatten Befreiung von den Beschränkungen des § 181 BGB erforderlich)[56]

---

50 *Zimmermann*, Vorsorgevollmacht, Rn 142.
51 OLG Düsseldorf, Beschl. v. 17.4.2018 – 25 Wx 68/17, ZEV 2019, 422, 423.
52 DNotI-Report 2011, 43 (Gutachten, Ausgleichungsanordnung); Kurze/*Kurze*, VorsorgeR, § 164 Rn 27 (Anrechnungsbestimmungen, Ausgleichungsanordnung).
53 OLG Bremen, Beschl. v. 14.9.2021 – 5 W 27/21, BeckRS 2021, 29937.
54 BGH, Urt. v. 1.4.1998 – XII ZR 278–96, NJW 1998, 1857, 1858; MüKo-BGB/*Münch*, § 1410 Rn 6 m.w.N.; *Kanzleiter*, NJW 1999, 1612, 1613.
55 KG, Beschl. v. 2.7.2001 – 1 W 9102/00, RPfleger 2001, 589.
56 Kurze/*Kurze*, VorsorgeR, § 164 Rn 29 (Ehegatte, Verfügungen über Vermögen im Ganzen, § 1365 BGB); dazu ausführlich *Müller*, ZNotP 2005, 419 ff.

Horn

- **Hinterlegung** eines eigenhändigen Testaments (§ 2248 BGB)[57]
- **Meldebehörde:** An- und Abmeldungen (§ 17 Bundesmeldegesetz – BMG)[58]
- **Prozessvertretung** ohne schriftliche Vollmacht bei der nicht prozessfähigen Partei gesetzlicher Vertreter (§ 51 Abs. 3 ZPO)
- **Scheidung:** Zwar fordert § 125 Abs. 2 FamFG einen gesetzlichen Vertreter. Aber § 51 Abs. 3 ZPO bestimmt, dass, wenn eine zum Zeitpunkt der Klageerhebung nicht prozessfähige Partei wirksam eine andere natürliche Person schriftlich mit ihrer gerichtlichen Vertretung bevollmächtigen kann, diese Person einem gesetzlichen Vertreter gleichsteht.[59] Allerdings keine Vertretung durch den anderen Ehegatten.[60]
- **Schweigepflicht:** Befreiung von der anwaltlichen Schweigepflicht zulässig (ggf. ausdrückliche Anordnung erforderlich);[61] anders nach BGH[62] bei der notariellen Schweigepflicht; Befreiung von der ärztlichen Schweigepflicht möglich (ggf. ausdrückliche Anordnung erforderlich)[63]
- **Sorgerecht** für Kinder: Auch Angelegenheiten der elterlichen Sorge können durch Vollmacht geregelt werden (Sorgerechtsvollmacht, siehe § 10) und damit Teil einer Vorsorgevollmacht sein,[64] nicht jedoch eine Vollmacht für das Kind in die Volljährigkeit zur Vermeidung einer Betreuung.[65]
- **Totenfürsorge** (siehe § 3 Rdn 204 ff.; Muster siehe § 1 Rdn 161).[66]

V. Fälle höchstpersönlicher Angelegenheiten ohne rechtsgeschäftliche bzw. gesetzliche Vertretungsmöglichkeit

13   Einige Angelegenheiten hält der Gesetzgeber für so höchstpersönlich, dass eine Vertretung nicht zulässig ist, unabhängig ob rechtsgeschäftlich (durch Vollmacht) oder gesetzlich (Betreuung bei Volljährigen). Ist eine Person geschäftsunfähig, können die nachfolgenden Rechtsgeschäfte bzw. Erklärungen nicht durch einen

---

57   OLG München, Beschl. v. 25.6.2012 31 – Wx 213/11, ZErb 2012, 213 = ZEV 2012, 482.
58   Kurze/*Kurze*, VorsorgeR, § 164 Rn 35 (Meldepflicht).
59   OLG Naumburg, Urt. v. 13.10.2011 – 3 UF 157/08, BeckRS 2011, 27393; MüKo-FamFG/*Lugani*, § 125 Rn 10; vgl. OLG Koblenz, Beschl. v. 17.5.2016 – 5 W 232/16, ZEV 2016, 462, 463.
60   OLG Hamm, Beschl. v. 16.8.2013 – 3 UF 43/13, BeckRS 2013, 17517 (Rn 42 in NJW 2014, 158 nicht abgedruckt); Kurze/*Kurze*, VorsorgeR, § 164 Rn 39 (Scheidung).
61   Kurze/*Kurze*, VorsorgeR, § 164 Rn 27 (Anwaltliche Schweigepflicht) und Rn 39 (Schweigepflicht).
62   BGH, Beschl. v. 20.4.2009 – NotZ 23/08, ZEV 2009, 351.
63   Kurze/*Kurze*, VorsorgeR, § 164 Rn 27 (Ärztliche Schweigepflicht) und Rn 39 (Schweigepflicht).
64   DNotI-Report 2010, 203 (Gutachten); Müller-Engels/Braun/*Renner/Müller-Engels*, BetreuungsR, Kap. 2 Rn 236 und Müller-Engels/Braun/*Müller-Engels*, Kap. 3 Rn 195 ff.
65   Müller-Engels/Braun/*Renner/Müller-Engels*, BetreuungsR, Kap. 2 Rn 42 unter Hinweis auf *G. Müller*, in: Sonnenfeld, FS für Bienwald, 2006, S. 203 ff.
66   AG Osnabrück, Urt. v. 27.2.2015 – 15 C 568/15 (11), ZErb 2015, 159.

rechtsgeschäftlichen bzw. gesetzlichen Vertreter abgeschlossen bzw. abgegeben werden:
- **Eheschließung** (§ 1311 S. 1 BGB), geringere Anforderungen an die Geschäftsfähigkeit (partielle Geschäftsfähigkeit, Ehegeschäftsfähigkeit)
- **Rückforderungsrechte**, vertragliche. In der Praxis – auch und insbesondere im Zusammenhang mit Vorsorgevollmachten – kommt bei vertraglichen Rückforderungsrechten – insbesondere im Zusammenhang mit Übergabeverträgen (Grundstücksüberlassungen) – die Frage auf, ob diese nur durch den Veräußerer und ggf. dessen Ehegatten höchstpersönlich ausgeübt werden können oder auch durch einen rechtgeschäftlichen oder gesetzlichen Vertreter. Soweit die Höchstpersönlichkeit nicht ausdrücklich geregelt ist, dürfte dies eine Frage der Vertragsauslegung sein (sog. gewillkürte Höchstpersönlichkeit).[67]
- **Testamente**, Errichtung und Widerruf (§§ 2064, 2254, 2255 BGB); Abschluss, Bestätigung sowie Aufhebung und Rücktritt von **Erbverträgen** als Erblasser (§§ 2274, 2284, 2296 Abs. 1 BGB); auch die Rücknahme aus der amtlichen Verwahrung (§§ 2256 Abs. 2 S. 2, 2272 BGB)[68]
- Abgabe einer **Sorgeerklärung** gem. § 1626a Abs. 1 Nr. 1 BGB (§ 1626c Abs. 1 BGB) und das **Sorgerecht** an sich (zulässig ist aber eine Bevollmächtigung zur Ausübung)[69]
- **Eidesstattliche Versicherungen**, z.B. § 352 Abs. 3 S. 3 FamFG (Erbscheinsverfahren, aber zur Zulassung eines „Vertreters" mit eigener Versicherung in eigenem Namen, siehe Rdn 7).[70]

C. Ergänzungsbetreuung bei Interessenkollision

Ebenfalls ist trotz Vorliegens einer Vollmacht ein Ergänzungsbetreuer entsprechend nach § 1817 Abs. 5 BGB (§ 1899 Abs. 4 BGB a.F.) zu bestellen, wenn für ein Aufgabengebiet der Bevollmächtigte aus rechtlichen Gründen gehindert ist, eine einzelne Angelegenheit zu besorgen. Die Vorschrift gilt vom Wortlaut her nur für rechtlich gehinderte Betreuer, muss aber auf rechtlich gehinderte Bevollmächtigte übertragen werden. Zu nennen ist etwa eine Interessenkollision zwischen Bevollmächtigtem und Vollmachtgeber. Hinzuweisen ist auf den Fall, wenn

14

---

67 Müller-Engels/Braun/*Müller-Engels*, BetreungsR, Kap. 1 Rn 169 ff.; s. dazu auch *Zimmer*, ZEV 2006, 381 (i.d.R. keine Höchstpersönlichkeit); vgl. dazu auch OLG Hamm, Beschl. v. 7.3.2006 – 15 W 99/05, ZEV 2006, 322 = DNotZ 2007, 122 m. Anm. *Fembacher*.
68 OLG Saarbrücken, Beschl. v. 16.10.1991 – 5 W 96/91, Rpfleger 1992, 64; LG Augsburg, Beschl. v. 21.4.1998 – 5 T 629/98, Rpfleger 1998, 344.
69 Müller-Engels/Braun/*Müller-Engels*, BetreuungsR, Kap. 3 Rn 200: höchstpersönliches Recht – unübertragbar; MüKo-BGB/*Huber*, 8. Aufl. 2020, § 1626 Rn 13 m.w.N.
70 OLG Celle, Beschl. v. 20.6.2018 – 6 W 78/18, ZErb 2018, 200: höchstpersönliche Erklärung, bei der die Vertretung durch einen (gewillkürten) Vertreter unzulässig ist.

Horn

ein Betreuer bestellt ist und bei diesem eine Interessenkollision vorliegt (vgl. § 1824 BGB; §§ 1908i Abs. 1, §§ 1795 f. BGB a.F.).[71] So ist der bevollmächtigte Ehegatte nicht berechtigt, für den Ehegatten, der ihm die Vollmacht erteilt hat, einen Scheidungsantrag zu stellen.[72] Auch wenn der Bevollmächtigte Alleinerbe und der Vollmachtgeber Pflichtteilsberechtigter ist, muss i.d.R. für den Teilbereich der Interessenkollision ein Ergänzungsbetreuer bestellt werden. Etwas anderes kann gelten, wenn der Bevollmächtigte von § 181 BGB befreit ist.

D. Untätiger Bevollmächtigter

15   Wenn der Bevollmächtigte die erforderlichen Angelegenheiten nicht erledigt, er mithin untätig ist, ist grundsätzlich trotz Vollmachtserteilung eine Betreuung anzuordnen.[73] Die Untätigkeit kann in Zeitmangel, ggf. in der räumlichen Entfernung zum Vollmachtgeber bzw. in persönlicher Inkompetenz des Bevollmächtigten begründet sein.[74] So muss der Bevollmächtigte mit Finanzen und Behörden umgehen und die persönliche bzw. medizinische Versorgung des Betroffenen organisieren können. Aber auch, wenn der Bevollmächtigte aus tatsächlichen Gründen wie Urlaub oder Krankheit an der Vertretung gehindert ist, ist ein Betreuer zu bestellen. Dieser wird dann als Verhinderungsbetreuer bezeichnet, der auch zu bestellen ist, wenn der Betreuer aus tatsächlichen Gründen an der Tätigkeit gehindert ist (§ 1817 Abs. 4 BGB).

16   Eine Betreuung ist auch zu bestellen, wenn der Bevollmächtigte nicht in der Lage ist, die Pflegebedürfnisse eines Elternteils sachgerecht und mit der gebotenen Distanz zu erkennen und eine sach- und fachgerechte Pflege sicherzustellen.[75] So liege darin eine konkrete Gefahr für das Wohl der betroffenen Person.

17   Schließlich ist eine Betreuung einzurichten, wenn der Bevollmächtigte nicht willens oder in der Lage ist, den ihm erteilten Auftrag auszuführen und von der Vollmacht Gebrauch zu machen.[76] In diesem Zusammenhang kommt es auf ein Verschulden nicht an.[77]

In diese Gruppe gehört auch das Erfordernis einer Betreuung, weil der Bevollmächtigte etwa durch eigenmächtiges und störendes Verhalten eines Dritten nicht

---

71 BayObLG, Beschl. v. 18.9.2003 – 3Z BR 167/03, BayObLGZ 2003, 248, 249; vgl. Rudolf/Bittler/Roth/*Roth*, Vorsorgevollmacht, § 1 Rn 46 ff.
72 OLG Hamm, Beschl. v. 16.8.2013 – 3 UF 43/13, BeckRS 2013, 17517 Rn 42 (unter NJW 2014, 158 nicht veröffentlicht).
73 Kurze/*Kurze*, VorsorgeR, § 1896 a.F. Rn 24.
74 *Bienwald*, RpflStud 2016, 126, 117.
75 OLG Brandenburg, Beschl. v. 10.3.2005 – 11 Wx 3/05, MittBayNot 2006, 52, 53.
76 MüKo-BGB/*Schwab*, 8. Aufl. 2020, § 1896 a.F. Rn 67.
77 Jurgeleit/*Jurgeleit*, BetreuungsR, § 1896 a.F. Rn 74.

in der Lage ist, zum Wohl des Betroffenen zu handeln.[78] Zwar würde so der Bevollmächtigte durch das eigenmächtige Verhalten eines Dritten aus der Vorsorgevollmacht gedrängt. Maßgebend müsse stets das Wohl des Betroffenen bleiben.

E. Ungeeigneter Bevollmächtigter

Eine Betreuung kann trotz einer Vorsorgevollmacht dann erforderlich sein, wenn der Bevollmächtigte ungeeignet ist, die Angelegenheiten des Betroffenen zu besorgen. Das kann insbesondere bei der Befürchtung der Fall sein, dass die Wahrnehmung der Interessen des Betroffenen durch den bestimmten Bevollmächtigten eine konkrete Gefahr für das Wohl des Betroffenen begründet.[79] So kann der Bevollmächtigte wegen erheblicher Bedenken an seiner Geeignetheit oder Redlichkeit als ungeeignet erscheinen.[80] Ein Betreuer ist stets zu bestellen, wenn der Bevollmächtigte die Vollmacht für eigene Zwecke missbraucht.[81]

18

Einige Beispiele für die Ungeeignetheit: Der Bevollmächtigte hatte in einem Fall des BGH eine Demenzerkrankung der betroffenen Person genutzt, sich das Grundstück bzw. den Nießbrauch rechtswidrig anzueignen.[82] In einem anderen vom BGH entschiedenen Fall konnte der Verbleib von zumindest 15.000 EUR nicht aufgeklärt werden, zumal der Bevollmächtigte Anfragen des Gerichts nicht beantwortet hatte.[83] Eine Betreuung kann lt. BayObLG[84] erforderlich werden, wenn konkrete Verdachtsmomente wegen Vollmachtsmissbrauch gegen den Bevollmächtigten vorliegen: Solche Momente können im vermögensrechtlichen Bereich, etwa durch Auflösung von Konten, und im Bereich der Personensorge gesehen werden, dort das abrupte Herausreißen des Betroffenen aus seiner gewohnten Umgebung. In dem dortigen Fall hatte der Bevollmächtigte etwa 180.000 EUR aus dem Vermögen der betroffenen Person auf das eigene Konto übertragen, ohne dass dieser hierfür eine Schenkung oder eine andere vertragliche Grundlage vorweisen bzw. die Übertragung anderweitig plausibel rechtfertigen konnte. Bei solchen schwerwiegenden Verstößen gegen die Pflicht zur Wahrung der Interessen des Betroffenen genügen schon konkrete Verdachtsmomente, um eine Betreuerbestellung zu rechtfertigen. Es müsse nicht abgewartet werden, bis tatsächlich ein Schaden entstanden ist. Aber: Hat der Bevollmächtigte im Rahmen

19

---

78 LG Meiningen, Beschl. v. 5.3.2018 – 4 T 31/18 und 4 T 32/18, ZErb 2018, 154, 155.
79 BGH, Beschl. v. 25.4.2018 – XII ZB 216/17, NJW-RR 2018, 899; Grüneberg/*Götz*, 81. Aufl. 2022, § 1896 a.F. Rn 12a.
80 BGH, Beschl. v. 25.4.2018 – XII ZB 216/17, NJW-RR 2018, 899.
81 Jurgeleit/*Jurgeleit*, BetreuungsR, § 1896 a.F. Rn 73.
82 BGH, Beschl. v. 25.4.2018 – XII ZB 216/17, NJW-RR 2018, 899, 900.
83 BGH, Beschl. v. 26.2.2014 – XII ZB 301/13, NJW 2014, 1733, 1735.
84 BayObLG, Beschl. v. 9.4.2003 – 3Z BR 242/02, FGPrax 2003, 171, 173.

der ihm eingeräumten Befugnis Schenkungen gemacht, folgt daraus nicht stets seine Unredlichkeit.[85]

20 Sind mehrere Bevollmächtigte nur zur gemeinschaftlichen Vertretung befugt, kann dennoch eine Betreuung erforderlich werden, wenn diese nicht zu einer gemeinschaftlichen Vertretung in der Lage sind.[86] Hierzu bedarf es einer Zusammenarbeit und Abstimmung der Bevollmächtigten und auch einem Mindestmaß an Kooperationsbereitschaft und -fähigkeit. Wenn allerdings die Ursache des objektiven Fehlverhaltens eines Bevollmächtigten das Verschulden eines von dem Bevollmächtigten beauftragten Rechtsanwaltes ist, kann daraus nicht die Ungeeignetheit eines Bevollmächtigten angenommen werden.[87]

21 Stets hat das Betreuungsgericht aber **mildere Mittel** im Vergleich zur Vollbetreuung zu prüfen. In Betracht kommt schließlich die Einrichtung einer **Kontrollbetreuung** nach § 1815 Abs. 3 BGB (§ 1896 Abs. 3 BGB a.F.) (siehe § 5 Rdn 5 ff.).[88] Jedoch ist bei erheblichen Zweifeln an der Redlichkeit des Bevollmächtigten und an der Abwendbarkeit der Vermögensgefährdung durch einen Kontrollbetreuer dem BGH[89] zufolge eine „Vollbetreuung" einzurichten.

F. Exkurs: Ergänzungs- bzw. Verhinderungsbetreuer (§ 1817 Abs. 4, 5 BGB)

22 Auch wenn ein Betreuer bestellt ist, kann ein weiterer Betreuer zu bestellen sein. Seit dem 1.1.2023 unterscheidet der Gesetzgeber:
– Ein Verhinderungsbetreuer ist neben einem Betreuer zu bestellen, wenn dieser aus tatsächlichen Gründen verhindert ist, die Angelegenheiten des Betreuten zu besorgen (§ 1817 Abs. 4 BGB).
– Ein Ergänzungsbetreuer ist neben einem Betreuer zu bestellen, wenn dieser aus rechtlichen Gründen gehindert ist, einzelne Angelegenheiten des Betreuten zu besorgen (§ 1814 Abs. 5 BGB, § 1899 Abs. 4 BGB a.F.). Für die Bestellung ist der Rechtspfleger zuständig (§ 15 Abs. 1 Nr. 1 RPflG).

23 Eine Hinderung aus rechtlichen Gründen liegt vor allem bei einer Interessenkollision vor. Schließlich sieht § 1824 Abs. 1 BGB (§ 1795 BGB a.F.) den Ausschluss der Vertretungsmacht in folgenden Fällen vor, wobei nach § 1825 Abs. 2 BGB der § 181 BGB unberührt bleibt:
1. bei einem Rechtsgeschäft mit dem Ehegatten des Betreuers oder einem seiner Verwandten in gerader Linie einerseits und dem Betreuten andererseits, es sei

---

85 BGH, Beschl. v. 13.2.2013 – XII ZB 647/12, NJW 2013, 1085, 1086.
86 BGH, Beschl. v. 31.1.2018 – XII ZB 527/17, NJW 2018, 1257, 1258.
87 BGH, Beschl. v. 13.2.2013 – XII ZB 647/12, NJW 2013, 1085, 1086.
88 Jurgeleit/*Jurgeleit*, BetreuungsR, § 1896 a.F. Rn 76.
89 BGH, Beschl. v. 13.4.2011 – XII ZB 584/10, NJW 2010, 2135, 2137.

denn, dass das Rechtsgeschäft ausschließlich in der Erfüllung einer Verbindlichkeit besteht,
2. bei einem Rechtsgeschäft, das die Übertragung oder Belastung einer durch Pfandrecht, Hypothek, Schiffshypothek oder Bürgschaft gesicherten Forderung des Betreuten gegen den Betreuer oder die Aufhebung oder Minderung dieser Sicherheit zum Gegenstand hat, oder die Verpflichtung des Betreuten zu einer solchen Übertragung, Belastung, Aufhebung oder Minderung begründet,
3. bei einem Rechtsstreit zwischen den in Nummer 1 bezeichneten Personen sowie bei einem Rechtsstreit über eine Angelegenheit der in Nummer 2 bezeichneten Art.

G. Klauseln

I. Überblick

Es sind folgende Konstellationen zu unterscheiden:
- Vorsorgliche Betreuerbenennung für den Fall, dass ein Rechtsgeschäft auszuführen ist, für das das Gesetz eine gesetzliche Vertretung vorschreibt, oder dass der Bevollmächtigte mit sämtlichen Ersatzbevollmächtigten an der Vertretung, gleich aus welchem Grund, gehindert sind (siehe Rdn 6).
- Bevor die Vertrauensperson tätig werden kann, soll das Betreuungsgericht die Betreuungsbedürftigkeit prüfen und feststellen. In diesem Fall können in der Betreuungsverfügung ausführliche Anordnungen enthalten sein (siehe Rdn 38).
- Die betroffene Person kennt **keine Person** in ihrem Umfeld, der sie **Vollmacht erteilen kann** oder mag. Sie kann durch eine Betreuungsverfügung Wünsche fixieren, die der vom Betreuungsgericht bestellte Betreuer zu beachten hat.
- **Kontrollbevollmächtigter**: Die Überprüfung des Bevollmächtigten ist erforderlich (siehe § 5 Rdn 6 ff.) und es ist kein vorsorglicher Kontrollbevollmächtigter ernannt worden (siehe § 5 Rdn 37 ff.).

Es bestehen keine Formvorschriften zur Errichtung einer Betreuungsverfügung.[90] Gleichwohl empfiehlt sich jedoch zumindest die privatschriftliche Schriftform (zu Formvorschriften siehe § 7 und zu Gebühren siehe § 9).

II. Vorsorgliche Betreuungsverfügung

In der Praxis wird empfohlen, in der Vorsorgevollmacht stets auch vorsorglich eine Betreuungsverfügung aufzunehmen. Danach soll bei einer erforderlichen Betreuung dann die gleiche Person zum Betreuer bestimmt werden, die auch

---

90 Scherer/*Lipp/Schrader*, MAH ErbR, § 44 Rn 74.

zum Bevollmächtigten ernannt wurde. Vollkommen zu Recht weist *Renner*[91] daraufhin, dass eine solche vorsorgliche Betreuungsverfügung nicht erforderlich ist. So wird das Betreuungsgericht i.d.R. die Person zum (Ergänzungs-) Betreuer bestellen, die die betroffene Person zu seinem Bevollmächtigten bestimmt hat. Gleichwohl ist dem Mandanten stets der sicherste Weg aufzuzeigen, und das ist die Berücksichtigung einer kurzen Betreuungsverfügung als Baustein innerhalb der Vorsorgeverfügung.

Muster 4.1: Baustein Grundmuster – Vorsorgliche Betreuungsverfügung

26 *(Standort im Grundmuster I und II.[92] § 4)*

Durch die vorstehende Vollmachtserteilung soll die Bestellung eines Betreuers im Falle von Krankheit oder Gebrechlichkeit vermieden werden. Für den Fall, dass die Bestellung eines Betreuers trotz erteilter Vorsorgevollmacht notwendig werden sollte, wünscht der Vollmachtgeber, dass möglichst einer seiner hiermit bestimmten Bevollmächtigten zu seinem Betreuer bestellt wird, wobei die in dieser Vorsorgeverfügung angeordnete Rangfolge zu beachten ist. Wird ein Betreuer bestellt, soll die Vollmacht im Übrigen bestehen bleiben.

27 Handelt es sich bei dem Betreuer dann um die Eltern, Geschwister, den Ehegatten, um Abkömmlinge oder um einen Betreuungsverein/Vereinsbetreuer bzw. um die Betreuungsbehörde/Behördenbetreuer sieht § 1859 Abs. 1 S. 1 BGB den befreiten Betreuer vor. Zudem kann das Betreuungsgericht, wenn der Betreute dies vor der Betreuung schriftlich verfügt hat, befreien (§ 1859 Abs. 2 S. 2 BGB). Befreite Betreuer nach § 1859 Abs. 1 S. 1 BGB sind entbunden
– von der Pflicht zur Sperrvereinbarung nach § 1845 BGB,
– von den Beschränkungen nach § 1849 Abs. 1 S. 1 Nr. 1, 2, S. 2 BGB, also von der betreuungsgerichtlichen Genehmigungspflicht bei einer Verfügung über ein Recht, kraft dessen der Betreute eine Geldleistung oder die Leistung eines Wertpapiers verlangen kann, und über ein Wertpapier des Betreuten, wobei das gleiche für die Eingehung der Verpflichtung zu einer solchen Verfügung gilt, und
– von der Pflicht zur Rechnungslegung nach § 1865 BGB.

Befreite Betreuer haben gem. § 1859 Abs. 1 S. 2 BGB dem Betreuungsgericht jährlich eine Übersicht über den Bestand des ihrer Verwaltung unterliegenden Vermögens des Betreuten (Vermögensübersicht) einzureichen. Das Betreuungsgericht kann anordnen, dass die Vermögensübersicht in längeren, höchstens fünfjährigen Zeiträumen einzureichen ist. Neu in das Gesetz zum 1.1.2023 eingeführt ist die Möglichkeit, dass die betroffene Person schriftlich seinen Betreuer befreit (§ 1859 Abs. 2 S. 2 BGB; siehe Rdn 34). Dann hat das Betreuungsgericht auch

---

[91] Müller-Engels/Braun/*Renner*/*Müller-Engels*, BetreuungsR, Kap. 2 Rn 255.
[92] Grundmuster I und II siehe § 1 Rdn 8, 9.

andere als in § 1859 Abs. 2 S. 1 BGB genannte Personen zu befreien, außer wenn „der Betreute erkennbar an diesem Wunsch nicht festhalten will" (§ 1859 Abs. 2 S. 3 BGB).

III. Detaillierte Betreuungsverfügung

1. Überblick

Wünscht der Mandant eine stärkere Kontrolle durch das Betreuungsgericht, so kann für diesen eine ausführliche Betreuungsverfügung sinnvoll sein. So kann die lediglich zum Betreuer bestimmte Person erst tätig werden, wenn das Betreuungsgericht durch Beschluss die Betreuungsbedürftigkeit festgestellt hat. Es bestehen folgende Möglichkeiten: 28
- Es ist möglich, die im Vergleich zum Bevollmächtigten nachrangige Person zum Betreuer zu ernennen.
- Es ist möglich, keine Vollmacht, sondern ausschließlich eine Betreuungsverfügung, zu errichten.

Jedermann kann durch Betreuungsverfügung
- Vorgaben zu den Personen, die zu Betreuern zu bestellen sind bzw. die hierzu ausgeschlossen sind, geben (§ 1816 Abs. 2 S. 1–3 BGB; siehe Rdn 29 ff.),
- Betreuer zu befreiten Betreuern bestimmen (§ 1859 Abs. 2 S. 2 BGB; siehe Rdn 34) und
- Wünsche zur Führung der Betreuung äußern (§ 1821 Abs. 2 BGB; siehe Rdn 35 ff.).

2. Wünsche zur Person des Betreuers (§ 1816 BGB)

Wünscht ein Volljähriger eine Person, die zum Betreuer bestellt werden kann, so ist diesem Vorschlag gemäß § 1816 Abs. 2 S. 1 BGB (§ 1897 Abs. 4 S. 1 BGB a.F.) zu entsprechen.[93] Dem Gericht steht kein Ermessen zu.[94] Allerdings muss die zu bestellende Person „zur Führung der Betreuung geeignet" sein (§ 1816 Abs. 2 S. 1 BGB). Lt. BGH v. 14.3.2018[95] erfordert ein solcher Betreuervorschlag weder die Geschäftsfähigkeit noch die natürlich Einsichtsfähigkeit des Betroffenen, sondern es genügt, dass der Betroffenen seinen Willen oder Wunsch kundtut. Dies gilt jedoch dann nicht, wenn es dem Wohl des zu Betreuenden widerspricht. Das ist anzunehmen, wenn sich bei der umfassenden Abwägung aller Umstände Gründe von erheblichem Gewicht ergeben, die gegen den Vorgeschlagenen sprechen, und die konkrete Gefahr besteht, dass dieser die Betreuung nicht zum Wohl 29

---

[93] BGH, Beschl. v. 19.7.2017 – XII ZB 390/16, FamRZ 2017, 1779 = BeckRS 2017, 122012 Rn 11.
[94] BGH, Beschl. v. 14.3.2018 – XII ZB 589/17, NJW 2018, 1878.
[95] BGH, Beschl. v. 14.3.2018 – XII ZB 589/17, NJW 2018, 1878.

des Betroffenen führen kann oder will.[96] Ebenfalls darf auch kein erheblicher Interessenkonflikt vorliegen.[97]

30 Wenn die betroffene Person eine bestimmte Person zu seinem Betreuer ablehnt, so ist diesem Wunsch zu entsprechen (§ 1816 Abs. 2 S. 2 BGB; § 1897 Abs. 4 S. 2 BGB a.F.). Das Gericht war nach bis zum 31.12.2022 geltendem Recht anders als bei einer expliziten Benennung einer Person bei einer Ablehnung an diese nicht gebunden.[98] Vielmehr hatte das Betreuungsgericht auf den Wunsch, eine bestimmte Person zu bestellen, lediglich „Rücksicht" zu nehmen (§ 1897 Abs. 4 S. 2 BGB a.F.).

31 Keineswegs kann eine Person zum Betreuer bestellt werden, die zu einem Träger von Einrichtungen oder Diensten, die in der Versorgung der betroffenen Person tätig ist, in einem Abhängigkeitsverhältnis oder einer anderen engen Beziehung steht (§ 1816 Abs. 6 S. 1 BGB). Das gilt aber nicht, wenn im Einzelfall die konkrete Gefahr einer Interessenkollision nicht besteht (§ 1816 Abs. 6 S. 2 BGB). Damit hat der Gesetzgeber zum 1.1.2023 die Gruppe der ausgeschlossenen Personen erweitert. Nach § 1897 Abs. 3 BGB a.F. war noch erforderlich, dass die betroffene Person in einer Einrichtung untergebracht war oder dort wohnte.

32 Nach der Gesetzesbegründung ist die „Wunschbefolgungspflicht des Gerichts" nicht „schrankenlos". Die gewünschte Person muss i.S.d. § 1816 Abs. 1 BGB (§ 1897 Abs. 1 BGB a.F.) „geeignet" sein. So muss sie geeignet sein, die Angelegenheiten der betroffenen Person in den anzuordnenden Aufgabenbereiche nach Maßgabe des § 1821 BGB rechtlich zu besorgen und insbesondere in dem hierfür erforderlichen Umfang persönlichen Kontakt zu ihr zu halten, so die Gesetzesbegründung.[99] Weiter hat der Gesetzgeber[100] ausgeführt, dass unabhängig vom konkreten Verfahren nur solche Personen als Betreuer geeignet seien, die die psychischen und physischen Eigenschaften besitzen, das Amt eines Betreuers generell auszuüben. Insoweit seien die §§ 21, 23 BtOG zu berücksichtigen. Das Gericht habe die Eignung der gewünschten Person für den konkreten Betreuten zu prüfen. Zu berücksichtigen hat das Betreuungsgericht von der gewünschten Person die intellektuellen und sozialen Fähigkeiten, seine psychische und körperliche Verfassung, die persönlichen Lebensumstände wie die räumliche Nähe zum Betroffenen, die berufliche Auslastung oder finanzielle Verhältnisse sowie familiäre und sonstige Beziehungen zum Betroffenen.[101]

---

96 BGH, Beschl. v. 3.8.2016 – XII ZB 616/15, NJW-RR 2016, 1156, 1157; BGH, Beschl. v. 15.2.2017 – XII ZB 510/16, NJW-RR 2017, 642, 644; Grüneberg/*Götz*, 81. Aufl. 2022, § 1897 a.F. Rn 16.
97 Müller-Engels/Braun/*Renner/Müller-Engels*, BetreuungsR, Kap. 2 Rn 244.
98 Grüneberg/*Götz*, 81. Aufl. 2022, § 1897 a.F. Rn 17.
99 BT-Drucks 19/24445, 238.
100 BT-Drucks 19/24445, 238.
101 Grüneberg/*Götz*, 81. Aufl. 2022, § 1897 a.F. Rn 3.

Muster 4.2: Baustein Grundmuster – Vorschläge zur Auswahl des Betreuers

(Standort im Grundmuster I und II:[102] § 4)

Hiermit bestimme ich, dass bei Vorliegen der Voraussetzungen zur Einrichtung einer Betreuung in erster Linie ▓▓▓ und in zweiter Linie ▓▓▓ durch das Betreuungsgericht bestellt werden (§ 1897 Abs. 4 BGB). Keinesfalls darf ▓▓▓ bestellt werden.

3. Befreiung (§ 1859 BGB)

Nach § 1859 Abs. 2 S. 1 BGB sind Eltern, Ehegatten, eingetragene Lebenspartner und Abkömmlinge sowie Vereins- und Behördenbetreuer befreite Betreuer (§§ 1908i, 1857a, 1852 Abs. 2, 1853, 1854 BGB a.F.). Nach dem bis zum 31.12.2022 geltenden Recht konnte die betroffene Person nicht verbindlich festlegen, dass bestimmte Personen befreite Personen sein sollen.[103] Etwa konnte nach altem Recht nach dem OLG München[104] sogar ein geschäftsfähiger Betreuer seinen Betreuer, der nicht zum Kreis der privilegierten Betreuer i.S.v. § 1908i Abs. 2 S. 2 BGB a.F. zählte, nicht von der Rechnungslegungspflicht befreien. Jedoch hatte das Betreuungsgericht die Möglichkeit, den nicht privilegierten Betreuer von den Verpflichtungen nach §§ 1806–1816 BGB bzw. §§ 1814, 1816 BGB zu befreien, ihn zu den nach §§ 1812, 1822 Nr. 8–10 BGB genehmigungspflichtigen Geschäften allgemein zu ermächtigen (§ 1825 BGB) und nach § 1840 Abs. 4 BGB eine andere Rechnungslegungsperiode zu bestimmen.[105] Nach § 1859 Abs. 2 S. 2 BGB kann nunmehr das Betreuungsgericht auch weitere Betreuer von den Pflichten nach § 1859 Abs. 1 S. 1 BGB befreien, „wenn der Betreute dies vor der Bestellung des Betreuers schriftlich verfügt hat". Das gilt dann nicht, wenn der Betreute erkennbar an diesem Wunsch nicht mehr festhalten will (§ 1859 Abs. 2 S. 3 BGB).

Muster 4.3: Baustein Grundmuster – Befreiter Betreuer

(Standort im Grundmuster I und II:[106] § 4)

Die von dem Verfügenden gem. § 1816 Abs. 2 BGB als seinen Betreuer gewünschte Person wird gem. § 1859 Abs. 2 S. 2 BGB befreit, soweit § 1859 Abs. 1 BGB eine Befreiung zulässt.

4. Wünsche des Betreuten (§ 1821 BGB)

Maßstab für die Führung der Betreuung war nach dem bis zum 31.12.2022 geltenden Recht das „Wohl" des Betreuten (§ 1901 Abs. 2 BGB). Nach der Geset-

---

102 Grundmuster I und II siehe § 1 Rdn 8, 9.
103 Vgl. Lipp/*Lipp*, Vorsorgeverfügungen, § 18 Rn 57.
104 OLG München, Beschl. v. 26.10.2005 – 33 Wx 171/05, MDR 2006, 211 = BeckRS 2005, 12611.
105 Lipp/*Lipp*, Vorsorgeverfügungen, § 18 Rn 59.
106 Grundmuster I und II siehe § 1 Rdn 8, 9.

zesbegründung[107] geben nunmehr die Wünsche des Betreuten die „maßgebliche Orientierung". Diese hat der Betreuer festzustellen (§ 1821 Abs. 2 S. 2 BGB). Gemäß § 1821 Abs. 2 S. 3 (§ 1901 Abs. 3 S. 1 BGB a.F.) hat der Betreuer den **Wünschen** des Betreuten zu entsprechen und den Betreuten bei deren Umsetzung rechtlich zu unterstützen. Das gilt auch für solche Wünsche, die der Betreute vor der Bestellung des Betreuers geäußert hat, außer er will daran „erkennbar" nicht festhalten (§ 1821 Abs. 3 BGB). Das gilt aber nach § 1821 Abs. 3 BGB dann nicht, wenn

– die Person des Betreuten oder dessen Vermögen hierdurch erheblich gefährdet würde und der Betreute diese Gefahr aufgrund seiner Krankheit oder Behinderung nicht erkennen oder nicht nach dieser Einsicht handeln kann oder
– dies dem Betreuer nicht zuzumuten ist.

Auch müssen sich die Wünsche im Rahmen der Möglichkeiten des Betreuers bewegen (vgl. § 1821 Abs. 2 S. 1 BGB). Laut Gesetzgeber[108] hat der Betreuer daher Wünsche nicht zu befolgen, die aufgrund mangelnder persönlicher, wirtschaftlicher oder sonstiger Ressourcen nicht zu verwirklichen sind.

36 Die Wünsche, die der Betreute gem. § 1821 Abs. 2 S. 1 BGB (§ 1901 Abs. 2 S. 1 BGB a.F.) zuvor äußern kann, können sich auch auf die Art und Weise der Durchführung der Betreuung beziehen.[109] Denkbar sind Wünsche, wo der Betreute leben möchte bzw. wie sein Vermögen verwaltet werden soll. Weiter können sich die Wünsche auf den Lebensstil, Urlaub, Freizeit, Entscheidung zwischen Konsum und Kapitalbildung und natürlich auch auf den Bereich der Gesundheitsfürsorge und medizinischen Behandlung beziehen.[110] Auch sind Wünsche zu Gelegenheitsgeschenken denkbar (§ 1854 Nr. 8 BGB; § 1908i Abs. 2 S. 1 BGB a.F.), genauso zum Betreuungsverfahren und zu Haftungserleichterungen.[111]

37 Jedoch können die Wünsche des Betreuten nie den potenziellen gesetzlichen Aufgabenkreis eines Betreuers erweitern. Wenn ein Wunsch dem Wohl des Betreuten zuwiderläuft, darf der Betreuer diesem nicht nachkommen.[112] Letztlich müssen diese Wünsche auch dem Betreuer zumutbar sein.

---

107 BT-Drucks 19/24445, 252.
108 BT-Drucks 19/24445, 252.
109 BeckOK BGB/*Müller-Engels*, 60. Ed. Stand 1.8.2021, § 1901 a.F. Rn 7.
110 MüKo-BGB/*Schneider*, 8. Aufl. 2020, § 1901 a.F. Rn 12.
111 *Zimmermann*, Vorsorgevollmacht, Rn 369.
112 Kriterien bei MüKo-BGB/*Schneider*, 8. Aufl. 2020, § 1901 a.F. Rn 16 ff., Jurgeleit/*Kieß*, BetreuungsR, § 1901 a.F. Rn 44 ff.

Muster 4.4: Baustein Grundmuster – Wünsche an Betreuer

(Standort im Grundmuster I und II:[113] § 4)

Sollte für mich eine Betreuung angeordnet werden, hat der Betreuer nachfolgenden Wünschen gemäß § 1821 Abs. 2 BGB zu entsprechen, soweit sie meinem Wohl nicht zuwiderlaufen und dem Betreuer zuzumuten sind:

(1) Ich möchte möglichst lange in meiner heutigen Wohnung leben. Sollte ich auf fremde Hilfe angewiesen sein, möge der Betreuer für eine Rund-um-die-Uhr-Versorgung durch Pflegekräfte bei mir zu Hause sorgen.

(2) Mein Geld- und Wertpapiervermögen soll konservativ angelegt werden; es sollen keine Risiken eingegangen werden.

(3) Lässt sich eine häusliche Pflege von mir nicht verwirklichen, so möchte ich in ein Einzelzimmer des Altenheims ▬▬▬ aufgenommen werden. Falls dort kein Einzelzimmer frei ist, wünsche ich ein anderes Heim.

(4) Wenn eine Person mit mir Ausflüge oder Konzert- bzw. Theaterbesuche unternimmt, sind auch deren Kosten wie Eintrittsgelder und Fahrtkosten meinem Vermögen zu entnehmen.

Dem ehrenamtlichen Betreuer steht grundsätzlich keine Vergütung zu (§ 1876 S. 1 BGB), nur wie dem berufsmäßigem Betreuer Aufwendungsersatz (§ 1877 BGB). Jedoch kann das Betreuungsgericht dem ehrenamtlichen Betreuer bei einem nicht mittellosen Betreuten eine Vergütung bewilligen, wenn dies der Umfang oder die Schwierigkeit rechtfertigen (§ 1876 S. 2 BGB). Die Vergütung des berufsmäßigen Betreuers richtet sich nach dem VBVG (§ 1875 Abs. 2 BGB).

Obwohl die BRAK[114] gefordert hat, der betroffenen Person die Möglichkeit zu geben, durch Betreuungsverfügung eine Vergütung zu bestimmen, ist der Gesetzgeber dem nicht gefolgt. Nach *Lipp*[115] können innerhalb der Wünsche auch Regelungen zur Vergütung des nicht berufsmäßigen Betreuers geäußert werden. Diese sind aber nicht für das Festsetzungsverfahren des Betreuungsgerichts verbindlich.[116]

IV. Kontrollbetreuer

Es kann vorsorglich zur Kontrolle des Bevollmächtigten ein Kontrollbetreuer bestimmt werden (vgl. § 1820 Abs. 3 BGB; siehe § 5 Rdn 33), damit das Betreuungsgericht möglichst nicht hierzu eine fremde Person bestellt. Es kann versucht werden, durch Benennung eines Kontrollbevollmächtigten die gerichtliche Bestellung eines Kontrollbetreuers zu verhindern (siehe § 5 Rdn 37 ff.).

---

113 Grundmuster I und II siehe § 1 Rdn 8, 9.
114 BRAK-Stellungnahme Nr. 39 aus August 2020, S. 10.
115 Lipp/*Lipp*, Vorsorgeverfügungen, § 18 Rn 69, 137.
116 *Zimmermann*, Vorsorgevollmacht, Rn 368.

§ 5 Kontrollbevollmächtigung und -betreuung

Übersicht:	Rdn		Rdn
A. Wozu eine Kontrolle des Bevollmächtigten?	1	VI. Verfahrensrecht zum Bestellen eines Kontrollbetreuers	16
B. Erforderlichkeit einer Kontrollbetreuung	4	C. Suspendierung und Widerruf einer Vollmacht	17
I. Änderungen durch Reform	4	I. Überblick zum alten Recht	17
II. Überblick	5	II. Überblick zum neuen Recht	18
III. Keine Kontrolle des Bevollmächtigten aufgrund einer Krankheit oder Behinderung möglich (§ 1820 Abs. 3 Nr. 1 BGB)	6	III. Suspendierung einer Vollmacht	20
		IV. Widerruf einer Vollmacht	22
		D. Aufgaben des Kontrollbetreuers und diesbezügliche Betreuungsverfügungen	29
IV. Konkreter Überwachungsbedarf (§ 1820 Abs. 3 Nr. 2 BGB)	8	E. Kontrollbevollmächtigter	37
V. Einzelfälle aus der (alten) Rechtsprechung	12	F. Gegenbetreuer	45

A. Wozu eine Kontrolle des Bevollmächtigten?

Mit einer Vollmacht räumt der Vollmachtgeber dem Bevollmächtigten je nach Inhalt und Umfang der Vollmacht die Berechtigung ein, für ihn zu handeln, und zwar primär dann, wenn er selbst nicht mehr handlungsfähig ist. Die daraus sich ergebende Berechtigung enthält nicht nur die schlichte Handlungspflicht nach den Haftungsmaßstäben der *diligentia quam in suis*, sondern auch die Pflicht, sich nach dem Wohl und dem Willen des Vollmachtgebers zu richten. Diese einem Betreuer gleichstehende Pflicht bedarf je nach der konkret sich ergebenden Situation eines Schutzes für den Vollmachtgeber, obwohl damit gleichzeitig in sein verfassungsrechtlich geschütztes Selbstbestimmungsrecht eingegriffen werden kann/wird. Schließlich wird ein Bevollmächtigter durch das Betreuungsgericht weder überwacht noch kontrolliert. Das kann den Missbrauch einer Vollmacht erleichtern. 1

Den Schutz des Vollmachtgebers gibt der Gesetzgeber mit der Kontrollbetreuung gem. § 1815 Abs. 3 BGB mit § 1820 Abs. 3 bis 5 BGB (§ 1896 Abs. 3 BGB a.F.). Der Kontrollbetreuer hat als Aufgabenbereich die Aufgabe, Rechte des Vollmachtgebers gegenüber dem Bevollmächtigten geltend zu machen, d.h. Ausübung von Kontrolle und Überwachung des Außen- und des Innenverhältnisses zwischen Vollmachtgeber und Bevollmächtigtem. Er wird hierzu vom Betreuungsgericht (neuerlich von dem Richter) bestellt. Nach der zum 1.1.2023 in Kraft tretenden Reform ist der Kontrollbetreuer auch zum Vollmachtswiderruf berechtigt, der aber nur nach vorheriger betreuungsgerichtlicher Genehmigung zulässig ist (§ 1820 Abs. 5 S. 2 BGB). 2

Im Rahmen seiner Tätigkeit ist der Kontrollbetreuer wie der sonstige Betreuer gesetzlicher Vertreter des Vollmachtgebers und unterliegt der Überwachung des Betreuungsgerichts. Seine Aufgaben beschränken sich auf die Rechte, die der 3

Vollmachtgeber gegenüber dem Bevollmächtigten hat. Durch die Reform sind die Rechte insoweit erweitert worden, dass der Kontrollbetreuer auch Auskunfts- und Rechenschaftsansprüche gegenüber Dritten geltend machen kann (§ 1815 Abs. 3 BGB). Der Kontrollbetreuer übernimmt aber weiterhin keine Vertretung gegenüber Vertragspartnern.[1]

B. Erforderlichkeit einer Kontrollbetreuung

I. Änderungen durch Reform

4 § 1896 Abs. 3 BGB a.F. ist in § 1815 Abs. 3 BGB aufgegangen. Es handelt sich um den **Aufgabenbereich Kontrolle des Bevollmächtigten**. Danach ist es dem Kontrollbetreuer möglich, die Rechte des Betreuten gegenüber seinem Bevollmächtigten geltend zu machen.[2] Hierzu zählt auch der Widerruf der Vollmacht.[3] Nach altem Recht musste die Befugnis, Vollmachten zu widerrufen, noch ausdrücklich als Aufgabe durch Beschluss angeordnet worden sein. Sinnvollerweise wird mit § 1815 Abs. 3 BGB im Gegensatz zur alten Rechtslage die Befugnisse des Kontrollbetreuers erweitert, da dieser auch Auskunfts- und Rechenschaftsansprüche des Betreuten gegenüber Dritten geltend machen kann. Der Gesetzgeber hat etwa an Banken, Grundbuchämter oder sonstige Dritte gedacht.[4] So würde dem Kontrollbetreuer eine effiziente Kontrolle des Bevollmächtigten gerade bei einem (drohenden) Missbrauch der Vollmacht ermöglicht werden. Maßgaben, die von der Rechtsprechung zum alten Recht entwickelt wurden, sind nunmehr in § 1820 Abs. 3 BGB aufgenommen und konkretisiert worden, auch in § 1815 Abs. 3 BGB: § 1820 Abs. 3 Nr. 1 und Nr. 2 BGB normiert die kumulativen Erfordernisse, in welchen Fällen ein Kontrollbetreuer durch das Betreuungsgericht zu bestellen ist. Erst bei Feststellung eines konkreten Überwachungsbedarfes wird ein Kontrollbetreuer erforderlich.[5] Der Gesetzgeber stellt durch § 1820 Abs. 5 BGB nunmehr den Widerruf einer Vollmacht unter einen betreuungsgerichtlichen Genehmigungsvorbehalt (siehe Rdn 22 ff.). Um Missbrauch durch eine Vollmacht zu vermeiden, erlaubt es § 1820 Abs. 4 BGB dem Betreuungsgericht anzuordnen, dass der Bevollmächtigte die ihm erteilte Vollmacht nicht ausüben darf und die Vollmachtsurkunde an den Betreuer herauszugeben hat (siehe Rdn 20 ff.).

Es handelt sich nach den neuen Begrifflichkeiten bei der Zuweisung der Geltendmachung von Rechten des Betreuten um einen Aufgabenbereich, nicht um einen Aufgabenkreis. Der Aufgabenkreis eines Betreuers setzt sich aus allen ihm zuge-

---

1 Staudinger/*Bienwald*, Neub. 2017, § 1896 a.F. Rn 328.
2 Bienwald u.a./*Bienwald*, BetreuungsR, § 1902 a.F. Rn 35
3 BR-Drucks 564/20, 313.
4 BT-Drucks 19/24445, 336.
5 BT-Drucks 19/24445, 246.

wiesenen Aufgabenbereichen zusammen. Neben dem Aufgabenkreis der Kontrollbetreuung kann das Gericht dem Betreuer auch weitere Aufgabenbereise zuordnen.[6]

II. Überblick

Für die Einrichtung einer Kontrollbetreuung („Vollmachtsüberwachungsbetreuung") nach § 1815 Abs. 3 BGB i.V.m. § 1820 Abs. 4 BGB (§ 1896 Abs. 3 BGB a.F.) müssen folgende Voraussetzungen vorliegen:[7]
– eine wirksame Vollmacht, die bislang nicht widerrufen wurde,
– fehlender freier Wille nach § 1814 Abs. 2 BGB (§ 1896 Abs. 1a BGB a.F.),[8]
– Unvermögen des Vollmachtgebers zur Überwachung des Bevollmächtigten aus den in § 1820 Abs. 3 Nr. 1 BGB (§ 1896 Abs. 1 BGB a.F.) genannten Gründen (siehe Rdn 6 f.), und
– konkreter Überwachungsbedarf i.S.d. § 1820 Abs. 3 Nr. 2 BGB (siehe Rdn 8 f.).

5

Ist der Bevollmächtigte untätig oder ungeeignet, reicht die Bestellung eines Kontrollbetreuers nicht aus.[9] Dann ist eine Vollbetreuung nach Maßgabe der §§ 1814 Abs. 1, 1815 S. 3 BGB einzurichten, wonach nach neuem Recht die Aufgabenbereiche sämtlich genau anzuordnen sind. Die Einrichtung einer Kontrollbetreuung stellt zutreffend nach dem BVerfG[10] einen gewichtigen Grundrechtseingriff bei dem Betroffenen dar, der in seiner Entscheidungsfreiheit aus Art. 2 Abs. 1 GG ganz oder teilweise eingeschränkt wird. Eine Kontrollbetreuung darf daher nicht gegen den freien Willen des Betroffenen eingerichtet werden (§ 1814 Abs. 2 BGB).[11]

III. Keine Kontrolle des Bevollmächtigten aufgrund einer Krankheit oder Behinderung möglich (§ 1820 Abs. 3 Nr. 1 BGB)

Anlass für die Einrichtung einer Kontrollbetreuung ist, dass der Vollmachtgeber seine Rechte, insbesondere seine Kontrolle, gegenüber dem Bevollmächtigten nicht mehr ausüben kann.[12] Das ist aber nicht dann schon der Fall, wenn der Bevollmächtigte geschäftsunfähig wird, weil gerade eine später eintretende Geschäftsunfähigkeit einer der Gründe für die Bevollmächtigung ist. Mit der Voll-

6

---

6 BT-Drucks 19/24445, 236.
7 *Meier/Deinert*, BetreuungsR, Rn 474.
8 BGH, Beschl. v. 7.3.2018 – XII ZB 540/17, NJW-RR 2018, 642.
9 *Kurze*, ZErb 2021, 345, 349.
10 BVerfG, Beschl. v. 10.10.2008 – 1 BvR 1415/08, FamRZ 2008, 2260 m. Anm. *Bienwald* = BeckRS 2008, 40026.
11 BGH, Beschl. v. 5.6.2019 – XII ZB 58/19, BeckRS 2019, 13961 Rn 15.
12 BT-Drucks 11/4528, 123.

macht wollte der Vollmachtgeber schließlich staatliches Eingreifen gerade für den Fall seiner Geschäftsunfähigkeit verhindern.[13]

7 Daher ist nicht bereits dann ein Kontrollbetreuer zu bestellen, wenn der Vollmachtgeber seinen Bevollmächtigten nicht mehr überwachen kann. Nach § 1820 Abs. 3 Nr. 1 BGB ist Voraussetzung für eine Kontrollbetreuung, dass der Betroffene aufgrund einer Krankheit oder einer Behinderung nicht mehr in der Lage ist, seine Rechte gegenüber dem Bevollmächtigten auszuüben (subjektive Komponente).[14] Das Unvermögen des Betroffenen zur Ausübung seiner Rechte gegen seinen Bevollmächtigten (siehe Rdn 39 ff.) muss auf den Betreuungsgründen i.S.d. § 1814 Abs. 1 BGB (§ 1896 Abs. 1 BGB a.F.) beruhen.[15] Fehlende Geschäftsfähigkeit ist ein Indiz für die Notwendigkeit einer Kontrollbetreuung, aber keine Voraussetzung.[16]

IV. Konkreter Überwachungsbedarf (§ 1820 Abs. 3 Nr. 2 BGB)

8 Es ist für eine Kontrollbetreuung ein konkreter Überwachungsbedarf festzustellen. Nach § 1820 Abs. 3 Nr. 2 BGB muss *„aufgrund konkreter Anhaltspunkte davon auszugehen"* sein, *„dass der Bevollmächtigte die Angelegenheiten des Vollmachtgebers nicht entsprechend der Vereinbarung oder dem erklärten oder mutmaßlichen Willen des Vollmachtgebers besorgt"*. Es handelt sich hierbei um die objektive Komponente. Die betroffene Person hat aber gerade für den Fall, dass sie selbst ihre Angelegenheiten nicht mehr selbst regeln kann, eine Vollmacht erteilt. Daher kann nicht schon dann eine Kontrollbetreuung eingerichtet werden, wenn die betroffene Person nicht mehr selbst den Bevollmächtigten überwachen kann.[17] So müssen **weitere Umstände** für die Kontrollbetreuerbestellung vorliegen.[18] Notwendig ist der konkrete, d.h. durch hinreichend tatsächliche Anhaltspunkte untermauerte Verdacht, dass mit der Vollmacht dem Betreuungsbedarf nicht Genüge getan wird.[19] Zusätzlich zu dem Unvermögen zur Kontrolle muss

---

13 So auch MüKo-BGB/*Schneider*, 8. Aufl. 2020, § 1896 a.F. Rn 266; Erman/*Roth* § 1896 a.F. Rn 50; Staudinger/*Bienwald*, Neub. 2017, § 1896 a.F. Rn 321.
14 Hierzu *Müller-Engels*, FamRZ 2021, 645, 651; entsprechend nach bis zum 31.12.2022 geltendem Recht: BGH, Beschl. v. 9.5.2018 – XII ZB 413/17, ZEV 2018, 602, 604; Beschl. v. 2.8.2017 – XII ZB 502/16, RNotZ 2017, 592.
15 MüKo-BGB/*Schneider*, 8. Aufl. 2020, § 1896 a.F. Rn 260; *DNotI-Gutachten*, DNotI-Report 2003, 33, 34.
16 *Kurze*, NJW 2007, 2229, 2221.
17 BT-Drucks 19/24445, 246.
18 BGH, Beschl. v. 2.8.2017 – XII ZB 502/16, RNotZ 2017, 592; Beschl. v. 9.9.2015 – XII ZB 125/15, NJW 2015, 3575 Rn 11.
19 BGH, Beschl. v. 8.1.2000 – XII ZB 368/19, ErbR 2020, 795, 796; Beschl. v. 9.5.2018 – XII ZB 413/17, ZEV 2018, 602, 604.

die Kontrolle bzw. Überwachung erforderlich sein.[20] Das konkretisiert die Gesetzesbegründung wie folgt: *„Es kann verschiedene Gründe haben, warum es zu einer unzureichenden, fehlerhaften oder missbräuchlichen Ausübung der Vollmacht kommt, die der Vollmachtgeber nicht vorhergesehen hatte, und die bei der Anordnung festgestellt werden müssen. In Betracht kommen zum Beispiel eine Überforderung des Bevollmächtigten wegen der Schwierigkeit des Rechtsgeschäfts oder einer eigenen Erkrankung oder sonstiger Änderungen seiner Lebensbedingungen, ernsthafte Zweifel an der Redlichkeit des Bevollmächtigten oder neu auftretende Interessenkonflikte."*[21] Hierzu gehört nach *Bienwald*[22] zum alten Recht ein hinreichend bestehender Verdacht des Vollmachtmissbrauches, ein tatsächlicher Missbrauch wie auch besondere Schwierigkeiten der zu besorgenden Vollmachtgeschäfte und ein besonderer Umfang der Vollmacht. Zu Recht hat sich nicht bereits nach alten Recht durchgesetzt, dass eine Kontrollbetreuung allein aufgrund des Umfangs oder der Schwierigkeit der zu besorgenden Geschäfte eingerichtet wird.[23] Ansonsten würde gegen das Erforderlichkeitsprinzip verstoßen werden.[24] *Müller-Engels*[25] zufolge würde so „im Großen und Ganzen die bisherige, überzeugende Rechtsprechung festgeschrieben."

Konkret forderte der BGH[26] noch für das alte Recht für eine Kontrollbetreuung, dass *„nach den üblichen Maßstäben aus Sicht eines vernünftigen Vollmachtgebers unter Berücksichtigung des in den Bevollmächtigten gesetzten Vertrauens eine ständige Kontrolle schon deshalb geboten ist, weil Anzeichen dafür sprechen, dass der Bevollmächtigte mit dem Umfang und der Schwierigkeit der vorzunehmenden Geschäfte überfordert ist, oder wenn gegen die Redlichkeit oder die Tauglichkeit des Bevollmächtigten Bedenken bestehen. Ausreichend sind konkrete Anhaltspunkte dafür, dass der Bevollmächtigte nicht mehr entsprechend der Vereinbarung und im Interesse des Vollmachtgebers handelt (…)."* Im Mittelpunkt stehen mithin **Zweifel an der Redlichkeit** des Bevollmächtigten sowie dessen **Überforderung**. 9

Zur Einrichtung der Kontrollbetreuung ist ein Missbrauch oder ein entsprechender Verdacht nicht erforderlich.[27] Ist indes das Vermögen konkret gefährdet, ist eine Kontrollbetreuung nicht ausreichend, sondern es ist eine Vollbetreuung 10

---

20 BGH, Beschl. v. 16.7.2014 – XII ZB 142/14, NJW 2014, 3237; MüKo-BGB/*Schneider*, 8. Aufl. 2020, § 1896 a.F. Rn 260.
21 BT-Drucks 19/24445, 246 f.
22 Staudinger/*Bienwald*, Neub. 2017, § 1896 a.F. Rn 318 ff.
23 Vgl Jurgeleit/*Jurgeleit*, BetreuungsR, § 1896 a.F. Rn 187.
24 MüKo-BGB/*Schneider*, 8. Aufl. 2020, § 1896 a.F. Rn 264.
25 *Müller-Engels*, FamRZ 2021, 645, 650; so auch *Kurze*, ZErb 2021, 345, 348.
26 BGH, Beschl. v. 9.5.2018 – XII ZB 413/17, ZEV 2018, 602, 604; vgl. auch BGH, Beschl. v. 5.6.2019 – XII ZB 58/19, BeckRS 2019, 13961 Rn 19.
27 BGH, Beschl. v. 7.3.2018 – XII ZB 540/17, NJW-RR 2018, 642, 643.; Staudinger/*Bienwald*, Neub. 2017, § 1896 a.F. Rn 323.

erforderlich, die auch zum Widerruf nach betreuungsgerichtlicher Genehmigung berechtigt (siehe Rdn 29 ff. und § 4 Rdn 28 ff.).

11 In **Gesundheitsangelegenheiten** ist ein Kontrollbetreuer erforderlich, wenn der Bevollmächtigte sich entgegen der Grundsätze des § 1827 BGB (§ 1901a BGB a.F.) über den Willen des Betroffenen hinwegsetzt.[28] Das Hinwegsetzen muss offenkundig sein.[29]

V. Einzelfälle aus der (alten) Rechtsprechung

12 Anzuordnen war eine Kontrollbetreuung in einem von dem BGH entschiedenen Fall,[30] in dem die Schwiegertochter der Betroffenen entgegen der Vereinbarung mit der Betroffenen nicht mehr die Zinsen, die vereinbart waren, bezahlt hat. Hinzu kam, dass zwar die Besicherung des Darlehensrückzahlungsanspruchs vereinbart war, aber die Sicherungsabrede geprüft werden musste, da die ursprüngliche Besicherung nicht mehr werthaltig war. Darüber hinaus bestand in dem Fall der Verdacht, dass der bevollmächtigte Sohn eigene Verbindlichkeiten von ihm aus Mitteln seiner Mutter bedient haben könnte. Es bestand der Vorwurf, dass der Bevollmächtigte aus dem Vermögen des Vollmachtgebers 7.000 EUR entnommen hat. Laut BGH[31] war die Kontrollbetreuung erforderlich, um die ordnungsgemäße Verwendung der Mittel des Betroffenen zu klären und eventuelle Ersatzansprüche geltend zu machen.

13 In einem anderen Fall bestätigte der BGH[32] die Kontrollbetreuung, da ein Interessenkonflikt zwischen Vollmachtgeber und Bevollmächtigtem bestehen könnte. In dem Fall hatte eine dritte Person den Bevollmächtigten zum Alleinerben und die betroffene Person mit Vermächtnissen begünstigt. Die daraus resultierenden Interessenkonflikte würden es rechtfertigen, die Vollmachtsausübung jedenfalls während der Dauer der erbrechtlichen Abwicklung unter Kontrollbetreuung zu stellen. Der Kontrollbetreuer könnte dann gegebenenfalls unter Beachtung der Wünsche des Betroffenen (§ 1821 Abs. 2 BGB; § 1901 Abs. 3 BGB a.F.) auftragsgemäße Weisungen an den Bevollmächtigten erteilen.

14 Die Bevollmächtigten hatten sich durch Testament begünstigen lassen. Der BGH[33] sprach sich in einer Konstellation für eine Kontrollbetreuung aus: Es würden Bedenken gegen die Redlichkeit der Bevollmächtigten bestehen, wenn diese den Betroffenen gegen seinen Willen zu einer Testierung zu ihren Gunsten bestimmt haben. Keine Kontrollbetreuung war in folgender Konstellation erfor-

---

28 MüKo-BGB/*Schneider*, 8. Aufl. 2020, § 1896 a.F. Rn 261.
29 BGH, Beschl. v. 6.7.2016 – XII ZB 61/16, NJW 2016, 3297; vgl. BeckOK BGB/*Müller-Engels*, § 1896 a.F. Rn 50.
30 BGH, Beschl. v. 9.5.2018 – XII ZB 413/17, ZEV 2018, 602, 604.
31 BGH, Beschl. v. 9.9.2015 – XII ZB 125/15, NJW 2015, 3575, 3576.
32 BGH, Beschl. v. 26.7.2017 – XII ZB 143/17, ZEV 2017, 552, 653.
33 BGH, Beschl. v. 16.12.2015 – XII ZB 381/15, NJW-RR 2016, 579, 580.

derlich: In der Vollmacht war geregelt, dass der Bevollmächtigte entsprechend einem Betreuer bzw. auf Wunsch des Bevollmächtigten Schenkungen (§ 1804 S. 2 BGB a.F./§ 1854 Nr. 8 BGB) machen darf. Diese Voraussetzungen lagen bei den dort in Rede stehenden Schenkungen vor.[34] Ebenfalls führte es nicht zur Kontrollbetreuung, dass der Bevollmächtigte dem Bevollmächtigten ein monatliches Taschengeld von 500 EUR überließ.[35]

Der BGH sah eine Kontrollbetreuung als erforderlich an,[36] wenn ein Interessenkonflikt zwischen dem Betroffenen und dem Bevollmächtigten im Zusammenhang mit der Verwertung eines Grundstücks vorliegen könnte. Der Bevollmächtigte hatte falsche Angaben bei der Abgabe der eidesstattlichen Versicherung zu seinen eigenen wirtschaftlichen Verhältnissen gemacht. Dies gibt nach dem OLG Köln[37] Anlass, die Geeignetheit des Bevollmächtigten zur Verwaltung fremden Vermögens zu überprüfen und rechtfertigt die Bestellung eines Kontrollbetreuers.

15

VI. Verfahrensrecht zum Bestellen eines Kontrollbetreuers

Verschärfungen gab es im Vergleich zur bis zum 31.12.2022 geltenden Rechtslage: § 281 Abs. 1 Nr. 2 FamFG a.F. ließ für die Bestellung eines Kontrollbetreuers die Einholung eines bloßen ärztlichen Zeugnisses anstelle eines Gutachtens genügen. Nun ist ein medizinisches Gutachten erforderlich. Ferner ist für eine solche Entscheidung nicht mehr der Rechtspfleger zuständig (§ 15 Abs. 1 S. 2 RPflG a.F.), sondern diese fällt nunmehr in die richterliche Zuständigkeit. Die Aufwertung ist auch deswegen erforderlich geworden, da der Kontrollbetreuer zum Widerruf der Vollmacht befugt ist, was einen erheblichen Rechtseingriff in die Autonomie des Vollmachtgebers bedeutet.[38] Jedoch bedarf nach neuem Recht der Widerruf der betreuungsgerichtlichen Genehmigung (§ 1820 Abs. 5 S. 2 BGB).

16

C. Suspendierung und Widerruf einer Vollmacht

I. Überblick zum alten Recht

Nach bis zum 31.12.2022 geltenden Recht war der Kontrollbetreuer nicht „automatisch" auch zum Vollmachtswiderruf ermächtigt. Die Ermächtigung zum Vollmachtswiderruf stellt einen besonderen Eingriff in das Selbstbestimmungsrecht

17

---

34 BGH, Beschl. v. 8.1.2020 – XII ZB 368/19, ErbR 2020, 795, 796.
35 BGH, Beschl. v. 8.1.2020 – XII ZB 368/19, ErbR 2020, 795, 797.
36 BGH, Beschl. v. 16.7.2014 – XII ZB 142/14, ZEV 2014, 612, 613.
37 OLG Köln, Beschl. v. 30.3. 2009 – 16 Wx 19/09, FGPrax 2009, 220.
38 *Müller-Engels*, FamRZ 2021, 645, 651.

dar, der nur gerechtfertigt ist, wenn kein milderes Mittel zur Verfügung steht.[39] Ein Betreuer konnte eine Vollmacht nur widerrufen, wenn ihm diese Befugnis als eigenständiger Aufgabenkreis[40] ausdrücklich zugewiesen war.[41] Da es sich bei einem Widerruf um eine einseitige Erklärung handelt, kann ein Widerruf nicht durch eine andere Person als den Vollmachtgeber rückgängig gemacht werden. Bei Geschäftsfähigkeit könnte er schließlich erneut eine Vollmacht errichten. Daher ist der Grundrechtseingriff durch eine entsprechende Betreuung „besonders weitreichend".[42] Zur Übertragung des Aufgabenkreises „Vollmachtswiderruf" waren daher tragfähige Feststellungen erforderlich, dass das Festhalten an der erteilten Vollmacht eine künftige Verletzung des Wohls des Betroffenen mit hinreichender Wahrscheinlichkeit und in erheblicher Schwere befürchten lässt.[43] Bei behebbaren Mängeln bei der Vollmachtsausübung erforderte der Verhältnismäßigkeitsgrundsatz regelmäßig zunächst den Versuch, durch einen zu bestellenden Kontrollbetreuer auf den Bevollmächtigten positiv einzuwirken. So hatte dieser zunächst Auskunft und Rechnungslegung zu verlangen und bestehende Weisungsrechte auszuüben.[44] Nur wenn diese Maßnahmen fehlschlagen oder es aufgrund feststehender Tatsachen mit hinreichender Wahrscheinlichkeit als ungeeignet erscheint, drohende Schäden auf diese Weise abzuwenden, ist die Ermächtigung zum Vollmachtswiderruf, der die *ultima ratio* darstellt, verhältnismäßig.[45] Mit hinreichender Wahrscheinlichkeit dürfen keine milderen Mittel zur Abwehr eines Schadens zur Verfügung stehen.[46] Es muss ein wichtiger Kündigungsgrund vorliegen.[47]

II. Überblick zum neuen Recht

18 Den Bereich des Vollmachtsmissbrauchs hat der Gesetzgeber vollkommen „umgebaut". War es nach altem Recht noch erforderlich, dass die Kompetenz zum Widerruf ausdrücklich von dem Betreuungsgericht mit einem entsprechend for-

---

39 Grüneberg/*Götz*, 81 Aufl. 2022, § 1896 a.F. Rn 23.; Staudinger/*Bienwald*, Neub. 2017, § 1896 a.F. Rn 325.
40 Nach neuem Recht werden alle Aufgabenbereiche (nach altem Recht Aufgabenkreis) eines Betreuers als Aufgabenkreis bezeichnet (§ 1815 Abs. 1 BGB).
41 BGH, Beschl. v. 9.5.2018 – XII ZB 413/17, ZEV 2018, 602, 604; Beschl. v. 28.7.2015 – XII ZB 674/14, ZEV 2015, 644, 646.
42 BGH, Beschl. v. 28.7.2015 – XII ZB 674/14, ZEV 2015, 644, 646; Beschl. v. 5.6.2019 – XII ZB 58/19, NJW-RR 2019, 1027 Rn 22.
43 BGH, Beschl. v. 6.7.2016 – XII ZB 61/16, ZErb 2016, 330, 334; vgl. *Spernath*, MittBayNot 2021, 425, 426.
44 BGH, Beschl. v. 14.10.2015 – XII ZB 177/15, NJW-RR 2016, 385, 386.
45 BGH, Beschl. v. 5.6.2019 – XII ZB 58/19, NJW-RR 2019, 1027 Rn 22; Staudinger/*Bienwald*, Neub. 2017, § 1896 a.F. Rn 321 ff.
46 BGH, Beschl. v. 28.7.2015 – XII ZB 674/14, ZEV 2015, 644, 647.
47 *Nedden-Boeger*, FamRZ 2014, 1589, 1592.

mulierten Aufgabenkreis angeordnet werden musste,[48] ist vom neuen Recht stets auch die Befugnis zum Widerruf im Rahmen des angeordneten Aufgabenbereiches umfasst. Insoweit kann ein Betreuer, dem der Aufgabenbereich „Bankgeschäfte" zugewiesen wurde, eine Generalvollmacht nur hinsichtlich der Bankgeschäfte widerrufen. Eine besondere gesetzliche Regelung war auch deswegen erforderlich, weil ein erklärter Widerruf nicht rückgängig zu machen ist. In vielen Fällen wird der Bevollmächtigte mittlerweile geschäftsunfähig sein, so dass er einer von ihm gewünschten Person nicht erneut rechtsgeschäftliche Vollmacht erteilen kann.

§ 1820 Abs. 4 BGB sieht nun die Befugnis des Betreuungsgerichtes vor, anzuordnen, dass der Bevollmächtigte die ihm erteilte Vollmacht nicht ausüben darf und unter bestimmten Voraussetzungen die Vollmachtsurkunde an den Betreuer herauszugeben hat. Nachdem nach neuem Recht als Aufgabenbereich nicht explizit der Vollmachtswiderruf anzuordnen ist, sondern von dem jeweiligen Aufgabenbereich umfasst ist, stellt § 1820 Abs. 5 BGB den Vollmachtswiderruf unter einen Genehmigungsvorbehalt. Vor Erklärung des Widerrufs hat das Betreuungsgericht den Widerruf zu genehmigen. Durch dieses neue System sollen sich die Gerichte nicht zweimal mit der Frage des Widerrufs beschäftigen müssen, und zwar eben nicht durch Anordnung eines auf den Widerruf explizit gerichteten Aufgabenbereiches, sondern nur im Rahmen der nunmehr erforderlichen Genehmigung. 19

III. Suspendierung einer Vollmacht

Vollkommen neu ist § 1820 Abs. 4 BGB, der bei einem bestehenden, aber noch nicht bestätigten Missbrauchsverdacht vorübergehend und kurzfristig eine wirksame Vollmacht suspendieren kann, ohne sie sogleich widerrufen zu müssen.[49] Ein Widerruf führt schließlich zur endgültigen Unwirksamkeit, da ein Widerruf nicht rückgängig gemacht werden kann. Es kommt nur die Neuerteilung einer Vollmacht in Betracht. Hierzu muss der Vollmachtgeber geschäftsfähig sein. Nach § 1820 Abs. 4 S. 1 BGB kann das Betreuungsgericht anordnen, dass der Bevollmächtigte die ihm erteilte Vollmacht nicht ausüben darf und die Vollmachtsurkunde an den Betreuer herauszugeben hat, wenn 20
– die dringende Gefahr besteht, dass der Bevollmächtigte nicht den Wünschen des Vollmachtgebers entsprechend handelt und dadurch die Person des Vollmachtgebers oder dessen Vermögen erheblich gefährdet (§ 1820 Abs. 4 S. 1 Nr. 1 BGB) oder
– der Bevollmächtigte den Betreuer bei der Wahrnehmung seiner Aufgaben behindert (§ 1820 Abs. 4 S. 1 Nr. 2 BGB).

---

48 Bienwald u.a./*Bienwald*, BetreuungsR, § 1896 a.F. Rn 157 S. 164.
49 BT-Drucks 19/24445, 247.

Gerichtliche Anordnungen zur Herausgabe der Vollmachtsurkunde an den Betreuer werden durch Beschluss getroffen (§ 285 Abs. 2 FamFG). Damit sind sie vollstreckbar (§ 86 Abs. 1 Nr. 1 FamFG). Liegen aber die Voraussetzungen nicht mehr vor, hat das Betreuungsgericht die Anordnung aufzuheben und den Betreuer zu verpflichten, dem Bevollmächtigten die Vollmachtsurkunde herauszugeben (§ 1820 Abs. 4 S. 2 BGB).

21 *Müller-Engels* weist zu Recht darauf hin, dass nach dem Gesetzeswortlaut zweifelhaft ist, ob die gerichtliche Anordnung, dass der Bevollmächtigte *„die ihm erteilte Vollmacht nicht ausüben darf"*, nur das Dürfen des Bevollmächtigten (Innenverhältnis) oder auch sein rechtliches Können (Außenverhältnis) betrifft.[50] Das Wortlautargument würde für die Beschränkung nur auf das Dürfen sprechen; die Gesetzesbegründung *„Wirksamkeit vorläufig auszusetzen"*[51] könnte indes auch für das Können sprechen. Sie nimmt zumindest an, dass die Anordnung des Gerichts nicht auch einen etwaigen Rechtsscheinstatbestand ausschließt (vgl. § 172 BGB). Andernfalls wäre keine Anordnung der Herausgabe der Vollmachtsurkunde erforderlich.

IV. Widerruf einer Vollmacht

22 Bei dem Widerruf handelt es sich um eine **einseitige, empfangsbedürftige Willenserklärung** i.S.v. § 183 S. 1 BGB. § 1820 Abs. 5 BGB enthält für einen solchen Widerruf eine Spezialvorschrift nur für Vorsorgevollmachten, die *„den Bevollmächtigten zu Maßnahmen der Personensorge oder zu Maßnahmen in wesentlichen Bereichen der Vermögenssorge ermächtigt"*. Sie stellt den Widerruf einer Vorsorgevollmacht unter einen **Genehmigungsvorbehalt**. Der Genehmigungsvorbehalt gilt aber nicht für den Widerruf durch einen von mehreren Bevollmächtigten.[52] Sie gilt nur dann, wenn der Widerruf durch einen Betreuer erfolgen soll.

23 Nach der Gesetzesbegründung[53] gelten diese *„strengen Voraussetzungen"* nur bei Vorsorgevollmachten, nicht aber bei *„etwa Post- oder Kontovollmachten"*. Ist einem Betreuer etwa der Aufgabenbereich Bankgeschäfte angeordnet worden, bedeutet das, dass dieser ohne weitere gerichtliche Kontrolle endgültig eine Bankvollmacht widerrufen kann. Die Gesetzesbegründung[54] weist unter Bezugnahme auf den BGH[55] darauf hin, dass der Widerruf nur ultima ratio sein soll. Sind behebbare Mängel bei der Ausübung der Vollmacht festzustellen, erfordere der Verhältnismäßigkeitsgrundsatz grundsätzlich zunächst den Versuch, durch den

---

50 *Müller-Engels*, FamRZ 2021, 645, 650.
51 BT-Drucks 19/24445, 247.
52 *Müller-Engels*, FamRZ 2021, 645, 648.
53 BT-Drucks 19/24445, 248.
54 BT-Drucks 19/24445, 248.
55 BGH, Beschl. v. 28.7.2015 – XII ZB 674/14, ZEV 2015, 664.; *Nedden-Boerger*, BtPrax 2019, 87, ff. 90

(Kontroll-)Betreuer auf den Bevollmächtigten positiv einzuwirken, insbesondere durch Verlangen nach Auskunft und Rechenschaftslegung nach § 666 BGB sowie durch die Ausübung bestehender Weisungsrechte. Nur wenn diese Maßnahmen fehlschlagen oder aufgrund feststehender Tatsachen mit hinreichender Sicherheit als ungeeignet erscheinen, sei der Widerruf der Vollmacht verhältnismäßig.

§ 1820 Abs. 5 S. 1 BGB normiert auch die Voraussetzung, in welchen Fällen eine Vorsorgevollmacht widerrufen werden darf, also genehmigungstauglich ist. So muss „*das Festhalten an der Vollmacht eine künftige Verletzung der Person oder des Vermögens des Betreuten mit hinreichender Wahrscheinlichkeit und in erheblicher Schwere befürchten [lassen] und mildere Maßnahmen nicht zur Abwehr eines Schadens für den Betreuten geeignet erscheinen*". Die Gesetzesbegründung weist darauf hin, dass sowohl ein Teilwiderruf als auch der Widerruf nur von einem von mehreren Bevollmächtigten möglich ist.[56] Bedeutsam ist die Perspektive, aus der die Prüfung erfolgen soll: Es ist insbesondere zu fragen, ob der Widerruf der Vollmacht dem mutmaßlichen Willen des Betreuten entspricht oder ob dieser die Gefährdung bzw. den Schaden in Kauf genommen und an dem Bevollmächtigten festgehalten hätte.[57]

24

Verfahrensrecht: Liegen nach den Recherchen des Kontrollbetreuers, wozu er auch Informationsansprüche gegenüber dem Bevollmächtigten bzw. gegenüber dritten Personen (vgl. § 1815 Abs. 3 BGB) geltend gemacht haben kann, die Voraussetzungen für einen erforderlichen Vollmachtswiderruf vor, so hat dieser das Betreuungsgericht darüber zu unterrichten und anzuregen, dass ihm der beabsichtigte Widerruf der Vorsorgevollmacht genehmigt wird. Das Gericht hat dann von Amts wegen zu ermitteln.[58] Ein Genehmigungsverfahren sei nur dann geboten, wenn der Betreuer seine Absicht erklärt habe, eine Vorsorgevollmacht (teilweise) widerrufen zu wollen. Im Rahmen des Genehmigungsverfahrens ist das Gericht verpflichtet, vor der Genehmigung des Widerrufs den Betreuten persönlich anzuhören (§ 299 S. 1 FamFG). Nachdem nach altem Recht für die Anordnung des Bereiches des Vollmachtswiderrufs noch der Rechtspfleger zuständig war, ist für das Genehmigungsverfahren funktionell nunmehr der Richter zuständig (§ 15 Abs. 1 Nr. 1 RPflG).

25

Genehmigungen im Rahmen einer **einstweiligen Anordnung** oder auch eine **unmittelbare Maßnahme** nach § 1846 BGB bzw. § 1867 BGB sind rechtlich nicht ausgeschlossen.[59] Sie dürften nach der Gesetzesbegründung aber in der Regel nicht erforderlich sein, da zur Abwehr einer Gefahr in Verzug eine vorübergehende Maßnahme nach § 1820 Abs. 4 BGB vorrangig sein dürfte.

26

---

56 BT-Drucks 19/24445, 248.
57 BT-Drucks 19/24445, 248.
58 BT-Drucks 19/24445, 248.
59 BT-Drucks 19/24445, 248.

27 Das Betreuungsgericht kann mit der Genehmigung des Widerrufs auch zusätzlich die **Herausgabe der Vollmachtsurkunde an den Betreuer** anordnen (§ 1820 Abs. 5 S. 3 BGB). Das Gericht kann nach der Gesetzesbegründung[60] von der Anordnung absehen, wenn davon auszugehen ist, dass der Bevollmächtigte die Urkunde freiwillig an den Betreuer herausgibt oder der Betreuer selbst den Rückgabeanspruch für den Betreuten gem. § 175 BGB geltend macht. Die Anordnung der Herausgabe hat durch Beschluss zu erfolgen (§ 285 Abs. 2 FamFG).

Muster 5.1: Anregung auf Genehmigung eines Widerrufs

28 In der Sache

Betreuung des ▇▇▇

Az.: ▇▇▇

beantrage ich, den Widerruf der Vorsorgevollmacht zu genehmigen, die die betreute Person am ▇▇▇ dem ▇▇▇ erteilt hat. Eine Kopie der Vollmacht liegt an.

Das Betreuungsgericht hat mich mit Beschl. v. ▇▇▇ zum Kontrollbetreuer bestimmt. Die sich aus meiner Bestallungsurkunde ergebenden Rechte habe ich gegenüber dem Vorsorgebevollmächtigten ▇▇▇ geltend gemacht. Auf meine fristgebundene Aufforderung hat dieser zunächst nicht reagiert. Erst mit Schreiben vom ▇▇▇ erhielt ich einige Kontoauszüge. Diese beinhalten verschiedene Transaktionen zugunsten des Kontos des Bevollmächtigten. Auf Nachfrage, ob diesen Überweisungen etwa eine Auslagenerstattung zugrunde liegt, reagierte der Bevollmächtigte erneut nicht.

Da der Bevollmächtigte trotz wiederholter Aufforderung durch mich keine Erläuterung mit einer Einnahmen-Ausgabenaufstellung erteilt hat und das Konto der betroffenen Person unerklärliche Überweisungen zugunsten des Bevollmächtigten aufweist, beabsichtige ich, zum Schutz der betreuten Person die Vorsorgevollmacht zu widerrufen.

D. Aufgaben des Kontrollbetreuers und diesbezügliche Betreuungsverfügungen

29 Ein Kontrollbetreuer nach § 1815 Abs. 3 BGB (§ 1896 Abs. 3 BGB a.F.) hat die Rechte auszuüben, die dem Vollmachtgeber gegenüber seinem Bevollmächtigten zustehen, und zwar[61]
– Verlangen der Informationsrechte Benachrichtigung, Auskunft und Rechnungslegung (§ 666 BGB; siehe § 22 Rdn 3 ff.)
– Herausverlangen des zur Auftragsführung Erhaltenen und des durch die Geschäftsführung Erhaltenen (§ 667 BGB, siehe § 22 Rdn 35 ff.)

---

60 BT-Drucks 19/24445, 249.
61 *Meier/Deinert*, BetreuungsR, Rn 479, unter Rn 483 Muster eines Berichtes des Kontrollbetreuers; Grüneberg/*Götz*, 81 Aufl. 2022, § 1896 a.F. Rn 23.

D. Aufgaben des Kontrollbetreuers und diesbezügliche Betreuungsverfügungen

- Geltendmachung von Rückforderungs- bzw. Schadensersatzansprüche (§§ 812, 823 Abs. 2 i.V.m. Schutzgesetzen, § 280 BGB, siehe § 22 Rdn 45 ff.)
- Ausübung des Weisungsrechts und Entscheidung über das Abweichen vom Auftrag (§ 665 S. 2 BGB)
- der Widerruf der Vollmacht (§§ 671 i.V.m. 168 BGB), bei einer Vorsorgevollmacht aber erst nach gerichtlicher Genehmigung (§ 1820 Abs. 5 S. 2 BGB, siehe Rdn 22 ff.)

Damit kann der Kontrollbetreuer die Rechte des Vollmachtgebers aus einem Auftragsverhältnis gem. § 662 BGB geltend machen können.[62] *Kurze* appelliert dafür, dass durch das Betreuungsgericht die Befugnis zur Geltendmachung von Informationsansprüchen gegenüber Dritten standardmäßig in den Aufgabenbereich eines Kontrollbetreuers aufgenommen werden sollte.[63]

Dem Kontrollbetreuer wird weder eine Betreuung i.S.d. § 1814 BGB (§ 1896 Abs. 1 BGB a.F.) übertragen und damit auch keine allgemeinen Vertretung des Betroffenen.[64] Er ist verpflichtet, dem Betreuungsgericht Auskunft über die Kontrollbetreuung und den persönlichen Verhältnissen des Betreuten zu erteilen (§§ 1802 Abs. 2 S. 3, 1864 Abs. 1 BGB; §§ 1839, 1901i Abs. 1 S. 1 BGB a.F.).[65] Er wird vom Betreuungsgericht überwacht. Zusätzlich ist der Kontrollbetreuer nach dem ab dem 1.1.2023 geltenden § 1815 Abs. 3 BGB befugt, Auskunfts- und Rechenschaftsansprüche des Vollmachtgebers gegenüber Dritten wie Banken und Grundbuchämtern[66] geltend zu machen.

Der Betroffene ist befugt, für den Fall der Einrichtung einer Kontrollbetreuung die Person durch Betreuungsverfügung zu bestimmen. Die Betreuerauswahl richtet sich wie bei dem Vollbetreuer nach den Kriterien des § 1816 BGB (§ 1897 BGB a.F.), so dass nach § 1816 Abs. 2 BGB „*Wünsche*" des Betroffenen zulässig sind.[67] Ein solcher Wunsch ist für das Betreuungsgericht verbindlich, außer die Person ist zur Führung der Betreuung „nicht geeignet" (§ 1816 Abs. 2 S. 1 BGB). Die Bestellung ist nach neuem Recht dem Richter vorbehalten (§ 15 Abs. 1 S. 2 RPflG).

Muster 5.2: Baustein Grundmuster – Bestellung eines Kontrollbetreuers

(Standort im Grundmuster I und II.[68] § 4)

Sofern das Betreuungsgericht eine Kontrollbetreuung einrichtet, soll ▒▒▒▒ oder ersatzweise ▒▒▒▒ zum Kontrollbetreuer bestellt werden.

---

62 *Kurze*, ZErb 2021, 345, 349.
63 *Kurze*, ZErb 2021, 345, 349.
64 Grüneberg/*Götz*, 81 Aufl. 2022, § 1896 a.F. Rn 23.
65 Rudolf/Bittler/Roth/*Roth*, Vorsorgevollmacht, § 3 Rn 37.
66 BT-Drucks 19/24445, 236.
67 BeckOK BGB/*Müller-Engels*, § 1896 a.F. Rn 47.
68 Grundmuster I und II siehe § 1 Rdn 8, 9.

34 Der Vollmachtgeber kann in seiner Vollmacht bestimmen, dass ein Kontrollbetreuer nur bestellt werden darf, wenn das bereits eingeschaltete Gericht konkrete Tatsachen für einen Missbrauch der Vollmacht feststellt.[59] *Kurze*[70] weist darauf hin, dass ein „Kontrollverbot" durch den Vollmachtgeber in der Vorsorgevollmacht unwirksam bzw. für das Betreuungsgericht nicht verbindlich sei. Dem steht gegenüber, dass sich die Bestellung eines Kontrollbetreuers nach den gesetzlichen Vorgaben zur Bestellung eines Betreuers nach § 1814 BGB richtet. Wünscht also ein Betroffener mit seinem freien Willen keine Kontrollbetreuung, ist das zu respektieren.[71] Im Übrigen wird man es so verstehen müssen, dass der Vollmachtgeber nur bei wesentlichen Geschehnissen eine Kontrollbetreuung wünscht.

Muster 5.3: Baustein Grundmuster – Einschränkung der Bestellung eines Kontrollbetreuers

35 *(Standort im Grundmuster I und II:[72] § 4)*

Das Betreuungsgericht ist nur befugt, einen Kontrollbetreuer gem. § 1815 Abs. 3 BGB zu bestellen, wenn konkrete Tatsachen für den Missbrauch der Vollmacht durch meine Bevollmächtigten gerichtsbekannt sind.

Spätere Bestimmungen mit anderweitigem Inhalt soll der Vollmachtgeber nach dem OLG München[73] auch noch nach dem Eintritt seiner Geschäftsunfähigkeit machen können. Das ist kritisch zu sehen. Eine spätere Meinungsänderung des Vollmachtgebers nach Eintritt der Geschäftsunfähigkeit kann nur von seiner tatsächlichen Fähigkeit, die Lage zu beurteilen, einem etwaigen *lucidum intervallum*, abhängen.

> **Praxistipp**
>
> Einen Kontrollbetreuer kann der Vollmachtgeber i.d.R. dadurch verhindern, dass er in seiner Vorsorgevollmacht einen Kontrollbevollmächtigten ernennt. Das Betreuungsgericht ist trotzdem befugt, einen Kontrollbetreuer zu bestellen. Daran sind dann strenge Voraussetzungen zu setzen.

36 Damit das Betreuungsgericht prüfen kann, ob es einen Kontrollbetreuer zu bestellen hat, muss es über das mögliche Erfordernis informiert werden.[74]

---

69 OLG München, Beschl. v. 27.10.2006 – 33 Wx 159/06, NJW-RR 2007, 294.
70 *Kurze*, ZErb 2021, 345, 349.
71 Staudinger/*Bienwald*, Neub. 2017, § 1896 a.F. Rn 322 m.H.a. BGH, Beschl. v. 16.12.2015 – XII ZB 381/15, BGH FamRZ 2016, 456
72 Grundmuster I und II siehe § 1 Rdn 8, 9.
73 OLG München, Beschl. v. 27.10.2006 – 33 Wx 159/06, NJW-RR 2007, 294.
74 *Trimborn v. Landenberg*, Vollmacht vor und nach dem Erbfall, § 2 Rn 19.

Muster 5.4: Anregung einer Kontrollbetreuung

Betreuungssache ▇▇▇

Az.: ▇▇▇

Sehr geehrte Frau Richterin, sehr geehrter Herr Richter,

ich melde mich für Herrn ▇▇▇, wohnhaft ▇▇▇. Vor vielen Jahren hat er ▇▇▇ durch eine umfassende Vorsorgevollmacht zu seinem Bevollmächtigten bestimmt. Mittlerweile ist ▇▇▇ aus gesundheitlichen Gründen nicht mehr in der Lage, seinen Bevollmächtigten ▇▇▇ zu kontrollieren. Es ist auffällig, dass der Bevollmächtigte sich seit kurzer Zeit Luxusartikel leistet und teure Reisen unternimmt. Dies kann er sich eigentlich nicht leisten. Er hat sogar durchblicken lassen, dass er sich schon jetzt am Konto des Vollmachtgebers bedienen würde, zumal er später einer der Erben wäre. Aufgrund dieser möglichen Unregelmäßigkeiten rege ich dringend an, dass das Betreuungsgericht prüft, ob die Einrichtung einer Kontrollbetreuung nach § 1815 Abs. 3 BGB erforderlich ist. Dies vermute ich.

E. Kontrollbevollmächtigter

Bevor ein Kontrollbetreuer bestellt wird, ist aufgrund des Nachranggrundsatzes die Erforderlichkeit zu prüfen. Hat etwa der Bevollmächtigte mehrere Personen mit Alleinvertretungsbefugnis zu seinen Bevollmächtigten bestimmt, die sich gegenseitig kontrollieren können, ist ein Kontrollbetreuer grundsätzlich nicht erforderlich.[75] Das geht nicht ausdrücklich aus dem Gesetz hervor.[76] Man wird aber § 1814 Abs. 3 S. 1 Nr. 1 BGB heranziehen können. Aus der Mehrfachernennung von Bevollmächtigten ergibt sich auch der Wunsch des Vollmachtgebers, dass er keinen Kontrollbetreuer wünscht.

Muster 5.5: Baustein Grundmuster – Gegenseitige Kontrolle der Bevollmächtigten

(Standort im Grundmuster I und II:[77] § 4)

Jeder Bevollmächtigter ist befugt, die dem Vollmachtgeber gegenüber jedem einzelnen Bevollmächtigten zustehenden Rechte geltend zu machen, aber die Erklärung des Widerrufs ist ausgeschlossen.

Will der Vollmachtgeber vermeiden, dass das Betreuungsgericht einen Kontrollbetreuer bestellt, sollte er einen Kontrollbevollmächtigten (= Unterstützungsbevollmächtigten) bestimmen, den er zu einer Kontrolle und Überwachung seiner

---

75 LG Oldenburg, Beschl. v. 21.6.2013 – 8 T 340/13, BeckRS 2013, 17260; BeckOGK BGB/*Schmidt-Recla*, § 1896 a.F. Rn 271.3.
76 *Horn*, ZEV 2020, 748, 750.
77 Grundmuster I und II siehe § 1 Rdn 8, 9.

Rechte gegenüber dem Bevollmächtigten autorisiert.[78] Erst wenn der Kontrollbevollmächtigte seine Aufgaben nicht erfüllt, hat das Gericht einen Kontrollbetreuer zu bestellen.[79] Dieser überwacht dann den Kontrollbevollmächtigten.

40 Aus den Anforderungen des § 1815 Abs. 3, 1820 Abs. 3 BGB (§ 1896 Abs. 3 BGB a.F.) an die Bestellung eines Kontrollbetreuers für den Vollmachtgeber ergeben sich Folgen für die Kontrollbevollmächtigung und deren Inhalt sowohl in der Vollmacht selbst wie auch in der Geschäftsbesorgung zwischen Vollmachtgeber und Bevollmächtigtem.

41 Nicht immer vermeidet die Benennung eines Kontrollbevollmächtigten die Bestellung eines Kontrollbetreuers. Das hängt auch von der Tätigkeit des Kontrollbevollmächtigten selbst ab. Will der Vollmachtgeber bereits mit Erteilung der Vollmacht eine ihn absichernde Kontrolle und fortlaufende Umsetzung seiner Rechte haben, wird er diese Sicherheit eher über die Bestimmung einer Kontrollbetreuung als über die Kontrollvollmacht erreichen. Das gilt u.a. auch für den Fall des Tätigkeitwerdens des Kontrollbevollmächtigten, wenn der Vollmachtgeber zur persönlichen Rechtsausübung nicht mehr in der Lage ist. Auch muss der Vollmachtgeber sich bei der Erteilung einer Kontrollvollmacht darüber im Klaren sein, dass der Kontrollbevollmächtigte Probleme in der Umsetzung seiner Aufgaben mit dem Bevollmächtigten bekommen kann. Es dürfte in der Praxis schwierig sein, wenn ein kontrollbevollmächtigtes Familienmitglied ein bevollmächtigtes Familienmitglied gewissenhaft kontrollieren soll. Ferner muss der Vollmachtgeber wissen und wollen, dass der Kontrollbevollmächtigte seinerseits unkontrolliert bleiben wird, falls das Betreuungsgericht nicht doch einen (fremden) Kontrollbetreuer bestellt.

Muster 5.6: Baustein Grundmuster – Kontrollbevollmächtigung

42 *(Standort im Grundmuster I und II:[80] § 4)*

Zur Kontrollbevollmächtigten hinsichtlich der Tätigkeit des Bevollmächtigten ▓▓▓ bestimme ich Frau Rechtsanwältin ▓▓▓. Sie kann die mir als Vollmachtgeber die gegenüber den Bevollmächtigten zustehenden Rechte ebenso geltend machen wie ein vom Betreuungsgericht nach § 1815 Abs. 3 BGB bestellter Kontrollbetreuer. Hierzu zählen insbesondere und auch über die Befugnisse eines Kontrollbetreuers hinaus:
- Verlangen der Informationsrechte Benachrichtigung, Auskunft und Rechnungslegung (§ 666 BGB)
- Herausverlangen des zur Auftragsführung Erhaltenen und des durch die Geschäftsführung Erhaltenen (§ 667 BGB)

---

78 MüKo-BGB/*Schneider*, 8. Aufl. 2020, § 1896 a.F. Rn 269; *Zorn*, Rpfleger 2018, 121 mit Verweis auf OLG München, Beschl. v. 27.10.2006 – 33 Wx 159/06, FamRZ 2007, 582; *Kurze*, NJW 2007, 2220, 2224.
79 MüKo-BGB/*Schneider*, 8. Aufl. 2020, § 1896 a.F. Rn 268.
80 Grundmuster I und II siehe § 1 Rdn 8, 9.

- Geltendmachung von Rückforderungs- bzw. Schadensersatzansprüche (§§ 812, 823 Abs. 2 i.V.m. Schutzgesetzen, § 280 BGB)
- Ausübung des Weisungsrechts und Entscheidung über das Abweichen vom Auftrag (§ 665 S. 2 BGB)
- jährliche Prüfung der Rechnungslegung und Entlastung des Bevollmächtigten für seine Tätigkeit mit befreiender Wirkung gegenüber mir als Vollmachtgeber und meinen Rechtsnachfolgern
- Widerruf der Vollmacht und Entgegennahme des Widerrufs der Vollmacht durch den Bevollmächtigten
- Geltendmachung im Rahmen seiner Kontrolltätigkeit von Auskunftsansprüchen gegenüber Kreditinstituten, Behörden etc.
- Entbindung der behandelnden Ärzte von ihrer Schweigepflicht, soweit es die Frage der Geschäftsfähigkeit und den sonstigen Zustand des Vollmachtgebers betrifft.

Rechtsanwältin ▇▇▇ ist bevollmächtigt, eine andere Person zum Kontrollbevollmächtigten zu bevollmächtigen und mit dieser einen Geschäftsbesorgungsvertrag anzuschließen. Wird dennoch eine Kontrollbetreuung eingerichtet, so soll zur Kontrollbetreuerin Frau Rechtsanwältin ▇▇▇ bestellt werden. Andernfalls soll die Betreuungsstelle der zuständigen Stadtverwaltung einen Kontrollbevollmächtigten bzw. einen Kontrollbetreuer bestimmen.

Für die Tätigkeit als Kontrollbevollmächtigter eignen sich besonders Rechtsanwälte und Steuerberater. Die professionelle Kontrolle beugt einem Vollmachtsmissbrauch vor und kann auch eine Hilfestellung für den Bevollmächtigten bei der Wahrnehmung seiner Aufgaben sein (nicht mit dem Gegenbetreuer gleichzusetzen oder zu verwechseln). Für den Bevollmächtigten wirkt es sich positiv aus, wenn ihm eine Quais-Entlastung erteilt werden kann. Wenn eine Person zum Kontrollbevollmächtigten bestimmt wird, deren Beruf Rechtsanwalt oder Steuerberater ist, sie also diese Tätigkeit im Rahmen ihrer üblichen Berufstätigkeit ausführt, ist es erforderlich, dass eine Vereinbarung zum Grundverhältnis zwischen Vollmachtgeber und Kontrollbevollmächtigtem frühzeitig abgeschlossen wird.

Muster 5.7: Geschäftsbesorgungsvertrag bei anwaltlicher Kontrollbevollmächtigung

Geschäftsbesorgungsvertrag[81]

Zwischen ▇▇▇ (Vollmachtgeber/Auftraggeber)

und

▇▇▇ (Rechtsanwalt/Beauftragter)

---

81 Geringfügige Abwandlung aus Krug/Rudolf/Kroiß/Bittler/*Hack/Bittler*, AF ErbR, § 2 Rn 103, basiert auf der Empfehlung der dvvb – Deutsche Vereinigung für Vorsorge- und Betreuungsrecht e.V.

wird nachfolgender Vertrag geschlossen, der die Kontrolle über die Vorsorgevollmacht des Auftraggebers vom ▮▮▮ regelt. Die nachfolgenden Regelungen gelten auch für einen Vertreter und einen eventuellen Rechtsnachfolger des Beauftragten.

§ 1 Rechte des Kontrollbevollmächtigten

Die Rechte des Beauftragten als Kontrollbevollmächtigter richten sich nach der Vorsorgevollmacht des Auftraggebers und sind dort abschließend benannt. Weitere als die dort genannten Rechte stehen dem Beauftragten als Kontrollbevollmächtigter nicht zu. Der Beauftragte hat seine Rechte als Kontrollbevollmächtigter gegenüber den Bevollmächtigten des Auftraggebers, ▮▮▮ und ▮▮▮, nach eigenem pflichtgemäßem Ermessen auszuüben.

§ 2 Vergütung und Auslagenersatz

Der Beauftragte erhält für seine Tätigkeit eine Vergütung nach Aufwand, und zwar zu dem bei ihm im Jahr der Tätigkeit üblichen Stundensatz (zurzeit: ▮▮▮ EUR zuzüglich Umsatzsteuer). Zudem erhält der Beauftragte Auslagenersatz. Vergütung und Auslagenersatz sind monatlich nachträglich zu zahlen; der Beauftragte erhält diese durch den Bevollmächtigten des Auftraggebers aus dem Vermögen des Auftraggebers. Der Beauftragte hat die Art seiner Tätigkeit und den dafür benötigten Zeitaufwand sowie seine Auslagen, soweit diese nicht in der Vergütung beinhaltet sind, zu dokumentieren und den Bevollmächtigten vorzulegen.

§ 3 Beginn, Dauer und Beendigung der Geschäftsbesorgung

Die Geschäftsbesorgung beginnt mit der zuverlässigen Kenntnis des Beauftragten von einem Verlust der Kontrollfähigkeit des Auftraggebers über seinen Bevollmächtigten sowie im Fall von Unstimmigkeiten zwischen dem Auftraggeber und seinem Bevollmächtigten oder zwischen diesen oder dritten Personen oder im Fall eines Zustimmungserfordernisses oder des Missbrauchs der Vollmacht durch den Bevollmächtigten des Auftraggebers.

Der Geschäftsbesorgungsvertrag erlischt nicht mit dem Eintritt der Geschäftsunfähigkeit oder durch den Tod des Auftraggebers.

Die Kündigung durch den Auftraggeber ist jederzeit und ohne Angabe von Gründen zulässig, sie bedarf der Schriftform. In diesem Fall hat der Beauftragte unverzüglich den Bevollmächtigten des Auftraggebers von der Kündigung des Vertrages mit dem Kontrollbevollmächtigten in Kenntnis zu setzen.

Die Kündigung durch den Beauftragten ist mit einer Frist von einem Monat bei Vorliegen eines wichtigen Grundes möglich. Sie bedarf der Schriftform. Ein wichtiger Grund liegt auch dann vor, wenn Umstände eintreten, aufgrund derer dem Beauftragten die Geschäftsbesorgung nicht mehr zugemutet werden kann, etwa wenn der Auftraggeber vermögenslos wird. Eine Kündigung ohne Vorliegen eines wichtigen Grundes ist nur mit einer Frist von drei Monaten zulässig.

Im Fall seiner Kündigung hat der Beauftragte für den Auftraggeber unverzüglich beim zuständigen Betreuungsgericht eine Kontrollbetreuung anzuregen, falls der Auftraggeber zu diesem Zeitpunkt aufgrund einer psychischen Krankheit oder einer körperlichen, geistigen oder seelischen Behinderung seinen Bevollmächtigten nicht mehr überwachen kann. In diesem Fall hat der Beauftragte seine Tätigkeit fortzuführen, bis das Betreuungsgericht über die Notwendigkeit der Bestellung eines gesetzlichen Kontrollbetreuers eine Entscheidung getroffen hat.

§ 4 Übertragbarkeit

Durch die Vollmacht ist der Beauftragte befugt eine andere Person mit den gleichen Rechten zu bevollmächtigen. In diesem Fall hat der Beauftragte mit der von ihm bevollmächtigten Person einen Geschäftsbesorgungsvertrag zu schließen, der diesem Vertrag entspricht. In diesem Fall gelten für den ursprünglichen Beauftragten nicht die Kündigungsbestimmungen nach § 3. Mit Aufnahme der Tätigkeit durch den neuen Beauftragten endet die Tätigkeit des ursprünglichen Beauftragten.

Es ist auch zulässig, dass der Beauftragte weiterhin der Kontrollbevollmächtigte bleibt, dieser sich aber durch eine von ihm bestimmte Person unterstützen lässt.

F. Gegenbetreuer

Die Reform hat den nach bis zum 31.12.2022 geltendem Recht vorgesehenem Gegenbetreuer ersatzlos abgeschafft (§§ 1908i Abs. 1, 1792, 1799 BGB a.F.). 45

§ 6 Formvorschriften

Übersicht:	Rdn		Rdn
A. Gesetzliche Optionen für die Form der Errichtung	1	II. Kostenaspekt	27
I. Überblick	1	III. Ausschluss der formlosen und der privatschriftlichen Errichtung	29
II. Privatschriftliche Errichtung	4	IV. Geringfügige rechtliche Gründe zugunsten einer Beurkundung	30
III. Öffentliche Beglaubigung	11		
1. Überblick	11	V. Praktikabilitätsgründe zugunsten der Beurkundung	32
2. Beglaubigung durch einen Notar	13	VI. Prüfung der Geschäftsfähigkeit durch Notar?	38
3. Beglaubigung durch eine Betreuungsbehörde	15	VII. Befugnis der Betreuungsbehörde für Vollmachten und Betreuungsverfügungen	39
IV. Beurkundung durch einen Notar	22		
B. ABC der Rechtsgeschäfte	24	VIII. Gewissenskonflikt des Notars bei einer Beurkundung	40
C. Erwägungen für die „richtige" Form	26		
I. Vorüberlegung	26	IX. Ergebnis	41

A. Gesetzliche Optionen für die Form der Errichtung

I. Überblick

Grundsätzlich kann eine Vollmacht, bei der es sich um eine rechtsgeschäftlich eingeräumte Vertretungsmacht handelt (§ 166 Abs. 2 BGB), formfrei erteilt werden, was sich aus § 167 Abs. 2 BGB ergibt.[1] Demzufolge bedarf die Vollmacht nicht der Form, welche für das Rechtsgeschäft bestimmt ist, auf das sich die Vollmacht bezieht. Folglich kann eine Vollmacht mündlich erklärt werden. § 167 Abs. 2 BGB ist Ausfluss des Abstraktionsprinzips. Sie kann sogar durch konkludentes Handeln sowohl gegenüber dem Bevollmächtigten (Innenvollmacht) als auch gegenüber dem Geschäftsgegner (Außenvollmacht) anzunehmen sein.[2] Aufgrund der Vertragsfreiheit muss i.d.R. kein potenzieller Geschäftsgegner ein Vertretungsgeschäft akzeptieren.[3] Auf eine nur mündlich erteilte Vollmacht wird sich kaum ein Geschäftsgegner einlassen, zumal er ggf. zu einem späteren Zeitpunkt die Vollmacht zu beweisen hätte. Es ist ungeklärt, ob bei einer laufenden Geschäftsbeziehung ein Geschäftsgegner auf gewisse Formen der Vollmachtserteilung bestehen darf. Da bei Geschäften des täglichen Lebens, etwa kleinere Besorgungen, der Bevollmächtigte i.d.R. im Außenverhältnis im eigenen Namen auftritt, ist hierfür die Erteilung und Vorlage einer schriftlichen Vollmacht nicht erforderlich.[4]

1

---

1 Jurgeleit/*Jurgeleit*, BetreuungsR, § 1896 Rn 20.
2 Staudinger/*Schilken*, § 167 Rn 12 f.; Kurze/*Kurze*, VorsorgeR, § 167 Rn 38.
3 Kurze/*Kurze*, VorsorgeR, § 167 Rn 69.
4 Rudolf/Bittler/Roth/*Hack*, Vorsorgevollmacht, § 1 Rn 13.

2   Die Gesetze sehen für die Praxis bedeutsame Ausnahmen von der Formfreiheit vor. Folgende Optionen stehen zur Verfügung, und zwar neben der nicht empfehlenswerten mündlichen Erteilung:
    – **Bloße (privat-)schriftliche Form:** Der maschinenschriftliche oder handschriftliche Vollmachttext wird ausschließlich eigenhändig durch den Vollmachtgeber unterschrieben (§ 126 Abs. 1 BGB). Die Schriftform wird auch bei Unterzeichnung mittels notariell beglaubigten Handzeichens eingehalten (§ 126 BGB).
    – **Öffentliche Beglaubigung:** Die Unterschrift unter der schriftlich abgefassten Erklärung wird von einem Notar beglaubigt (§ 129 Abs. 1 BGB). Eine Vollmacht, die zur Verminderung einer Betreuung erteilt wird, kann auch nach § 7 BtOG bei der Betreuungsbehörde beglaubigt werden.
    – **Notarielle Beurkundung:** Die gesamte Vollmachtsurkunde wird durch den Notar vorgelesen und damit beurkundet (§ 128 BGB).

    Praxishinweis

    Banken sind zwar nicht berechtigt, nur auf ihren Formularen, ggf. in Gegenwart eines Bankmitarbeiters, erteilte Vollmachten zu akzeptieren.[5] Gleichwohl sollte stets zur Vermeidung von verzögernden Diskussionen zusätzlich eine Vollmacht mittels des gewünschten Bankformulars erteilt werden.

3   Bei der Vollmachtserteilung handelt es sich um ein einseitiges Rechtsgeschäft;[6] die Bevollmächtigung erfolgt durch eine empfangsbedürftige Willenserklärung.[7]

II. Privatschriftliche Errichtung

4   Der Vollmachtgeber kann eine Vollmacht privatschriftlich erteilen. Wenn das Gesetz die schriftliche Form vorschreibt, so muss die Urkunde von dem Aussteller eigenhändig durch Namensunterschrift oder mittels notariell beglaubigten Handzeichens unterzeichnet werden (§ 126 Abs. 1 BGB).

5   Die **schriftlich errichtete Vollmachtsurkunde** muss entweder durch den Vollmachtgeber oder einen Dritten mit der Hand, Maschine oder PC geschrieben, gedruckt oder vervielfältigt worden sein.[8] Wenn die Urkunde aus mehreren Blättern besteht, ist ihr Zusammenhang kenntlich zu machen, was etwa durch eine Verbindung der einzelnen Blätter beispielsweise durch Heften, Vernähen oder Verleimen möglich ist.[9] Statt einer festen körperlichen Verbindung kommt auch

---

5   Andernfalls Schadensersatzpflicht einer Bank: LG Detmold, Urt. v. 14.1.2015 – 10 S 110/14, BeckRS 2015, 3780; *Tersteegen*, NJW 2007, 1717.
6   LG Meiningen, Beschl. v. 5.3.2018 – 4 T 31/18 und 4 T 32/18, ZErb 2018, 154.
7   Staudinger/*Schilken*, § 167 Rn 10, 12.
8   Grüneberg/*Weidlich*, § 126 Rn 2.
9   BeckOK BGB/*Wendtland*, § 126 Rn 5.

die Paginierung der einzelnen Blätter, die fortlaufende Nummerierung der einzelnen Klauseln, eine einheitliche grafische Gestaltung oder Vergleichbares in Betracht.[10]

Auch wenn **Orts- und Datumsangaben** nicht erforderlich sind, sind diese dringend zu empfehlen. Ist etwa der Vollmachtgeber geschäftsunfähig geworden, wird eine Datumsangabe bedeutsam: War der Vollmachtgeber an dem Tag lt. Vollmacht noch geschäftsfähig, wird die Wirksamkeit vermutet. Eine Datumsangabe kann auch entscheidend sein, wenn es darauf ankommt, welche Gesetzeslage bei Erteilung bestand. Bekanntermaßen ändert sich das Gesetz im Bereich des Betreuungsrechts und damit auch der Patientenverfügung vergleichsweise häufig. 6

Die **Unterschrift** hat im Rahmen der Klarstellungs- und Beweisfunktion den Zweck, die Identität des Ausstellers erkennbar zu machen, die Echtheit der Urkunde zu gewährleisten und dem Empfänger die Prüfung zu ermöglichen, wer die Erklärung abgegeben hat.[11] So muss die Urkunde „**eigenhändig**" unterzeichnet worden sein (§ 126 Abs. 1 BGB). Hierzu muss ein die Identität des Unterschreibenden ausreichend kennzeichnender individueller Schriftzug vorliegen, wobei es auf die Lesbarkeit nicht ankommt.[12] Namensabkürzungen wie Paraphen genügen hierzu nicht.[13] Es ist nicht ausreichend, wenn die Unterschrift durch Namensstempel, Computerausdruck eines eingescannten oder eines auf andere Weise durch mechanische, technische, optische oder elektronische Hilfsmittel reproduzierten Namenszugs angebracht wurde.[14] Eine Schreibhilfe ist insoweit zulässig, wenn sie den Vollmachtgeber nur unterstützt hat und der Schriftzug von dem Willen des Vollmachtgebers bestimmt ist.[15] 7

Wenn § 126 Abs. 1 BGB vorsieht, dass die Urkunde durch „Namensunterschrift" unterzeichnet werden muss, so ist dies im Wortsinne zu verstehen. Die Unterschrift muss nämlich den Urkundstext grundsätzlich räumlich abschließen.[16] Nachträge müssen grundsätzlich erneut unterschrieben werden.[17] Im Ausnahmefall kann auch eine an anderer Stelle angebrachte Unterschrift genügen. Das ist etwa dann möglich, wenn unter dem Vollmachtstext kein Platz mehr für die Unterschrift war. Hierzu ist indes erforderlich, dass sich aus einer alle Umstände des jeweiligen Einzelfalls berücksichtigenden Gesamtwürdigung eindeutig ergibt, 8

---

10 Grüneberg/*Ellenberger*, § 126 Rn 4.
11 Grüneberg/*Ellenberger*, § 126 Rn 6.
12 BeckOK BGB/*Wendtland*, § 126 Rn 8.
13 BGH, Urt. v. 18.1.1996 – III ZR 73/95, NJW 1996, 997.
14 OLG Düsseldorf, Beschl. v. 19.9.2018 – 3 Kart 113/17, BeckRS 2018, 24411; vgl. BGH, Urt. v. 25.3.1970 – VIII ZR 134/68, NJW 1970, 1078.
15 BGH, Beschl. v. 3.2.1967 – III ZB 14/66, NJW 1967, 1124; BGH, Urt. v. 12.3.1981 – IVa ZR 111/80, NJW 1981, 1900.
16 BGH, Urt. v. 3.11.2011 – IX ZR 47/11, NJOZ 2012, 926, 927; BGH, Beschl. v. 27.6.1994 – III ZR 117/93, NJW 1994, 2300.
17 BGH, Urt. v. 24.1.1990 – VIII ZR 296/88, NJW-RR 1990, 518.

dass sich die vermeintliche Unterschrift gleichwohl auf die gesamte verkörperte Erklärung beziehen soll.¹⁸

9   Wenn eine Vollmacht nur privatschriftlich errichtet werden soll, ist es empfehlenswert, dass ein oder zwei Zeugen direkt auf der Vollmachtsurkunde unter der Unterschrift des Vollmachtgebers etwa folgende Bestätigung abgeben:

Muster 6.1: Vermerk bei Zeugenbestätigung

Ich, ▇▇▇▇, geb. am ▇▇▇▇, wohnhaft ▇▇▇▇, bestätige, dass der Vollmachtgeber diese Vorsorgevollmacht mit Patientenverfügung in meiner Gegenwart heute unterschrieben hat und nach meiner Einschätzung im Vollbesitz seiner geistigen Kräfte war.

10 Die schriftliche Form wird durch die notarielle Beurkundung ersetzt (§ 126 Abs. 4 BGB). Ferner kann die schriftliche Form durch die elektronische Form gemäß § 126a BGB ersetzt werden, wenn sich nicht aus dem Gesetz ein anderes ergibt (§ 126 Abs. 3 BGB). Der Aussteller muss der Erklärung dann seinen Namen hinzufügen und das elektronische Dokument mit einer qualifizierten elektronischen Signatur nach dem Signaturgesetz versehen (§ 126a Abs. 1 BGB). Zu bedenken ist aber, dass die Schriftform durch die elektronische Form nur dann ersetzt werden kann, wenn der Geschäftsgegner damit einverstanden ist.¹⁹ Da bei Errichtung einer Vorsorgevollmacht naturgemäß noch nicht feststeht, wer Geschäftsgegner ist, kann die elektronische Form nicht empfohlen werden.

III. Öffentliche Beglaubigung

1. Überblick

11 Die öffentliche Beglaubigung dient dem Zweck, dass die Person des Unterzeichners zuverlässig festgestellt worden ist. In Abgrenzung zur notariellen Beurkundung bezieht sich die Beglaubigung nur auf die angebrachte Unterschrift, so dass es sich bei der schriftlichen Erklärung lediglich um eine Privaturkunde i.S.v. § 416 ZPO handelt. Nur der vom Notar angebrachte Beglaubigungsvermerk hat den Charakter einer öffentlichen Urkunde i.S.v. § 415 ZPO.

12 Eine öffentliche Beglaubigung ist das Zeugnis einer Urkundsperson darüber, dass die Unterschrift oder das Handzeichen in seiner Gegenwart zu dem angegebenen Zeitpunkt von dem Erklärenden vollzogen oder anerkannt worden ist und bezeugt, dass die im Beglaubigungsvermerk namentlich angeführte Person und der Erklärende identisch sind.²⁰ Die öffentliche Beglaubigung ersetzt die notarielle Beurkundung (§ 128 BGB) und den Prozessvergleich (§ 127a BGB). Die notarielle

---

18 BGH, Urt. v. 18.6.2013 – X ZR 103/11, IBRRS 2013, 3298 = BeckRS 2013, 13904.
19 Grüneberg/*Ellenberger*, § 126a Rn 6; vgl. BT-Drucks 14/4987.
20 Grüneberg/*Ellenberger*, § 129 Rn 1.

Beurkundung stellt aber zur Beglaubigung ein Mehr dar, da u.a. der Text vorgelesen wird und (Teil-)Ausfertigungen möglich sind.

> **Hinweis**
> § 63 BeurkG, wonach die Länder befugt waren, Beglaubigungen auf andere Stellen zu übertragen, ist m.W.v. 8.7.2017 ersatzlos aufgehoben worden.[21]

2. Beglaubigung durch einen Notar

Die öffentliche Beglaubigung erfolgt durch einen Notar (§ 129 Abs. 1 BGB). Es muss keine Niederschrift erstellt werden, sondern erforderlich ist eine Urkunde, die das Zeugnis, die Unterschrift und das Präge- oder Farbdrucksiegel (Siegel) des Notars enthalten muss und Ort und Tag der Ausstellung angeben soll (Vermerk; § 39 BeurkG). § 40 BeurkG sieht weitere Bestimmungen für die Beglaubigung durch einen Notar vor, so etwa, dass der Notar den Inhalt nicht prüfen muss.[22] Er hat lediglich zu prüfen, ob Gründe gegen sein Tätigwerden wie eine Vorbefassung bestehen (§ 40 Abs. 2 BeurkG).

Muster 6.2: Beglaubigungsvermerk

Hiermit beglaubige ich die von mir anerkannte (alternativ: die in meiner Gegenwart vollzogene) Unterschrift des ▓▓▓▓, geb. am ▓▓▓▓, in ▓▓▓▓, wohnhaft ▓▓▓▓, ausgewiesen durch Vorlage seines Personalausweises.

Unterschrift Notar, Siegel

Ob der Notar bei einer bloßen Unterschriftsbeglaubigung die **Geschäftsfähigkeit** prüfen muss und Zweifel festhalten oder gar die Beglaubigung ablehnen muss, ist umstritten.[23] So ist § 11 BeurkG, der für die Beurkundung gilt, für bloße Unterschriftsbeglaubigungen nicht einschlägig, sondern nur § 40 Abs. 2 BeurkG.[24] Überzeugend argumentiert *Renner/Braun*,[25] dass ein Notar seine Amtspflichten verletzt, wenn er bei ihm bestehende Zweifel keinen Hinweis auf seine Bedenken in dem Beglaubigungsvermerk aufnimmt. Ebenfalls ist umstritten, ob ein Notar bei einer Beglaubigung auf das **Zentrale Vorsorgeregister** hinweisen muss. Nach § 20a BeurkG besteht eindeutig nur bei einer Beurkundung eine entsprechende Pflicht. Auch hier ist *Renner/Braun*[26] zu folgen, wonach bei einer Beglaubigung ebenfalls ein Hinweis verpflichtend ist; *Rezori*[27] sieht die Pflicht nur bei einer Entwurfserstellung durch den Notar.

---

21 BGBl I 2017, 1396.
22 *Zimmermann*, Vorsorgevollmacht, Rn 50.
23 Nachweise bei Müller-Engels/Braun/*Renner/Braun*, BetreuungsR, Kap. 2 Rn 611 ff.
24 Armbrüster/Preuß/Renner/*Piegsa*, § 11 BeurkG Rn 5.
25 Müller-Engels/Braun/*Renner/Braun*, BetreuungsR, Kap. 2 Rn 613.
26 Müller-Engels/Braun/*Renner/Braun*, BetreuungsR, Kap. 2 Rn 642.
27 Armbrüster/Preuß/Renner/*Rezori*, § 20a BeurkG Rn 12.

Die notarielle Beglaubigung löst **wertabhängige Gebühren** aus (siehe § 8 Rdn 63 ff.).

3. Beglaubigung durch eine Betreuungsbehörde

15   Die Betreuungsbehörden sind befugt, Unterschriften oder Handzeichen auf Betreuungsverfügungen und auf Vollmachten öffentlich zu beglaubigen (§ 7 BtOG). Sie steht der notariell beglaubigten Vollmacht gleich.[28] Diese Befugnis erstreckt sich nur dann, wenn diese von natürlichen Personen erteilt werden. Eine solche Vollmacht entspricht den Anforderungen des § 29 Abs. 1 S. 1 GBO, ist also im Grundbuchverkehr tauglich. Die Wirkung der öffentlichen Beglaubigung begrenzt § 7 Abs. BtGB ausdrücklich auf die Lebzeiten des Vollmachtgebers. Dies war bei § 6 BtBG a.F., der bis zum 31.12.2022 wirksam war, umstritten. Sehr überzeugend hat aber der BGH am 12.11.2020[29] begründet, dass solche Vollmachten auch nach dem Tod hinaus wirksam und im Grundbuchverkehr verwendet werden können. Diese Entscheidung kam für den Gesetzgeber zu spät, um sich von der Argumentation beeindrucken zu lassen und den Gesetzesentwurf zu ändern. Es ist zu hoffen, dass der Gesetzgeber das Gesetz ändert und die Wirkung der öffentlichen Beglaubigung mit dem Tod des Vollmachtgebers nicht enden lässt. Das ist aber der einzige Kritikpunkt an der Neuregelung. Das Problem besteht nun darin, dass das Grundbuchamt oder das Nachlassgericht bei einer Ausschlagungserklärung, bei der gem. § 1945 BGB eine öffentlich beglaubigte Vollmacht erforderlich ist, gar nicht wissen können, ob der Vollmachtgeber noch lebt. Man stellt sich die Frage, wie ein solcher Lebensbeweis zu erfolgen hat („Lebensbescheinigung").[30] Nach der Gesetzesbegründung[31] hat das Grundbuchamt nur zu prüfen, ob der Vollmachtgeber noch lebt, wenn das Grundbuchamt konkrete Anhaltspunkte für seinen Tod hat. Nur Rechtsgeschäfte, die nicht die privatschriftliche Form genügen lassen, stellen sich dieses Problem nicht: So verliere die Vollmacht mit dem Tod nicht ihre materiell-rechtliche Wirkung, sondern nur die Wirkung der öffentlichen Beglaubigung, so der Regierungsentwurf.[32]

16   An anderer Stelle sieht § 6 BtOG eine Erleichterung für die Praxis vor: Die Befugnis zur Unterschriftenbeglaubigung erstreckt sich nunmehr nicht mehr nur auf „Vorsorgevollmachten" (§ 7 Abs. 2 S. 1 BtBG a.F.), einem nicht gesetzlich definiertem und deshalb streitanfälligem Begriff, sondern nur noch auf „Voll-

---

28   Kurze/*Kurze*, VorsorgeR, § 167 Rn 47; Ausnahme: § 2 Abs. 2 GmbHG erfordert die „notarielle Beglaubigung".
29   BGH, Beschl. v. 12.11.2020 – V ZB 148/19, ZErb 2021, 179 m. Anm. *Horn*.
30   Krit. auch *Müller-Engels*, DNotZ 2021, 84, 91, weist indes über die Aufwertung der notariellen Beglaubigungskompetenz hin.
31   BT-Drucks 19/24445, 350.
32   BT-Drucks 19/24445, 350.

machten" (§ 6 Abs. 1 S. 1 BtOG). Im Außenverhältnis sind nun solche Vollmachten uneingeschränkt. Lediglich fordert § 7 Abs. 2 S. 1 BtOG, dass die Behörde die Vollmacht nur vornehmen darf, wenn „diese zu dem Zweck erteilt wird, die Bestellung eines Betreuers zu vermeiden". Ein Verstoß dagegen gegründet nur eine Amtspflichtverletzung, hat aber nicht die Unwirksamkeit der Beglaubigung zur Folge, so der Regierungsentwurf.[33] Demzufolge ist es nicht erforderlich, dass die Vollmacht im Einzelfall tatsächlich eine Betreuung vermeidet. Genügend sei die Absicht des Vollmachtgebers, durch die privatautonome Vertretungsregelung eine Betreuerbestellung zu vermeiden. Das Grundbuchamt und andere Stellen bzw. Vertragspartner müssen nun nicht mehr prüfen, ob es sich um eine „Vorsorgevollmacht" handelt.

Die Behörde ist indes nicht befugt, eine Unterschriftsbeglaubigung unter einer isolierten Patientenverfügung vorzunehmen. Als unschädlich wird anzusehen sein, wenn die Vorsorgevollmacht bzw. die Betreuungsverfügung eine Patientenverfügung enthält; die Beglaubigung durch die Betreuungsbehörde umfasst dann auch die Patientenverfügung.[34] 17

Die Behörde ist nicht zur Unterschriftsbeglaubigung befugt, wenn es sich um Unterschriften oder Handzeichen ohne dazugehörigen Text handelt oder wenn ihr in der betreffenden Angelegenheit die Vertretung eines Beteiligten obliegt (§ 7 Abs. 2 S. 2 BtOG). 18

Die Betreuungsbehörden sind nicht zur Prüfung der **Geschäftsfähigkeit** verpflichtet. Gleichwohl gelten die gleichen Maßstäbe wie bei der Beglaubigung durch Notare (siehe Rdn 4).[35] Gleichfalls werden die Betreuungsbehörden entsprechend § 20a BeurkG auf die Registrierungsmöglichkeit in dem **Zentralen Vorsorgeregister** hinweisen müssen.[36]

Zuständigkeit: Die Zuständigkeit der Behörde richtet sich nach Landesrecht (§ 1 Abs. 1 BtOG). Oft sind es die Stadtverwaltungen. Örtlich zuständig ist die Behörde, in deren Bezirk der Betroffene seinen gewöhnlichen Aufenthalt hat (§ 2 Abs. 1 S. 1 BtOG). Nur die durch internen Akt besonders bestellten Personen dürfen beglaubigen („Urkundpersonen").[37] 19

Gebühren: Die Beglaubigung löst eine Gebühr von 10 EUR aus (§ 7 Abs. 4 S. 1 BtOG, keine Auslagen). Wünscht der Vollmachtgeber mehrere „Originale", so fällt jeweils diese Gebühr an. Die Gebühr kann nach § 7 Abs. 4 S. 3 BtOG erlassen werden. Jedoch ermächtigt § 7 Abs. 5 BtOG die Landesregierungen, die Gebühren und Auslagen durch Rechtsverordnung abweichend zu regeln.

---

33 BT-Drucks 19/24445, 350; ebenso *Müller-Engels*, DNotZ 2021, 84, 91.
34 Jurgeleit/*Kania*, § 6 BtBG Rn 11; DNotI-Report 2005, 121, 124.
35 Bienwald u.a./*Bienwald*, BetreuungsR, § 6 BtBG Rn 32; *Renner*, notar 2017, 218, 223; a.A. *Zimmermann*, Vorsorgevollmacht, Rn 52.
36 Müller-Engels/Braun//*Renner/Braun*, BetreuungsR, Kap. 2 Rn 596.
37 *Zimmermann*, Vorsorgevollmacht, Rn 52.

20 **Altvollmachten:** Wie mit Vollmachten umzugehen ist, die vor dem 31.12.2022 von der Betreuungsbehörde unterschriftsbeglaubigt wurden, lässt sich dem Reformgesetz nicht genau entnehmen. Lediglich wird geregelt, dass zum 1.1.2023 das BtGO das BtBG ablöst. *Becker*[38] spricht sich dafür aus, dass für Altvorsorgevollmachten weiterhin das alte Recht gelten sollte. Das ist in der Praxis wohl kaum umsetzbar und auch ohne Grund zu kompliziert. Zutreffend wird sein, auch Altvollmachten nach dem neuen Recht zu behandeln. Sie sind dann im Außenverhältnis uneingeschränkt einsetzbar, aber die Wirkung der öffentlichen Beglaubigung endet mit dem Tod des Vollmachtgebers – solange, wie der Gesetzgeber § 7 Abs. 1 S. 2 BtOG nicht an die überzeugende Argumentation des BGH[39] angepasst hat.

21 **Zur Rechtslage bis zum 31.12.2022:** Mangels einer genauen Definition einer Vorsorgevollmacht war der Begriff weit zu fassen, so dass Vollmachtsbeglaubigungen nur dann abgelehnt werden sollten, wenn sie offensichtlich einen anderen Zweck verfolgen.[40] Laut BGH vom 12.11.2020[41] waren die Voraussetzungen einer Vorsorgevollmacht i.S.d. § 6 Abs. 2 S. 1 BtBG a.F. erfüllt, wenn die Vollmacht im Außenverhältnis unbeschränkt erteilt worden ist, aber im Innenverhältnis auf den Eintritt des Vorsorgefalls beschränkt war. Sehr anschaulich hatte das OLG Karlsruhe[42] zur Feststellung, ob eine Vorsorgevollmacht i.S.d. § 6 Abs. 2 BtBG a.F. vorliegt, Folgendes ausgeführt:

> *„Die Zuständigkeit nach § 6 Abs. 2 BtBG bezieht sich nur auf die öffentliche Beglaubigung von Vorsorgevollmachten oder Betreuungsverfügungen. Da somit keine allgemeine Zuständigkeit zur Beglaubigung von Unterschriften besteht, ist zu prüfen, ob die konkret verfahrensgegenständliche Vollmacht die Anforderungen an eine Vorsorgevollmacht erfüllt (...). Der Gesetzgeber verwendet den Begriff der Vorsorgevollmacht in der Überschrift des § 1901c BGB. In § 1901c S. 2 BGB sind Vorsorgevollmachten als „Schriftstücke, in denen der Betroffene eine andere Person mit der Wahrnehmung seiner Angelegenheiten bevollmächtigt hat" beschrieben. Diese weite Formulierung zeigt, dass die Vorsorgevollmacht eine gewöhnliche Vollmacht im Sinne von §§ 164 ff BGB ist (...). Das Charakteristische der Vorsorgevollmacht ist ihr Anlass: Da ein Betreuer nur bestellt werden darf, soweit dies erforderlich ist (§ 1896 Abs. 2 BGB), und dies nicht der Fall ist, soweit die Angelegenheiten des Betroffenen durch einen Bevollmächtigten ebenso gut wie durch einen Betreuer besorgt werden könnten, dient die Vorsorgevollmacht der Vorsorge für den Fall der Betreuungsbedürftigkeit (...). Es geht mithin um die Vermeidung einer vom Gericht angeordneten Betreuung (...). Da es sich nach außen meist um eine*

---

38 *Becker*, MittBayNot 2021, 549, 550.
39 BGH, Beschl. v. 12.11.2020 – V ZB 148/19, ZErb 2021, 179 m. Anm. *Horn*.
40 Kurze/*Kurze*, VorsorgeR, § 167 Rn 49.
41 BGH, Beschl. v. 12.11.2020 – V ZB 148/19, ZErb 2021, 179, 180 m. Anm. *Horn*.
42 OLG Karlsruhe, Beschl. v. 14.9.2015 – 11 Wx 71/15, ZErb 2015, 344, 345.

Generalvollmacht handelt, liegt die Besonderheit der Vorsorgevollmacht im Motiv ihrer Erteilung (...). Dennoch lässt sich anhand charakteristischer Bestimmungen in der Vollmacht in der Regel erkennen, dass es sich um eine Vorsorgevollmacht handelt, wobei wichtige Indizien Regelungen zur Gesundheitsfürsorge und zu freiheitsentziehenden Maßnahmen sind (...). Dagegen begrenzt der Begriff der Vorsorgevollmacht die Vollmacht weder inhaltlich noch zeitlich. Dies belegt bereits das weite Begriffsverständnis des Gesetzgebers in § 1901c BGB. Es liegt in der Hand des Vollmachtgebers, die zeitlichen Grenzen der Bevollmächtigung und damit das Erlöschen der Vollmacht zu regeln. Daher kann eine Vorsorgevollmacht auch eine transmortale Vollmacht sein, die zu Lebzeiten und noch nach dem Tod des Vollmachtgebers gilt (...). Legt, wie hier, der Vollmachtgeber ausdrücklich die Geltung der Vollmacht bis über den Tod hinaus fest, so will er gerade verhindern, dass aus dem Vorsorgecharakter der Vollmacht der Schluss gezogen wird, dass die Vollmacht nur für die Dauer einer Betreuungsbedürftigkeit gelten soll (...)."

IV. Beurkundung durch einen Notar

Die sicherste und anerkannteste Form der Errichtung einer Vorsorgevollmacht besteht in ihrer notariellen Beurkundung nach § 128 BGB. Die Beurkundung hat Warnfunktion und schützt vor Übereilung. Wie bei der notariellen Beglaubigung hat der Notar die Identität des Vollmachtgebers zu überprüfen. Darüber hinaus hat der Notar die Vollmacht vollständig zu verlesen. Innerhalb einer Verhandlung wird die zu beurkundende Willenserklärung abgegeben (§ 8 BeurkG), worüber der Notar eine Niederschrift errichtet, die von ihm vorgelesen, von dem Vollmachtgeber genehmigt und von beiden unterschrieben wird (§§ 9, 13 BeurkG). Den Notar treffen Belehrungspflichten (§ 17 Abs. 1 BeurkG); er soll auf die Möglichkeit der Registrierung im Zentralen Vorsorgeregister hinweisen (§ 20a BeurkG; siehe § 9 Rdn 4 ff.). Die Urschrift verbleibt in der Urkundssammlung des Notars (§ 45 BeurkG). Auf Antrag des Vollmachtgebers erhalten die Bevollmächtigten Ausfertigungen, die die Urschrift im Rechtsverkehr ersetzen (§ 47 BeurkG).

22

Praxistipp

Der Vollmachtgeber kann beantragen, dass eine Ausfertigung, die für einen Bevollmächtigten ausgestellt wird, entweder vom Notar direkt an den Bevollmächtigten oder zunächst an ihn, den Vollmachtgeber, erteilt wird. Lässt der Vollmachtgeber sich die für seine Bevollmächtigten ausgestellten Ausfertigungen vom Notar zusenden, wird so die Notargebühr reduziert (siehe § 8 Rdn 71).

Der Notar ist zwar nicht zu einer Prüfung der **Geschäftsfähigkeit** des Vollmachtgebers verpflichtet, muss aber die Beurkundung ablehnen, wenn er von der Geschäftsunfähigkeit überzeugt ist, bzw. Zweifel in der Urkunde festhalten (§ 11

23

Abs. 1 BeurkG). Die Beurkundung beweist aber die Geschäftsfähigkeit des Vollmachtgebers nicht.[43]

Die Beurkundung löst **wertabhängige Gebühren** aus (siehe § 8 Rdn 63 ff.).

B. ABC der Rechtsgeschäfte

24 Grundsätzlich bedarf eine Vollmacht keiner Form, außer das Gesetz schreibt für den Einzelfall eine bestimmte Form der Vollmacht vor. Zu nennen sind nachfolgende, in der Praxis übliche Rechtsgeschäfte:[44]
- **Ausschlagung und Anfechtung der Erbschaftsannahme:** öffentliche Beglaubigung nach §§ 1955 S. 2, 1945 Abs. 3 BGB
- **Behördliche Verfahren:** § 14 Abs. 1 S. 3 VwVfG
- **Bürgschaft:** schriftlich, teleologische Einschränkung des § 167 Abs. 2 BGB durch die Rechtsprechung, und zwar aufgrund des Schutzzecks des § 766 BGB[45]
- **Erbverzichtsvertrag bzw.** Erbschaftskauf (§§ 2348, 2351, 2352 BGB; §§ 2371, 2385 BGB): Es wird die Einschränkung von § 167 Abs. 2 BGB mit Folge des Schriftformerfordernisses überzeugend vertreten.[46]
- **Gerichtliche Verfahren:** schriftlich auf Verlangen nach §§ 80, 54 ZPO, § 11 FamFG, § 67 Abs. 6 VwGO, § 22 BVerfGG
- **GmbH-Gesellschafter zur Abstimmung:** Textform nach § 47 Abs. 3 GmbHG, bei AG Textform gem. § 134 Abs. 3 AktG
- **GmbH-Gesellschaftsvertrag:** notarielle Beglaubigung nach § 2 Abs. 2 GmbHG
- **Grundstücksgeschäfte:** Zu unterscheiden ist zwischen dem schuldrechtlichen Vertrag und Erklärungen gegenüber dem Grundbuchamt.[47] Aus § 167 Abs. 2 BGB ergibt sich, dass für die Vertretung bei einem Vertrag, mit dem Eigentum an einem Grundstück übertragen oder erworben wird, für den § 311b Abs. 1 S. 1 BGB die notarielle Beurkundung vorsieht, die entsprechende Vollmacht formfrei erteilt werden kann.[48] Für den Vollzug eines solchen Vertrages ist für die Vertretung aber eine öffentlich beglaubigte Vollmacht erforderlich (§ 29 GBO), so für die Eintragungsbewilligung oder die sonstigen zu der Eintragung erforderlichen Erklärungen.

---

43 Kurze/*Kurze*, VorsorgeR, § 167 Rn 53.
44 Weitere Fälle: Kurze/*Kurze*, VorsorgeR, § 167 Rn 28 ff.; *Hecker/Kieser*, Kap. 1 Ziff. 1.3.2 ff.
45 BGH, Urt. v. 29.2.1996 – IX ZR 153/95, NJW 1996, 1467, 1468; OLG Brandenburg, Urt. v. 7.6.2017 – 4 U 90/16 BeckRS 2017, 115530; BeckOK BGB/*Schäfer*, § 167 Rn 10.
46 Staudinger/*Schilken*, § 167 Rn 26.
47 Rudolf/Bittler/Roth/*Hack*, Vorsorgevollmacht, § 1 Rn 14.
48 So auch BGH, Urt. v. 3.2.2016 – XII ZB 454/15, NJW 2016, 1516; a.A. Jurgeleit/*Jurgeleit*, BetreuungsR, § 1896 Rn 21.

Horn

B. ABC der Rechtsgeschäfte

- **Güterregister,** Eintragung: öffentlich beglaubigte Vollmacht.[49]
- **Handelsregister:** öffentliche Beglaubigung für Anmeldungen (§ 12 Abs. 1 S. 2 HGB)
- **Patientenverfügung:**[50] schriftlich nach § 1827 Abs. 1 BGB (§ 1901a Abs. 1 BGB a.F.), sonst mutmaßlicher Wille des Patienten
- **Schenkungsversprechen:** notarielle Beurkundung, da § 167 Abs. 2 BGB teleologisch zu reduzieren ist.[51] Schließlich dient § 518 Abs. 1 BGB einer Warnfunktion und einem Übereilungsschutz.
- **Schiedsvereinbarung bei Verbrauchern:** str., ob schriftlich (vgl. § 1031 Abs. 5 ZPO)[52]
- **Unwiderrufliche Vollmacht:** grds. Form des Vertretungsgeschäftes,[53] etwa bei Berechtigung zur Veräußerung und zum Erwerb von Grundstücken (§ 311b Abs. 1 BGB);[54] Gleiches bei einer Vertragsstrafe bei Widerruf.[55] Ebenfalls wird vertreten, dass eine Vollmacht zum Abschluss eines Grundstücksgeschäftes bei **Befreiung von § 181 BGB** der Schriftform bedarf.[56]
- **Verbraucherdarlehensvertrag:** notarielle Beurkundung nach § 492 Abs. 4 BGB
- **Vollmacht zur (Nicht-)Einwilligung in ärztliche (Zwangs-)Maßnahmen und in eine Unterbringung oder freiheitsentziehende Maßnahmen:** schriftlich nach §§ 1904 Abs. 5, 1906 Abs. 5, 1906a Abs. 5 BGB[57]
- **Zwangsvollstreckungsunterwerfung:** Für die durch einen Vertreter abgegebene Unterwerfungserklärung nach § 794 Abs. 1 Nr. 5 ZPO ist zwar nicht erforderlich, dass die Vollmacht notariell beurkundet ist.[58] Die Klausel für eine Urkunde mit einer Unterwerfungserklärung darf aber nur erteilt werden, wenn die Vollmacht in öffentlicher oder öffentlich beglaubigter Urkunde nachgewiesen wird.

Wenn das Vertretergeschäft eine bestimmte Form erfordert, die von der **Vollmacht nicht erfüllt wird**, ist die Vollmacht insoweit nichtig § 125 BGB). Das Geschäft ist **schwebend unwirksam** (§ 177 BGB), kann aber genehmigt werden (§ 182 BGB). Wird das Geschäft nicht genehmigt, haftet der vermeintliche Vertre-

---

49 KG, Beschl. v. 24.7.2001 – 1 W 9102/00, FPR 2002, 186, 188.
50 Krug/Rudolf/Kroiß/Bittler/*Hack/Bittler*, AF ErbR, § 2 Rn 195.
51 MüKo-BGB/*Schubert*, § 167 Rn 32; Erman/*Maier-Reimer/Finkenauer*, § 167 Rn 5; a.A. Staudinger/*Schilken*, § 167 Rn 26.
52 MüKo-BGB/*Schubert*, § 167 Rn 35; formfrei nach *Heskamp*, RNotZ 2012, 415, 418.
53 Vgl. MüKo-BGB/*Schubert*, § 167 Rn 21; Staudinger/*Schilken*, § 167 Rn 22.
54 BGH, Urt. v. 23.2.1979 – V ZR 171/77, NJW 1979, 2306; OLG Schleswig, Urt. v. 25.5.2000 – 2 U 19/00, NJW-RR 2001, 733, 734.
55 BeckOK BGB/*Schäfer*, § 167 Rn 9.
56 Staudinger/*Schilken*, § 167 Rn 22 m.w.N.
57 Scherer/*Lipp/Schrader*, MAH ErbR, § 44 Rn 15.
58 BGH, Beschl. v. 17.4.2008 – V ZB 146/07 (KG), NJW 2008, 2266.

Horn

ter (§ 179 BGB). Eine Heilung etwa wie bei einem formunwirksamen Schenkungsversprechen nach § 518 Abs. 2 BGB ist nicht möglich, da die Warnung den Vertretenen erreichen müsste.[59]

C. Erwägungen für die „richtige" Form

I. Vorüberlegung

26 Zu der Beratung eines Anwaltes bei der Erstellung einer Vorsorgevollmacht mit Patientenverfügung gehört auch, welches die „richtige" Form für die Errichtung ist. Besser als die notarielle Beurkundung geht es zweifelsohne nicht. Bringt der Vollmachtgeber nicht einen Entwurf mit, bleibt dem Notar nur die Beurkundung. Bei einem fertigen Entwurf, der dem Notar angetragen wird, stellt sich auch für ihn die Frage, Beglaubigung oder Beurkundung. *Renner/Braun*[60] kommen zum Ergebnis: „Beurkundung" schlägt „Beglaubigung". Ob das Ergebnis tatsächlich so eindeutig ist, wird im Nachfolgenden untersucht.

II. Kostenaspekt

27 Im Mittelpunkt der Diskussion steht der Kostenaspekt, ob die Vorteile einer notariellen Beurkundung tatsächlich die Vorteile der notariell beurkundeten Vollmacht rechtfertigen. Wessen Vermögen einen Wert oberhalb von 2.000.000 EUR aufweist, hat für die notarielle Beurkundung einer Vorsorgevollmacht 1.735 EUR zzgl. Auslagen und Umsatzsteuer zu errichten (siehe § 8 Rdn 63 ff.). Die notarielle Beglaubigung löst dagegen nur Gebühren von max. 84 EUR zzgl. Umsatzsteuer und die Beglaubigung durch die Betreuungsbehörde nur von 10 EUR (wertunabhängig) aus (siehe § 8 Rdn 65). Eine privatschriftliche Vollmacht löst für die Errichtung keine Gebühren aus (anders bei gewünschter Entwurfsfassung durch einen Juristen). Bei der Beurkundung ist natürlich zu berücksichtigen, dass von der Gebühr auch die Fertigung des Entwurfs umfasst ist. Die Praxis zeigt indes, dass oftmals von Anwälten konzipierte Vollmachten maßgeschneiderter sind. Eine entsprechende Erfahrung hat *Kurze* gemacht, der wie folgt ausführt:[61]

> *„Wenige, spezialisierte Notare beraten tatsächlich ausführlich und individuell. In zumindest einer Vielzahl von Fällen werden aber in einen Standardtext vom Vorzimmer lediglich die Daten eingefügt. Angesichts der Breite der notariellen Tätigkeit und der mit Blick auf den erforderlichen Beratungsaufwand im Vergleich zu anderen Geschäften überschaubaren Vergütung ist das sogar nachzuvollziehen."*

---

59 MüKo-BGB/*Schubert*, § 167 Rn 42.
60 Müller-Engels/Braun/*Renner/Braun*, BetreuungsR, Kap. 2 Rn 597.
61 Kurze/*Kurze*, VorsorgeR, § 167 Rn 67.

Gedanklich ist daher auch bei einer notariellen Beurkundung das Anwaltshonorar zur Konzipierung des Textes hinzuzurechnen. Bei der Vielzahl von Rechtsgebieten, die Notare beherrschen müssen, mag ein entsprechend spezialisierter Rechtsanwalt auch anders mit solchen Mandaten umgehen. Ausdrücklich hält aber der Verfasser fest, dass es auch in diesem Bereich darauf ankommt, von welchem Anwalt bzw. welchem Notar sich ein Mandant beraten lässt. Viele Notare nehmen § 17 BeurkG ernst, erforschen den Willen des Vollmachtgebers und erstellen individuelle Entwürfe. Andererseits gibt es auch Anwälte, die ein Formular „aus der Schublade ziehen" und es nicht wirklich an die Anforderungen des Mandanten anpassen.

28

III. Ausschluss der formlosen und der privatschriftlichen Errichtung

Bei der Diskussion rund um die „richtige" Form müssen zwei Optionen sofort ausgeschlossen werden: Keine Alternative ist natürlich eine mündlich erteilte Vollmacht. Ernsthaft kann auch nicht über die rein privatschriftliche Vollmacht nachgedacht werden, auch wenn zwei Zeugen auf der Vollmacht bestätigen, dass in ihrem Beisein der Vollmachtgeber unterschrieben hat. Ein potenzieller Geschäftsgegner kann stets einwenden, dass die Identität des Vollmachtgebers nicht sichergestellt ist. Der Mandant muss zur öffentlichen Beglaubigung durch die Betreuungsbehörde lediglich 10 EUR in die Hand nehmen und sich die Zeit für einen kurzen Termin bei seiner Stadtverwaltung verschaffen, um eine öffentliche Beglaubigung seiner Unterschrift zu erhalten.

29

IV. Geringfügige rechtliche Gründe zugunsten einer Beurkundung

Bleiben mithin in der Diskussion noch die notarielle Beurkundung und die öffentliche Beglaubigung entweder durch den Notar oder die Betreuungsbehörde. Die notarielle Beurkundung fordert der Gesetzgeber lediglich für einen **Verbraucherdarlehensvertrag** (siehe Rdn 24). Ob aber ein Kreditinstitut überhaupt einer handlungsunfähigen Person einen Kredit gewährt, erscheint bereits fraglich. Bereits geschäftsfähige Rentner haben i.d.R. die größten Probleme, einen Kredit zu erhalten. Die Banken stellen hohe Anforderungen. Sollte eine Kreditaufnahme dennoch im absoluten Einzelfall möglich erscheinen, kann der Bevollmächtigte immer noch durch das Betreuungsgericht zum Betreuer mit dem alleinigen Aufgabengebiet des Abschlusses eines Verbraucherdarlehensvertrages bestellt werden.

30

Da sicherlich in der Situation eines handlungsunfähigen Vollmachtgebers zwingend keine **Schenkungen** aus seinem Vermögen gewährt werden müssen, stellt es keinen Nachteil dar, wenn eine Vollmacht nicht notariell beurkundet, sondern „nur" öffentlich beglaubigt ist. Hinzu kommt, dass sich das mögliche Formerfordernis für ein Schenkungsversprechen nicht aus dem Gesetz, sondern höchstens aus einer teleologischen Reduktion des § 167 Abs. 2 BGB ergibt. Daher kann

31

Horn

auch zur Abgabe eines Schenkungsversprechens die öffentliche Beglaubigung reichen. Bekanntlich sind **Grundstücksgeschäfte** auch durch eine öffentlich beglaubigte Vollmacht möglich, da gemäß § 29 GBO für Erklärungen gegenüber dem Grundbuchamt eine öffentlich beglaubigte Vollmacht reicht.

Als Zwischenergebnis ist festzuhalten, dass nur geringfügige rechtliche Gründe für die Beurkundung einer Vollmacht sprechen.

V. Praktikabilitätsgründe zugunsten der Beurkundung

32 Zutreffend kommt daher *Kurze*[62] zum Ergebnis, dass die Beurkundung *„aus formalen Gründen nicht notwendig"* ist, *„gegebenenfalls aus Praktikabilitätsgründen zu empfehlen"*. So spricht der höhere „Beweiswert" einer Beurkundung für die Beurkundung. Ebenfalls zutreffend führen *Renner/Braun* aus, dass Dritte erheblich mehr Vertrauen der beurkundeten Vollmacht entgegenbringen; sie würde „Brief und Siegel" tragen, sie *„macht mehr her"* und hat die *„Aura des Amtlichen"*.[63] In diesem Zusammenhang ist zu bedenken, dass ein Dritter zumeist nicht verpflichtet ist, ein Geschäft abzuschließen. Sollte dieser ein ungutes Gefühl aufgrund der nur beglaubigten Unterschrift seines potenziellen Geschäftspartners haben, kann er ohne Angabe von Gründen ein Geschäft nicht abschließen.

33 Jedoch kann bei einer laufenden Geschäftsbeziehung sehr wohl ein Geschäftsgegner zur Akzeptanz einer Vorsorgevollmacht gezwungen sein. Das Landgericht Hamburg[64] hatte einer Sparkasse die Kosten des Betreuungsverfahrens auferlegt. Das Betreuungsverfahren war erforderlich geworden, weil die Sparkasse sich geweigert hat, eine Vorsorgevollmacht anzuerkennen und der bevollmächtigten Tochter der Vollmachtgeberin Geld auszuzahlen. Das Hamburger Gericht hat § 81 Abs. 4 FamFG herangezogen, wonach der Sparkasse als nicht beteiligte Dritte die Kosten aufzuerlegen waren, da die Sparkasse die Tätigkeit des Gerichts veranlasst hatte und sie grobes Verschulden traf. Auch *Zimmermann* weist zu Recht darauf hin, dass Banken auf die Verwendung eines Bankformulars zur Vollmachtserteilung keinen Anspruch haben.[65] Entsprechend hat das LG Detmold[66] entschieden, dass der Bevollmächtigte zu einer Verfügung über ein Bankkonto des Vollmachtgebers berechtigt ist, auch wenn für dieses keine gesonderte Bankvollmacht erteilt worden ist. Die dort verklagte Bank ist dann auf Schaden-

---

62 Kurze/*Kurze*, VorsorgeR, § 167 Rn 63.
63 Müller-Engels/Braun/*Renner/Braun*, BetreuungsR, Kap. 2 Rn 603 unter Hinweis auf u.a. Bienwald u.a./*Bienwald*, BetreuungsR, § 6 BtBG Rn 20; vgl. Lipp/*Lipp*, Vorsorgeverfügungen, § 17 Rn 15.
64 LG Hamburg, Beschl. v. 30.8.2017 – 301 T 280/17, ErbR 2018, 354 m. zust. Anm. *Zimmermann*.
65 *Zimmermann*, ErbR 2018, 356 unter Verweis auf *Tersteegen*, NJW 2017, 1717; *Zimmermann*, BKR 2007, 226 und *Litzenburger*, FD-ErbR 2018, 402573.
66 LG Detmold, Urt. v. 14.1.2015 – 10 S 110/14, ZEV 2015, 353.

ersatz verurteilt worden, und zwar hinsichtlich der Aufwendungen für die Einschaltung eines Rechtsanwaltes (§§ 280 Abs. 1, 249 Abs. 1 BGB).

Diese Einzelfälle belegen, dass es bei nicht beurkundeten Vollmachten zumindest zu Zeitverzögerungen und einem Mehraufwand kommen kann. Wenn schon der Fall der Handlungsunfähigkeit des Vollmachtgebers eingetreten ist, möchte keiner noch Rechtsdiskussionen mit Geschäftsgegnern führen müssen und gegebenenfalls sogar gerichtliche Hilfe hierfür in Anspruch nehmen. 34

Auch im Falle von **Auslandsvermögen** kann es vorteilhaft sein, wenn eine Vollmacht notariell beurkundet wurde.[67] 35

Zugunsten der Beurkundung wird die höhere Flexibilität der Beurkundung angeführt. Das Argument, von der unterschriftsbeglaubigten Vollmacht gäbe es nur ein Original,[68] kann schnell widerlegt werden: Bei einer Gebühr von nur 10 EUR kann der Vollmachtgeber sich ohne große Kostenbelastung gleich fünf oder zehn „Originale" beglaubigen lassen. Entsprechend kann der Notar Ausfertigungen der beurkundeten Vollmacht erteilen. Anspruch auf Erteilung von Ausfertigungen hat nach § 51 Abs. 1 Nr. 1 BeurkG nur der Vollmachtgeber. Jedoch bietet § 51 Abs. 2 BeurkG die Möglichkeit, ob und unter welchen Voraussetzungen dem oder den Bevollmächtigten weitere Ausfertigungen erteilt werden dürfen. Ein bedeutender Vorteil der beurkundeten Vollmacht besteht darin, dass die Erteilung von auszugsweisen Ausfertigungen möglich ist.[69] Bei einer auszugsweisen Ausfertigung hat der Notar zu bezeugen, dass die nicht ausgefertigten Teile der Urkunde keine weiteren Bestimmungen über den ausgefertigten Urkundsinhalt enthalten (§ 42 Abs. 2 BeurkG). 36

Gerade, wenn sämtliche Bausteine der rechtlichen Vorsorge in einem Dokument zusammengefasst sind, bieten Ausfertigungen von Auszügen große Vorteile. Ein Immobilienkäufer oder eine Bank müssen natürlich nicht wissen, welche Wünsche der Vollmachtgeber in seiner Patientenverfügung festgehalten hat. Dabei hat jeder selber zu entscheiden, wie vertraulich er seine diesbezüglichen Regelungen ansieht. Aber: So „privat" sind die Vorgaben vielleicht in der Regel dann doch nicht, da erfahrungsgemäß nahezu sämtliche Personen wünschen, dass ihre Behandlung im Ernstfall nicht auf eine maximale Lebensdauer ausgerichtet ist, sondern auf Beschwerdefreiheit. 37

VI. Prüfung der Geschäftsfähigkeit durch Notar?

Ein Argument zugunsten der Beurkundung stellt das gerne von einigen Notaren vorgebrachte Argument dar, sie hätten die Geschäftsfähigkeit geprüft (siehe § 7 Rdn 11 ff.). Nach der hier *Renner* folgenden Rechtsauffassung (siehe Rdn 14) 38

---

67 So auch Kurze/*Kurze*, VorsorgeR, § 167 Rn 68.
68 Müller-Engels/Braun/*Renner/Braun*, BetreuungsR, Kap. 2 Rn 606.
69 Lipp/*Spalckhaver*, Vorsorgeverfügungen, § 13 Rn 74.

haben bei Zweifeln an der Geschäftsfähigkeit auch der Notar bzw. die Betreuungsbehörde im Beglaubigungsvermerk diese Zweifel zu dokumentieren. Jedoch haben die Kompetenz, die Geschäftsfähigkeit einer Person sicher zu beurteilen, nur spezialisierte Mediziner, so vor allem Fachärzte für Psychiatrie.[70] Nicht einmal der langjährige Hausarzt der Person kann die Geschäftsfähigkeit sicher beurteilen. Vor diesem Hintergrund hat auch das OLG Düsseldorf[71] festgestellt, dass der Stellungnahme eines Notars, der ein Testament beurkundet hatte, *„kein ausschlaggebendes Gewicht"* im Hinblick auf die fragliche Testierfähigkeit beigemessen werden kann. Nicht gefolgt werden kann daher *Kühne*,[72] nach dem bei der beurkundeten Vollmacht von einem *„höheren Beweiswert hinsichtlich der Geschäftsfähigkeit des Vollmachtgebers zum Zeitpunkt der Vollmachterteilung"* auszugehen sei. Eine Bank würde das Risiko der Geschäftsunfähigkeit nicht tragen, wenn sie bei Vorlage einer notariellen Vollmacht auszahlen würde. Dem kann nicht gefolgt werden.

VII. Befugnis der Betreuungsbehörde für Vollmachten und Betreuungsverfügungen

39 Im Gegensatz zur öffentlichen Unterschriftsbeglaubigung durch die Betreuungsbehörde sprach nach der bis zum 31.12.2022 geltenden Rechtslage folgendes Argument für die notarielle Beglaubigung bzw. notarielle Beurkundung: Nach § 6 Abs. 2 BtBG a.F. ist die Betreuungsbehörde lediglich befugt, Unterschriften oder Handzeichen *„auf Vorsorgevollmachten oder Betreuungsverfügungen"* öffentlich zu beglaubigen. Liegt der Vorsorgefall nicht vor, kann die von der Betreuungsbehörde unterschriftsbeglaubigte Vollmacht nicht verwandt werden. Der Geschäftsgegner trägt das Risiko, sich später auf die Unwirksamkeit des Rechtsgeschäftes berufen zu können, wenn kein Vorsorgefall vorlag.

Dieses Problem hat der Gesetzgeber erkannt und deswegen die Voraussetzungen nach § 7 BtOG an Vollmachten reduziert: Statt „Vorsorgevollmachten" kann die Betreuungsbehörde nun pauschal „Vollmachten" natürlicher Personen beglaubigen. Nur im Innenverhältnis gilt, dass die Behörde nur dann zur Unterschriftsbeglaubigung befugt war, wenn die Vollmacht zum Zweck der Vermeidung einer Betreuung erteilt wird. Verstöße dagegen schlagen nicht auf die Wirksamkeit der Vollmacht im Außenverhältnis durch. Damit ist festzustellen, dass der Gesetzgeber erfreulicherweise ab dem 1.1.2023 die Rechtsunsicherheit der von der Betreuungsbehörde beglaubigten Vollmacht beseitigt hat.

---

70 OLG München, Beschl. v. 14.1.2020 – 31 Wx 466/19, ErbR 2020, 256 m. Anm. *Cording*.
71 OLG Düsseldorf, Beschl. v. 20.7.2018 – I-3 Wx 259/17, FGPrax 2018, 252.
72 *Kühne*, ZErb 2015, 33, 34.

VIII. Gewissenskonflikt des Notars bei einer Beurkundung

Löst der vom Vollmachtgeber gewünschte Inhalt einer Vollmacht oder Patientenverfügung bei dem Notar einen moralisch-ethischen Gewissenkonflikt aus, kann dieser zu einer Beglaubigung raten.[73] Dabei darf natürlich nicht die Grenze zu Erklärungen überschritten werden, bei der der Notar auch eine Beglaubigung ablehnen muss.

IX. Ergebnis

Eindeutig kann nicht zur formlosen oder nur privatschriftlichen Errichtung einer Vorsorgevollmacht bzw. Betreuungsverfügung geraten werden. Damit im Ernstfall die Vollmacht möglichst problemlos anerkannt wird, hat der Verfasser bislang zur notariellen Beurkundung geraten. Aber im Hinblick darauf, dass die „Qualität" der Unterschriftsbeglaubigung durch die Betreuungsbehörde immer bekannter wird und auch bei dem letzten Grundbuchamt irgendwann angekommen ist, sprechen gewichtige Gründe für die Betreuungsbehörde. Dann sollten aber gleich mehrere Originale unterschriftsbeglaubigt werden. Bei Zweifeln über die Geschäftsfähigkeit bietet sich stets an, eine Bescheinigung durch einen Facharzt für Psychiatrie oder Nervenheilkunde bzw. mit entsprechender Qualifikation einzuholen.

---

[73] Müller-Engels/Braun/*Renner/Braun*, BetreuungsR, Kap. 2 Rn 605; zu Gewissengründen: *Rieger*, FamRZ 2010, 1601.

§ 7 Besondere Themen für die notarielle Vorsorgevollmacht

Übersicht:	Rdn		Rdn
A. Einleitung	1	I. Beurkundung	11
B. Identifizierung	2	II. Beglaubigung	28
I. Identifizierung nach BeurkG	2	D. Ausfertigung	31
II. Identifizierung nach GwG	5	E. Hinweis auf das Zentrale Vorsorgeregister	46
III. Datenschutz	8		
C. Prüfung/Feststellung der Geschäftsfähigkeit	11	F. Unterrichtungspflicht gegenüber Betreuungsgericht	52

A. Einleitung

Nachstehend werden die Themen abgehandelt, die insbes. notarielle Vorsorgevollmachten betreffen. Unter einer notariellen Vollmacht sind hier nicht nur die vom Notar entworfenen Vollmachten zu verstehen, sondern jede Vollmacht, an der der Notar mitgewirkt hat, sei es auch nur durch die Beglaubigung der Unterschrift des Vollmachtgebers unter einen nicht vom Notar entworfenen Text.   **1**

B. Identifizierung

I. Identifizierung nach BeurkG

Der Notar hat sich – mit besonderer Sorgfalt – Gewissheit über die Person des Vollmachtgebers zu verschaffen, gleich ob der Notar eine Vorsorgevollmacht durch Aufnahme der Erklärungen des Vollmachtgebers in einer Niederschrift beurkundet oder ob er die Unterschrift des Vollmachtgebers unter einem von ihm – dem Notar – entworfenen Text oder unter einen vom Vollmachtgeber oder bspw. dessen Rechtsanwalt entworfenen Text beglaubigt (§§ 10, 40 Abs. 4 BeurkG). In der Regel verschafft sich der Notar dadurch Gewissheit über die Person, dass er sich von dieser einen Personalausweis oder Reisepass vorlegen lässt.[1]   **2**

Für die Identifizierung nach BeurkG muss das Ausweisdokument nicht zwingend gültig sein.[2] Der Notar kann sich auch mittels Vorlage eines „abgelaufenen" Ausweisdokuments Gewissheit über die Person verschaffen. Diese Situation stellt sich dem Notar nicht selten bei Beurkundungen in Alten-/Pflegeheimen.   **3**

---

[1] Es kommen aber auch andere Dokumente wie insbes. die Vorlage anderer amtlicher Lichtbildausweise in Betracht, z.B. Führerschein, Dienstausweis, Schwerbehindertenausweis (Grziwotz/Heinemann/*Heinemann*, BeurkG, 3. Aufl. 2018, § 10 Rn 19).

[2] Grziwotz/Heinemann/*Heinemann*, BeurkG, 3. Aufl. 2018, § 10 Rn 19.

Sticherling

4 | **Hinweis: Befreiung von der Ausweispflicht**

Grundsätzlich besteht eine sog. Ausweispflicht. Das Personalausweisgesetz (PAuswG) verpflichtet zum Besitz eines gültigen (Personal-) Ausweises (§ 1 Abs. 1 PAuswG). Personen können allerdings von der Ausweispflicht befreit werden, z.b. wenn sie voraussichtlich dauerhaft in einem Krankenhaus, einem Pflegeheim oder einer ähnlichen Einrichtung untergebracht sind oder sich wegen einer dauerhaften Behinderung nicht allein in der Öffentlichkeit bewegen können (§ 1 Abs. 3 Nr. 2 und 3 PAuswG).

II. Identifizierung nach GwG

5 Die Anforderungen an die Identifizierung nach dem Geldwäschegesetz (GwG) sind strenger. Abgesehen davon, dass die Überprüfung der Identität i.d.R. anhand eines gültigen Personalausweises oder Reisepasses zu erfolgen hat (§§ 11 Abs. 1, 12 Abs. 1 Nr. 1, 13 Abs. 1 Nr. 1 GwG), hat der Notar bestimmte – im Ausweis ablesbare – Daten zu erheben (Vorname, Nachname, Geburtsort, Geburtsdatum, Staatsangehörigkeit und Wohnanschrift, § 11 Abs. 4 Nr. 1 GwG). Ferner sind diese Daten sowie die Nummer und die Behörde, die den Ausweis ausgestellt hat, fünf Jahre aufzubewahren (§ 8 Abs. 1 S. 1 Nr. 1 Buchst. a, Abs. 2 S. 1 bis 3 und Abs. 4 GwG; Lösung in der Praxis: Ausweisablichtung zur Nebenakte oder in eine Sammelakte, sog. Ausweissammlung).

6 Das GwG findet Anwendung auf Notare, „soweit sie für ihren Mandanten an der Planung oder Durchführung" von Geschäften gem. dem Katalog der § 2 Abs. 1 Nr. 10 GwG mitwirken, d.h. bei Grundstückskaufverträgen (inkl. Sondereigentum und Erbraucht), bestimmten gesellschaftsrechtlichen Vorgängen einschließlich Handelsregisteranmeldungen und Verwahrungstätigkeiten, ggf. auch beim Erbteilskauf und Erbschaftskauf (Grundbesitz oder Gesellschaften im Nachlass). Während **Spezialvollmachten** für Katalog-Geschäfte dem GwG unterfallen, unterfallen **Vorsorgevollmachten als Generalvollmachten** nicht dem GwG; sie sind zwar geeignet, aber i.d.R. nicht dazu bestimmt, Katalog-Geschäfte abzuschließen.[3] Zeichnet sich jedoch für den Notar bei Beurkundung/Beglaubigung ab, dass der Gebrauch der Vorsorgevollmacht für ein konkretes Katalog-Geschäft beabsichtigt ist, hat er die Identifizierung nach GwG vorzunehmen.[4]

7 Teilweise wird empfohlen bei Vorsorgevollmachten generell eine Identifizierung nach GwG vorzunehmen;[5] dem Bevollmächtigten sollen so Bankgeschäfte für

---

3 Auslegungs- und Anwendungshinweise der BNotK zum Geldwäschegesetz 2021 (Stand Oktober 2021), Buchst. C a.E. (S. 15).
4 Müller-Engels/Braun/*Renner/Braun*, BetreuungsR, Kap. 2 Rn 623.
5 Heckschen/Herrler/Münch/*Reetz*, Beck'sches Notarhandbuch, 7. Aufl. 2019, § 27 Rn 166.

Sticherling

den Vollmachtgeber erleichtert werden.⁶ Allein die Identifizierung nach GwG durch den Notar dürfte allerdings noch keine Bankgeschäfte erleichtern. Während der Notar bei Vertretung in einem GwG-Katalog-Geschäft – z.b. beim Grundstückskaufvertrag – grundsätzlich nur die Identität des Vertreters i.d.R. durch Vorlage eines gültigen Ausweises gem. §§ 11 Abs. 1, 12 Abs. 1 Nr. 1, 13 Abs. 1 Nr. 1 GwG zu überprüfen hat,⁷ dürfte die Bank verpflichtet sein, die Identität des Vollmachtgebers als Vertragspartner i.d.R durch Vorlage eines gültigen Ausweises zu überprüfen. Soll ein Vorsorgebevollmächtigter für den Vollmachtgeber als Neukunde einer Bank ein Konto eröffnen, dann muss der Bevollmächtigte der Bank i.d.R. einen gültigen Ausweis des Vollmachtgebers vorlegen; die Vorlage einer öffentlich beglaubigten Ablichtung dürfte aber auch ausreichen. Sollen Bankgeschäfte des Bevollmächtigten für den Vollmachtgeber erleichtert werden, mag der **Ausfertigung** (nicht der Niederschrift) eine (beglaubigte) Ablichtung des Ausweises beigefügt werden (auf Anweisung bzw. mit Einverständnis des Bevollmächtigten, siehe Rdn 8).⁸

III. Datenschutz

Sofern der Notar nach GwG verpflichtet ist, die Daten aus einem zur Identitätsüberprüfung vorgelegten Ausweis aufzuzeichnen (§ 8 Abs. 2 S. 1 GwG), und berechtigt ist, dazu eine vollständige Ablichtung des Ausweises anzufertigen (§ 8 Abs. 2 S. 2 und 3 GwG), benötigt er hierzu kein Einverständnis des Vollmachtgebers. Besteht jedoch – bei der Vorsorgevollmacht im Regelfall (siehe Rdn 6) – keine Verpflichtung nach GwG, ist das Einverständnis des Vollmachtgebers einzuholen und zu dokumentieren (Art. 6 Abs. 1 S. 1 Buchst. a DS-GVO; § 51 Abs. 1 BDSG), welches i.Ü. auch gem. § 20 Abs. 2 PAuswG und § 18 Abs. 3 PassG erforderlich ist (siehe daher den zweiten Halbsatz zur Identitätsfeststellung im Grundmuster I, § 1 Rdn 8).⁹

8

---

6 Hinweis bei Kersten/Bühling/*Kordel*, Formularbuch und Praxis der Freiwilligen Gerichtsbarkeit, § 96 Rn 75 und Müller-Engels/Braun/*Renner/Braun*, BetreuungsR, Kap. 2 Rn 624 u.a. mit Verweis auf: *Platz*, Die Vorsorgevollmacht in der Banken- und Sparkassenpraxis, 2. Aufl. 2007, S. 93.
7 Auslegungs- und Anwendungshinweise der BNotK zum Geldwäschegesetz 2021 (Stand Oktober 2021), Buchst. E II 1 (S. 24 f.).
8 Die (beglaubigte) Ablichtung des Ausweises sollte nicht als Anlage zur Niederschrift genommen werden. Widerruft der Vollmachtgeber das mit der Anweisung verbundene Einverständnis, könnte die „Verbindung" der Ablichtung mit der Vollmacht (Niederschrift) problematisch werden.
9 So i.E. auch die Empfehlung von Herrler/*Heinze*, MVHdB Bürgerl. Recht II, Muster VIII. 10 Anm. 2, der allerdings noch auf den allgemeinen Grundsatz der Datensparsamkeit abstellt.

Sticherling

9 Wird der Ausfertigung – bspw. aus vorgenannten Gründen (siehe Rdn 7) – eine (beglaubigte) Ablichtung des Ausweises beigefügt, sollte ein entsprechender Wunsch des Vollmachtgebers – als Einverständnis – protokolliert werden.

Muster 7.1: Baustein Grundmuster – Einverständnis Ablichtung Ausweis zur Ausfertigung

10 *(Standort im Grundmuster I:*[10] *Urkundeneingang)*

Der/Die Erschienene wies sich zur Gewissheit des Notars aus durch Vorlage seines/ihres gültigen Personalausweises/Reisepasses; der/die Erschienene ist damit einverstanden, dass der Notar eine Ablichtung des Ausweises zur Nebenakte bzw. in seine Ausweissammlung nimmt; ferner ist der/die Erschienene damit einverstanden, dass der Notar Ausfertigungen dieser Vollmacht eine (beglaubigte) Ablichtung des Ausweises beifügt.

C. Prüfung/Feststellung der Geschäftsfähigkeit

I. Beurkundung

11 Wird die Vorsorgevollmacht durch Aufnahme der Erklärungen des Vollmachtgebers in einer Niederschrift beurkundet (§§ 6 ff. BeurkG), hat der Notar die erforderliche Geschäftsfähigkeit des Vollmachtgebers zu prüfen (§ 11 BeurkG, § 17 BeurkG). Fehlt dem Vollmachtgeber nach der Überzeugung des Notars die erforderliche Geschäftsfähigkeit (siehe dazu § 1 Rdn 15 ff.), so soll der Notar die Beurkundung ablehnen (§ 11 Abs. 1 S. 1 BeurkG). Zweifel an der erforderlichen Geschäftsfähigkeit soll der Notar in der Niederschrift feststellen (§ 11 Abs. 1 S. 2 BeurkG). Ist der Vollmachtgeber schwer krank, so soll der Notar dies in der Niederschrift vermerken und – zur Beweissicherung – angeben, welche Feststellungen er über die Geschäftsfähigkeit getroffen hat (§ 11 Abs. 2 BeurkG).[11]

12 Entsprechend dem Grundsatz gegebener Geschäftsfähigkeit darf und muss der Notar grundsätzlich von der erforderlichen Geschäftsfähigkeit eines volljährigen Vollmachtgebers ausgehen (siehe zur erforderlichen Geschäftsfähigkeit § 1 Rdn 15 ff.; § 11 Abs. 1 BeurkG). Der Notar braucht nicht ohne Anlass zu ermitteln, ob **Anhaltspunkte für eine Geschäftsunfähigkeit** des Vollmachtgebers vorliegen; er muss auch nicht nach möglichen Anhaltspunkten – z.B. nach einer **Betreuerbestellung** – fragen.[12] Die Bestellung eines Betreuers hat – solange kein Einwilligungsvorbehalt angeordnet ist (§ 1825 BGB; § 1903 BGB a.F.) – rechtlich keine Auswirkungen auf die Geschäftsfähigkeit des Vollmachtgebers. Auch für

---

10 Grundmuster I siehe § 1 Rdn 8.
11 Mit verfassungsrechtlichen Bedenken gegen die Vermerkpflicht: *Litzenburger* ZEV 2016, 1; BeckOK BGB/*Litzenburger*, 1.2.2022, § 11 BeurkG Rn 6 ff.
12 Grziwotz/Heinemann/*Heinemann*, BeurkG, 3. Aufl. 2018, § 11 Rn 12; Müller-Engels/Braun/*Renner/Müller-Engels*, BetreuungsR, Kap. 2 Rn 22.

Betreute gilt der Grundsatz der Geschäftsfähigkeit.[13] Dennoch kann die Bestellung eines Betreuers dem Notar Anlass zu Ermittlungen geben, bspw. durch Einsicht in die Betreuungsakten (§§ 14 Abs. 2 und 4 FamFG); i.d.R. dürfte es dann ausreichen, wenn sich der Notar den Betreuungsbeschluss und insbes. das ärztliche Gutachten (§ 280 FamFG) übersenden lässt.[14]

> **Hinweis: Keine besondere Ermittlungspflicht bei Anwalts- und Notarkanzlei**
>
> Dass die Kanzlei eines Anwaltsnotars mit einer anderen Sache des Geschäftsunfähigen – durch einen anderen Sachbearbeiter als den (Anwalts-)Notar – befasst war, führt nicht dazu, dass dem Notar ein laufendes Betreuungsverfahren oder eine Betreuung hätte bekannt sein müssen.[15]

13

Weitere Anhaltspunkte – neben der Bestellung eines Betreuers – können die **Heimunterbringung**, die Einschaltung eines **ambulanten Pflegedienstes**, der vereinbarte **Außentermin**, das Ausgehen der **Initiative von einem Dritten** und auch ein **besonders hohes Lebensalter** sein.[16] Nicht zuletzt auch wegen § 11 Abs. 2 BeurkG kann eine **Erkrankung** Anlass zu (weiteren) Ermittlungen geben, insbes. bei **Bettlägerigkeit** oder **Aufenthalt im Krankenhaus**.[17]

14

> **Hinweis: Anknüpfungspunkt für Ermittlungen zur Geschäftsfähigkeit**
>
> Das OLG Celle sah – in einem notariellen Disziplinarverfahren – „besonderen" Anlass zu weiteren Ermittlungen aufgrund der **erheblichen wirtschaftlichen Tragweite mit atypischer Personenkonstellation** (Vermögen > 1 Mio. EUR; Bevollmächtigung einer familienfremden Haushaltshilfe/Pflegeperson).[18] Eine „erhebliche wirtschaftliche Tragweite" ist jeder Vorsorgevollmacht als Generalvollmacht immanent; wenn die wirtschaftliche Tragweite schon besonderen Anlass zu weiteren Ermittlungen geben soll, dann wären bei jeder Vorsorgevollmacht weitere Ermittlungen veranlasst. Das OLG Celle

15

---

13 Müller-Engels/Braun, BetreuungsR, Kap. 1 Rn 92 *(Müller-Engels)* und Kap. 2 Rn 22 *(Renner/Müller-Engels)*.
14 Grziwotz/Heinemann/*Heinemann*, BeurkG, 3. Aufl. 2018, § 11 Rn 13; Müller-Engels/Braun, BetreuungsR, Kap. 1 Rn 87 ff *(Müller-Engels)* und Kap. 2 Rn 22 *(Renner/Müller-Engels)*.
15 So aber OLG Frankfurt, Urt. v. 6.12.2017 – 4 U 178/16, BeckRS 2016, 07483; sehr deutlich dagegen: Grziwotz/Heinemann/*Heinemann*, BeurkG, 3. Aufl. 2018, § 11 Rn 12.
16 Bsp. aus der aktuellen Rspr. OLG Hamm, Beschl. v. 8.7.2015 – 11 U 180/14, RNotZ 2016, 60; Müller-Engels/Braun/*Renner/Müller-Engels*, BetreuungsR, Kap. 2 Rn 22; Grziwotz/Heinemann/*Heinemann*, BeurkG, 3. Aufl. 2018, § 11 Rn 12 kritisch zum Satz des OLG Hamm a.a.O., dass mit steigendem Alter die Wahrscheinlichkeit einer Geschäftsunfähigkeit steige („unhaltbarer Rückgriff auf einen nicht belegbaren, angeblich allgemein bekannten Erfahrungssatz").
17 Grziwotz/Heinemann/*Heinemann*, BeurkG, 3. Aufl. 2018, § 11 Rn 19.
18 OLG Celle, Beschl. v. 19.2.2008 – Not 16/07, MittBayNot 2008, 492.

Sticherling

hat wohl mehr auf die Höhe des Vermögens abgestellt, die allerdings keinen Aussagewert für oder gegen die Geschäftsfähigkeit des Vollmachtgebers hat. Auch eine „atypische Familienkonstellation" hat – für sich gesehen oder auch in Kombination mit einem hohen Vermögen – keinen entsprechenden Aussagewert zur Frage der für die Geschäftsfähigkeit maßgebliche **Freiheit der Willensbildung, der Einsichts- und Handlungsfähigkeit** (siehe § 1 Rdn 15 ff.). Richtiger Anknüpfungspunkt für Anlass zu Ermittlungen war die Person des Bevollmächtigten, aber nicht, weil sie familienfremd etc. war, sondern weil von ihr die Initiative ausging (Initiative von einem Dritten, siehe Rdn 14).

16 Der interdisziplinäre Vorschlag, dass der Notar bei der Prüfung der Geschäftsfähigkeit bestimmte, in der Medizin und Psychologie entwickelte **Screeningverfahren** (Kurztests wie z.B. den Mini-Mental-Status-Test, MMSE) verwendet,[19] wird von ärztlicher und juristischer Seite abgelehnt.[20] Wobei einzuräumen ist, dass ein Screeningverfahren geeignet ist festzustellen, ob Anzeichen vorliegen, die auf eine Geschäftsunfähigkeit hindeuten.[21]

17 In erkennbaren Grenzfällen sollte der Notar eine zur Erteilung der Vollmacht zeitnahe **Begutachtung durch einen Facharzt**, i.d.R. einen Facharzt für Psychiatrie und Psychotherapie und ggf. einen Neurologen, anregen;[22] ggf. ist zum Schutz des Rechtsverkehrs – auch und insbes. im Interesse des Vollmachtgebers – zumindest für bestimmte – besonders wichtige – Bereiche die **Bestellung eines Betreuers** anzuregen (siehe § 1 Rdn 23).

18 Bei Verfügungen von Todes wegen soll der Notar seine Wahrnehmungen über die erforderliche Geschäftsfähigkeit des Erblassers in der Niederschrift vermerken (§ 28 BeurkG);[23] wobei es ausreicht, wenn er – was bei fehlenden Zweifeln in der Praxis der Regelfall ist – das Ergebnis der Wahrnehmungen vermerkt.[24] Bei anderen Beurkundungen – wie auch bei Beurkundung von Vorsorgevollmachten – ist ein entsprechender Vermerk nicht erforderlich. Es mag sich dennoch – gerade und insbes. – bei Vorsorgevollmachten empfehlen, einen entspre-

---

19 *Stoppe/Lichtenwimmer*, DNotZ 2005, 806.
20 Aus medizinischer Sicht: *Cording/Foerster*, DNotZ 2006, 329; *Cording*, ZEV 2010, 23; aus juristischer Sicht: *Müller*, DNotZ 2006, 325; Müller-Engels/Braun/*Müller-Engels*, BetreuungsR, Kap. 1 Rn 126; Müko-BGB/*Sticherling*, 8. Aufl. 2020, § 2229 Rn 58 (zur Prüfung der Testierfähigkeit).
21 Müko-BGB/*Sticherling*, 8. Aufl. 2020, § 2229 Rn 58 (zur Prüfung der Testierfähigkeit).
22 *Grziwotz*, FamRB 2012, 352. Allgemein kritisch zum Wert entsprechender (Partei-)Gutachten *Cording*, ZEV 2010, 23; zutreffend gegen diese allgemeine Kritik Müller-Engels/Braun/*Müller-Engels*, BetreuungsR, Kap. 1 Rn 131.
23 Zur Prüfung der erforderlichen Geschäftsfähigkeit nebst Vermerkpflicht des Notars siehe MüKo-BGB/*Sticherling*, 8. Aufl. 2020, § 2229 BGB Rn 57 ff. und § 28 BeurkG Rn 8 ff.
24 Grziwotz/Heinemann/*Heinemann*, BeurkG, 3. Aufl. 2018, § 28 Rn 15.

chenden Vermerk aufzunehmen (**„freiwilliger Vermerk"**).[25] Damit wird der besondere Wert, den die beurkundete Vorsorgevollmacht u.a. durch die Prüfung der Geschäftsfähigkeit durch den Notar erfährt, für die Beteiligten, Familienangehörige und den Rechtsverkehr hervorgehoben.[26] Von der Beweiskraft des § 418 ZPO sind allerdings nur die Wahrnehmungen des Notars zur Geschäftsfähigkeit erfasst, nicht seine abschließende Bewertung. Ist der Notar von der Geschäftsfähigkeit überzeugt, beschränkt sich der Vermerk i.d.R. auf die abschließende Bewertung (so auch die Musterbausteine Rdn 23 und Rdn 25). Der Notar ist Jurist, er ist kein Universalgelehrter,[27] insbes. kein Facharzt für Neurologie oder Psychiatrie. Der Notar hat aber von Berufs wegen besondere Erfahrung im Umgang mit Menschen zur Feststellung ihres Willens, insbes. auch in Grenzbereichen des Alters und/oder der Gesundheit/Krankheit. Auch wenn die vermerkte Bewertung des Notars im Streitfall nur Indizwirkung hat,[28] wird der Bewertung des Notars – mit oder ohne Vermerk – im Rechtsverkehr eine hohe Bedeutung beigemessen. Gegenüber der privatschriftlichen Vorsorgevollmacht erfährt die beurkundete Vorsorgevollmacht daher zumindest einen „Vertrauensvorsprung" (siehe dazu den Beispielfall OLG München § 1 Rdn 20).

> **Hinweis: Zur Bedeutung der Prüfung der Geschäftsfähigkeit durch den Notar**
>
> Die Meinungen über die Bedeutung der Prüfung der Geschäftsfähigkeit durch den Notar gehen in der juristischen Literatur auseinander. Soweit der Prüfung des Notars in der Rechtsprechung im Einzelfall keine große Bedeutung beigemessen wird, mag das am Einzelfall liegen (siehe z.B. den Fall OLG Celle Rdn 15). Eine entsprechende Einzelfallkritik darf – auch in der juristischen Literatur – nicht verallgemeinert werden. In der großen Masse der Fälle ist die notarielle Prüfung für die Beteiligten inkl. Rechtsverkehr sehr hilfreich (siehe exemplarisch den nachstehenden Fall LG Bielefeld Rdn 20). Der Gang zum Notar kostet den Vollmachtgeber mitunter Überwindung. Eine vom Notar erkannte Geschäftsunfähigkeit oder auch schon eine vom Notar in Frage gestellte Geschäftsfähigkeit trägt auf der einen Seite zur Vermeidung unwirksamer (notarieller) Vollmachten im Rechtsverkehr bei. Auf der anderen

19

---

25 Müller-Engels/Braun, BetreuungsR, Kap. 2 Rn 29 *(Renner/Müller-Engels)* und Rn 613 f. *(Renner/Braun)*; siehe auch die Muster Kersten/Bühling/*Kordel*, Formularbuch und Praxis der Freiwilligen Gerichtsbarkeit, § 96 Rn 82 M und Herrler/*Heinze*, MVHdB Bürgerl. Recht II, Muster VIII. 10.
26 Müller-Engels/Braun/*Renner/Braun*, BetreuungsR, Kap. 2 Rn 615 (Bedeutung für die Beteiligten); Kersten/Bühling/*Kordel*, Formularbuch und Praxis der Freiwilligen Gerichtsbarkeit, § 96 Rn 31 (zur Bedeutung der notariellen Beurkundung im Streit, insbes. innerhalb der Familie).
27 *Müller*, DNotZ 2006, 325.
28 MüKo-BGB/*Sticherling*, 8. Aufl. 2020, § 2229 BGB Rn 57 (zum Vermerk gem. § 28 BeurkG).

Seite hält die notarielle Vollmacht – insbes. die beurkundete Vollmacht – (unberechtigte) „Gegner" der Vollmacht bzw. der Bevollmächtigung davon ab, in einen Streit einzusteigen (Stichwort: Akzeptanz der Vollmacht; Entlastung der Justiz und nicht zuletzt der Beteiligten, Schonung staatlicher und privater/familiärer Ressourcen).

20 **Fallbeispiel: Zur Bedeutung der Prüfung der Geschäftsfähigkeit durch den Notar**

Das Landgericht Bielefeld misst in einem vom BGH zur Prüfung der Geschäftsfähigkeit zurückverwiesenen Fall der Einschätzung des Notars – gegenüber einem offenen retrospektiven Sachverständigengutachten – die maßgebliche Bedeutung bei; in diesem Zusammenhang sehr lesenswert und daher hier zitiert:[29]

„Nach dem Ergebnis der Beweisaufnahme vom 4.5.2016 bestehen keine Zweifel daran, dass die Erteilung der Vorsorgevollmacht im April 2012 wirksam war. Die Erläuterungen der Sachverständigen A. (Fachärztin für Psychiatrie) helfen jedoch insoweit nicht weiter; stehen der positiven Feststellung der wirksamen Vollmachterteilung aber auch nicht entgegen. Sie hat die Eheleute im November 2014 untersucht, und ihre Geschäftsunfähigkeit positiv für den Zeitraum ab Dezember 2014 festgestellt. In der Beweisaufnahme vom 4.5.2016 stellte sie jedoch klar, dass sie aufgrund des verstrichenen Zeitraums von über 2 Jahren nicht sagen kann, ob die Eheleute bereits im April 2012 geschäftsunfähig gewesen sind. Der Kammer steht aber mit der Aussage des Zeugen T. ein weiterer, im Gegensatz zu den retrospektiven Erläuterungen der Gutachterin besonders aussagekräftiges Beweismittel zur Verfügung: Der Zeuge T., der als Notar im November 2011 das Vorgespräch mit Herrn L. geführt hat, und sodann im April 2012 gemeinsam mit dem mittlerweile verstorbenen Kollegen Herrn Notar W. die Hofaufgabeerklärung und die Vorsorgevollmachten beurkundete, konnte sich noch konkret an den Zustand der Betroffenen erinnern. Die Betroffene Frau L. sei die Wortführerin gewesen, während sich Herr L. eher zurückgehalten habe. Er habe nicht den Eindruck gehabt, dass die Eheleute nicht mehr hätten überschauen können, was ihnen verlesen wurde. Hinsichtlich der Erteilung der Vollmacht sei sogar noch einmal erörtert worden, ob die beiden Kinder lediglich zusammen oder im Rahmen einer Rangfolge die Vertretungsmacht ausüben sollten. Es sei allerdings der ausdrückliche Wunsch der Betroffenen Frau L. gewesen, dass beide Kinder gleichrangig auch die einzelne Vertretungsbefugnis ausüben sollten.

Die in der Urkunde gewählte Formel, dass die Betroffenen ohne jeden Zweifel geschäftsfähig seien, entspreche der Standardformulierung. Er habe nicht den Eindruck gehabt, dass einer der Eheleute nicht mehr in der Lage gewesen sei

---

29 LG Bielefeld, Beschl. v. 11.7.2017 – 22 T 59/16, BeckRS 2016, 21161; im Anschluss an BGH Beschl. v. 17.2.2016 – XII ZB 498/15, FamRZ 2016, 704.

> *zu verstehen, worum es in dem Beurkundungstermin ging. Denn dann hätte er die Beurkundung nicht vorgenommen oder entsprechende Vermerke aufgenommen.*
>
> *Nach alledem bestehen keine Zweifel daran, dass die Vorsorgevollmachten wirksam, weil im April 2012 im Zustand der Geschäftsfähigkeit erteilt worden sind."*

Wie bei Verfügungen von Todes wegen gibt das Beurkundungsverfahren bei Vorsorgevollmachten dem Notar i.d.R. die Möglichkeit, sich mit seinen Wahrnehmungen und seiner Bewertung nicht auf die Momentaufnahme der Beurkundung – obwohl das der entscheidende Moment ist – zu beschränken. Führt der Notar das i.d.R. stattfindende Vorgespräch selbst, so mag das zur „Verstärkung" des freiwilligen Vermerks – wie in den nachstehenden Mustern – auch dokumentiert werden. Eine entsprechende Verstärkung wirkt zudem dem (unbegründeten) „AGB-Vorwurf" entgegen (siehe dazu § 1 Rdn 221 ff.). 21

Klargestellt sei aber an dieser Stelle, dass die Überzeugung des Notars durch den freiwilligen und im vorstehenden Sinne verstärkten Vermerk nicht größer wird oder umgekehrt ohne Vermerk nicht von einer geringeren Überzeugung ausgegangen werden darf (siehe Rdn 27). Wenn der Notar von der erforderlichen Geschäftsfähigkeit überzeugt ist, beurkundet er, mit oder ohne Vermerk! 22

Muster 7.2: Baustein Grundmuster – Freiwilliger Vermerk zur Feststellung der Geschäftsfähigkeit – positive Feststellung 23

(Standort im Grundmuster I:[30] *Urkundeneingang)*

Der Notar überzeugte sich in eingehender Unterredung in einem Vorgespräch (ggf. am ▬▬▬) sowie in der Verhandlung von der erforderlichen Geschäftsfähigkeit des/der Erschienenen.

Teilweise wird empfohlen, dass der Notar seine Überzeugung von der erforderlichen Geschäftsfähigkeit nicht positiv feststellt/vermerkt, sondern im Einklang dem Grundsatz gegebener Geschäftsfähigkeit (dem auch der Wortlaut des § 11 Abs. 1 BeurkG folgt) negativ, d.h. dahingehend, dass an der Geschäftsfähigkeit keine Zweifel bestehen. Hintergrund dieser Empfehlung ist die Sorge, der Notar könne mit einem positiv formulierten Vermerk einen falschen Anschein über die Wirksamkeit eines Rechtsgeschäfts geben; es sei nicht Aufgabe des Notars die Außenwirkung möglicherweise – vom Notar nicht erkannter – unwirksamer Vollmachten zu stärken.[31] 24

---

30 Grundmuster I siehe § 1 Rdn 8.
31 Grziwotz/Heinemann/*Heinemann*, BeurkG, 3. Aufl. 2018, § 11 Rn 22; Müller-Engels/Braun, BetreuungsR, Kap. 2 Rn 32 *(Renner/Müller-Engels)* und seit der 5. Aufl. 2022 auch in den Gesamtmustern Kap. 4 Rn 6, 7 *(Renner/Braun)*.

25 Muster 7.3: Baustein Grundmuster – Freiwilliger Vermerk zur Feststellung der Geschäftsfähigkeit – negative Feststellung („keine Zweifel")

(Standort im Grundmuster I:[32] *Urkundeneingang)*

An der erforderlichen Geschäftsfähigkeit des/der Erschienenen bestanden nach der vom Notar – in eingehender Unterredung in einem Vorgespräch (ggf. am ▓▓▓▓) sowie in der Verhandlung – gewonnenen Überzeugung keine Zweifel.

26 Ob nun der negativ formulierte Vermerk besser geeignet ist als der positiv formulierte Vermerk, den vorstehenden Bedenken zu begegnen, mag hier dahinstehen. Da der negativ formulierte Vermerk aber im Einklang mit dem Grundsatz der gegebenen Geschäftsfähigkeit steht und dem positiv formulierten Vermerk im Rechtverkehr nicht nachsteht, sind die Bedenken für das Grundmuster I aufgegriffen, so dass dort der negativer Formulierung Aufnahme gefunden hat. Wer die Bedenken teilt, wird nicht zwischen positiver und negativer Formulierung zu entscheiden haben, sondern darüber, ob er den freiwilligen Vermerk in der Vorsorgevollmacht überhaupt zulässt.

27 **Hinweis: Der „freiwillige" Vermerk kann nicht fehlen!**

Bedenklich – und eher generell gegen einen freiwilligen Vermerk – stimmt eine Entscheidung des OLG Celle, das sich zur Annahme einer Geschäftsunfähigkeit in einer Grundbuchsache auch darauf stützt, dass in einer Grundstücksschenkung der – in unmittelbar vorangegangener Vorsorgevollmacht enthaltene – Vermerk zur Geschäftsfähigkeit fehle.[33]

II. Beglaubigung

28 Beglaubigt der Notar die Unterschrift des Vollmachtgebers unter einem von ihm – dem Notar – entworfenen Text oder unter einen vom Vollmachtgeber oder bspw. dessen Rechtsanwalt entworfenen Text, wird die Frage der Geschäftsfähigkeit (Prüfung und etwaiger Vermerk) unterschiedlich beantwortet.

29 Der für die Unterschriftsbeglaubigung maßgebliche § 40 BeurkG (Abs. 3) verweist lediglich auf § 10 BeurkG (Identifizierung) und nicht auch auf § 11 BeurkG (Geschäftsfähigkeit). Daraus zieht die h.M. den (Umkehr-)Schluss, dass der Notar bei einem – nicht von ihm entworfenen Text – die Beglaubigung der Unterschrift nur dann abzulehnen hat, wenn er von der fehlenden Geschäftsfähigkeit überzeugt ist (§ 4 BeurkG); zu einer näheren Prüfung der Geschäftsfähigkeit soll der Notar nicht verpflichtet sein. Die Prüfungs- und Vermerkpflicht des § 11 BeurkG (siehe Rdn 11) soll nur einschlägig sein, wenn der der Notar den Text

---

[32] Grundmuster I siehe § 1 Rdn 8.
[33] OLG Celle, Beschl. v. 17.12.2010 – 4 W 196/10, ZEV 2011, 200 = FamRZ 2011, 1166.

entworfen hat.³⁴ Nach der h.M. ist es dem Notar allerdings nicht verwehrt, auch bei einem nicht von ihm entworfenen Text Zweifel an der Geschäftsfähigkeit – entsprechend § 11 Abs. 1 S. 2 BeurkG – zu vermerken.³⁵

Dagegen spricht sich *Renner* mit gut nachvollziehbaren Gründen dafür aus, dass den Notar bzgl. der Geschäftsfähigkeit bei Unterschriftsbeglaubigungen generell – gleich ob der Notar den Text entworfen hat oder nicht – dieselben Prüfungs- und Vermerkpflichten treffen wie bei Beurkundung (§ 11 BeurkG). Um Rechtsklarheit zu schaffen, fordert er zumindest für die äußerst praxisrelevante Vorsorgevollmacht eine Antwort des Gesetzgebers (Verweis auf § 11 BeurkG).³⁶ Dem Einwand, dass der Notar bei einer Unterschriftsbeglaubigung gar nicht in eine Situation komme, in der ihm aufgrund einer Unterredung Feststellungen zur Geschäftsfähigkeit möglich wären,³⁷ tut *Renner* mit dem Hinweis ab, dass er Vorsorgevollmachten nicht „am Tresen" beglaubige.³⁸ In der Tat sollte einer notariellen Vorsorgevollmacht stets eine – eingehende – Unterredung des Notars mit dem Vollmachtgeber vorausgehen; ggf. kann der Vollmachtgeber dabei auch von den Vorzügen einer beurkundeten Vorsorgevollmacht überzeugt werden.

30

D. Ausfertigung

Während das Original – die Urschrift – einer privatschriftlichen Vollmacht (Vollmachtsurkunde) – mit oder ohne Unterschriftsbeglaubigung – im Rechtsverkehr Verwendung findet (§ 172 Abs. BGB), verbleibt die Urschrift der notariell beurkundeten Vollmacht in der Verwahrung des Notars (§ 45 Abs. 1 BeurkG, § 31 Abs. 1 Nr. 2 NotAktVV). Die Urschrift einer notariell beurkundeten Vollmacht wird im Rechtsverkehr durch eine Ausfertigung der Urkunde vertreten (§ 47 BeurkG).

31

Ebenso wie bei einer privatschriftlichen Vollmacht – mit oder ohne Unterschriftsbeglaubigung – weder die Vorlage einer einfachen Ablichtung noch die einer beglaubigten Abschrift/Ablichtung den Tatbestand des § 172 Abs. 1 BGB erfüllt, erfüllt auch eine beglaubigte Abschrift/Ablichtung der Ausfertigung nicht den Tatbestand des § 172 Abs. 2 BGB.

32

---

34 DNotI-Report 2015, 153 (Gutachten); Grziwotz/Heinemann/*Heinemann*, BeurkG, 3. Aufl. 2018, § 11 Rn 6; Grziwotz/Heinemann/*Grziwotz*, BeurkG, 3. Aufl. 2018, § 40 Rn 5 und 8 m.w.N.
35 DNotI-Report 2015, 153 (Gutachten); Grziwotz/Heinemann/*Grziwotz*, BeurkG, 3. Aufl. 2018, § 40 Rn 5 mit Fn 9.
36 Armbrüster/Preuß/Renner/*Renner*, BeurkG, 5. Aufl. 2009, § 11 Rn 5 (anders seit der 7. Aufl. 2015 Armbrüster/Preuß/Renner/*Piegsa*, BeurkG, 8. Aufl. 2020, § 11 Rn 5); *Renner*, notar 2017, 218; Müller/Renner/*Renner*, BetreuungsR, 5. Aufl. 2018, Rn 763 ff.
37 Lipp/*Spalckhaver*, Vorsorgeverfügungen, § 13 Rn 42.
38 Müller/Renner/*Renner*, BetreuungsR, 5. Aufl. 2018, Rn 766 mit Fn 1201.

Sticherling

33 | **Praxistipp: Keine beglaubigten Abschriften/Ablichtungen von Vorsorgevollmachten**

Um zu verhindern, dass Bevollmächtigte das relevante Original bzw. die relevante Ausfertigung zu Hause lassen und nur mit einer beglaubigten Abschrift/Ablichtung bspw. zum Beurkundungstermin für einen Grundstückskaufvertrag erscheinen (siehe dazu auch § 1 Rdn 189), oder um zu verhindern, dass schon bei Vorlage einer beglaubigten Abschrift/Ablichtung irrigerweise von einer wirksamen Bevollmächtigung ausgegangen wird (was in der Praxis immer wieder vorkommt, zu den Rechtsfolgen bei unwirksamer Bevollmächtigung siehe § 19), sollte der Notar davon absehen, dem Vollmachtgeber und dem Bevollmächtigten überhaupt beglaubigte Abschriften/Ablichtungen an die Hand zu geben; neben dem Original (im Falle der Unterschriftsbeglaubigung) bzw. der Ausfertigung (im Falle der Beurkundung) sollten nur einfache Ablichtungen herausgegeben werden. Der Autor ist in seiner Praxis jetzt noch einen Schritt weiter gegangen und versieht die von ihm herausgegebenen einfachen Ablichtungen auf der ersten Seite – ins Auge fallend – entsprechend nachstehendem Muster mit einem Vermerk zur Klarstellung, dass die Ablichtung nicht als Nachweis zur Vertretung im Rechtsverkehr bestimmt ist.

34 **Muster 7.4: Vermerk zur Klarstellung „Ablichtung – Keine Verwendung für den Rechtsverkehr!"**

Keine Verwendung im Rechtsverkehr! Für die Verwendung der Vollmacht im Rechtsverkehr ist eine Ausfertigung erforderlich. Dies ist **keine** Ausfertigung; dies ist lediglich eine einfache Ablichtung.

35 Von einer notariell beurkundeten Vollmacht können beliebig viele Ausfertigungen erteilt werden. Anders als bei einer privatschriftlich erteilten Vollmacht kann eine notariell beurkundete Vollmacht (Vollmachtsurkunde) so mehreren Bevollmächtigten erteilt werden. Ferner können einem Bevollmächtigten mehrere Ausfertigungen erteilt werden. Das ist von Vorteil, wenn der Bevollmächtigte die Ausfertigung verloren oder verlegt hat oder mehrere Ausfertigungen benötigt, bspw. damit bei laufenden Geschäftsbeziehungen eine Ausfertigung beim Geschäftspartner hinterlegt werden kann, damit die Ausfertigung nicht bei jedem Geschäftsvorgang neu vorgelegt werden muss (z.B. bei einer Bank).[39]

36 Solange der Notar oder dessen Amtsnachfolger die Urschrift der Vollmachtsurkunde in der Urkundensammlung verwahrt, werden Ausfertigungen vom Notar oder dessen Amtsnachfolger erteilt; wird die Urkundensammlung eines ausgeschiedenen Notars nicht mehr von einem Amtsnachfolger als dessen Aktenverwahrer verwahrt, kommt sie in die gerichtliche Verwahrung und das Gericht ist

---

[39] Alternativ kann bei lfd. Geschäftsbeziehungen auch eine sog. Selbst-Untervollmacht in Betracht kommen (dazu Kurze/*Kurze*, VorsorgeR, § 167 BGB Rn 77 und § 172 BGB Rn 6; siehe auch § 17 Rdn 45.

für die Erteilung von Ausfertigungen zuständig (§ 48 BeurkG). Auf diese Weise ist dauerhaft sichergestellt, dass Ausfertigungen für den Rechtsverkehr erteilt werden können.

Ob und wann dem Bevollmächtigten wie viele Ausfertigungen zu erteilen sind, entscheidet der Vollmachtgeber (Gestaltungsfrage, siehe dazu § 1 Rdn 192 ff.). Grundsätzlich kann nur der Vollmachtgeber die Erteilung von Ausfertigungen verlangen (§ 51 Abs. 1 Nr. 1 BeurkG). Der Vollmachtgeber kann aber in der Niederschrift oder durch besondere Erklärung etwas anderes bestimmen (§ 51 Abs. 2 BeurkG). 37

Die Erteilung der Ausfertigung erfolgt über eine Abschrift (auch Ablichtung) der Vollmachtsurkunde, die mit einem Ausfertigungsvermerk versehen ist; der Ausfertigungsvermerk soll u.a. auch die Person bezeichnen, der die Ausfertigung erteilt wird (§ 49 Abs. 2 S. 1 BeurkG). 38

> **Praxistipp: Ausfertigung bei mehreren Bevollmächtigten** 39
>
> Sind mehrere Personen bevollmächtigt, stellt sich die Frage, ob die Person B durch Vorlage einer der Person A erteilten Ausfertigung den Tatbestand des § 172 Abs. 1 BGB erfüllt. Das OLG Köln hat diese Frage – bei gegenseitiger Bevollmächtigung in einer Urkunde (siehe dazu § 1 Rdn 40) – bejaht.[40] Andere Oberlandesgerichte – insbes. das OLG München – sind dem mit überwiegender Zustimmung in der Literatur entgegengetreten.[41] Die Frage sollte bereits bei der Gestaltung beantwortet werden, indem die Vollmacht für den Bevollmächtigten erst wirksam wird, wenn dieser im Besitz einer auf seinen Namen erteilten Ausfertigung ist (siehe § 1 Abs. 4 im Grundmuster I, § 1 Rdn 8).[42] Für die Wirksamkeit der Vollmacht sollte nur auf den Besitz der Ausfertigung abgestellt werden, nicht (zusätzlich) auf die Vorlage der Ausfertigung.[43] Siehe allgemein zum Besitz als Anknüpfungspunkt für das Wirksamwerden der Vollmacht § 1 Rdn 188 (Hinweis 1); siehe zur (im Beurkundungstermin vergessenen) Ausfertigung § 1 Rdn 188 (Hinweis 2).

---

40 OLG Köln, Beschl. v. 9.7.2001 – 2 Wx 42/01, Rpfleger 2002, 197 m. abl. Anm. *Waldner/Mehler*; im Sinne des OLG Köln *Zimmer*, ZfIR 2016, 769 und NotBZ 2017, 199. *Zimmer* sieht diese Frage nur für das Grundbuchverfahren; er geht davon aus, dass in anderen Bereichen keine auf den handelnden Bevollmächtigten erteile Ausfertigung verlangt wird und lehnt diese Ungleichbehandlung ab. Die Prämisse ist falsch: Die Frage stellt sich für alle Bereiche!
41 OLG München, Beschl. v. 19.5.2008 – 34 Wx 23/08, DNotZ 2008, 844; KG, Beschl. v. 3.11.2011 – 1 W 495/10, FGPrax 2012, 7; OLG München, Beschl. v. 23.11.2012 – 34 Wx 319/12, DNotZ 2013, 372; OLG München, Beschl. v. 31.5.2016 – 31 Wx 102/16, NJW-RR 2016, 1511; OLG Naumburg, Beschl. v. 23.5.2016 – 12 Wx 28/15, FGPrax 2016, 259 = NotBZ 2017, 197 m. abl. Anm. *Zimmer* (siehe vorstehende Fn).
42 *Waldner/Mehler*, MittBayNot 1999, 261; *Bühler*, FamRZ 2001, 1585.
43 *Mehler/Braun*, DNotZ 2008, 810.

40 Im Urkundenverzeichnis vermerkt der Notar, wem wann eine Ausfertigung erteilt worden ist (§ 49 Abs. 4 BeurkG). Der Vollmachtgeber und dessen Rechtsnachfolger haben so beim Notar eine von diesem dokumentierte Übersicht über die Anzahl der erteilten Ausfertigungen und insbes. auch die Personen, denen eine Ausfertigung erteilt worden ist.

41 Zur Frage der **Unterrichtung des Vollmachtgebers** und ggf. des Betreuungsgerichts bei **späterer Erteilung einer Ausfertigung** im Vorsorgefall (sog. **Ausfertigungssperre**) siehe § 1 Rdn 203, 204. Neben der bei Geschäftsunfähigkeit i.d.R. leerlaufenden Unterrichtung des Vollmachtgebers (ggf. muss aber zur Erledigung der Unterrichtung eine Betreuung eingerichtet werden, was im Regelfall nicht gewünscht sein dürfte, siehe zur Unterrichtung auch § 1 Rdn 202) kommt bei mehreren Bevollmächtigten die Unterrichtung der anderen Bevollmächtigten in Betracht.[44]

42 Ausfertigungen können **auszugsweise** erteilt werden (§ 49 Abs. 5 BeurkG). Im Ausfertigungsvermerk soll dann der Gegenstand des Auszugs angegeben und bezeugt werden, dass die Urkunde über diesen Gegenstand keine weiteren Bestimmungen enthält (§§ 42 Abs. 3, 49 Abs. 5 S. 2 BeurkG). Bei Vorsorgevollmachten mag es sich anbieten, hiervon Gebrauch zu machen, um die Vorsorgevollmacht für den Einsatz in Vermögensangelegenheiten (keine Ausfertigung der Passagen zu persönlichen Angelegenheiten) oder umgekehrt in persönlichen Angelegenheiten (keine Ausfertigung der Passagen in Vermögensangelegenheiten) knapp zu halten. Das Grundmuster I ist hier so formuliert/aufgebaut, dass eine solche „Reduzierung" ohne größeren Eingriff in den sonstigen Text möglich ist.[45] Dennoch sollte von dieser Möglichkeit nur sehr zurückhaltend und technisch sehr vorsichtig Gebrauch gemacht werden.[46]

---

44 *Bühler*, FamRZ 2001, 1585, dort die Regelung im Muster IX Nr. 8: *Der Notar muss bei Erteilung einer Ausfertigung den oder die anderen Bevollmächtigten informieren.*

45 Zur Reduzierung der Vollmacht/Ausfertigung auf vermögensrechtliche Angelegenheiten wäre § 2 Ziff. 2 und ggf. auch Ziff. 3 nicht auszufertigen, ferner wären von den Hinweisen in § 5 die letzten drei Spiegelstriche nicht auszufertigen. Zur vollen Reduzierung könnten dann noch im § 1 Abs. 1 die Worte „und in allen persönlichen und sonstigen nicht-vermögensrechtlichen Angelegenheiten" sowie im § 3 Abs. 1 der Satz 2 von der Ausfertigung ausgenommen werden.

46 Wer der „Reduzierungstechnik" durch auszugsweise Ausfertigungen folgen möchte, findet dazu ein sehr gut aufgebautes Mustersystem bei *Lipp*, Vorsorgeverfügungen, Anhang 1 (*Lipp/Spalckhaver*, S. 601 ff.) und Anhang 2 (*Spalckhaver*, S. 608 ff. = auszugsweise Ausfertigung ohne persönliche Angelegenheiten, ohne Grundverhältnis/Vorsorgeverhältnis und ohne Betreuungsverfügung und Patientenverfügung).

Muster 7.5: Ausfertigungsvermerk bei auszugsweiser Ausfertigung reduziert auf vermögensrechtliche Angelegenheiten[47]

Diese auszugsweise zweite Ausfertigung wird hiermit dem Bevollmächtigten ▬▬▬▬ erteilt. Die auszugsweise Ausfertigung stimmt mit den Bestimmungen der Urschrift über die Generalvollmacht in vermögensrechtlichen Angelegenheiten überein. Gem. §§ 42 Abs. 3, 49 Abs. 5 S. 2 BeurkG wird hiermit bezeugt, dass die nicht ausgefertigten Textpassagen keine Bestimmungen über die Vollmacht in vermögensrechtlichen Angelegenheiten enthalten.

Beim **Erlöschen der Vollmacht** (bspw. durch Widerruf; zum Erlöschen der Vollmacht siehe §§ 13 bis 15) hat der Bevollmächtigte die **Ausfertigung** dem Vollmachtgeber **zurückzugeben**; ein Zurückbehaltungsrecht steht ihm nicht zu (§ 175 BGB). Zur Stärkung der Rechtsposition – auch und insbes. gegenüber Dritten – sollte der Anspruch auf Rückgabe/Herausgabe bzw. die Voraussetzungen für einen Anspruch nach § 985 BGB in der Vollmacht ausdrücklich geregelt werden.[48]

Muster 7.6: Baustein Grundmuster – Herausgabeanspruch[49]

(Standort im Grundmuster I:[50] *§ 6 Abs. 2)*

Dem Bevollmächtigten erteilten Ausfertigungen verbleiben in meinem Eigentum; ich kann die Herausgabe jederzeit und ohne Angabe von Gründen von jedem Besitzer einer Ausfertigung verlangen, ohne dass diesem ein Zurückbehaltungsrecht oder sonstiges Recht zum Besitz mir gegenüber zusteht.

E. Hinweis auf das Zentrale Vorsorgeregister

Gem. **§ 20a BeurkG** soll der **Notar,** der eine „Vorsorgevollmacht" „beurkundet", auf die Möglichkeit der Registrierung beim Zentralen Vorsorgeregister (ZVR) **hinweisen** (zum ZVR siehe § 9 Rdn 4). Ob den Notar diese Hinweispflicht auch bei einer Unterschriftsbeglaubigung trifft, wird unterschiedlich beantwortet. Während *Lerch* eine Pflicht bei Unterschriftsbeglaubigungen generell ablehnt,[51] sehen andere den Notar nur bei Beglaubigung einer Unterschrift unter einen

---

47 Nach *Milzer*, NJW 2003, 1836 (Fn 32).
48 *Waldner/Mehler*, MittBayNot 1999, 261; *Mehler/Braun*, DNotZ 2008, 810.
49 Nach *Waldner/Mehler*, MittBayNot 1999, 261; *Mehler/Braun*, DNotZ 2008, 810; s. auch Herrler/*Heinze*, MVHdB Bürgerl. Recht II, Muster VIII. 10, dort IV (weitere Regelungen, Abs. 2 S. 4) und Limmer u.a./*Müller-Engels*, WürzbNotar-HdB, Teil 3 Kap. 3 Rn 83.
50 Grundmuster I siehe § 1 Rdn 8.
51 *Lerch*, BeurkG, 5. Aufl. 2016, § 20a Rn 1.

vom Notar entworfenen Text in der Pflicht.⁵² *Renner* sieht den Notar generell – auch bei Beglaubigung einer Unterschrift unter einen nicht vom Notar entworfenen Text in der Pflicht; folgerichtig wirft er dann die Frage auf, ob § 20a BeurkG dann auch für die Betreuungsbehörde gilt (nach Auffassung von *Renner:* ja);⁵³ eine entsprechende Pflicht ist zum 1.1.2023 in das Gesetz aufgenommen worden (§ 7 Abs. 1 S. 4 BtOG).⁵⁴

47 Die Anmeldung beim ZVR darf nicht ohne **Einwilligung des Vollmachtgebers** vorgenommen werden. I.d.R. erfolgt die Anmeldung – bei der notariellen Vollmacht spätestens nach dem Hinweis gem. § 20a BeurkG – im ausdrücklichen Auftrag des Vollmachtgebers.

48 Mit nachfolgender Formulierung vermerkt der Notar die Hinweispflicht – dazu ist er nicht verpflichtet⁵⁵ – und zugleich auch den erforderlichen Auftrag mit der Einwilligung des Vollmachtgebers.

Muster 7.7: Baustein Grundmuster – Hinweis und Auftrag/Einwilligung ZVR

49 *(Standort im Grundmuster I:*⁵⁶ *§ 7)*

Der Notar hat auf die Möglichkeit der Registrierung dieser Urkunde beim Zentralen Vorsorgeregister der Bundesnotarkammer hingewiesen (§ 20a BeurkG). Das Register dient der Information der mit Betreuungsverfahren befassten Stellen (i.d.R. Betreuungsgericht). Ich ermächtige und beauftrage den Notar, diese Urkunde einschließlich der in ihr enthaltenen personenbezogenen Daten dem Register mitzuteilen.

50 Sollte der Vollmachtgeber die Bevollmächtigung mit dem Bevollmächtigten nicht abgesprochen haben – aus welchen Gründen auch immer – so sollte er wissen, dass der Bevollmächtigte bei Registrierung kurzfristig Post vom ZVR erhält. Der vorstehende Hinweis sollte daher um folgenden Satz ergänzt werden:

---

52 Grziwotz/Heinemann/*Heinemann*, BeurkG, 3. Aufl. 2018, § 20a Rn 7 (aber: nobile officium); Armbrüster/Preuß/Renner/*Rezori*, BeurkG, 8. Aufl. 2020, § 20a BeurkG Rn 12 (aber: nobile officium Rn 13); *Winkler*, BeurkG, 19. Aufl. 2019, § 20a Rn 1 (aber: nobile officium). So seit der 6. Aufl. 2022 auch Müller-Engels/Braun/*Renner*/Braun, BetreuungsR, Kap. 2 Rn 642.
53 Müller/Renner/*Renner,* BetreuungsR, 5. Aufl. 2018, Rn 795; Lipp/*Spalckhaver*, Vorsorgeverfügungen, § 7 Rn 74.
54 Müller-Engels/Braun/*Renner/Braun*, BetreuungsR, Kap. 2 Rn 596.
55 Müller-Engels/Braun/*Renner/Braun*, BetreuungsR, Kap. 2 Rn 642 m.w.N.
56 Grundmuster I siehe § 1 Rdn 8.

Muster 7.8: Hinweis Benachrichtigung des Bevollmächtigten durch das ZVR

Dem Register werden dabei auch die Daten des Bevollmächtigten mitgeteilt; der Bevollmächtigte erhält hierüber eine Benachrichtigung direkt vom Register.

51

F. Unterrichtungspflicht gegenüber Betreuungsgericht

Gem. § 1816 Abs. 2 S. 4 BGB (§ 1901c S. 1 BGB a.F.) hat derjenige, der ein **Dokument** besitzt, in dem jemand für den Fall seiner Betretung Vorschläge zur Auswahl des Betreuers oder Wünsche zur Wahrnehmung der Betreuung geäußert hat (**Betreuungsverfügung**), dieses dem Betreuungsgericht zu übermitteln, nachdem er von der Einleitung des Verfahrens über die Bestellung eines Betreuers Kenntnis erlangt hat (siehe zur Ablieferungspflicht des Notars Rdn 54).

52

Ebenso hat gem. § 1820 Abs. 1 S. 1 BGB (§ 1901c S. 2 BGB a.F.) der Besitzer **das Betreuungsgericht** über Schriftstücke **zu unterrichten**, in denen der Betroffene eine andere Person mit der Wahrnehmung seiner Angelegenheiten **bevollmächtigt** hat (in der Überschrift des Gesetzes wird diese Bevollmächtigung als Vorsorgevollmacht bezeichnet); das Betreuungsgericht kann die Vorlage einer Abschrift verlangen (§ 1820 Abs. 1 S. 2 BGB; § 1901c S. 3 BGB a.F.). Bei der beurkundeten Vorsorgevollmacht soll auch der **Notar** zur Unterrichtung verpflichtet sein, weil er die Urschrift in seiner Urkundensammlung verwahrt (siehe Rdn 31).[57]

53

Ist die Vorsorgevollmacht – wie im Regelfall (siehe § 1 Rdn 144 ff., siehe § 4 Abs. 2 in den Grundmustern I und II, § 1 Rdn 8, 9) – mit einer Betretungsverfügung kombiniert, stellt sich die Frage, wie der Notar der Ablieferungspflicht bei beurkundeter Vorsorgevollmacht nachkommen kann. Zur Ablieferung der Urschrift ist der Notar jedenfalls nicht verpflichtet. Die Ablieferung einer Ausfertigung muss genügen.[58] Wegen § 51 BeurkG und auch aufgrund der Bedeutung der Ausfertigung für den Rechtsverkehr (siehe Rdn 31), wird im Einklang mit § 45 BeurkG aber auch **keine Ausfertigung** abzuliefern sein, sondern eine **beglaubigte Abschrift/Ablichtung**.

54

In der Regel wird der Notar jedoch von der Einleitung eines Verfahrens über die Bestellung eines Betreuers nichts erfahren. Soweit die notarielle Vorsorgevollmacht beim **Zentralen Vorsorgeregister (ZRV)** registriert ist (siehe § 9 Rdn 4), wird das Betreuungsgericht von der beurkundeten Vorsorgeverfügung erfahren (siehe § 9 Rdn 12) und erforderlichenfalls beim Notar per Beschluss gem. § 285

55

---

[57] Müller/Renner/*Müller*, BetreuungsR, 5. Aufl. 2018, Rn 13; BeckOK BGB/*Müller-Engels*, 61. Ed. 1.2.2022, § 1901c Rn 6; Müller-Engels/Braun/*Renner/Braun*, BetreuungsR, Kap. 2 Rn 667; MüKo-BGB/*Schneider*, 8. Aufl. 2020, § 1901c Rn 7 („ggf. auch der Notar"); Kurze/*Roglmeier*, VorsorgeR, 2017, § 1901c Rn 17.

[58] Müller-Engels/Braun/*Renner/Braun*, BetreuungsR, Kap. 2 Rn 667; Kurze/*Roglmeier*, VorsorgeR, 2017, § 1901c Rn 16 (zur Betreuungsverfügung).

Sticherling

FamFG eine Abschrift/Ablichtung anfordern (die dieser dann wegen §§ 1816 Abs. 2 S. 4, 1820 Abs. 1 BGB (§ 1901c BGB a.F.) trotz seiner Verschwiegenheitspflicht gem. § 18 BNotO vorlegen muss).

56 Die Ablieferungs- und Unterrichtungspflicht erstreckt sich als actus contrarius auch auf den **Widerruf** einer Vorsorgeverfügung.[59]

---

[59] MüKo-BGB/*Schneider*, 8. Aufl. 2020, § 1901c a.F. Rn 8.

§ 8 Gebühren und Vergütung

Übersicht:	Rdn		Rdn
A. Einleitung	1	1. Unterschriftsbeglaubigung oder Beurkundung?	63
B. Erste Schritte vor bzw. anlässlich der Mandatsübernahme	12	2. Die Gegenstandswerte im Einzelnen	70
I. Hinweispflichten	12	a) Generalvollmacht	70
II. Verhandlung über die Vergütung	16	b) Generalvollmacht kombiniert mit Vorsorgevollmacht nebst Patienten- und Betreuungsverfügung	80
III. Beratungshilfe	52		
C. Notargebühren	55		
I. Vorüberlegungen	55		
II. Die Kosten der notariellen Tätigkeit (Notarvergütung)	63		

A. Einleitung

Wer das Mandat erhält, bei der Erstellung von Vorsorgevollmachten, Generalvollmachten und Patientenverfügungen zu beraten oder entsprechende Entwürfe zu fertigen bzw. als Notar anschließend zu beurkunden, sieht sich hohen Herausforderungen gegenüber, bei denen hohe Fachkompetenz ebenso gefragt ist wie Sozialkompetenz. Die insoweit abgefragte Fachkompetenz gilt es ständig zu aktualisieren, um veränderter Rechtsprechung aber auch veränderter Gesetzgebung Rechnung tragen zu können. Beispielhaft sei nur auf den zum 1.1.2023 in Kraft getretenen neuen § 1831 BGB verwiesen (vgl. hierzu aber auch schon § 1906a BGB a.F. bis 31.12.2022).[1]

Sozialkompetenz ist dort aufzubringen, wo man auf Menschen trifft, die sich in einer besonders sensiblen Verfassung befinden, tragen sie sich doch mit dem Gedanken, Vorkehrungen für schwere Erkrankungen und ihr Ableben zu treffen.

Bei derartigen Anforderungen ist es sicherlich gerechtfertigt, auch auf ein entsprechend faires Honorar hinzuwirken. Wer sein Honorar sichern will, muss demgemäß schon bereits mit äußerster Sorgfalt vor Übernahme des Mandates vorgehen, Hinweispflichten beachten und insbesondere sog. Vergütungsfallen zu vermeiden suchen. Dies funktioniert nur dann, wenn man der aktuellen Gesetzgebung und der entsprechenden Rechtsprechung zum anwaltlichen Gebührenrecht ebenso Beachtung schenkt wie den das eigentliche Mandat prägenden Vorschriften. Die Gefahren sind hier für den tätigen Rechtsanwalt weitaus größer als für den mit der Erstellung von Vollmachten beauftragten Notar, der bei der Honorargestaltung aufgrund der Vorschriften des GNotGK praktisch keinerlei Gestaltungsmöglichkeiten zur Verfügung hat.

---

1 Vgl. hierzu *Kurze*, ZErb 2018, 25 ff.

3   Solche Gestaltungsmöglichkeiten sind vom Gesetzgeber geradezu gewünscht, was sich darin zeigt, dass zum 1.7.2006 für den gesamten außergerichtlichen Beratungsbereich die gesetzlichen Gebühren außer Kraft gesetzt wurden. Der damalige VV 2100 RVG a.F. wurde durch § 34 RVG ersetzt, wodurch der Rechtsanwalt praktisch gezwungen ist, auf eine Gebührenvereinbarung mit dem Mandanten hinzuwirken.

4   Wenn dies – aus welchen Gründen auch immer – unterlassen wird, so verweist man ihn auf die Vorschrift von § 612 Abs. 2 BGB, was letztendlich darauf hinausläuft, dass durch ein Gericht anschließend im Streitfalle festgestellt werden muss, was einer ortsüblichen Vergütung entspricht.

5   Zu Recht ist es inzwischen nicht mehr zweifelhaft, dass der Gesetzgeber es hier nicht zulässt, bei der Frage der „üblichen Vergütung" auf die gesetzliche Vergütung vor dem 1.7.2006 zurückzugreifen. Schon früh gab *Römermann* zu bedenken, dass der Gesetzgeber die deutsche Anwaltschaft nicht in das Nirwana seiner eigenen Hilflosigkeit geschickt habe, um es letztendlich doch wieder bei den gesetzlichen Gebühren des RVG zu belassen.[2] Zulässig ist es natürlich, über eine Gebührenvereinbarung die Anwendung des alten Rechts und damit die Anwendung einer gegenstandswertorientierten Abrechnung aus dem RVG Geltung zu verschaffen (siehe Rdn 21).

6   Wird die Tätigkeit des Rechtsanwalts gegenüber einem Verbraucher im Sinne von § 13 BGB erbracht, was bei der Erstellung von Vorsorgevollmachten stets der Fall ist, ist die Vergütung – soweit keine andere Vereinbarung getroffen ist – auf 190 EUR zzgl. Umsatzsteuer gedeckelt, wenn sich die Beratungstätigkeit auf ein erstes Beratungsgespräch beschränkt, und auf 250 EUR zzgl. Umsatzsteuer, wenn ansonsten Beratung geleistet wird.

7   Der in den vergangenen Jahren bisweilen gesuchte Ausweg, Entwurfstätigkeiten gegenstandswertorientiert über eine Geschäftsgebühr nach VV 2300 RVG abzurechnen, ist durch die Entscheidungen des BGH vom 22.2.2018 sowie vom 15.4.2021 – nunmehr endgültig – verbaut. Dort wird in der erforderlichen Eindeutigkeit bekräftigt, dass der Entwurf eines Testaments, eines einseitigen Schreibens oder aber der Entwurf einer wie auch immer gearteten Vollmacht nicht die Geschäftsgebühr auslöse, sondern über § 34 RVG abzurechnen sei.[3]

---

2   *Römermann*, MDR 2004, 421.
3   BGH AGS 2018, 165 ff. m. zust. Anm. *Schons* und *Schneider*; jetzt in aller Deutlichkeit auch bei Erstellung eines gemeinschaftlichen Testamentes: BGH, Urt. v. 15.4.2021 – IX ZR 143/20, AnwBl. Online 2021, 680.

A. Einleitung

Überraschend kam die Entscheidung nicht, nachdem bereits die Oberlandesgerichte Nürnberg, Düsseldorf und Frankfurt in gleicher Richtung geurteilt hatten und damit Gegenansichten in der Literatur widersprachen.[4]

Versuche, den Gesetzgeber dazu zu bewegen, die Erstellung von Entwürfen wieder in den Bereich einer Geschäftsgebühr zu verlegen (wie es bei § 118 BRAGO noch der Fall war) sind gescheitert. Wer hierüber immer noch klagt, übersieht die Chancen, die § 34 RVG bietet, wenn man das Instrumentarium der Gebührenvereinbarung richtig angewendet. Dazu gehört, dass bereits zu Beginn des Mandates die Vergütungsfrage mit dem Auftraggeber unter Berücksichtigung aller Hinweispflichten umfassend und transparent geregelt werden sollte, will man später vergütungsrechtliche Nachteile nicht in Kauf nehmen. Die nachfolgenden Ausführungen sollen den Blick in einen speziellen Vergütungsrechtskommentar allerdings nicht ersetzen, sondern den hier angesprochenen Anwalt für besondere Vergütungsprobleme sensibilisieren, die mit einer entsprechenden anwaltlichen Tätigkeit erfahrungsgemäß einhergehen.

Insoweit befindet sich in der Darstellung der jeweiligen Problematik auch immer wieder ein Hinweis auf einschlägige Kommentare und weiterführende Rechtsprechung.

Bei der Gestaltung der Gebührenvereinbarung nach § 34 RVG und bei der Bemessung des letztendlich anzustrebenden Honorars wird der Rechtsanwalt nicht nur die extrem hohe Bedeutung von Vorsorgevollmachten und Patientenverfügungen zu beachten haben, sondern auch auf die finanziellen Möglichkeiten des Mandanten Rücksicht nehmen und bei allem auch die Haftungsproblematik nicht übersehen dürfen.

Insbesondere in letzterer Hinsicht ist es kaum zu verstehen, dass nicht anwaltliche Anbieter wie etwa PREVAGO mit Dumping-Preisen an den Markt gegangen sind und zwischenzeitlich standardisierte Vorsorgevollmachten und Patientenverfügungen sogar kostenlos an den Mann zu bringen suchen.

Bei der Vorsorgevollmacht, der Generalvollmacht und der Patientenverfügung hat bei verantwortungsvoller Tätigkeit bei der Erstellung eines jeden Entwurfs ein Beratungsgespräch oder gar mehrere vorauszugehen, wobei die besondere persönliche Situation des Patienten, dessen Befindlichkeiten, Vorstellungen und naturgemäß auch sein Alter zu berücksichtigen sind. All diesen Anforderungen wird man durch ein Standardformular nicht gerecht und noch weniger begegnet man mit einem solchen Standardformular im Ernstfall Schwierigkeiten, die in diesem Werk hinreichend beschrieben werden.

---

4 Vgl. nur OLG Nürnberg NJW 2011, 621; OLG Düsseldorf AGS 2012, 454; OLG Frankfurt AGS 2015, 505 m. Anm. *Schons*; vgl. statt aller Gerold/Schmidt/*Mayer*, § 34 Rn 14; Mayer/Kroiß/*Winkler*, § 34 Rn 12 ff.

Die nachstehenden Ausführungen betreffen nicht die Honorierung eines Rechtsanwalts, der selbst damit beauftragt wird, als Vorsorgebevollmächtigter tätig zu werden. Hier wird auf § 12 verwiesen, wobei sich die Vergütungsmuster in § 12 Rdn 34 f. vorfinden lassen.

B. Erste Schritte vor bzw. anlässlich der Mandatsübernahme

I. Hinweispflichten

12 Offenbar geprägt und geleitet von einem tiefen Misstrauen gegenüber der Anwaltschaft hat der Gesetzgeber in den letzten Jahren den Katalog anwaltlicher Hinweispflichten immer mehr erweitert und intensiviert. Ein eindrucksvolles Beispiel bietet hierfür der Aufsatz von *Jung*, in dem über zehn Seiten hinweg die **verschiedenen Hinweispflichten** und dankenswerterweise auch **die Folgen unterlassener Hinweise aufgezeigt werden**.[5] Die aufmerksame Lektüre dieses Aufsatzes kann nur anempfohlen werden, zumal nachstehend nur einige herausragende Beispiele aus Platzgründen aufgezeigt werden sollen.

13 Die in **§ 49b Abs. 5 BRAO** normierte Hinweispflicht auf **Abrechnung nach Gegenstandswert** dürfte bei den hier betroffenen Mandaten entfallen, da unter Berücksichtigung der aktuellen höchstrichterlichen Rechtsprechung die Abrechnung nicht nach den gesetzlichen Gebühren, sondern aufgrund einer Gebührenvereinbarung zu erfolgen hat.

Zu beachten sind jedoch die Dienstleistungs-Informationspflichten-Verordnung (DL-InfoV) und natürlich die Hinweise nach der im Mai 2018 in Kraft getretenen Datenschutz-Grundverordnung (DS-GVO).

14 Besondere Vorsicht ist schließlich geboten, wenn ein Mandat außerhalb der eigenen Kanzleiräume – auf welchem Wege auch immer – mit einem Verbraucher im Sinne von § 13 BGB zustande kommt. Hier ist es geboten, dem Mandanten vor Übernahme des Mandats bzw. vor Aufnahme der anwaltlichen Tätigkeit eine – gerichtsfeste – Widerrufsbelehrung zukommen zu lassen, verbunden mit dem notwendigen Hinweis, dass das vereinbarte Honorar auch dann geschuldet wird, wenn auf Wunsch des Mandanten schon innerhalb der noch laufenden Widerrufsfrist die anwaltliche Tätigkeit aufgenommen wird.[6]

Wer also beispielsweise aufgrund der Bettlägerigkeit des Mandanten diesen zum ersten Beratungsgespräch und zur Aufnahme von Informationen für den Vollmachtsentwurf in dessen Wohnung aufsucht, der muss sich die Gefahr vergegenwärtigen, dass er ohne eine entsprechende Widerrufsbelehrung – wie oben dargestellt – seinen Vergütungsanspruch verlieren kann.

---

5 *Jung*, AnwBl 2015, 724 ff.
6 Vgl. hierzu die wertvollen Hinweise von *Härting* und *Mayer* in AnwBl. 2014, 906 ff.

> **Hinweis**
>
> Es sind erste Fälle bekannt, in denen Rechtsanwälte auf Rückzahlung von Honorar in Anspruch genommen werden mit der Begründung, dass sie es an einer Widerrufsbelehrung haben fehlen lassen und man nunmehr nach Beendigung des Mandates vom Widerrufsrecht Gebrauch macht.[7]

15

II. Verhandlung über die Vergütung

Zunächst gilt es dem unter Anwältinnen und Anwälten weit verbreiteten Vorurteil entgegenzutreten, es sei unangemessen, ja geradezu peinlich vor Übernahme des Mandates das „**Preisgespräch**" mit dem Mandanten zu suchen. Da heißt es oftmals, über Geld zu sprechen sei unangenehm und wenn man gute Arbeit leiste, würde man sich irgendwann schon einig werden. Da wird ferner vertreten, es müsse doch jeden Mandanten unangenehm berühren, der mit Preisvorstellungen überfallen werde, bevor man sich mit dem möglicherweise sehr dringenden und sensiblen Anliegen des Auftraggebers beschäftigen wolle.

16

Aus jahrzehntelanger Praxis kann hier erklärt werden, dass genau das Gegenteil der Fall ist. Jeder Mandant möchte möglichst im Voraus wissen, mit welchen Kosten er bei der Bearbeitung seines Mandates zu rechnen habe. Vielen Mandanten ist es aber unangenehm, hierauf von sich aus das Gespräch zu bringen und sie reagieren erfreut, wenn es der Anwalt ist, der von sich aus das durchaus heikle und sensible Thema anspricht. Insoweit ist es ausdrücklich zu begrüßen, dass seit einigen Jahren dem Befund einer Studie von *Hommerich/Kilian* entgegengewirkt wird, wonach nur 32 % der Rechtsanwälte das Vergütungsgespräch mit dem Mandanten nicht als unangenehm empfinden.[8]

17

Auf keinen Fall sollte man sich darauf verlassen, dass man sich über die übliche Vergütung bei Beendigung des Mandates schon werde einigen können.

Da man eine – sichere – „übliche Vergütung für Rechtsanwälte" jedenfalls derzeit nicht feststellen kann und es auch an Taxen fehlt,[9] besteht de facto ja geradezu ein Zwang zum Abschluss einer Gebührenvereinbarung, und zwar ein vom Gesetzgeber so auch gewollter Zwang.[10] Und der Wille des Gesetzgebers, den

18

---

7 BGH, Urt. v. 23.11.2017 – IX ZR 204/16, AnwBl. 2018, 166 ff.; ebenso BGH, Urt. v. 19.11.2020 – IX ZR 133/19, ErbR 2021, 268 = AGS 2021, 90 f.
8 *Hommerich/Kilian*, Vergütungsvereinbarung deutscher Rechtsanwälte, 2006, S. 190 f.; *Hommerich/Kilian*, Vergütungsbarometer, 2009, S. 36 f.; vgl. hierzu auch *Schons*, AnwBl. 2006, 566; *ders.*, in: Madert/Schons, Die Vergütungsvereinbarung des Rechtsanwalts, S. 64 f.; *Zöller/Ehlert*, JurBüro 2006, 620 ff.; vorbildlich jetzt auch Mayer/Kroiß/*Müllerschön*, RVG, Anhang § 34 RVG.
9 Vgl. eingehend AnwK-RVG/*Thiel/Eder*, § 34 Rn 93 ff.; Mayer/Kroiß/*Winkler*, § 34 Rn 67 f.
10 Siehe Begründung zu Art. 5 KostRModG in BT-Drucks 15/1971, 247, 238.

Rechtsanwalt **zur Gebührenvereinbarung geradezu zu zwingen**, wird sicherlich auch dadurch unterstrichen, dass die Gestaltung derartiger Vereinbarungen keinerlei Formalien unterliegt und der Rechtsanwalt auch inhaltlich alles und jedes frei vereinbaren kann. § 3a RVG stellt in Abs. 1 S. 4 klar, dass die Sätze 1 und 2 dieser Vorschrift für Gebührenvereinbarungen nach § 34 RVG gerade nicht gelten. Soweit § 3a Abs. 1 S. 3 RVG namentlich nicht aufgeführt ist, ist dies keineswegs ein redaktionelles Versehen und entgegen der Auffassung von *Fölsch* muss die Hinweiserteilung von § 3a Abs. 1 S. 3 RVG bei einer Gebührenvereinbarung des § 34 RVG auch keineswegs deshalb erfolgen, weil sich die Ausnahmeregelung des § 3a Abs. 1 S. 4 RVG hierauf nicht erstreckt.[11]

19 Vielmehr ist die in § 3a Abs. 1 S. 3 RVG vorzufindende Verpflichtung, einen Hinweis auf die Erstattungsfähigkeit lediglich der gesetzlichen Gebühren zu erteilen, bei einer Gebührenvereinbarung nach § 34 RVG ipso jure überflüssig, da es im Beratungsbereich ja eben keine gesetzliche Vergütung mehr gibt, ein entsprechender Hinweis also ins Leere gehen würde. Dies sei nur vorsorglich erwähnt, da bei der Erstellung von Vollmachten Erstattungsfragen bekanntlich ohnehin keine Rolle spielen.

20 Schließlich ist der Rechtsanwalt aber auch bei der Entscheidung frei, wie er die Gebührenvereinbarung gestaltet, ob er also für die Beratungstätigkeit oder für den Entwurf der Vollmacht eine feste Pauschale verlangt oder ob er es beispielsweise vorzieht, nach Zeitaufwand (Stundenhonorar) abzurechnen.

21 Auf die folgenden Muster wird verwiesen (siehe Rdn 34 f.). Denkbar ist es natürlich auch, die Anwendung des alten Rechts (VV 2100 ff. RVG a.F.) zu vereinbaren, da man sich dann wohl kaum dem Vorwurf ausgesetzt sieht, eine unangemessene Vergütung oder gar eine überraschende Vergütung vereinbart zu haben. Allerdings erscheint es in einem solchen Fall nicht ausreichend, nur auf das RVG in der Fassung bis zum 30.6.2006 zu verweisen. Die alten Regeln in VV 2100 ff. RVG sollten namentlich erwähnt, inhaltlich wiedergegeben und dann natürlich **mit dem Hinweis nach § 49b V BRAO** versehen sein, wonach gegenstandswertorientiert abgerechnet wird.

22 Das Gesetz sieht eigentlich vor, dass die Gebührenvereinbarung **vor Übernahme des Mandates** zu treffen ist, um dem Mandanten die Freiheit zu gewähren, selbst zu entscheiden, ob er den Gebührenvorschlag nun annimmt oder nicht. Ist der Abschluss einer Gebührenvereinbarung verabsäumt worden, etwa weil man – in Unkenntnis der oben dargestellten Rechtsprechung – auf die Abrechnungsmöglichkeit nach VV 2300 RVG (Geschäftsgebühr) vertraute oder weil man sich die vermeintlichen Schwierigkeiten eines Preisgespräches ersparen wollte oder weil die Gebührenvereinbarung schlichtweg vergessen wurde, so dürfte eine spätere Gebührenvereinbarung gegebenenfalls auch nach Abschluss des Mandates immer

---

11 Vgl. *Fölsch*, MDR 2008, 724 ff.; a.A. demgemäß zu Recht: *Mayer*, AnwBl. 2008, 429 f., 481; ebenso Hartung/Schons/Enders/*Schons*, RVG, § 3a Rn 53.

noch möglich sein, wenn der Mandant in voller Kenntnis der Sach- und Rechtslage zustimmt.

Ganz einfach dürften solche Gespräche allerdings zu einem so späten Zeitpunkt nicht mehr werden, weil der Mandant dann sicherlich auch die Aufklärung darüber verlangen kann, dass ohne eine – nachträgliche – Gebührenvereinbarung sich das Honorar auf max. 250 EUR zuzüglich Umsatzsteuer beschränkt (Verbrauchermandate!). Hierauf ist es möglicherweise zurückzuführen, dass in der Praxis immer wieder Fälle bekannt werden, bei denen Rechtsanwälte – ohne entsprechende vorherige oder nachträgliche Vereinbarung – die Gebühr aus der alten VV 2100 RVG „ziehen" oder gar eine Geschäftsgebühr nach VV 2300 RVG in Rechnung stellen, obgleich die Tatbestandsvoraussetzungen nicht gegeben sind. 23

So etwas ist nicht nur verheerend für das Ansehen der Anwaltschaft, sondern setzt den betroffenen Rechtsanwalt zumindest im objektiven Bereich auch dem Vorwurf einer Gebührenüberhebung nach § 352 StGB aus, wobei zu beobachten ist, dass Verurteilungen nicht mehr daran scheitern, dass der Vorsatz verneint wird. Staatsanwaltschaften und Gerichte gehen mehr und mehr dazu über, den Anwälten eine positive Kenntnis ihres eigenen Gebührenrechts zu unterstellen und damit den Vorsatz, wenn sie aus einer nicht existierenden oder einer nicht einschlägigen gesetzlichen Gebührenvorschrift Gebühren erheben.[12] 24

Obgleich die Gebührenvereinbarung – wie oben ausgeführt – formfrei zustande kommt, kann nur dringend dazu angeraten werden, die getroffene Vereinbarung schriftlich zu dokumentieren, da es anderenfalls später zu Beweisschwierigkeiten kommen kann. Da es im außergerichtlichen Beratungsbereich seit dem 1.7.2006 an einer gesetzlichen Vergütung fehlt, ist der Rechtsanwalt für die Behauptung einer vereinbarten Vergütung – ebenso wie ein Werkunternehmer – darlegungs- und **beweispflichtig**.[13] 25

Weniger Bedeutung dürfte bei den hier betroffenen Mandaten die Vorschrift von § 34 Abs. 2 RVG haben. Schließlich ist es bei derartigen Mandaten kaum denkbar, dass es in derselben Angelegenheit zu einer Fortführung der Tätigkeit im Sinne einer außergerichtlichen oder gerichtlichen Vertretung kommt. Schaden kann es allerdings auch nicht, wenn in der Gebührenvereinbarung ausdrücklich festgehalten wird, dass die Anrechnung der vereinbarten Vergütung auf spätere gesetzliche Gebühren zu unterbleiben hat. 26

Während das Ob und Wie einer Gebührenvereinbarung dem Mandanten noch relativ leicht nahezubringen ist, dürfte die Höhe des Honorars den eigentlichen Problemfall darstellen. 27

---

12 Vgl. Münchner Anwaltshandbuch zur Vergütungsrecht, S. 504; grundsätzlich zum Problem der Gebührenüberhebung sehr ausführlich: BGH AGS 2007, 599 ff. m. Anm. *Schons*; siehe auch BGH AGS 2014, 493 f. m. Anm. *Schons*.
13 Vgl. statt aller AnwK-RVG/*Thiel/Eder*, § 34 Rn 108 m.w.N.

Will man nach Zeitaufwand abrechnen, so ist bereits die Höhe des individuellen Stundensatzes bereits etwas, dass Irritationen, jedenfalls aber die Nachfrage auslösen kann, mit welchem Zeitaufwand man bei Erstellung des Entwurfes denn rechne. Der Rechtsanwalt, der hier die oben beschriebene Erfahrung und Kompetenz zu Recht für sich in Anspruch nimmt und in Anspruch nehmen will, wird solchen Fragen nicht ausweichen können, wird ihm doch das Vorhandensein von gewissen Erfahrungswerten unterstellt. Hier bedarf es Geschick, Diplomatie aber auch Fairness und Ausgewogenheit, um zu einem für beide Seiten zufriedenstellenden Ergebnis zu gelangen.

28 Was die Zeitabrechnung dann selbst angeht, so ist sicherlich die Rechtsprechung des BGH zu berücksichtigen, die von einem Rechtsanwalt mit einem relativ hohen Stundensatz auch besonders kompetente und vor allen Dingen effiziente und schnelle Bearbeitung einfordert.[14]

29 Die Vereinbarung eines Pauschalhonorars bietet demgegenüber für den Mandanten den Vorteil einer klaren Überschaubarkeit dessen, was auf ihn letztendlich zukommt. Allerdings hat das Angebot einer Pauschale für manchen immer den Beigeschmack, dass hier Standardware zu einem standardisierten Preis zur Verfügung gestellt wird.

Dies ist natürlich abwegig, da es jedem Rechtsanwalt freisteht, bei unterschiedlichen Mandaten, unterschiedlichen Mandanten und unterschiedlichen Herausforderungen auch unterschiedliche Pauschalen zu verlangen. Aber nach außen kann der oben geschilderte Eindruck durchaus bei dem Mandanten entstehen.

30 Die ebenfalls aufgezeigte Möglichkeit, altes Recht zu vereinbaren (siehe Rdn 21) und nach Gegenstandswerten abzurechnen führt allerdings in besonderem Maße zu einer Vergleichbarkeit der anwaltlichen Gebühren zu den notariellen Beurkundungsgebühren, die deutlich unter anwaltlichen Rahmengebühren liegen.

31 Damit ist ein weiteres Problem anzusprechen, das sinnvollerweise schon vor Übernahme des Mandates geklärt werden sollte, um spätere Streitigkeiten oder Beschwerden zu vermeiden. In der Praxis ist zu beobachten, dass die von Anwälten ausgehandelte Vergütung für Vollmachten der hier besprochenen Art deutlich über die zwingend festgelegten gesetzlichen notariellen Gebühren hinausgeht. Wird der vom Rechtsanwalt erstellte Entwurf dann – wie ursprünglich geplant oder später überlegt – einer notariellen Beurkundung zugeführt, werfen die unterschiedlichen Rechnungsbeträge durchaus Fragen auf.

32 Wie mit dieser Fragestellung und mit diesem Problem umzugehen ist, kann abschließend hier nicht beantwortet werden, da es auf die individuellen Fähigkeiten jedes einzelnen Anwalts ankommt, ob und wie er das Problem anspricht, was ja auch wiederum davon abhängig ist, ob er eine notarielle Beurkundung oder zumindest eine Unterschriftsbeglaubigung empfiehlt. Auch der Hinweis darauf,

---

14 Vgl. nur BGH AGS 2010, 267; BGH AGS 2011, 9 ff.

dass es noch die sehr kostengünstige Unterschriftsbeglaubigung durch die Betreuungsbehörde gibt, dürfte möglicherweise angebracht sein. Entschließt sich der Rechtsanwalt aber, die hier angesprochene Problematik von sich aus anzusprechen, sollte auch dies dokumentiert werden, etwa in einem Aktenvermerk, in dem sich auch die Dokumentation der sonst erteilten Hinweise vorfinden lässt.

Muster 8.1: Aktenvermerk über die Vorbesprechung anlässlich der Mandatsübernahme

1. Dem Mandanten sind die Hinweise und Informationen nach der Dienstleistung-Informationspflichten-Verordnung (DL-InfoV) erteilt worden.

2. Der Mandant ist über seine Rechte und die Pflichten des Anwalts nach der Datenschutz-Grundverordnung (DS-GVO) informiert worden und hat ein entsprechendes Informationsblatt erhalten und zur Kenntnis genommen.

3. Mit dem Mandanten ist über die unterschiedliche Gestaltung von Vorsorgevollmachten und Patientenverfügungen gesprochen worden, ebenso über Vor- und Nachteile der notariellen Beurkundung, insbesondere der Notwendigkeit einer notariellen Beurkundung bei Generalvollmachten, die sich auf den Grundstücksverkehr beziehen soll.

4. Dem Mandanten ist die unterschiedliche Honorargestaltung bei anwaltlicher und notarieller Tätigkeit bekannt gegeben und anhand von Beispielen erläutert worden.

Unterschrift Rechtsanwalt   Unterschrift Mandant

Muster 8.2: Gebührenvereinbarung nach Zeitaufwand

Gebührenvereinbarung

Für die anwaltliche Tätigkeit hinsichtlich der Erstellung einer Generalvollmacht/Vorsorgevollmacht/Patientenverfügung zahlt der Auftraggeber an den Rechtsanwalt eine Vergütung in Höhe von ▓▓▓▓ EUR pro Stunde zuzüglich Mehrwertsteuer, derzeit 19 %, mithin brutto pro Stunde derzeit ▓▓▓▓ EUR.

Der Abrechnungszeittakt beträgt 6 Minuten. Jedes begonnene Zeitintervall von 6 Minuten wird einer Arbeitszeit von 6 Minuten gleichgesetzt.

Die Höhe der Vergütung ist von der Art der Tätigkeit unabhängig. Besprechungen, schriftliche Arbeiten, Telefonate, Aktenstudium, Erstattung von Gutachten, Reisezeiten und mandatsbezogene Wartezeiten sind Arbeitszeit. Dem stimmt der Auftraggeber ausdrücklich zu. Der Rechtsanwalt weist dem Auftraggeber mit jeder Rechnung seine Tätigkeit durch Aufstellung der Arbeitszeiten nach.

Widerspricht der Auftraggeber nicht binnen vier Wochen nach Rechnungserhalt der Rechnung, gilt der Rechnungsbetrag einschließlich der dort aufgeführten Arbeitszeiten als anerkannt. Auf diese Rechtsfolge wird der Auftraggeber am Ende einer jeden Berechnung stets gesondert und nochmals hingewiesen.

Daneben sind Auslagen über die oben erwähnte Umsatzsteuer hinaus wie Schreibauslagen, Entgelte für Post- und Telekommunikationsleistungen, Tage- und Abwesenheitsgelder sowie sonstige Auslagen bei einer Geschäftsreise nach Nr. 7008, 7000, 7002, 7005 und 7006 VV RVG

Schons

(Vergütungsverzeichnis zum Rechtsanwaltsvergütungsgesetz) gesondert zu erstatten. Dies umfasst insbesondere auch den Ausdruck der in der Sache vom Auftraggeber oder durch Dritte durch elektronische Mail übersandte Schreiben, Dokumente und Akten etc. (Nr. 1 7000 Nr. 1 VV RVG). Die Kosten für Post und Telekommunikationsdienstleistungen werden i.H.v. 2,5 % des Honorarbetrages abgerechnet. Der Auftraggeber verzichtet auf einen Einzelnachweis der Telefon- und Fahrtkosten.

Fahrtkosten mit dem eigenen Kraftfahrzeug des Rechtsanwalts werden pro Kilometer mit dem Betrag von 0,50 EUR erstattet.

Bei Reisen mit dem Zug werden die Kosten für die erste Klasse erstattet; bei Reisen mit dem Flugzeug die Kosten für die EconomyClass.

35 **Hinweis**

Bei der Gestaltung des Stundensatzes ist der Rechtsanwalt frei. Eine Studie von *Hommerich/Kilian* aus dem Jahr 2006 hat ergeben, dass der durchschnittliche Stundensatz in der Bundesrepublik 182 EUR betrage, wobei zu berücksichtigen ist, dass in diesem Durchschnittsbetrag „hochpreisige" Gegenden wie Frankfurt, Hamburg, München und Düsseldorf ebenso Berücksichtigung fanden wie „Gegenden mit niedrigen Stundensätzen" wie Mecklenburg-Vorpommern. Es ist auszuschließen, dass eine solche Studie heute zu ähnlichen Ergebnissen gelangen würde. Nach einer Umfrage von JUVE aus dem Jahre 2021 werden Stundensätze bis zu 400 EUR und 450 EUR verlangt und auch akzeptiert und selbst das OLG Düsseldorf hat in einer Entscheidung vom 21.11.2021 (AZ: 24 U 355/20) Stundensätze von 500 EUR bis 710 EUR netto für nicht unangemessen betrachtet, je nach den Umständen des Einzelfalles.

36 Soweit das OLG Düsseldorf in einer Entscheidung vom 18.2.2010 meinte, ein höherer Stundensatz als der so ermittelte Durchschnittsstundensatz sei unangemessen, ist dem der BGH entgegengetreten, hat aber gleichzeitig zum Ausdruck gebracht, dass besonders hohe Stundensätze, etwa ab 400 EUR oder 500 EUR eine besonders kompetente, effiziente und damit schnelle Arbeitsweise des Rechtsanwalts erfordern.[15] Angesichts der Kompetenz, die von einem Anwalt im Vorsorgevollmachtsrecht erwartet wird und auch erwartet werden kann, wird man sicherlich mindestens Stundenhonorare in einem Bereich zwischen 280 EUR und 350 EUR für völlig gerechtfertigt erklären können.

37 Stets ist hervorzuheben, dass zu dem vereinbarten Stundensatz die Umsatzsteuer aufzuschlagen ist. Wird dies unterlassen, so gilt der festgelegte Stundensatz als Bruttovergütung inklusive Mehrwertsteuer, so dass der Rechtsanwalt aus der Rechnung die Mehrwertsteuer herauszurechnen und sodann an das Finanzamt abzuführen hat.

---

15 Vgl. zunächst OLG Düsseldorf BGH AGS 2010, 109 ff. m. Anm. *Schons*; BGH AGS 2010, 267 ff.

Die Abrechnung nach Zeitintervallen war lange Zeit hoch umstritten. Während das OLG Düsseldorf in einer scharf kritisierten Entscheidung bereits im Jahre 2006 die seinerzeit allgemein gebräuchliche 15-Minuten-Klausel als unangemessen und damit unwirksam verurteilte,[16] stellten die OLG in Hamm und Schleswig-Holstein darauf ab, ob die Klausel missbräuchlich zur Anwendung gelangt. Auch der BGH weigerte sich zunächst, die Rechtsprechung des OLG Düsseldorf insoweit zu bestätigen.[17] Schon das LG Köln folgte dann aber Düsseldorf und sprach sich gegen die Wirksamkeit einer 15-Minuten-Klausel aus.[18]

38

Inzwischen hat ein Paradigmenwechsel stattgefunden, ausgelöst durch zwei Entscheidungen des OLG München vom 5.6.2019.[19] Mit überzeugender Begründung stellte das OLG München fest, dass es nicht sinnvoll sei, auch weiterhin in Einzelfallentscheidungen anhand einzelner Abrechnungen sich mit der 15-Minuten Klausel zu beschäftigen, wenn man in den meisten Fällen ohnehin zu dem Ergebnis gelange, dass die Klausel im konkreten Fall missbräuchlich angewandt worden sei.

Dieser Betrachtung schloss sich dann der BGH in der Entscheidung vom 13.2.2020 an, so dass die 15-Minuten Klausel gewissermaßen „Geschichte" ist.[20] Offengelassen hat der BGH bislang, ob diese Betrachtung nur bei Vergütungsvereinbarungen mit Verbrauchern greift oder aber auch mit Unternehmern. Da bei Vorsorgevollmachten der entsprechende Mandant stets als Verbraucher zu betrachten ist, bleibt es aber hier dabei, sich von der 15-Minuten Klausel endgültig zu verabschieden. Offengelassen wurde ferner, ob ein 6-Minuten-Takt noch akzeptiert werden kann.

Insbesondere in Kanzleien, die über ein elektronisches Zeitabrechnungssystem verfügen, wird in der Regel im 6-Minuten-Takt abgerechnet, was bislang von der Rechtsprechung auch unbeanstandet blieb. Dies gilt auch für Düsseldorf.

Soweit der Mandant in dem Muster durch die entsprechende Klausel darauf festgelegt wird, die Rechnung akzeptiert zu haben, wenn er innerhalb der vorzufindenden Frist nicht widerspricht, ist höchstrichterlich noch nicht endgültig entschieden, welche Wirkung dieser Klausel beizumessen ist. In jedem Fall ist darauf zu achten, dass – wie im Muster vorgesehen – der Mandant und Auftraggeber bei jeder Abrechnung auf die Rechtsfolgen eines fehlenden Widerspruchs gesondert hingewiesen wird.

39

---

16 OLG Düsseldorf AGS 2006, 530 ff.; OLG Hamm AnwBl. 2008, 546 ff.; OLG Schleswig AGS 2009, 209.
17 BGH AGS 2009, 209.
18 OLG Köln AGS 2017, 164 ff.
19 Vgl. insoweit OLG München, Urt. v. 5.6.2019 – 15 U 318/18, RVGReport 2019, 374 sowie OLG München, Urt. v. 5.6.2019 – 15 U 319/18, AGS 2019, 379.
20 BGH, Urt. v. 13.2.2020 – IX ZR 140/19, AGS 2020, 161, AnwBl. 2020, 303 f.

Jedenfalls dürfte eine solche Klausel im Falle eines Prozesses aber eine gewisse Hilfe sein und schadet jedenfalls nicht.

40 Selbstverständlich sind auch die Nebenkosten zu regeln, die ebenfalls modifiziert werden können. Bisweilen orientieren sich die Pauschalen für Post- und Telekommunikation prozentual am jeweiligen Rechnungsbetrag. Eine entsprechende Klausel, die 5 % des Rechnungsbetrages vorsah, wurde allerdings vom LG Köln – rechtskräftig geworden– für bedenklich bzw. unwirksam gehalten. Diese Auffassung ist zumindest nachvollziehbar. Bereits bei einem Rechnungsbetrag von 20.000 EUR ermöglicht eine solche Klausel dem Rechtsanwalt, immerhin allein für Telekommunikation, Post und Telefonate – ohne Nachweis – 1.000 EUR in Rechnung zu stellen.[21]

41 Was die Nebenkosten angeht, so ist das Muster besonders weit gefasst. Es bleibt jedem Rechtsanwalt gerade bei den hier betroffenen Mandaten natürlich überlassen, es hinsichtlich der „Nebenkosten" bei der gesetzlichen Vergütung von VV 7000 RVG zu belassen bzw. diese mit in die Gebührenvereinbarung einzubeziehen.

> **Hinweis**
>
> Die Zeit, die der Rechtsanwalt dafür aufwendet, die Rechnung zu erstellen bzw. die Zeiten in eine Excel-Tabelle einzustellen, darf dem Mandanten nicht berechnet werden.[22]
>
> Ebenso wenig dürfen dem Auftraggeber für die Versendung von Rechnungen Portokosten berechnet werden (vgl. Anm. zu VV 7001 RVG).

Jedenfalls ist ein besonderes Augenmerk auch auf die Darstellung des abgerechneten Zeitaufwandes zu richten. Streitigkeiten aus Vergütungs- oder Gebührenvereinbarungen nach Zeitaufwand konzentrieren sich eher auf die Anzahl der abgerechneten Stunden als auf die Höhe des einmal fest vereinbarten Stundensatzes.

42 Es empfiehlt sich also die transparente Rechnungsstellung durch zeitnahe, regelmäßige und nachvollziehbare Abrechnungen herbeizuführen. Nichtssagende Ausführungen und Leerformeln wie „Prüfung der Sach- und Rechtslage" oder „Aktenstudium" oder „diverse Diktate" helfen in der Sache nicht weiter und werden zumindest von einem Teil der Rechtsprechung nicht anerkannt.[23]

43 Empfehlenswert ist es durchaus auch, in die Stundenaufstellungen bestimmte Zeiten mit aufzunehmen, die mit „0" berechnet werden, um dem Auftraggeber aufzuzeigen, dass kurze Telefonate von zwei bis drei Minuten erst gar nicht in die Abrechnung eingestellt werden. Solche Abrechnungsmodalitäten helfen

---

21 Vgl. erneut LG Köln AGS 2017, 164 ff.
22 OLG Düsseldorf AGS 2011, 366 ff.
23 Vgl. OLG Düsseldorf AGS 2006, 530 ff.; siehe auch OLG Düsseldorf AGS 2010,109 ff.

Vertrauen zu schaffen und begegnen insbesondere dem Vorwurf der Rechtsprechung durch großzügige Zeittaktklauseln den Auftraggeber unangemessen zu benachteiligen.

Muster 8.3: Pauschalvereinbarung

Gebührenvereinbarung

Für die Beratung und Erstellung des Entwurfes einer Generalvollmacht/Vorsorgevollmacht/ Patientenverfügung wird hiermit ein Pauschalhonorar

in Höhe von ▬▬▬▬ EUR zzgl. 19 % Umsatzsteuer vereinbart.

Die Höhe der Vergütung ist von der Art der Tätigkeit unabhängig. Besprechungen, schriftliche Arbeiten, Telefonate, Aktenstudium, Reisezeiten und mandatsbezogene Wartezeiten sind in der Pauschale enthalten.

Die Pauschale deckt die Tätigkeit von der Übernahme des Mandates bis zur Erstellung eines unterschriftsreifen Entwurfes ab.

Daneben sind Auslagen über die oben erwähnte Umsatzsteuer hinaus wie Schreibauslagen, Entgelte für Post- und Telekommunikationsleistungen, Tage- und Abwesenheitsgelder sowie sonstige Auslagen bei einer Geschäftsreise nach Nr. 7008, 7000, 7002, 7005 und 7006 des Vergütungsverzeichnisses zum Rechtsanwaltsvergütungsgesetz (VV RVG) gesondert zu erstatten. Dies umfasst insbesondere auch den Ausdruck der in der Sache vom Auftraggeber oder durch Dritte durch elektronische Mail übersandte Schreiben, Dokumente und Akten etc. (Nr. 7000 Nr. 1 VV RVG). Die Kosten für Post und Telekommunikationsdienstleistungen werden i.H.v. 2,5 % des Honorarbetrages abgerechnet. Der Auftraggeber verzichtet auf einen Einzelnachweis der Telefon- und Fahrtkosten.

Fahrtkosten mit dem eigenen Kraftfahrzeug des Rechtsanwalts werden pro Kilometer mit dem Betrag von 0,50 EUR erstattet.

Bei Reisen mit dem Zug, werden die Kosten für die erste Klasse erstattet; bei Reisen mit dem Flugzeug die Kosten für die EconomyClass.

Alternativ: Selbstverständlich kann auch vereinbart werden, dass sich die Pauschale auch auf etwaige Nebenkosten erstreckt, was es ermöglicht, dem Mandanten die Attraktivität einer Gesamtpauschale vor Augen zu führen, die unabhängig von dem Aufwand bei Schreibauslagen und Ähnlichem ist.

Die Nachteile einer Pauschale liegen für beide Seiten allerdings auch auf der Hand:

Dem Mandanten gegenüber ist bei einem Pauschalhonorar die Zeit, die für die anwaltliche Leistung aufgebracht wird, nicht nachzuweisen und er kann demgemäß auch nicht erkennen, mit welchem Zeitaufwand die Erstellung der Entwürfe verbunden war.

Umgekehrt geht der Rechtsanwalt insbesondere bei einem schwierigen Mandanten das Risiko ein, dass dieser mit immer neuen Vorstellungen und Änderungswünschen bezüglich der erstellten Entwürfe an den Rechtsanwalt herantritt, so dass der Zeitaufwand über das Ausmaß des vorher kalkuliertem hinausgeht.

46 Letzteres könnte etwa dadurch eingeschränkt werden, dass noch Folgendes in die Gebührenvereinbarung bei einem Pauschalhonorar mit aufgenommen wird:

Muster 8.4: Ergänzung zur Pauschalvereinbarung

Das vereinbarte Pauschalhonorar deckt die anwaltliche Tätigkeit für eine Erstellung von bis zu drei Entwürfen ab.

Jede Änderung eines vom Rechtsanwalt erstellten Entwurfs auf Wunsch des Mandanten hin stellt einen neuen Entwurf im Sinne dieser Regelung dar.

Werden auf Wunsch des Mandanten mehr als drei Entwürfe in Auftrag gegeben, erhöht sich das Pauschalhonorar für jeden weiteren Entwurf um ▆▆▆▆ %.

Muster 8.5: Gebührenvereinbarung nach alter Rechtslage

47 **Gebührenvereinbarung**

Dem Mandanten ist bekannt, dass bis zum 30.6.2006 für die Beratungstätigkeit (die Erstellung von Vollmachtsentwürfen stellt nach höchstrichterlicher Rechtsprechung Beratung dar) ein gesetzlicher Vergütungstatbestand in Nr. 2100 VV RVG a.F. existierte.

Dieser Vergütungstatbestand sah gegenstandswertorientiert nach der Gegenstandswert-Tabelle des Rechtsanwaltsvergütungsgesetzes (RVG) eine Rahmengebühr zwischen 0,1 und 1,0 vor.

Die Vertragsparteien vereinbaren hiermit die Anwendung des soeben geschilderten alten Rechts dahingehend, dass nach Gegenstandswert abgerechnet wird, und zwar aus einem Mindestgegenstandswert in Höhe von ▆▆▆▆ EUR mit dem Faktor 1,0, der wiederum der Gebührentabelle Stand 2021 zu entnehmen ist.

Bei dem hier vereinbarten Gegenstandswert in Höhe von ▆▆▆▆ EUR beträgt die Vergütung für die Erstellung der Entwürfe somit ▆▆▆▆ EUR.

Alternativ

Die Parteien vereinbaren ein Pauschalhonorar in Höhe von ▆▆▆▆ EUR, das unter analoger Anwendung der Gesetzeslage im Gebührenrecht bis zum 30.6.2006 ermittelt wurde, indem bei einem unterstellten Gegenstandswert von ▆▆▆▆ EUR die Höchstgebühr nach Nr. 2100 VV RVG a.F. mit dem Faktor 1,0 in Ansatz gebracht wurde, zuzüglich Umsatzsteuer.

> **Hinweis**
>
> Nicht empfehlenswert erscheint es bei Vereinbarung des alten Rechts die Festlegung der Rahmengebühr unter Berücksichtigung der Bewertungskriterien von § 14 RVG offen zu lassen und dem Rechtsanwalt zuzuweisen. Bei einer Gebührenvereinbarung sollte man auch von der Möglichkeit Gebrauch machen, die Rahmengebühr bis zum Anschlag auszureizen und damit die

Höchstgebühr in Ansatz zu bringen. Dann ist es meines Erachtens allerdings am einfachsten, die zweite Alternative zu wählen und transparent dem Mandanten vor Augen zu führen, wie man das Pauschalhonorar ermittelt hat, nämlich unter Berücksichtigung der früheren Rechtslage, unter Berücksichtigung des Gegenstandswertes und bei Ansatz einer Höchstgebühr nach VV 2100 RVG a.F.

Auch hier sollte man die Möglichkeit in Betracht ziehen, dass der Mandant mit ständig neuen Änderungswünschen kommt und vorsehen, dass bei mehr als zwei oder drei Entwürfen eine Erhöhung des Pauschalhonorars in Höhe eines bestimmten Prozentsatzes vereinbart wird. Dies führt entweder zu einer höheren – angemessenen – Vergütung oder zu einer Disziplinierung beim Auftraggeber. 48

Sonderfall: Vertrag zwischen den Beteiligten einer Vollmacht 49

Die bisherigen Ausführungen und Muster haben unter Berücksichtigung der nunmehr höchstrichterlichen Rechtsprechung dargelegt, dass eine gerichtsfeste Vergütung bei der Erstellung von Vollmachten nur über eine Gebührenvereinbarung herbeizuführen ist. In der Praxis kommt es allerdings durchaus vor, dass in den Entwurf der Vollmacht der Vollmachtnehmer mit aufgenommen wird, gegebenenfalls für diesen auch eine Vergütung vereinbart wird. Es stellt sich bei solchen Schriftstücken, ob sie später beurkundet werden oder nicht, die Frage, inwieweit bei anwaltlicher Tätigkeit hier eine Geschäftsgebühr nach VV 2300 RVG gegenstandswertorientiert in Rechnung gestellt werden kann, und zwar unter Berücksichtigung der Vorbem. 2.3 und der Alternative „Mitwirkung bei der Gestaltung eines Vertrages". Folgt man einer solchen Überlegung, muss natürlich zunächst der dann erforderliche Hinweis nach **§ 49b V BRAO dokumentiert werden** (siehe oben Rdn 13).

Meines Erachtens sollte man bei solchen Überlegungen eher vorsichtig sein. Bereits das OLG Düsseldorf hat den Ansatz einer Geschäftsgebühr für die Erstellung des Entwurfes eines gemeinschaftlichen Testaments nur dann bejaht, wenn alle dort aufzufindenden Verfügungen wechselbezüglich seien und damit Vertragscharakter hätten. Allein die im Entwurf möglicherweise vorgesehene Unterschrift nicht nur des Vollmachtgebers, sondern auch des Vollmachtnehmers, dürfte schon nach dieser Rechtsprechung nicht ausreichend sein. Selbst dieser Betrachtung ist im Übrigen schon *Schneider* in einer Anmerkung zu der BGH-Entscheidung v. 22.2.2018 entgegengetreten. Durchaus nachvollziehbar weist er darauf hin, dass das Gesetz ausdrücklich unterscheidet zwischen einem Testament (§ 1937 BGB) und einem Erbvertrag (§ 1941 BGB). Wenn die Parteien aber nun einmal keinen Erbvertrag, sondern ein gemeinschaftliches Testament wollten, dann könne man dies auch nicht wie einen Vertrag abrechnen. Dieser Auffassung 50

Schneiders hat sich der BGH in der Entscheidung vom 15.4.2021 ausdrücklich angeschlossen.[24]

Es bleibt also dabei: Wer den sichersten Weg gehen will, wird hier erst nach Abschluss einer Gebührenvereinbarung gem. § 34 RVG tätig.

51 Selbst wenn in einem Vollmachttext der Vollmachtnehmer mit aufgenommen wird, so dürfte sich dessen Beteiligung auf die Bereitschaft beschränken, gegen Zahlung eines bestimmten Honorars die ihm erteilten Aufgaben zu übernehmen. Der Charakter der Vollmacht ist aber eher eine einseitige Willenserklärung, sodass nicht ausgeschlossen werden kann, dass die Rechtsprechung bei Erstellung eines solchen Entwurfes die Mitwirkung bei der Gestaltung eines Vertrages auch weiterhin verneint.

Es wird demgemäß empfohlen, stets auf eine Gebührenvereinbarung hinzuwirken.

III. Beratungshilfe

52 In keinem Verhältnis zu der Verantwortung, den Anforderungen an den Anwalt und die Haftungsrisiken stehen naturgemäß die Beratungshilfegebühren, die dem Rechtsanwalt lediglich eine Vergütung von 15 EUR brutto (!) (vgl. VV 2500 RVG) durch den Mandanten und weitere 38,50 EUR (vgl. VV 2501 RVG) zuzüglich Mehrwertsteuer aus der Staatskasse zusprechen. Hierbei ist zunächst anzumerken, dass ein Rechtsanwalt zwar nicht verpflichtet ist, Prozesskostenhilfemandate anzunehmen, berufsrechtlich ihn aber wohl die Pflicht trifft, ein Beratungshilfemandat anzunehmen und nicht abzulehnen (vgl. § 49a Abs. 1 S. 1 BRAO i.V.m. § 16a Abs. 3 BORA).

53 Im Falle einer Beschwerde würde ein Rechtsanwalt also Probleme mit seiner Kammer bekommen, wenn er beispielsweise einen um Hilfe suchenden Mandanten mit Beratungshilfeschein mit den Worten zurückweisen würde, Patientenverfügung und Ähnliches erstelle er grundsätzlich nicht für ein Beratungshilfehonorar. Wenn der Gesetzgeber und die Rechtsprechung nun einmal festgelegt haben, dass die Erstellung von solchen Entwürfen als Beratung abzurechnen ist, so ist es nicht fernliegend, darin auch die Verpflichtung zu sehen, entsprechende Beratungshilfemandate zu den oben genannten Gebühren anzunehmen.

54 In der Praxis sind allerdings bislang keine Fälle bekannt geworden, wo ein Mandant mit einem Beratungshilfeschein die Erstellung einer Patientenverfügung oder einer Vorsorgevollmacht verlangt hätte. Im Zweifel wird man dies – hier einmal zugunsten der Anwaltschaft – darauf zurückführen können, dass die Rechtspfleger bei den Gerichten in jüngster Zeit äußerst restriktiv bei der Austei-

---

24 Vgl. BGH AGS 2018, 165 ff.; *Schneider*, AGS 2018, 169, jetzt ebenso BGH, Urt. v. 15.4.2021 – IX ZR 147/20, AnwBl. Online 2021, 680.

lung von Beratungshilfescheinen verfahren und Hilfesuchende in der Regel darauf verweisen, dass sie auch bei anderen Stellen, sprich bei nichtanwaltlichen Stellen, entsprechende Hilfestellung erlangen können.

Angesichts der oben kurz erwähnten, wenn auch kritisierten Angebote, die preiswert oder fast unentgeltlich auf standardisierte Formulare gerichtet sind, dürfte der rechtsuchende Bürger in der Regel auf solche Möglichkeiten verwiesen werden.

C. Notargebühren

I. Vorüberlegungen

Es wurde bereits angesprochen, dass der Mandant die Wahl hat, eine Vorsorgevollmacht mit Patientenverfügung oder ohne durch einen Rechtsanwalt entwerfen und erstellen zu lassen, ohne dass es anschließend der notariellen Beurkundung oder einer Unterschriftsbeglaubigung bedarf. Dies gilt freilich mit der Einschränkung, dass die Verbindung von Vorsorgevollmacht und Patientenverfügung mit einer Generalvollmacht jedenfalls in den Fällen einer anschließenden notariellen Beurkundung zwingend bedarf, wo Grundvermögen vorhanden ist und die Generalvollmacht naturgemäß auch zur Veräußerung oder Belastung von Grundbesitz berechtigen soll. Ansonsten bedarf die Vorsorgevollmacht keiner besonderen Form, allenfalls ist Schriftform erforderlich, wo das Gesetz es vorsieht (vgl. etwa §§ 1829, 1831 BGB; s.a. §§ 1904 Abs. 2 S. 2, 1906 Abs. 5 S. 1 BGB a.F. bis 31.12.2022). Aber dem Schriftformerfordernis wird ja ohnehin durch den anwaltlich erstellten Entwurf Genüge getan. 55

In der Literatur wird jedoch zur Feststellung der Identität des Vollmachtgebers vielfach die notarielle Unterschriftsbeglaubigung – wenigstens – empfohlen, wobei die bloße Unterschriftsbeglaubigung den Amtspflichten des Notars nicht mehr genügen soll.[25] In der Literatur hält man demgemäß grundsätzlich die notarielle Beurkundung für vorzugswürdig, da hiermit wichtige Feststellungen zur Frage der Geschäftsfähigkeit (§ 11 Abs. 1 BeurkG) des Vollmachtgebers und die Vermutungswirkung der Urheberschaft verbunden ist. Schließlich wird auch auf die §§ 311b Abs. 1, Abs. 3, 492 Abs. 4 S. 2 BGB, auf die notariellen Belehrungspflichten und nicht zuletzt auf die Möglichkeit des Herstellens von Ausfertigungen für eine Mehrzahl von Bevollmächtigten verwiesen.[26] 56

Sucht der Mandant, wie es in der Praxis recht häufig in jüngster Vergangenheit der Fall ist, unmittelbar einen Notar auf, so nimmt er zunächst dessen ebenfalls geschuldete Beratungstätigkeit in Anspruch und lässt sich in der Regel – wenn 57

---

25 Vgl. *Langenfeld*, ZEV 2003, 449, 450.
26 Vgl. hierzu *Reetz*, Beck'sches Notarhandbuch, S. 1255 f. Rn 83.

ein Entwurf nicht bereits vorhanden ist – nach dem Beratungsgespräch von dem Notar, der für die Beurkundung vorgesehen ist, einen ersten Entwurf zur Ansicht und Überprüfung übersenden. Eines Preisgespräches – wie bei Anwälten notwendig –, bedarf es hier nicht, da der Notar verpflichtet ist, seine Tätigkeit nach den Vorschriften des GNotKG abzurechnen.

58 Weder eine Überschreitung noch eine Unterschreitung der gesetzlichen Gebühren ist erlaubt, und kommt es bei der Abrechnung zu Fehlern, seien sie unbeabsichtigt oder beruhen sie auf einer – unzulässigen – Vergütungsvereinbarung zwischen Mandant und Notar, wird der Notar gegebenenfalls zu einem späteren Zeitpunkt im Rahmen einer regelmäßig stattfindenden Notarprüfung aufgefordert, fehlerhafte Kostenberechnungen aufzuheben und eine neue zu erstellen, wobei zuviel gezahlte Beträge rückzuerstatten und zu wenig in Rechnung gestellte Beträge nachzufordern sind.

59 Den Vollzug dieser Maßnahmen hat der Notar anschließend der Aufsichtsbehörde gegenüber anzuzeigen und zu bestätigen. Suchen die Mandanten einen Notar auf, ohne bereits einen vorgefertigten Text in den Händen zu haben, so werden sie im Zweifel von dem Notar nicht nur die Erstellung des Entwurfes, sondern auch die spätere Beurkundung erwarten. Die Mühewaltung bei der Erstellung des Entwurfs der späteren Urkunde wird mit den Beurkundungsgebühren abgegolten, verursacht demgemäß keine zusätzlichen Kosten. Kommt es nach Erstellung des notariellen Entwurfs – aus welchen Gründen auch immer – später doch nicht zu einer Beurkundung bei diesem Notar, so können nach den Vorschriften des GNotKG dem Mandanten die gleichen Gebühren in Rechnung gestellt werden, wie bei der dann doch unterbliebenen Beurkundung, wenngleich dem Notar hier für die Erstellung des Entwurfes Abschläge erlaubt sind. Eine **Reduzierung** des Gebührensatzes auf die Hälfte der Beurkundungsgebühr, wie noch in § 145 Abs. 3 KostO vorgesehen, erfolgt allerdings nicht mehr. Vielmehr kommt der Gebührensatzrahmen zur Anwendung (vgl. Nr. 24101 KV GNotKG). In den Fällen der **vollständigen** Entwurfserstellung ist jedoch stets der Höchstsatz anzunehmen (§ 92 Abs. 2 GNotKG).[27]

60 Es bleibt die Frage, wie das Mandatsverhältnis hinsichtlich der Erstellung einer Vorsorgevollmacht und Patientenverfügung zu bewerten ist, wenn ein Anwaltsnotar aufgesucht wird. Hier ist zu beachten, dass die Erstellung von Urkundsentwürfen, die Beratung der Beteiligten und erst recht die Vertretung von Beteiligten vor Gerichten und Verwaltungsbehörden in den notariellen Zuständigkeitsbereich fallen, wobei sie aber in gleicher Weise auch von Rechtsanwälten wahrgenommen werden können. Schon wegen der jeweils unterschiedlichen Berufspflichten sowie der differenzierten Haftungs- und Kostenfolgen muss im Einzelfall eindeutig klar sein, ob der Anwaltsnotar in seiner Eigenschaft als

---

27 Vgl. „Streifzug durch das GNotKG" Notarkasse A.d.ö.R. München, 12. Aufl. 2017, Rn 3523.

Schons

Rechtsanwalt oder in seiner Eigenschaft als Notar tätig wird. Es ist also seine Aufgabe, rechtzeitig und bei Beginn seiner Tätigkeit gegenüber den Beteiligten klarzustellen, ob er als Rechtsanwalt oder als Notar tätig wird (vgl. die Richtlinien der Notarkammern gemäß § 67 Abs. 2 BNotO).

Soweit eine solche Klärung – pflichtwidrig – nicht herbeigeführt wird, hilft noch die Vermutung von § 24 Abs. 2 BNotO, wonach Notartätigkeit im Zweifel betroffen ist, wenn die Handlungen dazu bestimmt sind, Amtsgeschäfte der in den §§ 20–23 BNotO bezeichneten Art vorzubereiten oder auszuführen sind. Im Übrigen ist im Zweifel anzunehmen, dass der Anwaltsnotar als Rechtsanwalt tätig wird.[28] Auf die Klärung solcher Zweifelsfragen sollte man sich als verantwortungsbewusster Berater jedoch nie verlassen, sondern – wie vom Gesetzgeber erwartet und hier auch empfohlen – vorab klarstellen, ob man hier als Notar oder Anwalt tätig werden will. 61

Die soeben erteilten Überlegungen und Hinweise dürften in der Praxis eher selten ein Problem darstellen. Wer als Anwaltsnotar angesprochen die erschienenen Mandanten pflichtbewusst über die fehlende Notwendigkeit einer Beurkundung ebenso aufklärt wie über die Vorzugswürdigkeit einer Beurkundung und die damit verbundenen Kosten, wird in der Regel das Mandat als Notar und nicht als Rechtsanwalt erhalten. 62

II. Die Kosten der notariellen Tätigkeit (Notarvergütung)

1. Unterschriftsbeglaubigung oder Beurkundung?

Erscheint der Mandant in der Praxis des Notars mit einer ausformulierten Urkunde, die Vorsorgevollmacht und Patienten- und Betreuungsverfügung beinhaltet, stellt sich die Frage, ob der Mandant die preiswerte Unterschriftsbeglaubigung in Auftrag gibt (Unterschriftsbeglaubigung ohne Entwurf) oder den vorgefertigten Text in die notarielle Beurkundung einbringen will. Im letzteren Fall ist der Notar selbst verständlich nicht davon entbunden, den ihm zur Verfügung gestellten Entwurf auf die Wirksamkeit der Regelungen und auf etwaige Gefahren zu überprüfen. 63

Trotz anwaltlicher Vorbereitungen trifft ihn, wenn er beurkundet, in jedem Fall eine Sekundärhaftung. § 19 BNotO sieht die persönliche Haftung des Notars nur insoweit vor, wie der Geschädigte nicht auf andere Weise Ersatz verlangen kann (vgl. § 19 Abs. 1 S. 2 BNotO). Wird vom Notar also ein ihm vorgegebener Entwurf beurkundet, den ein Rechtsanwalt erstellt hat, so kann der Mandant zunächst mit Ersatzansprüchen an diesen anwaltlichen Berater verwiesen werden. 64

---

28 Vgl. hierzu *Reithmann*, ZNotP 1999, 142.

65 Die reine Unterschriftsbeglaubigung ohne Entwurf bietet zumindest kostenmäßig dem Mandanten einen Vorteil, da hier lediglich wie folgt abzurechnen ist:

Rechenbeispiel

Vorsorgevollmacht und Patienten- und Betreuungsverfügung

Notarkostenberechnung gem. § 19 GNotKG

KV 25100 Beglaubigung einer Unterschrift oder eines Handzeichens Geschäftswert § 35: 255.000 EUR (§§ 121, 98 GNotKG Vollmacht 250.000 EUR (Aktivvermögen 500.000 EUR hiervon 50 %) (§§ 121, 36 Abs. 2, Abs. 3 GNotKG Patienten- und Betreuungsverfügung, 5.000 EUR)	70,00 EUR
KV 32005 Post- und Telekommunikationspauschale	14,00 EUR
Zwischensumme netto	84,00 EUR
KV 32014 Umsatzsteuer 19 %	15,96 EUR
Summe	**99,96 EUR**

66 Anders verhält es sich in den seltenen und eher wohl nur theoretischen Fällen, bei denen der Notar gebeten wird, einen Text zu entwerfen, um anschließend lediglich die Unterschrift zu beglaubigen. Hier ist wie folgt abzurechnen:

Rechenbeispiel

Vorsorgevollmacht und Patienten- und Betreuungsverfügung

Notarkostenberechnung gem. § 19 GNotKG

KV 24101 Fertigung eines Entwurfs Geschäftswert § 35: 505.000 EUR (§§ 119, 98 GNotKG Vollmacht 500.000 EUR (Aktivvermögen 1.000.000 EUR hiervon 50 %)	1.015,00 EUR
KV 32005 Post- und Telekommunikationspauschale	20,00 EUR
Zwischensumme netto	1.035,00 EUR
KV 32014 Umsatzsteuer 19 %	196,65 EUR
zu zahlender Betrag	**1.231,65 EUR**

67 Wird ein Notar aufgesucht oder die Hilfe eines Anwaltsnotars in seiner Funktion als Notar in Anspruch genommen, kommt es in der Regel nach dem ohnehin geschuldeten ausführlichen Beratungsgespräch auch zu einer Beurkundung, die zunächst die Frage aufwirft, ob das, was der Mandant wünscht, in **einer** Urkunde oder in **mehreren** Urkunden niedergelegt werden soll.

Kein Problem stellt es dar, wenn der Mandant – aus welchen Gründen auch 68
immer – nach Aufklärung auf eine Generalvollmacht verzichtet und es ihm nur
auf eine Vorsorgevollmacht nebst Patientenverfügung ankommt. Allerdings ist
hier zu beachten, dass auch eine Vorsorgevollmacht im Einzelfall und aufgrund
des Beratungsergebnisses einer unbeschränkten Generalvollmacht nahekommen
kann, so dass man in diesen Fällen von dem nach § 98 Abs. 3 GNotKG maßgebenden halben Vermögenswert (Aktivwert ohne Schuldenabzug, § 38 GNotKG)
des Vollmachtgebers ausgehen muss. Allerdings sind nach der Rechtsprechung
hier durchaus Abschläge erlaubt, wenn der Vorsorgecharakter überwiegt.[29]

Ist hingegen der Auftrag neben der Erstellung einer Vorsorgevollmacht mit Patientenverfügung auch auf eine Generalvollmacht gerichtet, gilt es zu klären, ob 69
die vermögensrechtliche Generalvollmacht in einer Urkunde mit der Vorsorgevollmacht nebst Patientenverfügung verbunden werden soll oder ob der Mandant
eine getrennte Beurkundung wünscht. So kann es durchaus sein – dieses Thema
sollte der Berater von sich aus ansprechen –, dass der Vollmachtgeber es nicht
für wünschenswert hält, einer Bank oder den Beteiligten eines Grundstückskaufvertrages bei Verwendung der Vollmacht zu offenbaren, welche Vorkehrungen
er im Sinne einer Patientenverfügung und welche Vollmachten er im nichtvermögensrechtlichen Bereich erteilt hat. Erklärt der Auftraggeber, dass ihm dies völlig
gleichgültig sei, so wird der Notar – dem Gebot des kostengünstigen Weges
folgend – die beiden (Vollmacht nebst Patientenverfügung) in einer Urkunde zu
verbinden haben.

Die kostenrechtlichen Vorteile einer Verbindung im Gegensatz zur Einzelbeurkundung werden bei den Musterberechnungen näher dargestellt (vgl. Rdn 78 ff.).

2. Die Gegenstandswerte im Einzelnen

a) Generalvollmacht

Es ist bereits erwähnt worden, dass bei einer Generalvollmacht das halbe Aktivvermögen des Vollmachtgebers ohne Schuldenabzug in Betracht kommt (§ 98 70
Abs. 3 S. 2 GNotKG), wobei der Höchstwert auf 1 Million EUR beschränkt ist.
Während eine allein im Innenverhältnis zwischen Vollmachtgeber und Bevollmächtigten vereinbarte Verwendungsbeschränkung noch nicht zu einem Wertabschlag führt, können Einschränkungen in der Ausübungsbefugnis im Außenverhältnis jedoch unter Umständen zu solchen Abschlägen führen.[30]

---

29 Vgl. etwa OLG Stuttgart JurBüro 2000, 428, ZNotP 2001, 37; Korintenberg/*Tiedtke*,
GNotKG, § 98 Rn 21 ff.
30 Z.B. OLG Stuttgart JurBüro 2000, 428, ZNotP 2001, 37; Korintenberg/*Tiedtke*, GNotKG,
§ 98 Rn 21 ff.; *Renner*, NotBZ 2005, 45 ff.; *Bund*, JurBüro 2005, 622; *Bund*, RNotZ 2005,
559 f.

71 Ist beispielsweise die **reine Generalvollmacht** nur für den Fall gedacht, dass der Vollmachtgeber nicht mehr geschäftsfähig ist, wird die Generalvollmacht also vom Vorsorgecharakter geprägt, so sind hier ebenso Abschläge gerechtfertigt wie beim sog. Rückbehalt der Ausfertigung der Vollmachtsurkunde durch den Vollmachtgeber (vgl. hierzu das Grundmuster I § 6 Variante 2 in § 1 Rdn 8 dieses Werkes). Damit will man dem Umstand Rechnung tragen, dass die Vollmacht auch im Außenverhältnis erst zu einem späteren Zeitpunkt, nämlich mit Aushändigung der Vollmachtsurkunde bzw. mit Eintritt der Geschäftsunfähigkeit, dem Vollmachtnehmer erteilt bzw. ausgehändigt wird. In diesen Fällen wird es für vertretbar gehalten, dass der Notar nach billigem Ermessen anstelle des halben Wertes nur 40 % oder 30 % des Aktivvermögens in Ansatz bringt.[31] Erst anschließend stellt sich die Frage nach dem Höchstbetrag gemäß § 98 Abs. 4 GNotKG, der den Gegenstandswert auf 1 Million EUR deckelt.

72 **Beispiel 1**

Der Notar beurkundet isoliert eine Generalvollmacht ohne jegliche Beschränkungen im Innenverhältnis und weist den Notar an, die für den Vollmachtnehmer gedachte Ausfertigung unmittelbar an diesen zu versenden bzw. auszuhändigen.

Da hier keinerlei Einschränkungen feststellbar sind, ist beim Gegenstandswert der halbe Vermögenswert (Aktivvermögen 500.000 EUR) ohne Abzug von Schulden in Ansatz zu bringen.

Generalvollmacht ohne jegliche Beschränkungen

Notarkostenberechnung gem. § 19 GNotKG

KV 21200 Beurkundungsverfahren § 98 GNotKG Geschäftswert: 250.000 EUR	535,00 EUR
KV 32001 Dokumentenpauschale (s/w) – 5 Seiten –	0,75 EUR
KV 32005 Post- und Telekommunikationspauschale	20,00 EUR
Zwischensumme netto	555,75 EUR
KV 32014 Umsatzsteuer 19 %	105,59 EUR
zu zahlender Betrag	**661,34 EUR**

---

31 Vgl. etwa Schneider/Volpert/Fölsch/*Fackelmann*, Gesamtes Kostenrecht, Justiz, Anwaltschaft, Notariat, Kapitel 3, § 98 GNotKG Rn 15.

Beispiel 2 73

Hier wird die Generalvollmacht im Innenverhältnis dahingehend eingeschränkt, dass eine Verwendung durch den Vollmachtnehmer nur dann erfolgen soll, wenn Gründe für eine Betreuerbestellung vorliegen. Weiterhin bestimmt der Vollmachtgeber, dass die für den Vollmachtnehmer bestimmte Ausfertigung zu seinen Händen (den Händen des Vollmachtgebers) zu versenden ist, und dem Notar wird untersagt, dem Bevollmächtigten ohne Zustimmung des Vollmachtgebers weitere Ausfertigungen zu erteilen.

Hier wäre es gerechtfertigt, Abschläge vorzunehmen und bei dem Gegenstandswert lediglich 40 % des eine halbe Million betragenden Vermögens ohne Schuldenabzug in Ansatz zu bringen, mithin 200.000 EUR.

Generalvollmacht mit Beschränkungen

Notarkostenberechnung gem. § 19 GNotKG

KV 21200 Beurkundungsverfahren § 98 Abs. 3 GNotKG Geschäftswert: 200.000 EUR	435,00 EUR
KV 32001 Dokumentenpauschale (s/w)	0,75 EUR
KV 32005 Post- und Telekommunikationspauschale	20,00 EUR
Zwischensumme netto	455,75 EUR
KV 32014 Umsatzsteuer 19 %	86,59 EUR
zu zahlender Betrag	**542,34 EUR**

Wird in einer Urkunde die Vorsorgevollmacht mit einer Patienten- oder Betreuungsverfügung verbunden, was regelmäßig der Fall ist, wenn nicht gleich eine Generalvollmacht mitbeurkundet wird, so ist § 110 Nr. 3 GNotKG zu beachten, wonach hinsichtlich der Vollmacht und der Patienten- oder Betreuungsverfügung Gegenstandsverschiedenheit besteht. Beides muss also gesondert bewertet werden und die Werte sind dann aufzuaddieren. 74

Demgegenüber haben Patienten- und Betreuungsverfügungen nach § 109 Abs. 2 S. 1 Nr. 1 GNotKG untereinander denselben Beurkundungsgegenstand. Dies zieht folgende Vorgehensweise nach sich: 75

Zunächst ist der Gegenstandswert für die reine Vorsorgevollmacht (im Regelfall ist dort die Ausführung der Betreuungs- oder Patientenverfügung betroffen) festzulegen, wobei § 98 Abs. 3 S. 3 GNotKG 5.000 EUR als Auffangwert zur Verfügung stellt, der jedoch nur dann in Ansatz zu bringen ist, wenn keine genügenden Anhaltspunkte für eine Wertermittlung vorhanden sind.

Ist eine konkrete Wertbestimmung wie in § 36 Abs. 2, 3 GNotKG möglich, so können auch die Vermögens- und Einkommensverhältnisse des Vollmachtgebers mit einbezogen werden. In welcher Form und in welchem Umfang dies geschieht, wird im GNotKG nicht geregelt, sodass man sich an der Literatur zu orientieren 76 hat. Erste Vorschläge gehen dahin, bei bekannten höheren Vermögens- und Einkommensverhältnissen den Auffangwert moderat und sukzessiv auf bis zum 10-fachen Auffangwert zu erhöhen oder aber direkt an das Vermögen des Vollmachtgebers anzuknüpfen und hierbei einen Teilwert von 10–20 % in Ansatz zu bringen.[32]

77 Der gesondert zu berechnende Gegenstandswert für die Betreuung- und Patientenverfügung kann in „Normalfällen" gemäß § 36 Abs. 3 GNotKG wiederum mit 5.000 EUR und Ansatz gebracht werden. Auch hier sind jedoch höhere Werte möglich, wenn es die Vermögens- und Einkommensverhältnisse des Vollmachtgebers erlauben.

In Erinnerung ist zu rufen, dass bei der Betreuung- und Patientenverfügung der Wert gemäß § 109 Abs. 2 S. 2 GNotKG nur einmal anzusetzen ist (siehe oben Rdn 75), da derselbe Gegenstand betroffen ist.

78 **Beispiel 3**

Der Notar beurkundet eine Vorsorgevollmacht mit Patienten- und Betreuungsverfügung, wobei bei dem Mandanten keine besonderen Einkommen- oder Vermögensverhältnisse festzustellen sind:

Vorsorgevollmacht (ausschließlich für persönliche Angelegenheiten) mit Patienten- und Betreuungsverfügung

Notarkostenberechnung gem. § 19 GNotKG

KV 21200 Beurkundungsverfahren Geschäftswert § 35: 10.000 EUR (§ 98 Abs. 3 S. 3 GNotKG Vollmacht 5.000 EUR (§§ 97, 36 Abs. 2, Abs. 3 GNotKG Patienten- und Betreuungsverfügung, 5.000 EUR)	75,00 EUR
KV 32001 Dokumentenpauschale (s/w)	0,75 EUR
KV 32005 Post- und Telekommunikationspauschale	15,00 EUR
Zwischensumme netto	90,75 EUR
KV 32014 Umsatzsteuer 19 %	17,24 EUR
zu zahlender Betrag	**107,99 EUR**

---

32 OLG Hamm FamRZ 2006, 875; Korintenberg/*Tiedtke*, GNotKG, § 98 Rn 24; *Seebach*, RNotZ 2015, 342; *Bund*, JurBüro 2004, 173, 176; *Renner*, NotBZ 2005, 45; *Diehn/Sikora/Tiedtke*, Das neue Notarkostenrecht, 2013, Rn 853, 854; *Diehn*, Notarkostenberechnungen, 7. Aufl. 2021, Rn 1326; *Fackelmann*, Notarkosten nach dem neuen GNotKG, 1. Aufl. 2013, Rn 912; allerdings offengelassen.

Schons

Beispiel 4

Anders als Beispiel 3 verfügt der Mandant über ein Barvermögen i.H.v. 500.000 EUR (Aktivvermögen), was es rechtfertigt, über den Auffangwert von 5.000 EUR hinauszugehen und hier 10 % des Vermögens in Ansatz zu bringen (siehe oben Rdn 77).

Vorsorgevollmacht (ausschließlich für persönliche Angelegenheiten) mit Patienten- und Betreuungsverfügung

Notarkostenberechnung gem. § 19 GNotKG

KV 21200 Beurkundungsverfahren Geschäftswert § 35 GNotKG: 55.000 EUR (§ 98 Abs. 3 S. 3 GNotKG Vollmacht 50.000 EUR (§§ 97, 36 Abs. 2, Abs. 3 Patienten- und Betreuungsverfügung, 5.000 EUR)	192,00 EUR
KV 32001 Dokumentenpauschale (s/w)	0,75 EUR
KV 32005 Post- und Telekommunikationspauschale	20,00 EUR
Zwischensumme netto	212,75 EUR
KV 32014 Umsatzsteuer 19 %	40,42 EUR
zu zahlender Betrag	**253,17 EUR**

b) Generalvollmacht kombiniert mit Vorsorgevollmacht nebst Patienten- und Betreuungsverfügung

Der Notar wird beauftragt, in einer einheitlichen Urkunde dem Bevollmächtigten eine Generalvollmacht und eine Vorsorgevollmacht nebst Betreuungs- und Patientenverfügung zu errichten. Hinsichtlich der Betreuungs- und Patientenverfügung kann auf die obigen Ausführungen verwiesen werden (siehe Rdn 75, 77). Diese sind gegenstandsgleich und sollen bei der nachfolgenden Berechnung lediglich mit 5.000 EUR in Ansatz gebracht werden, da die Einkommens- und Vermögensverhältnisse einen höheren Gegenstandswertansatz nicht erlauben.

Gesondert zu bewerten sind Generalvollmacht und Vorsorgevollmacht, wobei hier ein zusätzlicher Wertansatz für den Teil „nicht vermögensrechtliche Vorsorgevollmacht" ausscheidet, da schon bei der Vermögensvollmacht der halbe Wert des Vermögens – ohne Schuldenabzug – die äußerste Grenze für die Geschäftswertbewertung darstellt.[33]

---

33 Siehe auch *Bund*, JurBüro 2005, 624; OLG Frankfurt a.M. MittbayNot 2007, 344 = ZNotP 2007, 237.

Bei einem unterstellten Aktivvermögen von 600.000 EUR des Vollmachtgebers ergibt sich dann folgende Berechnung:

> **Rechenbeispiel**
>
> **Generalvollmacht kombiniert mit Vorsorgevollmacht nebst Patienten- und Betreuungsverfügung**
>
> Notarkostenberechnung gem. § 19 GNotKG
>
> | | |
> |---|---:|
> | KV 21200 Beurkundungsverfahren (§ 98 Abs. 3 S. 3 GNotKG Vollmacht 300.000 EUR (§§ 97, 36 Abs. 2, Abs. 3 GNotKG Patienten- und Betreuungsverfügung, 5.000 EUR) | 635,00 EUR |
> | KV 32001 Dokumentenpauschale (s/w) | 0,75 EUR |
> | KV 32005 Post- und Telekommunikationspauschale | 20,00 EUR |
> | Zwischensumme netto | 655,75 EUR |
> | KV 32014 Umsatzsteuer 19 % | 124,59 EUR |
> | **zu zahlender Betrag** | **780,34 EUR** |

82 In der Regel und meistens auch auf Wunsch der aufgeklärten Beteiligten wird der Notar auch die Kerndaten der Vorsorgevollmacht bei dem Zentralen Vorsorgeregister anmelden (vgl. hierzu § 9 Rdn 4 ff. sowie Rdn 9). Hat der Notar die Vollmacht mit den übrigen Bestimmungen beurkundet, ist die mit der Anmeldung verbundene Tätigkeit in den Beurkundungsgebühren enthalten; ansonsten kann er – etwa wenn er nur die Unterschrift beglaubigt – noch eine Vollzugsgebühr (KV 22124 GNotKG) in Höhe von 20 EUR zzgl. KV 32005 GNotKG Post- und Telekommunikationspauschale und Mehrwertsteuer in Rechnung stellen.

§ 9 Verwahrung, Registrierung und Ablieferung

Übersicht:	Rdn		Rdn
A. Vorüberlegungen	1	D. Ablieferungs- und Unterrichtungspflicht	15
B. Registrierung beim Zentralen Vorsorgeregister	4	I. Grundsatz	15
I. Allgemeines	4	II. Bestimmungen für Betreuungsverfügungen (Ablieferungspflicht)	16
II. Registrierungsfähige Daten	8		
III. Gebühren	9	III. Besonderheiten für Vollmachten (Unterrichtungspflicht)	20
IV. Auskunftsberechtigung	10		
C. Verwahrung	13	IV. Verfahren	22

A. Vorüberlegungen

Für den Ernstfall muss sichergestellt sein, dass zum einen der Bevollmächtigte Kenntnis von der und Zugriff auf die Vorsorgeverfügung hat bzw. das Betreuungsgericht Kenntnis von einer Betreuungsverfügung bzw. Vorsorgevollmacht erhält. So ist eine Betreuung nicht erforderlich, soweit die anstehenden Angelegenheiten durch einen Bevollmächtigten besorgt werden können (§ 1814 Abs. 3 Nr. 2 BGB; § 1896 Abs. 2 BGB a.F.). Anderenfalls hat bei einer erforderlichen Einrichtung einer Betreuung das Betreuungsgericht grundsätzlich zu beachten, welche Person zum Betreuer entsprechend der Betreuungsverfügung bestellt werden soll. 1

Bis auf die Registrierung der Kerndaten der Vollmacht bei dem Zentralen Vorsorgeregister bestehen keine vom Gesetzgeber geschaffenen Möglichkeiten zur Verwahrung. Daher muss der Vollmachtgeber selbst sicherstellen, dass im Falle des Falles seine Anordnungen aus der Vorsorgeverfügung beachtet und umgesetzt werden. Er sollte selbst dafür Sorge tragen, dass sein Umfeld „Bescheid" weiß. Zur Vermeidung von Vollmachtsmissbrauch ist es empfehlenswert, dem Bevollmächtigten nicht sogleich ein Original der Unterschriftsbeglaubigung bzw. eine Ausfertigung der beurkundeten Vollmacht auszuhändigen. Der Unterzeichner empfiehlt seinen Mandanten, solche Originale bzw. Ausfertigungen in der eigenen Wohnung aufzubewahren, etwa in einem roten Ordner. Die Bevollmächtigten bzw. dritte Vertrauenspersonen müssen aber genau wissen, wo in der Wohnung diese Dokumente zu finden sind. Vielleicht ist alles Wichtige in einem roten Aktenordner abgeheftet. Der Vollmachtgeber kann sich dann jeden Tag vergewissern, dass die Originale bzw. die Ausfertigungen seinem ausschließlichen Zugriff unterliegen. In dieser Zeit kann er schließlich nicht vertreten werden. 2

Unabhängig davon kann auch angedacht werden, dass der Vollmachtgeber in seinem Portemonnaie im Scheckkartenformat Hinweise auf seine Vorsorgeverfügungen mit sich trägt. Im Falle eines Unfalles können so die Vertrauenspersonen kontaktiert werden. Andernfalls können weitere Daten über die Abfrage durch 3 ein Betreuungsgericht in dem Zentralen Vorsorgeregister erlangt werden. Voraussetzung dazu ist selbstverständlich, dass die Vorsorgeverfügung dort registriert wurde.

> **Praxishinweis**
>
> Einstweilen wird sogar empfohlen, die gesamte Patientenverfügung, ggf. auch mit der Vollmacht für den nicht vermögensrechtlichen Teil, in Kleinschrift ausgedruckt stets bei sich zu tragen.

B. Registrierung beim Zentralen Vorsorgeregister

I. Allgemeines

4   Aufgrund der §§ 78a–78c BNotO und der Vorsorgeregister-Verordnung ist das Zentrale Vorsorgeregister eingerichtet worden; es ist bei der Bundesnotarkammer angesiedelt. Nachdem seit „Inbetriebnahme" am 1.3.2005 nur die Registrierung von Vorsorgevollmachten (§ 1 VRegV) möglich war, können seit dem 1.9.2009 auch Betreuungsverfügungen (§ 10 VRegV) registriert werden. Unabhängig von ihrer Form können die Kerndaten von Vorsorgevollmachten und Betreuungsverfügungen hinterlegt werden.

> **Hinweis**
>
> Zumindest bei der Beurkundung einer Vorsorgeverfügung ist der Notar gemäß § 20a BeurkG verpflichtet, auf die Registrierungsmöglichkeit hinzuweisen. Nach der hier vertretenen Auffassung trifft diese Pflicht den Notar bzw. die Betreuungsbehörde auch bei einer bloßen Unterschriftsbeglaubigung.

5   Isolierte **Patientenverfügungen** können **nicht registriert** werden. Wenn es sich bei diesen allerdings um einen Bestandteil einer Vorsorgevollmacht oder einer Betreuungsverfügung handelt, werden Patientenverfügungen mit registriert, da es sich dabei um eine Anweisung an den Vollmachtgeber bzw. an den Betreuer handelt.[1]

6   Von besonderer Bedeutung ist auch, dass der **Widerruf einer Vorsorgevollmacht** registriert werden kann. Dies ist auch dringend zu empfehlen, da ansonsten bei einem Abruf ein Betreuungsgericht irrtümlicherweise von dem Bestehen einer Vorsorgevollmacht bzw. Betreuungsverfügung ausgehen könnte.

7   Für die Registrierung ist ein **Antrag** erforderlich, der von dem Vollmachtgeber persönlich, aber auch durch einen Notar, einen Rechtsanwalt oder eine Betreuungsbehörde gestellt werden kann (§ 2 Abs. 1 S. 1 VRegV). Notare und Rechtsan-

---

1 NK-NachfolgeR/*Gutfried*, 2. Aufl. 2018, § 78a a.F. BNotO Rn 6; Rudolf/Bittler/Roth/*Hack*, Vorsorgevollmacht, § 5 Rn 13.

wälte können sich als institutionelle Nutzer registrieren lassen, was ermäßigte Gebühren bedeutet (§ 4 VRegGebS). Die Registrierung kann sowohl online als auch schriftlich erfolgen.

II. Registrierungsfähige Daten

Von dem Vollmachtgeber können dessen Familienname, Geburtsname, Vorname, Geschlecht, Geburtsdatum, Geburtsort und Anschrift (Straße, Hausnummer, Postleitzahl, Ort) berücksichtigt werden (§ 1 VRegV). Entsprechendes gilt für den Bevollmächtigten, aber mit Ausnahme des Geschlechts und des Geburtsorts, dafür aber zusätzlich mit einer Telefonnummer. Seit dem 1.1.2023 kann auch eine E-Mail-Adresse bei dem Vollmachtgeber eingetragen werden (§ 1 Abs. 1 Nr. 1 lit. h VRegV). Ferner können das Datum der Errichtung der Vollmachtsurkunde und der Aufbewahrungsort sowie bei einer öffentlich beglaubigten oder notariell beurkundeten Vollmacht die Urkundenrollennummer, das Urkundsdatum sowie die Bezeichnung des Notars und die Anschrift seiner Geschäftsstelle hinterlegt werden. Auch können ab dem 1.1.2023 die Widersprüche gegen eine Vertretung durch den Ehegatten nach § 1358 BGB eingetragen werden (§ 1 Abs. 1 Nr. 7 VRegV). Rechtsgrundlage ist § 1 Nr. 1, Nr. 2, Abs. 2 VRegV. Darüber hinaus können Angaben dazu registriert werden, ob die Vollmacht erteilt wurde zur Erledigung von Vermögensangelegenheiten und von Angelegenheiten der Gesundheitssorge und ob ausdrücklich Maßnahmen nach § 1829 BGB (§ 1904 Abs. 1 S. 1 BGB a.F.) umfasst sind, von Angelegenheiten der Aufenthaltsbestimmung und ob ausdrücklich Maßnahmen nach § 1831 BGB (§ 1906 Abs. 1, 3 und 4 BGB a.F.) umfasst sind sowie von sonstigen persönliche Angelegenheiten (§ 1 Abs. 1 Nr. 5 VRegV). Darüber hinaus sieht § 1 Abs. 1 Nr. 6 VRegV die Eintragung besonderer Anordnungen oder Wünsche vor, etwa über das Verhältnis mehrerer Bevollmächtigter zueinander, für den Fall, dass das Betreuungsgericht einen Betreuer bestellt, und hinsichtlich Art und Umfang der medizinischen Versorgung.

Bis zum 31.12.2022 konnten nicht ausschließlich Patientenverfügungen registriert werden, sondern nur in Verbindung mit einer Vorsorgevollmacht bzw. mit einer Betreuungsverfügung. Durch Erweiterung des § 9 VRegV können nun auch die Kerndaten ausschließlicher Patientenverfügungen registriert werden.

III. Gebühren

Die **Gebühren** werden durch die Vorsorgeregister-Gebührensatzung (VRegGebS) geregelt, deren Gebühren zum 1.1.2022 angehoben wurden.[2] Bei persönlicher Übermittlung des Antrages fällt eine Gebühr von 26 EUR an (Reduzierung um 3 EUR bei elektronischem Antrag) und bei Übermittlung durch eine registrierte Person oder Einrichtung von 23,50 EUR (Reduzierung bei elektronischem

---

2 DNotZ 2021, 921.

Antrag um 5 EUR). Sollen weitere Bevollmächtigte registriert werden, erhöhen sich die Gebühren um jeweils 4 EUR (bei elektronischem Antrag um 3,50 EUR). Die Zurückweisung eines Antrages oder ein Antrag auf Änderung, Ergänzung oder Löschung löst dann keine Gebühr mehr aus (vormals 18,50 EUR).

Soweit Daten zur Person des Bevollmächtigten gespeichert werden, ist dessen Einwilligung erforderlich.[3] Hat ein Bevollmächtigter indes nicht schriftlich in die Speicherung seiner Daten eingewilligt, wird dieser von der Bundesnotarkammer darüber schriftlich unterrichtet (§ 4 VRegV).

IV. Auskunftsberechtigung

10 **Auskunftsberechtigt** sind Gerichte, dort natürlich die Betreuungsgerichte (§ 78b BNotO, § 6 VRegV). Der Abruf kann entweder schriftlich oder elektronisch auf Ersuchen des Betreuungsgerichts bzw. des Landesgerichts als Beschwerdegericht erfolgen. Bei besonderer Dringlichkeit ist ein gerichtliches Ersuchen auch fernmündlich möglich (§ 6 Abs. 2 VRegV).

Monatlich erfolgen bei dem Zentralen Vorsorgeregister ca. 20.000 Registerabfragen durch die Justiz. Zum 31.12.2021 umfasste die Datenbank 5.366.795 Eintragungen, davon 358.742 neue aus dem Jahr.[4]

11 Vollkommen zu Recht wird eine Auskunftserteilung auch an Ärzte und Krankenhäuser gefordert.[5] Schließlich könnte so schneller und auch am Wochenende festgestellt werden, ob es etwa einen Bevollmächtigten gibt.

> **Praxishinweis**
>
> Nach einer Registrierung versendet das zentrale Vorsorgeregister die ZVR-Card. Diese Karte fürs Portemonnaie enthält zunächst keine individuellen Eintragungen. Auf der Rückseite hat der Vollmachtgeber die Möglichkeit, seinen Namen, die Namen von bis zu zwei Bevollmächtigten sowie den Aufbewahrungsort der Urkunde handschriftlich einzutragen. Zudem kann er ankreuzen, ob er eine Vorsorgevollmacht, Betreuungsverfügung bzw. Patientenverfügung errichtet hat. Neben den Eintragungsgebühren fallen für die Erteilung einer ZVR-Card keine gesonderten Kosten an.

12 Es besteht zwar keine eindeutige Pflicht des Betreuungsgerichtes, bei dem Zentralen Vorsorgeregister anzufragen, ob eine Vorsorgevollmacht oder eine Betreuungsverfügung registriert ist. Jedoch wird sich die Abfragepflicht aus dem allge-

---

3 Lipp/*Lipp*, Vorsorgeverfügungen, § 5 Rn 11.
4 https://www.vorsorgeregister.de/fileadmin/user_upload_zvr/Dokumente/Jahresberichte_ZVR/2021-JB-ZVR.pdf, Abfrage am 1.6.2022.
5 Etwa NK-NachfolgeR/*Gutfried*, 2. Aufl. 2018, § 78b a.F. BNotO Rn 4; Müller-Engels/Braun/*Renner/Braun*, BetreuungsR, Kap. 2 Rn 651.

meinen Grundsatz der Amtsermittlung in der freiwilligen Gerichtsbarkeit nach § 26 FamFG ergeben.⁶

> **Hinweis**
>
> Als institutionelle Stellen können sich auch Anwälte beim Zentralen Vorsorgeregister, mithin der Bundesrechtsanwaltskammer, registrieren lassen (§ 4 Abs. 4 VRegGebS). Danach können sie die Kerndaten der Vorsorgeverfügungen ihrer Mandanten registrieren lassen.

C. Verwahrung

Es gibt keine staatliche Stelle, die für die bundesweite Verwahrung von Vorsorgevollmachten, Patientenverfügungen bzw. Betreuungsverfügungen zuständig ist. Es ist im Allgemeinen auch wenig sinnvoll, wenn die Dokumente im Original in zentralen Archiven verwahrt werden. Für ihren Gebrauch ist schließlich die Vorlage des Originals erforderlich. Daher ist es auch richtig, dass das bei der Bundesnotarkammer angesiedelte Zentrale Vorsorgeregister lediglich die Kerndaten registriert, nicht aber die Verfügungen als solches im Original verwahrt. Für die Verwahrung der Originale müssen daher individuelle Lösungen entwickelt werden. Am sinnvollsten erscheint es, dass die Originale bzw. Ausfertigungen bei den persönlichen Unterlagen des Vollmachtgebers verwahrt werden und Vertrauenspersonen davon Kenntnis haben, dass sie im Falle des Falles wissen, wo sie die Originale erlangen können. Wer das vollste Vertrauen in seine Bevollmächtigten hat, der kann ihnen sogleich ein Original bzw. eine Ausfertigung zukommen lassen.

13

In einigen Bundesländern bestand die Möglichkeit, Betreuungsverfügungen zu hinterlegen. Aufgrund der Einrichtung des Zentralen Vorsorgeregisters sind wohl landesrechtliche Regelungen aufgehoben worden.⁷

14

Unzählige private, auch kommerzielle Institutionen sind entstanden, die Registrierung und/oder Verwahrung vornehmen. In der Literatur werden diese teilweise – ohne Anspruch auf Vollständigkeit – aufgelistet.⁸ Ob die Nutzung einer solchen Dienstleistung sinnvoll und zweckmäßig ist, muss jeder selber entscheiden. Der Verfasser sieht ein solches Angebot kritisch, zumal in dem Zusammenhang oftmals auch die Konzipierung – durchaus anhand eines Fragenkatalogs auf einer Homepage – angeboten wird. Aufgrund der außerordentlichen Bedeutung von Vorsorgeverfügungen sollte jeder stets in Erwägung ziehen, sich

---

6 Lipp/*Lipp*, Vorsorgeverfügungen, § 5 Rn 15; Jurgeleit/*Kieß*, BetreuungsR, § 1901c a.F. Rn 42.
7 *Zimmermann*, Vorsorgevollmacht, Rn 216.
8 Rudolf/Bittler/Roth/*Hack*, Vorsorgevollmacht, § 5 Rn 14; Müller-Engels/Braun/*Renner*/ Braun, BetreuungsR, Kap. 2 Rn 663 f.; Jurgeleit/*Kieß*, § 1901c a.F. Rn 44.

durch einen Anwalt bzw. einen Notar individuell beraten zu lassen. *Renner*[9] äußert sich ebenfalls sehr kritisch und prognostiziert, dass die meisten dieser Register *„wohl kurz- und mittelfristig verschwinden"* werden.

D. Ablieferungs- und Unterrichtungspflicht

I. Grundsatz

15 Das Betreuungsgericht muss innerhalb eines Betreuungsverfahrens Kenntnis von einer Betreuungsverfügung bzw. von Dokumenten, die Wünsche des Betroffenen im Zusammenhang mit einer Betreuung beinhalten, erhalten. Deswegen normiert § 1816 Abs. 2 S. 4 BGB, dass derjenige, der von der Einleitung eines Verfahrens über die Betreuerbestellung Kenntnis erlangt und ein Dokument besitzt, in dem „Wünsche zur Auswahl des Betreuers oder zur Wahrnehmung der Betreuung enthalten sind, das Dokument dem Betreuungsgericht zu übermitteln hat. Wie bei der Vorgängernorm § 1901c BGB a.F. wird § 1816 Abs. 2 BGB über Schriftstücke hinaus analog anzuwenden sein, wenn sonstige Datenträger wie Disketten, USB-Stick, Videoband oder Tonband vergleichbar einem Schriftstück herausgegeben werden können.[10]

II. Bestimmungen für Betreuungsverfügungen (Ablieferungspflicht)

16 Diese **Pflicht** besteht, **sobald der Besitzer** des Schriftstückes **von der Einleitung des Betreuungsverfahrens Kenntnis erlangt** hat. Die Pflicht zur Ablieferung für den Besitzer entsteht erst ab dem Zeitpunkt, ab dem dieser positive Kenntnis[11] von der Einleitung eines Betreuungsverfahrens nach §§ 278 ff. FamFG erlangt hat. Nicht ausreichend ist die Kenntnis von der Betreuungsbedürftigkeit.[12] Die Ablieferungspflicht endet nicht mit Bestellung eines Betreuers, sondern dauert bis zur Aufhebung der Betreuung an.

17 Gemeint sind vor allem klassische Betreuungsverfügungen, mit denen der Betroffene **Vorschläge zur Auswahl der Person des Betreuers** an das Betreuungsgericht richtet (§ 1816 Abs. 2 BGB; § 1897 Abs. 4 BGB a.F.; siehe § 4 Rdn 33). Sofern die vorgeschlagene Person zum Betreuer bestellt werden kann, sind diese Vorschläge für das Gericht verbindlich (§ 1816 Abs. 2 BGB; § 1897 Abs. 3 BGB a.F.). Der Wunsch ist aber dann nicht verbindlich, wenn *„die gewünschte Person zur Führung ungeeignet"* ist (§ 1816 Abs. 2 S. 1 BGB). Mangelnde Eignung liegt insbesondere dann vor, wenn das Gericht anhand konkreter Tatsachen erhebliche

---

9 Müller-Engels/Braun/*Renner/Braun*, BetreuungsR, Kap. 2 Rn 663 f.
10 MüKo-BGB/*Schneider*, 8. Aufl. 2020, § 1901c a.F. Rn 3.
11 BeckOK BGB/*Müller-Engels*, 60. Ed. 1.8.2021, § 1901c a.F. Rn 5.
12 Jurgeleit/*Kieß*, § 1901c a.F. Rn 22.

Interessenkonflikte feststellt oder wenn ein Missbrauch eines zu der betroffenen Person bestehenden Vertrauensverhältnisses durch den potenziellen Betreuer konkret zu befürchten ist.[13]

Von der Ablieferungspflicht sind auch **Schriftstücke mit Wünschen des Betroffenen** hinsichtlich der Wahrnehmung der Betreuung umfasst (§ 1816 Abs. 2 S. 3 BGB; § 1901 Abs. 3 S. 2 BGB a.F.; siehe § 4 Rdn 29). Diese können sich etwa auf Gesundheitsangelegenheiten, auf Geld- und sonstige Vermögensangelegenheiten und den Aufenthalt bzw. eine etwaige Heimunterbringung des Betroffenen beziehen.[14] Damit sind auch **Patientenverfügungen** gemeint, die regelmäßig Wünsche über etwaige lebensverlängernde oder -erhaltende Maßnahmen enthalten. Zum einen müssen diese Wünsche dem Betreuer bekannt sein, zum anderen muss das Betreuungsgericht davon Kenntnis haben, wenn es etwa über die Genehmigung einer medizinischen (Zwangs-)Maßnahme zu entscheiden hat. Dagegen differenziert *Kieß*,[15] der eine Patientenverfügung als eine an einen Arzt gerichtete Erklärung ansieht, die nicht stets ablieferungspflichtig sei. Eine solche Patientenverfügung hätte für die Einleitung des Betreuungsverfahrens noch keine Relevanz. Abzuliefern sei dagegen eine Patientenverfügung, die Erklärungen zu Untersuchungen des Gesundheitszustandes, Heilbehandlungen oder ärztlichen Eingriffen für den Fall der Einwilligungsunfähigkeit enthält. Eine solche Patientenverfügung sei abzuliefern. *Roglmeier*[16] hält zutreffend pauschal Patientenverfügungen für ablieferungspflichtig. Darüber hinaus macht sie darauf aufmerksam, dass auch der Widerruf einer Betreuungsverfügung der Ablieferungsverpflichtung unterliegt.

18

Der **tatsächliche Besitzer** eines solchen Schriftstücks ist **ablieferungspflichtig**. Pflichtig ist der unmittelbare Besitzer (§ 854 BGB); in diesem Zusammenhang hat die Frage der Berechtigung zum Besitz keine Entscheidungserheblichkeit.[17] Dagegen ist die ggf. zu betreuende Person als Betroffene nicht selbst ablieferungspflichtig; so kann diese Person natürlich selbst entscheiden, ob sie das Schriftstück dem Betreuungsgericht aushändigen oder von dem Inhalt des Schriftstückes abweichen möchte.[18] Zu den Verpflichteten gehört auch ein Notar, der bei einer beurkundeten Betreuungsverfügung nicht die Urschrift als Original, sondern eine Ausfertigung abzuliefern hat.

19

---

13 Regierungsentwurf, BT-Drucks 19/24445, 237.
14 BeckOK BGB/*Müller-Engels*, 60. Ed. Stand 1.8.2021, § 1901c a.F. Rn 2.
15 Jurgeleit/*Kieß*, BetreuungsR, § 1901c a.F. Rn 7.
16 Kurze/*Roglmeier*, VorsorgeR, § 1901c a.F. Rn 16.
17 Bienwald u.a./*Bienwald*, BetreuungsR, § 1901c a.F. Rn 10.
18 Jurgeleit/*Kieß*, BetreungsR, § 1901c a.F. Rn 16.

Muster 9.1: Ablieferung einer Betreuungsverfügung an das Betreuungsgericht

Sehr geehrte Damen und Herren,

ich habe davon Kenntnis erhalten, dass für ▓▓▓, geboren am ▓▓▓, ein Betreuungsverfahren besteht. Herr ▓▓▓ hatte mir vor einigen Jahren die von ihm am ▓▓▓ unterzeichnete Betreuungsverfügung übergeben. Im Ernstfall sollte ich sie dann an das Betreuungsgericht senden. Daher liefere ich im Sinne von § 1901c BGB das Original dieser Betreuungsverfügung hiermit ab.

III. Besonderheiten für Vollmachten (Unterrichtungspflicht)

20 Das Betreuungsgericht ist über Vollmachten zu informieren. So normiert § 1820 Abs. 1 BGB (§ 1901c S. 1 BGB a.F.), dass derjenige, der von der Einleitung eines Verfahrens über die Betreuerbestellung Kenntnis erlangt und ein Dokument besitzt, „in dem der Volljährige eine andere Person mit der Wahrnehmung seiner Angelegenheiten bevollmächtigt hat", das Betreuungsgericht unverzüglich zu unterrichten hat. Nach § 1820 Abs. 1 S. 2 BGB kann das Gericht „die Vorlage einer Abschrift" verlangen. Die Abgrenzung zur Ablieferungspflicht bei Betreuungsverfügungen nach § 1816 Abs. 2 BGB von der Unterrichtungspflicht bei Vorsorgevollmachten ist wichtig. Anderenfalls hätte der Besitzer das Original der Vollmacht bei Gericht abgeben müssen. Der Bevollmächtigte hätte sich dann damit nicht mehr im Rechtsverkehr legitimieren können. Daher ist das Betreuungsgericht lediglich berechtigt, eine Kopie zu verlangen. Falls in einem Dokument eine Vorsorgevollmacht und eine Betreuungsverfügung enthalten ist, muss dem Bevollmächtigten das Original der Vollmachtsurkunde verbleiben.[19] In diesem Fall soll das Betreuungsgericht vom Original eine Kopie zu den Akten nehmen und das Original dem Bevollmächtigten wieder aushändigen.

21 In diesem Zusammenhang ist es gleichgültig, ob dem Besitzer der Vorsorgevollmacht durch diese selber Vollmacht erteilt wurde oder einer dritten Person.[20] Trotz der amtlichen Überschrift mit „*Vorsorgevollmachten*" erstreckt sich die Unterrichtungspflicht auf alle Vollmachten, die für das Betreuungsverfahren von Bedeutung sein können.[21] Schließlich ist nicht stets eindeutig, ob es sich bei einer Vollmacht um eine Vorsorgevollmacht handelt oder nicht. Der Besitzer einer solchen Vollmacht hat das Betreuungsgericht unverzüglich zu unterrichten (siehe Rdn 16).

---

[19] Jurgeleit/*Kieß*, BetreuungsR, § 1901c a.F. Rn 13; Jurgeleit/*Bucic*, BetreuungsR, § 285 FamFG Rn 7.
[20] MüKo-BGB/*Schneider*, 8. Aufl. 2020, § 1901c a.F. Rn 7.
[21] MüKo-BGB/*Schneider*, 8. Aufl. 2020, § 1901c a.F. Rn 7.

IV. Verfahren

Die Durchsetzung der Ablieferungs- und Unterrichtungspflicht ist in § 285 FamFG geregelt, wobei für die zwangsweise Durchsetzung der Anordnung § 35 FamFG gilt. Daher sind als Zwangsmittel sowohl Zwangsgeld als auch Zwangshaft möglich. Die Anordnung der Ablieferung bzw. der Unterrichtung erfolgt durch Beschluss (§ 285 FamFG). Das Zwangsgeld ist bis zu einem Betrag zwischen 5 EUR und 25.000 EUR festzusetzen.[22]

Muster 9.2: Beschlussformel

Der ▃▃▃ ist verpflichtet, dem Betreuungsgericht bis zum ▃▃▃ in der Sache Betreuung ▃▃▃ das Schriftstück ▃▃▃ vorzulegen. Im Fall der Zuwiderhandlung wird gegen ihn ein Zwangsgeld von 1.000 EUR festgesetzt. Dem ▃▃▃ werden die Kosten des Verfahrens auferlegt.

Wenn der potenzielle Besitzer bestreitet, dass sich die Betreuungsverfügung oder die Vollmacht in seinem Besitz befindet und besteht die ernsthafte Vermutung, dass er dennoch Besitzer der abzuliefernden Schriftstücke ist, kann das Betreuungsgericht ihn zur Abgabe einer eidesstattlichen Versicherung auffordern (§ 35 Abs. 4 S. 1 FamFG, § 883 Abs. 2 ZPO).[23]

---

22 Jurgeleit/*Bucic*, BetreuungsR, § 285 FamFG Rn 12.
23 Zum Verfahren: Jurgeleit/*Kieß*, BetreuungsR, § 285 FamFG Rn 19 ff.

§ 10 Vorsorgevollmacht und elterliche Sorge

Übersicht:	Rdn
A. Einführung	1
B. Sorgerechtsvollmacht	2
I. Konstellationen der Sorgerechtsvollmacht	2
1. Sorgerechtsvollmacht an den anderen Elternteil	2
a) Sorgerechtsvollmacht für den Verhinderungsfall	2
b) Sorgerechtsvollmacht zur Abwehr eines Antrags nach § 1371 Abs. 1 BGB	3
2. Sorgerechtsvollmachten an Dritte	4
a) Sorgerechtsvollmacht für den Verhinderungsfall	4
b) Sorgerechtsvollmacht zur Abwehr eines Sorgerechtsentzugs nach § 1666 BGB	5
II. Voraussetzungen der Erteilung einer Sorgerechtsvollmacht	6
1. Dogmatik der Sorgerechtsvollmacht	6
a) Außenverhältnis: Anwendung der §§ 164 ff. BGB vs. Ermächtigung	6
b) Innenverhältnis	8
aa) Innenverhältnis bei Sorgerechtsvollmachten unter Eltern	9
bb) Innenverhältnis bei Sorgerechtsvollmachten an Dritte	10
2. Sorgerechtsvollmacht als General- oder Spezialvollmacht	11
3. Keine Unwiderruflichkeit	12
C. Ausgestaltung der Sorgerechtsvollmacht (Muster)	13

A. Einführung

Eltern üben die elterliche Sorge nach § 1627 BGB in eigener Verantwortung und im gegenseitigen Einvernehmen zum Wohl des Kindes aus. Diesen für das Innenverhältnis definierten Maßstab hat der Gesetzgeber im Außenverhältnis durch eine **gemeinsame Vertretung** des Kindes beider Eltern nach § 1629 Abs. 1 S. 2 BGB umgesetzt. 1

B. Sorgerechtsvollmacht

I. Konstellationen der Sorgerechtsvollmacht

1. Sorgerechtsvollmacht an den anderen Elternteil

a) Sorgerechtsvollmacht für den Verhinderungsfall

Im **Verhinderungsfall** eines Elternteils kann die Erteilung einer Sorgerechtsvollmacht an den anderen Elternteil erforderlich werden. Zwar ist die elterliche Sorge unverzichtbar und unvererblich, ihre Ausübung kann jedoch dem anderen Elternteil **übertragen** werden.[1] 2

---

[1] BGH, Beschl. v. 29.4.2020 – XII ZB 112/19, NJW 2020, 2182 (Rn 21); Grüneberg/*Götz*, § 1626 Rn 3.

Hölscher

b) Sorgerechtsvollmacht zur Abwehr eines Antrags nach § 1371 Abs. 1 BGB

3   Der BGH hat zudem entschieden, dass einer erteilten Sorgerechtsvollmacht an den anderen Elternteil auch bei der Frage, ob einem **Antrag nach § 1671 Abs. 1, S. 2 Nr. 2 BGB** auf Übertragung des alleinigen Sorgerechts stattzugeben ist, Bedeutung zukommen kann.[2] Eine Sorgerechtsvollmacht an den anderen Elternteil kann die Übertragung der elterlichen Sorge auf den anderen Elternteil ganz oder teilweise entbehrlich machen.[3] Eingedenk dessen dürfte die Bedeutung von Sorgerechtsvollmachten unter Eltern in der Praxis zunehmen.[4]

2. Sorgerechtsvollmachten an Dritte

a) Sorgerechtsvollmacht für den Verhinderungsfall

4   Neben der Erteilung von Sorgerechtsvollmachten unter Eltern kommt ihrer Erteilung an Dritte Bedeutung zu, z.b. an neue Ehegatten, faktische Lebenspartner, Verwandte, Schule, Internat, Pflegeeltern.

b) Sorgerechtsvollmacht zur Abwehr eines Sorgerechtsentzugs nach § 1666 BGB

5   Die Erteilung von Sorgerechtsvollmachten an das zuständige Jugendamt kann zuletzt geeignet sein, einem Entzug des Sorgerechts nach § 1666 BGB zu begegnen.[5]

II. Voraussetzungen der Erteilung einer Sorgerechtsvollmacht

1. Dogmatik der Sorgerechtsvollmacht

a) Außenverhältnis: Anwendung der §§ 164 ff. BGB vs. Ermächtigung

6   Über die Dogmatik der Sorgerechtsvollmacht bestand in Rechtsprechung und Literatur lange erhebliche Uneinigkeit.[6]

Der BGH hat der teilweise vertretenen Auffassung, die Sorgerechtsvollmacht stelle regelmäßig eine **Ermächtigung analog § 125 Abs. 2 S. 2 HGB** dar, eine **Absage** erteilt.[7] Überzeugend führt der XII. Zivilsenat aus, dass es im Bereich

---

2   BGH, Beschl. v. 29.4.2020 – XII ZB 112/19, NJW 2020, 2182 (Rn 28 ff.).
3   *Haußleiter/Schramm*, NJW-Spezial 2020, 484 weisen zutreffend darauf hin, dass in jedem Einzelfall zu prüfen ist, ob die Vollmacht ausreicht, die Kindesbelange verlässlich wahrzunehmen. Hierbei kann auf die Kriterien aus der Entscheidung, BGH, Beschl. v. 15.6.2016 – XII ZB 419/15, NJW 2016, 2497 zurückgegriffen werden.
4   Ähnlich: *Wellenhofer*, JuS 2020, 890.
5   Vgl. OLG Bremen, Beschl. v. 4.1.2018 – 4 UF 137/17, NZFam 2018, 178; ausführlich: *Prinz*, NZFam 2020, 747; *Löhnig*, NJW 2020, 2159, 2152.
6   *Löhnig*, NJW 2020, 2150 m.w.N.
7   BGH, Beschl. v. 29.4.2020 – XII ZB 112/19, NJW 2020, 2182, 2184 f. (Rn 22–27).

der gesetzlichen (Gesamt-)Vertretung von Minderjährigen durch ihre Eltern nach § 1629 BGB an einer für eine analoge Anwendung von § 125 Abs. 2 S. 2 HGB erforderlichen planwidrigen Regelungslücke fehlt. Denn die **gesetzlichen Regeln zur Stellvertretung nach §§ 164 ff. BGB finden unmittelbare Anwendung** und ermöglichen neben der Bevollmächtigung von Dritten ebenfalls die Bevollmächtigung des einen Elternteils durch den anderen.[8]

Nach Auffassung des BGH besteht keine Notwendigkeit, dass der bevollmächtigte Elternteil außer im Namen des Kindes auch im Namen des vollmachtgebenden Elternteils handelt.[9] Der bevollmächtigte Elternteil vertrete das Kind **unmittelbar allein**.[10] Der BGH geht – ohne nähere Begründung – davon aus, dass die eigene gesetzliche Vertretungsmacht des handelnden Elternteils und die vom anderen Elternteil erteilte Untervollmacht zu einer **einheitlichen Alleinvertretungsmacht** führen.[11] Im Ergebnis ist dies sachgerecht und vermeidet unnötigen Formalismus.[12] Gerade die einheitliche Alleinvertretung war allerdings Konsequenz der vom BGH abgelehnten „Ermächtigungslösung",[13] weswegen eine dogmatische Begründung der angenommenen einheitlichen Alleinvertretungsmacht durchaus angezeigt war. Im Schrifttum wird das bedauerliche Fehlen einer solchen Begründung, durch die Annahme geschlossen, dass aus der Entscheidung des BGH nur abgeleitet werden könne, dass er die Sorgerechtsvollmacht an einen Elternteil als Direktvertretung des Kindes verstanden haben möchte.[14] Zutreffend weist Eicher darauf hin, dass dies jedenfalls insoweit stimmig sei, als beide Elternteile gemeinsam auch einen fremden Dritten zur alleinigen Direktvertretung des Kindes bevollmächtigen können.[15]

7

b) Innenverhältnis

Was das Innenverhältnis anbelangt, ist zwischen Sorgerechtsvollmachten unter Eltern und Sorgerechtsvollmachten an Dritte zu differenzieren.

8

aa) Innenverhältnis bei Sorgerechtsvollmachten unter Eltern

Nachdem der BGH im Außenverhältnis zutreffend die Vorschriften der §§ 164 ff. BGB auf die Sorgerechtsvollmacht anwendet, stellt er weiter fest, dass sich aus

9

---

8 BGH, Beschl. v. 29.4.2020 – XII ZB 112/19, NJW 2020, 2182, 2184 (Rn 24).
9 BGH, Beschl. v. 29.4.2020 – XII ZB 112/19, NJW 2020, 2182, 2185 (Rn 27); a.A. *Weber*, FamRZ 2019, 1125, 1126 m.w.N.
10 BGH, Beschl. v. 29.4.2020 – XII ZB 112/19, NJW 2020, 2182, 2185 (Rn 27).
11 BGH, Beschl. v. 29.4.2020 – XII ZB 112/19, NJW 2020, 2182, 2185 (Rn 27).
12 *Eicher*, MittBayNot 2020, 576.
13 Vgl. etwa MüKo-BGB/*Huber*, 8. Aufl. 2020, § 1629 a.F. Rn 34; *Weber*, FamRZ 2019, 1125, 1126 m.w.N.
14 Vgl. *Eicher*, MittBayNot 2020, 576; *Löhnig*, NJW 2020, 2150.
15 *Eicher*, MittBayNot 2020, 576.

Hölscher

der trotz Vollmachtserteilung fortbestehenden **elterlichen Sorge** nach §§ 1626 ff. BGB sodann regelmäßig das **Innenverhältnis** ergibt.[16] Aus der elterlichen Sorge folgen Mitwirkungspflichten sowie Kontrollbefugnisse und -pflichten des vollmachtgebenden Elternteils.[17] Eines gesonderten vertraglichen Schuldverhältnisses, etwa eines Auftrags, bedarf es für das Innenverhältnis nicht.[18]

bb) Innenverhältnis bei Sorgerechtsvollmachten an Dritte

10 Für die Erteilung von Sorgerechtsvollmachten an Dritte kann sich das Innenverhältnis nicht aus der gemeinsamen elterlichen Sorge ergeben. Das **Innenverhältnis** folgt mithin aus einem gesondert begründeten vertraglichen Schuldverhältnis.[19] Im Regelfall wird ein **Auftragsverhältnis** vorliegen. Denkbar ist auch ein Dienstvertrag oder ein typengemischter Vertrag.[20]

2. Sorgerechtsvollmacht als General- oder Spezialvollmacht

11 Neben der Erteilung einer Vollmacht für **spezielle Rechtsgeschäfte** kann eine Sorgerechtsvollmacht auch als **Generalvollmacht** erteilt werden. Denn der vollmachtgebende Elternteil verzichtet durch eine Generalvollmacht nicht auf die elterliche Sorge sondern bleibt weiter berechtigt und verpflichtet. Die Zulässigkeit einer Generalsorgerechtsvollmacht ist anerkannt.[21]

3. Keine Unwiderruflichkeit

12 Sorgerechtsvollmachten können mangels Disponibilität des Elternrechts nicht wirksam unwiderruflich erteilt werden.[22] Die freiwillige Übertragung von Befugnissen in Bezug auf die elterliche Sorge soll keinen Zustand schaffen, der vom Vollmachtgeber nicht mehr einseitig umkehrbar ist.[23]

---

16 BGH, Beschl. v. 29.4.2020 – XII ZB 112/19, NJW 2020, 2182, 2184 (Rn 26).
17 BGH, Beschl. v. 29.4.2020 – XII ZB 112/19, NJW 2020, 2182, 2184 (Rn 26).
18 BGH, Beschl. v. 29.4.2020 – XII ZB 112/19, NJW 2020, 2182, 2185 (Rn 26); kritisch hierzu: *Löhnig*, NJW 2020, 2150, 2151 („*im Ergebnis zutreffend, jedoch unpräzise, denn zwischen den Eltern eines minderjährigen Kindes besteht [...] ein mittreuhänderisches Schuldverhältnis*"); a.A. *Hoffmann*, JAmt 2015, 6; *Amend-Traut*, FamRZ 2020, 174.
19 *Löhnig*, NJW 2020, 2150, 2151.
20 *Löhnig*, NJW 2020, 2150, 2151.
21 BGH, Beschl. v. 29.4.2020 – XII ZB 112/19, NJW 2020, 2182, 2185 (Rn 27).
22 BGH, Beschl. v. 29.4.2020 – XII ZB 112/19, NJW 2020, 2182, 2186 (Rn 35); OLG Hamm BeckRS 2011, 14617; *Prinz*, NZFam 2020, 747, 749 m.w.N.; *Löhnig*, NJW 2020, 2150, 2151.
23 *Prinz*, NZFam 2020, 747, 749.

Unwiderruflich erteilte Vollmachten können in widerruflich erteilte Vollmachten **umgedeutet** werden, wenn dem Attribut der Unwiderruflichkeit lediglich entnommen wird, dass sich der Vollmachtgeber dauerhaft an seine Erklärung gebunden fühlt.[24]

C. Ausgestaltung der Sorgerechtsvollmacht (Muster)

Für Sorgerechtsvollmachten können die nachfolgenden Muster verwendet werden, welche hinsichtlich Unterbevollmächtigungen, Erlöschen, den Beschränkungen des § 181 BGB und exemplarisch aufzuführenden Angelegenheiten zu ergänzen sind.

Muster 10.1: Sorgerechtsvollmacht als Generalvollmacht für den anderen Elternteil

Wir, ▒▒▒▒, geboren am ▒▒▒▒, wohnhaft in ▒▒▒▒ und ▒▒▒▒, geboren am ▒▒▒▒, wohnhaft in ▒▒▒▒ sind die gemeinsam sorgeberechtigten Eltern des / der am ▒▒▒▒ geborenen ▒▒▒▒, wohnhaft in ▒▒▒▒.

Hiermit erteile ich ▒▒▒▒, bezüglich unseres gemeinsamen Kindes ▒▒▒▒, geb. am ▒▒▒▒,die Sorgerechtsvollmacht in Form einer Generalvollmacht zur Vertretung unseres Kindes in allen persönlichen und vermögensrechtlichen Angelegenheiten. Hierzu zählt insbesondere in Vermögensangelegenheiten das Recht
- über Vermögensgegenstände jeder Art zu verfügen,
- Zahlungen und Wertgegenstände anzunehmen,
- Konten zu eröffnen,
-

sowie in persönlichen Angelegenheiten das Recht
- zur Aufenthaltsbestimmung, vor allem bei Entscheidungen über die Aufnahme in ein Krankenhaus,
- zu allen Erklärungen in Gesundheitsangelegenheiten, insbesondere bei der Einwilligung in ärztliche Eingriffe und sonstige ärztliche Maßnahmen.

Muster 10.2: Sorgerechtsvollmacht als Spezialvollmacht (Urlaubsreise) für anderen Elternteil

Wir, ▒▒▒▒, geboren am ▒▒▒▒, wohnhaft in ▒▒▒▒ und ▒▒▒▒, geboren am ▒▒▒▒, wohnhaft in ▒▒▒▒ sind die gemeinsam sorgeberechtigten Eltern des/der am ▒▒▒▒ geborenen ▒▒▒▒, wohnhaft in ▒▒▒▒.

---

24 OLG Frankfurt a. M., Beschl. v. 27.2.2019 – 8 UF 61/18, NZFam 2019, 499; *Prinz*, NZFam 2020, 747, 749; a.A. unter Annahme einer Gesamtnichtigkeit nach §§ 138, 139 BGB: *Hoffmann*, JAmt 2015, 6, 7; *dies.*, BTPrax 2014, 151.

Unser Kind wird vom ▓ bis zum ▓ mit ▓ in den Urlaub nach ▓, Anschrift ▓, reisen. Hiermit erteile ich ▓, für die Zeit dieses Urlaubs die Sorgerechtsvollmacht zur Vertretung unseres Kindes in allen persönlichen und vermögensrechtlichen Angelegenheiten. Hierzu zählen insbesondere:

– ▓
– ▓

Für das Aufenthaltsbestimmungsrecht gelten insoweit folgende Einschränkungen: Eine Bevollmächtigung zu einer Reise, Weiterreise oder Rückreise mit dem Kind in ein anderes Land als ▓ (vorgesehenes Ferienland/Zwischenstationen der Reise) erfolgt nicht und darf ausdrücklich nur mit meiner gesondert einzuholenden Einwilligung erfolgen.

Muster 10.3: Sorgerechtsvollmacht als Generalvollmacht für Dritte

16 Wir ▓ geboren am ▓ und ▓, geboren am ▓ beide wohnhaft in ▓, sind die gemeinsam sorgeberechtigten Eltern des/der am ▓ geborenen ▓.

Wir erteilen hiermit ▓, geb. am ▓, wohnhaft in ▓, bezüglich unseres gemeinsamen Kindes ▓, geb. am ▓, wohnhaft in ▓, jeweils die Sorgerechtsvollmacht in Form einer Generalvollmacht zur Vertretung unseres Kindes in allen persönlichen und vermögensrechtlichen Angelegenheiten. Hierzu zählt insbesondere in Vermögensangelegenheiten das Recht

– ▓
– ▓

sowie in persönlichen Angelegenheiten das Recht

– ▓

Muster 10.4: Sorgerechtsvollmacht als Spezialvollmacht für Dritte

17 Wir ▓ geboren am ▓ und ▓, geboren am ▓ beide wohnhaft in ▓, sind die gemeinsam sorgeberechtigten Eltern des/der am ▓ geborenen ▓.

Wir erteilen hiermit ▓, geb. am ▓, wohnhaft in ▓, bezüglich unseres gemeinsamen Kindes ▓, geb. am ▓, wohnhaft in ▓, jeweils die Sorgerechtsvollmacht in Form einer Spezialvollmacht zur Vertretung unseres Kindes in folgenden persönlichen und vermögensrechtlichen Angelegenheiten:

– ▓
– ▓

2. Teil: Rechtsverhältnisse zwischen Vollmachtgeber und Bevollmächtigtem

§ 11 Gesetzliche Grundlagen und vertragliche Modifikationen

Übersicht: Rdn

A. Einleitende Ausführungen 1
   I. Unterschiedliche Rechtsverhältnisse
      i.R.d. Vollmacht 1
   II. Terminologie 7
   III. Bedeutung der Regelung des Grund-
      verhältnisses 8
B. Trennung zwischen Vollmacht und
   Grundverhältnis 13
C. Abgrenzung zwischen Auftrag,
   Geschäftsbesorgung, Dienstvertrag,
   Typenkombination und Gefälligkeit .. 19
   I. Auftragsverhältnis 24
   II. Geschäftsbesorgungsvertrag 30
   III. Dienstvertrag 34
   IV. Typengemischter Vertrag/Typen-
      kombinationsvertrag 36
   V. Gefälligkeit 37
D. Notwendigkeit und Zulässigkeit
   vertraglicher Modifikationen des
   Grundverhältnisses 46
   I. Notwendigkeit einer Bestimmung des
      Grundverhältnisses 46
   II. Zulässigkeit und (faktische) Möglich-
      keit vertraglicher Modifikationen des
      Grundverhältnisses 51

                                                         Rdn

E. Vorlage zur Gestaltung des
   Grundverhältnisses 57
F. Konkrete Ausgestaltung des
   Grundverhältnisses 60
   I. Ausübung der Vollmacht;
      Anordnungen zur Ausübung
      (wann, wie, welche Bedingungen) ... 61
   II. Beschränkungen 66
   III. Rechenschaftspflichten der
      Bevollmächtigten 72
   IV. Haftung und Haftungsbeschränk-
      ungen des Vollmachtnehmers 76
   V. Vergütung 84
   VI. Vertretungsregelungen; Zuständig-
      keitsbereiche 88
   VII. Vorgaben zur Vermögens-
      verwaltung 93
   VIII. Bereithaltungspflicht des
      Bevollmächtigten 96
G. Technische Umsetzung und
   Formerfordernisse 99

A. Einleitende Ausführungen

I. Unterschiedliche Rechtsverhältnisse i.R.d. Vollmacht

Bei der Gestaltung von Vorsorgevollmachten sind zwingend alle Rechtskreise zu berücksichtigen und der Mandantschaft zu erläutern, die durch die Vollmacht begründet werden. In Summe sind **drei verschiedene Rechtsverhältnisse** zu beachten. Zum einen das Rechtsverhältnis zwischen dem Bevollmächtigten und den Dritten (Außenverhältnis). Weiterhin das Rechtsverhältnis zwischen dem Vollmachtgeber und dem Bevollmächtigten (Grundverhältnis). Zuletzt ist auch das mit der Ausübung der Vollmacht entstehende Rechtsverhältnis zwischen dem Vollmachtgeber und den Dritten zu berücksichtigen.   1

Der Schwerpunkt bei der Erstellung von Vorsorgevollmachten und den zugehörigen Begleitverfügungen liegt sowohl seitens der Rechtsberater als auch seitens der Vollmachtgeber regelmäßig auf der rechtlichen Ausgestaltung und Individua-   2 lisierung der Regelungen des Außenverhältnisses, mithin auf der eigentlichen Vollmachtsurkunde.[1] Primäres Ziel bei der Erstellung von Vorsorgevollmachten ist somit zumeist, das Verhältnis zwischen dem Bevollmächtigten und außenstehenden Dritten, gegenüber welchen der Vollmachtnehmer später im Namen des Vollmachtgebers rechtsverbindlich agieren können soll, so auszugestalten, dass eine bestmögliche Vertretung im Interesse des Vollmachtgebers gewährleistet ist. Sekundär erscheint bei der Gestaltung zumeist die Regelung des Grundverhältnisses zwischen dem Vollmachtgeber und dem Bevollmächtigten. Hier wird regelmäßig die rechtliche Tragweite des Grundverhältnisses verkannt, häufig mit später nicht erwarteten oder nicht mehr zu korrigierenden Folgen. Einerseits sollte der Rechtsberater hier sensibilisiert sein und andererseits sollte der Vollmachtgeber hier sensibilisiert werden, da sich aus dem Grundverhältnis die späteren gegenseitigen Ansprüche zwischen dem Vollmachtgeber und dem Bevollmächtigten ableiten werden und auch herleiten lassen müssen. Eine Sensibilisierung auf Seiten des beratenden Rechtsanwaltes oder Notares ist zudem auch deshalb ratsam, da der jeweilige Berater häufig in dem Spannungsfeld zwischen Vollmachtgeber, Bevollmächtigtem und späteren Rechtsnachfolgern des Vollmachtgebers agiert.[2]

3   Sowohl aus Sicht des Vollmachtgebers als auch aus Sicht des Bevollmächtigten muss somit neben dem Außenverhältnis zwingend auch die konkrete Gestaltung des Grundverhältnisses bedacht werden. Das Grundverhältnis ist das entscheidende Rechtsverhältnis zwischen dem Vollmachtgeber und dem Bevollmächtigten, aus welchem hervorgeht, nach welchen Regeln der Bevollmächtigte handeln soll, welche Verpflichtungen den Bevollmächtigten treffen und welche Ansprüche der Bevollmächtigte im Zusammenhang mit der Vollmacht geltend machen kann. Das Grundverhältnis ist somit für den Vollmachtgeber und den Bevollmächtigten von zentraler Bedeutung. Darüber hinaus hat es auch hohe Bedeutung für die übrigen (direkt oder indirekt) betroffenen Kreise, seien es die späteren Erben des Vollmachtgebers, seien es die Kontrollbevollmächtigten oder aber die (zukünftigen) Vertragspartner des Vollmachtgebers.

> **Praxistipp**
>
> Beispielhaft sei hier nur auf diejenigen Fälle hingewiesen, in welchen die späteren Erben/Rechtsnachfolger des Vollmachtgebers an den Rechtsberater herantreten und nach ihren Rechten und Ansprüchen gegenüber dem Bevollmächtigten, welcher in diesen Fällen häufig über Jahre im Namen des Vollmachtgebers gehandelt hat, fragen. Gerade hier zeigt sich, häufig erst Jahre später und ohne eine Option der nachträglichen Heilung, ob die Beratung bei der Errichtung der Vollmacht hinreichend genug erfolgt ist.

---

1 Müller-Engels/Braun/*Renner/Müller-Engels*, BetreuungsR, Kap. 2 Rn 466.
2 So auch *Stascheit*, RNotZ 2020, 61.

Weiterhin besteht bei einer unzureichenden Ausgestaltung des Außenverhältnisses auch das Risiko, dass der Bevollmächtigte die Vertretung (später) ablehnt, da er negative Folgen, die sich aus der unklaren Regelung des Grundverhältnisses ergeben können, vermeiden möchte. Bei einer unzureichenden Regelung des Grundverhältnisses droht somit, dass der Bevollmächtigte die Interessen des Vollmachtgebers später nicht derart wahrt (oder wahren kann), wie es von dem Vollmachtgeber bei der Errichtung der Vollmacht geplant war. Zudem drohen langwierige Rechtsstreitigkeiten hinsichtlich der Rechte und Verpflichtungen des Bevollmächtigten. Sind weitere Personen involviert, wie dies zum Beispiel bei der Bestimmung von Kontrollbevollmächtigten gegeben sein kein, so ist auch deren Tätigkeit erheblich erschwert, wenn das Grundverhältnis keiner eindeutigen Regelung unterworfen wurde.

Die dritte aus der Vollmacht erwachsende Rechtsbeziehung, welche erst mit der Ausübung der Vollmacht durch den Bevollmächtigten zwischen dem Vollmachtgeber und den außenstehenden Dritten entsteht, stellt insoweit ein weiteres zu berücksichtigendes Rechtsverhältnis dar, welches jedoch nur mittelbar durch die Ausgestaltung des oben dargestellten Innen- und Außenverhältnisses einer Regelung zugeführt werden kann.

Nachfolgend wird auf das Grundverhältnis eingegangen und dargestellt, wie die Rechtsbeziehung zwischen dem Vollmachtgeber und dem Bevollmächtigten rechtlich zu qualifizieren ist und wie das Grundverhältnis ausgestaltet werden kann und sollte.

II. Terminologie

Sofern nachfolgend, aus Gründen der Einheitlichkeit, alleinig der Terminus „**Grundverhältnis**" verwendet wird, könnte dieser stets auch durch den sinnverwandten und insoweit synonymen Begriff „Innenverhältnis" ersetzt werden.[3] Hinter beiden Begriffen steht die Fragen nach der rechtlichen Qualifizierung und Ausgestaltung des Rechtsverhältnisses zwischen dem Vollmachtgeber und dem Bevollmächtigten. Gegenstand ist somit die Problematik, welchen rechtlichen Charakter das Rechtsverhältnis zwischen dem Vollmachtgeber und dem Vollmachtnehmer aufweist sowie die Frage nach den Ansprüchen und den Verpflichtungen, welche mit der jeweilige Vorsorgevollmacht einhergehen.

III. Bedeutung der Regelung des Grundverhältnisses

Die Ausgestaltung des Grundverhältnisses ist zunächst bereits deshalb von hoher Bedeutung, weil der Vollmachtgeber seine Vorstellungen und Wünsche hinsichtlich des Einsatzes der Vollmacht bestmöglich gewahrt wissen möchte. Der Voll-

---

3 Lipp/*Spalckhaver*, Vorsorgeverfügungen, § 8 Rn 6.

machtgeber hat insoweit ein hohes Interesse daran, dass der Bevollmächtigte die Vollmacht nicht entsprechend seiner eigenen Vorstellungen ausüben kann, sondern dass dieser die Vollmacht vielmehr nur entsprechend den Vorstellungen des Vertretenen ausüben kann und muss. Zudem hat der Vollmachtgeber zumeist auch konkrete Vorstellungen hinsichtlich derjenigen Rechte und Ansprüche, die der Bevollmächtigte im Zusammenhang mit der Vollmacht erhalten und geltend machen können soll. Hierbei handelt es sich konkret um diejenigen Ansprüche, die der Bevollmächtigte gegen den Vollmachtgeber haben soll. Zu guter Letzt müssen auch die Ansprüche des Vollmachtgebers gegenüber dem Bevollmächtigten bei der Ausgestaltung des Grundverhältnisses bedacht werden. Hierbei sind die Vorstellungen, die der Vollmachtgeber hinsichtlich der Verpflichtungen hat, die dem Bevollmächtigten zusammen mit der Vollmacht auferlegt werden sollen, maßgeblich. Entscheidend sind hier nicht nur die Überlegungen des Vollmachtgebers zu seinem Schutz, sondern auch später mögliche Ansprüche seiner Rechtsnachfolger gegenüber dem Bevollmächtigten. Gerade dieser Punkt ist somit von enormer Bedeutung und kann von einer weitestmöglichen Befreiung von jeglichen Verpflichtungen bis hin zu einem umfangreichen Pflichtenkatalog reichen.

9   Der Bevollmächtigte hingegen hat bereits deshalb ein Interesse an der Regelung des Grundverhältnisses, da er nur so eindeutige Vorgaben für sein Handeln als Vertreter erhält, auf die er sich später berufen kann. Eine möglichst eindeutige und detaillierte Ausgestaltung des Grundverhältnisses ist somit auch Voraussetzung dafür, dass der Vollmachtnehmer in gesicherter Weise als Vertreter des Bevollmächtigenden auftreten kann und weiß, in welchen Grenzen, unter welchen Bedingungen und auf welche Art und Weise er von der Vollmacht Gebrauch machen kann. Eine detaillierte und auf den jeweiligen Einzelfall angepasste Ausgestaltung des Grundverhältnisses ist somit auch im Interesse des Bevollmächtigten und sorgt auch bei diesem für (Rechts-)Sicherheit. Diese Sicherheit für den Vollmachtnehmer dient in letzter Konsequenz wiederum dem Vollmachtgeber, da durch die Schaffung von Rechtssicherheit für den Vollmachtnehmer eine spätere Untätigkeit desselben aufgrund von Zweifeln bzw. Unsicherheiten hinsichtlich der Reichweite der Bevollmächtigung weniger wahrscheinlich wird. Zudem kann der Bevollmächtigte anhand der konkreten Ausgestaltung des Grundverhältnisses die von ihm eingegangene Verpflichtung und die gegen ihn im Zusammenhang mit der Vollmacht bestehenden Ansprüche erst richtig einschätzen.

10 Weiterhin spielen auch ein möglicher Missbrauch der Vollmacht durch den Vollmachtnehmer und dessen Vermeidung eine tragende Rolle bei der Gestaltung des Grundverhältnisses. Je stärker das Grundverhältnis einer detaillierten Regelung unterworfen ist, desto weniger Auslegungsspielräume und eigenverantwortliche Handlungsmöglichkeiten bestehen für den Bevollmächtigten.

11 Insoweit ist das Grundverhältnis auch für einen etwaigen Kontrollbevollmächtigten (§ 5 Rdn 37 ff.), einen gegebenenfalls gerichtlich bestellten Überwachungsbetreuer und insbesondere auch für sonstige Dritte, die sich auf die ordnungsge-

mäße Ausübung der Vollmacht verlassen müssen, von immenser Bedeutung. Gerade bei einer unklaren oder unterlassenen Ausgestaltung und Regelung des Grundverhältnisses besteht die Gefahr, dass gerade die letztgenannten Dritten (zum Selbstschutz) eine Zusammenarbeit mit dem Bevollmächtigten verweigern. Das mit der Vollmacht grundsätzlich verfolgte Ziel, die Gewährleistung der Handlungsfähigkeit des Vollmachtgebers, wenn dieser selbst nicht mehr handeln kann, droht somit in mehrerlei Hinsicht verfehlt zu werden, wenn eine eindeutige Regelung des Grundverhältnisses nicht gegeben ist.

Folglich bedarf das Grundverhältnis einer umfassenden und möglichst genauen vertraglichen Ausgestaltung, wobei insbesondere die Ausübung der Vollmacht und deren Erlöschen einer Regelung zugeführt werden müssen. 12

B. Trennung zwischen Vollmacht und Grundverhältnis

Die Erteilung der Vollmacht (§ 167 BGB) erfolgt durch eine **einseitige und empfangsbedürftige Willenserklärung** des Vollmachtgebers. Die durch die Erteilung entstehende Vollmacht und das zugehörige Grundverhältnis sind unabhängig voneinander und somit strikt zu trennen (**Abstraktionsprinzip/-grundsatz**).[4] Das Grundverhältnis ist insoweit, im Gegensatz zur Vollmachtserteilung, ein **zweiseitiges Rechtsgeschäft**, welches jedoch auch stillschweigend/konkludent (z.B. durch die spätere Aufnahme der Tätigkeit als Bevollmächtigter) entstehen kann.[5] 13

Aus dem Gesetz geht die Zweiteilung zwischen Vollmacht und Grundverhältnis eindeutig hervor. Die Normierung in § 168 BGB besagt insoweit unmissverständlich, dass die Vollmacht grundsätzlich auch bei Fortbestehen des Grundverhältnisses widerrufen werden kann, wenn sich nicht aus dem Grundverhältnis etwas anderes ergibt. Wirksamkeit und Inhalt der Vollmacht sind somit im Regelfall gänzlich unabhängig von dem zugehörigen Grundgeschäft. 14

Das Grundgeschäft kann in Ausnahmefällen sogar gänzlich fehlen (sogenannte isolierte Vollmacht), sei es deshalb, weil von Beginn an keine Regelung des Grundverhältnisses gegeben war (so häufig bei bloßen Gefälligkeiten), oder sei es deshalb, weil das zugehörige Grundverhältnis fehlerhaft (z.B. nichtig) war.[6] In 15

---

4 MüKo-BGB/*Schubert*, § 164 Rn 14 ff.; BeckOK BGB/*Schäfer*, § 167 Rn 2; *Horn*, NJW 2018, 2611, 2612; Müller-Engels/Braun/*Renner/Müller-Engels*, BetreuungsR, Kap. 2 Rn 465; *Stascheit*, RNotZ 2020, 61, 62.
5 BGH, Urt. v. 8.1.2009 – IX ZR 229/07, NJW 2009, 840, 841; MüKo-BGB/*Schäfer*, § 662 Rn 39; NK-NachfolgeR/*Horn*, § 22 Rn 22a.
6 BeckOK BGB/*Schäfer*, § 167 Rn 2; MüKo-BGB/*Schubert*, § 168 Rn 36 f., Lipp/*Spalckhaver*, Vorsorgeverfügungen, § 8 Rn 15; OLG Stuttgart, Beschl. v. 29.5.2019 – 8 W 160/19, FGPrax 2019, 172.

diesen Fällen tritt spätestens mit der Verwendung der Vollmacht ein gesetzliches Schuldverhältnis zu Tage, sodass zumindest die Grundsätze über die Geschäftsführung ohne Auftrag zur Anwendung gelangen.[7] In der Regel liegt der Vollmacht jedoch ein Grundverhältnis zugrunde, welches sodann, in Abhängigkeit von dem jeweiligen Einzelfall und der jeweiligen Ausgestaltung, als ein bestimmtes Rechtsverhältnis zu qualifizieren ist.

16 Die Vollmacht umfasst die dem Vertreter vom Vertretenen gewährte Ermächtigung, diesen rechtswirksam gegenüber Dritten zu vertreten und zu binden. Sie bestimmt insoweit das **rechtliche Können** des Vertreters im Außenverhältnis.[8] Das zur Vollmacht zugehörige Rechtsverhältnis im Inneren (Grundverhältnis), zwischen dem Vertretenen und dem Vertreter, bestimmt insoweit das **rechtliche Dürfen** des Vertreters, welches sich nicht mit dem zugehörigen rechtlichen Können im Außenverhältnis decken muss.[9] Diese Zweiteilung ermöglicht es insoweit auch, dass die Vollmacht im Außenverhältnis unbeschränkt erteilt werden kann, im Grundverhältnis jedoch Regelungen getroffen werden, mit welchen sich der Bevollmächtigende absichern und eine Begrenzung der Vollmacht erreichen kann. Eine solche Zweiteilung ist zumeist sinnvoll und ratsam, denn auch wenn eine gleichzeitige Beschränkung der Vollmacht im Außen- und Innenverhältnis eine bessere Absicherung der Bevollmächtigenden gewährleisten würde, so brächte diese den Nachteil mit sich, dass Dritte vor einer Kontrahierung detailliert prüfen müssten, ob das angedachte Rechtsgeschäft von der Vollmacht umfasst ist. Die Funktionalität der Vollmacht leidet insoweit, wenn diese auch im Außenverhältnis eingeschränkt wird. Dies gereicht letztlich gerade dem Vollmachtgeber zum Nachteil, da eine wirksame und schnelle Vertretungsmöglichkeit durch den Vorsorgebevollmächtigten gegenüber Dritten häufig nicht gegeben ist. Insoweit empfiehlt es sich, die Vollmacht im Außenverhältnis stets unbeschränkt zu erteilen und die Zweiteilung (Außenverhältnis/Grundverhältnis) dahingehend zu nutzen, die gewünschten Einschränkungen im Grundverhältnis – und auch nur innerhalb von diesem – zu regeln.[10]

17 **Muster 11.1: Baustein Grundmuster – Im Außenverhältnis unbedingte Vollmacht**

(Standort im Grundmuster I und II:[11] *§ 2)*

Im Innenverhältnis, d.h. ohne Einschränkung der Vertretungsmacht nach außen, gilt Folgendes:

Der Bevollmächtigte wird angewiesen, von der Vollmacht erst dann Gebrauch zu machen, wenn ich durch Krankheit, Unfall oder Alter oder aus sonstigen Gründen an der Besorgung meiner Angelegenheiten gehindert bin.

---

7 Lipp/*Spalckhaver*, Vorsorgeverfügungen, § 8 Rn 16.
8 MüKo-BGB/*Schubert*, § 164 Rn 14 ff.
9 MüKo-BGB/*Schubert*, § 164 Rn 14 ff.
10 *Kropp*, FPR 2012, 9; Müller-Engels/Braun/*Renner/Braun*, BetreuungsR, Kap. 2 Rn 67.
11 Grundmuster I und II siehe § 1 Rdn 8, 9.

Ggf. Aufnahme weiterer Regelungen gemäß Rdn 60 ff.

Der Bevollmächtigte wird weiterhin angewiesen ▓▓▓▓.

Auf Weisung des Vollmachtgebers darf der Bevollmächtigte im Einzelfall bereits vor dem Eintritt einer der obigen Voraussetzungen im Namen des Vollmachtgebers Rechtshandlungen vornehmen.

Im Außenverhältnis ist die Vollmacht hingegen unbedingt erteilt und wirksam, sobald der Bevollmächtigte ein Original oder eine Ausfertigung der Vollmacht vorlegen kann.

Der Bevollmächtigte muss insoweit gegenüber Dritten gerade nicht den Nachweis dessen erbringen, dass ich durch Krankheit, Unfall oder Alter oder aus sonstigen Gründen an der Besorgung meiner Angelegenheiten gehindert bin (Betreuungsbedürftigkeit beziehungsweise Geschäftsunfähigkeit).

Praxistipp 18

Selbst auf den ersten Blick unbedenklich erscheinende Beschränkungen der Vollmacht im Außenverhältnis sollten nur mit äußerster Vorsicht vorgenommen werden, da jede Einschränkung im Außenverhältnis den reibungslosen Einsatz der Vollmacht gefährden kann. Selbst die Einschränkung der Vollmacht im Außenverhältnis hinsichtlich der Vornahme von Schenkungen kann Rechtsgeschäfte diverser Art beeinträchtigen, da der jeweilige Vertragspartner oder die jeweilige Behörde sich dazu veranlasst sehen könnten, vorab zu prüfen, ob das angedachte Rechtsgeschäft nicht zumindest eine gemischte Schenkung beinhalten könnte.[12] Die Vor- und Nachteile der gangbaren Wege hinsichtlich einer Einschränkung der Vollmacht im Außenverhältnis sollten somit in jedem Fall mit der Mandantschaft erörtert werden, sodass diese letztlich in der Lage ist zu entscheiden, welcher Weg für sie selbst am geeignetsten ist.

C. Abgrenzung zwischen Auftrag, Geschäftsbesorgung, Dienstvertrag, Typenkombination und Gefälligkeit

Da das Grundverhältnis im Rahmen einer Vorsorgevollmacht kein gesetzlich explizit normiertes Rechtsverhältnis ist, stellt sich die Frage, wie das Grundverhältnis rechtlich zu qualifizieren ist. Die **rechtliche Qualifikation des Rechtsverhältnisses** ist in erheblichem Maße abhängig vom jeweiligen Einzelfall und kann somit nicht pauschal beantwortet werden. Sie ist indes nur dann von Bedeutung, wenn aus dem Vollmachtsdokument aufgrund fehlender Regelungen nicht eindeutig hervorgeht, wie das Grundverhältnis rechtlich ausgestaltet ist. 19

---

12 NK-NachfolgeR/*Horn*, § 22 Rn 8a.

20 **Praxistipp**

Es ist somit in erheblichem Maße ratsam, bereits bei der Errichtung der Vollmacht eine eindeutige Regelung des Grundverhältnisses zu treffen. Auf diese Weise können langwierige Streitigkeiten und Auslegungsproblematiken vermieden werden. Idealerweise wird insoweit bestimmt, dass Auftragsrecht zur Anwendung gelangen soll (§ 1 Rdn 8).

21 Von entscheidender Bedeutung bei der rechtlichen Qualifikation des Grundverhältnisses sind die Fragen danach, ob die Beteiligten einen Rechtsbindungswillen hatten,[13] ob die Vertretung unentgeltlich oder entgeltlich erfolgen sollte, welche Ansprüche gegen den Bevollmächtigten begründet werden sollten und welche Rechte der Bevollmächtigte im Gegenzug erhalten sollte.

22 Die Feststellung eines Rechtsbindungswillens erfolgt anhand **objektiver Gesichtspunkte** und verlangt zugleich eine Berücksichtigung der konkreten **Umstände des Einzelfalles**.[14] Mit den Worten des Bundesgerichtshofes ist für die Feststellung eines Rechtsbindungswillens entscheidend, „wie sich dem objektiven Beobachter nach Treu und Glauben unter Berücksichtigung der Umstände des Einzelfalls mit Rücksicht auf die Verkehrssitte das Handeln des Leistenden darstellt".[15] Ein Wille zur vertraglichen Bindung sei folglich „insbesondere dann zu bejahen, wenn erkennbar ist, dass für den Leistungsempfänger wesentliche Interessen wirtschaftlicher Art auf dem Spiel stehen und er sich auf die Leistungszusage verlässt oder wenn der Leistende an der Angelegenheit ein eigenes rechtliches oder wirtschaftliches Interesse hat."[16]

23 Anhand dieser Kriterien muss folglich für jeden Einzelfall, in welchem das Grundverhältnis keiner eindeutigen Regelung zugeführt wurde, bestimmt werden, ob ein bloßes Gefälligkeitsverhältnis oder ein anderweitiges Rechtsverhältnis gegeben ist.

I. Auftragsverhältnis

24 Erfolgt die Vollmachtserteilung durch den Vollmachtgeber mit Rechtsbindungswillen, soll die Ausübung der Vollmacht jedoch **unentgeltlich** erfolgen, so ist in

---

13 BGH, Urt. v. 22.6.1956 – I ZR 198/54, NJW 1956, 1313; *Horn/Schabel*, NJW 2012, 3473; Brandenburgisches OLG, Beschl. v. 2.4.2019 – 3 U 39/18, ZErb 2019, 145.
14 *Trimborn v. Landenberg*, Vollmacht vor und nach dem Erbfall, § 3 Rn 9.
15 BGH, Urt. v. 23.7.2015 – III ZR 346/14, NJW 2015, 2880 Rn 8; BGH, Urt. v. 21.6.2012 – III ZR 291/11, NJW 2012, 3366 Rn 14.
16 BGH, Urt. v. 23.7.2015 – III ZR 346/14, NJW 2015, 2880 Rn 8; BGH, Urt. v. 21.6.2012 – III ZR 291/11, NJW 2012, 3366 Rn 14; Brandenburgisches OLG, Beschl. v. 2.4.2019 – 3 U 39/18, ZErb 2019, 145.

der Regel von einem Auftragsverhältnis auszugehen (§ 662 BGB).[17] Schwierig ist insoweit jedoch die Feststellung, ob ein Rechtsbindungswille gegeben war.

Nach der hier vertretenen Auffassung ist bei einer unentgeltlichen Bevollmächtigung im Zusammenhang mit einer Vorsorgevollmacht in der Regel ein Rechtsbindungswille des Vollmachtgebers anzunehmen, da die Vorsorgevollmacht neben der Vermeidung einer Betreuerbestellung weitreichende Befugnisse zur Wahrnehmung finanzieller und persönlicher Interessen beinhaltet und auf einen längeren Zeitraum ausgelegt ist.[18] Die häufig für die Annahme einer Gefälligkeit angeführte Vertrauens- und Nähebeziehung zwischen Vollmachtgeber und Bevollmächtigten ist gerade kein Argument, auf welches die Verneinung des Rechtsbindungswillens gestützt werden kann, da diese bei der überwiegenden Zahl der Vorsorgevollmachten vorzufinden ist (siehe Rdn 37 ff.).

Das Fehlen eines Rechtsbindungswillens seitens des Vollmachtgebers muss insoweit in besonderem Maße zum Ausdruck kommen, damit ein Auftragsverhältnis verneint werden kann. Lediglich dann, wenn im Einzelfall besondere Anhaltspunkte dafür bestehen, dass kein Rechtsbindungswille seitens des Vollmachtgebers gegeben ist, kommt die Annahme einer bloßen Gefälligkeit (siehe Rdn 48 ff.) in Betracht.

Folge des Auftragsverhältnisses sind die weitreichenden **Auskunfts- und Rechenschaftspflichten** des Bevollmächtigten gegenüber dem Vollmachtgeber nach §§ 666 Var. 2 und 3, 259 BGB, welche auch für etwaige spätere Erben von Bedeutung sein können und einen Rückgriff auf § 242 BGB, zur Geltendmachung von Auskunftsansprüchen, entbehrlich werden lassen (§ 22 Rdn 2 ff.).[19] Weniger bedeutungsvoll sind im Zusammenhang mit Vorsorgevollmachten die ebenfalls bestehenden Benachrichtigungspflichten, § 666 Var. 1 BGB. Hinzu kommen weiter die gesetzlich normierten Herausgabepflichten nach § 667 BGB und der Haftungsmaßstab nach § 276 Abs. 1 BGB (§ 22 Rdn 35 ff.).[20] Eine analoge Anwendung der Haftungserleichterungen, die für andere Rechtsverhältnisse greifen, bei welchen eine Unentgeltlichkeit einer Leistung Gegenstand ist (§§ 521, 599, 690

---

17 Müller-Engels/Braun/*Renner/Müller-Engels*, BetreuungsR, Kap. 2 Rn 471; *Horn/Schabel*, NJW 2012, 3473; *Horn*, ZEV 2016, 373; *Stascheit*, RNotZ 2020, 61, 64; *Jülicher*, ErbR 2017, 645, 646; OLG Brandenburg, Urt. v. 19.3.2013 – 3 U 1/12, BeckRS 2013, 6305; OLG Karlsruhe, Urt. v. 16.5.2017 – 9 U 167/15, ErbR 2017, 570, BeckRS 2017, 113330; OLG Schleswig, Urt. v. 18.3.2014 – 3 U 50/13, ErbR 2014, 347, BeckRS 2014, 12054; *Horn*, ZEV 2016, 373 (m.w.N); OLG Brandenburg, Beschl. v. 2.4.2019 – 3 U 39/18, ZErb 2019, 145, 146; BeckRS 2019, 6705; OLG Karlsruhe, Urt. v. 21.11.2018 – 7 U 44/18, ErbR 2019, 178, FamRZ 2019, 564; OLG Hamm, Urt. v. 18.10.2018 – 10 U 91/17, BeckRS 2018, 36792; OLG Köln, Beschl. v. 28.6.2021 – 2 Wx 184/21, ZEV 2022, 80.
18 *Horn*, ZEV 2016, 373 (m.w.N); *Horn/Schabel*, NJW 2012, 3473; *Stascheit*, RNotZ 2020, 61, 64; *Jülicher*, ErbR 2017, 645, 646.
19 *Horn*, ZEV 2016, 373.
20 *Zimmermann*, Vorsorgevollmacht, S. 108 Rn 162.

BGB), besteht nicht.²¹ Dem Vollmachtgeber bleibt es jedoch freigestellt, im Rahmen der Ausgestaltung des Grundverhältnisses eine Haftungserleichterung zu gewähren.

28 Im Gegenzug erhält der Bevollmächtigte einen Anspruch auf Aufwendungsersatz gemäß § 670 BGB (§ 21 Rdn 12).

29 Das Merkmal der Unentgeltlichkeit kann insbesondere aufgrund während der Auftragsdauer vereinbarter Vergütungen entfallen, was zu einer Änderung der Vertragstypus führt.²² Eine Zahlung nach Abschluss des Auftrages kann jedoch ausnahmsweise als gesondertes Rechtsverhältnis zu werten sein, beispielsweise als belohnende Schenkung.²³

II. Geschäftsbesorgungsvertrag

30 Soll der Bevollmächtigte die Vertretung **entgeltlich** übernehmen, so ist von einem Geschäftsbesorgungsvertrag (§ 675 BGB) auszugehen.²⁴ Dies ist in der Regel der Fall, wenn der Bevollmächtigte ein Angehöriger der rechts- oder steuerberatenden Berufe ist. Es treffen insoweit der Rechtsbindungswille von Seiten des Vollmachtgebers und die Entgeltlichkeit der Tätigkeit zusammen.

31 Die rechtlichen Folgen eines Geschäftsbesorgungsvertrages sind vergleichbar mit denen des Auftragsrechtes, sodass Auskunfts- und Rechenschaftspflichten des Bevollmächtigten gegenüber dem Vollmachtgeber nach §§ 675 Abs. 1, 666 BGB bestehen. Weiterhin bestehen Herausgabepflichten nach §§ 675 Abs. 1, 667 BGB. Der Haftungsmaßstab richtet sich nach § 276 Abs. 1 BGB.

32 In Abweichung vom Auftragsverhältnis kann der mit der Geschäftsbesorgung Betraute die Ausführung von Tätigkeiten Dritten überlassen, da § 675 BGB nicht auch auf § 664 BGB verweist.²⁵

33 Sofern sich die Höhe der zu entrichtenden Vergütung nicht aus einer Vereinbarung ergibt, so ist im Zweifel die „übliche Vergütung" zu entrichten, §§ 612, 632 BGB.

III. Dienstvertrag

34 Dann, wenn der Bevollmächtigte keine Vermögensangelegenheiten, sondern ausschließlich persönliche Angelegenheiten für den Vollmachtgeber erledigen soll und zugleich eine Entgeltlichkeit gegeben ist, kommt ein Dienstvertrag (§ 611

---

21 Grüneberg/*Sprau*, § 662 Rn 11.
22 MüKo-BGB/*Schäfer*, § 662 Rn 49.
23 MüKo-BGB/*Schäfer*, § 662 Rn 49; Grüneberg/*Sprau*, § 662 Rn 9.
24 Müller-Engels/Braun/*Renner/Müller-Engels*, BetreuungsR, Kap. 2 Rn 468.
25 *Zimmermann*, Vorsorgevollmacht, S. 115 Rn 164.

BGB) in Betracht.²⁶ Die Annahme eines Dienstvertrages liegt auch immer dann nahe, wenn einzelne und konkrete Posten in einer detailliert dargelegten Art und Weise entgeltlich erledigt werden sollen.

Ein reiner Dienstvertrag wird indes bei der Erteilung einer Vorsorgevollmacht 35 kaum anzutreffen sein, sodass zumeist ein Geschäftsbesorgungsvertrag gegeben sein wird, dem ein Dienstvertrag zugrunde liegt. In diesem Fall gelangt über § 675 BGB weitgehend das Auftragsrecht zur Anwendung.²⁷

IV. Typengemischter Vertrag/Typenkombinationsvertrag

Da das Grundverhältnis oft auch **Elemente verschiedener Vertragstypen** auf- 36 weisen wird, ist auch die Annahme eines typengemischten Vertrages nicht fernliegend.²⁸ Dies hätte zur Folge, dass zur Bestimmung der jeweiligen Rechtsfolgen stets zu ermitteln ist, ob eine bestimmte Leistung derart überwiegt, dass das Grundverhältnis diesem Vertragstypus zugeordnet werden kann.

V. Gefälligkeit

Vom Schuldverhältnis abzugrenzen sind bloße Gefälligkeitsverhältnisse. Diese 37 zeichnen sich dadurch aus, dass sie auf einer sozialen Verständigung beruhen und dass sie **uneigennützig, unentgeltlich** und **ohne rechtliche Verbindlichkeit** sind.²⁹ Entscheidend für die Annahme einer Gefälligkeit ist insoweit, dass das Tätigwerden des Bevollmächtigten im Belieben desselben steht (und stehen soll) und dass es keinen Willen zu Eingehung einer rechtlichen Verbindlichkeit gibt.³⁰

Unklar ist in diesen Fällen stets, welche Haftungsgesichtspunkte für den Leisten- 38 den bestehen und ob Schutzpflichten nach § 241 Abs. 2 BGB entstehen.³¹ Übereinstimmung zum bereits thematisierten Auftragsverhältnis besteht insoweit hinsichtlich der Unentgeltlichkeit der Tätigkeit des Bevollmächtigten. Hinzu kommt jedoch ein Fehlen des beim Auftragsverhältnis gegebenen Rechtsbindungswillens. Das Fehlen des Rechtsbindungswillens kann jedoch nur bei Vorliegen besonderer Voraussetzungen angenommen werden.

Insbesondere in Fällen, in welchen der Vorsorgevollmacht eine besondere Ver- 39 trauenslage zugrunde liegt oder dann, wenn eine Verpflichtung des Bevollmäch-

---

26 Lipp/*Spalckhaver*, Vorsorgeverfügungen, § 15 Rn 13; *Sauer*, RNotZ 2009, 79, 81 f.
27 Grüneberg/*Weidenkaff*, Einf. v. § 611 Rn 24; BeckOK BGB/*Fuchs/Baumgärtner*, § 611 Rn 12; § 611 Rn 32; MüKo-BGB/*Heermann*, § 675 Rn 2 ff.; a.A. bis zur 7. Auflage 2016: MüKo-BGB/*Müller-Glöge*.
28 Müller-Engels/Braun/*Renner/Müller-Engels*, BetreuungsR, Kap. 2 Rn 468 m.w.N.; *Sauer*, RNotZ 2009, 79, 81 f.
29 MüKo-BGB/*Bachmann*, § 241 Rn 163; *Stascheit*, RNotZ 2020, 61, 62.
30 Lipp/*Spalckhaver*, Vorsorgeverfügungen, § 15 Rn 4 f.
31 MüKo-BGB/*Bachmann*, § 241 Rn 164.

tigten zur Rechenschaftsablegung gänzlich ungewollt erscheint, ist ein bloßes Gefälligkeitsverhältnis jedoch nicht von vornherein abwegig.[32] Es besteht somit in der Mehrzahl der Fälle einer erteilten Vorsorgevollmacht die zentrale Frage nach der Abgrenzung zwischen einem Auftrags- und einem Gefälligkeitsverhältnis. Entscheidend ist insoweit stets, ob ein **Rechtsbindungswille** angenommen werden kann, was in der Regel zum Vorliegen eines Auftragsverhältnisses führt, oder ob ein solcher fehlt, was sodann in der Annahme einer bloßen Gefälligkeit mündet.

40   Gerade dann, wenn die Bevollmächtigten Ehegatten oder die eigenen Kinder sind, soll ein fehlender Rechtsbindungswille und somit ein bloßes Gefälligkeitsverhältnis nicht fernliegend sein[33] und wurde von der Rechtsprechung auch wiederholt angenommen.[34] Diese insoweit kritisch[35] zu betrachtende Rechtsprechung, welche wiederholt eine bloße Gefälligkeit bei der Bevollmächtigung von Ehegatten angenommen hat,[36] erfuhr zumindest dahingehend eine Einschränkung, dass der Bundesgerichtshof an anderer Stelle hervorhob, dass eine Übertragbarkeit der Privilegierung der Ehegatten auf andere familiäre oder persönliche Verhältnisse nicht ohne weiteres möglich ist.[37] Dem entgegengesetzt entschied jedoch das OLG Naumburg im Jahr 2007, dass auch zwischen Großmutter und Enkelkind ein vergleichbares Vertrauensverhältnis wie bei Ehegatten bestehen könne, insbesondere dann, wenn beide zusammengewohnt haben.[38]

41   Dies ist indes nicht überzeugend. Die als Privilegierung der Ehegatten entstandene Ausnahme, wonach ein Gefälligkeitsverhältnis gerade bei dieser engen Verbindung nahliegend sei, droht durch solche Entscheidungen schleichend auf all

---

32   Müller-Engels/Braun/*Renner*, BetreuungsR, Kap. 2 Rn 469; *Sauer*, RNotZ 2009, 79, 80; OLG Düsseldorf, Urt. v. 28.3.2006 – I-4 U 102/05, ZEV 2007, 184; OLG Köln, Beschl. v. 28.6.2021 – 2 Wx 184/21, ZEV 2022, 80; LG München, Urt. v. 19.7.2010 – 34 O 25145/09, BeckRS 2010, 28347; *Horn/Schabel*, NJW 2012, 3473; *Trimborn v. Landenberg*, Vollmacht vor und nach dem Erbfall, § 3 Rn 13 ff.
33   *Sauer*, RNotZ 2009, 79, 80 f; *Jülicher*, ErbR 2017, 645, 646.
34   BGH, Urt. v. 5.7.2000 – XII ZR 26/98, NJW 2000, 3199; BGH, Urt. v. 29.1.1986 – IVb ZR 11/85, NJW 1986, 1870, DNotZ 1986, 500; OLG Düsseldorf, Urt. v. 28.3.2006 – I-4 U 102/05, NJW-Spezial 2007,206; OLG Naumburg, Urt. v. 6.7.2007 – 10 U 27/07, BeckRS 2008, 11185; OLG Köln, Urt. v. 19.9.2012 – 16 U 196/11, ZEV 2013, 339; OLG Köln, Urt. v. 11.5.2017 – 16 U 99/16, ErbR 2017, 741, NJW-Spezial 2017, 519, BeckRS 2017, 117614; LG Bonn, Urt. v. 20.5.2016 – 1 O 80/16, BeckRS 2016, 11125, FamRZ 2016, 1963; LG München, Urt. v. 19.7.2010 – 34 O 25145/09, BeckRS 2010, 28347; *Jülicher*, ErbR 2017, 645, 646.
35   *Horn*, ZEV 2016, 373; Lipp/*Spalckhaver*, Vorsorgeverfügungen, § 15 Rn 4; *Horn/Schabel*, NJW 2012, 3473, 3474; NK-Nachfolge/*Horn*, § 22 Rn 58 ff.
36   BGH, Urt. v. 5.7.2000 – XII ZR 26/98, NJW 2000, 3199; BGH, Urt. v. 29.1.1986 – IVb ZR 11/85, NJW 1986, 1870, DNotZ 1986, 500.
37   BGH, Beschl. v. 26.6.2008 – III ZR 30/08, ZErb 2009, 91.
38   OLG Naumburg, Urt. v. 6.7.2007 – 10 U 27/07, BeckRS 2008, 11185, Rn 33.

C. Abgrenzung zwischen Auftrag, Geschäftsbesorgung, Dienstvertrag

jene Fälle, in welchen Vollmachtgeber und Vollmachtnehmer zusammenleben, ausgeweitet zu werden. Dem steht jedoch die sogleich noch näher dargelegte Tatsache entgegen, dass für den Vollmachtgeber bei Vorsorgevollmachten in nahezu allen Fällen wesentliche Interessen auf dem Spiel stehen (siehe Rdn 42 ff.). Weiter kommt hinzu, dass bei Vorsorgevollmachten ein besonderes Nähe- und Vertrauensverhältnis in den meisten Fällen vorzufinden sein wird. Diese letzte Überlegung wird durch eine Entscheidung des OLG Karlsruhe aus dem Jahr 2017 untermauert, wonach „ein besonderes persönliches Vertrauensverhältnis zwischen Auftraggeber und Auftragnehmer" deshalb nicht gegen die Annahme eines Auftrages sprechen könne, da gerade bei Auftragsverhältnissen zumeist ein persönliches Vertrauensverhältnis gegeben sei.[39] Vergleichbar entschied im Jahr 2019 nun auch das OLG Brandenburg.[40]

Weiter muss beachtet werden, dass die Annahme einer Gefälligkeit die Position des Vollmachtgebers erheblich schwächt. Die Auswirkungen der Annahme einer bloßen Gefälligkeit sind für den Vollmachtgeber insbesondere deshalb weitreichend, da weder Rechenschafts- und Rechnungslegungspflichten des Bevollmächtigten bestehen noch ein Auskunftsanspruch gegeben ist. Letzterer kann allenfalls über § 242 BGB nach Treu und Glauben hergeleitet werden.[41] Gerade dann, wenn für den Bevollmächtigenden wesentliche Interessen auf dem Spiel stehen, seien es solche wirtschaftlicher oder persönlicher Art, oder auch dann, wenn die Bevollmächtigung für einen längeren Zeitraum angedacht ist, wird man somit regelmäßig einen fehlenden Rechtsbindungswillen des Vollmachtgebers nicht annehmen können, da dies den Interessen des Initiators der Vollmacht widersprechen würde.[42] Eben diese Situation (wesentliche Interessen des Vollmachtgebers sind betroffen; die Vollmacht ist für einen langen Zeitraum gedacht) findet sich in den meisten Fällen, in welchen eine Vorsorgevollmacht erteilt wurde. Die Regelsituation gestaltet sich gerade so, dass der Bevollmächtigte auf Dauer ermächtigt wird, die persönlichen und vermögensrechtlichen Angelegenheiten des Vollmachtgebers zu bestimmen. Sie betrifft somit stets wesentliche Interessen des Vollmachtgebers, was der Annahme einer bloßen Gefälligkeit bei Vorsorgevollmachten gerade widerspricht.[43] Gestützt auf diese Überlegungen wird auch durch die Rechtsprechung vermehrt ein Rechtsbindungswille und

42

---

39 OLG Karlsruhe, Urt. v. 16.5.2017 – 9 U 167/15, FamRZ 2017, 1873, BeckRS 2017, 113330.
40 OLG Brandenburg, Beschl. v. 2.4.2019 – 3 U 39/18, ZErb 2019, 145, 146, BeckRS 2019, 6705.
41 NK-NachfolgeR/*Horn*, § 22 Rn 63; *Horn*, ZEV 2016, 373.
42 *Zimmermann*, Vorsorgevollmacht, S. 108 f.; Müller-Engels/Braun/*Renner*/*Müller-Engels*, BetreuungsR, Kap. 2 Rn 470; NK-NachfolgeR/*Horn*, § 22 Rn 58 ff.; *Grundwald*, ZEV 2014, 579, 581.
43 Lipp/*Spalckhaver*, Vorsorgeverfügungen, § 15 Rn 4 f.; Müller-Engels/Braun/*Renner*/ *Müller-Engels*, BetreuungsR, Kap. 2 Rn 470.

somit ein Auftragsverhältnis angenommen.[44] Hinzu kommt bei Vorsorgevollmachten zumeist noch, dass der Vollmachtgeber selbst an einer Kontrolle des Bevollmächtigten gehindert ist, was ebenfalls für die Annahme eines Rechtsbindungswillens spricht.[45] Sämtliche Entscheidungen, die sich tendenziell gegen die Annahme eines Rechtsbindungswillens aussprechen und sich hierbei auf das bestehende Näheverhältnis berufen, sind somit äußerst kritisch zu betrachten.

43 Besonders kritisch zu betrachten ist auch die teils in der Rechtsprechung vertretene Auffassung, wonach alleinig aufgrund der Erteilung einer Kontovollmacht nicht bereits auf einen Rechtsbindungswillen und somit auch nicht auf ein gewolltes Auftragsverhältnis geschlossen werden können soll.[46] Gerade bei Kontovollmachten, die eine erhebliche Missbrauchsgefahr beinhalten und in den meisten Fällen somit eine Gefahr für das gesamte Vermögen oder zumindest den größten Teil des Vermögens[47] des Vollmachtgebers mit sich bringen, liegen ein Rechtsbindungswille und somit ein Auftragsverhältnis gerade nahe. Diese Überlegungen finden sich nun auch in der neueren Rechtsprechung zu derartigen Fällen wieder.[48]

44 Nach der hier vertretenen Auffassung müssen somit, auch im Verhältnis zum Ehepartner und zu den eigenen Abkömmlingen, besondere Anhaltspunkte dafür bestehen, dass der Vollmachtgeber bei der Erteilung der Vollmacht **keinen** Rechtsbindungswillen hatte. Der umgekehrte Ansatz, wonach bei einem besonderen Näheverhältnis von einer Gefälligkeit auszugehen sei, wird den Schutzbedürfnissen des Vollmachtgebers nicht gerecht. Generell wird hier die Ansicht vertreten, dass immer dann, wenn keine entgegenstehenden Anhaltspunkte erkennbar sind, grundsätzlich von einem Auftragsverhältnis auszugehen ist. Die Vollmacht ist stets auf eine lange Dauer ausgerichtet, der Vollmachtgeber hat selten die Möglichkeit den Bevollmächtigten zu überwachen, ein besonderes Nähe- und Vertrauensverhältnis ist in der überwiegenden Zahl der Fälle gegeben und es sind gerade bei Vorsorgevollmachten stets wichtige vermögensrechtliche

---

44 OLG Brandenburg, Beschl. v. 2.4.2019 – 3 U 39/18, ZErb 2019, 145, 146; OLG Karlsruhe, Urt. v. 21.11.2018 – 7 U 44/18, ErbR 2019, 178, FamRZ 2019, 564; BeckRS 2019, 6705; OLG Hamm, Urt. v. 18.10.2018 – 10 U 91/17, BeckRS 2018, 36792; OLG Karlsruhe, Urt. v. 16.5.2017 – 9 U 167/15, FamRZ 2017, 1873, BeckRS 2017, 113330; OLG Schleswig, Urt. v. 18.3.2014 – 3 U 50/13, ErbR 2014, 347, BeckRS 2014, 12054; LG Stuttgart, Urt. v. 13.3.2018 – 15 O 232/17, BeckRS 2018, 17056.
45 *Kollmeyer*, NJW 2017, 1137, 1138; NK-NachfolgeR/*Horn*, § 22 Rn 58.
46 BGH, Urt. v. 5.7.2000 – XII ZR 26/98, NJW 2000, 3199, 3200; OLG Brandenburg, Urt. v. 19.3.2009 – 12 U 171/08, BeckRS 2009, 10120; OLG Brandenburg, Urt. v. 19.3.2013 – 3 U 1/12, BeckRS 2013, 6305; krit. NK-NachfolgeR/*Horn*, § 22 Rn 59 m.w.N.
47 LG Hamburg, Urt. v. 29.1.2010 – 316 O 322/09, BeckRS 2011, 29764; AG Ahaus, Urt. v. 30.6.2014 – 16 C 177/13, BeckRS 2015, 18515.
48 OLG Karlsruhe, Urt. v. 16.5.2017 – 9 U 167/15, FamRZ 2017, 1873, BeckRS 2017, 113330; OLG Hamm, Urt. v. 18.10.2018 – 10 U 91/17, BeckRS 2018, 36792.

und persönliche Belange betroffen. Hierauf gestützt ist ein Rechtsbindungswille grundsätzlich anzunehmen.

> **Praxistipp**
>
> Gerade aufgrund der unterschiedlichen Folgen, die mit den unterschiedlichen Rechtsverhältnissen einhergehen können, sowie aufgrund der Vielzahl an Möglichkeiten das Grundverhältnis individuell auszugestalten und dieses an die konkreten Bedürfnisse des Einzelfalles anzupassen, sollte der Berater der Mandantschaft nicht zu einem Standardvordruck, sondern zu einer maßgeschneiderten Vorsorgevollmacht raten und diese mit ihm gestalten.[49] Sowohl die Erörterung der möglichen Grundverhältnisse als auch die konkrete Ausgestaltung des Grundverhältnisses in der Vollmacht muss ein wesentlicher Bestandteil der Beratung sein.

45

D. Notwendigkeit und Zulässigkeit vertraglicher Modifikationen des Grundverhältnisses

I. Notwendigkeit einer Bestimmung des Grundverhältnisses

Um Unklarheiten zu vermeiden, die sich daraus ergeben können, dass das Grundverhältnis stets anhand des jeweiligen Einzelfalles zu beurteilen ist, ist es ratsam, im Zusammenhang mit der Vollmachterteilung eine eindeutige Ausgestaltung hinsichtlich des Grundverhältnisses vorzunehmen.

46

> **Praxistipp**
>
> Sofern keine der Rechtsfolgen, die sich aus dem Auftragsrecht ergeben, im Widerspruch zu den Intentionen der Mandantschaft stehen und soweit keine Entgeltlichkeit angedacht ist, empfiehlt es sich, das Grundverhältnis stets ausdrücklich als Auftragsverhältnis auszugestalten. Auf diese Weise können die bereits dargestellten Unsicherheiten, die sich daraus ergeben, dass weder aus dem Gesetz, der Rechtsprechung oder der Literatur ersichtlich ist, in welchen Fällen von welchem rechtlichen Grundverhältnis gesichert ausgegangen werden kann, umschifft werden.

47

Muster 11.2: Als Auftragsverhältnis ausgestaltetes Grundverhältnis

Der Vollmacht- und Auftraggeber ▓▓▓ und der Bevollmächtigte/Auftragnehmer ▓▓▓ treffen die folgenden Vereinbarungen zur Ausgestaltung des Grundverhältnisses der am ▓▓▓ erteilten Vorsorgevollmacht:

Der Bevollmächtigte/Beauftragte verpflichtet sich ▓▓▓

48

---

49 *Sauer*, RNotZ 2009, 79, 81 f.; *Horn*, NJW 2018, 2611; NK-NachfolgeR/*Horn*, § 22 Rn 1.

Sofern vorstehend keine abweichenden Vereinbarungen getroffen wurden, soll das Auftragsrecht gemäß den gesetzlichen Bestimmungen in den §§ 662 ff. BGB zur Anwendung gelangen.

49 Insbesondere dann, wenn man sich auf den Standpunkt stellt, dass sich das Grundverhältnis gesichert nach den Normen des Auftragsrechtes richtet, und wenn keine explizite Regelung zur Ausgestaltung des Grundverhältnisses getroffen werden soll, kann im Zuge der Vollmachtserteilung auch schlicht darauf hingewiesen werden, dass auf eine Ausgestaltung des Grundverhältnisses verzichtet wird.

Muster 11.3: Baustein Grundmuster – Keine Ausgestaltung des Grundverhältnisses

50 *(Standort im Grundmuster I und II:*[50] *§ 4)*

Eine Ausgestaltung des Grundverhältnisses mit dem Vollmachtnehmer möchte ich nicht vornehmen.

II. Zulässigkeit und (faktische) Möglichkeit vertraglicher Modifikationen des Grundverhältnisses

51 Im Rahmen der dem deutschen Recht immanenten und der allgemeinen Handlungsfreiheit aus Art. 2 Abs. 1 GG entspringenden **Vertragsfreiheit** steht es den Parteien frei, das Grundverhältnis entsprechend den eigenen Vorstellungen und Bedürfnissen auszugestalten. Von den gesetzlichen Normierungen hinsichtlich des Auftragsrechtes kann somit durch ausdrückliche Vereinbarung abgewichen werden.

52 **Praxistipp**

Die jeweilige Möglichkeit und Notwendigkeit derartiger Anpassungen ist stets mit der Mandantschaft zu erörtern. Die Grenzen der Vertragsfreiheit, insbesondere aufgrund von gesetzlichen Verboten und Sittenwidrigkeiten (§§ 134, 138, 242 BGB), bleiben zu beachten.

53 Dem Vollmachtgeber steht es somit frei, mit dem Bevollmächtigten von den gesetzlichen Regelungen des Auftragsrechtes abweichende Vereinbarungen zu treffen. Diese können, im Rahmen des rechtlich Zulässigen, freilich eine Verschärfung oder eine Erleichterung beinhalten. Da es sich im Rahmen der Vorsorgevollmacht zumeist um ein unentgeltliches Tätigwerden einer Vertrauensperson handelt, finden sich neben den allgemeinen Anweisungen zur Wahrnehmung der persönlichen und vermögensrechtlichen Angelegenheiten zumeist Erleichterungen hinsichtlich der aus dem Auftragsrecht erwachsenden Verpflichtungen des Bevollmächtigten und nur in seltenen Fällen zusätzliche Verschärfungen.

---

50 Grundmuster I und II siehe § 1 Rdn 8, 9.

Praxistipp 54

Die bei der Vorsorgevollmacht häufig anzutreffende und paradoxe Situation, dass diese eine der weitreichendsten Vollmachten ist, die eine Person in ihrem Leben erteilt, und dass diese Vollmacht zugleich auch derart ausgestaltet ist, dass der bevollmächtigten Person diverse (Haftungs-)Erleichterungen gewährt werden, ist der besonderen Situation und dem besonderen Einsatzfeld der Vorsorgevollmacht geschuldet. Zum einen wird die Vollmacht in den meisten Fällen einer Person erteilt, zu welcher ein starkes Vertrauensverhältnis besteht. Darüber hinaus ist das zentrale Ziel des Vollmachtgebers bei der Errichtung der Vorsorgevollmacht, dass dieser für den Fall seiner vorübergehenden oder dauerhaften Verhinderung durch eine Vertrauensperson und nicht durch einen gerichtlich bestellten Betreuer vertreten wird. Insoweit soll durch die diversen Erleichterungen, die dem Vollmachtnehmer zugesprochen werden, gewährleistet werden, dass dieser in eben jener Situation, in welcher der Vollmachtgeber nicht mehr in der Lage ist, seine Angelegenheiten und somit auch seine Vertretung selbst zu besorgen, tatsächlich tätig wird. Zentrales Motiv des Vollmachtgebers ist es somit, zu gewährleisten, dass die Vertretung für den Vertreter nicht derart belastend und/oder riskant ist, dass dieser von der Wahrnehmung der Vertretung und der Ausübung der Rechte aus der Vollmacht Abstand nimmt.

Besondere Bedeutung kommt hier den Rechenschafts- und Auskunftspflichten 55
nach § 666 BGB zu, aus welchen auch die Pflicht zur Rechnungslegung abgeleitet werden kann. Die gesetzlichen Regelungen in § 666 BGB sind grundsätzlich dispositiv, sodass der Bevollmächtigende diese gänzlich ausschließen oder aber zumindest aufweichen kann.[51] Teilweise wird indes vertreten, dass ein vollumfänglicher Ausschluss des Auskunftsanspruches nach § 666 BGB nicht zulässig sei, da der Bevollmächtigende sodann keinerlei Ansprüche mehr gegen den Bevollmächtigten hätte und somit dessen Willkür ausgesetzt sei und für den Fall des nicht nachweisbaren Vollmachtsmissbrauches mit Beweisschwierigkeiten konfrontiert wäre.[52] Teilweise wird der vollumfängliche Ausschluss zumindest dann für zulässig erachtet, wenn er nicht in einem Formularvertrag erfolgt, sondern auf einer individualvertraglichen Vereinbarung beruht.[53] Nach anderer Auffassung ist ein vollständiger Ausschluss zulässig.[54] Einschränkungen können sich aber stets dann ergeben, wenn die Sittenwidrigkeit des vollständigen Ausschlusses der Auskunftsrechte aufgrund dessen anzunehmen ist, dass dem Auftragnehmer

---

51 MüKo-BGB/*Schäfer*, 8. Auflage 2020, § 666 Rn 2; Grüneberg/*Sprau*, § 666 Rn 1; Müller-Engels/Braun/*Renner*/*Müller-Engels*, BetreuungsR, Kap. 2 Rn 478; NK-NachfolgeR/ *Horn*, § 22 Rn 39.
52 BeckOK BGB/*Fischer*, § 666 Rn 7 (m.w.N.); NK-NachfolgeR/*Horn*, § 22 Rn 39.
53 MüKo-BGB/*Schäfer*, § 666 Rn 2.
54 *Sarres*, ZEV 2008, 512, 514; Grüneberg/*Sprau*, § 666 Rn 1.

sämtliche Vermögensverwaltungsrechte übertragen wurden und der Auftraggeber zugleich keinerlei Möglichkeiten einer Kontrolle hat.[55]

56 Denkbar sind auch Ausgestaltungen, bei welchen zwar der Vollmachtgeber das Recht hat, die Rechenschafts- und Auskunftsansprüche selbst geltend zu machen, dieses Recht jedoch für andere Personen, insbesondere Rechtsnachfolger, ausgeschlossen ist. Das Auskunftsrecht wird insoweit als ein höchstpersönliches Recht des Vollmachtgebers ausgestaltet und erlangt somit einen mit dem Recht zum Schenkungswiderruf aus § 530 Abs. 1 BGB, welcher ebenfalls nur dem Schenker höchstpersönlich zusteht, vergleichbaren Charakter. Konkret soll das Auskunftsrecht bei dieser Form der Regelung zugunsten des Vollmachtgebers bestehen, die Erben sollen dieses Recht jedoch nach dem Tod des Vollmachtgebers nicht mehr ausüben können.[56] In einer Entscheidung aus dem Jahr 1989 erachtete der Bundesgerichtshof eine derartige Regelung ausdrücklich für zulässig.[57]

E. Vorlage zur Gestaltung des Grundverhältnisses

57 Die nachfolgende Vorlage zur **Regelung des Grundverhältnisses ist als Ergänzung im Vollmachtdokument** und nicht als gesondertes Dokument gedacht. Für den Fall der Regelung des Grundverhältnisses in einem gesonderten Dokument ist möglichst exakt auf die Vollmachtsurkunde zu verweisen. Die Vorlage ordnet die Anwendung des Auftragsrechtes an, soweit nicht durch die konkret getroffenen Regelungen von diesem abgewichen wird.

Muster 11.4: Vertragliche Regelung des Grundverhältnisses im Vollmachtsdokument[58]

58 General- und Vorsorgevollmacht und Betreuungsverfügung

des/der ▓▓▓, geboren am ▓▓▓ in ▓▓▓, wohnhaft ▓▓▓.

I. General- und Vorsorgevollmacht

Hiermit bevollmächtige ich Herrn/Frau ▓▓▓ geboren am ▓▓▓ in ▓▓▓, wohnhaft ▓▓▓ und erteile General- und Vorsorgevollmacht für:

1. Vermögensrechtliche Angelegenheiten

---

55 *Sarres*, ZEV 2008, 512, 514 (m.w.N.).
56 *Sarres*, ZEV 2008, 512, 514; NK-NachfolgeR/*Horn*, § 22 Rn 41.
57 BGH, Urt. v. 19.9.1989 – XI ZR 103/88, NJW-RR 1990, 131.
58 *Hannes/Litzenburger*, Formularbuch Vermögens- und Unternehmensnachfolge, 2. Aufl. 2017, A. 6.12; BeckOF ErbR/*Roglmeier*, 34. Edition 2022, Stand: 1.1.2022, Form. 4.4.

2. Persönliche (nicht vermögensrechtliche) Angelegenheiten

3. Wirksamwerden der Vollmacht

Die Vollmacht wird wirksam, sobald der Bevollmächtigte ein auf seinen Namen lautendes Original/eine auf seinen Namen lautende Ausfertigung dieser Vollmacht besitzt und gilt ab diesem Moment als im Außenverhältnis unbedingt erteilt.

Eine Wirksamkeitsbeschränkung der Vollmacht dahingehend, dass erst mit Eintritt der Betreuungsbedürftigkeit von der Vollmacht Gebrauch gemacht werden kann, wünsche ich nach Beratung des Rechtsanwalts/Notars über die hierzu bestehenden Möglichkeiten ausdrücklich nicht.

Die Vollmacht kann nur wirksam ausgeübt werden, wenn der Bevollmächtigte ein auf seinen Namen lautendes Original/eine auf seinen Namen lautende Ausfertigung dieser Vollmacht bei Vornahme eines Rechtsgeschäfts vorlegt.

4. Grundverhältnis

Der Vollmacht- und Auftraggeber ▬▬▬ und der Bevollmächtigte und Auftragnehmer ▬▬▬ treffen die nachfolgenden Vereinbarungen zur Ausgestaltung des Grundverhältnisses der erteilten Vorsorgevollmacht.

a) Im Innenverhältnis, d.h. ohne Einschränkung der Vertretungsmacht nach außen, gilt Folgendes:

Der Bevollmächtigte wird angewiesen, von der Vollmacht erst dann Gebrauch zu machen, wenn ich durch Krankheit, Unfall oder Alter oder aus sonstigen Gründen an der Besorgung meiner Angelegenheiten gehindert bin. Auf Weisung des Vollmachtgebers darf der Bevollmächtigte im Einzelfall bereits vor dem Eintritt dieser Voraussetzungen im Namen des Vollmachtgebers Rechtshandlungen vornehmen.

Der Bevollmächtigte wird (un-)entgeltlich für den Vollmachtgeber tätig.

Der Bevollmächtigte wird weiterhin angewiesen ▬▬▬, ▬▬▬ und ▬▬▬.

Der Bevollmächtigte/Beauftragte verpflichtet sich dazu ▬▬▬, ▬▬▬ und ▬▬▬.

Ggf. Aufnahme weiterer Regelungen gemäß Rdn 60 ff.

Sofern vorstehend keine abweichenden Vereinbarungen getroffen wurden, soll das Auftragsrecht gemäß den gesetzlichen Bestimmungen in den §§ 662 ff. BGB zur Anwendung gelangen.

b) Im Außenverhältnis ist die Vollmacht hingegen unbedingt erteilt und wirksam, sobald der Bevollmächtigte ein Original oder eine Ausfertigung der Vollmacht vorlegen kann.

Der Bevollmächtigte muss insoweit gegenüber Dritten auch nicht den Nachweis dessen erbringen, dass ich durch Krankheit, Unfall oder Alter oder aus sonstigen Gründen an der Besorgung meiner Angelegenheiten gehindert bin (Betreuungsbedürftigkeit beziehungsweise Geschäftsunfähigkeit).

II. Betreuungsverfügung

III. Schlussbestimmungen

Unterschrift des Vollmachtgebers und des/der Bevollmächtigten

59 Nachstehend soll ferner eine Alternative im Sinne einer separaten Regelung des Grundverhältnisses in Gestalt eines Geschäftsbesorgungsvertrages vorgestellt werden.

Muster 11.5: Separate vertragliche Regelung des Grundverhältnisses[59]

Geschäftsbesorgungsvertrag

zwischen

Herrn/Frau ▮ geboren am ▮ in ▮, wohnhaft ▮

– nachstehend „Auftraggeber" oder „Vollmachtgeber" genannt –

und

Herrn/Frau ▮ geboren am ▮ in ▮, wohnhaft ▮

– nachstehend „Beauftragter" oder „Bevollmächtigter" genannt –

– gemeinsam nachfolgend einzeln „Partei" und gemeinsam „Parteien" genannt –

§ 1 Vorbemerkungen

Mit notarieller Urkunde vom ▮ (UR.-Nr. ▮ des Notars/der Notarin ▮ mit Amtssitz in ▮) hat der Auftraggeber eine – im Außenverhältnis unbeschränkte – Vorsorgevollmacht (ggf. nebst Betreuungs- und Patientenverfügung) errichtet. Dieser nachstehende Geschäftsbesorgungsvertrag soll das Innenverhältnis, also die Rechte und Pflichten des Bevollmächtigten sowie seiner Rechtsnachfolger respektive Ersatzbevollmächtigten, abschließend regeln.

Der Auftragnehmer ist gehalten, die Geschäfte und Angelegenheiten des Auftraggebers nach bestem Wissen und Gewissen zu besorgen. Im Übrigen ist der Beauftragte zur sorgfältigen und gewissenhaften Ausführung aller Angelegenheiten des Auftraggebers nach Maßgabe des geltenden Rechts verpflichtet.

---

59 Eine gelungene Darstellung findet sich bei BeckOF ErbR/*Roglmeier*, 34. Edition 2022, Stand: 1.1.2022, Form. 4.4.

§ 2 Persönliche Angelegenheiten

Der Auftragnehmer verpflichtet sich, den Auftraggeber in nicht vermögensrechtlichen (persönlichen) Angelegenheiten im Umfang der nachstehenden Regelungen zu vertreten, soweit dies rechtlich zulässig ist. Der Auftragnehmer vertritt den Auftraggeber bei folgenden nicht vermögensrechtlichen (persönlichen) Angelegenheiten:
- Fernmeldeverkehr und digitale (Zugangs-)Daten
- Gesundheitsfürsorge
- Aufenthaltsbestimmung und Unterbringung
- Krankenakten und Schweigepflicht
- Bestattung und letzte Ruhestätte

(Anmerkung: die vorstehenden Regelungsbereiche erfordern eine Konkretisierung)

§ 3 Vermögensrechtliche Angelegenheiten

Der Auftragnehmer verpflichtet sich, den Auftraggeber in folgenden vermögensrechtlichen Angelegenheiten im Umfang der nachstehenden Regelungen zu vertreten, soweit dies rechtlich zulässig ist:
- den gesamten Rechtsverkehr mit Gerichten, Behörden und Privaten, einschließlich Steuer-, Sozial-, Renten-, Krankenversicherungsangelegenheiten
- Rechtsverkehr aller Art mit Kreditinstituten
- Vermögensverwaltung

(Anmerkung: die vorstehenden Regelungsbereiche erfordern eine Konkretisierung)

§ 4 Vorgaben zur Vermögensverwaltung

Der Bevollmächtigte hat das Vermögen des Vollmachtgebers konservativ und überwiegend risikoavers anzulegen. Es sollen demnach ausschließlich Kapitalanlagen der Risikoklassen 1 und 2 (bzw. A und B) ausgewählt werden. In spekulative und/oder risikoreiche Kapitalanlagen (Optionen, Futures, andere Derivate, High-Yield-Anleihen, internationale Nebenwerte, spekulative Anleihen und Einzelaktien) sowie in geschlossene Beteiligungen darf der Bevollmächtigte nicht investieren.

Alternative:

Der Bevollmächtige wünscht ausdrücklich, dass der Vollmachtgeber im Rahmen der Vermögensverwaltung das Ziel verfolgt, das Vermögen des Vollmachtgebers durch Investitionen in entsprechende, auch risikoreiche Anlageklassen zu mehren. Der Bevollmächtigte ist ferner berechtigt, Anlageformen mit Totalverlustrisiko (etwa geschlossene Beteiligungen) zu wählen. Der Bevollmächtigte soll sich von einem renommierten Vermögensberater unter dem Haftungsdach eines Finanzinstituts mit § 32 KWG-Zulassung beraten lassen oder das Vermögen in die Hände eines Vermögensverwalters übergeben.

§ 5 Unterbeauftragung

Der Beauftragte darf den Gegenstand der in § 2 und § 3 geregelten Aufgabenbereiche nur in einzelnen Angelegenheiten durch Einschaltung von Unterbeauftragten wahrnehmen lassen. Soweit erforderlich, darf der Beauftragte zur Klärung rechtlicher und/oder steuerlicher Fragen einzelne Angelegenheiten auf einen Rechtsanwalt und/oder Steuerberater übertragen. Eine Haftungsübernahme für das Verschulden Dritter wird ausgeschlossen. Im Bereich der Gesundheitsfürsorge ist eine Unterbeauftragung ausgeschlossen.

§ 6 Auskunftspflichten

Der Auftragnehmer wird insoweit von der Auskunfts- und Rechenschaftspflicht gemäß § 666 BGB befreit, dass er nur über Geschäfte Auskunft und Rechenschaft abgelegen muss, wenn diese einen Betrag von ▓▓▓▓ überschreiten.

Bei wiederholt auftretenden Geschäften/Dauerschuldverhältnissen muss Auskunft und Rechenschaft nur abgelegt werden, wenn diese innerhalb von zwölf aufeinanderfolgenden Monaten einen Betrag von ▓▓▓▓ überschreiten.

Die Auskunft und Rechenschaft ist höchstens ▓▓▓▓ Monate rückwirkend zu geben/abzulegen. Dies gilt auch für die Erben des Vollmachtgebers.

Der Auftragnehmer hat jeweils zum 31.12. eines jeden Jahres schriftlich Rechenschaft und Auskünfte unter Belegvorlage zu erteilen.

§ 7 Vergütung, Auslagenersatz

Der Beauftragte ist berechtigt, für die von ihm auf Basis dieses Vertrages nach Eintritt des – in der Vorsorgevollmacht definierten – Vorsorgefalles übernommenen Tätigkeiten und Aufgaben ein Stundenhonorar in Höhe von ▓▓▓▓ EUR/Stunde zu berechnen. Die Abrechnung erfolgt im 6-Minuten-Takt (0,1).

Zusätzlich darf der Bevollmächtigte rückwirkend für jeden Monat die jeweils angefallenen Auslagen für Post/Telekommunikation/Büromaterialien sowie für angefallene Fahrtkosten in Rechnung stellen. Das Honorar ist aus dem Vermögen des Vollmachtgebers zu leisten und versteht sich jeweils zzgl. USt.

Sofern und soweit sich der vom Statistischen Bundesamt festgestellte Verbraucherpreisindex aller privaten Haushalte in Deutschland (Basis 2019 = 100 %) gegenüber dem Stand bei Eintritt des Vorsorgefalles oder gegenüber der letzten Anpassung um mehr als 5 Prozentpunkte erhöhen sollte, ist das vorstehend vereinbarte Honorar entsprechend anzupassen. Die Anpassung erfolgt, ohne dass es einer gesonderten Aufforderung durch den Bevollmächtigten bedarf.

Der Auftragnehmer ist verpflichtet, den im Rahmen der übernommenen Tätigkeiten und Aufgaben entstandenen und demgemäß in Rechnung gestellten Zeitaufwand zu dokumentieren und auf Anfrage des Vollmachtgebers oder dessen Erben vorzulegen.

§ 8 Kontrolle des Beauftragten

Der Beauftragte unterliegt der Kontrolle des Kontrollbevollmächtigten nach Maßgabe der in § 1 näher bezeichneten Vorsorgevollmacht.

§ 9 Haftung

Der Beauftragte haftet nur für Vorsatz und grobe Fahrlässigkeit. Ihm sind alle bei Ausführung des Auftrags erlittenen Schäden zu ersetzen, die nicht von ihm zu vertreten sind und bei persönlichem Handeln auch dem Auftraggeber entstanden wären.

§ 10 Mehrere Bevollmächtigte/Auftragnehmer

In der unter § 1 näher bezeichneten Vorsorgevollmacht vom Auftragnehmer als Ersatzbevollmächtigte eingesetzte Personen sind nur aufgrund der Vollmacht zu handeln berechtigt, wenn die primär zu Bevollmächtigten berufenen Personen von der Vollmacht keinen Gebrauch machen wollen oder können. Ersatzweise bevollmächtigte Personen sind insbesondere auch dann zu einem Gebrauch der Vollmacht berechtigt, wenn eine Entscheidung der Bevollmächtigten wegen besonderer Dringlichkeit aus der Sicht eines objektiven Dritten nicht eingeholt oder eine Einholung nicht abgewartet werden kann.

Bestehen mehrere gleichzeitig Bevollmächtigte, so sollen diese ihre Handlungen untereinander abstimmen und Entscheidungen einvernehmlich treffen. Kann hinsichtlich einer Angelegenheit kein Einvernehmen erzielt werden, sollen die Bevollmächtigten eine Abstimmung durchführen, bei welcher mit einfacher Mehrheit entschieden wird/entscheiden die Bevollmächtigten entsprechend des nachfolgenden Rangverhältnisses:

Mehrere gleichzeitig Bevollmächtigte sind einander wechselseitig zur Auskunft- und Rechenschaft verpflichtet. § 666 BGB findet entsprechende Anwendung.

§ 11 Bereithaltung

Der Bevollmächtigte verpflichtet sich, nach Eintritt des Vorsorgefalles in zeitlicher und räumlicher Hinsicht zur Ausübung seines Amts als Bevollmächtigter zur Verfügung zu stehen und im Falle längerer Abwesenheiten – ggf. mittels Untervollmachten – sicherzustellen, dass die Geschäfte des Vollmachtgebers ordnungsgemäß geführt werden. Der Bevollmächtigte benennt im Falle der Abwesenheit von mehr als zwei Wochen – soweit dies aus seiner Sicht erforderlich erscheint – zudem einen Empfangsbevollmächtigten, welcher in seiner Abwesenheit Erklärungen entgegennimmt und an den Bevollmächtigten weiterleitet.

§ 12 Schlussbestimmungen, Schriftform, Salvatorische Klausel

Sollten sich einzelne oder mehrere Bestimmungen dieses Vertrages als unwirksam, nichtig oder lückenhaft erweisen, so bleibt die Wirksamkeit der übrigen Bestimmungen des Vertrages hiervon unberührt. Die Parteien werden – gegebenenfalls in der gebührenden Form – die unwirksame oder nichtige Bestimmung durch eine solche Regelung ersetzen bzw. die Vertragslücke durch eine solche Regelung ausfüllen, mit denen der von ihnen verfolgte wirtschaftliche Zweck am ehesten erreicht werden kann. Beruht die Unwirksamkeit oder Nichtigkeit einer

Bestimmung auf einem Maß der Leistung oder der Zeit (Frist oder Termin), so soll ein rechtlich zulässiges Maß an die Stelle der unwirksamen bzw. nichtigen Leistungsbestimmung oder Zeitbestimmung treten.

Änderungen dieses Vertrages bedürfen, soweit gesetzlich keine strengere Form vorgeschrieben ist, zu ihrer Wirksamkeit der Schriftform. Auch wiederholte Verstöße gegen diese Bestimmung beseitigen das Schriftformerfordernis nicht.

Ort, Datum

Unterschrift Auftraggeber/Vollmachtgeber

Unterschrift Beauftragter/Bevollmächtigter

F. Konkrete Ausgestaltung des Grundverhältnisses

60   Bei der Errichtung einer Vorsorgevollmacht ist – wie bei der Errichtung von Generalvollmachten – die einzelfallbezogene Ausgestaltung des Grund- oder Innenverhältnisses von hervorgehobener Bedeutung. Dies erhellt sich daraus, dass sich die Rechte und Pflichten des Bevollmächtigten gegenüber dem Vollmachtgeber – und nach dessen Versterben gegenüber den Erben als Gesamtrechtsnachfolger – nach dem Innenverhältnis richten. Angesichts der diversen kommerziellen Anbieter von Vollmachten sowie der Vielzahl an Mustern und Vorlagen, welche im Internet verfügbar sind, muss sich die anwaltliche und notarielle Beratungspraxis umso deutlicher durch individuelle Gestaltungen abgrenzen. Die wesentliche Beratungsleistung liegt dabei weniger in der Bereitstellung und Ausfertigung der Dokumente als vielmehr in der detaillierten Erläuterung der neuralgischen Bereiche sowie in der Darstellung der denkbaren Gestaltungsvarianten. Ungeachtet der in der Literatur diskutierten Frage,[60] welche Detailregelungen bei der Gestaltung des Grund- oder Innenverhältnisses im Einzelnen stets oder fallbezogen Eingang in den Entwurf finden sollten, herrscht jedenfalls Einigkeit darüber, dass die Regelungen zur **Reichweite** (sog. Verwendungsbeschränkungen) und die Gestaltung des konkreten Mechanismus bei **mehreren Bevollmächtigten** als neuralgische Bereiche abschließend geregelt werden sollten.[61] Weitere Gestaltungspunkte sollten jedenfalls dann einer genauen Regelung zugeführt werden, wenn der zugrundeliegende Lebenssachverhalt dies erfordert.

I. Ausübung der Vollmacht; Anordnungen zur Ausübung (wann, wie, welche Bedingungen)

61   Bei Zugrundelegung der seitens des Vollmachtgebers regelmäßig verfolgten Bedürfnisse und Interessen sollte die Vollmacht nach der wohl h.M. unbedingt und

---

60 Vgl. hierzu die instruktive Übersicht in *Sauer*, RNotZ 2009, 79, 82.
61 Müller-Engels/Braun/*Renner/Müller-Engels*, BetreuungsR, Kap. 2 Rn 476.

unbefristet erteilt werden,⁶² um den originären Zweck der Vollmacht, nämlich den reibungslosen und unauffälligen Übergang von der Eigen- zur Fremdfürsorge, nicht am Ende durch die Verpflichtung zur Vorlage ärztlicher Gutachten zum Nachweis der Geschäftsunfähigkeit des Vollmachtgebers zu konterkarieren.⁶³ Zur Vorbeugung von Missbrauch infolge dieser „grenzenlosen" Vollmachtserteilung sollte die Frage nach dem „Dürfen" indessen im Innenverhältnis detailliert geregelt werden. Umgesetzt wird diese Vorgabe in der Praxis durch die Anweisung, erst bei einer Handlungs- oder Geschäftsunfähigkeit respektive Betreuungsbedürftigkeit des Vollmachtgebers von der Vollmacht Gebrauch zu machen.⁶⁴ Renner spricht insoweit vom „Eintritt des Versorgungsfalls",⁶⁵ gleichbedeutend mit der Begrifflichkeit des Vorsorgefalles.

Im Ergebnis bedeutet dies, dass der Bevollmächtigte in seinem Zuständigkeitsbereich nach außen frei agieren darf, und zwar, sobald ihm das Original der Vollmacht oder eine Ausfertigung im Falle der notariell beurkundeten Vollmacht vorliegt.⁶⁶ Im Hinblick auf das zeitliche Inkrafttreten der Vollmacht bestünde zudem die Option, den beurkundenden Notar gemäß § 51 Abs. 2 BeurkG anzuweisen, dass die Ausfertigung der Vollmachtsurkunde erst dann auszuhändigen ist, wenn der Vorsorgefall mittels ärztlicher Bescheinigung nachgewiesen wurde.⁶⁷ Diese Variante bietet zwar den größtmöglichen Schutz gegen missbräuchliche Verwendung der Vollmacht. Gleichwohl ist diese Gestaltung angesichts des vorstehend erläuterten Mandanteninteresses im Ergebnis abzulehnen. Das Risiko, dass sich am Ende kein Arzt zur Ausstellung einer solchen Bescheinigung bereit erklären könnte, ist kaum kalkulierbar. In diesem Fall würde die Vollmacht niemals in Kraft treten und infolgedessen ins Leere laufen.

62

Abhängig von der konkreten Ausgestaltung des Innenverhältnisses, insbesondere mit Blick auf den Zuständigkeitsbereich des Bevollmächtigten (etwa Übernahme gesellschaftsrechtlicher Pflichten bei Familienunternehmen), kann es sich empfehlen, besondere Ereignisse, wie beispielsweise Verschollenheit und Geiselnahme, in den Anwendungsbereich des definierten Versorgungsfalls mit aufzunehmen.

63

---

62 NK-NachfolgeR/*Horn*, § 22 Rn 10, Scherer/*Lipp/Schrader*, MAH ErbR, § 44 Rn 28; Müller-Engels/Braun/*Renner/Braun*, BetreuungsR, Kap. 2 Rn 67.
63 *Kristic*, in: Schulze/Grziwotz/Lauda, BGB: Kommentiertes Vertrags- und Prozessformularbuch, § 164 BGB, Rn 107.
64 MüKo-BGB/*Schneider*, § 1896, Rn 59. *Kropp*, FPR 2012, 9, 10; *Müller*, DNotZ 1997, 100, 112.
65 Müller-Engels/Braun/*Renner/Braun*, BetreuungsR, Kap. 2 Rn 67.
66 NK-NachfolgeR/*Horn*, § 22 Rn 10.
67 Scherer/*Lipp/Schrader*, MAH ErbR, § 44, Rn 26; *Kristic*, in: Schulze/Grziwotz/Lauda, BGB: Kommentiertes Vertrags- und Prozessformularbuch, § 164 BGB, Rn 107, *Müller*, DNotZ 1997, 100, 112.

64 Nach einhelliger Ansicht sollte zudem darauf geachtet werden, die Trennung von Innen- und Außenverhältnis kenntlich zu machen.[68] Vereinzelte Stimmen gehen indes weiter und empfehlen, Innen- und Außenverhältnis stets in separaten Dokumenten/Urkunden abzufassen, da bereits die Überschrift „Vorsorgevollmacht" eine Bedingung nahelegen könne.[69]

65 **Praxistipp**

In der konkreten Beratungssituation sollte im Rahmen der Erläuterung der Mechanik von Innen- und Außenverhältnis auf die der unbedingten Gestaltung immanente Missbrauchsgefahr hingewiesen werden. Der Blick richtet sich hier auf die potenziellen Bevollmächtigten, zu denen ein enges Vertrauensverhältnis bestehen sollte. Möchte die Mandantschaft jegliche Gefahr eines Missbrauchs vermeiden und ist sie bereit, im Gegenzug in Kauf zu nehmen, dass die Vollmacht nur verzögert eingesetzt werden kann oder gar ins Leere läuft, könnte erwogen werden, eine notarielle Beurkundung der Vollmacht mit verzögerter Aushändigungsanweisung zu empfehlen.

II. Beschränkungen

66 Vor dem Hintergrund der verfassungsrechtlich gewährten Gestaltungsfreiheit ist es dem Vollmachtgeber unbenommen, einzelne Rechtsgeschäfte von dem Zuständigkeitsbereich des Bevollmächtigten auszunehmen und den konkreten Handlungsspielraum in Gestalt eines Ermächtigungskatalogs niederzulegen.[70] Nicht selten wird es sogar zweckdienlich erscheinen, die Vorsorgevollmacht in Bezug auf die Reichweite als Generalvollmacht auszugestalten, um sicherzustellen, dass der Bevollmächtigte nicht an der umfassenden und abschließenden Wahrnehmung der Interessen des Vollmachtgebers gehindert wird. Bei notarieller Beurkundung der Vollmacht wirkt sich die Ausgestaltung als Generalvollmacht ggf. auf die Höhe der Gebühr aus.[71]

67 In der Kautelarpraxis mit Augenmaß zu behandelnde und im Einzelfall mit der Mandantschaft zu erörternde Einschränkungen sind stets die Zulässigkeit von Schenkungen, das Selbstkontrahierungsverbot nach § 181 BGB und die Zulässigkeit einer Unterbevollmächtigung.

Ein „Dauerbrenner" der Kautelarpraxis im Zusammenhang mit der Gestaltung von Vorsorgevollmachten ist die Frage, ob und bejahendenfalls inwieweit der

---

68 Müller-Engels/Braun/*Renner/Braun*, BetreuungsR, Kap. 2 Rn 67, wonach die Trennung idealerweise durch optische Hervorhebung (Fettdruck) deutlich gemacht werden sollte.
69 *Zimmermann*, NJW 2014, 1573, 1574; ablehnend Müller-Engels/Braun/*Renner/Braun*, BetreuungsR, Kap. 2 Rn 67.
70 *Grote*, ErbR 2011, 66, 67.
71 *Tiedtke*, in: Korintenberg, Gerichts- und Notarkostengesetz GNotKG, § 98 Rn 22.

Bevollmächtigte zu Schenkungen aus dem Vermögen des Vollmachtgebers berechtigt sein soll.[72]

In Betracht kommen im Rahmen der Vollmachtserteilung vor allem folgende Gestaltungsoptionen:[73]
(1) Vollständiger Ausschluss von Schenkungen/gemischten Schenkungen;
(2) Erteilung der Befugnis zur Vornahme von Schenkungen (ggf. differenzierend nach Schenkungen an Dritte oder auch an sich selbst – in diesem muss die Befreiung von den Beschränkungen des § 181 BGB erteilt werden. Bei Schenkungen von Grundbesitz sollte daran gedacht werden, dass die Vollmacht entsprechend der Vorgaben des GBO wenigstens der Beglaubigung bedarf.
(3) Erteilung einer Schenkungserlaubnis, jedoch mit Einschränkungen (Schenkungen nur an Familienmitglieder (diese sollten eindeutig definiert werden) oder auf bestimmte Vermögensgegenstände oder einen bestimmten Wert (z.B. Geldschenkungen in einer Höhe bis 5.000 EUR;
(4) Einschränkung der Schenkungserlaubnis insoweit, als dass der Bevollmächtigte Schenkungen nur in dem Umfang tätigen darf, der einem Betreuer gestattet ist.[74]

Auch im Rahmen der Frage, ob Schenkungen zulässig, ausgeschlossen oder in sonstiger Weise eingeschränkt sein sollen, muss im Vorfeld zwischen dem Außen- und Innenverhältnis differenziert werden. Ist der Bevollmächtigte bezüglich Schenkungen im Außenverhältnis beschränkt, birgt diese Einschränkung Risiken hinsichtlich einer Vielzahl von Rechtsgeschäften, da eine Schenkung bzw. eine gemischte Schenkung nicht immer mit Sicherheit ausgeschlossen werden kann. Würde man dagegen die Beschränkung dann nur auf das Innenverhältnis beziehen, droht wie stets ein Missbrauch der Vollmacht durch den Bevollmächtigten, der im Nachhinein nicht immer korrigiert werden kann. Entscheidend ist in diesem Zusammenhang eine lückenlose Aufklärung des Mandanten.

68

Praxistipp

Eine unbeschränkte Vorsorgevollmacht ermöglicht dem Bevollmächtigten die Ausführung von Schenkungen, etwa zur Optimierung der persönlichen, revolvierenden Freibeträge des Erbschaftsteuergesetzes (§§ 14, 16 ErbStG) im Rahmen der vorweggenommenen Erbfolge. Soll der Bevollmächtigte zudem in die Lage versetzt werden, in Vertretung des Vollmachtgebers mit sich selbst einen Schenkungsvertrag abschließen zu dürfen, ist zudem die Befreiung von § 181 BGB zwingend erforderlich. Sollten Schenkungen ausgeschlossen oder beschränkt werden, empfiehlt es sich, diese Regelung lediglich auf das Innen-

---

72 *Müller-Engels*, DNotZ 2021, 84, 85.
73 *Litzenburger*, ZEV 2020, 495, 498.
74 *Litzenburger*, ZEV 2020, 495, 498.

verhältnis zu beschränken, um eine reibungslose Funktionsweise der Vollmacht sicherzustellen.

69 Bei der Beratung vermögender Mandantschaft sollte, sofern ein hinreichendes Vertrauensverhältnis zu dem oder den Bevollmächtigten gegeben ist, insbesondere auf die schenkungsteuerlichen Vorteile einer umfassenden Befreiung hingewiesen werden, auch um ggf. Vermögen auf den Ehepartner umschichten zu können oder um Vermögen auf Enkel übertragen zu können (sog. Enkelsprung).

70 Das Recht zur Unterbevollmächtigung kann eingeschränkt oder ganz ausgeschlossen werden. Im letzteren Fall bestünde jedoch das Risiko, dass der Bevollmächtige seinen Pflichten wegen der schieren Anzahl an Aufgaben, die er zusätzlich zur Bewältigung seines Alltags wahrzunehmen hat, nicht mehr nachzukommen vermag. Gleichwohl liegt es nicht im Interesse des Vollmachtgebers, dem Bevollmächtigten ein grenzenloses Recht zur Unterbevollmächtigung einzuräumen. Der Vollmachtgeber vertraut bei Erteilung der Vorsorgevollmacht darauf, dass der Bevollmächtigte die anvertrauten Aufgaben persönlich erledigen wird. Vor diesem Hintergrund empfiehlt es sich, die Erteilung von Untervollmachten auf einzelne, ggf. im Rahmen eines Katalogs definierte Angelegenheiten zu beschränken.[75]

71 **Praxistipp**

Die Mandantschaft sollte indessen im Sinne einer lückenlosen Aufklärung über folgendes Risiko aufgeklärt werden: Je restriktiver und enger der Vollmachtgeber den Zuständigkeitsbereich des Bevollmächtigten ausgestaltet, desto größer ist das hieraus resultierende Risiko, dass bei einem später eintretenden Handlungsbedarf für den Bereich der explizit ausgenommenen Handlungsfelder eine Betreuung angeordnet wird. Auch hier offenbart sich das der Generalvollmacht stets immanente Spannungsverhältnis zwischen dem Bedürfnis nach Absicherung und effektiver Betreuungsvermeidung. Zur Kompensation der vorgenommenen Einschränkungen sollte eine deckungsgleiche Betreuungsverfügung errichtet werden.[76]

III. Rechenschaftspflichten der Bevollmächtigten

72 Das Innenverhältnis einer Vorsorgevollmacht zielt stets auf ein fremdnütziges Handeln des Bevollmächtigten zugunsten des Vollmachtgebers ab. Sofern zwischen den Parteien ein Auftrag i.S.d. § 662 BGB oder im Falle der Entgeltlichkeit eine Geschäftsbesorgung nach § 675 BGB, der wiederum auf das Auftragsrecht verweist, vereinbart ist, ergeben sich hieraus Informationsansprüche aus § 666 BGB sowie ein Herausgabeanspruch gemäß § 667 BGB. Dagegen besteht bei

---

75 Ausführlich zu den Fallgruppen vgl. Lipp/*Spalckhaver*, Vorsorgeverfügungen, § 14 Rn 162 ff.; ferner zusammenfassend *Grote*, ErbR 2011, 66, 68.
76 *Grote*, ErbR 2011, 66, 68.

einem bloßen Gefälligkeitsverhältnis allenfalls ein allgemeiner und seiner Reichweite nach schwächerer Informationsanspruch aus § 242 BGB.[77]

Um den Bevollmächtigten vor den umfassenden Informationsrechten des Vollmachtgebers oder dessen Erben zu schützen, bieten sich in der Praxis verschiedene Wege an, von der bloßen Abschwächung der Ansprüche bis hin zum vollständigen Ausschluss[78] der Informations- und Auskunftsrechte. Auch der konkludente Verzicht bzw. eine Freistellung von den Pflichten aus § 666 BGB sind im Einzelfall zulässig, allerdings darf in diesem Fall nicht jegliche Kontrollmöglichkeit ausgeschlossen worden sein.[79] Ausnahmen hiervon sind lediglich in Ausnahmefällen denkbar, etwa bei Vorliegen eines besonders engen Vertrauensverhältnisses[80] – die Bewegung größerer Beträge sind von einem stillschweigenden Verzicht indessen nicht erfasst.[81] Eine weitere Variante besteht darin, dass der Erblasser mit dem Bevollmächtigten vereinbart, dass die Informationsansprüche aus § 666 BGB zwar im Verhältnis Vollmachtgeber – Bevollmächtigter bestehen, aber abweichend zum gesetzlichen Regelfall nicht vererblich sind.[82]

73

Gegenüber Dritten besteht indes keine Verpflichtung auf Auskunft und/oder Rechnungslegung. Sollte eine weitergehende Überwachung des Bevollmächtigten – entgegen dem Regelfall – dennoch gewünscht sein, könnten die Beteiligten eine schuldrechtliche Vereinbarung hierzu ohne weiteres treffen.[83]

74

Abweichend hiervon könnte die Konstellation zu werten sein, in welcher der Ehegatte zugleich als Vollmachtnehmer eingesetzt ist. Der BGH hat bei einer Bankvollmacht unter Ehegatten das Vorliegen eines Auftrages mangels Rechtsbindungswillens verneint, weil ein besonderes Vertrauensverhältnis bestand. Das hatte zur Folge, dass eine Rechenschaftspflicht nach § 666 BGB nicht bestand.[84] Ungeklärt ist bislang, inwieweit sich diese Wertungen auf die Vorsorgevollmacht übertragen lassen.

75

---

77 *Horn*, ZEV 2016, 373.
78 *Grüneberg/Sprau*, § 666 Rn 1; a.A., in: BeckOK-BGB/*D. Fischer*, 60. Edition, Stand 1.11.2021, § 666 Rn 7.
79 So i.E. NK-NachfolgeR/*Horn*, § 22 Rn 71.
80 *Volmer*, MittBayNot 2016, 386, 388.
81 BGH NJW 2001, 1131, 1132.
82 Vgl. *Horn*, ZEV 2016, 373 mit div. Formulierungsbeispielen; BGH v. 19.9.1989 – XI ZR 103/88, NJW-RR 1990, 131.
83 *Sauer*, RNotZ 2009, 79, 88, ausführlich ferner *Sarres*, ZEV 2013, 312 ff.
84 BGH, Urt. v. 5.7.2000 – XII ZR 26/98, NJW 2000, 3199; nach OLG Köln Beschl. v. 11.5.2017 – 16 U 99/16, FamRZ 2018, 61, 62 kann ein derartiges Vertrauensverhältnis auch zwischen Mutter und Kontobevollmächtigtem Kind bestehen.

IV. Haftung und Haftungsbeschränkungen des Vollmachtnehmers

76 Die schuldrechtliche Haftung des Bevollmächtigten gegenüber dem Vollmachtgeber richtet sich nach dem Innenverhältnis. Etwas anderes gilt lediglich für den Bereich des Gefälligkeitsverhältnisses aufgrund des hier fehlenden Rechtsbindungswillens.[85] Unberührt bleibt in jedem Fall die deliktische Haftung. Wird im Grundverhältnis Auftragsrecht vereinbart, so haftet der Bevollmächtigte für Vorsatz und Fahrlässigkeit nach § 276 BGB.

77 Praxisrelevant sind die Fälle, in welchen der Bevollmächtigte wegen Verletzung der Pflichten, die sich aus der Wahrnehmung der Rechte aus der Vorsorgevollmacht ergeben, in Anspruch genommen wird. Als Rechtsgrundlage für Herausgabe-, Bereicherungs- sowie für sonstige Schadenersatzansprüche kommen §§ 667 ff., 280 ff., 823 Abs. 2 BGB i.V.m. §§ 246, 266 StGB und überdies aus § 812 Abs. 1 BGB in Betracht.[86]

> **Praxistipp**
>
> Besteht ein gesteigertes Interesse des Vollmachtgebers daran, den Bevollmächtigten bei Fehlverhalten in Regress zu nehmen, sollten die vorstehend erörterten Rechenschaftspflichten verhältnismäßig streng ausgestaltet werden. Wie in vielen Konstellation scheitert eine Haftung des Bevollmächtigten in der Praxis an der Nachweisbarkeit des Fehlverhaltens.

78 Für den Bevollmächtigten können sich hieraus eine Vielzahl an Haftungsrisiken ergeben, sofern und soweit die Verpflichtungen aus § 666 BGB nicht wirksam abbedungen wurden. Im Zweifel ist der Bevollmächtigte angehalten, akribisch die für den Vollmachtgeber getätigten Geschäfte zu dokumentieren, um hiermit die auftragsgemäße Verwendung von Geldern nachzuweisen.[87] Im Streitfall kann er Rechnungen und Kassenzettel vorlegen, aus denen sich die auftragsgemäße Verwendung ergibt. Regelmäßig wird vor dem Hintergrund eines angemessenen Interessensausgleichs der Vollmachtgeber selbst auf die schrankenlose Haftung des von ihm Bevollmächtigten verzichten wollen.

79 Zur Entlastung des Bevollmächtigten, insbesondere dann, wenn dieser die Vertretung im Vorsorgefall unentgeltlich wahrnehmen soll, empfiehlt es sich, haftungserleichternde Vereinbarungen im Rahmen der Ausgestaltung des Grundverhältnisses zu treffen.

---

85 *Horn*, NJW 2018, 2611; *ders.*, ZEV 2016, 373.
86 Vertiefend hierzu NK-NachfolgeR/*Horn*, § 22 Rn 77.
87 *Kropp*, FPR 2012, 9, 11.

Muster 11.6: Haftungsbeschränkung auf Vorsatz und grobe Fahrlässigkeit

Der Bevollmächtigte haftet nur für Vorsatz und grobe Fahrlässigkeit.

Muster 11.7: Haftungsbeschränkung entsprechend § 277 BGB

Der Bevollmächtigte haftet nur für Vorsatz und die Sorgfalt wie in eigenen Angelegenheiten.

Weiterhin kann es sich auch anbieten, dem Bevollmächtigten einen Ersatzanspruch für bei der Ausführung des Auftrages erlittene Schäden zuzusprechen, sofern diese Schäden nicht auf einem Verschulden des Bevollmächtigten beruhen. Auf diese Weise können die Nachteile der Vollmachtsausübung für den Bevollmächtigten aufgefangen werden, was wiederum eine Vollmachtsniederlegung durch den Bevollmächtigten unwahrscheinlicher werden lässt.

Muster 11.8: Ersatzanspruch des Bevollmächtigten

Dem Bevollmächtigten sind alle bei Ausführung des Auftrags erlittenen Schäden zu ersetzen, die nicht von ihm zu vertreten sind.

V. Vergütung

Dreh- und Angelpunkt für eine etwaige Vergütung ist die Einordnung des Grundverhältnisses. Verweist dieses ausschließlich und ohne Modifikationen auf das Auftragsrecht, so ist die Geschäftsbesorgung unentgeltlich und eine Vergütung wird nicht geschuldet.[88]

> **Praxistipp**
>
> Die unentgeltliche Übernahme der Tätigkeit als Bevollmächtigter wird zumeist bei nahen Angehörigen gewählt. Im engsten Familienkreis wird die Vergütungsfrage mitunter nicht einmal thematisiert. Vor dem Hintergrund eines angemessenen Ausgleichs bietet es sich jedoch an, gerade bei vermögender Mandantschaft, bei welcher die Vermögensverwaltung in erheblichem Umfang (in zeitlicher Hinsicht) Ressourcen bindet, eine Vergütung für die Wahrnehmung der Rolle des Bevollmächtigten vorzusehen. Damit wird auch langfristig sichergestellt, dass dem Wunsch des Vollmachtgebers hinsichtlich einer effektiven Fremdfürsorge entsprochen wird.

Um späteren Konflikten – ähnlich den Streitigkeiten über die „Angemessenheit" einer Testamentsvollstreckervergütung – vorzubeugen, sollte im Innenverhältnis möglichst lückenlos und abschließend geregelt werden, wie sich die Vergütung im Einzelnen ermittelt. Der Bevollmächtigte muss zum einen selbst erkennen und zum anderen dem Vollmachtgeber sowie Dritten nachweisen können, was ihm als Vergütung zusteht.

---

88 *Zimmermann*, Vorsorgevollmacht, Rn 159.

87 Angelehnt an die Vergütung eines Testamentsvollstreckers, welcher die Abwicklungsvollstreckung durchzuführen hat, wäre an ein Pauschalhonorar zu denken, welches sich ggf. am Vermögen zum Stichtag (Aufnahme der Tätigkeit) orientieren könnte.[89] In Anlehnung an die Vergütung von Testamentsvollstreckern könnte sich die Vergütung demnach an den Erträgen oder an einer prozentualen Beteiligung am verwalteten Vermögen orientieren. Denkbar wäre ferner eine Vergütung nach Zeitaufwand oder eine Anknüpfung an die Vergütung eines Betreuers.[90] Diese Variante könnte, soweit gewünscht, auch mit einer Anpassungsklausel versehen werden.[91]

Praxistipp

Zur Vermeidung von Rechtsstreitigkeiten ist ein auf Zeitaufwand basierendes Honorar mit klaren Regelungen zum Nachweis erbrachter Leistungen vorzuziehen. Vergütungen, die sich wie die „Neue Rheinische Tabelle" des deutschen Notarvereins an fixen Werten (Grundvergütung nebst Zuschlägen) orientieren, führen oft zur Unzufriedenheit entweder des Bevollmächtigten oder der nahen Angehörigen und potenziellen Erben des Vollmachtgebers.

VI. Vertretungsregelungen; Zuständigkeitsbereiche

88 Bei der Benennung mehrerer Bevollmächtigter ist mit größter Sorgfalt darauf zu achten, die Regelungen zur Vertretung durch den oder die Bevollmächtigten sowie ggf. die jeweils zugeordneten Kompetenzfelder klar zu definieren.

Hat der Vollmachtgeber mehrere Bevollmächtigte parallel eingesetzt, stellt sich die Frage, ob diese jeweils mit Einzelvertretungsbefugnis auszustatten sind (sog. Solidarvollmacht[92]) oder demgegenüber ausschließlich gemeinschaftlich zur Vertretung berechtigt sein sollen. Von einer Gesamtvertretung ist im Einklang mit der herrschenden Meinung der Literatur[93] grundsätzlich abzuraten,[94] da in der Folge einer solchen Gestaltung das nicht hinnehmbare Risiko einer Blockade durch einen der gesamtvertretungsberechtigen Bevollmächtigten getragen werden müsste. Ungeachtet dessen kann, selbst bei übereinstimmendem Willen der Bevollmächtigten, bereits die räumliche Trennung der Aufenthaltsorte der Bevollmächtigten zu Verzögerungen führen. Der verfolgte Zweck in Gestalt des effektiven und unmittelbaren Übergangs von der Eigen- zur Fremdfürsorge gerät infolgedessen in Gefahr. Sofern eine gemeinschaftliche Vertretung aller Risiken zum

---

89 *Zimmermann*, Vorsorgevollmacht, Rn 174 mit Berechnungsbeispielen; weiterhin vgl. *Sauer*, RNotZ 2009, 79, 90.
90 *Sauer*, RNotZ 2009, 79, 89.
91 Lipp/*Spalckhaver*, Vorsorgeverfügungen, § 15 Rn 167 ff.; Müller-Engels/Braun/*Renner/ Müller-Engels*, BetreuungsR, Kap. 2 Rn 478.
92 Lipp/*Spalckhaver*, Vorsorgeverfügungen, § 14 Rn 23.
93 Übersicht hierzu bei *Sauer*, RNotZ 2009, 79, 85.
94 Zu den Ausnahmefällen siehe *Bühler*, FamRZ 2001, 1585, 1589.

Trotz gewünscht wird, sollte es den Bevollmächtigten im Innenverhältnis ermöglicht werden sich gegenseitig (privatschriftlich) Untervollmacht zu erteilen. Dieses Modell bietet sich an, wenn zwar gewünscht wird, dass sich die Bevollmächtigten grundsätzlich gegenseitig kontrollieren, aber gleichzeitig ein gewisses Maß an Flexibilität aufrechterhalten werden soll.

Freilich ist auch die parallele Benennung mehrerer Personen als einzelvertretungsberechtigte Bevollmächtigte grundsätzlich zulässig. Diese Gestaltungsvariante hat gegenüber einer Kaskadengestaltung den Vorteil, dass der Eintritt des Ersatzfalles nicht nachgewiesen werden muss. Bei dieser Gestaltung sollte der Vollmachtgeber indes in den meisten Fällen unterschiedliche Bevollmächtigte für einzelne Aufgabengebiete/Handlungszuständigkeiten einsetzen, um konkurrierende Zuständigkeiten zu vermeiden.[95] 89

Grundsätzlich als sinnvoll anzusehen ist die Einsetzung eines oder mehrerer Ersatzbevollmächtigten, um ein Leerlaufen der Vorsorgevollmacht in dem Fall zu vermeiden, in welchem der Primärbevollmächtigte im Vorsorgefall das Amt nicht übernehmen kann oder will. In diesem Fall sollte im Innenverhältnis detailliert geregelt welchen, wann der Ersatzbevollmächtigte anstatt des Primärbevollmächtigten das Amt übernimmt.[96] Bei mehreren Ersatzbevollmächtigten sollte eine Kaskade[97] erkennbar sein, um nach dem Prinzip des sichersten Weges garantieren zu können, dass am Ende eine der benannten Personen in das Amt des Bevollmächtigten einrückt. 90

Generell ist bei der Einsetzung mehrerer Bevollmächtigter darauf zu achten, dass sich deren Zahl in einem überschaubaren Rahmen hält und auch darauf, dass sich die Bevollmächtigten untereinander verstehen. 91

Praxistipp 92

Um die Effektivität der Vollmacht nicht zu beeinträchtigen, ist es ratsam, sich auf einen Bevollmächtigten zu beschränken. Bei Vorsorgevollmachten gilt das Highlander-Prinzip: „Es kann nur einen geben".

Weitere Vertrauenspersonen können Ersatz- und Kontrollbevollmächtigte sein. Die gleichzeitige Bestimmung von mehreren Vertretern verlangt entweder, dass klare Aufgabenbereiche bestimmt werden oder dass ein System etabliert wird, das die Wahrnehmung der Aufgaben durch die Bevollmächtigten regelt. Sowohl die Gesamtvertretung als auch eine Vertretung durch den jeweils einzelnen Vertreter nach vorheriger Absprache oder Abstimmung mit den übrigen Vertretern verkomplizieren die Arbeit der Stellvertreter. Bei mehreren gleichzeitig zur Einzelvertretung berechtigten Personen drohen stets

---

95 Müller-Engels/Braun/*Renner/Müller-Engels*, BetreuungsR, Kap. 2 Rn 478.
96 NK-NachfolgeR/*Horn*, § 22 Rn 13.
97 *Kurze*, ZAP 2017, 465, 468.

> divergierende Entscheidungen und letztlich ein Leerlaufen der Vollmacht infolge von Blockaden und Rechtstreitigkeiten.

VII. Vorgaben zur Vermögensverwaltung

93 In denjenigen Fällen, in welchen es größere Vermögensmassen gibt, die der Vollmachtgeber derzeit selbst verwaltet und welche später gegebenenfalls der Bevollmächtigte verwalten soll, ist es ratsam, im Grundverhältnis Vorgaben zur Art und Weise der Vermögensverwaltung zu machen. Denkbar ist etwa, Anlagerichtlinien zu entwerfen, welche – ähnlich den Anlagerichtlinien von Stiftungen – der Bevollmächtige einzuhalten hat.

94 Gerade dann, wenn der Vollmachtgeber besondere Anlagen selbst meidet und auch zukünftig gemieden wissen möchte, sei es, weil sie nach seiner Einschätzung zu riskant oder aber umgekehrt zu unrentabel sind, kann eine solche Regelung im besonderen Interesse des Vollmachtgebers liegen und sinnvoll sein.

95 Komplex werden solche Regelungen regelmäßig deshalb, weil die Regelungen aktuell sein sollten und zugleich aus ihnen hervorgehen muss, welche Anlagegüter der Vollmachtgeber präferieren/ausschließen will.[98]

> **Hinweis**
>
> Will der Bevollmächtigte Kapitalanlageentscheidungen treffen, hat er darauf zu achten, dass er hierzu nicht der Erlaubnis durch die BaFin bedarf (§ 32 KWG). Ein Verstoß gegen § 32 KWG kann als Verletzung eines Schutzgesetzes i.S.v. § 823 Abs. 2 BGB mit der Folge von Schadensersatzansprüchen bewertet werden. Zudem kann bei Fehlen der erforderlichen Erlaubnis der Straftatbestand nach § 54 KWG verwirklicht sein.
>
> Zur Vermeidung von Risiken für den Bevollmächtigten ist daher regelmäßig vorzugswürdig, mit dem Vollmachtgeber die passenden Berater (Vermögensverwalter/Family Offices/Privatbanken) abzustimmen und den Bevollmächtigten anzuweisen, die Vermögensverwaltung über den präferierten Partner abzubilden. Auch hier sollte, wie stets im Bereich der Asset Protection, für den Fall, dass der präferierte Vermögensberater nicht mehr existiert, ein „Ersatzspieler" vorgesehen werden.

VIII. Bereithaltungspflicht des Bevollmächtigten

96 Ein in der Praxis häufig anzutreffendes Problem ist, dass der Bevollmächtigte nach Eintritt des Vorsorgefalles nicht zeitnah beginnt, seine Aufgaben wahrzunehmen. Der Bevollmächtigte soll stets erreichbar und bereit zur Wahrnehmung seiner Aufgabe sein. Weiter sollte er den Vollmachtgeber stets informieren, wenn

---

98 Müller-Engels/Braun/*Renner*/*Müller-Engels*, BetreuungsR, Kap. 2 Rn 478.

er für längere Zeit abwesend sein wird.⁹⁹ Es empfiehlt sich somit zumindest dann, wenn ersichtlich ist, dass dem Vollmachtgeber für den Fall der Nichterreichbarkeit des Bevollmächtigten größere finanzielle Schäden drohen, eine Regelung zur Erreichbarkeit und zur Mitteilung über vorübergehende Abwesenheiten in das Grundverhältnis aufzunehmen.

Hierbei handelt es sich um eine sehr weitgehende Verpflichtung, die in der Regel den Bevollmächtigten abschrecken dürfte. Sie sollte demnach lediglich in Fällen, in denen der Vollmachtgeber aufgrund von beispielsweise unternehmerischen Verpflichtungen darauf angewiesen ist, dass er für den Fall seiner Handlungsunfähigkeit zeitnah vertreten wird, in Betracht gezogen werden. 97

> **Praxistipp** 98
>
> Gerade bei Vorsorgevollmachten von Unternehmern ist es von großer Bedeutung, dass der Bevollmächtigte im Vorsorgefall schnellstmöglich tätig wird, um Nachteile für das Unternehmen abwenden zu können.

G. Technische Umsetzung und Formerfordernisse

Rein technisch stellt sich regelmäßig die Frage, ob die Regelung des Grundverhältnisses **zusammen mit der Vollmachtserteilung in einem Dokument** (direkt in der Vollmachtsurkunde) erfolgen oder ob die Regelung **in einem gesonderten Dokument** geregelt werden soll. Diese Frage kann im Wesentlichen darauf reduziert werden, ob man die Vollmacht im Außenverhältnis und das Grundverhältnis übersichtlich und ohne negative Außenwirkung in einem Dokument regeln kann oder ob aufgrund des Umfanges der Regelungen des Grundverhältnisses eine gesonderte Regelung ratsam ist. 99

In den Fällen, in welchen eine Vorsorgevollmacht erstmalig erstellt oder komplett neu errichtet wird, kann die Regelung des Grundverhältnisses zumindest dann innerhalb desselben Dokumentes erfolgen, wenn der Bevollmächtigte ein Freund oder Familienmitglied ist und somit nur wenige Bestimmungen hinsichtlich des Grundverhältnisses aufgenommen werden. Auf diese Weise wird nicht nur die Verbindung beider Regelungen evident, es ist auch für den Bevollmächtigten, insbesondere jedoch auch für Dritte (Vertragspartner, Kontrollinstanzen), anhand eines Dokumentes eindeutig erkennbar, innerhalb welcher Grenzen der Bevollmächtigte handeln soll und kann. Das Missbrauchsrisiko hinsichtlich der Vollmacht wird reduziert und zugleich wird ein möglicher Zweifel von Dritten hinsichtlich der Befugnisse des Bevollmächtigten gleichzeitig mit dem Nachweis der Bevollmächtigung ausgeräumt. Auf diese Weise steigt die Akzeptanz der 100

---

99 Müller-Engels/Braun/*Renner/Müller-Engels*, BetreuungsR, Kap. 2 Rn 478.

Vollmacht in demselben Maße, wie die Aussicht darauf, dass die Zielsetzung, die mit der Vollmacht verfolgt wird, auch erreicht werden kann.

101 Die getrennte Abfassung bietet sich immer dann an, wenn bereits eine (notarielle) Vorsorgevollmacht besteht, die nicht geändert werden soll. Zumeist handelt es sich hier um Fälle, in welchen das Ausgangsdokument die Interessen des Vollmachtgebers hinsichtlich der Bevollmächtigung vollständig wiedergibt, jedoch die Regelungen hinsichtlich des Grundverhältnisses gänzlich fehlen oder unvollständig (geworden) sind.

102 Der Nachteil einer gesonderten Regelung des Grundverhältnisses besteht darin, dass aus der Vollmachtsurkunde für Dritte nicht eindeutig ersichtlich ist, ob der Bevollmächtigte seine im Grundverhältnis bestehenden Grenzen einhält oder überschreitet. Auch wenn dies für den Dritten in rechtlicher Hinsicht zumeist nicht von Bedeutung sein wird, da die Vollmacht im Außenverhältnis unbeschränkt erteilt wurde, kann so in gewissem Maße einem Missbrauch entgegengewirkt werden.

103 Die Regelung des Grundverhältnisses in einem gesonderten Dokument bietet sich immer dann an, wenn detailliertere Regelungen getroffen werden sollen.[100] Für eine generelle Trennung wird berechtigterweise angeführt, dass eine gesonderte Vereinbarung zur Regelung des Grundverhältnisses den Umfang der Vollmachtsurkunde, deren Übersichtlichkeit und letztlich deren Einsetzbarkeit im Alltag erleichtert.[101] Für diese Form der Gestaltung wird teilweise auch angeführt, dass bereits die Überschrift „Vorsorgevollmacht" als eine Bedingung derselben ausgelegt werden könne.[102] Dem kann zwar entgegengehalten werden, dass der aus der Überschrift „Vorsorgevollmacht" womöglich hervorgehenden Bedingung, durch eine ausdrückliche Regelung innerhalb der Vollmacht, aus welcher die Bedingungslosigkeit im Außenverhältnis eindeutig hervorgeht, entgegengewirkt werden kann. Dennoch bewirkt die Aufnahme von umfangreicheren Regelungen hinsichtlich des Grundverhältnisses, dass die Vollmachtsurkunde unübersichtlich wird, dass Dritte die Bestimmungen hinsichtlich des Grundverhältnisses nicht nachvollziehen können und sodann die Vollmacht zurückweisen und dass die Regelungen des Grundverhältnisses publik werden. Es sprechen somit gerade bei der Aufnahme umfangreicherer Regelungen gute Gründe dafür, die Bestimmungen zum Grundverhältnis in einem gesonderten Dokument zu treffen.

104 In Abhängigkeit vom jeweiligen Einzelfall ist somit zu entscheiden, ob die Regelung des Grundverhältnisses innerhalb der Vollmachtsurkunde erfolgen kann oder ob ein gesondertes Dokument aufgesetzt werden sollte. Gerade bei umfang-

---

100 So auch das instruktive Formular von BeckOF ErbR/*Roglmeier*, 34. Edition 2022, Stand: 1.1.2022, Form. 4.4; Scherer/*Lorz*, MAH ErbR, § 20 Rn 35.
101 *Kropp*, FPR 2012, 9, 10.
102 *Zimmermann*, NJW 2014, 1573, 1574; a.A. Müller-Engels/Braun/*Renner/Braun*, BetreuungsR, Kap. 2 Rn 67.

reicheren Regelungen ist es ratsam, auf die letztere Alternative zurückzugreifen, um die Vollmacht praktikabel zu halten und um die internen Regelungen zwischen Vollmachtgeber und -nehmer nicht der Publizität preiszugeben.

> **Praxistipp** 105
>
> In einfach gelagerten Fällen mit wenigen Regelungen zum Grundverhältnis kann dessen Regelung in die Vollmachtsurkunde aufgenommen werden. Sobald umfangreichere Regelungen hinsichtlich des Grundverhältnisses getroffen werden, sollte dies in einem gesonderten Dokument erfolgen. Dies gilt insbesondere dann, wenn das Grundverhältnis persönliche, vertrauliche oder auch nur vergütungstechnische Regelungen enthält, die Dritten nicht bekanntgegeben werden müssen oder sollen.

In jedem Fall ist es aus Dokumentations- und Nachweiszwecken dringend anzuraten, das Grundverhältnis schriftlich zu regeln (§ 126 BGB). Die Einhaltung der Schriftform ist unter anderem auch vor dem Hintergrund des partiellen Schriftformerfordernisses für einzelne Maßnahmen nach § 1820 Abs. 2 BGB (§ 1901c BGB a.F.) ratsam. Eine mündliche Regelung ist indes nicht ausgeschlossen, generiert jedoch neben diversen Beweisproblematiken auch Schwierigkeiten im Falle einer Rechtsnachfolge bei dem Vollmachtnehmer.[103] Schlimmstenfalls sind einem späteren Ersatzbevollmächtigten die Regelungen zum Grundverhältnis, wie sie zwischen dem Vollmachtgeber und dem primären Vollmachtnehmer getroffen wurden, nicht bekannt und können sodann nicht eingehalten werden. 106

---

103 Müller-Engels/Braun/*Renner*/*Braun*, BetreuungsR, Kap. 2 Rn 585.

§ 12 Der Anwalt als (Vorsorge-)Bevollmächtigter

Übersicht:	Rdn		Rdn
A Allgemeines	1	IV. Vergütungsfälligkeit	44
B. Berufsrecht	5	V. Auslagenerstattung und deren	
C. Haftung	9	Auszahlung	49
D. Vergütung	30	E. Der Anwalt als (Kontroll-)Betreuer	
I. Allgemeines	30	und als Kontrollbevollmächtigter	53
II. Vergütungsvereinbarung	34	I. Haftung	55
III. Vergütungshöhe und Zahlungsdauer	35	II. Vergütung	59

A Allgemeines

In der Praxis werden von dem Vollmachtgeber, auch in Ermanglung geeigneter anderweitiger Vertrauenspersonen, zunehmend Rechtsanwälte als Bevollmächtigte gewählt. Diese haben mit der Annahme der Vollmacht unabhängig von deren Inhalt und unabhängig von zusätzlich geschlossenen Vollmachtvereinbarung Pflichten, die denen eines rechtlichen Betreuers zumindest angeglichen sind.[1] Auch für die Rechtsanwälte als Bevollmächtigte gilt, dass sie den Anforderungen der Eignung gerecht werden, weil an ihrer Stelle andernfalls eine Betreuung eingerichtet werden kann.[2] Das Vorsorgeverhältnis selbst ist bis zu seiner konkreten Umsetzung ein Eventual- und danach ein echtes Dauerschuldverhältnis.[3] 1

Bei den Vollmachten und deren Handhabung muss zum Inhalt auch zwischen der sog. üblichen Vorsorgevollmacht und einer etwaig zusätzlichen und separaten Bankvollmacht unterschieden werden. 2

Die Vorsorgevollmachten finden in § 1820 Abs. 1 (§ 1901c S. 2 u. 3 BGB a.F.) und Abs. 2 BGB (§ 1906 Abs. 5 S. 2 BGB a.f. zu Abs. 2 Nr. 2; § 1906a Abs. 5 S. 2 BGB a.f zu Abs. 2 Nr. 3) partielle Regelungen
- mit der Bekanntgabe der Vollmacht als Dokument gegenüber dem Betreuungsgericht vor Einleitung eines Betreuungsverfahrens (§ 1820 Abs. 1 BGB; § 1901c S. 2 u. 3 BGB a.F.),
- mit der Aufnahme des § 1829 BGB (§ 1904 BGB a.F.) (= Genehmigung des Betreuungsgericht bei ärztlichen Maßnahmen), des § 1831 BGB (§ 1906 Abs. 1 bis 4, 5 S. 1 BGB a.F.) (= freiheitsentziehende Unterbringung und Maßnahmen) und des § 1832 BGB (§ 1906a Abs. 1 bis 4, 5 S. 1 BGB a.F.) (= Zwangsmaßnahmen) jeweils in schriftlicher Form (§ 1820 Abs. 2 Nr. 1 bis 3 BGB; § 1904 Abs. 5 S. 2 BGB a.F. zu Abs. 2 Nr. 1; § 1906 Abs. 5 S. 2 BGB a.F zu Abs. 2 Nr. 2; § 1906a Abs. 5 S. 2 BGB a.F. zu Abs. 2 Nr. 3;).

---

1 BGH, Urt. v. 25.3.2014 – X ZR 94/12 Rn 24, NJW 2014, 3021, 3024 = MDR 2014, 578.
2 BGH, Beschl v. 29.4.2020 – XII ZB 242/19, FamRZ 2020, 1300.
3 Lipp/*Spalckhaver*, Vorsorgeverfügung, § 8 Rn 32.

Weitere Vorgaben zum notwendigen Inhalt oder zu der Form der Vollmacht macht der Gesetzgeber nicht.[4]

3 Die **Bankvollmacht** erteilt der Vollmachtgeber dem Anwalt direkt bei seinem Geldinstitut mit dessen Vollmachtsformularen. Selbst wenn der Anwalt mit einer umfassenden Bankvollmacht ausgestattet wird, ist er verpflichtet, diese gesonderte Vollmacht nach den Interessen des Vollmachtgebers auszuüben. Dazu gehört, dass das Bankguthaben mit Ein- und Ausgaben angemessen bewirtschaftet wird, damit der Vollmachtgeber seinen Lebensunterhalt bestreiten kann. Ebenso sind etwaige Wertpapierdepots wirtschaftlich zu verwalten.

4 Soweit die Vorsorgevollmacht den Bereich Bankgeschäfte einschließlich der Bankkonten umfasst, ermächtigt sie den Bevollmächtigten zur Führung der Bankgeschäfte einschließlich der Kontoführungen bereits aus der Vollmacht[5] Eine separate Bankvollmacht, die der Vollmachtgeber bei der Bank direkt dem Bevollmächtigten erteilt, ist zusätzlich weder erforderlich noch kann sie zulässigerweise von den Banken verlangt werden.[6] Das gilt insbesondere auch für den Fall der postmortalen Vollmacht, die über den Tod hinausgeht.[7] In einem solchen Fall ist die Bank bei Vorlage der Urschrift der Vollmacht nicht einmal autorisiert, einen Erbschein zu verlangen. Nach dem Ableben des Vollmachtgebers würde seine postmortale Vollmacht ohnehin nur fortgelten, wenn die Erben sie nicht widerrufen. Bei Fortgeltung der Vollmacht werden die Erben von dem bevollmächtigten Anwalt vertreten.

B. Berufsrecht

5 Wird ein Anwalt mit einer Vorsorgevollmacht zum Bevollmächtigten bestellt und gleichzeitig eine Vollmachtsvereinbarung getroffen, geschieht dies vordringlich wegen der Stellung und der damit verbundenen beruflichen Tätigkeit, Erfahrung und Verantwortung des Anwaltes. Als Bevollmächtigter und Partei der Vereinbarung mit dem Vollmachtgeber (im Folgenden Bevollmächtigter genannt) handelt er in Ausübung seines Berufes als bestellter Rechtsanwalt. Die für die Anwaltstä-

---

4 BR-Drucks 564/20, 326 f. zu § 1820 Abs. 1 und 2 BGB; *A. Schneider*, BtPrax 2021, 9, 12 mit Verweis auf BT-Drucks 19/24445, 38.

5 LG Detmold, Urt. v. 14.1.2015 – 10 S 110/14, FamRZ 2015, 1522; LG Kleve FamRZ 2015, 1523; AG Hamburg-Wandsbek, Beschl. v. 15.6.2017 – 706 XVII 53/17, NJW 2018, 564; LG Hamburg, Beschl. v. 30.8.2017 – 3 01 T 280/17, FamRZ 2018, 773; LG Konstanz, Beschl. v. 27.5.2020 – C 11 S 19/20, Rpfleger 2021, 500; AG Brandenburg, Beschl. v. 3.6.2021 – 85 XVII 79/2-, FamRZ 2021, 1745 f. m.w.N.

6 Zahlreiche Kreditinstitute versuchen immer wieder, Bevollmächtigte nur mit der jeweils bankinternen Kontovollmacht den Vollmachtgeber vertreten zu lassen.

7 LG Memmingen, Urt. v. 28.10.2019 – 22 O 257/19.

Bienwald

tigkeit bestehenden Berufsausübungsregelungen mit der BORA[8] und der BRAO[9] lassen die Übernahme einer Vollmacht durch den Anwalt grundsätzlich zu. Er muss allerdings beachten, dass er eine Vollmacht nur nach Maßgabe der §§ 45, 46 BRAO annehmen darf. Er darf etwa nicht im Vorfeld ebenfalls als Anwalt tätig gewesen sein, zum Beispiel mit der Beratung und/oder Erstellung der Vollmacht.[10] Das Rechtsdienstleistungsgesetz (RDG) berührt die Tätigkeit des Anwalts als Bevollmächtigter nicht, solange er als Anwalt zugelassen ist.[11]

Für die Vorsorgevollmachten und die Bankvollmachten gelten bei dem Anwalt als Bevollmächtigten die gleichen berufsrechtlichen Anforderungen. So wie die Vorsorgevollmacht sich einerseits auf den gesamten Bereich der Finanzen einschließlich der Kontoführung erstreckt, ist diese von den Banken zu akzeptieren, auch wenn keine separate Bankvollmacht erteilt worden ist. Die Akzeptanz der Vorsorgevollmacht anstelle der Bankvollmacht lag bei den Banken in der Vergangenheit nicht immer vor. Bis heute wird die Vorsorgevollmacht von Banken fortlaufend eher negativ und sehr kritisch behandelt.[12]

Ermächtigt ein Vollmachtgeber mit der Vorsorgevollmacht dem Bevollmächtigten zur Kontoführung, so haftet die Bank für den Schaden, der sich aus der Verweigerung der Bank für den Vollmachtgeber ergibt, etwa die „überflüssige Einleitung eines Betreuungsverfahrens".[13]

Erteilt der Vollmachtgeber dem Anwalt nur eine reinen Bankvollmacht, ohne die sog. Bankgeschäfte in die Vorsorgevollmacht aufgenommen zu haben, muss der Anwalt die Allgemeinen Geschäftsbedingen der Bank bei seinem Handeln mitberücksichtigen.

---

8 Berufsordnung für Anwälte in der zuletzt geänderten Fassung vom 6.5.2019, BRAK-Mitt. 2019, 245. mit Geltung ab dem 1.1.2020.
9 Bundesrechtsanwaltsordnung in der Fassung vom 5.10.2021, geändert durch Art. 22 des Gesetzes (BGBl I, 4607) dort §§ 3 Abs. 1 und 43a Abs. 1 BRAO.
10 *Fiala/Deinert*, FamRZ 2017, 1899 m.w.N.
11 Argumentum e contrario § 12 Abs. 1 Nr. 1c RDG.
12 LG Detmold, Urt. v. 14.1.2015 – 10 S 110/14, FamRZ 2015, 1522; LG Kleve FamRZ 2015, 1523; AG Hamburg-Wandsbek, Beschl. v. 15.6.2017 – 706 XVII 53/17, NJW 2018, 564; LG Hamburg, Beschl. v. 30.8.2017 – 3 01 T 280/17, FamRZ 2018, 773; LG Konstanz, Beschl. v. 27.5.2020 – C 11 S 19/20, Rpfleger 2021, 500; AG Brandenburg, Beschl. v. 3.6.2021 – 85 XVII 79/2-, FamRZ 2021, 1745 f. m.w.N. *Tersteegen*, NJW 2007, 1717.
13 LG Konstanz, Beschluss v. 27.5.2020 – C 11 S 19/20, Rpfleger 2021, 500; AG Brandenburg, Beschl. v. 3.6.2021 – 85 XVII 79/21, FamRZ 2021, 1745. m.w.N.

Muster 12.1: Baustein Grundmuster – Stellung des bevollmächtigten Anwalts

8 (*Standort im Grundmuster I und II:*[14] § 1)

Der Vollmachtgeber bevollmächtigt Anwalt ▓▓▓ als beruflich tätigen Rechtsanwalt zwecks Ausübung der Vollmacht. Die berufliche Tätigkeit und die damit verbundenen Erfahrungen von ▓▓▓ sind für den Vollmachgeber die Grundlage zur Übertragung der Vollmacht. Das Gleiche gilt für die Vereinbarung zur Ausübung der Vollmacht.

C. Haftung

9 Der Anwalt haftet für die Ausübung der ihm übertragenen Vollmacht einschließlich der Vollmachtvereinbarung (im Folgenden nur Vollmacht genannt) für seine Tätigkeit als geschäftsbesorgender Bevollmächtigter (im Folgenden nur Bevollmächtigter genannt) nach Auftragsrecht unter Berücksichtigung des § 280 BGB. Seine Haftung korrespondiert mit seinen Pflichten als Bevollmächtigter. Diese ergeben sich grundsätzlich aus den ihm mit der Vollmacht ausdrücklich übertragenen und übertragbaren Vertreteraufgaben. Nicht übertragbar sind gesetzlich unzulässige Vertretungen. Problematisch sind die Fälle, in denen die Stellvertretung umstritten ist, etwa die Abgabe einer Vermögensauskunft gemäß § 802c ZPO i.V.m § 51 Abs. 3 ZPO. Soweit das Bewertungsgewicht darauf liegt, dass der Bevollmächtigte kein gesetzlicher Vertreter ist, wird § 51 Abs. 3 ZPO keine Anwendung finden und der Bevollmächtigte haftungsfrei keine Auskunft erteilen dürfen.[15]

10 Wenn der Vollmachgeber die Vollmacht im Außenverhältnis direkt und zulässig beschränkt, besteht darüber hinaus keine Vollmacht und damit grundsätzlich auch keine Haftung. Gleichzeitig obliegt es allerdings dem Anwalt, im Geschäftsverkehr keinen Anschein einer weitergehenden Vollmacht zu erwecken. Andernfalls haftet er aus dem Rechtsschein.

Etwas anderes gilt für Beschränkungen im Innenverhältnis. Hier unterliegt der bevollmächtigte Anwalt dem Vollmachtgeber der internen Bindung mit der Geschäftsbesorgung. Die Handlungs- oder Unterlassungsinhalte ergeben sich aus der Vollmacht als solcher und aus den konkret erteilten Weisungen vom Vollmachtgeber für die Handlungen oder Unterlassungen des Bevollmächtigten.[16]

---

14 Grundmuster I und II siehe § 1 Rdn 8, 9.
15 So zutreffend LG Berlin, Beschl. v. 28.5.2018 – 51 T 122/18, MDR 2018, 1147 f.
16 BGH, Beschl. v. 9.5.2018 – XII ZB 413/17, FamRZ 2018, 1188 Rn 19 mit Verweis auf BGH FamRZ 2014, 888, 890.

Muster 12.2: Baustein Grundmuster – Handlungsbeschränkung

(Standort im Grundmuster I: § 2 (2) 1., Grundmuster II: § 2 (1))[17]

Dem Bevollmächtigten ▓▓▓▓ wird ausdrücklich untersagt, den Vollmachtgeber in ▓▓▓▓ zu vertreten.

Alternativ bei unbegrenztem Vollmachtinhalt in der Vereinbarung:

Der Handlungsspielraum des Bevollmächtigten ▓▓▓▓ wird im Bereich der Vermögensverwaltung der Höhe nach auf den Betrag von ▓▓▓▓ EUR, monatlich (*alternativ*: jährlich) beschränkt. Wird dieser Betrag in einer Höhe (*alternativ*: oder in der Summe) von ▓▓▓▓ EUR innerhalb eines Jahres überstiegen, verpflichtet sich der Bevollmächtigte ▓▓▓▓ (z.B. den Kontrollbevollmächtigten oder den Ersatzbevollmächtigten ▓▓▓▓) zur Abstimmung hinzuziehen.

Ferner obliegen dem bevollmächtigten Anwalt Pflichten, die mit denen eines Betreuers vergleichbar sind.[18] Insbesondere muss der Anwalt im wohlverstandenen Interesse des Vollmachtgebers unter Berücksichtigung seiner Weisungen sowie seiner Wünsche (§ 1821 Abs. 2 BGB analog; § 1901 Abs. 2 u. 3 BGB a.F.) handeln.[19] Das ergibt sich auch aus dem Geschäftsbesorgungsverhältnis. Dieses gebietet dem bevollmächtigten Anwalt, dass er im „Wie" der Auftragsausführung die Interessen des Vollmachtgebers umsetzt.[20] Gem. § 665 S. 1 BGB darf der Bevollmächtigte nur von Weisungen des Vollmachtgebers abweichen, wenn dieser die Abweichung zwar noch nicht kennt, seine Billigung aber unterstellt werden kann.

Sollte der Vollmachtgeber geschäftsunfähig werden, muss der Anwalt bei fortgeltender Vollmacht sein Vertreterhandeln an dem mutmaßlichen Willen orientieren, soweit die Vollmacht selbst keine ausdrücklichen und fortgeltenden Handlungsanweisungen enthält. Den Inhalt des mutmaßlichen Willens muss der Bevollmächtigte ermitteln. Hierzu kann er sich an den Handlungspflichten des Betreuers zur Recherche des mutmaßlichen Betreutenwillens orientieren.

---

17 Grundmuster I und II siehe § 1 Rdn 8, 9.
18 Vgl. BGH, Urt. v. 25.3.2014 – X ZR 94/12 Rn 24, NJW 2014, 3021; Gleichsetzung des Bevollmächtigten als gesetzlicher Vertreter in den Fällen des § 51 Abs. 3 ZPO, BGH FamRZ 2015, 1016; es wird für den Bevollmächtigten in Anlehnung an § 1821 Abs. 2 BGB die Lebensgestaltung des Vollmachtgebers nach seinen Wünschen in Ausübung der Vollmacht zu berücksichtigen sein.
19 BGH, Beschl. v. 9.5.2018 – XII ZB 413/17, BGH FamRZ 2018, 1188 (20) m.w.N.
20 Staudinger/*Martinek*/*Omlor* (2017), § 662 Rn 25 f.; Erman/*Berger* (2020), § 622 Rn 16.

Bienwald

> **Muster 12.3: Wünsche und Vorstellungen des Vollmachtgebers**
>
> Der Vollmachtgeber benennt für Inhalt und Ausführung der Vollmacht ▓▓▓▓ als Handlungsmaßgabe Folgendes: ▓▓▓▓. Das gilt auch für den Ersatzbevollmächtigten und etwaig tätig werdende Vertreter.
>
> *Alternativ als Präambel zu der geschäftsbesorgenden Vereinbarung:*
>
> Der Vollmachtgeber hat den Bevollmächtigten ▓▓▓▓ und den Ersatzbevollmächtigten ▓▓▓▓ über seine grundsätzlichen Vorstellungen zur Umsetzung der Vollmacht in Kenntnis gesetzt. Er vertraut im Übrigen auf eine sorgfältige Umsetzung der Vollmacht nach Maßgabe der diligentia quam in suis, ohne konkrete Wünsche und Vorstellungen zu benennen. Im Einzelfall sind der Bevollmächtigte ▓▓▓▓ und der ersatzbevollmächtigte ▓▓▓▓ nach seinem mutmaßlichen Willen zu handeln autorisiert.

13 Im Rahmen der Haftung muss der Anwalt besonders beachten, dass er bei der Ausübung seiner Tätigkeit verschiedene Vollmachten innehat und Kollisionen vermeidet.[21] Hierzu gehört auch, dass der Anwalt die Vergütung von den Aufwendungen, die in Ausübung der Vollmacht anfallen, abgegrenzt und getrennt behandelt (§ 670 BGB). Voraussetzung für die Erstattung von Aufwendungen gem. § 670 BGB ist allerdings, dass es sich bei den Aufwendungen um vertragsgemäße/rechtmäßig oder vertragsgemäße/rechtswidrige entstandene Aufwendungen handelt, die vom Auftraggeber zu erstatten sind.[22] Die Aufwendungen sind keine Gegenleistung für die Handlungen des Bevollmächtigten.

Kollidierend können ferner die Vorsorgevollmacht und die reine Bankvollmacht einander gegenüberstehen. Der Bevollmächtigte wird sich bei der Kollisionsauflösung in erster Linie nach dem ausdrücklichen Willen des Vollmachtgebers richten müssen. Im Zweifel ist die Auslegung der Vollmacht und die Zeit der Vollmachterstellung maßgeblich.

Zu beachten ist bei Kollisionen auch das Verbot des Insichgeschäftes gemäß § 181 BGB, das für den Bevollmächtigten gilt, wenn der Vollmachtgeber ihn in der Vollmacht selbst oder zu einem späteren Zeitpunkt rechtwirksam und für den Bevollmächtigten im Rechtsverkehr nachweisbar nicht ausdrücklich von dem Verbot entbunden hat. Die Verbotsentbindung sollte schon deswegen immer schriftlich erfolgen, damit der Bevollmächtigte sie zu seinem Haftungsschutz im Rechtsverkehr nachweisen kann.

14 Die Haftung des Anwaltes richtet sich grundsätzlich nach dem Inhalt und Umfang seiner Bevollmächtigung, die gegebenenfalls durch Auslegung zu ermitteln sind,[23] und danach, in welcher Funktion er diese Vollmachtstätigkeit ausübt. Wenn er als der Anwalt und nicht als Privatperson mit juristischer Ausbildung

---

21 Vgl. hierzu *Terstegen*, NJW 2007, 1723.
22 Staudinger/*Martinek*/*Omlor* (2017), § 670 Rn 16e.
23 BGH FamRZ 2012, 969.

das Amt eines Bevollmächtigten übernimmt, haftet er für seine übliche Rechtsanwaltstätigkeit für den Vollmachtgeber als außergerichtlicher und gerichtlicher Vertreter für die Wahrnehmung von Rechtsangelegenheiten des Vollmachtgebers. Das gilt für den Fall, dass der Vollmachtgeber den Anwalt trotz der vorhandenen und geltenden Vollmacht gesondert beauftragt. Ist der Vollmachtgeber nicht mehr geschäftsfähig oder aus sonstigen Gründen nicht mehr in der Lage, persönlich den Anwalt zu mandatieren, muss der Anwalt nach Maßgabe seiner Bevollmächtigung handeln. Lässt die Vollmacht zu, dass der bevollmächtigte Anwalt auch in seiner beruflichen Funktion handelt, ist er zu dieser als Mandat aus der Bevollmächtigung, je nach deren Inhalt, autorisiert. Der Anwalt wird dann zunächst in seiner Eigenschaft als Bevollmächtigter tätig. Das Verbot des § 181 BGB steht der darauffolgenden Anwaltstätigkeit nicht entgegen. Ergibt die Vollmacht, dass die Übernahme als Anwaltsmandat nicht in Betracht kommen kann, so wird der bevollmächtigte Anwalt einen Kollegen zur Mandatsübernahme beauftragen oder das Betreuungsgericht einschalten müssen.

Im Kontext der Haftung des Anwalts ist zu beachten, dass sich jene nicht nur gegenüber dem Vollmachtgeber auswirkt. Es können sich auch haftungsträchtige Auswirkungen gegenüber Dritten ergeben. Als Dritte kommen neben üblichen weiteren Vertragspartnern insbesondere Banken in Betracht. Problematisch war bisher allerdings, dass die Banken, unabhängig von der rechtlichen Bewertung der Vollmachten, diese oft nicht akzeptiert haben. Das galt auch für notariell beurkundete Vollmachten. Zwischenzeitlich hat sich durch neuere Rechtsprechung ergeben, dass die Nichtakzeptanz der Geltung von Vollmachten für Bankkonten nicht länger haltbar ist.[24]

Dritte können diejenigen sein, mit denen der Anwalt für den Vollmachtgeber Rechtsgeschäfte durchführt, während die Vollmacht entweder zuvor widerrufen worden war oder unwirksam erteilt worden ist. Ein Haftungsfall kann sich auch daraus ergeben, dass die Vollmacht für das spezielle Geschäft nicht gelten konnte, etwa wegen Geschäftsunfähigkeit des Vollmachtgebers oder wegen unzureichenden Vollmachtinhalts bei zwischenzeitlich eingetretener Genehmigungsunfähigkeit oder Genehmigungsunwilligkeit des Vollmachtgebers. Die Haftung im konkreten Fall richtet sich danach, ob der Bevollmächtigte den Mangel kannte oder nicht.[25] Zu beachten ist, dass bei Nichtigkeit der Bevollmächtigung eine Vertretungsmacht nach §§ 170 ff. BGB in Betracht kommen kann.[26] Die haftungsauslö-

---

24 Siehe dazu ausführlich *Amend-Traut/Müller*, NotRV 2018, 13 ff. mit Hinweisen auf die Rspr. LG Detmold, Urt. v. 14.1.2015 – 10 S 110/14; AG Hamburg-Wandsbek, Beschl. v. 15.6.2017 – 706 XVII 53/17; LG Kleve FamRZ 2015, 1523; die Sparkassen haben als Folge zwischenzeitlich ihre Geschäftsbedingen geändert.
25 Vgl. Lipp/*Spalckhaver*, Vorsorgeverfügungen § 15 Rn 193 ff.
26 Staudinger/*Bienwald* (2017), § 1896 a.F. Rn 294.

senden Risiken werden sich aus dem jeweiligen Rechtsgeschäft mit den dort beteiligten Personen ergeben.[27]

Stirbt der Vollmachgeber, können für die Folgezeit dessen Erben als Rechtsnachfolger zu Haftungsbeteiligten werden. Diese müssen allerdings dieselben Haftungsmodalitäten gegen sich gelten lassen, wie sie für den Vollmachtgeber gegolten haben würden.

17 Eine Haftung kann sich für den Anwalt auch aus Auskunfts- und Rechenschaftspflichten aus der Vollmachtstätigkeit ergeben. Denkbar ist hierzu, dass die Vollmacht durch den Tod oder ein sonstiges Ereignis, etwa den Widerruf, endet oder während der laufenden Vollmachtausübung, und der Anwalt den Auskunfts- und Rechenschaftspflichten nicht oder nur unzureichend nachkommt.

Die Auskunfts- und Rechenschaftspflichten bestehen bei der entgeltlichen Geschäftsbesorgung für den Anwalt grundsätzlich gemäß § 666 BGB[28] mit der ihm obliegenden Darlegungs- und Beweislast für den Inhalt der Vollmachtstätigkeit.[29] Etwas anderes kann gelten, wenn zwischen dem Vollmachtgeber und dem Vollmachtnehmer ein besonders nahes, vertrauensvolles Verhältnis besteht.[30] Diese besondere Nähe wird man im Verhältnis zwischen dem Vollmachtgeber und dem Anwalt nicht als Regelfall annehmen können. Der Anwalt wird von der Haftung entlastet, wenn der Vollmachtgeber ihn ausdrücklich in der Vollmacht von der Erteilung der Auskünfte und der Rechenschaft entbindet.[31] Eine Auskunfts- und/oder Rechenschaftspflicht entfällt für den Anwalt, wie auch andere Bevollmächtigte, ebenfalls, wenn der Vollmachtgeber hierzu zwar keinen ausdrücklichen Verzicht oder keine Entbindung ausspricht, der Bevollmächtigte aber über einen langen Zeitraum weder eine Auskunft noch eine Rechenschaft erteilt und beides von dem Vollmachtgeber nicht verlangt wird, obwohl er hierzu rechtswirksam, weil geschäftsfähig, in der Lage war.[32]

Eine Grenze der Auskunftspflicht nach Inhalt und Ausmaß kann sich allerdings auch aus dem konkreten Rechtsgeschäft sowie aus dem Schikane- und Übermaßverbot über § 242 BGB ergeben.[33]

---

27 Vgl. zu dieser Problematik Lipp/*Spalckhaver*, Vorsorgeverfügungen, § 15 Rn 191 m.w.N.
28 Siehe dazu OLG Schleswig, Urt. v. 18.3.2014 – 3 U 50/13, S. 3, BtPrax 2014, 145, 146; OLG Köln, Beschl. v. 11.5.2017 – 16 U 99/16 m.w.N.
29 Dazu OLG Schleswig, Urt. v. 18.3.2014 – 3 U 50//13, S. 3 m.w.N.
30 BGH NJW 2000, 3199, 3200. Diese Entscheidung behandelt den Nähefaktor am Beispiel von Ehepartnern. Differenziert OLG Braunschweig, Urt. v. 28.4.2021 – 9 U 24/20, FamRZ 2021, 1582 = Rpfleger 2021, 582 LS.
31 Brandenburgisches OLG, Urt. v. 2.4.2019 – 3 U 39/18.
32 Brandenburgisches OLG, Urt. v. 2.4.2019 – 3 U 39/18 mit Verweis auf OLG München, Urt. v. 20.6.2012 – 3 U 114/12; OLG Düsseldorf, Urt. v. 18.12.2014 – I-3 U 88/14; zum Vollmachtsmißbrauch *Horn/Schabel*, NJW 2012, 3473.
33 Erman/*Berger* (2020), § 666 Rn 6 f.

§ 666 BGB als eine Grundlage für die rechtliche Ausgestaltung des Innenverhältnisses zwischen dem Vollmachtgeber und dem Bevollmächtigten ist in der allgemeinen Benachrichtigungspflicht, in der Auskunfts- und in der Rechenschaftspflicht dispositiv. Die Pflichten des Bevollmächtigten können mit Individualvereinbarungen eingeschränkt oder völlig ausgeschlossen werden.[34] Die Entscheidung zu einer Individualvereinbarung über die Pflichten nach § 666 BGB sollten die Parteien mindestens nach dem zu erwartenden Inhalt und Umfang der Vollmachtstätigkeit ausrichten. Damit der Anwalt seine Tätigkeit als korrekt erbracht nachweisen kann, ist es ohnehin in seinem Interesse, dass jene schriftlich nachweisbar gemacht werden, und zwar mit eindeutigen Angaben. Damit erleichtert sich der Anwalt gleichzeitig die ihm obliegende Beweisführung in potentiellen Haftungsfällen.

Auskünfte gegenüber Behörden, insbesondere gegenüber dem Betreuungsgericht, unterfallen § 666 BGB nicht. Fordern Behörden den bevollmächtigten Anwalt zur Erteilung von Auskünften betreffend den Vollmachtgeber und dessen Angelegenheiten auf, so muss differenziert werden:
– Ist der Vollmachtgeber selbst in der Auskunftspflicht gegenüber der anfragenden Behörde auskunftspflichtig, unterliegt der bevollmächtigte Anwalt, soweit die Vollmacht die Angelegenheit erfasst, seinerseits der Auskunftspflicht. Eine ausdrückliche Vollmachtserteilung des Anwalts (das gilt für alle Bevollmächtigten) für die Auskunft ist nicht erforderlich.
– Besteht keine Auskunftspflicht des Vollmachtgebers, darf der Anwalt (das gilt für alle Bevollmächtigten) gegenüber der anfragenden Behörde nur Auskunft erteilen, wenn ihn der Vollmachtgeber dazu ausdrücklich autorisiert hat.

Muster 12.4: Rechenschaftspflicht (zur Verwendung in der Vereinbarung des Geschäfts) einschließlich der Erteilung von Auskünften.

Der Bevollmächtigte ▓▓▓ ist zur Abgabe allgemeiner Benachrichtigungen, zur Auskunft- und Rechenschaftslegung nur verpflichtet, wenn der Vollmachtgeber ihn hierzu ausdrücklich und schriftlich anweist. Diese Anweisung gilt ab deren Zustellung an den Bevollmächtigten ▓▓▓ für die Zukunft. Bis dahin ab Geltung der Vollmacht verzichtet der Vollmachtgeber auf seine Rechte aus § 666 BGB.

Ergänzung für die Zeit nach Verlust der Geschäftsfähigkeit:

Sollte der Vollmachtgeber geschäftsunfähig werden, bestimmt er für diesen Fall, dass der Kontrollbevollmächtigte ▓▓▓ an seiner Stelle die Kontrolle und Überwachung der Tätigkeit des Bevollmächtigten ▓▓▓ übernimmt. Der Bevollmächtigte ▓▓▓ wird hiermit verpflichtet, dem Kontrollbevollmächtigten ▓▓▓ gemäß seiner Aufforderung seine Tätigkeiten offenzulegen und durch dazugehörige Unterlagen nachzuweisen.

---

34 Staudinger/*Martinek*/*Omlor* (2017), § 666 Rn 17; Lipp/*Spalckhaver*, § 15 Rn 116 f.

Ergänzung für die Zeit nach dem Ableben des Vollmachtgebers als Möglichkeit:

Der Bevollmächtigte ▉ rechnet nach dem Tod des Vollmachgebers wie ein rechtlicher Betreuer nach Maßgabe des § 1872 Abs. 2 u. 3 BGB gegenüber den Erben ab.

Erteilt der Vollmachtgeber die Anweisung zur Auskunft- und Rechenschaftslegung, soll beides schriftlich erfolgen. Wegen Art und Inhalt hat sich der Bevollmächtigte ▉ an § 1865 Abs. 3 und 4 BGB zu orientieren.

Sollte ▉ ohne Anweisung gleichwohl seine Tätigkeit als Bevollmächtigter mit einer Rechnungslegung und Handlungsaufzeichnungen dokumentieren, ist das eine freiwillige Leistung, solange keine Anweisung besteht. Sie ist als Vollmachtleistung abrechenbar.

Auskunftserteilung gegenüber Dritten:

Der Bevollmächtigte wird autorisiert, gegenüber Dritten zu Angelegenheiten nur Auskunft zu erteilten, wenn der Vollmachtgeber ihn hierzu im Einzelfall ausdrücklich ermächtigt.

Alternativ: Der Bevollmächtigte wird für jeden Fall zur Erteilung der Auskunft autorisiert. Er teilt die Auskunft nach der Maßgabe der Sorgfalt in eigenen Dingen. Gegenüber dem Kontrollbetreuer oder dem Kontrollbevollmächtigten ist er umfassend auskunftspflichtig.

21 Weiterer Bestandteil der Haftung ist seit Inkrafttreten der EU-DS-GVO am 24.5.2016 mit Inkrafttreten des BDSG[35] der Schutz der Daten des Vollmachtgebers. Der Anwalt wird im Verlauf seiner Tätigkeit als Bevollmächtigter zwangsläufig nicht nur die Kenntnis zahlreicher persönlicher Daten des Vollmachtgebers erfahren, er wird sie im Rahmen seiner Tätigkeit zwangsläufig verarbeiten und gegebenenfalls auch bearbeiten. Zum beiderseitigen Schutz und zur Vorbeugung der Haftung des Anwalts ist es erforderlich, dass der Vollmachtgeber bereits mit der Vollmachtserteilung in die künftige Verarbeitung seiner Daten gemäß Art. 6 Abs. 1 lit. a DS-GVO einwilligt.[36] Die Erklärung des Vollmachtgebers muss zu ihrer Wirksamkeit freiwillig abgegeben werden.[37]

Muster 12.5: Datenschutz

Dem Vollmachtgeber ist bekannt, dass der Bevollmächtigte ▉ seine persönlichen Daten in Ausübung seiner Vollmachttätigkeit elektronisch verarbeiten wird. Hierzu und zu der Speicherung über die gesetzlichen Fristen hinaus erteilt er dem Bevollmächtigten sein Einverständnis.

Wegen der verschiedenen Tätigkeitsebenen als Rechtsanwalt und als Bevollmächtigter ist es für den Anwalt wichtig, sich auch zu seiner eigenen Absicherung entsprechend durch Berufshaftpflicht zu versichern.

---

35 BDSG aktueller Stand v. 23.6.2021 BGBl I, 1858 ab dem 1.12.2021.
36 Zur Datenschutzregelung für den Betreuer wird auf die Entscheidungen des AG Altötting und des AG Gießen, jeweils FamRZ 2018, 1696, 1697 und der Anmerkung von *Schwab* S. 1697 f. hingewiesen, die jeweils auch für die Bevollmächtigten inhaltlich gelten.
37 Erwägungsgrund 42 zu Art. 6 DS-GVO.

Muster 12.6: Haftungsbegrenzung bei Versicherungsunterdeckung

Der Anwalt verpflichtet sich, für seine Tätigkeit als Bevollmächtigter eine dazu passende Haftpflichtversicherung abzuschließen oder seine bereits bestehende Anwaltshaftlichtversicherung entsprechend ergänzen zu lassen. Soweit die Haftpflichtversicherung des Bevollmächtigten einen konkreten Schadensfall nicht oder nicht in voller Höhe übernimmt, wird die Haftung des Anwalts auf Vorsatz und grobe Fahrlässigkeit beschränkt.

Die über die übliche Rechtsanwaltstätigkeit hinausgehende Tätigkeit des Anwalts als Bevollmächtigter wird gleichzeitig über die gemäß § 12 Abs. 2 Nr. 2 BRAO[38] vorgeschriebene Berufshaftpflichtversicherung hinausgehen und deswegen zu erweitern. sein (zu den Kosten der Versicherungserweiterung siehe Rdn 44 ff.; Muster zur Auslagenerstattung und deren Auszahlung siehe Rdn 52). Denkbar für den Fall, dass der Anwalt keine hinreichende Deckung mit der Versicherung aushandeln kann, ist es, für Unterdeckungsfälle eine Haftungsbegrenzung auf Vorsatz und grobe Fahrlässigkeit zu vereinbaren. Damit erfährt der Anwalt eine relative Absicherung.

Eine gesetzliche Haftungsmilderung besteht für den Anwalt als Bevollmächtigter nicht, und zwar unabhängig von einer Vergütung des Bevollmächtigten. Das gilt selbst für die diligentia quam in suis.[39]

Muster 12.7: Haftungsbegrenzung

Der bevollmächtigte Rechtsanwalt ▬▬▬, ersatzweise ▬▬▬ für ihn als Vertreter, haftet in Ausübung seiner Vollmachtstätigkeit für die in eigenen Dingen übliche Sorgfalt (diligentia quam in suis) ohne Berührung von § 277 BGB.

In allen denkbaren Haftungsfällen besteht Einigkeit darüber, dass ▬▬▬ bzw. ▬▬▬ nur für Vorsatz und grobe Fahrlässigkeit haften.

Im Rahmen von Vereinbarungen sind Haftungsbeschränkungen grundsätzlich zulässig. Eine Voraussetzung dazu ist, dass der Vollmachtgeber im Zeitpunkt der Erteilung der Vollmacht und Abschluss der Vereinbarung geschäftsfähig ist. Ferner müssen die Beschränkungen eindeutig festgelegt werden.

Im Fall des wirksamen Vollmachtwiderrufs und der Wirksamkeit von Haftungsvereinbarungen kommt es auch für einen Haftungsumfang darauf an, wann der Anwalt Kenntnis von dem Widerruf erlangt hat, oder hätte erlangen müssen. Hierzu sollten die Parteien eine Vereinbarung über das Prozedere unter Einbeziehung der Form für den Widerruf treffen.

---

38 In der Fassung v. 5.10.2021 BGBl I, 4607 Geltung ab dem 1.1.2022.
39 Lipp/*Spalckhaver*, Vorsorgeverfügungen, § 15 Rn 179.

Muster 12.8: Dauer der Vollmacht

Der Vollmachtgeber widerruft die Vollmacht mit schriftlicher Bekanntgabe an den Bevollmächtigten ▬▬. Die Parteien sind sich einig, dass der Widerruf mit der Zustellung an ▬▬ seine Wirksamkeit nach außen erlangt.

24 Für eine Festlegung der Haftungshöhe ist die einfache Schriftform erforderlich (§ 52 Abs. 1 BRAO). Gem. § 52 Abs. 1 Nr. 1 BRAO wird für den Einzelfall die Höhe bis zur Mindestversicherungssumme genannt, gem. Nr. 2 durch vorformulierte Vertragsbedingungen bei einfacher Fahrlässigkeit auf den vierfachen Betrag der Mindestversicherungssumme beschränkt, wenn hierzu Versicherungsschutz besteht.

Schriftliche Vereinbarungen zur Haftung, insbesondere zur Haftungsbeschränkung, sind ohnehin zur beiderseitigen Absicherung und zur Beweiserleichterung von Vollmachtgeber und Bevollmächtigtem dringend angezeigt, und zwar mit eindeutigen Formulierungen über den Inhalt und das Ausmaß. Ein besonderes Augenmerk sollte auf eine etwaige Beschränkung gelegt werden. Deutlich muss auch die Reichweite der Ausdehnung der Haftungsbeschränkung, etwa auf dritte Personen, geregelt werden.[40]

25 Soweit eine ausdrückliche Vereinbarung über eine Haftungsbeschränkung fehlt, ist aus dem Vereinbarungszusammenhang zwischen dem Vollmachtgeber und dem Anwalt als Vollmachtnehmer eine konkludente Vereinbarung denkbar. Diese muss für Außenstehende deutlich erkennbar sein. Als Beschränkung kann sich die Haftung für Vorsatz und grobe Fahrlässigkeit ergeben.[41] In der praktischen Umsetzung dieser Konstellation der Haftungsbeschränkung für den Anwalt im Haftungsfall ergibt sich, dass ihm die Beweisführung für den Nachweis der Beschränkung obliegt.

26 Wenn die Parteien eine Haftungsbeschränkung ausdrücklich oder konkludent vereinbaren wollen, müssen sie die gesetzliche Grenze der Haftungsbeschränkung mit dem Ausschluss des Vorsatzes für die Zukunft beachten (§ 276 Abs. 3 BGB), ebenso, dass es gleichwohl anerkannt ist, retroperspektiv die Haftung wegen Vorsatzes zu erlassen.[42] Etwas anderes gilt für den Erfüllungsgehilfen (§ 278 S. 2 BGB), der gegebenenfalls auf Anweisung des Anwalts tätig wird.

27 Denkbar ist ferner, dass der Vollmachtgeber auf seine, aus der Haftung des Bevollmächtigten resultierenden Rechte in Anlehnung an § 397 BGB verzichtet.[43] Die Wirksamkeit eines Verzichts wird zum Schutz des Vollmachtgebers von dem Inhalt und Ausmaß sowie dem Zeitpunkt der Verzichtserklärung abhängen,

---

40 BGH NJW 2010, 1592, 1593 f. m.w.N.
41 Staudinger/*Casper* (2014), § 276 Rn 118 m.w.N.
42 Staudinger/*Caspers* (2014), § 276 Rn 119.
43 Laut BGH wird der Verzicht mit dessen Annahme für den Schuldner zu Erlassen BGHZ 185, 224; Erman/*Wagner* (2020), § 397 Rn 1.

sowie von der Form der Verzichtserklärung mit einem Vertrag zwischen Vollmachtgeber und Anwalt. Ein in Betracht kommender Verzicht der Haftung ist im Sinn einer Haftungsmilderung allerdings eng auszulegen.[44] Ein vollständiger Verzicht für die Zukunft scheitert an gesetzlichen Verzichtsverboten, wird durch Sittenwidrigkeit begrenzt und darf sich nicht auf Rechte etwaig betroffener Dritter auswirken.

Für Haftungsfälle mit Unmöglichkeit, etwa der Herausgabepflicht nach § 667 BGB, gelten die §§ 280, 283 BGB für die Schadensersatzpflicht des Bevollmächtigten bei dessen Verschulden.[45]

28

Mögliche und vertraglich vereinbarte Beschränkungen der Haftung finden ihre Grenze an deren Sittenwidrigkeit gemäß §§ 138 oder 242 BGB[46] mit der Folge der Nichtigkeit der Vereinbarungen.

Muster 12.9: Haftungsverzicht

Soweit gesetzlich zulässig verzichten die Parteien auf die Geltendmachung der Haftungsansprüche.

29

Auswirken kann sich auf die Haftung ein etwaig mitwirkendes Verschulden Dritter oder auch des Vollmachtgebers selbst.

D. Vergütung

I. Allgemeines

In der Regel wird der Anwalt die ihm übertragene Vollmacht nicht als Gefälligkeit kostenlos, sondern gegen Entgelt ausüben. Ohne eine ausdrückliche Regelung der Vergütung hat der Anwalt keine direkt zu benennende Anspruchsgrundlage für eine Entlohnung seiner Tätigkeit, wenn er sie nicht als Anwaltsmandat deklarieren und nachweisen kann. Eine fehlende Verfügungsvereinbarung für eine Vollmachtstätigkeit wirkt sich zu Lasten des Anwalts aus, wenn der Vollmachtgeber nach Vollmachtserteilung geschäftsunfähig geworden ist und dem Anwalt rechtswirksam keine Vergütung einräumen kann.[47]

30

Die Vertragsparteien, bestehend aus dem Vollmachtgeber und dem bevollmächtigten Anwalt, schließen zur Regelung der Vergütung einen entgeltlichen Geschäftsbesorgungsvertrag. Für das Entgelt findet § 675 BGB Anwendung, für die bei der Vollmachtstätigkeit entstehenden Kosten gilt der Aufwendungsersatz

31

---

44 BGHZ 40, 65, 60 f.; 47, 312, 318.
45 BGH NJW 2006, 986 f.
46 Staudinger/*Caspers* (2014), § 276 Rn 128 m.w.N.
47 Siehe auch *Zimmermann*, FamRZ 2013, 1535, 1536.

nach § 670 BGB. Zu den Kosten gehört nicht der Verdienstausfall des Anwalts als Kompensation für sonstige Berufstätigkeiten, ebenso nicht abzuführende Steuern.[48]

Der entgeltliche Geschäftsbesorgungsvertrag ist, oder sollte zur Klarheit der Vertragsparteien, Bestandteil der Bevollmächtigung sein. In der Regel werden damit Streitigkeiten zu einem späteren Zeitpunkt zwischen Vereinbarungsparteien oder später mit den Erben des Vollmachtgebers vorgebeugt.

32 Wichtig ist, dass der Vollmachtgeber und der bevollmächtigte Anwalt vor der Vollmachterteilung und der Tätigkeitsaufnahme über die Vergütung und die Kostenerstattung eindeutige Regelungen treffen. Eine ausdrückliche Vergütungsregelung ist für den Anwalt auch deswegen wichtig, weil er in seiner Tätigkeit als Bevollmächtigter nichtanwaltliche Leistungen nicht über das Rechtanwaltsvergütungsgesetz (RVG hier ist insbesondere § 1 Abs. 1 S. 1 RVG zu berücksichtigen) abrechnen kann. Das Vergütungsgesetz ist nur bei einer Tätigkeit von Anwälten anwendbar, die zu seinem Berufsbild gehören. Das ist bei Übernahme einer Vorsorge- oder Generalvollmacht für einen Dritten nicht der Fall.[49]

Denkbar ist es auch, dass der Vollmachtgeber und der Anwalt für dessen anwaltliche Bevollmächtigtentätigkeit als Vergütungsmodalität die des § 1876 BGB (§ 1836 BGB a.F.)[50] und für den Aufwendungsersatz die des § 1877 BGB (§ 1835 BGB a.F.)[51] wählen.

33 Als Bestandteil der Regelung ist es sinnvoll zu vereinbaren:
– die Vergütung als Grundtatbestand
– deren Höhe mit der Zahlungsdauer nebst Angaben für Beginn und Ende
– die Fälligkeit der Auszahlung
– die Feststellungen der erstattungsfähigen Kosten und einzelner Bemessungsteile.[52]

II. Vergütungsvereinbarung

34 Der Vollmachtgeber setzt im Einvernehmen mit dem bevollmächtigten Anwalt fest, dass die Arbeit als Bevollmächtigter von dem Vollmachtgeber vergütet wird. Diese Festlegung sollte sich auch auf die Modalität sowie die Höhe der Vergütung erstrecken.

---

48 Erman/*Berger* (2020), § 670 Rn 9 f.
49 Vgl. hierzu *Fiala/Deinert*, FamRZ 2017, 1899, 1900.
50 Vgl. zu den vergütenden Leistungen Staudinger/*Bienwald* (2020), § 1836 a.F. Rn 87.
51 Vgl. zu den Aufwendungen Staudinger/*Bienwald* (2020), § 1835 a.F. Rn 29 ff.
52 Z.B. wie km/EUR, Portopauschale, Fahrzeit als sog. Abwesenheitsgeld etc.

Muster 12.10: Vergütung

Die Parteien vereinbaren, dass der Bevollmächtigte seine Vollmachttätigkeit entgeltlich ausübt. Die Vergütung wird unterteilt in reine Vollmachtausübung und typische Anwaltstätigkeit.

III. Vergütungshöhe und Zahlungsdauer

Die Parteien können eine freie, einvernehmliche Höhe vereinbaren. Eine dem Grunde nach geschuldete Vergütung muss mit einer Höhenangabe konkretisiert werden, um spätere Streitigkeiten zu vermeiden. Hierzu reicht es nicht aus, eine übliche Vergütung ohne Höhenangabe festzulegen.[53] Die Vergütungshöhe sollte grundsätzlich angemessen sein. Wobei als Orientierung die Stellung des Bevollmächtigten als Anwalt ist, und dieser gerecht werden sollte. Andererseits muss sich der Vollmachtgeber den Anwalt als Bevollmächtigten nicht nur finanziell leisten wollen, sondern sich ihn ohne eigene Unterhaltsgefährdung auch leisten können. Bei der Bemessung der Vergütungshöhe ist es ferner angezeigt, auch den möglichen oder wahrscheinlichen Tätigkeitsinhalt zu berücksichtigen, und zwar mit dessen zu erwartenden tatsächlichen und fachlichen Schwierigkeiten, dem möglichen Umfang der Tätigkeit und ihre voraussichtliche Dauer.[54] Denkbar ist, sich wegen der Vergütungshöhe zusätzlich an regionalen Gepflogenheiten zu orientieren,[55] wobei gegebenenfalls zwischen einem Nord-Süd-Gefälle oder zwischen Land und Stadt unterschieden werden kann.

35

Infrage muss gestellt werden, ob das zu erwartende Haftungsrisiko ebenfalls in die Vergütung als Wertfaktor einzubeziehen oder nur über die Versicherungssonderkosten zu berücksichtigen ist. In Anlehnung an anwaltliche Vergütungsvereinbarungen ist eine Zeitvereinbarung mit einem Stundensatz in einer festgesetzten Höhe, die zwischen 100 EUR und 300 EUR liegen kann, denkbar.[56] Möglich ist auch, dass die Stundensatzhöhe zusätzlich nach der Zeit der Tätigkeit differenziert wird. So kann eine festgelegte Erhöhung des Stundensatzes bei einer Wochenend- oder Abendtätigkeit um etwa 30 EUR bis 100 EUR pro Stunde vereinbart werden. Zur ergänzenden Klarstellung sollte festgehalten werden, ob nach angefangener Stunde diese voll oder nach Minuten abgerechnet wird. Denkbar ist auch, nach angefangener Stunde im Fünfzehnminutentakt abzurechnen.[57]

36

Je nach der Tätigkeit ist die Vereinbarung einer pauschalen Vergütung in Anlehnung an ein Gehalt oder eine Pauschale mit einem festen monatlichen Betrag zur Abgeltung der gesamten Tätigkeit denkbar. Hierbei ist es essentiell, die Höhe der Pauschale zu benennen.

37

---

53 Vgl. *Zimmermann*, FamRZ 2013, 1535, 1537.
54 Siehe zu Vergütungsberechnungsfaktoren auch *Kurze*, ZErb 2011, 300, 302.
55 Diesen Vorschlag macht Kurze/*Kurze*, VorsorgeR, § 675 Rn 17.
56 Lipp/*Spackhaver*, Vorsorgeverfügungen, § 15 Rn 147.
57 LG Bonn, Urt. V. 25.4.2008 – 18 O 60/05, BeckRS 2010, 12032 soweit kein Missbrauch vorliegt, so OLG Düsseldorf, Urt. V. 29.6.2006 – U 196/04, NJW-RR 2007, 129.

Bienwald

38 Sollte sich bei Vollmachterteilung bereits abzeichnen, dass diese über mehrere Jahre dauern wird, können die Parteien auch eine gleitende Vergütungserhöhung, etwa nach dem Vorbild eines üblichen Arbeitsvertrages unter Berücksichtigung der Inflationssteigerung, vereinbaren. Die Erhöhungsbedingungen nach Zeit, Orientierungsmaßstab und prozentualer Höhe müssen allerdings klar genannt werden.

39 Bei einer längeren Vollmachtdauer darf die Verjährung des Entgeltes, soweit die Regelverjährung von drei Jahren gemäß § 195 BGB eingreift, nicht außer Acht gelassen werden. Zur Klarheit und Sicherheit des bevollmächtigten Anwalts sollten die Parteien verabreden, dass zu der Vergütung nebst der Aufwandserstattung auf die Ausübung der Einrede der Verjährung nach Maßgabe des § 202 BGB verzichtet wird. Anderenfalls besteht die Gefahr, dass die Ansprüche des Anwalts bei fehlender Zahlungsvereinbarung, bei unterbliebener Zahlung ohne Geltendmachung oder einer Zahlung am Ende der Vollmachtstätigkeit wegen bereits eingetretener Verjährung nicht mehr geltend gemacht werden können.

40 Der Anwalt ist in seiner reinen Anwaltstätigkeit umsatzsteuerpflichtig. Auf der Grundlage von § 1 Abs. 1 Nr. 1 S. 1 UStG wird er auf die Vergütung aus seiner Vollmachtstätigkeit als eine wirtschaftliche Betätigung neben der Einkommensteuer ebenfalls Umsatzsteuer zahlen müssen. Damit reduziert sich die Vergütung vor der Einkommensteuerberechnung. Ob die Parteien diese Einkommensreduktion auf der Bevollmächtigtenseite prozentual mit einer Erhöhung berücksichtigen, obliegt ihrer Entscheidung und Vereinbarung.

41 Zur weiteren Klarheit der Vergütung muss eine Vereinbarung darüber getroffen werden, ob bei der Vergütung zwischen der reinen Bevollmächtigtentätigkeit und einer üblichen Anwaltstätigkeit, am Berufsbild gemessen, unterschieden wird. Der Anwalt ist in Ausübung seiner Berufstätigkeit gehalten, seine Vergütung an § 49b BRAO auszurichten. Er darf im Einzelfall jedenfalls nicht erheblich von der Vergütung nach dem RVG abweichen. Für beide Seiten ist es sinnvoll, eine Regelung über die Vergütung zu treffen, bei der zwischen der Vollmachts- und Anwaltstätigkeit unterschieden wird.

42 Nicht separat kann/sollte das vom Anwalt geführte Büro und dessen Personal dem Vollmachtgeber in Rechnung gestellt werden, und zwar weder im Bereich des Vollmachthonorars noch bei der Kostenerstattung.

Muster 12.11: Vergütungshöhe und Zahlungsdauer

43 Die Parteien bestimmen, dass der Bevollmächtigte seine Tätigkeit

Alternative 1: nach Stunden mit einem Stundensatz in Höhe von ▮ EUR zzgl. MwSt. abrechnet. Die Stunden werden minutengenau/im Viertelstundenrhythmus berechnet (zutreffendes unterstreichen).

Alternative 2: nach Monaten mit einem jeweiligen Pauschalbetrag in Höhe von ▮ EUR zzgl. oder einschl. MwSt. bemisst. Für jeden begonnenen Monat wird die Tätigkeit in voller/in anteiliger Höhe vergütet, auch wenn die Vollmacht durch Tod des Vollmachtgebers oder durch den Widerruf der Vollmacht vorzeitig endet (zutreffendes unterstreichen).

Im Fall der Stundenvereinbarung vereinbaren die Parteien ergänzend, dass ▓▓▓ einen Vorschuss auf seine Tätigkeit in Höhe von fünf Stunden pro Monat am Anfang eines Monats erhält. Dieser wird in die Vierteljahresabrechnung einbezogen und verrechnet.

Von der Vergütung wird nur die reine Vollmachtstätigkeit erfasst. Nicht dazu gehört die Anwaltstätigkeit. Diese wird gesondert

Alternative 1: nach dem jeweils geltenden Rechtsanwaltsvergütungsgesetz für jedes Einzelmandat abgerechnet.

Alternative 2: nach einer jeweils zu treffenden Honorarvereinbarung mit einem Stundensatz von ▓▓▓ EUR zzgl. Kosten und MwSt. abgerechnet.

Nicht erfasst sind auch reine Bürotätigkeiten, die ▓▓▓ persönlich oder sein Personal erbringen.

Vorsorglich verzichten die Parteien darauf, die Einrede der Verjährung (nach Maßgabe des § 202 BGB) auszuüben. Dieser Verzicht gilt auch für etwaige Rechtsnachfolger von ihnen.

IV. Vergütungsfälligkeit

Grundsätzlich wird die Vergütung des Anwalts nach den Regeln des Auftragsrechts erst fällig, wenn der Auftragszweck erreicht oder aus einem sonstigen Anlass beendet ist.[58] In Anlehnung an §§ 675, 669 BGB kann eine Vorschussvereinbarung getroffen werden. Die Ausübung der Vollmacht erstreckt sich in der Regel über einen längeren Zeitraum, der auch mehrere Jahre andauern kann. Dem bevollmächtigten Anwalt ist es nicht zuzumuten, mit dem Erhalt seiner Vergütung bis zum Ende der Vollmacht und damit über Jahre nach Tätigkeitsende zuzuwarten. Für den Vollmachtgeber würde dies bedeuten, dass er die Vergütung des Anwalts seinerseits über Jahre bis zur Auszahlung mindestens zurücklegen muss.[59] Zur künftigen Klarheit für beide Seiten ist es wichtig, dass sie eine genaue Abrede über die Zahlungszeitpunkte treffen. Sinnvoll ist es, einen Zeittakt von einem Monat bis zu einem Vierteljahr zu benennen, Letzteres in Anlehnung an die Vergütung von Berufsbetreuern.

44

Vereinbart werden sollte speziell eine Regelung der Vergütungszahlung für den Fall, dass der Vollmachtgeber vorzeitig verstirbt und die Vollmacht damit endet oder über den Tod hinausgeht. Diese Vereinbarung sollte die gezahlten Vorschüsse und die pauschale Vergütung, für die teilweise noch keine Leistungen vom Anwalt erbracht worden sind, regeln. Hierbei besteht die Möglichkeit, einen

45

---

58 BGH NJW 2005, 2927, 2928, nach den Regeln der Geschäftsführung nach Erhalt; Staudinger/*Martinek*/Omlor (2017), § 675 BGB Rn A37 mit Verweis auf §§ 614, 641 Abs. 1 BGB
59 So auch *Zimmermann*, FamRZ 2013, 1535, 1536.

Bienwald

Zahlungsanspruch und geleistete Vorschüsse ohne Leistung bei dem vorzeitigen Ableben zugunsten des Anwalts fortbestehen zu lassen. Alternativ ist bei einer mit dem Tod beginnenden zeitgenauen Abrechnungsvereinbarung diese tag- oder wochengenau festlegbar. Das würde bei einem Vorschuss gegebenenfalls zu einer Erstattungspflicht gegenüber den Erben führen. Vergleichbares würde dann für die vereinbarte Stundenabrechnung gelten.

46 Hat der Vollmachtgeber die Fortgeltung der Vollmacht über seinen Tod hinausgehend bestimmt, gilt diese zunächst weiter. Zahlungspflichtig sind dann die Erben des Vollmachtgebers. Zum nicht festgelegten Ende der Vollmacht sollte eine Regelung vom Vollmachtgeber für die Vergütung getroffen werden, wie sie vorstehend zum Vorschuss und der Pauschale vorgeschlagen wird (vgl. Rdn 36 f.). Die Vollmacht endet mit deren Widerruf durch die Erben des Vollmachtgebers/ dann des Erblassers.

47 Problematisch kann die Auszahlung der Vergütung in jedem Fall in der vereinbarten Höhe und der vereinbarten Fälligkeit werden, wenn der Vollmachtgeber zwar noch lebt, aber nicht mehr selbst die Auszahlung durchführen oder veranlassen kann. Das wird sich etwa ergeben, wenn der Vollmachtgeber zu persönlichem Handeln zu krank oder geschäftsunfähig geworden ist. Auch dieser Fall sollte zwischen dem Vollmachtgeber und dem Bevollmächtigten geregelt werden. Als Lösung bietet sich damit an, für den Fall der Geschäfts- oder sonstigen Handlungsunfähigkeit einen zusätzlichen Bevollmächtigten zu bestimmen. Für diesen würde die Beschränkung seiner Vollmacht auf die Prüfung und Auszahlung der Vergütung ausreichen. Möglich ist auch, dem bevollmächtigten Anwalt im Fall der Geschäfts- oder sonstigen Handlungsunfähigkeit des Vollmachtgebers für die Auszahlung die Befreiung des Verbots der Selbstkontraktion gemäß § 181 BGB zu erteilen. Diese Vorgehensweise setzt aber ein besonderes Vertrauen in die Loyalität des Anwalts voraus. Sie ist allerdings bereits in Frage zu stellen, weil sich der Anwalt einer besonderen Rechenschaftspflicht aussetzt. Letztlich kann der Vollmachtgeber im Rahmen der Vollmachtserteilung auf das Institut der Betreuung zurückgreifen und die Bestellung eines Kontrollbetreuers unter dessen namentlicher Festlegung bestimmen.

Muster 12.12: Vergütungsfälligkeit

48 Die Parteien vereinbaren, dass die Vergütung

Alternative 1: im Fall der Stundenvergütung vierteljährlich jeweils zum Vierteljahresende von dem Vollmachtgeber zu zahlen ist, und zwar nach vorheriger Bekanntgabe der Höhe der Stundenanzahl mit deren schriftlicher Aufstellung an ihn. Der Vollmachtgeber zahlt nach Erhalt der Stundenaufstellungen die Vergütung innerhalb von zwei Wochen. Etwaige Vorauszahlungen werden berücksichtigt.

Alternative 2: im Fall des pauschalen Monatshonorars der Vollmachtgeber die Vergütung nach Ablauf des jeweiligen Monats bis zum 3. Werktag des Folgemonats zahlt.

Bienwald

Sollte der Vollmachgeber die Zahlung nicht mehr persönlich leisten können und/oder die Kontrolle der zahlungspflichtigen Bevollmächtigtenleistungen nicht mehr ausüben können, bestimmt der Vollmachtgeber bereits jetzt, dass die Kontrolle und die Auszahlung

Alternative 1: durch den Ersatzbevollmächtigten/oder Kontrollbevollmächtigten ▓▓▓, ersatzweise ▓▓▓ ausgeübt werden,

Alternative 2: von einem vom Betreuungsgericht zu bestimmenden Kontrollbetreuer übernommen werden. Der Vollmachtgeber schlägt hierzu ▓▓▓, ersatzweise ▓▓▓ vor. Sollte keine der benannten Personen für die Kontrollbetreuung zur Verfügung stehen, soll das Betreuungsgericht ohne weitere Vorgabe durch den Vollmachtgeber einen geeigneten Kontrollbetreuer benennen und bestellen.

Im Fall des Widerrufs oder der sonstigen Beendigung der Vollmacht ist der Bevollmächtigte berechtigt, bei der stundenweisen Berechnung die unbezahlten geleisteten Stunden bis zur Beendigung stundengenau abzurechnen;

Alternative: Ist Pauschalhonorar vereinbart, gilt die Zahlung für den gesamten Monat auf dessen Beginn oder eine dann taggenaue Berechnung (mit Dreißigstel Anteil).

Im Fall der Fortgeltung der Vollmacht über den Tod hinaus bis zum Widerruf durch die Erben: Die Vollmacht gilt über den Tod bis zum Widerruf hinaus. Bis zum Widerruf durch die Erben gilt:

Alternative 1: Der Bevollmächtigte erhält bis zum Widerruf der Vollmacht seine Vergütung und die Auslagen fortgesetzt wie zu Lebzeiten des Vollmachtgebers.

Alternative 2: Der Bevollmächtigte erhält bis zum Widerruf der Vollmacht eine Verfügung, die nach dem Ableben des Vollmachtgebers mit den Erben auszuhandeln ist. Es wird jetzt bereits verfügt, dass bis zu einer neuen Vergütungsvereinbarung der Anwalt eine Vergütung für seine Tätigkeit von den Erben, dann aus Geschäftsführung ohne Auftrag von diesen erhält. Das Gleiche gilt für die Erstattung von Aufwendungen.

V. Auslagenerstattung und deren Auszahlung

Im Rahmen der Tätigkeit ergeben sich Aufwendungen, per definitionem freiwillige Vermögensopfer zum Zweck der Auftragserfüllung,[60] mit verschiedenem Inhalt und in unterschiedlicher Höhe. Diese sind im Rahmen der entgeltlichen Geschäftsbesorgung neben der Vergütung grundsätzlich zusätzlich zu dieser vom Vollmachtgeber gemäß § 670 BGB zu erstatten. Zu den Aufwendungen können Porto, Kopien, Telefon und Faxe sowie Fahrtkosten oder notwendige Übernachtungskosten gehören. Soweit der Anwalt seine Haftpflichtversicherung der Tätigkeit als Bevollmächtigter anpassen muss, werden die dadurch entstehenden Mehrkosten ebenfalls als erstattungsfähige Auslagen von dem Vollmachtgeber verlangt werden können. Zu erstattungsfähigen Aufwendungen gehören nicht die allgemeinen Geschäftskosten des Anwalts mit dessen Bürobetrieb. Das Gleiche gilt

---

60 Dazu ausführlich Staudinger/*Martinek*/*Omlor* (2017), § 670 Rn 7.

für die Arbeitsleistung als beruflich tätiger Rechtsanwalt außergerichtlich oder in Gerichtsverfahren.⁶¹ In Frage zu stellen ist, ob Besorgungen von persönlichem Charakter für den Vollmachtgeber als Aufwendungen zu bezeichnen sind.⁶²

50 Erstattungsfähige Aufwendungen müssen zu der Ausübung der Vollmacht gehören. Sie müssen in unmittelbarem kausalem Zusammenhang mit der Vollmacht stehen und als solche auch dem Interesse, mindestens dem mutmaßlichen Willen des Vollmachtgebers entsprechen. Bei der Auswahl der einzelnen Aufwendungen muss der Anwalt den Grundsatz der Verhältnismäßigkeit beachten.⁶³ Dieser gibt den Maßstab für den Erstattungsumfang. Die Erstattung selbst kann der Anwalt nach den Regeln der Geschäftsführung als direktes Geschäft von dem Vollmachtgeber verlangen.

51 Die Verwendungserstattung gemäß § 670 BGB wird mit deren Vorfinanzierung durch den Anwalt fällig, spätestens mit dem Ende der Vollmacht. Auch hierzu ist es sinnvoll, eine klare Regelung bei der Vollmachtserteilung zu treffen, um spätere Irritationen, insbesondere Nachweis über den Verwendungsanfall und eine etwaige Verjährung, zu vermeiden. Als Möglichkeit bietet sich an, die Verwendungserstattung nach deren Entstehen an die zeitlich folgende Vergütungszahlung anzuknüpfen. Die Verwendungen sollten zur Prüfbarkeit von dem Anwalt dokumentiert und getrennt von der Vergütung ausgezahlt werden.

Muster 12.13: Auslagenerstattung und deren Auszahlung

52 Als dem Bevollmächtigten ▬▬▬ zu erstattende Auslagen benennen die Parteien u.a. die Haftpflichtversicherungsbeiträge, die Kopien, die Fahrtkosten (mit der Höhe von 50 % über der Fahrtkostenerstattung von VV 7003 der Rechtsanwaltskostenvergütung) zzgl. MwSt., Porto, Vorkassezahlungen für private Belange des Vollmachtgebers. Diese Aufzählung ist nur beispielhaft und kann je nach Anfall ergänzt werden. Die Auslagen werden monatlich nach deren Entstehen im Folgemonat zur Erstattung fällig.

Der Anwalt erhält die Kostenerstattung,

Alternative 1: indem der Vollmachtgeber ihn zur Entnahme aus seinem Vermögen autorisiert.

Alternative 2: indem der Vollmachtgeber ihm die Auslagen nach deren monatlichen schriftlichen Nachweis selbst erstattet. Sollte er hierzu nicht mehr in der Lage sein, ist der Ersatz- oder Kontrollbevollmächtigte oder ein vom Gericht bestellter Kontrollbetreuer hierzu verpflichtet.

Für die Auslagenerstattung nach dem Tod des Vollmachtgebers und fortgesetzter Handlung des bevollmächtigten Anwalts siehe Muster 12.12: Vergütungsfälligkeit letzte Alternativvorschläge (siehe Rdn 48).

---

61 Zutreffend Staudinger/*Martinek*/*Omlor* (2017), § 670 Rn 9 u. 10.
62 So aber Kurze/*Kurze*, VorsorgeR, § 670 Rn 2, der den Aufwendungsbegriff auch auf den Erwerb von Kleidungsstücken, Hygienebedarf im Pflegeheim und vergleichbare Artikel ausdehnt.
63 BGHZ 95, 375, 388.

Bienwald

E. Der Anwalt als (Kontroll-)Betreuer und als Kontrollbevollmächtigter

Der Anwalt, der eine Betreuung, auch eine Kontrollbetreuung für familienfremde Personen übertragen bekommt,[64] wird dieses Amt regelmäßig als sog. Berufsbetreuer übernehmen und ausführen. Nur dann übt er die Betreuertätigkeit beruflich aus. Unabhängig von seinem Status als Anwalt unterliegt er denselben Pflichten und hat dieselben Rechte wie jeder andere Betreuer. Einen Unterschied macht das Gesetz hierzu nicht.[65] Die Inhalte der Aufgaben als Kontrollbetreuer nach Maßgabe des § 1820 Abs. 3 BGB (§ 1897 Abs. 3 BGB a.F.) regelt das Gericht gem. § 1815 Abs. 3 (§ 1896 Abs. 2 u. Abs. 3 BGB a.F.) im Einzelnen.[66]

53

Eine Kontrollbetreuung, auch durch einen Anwalt, ist immer gegenüber einer sog. Überwachungsvollmacht nachrangig.[67] Wenn also der Vollmachtgeber in seiner Vollmacht bestimmt hat, dass der Bevollmächtigte kontrolliert wird und hierzu einen Kontrollbevollmächtigten bestimmt, wird keine Kontrollbetreuung eingerichtet werden können. Als Kontrollbevollmächtigten kann der Vollmachtgeber einen Anwalt beauftragen. Dieser hat dann als Tätigkeitsbereich die Überwachung der Vollmacht nach Maßgabe des Auftrages des Vollmachtgebers. Entsprechend der ihm übertragenen Kontrolle haftet der Anwalt wie ein sonstiger Anwalts-Bevollmächtigter.

54

Untersagt der Vollmachtgeber in der Vollmacht ausdrücklich die Kontrolle des von ihm Bevollmächtigten, auch durch die Bestellung eines gerichtlichen Kontrollbetreuers, so wird gem. § 1820 Abs. 3 BGB (§ 1897 Abs. 3 BGB a.F.) dieser gleichwohl bestellt werden können und auch müssen, wenn der Vollmachtgeber persönlich an der Kontrolle des Bevollmächtigten gehindert ist (§ 1820 Abs. 3 Ziff. 1 BGB; § 1897 Abs. 3 BGB a.F.) **und** (= kumulativ) konkrete Anhaltspunkte dafür vorliegen, dass der Bevollmächtigte nicht nach den Vereinbarungen oder

---

64 In allen Fällen gilt für die Bestellung der Richtervorbehalt, auch für die Kontrollbetreuerbestellung LG Gera, Beschluss v. 20.1.2022, – 7 T 352/21, FamRZ 2022, 656 LS mit red. Anm. und Verweis auf die Gesetzesänderungen ab 2023 dort § 15 Abs. 1 Nr. 1 RPflG i.V.m. §§ 1814, 1815 Abs. 3, 1820 Abs. 3–5 BGB.
65 Die allerdings bestehenden Unterschiede der Behandlung des Anwalts als Bevollmächtigter und der Anforderungen an ihn in der Haftung der Vergütung werden unter I. und II. angesprochen.
66 Vergl. *Müller-Engels*, FamRZ 2021, 645 und *Kunze*, FamRZ 2021, 1934 zur Reform und den Neuerungen der Kontrollbetreuung.
67 MüKo-BGB/*Schneider*, 8. Aufl. 2020, § 1896 a.F. Rn 268 m.a.Hinweis auf OLG Oldenburg FamRZ 2013, 1605.

Bienwald

nicht nach dem konkreten oder mutmaßlichen Willen des Vollmachtgebers handelt.[68]

I. Haftung

55 Als Berufsbetreuer haftet der Anwalt für seine Tätigkeit gemäß § 1826 BGB (§ 1833 a.F.).[69] Die Haftung beginnt mit seiner Bestellung und endet mit der Beendigung seines Betreueramtes, spätestens mit dem Ende der Betreuung, etwa mit dem Tod des Betreuten.

56 Der Anwalt als Betreuer haftet seinem Betreuten/dem Vollmachtgeber für den Schaden, der aus seiner Pflichtverletzung entsteht (§ 1826 Abs. 1 S. 1 BGB; § 1833 Abs. 1 S. 1 BGB). Grundlage für die Haftung sind haftungsträchtige Verstöße des Anwalts gegen seine Pflichten als Betreuer. Im Gegensatz zu dem früheren Recht trägt der Anwalt im Rahmen der Umkehr die Beweislast für das Nichtvertretenmüssen eines etwaigen Schadens (§ 1826 Abs. 1 S. 2 BGB (§ 1833 Abs. 1 S. 1 BGB a.F.) entsprechend § 280 Abs. 1 S. 2 BGB).[70] Die einzelnen Maßnahmen muss der Anwalt, als Betreuer gem. § 1816 Abs. 5 BGB (§ 1897 Abs. 6 BGB a.F.) i.V.m. § 19 Abs. 2 BtOG[71] bestellt, nach der Maßgabe des § 1821 Abs. 2 BGB (§ 1901 Abs. 2 BGB a.F.) durchführen. Hier gilt als Grundlage der Wunsch des Betroffenen, der in der Regelung seiner Angelegenheiten vom Betreuer unterstützt werden muss. Die Unterstützung wird aus Art. 12 Abs. 3 UN-BRK hergeleitet.[72] Der Anwalt unterliegt als Betreuer dem Gebot, die Betreuung „treu und gewissenhaft" zu führen.[73]

57 Die Haftung für das Betreuerhandeln beginnt mit der Bestellung zum Betreuer und endet mit der gesetzlichen oder tatsächlichen Beendigung des Betreueramtes.[74]

Für das Verschulden im Haftungsfall gilt, dass der Anwalt für jeden Grad von Fahrlässigkeit (§ 276 Abs. 2 BGB) und für Vorsatz haftet. Bei der Fahrlässigkeit kann zugunsten des Anwalts berücksichtigt werden, welche Sorgfalt in dem

---

[68] BR-Drucks 564/20, 327 zu § 1820 Abs. 3 mit Verweis auf BVerfG, Beschl. v. 10.10.2008 – 1 BvR 1415/08; Staudinger/*Bienwald* (2017), § 1896 a.F. Rn 322; MüKo-BGB/*Schneider*, 8. Aufl. 2020, § 1896 a.F Rn 267; *Kunze*, FamRZ 2021, 1934, 1937.
[69] Nach dem 2. Diskussionsentwurf § 1827 BGB-E.
[70] BR-Drucks 564, 3464 zu § 1826 BGB.
[71] Das frühere BtBG wird durch das BtOG ersetzt, BR-Drucks. 564/20 S. 463; eine Parallelnorm zu § 19 BtGO gibt es im BtBG nicht.
[72] BR-Drucks 564, 334 zu § 1821 BGB.
[73] Staudinger/*Bienwald* (2013), § 1833 a.F. Rn 12 m.w.N.; Staudinger/*Veit* (2020), § 1833 a.F. Rn 13.
[74] Staudinger/*Veit* (2020), § 1833 a.F. Rn 25.

Lebensumfeld des Betreuten üblich ist und dann auch nur von dem Anwalt erwartet werden kann.[75]

Eine Haftung entfällt nur, wenn der Betreute rechtswirksam auf die Geltendmachung eines etwaig ihm entstehenden Schadens verzichtet. Ein solcher Verzicht wird eher selten und kaum rechtswirksam vom Betreuten erteilt werden. Erklärt der Betreute oder dessen Rechtsnachfolger gegenüber dem Anwalt nach Beendigung seiner Tätigkeit die Entlastung, so ist das kein Verzicht auf die Haftung.[76] 58

II. Vergütung

Die gesetzliche Vergütung wird gem. § 1875 Abs. 2 BGB (neu mit Verweis auf den an die Gesetzesänderung angepassten § 1 VBVG) für beruflich tätige Betreuer, zu denen auch der Anwalt in seiner Betreuertätigkeit gehört, sich nach dem VBVG richten.[77] Zu der Vergütung räumt § 1877 Abs. 3 BGB in Fortgeltung von § 1835 Abs. 3 BGB a.F.[78] dem Anwalt die Möglichkeit ein, die Rechtsgrundlage für die Vergütung für Betreuerdienste, die zu seinem Beruf gehören und üblicherweise auf einen Anwalt übertragen werden, zu wählen.[79] Das gilt nur für den Anwalt mit dem Status eines Berufsbetreuers. 59

Für den ehrenamtlich tätigen Anwalt als Nichtberufsbetreuer gelten für die Vergütung §§ 1875 Abs. 1, 1876 ff. BGB (§ 1836 BGB a.F.). Ob die Betreuung/Kontrollbetreuung über eine reine Aufwandsentschädigung nach § 1877 BGB (§ 1835 BGB a.F.) hinaus vergütet wird, unterliegt der Entscheidung des Gerichts, etwa indem es die Berufsmäßigkeit der Betreuerführung bei der Bestellung feststellt (§ 1876 BGB; § 1836 BGB a.F.). Die Entscheidung des Gerichts ist eine Ermessensentscheidung. Steht fest, dass die Tätigkeit des Anwalts als Kontrollbetreuer rein berufsmäßig ist, muss das Gericht die Berufsmäßigkeit auch feststellen.[80] Eine Bestimmung zur Vergütung durch den Vollmachtgeber kann nicht zu einer anderweitigen als vom Gesetz bestimmten Vergütung führen. 60

Selbst wenn es als umstritten angesehen wird, nach welchen Bestimmungen sich die Vergütung des Anwalts als Berufsbetreuer richtet, können zwei Grundlagen genannt werden, und zwar das RVG für reine Anwaltstätigkeit im üblichen Sinn 61

---

75 Staudinger/*Bienwald* (2013), § 1833 a.F. Rn 13 (mit Hinweisen auf Entscheidungen des RG und die ältere BGH-Rspr.).
76 Staudinger/*Bienwald* (2013), § 1833 a.F. Rn 23.
77 BR-Drucks 564, 421 zu § 1875 BGB.
78 Nach dem 2. Diskussionsentwurf § 1875 BGB-E.; BR-Drucks 564, 422 zu § 1877 Abs. 3 BGB a.F.
79 Staudinger/*Bienwald* (2013), § 1908i a.F. Rn 422 m.w.N.; Bienwald u.a./*Bienwald*, BetreuungsR (2016), § 1835 a.F. Rn 34 ff.; Jurgeleit/*Maier*, Betreuungsrecht, § 1835 a.F. Rn 21 f.; BGH, Beschl. v. 14.5.2014 – XII ZB/11, FamRZ 2014, 1628, 1629; differenziert Staudinger/*Veit* (2020), § 1835 a.F. Rn 66 ff.
80 Staudinger/*Bienwald* (2020), § 1836 a.F. Rn 31 f.

und das auf alle Berufsbetreuer anwendbare VBVG nach der Aufgabe des VBVG in der bisherigen Regelung mit der Verweiskette der §§ 1908i Abs. 1 S. 1, 1836 Abs. 1 S. 2 BGB a.F.,[81] dort § 7 Abs. 1 VBVG zu dem Vergütungs- und den Aufwendungsersatzbegehren mit Verweis auf §§ 8–12, 15 und 16 VBVG und § 8 VBVG zu der Höhe der Vergütung mit dem Verweis auf die Vergütungstabelle zu § 8 Abs. 1 VBVG für den Stundensatz des Betreuers. § 8 Abs. 2 Ziff. 3 VBVG ermöglicht dem Anwalt grundsätzlich pauschale Einkünfte nach der Vergütungstabelle C. Die Höhe der Pauschalen richten sich nach der Zeit, in der der Anwalt seine Tätigkeit aufnimmt (z.B.: C1 in den ersten drei Monaten bei dem gewöhnlichen Aufenthaltsort einer stationären Einrichtung eines mittellosen Betroffenen hat die monatliche Pauschale eine Höhe von 317 EUR). Eine Stundenvergütung gibt es nicht.[82]

---

81 BR-Drucks. 564/20, 532 ff.; Bienwald u.a./*Bienwald* (2016), BetreuungsR, § 1836 a.F. Rn 70.
82 Zu der Höhe der einzelnen Pauschalen wird auf BGBl. I 2021, 930 f. verwiesen.

Bienwald

3. Teil: Widerruf, Kraftloserklärung und Erlöschen

§ 13 Erlöschen der Vollmacht

Übersicht:

	Rdn		Rdn
A. Allgemeines	1	D. Erlöschensgründe in der Vollmacht selbst	14
B. Das Erlöschen der Vollmacht nach dem Grundverhältnis	3	E. Exkurs: Zurückweisung der Vollmacht durch den Geschäftspartner	15
C. Erlöschensgründe in der Person des Vollmachtgebers oder des Bevollmächtigten	6		

A. Allgemeines

§ 168 BGB regelt das Erlöschen der Vollmacht. So richtet sich das Erlöschen der Vollmacht nach dem ihrer Erteilung zugrunde liegenden Rechtsverhältnis (§ 168 S. 1 BGB). Diese Regelung normiert die Gründe für das Erlöschen allerdings nicht vollständig. So können sich weitere Gründe für ein Erlöschen der Vollmacht beispielsweise ausdrücklich aus der Vollmacht ergeben. Insbesondere kann die Vollmacht selbst befristet sein (§ 163 BGB) oder unter einer auflösenden Bedingung (§ 158 Abs. 2 BGB) erteilt werden. Auch kann der Zweck einer Vollmacht, für welchen diese ausgestellt wurde, bei Zweckerreichung zu einem Erlöschen der Vollmacht führen. Dies ist beispielsweise der Fall, wenn das Rechtsgeschäft, für welches die Vollmacht erteilt wurde, abgeschlossen worden oder der Geschäftsschluss endgültig gescheitert ist.[1] Gründe für das Erlöschen der Vollmacht können auch in der Person des Vollmachtgebers oder Bevollmächtigten liegen, die sowohl auf das Grundverhältnis als auch auf die Vollmacht Auswirkung haben. 1

Weiterhin kann das Erlöschen der Vollmacht durch Verzicht des Bevollmächtigten erreicht werden. Dieser kann sich aufgrund der Privatautonomie durch Verzicht von seiner Verpflichtung durch die Vollmacht lösen.[2] 2

B. Das Erlöschen der Vollmacht nach dem Grundverhältnis

Gemäß § 168 S. 1 BGB ist für das Erlöschen der Vollmacht grundsätzlich das zugrunde liegende Rechtsverhältnis ihrer Erteilung entscheidend. Obwohl die Vollmacht nach dem Abstraktionsgrundsatz vom Grundverhältnis unabhängig 3

---

1 Jauernig/*Mansel*, § 168 Rn 1.
2 MüKo-BGB/*Schubert*, § 168 Rn 3.

ist, wird die Auslegung des Grundverhältnisses grundsätzlich zu dem Ergebnis führen, dass die Vollmacht nur für die Dauer des Grundverhältnisses erteilt worden ist und daher mit dessen Beendigung erlischt.[3]

4 Das Grundverhältnis bei einer Vorsorgevollmacht ist meist als Auftrag oder im Falle der Entgeltlichkeit als Geschäftsbesorgungsvertrag ausgestaltet.[4] Ein reines Gefälligkeitsverhältnis ist meist nicht gewollt. Einschlägig ist daher, insoweit keine anderweitige Vereinbarung getroffen worden ist, das Auftrags- bzw. Geschäftsbesorgungsrecht. Zu Auftrags- bzw. Gefälligkeitsverhältnis im Einzelnen siehe § 11 Rdn 19 ff.

5 Der Auftrag bzw. der Geschäftsbesorgungsvertrag, welcher einer Vorsorgevollmacht zugrunde liegt, endet meist durch Widerruf des Auftraggebers bzw. Kündigung des Beauftragten.[5] Gesetzlich ist dies in § 671 Abs. 1 BGB normiert. Dies führt zu einem Erlöschen der Vollmacht.

C. Erlöschensgründe in der Person des Vollmachtgebers oder des Bevollmächtigten

6 Liegt der Vollmacht ein Auftrags- oder Geschäftsbesorgungsverhältnis zugrunde, führt der Tod des Beauftragten bzw. des Geschäftsbesorgenden gemäß § 673 S. 1 BGB (analog) zur Beendigung eines Auftrags bzw. nach §§ 675, 673 BGB zur Beendigung eines Geschäftsbesorgungsvertrags, was das Erlöschen der Vollmacht nach sich zieht. Hintergrund dieser Regelung ist die Annahme, dass zwischen Bevollmächtigtem und der Person, die die Vollmacht ausstellt, ein Vertrauensverhältnis besteht, welches untrennbar mit der Person des Bevollmächtigten verbunden ist.

7 Ist die Vollmacht im Interesse des Bevollmächtigten erteilt, ist § 673 BGB, wenn auch mit unterschiedlicher Begründung, nicht anwendbar.[6] Die Vollmacht besteht jedenfalls trotz Tod des Beauftragten fort. Nach teilweise vertretener Ansicht liegt hier schon kein Auftrag vor, weshalb § 673 BGB von vornherein ausscheidet.[7] Nach anderer Ansicht greift § 673 BGB in diesen Fällen ausnahmsweise

---

3 BeckOK BGB/*Schäfer*, § 168 Rn 2.
4 Scherer/*Lipp*/*Schrader*, MAH ErbR, § 44 Rn 33.
5 MüKo-BGB/*Schäfer*, § 662 Rn 88.
6 OLG Saarbrücken, Beschl. v. 9.7.2014 – 5 W 40/14, BeckRS 2015, 6749, wenn auch ohne auf § 673 BGB einzugehen; OLG Köln, Beschl. v. 11.4.1969 – 2 Wx 29/69, OLGZ 1969, 304 (306).
7 BeckOGK BGB/*Huber*, § 168 Rn 23; BeckOK BGB/*Schäfer*, § 168 Rn 5; Staudinger/*Schilken*, § 168 Rn 19.

nicht, da die Vollmacht nicht im fremden Interesse erteilt wurde und damit Sinn und Zweck von § 673 BGB nicht einschlägig sind.[8]

Etwas anderes gilt, wenn der Tod den Auftraggeber ereilt oder der Auftraggeber geschäftsunfähig wird. So normiert § 672 S. 1 BGB, dass der Auftrag im Zweifel nicht durch den Tod oder den Eintritt der Geschäftsunfähigkeit des Auftraggebers erlischt.[9] Mit Hilfe der Auslegungsgrundsätze ist daher zu klären, ob die Fortgeltung der Vollmacht vom Vollmachtgeber gewünscht ist.[10]

In der Rechtsprechung werden hierzu unterschiedliche Rechtsauffassungen vertreten. So hat das OLG Hamm[11] entschieden, dass eine Vorsorgevollmacht im Zweifel erlischt, wenn mit dieser lediglich die Sicherstellung von Versorgung und medizinischer und pflegerischer Behandlung des Vollmachtgebers bezweckt ist, da die Aufgabe mit dem Tod des Vollmachtgebers wegfällt. Ebenso hat das OLG München[12] entschieden, dem eine Vollmacht vorgelegt wurde, ohne ausdrückliche Angabe, ob diese mit dem Tode des Vollmachtgebers enden solle oder nicht. Das Urteil ist mit folgendem Leitsatz zusammenzufassen: „Bei einer Altersvorsorgevollmacht, die für den Fall der Betreuungsbedürftigkeit den Umfang der Vertretungsmacht festlegt, ist davon auszugehen, dass sie mit dem Tod des Vollmachtgebers auch für den Bereich der Vermögensverwaltung erlischt."

Dagegen meint das OLG Frankfurt a.M.,[13] dass weder die Bezeichnung als Vorsorgevollmacht noch die Angabe im Vollmachtstext, dass die Vollmacht der Vermeidung einer Betreuung diene, zur Auslegung genügt, dass ein Erlöschen der Vollmacht vom Vollmachtgeber gewollt ist. Das OLG Frankfurt a.M. hat in vorliegendem Fall dem Inhalt der Vollmacht, dass diese zur Vermeidung einer Betreuung diene und deren Anordnung vorgehe, nur die Bedeutung einer Erklärung des Zwecks der Bevollmächtigung und der Motivation des Vollmachtgebers zugerechnet. Die Rechtsauffassung des OLG Frankfurt a.M. ist der des OLG Hamm vorzuziehen, da auch nach der von den Verfassern vertretenen Ansicht das Erlöschen beim Tod des Vollmachtgebers nur ausnahmsweise gewollt ist. Dies entspricht dem Gesetzestext.

Praxistipp

Um Rechtsunsicherheiten nach dem Todesfall des Vollmachtgebers hinsichtlich der Fortgeltung oder des Erlöschens der Vollmacht zu vermeiden, wird empfohlen, ausdrücklich in den Vollmachtstext aufzunehmen, ob ein Erlöschen der Vollmacht beim Tod des Vollmachtgebers gewollt oder nicht gewollt ist.

---

8 MüKo-BGB/*Schubert*, § 168 Rn 9.
9 OLG München NJW 2014, 3166, 3167; MüKo-BGB/*Schubert*, § 168 Rn 11.
10 BGH, Urt. v. 18.4.1969 – V ZR 179/65, NJW 1969, 1245.
11 OLG Hamm, Beschl. v. 17.9.2002 – 15 W 338/02, DNotZ 2003, 120, ZEV 2003, 470.
12 OLG München, Beschl. v. 7.7.2014 – 34 Wx 265/14, NJW 2014, 3166.
13 OLG Frankfurt a.M., Beschl. v. 9.10.2013 – 20 W 258/13, NJOZ 2014, 1042.

12 Immer wieder wird auf's Neue diskutiert, ob eine post- bzw. transmortale Vollmacht fortbesteht, wenn der Bevollmächtigte zugleich Alleinerbe ist.[14] Einigkeit besteht in dieser Frage weder auf OLG-Ebene noch in der Literatur. Siehe hierzu die ausführlichen Ausführungen in § 19 Rdn 11–16.

13 Der Eintritt der Geschäftsunfähigkeit des Vollmachtgebers führt nicht dazu, dass die einmal erteilte wirksame Vollmacht hierdurch einer Einschränkung unterliegt.[15] Verliert der Bevollmächtigte seine Geschäftsfähigkeit nach § 104 Nr. 2 BGB, so führt dies nicht zwingend zu einem Erlöschen des Grundverhältnisses. Entscheidend ist, ob es sich um eine dauerhafte Geschäftsunfähigkeit handelt oder lediglich um einen vorübergehenden Zustand. Solange der Zustand der Geschäftsunfähigkeit lediglich vorübergehend ist, kann der Vertreter zwar in diesem Zustand nicht mit Wirkung für und gegen den Vertretenen handeln, weil er keine wirksame Willenserklärung abgeben kann, die Erfüllung des Grundverhältnisses ist ihm aber dauerhaft nicht rechtlich unmöglich. Anders ist dies bei der dauerhaften Geschäftsunfähigkeit. Hier ist dem Vertreter die Erfüllung seiner Pflichten aus dem Grundverhältnis unmöglich, und aufgrund des Nichterreichens ihres Zwecks erlischt die Vollmacht.

D. Erlöschensgründe in der Vollmacht selbst

14 Gründe für das Erlöschen der Vollmacht können auch ausdrücklich in der Vollmacht geregelt sein. So kann die Vollmacht selbst befristet sein (§ 163 BGB) oder unter einer auflösenden Bedingung (§ 158 Abs. 2 BGB) erteilt werden.

E. Exkurs: Zurückweisung der Vollmacht durch den Geschäftspartner

15 Ist der Inhalt einer Vollmacht unklar, besteht die Gefahr, dass der Geschäftspartner sie nicht akzeptiert und zurückweist. Das hat faktisch die gleiche Wirkung wie die Unwirksamkeit der Vollmacht: Die Vollmacht ist im Rechtsverkehr nicht nutzbar. Das Problem an dieser Stelle sind vor allem Bedingungen, an deren Eintritt die Wirksamkeit der Vollmacht geknüpft wird. So finden sich in der Gestaltungspraxis häufig Regelungen, dass die Vollmacht erst wirksam werden soll, wenn der Vollmachtgeber „geschäftsunfähig", „bewusstlos" oder „betreuungsbedürftig" ist. Die Wirksamkeit der Vollmacht wird also an Zustände geknüpft, die ein Geschäftspartner kaum selbst beurteilen und der Vollmachtnehmer gar nicht oder nur schwer nachweisen kann.

---

14 Zuletzt KG, Beschl. v. 2.3.2021 – 1 W 1503/20.
15 MüKo-BGB/*Schneider*, 8. Aufl. 2020, § 1896 a.F. Rn 61.

Von der Benennung eines weiteren Bevollmächtigten unter der Bedingung, dass der Erstbenannte verhindert ist, ist ebenfalls abzuraten. So ist zum einen fraglich, was unter einer „Verhinderung" zu verstehen ist (Krankheit, urlaubsbedingte Abwesenheit, Tod) und zum anderen ist diese „Verhinderung" nicht ausreichend (§ 29 GBO) nachweisbar.[16] Eine Ausnahme besteht wohl für den Nachweis des Todes in Form einer Sterbeurkunde.

16

Besonders deutlich wird die Untauglichkeit einer bedingten Vollmacht in der Praxis bei Grundbuchangelegenheiten, wo der Bedingungseintritt in der Form des § 29 GBO, also in öffentlicher Urkunde nachgewiesen werden muss.[17] So beweist selbst ein ärztliches Attest mit beglaubigter Unterschrift des Arztes nicht den Bedingungseintritt in öffentlicher Urkunde, da die inhaltliche Richtigkeit der ärztlichen Erklärung nicht der formellen Beweiskraft der Urkunde nach § 415 ZPO unterfällt.

17

Praxistipp

18

Aus Gründen der Rechtssicherheit ist es empfehlenswert, die Vollmacht unbedingt zu gestalten. Etwaige Bedingungen für die Verwendung der Vollmachtsurkunde sollten im Innenverhältnis (Grundverhältnis) zwischen Bevollmächtigtem und Vollmachtgeber geregelt werden, um Missbrauchsfällen vorzubeugen bzw. diese zu vermeiden. Je nach Sachverhalt kann es zudem empfehlenswert sein, einen Kontrollbetreuer zu bestimmten, der den ordnungsgemäßen Einsatz der Vollmacht kontrolliert.

---

16 OLG München, Beschl. v. 16.12.2009 – 34 Wx 97/09, NJW-RR 2010, 747.
17 Kurze/*Kurze*, VorsorgeR, § 167 BGB Rn 8; *Weidlich*, ZEV 2016, 57, 58.

§ 14 Widerruf der Vollmacht

Übersicht:	Rdn		Rdn
A. Allgemeines	1	1. Widerrufsmöglichkeiten	26
B. Widerruflichkeit	2	2. Widerrufsvermerk bei mehreren Bevollmächtigten	27
C. Unwiderruflichkeit einer Vollmacht	3	IV. Widerrufserklärung des/der Erben des Vollmachtgebers	28
I. Ausschluss des Vollmachtswiderrufs	3	V. Widerrufserklärung eines Miterben gegenüber einem anderen Miterben	34
II. Ausschluss des Widerrufs bei einer Vorsorgevollmacht	5	VI. Widerrufserklärung durch einen (Kontroll-)Betreuer	36
D. Einschränkung des Widerrufsrechts zwischen Vollmachtgeber und Bevollmächtigtem	7	VII. Widerruf der Vollmacht durch das Betreuungsgericht	37
E. Widerrufserklärung	9	VIII. Widerrufserklärung durch Testamentsvollstrecker oder Nachlasspfleger	38
I. Allgemeines	9	F. Rückgabe der Vollmachtsurkunde	39
1. Erklärungsempfänger	9	I. Rückgabeanspruch	39
2. Form	11	II. Umfang des Rückgabeanspruchs	40
3. Zugang	13	1. Originalvollmacht, Ausfertigungen und Fotokopien	40
4. Wirkung	19	2. Rückgabe bei mehreren Bevollmächtigten	43
II. Widerrufserklärung durch den Vollmachtgeber	20	III. Rückforderung von Untervollmachten	44
1. Vollmachten zur Vermögenssorge	20	IV. Rückforderung der Vorsorgevollmacht von Dritten	45
a) Geschäftsfähigkeit	20		
b) Beweislast	23		
c) Beweiserhebung	24		
2. Vollmachten zur Gesundheitsfürsorge	25		
III. Widerruf bei mehreren Bevollmächtigten	26		

A. Allgemeines

Als vorsorgliche Maßnahme werden Vorsorgevollmachten oft viele Jahre vor Eintritt der Betreuungsbedürftigkeit des Vollmachtgebers, erteilt. Da zwischen Vollmachtgeber und Bevollmächtigtem aufgrund der weitreichenden Vertretungsbefugnis uneingeschränktes Vertrauen bestehen muss und sich menschliche Beziehungen mit der Zeit wandeln, kommt es häufig vor, dass Vorsorgevollmachten vom Vollmachtgeber widerrufen werden oder eingeschränkt werden sollen. 1

B. Widerruflichkeit

Das Erlöschen der Vollmacht bestimmt sich grundsätzlich nach dem ihrer Erteilung zugrunde liegenden Rechtsverhältnis (§ 168 S. 1 BGB, vgl. § 13 Rdn 3 ff.). Gemäß § 168 S. 2 BGB kann eine Vollmacht aber trotz Fortbestehens des Rechts- 2 verhältnisses jederzeit widerrufen werden. Die Regelung ist Ausfluss des Repräsentationsgedankens.[1]

C. Unwiderruflichkeit einer Vollmacht

I. Ausschluss des Vollmachtswiderrufs

3 Der Ausschluss eines Widerrufs ist nur in engen Grenzen möglich. Nach h.A. ist der Ausschluss der Widerruflichkeit durch einseitigen Verzicht des Vollmachtgebers nicht wirksam. Dieser muss, um Wirksamkeit zu erlangen, vertraglich zwischen Vollmachtgeber und Bevollmächtigtem festgehalten werden.[2]

4 Aus dem Umstand, dass eine Vollmacht einem besonderen Interesse des Bevollmächtigten dient, kann deren Unwiderruflichkeit hergeleitet werden.[3] Beispielsweise, wenn sie den Bevollmächtigten absichern soll, weil er einen Anspruch auf Vollzug eines Kausalgeschäfts (Auflassungsvollmacht) hat.[4] Ein Widerruf aus wichtigem Grund ist aber auch bei Vorliegen einer unwiderruflichen Vollmacht immer möglich.[5] Ob ein wichtiger Grund zum Widerruf vorliegt, ist ebenfalls nach Maßgabe des zugrunde liegenden Rechtsverhältnisses zu beurteilen.

II. Ausschluss des Widerrufs bei einer Vorsorgevollmacht

5 Dient die Vollmacht bzw. der ihr zugrunde liegende Auftrag ausschließlich den Interessen des Vollmachtgebers, so ist diese als zwingend widerruflich anzusehen.[6] So wird auch der Ausschluss des Vollmachtswiderrufs bei einer Generalvollmacht als unwirksam angesehen. Diese ist immer widerruflich und ein Ausschluss nicht wirksam,[7] sondern sittenwidrig.[8] Eine unwiderrufliche Generalvollmacht

---

1 MüKo-BGB/*Schubert*, § 168 Rn 3.
2 Grüneberg/*Ellenberger*, § 168 Rn 6; BGH, Urt. v. 26.2.1988 – V ZR 231/86, DNotZ 1989, 84.
3 BGH, Urt. v. 13.12.1990 – III ZR 333/89, NJW-RR 1991, 441; Grüneberg/*Ellenberger*, § 168 Rn 6; Jauernig/*Mansel*, § 168 Rn 6. Siehe zur Dogmatik der unwiderruflichen Vollmacht, *Bayer*, DNotZ 2020, 373 ff.
4 BGH, Urt. v. 13.11.1964 – V ZR 179/62, WM 1965, 107; OLG Schleswig v. 17.4.1963 – 2 W 20/63, MDR 63, 675; KG, Beschl. v. 17.9.2019 – 1 W 163/19, 1 W 164/19, BeckRS 2019, 34349 Rn. 27; LG Itzehoe, Beschl. v. 9.6.2004 – 4 T 192/04.
5 Kurze/*Kurze*, VorsorgeR, § 168 Rn 16.
6 BGH, Urt. v. 13.5.1971 – VII ZR 510/69, DNotZ 1972, 229.
7 *Bayer*, DNotZ, 2020, 373 (377); Jauernig/*Mansel*, § 168 Rn 6; BGH, Urt. v. 1.6.2010 – XI ZR 389/09, NJW 2011, 66; MüKo-BGB/*Schubert*, § 168 Rn 23, 25.
8 *Zimmermann*, Vorsorgevollmacht, Rn 229; Müller-Engels/Braun/*Renner/Braun*, BetreuungsR, Kap. 2 Rn 518; *Joachim/Lange*, ZEV 2019, 62 (63).

stellt eine unzulässige Beschränkung der Privatautonomie dar.[9] Ist die Unwiderruflichkeit der Vollmacht unwirksam, kommt § 139 BGB zur Anwendung. Die Vollmacht ist im Zweifel wirksam erteilt, kann aber jederzeit widerrufen werden.[10]

Das Gleiche gilt für Vorsorgevollmachten, die ebenfalls nicht unwiderruflich erteilt werden können.[11] Hierfür spricht zum einen, dass die Vorsorgevollmacht dem einseitigen Interesse des Vollmachtgebers dient, zum anderen, dass die Vorsorgevollmacht regelmäßig eine Generalvollmacht beinhaltet.

D. Einschränkung des Widerrufsrechts zwischen Vollmachtgeber und Bevollmächtigtem

Neben der Frage der Unwiderruflichkeit der Vollmacht stellt sich die Frage, ob sich eine Vorsorgevollmacht zumindest wirksam einschränken lässt. Denkbar sind bspw. die Vereinbarung einer bestimmten Widerrufsfrist oder eines Formerfordernisses. Zu Recht werden Beschränkungen der Vorsorgevollmacht in der Literatur aber kritisch gesehen.[12] Solche Beschränkungen könnten als „Teilausschluss des Widerrufrechts" gewertet werden, mit der Folge, dass sie gegen § 138 BGB verstoßen und damit unwirksam sind.[13] Der Schutz des Vollmachtgebers bei einer Vorsorgevollmacht gebietet es, Beschränkungen der Widerruflichkeit einer derart weitreichenden Vollmacht nicht zuzulassen.

Praxistipp

Besteht die Befürchtung, dass der Vollmachtgeber in psychotischen Phasen die Vollmacht widerruft und sollen deshalb die Widerrufsmöglichkeiten beschränkt werden, sollte von der Erteilung einer Vorsorgevollmacht abgesehen werden und stattdessen über eine Betreuung i.S.d. §§ 1896 ff. BGB nachgedacht werden. Letztlich geht es in diesen Fällen um die Frage der Wirksamkeit des Widerrufs. Eine Beschränkung der Widerrufsmöglichkeiten des Vollmachtgebers hilft hier meistens nicht weiter.[14]

---

9   Kurze/*Kurze*, VorsorgeR, § 168 Rn 17.
10 *Bayer*, DNotZ, 2020, 373 (379), MüKo-BGB/*Schubert*, § 168 Rn 29.
11 DNotI-Report 2018, 89, 90; *Bühler*, FamRZ 2001, 1585, 1589; *Langenfeld*, Vorsorgevollmacht, Betreuungsverfügung, Patiententestament nach dem neuen Betreuungsrecht, Diss., 1994, S. 55; Müller-Engels/Braun/*Renner*/Braun, BetreuungsR, Kap. 2 Rn 517 ff.; *Renner*, ZNotP 2004, 388; Burandt/Rojahn/*Kurze*, § 168 Rn 3.
12 Kurze/*Kurze*, VorsorgeR, § 168 Rn. 18; DNotI-Report 2018, 89.
13 DNotI-Report 2018, 89, 90.
14 Siehe Hinweis des DNotI-Report 2018, 89, 90.

E. Widerrufserklärung

I. Allgemeines

1. Erklärungsempfänger

9 Der Widerruf ist eine einseitige, empfangsbedürftige Willenserklärung. Er ist gegenüber demjenigen zu erklären, gegenüber dem die Vollmacht erteilt wurde (§§ 168 S. 3, 167 Abs. 1 BGB). Bei dem Vorliegen einer Innenvollmacht ist der Widerruf somit gegenüber dem Bevollmächtigten zu erklären. Beim Vorliegen einer Außenvollmacht ist der Widerruf dem Dritten gegenüber zu erklären (§ 170 BGB).

10 **Praxistipp**

Empfehlenswert ist es, den Widerruf der Vorsorgevollmacht nicht nur den Dritten gegenüber zu erklären, denen die Vollmacht bereits vorgelegt wurde, sondern auch ggü. denen, denen sie ggf. noch vorgelegt werden könnte. Nur so kann ein Vollmachtsmissbrauch vermieden werden, solange die widerrufene Vollmachtsurkunde noch im Besitz des Bevollmächtigten ist.

2. Form

11 Der Widerruf einer Vollmacht kann formlos erklärt werden. Dies gilt unabhängig davon, ob die Erteilung der Vollmacht in Teilbereichen der Schriftform oder notariellen Beurkundung bedurfte.[15] Dennoch sollte zu Beweiszwecken der Widerruf stets schriftlich erfolgen.

Muster 14.1: Widerrufserklärung durch den Vollmachtgeber

12 Am ▬▬▬ habe ich, ▬▬▬ (*Name, Anschrift, Geburtsdatum, Personalausweisnummer*),

▬▬▬ (*Name, Anschrift, Geburtsdatum, Personalausweisnummer*) die Vorsorgevollmacht zur UR-Nr. ▬▬▬/▬▬▬ des Notars ▬▬▬ mit dem Amtssitz in ▬▬▬ erteilt.

Gegenstand dieser Vorsorgevollmacht ist ▬▬▬.

Hiermit widerrufe ich die o.g. Vorsorgevollmacht sowie alle sonstigen Vollmachten, die ich dem Bevollmächtigten erteilt habe, mit sofortiger Wirkung. Ferner widerrufe ich vorsorglich alle Untervollmachten, die der Bevollmächtigte aufgrund meiner Vollmacht mit Wirkung für mich erteilt hat.

Zusätzlich: Herausgabeverlangen der Vollmachtsurkunden,[16] Aufforderung zur Auskunft und Rechnungslegung.[17]

---

15 AG Saarlouis, Urt. v. 21.12.2012 – 27 C 501/12.
16 Siehe Rdn 42
17 Siehe Muster § 22 Rdn 24.

3. Zugang

Der Widerruf als empfangsbedürftige Willenserklärung wird in dem Zeitpunkt wirksam, in dem sie dem Erklärungsempfänger zugeht (vgl. § 130 Abs. 1 S. 1 BGB). Ein Zugang der Willenserklärung ist nach h.A. zu bejahen, wenn die Widerrufserklärung so in den Machtbereich des Empfängers gelangt ist, dass dieser die Möglichkeit der Kenntnisnahme gemäß dem gewöhnlichen Lauf der Dinge hat.[18]

13

Eine gegenüber abwesenden Personen abgegebene Willenserklärung gelangt dann in den Machtbereich des Erklärungsempfängers, wenn sie die räumliche Herrschaftssphäre des Erklärungsempfängers erreicht. Unproblematisch ist dies beim Einwurf eines Schriftstücks in den Hausbriefkasten. Die Möglichkeit der Kenntnisnahme wird von der Verkehrssitte festgelegt.[19] Für die Bejahung des Zugangs ist es somit unerheblich, ob der Empfänger tatsächlich Kenntnis von der Willenserklärung genommen hat oder nicht.

14

Eine gegenüber anwesenden Personen abgegebene Willenserklärung wird ebenfalls mit Zugang wirksam (§ 130 BGB analog). Eine verkörperte Willenserklärung gilt grundsätzlich mit Aushändigung bzw. Übergabe als zugegangen. Eine nicht verkörperte Willenserklärung ist nach der eingeschränkten Vernehmungstheorie[20] zugegangen, wenn die potentielle Möglichkeit der Kenntnisnahme besteht.

15

Schwierigkeiten können entstehen, wenn der Zugang durch Geschehnisse verhindert wird, die in der Sphäre des Empfängers angesiedelt sind. Dies ist der Fall, wenn der Empfänger beispielsweise eine für ihn bei der Post hinterlegte Erklärung nicht abholt oder umzieht, ohne einen Nachsendeauftrag zu stellen. In diesem Fall ist es dem Empfänger grundsätzlich verwehrt, sich auf einen fehlenden oder verspäteten Zugang zu berufen. Voraussetzung ist allerdings, dass der Erklärende alles Erforderliche und Zumutbare unternimmt, um den Zugang zu erreichen.[21]

16

Kommt es zwischen Bevollmächtigtem und Vollmachtgeber zu Streitigkeiten bzgl. der Frage, ob der Bevollmächtigte den Vollmachtgeber wirksam verpflichtet hat oder nicht, so ist der Vollmachtgeber für den ordnungsgemäßen und wirksamen Widerruf der Vollmacht beweispflichtig, wenn die Vollmacht wirksam erteilt worden ist. Ist bedeutend, zu welchem Zeitpunkt die Vollmacht erloschen ist, so ist derjenige beweispflichtig, der sich darauf beruft, dass die Vollmacht im Zeitpunkt des Abschlusses des Vertretergeschäfts noch wirksam war.[22]

17

---

18 BGH, Urt. v. 8.1.2014 – IV ZR 206/13, NJW 2014, 1010; BGH, Beschl. v. 21.6.2011 – II ZB 15/10, NJW-RR 2011, 1184; BGH, Urt. v. 21.1.2004 – XII ZR 214/00, NJW 2004, 1320.
19 MüKo-BGB/*Einsele*, § 130 Rn 17–26.
20 MüKo-BGB/*Einsele*, § 130 Rn 28.
21 Jauernig/*Mansel*, § 130 Rn 15; MüKo-BGB/*Einsele*, § 130 Rn 34–39.
22 MüKo-BGB/*Schubert*, § 168 Rn 66; Staudinger/*Schilken*, § 168 Rn 36.

18 | **Praxistipp**

Um den Zugang des Widerrufs sicher nachzuweisen, sollte der Widerruf durch den Gerichtsvollzieher zugestellt werden.[23]

4. Wirkung

19 Mit Zugang einer wirksamen Widerrufserklärung erlischt die Vollmacht. Der Widerruf wirkt stets ex nunc.

Ein wirksam gewordener Widerruf der Vollmacht kann nicht mehr widerrufen werden. Hier muss die Vollmacht neu erteilt werden.[24]

II. Widerrufserklärung durch den Vollmachtgeber

1. Vollmachten zur Vermögenssorge

a) Geschäftsfähigkeit

20 Voraussetzung für die Abgabe einer wirksamen Willenserklärung bei Vollmachten, die das Vermögen betreffen, ist die **Geschäftsfähigkeit**[25] des Vollmachtgebers auf dem Gebiet der Vermögenssorge. Die Willenserklärung eines Geschäftsunfähigen ist nichtig (§ 105 BGB). Gemäß § 104 Nr. 2 BGB wird die Geschäftsunfähigkeit von der Vermutung der grundsätzlichen Willensfreiheit negativ abgegrenzt. So ist derjenige geschäftsunfähig, der sich in einem die freie Willensbestimmung ausschließenden Zustand krankhafter Störung der Geistestätigkeit befindet, sofern nicht der Zustand seiner Natur nach ein vorübergehender ist. Die Prüfung, ob der Vollmachtgeber im Zeitpunkt der Abgabe der Willenserklärung geschäftsunfähig war, erfolgt grundsätzlich auf zwei Beurteilungsebenen.

21 | **Prüfungsschema**

Beurteilungsebene 1: Zunächst muss festgestellt werden, welche Krankheit ggf. vorlag (diagnostische Ebene). Die Krankheit muss Auswirkungen auf die Bildung eines freien Willens haben. Ist dies nicht der Fall, liegt eine Geschäftsunfähigkeit nicht vor und die Prüfung kann beendet werden.

Beurteilungsebene 2: Liegen die Voraussetzungen der ersten Bedingungsebene vor, so muss geprüft werden, ob und wodurch sich die Krankheit auf

---

23 *Mrosk*, NJW 2013, 1481, 1481, der sich auch mit den verschiedenen Formen des Einschreibens als Zugangsnachweis detaillierter auseinandersetzt.
24 DNotI-Report 2012, 113.
25 LG Kreuznach, Urt. v. 18.9.2018 – 4 O 19/18, BeckRS 2018, 43009 Rn. 24; *Walter*, Vorsorgevollmacht, 1997, S. 51; BayObLG, Beschl. v. 16.5.2002 – 3Z BR 40/02, FamRZ 2002, 1220; *Bühler*, FamRZ 2001, 1585, 1589.

die freie Willensbildung auswirkt (Symptom- bzw. Verhaltensebene).[26] Der Prüfung der zweiten Bedingungsebene muss immer erfolgen, da trotz des Vorliegens einer langjährigen Krankheit (bspw. chronische Schizophrenie) im Regelfall nicht ohne weiteres angenommen werden kann, dass die freie Willensbestimmung zu einem bestimmten Zeitpunkt in der Vergangenheit aufgehoben war.[27]

Der Vollmachtgeber kann sein Recht zum Widerruf auf einen Kontrollbevollmächtigten übertragen, so dass dieser im Falle der Geschäftsunfähigkeit des Vollmachtgebers den Widerruf ausüben kann.

22

b) Beweislast

Beweisbelastet für das Vorliegen einer Geschäftsunfähigkeit ist derjenige, der sich auf den Eintritt der Geschäftsunfähigkeit beruft.[28] Anders wird dies vom OLG Koblenz beurteilt, wenn ein Evidenzfall vorliegt.[29]

23

Eine Beweiserleichterung bei Vorliegen einer Geisteskrankheit gibt es nicht, da keine Werte vorliegen, die bestätigen, dass eine Geisteskrankheit mit hoher Wahrscheinlichkeit zu einem Ausschluss der freien Willensbestimmung führen.[30]

Steht fest, dass ein Zustand vorliegt, der zu einer Geschäftsunfähigkeit führt und der dazu geeignet ist, diese gerade für den Zeitpunkt der Abgabe der maßgeblichen Willenserklärung zu begründen, muss das Vorliegen eines lichten Augenblicks bewiesen werden.[31]

c) Beweiserhebung

Um der Behauptungslast im Zivilprozess zu genügen, ist es nicht ausreichend, lediglich die Behauptung aufzustellen, dass der Vollmachtgeber im Zeitpunkt des Widerrufs geschäftsunfähig war. Vielmehr muss vorgetragen werden, worauf sich diese Annahme stützt. Das Gericht muss durch den Vortrag in der Lage sein zu entscheiden, ob die gesetzlichen Voraussetzungen für das Bestehen des geltend gemachten Anspruchs oder die geltend gemachten Einwendungen vorliegen.[32] Grundsätzlich ist dies der Fall, wenn konkrete Anknüpfungstatsachen oder Indizien vorgetragen werden, die einen Zustand des Betroffenen beschreiben, die

24

---

26 *Cording*, ZEV 2010, 23; OLG Schleswig, Beschl. v. 25.4.2016 – 3 Wx 122/15, NJW-RR 2016, 1229.
27 OLG Karlsruhe, Urt. v. 24.9.2009 – 4 U 124/04.
28 MüKo-BGB/*Spickhoff*, § 104 Rn 29; BVerfG, Beschl. v. 28.11.2007 – 1 BvR 68/07, 1 BvR 71/07; LG München II, Schlussurt. v. 26.4.2012 – 5 O 4308/09, BeckRS 2013, 09215.
29 OLG Koblenz, Beschl. v. 20.1.2015 – 5 U 1389/14, NJW-RR 2015, 917.
30 Kurze/*Lang*, VorsorgeR, § 104 Rn 101.
31 OLG Saarbrücken, Beschl. v. 3.3.2004 – 4 UH 754/03, BeckRS 2005, 01467.
32 BGH, Urt. v. 5.12.1995 – X ZR 14/93, NJW-RR 96, 783; Kurze/*Lang*, VorsorgeR, § 104 Rn 106.

den Schluss darauf zulassen, dass er im Zeitpunkt der Abgabe der streitigen Willenserklärung infolge einer krankhaften Störung seiner Geistestätigkeit zu einer freien Willensbildung nicht in der Lage gewesen ist.[33] Der Grad der Wahrscheinlichkeit der Sachverhaltsschilderung ist für den Umfang der Darlegungslast ohne Bedeutung, so dass grundsätzlich auch die Angabe näherer Einzelheiten entbehrlich ist.[34]

> **Praxistipp**
>
> Wird der Eintritt der Geschäftsunfähigkeit des Vollmachtgebers vermutet, sollten unverzüglich Beweise gesichert bzw. eingeholt werden. Hier ist an die Ausfertigung eines Gutachtens durch einen Neurologen oder Psychiaters über den Gesundheitszustand des Vollmachtgebers zu denken.
>
> Weigert sich der Vollmachtgeber, bei einem Neurologen oder Psychiater vorstellig zu werden, kann ein Betreuungsverfahren angeregt werden, in welchem die Geschäftsfähigkeit bzw. Geschäftsunfähigkeit festgestellt wird. Das Gericht wird aufgrund des Amtsermittlungsgrundsatzes ermitteln, da der Vollmachgeber durch den Widerruf der Vollmacht, unabhängig ob dieser wirksam war oder nicht, zum Ausdruck gebracht hat, dass er dem Bevollmächtigten nicht mehr vertraut. Eine ärztliche Untersuchung wird gerichtlich angeordnet.

2. Vollmachten zur Gesundheitsfürsorge

25 Handelt es sich um eine Widerrufserklärung, die eine Vollmacht zur Gesundheitsfürsorge betrifft, so ist die Einwilligungsfähigkeit des Widerrufenden ausreichend. Die Geschäftsfähigkeit ist nicht erforderlich. Die Einwilligungsfähigkeit des Vollmachtgebers wird angenommen, wenn er mit seinem Verstand die Tragweite seiner Entscheidung (Widerruf der Vollmacht) einordnen kann.[35]

III. Widerruf bei mehreren Bevollmächtigten

1. Widerrufsmöglichkeiten

26 Werden mehreren Vorsorge- oder Generalbevollmächtigten gleichrangige Vollmachten erteilt und wurde nichts weiter zum Widerruf der Vollmacht geregelt, steht das Widerrufsrecht nur dem Vollmachtgeber zu, aber nicht den General-/Vorsorgebevollmächtigten in Bezug auf die übrigen General-/Vorsorgebevollmächtigten. Anderenfalls könnten die Bevollmächtigten ihre Vollmachten gegen-

---

33 OLG Brandenburg, Urt. v. 20.11.2013 – 4 U 130/12, RNotz 2014, 374.
34 BGH, Urt. v. 21.7.2011 – IV ZR 216/09, VersR 2011, 1384.
35 MüKo-BGB/*Schneider*, 2020, § 1904 a.F. Rn 91.

E. Widerrufserklärung

seitig widerrufen und sich so die Position eines ausschließlichen Bevollmächtigten verschaffen.[36]

> **Hinweis**
>
> Problematisch wird der Ausschluss des Widerrufsrechts, wenn der Vollmachtgeber geschäftsunfähig wurde, die Vollmacht missbraucht wird und niemand zum Vollmachtswiderruf berechtigt ist. In dem Fall muss beim Betreuungsgericht ein sog. Kontrollbetreuer, auch Vollmachtsüberwachungsbetreuer genannt, beantragt werden.[37] Diesem kann in besonders gravierenden Fällen auch der Aufgabenkreis „Vorsorgevollmachtwiderruf" zugewiesen werden.[38] Zudem ist es dem Betreuungsgericht möglich, in dringenden Fällen die Vollmacht selbst zu widerrufen nach § 1867 BGB (§§ 1908i, 1846 BGB a.F.).[39]

> **Praxistipp**
>
> Aus Gründen der Rechtssicherheit sollte in der Vollmachtsurkunde ausdrücklich aufgenommen werden, ob ein Bevollmächtigter zum Widerruf der Vollmacht anderer Bevollmächtigter berechtigt ist.
>
> **Alternative 1**: Die Vollmacht der anderen kann keiner der Bevollmächtigten widerrufen.
>
> **Alternative 2**: Nur ein bestimmter Bevollmächtigter kann die Vollmachten der anderen Bevollmächtigten widerrufen.
>
> **Alternative 3**: Jeder Bevollmächtigte kann auch die Vollmacht des (der) anderen (aus wichtigem Grund) widerrufen.

2. Widerrufsvermerk bei mehreren Bevollmächtigten

Liegt eine Vollmachtsurkunde zugunsten mehrerer Bevollmächtigter vor und wird nur die Bevollmächtigung eines Bevollmächtigten widerrufen, so ist der Widerruf auf der Vollmachtsurkunde zu vermerken. Der Vollmachtgeber hat Anspruch auf Vorlage der Vollmachtsurkunde zum Zwecke der Vornahme des entsprechenden Vermerks.[40] Es besteht kein Rückgabeanspruch nach § 175 BGB, sondern nur ein Berichtigungsanspruch.[41] Das liegt daran, dass für eine Heraus-

27

---

36 OLG Karlsruhe, Beschl. v. 24.1.2022 – 10 W 8/21, BeckRS 2022, 474 Rn 9; aA Burandt/Rojahn/*Kurze*, § 168 Rn 8.
37 Münch/*Renner*, Familienrecht in der Notar- und Gestaltungspraxis, 3. Auflage 2020, § 16 Rn 135.
38 Dazu BGH, Beschl. v. 27.7.2015 – XII ZB 674/14; BeckOGK BGB/*Huber*, § 168 Rn 40. Siehe aber zum neuen Recht Rdn 36. Der Widerruf gehört automatisch zum Aufgabenkreis des Betreuers.
39 Siehe Rdn 37
40 BGH, Urt. v. 29.9.1989 – XI ZR 98787, NJW 1990, 507.
41 BeckOGK BGB/*Deckenbrock*, § 175 Rn 7.

gabe der Vollmachtsurkunde nach § 175 BGB die Vollmacht vollständig erloschen sein muss, was bei dem Widerruf der Vollmacht ggü. einem von mehreren Bevollmächtigten nicht der Fall ist.[42]

IV. Widerrufserklärung des/der Erben des Vollmachtgebers

28 Verstirbt der Vollmachtgeber, so kann der Alleinerbe eine Vollmacht widerrufen,[43] falls die Vollmacht nicht bereits erloschen ist und falls der Widerruf dem Vollmachtgeber möglich war.[44]

Steht die Erbenstellung unter der Bedingung, dass ein Widerruf der Vollmacht nicht ausgeübt wird, so begibt sich der Widerrufende seiner Erbenstellung, der Widerruf ist aber wirksam.

29 Wird der Erblasser von mehreren Personen beerbt, ist streitig, ob das Recht zum Widerruf durch lediglich einen Miterben oder nur durch die Erbengemeinschaft ausgeübt werden kann. Die herrschende Meinung geht seit einer Entscheidung des Reichsgerichts[45] davon aus, dass jeder einzelne Miterbe die Vollmacht für seine Person widerrufen kann. Das Reichsgericht begründet seine Entscheidung damit, dass auch „[…] die Erbengesamtheit nur ein Recht auf Mitwirkung aller Teilnehmer an den im Interesse des Nachlasses erforderlichen Verwaltungsmaßnahmen hat, es aber der Entschließung jedes einzelnen Miterben überlassen bleiben muss, ob er diese Mitwirkung in Person vornehmen oder wen er als Vertreter für sich dazu bestellen will". Die Vollmacht müsste im Erbfall somit in Einzelvollmachten für die einzelnen Miterben zerfallen. Der Bevollmächtigte kann daher nur die Erben vertreten, die die Vollmacht nicht widerrufen haben. Ein Rechtsgeschäft ist unwirksam, insoweit die Zustimmung aller Miterben benötigt wird und die Zustimmung des widerrufenden Miterben nicht vorliegt.[46] Der Widerruf stellt nach dieser Rechtsansicht auch keine Verwaltungsmaßnahme gemäß § 2038 BGB dar.[47]

30 Eine gegenteilige Rechtsansicht wird u.a. von *Kurze*[48] vertreten, der argumentiert, dass die Erbengemeinschaft eine Vollmacht des Erblassers widerrufen muss, nicht jedoch jeder einzelne Miterbe, da durch die Vollmacht nicht jeder einzelne Mit-

---

42 BeckOGK BGB/*Deckenbrock*, § 175 Rn 7.
43 MüKo-BGB/*Schubert*, § 168 Rn 55; BGH, Urt. v. 18.4.1969 – V ZR 179/65, NJW 1969, 1245, 1246; **a.A.** *Madaus*, ZEV 2004, 448.
44 BGH, Urt. v. 30.10.1974 – IV ZR 172/73, NJW 1975, 382.
45 RG 4.4.1938, JW 1938, 1892; Grünberg/*Weidlich*, Einf. v. § 2197 Rn 13 MüKo-BGB/*Schubert*, § 168 Rn 55; *Joachim/Lange*, ZEV 2019, 62, 64.
46 Vgl. Grünberg/*Weidlich*, Einf. v. § 2197 Rn 13.; MüKo-BGB/*Zimmermann*, Vor § 2197 Rn 16.
47 BGH, Urt. v. 24.9.1959 – II ZR 46/59, BGHZ 30, 391, 397.
48 Kurze/*Kurze*, VorsorgeR, § 168 Rn 37; *Papenmeier*, Transmortale und postmortale Vollmachten als Gestaltungsmittel, S. 129–133; *Papenmeier*, ErbR 2015, 12, 13–15.

erbe direkt und einzeln verpflichtet wird, sondern der Nachlass als gesamthänderisches Sondervermögen der Erbengemeinschaft. Eine Repräsentation der einzelnen Miterben erfolgt durch die Vollmacht nicht. Ebenso argumentiert auch *Madaus*,[49] der durch das Handeln des Bevollmächtigten lediglich eine Verpflichtung und Berechtigung des Nachlasses, also der Erbengemeinschaft eintreten lässt. Die Vollmacht ist in diesem Fall also gegenständlich auf Rechtsgeschäfte über den Nachlass beschränkt. Der Widerruf beendet das Recht des Bevollmächtigten, über den Nachlass zu verfügen und ist als Verwaltungsmaßnahme im Sinne von § 2038 BGB anzusehen. Woraus gefolgert werden kann, dass ein Widerruf aller Miterben notwendig ist. Ähnlich wie bei Gesellschafterbeschlüssen ist der Bevollmächtigte bei der Abstimmung nicht stimmberechtigt, insoweit er Miterbe ist.

Nur ausnahmsweise kann nach dieser Ansicht ein einzelner Miterbe die Vollmacht widerrufen, und zwar dann, wenn der Widerruf eine Notgeschäftsführung nach § 2038 Abs. 1 S. 2 Hs. 2 BGB darstellen würde. Als Notverwaltungsmaßnahmen kommen nur Maßregeln im Rahmen der Ordnungsmäßigkeit in Frage. Zur Vornahme muss eine Notwendigkeit bestehen, d.h. es muss eine Maßnahme sein, die zur Erhaltung des betreffenden gemeinschaftlichen Gegenstandes vonnöten ist. Die bloße Nützlichkeit ist nicht ausreichend. Weitere Voraussetzung ist, dass dem Nachlass oder einzelnen seiner Gegenstände ein Schaden entsteht oder ernsthaft droht.[50] Hier ist zu beachten, dass bei Vorliegen einer Vorsorgevollmacht die Missbrauchsgefahr sehr hoch ist. Der Widerruf einer Vorsorgevollmacht kann daher grundsätzlich als Notverwaltungsmaßnahme eingestuft werden.[51]

31

Schwierigkeiten können sich beim Nachweis der Erbenstellung dadurch ergeben, dass bspw. eine Bank im Falle eines Widerrufs der Vollmacht einen Nachweis bzgl. der Legitimation des Erben verlangen muss und die Vorlage eines Legitimationspapiers (bspw. Erbschein, Testament mit Eröffnungsprotokoll) nicht kurzfristig möglich sein wird. Der BGH[52] hat entschieden, dass, insoweit ein Bevollmächtigter von einer postmortalen Vollmacht Gebrauch gemacht hat, die Bank die ihr erteilten Weisungen grundsätzlich unverzüglich und vorbehaltlos auszuführen hat, es sei denn, dass der Bevollmächtigte in ersichtlich verdächtiger Weise von der Vollmacht Gebrauch macht. Die Bank ist nicht berechtigt oder verpflichtet, die Zustimmung des Erben abzuwarten oder durch Zuwarten den Widerruf der postmortalen Vollmacht zu ermöglichen. Die Tatsache, dass durch die fehlende Widerrufsmöglichkeit der Erben vor Vorlage der entsprechenden Legitimationsnachweise eine Verwendung der Vollmacht zum Nachteil der Erben[53] mög-

32

---

49 *Madaus*, ZEV 2004, 448.
50 MüKo-BGB/*Gergen*, § 2038 Rn 57.
51 Kurze/*Kurze*, VorsorgeR, § 168 Rn 39.
52 BGH, Urt. v. 25.10.1994 – XI ZR 239/93, DNotz 1995, 388, NJW 1995, 250.
53 *Grunewald*, ZEV 2014, 579.

lich ist, ist ein Risiko, welches der Erblasser für seine Erben geschaffen hat. Dass ein Widerruf somit häufig zu spät kommt, ist aufgrund des Zwecks der postmortalen Vollmacht zu akzeptieren.⁵⁴ So soll die Vollmacht dem Bevollmächtigten gerade ermöglichen, unabhängig von den Erben und auch vor dem Ausfindigmachen der Erben, was erhebliche Zeit in Anspruch nehmen kann, tätig zu werden.

33 Soll der Widerruf durch die Erben verhindert werden, so kann dies nur durch die Gestaltung entsprechender erbrechtlicher Strafklauseln und Auflagen versucht werden.⁵⁵ Dies verhindert die Ausübung des Widerrufsrechts durch die Erben allerdings nicht effektiv. So kann beispielsweise mit einem aufschiebend bedingten Vermächtnis für den Fall, dass der Widerruf getätigt wird, gearbeitet werden.

V. Widerrufserklärung eines Miterben gegenüber einem anderen Miterben

34 Nach überwiegender Ansicht hat jeder Miterbe das Recht, die einem Miterben vom Erblasser erteilte Vollmacht zu widerrufen.⁵⁶ Die Vollmacht erlischt in dem Fall nur gegenüber dem widerrufenden Miterben. Der Bevollmächtigte kann für die übrigen Miterben also weiterhandeln.⁵⁷ Der Bevollmächtigte kann in dem Fall nur noch die übrigen, nicht widerrufenen Miterben wirksam vertreten. Bei der Vollziehung eines abgeschlossenen Grundstückskaufvertrags über eine Nachlassimmobilie kann das dazu führen, dass die Vollziehung des Kaufvertrags nicht mehr möglich ist, wenn ein Miterbe die einem anderen Miterben vom Erblasser erhaltene Generalvollmacht widerruft. Der Notar ist in diesen Fällen berechtigt, wegen mangelnder Vollzugsreife die Vollziehung des Vertrags zu verweigern.⁵⁸

Muster 14.2: Widerruf durch einen einzelnen Miterben gegenüber einem anderen Miterben

35 Am ▒▒▒ (*Tag/Monat/Jahr*) hat der Erblasser/die Erblasserin ▒▒▒ (*Name, Anschrift, Geburtsdatum, Todestag, Staatsangehörigkeit, Personalausweisnummer*) ▒▒▒ (*Name, Anschrift, Geburtsdatum, Staatsangehörigkeit, Personalausweisnummer*) eine Vorsorgevollmacht zur UR-Nr. ▒▒▒ / ▒▒▒ des Notars ▒▒▒ mit dem Amtssitz in ▒▒▒ erteilt.

Gegenstand der Vollmacht ist ▒▒▒ (*z.B. die außergerichtliche und gerichtliche Vertretung in sämtlichen persönlichen und vermögensrechtlichen Angelegenheiten, bei denen eine Stellvertretung gesetzlich erlaubt ist*).

---

54 BGH, Urt. v. 25.10.1994 – XI ZR 239/93, NJW 1995, 250, 251.
55 BayObLG FamRZ 1986, 34.
56 Siehe zu dieser Thematik die detaillierten Ausführungen von Rißmann/*Kurze*, Erbengemeinschaft, § 13 Rn 58 ff.; LG Berlin, Beschl. v. 16.6.2020 – 84 T 256/19; LG Aachen, Urt. v. 18.1.2018 – 1 O 138/16, ZEV 2018, 519 (520); a.A. wohl auch in Bezug auf Miterben: Rißmann/*Kurze*, Erbengemeinschaft, § 13 Rn 61, 66.
57 OLG Köln, Beschl. v. 28.6.2021 – 2 Wx 184/21, ZEV 2022, 80, 81.
58 LG Berlin, Beschl. v. 16.6.2020 – 84 T 256/19, ErbR 2021, 361 ff.

Hiermit widerrufe ich mit sofortiger Wirkung die oben genannte Vollmacht, alle weiteren, vom Erblasser erteilten, Vollmachten sowie alle Untervollmachten,[59] die aufgrund der Vollmachten des Erblassers erteilt wurden.

Zusätzlich: Aufbringen eines Widerrufvermerks,[60] Aufforderung zur Auskunft und Rechnungslegung[61]

Praxistipp

Der Widerruf einer Vollmacht durch einen Miterben muss auf der Vollmachtsurkunde vermerkt werden.[62]

VI. Widerrufserklärung durch einen (Kontroll-)Betreuer

Ein (Kontroll-)Betreuer kann eine Vorsorgevollmacht nur widerrufen, wenn ihm diese Befugnis als eigenständiger Aufgabenkreis ausdrücklich zugewiesen worden ist.[63] Diese Befugnis beinhaltet einen schwerwiegenden Grundrechtseingriff und muss deswegen dem Kontrollbetreuer wie auch dem Regelbetreuer als eigener Aufgabenkreis zugewiesen werden.[64] Die Übertragung dieses Aufgabenkreises ist gemäß der Rechtsprechung des BGH[65] nur zulässig, wenn ein Festhalten an der erteilten Vorsorgevollmacht eine künftige Verletzung des Wohls des Betroffenen mit hinreichender Wahrscheinlichkeit und in erheblicher Schwere befürchten lässt und mildere Maßnahmen nicht zur Abwehr eines Schadens für den Betroffenen geeignet erscheinen.

36

Mit der Reform des Vormundschafts- und Betreuungsrechts muss dem Betreuer, entgegen der aktuellen BGH-Rechtsprechung, ein eigenständiger Aufgabenkreis für den Widerruf nicht mehr zugewiesen werden. Ab dem 1.1.2023 erstreckt sich die Vertretungsmacht des Betreuers auf alle in seinen Aufgabenkreis fallenden Tätigkeiten.[66] Der Betreuer darf gem. § 1820 Abs. 5 BGB eine Vollmacht oder einen Teil einer Vollmacht, die den Bevollmächtigten zu Maßnahmen der Personensorge oder zu Maßnahmen in wesentlichen Bereichen der Vermögenssorge

---

59 Grds. hängt das Fortbestehen einer Untervollmacht von der Hauptvollmacht ab. Bei einer indirekten Vertretung erlischt die Untervollmacht mit dem Erlöschen der Hauptvollmacht, siehe Burandt/Rojahn/*Kurze*, § 164 Rn 29.
60 Siehe Rdn 27.
61 Siehe Muster § 22 Rdn 24.
62 BGH, Urt. v. 29.9.1989 – V ZR 198/87, NJW 1990, 507; Rißmann/*Kurze*, Erbengemeinschaft, § 13 Rn 68, siehe auch Rdn 27.
63 BGH, Beschl. v. 28.7.2015 – XII ZB 674/14, DNotZ 2015, 848.
64 BGH, Beschl. v. 28.7.2015 – XII ZB 674/14, DNotZ 2015, 848, 849.
65 BGH, Beschl. v. 28.7.2015 – XII ZB 674/14, DNotZ 2015, 848; BGH, Beschl. v. 23.9.2015 – XII ZB 624/14, NJW 2015, 3657; BGH, Beschl. v. 17.2.2016 – XII ZB 498/15, NJW-RR 2016, 1025.
66 BT-Drs. 19/24445, 236.

ermächtigt, widerrufen, wenn das Festhalten an der Vollmacht eine künftige Verletzung der Person oder des Vermögens des Betreuten mit hinreichender Wahrscheinlichkeit und in erheblicher Schwere befürchten lässt. Mildere Maßnahmen zur Abwehr eines Schadens für den Betreuten dürfen nicht als geeignet erscheinen. Im Gegenzug wird der Vollmachtswiderruf allerdings genehmigungsbedürftig, § 1820 Abs. 5 BGB.

VII. Widerruf der Vollmacht durch das Betreuungsgericht

37 Das Betreuungsgericht kann einstweilige Maßnahmen auf Grundlage von § 1867 BGB (§§ 1908i, 1846 BGB a.F.) anordnen, wenn dies in dringenden Fällen notwendig ist. Als Maßnahme kommt unter anderem die Abgabe von Willenserklärungen wie die Einwilligung in Operationen oder das Aussprechen von Kündigungen in Betracht.[67] Folglich darf das Betreuungsgericht in einem dringenden Fall auch den Widerruf einer Vollmacht aussprechen.[68]

Ab dem 1.1.2023 gibt es zudem nach § 1820 Abs. 4 BGB die Möglichkeit von Anordnungen des Betreuungsgerichts gegenüber dem Bevollmächtigten, die Vollmacht nicht zu nutzen und die Urkunde vorübergehend abzuliefern. Die Herausgabe wird gem. § 285 Abs. 2 FamFG durch Beschluss angeordnet. Die Norm trägt dem Bedürfnis Rechnung, eine wirksame Vollmacht bei einem bestehenden, aber noch nicht bestätigten Missbrauchsverdacht vorübergehend und kurzfristig zu „suspendieren", ohne sie sogleich widerrufen zu müssen.[69]

VIII. Widerrufserklärung durch Testamentsvollstrecker oder Nachlasspfleger

38 Sofern nichts Gegenteiliges angeordnet wurde, ist sowohl der Testamentsvollstrecker[70] als auch der Nachlasspfleger[71] befugt, Vorsorgevollmachten zu widerrufen, da dies in ihrer jeweiligen Verwaltungsbefugnis enthalten ist (§§ 2205, 1960 BGB).

F. Rückgabe der Vollmachtsurkunde

I. Rückgabeanspruch

39 Gemäß § 172 Abs. 2 BGB bleibt die Vertretungsmacht bestehen, bis die Vollmachtsurkunde dem Vollmachtgeber zurückgegeben (§ 175 BGB) oder für kraft-

---

67 LG München I, Beschl. v. 7.8.2007 – 13 T 12519/07, NJW-RR 2008, 812, 813.
68 BeckOGK BGB/*Zorn*, § 1846 Rn 30.
69 BT-Drs. 19/24445, 247.
70 Statt vieler: Bengel/Reimann/*Dietz*, HdB TV, § 1 Rn 57; *Strobel*, ZEV 2020, 449 (453), der das Verhältnis von Testamentsvollstreckung und Vollmacht ausführlich untersucht.
71 OLG Brandenburg, Beschl. v. 14.9.2006 – 13 W 37/06; DNotI-Report 2013, 84, 85.

los erklärt (§ 176 BGB) worden ist. Unter der Rückgabe der Vollmachtsurkunde ist die Besitzerlangung durch den Vollmachtgeber mit Wissen des Bevollmächtigten zu verstehen. Der Vollmachtgeber kann den Rechtsschein aber auch durch einen Widerruf der Vollmacht dem jeweiligen Erklärungsempfänger gegenüber beseitigen (§ 173 BGB).

Wird eine Vollmacht nur teilweise widerrufen, kann gem. § 175 BGB nicht die Herausgabe der Vollmachtsurkunde verlangt werden, sondern nur die Vorlage der Vollmachtsurkunde zur Anbringung eines entsprechenden Vermerks über den teilweisen Widerruf.[72]

II. Umfang des Rückgabeanspruchs

1. Originalvollmacht, Ausfertigungen und Fotokopien

Der Rechtsschein einer Vollmacht geht nur von der Urschrift oder bei einer notariell beurkundeten Vollmacht von der Ausfertigung aus. Beglaubigte Abschriften genügen nicht, um den Rechtsschein aufrechtzuerhalten.[73] Daher geht die h.M. davon aus, dass ein Anspruch auf Herausgabe der Fotokopien der Vollmacht nicht besteht.[74] Dabei wird jedoch übersehen, dass von Fotokopien ebenfalls eine Missbrauchsgefahr ausgeht. Ein ungeübtes Auge kann eine „gute" Fotokopie kaum vom Original unterscheiden. Neben der Vollmachtsurkunde und der Ausfertigung sollten folglich auch Fotokopien der Vollmachten herausverlangt werden.[75] Einzig eine Fotokopie sollte der Bevollmächtigte behalten dürfen, um seine frühere Bevollmächtigung nachweisen zu können. Diese sollte aber mit einem Vermerk versehen werden, dass die Vollmacht bereits widerrufen wurde.[76]

40

Die Herausgabefrist für die Vollmachtsurkunde sollte sehr kurz bemessen sein, um dem Bevollmächtigten keinen Spielraum für deren weitere Verwendung zu lassen. Wird sie nicht herausgeben, kann die Herausgabe im Wege einer einstweiligen Verfügung durchgesetzt werden. Der Hauptsacheanspruch kann hier ausnahmsweise im Wege der einstweiligen Verfügung verfolgt werden.[77] Je nach

41

---

72 OLG München, Beschl. v. 30.4.2009 – 33 Wx 81/09, NJW-RR 2009, 1379; AG Unna, Beschl. v. 24.1.2014 – 7 XVII 339/11, BeckRS 2015, 15234; DNotI-Report 2021, 105 (106).
73 BGH, Urt. v. 20.12.1979 – VII ZR 77/78; BGH, Urt. v. 15.10.1987 – III ZR 235/86.
74 Siehe BGH NJW 2006, 1957, 1958; BGHZ 102, 60, 63 = NJW 1988, 697, 698; RGZ 88, 430, 431 f.; 56, 63 67 ff.; MüKo-BGB/*Schubert*, § 168 Rn 6.
75 So auch: Burandt/Rojahn/*Kurze*, § 175 Rn 1; BeckOK BGB/*Schäfer*, § 175 Rn 3.
76 Burandt/Rojahn/*Kurze*, § 175 Rn 1.
77 OLG Brandenburg, Beschl. v. 14.9.2006 – 13 W 37/06, BeckRS 2011, 16784; nach BeckOGK BGB/*Deckenbrock*, § 175 Rn 21 sei hier Vorsicht geboten. Er verweist auf die Kraftloserklärung statt der Einstweiligen Verfügung. Siehe zu den Vor- und Nachteilen der beiden Rechtsmittel § 15 Rdn 2.

Burandt/Krämer

Sachverhalt kann es sinnvoll sein, dass der Rückgabeanspruch durch Hinterlegung erfüllt wird, wenn deren Voraussetzungen gem. § 372 BGB vorliegen und das Rücknahmerecht nach § 376 BGB ausgeschlossen wurde.[78]

Muster 14.3: Aufforderung Herausgabe Vollmachtsurkunde

42 Ich fordere Sie auf, die Vollmachtsurkunde sowie sämtliche Ausfertigungen[79] und Fotokopien[80] von dieser bis zum

(Frist 3 Tage)

an mich herauszugeben.

> **Praxistipp**
> Der beurkundende Notar sollte vom Widerruf in Kenntnis gesetzt werden, damit sichergestellt wird, dass dem Bevollmächtigten keine weiteren Ausfertigungen erteilt werden, falls dies für den Bevollmächtigten rechtliche möglich wäre.

2. Rückgabe bei mehreren Bevollmächtigten

43 Zum Anspruch auf Herausgabe bei mehreren Bevollmächtigten siehe Rdn 36.

> **Praxistipp**
> Um die Rückgabe der Vollmachtsurkunde zu ermöglichen und eine Kraftloserklärung zu vereinfachen, sollten gegenseitig erteilte Vollmachten bis zur Vorlage höchstrichterlicher Entscheidungen in getrennten Vollmachtsurkunden aufgenommen werden.

III. Rückforderung von Untervollmachten

44 Sind Untervollmachten erteilt worden und erloschen, so können die Vollmachtsurkunden ebenso vom Unterbevollmächtigten herausverlangt werden.[81]

IV. Rückforderung der Vorsorgevollmacht von Dritten

45 Unklar ist, ob sich der Rückgabeanspruch aus § 175 BGB neben dem Bevollmächtigten auch gegen andere Besitzer der Vollmachtsurkunde richtet. Richtigerweise

---

78 MüKo-BGB/*Schubert*, § 175 Rn 7.
79 Bei einer notariell beurkundeten Vollmacht sollte die Anzahl der Ausfertigungen beim Notar erfragt werden.
80 Siehe Rdn 40.
81 MüKo-BGB/*Schubert*, § 175 Rn 5.

ist in diesen Fällen aber § 175 BGB entsprechend anzuwenden. Eine direkte Missbrauchsgefahr bei dem besitzenden Dritten besteht zwar nicht. Jedoch besteht die Gefahr, dass dieser die Vollmachtsurkunde wieder an den Bevollmächtigten selbst herausgibt. Darüber hinaus hat der Dritte wegen des Erlöschens der Vollmacht an der Urkunde kein berechtigtes Interesse.[82] Bei Diskussionen mit dem besitzenden Dritten bietet sich zudem die Kraftloserklärung der Vollmacht nach § 176 BGB an.

Um dem Vollmachtgeber weitere Herausgabeansprüche an die Hand zu geben, kann in der Vollmachtsurkunde geregelt werden, dass der Vollmachtgeber Eigentümer der Urkunde ist.[83]

46

---

[82] LG Düsseldorf, Urt. v. 12.12.2002 – 21 S 262/02, NJW 2003, 1330, 1331; MüKo-BGB/*Schubert*, § 168 Rn 5; BeckOGK BGB/*Deckenbrock*, § 175 Rn 17; aA: Staudinger/*Schilken*, § 175 Rn 5.
[83] *Mehler/Braun*, DNotZ 2008, 810.

§ 15 Kraftloserklärung der Vollmacht

Übersicht:	Rdn		Rdn
A. Allgemeines	1	III. Prüfungsumfang	9
B. Verfahren der Kraftloserklärung	3	IV. Veröffentlichung der Kraftloserklärung	13
I. Verfahren der freiwilligen Gerichtsbarkeit	3	V. Kosten	14
II. Antrag	4	C. Wirkung der Kraftloserklärung	16

A. Allgemeines

Der Bevollmächtigte kann aufgrund der Vollmachtsurkunde und der von ihr ausgehenden Rechtsscheinwirkung (§§ 172, 171 BGB), trotz erfolgter wirksamer Widerrufserklärung des Vollmachtgebers, den Vollmachtgeber grundsätzlich noch wirksam verpflichten. Der Geschäftsgegner wird bei Vorlage der Urschrift oder der Ausfertigung von notariell beurkundeten Vollmachten in seinem guten Glauben an den Fortbestand der Vollmacht geschützt. Um diesen Missbrauch der Vollmacht zu verhindern, steht dem Vollmachtgeber nach Widerruf der Vollmacht ein Anspruch auf Rückgabe sämtlicher sich im Umlauf befindlicher Vollmachtsurkunden zu (siehe § 14 Rdn 39 ff.). Der Anspruch ergibt sich aus § 175 BGB. Mit Rückgabe der Vollmachtsurkunde wird die Fiktion der Vertretungsmacht beseitigt. Weigert sich der Bevollmächtigte allerdings die Vollmachtsurkunde dem Vollmachtgeber zurückzugeben, so stellt die Kraftloserklärung der Vollmachtsurkunde (§ 176 BGB) eine gleichwertige Möglichkeit zu deren Rückgabe dar. Auch die Kraftloserklärung der Vollmachtsurkunde vernichtet den Rechtsschein nach § 172 BGB.[1] Selbst wenn der Verbleib der Vollmachtsurkunde nicht geklärt werden kann, ist das Verfahren der Kraftloserklärung der Vollmacht eine Möglichkeit für den Vollmachtgeber Rechtssicherheit zu schaffen.[2] 1

Die Kraftloserklärung der Vollmacht stellt das einzige Mittel des Vollmachtgebers dar, mit welchem er das Erlöschen der Vollmacht nach außen kommunizieren kann und welches von allen Seiten wahrgenommen wird.[3] Das Recht die Herausgabe der Vollmachtsurkunde zu verlangen, steht gleichwertig neben dem Recht, die Vollmachtsurkunde für kraftlos erklären zu lassen.[4] Vor Einleitung des Verfahrens der Kraftloserklärung muss eine Aufforderung zur Rückgabe der Vollmachtsurkunde gegenüber dem Bevollmächtigten nicht erfolgen.[5] 2

---

1 Vgl. MüKo-BGB/*Schubert*, § 176 Rn 1.
2 Vgl. Kurze/*Kurze*, VorsorgeR, § 176 Rn 1.
3 Vgl. BeckOGK BGB/*Deckenbrock*, § 176 Rn 2.
4 Vgl. NK-BGB/*Ackermann*, § 176 Rn 1; BeckOGK/*Deckenbrock*, 2022, § 176 Rn 3.
5 BeckOGK BGB/*Deckenbrock*, § 176 Rn 3.

> **Praxistipp**
>
> Wird die Vollmachtsurkunde vom Bevollmächtigten nicht herausgegeben, gleich aus welchem Grund, kann neben der Kraftloserklärung einer Vollmachtsurkunde diese auch im Wege einer einstweiligen Verfügung herausverlangt werden.[6] Kosten rufen beide Verfahren hervor. Welcher Weg gewählt wird, sollte im Einzelfall unter Berücksichtigung der Vor- und Nachteile des jeweiligen Rechtsmittels entschieden werden. Bei der Kraftloserklärung ist zu berücksichtigen, dass sie erst mit Ablauf eines Monats nach der letzten Einrückung in die öffentlichen Blätter wirksam wird. In der Zwischenzeit kann der Bevollmächtigte die Vollmacht weiterhin missbrauchen. Zudem wird die Auseinandersetzung mit dem Bevollmächtigten öffentlich.[7] Behauptet der Bevollmächtigte allerdings, er sei nicht mehr im Besitz der Vollmachten oder ist er bspw. unbekannt verzogen, würde eine einstweilige Verfügung auf Herausgabe der Vollmachtsurkunde nicht zum Ziel führen, sondern nur eine Kraftloserklärung.

B. Verfahren der Kraftloserklärung

I. Verfahren der freiwilligen Gerichtsbarkeit

3 Im Gesetz ist das Verfahren der Kraftloserklärung nicht geregelt. Nach allgemeiner Ansicht ist das Verfahren einem Verfahren der freiwilligen Gerichtsbarkeit zuzuordnen.[8] Hierfür wird angeführt, dass für die Kraftloserklärung der Vollmachtsurkunde Kosten gemäß § 1 Abs. 2 Nr. 17 GNotKG erhoben werden und diese Regelung nicht verständlich wäre, würde es sich nicht um ein Verfahren der freiwilligen Gerichtsbarkeit handeln.[9]

II. Antrag

4 Das Verfahren zur öffentlichen Bekanntmachung der Kraftloserklärung ist durch einen Antrag beim zuständigen Amtsgericht einzuleiten. Zuständig ist gem. § 176 Abs. 2 BGB sowohl das Amtsgericht, in dessen Bezirk der Vollmachtgeber seinen allgemeinen Gerichtsstand hat (§§ 13 ff. ZPO), als auch das Amtsgericht, welches für die Rückgabe der Urkunde (§ 175 BGB), abgesehen von dem Wert des Streitgegenstandes, zuständig sein würde (§ 176 Abs. 2 BGB). Für die Rückgabe der

---

6 Siehe § 14 Rdn 41.
7 Siehe hierzu *Danninger*, RDi 2021, 109 Rn 20.
8 Vgl. MüKoBGB/*Schubert*, § 176 Rn 2.
9 Vgl. OLG Frankfurt a.M., Beschl. v. 30.1.2014 – 20 W 145/13, NJOZ 2014, 1578; Staudinger/*Schilken*, § 176 Rn 6.

Urkunde wäre eine Klage regelmäßig beim allgemeinen Gerichtsstand des Bevollmächtigten einzureichen.

Der Antrag kann durch den Vollmachtgeber oder einen Vertreter des Vollmachtgebers gestellt werden. Es muss die Bewilligung der öffentlichen Bekanntmachung beantragt werden. Der Antrag muss die für kraftlos zu erklärende Vollmachtsurkunde ihrem Inhalt nach näher angeben, das heißt mit Angaben zur Person des Vollmachtgebers und des Bevollmächtigten, Gegenstand und Datum der Vollmacht.[10] Bei mehreren ausgehändigten Vollmachtsurkunden muss jede einzelne Vollmachtsurkunde für kraftlos erklärt werden.

Wurden in der Vollmachtsurkunde mehrere Vertretungsberechtigte bezeichnet, aber die Vollmacht nur gegenüber einem widerrufen, muss die Vollmachtsurkunde teilweise für kraftlos erklärt werden.[11]

Eine Begründung des Antrags, warum die Vollmacht erloschen ist, ist nicht erforderlich. Für kraftlos können grundsätzlich nur Dokumente erklärt werden, von welchen ein Rechtsschein ausgeht, somit Originale und notarielle Ausfertigungen. Aus Gründen der Rechtssicherheit muss aber auch eine Vollmachtsurkunde, von der kein Rechtsschein aus dem Grund ausgeht, dass diese dem Bevollmächtigten nicht ausgehändigt wurde, für kraftlos erklärt werden können.[12] Wurden mehrere Vollmachtsurkunden herausgegeben, muss jede einzelne Vollmachtsurkunde für kraftlos erklärt werden.

Muster 15.1: Antrag auf Veröffentlichung der Kraftloserklärung

An das Amtsgericht

Ich, ▇▇▇, geb. am ▇▇▇, derzeit wohnhaft ▇▇▇, habe am ▇▇▇, Herrn/Frau ▇▇▇ als Bevollmächtigtem eine Vollmachtsurkunde ausgehändigt (beigefügt als Anlage in Kopie). Darin wurde der Bevollmächtigte dazu bevollmächtigt ▇▇▇ (*genaue Beschreibung des Inhalts der Vollmacht*).

Die vorstehend bezeichnete Vollmachtsurkunde erkläre ich gem. § 176 Abs. 1 BGB für **kraftlos** und beantrage gem. § 176 Abs. 1 BGB

die Bewilligung der Veröffentlichung der Kraftloserklärung nach den für die öffentliche Zustellung einer Ladung geltenden Vorschriften der ZPO.

▇▇▇, den ▇▇▇

Unterschrift

---

10 Vgl. BeckOGK BGB/*Deckenbrock*, § 176 Rn 7.1.
11 BeckOGK BGB/*Deckenbrock*, § 176 Rn 7.2.
12 Vgl. BeckOGK BGB/*Deckenbrock*, § 176 Rn 7.4.

III. Prüfungsumfang

9 Das Amtsgericht prüft die formalen Voraussetzungen der Antragstellung und bewilligt die öffentliche Bekanntmachung der Kraftloserklärung im Anschluss. Die nach §§ 186 f. ZPO erforderlichen Anordnungen werden von Amts wegen getroffen (bspw. öffentliche Zustellung durch Aushang oder durch Einstellung in ein elektronisches Informationssystem).[13] Eine Unzulässigkeit des Antrags wegen mangelnden Rechtsschutzbedürfnisses wird nur in Ausnahmesituationen erwogen, weil eine von der Vollmachtsurkunde im Rechtsverkehr ausgehende Legitimationswirkung nicht mehr zu erwarten ist, bspw. dann, wenn eine befristete Vollmacht unzweifelhaft durch Zeitablauf erloschen ist.[14]

10 Das Amtsgericht nimmt keine materielle Prüfung vor, ob die Vollmacht wirklich erloschen ist oder nicht.[15] Dies ist auch dann der Fall, wenn der Vollmachtsurkunde eine Unwiderruflichkeitsklausel zu entnehmen ist, da selbst eine unwiderrufliche Vollmacht bei Vorliegen eines wichtigen Grundes widerrufen werden kann.[16] Der Grund für die fehlende materielle Prüfung ist, dass es sich bei dem Verfahren der Kraftloserklärung der Vollmacht um ein privates Gestaltungsgeschäft des Vollmachtgebers handelt, der zu diesem – im Gegensatz zum Aufgebotsverfahren – lediglich die Mitwirkung des Gerichts bedarf. Sollte eine unwiderrufliche Vollmacht vorliegen und wird das Verfahren der Kraftloserklärung dennoch durchgeführt, so ist die Kraftloserklärung unwirksam (§ 176 Abs. 3 BGB).

11 Hinsichtlich der Problematik „Unwiderruflichkeit einer Vollmacht" wird auf die Ausführungen im vorherigen Kapitel (siehe § 14 Rdn 3) verwiesen. Bei dem Vorliegen einer Generalvollmacht in Form einer Vorsorgevollmacht ist grundsätzlich davon auszugehen, dass eine vereinbarte Unwiderruflichkeitsabrede unzulässig ist.

12 Das Amtsgericht entscheidet durch Beschluss (§ 38 Abs. 1 S. 1 FamFG). Gegen den Beschluss, die Kraftloserklärung zu verweigern, kann der Vollmachtgeber Beschwerde einlegen (§§ 58 ff. FamFG). Der Bevollmächtigte wird durch die Bewilligung der öffentlichen Zustellung einer Kraftloserklärung des Vollmachtgebers nicht in seinem subjektiven Recht betroffen und ist deshalb nicht befugt, im eigenen Namen gegen die Entscheidung des Amtsgerichts Beschwerde zu

---

13 MüKo-ZPO/*Häublein/Müller*, § 186 Rn 7.
14 Vgl. OLG München, Beschl. v. 27.6.2018 – 34 Wx 438/17, MittBayNot 2019, 254 Rn 28.
15 Vgl. OLG Köln, Beschl. v. 26.8.2019 – 2 Wx 248/19, BWNotZ 2019, 265 Rn 4; OLG Frankfurt a.M., Beschl. v. 30.1.2014 – 20 W 145/13, NJOZ 2014, 1578.
16 Vgl. KG JW 1933, 2153.

erheben.[17] Auch im Rahmen einer Beschwerde werden die materiellen Voraussetzungen des Erlöschens der Vollmacht nicht überprüft.

IV. Veröffentlichung der Kraftloserklärung

Die Kraftloserklärung der Vollmachtsurkunde erfolgt durch eine öffentliche Bekanntmachung. So erklärt der Vollmachtgeber nach Widerruf der Vollmacht, dass von der Vollmachtsurkunde keine Wirkung mehr ausgeht. Diese Erklärung ist eine empfangsbedürftige Willenserklärung, die nach den für die öffentliche Zustellung einer Ladung (§§ 185 ff. ZPO) geltenden Vorschriften der Zivilprozessordnung veröffentlicht werden muss (§ 176 Abs. 1 S. 1 Hs. 2. BGB).[18] Aus diesem Grund ist die Mitwirkung des Gerichts erforderlich. Meist erfolgt die Veröffentlichung nach § 186 Abs. 2 S. 1 1. Alt. ZPO durch Aushang einer Benachrichtigung an der Gerichtstafel.[19]

13

V. Kosten

Die Kosten des Verfahrens der Kraftloserklärung trägt nach § 22 Abs. 1 GNotKG der Antragsteller. Diese betragen gem. KV 15212 GNotKG eine halbe Gebühr. Sollte der Antragsgegner mit der Rückgabe der Vollmachtsurkunde in Verzug sein oder die Herausgabe der Vollmachtsurkunde unmöglich sein und der Antragsgegner dies zu vertreten haben, so können die Kosten nach Ansicht des OLG Düsseldorf gem. § 81 FamFG dem Bevollmächtigten auferlegt werden. Bei dieser Entscheidung war der Bevollmächtigte allerdings Beteiligter des Verfahrens.[20] Ist er dies nicht, kann § 81 FamFG nicht anwendbar sein.[21]

14

Der Geschäftswert bestimmt sich nach § 36 GNotKG. Bei der Ermittlung des Ausgangswerts kann auf § 98 GNotKG zurückgegriffen werden.[22] *Kurze* schlägt bei einer Vorsorge- und Generalvollmacht ein Geschäftswert von 20 % des Vermögens des Vollmachtgebers zuzüglich eines Betrages für die persönlichen Angelegenheiten (beispielsweise 5.000 EUR) vor[23]

15

---

17 Vgl. OLG Köln, Beschl. v. 26.8.2019 – 2 Wx 248/19, BWNotZ 2019, 265 Rn 3; KG, Beschl. v. 9.12.2014 – 1 W 480/14, NJOZ 2015, 1357, FGPrax 2015, 95; OLG Köln, Beschl. v. 6.12.2010 – 16 Wx 96/10, NotBZ 2011, 298, BeckRS 2011, 06754.
18 AG Bonn, Beschl. v. 3.5.2019 – 33 II 9/19, BeckRS 2019, 22460.
19 Vgl. OLG Frankfurt a.M., Beschl. v. 30.1.2014 – 20 W 145/13, NJOZ 2014, 1578.
20 Vgl. OLG Düsseldorf, Beschl. v. 23.7.2013 – I-3 Wx 97/12, FGPrax 2014, 44.
21 Kritisch hierzu BeckOGK BGB/*Deckenbrock*, § 176 Rn 23.1.
22 *Korintenberg*, GNotKG, KV 15212 Rn 48.
23 Vgl. Kurze/*Kurze*, VorsorgeR, § 176 Rn 11.

C. Wirkung der Kraftloserklärung

16 Die Kraftloserklärung wird gem. § 176 Abs. 1 S. 2 BGB mit dem Ablauf eines Monats nach der letzten Einrückung in die öffentlichen Blätter wirksam. Die Monatsfrist berechnet sich nach §§ 186, 188 ZPO. Der Tag der Veröffentlichung im Bundesanzeiger ist gem. § 187 Abs. 1 ZPO nicht mitzuzählen. Ist die Kraftloserklärung durch Benachrichtigung erfolgt (§ 186 Abs. 2 ZPO), ist dieser Zeitpunkt für die Berechnung der Monatsfrist maßgeblich. Die Vollmachtsurkunde verliert mit der wirksamen Kraftloserklärung ihre Wirkung. Vollmacht und Rechtsscheinvollmacht sind erloschen.

17 Die Kraftloserklärung bezieht sich nur auf die im Beschluss genannten Vollmachtsurkunden. Der Rechtsschein der Vollmachtsurkunde gem. § 172 Abs. 2 BGB erlischt, gleich, ob sich die Vollmachtsurkunde noch im Umlauf befindet. Das Vertrauen Dritter auf den Bestand der Vollmacht wird nicht mehr geschützt, unabhängig davon, ob diese von der Kraftloserklärung Kenntnis hatten oder nicht. Die Kraftloserklärung entfaltet gegenüber jedem Wirkung. So auch auf Geschäftspartner, die sich auf eine frühere Vorlage der Vollmachtsurkunde berufen (§ 172 BGB). Ein Geschäftspartner kann sich daher nur absichern, indem er sich die Vollmachtsurkunde bei Abschluss eines jeden neuen Rechtsgeschäfts, welches er mit dem Bevollmächtigten vornimmt, vorlegen lässt. Eine einmalige Vorlage wirkt nur so lange, wie der Vertreter die Vollmachtsurkunde nicht zurückgegeben hat bzw. diese nicht für kraftlos erklärt worden ist.[24]

18 Wird eine unwiderrufliche Vollmacht für kraftlos erklärt, so ist die Kraftloserklärung unwirksam (§ 176 Abs. 3 BGB). § 176 Abs. 3 BGB ist allerdings nur anwendbar, wenn kein wichtiger Grund vorliegt, da eine unwiderrufliche Vollmacht immer mit Bestehen eines wichtigen Grundes widerrufen werden kann. In der Kraftloserklärung liegt dann zugleich ein wirksamer Vollmachtswiderruf.[25] Ob ein wichtiger Grund vorliegt oder nicht ist nicht in dem Verfahren über die Kraftloserklärung der Vollmacht zu klären, sondern Gegenstand des Verfahrens über das Vertretergeschäft mit dem Geschäftsgegner.[26] Liegt kein wichtiger Grund vor, so ist die Vollmacht nicht durch Widerruf erloschen.

---

24 Vgl. LG Düsseldorf, Urt. v. 12.12.2002 – 21 S 262/02, NJW 2003, 1330.
25 BeckOGK BGB/*Deckenbrock*, § 176 Rn 33; MüKo-BGB/*Schubert*, § 176 Rn 8.
26 Vgl. MüKo-BGB/*Schubert*, § 176 Rn 8.

§ 16 Gerichtliche Sicherungsmaßnahmen

Übersicht:	Rdn
A. Mittel der Nachlasssicherung	1
I. Anlegen von Siegeln	2
II. Die amtliche Inverwahrungnahme von Nachlassgegenständen	6
III. Die Aufnahme eines Nachlassverzeichnisses	7
IV. Kontensperrung	8
V. Sonstige Sicherungsmittel	9
VI. Kosten der Sicherung	10
B. Nachlasspflegschaft	11
I. Sicherungsbedürfnis	12
II. Unbekannter Erbe	15
III. Die Anordnung der Nachlasspflegschaft	17
IV. Gerichtliche Zuständigkeit	19
1. Sachliche Zuständigkeit	19
2. Örtliche Zuständigkeit	20
3. Funktionelle Zuständigkeit	21
4. Internationale Zuständigkeit	22
V. Der Anordnungsbeschluss	23
VI. Nachlassverzeichnis	27
VII. Genehmigungspflichtige Rechtsgeschäfte	28
VIII. Festsetzung der Vergütung	30
IX. Rechtsmittel	33
C. Die Nachlassverwaltung	34
I. Zweck und Ziele der Nachlassverwaltung	34
II. Antrag	35
III. Gerichtliche Zuständigkeit	36
1. Örtliche Zuständigkeit	36
2. Funktionelle Zuständigkeit	37
IV. Voraussetzung für die Anordnung	39
V. Aufgaben des Nachlassverwalters	41
VI. Beendigung der Nachlassverwaltung	46
VII. Rechtsmittel	48

	Rdn
1. Gegen die Anordnung der Nachlassverwaltung	48
a) Antrag aller Miterben	48
b) Antrag einzelner Miterben	49
c) Antrag eines Nachlassgläubigers	50
2. Gegen die Ablehnung der Anordnung der Nachlassverwaltung	51
VIII. Weitere Muster	52
D. Verhältnis Nachlasspflegschaft – Testamentsvollstreckung	54
I. Der Testamentsvollstrecker amtiert zuerst	55
1. Nachlasssicherung	55
2. Geltendmachung von Pflichtteilsansprüchen	58
3. Erbenermittlung	59
4. Festsetzung der Vergütung	60
II. Der Nachlasspfleger amtiert zuerst	61
III. Exkurs: Rechte des Nachlasspflegers gegenüber dem Testamentsvollstrecker	62
IV. Zusammenfassender Überblick	64
E. Einstweiliger Rechtsschutz	65
I. Checkliste: Arrestanträge	66
II. Arrestanspruch	67
III. Arrestgrund	68
1. Arrestgrund beim dinglichen Arrest, § 917 Abs. 1 ZPO	69
2. Arrestgrund beim persönlichen Arrest, § 918 ZPO	75
IV. Glaubhaftmachung, § 920 Abs. 2 i.V.m. § 294 ZPO	76
V. Praktische Tipps zur Antragseinreichung	79

A. Mittel der Nachlasssicherung

Fehlt es an einer post- oder transmortalen Vollmacht und ist auch noch kein Erbe ermittelt, können nachlasssichernde Maßnahmen erforderlich sein. § 1960 Abs. 1 BGB verpflichtet das Nachlassgericht, für die Sicherung des Nachlasses zu sorgen, soweit ein Bedürfnis besteht, wenn die Erbschaft noch nicht angenommen ist oder der Erbe unbekannt ist oder die Annahme der Erbschaft ungewiss ist. Bis zur Ermittlung der Erben bzw. bis diese sich legitimieren können, kommen für das Nachlassgericht nachlasssichernde Maßnahmen in Betracht.

1

I. Anlegen von Siegeln

2 Das Anlegen von Siegeln wird vom Rechtspfleger (von Amts wegen oder auf Antrag) angeordnet. Er kann dazu andere Organe[1] beauftragen. Maßgebend dafür ist das Landesrecht.

Die Anfertigung eines Protokolls ist erforderlich.

Muster 16.1: Antrag auf Versiegelung

3 An das

Amtsgericht

– Nachlassgericht –

Nachlasssache

Hiermit zeige ich die Vertretung des Herrn an.

Gemäß der dem Gericht vorliegenden letztwilligen Verfügung des Erblassers vom wurde Herr Alleinerbe. Herr hat keinen Zugang zur Wohnung des Erblassers. Da sich in der Wohnung diverse Wertgegenstände befinden und zahlreiche Personen, wie Nachbarn und Freunde des Erblassers, über Schlüssel verfügen, ist eine Versiegelung der Wohnung angezeigt. Der Alleinerbe ist nicht in der Lage, Sicherungsmaßnahmen zu ergreifen. Er befindet sich zurzeit berufsbedingt in den USA.

Um die Entfernung von Nachlassgegenständen zu verhindern, beantrage ich die Versiegelung der Wohnung des Erblassers in der Straße.

Rechtsanwalt

4 Soll die versiegelte Wohnung nach Unterlagen, Wertsachen etc. durchsucht werden, kann auch die Entsiegelung mit anschließender „Wiederversiegelung" angeordnet werden.

Muster 16.2: Beschluss „Entsiegelung"

5 **Beschluss**

Die Entsiegelung der Wohnung des wird angeordnet.

Sicherzustellen sind Wertgegenstände, aktuelle Bankunterlagen, Sparbücher, Kontoauszüge, Bankkarten und Versicherungsunterlagen (insbesondere die aktuelle Brandversicherungsurkunde).

---

1 Urkundsbeamte der Geschäftsstelle, Gerichtsvollzieher etc.

Anschließend ist die Wohnung wieder zu versiegeln und ein Protokoll über den Vorgang für das Nachlassgericht zu fertigen. Dies ist mit der Feststellung zu versehen, ob die Siegel unversehrt waren.

Rechtspflegerin

II. Die amtliche Inverwahrungnahme von Nachlassgegenständen

Die **amtliche Inverwahrungnahme** kommt beispielsweise bei Schmuck, Bargeld, Wertpapieren oder kleineren Gegenständen von besonderem Wert in Betracht.[2] Die Ablieferung kann nach den allgemeinen Vollstreckungsvorschriften, §§ 88 ff. FamFG, erzwungen werden. Die Durchführung bestimmt sich nach den Hinterlegungsgesetzen der Länder.[3]

6

III. Die Aufnahme eines Nachlassverzeichnisses

Ein Nachlassverzeichnis ist erforderlich, wenn, z.B. zur Fortführung eines Betriebes, Feststellungen zum Bestand der Aktiva zum Stichtag zu treffen sind. Seine Form bestimmt sich nach § 2001 BGB.[4] Eine Wertangabe der einzelnen Nachlassgegenstände ist nicht erforderlich. Das Verzeichnis wird bei den Nachlassakten des Nachlassgerichts aufbewahrt.

7

IV. Kontensperrung

Möglich ist auch eine Kontensperrung[5] oder die Anweisung des Nachlassgerichts an die Geldinstitute, die Beerdigungskosten zu begleichen.[6]

8

V. Sonstige Sicherungsmittel

Als weitere Sicherungsmittel kommen die Bestellung eines Hauswächters, die Anordnung des Verkaufs verderblicher Sachen[7] oder eine Postsperre in Betracht.

9

VI. Kosten der Sicherung

Die Sicherungsmaßnahmen lösen eine 0,5 Gerichtsgebühr aus der Tabelle A nach KV 12310 GNotKG aus. Daneben können Auslagen erhoben werden, KV 31000 ff. GNotKG.

10

---

2 OLG Bremen FGPrax 2021, 278.
3 *Zimmermann*, Nachlasspflegschaft, Rn 176.
4 OLG München, Beschl. v. 23.4.2019 –31 Wx 213/19, ErbR 2019, 569.
5 KG, Beschl. v. 29.1.1982 – 1 W 2023/81, OLGZ 1982, 398.
6 OLG Dresden, Beschl. v. 8.6.2010 – 17 W 510/10, ZEV 2010, 582.
7 OLG Koblenz, Beschl. v. 28.6.1985 – 1 Ws 318/85, Rpfleger 1985, 442.

B. Nachlasspflegschaft

11 Die Nachlasspflegschaft ist eine **Nachlasssache** nach § 342 Abs. 1 Nr. 2 FamFG. Zugleich ist sie aber auch als Pflegschaft eine „**betreuungsrechtliche Zuweisungssache**" gemäß § 340 Nr. 1 FamFG.[8] Sie kommt in Betracht, wenn ein Bedürfnis für die Sicherung des Nachlasses besteht, § 1960 Abs. 1 BGB, insbesondere wenn der Erbe unbekannt ist oder Ungewissheit über die Annahme der Erbschaft besteht, § 1960 Abs. 1 S. 2 BGB. Die Nachlasspflegschaft stellt eine wirkliche **Pflegschaft im Sinne der §§ 1809 ff. BGB** (§§ 1909 ff. BGB a.F.) dar. Der Nachlasspfleger ist dabei gesetzlicher Vertreter des noch unbekannten Erben und nicht Amtsträger wie der Testamentsvollstrecker oder der Nachlassverwalter. Das **Nachlassgericht** tritt funktional an die Stelle des Betreuungsgerichts, § 1962 BGB.[9]

Voraussetzung für eine Nachlasspflegschaft sind ein **Sicherungsanlass** und ein **Sicherungsbedürfnis**.

I. Sicherungsbedürfnis

12 Über das Vorhandensein eines **Fürsorgebedürfnisses**, hat das Nachlassgericht von Amts wegen zu prüfen[10] und nach pflichtgemäßem Ermessen zu entscheiden. Abzustellen ist dabei auf das Interesse des endgültigen Erben an der Sicherung und Erhaltung des Nachlasses.[11] Die Prüfung der Anordnung einer Nachlasspflegschaft erfolgt im FamFG-Verfahren.

13 Zuständig ist auch das Amtsgericht, in dessen Bezirk ein Bedürfnis der Fürsorge für die Sicherung des Nachlasses auftritt, § 344 Abs. 4 FamFG. Die internationale Zuständigkeit folgt dabei aus der örtlichen Zuständigkeit, § 105 FamFG. Funktionell zuständig ist der Rechtspfleger, § 3 Nr. 2c RPflG, sofern kein Richtervorbehalt nach § 16 RPflG besteht.

14 Auch im **Zivilprozess** kann die Bedürfnisprüfung eine Rolle spielen, z.B. in einem Rechtsstreit, den ein Nachlasspfleger führt.[12] Ist ein Testamentsvollstrecker oder ein Bevollmächtigter vorhanden, dessen Vollmacht über den Tod hinaus reicht, wird meist ein Fürsorgebedürfnis meistens zu verneinen sein.[13]

---

8 BT-Drucks 16/6308, 283.
9 *Zimmermann*, ZEV 2009, 57.
10 BayObLG, Beschl. v. 16.7.2002 – 1Z BR 84/02, ZEV 2003, 202.
11 OLG Köln, Beschl. v. 4.1.1989 – 2 Wx 39/88, NJW-RR 1989, 454.
12 KG, Urt. v. 3.8.1998 – 12 U 2379/97, ZEV 1999, 395.
13 Zu Einzelheiten siehe BGH, Urt. v. 18.4.1969 – V ZR 179/65, NJW 1969, 1245; *Hopt*, Die Auswirkungen des Todes des Vollmachtgebers auf die Vollmacht und das zugrunde liegende Rechtsverhältnis, ZHR 133, 305.

II. Unbekannter Erbe

Voraussetzung für die Anordnung einer Nachlasspflegschaft ist, dass der **Erbe unbekannt** ist. Dies ist bei folgenden Konstellationen denkbar:
- erhebliche, nicht sofort entkräftbare Zweifel an der Testierfähigkeit des Erblassers bei Vorliegen eines Testaments[14]
- Streit zwischen mehreren Erbprätendenten über die Erbfolge[15]
- Unklarheit über die Wirksamkeit einer Erbschaftsausschlagung[16]
- beachtliche Unwirksamkeitsgründe bspw. bei evtl. Sittenwidrigkeit eines Testaments[17]
- die Vaterschaft eines nichtehelichen Kindes ist beim Erbfall noch nicht festgestellt; u.U. auch bei Unklarheit über die Höhe der Erbquoten[18]
- der Erbe ist vor dem Erbfall gezeugt, aber noch nicht geboren (§ 1923 Abs. 2 BGB „nasciturus") – die lediglich theoretische Annahme, es könnten weitere bisher unbekannte Kinder geboren oder gezeugt sein, reicht nicht aus
- bei Einsetzung einer genehmigungspflichtigen Stiftung zur Erbin ist bis zur Erteilung der Genehmigung die Erbfolge unklar.[19]

Ist die Wirksamkeit der Annahme der Erbschaft bzw. deren Anfechtung zweifelhaft, so besteht eine **Ungewissheit über die Erbschaftsannahme** i.S.d. § 1960 Abs. 1 S. 2 BGB.[20] Insbesondere in den Fällen, in denen die Annahme der Erbschaft angefochten wird (§§ 1954, 1956 BGB), ist ungewiss, ob der Erbe die Erbschaft angenommen hat. Darüber ist letztlich in einem Erbscheinsverfahren oder in einem Erbenfeststellungsprozess zu entscheiden.

III. Die Anordnung der Nachlasspflegschaft

Die Aufzählung in § 1960 Abs. 2 BGB ist nicht abschließend. Das Gesetz unterscheidet drei Fälle der Nachlasspflegschaft:
- **Sicherungspflegschaft** nach § 1960 BGB

---

14 OLG Celle, Beschl. v. 20.9.1958 – 10 Wx 9/58, FamRZ 1959, 33; OLG Stuttgart BWNotZ 1978, 163; OLG Köln, Beschl. v. 2.1.1989 – 2 Wx 57/88, OLGZ 1989, 144 = FamRZ 1989, 547; BayObLG, Beschl. v. 11.9.1995 – 1Z BR 113/95LG, BeckRS 1995, 31023036 = FamRZ 1996, 308.
15 OLG Köln, Beschl. v. 2.1.1989 – 2 Wx 57/88, FamRZ 1989, 547; OLG Düsseldorf, Beschl. v. 21.10.1994 – 3 Wx 232/93, ZEV 1995, 111 m. Anm. *Zimmermann* = FamRZ 1995, 815.
16 LG Oldenburg, Beschl. v. 7.12.1981 – 5 T 389/81, Rpfleger 1982, 105.
17 OLG Celle, Beschl. v. 20.9.1958 – 10 Wx 9/58, FamRZ 1959, 33.
18 BayObLG, Beschl. v. 16.8.1982 – BReg. 1 Z 73/82, BayObLGZ 1982, 284, 291.
19 RGZ 75, 406; 76, 385; LG Oldenburg, Rpfleger 1982, 105.
20 MüKo-BGB/*Leipold*, § 1960 Rn 18.

- **Klagepflegschaft** nach § 1961 BGB[21]
- **Nachlassverwaltung** der §§ 1975 ff. BGB.[22]

Die **Sicherungspflegschaft** stellt das für die Praxis bedeutsamste Sicherungsmittel dar. Den noch unbekannten endgültigen Erben wird ein Vertreter (Personenpfleger) bestellt,[23] dessen Aufgabe es ist, den Nachlass zu sichern und zu erhalten, ihn zu verwalten, erforderlichenfalls auch zu versilbern, und die Erben zu ermitteln.

18 Allerdings wird das Vorhandensein des **Fürsorgebedürfnisses** für eine Nachlasspflegschaft nicht vermutet. Seine Bejahung verlangt vielmehr über den Sicherungsanlass hinaus konkrete Anhaltspunkte für eine weitergehende Gefährdung des Nachlasses.[24] Führt der Nachlasspfleger einen Rechtsstreit, so kann das Prozessgericht das Bedürfnis für eine Nachlasspflegschaft prüfen.[25] Der Nachlasspfleger ist grundsätzlich nicht befugt, den Nachlass auseinanderzusetzen.

IV. Gerichtliche Zuständigkeit

1. Sachliche Zuständigkeit

19 Zuständig für die Anordnung der Nachlasspflegschaft ist das **Nachlassgericht**, §§ 1960, 1961 BGB, § 23a Abs. 2 Nr. 2 GVG.

2. Örtliche Zuständigkeit

20 Für die örtliche Zuständigkeit gelten die allgemeinen Regeln der §§ 343, 344 FamFG. Grundsätzlich ist das Amtsgericht, in dessen Bezirk der Erblasser seinen letzten gewöhnlichen Aufenthalt hatte, zur Entscheidung berufen. Daneben ist jedes Amtsgericht zuständig, in dessen Bezirk das Bedürfnis für die Sicherung besteht, **§ 344 Abs. 4 FamFG**. Das nach § 344 Abs. 4 FamFG zuständige Gericht soll, soweit es Maßnahmen zur Sicherung des Nachlasses angeordnet hat, das nach § 343 FamFG örtlich zuständige Nachlassgericht hiervon unterrichten, § 356 Abs. 2 FamFG.

---

21 KG, Beschl. v. 2.9.2021 – 19 W 120/21, ErbR 2022, 263.
22 Vgl. Formulierungsbeispiele aus dem Bereich der Nachlasspflegschaft bei Krug/Rudolf/Kroiß/Bittler/*Gleumes*, AF ErbR, § 6.
23 BGH, Urt. v. 6.10.1982 – IVa ZR 166/81, NJW 1983, 226.
24 OLG Düsseldorf, Beschl. v. 3.12.1997 – 3 Wx 278/97, NJWE-FER 1998, 85 = FamRZ 1998, 583.
25 KG, Urt. v. 3.8.1998 – 12 U 2379/97, ZEV 1999, 395.

3. Funktionelle Zuständigkeit

Der Nachlasspfleger wird vom **Rechtspfleger** ernannt, §§ 3 Nr. 2 lit. c, 16 Abs. 1 Nr. 1 RPflG. Handelt es sich um den Nachlass eines Ausländers, ist der Nachlassrichter für die Anordnung der Nachlasspflegschaft zuständig, §§ 16 Abs. 1 Nr. 1, 14 Abs. 1 Nr. 4 RPflG.[26]

21

4. Internationale Zuständigkeit

Nach § 105 FamFG folgt die internationale Zuständigkeit aus der örtlichen Zuständigkeit. Demnach können die deutschen Gerichte auch dann zuständig sein, wenn materiell ausländisches Erbrecht zur Anwendung gelangt. Die Mittel der Nachlasssicherung richten sich dabei nach deutschem Recht.[27] Ungeklärt sind die Kompetenzen eines vom deutschen Gericht bestellten Nachlasspflegers bezüglich des im Ausland belegenen Nachlasses.

22

V. Der Anordnungsbeschluss

Der Wirkungskreis des Nachlasspflegers wird im **Anordnungsbeschluss** des Nachlassgerichts, § 38 FamFG, festgelegt. Er muss nicht zwingend umfassend sein, sondern kann sich auf einzelne Aufgaben beschränken, wenn nur insofern ein Sicherungsbedürfnis besteht.[28] Dies kann evtl. nur die Führung eines konkreten Prozesses oder die Verwaltung eines einzelnen oder mehrerer Nachlassgegenstände sein.[29] In der Praxis wird häufig dem Nachlasspfleger die Aufgabe übertragen, die Erben zu ermitteln.

23

So kann auch für einen nach der HöfeO vererbten Hof Nachlasspflegschaft angeordnet werden, wenn der Hoferbe unbekannt oder ungewiss ist, ob er die Erbschaft angenommen hat, ohne dass auch für den übrigen Nachlass Nachlasspflegschaft angeordnet werden müsste.[30]

24

---

26 OLG Hamm, Beschl. v. 21.11.1975 – 15 W 64/75, Rpfleger 1976, 94; *Zimmermann*, Das neue FamFG, Rn 665; a.A. Müko-BGB-BGB/*Leipold*, § 1960 Rn 15.
27 OLG Hamburg, Urt. v. 14.12.1959 – 8 U 36/59, NJW 1960, 1207; BayObLG, Beschl. v. 22.2.1963 – BReg. 1 Z 148/62, BayObLGZ 1963, 52; *Zimmermann*, Das neue FamFG, Rn 665.
28 BayObLG, Beschl. v. 1.3.1960 – BReg. 2 Z 216/59, MDR 1960, 674; KG, Beschl. v. 13.5.1965 – 1 W 1104/65, NJW 1965, 1719.
29 KG, Beschl. v. 29.1.1982 – 1 W 2023/81, OLGZ 1982, 398.
30 *Lüdtke-Handjery/von Jeinsen*, HöfeO, 11. Auflage 2015, § 18 Rn 2.

Muster 16.3: Protokoll Nachlasspflegerbestellung

25 Geschäftsnummer: VI ▉▉▉/▉▉▉

Niederschrift in der Nachlasssache ▉▉▉

Vor der Rechtspflegerin ▉▉▉ fand sich ein, persönlich bekannt, Herr Rechtsanwalt ▉▉▉.

Der Erschienene soll als Nachlasspfleger für die unbekannten Erben von ▉▉▉, geboren am ▉▉▉, gestorben am ▉▉▉, zuletzt wohnhaft ▉▉▉ bestellt werden. Der Nachlasspfleger führt die Nachlasspflegschaft berufsmäßig. Der Wirkungskreis umfasst die Sicherung und Verwaltung des Nachlasses und die Ermittlung der Erben.

Der Erschienene erklärte sich zur Annahme des Amtes bereit und wurde deshalb zu treuer und gewissenhafter Führung des Amtes durch Handschlag an Eides Statt verpflichtet. Eine Bestallung samt Merkblatt für den Nachlasspfleger wurde ausgehändigt.

Der Nachlasspfleger wurde darauf hingewiesen, dass die Bestallung bei Beendigung des Amtes zurückzugeben ist. Er wurde über seine Pflichten belehrt, insbesondere über die Pflicht zur Einreichung eines Nachlassverzeichnisses, über seine steuerlichen Pflichten und die Haftung gemäß §§ 34 und 69 AO sowie § 31 ErbStG.

Dem Nachlassgericht ist unverzüglich ein Verzeichnis über das Vermögen des Verstorbenen vorzulegen. In der Folge ist mindestens jährlich einmal Rechnung über die Vermögensverwaltung zu legen. Das Rechnungsjahr beginnt mit der heutigen Verpflichtung.

Die verwahrten Gegenstände (Schlüssel etc.) wurden ausgehändigt.

Auf Rechtsmittel gegen den heutigen Beschluss wird verzichtet.

Vorgelesen, genehmigt und unterschrieben

Rechtsanwalt   Rechtspflegerin

Muster 16.4: Bestellung Nachlasspfleger

26 Geschäftsnummer: 7 VI ▉▉▉

Das Amtsgericht – Nachlassgericht – ▉▉▉

erlässt in der Nachlasssache

▉▉▉, geb. am ▉▉▉, gestorben am ▉▉▉, zuletzt wohnhaft ▉▉▉

an der beteiligt sind:

1. Nachlasspfleger ▉▉▉

2. ▉▉▉

durch den/die Rechtspfleger/in

am ▉▉▉ folgenden

Kroiß

Beschluss

Für die unbekannten Erben von

▓▓▓▓, geb. am ▓▓▓▓, gestorben am ▓▓▓▓, zuletzt wohnhaft ▓▓▓▓

wird **Nachlasspflegschaft** angeordnet.

Als Nachlasspfleger wird ausgewählt: Rechtsanwalt ▓▓▓▓

Der Nachlasspfleger führt die Nachlasspflegschaft berufsmäßig. Der Wirkungskreis umfasst die Sicherung und Verwaltung des Nachlasses sowie die Ermittlung der Erben.

Rechtsbehelfsbelehrung:

Beschwerde:

Gegen diesen Beschluss findet das Rechtsmittel der Beschwerde statt. Sie ist binnen einer Frist von einem Monat beim Amtsgericht ▓▓▓▓ einzulegen. Die Frist beginnt mit der schriftlichen Bekanntgabe des Beschlusses.

Erfolgt die schriftliche Bekanntgabe durch Zustellung nach den Vorschriften der Zivilprozessordnung, ist das Datum der Zustellung maßgebend. Erfolgt die schriftliche Bekanntgabe durch Aufgabe zur Post und soll die Bekanntgabe im Inland bewirkt werden, gilt das Schriftstück drei Tage nach Aufgabe zur Post als bekanntgegeben, wenn nicht der Beteiligte glaubhaft macht, dass ihm das Schriftstück nicht oder erst zu einem späteren Zeitpunkt zugegangen ist.

Kann die schriftliche Bekanntgabe an einen Beteiligten nicht bewirkt werden, beginnt die Frist spätestens mit Ablauf von fünf Monaten nach Erlass (§ 38 Abs. 3 FamFG) des Beschlusses.

Fällt das Fristende auf einen Sonntag, einen allgemeinen Feiertag oder Samstag, so endet die Frist mit Ablauf des nächsten Werktages. Die Beschwerde wird durch Einreichung einer Beschwerdeschrift oder zur Niederschrift der Geschäftsstelle eingelegt. Die Beschwerde kann zur Niederschrift eines anderen Amtsgerichts erklärt werden; die Beschwerdefrist ist jedoch nur gewahrt, wenn das Protokoll rechtzeitig bei einem der Gerichte, bei denen die Beschwerde einzulegen ist, eingeht.

Die Beschwerde ist von dem Beschwerdeführer oder seinem Bevollmächtigten zu unterzeichnen.

Die Beschwerde muss die Bezeichnung des angefochtenen Beschlusses und die Erklärung enthalten, dass Beschwerde gegen diesen Beschuss eingelegt wird.

Die Beschwerde soll begründet werden.

Rechtspfleger/in

VI. Nachlassverzeichnis

Zu Beginn seiner Tätigkeit hat der Nachlasspfleger dem Nachlassgericht ein **Nachlassverzeichnis** einzureichen, §§ 1960, 1813 (§ 1915 a.F.), 1798 BGB. Darüber hinaus hat er dem Nachlassgericht auf Verlangen Auskünfte zu geben und bei vermögensverwaltender Tätigkeit **jährlich** zu berichten und **Rechnung zu legen**, § 1802 BGB.

VII. Genehmigungspflichtige Rechtsgeschäfte

28 Der Nachlasspfleger muss bestimmte Rechtsgeschäfte vom Nachlassgericht genehmigen lassen, § 1850 BGB.[31] Das Nachlassgericht entscheidet durch Beschluss, § 38 FamFG. Mit Rechtskraft des Beschlusses wird die Genehmigung wirksam, § 40 Abs. 2 FamFG. Der Beschluss muss auch demjenigen mitgeteilt werden, für den das Rechtsgeschäft genehmigt ist, § 41 Abs. 3 FamFG. Das ist der unbekannte Erbe, für den der Nachlasspfleger handelt, z.B. ein Nachlassgrundstück veräußert.[32] In diesem Fall hat das Nachlassgericht für den unbekannten Erben einen Verfahrenspfleger gemäß §§ 340 Nr. 1, 2, 276 FamFG zu bestellen. Dieser besitzt einen Vergütungsanspruch nach §§ 340, 277 FamFG.

Muster 16.5: Aufhebung der Nachlasspflegschaft

29 Geschäftsnummer: 7 VI ▮

Das Amtsgericht – Nachlassgericht – ▮

erlässt in der Nachlasssache

▮, geb. am ▮, gestorben am ▮, zuletzt wohnhaft ▮

an der beteiligt sind:

1. Nachlasspfleger ▮

2. ▮

durch den/die Rechtspfleger/in

am ▮ folgenden

Beschluss

Die Pflegschaft für die unbekannten Erben von

▮, geboren am ▮, gestorben am ▮, zuletzt wohnhaft ▮

wird aufgehoben, da kein Aktivnachlass mehr vorhanden ist.

Rechtsbehelfsbelehrung:

Beschwerde:

Gegen diesen Beschluss findet das Rechtsmittel der Beschwerde statt. Sie ist binnen einer Frist von einem Monat beim Amtsgericht ▮ einzulegen. Die Frist beginnt mit der schriftlichen Bekanntgabe des Beschlusses.

Erfolgt die schriftliche Bekanntgabe durch Zustellung nach den Vorschriften der Zivilprozessordnung, ist das Datum der Zustellung maßgebend. Erfolgt die schriftliche Bekanntgabe durch Aufgabe zur Post und soll die Bekanntgabe im Inland bewirkt werden, gilt das Schriftstück

---

31 Schulz/*Hamberger*, Nachlasspflegschaft, § 6.
32 *Zimmermann*, ZEV 2009, 57.

drei Tage nach Aufgabe zur Post als bekanntgegeben, wenn nicht der Beteiligte glaubhaft macht, dass ihm das Schriftstück nicht oder erst zu einem späteren Zeitpunkt zugegangen ist.

Kann die schriftliche Bekanntgabe an einen Beteiligten nicht bewirkt werden, beginnt die Frist spätestens mit Ablauf von fünf Monaten nach Erlass (§ 38 Abs. 3 FamFG) des Beschlusses.

Fällt das Fristende auf einen Sonntag, einen allgemeinen Feiertag oder Samstag, so endet die Frist mit Ablauf des nächsten Werktages. Die Beschwerde wird durch Einreichung einer Beschwerdeschrift oder zur Niederschrift der Geschäftsstelle eingelegt. Die Beschwerde kann zur Niederschrift eines anderen Amtsgerichts erklärt werden; die Beschwerdefrist ist jedoch nur gewahrt, wenn das Protokoll rechtzeitig bei einem der Gerichte, bei denen die Beschwerde einzulegen ist, eingeht.

Die Beschwerde ist von dem Beschwerdeführer oder seinem Bevollmächtigten zu unterzeichnen. Die Beschwerde muss die Bezeichnung des angefochtenen Beschlusses und die Erklärung enthalten, dass Beschwerde gegen diesen Beschuss eingelegt wird.

Die Beschwerde soll begründet werden.

Rechtspfleger/in

VIII. Festsetzung der Vergütung

Was die Vergütung des Nachlasspflegers anbelangt, finden die Vorschriften über die Vergütung des Vormunds und Ersatz seiner Auslagen entsprechende Anwendung.[33] Damit sind die §§ 1–3 des „Vormünder- und Betreuervergütungsgesetz" (VBVG) anwendbar. Handelt es sich um den Ausnahmefall einer Nachlasspflegschaft einfachen Schwierigkeitsgrads, hält die Rechtsprechung einen Stundensatz in Höhe von 70 EUR für angemessen.[34] Handelt es sich um eine Nachlasspflegschaft mittleren Schwierigkeitsgrads, sieht das OLG Frankfurt für im Bereich des Ballungsraums Frankfurt geführte Nachlasspflegschaften einen Stundensatz in Höhe von 100 EUR als angemessen an. Liegt eine Nachlasspflegschaft überdurchschnittlichen Schwierigkeitsgrades vor, ist dieser Betrag um 30 EUR auf 130 EUR zu erhöhen. Der Nachlasspfleger kann grundsätzlich nur dann eine Vergütung verlangen, wenn er die Nachlasspflegschaft berufsmäßig führt, § 1 Abs. 1 VBVG. Der Nachlasspfleger kann die **Festsetzung seiner Vergütung** nach §§ 340, 168 Abs. 5 i.V.m. Abs. 1–4 FamFG verlangen. Dabei handelt es sich um ein eigenständiges Verfahren.[35] Der Festsetzungsbeschluss stellt einen Vollstreckungstitel dar, §§ 86, 95 FamFG.

30

---

33 NK-BGB/*Krug*, § 1960 Rn 62.
34 OLG Frankfurt, Beschl. v. 25.8.2020 – 21 W 105/20, FGPrax 2021, 29.
35 OLG München, Beschl. v. 23.9.2019 – 31 Wx 56/17, ErbR 2019, 657.

Muster 16.6: Vergütungsfestsetzung

31 Geschäftsnummer: 7 VI ▒

Das Amtsgericht – Nachlassgericht – ▒

erlässt in der Nachlasssache

▒, geb. am ▒, gestorben am ▒, zuletzt wohnhaft ▒

an der beteiligt sind:

1. Nachlasspfleger ▒

2. ▒

durch den/die Rechtspfleger/in

am ▒ folgenden

Beschluss

Herrn Rechtsanwalt ▒ wird für seine Tätigkeit als Nachlasspfleger für die Zeit vom ▒ bis ▒ eine aus dem Nachlass zu entnehmende Teilvergütung von ▒ EUR bewilligt.

Gründe:

Die festgesetzte Vergütung entspricht unter Berücksichtigung des Umfangs und der Dauer der Pflegschaft sowie der Höhe des Nachlasses der Billigkeit.

Rechtsbehelfsbelehrung:

Beschwerde:

Gegen diesen Beschluss findet das Rechtsmittel der Beschwerde statt. Sie ist binnen einer Frist von einem Monat beim Amtsgericht ▒ einzulegen. Die Frist beginnt mit der schriftlichen Bekanntgabe des Beschlusses.

Erfolgt die schriftliche Bekanntgabe durch Zustellung nach den Vorschriften der Zivilprozessordnung, ist das Datum der Zustellung maßgebend. Erfolgt die schriftliche Bekanntgabe durch Aufgabe zur Post und soll die Bekanntgabe im Inland bewirkt werden, gilt das Schriftstück drei Tage nach Aufgabe zur Post als bekanntgegeben, wenn nicht der Beteiligte glaubhaft macht, dass ihm das Schriftstück nicht oder erst zu einem späteren Zeitpunkt zugegangen ist.

Kann die schriftliche Bekanntgabe an einen Beteiligten nicht bewirkt werden, beginnt die Frist spätestens mit Ablauf von fünf Monaten nach Erlass (§ 38 Abs. 3 FamFG) des Beschlusses.

Fällt das Fristende auf einen Sonntag, einen allgemeinen Feiertag oder Samstag, so endet die Frist mit Ablauf des nächsten Werktages. Die Beschwerde wird durch Einreichung einer Beschwerdeschrift oder zur Niederschrift der Geschäftsstelle eingelegt. Die Beschwerde kann zur Niederschrift eines anderen Amtsgerichts erklärt werden; die Beschwerdefrist ist jedoch nur gewahrt, wenn das Protokoll rechtzeitig bei einem der Gerichte, bei denen die Beschwerde einzulegen ist, eingeht.

Die Beschwerde ist von dem Beschwerdeführer oder seinem Bevollmächtigten zu unterzeichnen. Die Beschwerde muss die Bezeichnung des angefochtenen Beschlusses und die Erklärung enthalten, dass Beschwerde gegen diesen Beschuss eingelegt wird.

Die Beschwerde soll begründet werden.

Rechtspfleger/in

Muster 16.7: Festsetzung der Vergütung bei überschuldetem Nachlass[36]

VI ▨▨▨/▨▨▨ 32

Das Amtsgericht – Nachlassgericht – ▨▨▨

erlässt in der Nachlasssache ▨▨▨

am ▨▨▨ folgenden

Beschluss

Frau Rechtsanwältin wird für die Tätigkeit als Nachlasspflegerin für die Zeit vom ▨▨▨ bis ▨▨▨ eine aus der Staatskasse zu zahlende Vergütung von ▨▨▨ EUR bewilligt.

Gründe:

Die festgesetzte Vergütung entspricht unter Berücksichtigung des Umfangs und der Dauer der Pflegschaft sowie der Höhe des Nachlasses der Billigkeit.

Der Nachlass ist überschuldet. Die Tätigkeit der Nachlasspflegerin war zeitaufwendig und notwendig. Die Vergütung konnte nicht vollständig dem Nachlassvermögen entnommen werden.

Der Vertreter der Staatskasse wurde zu dem Antrag gehört.

Rechtspfleger/in

IX. Rechtsmittel

Gegen den Beschluss, der die Nachlasspflegschaft anordnet, ist die befristete **Beschwerde** gemäß §§ 58 ff. FamFG in Verbindung mit § 11 RPflG statthaft. Dies gilt auch für Beschlüsse, die eine Genehmigung zu einem Rechtsgeschäft ablehnen. Insoweit ist aber lediglich der Nachlasspfleger, nicht der Vertragspartner, beschwerdeberechtigt, § 59 Abs. 1 FamFG.[37] Setzt das Nachlassgericht die Vergütung des Nachlasspflegers fest, so ist gegen diesen Beschluss, § 38 FamFG, ebenfalls die sofortige Beschwerde statthaft, §§ 58 ff. FamFG. In diesem Fall ist aber zu beachten, dass die Beschwerde nur bei einem Beschwerdewert von mehr als 600 EUR zulässig ist, § 61 FamFG. Etwas anderes gilt nur, wenn das Nachlassgericht die Beschwerde wegen grundsätzlicher Bedeutung der Rechtssache oder

---

36 OLG Nürnberg, Beschl. v. 7.1.2021 – 1 W 3353/20, ZEV 2022, 54.
37 OLG Rostock, Beschl. v. 17.5.2006 – 3 W 137/05, NJW-RR 2006, 1229 (zur Betreuung); *Zimmermann*, Das neue FamFG, Rn 666.

weil die Fortbildung des Rechts oder die Sicherung einer einheitlichen Rechtsprechung dies erfordert, zugelassen hat, § 61 Abs. 2, 3 FamFG. Ist die Beschwerde demnach nicht statthaft, bleibt aber die befristete Erinnerung gegen die Entscheidung des Rechtspflegers, § 11 Abs. 2 RPflG.

C. Die Nachlassverwaltung

I. Zweck und Ziele der Nachlassverwaltung

34 Bei der Nachlassverwaltung handelt es sich um einen **Unterfall der Nachlasspflegschaft**.[38] Sie bezweckt zweierlei:
1. die Befriedigung der Nachlassgläubiger
2. die Beschränkung der Haftung der Erben auf den Nachlass, § 1975 BGB.

Der Nachlassverwalter ist nicht gesetzlicher Vertreter der Erben, sondern ein „amtlich bestelltes Organ zur Verwaltung einer fremden Vermögensmasse mit **eigener Parteistellung** im Rechtsstreit." Insoweit ähnelt seine Stellung der eines Insolvenzverwalters, allerdings mit der Besonderheit, dass die volle Befriedigung der Gläubiger angestrebt wird.

II. Antrag

35 Nachlassverwaltung wird nur auf **Antrag** angeordnet, § 1981 Abs. 1 BGB. Antragsberechtigt ist der Alleinerbe; Miterben können den Antrag **nur gemeinschaftlich** stellen, § 2062 BGB. Im Übrigen sind auch die Erbeserben,[39] der Testamentsvollstrecker[40] und die Nachlassgläubiger, § 1981 Abs. 2 BGB, zur Antragstellung befugt. Eine zeitliche Beschränkung besteht nicht.[41] Das Vorhandensein eines Testamentsvollstreckers schließt das Antragsrecht des Erben nicht aus.[42]

III. Gerichtliche Zuständigkeit

1. Örtliche Zuständigkeit

36 Der Antrag ist beim Nachlassgericht, in dessen Bezirk der Erblasser seinen letzten gewöhnlichen Aufenthalt hatte, zu stellen, § 343 Abs. 1 FamFG.

---

38 BayObLG, Beschl. v. 28.6.1976 – BReg. 1 Z 27/76, BayObLGZ, 1976, 167, 171.
39 OLG Jena, Beschl. v. 10.9.2008 – 9 W 395/08, NJW-RR 2009, 304 = FamRZ 2009, 1096.
40 NK-BGB/*Kick*, § 2062 Rn 3.
41 OLG Jena, Beschl. v. 10.9.2008 – 9 W 395/08, NJW-RR 2009, 304 = FamRZ 2009, 1096.
42 RGRK-BGB, § 1981 Rn 6.

2. Funktionelle Zuständigkeit

Über den Antrag entscheidet der Rechtspfleger, der auch den Nachlassverwalter auswählt, §§ 3 Nr. 2c, 16 Abs. 1 Nr. 1 RPflG. 37

Muster 16.8: Antrag des (Allein-)Erben auf Anordnung der Nachlassverwaltung

An das

Amtsgericht

– Nachlassgericht –

▬▬▬

Nachlassverfahren ▬▬▬

Namens und im Auftrag meines Mandanten beantrage ich,

Nachlassverwaltung

anzuordnen.

Am ▬▬▬ ist in ▬▬▬ der ▬▬▬ (Erblasser), geboren am ▬▬▬, verstorben.

Nach dem vorliegenden Testament vom ▬▬▬ ist mein Mandant sein alleiniger Erbe.

Rechtsanwalt

(Unterschrift)

Muster 16.9: Antrag eines Nachlassgläubigers auf Anordnung der Nachlassverwaltung

An das 38

Amtsgericht

– Nachlassgericht –

▬▬▬

Nachlassverfahren ▬▬▬

Namens und im Auftrag meines Mandanten beantrage ich,

Nachlassverwaltung

anzuordnen.

Am ▬▬▬ ist in ▬▬▬ der ▬▬▬ (Erblasser), geboren am ▬▬▬, verstorben.

Aufgrund eines Werkvertrages vom ▬▬▬ schuldet der Erblasser meinem Mandanten einen Betrag von ▬▬▬ EUR. Mein Mandant erwirkte diesbezüglich gegen den Erblasser ein rechtskräftiges Urteil, das ich in Ablichtung beifüge.

Aufgrund der letztwilligen Verfügung des Erblassers vom ▬▬▬ wurde dieser von seinen Kindern ▬▬▬ und ▬▬▬ beerbt. Gläubiger der Erben haben schon einzelne Nachlassgegenstände gepfändet. Insoweit besteht Grund zu der Annahme, dass wegen der ungünstigen

Vermögenslage der Erben die Befriedigung des Nachlassgläubigers aus dem Nachlass gefährdet wird.

Rechtsanwalt

IV. Voraussetzung für die Anordnung

39 Voraussetzung für die Anordnung ist eine Nachlassmasse, die die Kosten des Verfahrens deckt, § 1982 BGB. Folgende Kosten sind zu berücksichtigen:
- jährliche Gerichtsgebühren (Gegenstandswert: § 64 GNotKG)
- Kosten für die Bekanntmachung, § 1983 BGB
- die zu erwartende Vergütung und der Auslagenersatz des Nachlassverwalters, § 1987 BGB („angemessene Vergütung"[43]); der Aufwendungsersatz bestimmt sich nach den §§ 1876 f, 670 BGB.[44]

Kostenschuldner ist der Nachlass.

Muster 16.10: Anordnung der Nachlassverwaltung

40 Geschäftsnummer: VI ▮

Das Amtsgericht – Nachlassgericht – ▮

erlässt in der Nachlasssache ▮

▮, geb. am ▮, gestorben am ▮, zuletzt wohnhaft ▮

an der beteiligt sind:

1. ▮

2. ▮

durch den/die Rechtspfleger/in

am ▮ folgenden

Beschluss

Es wird **Nachlassverwaltung** angeordnet.

Als Nachlassverwalter wird ausgewählt: Rechtsanwalt ▮

Rechtsbehelfsbelehrung:

Beschwerde:

Gegen diesen Beschluss findet das Rechtsmittel der Beschwerde statt. Sie ist binnen einer Frist von einem Monat beim Amtsgericht ▮ einzulegen. Die Frist beginnt mit der schriftlichen Bekanntgabe des Beschlusses.

---

43 Dies entspricht dem § 2221 BGB beim Testamentsvollstrecker; OLG Celle, Beschl. v. 18.3.2021 – 6 W 27/21, ZEV 2021, 750.
44 NK-BGB/*Krug*, § 1987 Rn 8.

Erfolgt die schriftliche Bekanntgabe durch Zustellung nach den Vorschriften der Zivilprozessordnung, ist das Datum der Zustellung maßgebend. Erfolgt die schriftliche Bekanntgabe durch Aufgabe zur Post und soll die Bekanntgabe im Inland bewirkt werden, gilt das Schriftstück drei Tage nach Aufgabe zur Post als bekanntgegeben, wenn nicht der Beteiligte glaubhaft macht, dass ihm das Schriftstück nicht oder erst zu einem späteren Zeitpunkt zugegangen ist.

Kann die schriftliche Bekanntgabe an einen Beteiligten nicht bewirkt werden, beginnt die Frist spätestens mit Ablauf von fünf Monaten nach Erlass (§ 38 Abs. 3 FamFG) des Beschlusses.

Fällt das Fristende auf einen Sonntag, einen allgemeinen Feiertag oder Samstag, so endet die Frist mit Ablauf des nächsten Werktages. Die Beschwerde wird durch Einreichung einer Beschwerdeschrift oder zur Niederschrift der Geschäftsstelle eingelegt. Die Beschwerde kann zur Niederschrift eines anderen Amtsgerichts erklärt werden; die Beschwerdefrist ist jedoch nur gewahrt, wenn das Protokoll rechtzeitig bei einem der Gerichte, bei denen die Beschwerde einzulegen ist, eingeht.

Die Beschwerde ist von dem Beschwerdeführer oder seinem Bevollmächtigten zu unterzeichnen.

Die Beschwerde muss die Bezeichnung des angefochtenen Beschlusses und die Erklärung enthalten, dass Beschwerde gegen diesen Beschuss eingelegt wird.

Die Beschwerde soll begründet werden.

Rechtspfleger/in

V. Aufgaben des Nachlassverwalters

Der Nachlassverwalter hat die Nachlassverbindlichkeiten zu erfüllen, §§ 1985 Abs. 1 Hs. 2, 1986 Abs. 1 BGB. Dabei muss er aber beachten, dass der Nachlass dafür ausreicht. Ignoriert er dies, kann er sich schadensersatzpflichtig machen, §§ 1979, 1985 Abs. 2, 1980 Abs. 1 S. 2 BGB. Daher muss er grundsätzlich neben der Inventarisierung ein Aufgebotsverfahren durchführen, wenn er Grund zur Annahme hat, dass ihm nicht bekannte Nachlassverbindlichkeiten bestehen.

Muster 16.11: Antrag auf Einleitung des Aufgebotsverfahrens

An das

Amtsgericht

– Nachlassgericht –

In der Nachlassverwaltung nach

Geschäftszeichen   VI

beantrage ich, das

Aufgebotsverfahren

gemäß § 1970 BGB i.V.m. §§ 433 ff. FamFG einzuleiten.

Kroiß

Es sind bislang die in der Anlage A1 (Gläubigeraufstellung Nachlassverwaltung ▬) aufgeführten ▬ Gläubiger bekannt geworden. Die entsprechenden Forderungen gehen aus beiliegenden Unterlagen (Anklage A2) hervor.

Der Gesamtbetrag der Forderungen beläuft sich zurzeit auf ▬ EUR.

Es ist nicht auszuschließen, dass noch weitere Forderungen gegen den Nachlass bestehen.

An Aktiva sind die im Nachlassverzeichnis (Anlage A3) aufgeführten Posten vorhanden. Diese belaufen sich auf insgesamt ca. ▬ EUR.

Rechtsanwalt

Ergibt sich, dass der Nachlass überschuldet oder zahlungsunfähig ist, muss der Nachlassverwalter Insolvenzantrag stellen, §§ 1985 Abs. 2, 1980 Abs. 1 S. 1 BGB, § 317 InsO.

43 Für bestimmte Rechtsgeschäfte bedarf der Nachlassverwalter der nachlassgerichtlichen Genehmigung, §§ 1960, 1962, 1848 ff. BGB.[45]

Muster 16.12: Antrag eines Notars auf Erteilung einer nachlassgerichtlichen Genehmigung eines Rechtsgeschäfts

An das

Amtsgericht

– Nachlassgericht –

▬

Antrag auf Erteilung einer nachlassgerichtlichen Genehmigung zu diesamtlicher Urkunde vom ▬ URNr. ▬

Anbei übersende ich eine beglaubigte Abschrift meiner eingangs genannten Urkunde. Nach §§ 1962, 1848–1854 BGB bedarf der zu oben genannter Urkunde errichtete Vertrag zu seiner Wirksamkeit der nachlassgerichtlichen Genehmigung.

Aufgrund der mir erteilten Vollmacht beantrage ich namens des Nachlassverwalters die Erteilung der nachlassgerichtlichen Genehmigung für das in dieser Urkunde vom Nachlassverwalter als Vertreter der Erben vorgenommene genehmigungsbedürftige Rechtsgeschäft.

Da ich vom Nachlassverwalter keine Empfangsvollmacht erteilt bekommen habe, bitte ich,
– die Genehmigung dem Nachlassverwalter förmlich zuzustellen und
– mir das förmliche Zustellungsprotokoll samt einer Ausfertigung der Genehmigung zu übersenden, damit ich die nötige Eintragung im Grundbuch veranlassen kann.

Notar

---

[45] OLG Hamburg, Urt. v. 21.12.2021 – 2 U 11/21, ZEV 2022, 343.

Kroiß

Muster 16.13: Antrag eines Nachlasspflegers auf Erteilung einer nachlassgerichtlichen Genehmigung für eine Überweisung

An das
Amtsgericht
– Nachlassgericht –

▓▓▓

In der Nachlassverwaltung nach ▓▓▓

Geschäftszeichen ▓▓▓ VI ▓▓▓

beantrage ich, die

nachlassgerichtliche Genehmigung,

von dem Nachlasskonto bei der ▓▓▓ Bank in ▓▓▓, IBAN ▓▓▓, Kontostand derzeit ▓▓▓ EUR Beträge in Höhe von

▓▓▓ EUR Gerichtskostenvorschuss für das Aufgebotsverfahren und

▓▓▓ EUR Notargebühren für die Löschungsbewilligung der Grundschuld ▓▓▓

überweisen zu dürfen. Belege dafür liegen in Kopie bei.

Außerdem beantrage ich für das Konto IBAN ▓▓▓ bei der ▓▓▓ Bank eine allgemeine Ermächtigung zu erteilen.

Rechtsanwalt

Muster 16.14: Genehmigungsbeschluss Kontoverfügung

Geschäftsnummer: ▓▓▓ VI ▓▓▓

Das Amtsgericht – Nachlassgericht – ▓▓▓

erlässt in der Nachlasssache

▓▓▓, geb. am ▓▓▓, gestorben am ▓▓▓, zuletzt wohnhaft ▓▓▓

an der beteiligt sind:

1. ▓▓▓
2. ▓▓▓

durch den/die Rechtspfleger/in

am ▓▓▓ folgenden

Beschluss

Der Nachlassverwalter Rechtsanwalt ▓▓▓ wird ermächtigt,
a) über das bei der ▓▓▓ Bank vorhandene Konto IBAN ▓▓▓ zu verfügen,
b) vom Konto IBAN ▓▓▓ bei der ▓▓▓ Bank ▓▓▓ EUR Gerichtskostenvorschuss für das Aufgebotsverfahren und ▓▓▓ EUR Notargebühren für die Löschungsbewilligung der Grundschuld ▓▓▓ zu überweisen.

Rechtspfleger/in

Kroiß

VI. Beendigung der Nachlassverwaltung

46 Die Nachlassverwaltung endet mit
a) der Eröffnung des Nachlassinsolvenzverfahrens, § 1988 BGB[46] oder
b) dem Aufhebungsbeschluss des Nachlassgerichts, § 1919 BGB.

Dabei ist die Nachlassverwaltung aufzuheben, wenn sich herausstellt, dass
– keine kostendeckende Masse vorhanden ist, § 1988 Abs. 2 BGB,
– der Antragsteller nicht antragsberechtigt war,
– der den Antrag stellende Erbe die Erbschaft ausschlägt oder seine Annahme anficht, oder
– alle bekannten Nachlassverbindlichkeiten erfüllt wurden.

Muster 16.15: Aufhebung der Nachlassverwaltung

47 Geschäftsnummer: 7 VI ▨

Das Amtsgericht – Nachlassgericht – ▨

erlässt in der Nachlasssache

▨, geb. am ▨, gestorben am ▨, zuletzt wohnhaft ▨

an der beteiligt sind:

1. ▨

2. ▨

durch den/die Rechtspfleger/in

am ▨ folgenden

Beschluss

Die Nachlassverwaltung wird aufgehoben.

Gründe:

Der Nachlassverwalter hat alle bekannten Nachlassverbindlichkeiten erfüllt.

Rechtsbehelfsbelehrung:

Gegen diesen Beschluss findet das Rechtsmittel der Beschwerde statt. Sie ist binnen einer Frist von einem Monat beim Amtsgericht ▨ einzulegen. Die Frist beginnt mit der schriftlichen Bekanntgabe des Beschlusses.

Erfolgt die schriftliche Bekanntgabe durch Zustellung nach den Vorschriften der Zivilprozessordnung, ist das Datum der Zustellung maßgebend. Erfolgt die schriftliche Bekanntgabe durch Aufgabe zur Post und soll die Bekanntgabe im Inland bewirkt werden, gilt das Schriftstück drei Tage nach Aufgabe zur Post als bekanntgegeben, wenn nicht der Beteiligte glaubhaft macht, dass ihm das Schriftstück nicht oder erst zu einem späteren Zeitpunkt zugegangen ist.

---

46 LG Hamburg ErbR 2022, 427: Stellt der Nachlasspfleger verspätet einen Insolvenzantrag, macht er sich gegenüber dem Nachlass u.U. schadensersatzpflichtig.

Kann die schriftliche Bekanntgabe an einen Beteiligten nicht bewirkt werden, beginnt die Frist spätestens mit Ablauf von fünf Monaten nach Erlass (§ 38 Abs. 3 FamFG) des Beschlusses.

Fällt das Fristende auf einen Sonntag, einen allgemeinen Feiertag oder Samstag, so endet die Frist mit Ablauf des nächsten Werktages. Die Beschwerde wird durch Einreichung einer Beschwerdeschrift oder zur Niederschrift der Geschäftsstelle eingelegt. Die Beschwerde kann zur Niederschrift eines anderen Amtsgerichts erklärt werden; die Beschwerdefrist ist jedoch nur gewahrt, wenn das Protokoll rechtzeitig bei einem der Gerichte, bei denen die Beschwerde einzulegen ist, eingeht.

Die Beschwerde ist von dem Beschwerdeführer oder seinem Bevollmächtigten zu unterzeichnen. Die Beschwerde muss die Bezeichnung des angefochtenen Beschlusses und die Erklärung enthalten, dass Beschwerde gegen diesen Beschuss eingelegt wird.

Die Beschwerde soll begründet werden.

Rechtspfleger/in

VII. Rechtsmittel

1. Gegen die Anordnung der Nachlassverwaltung

a) Antrag aller Miterben

Ist einem Antrag aller Miterben stattgegeben worden, so ist die Beschwerde unzulässig, § 359 Abs. 1 FamFG. 48

b) Antrag einzelner Miterben

Haben nicht alle Miterben den Antrag gestellt, ist gegen die Anordnung der Nachlassverwaltung die sofortige Beschwerde, §§ 58 ff. FamFG, statthaft. 49

c) Antrag eines Nachlassgläubigers

Gegen die Anordnung auf Antrag eines Nachlassgläubigers ist die befristete Beschwerde § 359 Abs. 2 FamFG statthaft. 50

2. Gegen die Ablehnung der Anordnung der Nachlassverwaltung

Auch gegen die Ablehnung der Anordnung der Nachlassverwaltung ist die befristete Beschwerde, §§ 58 ff. FamFG, statthaft.[47] 51

---

47 NK-BGB/*Krug*, § 1982 Rn 9.

VIII. Weitere Muster

Muster 16.16: Mitteilung der Nachlassverwaltung an das Grundbuchamt

52 An das

Amtsgericht

– Grundbuchamt –

▓▓▓

Grundbuch ▓▓▓, Band ▓▓▓, Blatt ▓▓▓

In der Nachlasssache ▓▓▓ wurde ich mit Beschluss des Amtsgerichts – Nachlassgericht – ▓▓▓ zum Nachlassverwalter bestellt. Auf den beiliegenden Beschluss weise ich hin.

Nach meinen Feststellungen ist der Erblasser als Eigentümer des bezeichneten Grundstücks eingetragen.

Ich beantrage,

> die angeordnete Nachlassverwaltung als Verfügungsbeschränkung in Abteilung II

einzutragen.

Rechtsanwalt

Muster 16.17: Jahresbericht des Nachlassverwalters

53 An das

Amtsgericht

– Nachlassgericht –

▓▓▓

Nachlassverfahren ▓▓▓

In der Anlage überreichen wir:
1. Vorläufiges Nachlassverzeichnis per Todestag, Anlage A
2. Verwaltungsrechnung für das Jahr ▓▓▓, Anlage B
3. Vermögensverzeichnis zum ▓▓▓, Anlage C
4. Jahresbericht für das Jahr ▓▓▓, Anlage D

Als Nachlassverwalter erstatte in folgenden Bericht:

Die Erblasserin ▓▓▓, geboren ▓▓▓ in ▓▓▓, zuletzt wohnhaft ▓▓▓, verstarb am ▓▓▓ in ▓▓▓.

Die Nachlassverwaltung wurde am ▓▓▓ angeordnet.

Die
– Ermittlung der Gläubiger und
– Ermittlung des Nachlassbestandes
wurde getätigt. Es wird auf Anlage D verwiesen.

Kroiß

Hinsichtlich der **Bestandsaufnahme** ist anzuführen, dass zwischenzeitlich ermittelt werden konnte, dass der Erblasser Immobilien im Ausland, nämlich in Italien und Spanien, hinterlassen hat. Soweit genauere Erkenntnisse vorliegen, wird in einem separaten Bericht Stellung genommen werden.

Rechtsanwalt

D. Verhältnis Nachlasspflegschaft – Testamentsvollstreckung

Folgende Fallkonstellationen sind denkbar: 54

I. Der Testamentsvollstrecker amtiert zuerst

1. Nachlasssicherung

Hier stellt sich die Frage nach der Notwendigkeit der Anordnung einer Nachlasspflegschaft. Auf den ersten Blick scheint kein Bedürfnis für eine Nachlasssicherung zu bestehen, da der Testamentsvollstrecker den Nachlass verwaltet. Um jedoch die Kontrollrechte der unbekannten Erben wahrnehmen zu können, kann ein Bedürfnis für einen Nachlasspfleger mit beschränktem Aufgabenkreis notwendig sein.[48] Anders sieht das allerdings das Kammergericht:[49] „Solange ein vertrauenswürdiger Testamentsvollstrecker im Amt ist, besteht grundsätzlich kein Bedürfnis für die Anordnung einer Nachlasspflegschaft zur Wahrnehmung der Rechte der unbekannten Erben gegen den Testamentsvollstrecker auf Rechnungslegung und Herausgabe des Nachlasses." 55

Besteht Streit über die Wirksamkeit der letztwilligen Verfügung, in der die Testamentsvollstreckung angeordnet wird, kann die Anordnung der Nachlasspflegschaft in Betracht kommen. Ein Bedürfnis für die Bestellung eines Nachlasspflegers besteht, wenn nicht ohne umfängliche Ermittlungen festgestellt werden kann, wer von mehreren in Betracht kommenden Personen Erbe geworden ist; dies ist auch dann der Fall, wenn Zweifel an der wirksamen Anfechtung eines Erbvertrags bestehen.[50] Auch das Vorhandensein eines Testamentsvollstreckers lässt das Bedürfnis für eine Nachlasspflegschaft nicht entfallen, wenn der Erblasser diesen ausgewechselt hat und dies eine Beeinträchtigung des Vertragserben darstellt. 56

Bestehen konkrete Anhaltspunkte dafür, dass der Erblasser testierunfähig war, so wird das bei Gefährdung des Nachlassbestandes bestehende Fürsorgebedürfnis 57

---

48 *Zimmermann*, Nachlasspflegschaft, Rn 238.
49 KG, Beschl. v. 19.5.1972 – 1 W 860/72, MDR 1972, 1036.
50 BGH, Urt. v. 20.9.2012 – I ZR 116/11, NJW 2013, 72; OLG Frankfurt, Beschl. v. 14.11.2011 – 20 W 25/11, ZEV 2012, 417.

für die Anordnung einer Nachlasspflegschaft im Dienste der endgültigen Erben nicht durch eine im Testament bestimmte Testamentsvollstreckung ausgeräumt, wenn der Erblasser dem Testamentsvollstrecker weitgehende Befugnisse zugestanden hat, die die Wirksamkeit der Anordnung der Testamentsvollstreckung voraussetzen.[51]

2. Geltendmachung von Pflichtteilsansprüchen

58 Für die Geltendmachung eines Pflichtteilsanspruchs ist der Testamentsvollstrecker nicht passiv prozessführungsbefugt, § 2213 Abs. 1 S. 3 BGB. Berechtigt wäre aber der Nachlasspfleger. Der Pflichtteilsberechtigte könnte hier einen Antrag nach § 1961 BGB stellen.

3. Erbenermittlung

59 Da die Erbenermittlung keine originäre Verpflichtung des Testamentsvollstreckers darstellt, kann auch insoweit eine Anordnung der Nachlasspflegschaft erforderlich sein.

4. Abrechnung der Vergütung

60 Auch für die Abrechnung der Vergütung des Testamentsvollstreckers kann bei unbekannten Erben die Anordnung der Nachlasspflegschaft erforderlich sein.

II. Der Nachlasspfleger amtiert zuerst

61 Regelmäßig wird der Nachlasspfleger für die Aufgabenkreise „Sicherung und Verwaltung des Nachlasses sowie Ermittlung der Erben" bestellt. Sobald dann der Testamentsvollstrecker sein Amt annimmt, müsste die Nachlasspflegschaft zur Klarstellung entsprechend beschränkt werden: „Sicherung und Verwaltung des Nachlasses, soweit diese Aufgaben nicht zu den gesetzlichen Aufgaben des Testamentsvollstreckers zählen; Ermittlung der Erben".[52]

Im Übrigen kann der Nachlasspfleger als Vertreter der unbekannten Erben immer nur insoweit tätig werden, als es die Erben könnten, §§ 2211, 2212 BGB.

---

51 OLG Düsseldorf, Beschl. v. 7.9.2012 – I-3 Wx 141/12, ZEV 2013, 516 = FamRZ 2013, 329 (demenzielles Syndrom beim Erblasser und Auszahlung des weit überdurchschnittlich werthaltigen Nachlasses an den Erben).
52 *Zimmermann*, Nachlasspflegschaft, Rn 242.

III. Exkurs: Rechte des Nachlasspflegers gegenüber dem Testamentsvollstrecker

- Auf ordnungsgemäße Verwaltung des Nachlasses, § 2216 BGB
- Mitteilung eines Nachlassverzeichnisses
- Information, §§ 2218 Abs. 1, 666 BGB
- Auskunft (nur auf Verlangen), §§ 2218 Abs. 1, 666 BGB
- Jährliche Rechnungslegung, § 2218 Abs. 2 BGB
- Anhörung zum Teilungsplan, § 2204 Abs. 2 BGB
- Anspruch auf Auseinandersetzung, § 2204 Abs. 1 BGB
- Anspruch auf Schadensersatz, § 2219 BGB
- Unterlassung von Schenkungen, § 2205 S. 3 BGB
- Überlassung bestimmter Nachlassgegenstände, § 2217 BGB[53]

62

Die Bestellung eines Testamentsvollstreckers zum Nachlasspfleger ist theoretisch möglich, jedoch ist eine solche Ämtervermischung unzweckmäßig.[54]

63

Im Fall der Nachlassverwaltung werden die Kompetenzen des Testamentsvollstreckers vom Amt des Nachlassverwalters verdrängt, § 1984 Abs. 1 S. 1 BGB.

IV. Zusammenfassender Überblick

Nachlasspfleger:

64

- Vertreter der unbekannten Erben
- Aufgaben: Sicherung des Nachlasses und Ermittlung der Erben
- Verfügungsrecht der Erben bleibt daneben bestehen
- Anordnung durch das Nachlassgericht, §§ 1960, 1961 BGB
- Auswahl des Pflegers durch das Nachlassgericht
- Überwachung durch das Nachlassgericht, § 1862 (§ 1837 a.F.) BGB
- Ggf. Genehmigungserfordernis
- Festsetzung der Vergütung durch das Nachlassgericht

Testamentsvollstrecker:

- Inhaber eines privaten Amtes
- Aufgaben: Verwaltung des Nachlasses, Befolgung der Anordnungen des Erblassers, Auseinandersetzung
- Kein Verfügungsrecht der Erben, § 2211 BGB
- Anordnung der TV durch den Erblasser, § 2197 BGB
- Auswahl des Vollstreckers durch den Erblasser, Dritte oder das Nachlassgericht, §§ 2198, 2199, 2200 BGB
- Testamentsvollstrecker unterliegt keiner allgemeinen gerichtlichen Überwachung

---

53 *Zimmermann*, Nachlasspflegschaft, Rn 239.
54 Bengel/Reimann/*Pauli*, Hdb TV, Kap. 4 Rn 308.

- Keine Genehmigungen erforderlich
- Keine Festsetzung der Vergütung; bei Streit → Prozessgericht

E. Einstweiliger Rechtsschutz

65 Zum Schutz des Mandanten ist auf Seiten des Vollmachtgebers bzw. seines Erben stets die Sicherung etwaiger Ansprüche durch ein Verfahren im einstweiligen Rechtsschutz zu erwägen. In Betracht kommt ein *Arrestverfahren* gem. §§ 916 Abs. 1, 917 Abs. 1 ZPO. Dies ist erfolgreich, wenn ein Arrestanspruch und ein Arrestgrund vorliegen.

I. Checkliste: Arrestanträge

66 Für Arrestanträge empfiehlt sich folgende Vorgangsweise:
- Zunächst prüfen, ob ein **Arrestanspruch** und ein **Arrestgrund** gegeben sind.
- Die **allgemeinen Prozessvoraussetzungen** müssen vorliegen.
- Das für den Antrag **zuständige Gericht** bestimmen.[55] Insoweit besteht ein Wahlrecht des Gläubigers:
  - Gericht der Hauptsache (§ 943 ZPO) oder
  - belegener Gegenstand oder
  - Aufenthalt

Zu beachten ist dabei, dass es sich hier um zwei **ausschließliche** (§ 802 ZPO) **konkurrierende** Zuständigkeiten (§ 35 ZPO) handelt.[56]

II. Arrestanspruch

67 Im Antrag ist der **Arrestanspruch** gemäß § 916 ZPO **konkret** zu bezeichnen, wozu die Angabe seines Gegenstandes und seines tatsächlichen Grundes im Sinne des § 253 Abs. 2 Nr. 2 ZPO gehört.[57] Insoweit ist die **bestimmte** Bezeichnung der Forderung nötig. Der **genaue Geldbetrag** ist anzugeben.[58] Hinsichtlich des Arrestspruchs ist der **Sachverhalt glaubhaft zu machen,** wonach Ansprüche nach §§ 676, 823 Abs. 2 BGB i.V.m. Strafgesetzen bzw. § 812 Abs. 1 S. 1 BGB in Betracht kommen. Im Idealfall können Kontoauszüge und Aufträge zur Überweisung bzw. zur Barauszahlung vorgelegt werden, aus denen die Transaktionen zulasten des Vollmachtgebers und zugunsten des Bevollmächtigten einschließlich dessen Unterschrift hervorgehen. Dabei dürfen die Anforderungen an einen ausreichend substantiierten Vortrag nicht überspannt werden.

---

55 *Teplizky*, JuS 1981, 122; *Dunkl*, Rn 29 ff.; *Lackmann*, Rn 641 ff.
56 Zöller/*Vollkommer*, § 919 ZPO Rn 1.
57 Müko-ZPO/*Drescher*, § 920 Rn 4.
58 Zöller/*Vollkommer*, § 920 ZPO Rn 1.

III. Arrestgrund

In der Antragsschrift sind des weiteren die **Tatsachen** anzugeben, welche die Gefährdung der späteren Zwangsvollstreckung erkennen lassen, §§ 917, 918 ZPO. Wird kein Arrestgrund angegeben, so wird der Antrag als unbegründet zurückgewiesen.

68

1. Arrestgrund beim dinglichen Arrest, § 917 Abs. 1 ZPO

Es muss dargetan werden, dass die Gefahr besteht, dass die Vermögensverhältnisse des Schuldners sich nachteilig verändern. Auf ein **Verschulden** des Schuldners kommt es dabei **nicht** an. So können auch Handlungen durch **unberechtigte Dritte** und **zufällig** eintretende Umstände zu einem Arrestgrund führen.

69

Beispiele für das Vorliegen eines Arrestgrundes:
- Verschwendung
- verdächtige Vermögensveräußerung
- auffallende Grundstücksbelastung
- Fluchtverdacht
- häufiger Wohnungswechsel
- Verlust der Einnahmequelle.[59]

70

Dagegen liegt in folgenden Fällen **kein Arrestgrund** vor:
- wenn eine anderweitige Sicherung besteht (z.B. Eigentumsvorbehalt, Sicherungsübereignung, Pfandrecht)
- wenn ein anderweitiger (ohne Sicherheitsleistung) für vollstreckbar erklärter Titel existiert
- wenn die Gefahr nur in der „schnelleren Vollstreckung durch andere Gläubiger besteht
- wenn bereits ein Arrest des Gläubigers vorliegt.

71

> **Hinweis**
>
> Die Vermutung nach § 917 Abs. 2 ZPO kommt zumeist nicht in Betracht, da hierzu das Urteil im Ausland vollstreckt werden müsste und die Gegenseitigkeit nicht verbürgt sein dürfte.

72

Eine Straftat oder unerlaubte Handlung des Arrestgegners reicht alleine nicht aus. Gleichwohl hat es Vorteile, wenn der Arrestanspruch sich auf eine **strafbare Handlung** stützen kann, wobei hier § 266 bzw. § 246 StGB in Betracht kommt. Das OLG Hamm[60] hat zutreffend festgestellt, dass bei Vorliegen der „den Tatbestand eines vermögensbezogenen Strafgesetzes erfüllenden Tatsachen" im Falle ihrer Glaubhaftmachung i.d.R. von einem Arrestgrund auszugehen" sei, „wobei es im Einzelfall auf die Eignung der Tathandlungen ankommt, eine Gefährdung

73

---

59 *Brox/Walker*, Rn 1498.
60 OLG Hamm, ZEV 2016, 2080.

der Vollstreckung etwa durch weitere Verschleierung oder Täuschungshandlungen wahrscheinlich erscheinen zu lassen". Der Bevollmächtigte hatte im entschiedenen Fall ohne erkennbaren Auftrag 135.000 EUR in Einzelbeträgen von 5.000 EUR und 10.000 EUR auf sein eigenes Konto überwiesen. Nach dem OLG Hamm rechtfertigt das die Annahme, der Bevollmächtigte werde seine rechtsfeindliche Handlungsweise fortsetzen, um den rechtswidrig erlangten Vermögensvorteil zu behalten, also die Zwangsvollstreckung zu vereiteln. So habe der Bevollmächtigte auch nach dem Erbfall des Vollmachtgebers Überweisungen von insgesamt 50.000 EUR auf sein eigenes Konto vorgenommen.

74 **Hinweis**

Ob ein beantragter Arrest durch das Gericht erlassen wird, hängt sehr vom Einzelfall und vom Richter ab. Sollte der Antrag zurückgewiesen werden, kommen auf den Mandanten erhebliche Kosten zu. Vor diesem Hintergrund ist der „richtige" Rat an den Mandanten schwierig, wobei der Anwalt im Hinblick auf den sichersten Weg gehalten ist, im Zweifelsfall ein Arrestgesuch bei Gericht einzureichen.

2. Arrestgrund beim persönlichen Arrest, § 918 ZPO

75 Mit der Anordnung des persönlichen Arrestes soll verhindert werden, dass Vermögensgegenstände **beiseite geschafft** werden.[61] Ein Arrestgrund ist nur dann gegeben, wenn andere Sicherungsmittel gänzlich fehlen und der dingliche Arrest zur Sicherung des Gläubigers nicht ausreicht (sog. **doppelte Subsidiarität**[62]).

Voraussetzung ist, dass der Schuldner über pfändbares Vermögen (auch im Ausland) verfügt.

IV. Glaubhaftmachung, § 920 Abs. 2 i.V.m. § 294 ZPO

76 Mit der Antragsschrift sind der **Arrestanspruch, der Arrestgrund und die Prozessvoraussetzungen** glaubhaft zu machen: Eine **Ausnahme** lässt § 921 Abs. 2 ZPO hinsichtlich des **Anspruchs** und des **Arrestgrundes** zu, sofern „wegen der dem Gegner drohenden Gefahren Sicherheit geleistet wird".

77 Bei der Glaubhaftmachung handelt es sich um eine besondere Art der Beweisführung. Die Form der Beweisaufnahme ist freier und zur Überzeugungsbildung reicht die „**Feststellung überwiegender Wahrscheinlichkeit**"[63] aus. Letztlich wird aber **nur die Beweisführung**, nicht die Darlegungs- und Beweislast erleichtert.[64]

---

61 Zöller/*Vollkommer*, § 918 ZPO Rn 1.
62 Müko-ZPO/*Drescher*, § 918 Rn 1, 3.
63 BGH, Urt. v. 5.5.1976 – IV ZB 49/75, VersR 76, 928, 929.
64 *Schellhammer*, Zivilprozess, 15. Aufl. 2016, Rn 1604.

Kroiß

§ 294 ZPO führt die Beweismittel an, die zur Glaubhaftmachung benutzt werden können:
- alle **üblichen Beweismittel**, §§ 355–455 ZPO, sofern sie **präsent** sind
- die **Versicherung an Eides Statt**, § 156 StGB
- eigene Darstellung der Tatsachen
- keine Bezugnahme auf andere Schriftstücke[65]
- keine bestimmte Form erforderlich
- auch mündlich vor Gericht möglich
- die sogenannte **anwaltliche Versicherung**[66]
- schriftliche Erklärungen von Zeugen, § 377 ZPO
- Bezugnahme auf dem Gericht sofort verfügbare Akten
- Fotokopien
- Privatgutachten
- zulässig hergestellte Tonbandaufnahmen

78

Eine **Besonderheit** ist bei der **Beweislast** noch zu beachten: Nach der **h.M.** muss der Antragsteller auch das **Fehlen von Einwendungen und Einreden** glaubhaft machen.[67]

V. Praktische Tipps zur Antragseinreichung

Es empfiehlt sich, bereits vor der Einreichung des Antrags mit dem **Richter** oder der **Geschäftsstelle** des zuständigen Gerichts Kontakt aufzunehmen und den Antrag anzukündigen. Dies trägt zur Beschleunigung bei und stellt gegebenenfalls sicher, dass der Antrag noch am gleichen Tag bearbeitet wird.

79

Das Arrestgesuch ist **schriftlich** oder zu **Protokoll der Geschäftsstelle** des zuständigen Gerichts zu stellen.

80

Es kann entweder die Anordnung des **dinglichen Arrestes** über das Vermögen oder des **persönlichen Arrestes** beantragt werden.

Getrennt darzustellen sind
- der Arrestanspruch
- der Arrestgrund
- ggf. der Antrag auf Forderungspfändung und
- ggf. der Antrag bzgl. der Sicherheitsleistung.

81

Auch ist es oft ratsam, bereits vorab den zuständigen **Gerichtsvollzieher** über die beabsichtigte Maßnahme in Kenntnis zu setzen.

---

65 BGH, Beschl. v. 13.1.1988 – IVa ZB 13/87, NJW 1988, 2045.
66 OLG Köln, Beschl. v. 16.8.1985 – 6 W 55/85, MDR 1986, 152; einschränkend BGH, Urt. v. 28.5.1974 – VI ZR 65/73, VersR 74, 1021; *Zimmermann*, ZPO, § 294 Rn 2; Zöller/ *Greger*, § 294 ZPO Rn 5.
67 So OLG Düsseldorf, Urt. v. 22.11.1979 – XVI A 2868/78, BeckRS 2010, 52753 = FamRZ 1980, 632; offen OLG Celle, Urt. v. 19.10.1993 – 18 UF 131/93, NJW-RR 1994, 900.

Muster 16.18: Antrag auf Erlass eines dinglichen Arrests

An das
Landgericht
Zivilkammer

Arrestgesuch

des ▬▬ *(Name, Adresse)*

– Antragsteller –

Verfahrensbevollmächtigter: RA ▬▬

gegen

Herrn ▬▬

– Antragsgegner –

Namens und in Auftrag des Antragstellers (Vollmacht ist beigefügt) beantrage ich – wegen Dringlichkeit ohne mündliche Verhandlung – den Erlass des folgenden

Arrestbefehls und Arrestpfändungsbeschlusses

Wegen einer Schadensersatzforderung des Antragstellers von 28.000 EUR (i.W. achtundzwanzigtausend EUR) und einer Kostenpauschale von 4.700 EUR wird der dingliche Arrest in das bewegliche und unbewegliche Vermögen des Antragsgegners angeordnet.

Begründung:

(Sachdarstellung des Arrestanspruchs, § 916 ZPO (z.B. Anspruch nach §§ 676, 823 Abs. 2 BGB i.V.m. §§ 246, 266 StGB) und des Arrestgrundes, § 917 ZPO, jeweils mit Glaubhaftmachung, § 920 Abs. 2, § 294 ZPO der entsprechenden Tatsachen).

Rechtsanwalt

4. Teil: Durchsetzung von Vorsorgedokumenten

§ 17 Verwendung von Vorsorgevollmachten

Übersicht:

	Rdn		Rdn
A. Allgemeines	1	b) Beschluss des Landgerichts Hamburg	20
B. Allgemeine Pflicht zur Vorlage von Vollmachtsurkunden	2	c) Schlussfolgerungen aus den Entscheidungen des Landgerichts Detmold und des Landgerichts Hamburg	21
I. Formerfordernisse für die Vollmachtsurkunde	2	3. Muster-Anschreiben	22
II. Vorlage der Urkunde an den Geschäftsgegner	4	D. Verwendung von Vorsorgevollmachten gegenüber dem Grundbuchamt	24
1. Vorlagepflicht/Vorlagezwang	4	I. Form	24
2. Vorlage der Urkunde in Urschrift oder als Ausfertigung	6	II. Prüfungen durch das Grundbuchamt	25
3. Muster-Anschreiben	7	III. Bedingte und beschränkte Vollmachtserteilung	26
C. Verwendung von Vorsorgevollmachten gegenüber Banken	9	IV. Öffentliche Beglaubigung durch Betreuungsbehörde	30
I. Beschränkung der Anerkennung von Vorsorgevollmachten	10	1. Gesetzliche Ausgangslage	30
1. Beschränkung durch Gesetz	10	2. Öffentliche Beglaubigung nach § 6 Abs. 2 BtBG und § 29 GBO	32
2. Beschränkung durch Vereinbarung	11	E. Verwendung von Vorsorgevollmachten gegenüber den Registergerichten	36
a) Beschränkung durch Individualvereinbarung	11	I. Anmeldungen durch Vorsorgebevollmächtigten zum Handelsregister und Vereinsregister	37
b) Beschränkung durch AGB	12	II. Anmeldungen bei Partnerschaftsgesellschaften	39
II. Pflicht zur Anerkennung jedweder Vollmacht	14	III. Anmeldungen zum Genossenschaftsregister	40
1. Anerkennungspflicht bei notariell beurkundeten und beglaubigten Vorsorgevollmachten	15	F. Verwendung von Vollmachten bei mehreren Bevollmächtigten	42
a) Notariell beurkundete Vollmachten	15	I. Kontrollbevollmächtigung	43
b) Notariell beglaubigte Urkunden	16	II. Mehrere Bevollmächtigte	45
2. Privatschriftliche Vorsorgevollmachten	18	G. Verwendung von Vollmachten bei Schenkungen	52
a) Urteil des Landgerichts Detmold	19		

A. Allgemeines

Das Thema „Vorsorgevollmacht" wird zunehmend Gegenstand von Rechtsberatungen und rechtlichen Auseinandersetzungen: Immer mehr Menschen in Deutschland errichten eine Vorsorgeurkunde. Im Zentralen Vorsorgeregister der Bundesnotarkammer sind mehr als 5 Millionen Vorsorgevollmachten, Betreuungsverfügungen und Patientenverfügungen registriert. Sowohl für den Vollmachtgeber als auch für den Bevollmächtigten stellen sich eine Vielzahl an Rechtsfragen, die bei Erteilung und Gebrauch der Vollmacht von Bedeutung

1

sind. Der Vorsorgebevollmächtigte, der im Rechtsverkehr für den Vollmachtgeber auftritt, gibt – wie ein „gewöhnlicher" Bevollmächtigter – Willenserklärungen in fremdem Namen ab. Da gemäß § 164 Abs. 1, Abs. 2 BGB eine in fremdem Namen abgegebene Willenserklärung nur dann unmittelbar für und gegen den Vertretenen wirkt, wenn die Stellvertretung offenkundig gemacht wurde, wird sich der Vorsorgebevollmächtigte regelmäßig durch Vorlage der Vollmachtsurkunde gegenüber seinem Geschäftspartner legitimieren müssen, § 172 BGB.

B. Allgemeine Pflicht zur Vorlage von Vollmachtsurkunden

I. Formerfordernisse für die Vollmachtsurkunde

2 Eine Vollmachtsurkunde ist eine schriftliche Erklärung darüber, dass einer in der Urkunde bezeichneten Person (i.d.R. Bezeichnung durch Name, Vorname, gegebenenfalls Anschrift) durch den Vollmachtgeber Vollmacht erteilt wurde.[1] Da der Gesetzgeber in § 172 BGB ausdrücklich die Vorlage einer „Urkunde" regelt, ist die Schriftform i.S.d. § 126 BGB zu wahren. Es muss sich somit um ein Schriftstück handeln, bei dem der Urkundeninhalt durch eine
– abschließende und den Text abdeckende Namensunterschrift oder
– ein notariell beglaubigtes Handzeichen
vom Vollmachtgeber als Aussteller unterzeichnet ist.[2]

3 Zwingend erforderlich für die Wirksamkeit der Vollmacht ist die **namentliche Nennung** des Bevollmächtigten **nicht**, soweit aus der Urkunde **eindeutig** die Person des Vertreters hervorgeht.[3] Dies gilt selbst im Hinblick auf die grundbuchrechtlichen Vorgaben in § 29 GBO.[4]

II. Vorlage der Urkunde an den Geschäftsgegner

1. Vorlagepflicht/Vorlagezwang

4 Der Vollmachtgeber, der seinem Bevollmächtigten willentlich eine Vollmachtsurkunde aushändigt, trägt das Risiko, dass die ausgehändigte Vollmachtsurkunde missbraucht wird.[5] Insoweit regelt § 172 BGB die Begründung eines **Rechtsscheins:**

Zugunsten desjenigen, dem die Vollmachtsurkunde vorgelegt wurde, wird vermutet, dass der Inhaber der Vollmachtsurkunde auch tatsächlich bevollmächtigt

---

1 MüKo-BGB/*Schubert*, § 172 Rn 14; zu den Formvorschriften siehe auch § 6 Rdn 4 ff.
2 MüKo-BGB/*Schubert*, § 172 Rn 14 m.w.N.
3 MüKo-BGB/*Schubert*, § 172 Rn 15.
4 MüKo-BGB/*Schubert*, § 172 Rn 15 mit Verweis auf OLG Dresden NotBZ 2012, 135.
5 MüKo-BGB/*Schubert*, § 172 Rn 20.

ist.⁶ Dies gilt aber nur, wenn der Geschäftsgegner bezüglich des Bestehens der Vollmacht gutgläubig ist und die Vollmachtsurkunde dem gutgläubigen Geschäftsgegner vor oder bei Abschluss des Vertretergeschäfts vorgelegt wird.⁷ In der Beratungspraxis kann man ggf. empfehlen, dass der Vollmachtgeber die Vollmachtsurkunde (das Original bei privatschriftlicher Vollmacht, die Ausfertigung bei einer notariell beurkundeten Vollmacht) zunächst zurückhält und nicht vor Eintritt des Vorsorgefalls an den Bevollmächtigten aushändigt.⁸

Da bei Vorlage einer Vollmacht eine Rechtsscheinhaftung begründet wird, wird man weniger von einer rechtlichen Pflicht, denn von einem **faktischen Zwang** zur Vorlage der Vollmacht sprechen müssen, da das Vertrauen des Geschäftsgegners in die Vertretungsmacht nur dann geschützt wird, wenn er sich die Vollmachtsurkunde vorlegen lässt oder die Bevollmächtigung nach § 171 BGB kundgegeben wurde. Der Geschäftsgegner wird also allein deshalb auf die Vorlage einer Vollmacht bestehen, um sich auf den darauf beruhenden Rechtsschein berufen zu können. Gleichzeitig wird der Bevollmächtigte regelmäßig eine Vollmachtsurkunde vorlegen **wollen**, um die Stellvertretung offenkundig zu machen und dies auch zu dokumentieren.

5

2. Vorlage der Urkunde in Urschrift oder als Ausfertigung

Der Geschäftsgegner kann sich nur dann auf einen durch die vorgelegte Vollmachtsurkunde begründeten Rechtsschein berufen, wenn ihm die Urkunde in
- Urschrift oder
- als Ausfertigung

vorgelegt worden ist.⁹ Die Urkunde ist vor oder spätestens **bei** Abschluss des Vertretergeschäfts vorzulegen.¹⁰ Die Regelung des § 172 Abs. 1 BGB greift nicht ein, wenn lediglich beglaubigte Abschriften oder Auszüge der Urkunde, Fotokopien oder Faxkopien vorgelegt werden, da solche Vervielfältigungen in unbegrenzter Zahl hergestellt werden können und daher keine Authentizität haben.¹¹

6

Bei der **Abgabe** einseitig empfangsbedürftiger Willenserklärungen in fremden Namen (z.B. Kündigung, Anfechtung) sollte der Bevollmächtigte seinerseits darauf achten, eine Ausfertigung bzw. Urschrift der Vollmachtsurkunde vorzulegen. Wird hier lediglich eine Abschrift der Vollmachtsurkunde vorgelegt, riskiert der

---

6 MüKo-BGB/*Schubert*, § 172 Rn 1.
7 MüKo-BGB/*Schubert*, § 172 Rn 21 mit Verweis auf BGH NJW 2008, 3355, 3356.
8 Vgl. hierzu das Muster in § 1 Rdn 8; siehe auch § 8 Rdn 71 zu den Gebühren bei einer notariellen Urkunde.
9 MüKo-BGB/*Schubert*, § 172 Rn 22.
10 MüKo-BGB/*Schubert*, § 172 Rn 23.
11 MüKo-BGB/*Schubert*, § 172 Rn 21 mit Verweis auf BGH NJW 2006, 2118, 2119 f.; BGH NJW 2005, 664, 667; BGH NJW 2004, 2090, 2091; BGH NJW 2004, 2745, 2746; BGH NJW 2003, 2088, 2089; OLG München DNotZ 2020, 105, 108, mit Anm. *Aigner*.

Bevollmächtigte die Zurückweisung der Erklärung durch den Erklärungsgegner gem. § 174 S. 1 BGB, da die Vorlage einer (beglaubigten) Abschrift der Vollmachtsurkunde auch hier nicht genügt.[12]

3. Muster-Anschreiben

Muster 17.1: Anschreiben Bevollmächtigter

7   Sehr geehrter Herr ▓▓▓,

Herr ▓▓▓, wohnhaft ▓▓▓, hat mich gebeten, den mit Ihnen geschlossenen Darlehensvertrag vom ▓▓▓ zu kündigen und Sie aufzufordern, das noch valutierende Restdarlehen i.H.v. ▓▓▓ EUR bis zum ▓▓▓ auf das Ihnen bekannte Konto von Herrn ▓▓▓ zurückzuzahlen. Anliegend finden Sie eine

Ausfertigung der notariell beurkundeten Vorsorgevollmacht vom ▓▓▓,

der Sie entnehmen können, dass mich Herr ▓▓▓ zu seinem Vorsorgebevollmächtigten bestimmt hat. Ich bitte höflich darum, mir den Zugang der Kündigungserklärung nebst beigefügter Ausfertigung der Vorsorgevollmacht zu bestätigen und mir die Ausfertigung anschließend zurückzureichen.

Muster 17.2: Anschreiben Geschäftsgegner

8   Sehr geehrter Herr ▓▓▓,

ich nehme Bezug auf Ihr Schreiben vom ▓▓▓, mit dem Sie bei uns im Namen des Herrn ▓▓▓ diverse Bestellungen getätigt haben. Leider war Ihrem Schreiben nur eine Abschrift der Ihnen erteilten Vorsorgevollmacht beigefügt. Ich bitte daher höflich darum, uns eine

Ausfertigung oder die Urschrift der Vollmachtsurkunde

vorzulegen, die wir anschließend gerne wieder zurücksenden.

C. Verwendung von Vorsorgevollmachten gegenüber Banken

9   Banken verlangen häufig die Verwendung ihrer eigenen Vollmachtsformulare und akzeptieren eine (in Urschrift oder als Ausfertigung vorgelegte) Vorsorgevollmacht nicht. Die Ablehnung der Vorsorgevollmacht durch die Bank wird u.a. damit begründet, dass der Bankmitarbeiter am Schalter den Regelungsumfang der Vorsorgevollmacht nicht prüfen könne und bei Vorsorgevollmachten nicht sichergestellt sei, dass der Vollmachtgeber im Zeitpunkt der Vollmachtserteilung auch geschäftsfähig gewesen sei. Zudem könne die Bank bei Vorlage einer

---

12 Grüneberg/*Ellenberger*, § 174 Rn 5 mit Verweis auf BGH NJW 1981, 1210; BGH NJW 1994, 1472; OLG Hamm NJW-RR 2005, 134.

– bankextern erteilten Vollmacht – nicht prüfen, ob die Vorsorgevollmacht nicht bereits widerrufen sei.[13]

I. Beschränkung der Anerkennung von Vorsorgevollmachten

1. Beschränkung durch Gesetz

Die Verwendung von (Vorsorge-)Vollmachten gegenüber Banken ist durch Gesetz **nicht** beschränkt.

10

2. Beschränkung durch Vereinbarung

a) Beschränkung durch Individualvereinbarung

Unproblematisch können Vertragsparteien **individuell** vereinbaren, dass ein Handeln durch Vertreter nicht zulässig sein soll.

11

b) Beschränkung durch AGB

Fraglich ist, ob ein Ausschluss oder eine Beschränkung des Vertreterhandelns formularmäßig durch AGB erfolgen kann.[14] Geht man von dem Grundsatz aus, dass mangels gesetzlicher Einschränkungen die Bank ein Handeln durch einen Stellvertreter innerhalb laufender Geschäfts- bzw. Vertragsbeziehung grundsätzlich akzeptieren muss, so gilt dies zunächst für jede Form der Bevollmächtigung und unabhängig davon, ob für die Bevollmächtigung bankinterne Formulare verwendet wurden.[15]

12

Soweit sich in den AGB von Banken und Sparkassen Klauseln finden, nach denen für bestimmte Geschäfte ausschließlich die bankeigenen Vordrucke zugelassen sein sollen, werden solche **gegenüber Verbrauchern** verwendete Klauseln in der Rechtsprechung wegen Verstoßes gegen § 309 Nr. 13 BGB als unwirksam erachtet.[16] So hatte das OLG Frankfurt a.M. im Rahmen eines Verfahrens über den Erlass einer einstweiligen Verfügung über die Wirksamkeit der folgenden Klausel zu entscheiden:[17]

13

„Für bestimmte Geschäfte, insbesondere im Scheck- und Lastschriftverkehr, bei Barabhebungen, Überweisungen, sind die von der A-Bank zugelassenen Vordrucke zu verwenden."

---

13 Siehe hierzu *Tersteegen*, NJW 2007, 1717.
14 Hierzu ausführlich *Tersteegen*, NJW 2007, 1717, 1718 a.E. mit Verweis auf BGH NJW 1982, 2823.
15 So schon *Tersteegen*, NJW 2007, 1717, 1718.
16 OLG Frankfurt a.M., Beschl. v. 13.1.2015 – 9 W 1/15, WM 2015, 434.
17 OLG Frankfurt a.M., Beschl. v. 13.1.2015 – 9 W 1/15, WM 2015, 434.

Das OLG Frankfurt sah in dieser Bestimmung einen Verstoß gegen § 309 Nr. 13 BGB, da die Klausel für gegenüber der Bank als Verwender abzugebende Anzeigen oder Erklärungen eine strengere Form als die Schriftform vorschreibe. Eben dies sei aber gem. § 309 Nr. 13 BGB unzulässig.[18]

Eine Beschränkung auf bankeigene Vollmachtsformulare durch AGB wird daher jedenfalls gegenüber einem Verbraucher regelmäßig unwirksam sein.

II. Pflicht zur Anerkennung jedweder Vollmacht

14 Die Unwirksamkeit einer Klausel, durch die ein Verbraucher verpflichtet werden soll, Bankvollmachten ausschließlich auf bankeigenen Vordrucken zu erteilen, begründet umgekehrt jedoch noch **keine Pflicht der Bank, jedwede vorgelegte Vollmacht anzuerkennen**. Insoweit ist zu berücksichtigen, dass die Bank gegenüber ihren Kunden umfassende Sorgfaltspflichten hat und insbesondere verpflichtet ist, die Wirksamkeit vorgelegter Vollmachten zu überprüfen. Es liegt also auch im Interesse des Kunden, wenn die Bank nicht jede Vollmachtsurkunde akzeptiert. Vor diesem Hintergrund weist *Tersteegen* zutreffend darauf hin, dass man der Bank im Einzelfall das Recht zugestehen muss, eine Vollmachtsurkunde zurückzuweisen.[19] Ob die Bank eine Vollmacht zurückweisen darf, wird im jeweiligen Einzelfall insbesondere von der Form der Vollmacht, also davon abhängen, ob
– eine privatschriftliche Vollmachtsurkunde oder
– eine notariell beurkundete oder notariell beglaubigte Vollmacht
vorgelegt wurde.[20]

1. Anerkennungspflicht bei notariell beurkundeten und beglaubigten Vorsorgevollmachten

a) Notariell beurkundete Vollmachten

15 Legt der Bankkunde bzw. dessen Vertreter bei der Bank eine **Ausfertigung** einer notariell beurkundeten (Vorsorge-)Vollmacht vor, die den Bevollmächtigten ausdrücklich auch zur Vertretung in vermögensrechtlichen Angelegenheiten ermächtigt, wird man nach den vorangegangenen Feststellungen von einer Anerkennungspflicht der Bank ausgehen dürfen, soweit die Vollmacht im Übrigen keine weiteren Voraussetzungen für den Gebrauch der Vollmacht regelt.[21] In

---

18 OLG Frankfurt a.M., Beschl. v. 13.1.2015 – 9 W 1/15, Rn 4, WM 2015, 434.
19 *Tersteegen*, NJW 2007, 1717, 1719 f.
20 *Tersteegen*, NJW 2007, 1717, 1719 f.
21 Vgl. hierzu OLG Koblenz ZEV 2007, 595 ff. mit Anm. *Müller*: Gegenstand der Entscheidung war eine Vollmacht, nach der der Bevollmächtigte ermächtigt war, den Vollmachtgeber zu Lebzeiten in Vermögensangelegenheiten zu vertreten, sofern ein ärztliches Attest mit bestimmtem Inhalt vorgelegt wird.

diesem Fall liegt der Bank nämlich eine **öffentliche Urkunde** vor, aus der sich zweifelsfrei die Person des Vollmachtgebers entnehmen lässt. Sie erbringt also nicht nur den vollen Beweis für die Person des Ausstellers, sondern auch für die Richtigkeit der beurkundeten Erklärung oder Tatsache. Nach dem oben Gesagten darf die Bank daher bei notariellen Urkunden ohne weitere Nachforschungen auf den Bestand und die Wirksamkeit der Vollmacht vertrauen, wenn ihr eine Ausfertigung der notariellen Vollmachturkunde vorgelegt wird und sie eine etwaige Unwirksamkeit der Vollmacht weder kannte noch kennen musste.[22]

b) Notariell beglaubigte Urkunden

Ist durch Gesetz für eine Erklärung die öffentliche Beglaubigung vorgeschrieben, so muss die Erklärung schriftlich abgefasst und die Unterschrift des Erklärenden von einem Notar beglaubigt werden, § 129 Abs. 1 S. 1 BGB. Gemäß § 126 Abs. 1 BGB ist bei Schriftformerfordernis (nur) das bloße Handzeichen notariell zu beglaubigen. Der Notar soll Unterschriften oder Handzeichen nur beglaubigen, wenn diese in seiner Gegenwart vollzogen wurden. Die notarielle Beglaubigung ist folglich nur ein Zeugnis darüber, dass die Unterschrift oder das Handzeichen in Gegenwart eines Notars zum angegebenen Zeitpunkt von dem Erklärenden vollzogen oder anerkannt worden ist (§§ 39, 40 BeurkG). Sie bestätigt ferner, dass die im Beglaubigungsvermerk namentlich aufgeführte Person und der Erklärende identisch sind.

Die Beglaubigung bezieht sich somit nur auf die Echtheit der Unterschrift, **nicht** dagegen auf den **Urkundeninhalt**. Vor diesem Hintergrund könnte man annehmen, dass die Bank eine „nur" notariell **beglaubigte** Vollmacht nicht per se anerkennen muss, da sich die Beglaubigung gerade **nicht auf den Urkundeninhalt bezieht**.

Dem wird man allerdings entgegenhalten müssen, dass gem. § 440 Abs. 2 ZPO im Falle einer notariell beglaubigten Unterschrift die Vermutung gilt, dass **auch** der über der Unterschrift stehende Text von demjenigen herrührt, dessen Unterschrift beglaubigt worden ist. Der Vertrauensschutz nach § 172 BGB wird also nicht dadurch geschmälert, dass „nur" eine notariell beglaubigte Vollmacht vorgelegt wird.[23] In der Regel ist somit auch bei notariell beglaubigten Vollmachten eine Anerkennungspflicht der Bank anzunehmen.

16

17

---

22 Siehe BGH, Urt. v. 18.9.2001 – XI ZR 321/00, Rn 24, NJW 2001, 3774, wonach im Rahmen der §§ 172, 173 BGB ausdrücklich keine Überprüfungs- und Nachforschungspflicht besteht.
23 Vgl. auch hier BGH, Urt. v. 18.9.2001 – XI ZR 321/00, Rn 24, NJW 2001, 3774: Gegenstand dieser Entscheidung war ebenfalls eine notariell beglaubigte Vollmacht.

2. Privatschriftliche Vorsorgevollmachten

18 Im Gegensatz zu notariell beurkundeten oder beglaubigten Vorsorgevollmachten kann es bei rein privatschriftlichen Urkunden für die Bank unter Umständen schwierig sein, die Authentizität der Urkunde bzw. der Unterschrift auf der Vollmachtsurkunde zu überprüfen. Fraglich ist, ob die Bank eine privatschriftliche Vollmacht, die nicht auf einem bankinternen Vordruck erteilt wurde, allein deshalb zurückweisen darf, weil sie die Echtheit der Unterschrift nicht ohne weiteres feststellen kann.

a) Urteil des Landgerichts Detmold

19 Nach einer Entscheidung des Landgerichts Detmold aus dem Jahre 2015[24] wird man diese Frage verneinen müssen. Das LG Detmold hatte über folgenden Fall zu entscheiden: Der Kontoinhaber hatte eine **privatschriftliche** Vorsorgevollmacht erteilt, wonach der Bevollmächtigte ihn unter anderem in „allen vermögensrechtlichen Angelegenheiten" vertreten konnte. Später wurde für den Kontoinhaber ein Betreuer bestellt. Die Betreuung umfasste allerdings **nicht** die Vermögenssorge. Die Bank sah die Vollmacht als unzureichend an und verlangte die Vorlage von Betreuerausweis und Bestallungsurkunde. Eine Erweiterung der Betreuung auf die Vermögenssorge wurde wiederum vom zuständigen Amtsgericht abgelehnt, da an der Wirksamkeit der Vorsorgevollmacht keine Zweifel bestünden. Die Bank hielt dennoch an ihrer Forderung fest. Der Bevollmächtigte beauftragte daraufhin einen Rechtsanwalt mit der Wahrnehmung seiner Interessen und verlangte die Anwaltskosten als Schadensersatz von der Bank zurück. Das Landgericht Detmold hat der Klage in der Berufungsinstanz stattgegeben, da die beklagte Bank keine Umstände vorgetragen hatte, aus denen sich berechtigte Zweifel an der Echtheit der Unterschrift ergeben hätten.[25]

b) Beschluss des Landgerichts Hamburg

20 In einer betreuungsrechtlichen Angelegenheit hatte das Landgericht Hamburg mit Beschl. v. 30.8.2017[26] gemäß § 81 Abs. 4 FamFG die Kosten eines Betreuungsverfahrens der Verfahrensbeteiligten Sparkasse auferlegt, weil sie eine **privatschriftliche** Vorsorgevollmacht nicht anerkannt und dadurch – trotz bestehender Vorsorgevollmacht – die Bestellung eines Betreuers erforderlich gemacht hatte. Hierzu führte das Landgericht Hamburg aus, die Sparkasse habe grob pflichtwidrig gehandelt, da sie ohne, dass **Anhaltspunkte** für die Unwirksamkeit der Vorsorgevollmacht bestanden hätten, die Vollmacht nicht anerkannt und erst dadurch das Betreuungsverfahren erforderlich gemacht habe, so dass sie auch die Kosten

---

24 LG Detmold, Urt. v. 14.1.2015 – 10 S 110/14, ZEV 2015, 353 ff.
25 LG Detmold, Urt. v. 14.1.2015 – 10 S 110/14, Rn 5, ZEV 2015, 353 ff.
26 LG Hamburg, Beschl. v. 30.8.2017 – 301 T 280/17, ErbR 2018, 354 mit Anm. *Zimmermann* = FD-ErbR 2018, 402573 mit Anm. *Litzenburger*.

des Verfahrens zu tragen habe.[27] Das Landgericht Hamburg geht sogar noch einen Schritt weiter: Könne die Unwirksamkeit einer Vorsorgevollmacht **nicht positiv festgestellt werden**, sei von der wirksamen Bevollmächtigung auszugehen.[28] Darüber hinaus führt das Landgericht Hamburg in seiner Entscheidung aus, dass sich die Sparkasse bei Zweifeln am Bestand der Vollmacht auch direkt beim Vollmachtgeber hätte vergewissern können.[29] Sofern keine **Anhaltspunkte** für eine Unwirksamkeit der erteilten Vollmacht vorlägen, „verstoße die Nichtbeachtung einer solchen Vollmacht gegen die nach den Umständen erforderliche Sorgfalt in ungewöhnlich großem Maße".[30]

c) Schlussfolgerungen aus den Entscheidungen des Landgerichts Detmold und des Landgerichts Hamburg

Aus den vorgenannten Entscheidungen lässt sich schließen, dass Banken ein gewisser Aufwand bei der Überprüfung der Wirksamkeit einer Vollmacht zumutbar ist. Soweit der Vollmachtgeber noch lebt und ansprechbar ist, muss die Bank bei Zweifeln am Bestand der Vollmacht jedenfalls Kontakt zum Vollmachtgeber suchen. Ist eine Rücksprache mit dem Vollmachtgeber nicht möglich, muss die Bank zumindest einen Abgleich mit etwaig bei ihr hinterlegten Vergleichsunterschriften vornehmen, bevor sie die Vollmacht zurückweisen darf. Ein pauschales Zurückweisungsrecht der Bank bei **privatschriftlichen** Vollmachten besteht demnach nicht.[31] Die Bank muss vielmehr – auch bei privatschriftlichen Vollmachten – konkrete Anhaltspunkte dafür darlegen, aus denen sich Zweifel an der Wirksamkeit einer Vorsorgevollmacht ergeben können. Trotz dieser Entscheidungen dürfte es für die Beratungspraxis ratsam sein, zumindest auf eine notarielle Beglaubigung der Vollmacht hinzuwirken, um die Akzeptanz im Rechtsverkehr zu gewährleisten und zeitraubende Auseinandersetzungen mit der Bank zu vermeiden. Zudem ist es angesichts der Sorgfaltspflichten, die den Berater treffen, in jedem Fall ratsam, den Mandanten zu empfehlen, **neben** der Vorsorgevollmacht auch eine gesonderte Bankvollmacht unter Verwendung der von der jeweiligen Bank oder Sparkasse vorgehaltenen Vollmachtsformulare zu erteilen, um Auseinandersetzungen mit der Bank zu vermeiden (Stichwort „sicherster Weg").

21

---

27 LG Hamburg, Beschl. v. 30.8.2017 – 301 T 280/17, Rn 12, 13, ErbR 2018, 354 mit Anm. *Zimmermann*; FD-ErbR 2018, 402573 mit Anm. *Litzenburger*.
28 LG Hamburg, Beschl. v. 30.8.2017 – 301 T 280/17, Rn 12 a.E., ErbR 2018, 354 mit Anm. *Zimmermann*; FD-ErbR 2018, 402573 mit Anm. *Litzenburger*.
29 LG Hamburg, Beschl. v. 30.8.2017 – 301 T 280/17, Rn 13, ErbR 2018, 354 mit Anm. *Zimmermann*; FD-ErbR 2018, 402573 mit Anm. *Litzenburger*.
30 LG Hamburg, Beschl. v. 30.8.2017 – 301 T 280/17, Rn 13 a.E., ErbR 2018, 354 mit Anm. *Zimmermann*; FD-ErbR 2018, 402573 mit Anm. *Litzenburger*.
31 Siehe auch *Mensch*, ZEV 2016, 423, 427.

3. Muster-Anschreiben

Muster 17.3: Anschreiben an die Bank mit Vorlage notariell beglaubigter Vollmacht

22 Sehr geehrte Damen und Herren ▒▒▒,

wir zeigen die rechtliche Vertretung von Herrn ▒▒▒ an. Eine auf uns lautende Vollmacht liegt im Original bei.

Unser Mandant wollte am ▒▒▒ in Ihrer Filiale in ▒▒▒, unter Vorlage der ihm von Ihrem Kunden ▒▒▒ erteilten

notariell beglaubigten Vorsorgevollmacht

die wir diesem Schreiben nochmals im Original beigefügt haben, diverse Banküberweisungen tätigen.

Ausweislich der Vollmacht ist unser Mandant ermächtigt, den Vollmachtgeber **in allen vermögensrechtlichen Angelegenheiten** zu vertreten.

Ihr Mitarbeiter, Herr ▒▒▒, wies die Vollmacht zurück, da Vollmachten nur akzeptiert würden, wenn sie auf den von Ihrem Hause vorgehaltenen Vordrucken erteilt worden seien.

Wir fordern Sie hiermit auf, die diesem Schreiben ebenfalls beigefügten Überweisungsaufträge umgehend zu erledigen und uns anschließend die Vollmachtsurkunde zurückzureichen.

Wir weisen vorsorglich darauf hin, dass Sie nicht berechtigt sind, Vollmachtsurkunden zurückzuweisen, nur weil sie nicht auf den bankinternen Vordrucken erteilt worden sind. Da unser Mandant im Besitz einer auf ihn lautenden notariell beglaubigten Vollmachtsurkunde ist, die Ihnen im Original vorgelegt wurde, wird nach § 172 BGB vermutet, dass unser Mandant als Inhaber der Vollmachtsurkunde auch tatsächlich bevollmächtigt ist. Eine Prüf- und Nachforschungspflicht über den tatsächlichen Bestand der Vollmacht besteht Ihrerseits nicht. Wir verweisen diesbezüglich auf BGH, Urt. v. 18.9.2001 – XI ZR 321/00 Rn 24, juris.

Die unberechtigte Zurückweisung der Vollmacht hat zudem unsere Beauftragung erforderlich gemacht. Die unserem Mandanten durch unsere Beauftragung entstandenen Kosten haben Sie ihm zu ersetzen (LG Detmold, Urt. v. 14.1.2015 – 10 S 110/14, juris).

Eine entsprechende Kostennote haben wir beigefügt.

Der Erledigung der Überweisungsaufträge sowie der Erstattung der Anwaltskosten auf unser Kanzleikonto sehen wir bis zum ▒▒▒ entgegen. Bei fruchtlosem Fristablauf werden wir unserem Mandanten empfehlen, gerichtliche Hilfe in Anspruch zu nehmen.

Muster 17.4: Anschreiben an die Bank mit Vorlage privatschriftlicher Vollmacht

23 Sehr geehrte Damen und Herren ▒▒▒,

wir zeigen die rechtliche Vertretung von Herrn ▒▒▒ an. Eine auf uns lautende Vollmacht liegt im Original bei. Unser Mandant wollte am ▒▒▒ in Ihrer Filiale in ▒▒▒, unter Vorlage der ihm von Ihrem Kunden ▒▒▒ erteilten

privatschriftlichen Vorsorgevollmacht

die wir diesem Schreiben nochmals im Original beigefügt haben, diverse Banküberweisungen tätigen.

Ausweislich der Vollmacht ist unser Mandant ermächtigt, den Vollmachtgeber **in allen vermögensrechtlichen Angelegenheiten** zu vertreten.

Ihr Mitarbeiter, Herr ▓▓▓, wies die Vollmacht zurück, da Vollmachten nur akzeptiert würden, wenn sie auf den von Ihrem Hause vorgehaltenen Vordrucken erteilt worden seien.

Wir fordern Sie hiermit auf, die diesem Schreiben ebenfalls beigefügten Überweisungsaufträge umgehend zu erledigen und uns anschließend die Vollmachtsurkunde zurückzureichen.

Wir weisen vorsorglich darauf hin, dass Sie nicht berechtigt sind, Vollmachtsurkunden zurückzuweisen, nur weil sie nicht auf den bankinternen Vordrucken erteilt worden sind. Da unser Mandant im Besitz einer auf ihn lautenden Vollmachtsurkunde ist, die Ihnen im Original vorgelegt wurde, wird nach § 172 BGB vermutet, dass unser Mandant als Inhaber der Vollmachtsurkunde auch tatsächlich bevollmächtigt ist.

Es sind auch keine Umstände ersichtlich, aus denen sich berechtigte Zweifel an der Echtheit der Unterschrift ergeben könnten. Die Authentizität der Unterschrift des Vollmachtgebers können Sie durch Abgleich mit den bei Ihnen hinterlegten Unterschriftsproben prüfen. Ein pauschales Zurückweisungsrecht privatschriftlicher Vollmachtsurkunden besteht nicht, da nach der Rechtsprechung Banken ein gewisser Aufwand bei der Überprüfung der Wirksamkeit einer Vollmacht zumutbar ist. Wir verweisen diesbezüglich auf LG Detmold, Urt. v. 14.1.2015 – 10 S 110/14, juris.

Die unberechtigte Zurückweisung der Vollmacht hat zudem unsere Beauftragung erforderlich gemacht. Die unserem Mandanten durch unsere Beauftragung entstandenen Kosten haben Sie ihm zu ersetzen (LG Detmold, Urt. v. 14.1.2015 – 10 S 110/14, juris).

Eine entsprechende Kostennote haben wir beigefügt.

Der Erledigung der Überweisungsaufträge sowie der Erstattung der Anwaltskosten auf unser Kanzleikonto sehen wir bis zum ▓▓▓ entgegen. Bei fruchtlosem Fristablauf werden wir unserem Mandanten empfehlen, beim Betreuungsgericht die Anordnung einer Betreuung zum Zwecke der Vermögenssorge zu beantragen. Die Kosten des Betreuungsverfahrens hätten Sie gem. § 81 Abs. 4 FamFG zu tragen, da Sie grob pflichtwidrig einer bestehende Vorsorgevollacht zurückgewiesen und damit die Durchführung eines Betreuungsverfahrens erforderlich gemacht haben würden (LG Hamburg, Beschl. v. 30.8.2017 – 301 T 280/17, Rn 13 a.E., juris).

D. Verwendung von Vorsorgevollmachten gegenüber dem Grundbuchamt

I. Form

Gemäß § 29 Abs. 1 GBO soll eine Eintragung ins Grundbuch nur vorgenommen werden, wenn die Eintragungsbewilligung oder die sonstigen zu der Eintragung erforderlichen Erklärungen durch öffentliche oder öffentlich beglaubigte Urkunden nachgewiesen werden. Besondere Bedeutung bei den „sonstigen" Erklärungen im Sinne des § 29 Abs. 1 S. 1 GBO hat im Grundbuchverfahren die Erteilung von Vollmachten. Wegen § 29 Abs. 1 S. 1 GBO bedarf die Vollmacht im Grundbuchverfahren stets des Nachweises in öffentlicher **oder** öffentlich **beglaubigter** Urkunde, auch wenn die Vollmacht materiell-rechtlich gemäß § 167 Abs. 2 BGB gerade nicht der Form des Rechtsgeschäfts bedarf, auf das sie sich bezieht und demnach grundsätzlich formfrei erteilt werden kann.[32]

II. Prüfungen durch das Grundbuchamt

25 Das Grundbuchamt prüft Wirksamkeit und Umfang der Vollmacht und hat insoweit eine weitgehende eigene Prüfungspflicht unabhängig von den bereits vom Urkundsnotar getroffenen Feststellungen.[33] Der Nachweis der erteilten Vollmacht erfolgt durch Vorlage der unterschriftsbeglaubigten oder öffentlich beurkundeten Vollmacht. Der zur Wirksamkeit der Vollmachtserteilung erforderliche Zugang bei Vertreter oder Geschäftsgegner kann aufgrund allgemeiner Erfahrung vermutet werden, wenn der Vertreter von ihr Gebrauch macht.[34] Allein aus der Tatsache ihrer Erteilung kann nicht allgemein auf den Fortbestand der Vollmacht im maßgeblichen Zeitpunkt ihrer Ausübung geschlossen werden. Wird aber dem Grundbuchamt die Vollmachtsurkunde in Urschrift oder eine Ausfertigung der Urkunde vorgelegt und damit belegt, dass der Vertreter in deren Besitz ist, so darf das Grundbuchamt vom Bestehen der Vollmacht auch bei Abgabe der Erklärung ausgehen.[35]

III. Bedingte und beschränkte Vollmachtserteilung

26 Bei der Verwendung von notariellen Vorsorgevollmachten gegenüber dem Grundbuchamt kann es zu Problemen führen, wenn die Vollmacht mit Einschränkungen erteilt wurde. Enthält die Vollmacht z.B. die Bestimmung, dass der Bevollmächtigte keine Schenkungen vornehmen darf, kann sich bei Grund-

---

32 Vgl. zur Problematik der Abgrenzung der Vorlagepflicht einer transmortalen Vollmacht oder eines Erbscheins gegenüber dem Grundbuchamt *Plottek*, ZErb 2021, 253; BeckOK GBO/*Otto*, § 29 Rn 77.
33 BeckOK GBO/*Otto*, § 29 Rn 79 m.w.N. Zum Vollmachtsumfang beachte OLG Stuttgart, BeckRS 2019, 11670: Der bevollmächtigte Vorerbe kann auch den Nacherben vertreten, ohne den §§ 2112, 2113 BGB zu unterliegen.
34 BeckOK GBO/*Otto*, § 29 Rn 83.
35 BeckOK GBO/*Otto*, § 29 Rn 87 mit Verweis auf BayObLG NJW 1959, 2119; KG DNotZ 1972, 18, 21; OLG Karlsruhe BWNotZ 1992, 102. Beachte aber OLG München FGPrax 2019, 61: Wurde die Vollmacht widerrufen und wurde der Widerruf dem Grundbuchamt noch vor Eingang des Vollzugsantrags bekannt, darf die auf Grundlage der Vollmacht beantragte Rechtsänderung nicht eingetragen werden; kritisch hierzu *Plottek*, ZErb 2021, 253, 255.

stücksveräußerungen oder Grundstückserwerben die Frage stellen, ob es sich um ein vollentgeltliches Geschäft handelt oder ob der vereinbarte Kaufpreis vom Verkäufer absichtlich zu niedrig angesetzt wurde, um den Käufer zu begünstigen bzw. aus Sicht des Käufers ein zu hoher Kaufpreis angenommen wurde, um den Verkäufer zu begünstigen. In solchen Fällen würde es sich tatsächlich um eine gemischte Schenkung handeln.

Problematisch ist dabei, dass die Entgeltlichkeit der Verfügung regelmäßig nicht in der Form des § 29 GBO, also durch öffentliche oder öffentlich beglaubigte Urkunde nachgewiesen werden kann. Die vergleichbare Problematik stellt sich regelmäßig bei Grundstücksveräußerungen durch den nicht befreiten Vorerben, der ebenfalls zu unentgeltlichen Verfügungen nicht berechtigt ist (§ 2113 BGB). Das Grundbuchamt ist allerdings in solchen Fällen berechtigt und verpflichtet, unter Berücksichtigung der natürlichen Gegebenheiten die gesamten Umstände des Falles unter dem Gesichtspunkt zu prüfen, ob die Entgeltlichkeit im Sinne des § 29 Abs. 1 S. 2 GBO **offenkundig** ist. Dabei darf das Grundbuchamt auch Wahrscheinlichkeitserwägungen anstellen, die sich auf allgemeine Erfahrungssätze stützen. Der Offenkundigkeit sind solche Fälle gleichzustellen, in denen die Unentgeltlichkeit durch die Natur der Sache oder die Sachlage ausgeschlossen wird. Der Bevollmächtigte, der zu unentgeltlichen Verfügungen nicht berechtigt ist und die Vollentgeltlichkeit des Geschäfts gegenüber dem Grundbuchamt nachweisen muss, wird im Zweifel ein Verkehrswertgutachten vorlegen müssen, das den vereinbarten Kaufpreis bestätigt. 27

Ist eine (notariell beurkundete oder öffentlich beglaubigte) Urkunde unter einer **Bedingung** erteilt worden, so muss nach der Rechtsprechung auch der Eintritt der Bedingung durch öffentliche Urkunden nachgewiesen werden.[36] Soweit der Vollmachtgeber die Vollmacht nur unter bestimmten Voraussetzungen erteilen möchte, ist es vor dem Hintergrund der vorgenannten Rechtsprechung ratsam, in der Urkunde ausdrücklich zu formulieren, dass es sich bei der jeweiligen „Bedingung" nur um eine Anweisung im Innenverhältnis zwischen Vollmachtgeber und Vollmachtnehmer handelt, und die Wirksamkeit der Vollmacht im Außenverhältnis uneingeschränkt ist. Andernfalls riskiert man den Verlust der „Grundbuchtauglichkeit" der Vollmacht, wenn sich der Bedingungseintritt nicht durch öffentliche oder öffentlich beglaubigte Urkunden nachweisen lässt. 28

Um trotz angeordneter Beschränkungen oder Bedingungen die Verkehrstauglichkeit der Vollmacht zu gewährleisten, ist folgende Musterformulierung denkbar:

---

36 OLG München NJW-RR 2010, 747; OLG Schleswig NJW-RR 2010, 1316.

Muster 17.5: Bedingungen und Beschränkungen

29 Hinsichtlich der vorgenannten Voraussetzung, dass ▓▓▓▓, handelt es sich ausdrücklich nur um eine Anweisung an den Bevollmächtigten im Innenverhältnis. Im Außenverhältnis gilt diese Vollmacht unbeschränkt und unabhängig vom Nachweis des Vorliegens der vorbezeichneten Voraussetzungen.

IV. Öffentliche Beglaubigung durch Betreuungsbehörde

1. Gesetzliche Ausgangslage

30 Auch das zum 1.1.2023 eingeführte Betreuungsorganisationsgesetz (BtOG) sieht nach § 7 Abs. 1 BtOG vor, dass eine Urkundsperson Unterschriften oder Handzeichen auf Betreuungsverfügungen und auf Vollmachten, soweit sie von natürlichen Personen erteilt werden, öffentlich beglaubigen kann. Die Zuständigkeit nach § 7 Abs. 2 BtOG bezieht sich also nur und **ausschließlich** auf die öffentliche Beglaubigung von Vorsorgevollmachten oder Betreuungsverfügungen. Eine allgemeine Zuständigkeit der Betreuungsbehörden zur Beglaubigung von Unterschriften besteht folglich nicht. Im Grundbuchverfahren ist daher zu prüfen, ob die jeweils verfahrensgegenständliche Vollmacht die Anforderungen an eine Vorsorgevollmacht erfüllt.[37]

31 Nach § 1 Abs. 1 S. 1 BtOG ist es Aufgabe der Bundesländer zu bestimmen, welche Behörde auf örtlicher Ebene in Betreuungsangelegenheiten zuständig ist. In ihren Ausführungsgesetzen haben die meisten Länder auf örtlicher Ebene die Landkreise und kreisfreien Städte mit der Aufgabenwahrnehmung betraut. In den Stadtstaaten gibt es wegen der besonderen Verwaltungsstruktur entsprechende Sonderregelungen (Berlin: Bezirksämter; Bremen: Amt für soziale Dienste, Bremerhaven: Magistrat; Hamburg: keine Regelung im Landesrecht, jedoch Aufgabenwahrnehmung durch die Behörde für Arbeit, Gesundheit und Soziales). Die zuständigen Behörden auf örtlicher Ebene tragen teilweise die Bezeichnung Betreuungsstelle (Bayern, Hessen, Niedersachsen, Nordrhein-Westfalen – zum Teil mit dem Zusatz „für Erwachsene") oder Betreuungsbehörde (Brandenburg, Sachsen-Anhalt).

2. Öffentliche Beglaubigung nach § 7 Abs. 1 BtOG und § 29 GBO

32 Gemäß § 29 Abs. 1 GBO soll eine Eintragung ins Grundbuch nur vorgenommen werden, wenn die Eintragungsbewilligung oder die sonstigen zu der Eintragung erforderlichen Erklärungen durch öffentliche oder öffentlich beglaubigte Urkunden nachgewiesen werden. Soll eine Eintragung aufgrund einer durch einen Stellvertreter abgegebenen Willenserklärung vorgenommen werden, ist also auch die

---

37 OLG Karlsruhe, Beschl. v. 14.9.2015 – 11 Wx 71/15, Rn 9, ZErb 2015, 344.

Vertretungsmacht durch öffentliche oder öffentlich beglaubigte Urkunde nachzuweisen (siehe Rdn 24).

Mit Beschl. v. 12.11.2020 hat der BGH klargestellt, dass eine i.S.d. seinerzeit geltenden § 6 Abs. 2 S. 1 BtBG öffentlich beglaubigte transmortale **Vorsorgevollmacht** den Anforderungen des § 29 GBO genügt.[38] Die Resonanz dieser Entscheidung ist in der Literatur unterschiedlich. Von Ablehnung und Unverständnis bis hin zur Bekräftigung wird diese Entscheidung weiterhin diskutiert.[39] Bemerkenswert ist dabei, dass die Entscheidung teilweise nur eine sehr kurze Haltwertzeit haben wird.[40] Der Gesetzgeber hat nämlich im Rahmen der Reform des Vormundschafts- und Betreuungsrechts zum Teil eine Neujustierung vorgenommen. Diese sieht vor, dass mit Wirkung zum 1.1.2023 in § 7 Abs. 1 S. 2 Betreuungsorganisationsgesetz (BtOG) eine gesetzliche Neuregelung geschaffen wird. Eine betreuungsbehördliche beglaubigte Vollmacht bleibt mit dem Tod des Vollmachtgebers zwar materiell-rechtlich wirksam, sie verliert jedoch in diesem Moment ihre Grundbuch- und Registertauglichkeit i.S.v. § 29 GBO, § 12 HGB bzw. die nach den §§ 1484 Abs. 2 S. 1, 1945 Abs. 3, 1955 S. 2 BGB geforderte Form. § 7 Abs. 2 BtOG hält dabei die behördliche Urkundsperson an, entsprechende Beglaubigungen nur vorzunehmen, wenn die Vollmacht zu dem Zweck erteilt wird, die Bestellung eines Betreuers zu vermeiden.[41]

Nicht zuletzt aus Kostengründen wird man Inhabern einer privatschriftlichen Vorsorgevollmacht wohl empfehlen (müssen), bei entsprechendem Wunsch des Vollmachtgebers eine Unterschriftsbeglaubigung bei einer Betreuungsbehörde statt bei einem Notar vornehmen zu lassen. Insofern ist die Entscheidung des BGH als Stärkung der Anwendbarkeit und Verbreitung der Vorsorgevollmacht zu bewerten.

Eine nach § 7 Abs. 1 BtOG beglaubigte Vollmacht sollte typische Charakteristika einer Vorsorgevollmacht ausweisen. Das Charakteristische einer Vorsorgevollmacht liege nach Auffassung des OLG Karlsruhe in dem Motiv des Vollmachtgebers, die Vollmacht zu erteilen, um die Einrichtung einer gesetzlichen Betreuung zu vermeiden, vgl. § 1814 BGB (§ 1896 Abs. 2 BGB a.F.).[42] Dieses Motiv lasse sich in der Regel anhand „charakteristischer Bestimmungen in der Vollmacht"

---

38 OLG Dresden, Beschl. v. 4.8.2010 – 17 W 0677/10, ZErb 2021, 179.
39 Kritisch FGPrax 2021, 49, mit Anm. *Otto*; notar 2021, 203, mit Anm. *Bosch, Siegel*; wohlwollend ZErb 2021, 179 mit Anm. *Horn*; ErbR 2021, 522 mit Anm. *Pyhrr*; NZFam 2021, 380 mit Anm. *Müller-Engels*.
40 So zutreffend *Zimmer*, ZEV 2021, 233, 236; *Müller-Engels*, NZFam 2021, 380, die Gesetzesreform hingegen nicht berücksichtigend NJW-Spezial 2021, 232.
41 Ein möglicher Verstoß gegen § 7 Abs. 2 BtOG stellt ausweislich der Gesetzesbegründung einen Amtspflichtverstoß der behördlichen Urkundsperson dar, führt aber im Interesse der Rechtssicherheit nicht zur Unwirksamkeit der Beglaubigung, vgl. BR-Drucks 564/20, 476.
42 OLG Karlsruhe, Beschl. v. 14.9.2015 – 11 Wx 71/15, Rn 10, ZErb 2015, 344.

erkennen, die deutlich machen, dass es sich um eine Vorsorgevollmacht handelt. Insbesondere Regelungen zur Gesundheitsfürsorge und zu freiheitsentziehenden Maßnahmen seien Indizien dafür, dass es sich um eine Vorsorgevollmacht handelt.[43]

35 **Hinweis**

Die Beglaubigung der Vorsorgevollmacht durch die Betreuungsbehörde kostet gem. § 7 Abs. 4 S. 1 BtOG pauschal nur 10 EUR. Insoweit kann es sich im Rahmen einer anwaltlichen Beratung anbieten, den Mandanten auf diese kostengünstige Alternative zur notariellen Beglaubigung zumindest hinzuweisen. In jedem Fall sollte sich dann aber aus dem Inhalt der Vollmachtsurkunde unzweifelhaft ergeben, dass es sich um eine Vorsorgevollmacht i.S.d. § 7 Abs. 1 BtOG handelt, für deren Beglaubigung die Betreuungsbehörde auch die erforderliche Zuständigkeit besitzt.

E. Verwendung von Vorsorgevollmachten gegenüber den Registergerichten

36 In Deutschland werden bei den Amtsgerichten derzeit die folgenden Register geführt:
– Handelsregister
– Genossenschaftsregister
– Partnerschaftsregister
– Vereinsregister
– Güterrechtsregister.

Eintragungen und Löschungen in den jeweiligen Registern beruhen in der Regel auf entsprechenden Anträgen. Anmeldungen sind dabei nach den für das jeweilige Register geltenden gesetzlichen Regelungen mittels öffentlich beglaubigter Erklärung abzugeben, vgl. § 77 S. 1 BGB, § 12 Abs. 1 HGB, § 157 GenG, § 5 Abs. 2 PartGG i.V.m. § 12 HGB. Soweit die gesetzlichen Regelungen für die jeweils beabsichtigte Anmeldung eine Stellvertretung nicht ausschließen, muss demnach die Stellvertretung auch durch öffentlich beglaubigte Urkunde nachgewiesen werden.

I. Anmeldungen durch Vorsorgebevollmächtigten zum Handelsregister und Vereinsregister

37 Nach § 12 Abs. 1 S. 1 HGB sind die „Anmeldungen zur Eintragung in das Handelsregister elektronisch in öffentlich beglaubigter Form einzureichen". Die glei-

---

43 OLG Karlsruhe, Beschl. v. 14.9.2015 – 11 Wx 71/15, Rn 10, ZErb 2015, 344, mit Verweis auf *Spanl*, Rpfleger 2007, 372; hierzu auch *Böttcher*, NJW 2015, 840, 843.

che Form gilt für Vollmachten zur Anmeldung, § 12 Abs. 2 S. 2 HGB. Dies gilt für sämtliche Anmeldungen bei allen Gesellschaftsformen und bei Einzelkaufleuten.[44] Da § 12 Abs. 2 S. 2 HGB das Formerfordernis für Vollmachten ausdrücklich regelt, ist nach wohl einhelliger Meinung damit auch die Zulässigkeit der Stellvertretung bei Handelsregisteranmeldungen anerkannt.[45] Anmeldungen zum Vereinsregister richten sich nach § 77 BGB und sind danach mittels öffentlich beglaubigter Erklärung abzugeben. Die Anmeldung durch einen Bevollmächtigten setzt hier ebenfalls eine öffentlich beglaubigte Vollmacht voraus.[46]

Vorsorgevollmachten enthalten üblicherweise einen Passus, wonach der Bevollmächtigte den Vollmachtgeber in „allen persönlichen und vermögensrechtlichen Angelegenheiten" vertreten darf. Zu den „vermögensrechtlichen Angelegenheiten" zählen auch Anmeldungen zum Handelsregister.[47] Eine ausdrückliche Erwähnung der Handelsregisteranmeldung soll nach derzeit geltender obergerichtlicher Rechtsprechung nicht erforderlich sein.[48]

38

II. Anmeldungen bei Partnerschaftsgesellschaften

Für Partnerschaftsgesellschaften von Angehörigen freier Berufe verweist § 5 Abs. 2 PartGG auf § 12 HGB. Insoweit gelten hier die für Anmeldungen zum Handelsregister entwickelten Grundsätze entsprechend.

39

III. Anmeldungen zum Genossenschaftsregister

Für Anmeldungen zum Genossenschaftsregister schreibt § 157 GenG die „öffentlich beglaubigte Form" vor. Die Bestimmung unterscheidet zwischen der Erstanmeldung der Genossenschaft zur Eintragung gem. § 11 Abs. 1 GenG und „den anderen" Anmeldungen.

40

Die **Anmeldung der Ersteintragung** einer eG gem. § 11 Abs. 1 GenG ist die einzige Anmeldung, die von **sämtlichen** Mitgliedern des Vorstands vorzunehmen ist. Die Verpflichtung trifft alle Vorstandsmitglieder ungeachtet dessen, ob sie krank, auf Auslandsaufenthalten oder aus anderen Gründen unabkömmlich sind. Wenn ein durch das Gesetz, die Gründungssatzung oder von der Gründungsversammlung vorgesehenes oder bestelltes Vorstandsmitglied fehlt oder verhindert ist, muss im ersten Fall der Vorstand den Anforderungen entsprechend ergänzt werden, im zweiten Fall muss das bestellte, aber verhinderte Vorstandsmitglied

41

---

44 Staudinger/*Hertel*, § 129 Rn 13.
45 OLG Karlsruhe ZEV 2014, 671 (2) m.w.N.
46 BeckOK BGB/*Schöpflin*, § 77 Rn 2, § 59 Rn 3. Zur Zulässigkeit der Bevollmächtigung eines Nicht-Vorstandsmitglieds für Einzelgeschäfte vgl. BeckOK BGB/*Schöpflin*, § 26 Rn 19.
47 OLG Karlsruhe ZEV 2014, 671 (3 a).
48 OLG Frankfurt a.M. ZEV 2013, 686, 687.

abberufen werden.⁴⁹ Eine Stellvertretung ist hier nicht zulässig, § 6 Abs. 3 S. 1 GenRegV.⁵⁰

F. Verwendung von Vollmachten bei mehreren Bevollmächtigten

42 Der Vollmachtgeber bestimmt regelmäßig mehrere Bevollmächtigte, für sich zu handeln. Dabei gilt es begrifflich zu unterscheiden, ob mit mehreren Bevollmächtigten zunächst sogenannte Ersatzbevollmächtigte gemeint sind (dies wird häufig im Sprachgebrauch angenommen) oder ob mehrere Bevollmächtigte installiert werden, die gemeinsam agieren sollen.

Im Folgenden wird von der Variante einer Bevollmächtigung für mindestens zwei Vollmachtnehmer ausgegangen.

I. Kontrollbevollmächtigung

43 Möchte der Vollmachtgeber sicherstellen, dass die spätere Tätigkeit des Bevollmächtigten überwacht wird, nachdem er selbst dazu nicht mehr in der Lage ist, so kann er einen Kontrollbevollmächtigten benennen. Diesem können alle Aufgaben eines Kontrollbetreuers nach § 1820 Abs. 3 BGB (§ 1896 Abs. 3 BGB a.F.) übertragen werden, insbesondere die Wahrnehmung der Rechte des Vollmachtgebers aus §§ 666, 667 BGB. Wichtig ist, dass das Recht des Bevollmächtigten zum Widerruf der Kontrollvollmacht ausgeschlossen ist.⁵¹

44 Die Benennung eines Kontrollbevollmächtigten ist kein üblicher Bestandteil einer Vorsorgevollmacht und sollte daher nur nach vorheriger Erörterung eingebaut werden. Die Kontrollbevollmächtigung bietet sich allerdings in der Regel umso mehr an, je entfernter das persönliche Verhältnis des Vollmachtgebers zum Bevollmächtigten ist. Insbesondere, wenn Berufsträger (z.B. Rechtsanwälte, Steuerberater) als Bevollmächtigte eingesetzt werden, ist die Bestimmung eines Kontrollbevollmächtigten durchaus ratsam.⁵²

II. Mehrere Bevollmächtigte

45 Der Vollmachtgeber kann, anstatt einen Kontrollbevollmächtigten zu bestimmen, die Einsetzung mehrerer Bevollmächtigter wählen, wobei sodann die wechselseitige Kontrolle mehrerer Bevollmächtigter untereinander in Betracht kommt.

---

49 *Pöhlmann/Fandrich/Bloehs*, GenG, § 157 Rn 3.
50 *Henssler/Strohn/Geibel*, Gesellschaftsrecht, § 11 GenG Rn 2.
51 *Kropp*, FPR 2012, 9.
52 Vgl. hierzu die Ausführungen in § 5 Rdn 42.

Dazu kann er mehreren Personen eine Vollmacht erteilen. Diese Personen können dann entweder nur als Gesamtvertreter gemeinsam handeln oder benötigen jedenfalls der Zustimmung des/der jeweils anderen Bevollmächtigten. Kritikpunkt an einer solchen Klausel sind der erhöhte Aufwand für alle Beteiligten, der es in der Praxis erschweren kann, die erforderlichen Angelegenheiten zu besorgen. Um die Praktikabilität nicht zu sehr einzuschränken, sollte in diesem Fall zumindest die Befugnis zur gegenseitigen Erteilung von Untervollmachten erteilt werden, so dass auch einer der Bevollmächtigten allein handeln kann.[53]

In der Regel bestellt der Vollmachtgeber aber mehrere gleichrangige Einzelbevollmächtigte. Hier sollte dann jedoch klargestellt werden, dass jeder von ihnen in allen oder in bestimmten Bereichen einzelvertretungsberechtigt handeln kann. Die Regelung kann mit einer Verpflichtung im Innenverhältnis verbunden werden, bei wichtigen Geschäften nur gemeinschaftlich zu handeln.

46

Zudem ist daran zu denken, dass auch die Kombination von Gesamtvertretung und Einzelvertretung möglich ist. Mitunter geht der Wunsch des Vollmachtgebers auch dahin, einen Ersatzbevollmächtigten für den Fall zu benennen, dass der Hauptbevollmächtigte die Fürsorgetätigkeit nicht mehr übernehmen kann oder will, bspw. die Kinder als Ersatz für den Ehegatten. Das Problem kann gleichermaßen auftreten, wenn mehrere Personen nur gesamtvertretungsberechtigt sein sollen.[54]

47

Als sehr weitgehend wird die Gestaltungsvariante erachtet, dem Vorsorgebevollmächtigten selbst die Möglichkeit einer Ersatzbevollmächtigung einzuräumen. Da dies aber von den meisten Vollmachtgebern nicht gewollt sein wird, sollte der Vollmachtgeber selbst eine Ersatzvollmacht aussprechen. Wird die Ersatzvollmacht bedingt erteilt, so ist der Formulierung des Bedingungseintritts besondere Beachtung zu schenken, insbesondere wenn der Ausfall des Hauptbevollmächtigten entscheidend sein soll.[55] Es bietet sich hier an, auf das Erlöschen der Hauptvollmacht abzustellen. Eindeutig belegbar ist etwa der Tod des Bevollmächtigten, die Bestellung eines Betreuers für den Bevollmächtigten, die Kündigung des Vorsorgeverhältnisses durch den Bevollmächtigten bzw. dessen Verzicht auf die Vollmacht oder der Widerruf der Vollmacht.[56]

48

Muster 17.6: Baustein Grundmuster – Gesamtvertretung im Außenverhältnis

(Standort im Grundmuster I und II:[57] § 1 (1))

49

Soweit in dieser Urkunde nicht nachfolgend anders geregelt, können auch im Außenverhältnis nur zwei Bevollmächtigte gemeinschaftlich vertreten. Die Bevollmächtigten können aber ge-

---

53 *Perau*, MittRhNotK 1996, 285, 297.
54 Scherer/*Lipp*/*Schrader*, MAH ErbR, § 44 Rn 52.
55 Scherer/*Lipp*/*Schrader*, MAH ErbR, § 44 Rn 52.
56 Scherer/*Lipp*/*Schrader*, MAH ErbR, § 44 Rn 52.
57 Grundmuster I und II siehe § 1 Rdn 8, 9.

meinschaftlich einem Bevollmächtigen Einzelvollmacht in Form einer Untervollmacht erteilen. Auskunft, insbesondere bei Ärzten, Banken und Versicherungen kann jeder Bevollmächtigte alleine verlangen.

50

Muster 17.7: Baustein Grundmuster – Gesamtvertretung im Außenverhältnis, aber Einzelvertretung eines Bevollmächtigten (bei mindesten drei Bevollmächtigten)

(Standort im Grundmuster I und II:[58] *§ 1 (1))*

Soweit in dieser Urkunde nicht nachfolgend anders geregelt, können auch im Außenverhältnis nur zwei Bevollmächtigte gemeinschaftlich vertreten. Die Bevollmächtigten können aber gemeinschaftlich einem Bevollmächtigen Einzelvollmacht in Form einer Untervollmacht erteilen. Der erste Bevollmächtigte kann auch einzeln vertreten. Auskunft, insbesondere bei Ärzten, Banken und Versicherungen, kann jeder Bevollmächtigte alleine verlangen.

51

Muster 17.8: Baustein Grundmuster – Einzelvertretung im Außenverhältnis (bei mindestens zwei Bevollmächtigten)

(Standort im Grundmuster I und II:[59] *§ 1 (1))*

Soweit in dieser Urkunde nicht nachfolgend anders geregelt, sind die Bevollmächtigten im Außenverhältnis jeweils einzeln bevollmächtigt.

G. Verwendung von Vollmachten bei Schenkungen

52 Grundsätzlich ermächtigt eine Vorsorgevollmacht als Generalvollmacht den Bevollmächtigten auch zu Schenkungen. Wünscht der Vollmachtgeber eine Beschränkung dieser Befugnis, so muss er dies in die Vorsorgevollmacht mit aufnehmen. Aus dem Vollmachtstext sollte sich daher etwaige Einschränkungen der Befugnisse des Bevollmächtigten unmittelbar ergeben. Dabei ist zu unterscheiden, ob die Einschränkung im Außenverhältnis oder nur im Innenverhältnis gilt. Falls dem Bevollmächtigten im Außenverhältnis Schenkungen nicht gestattet sind, kann dies zu Problemen bei dem Abschluss von Rechtsgeschäften durch den Bevollmächtigten führen. So ist für den Vertragspartner (bzw. das Grundbuchamt) unsicher, ob es sich nicht um eine gemischte Schenkung handelt, die bei einem Verbot einer Schenkung im Außenverhältnis zur Unwirksamkeit des Vertrags führt.[60]

---

58 Grundmuster I und II siehe § 1 Rdn 8, 9.
59 Grundmuster I und II siehe § 1 Rdn 8, 9.
60 *Horn*, NJW 2018, 2611, 2612.

Muster 17.9: Baustein Grundmuster – Keine Berechtigung zu Schenkungen

(Standort im Grundmuster I und II:[61] *§ 2 (1))*

Ich berechtige nicht zu Schenkungen. Davon ausgenommen sind Anstandsschenkungen in kleinem Umfang zu den üblichen Anlässen wie Geburtstagen, Weihnachten, Hochzeit, Geburt eines Kindes und Trinkgelder an das Pflegepersonal. Diese Bestimmung ist jedoch keine Beschränkung der Vollmacht gegenüber Dritten, sondern lediglich eine Anweisung von mir an den oder die Bevollmächtigten, die nur im Innenverhältnis gilt; im Außenverhältnis gegenüber Dritten und Behörden ist diese Vollmacht unbeschränkt.

Muster 17.10: Baustein Grundmuster – Berechtigung zu Schenkungen

(Standort im Grundmuster I und II:[62] *§ 2 (1))*

Ich berechtige ausdrücklich auch zur Vornahme von teil- oder unentgeltlichen Zuwendungen.

---

61 Grundmuster I und II siehe § 1 Rdn 8, 9.
62 Grundmuster I und II siehe § 1 Rdn 8, 9.

§ 18 Die Umsetzung der Patientenverfügung

Übersicht:	Rdn		Rdn
A. Die die Patientenverfügung begleitende Vorsorgevollmacht/ Betreuungsverfügung	1	b) Die Heilbehandlung . . . . c) Der ärztliche Eingriff . . . . d) Zusätzlich erforderlich: genehmigungspflichtige	38 41
I. Der Betreuer in diversen Personalangelegenheiten	3	Gefahrensituationen . . . . e) Der Verzicht auf die	42
II. Die qualifizierte Vorsorgevollmacht in Personalangelegenheiten nach § 1820 Abs. 2 BGB (§§ 1904, 1906, 1906a BGB a.F.)	7	Genehmigung . . . . 2. Freiheitsentziehende Unterbringung, Maßnahmen und ärztliche Zwangsbehandlung – §§ 1831, 1832 BGB (§§ 1906, 1906a BGB a.F.) . . .	58 62
1. Geschäftsfähigkeit oder nur Einwilligungsfähigkeit?	8	III. Muster . . . . C. Das Gespräch zur Feststellung des	66
2. Inhaltliche Anforderungen in gesundheitlichen Angelegenheiten	10	Patientenwillens bei medizinischen Maßnahmen nach §§ 1829 Abs. 4, 1828 BGB (§§ 1904 Abs. 4, 1901b BGB a.F. –	
III. Die qualifizierte Vorsorgevollmacht bei freiheitsentziehenden Maßnahmen und ärztlicher Zwangsbehandlung – §§ 1831, 1832 BGB (§§ 1906, 1906a BGB a.F.)	13	die therapeutische Arbeitsgemeinschaft) . . . . I. Wer prüft was? . . . . II. Die Anforderungen an das Gespräch	67 69 71
IV. Muster für qualifizierte Vorsorgevollmachten in persönlichen Angelegenheiten	23	III. Was muss der Arzt in das Gespräch nach § 1928 BGB (§ 1901b BGB a.F.) einbringen?	73
1. Die Gesundheits-/Krankheitsvollmacht unter der Bedingung der Einwilligungsunfähigkeit	26	IV. Was muss der Betreuer/Bevollmächtigte in das Gespräch nach § 1828 BGB (§ 1901b BGB a.F.) einbringen? – Ent	
2. Die Vollmacht in Personalangelegenheiten	31	scheidungen aufgrund von Indikation und Patientenwille	76
B. Genehmigungsvorbehalte und Negativattest	33	V. Die medizinische Indikation – Gibt es Standards für spezielle Situationen? . .	78
I. Pflicht zur Genehmigung und Recht auf Negativattest	33	VI. Protokoll des Gespräches zwischen behandelndem Arzt und Betreuer/	
II. Was sind Fälle des Genehmigungsvorbehalts?	34	Bevollmächtigtem – § 1828 BGB (§ 1901b BGB a.F.)	83
1. Lebens- und gesundheitsgefährdende Maßnahmen – § 1829 BGB (§ 1904 BGB a.F.)	35	VII. Konsequenzen eines Handelns ohne Gespräch/Genehmigung . . . . D. Das Genehmigungsverfahren	85 88
a) Die Untersuchung des Gesundheitszustands	37		

A. Die die Patientenverfügung begleitende Vorsorgevollmacht/ Betreuungsverfügung

Jede Patientenverfügung sollte begleitend eine Vorsorgevollmacht oder eine Betreuungsverfügung haben. Sie müssen zueinander wie „Schloss und Schlüssel" passen. Nur so kann der Verfügende sicher sein, dass seiner Patientenverfügung im Falle seiner Einwilligungsunfähigkeit „Ausdruck und Geltung" (§ 1827 Abs. 1 S. 2 BGB; § 1901a Abs. 1 S. 2 BGB a.F.) verschafft werden kann, und zwar durch die Person der eigenen Wahl. Der Vertreter nimmt die Rechte aus dem **Behandlungsvertrag** (§§ 630a ff. BGB) wahr. Er führt in den existentiellen Fragen und 1

Entscheidungen das Gespräch mit dem behandelnden Arzt nach § 1928 BGB (§ 1901b BGB a.F.). Er entscheidet über Unterbringung und ärztliche Zwangsbehandlung.

> **Hinweis**
>
> Ab 1.1.2023 gibt es für Menschen, die keine Vorsorgevollmacht haben bzw. keinen rechtlichen Betreuer, die zeitlich **befristete Ehegattenbeistandschaft** nach § 1358 BGB **in Angelegenheiten der Gesundheitssorge**. Dazu gehört das Recht:
> - in Untersuchungen des Gesundheitszustandes, Heilbehandlungen oder ärztliche Eingriffe einzuwilligen oder sie zu untersagen sowie ärztliche Aufklärungen entgegenzunehmen,
> - Behandlungsverträge, Krankenhausverträge oder Verträge über eilige Maßnahmen der Rehabilitation und der Pflege abzuschließen und durchzusetzen,
> - über Maßnahmen nach § 1831 Abs. 4 BGB (§ 1906 BGB a.F.) zu entscheiden, sofern die Dauer der Maßnahme im Einzelfall sechs Wochen nicht überschreitet, und
> - Ansprüche, die dem vertretenen Ehegatten aus Anlass der Erkrankung gegenüber Dritten zustehen, geltend zu machen und an die Leistungserbringer aus den Verträgen nach Nummer 2 abzutreten oder Zahlung an diese zu verlangen.
>
> Auch der Ehegatte, der die Ehegattenbeistandschaft ausübt, ist bei der Umsetzung von Angelegenheiten der Gesundheitssorge selbstverständlich an den Willen des betroffenen Ehegatten gebunden. Auch er muss prüfen, ob der erklärte Wille noch der aktuellen Behandlungs- und Lebenssituation entspricht. Auch er muss Behandlungswünsche und notfalls auch den mutmaßlichen Willen des Betroffenen in das Gespräch mit dem behandelnden Arzt einbringen.

2   Zu Beginn eines solchen Gespräches muss der Arzt prüfen, ob demjenigen, der für den Patienten auftritt,
   - überhaupt die Rechtsmacht für eine Entscheidung in gesundheitlichen Angelegenheiten zuerkannt wurde und
   - ob er auch genau in der Angelegenheit handeln darf, die jetzt konkret zur Entscheidung ansteht.

I. Der Betreuer in diversen Personalangelegenheiten

3   Nach neuem Recht (§ 1815 BGB) wird ein rechtlicher Betreuer für einen **Aufgabenkreis** bestellt. Der Aufgabenkreis eines Betreuers besteht aus einem oder mehreren **Aufgabenbereichen**. Diese sind vom Betreuungsgericht im Einzelnen

anzuordnen, wenn und soweit dessen rechtliche Wahrnehmung durch einen Betreuer erforderlich ist.

Muss ein Betreuer für die **Personalangelegenheiten** des Betroffenen bestellt werden, so umfasste dies bisher auch die **Heilbehandlung** bzw. die **Gesundheitsfürsorge**, das Aufenthaltsbestimmungsrecht, den Umgang etc.[1] Durch den Aufgabenkreis „**Gesundheitsfürsorge**" wurden die Inanspruchnahme von Leistungen der Gesundheitsfürsorge, sei es ärztliche oder andere Beratung, sei es die Versorgung mit Medikamenten, sowie der Abschluss eines Krankenhaus- und Behandlungsvertrages umfasst.[2] Der Betreuer für Gesundheitsfürsorge hatte die ärztliche und pflegerische Versorgung zu überwachen und sich um die Rehabilitation i.S.d. § 1901 Abs. 4 BGB a.F. zu kümmern. Er hatte bei Mängeln für Abhilfe zu sorgen und ggf. Unterlassungs- und Ersatzansprüche zu verfolgen.

Der Betreuer für die Gesundheitsfürsorge war zuständig für die **Einwilligung** in die medizinische Untersuchung, Behandlung oder den medizinischen Eingriff[3] oder für **die Untersagung** oder den **Widerruf**[4] soweit der Patient nicht mehr selbst einwilligungs-, untersagungs- oder widerrufsfähig ist. Besondere qualifizierte weitere Ausdifferenzierung wurde nicht für notwendig gehalten, „*weil der Betreuerbestellung eine umfassende gerichtliche Prüfung vorausgeht wegen der es keines weiteren Schutzes vor einer unüberlegten Übertragung der entsprechenden Rechtsmacht durch den Betreuer bedarf.*"[5] 4

Mit der Neuregelung in § 1815 Abs. 1 S. 2 BGB wird man davon ausgehen müssen, dass im Rahmen der Personalangelegenheiten jeweils eigene und abgegrenzte Aufgabenbereiche für den rechtlichen Betreuer explizit zu benennen sind. Die **Unterbringung** des Betroffenen nach § 1831 Abs. 1 BGB und freiheitsentziehende Maßnahmen nach § 1831 Abs. 4 BGB (§ 1906 BGB a.F.) müssen nach § 1815 Abs. 2 Nr. 1 und 2 BGB jedenfalls ausdrücklich angeordnet werden. 5

Gleiches gilt für den **Umgang des Betreuten** und seinen Aufenthalt im Ausland. Die Bestimmung des Aufenthaltes umfasst nach § 1834 Abs. 2 BGB das Recht, den Aufenthalt des Betreuten auch mit Wirkung für und gegen Dritte zu bestimmen, und falls erforderlich, die Herausgabe des Betreuten zu verlangen. Den Umgang des Betreuten mit anderen Personen darf der Betreuer mit Wirkung für und gegen Dritte nur bestimmen, wenn der Betreute dies wünscht oder ihm eine konkrete Gefährdung im Sinne des § 1821 Abs. 3 Nr. 1 BGB droht. 6

---

1 *Dodegge/Roth*, SK Betreuungsrecht, Kap. A Rn 24.
2 OLG Hamm, Beschl. v. 3.5.2007 – 4 Ws 209/07, NStZ 2008, 119.
3 Ausführlich hierzu *Baltz*, Lebenserhaltung als Haftungsgrund, 2010, 71 m.v.w.N.
4 Ausführlich hierzu *Baltz*, Lebenserhaltung als Haftungsgrund, 2010, 74 ff.
5 BGH, Beschl. v. 6.7.2016 – XII ZB 61/16, ZErb 2016, 330 Rn 30.

Doering-Striening

Gestaltungshinweis

Bei der Gestaltung einer Betreuungsverfügung ist darauf zu achten, dass sie den vom Mandanten gewünschten Regelungsbereich auch tatsächlich umfasst. Das gilt insbesondere, wenn es um die Umsetzung einer Entscheidung bei lebensgefährdenden und lebensbeendenden Maßnahmen geht. Sinnvollerweise orientiert man sich bei der Formulierung an den Anforderungen für die Bevollmächtigung und benennt ausdrücklich, dass der Betreuer auch berechtigt sein soll, nach Maßgabe des § 1829 BGB (§ 1904 BGB a.F.) über lebensgefährdende und lebensbeendende Maßnahmen zu entscheiden. In diesem Zusammenhang ist § 1822 BGB zu beachten. Danach hat der Betreuer nahestehenden Angehörigen und sonstigen Vertrauenspersonen des Betreuten auf Verlangen Auskunft über dessen persönliche Lebensumstände zu erteilen, soweit dies einem nach § 1821 Abs. 2–4 BGB zu beachtendem Wunsch oder dem mutmaßlichen Willen des Betreuten entspricht und dem Betreuer zuzumuten ist. Ein solcher Wunsch sollte also ausdrücklich in die Betreuungsverfügung bzw. auch in die Patientenverfügung aufgenommen werden, wenn es ihn gibt.

II. Die qualifizierte Vorsorgevollmacht in Personalangelegenheiten nach § 1820 Abs. 2 BGB (§§ 1904, 1906, 1906a BGB a.F.)

7   Die Pflicht zur sorgfältigen Prüfung des Umfangs der konkret erteilten Rechtsmacht gilt auch für den Vorsorgebevollmächtigten.[6]

1. Geschäftsfähigkeit oder nur Einwilligungsfähigkeit?

8   Der **Vollmachtgeber, der die Rechtsmacht zur Vertretung** für Rechtsgeschäfte außerhalb von § 105a BGB erteilt, muss im Zeitpunkt der Vollmachterteilung **geschäftsfähig** sein (§ 130 Abs. 2 BGB).

Für die Vollmacht in **Gesundheitsangelegenheiten** wird die Notwendigkeit der vollen Geschäftsfähigkeit kritisch diskutiert.[7] Die Meinungsbildung ist nicht abgeschlossen.

9   Die Rechtspraxis kann angesichts der ergebnisoffenen Diskussion wohl nur davon ausgehen, dass **bei der Erstellung der Vorsorgevollmacht** die volle Geschäftsfähigkeit geprüft und positiv festgestellt werden muss. Die notarielle Vollmacht ist im Zweifelsfall insoweit vorzuziehen.

---

6   Vgl. z.B. den fehlerhaft entschiedenen Fall einer Basilaristhrombose bei allgemeiner Gesundheitsvollmacht, DÄBL. 2015, A-412; B-359, C-351.
7   Vgl. *Dodegge/Roth*, SK Betreuungsrecht, § 182 Rn 15.

> **Hinweis**
>
> Ist der Notar im **Zweifel**, ob der Beteiligte die erforderliche **Geschäftsfähigkeit** nicht besitzt, so muss er beurkunden und hat seine Zweifel nach § 11 Abs. 1 S. 2 BeurkG in der Niederschrift zu vermerken. Ist er überzeugt, dass der Beteiligte die erforderliche Geschäftsfähigkeit nicht besitzt, muss er die Beurkundung nach § 11 Abs. 1 S. 1 BeurkG ablehnen.

2. Inhaltliche Anforderungen in gesundheitlichen Angelegenheiten

Für die Ausgestaltung einer Vollmacht in gesundheitlichen Angelegenheiten gelten **besondere inhaltliche Gestaltungsanforderungen (qualifizierte Vorsorgevollmacht)**. Die Vorsorgevollmacht in **persönlichen Angelegenheiten** kann **nicht als schlichte Generalvollmacht** erteilt werden. Die Vollmacht muss konkretisiert werden. § 1820 Abs. 2 BGB (§ 1904 Abs. 5 BGB a.F.) bestimmt, dass eine Vollmacht **schriftlich** erteilt sein muss und die Maßnahmen/Unterlassungen **ausdrücklich in der Vollmacht** genannt sein müssen, wenn es um die Einwilligung sowie ihren Widerruf oder die Nichteinwilligung in Maßnahmen nach § 1829 Abs. 1 und Abs. 2 BGB (§ 1904 BGB a.F.) geht. 10

Der BGH lässt die bloße Verweisung auf die gesetzlichen Bestimmungen **in einer schriftlichen Vollmacht** nicht ausreichen. Der Vollmachttext muss hinreichend klar umschreiben, „*dass sich die Entscheidungskompetenz des Bevollmächtigten auf die im Gesetz genannten ärztlichen Maßnahmen sowie darauf bezieht, sie zu unterlassen oder am Betroffenen vornehmen zu lassen. Hierzu muss in der Vollmacht hinreichend deutlich werden, dass die jeweilige Entscheidung mit der begründeten Gefahr des Todes oder eines schweren und länger dauernden gesundheitlichen Schadens verbunden sein kann.*"[8] In der Vollmacht selbst muss dem Vollmachtgeber die besondere Gefahrenlage eindeutig vor Augen geführt werden. Es entspricht – so der BGH – dem wohlverstandenen Schutz des Vollmachtgebers, ihm durch die Vollmacht zu verdeutlichen, dass er dem Bevollmächtigten die **Entscheidung über sein Schicksal in ganz einschneidenden Gefahrenlagen** anvertraue.[9] 11

Eine Untervollmacht kann nach diesseitiger Ansicht nicht erteilt werden. Das ist zwar nicht ausdrücklich geregelt, verbietet sich aber wegen der hohen Grundrechtsrelevanz der vorgesehenen Maßnahmen m.E. nach von selbst.[10] 12

---

8 BGH, Beschl. v. 6.7.2016 – XII ZB 61/16 Rn 23, ZErb 2016, 330.
9 BGH, Beschl. v. 6.7.2016 – XII ZB 61/16 Rn 29 f., ZErb 2016, 330.
10 So auch Staudinger/*Bienwald*, Neub. 2017, § 1906 a.F. Rn 114.

III. Die qualifizierte Vorsorgevollmacht bei freiheitsentziehenden Maßnahmen und ärztlicher Zwangsbehandlung – §§ 1831, 1832 BGB (§§ 1906, 1906a BGB a.F.)

13 Die Vollmacht zur Regelung **freiheitsentziehender Maßnahmen** nach § 1831 BGB (§ 1906 BGB a.F.) muss ebenso wie die Vollmacht zur Einwilligung in **lebensgefährdende Maßnahmen schriftlich** erteilt sein und die in den § 1831 Abs. 1 und 4 BGB (§ 1906 Abs. 1 und 4 BGB a.F.) genannten Fallgestaltungen ausdrücklich umfassen (§ 1820 Abs. Nr. 2 BGB; **§ 1906 Abs. 5 BGB a.F.**). Dass eine **Untervollmacht** nicht erteilt werden kann, ist zwar nicht ausdrücklich geregelt, verbietet sich aber wegen der hohen Grundrechtsrelevanz der vorgesehenen Maßnahmen auch hier.[11]

14 Der Text der §§ 1831, 1832 BGB (§§ 1906, 1906a BGB a.F.) ist kompliziert und sperrig. Es handelt sich bei § 1831 Abs. 1 BGB (§ 1906 Abs. 1 BGB a.F.) um die **Unterbringung** eines Vollmachtgebers, die mit **Freiheitsentziehung verbunden** ist, solange sie zum **Wohl des Vollmachtgebers** erforderlich ist,
– weil aufgrund einer psychischen Krankheit oder geistigen oder seelischen Behinderung die Gefahr besteht, dass er sich selbst tötet oder erheblichen gesundheitlichen Schaden zufügt (**§ 1831 Abs. 1 Nr. 1 BGB**; § 1906 Abs. 1 Nr. 1 BGB a.F. – Selbstgefährdung) oder
– weil zur Abwendung eines drohenden erheblichen gesundheitlichen Schadens eine Untersuchung des Gesundheitszustandes, eine Heilbehandlung oder ein ärztlicher Eingriff notwendig ist, die ohne die Unterbringung des Vollmachtgebers nicht durchgeführt werden kann und der Vollmachtgeber aufgrund einer psychischen Krankheit oder einer geistigen oder seelischen Behinderung die Notwendigkeit der Unterbringung nicht erkennen oder nicht nach dieser Einsicht handeln kann (**§ 183 Abs. 1 Nr. 2 BGB**; § 1906 Abs. 1 Nr. 2 BGB a.F. – Heilbehandlung).

15 Nach § 415 Abs. 2 FamFG liegt eine **Unterbringung** vor, wenn einer Person gegen ihren Willen oder im Zustand der Willenlosigkeit insbesondere in einer abgeschlossenen Einrichtung, wie einem Gewahrsamsraum oder einem abgeschlossenen Teil eines Krankenhauses, die Freiheit entzogen wird.

16 Für die Tatbestandsalternative der **Selbstgefährdung** wird kein zielgerichtetes Verhalten des Vollmachtgebers vorausgesetzt. Wenn damit eine Gesundheitsgefahr durch körperliche Verelendung und Unterversorgung verbunden ist, kann auch eine völlige Verwahrlosung ausreichen. Immer müssen aber objektivierbare und konkrete Anhaltspunkte für den Eintritt eines erheblichen Gesundheitsschadens vorliegen.

17 Außerdem setzt das Gesetz voraus, dass der Betroffene aufgrund einer psychischen Krankheit oder geistigen oder seelischen Behinderung **seinen Willen nicht**

---

[11] Staudinger/*Bienwald*, Neub. 2017, § 1906 a.F. Rn 114.

frei bestimmen kann. Das ist erst dann der Fall, wenn keine Krankheitseinsicht besteht[12] und er **nicht bereits zuvor** für diesen Fall eine **wirksame Patientenverfügung** errichtet hat, mit der er sich für die selbstschädigende Nichtintervention ausgesprochen hat.

Eine **„einfache"** **Heimunterbringung** unterfällt dem Begriff der Unterbringung nicht, auch wenn einzelne Bewohner freiheitsentziehenden Maßnahmen ausgesetzt sein können. Die **Heimunterbringung** eines einwilligungsunfähigen Menschen unterfällt dem Recht der **Aufenthaltsbestimmung**. Kommt Freiheitsentziehung ins Spiel, so bestimmt § 1831 Abs. 4 BGB (§ 1906 Abs. 4 und 5 BGB a.F.) ausdrücklich, dass § 1831 Abs. 1–3 BGB (§ 1906 Abs. 1–3 BGB a.F.) entsprechend gilt, wenn dem Betreuten/Vollmachtgeber, der sich in einem **Krankenhaus**, einem **Heim** oder einer **sonstigen Einrichtung** aufhält und ihm durch
- mechanische Vorrichtungen
- Medikamente oder
- auf andere Weise
- über einen **längeren Zeitraum** oder **regelmäßig**
die Freiheit entzogen werden soll.

18

Durch das Gesetz zur Regelung der betreuungsrechtlichen Einwilligung in eine ärztliche Zwangsmaßnahme[13] hat der Gesetzgeber außerdem eine Ergänzung zur **Zwangsbehandlung**, d.h. zur Durchführung einer **ärztlichen Behandlung gegen den natürlichen Willen** des Betroffenen, aufgenommen, die eine sehr komplexe Neuregelung in § 1832 BGB (§ 1906a BGB a.F.) erfahren hat:

19

Widerspricht eine Untersuchung des Gesundheitszustands, eine Heilbehandlung oder ein ärztlicher Eingriff dem **natürlichen Willen des Betreuten/Vollmachtgebers (ärztliche Zwangsmaßnahme)**, so kann der Betreuer/Vorsorgebevollmächtigte nach § 1832 Abs. 1 BGB (§ 1906a BGB a.F.) in die ärztliche Zwangsmaßnahme nur einwilligen, wenn
- die ärztliche Zwangsmaßnahme notwendig ist, um einen drohenden erheblichen gesundheitlichen Schaden abzuwenden,
- der Betreute aufgrund einer psychischen Krankheit oder einer geistigen oder seelischen Behinderung die Notwendigkeit der ärztlichen Maßnahme nicht erkennen oder nicht nach dieser Einsicht handeln kann,
- **die ärztliche Zwangsmaßnahme dem nach § 1827 BGB (§ 1901a BGB a.F.) zu beachtenden Willen des Betreuten entspricht**,
- zuvor ernsthaft, mit dem nötigen Zeitaufwand und ohne Ausübung unzulässigen Drucks versucht wurde, den Betreuten von der Notwendigkeit der ärztlichen Maßnahme zu überzeugen,

---

12 BGH, Beschl. v. 13.4.2016 –XII ZB 236/15 Rn 13; BGH, Beschl. v. 25.3.2015 – XII ZB 12/15 Rn 9 m.w.N.
13 Gesetz v. 18.2.2013, BGBl I 2013 Nr. 9; Materialien: BT-Drucks 17/11513; BT-Drucks 17/12086.

– der drohende erhebliche gesundheitliche Schaden durch keine andere den Betreuten weniger belastende Maßnahme abgewendet werden kann,
– der zu erwartende Nutzen der ärztlichen Zwangsmaßnahme die zu erwartenden Beeinträchtigungen deutlich überwiegt und
– die ärztliche Zwangsmaßnahme im Rahmen eines stationären Aufenthalts in einem Krankenhaus, in dem die gebotene medizinische Versorgung des Betreuten einschließlich einer erforderlichen Nachbehandlung sichergestellt ist, durchgeführt wird.

20 § 1832 BGB (§ 1906a BGB a.F.) regelt ausschließlich die medizinische **Zwangsbehandlung** im Rahmen eines **stationären Aufenthalts** in einem Krankenhaus, in dem die gebotene medizinische Versorgung des Betreuten einschließlich einer erforderlichen Nachbehandlung sichergestellt ist. Das BVerfG hat bestätigt, dass **ambulante Zwangsbehandlungen** mit dem Grundsatz unvereinbar sind, *„dass ärztliche Zwangsmaßnahmen wegen des mit ihnen verbundenen schwerwiegenden Eingriffs in die körperliche Unversehrtheit und die freie Selbstbestimmung der Betroffenen nur als letztes Mittel in Betracht kommen und auf ein unvermeidbares Mindestmaß zu reduzieren sind."*[14] Mit einer Zulassung von ambulant durchgeführten Zwangsbehandlungen namentlich im psychiatrischen Bereich sei die Gefahr verbunden, dass solche möglicherweise traumatisierenden Zwangsbehandlungen in der Praxis regelmäßig ohne ausreichende Prüfung von weniger eingriffsintensiven Alternativen und damit auch in vermeidbaren Fällen durchgeführt würden. Des Weiteren sei davon auszugehen, dass ärztliche Zwangsmaßnahmen vielfach dadurch vermieden werden können, dass Heimbewohner mit Demenz, mit einer geistigen Behinderung oder mit einer psychischen Krankheit in der Einrichtung eine vertrauensvolle Unterstützung bekämen und unter Verwendung der erforderlichen Zeit von der Notwendigkeit der ärztlichen Maßnahme überzeugt werden könnten. Derartige Bemühungen würden durch die Zulassung von ärztlichen Zwangsmaßnahmen etwa in Heimen konterkariert.[15]

21 Im Rahmen einer weiteren Verfassungsbeschwerde sollte das BVerfG eigentlich erklären, ob es bei seiner bisherigen Auffassung bleibt.[16] Stattdessen hat das BVerfG den Sachverhalt, bei dem es um eine **verdeckte Medikamentengabe durch Untermischung ins Essen** ging, nicht zur Entscheidung angenommen.

Das BVerfG hat ausgeführt, dass die **Modalitäten der Durchführung einer ärztlichen Zwangsmaßnahme** i.S.d. § 1906a Abs. 1 BGB a.F. (jetzt § 1832 BGB) gesetzlich nicht geregelt seien. Das betreffe insbesondere die Verabreichung von

---

14 BVerfG, Beschl. v. 7.8.2018 – 1 BvR 1575/18 Rn 6.
15 BVerfG, Beschl. v. 7.8.2018 – 1 BvR 1575/18 Rn 6.
16 Vgl. hierzu z.B.: BRAK, Stellungnahme N. 13, Mai 2019, Verfassungsbeschwerde des Herrn S. gegen § 1906a BGB i.d.F. des Gesetzes zur Änderung der materiellen Zulässigkeitsvoraussetzungen von ärztlichen Zwangsmaßnahmen und zur Stärkung des Selbstbestimmungsrechts von Betreuten vom 17.7.2017 (BGBl I, S. 2426), 1 BvR 1578/18.

Medikamenten durch eine verdeckte Medikation, die äußerlich nicht als medizinische Behandlung wahrnehmbar ist, etwa die heimliche Beimischung zerkleinerter Präparate in Speisen und Getränken. Das werfe die Frage auf, ob das Merkmal der „Zwangsmaßnahme" in § 1906a BGB a.F. nur Fälle körperlichen Zwangs oder auch Fälle der Heimlichkeit umfasst, sowie weiterhin, wie die Willensfrage in einem solchen Fall zu beurteilen sei.

Das BVerfG hat bemängelt, dass es bisher so gut wie keine untergerichtliche Rechtsprechung gebe, die eine gesicherte Basis für eine Entscheidung gebe, und dass deshalb abzuwarten sei, wie die vorgenannten Spielräume des § 1832 BGB (§ 1906a BGB a.F.) gefüllt würden.[17]

> **Gestaltungshinweis** 22
>
> Die außerordentlichen Grundrechtseingriffe der §§ 1831, 1832 BGB (§§ 1906, 1906a BGB a.F.) müssen ausdrücklich in der schriftlichen Vollmacht aufgeführt sein (**qualifizierte Vorsorgevollmacht**), damit der Vorsorgebevollmächtigte handeln darf. Die Erteilung einer Generalvollmacht reicht nicht aus. Eine **ambulante** Zwangsbehandlung ist jedenfalls derzeit noch unzulässig und kann auch nicht durch die Erteilung einer entsprechenden Vorsorgevollmacht legitimiert werden!
>
> Es empfiehlt sich bei der Ausgestaltung der Vorsorgevollmacht die Benutzung des Gesetzestextes, weil die Tatbestandsvoraussetzungen kompliziert sind.[18]
>
> Die weitgehende Wiedergabe des Gesetzestextes in der Vollmacht sichert überdies, dass der Vollmachtgeber die besondere Tragweite einer umfassenden Vorsorgevollmacht gerade auch in persönlicher/gesundheitlicher Hinsicht erfasst.
>
> Sie sichert aber auch, dass der Bevollmächtigte eine Vorstellung davon bekommt, was konkret an Arbeit und Verantwortung auf ihn zukommen kann. Gerade er muss wissen, dass er bei fehlerhaften Entscheidungen auch haften kann.

IV. Muster für qualifizierte Vorsorgevollmachten in persönlichen Angelegenheiten

Die Vollmacht in Personalangelegenheiten („**persönlichen**" Angelegenheiten) 23 wird von unterschiedlichen Autoren unterschiedlich weit verstanden und formuliert. Deshalb finden sich in der Literatur auch sehr unterschiedliche Textbau-

---

17 BVerfG, Beschl. v. 2. 11. 2021 – 1 BvR 1575/18, NJW 2021, 3590.
18 Ebenso Kurze/*Roglmeier*, VorsorgeR, § 1906 a.F, Rn 18; Staudinger/*Bienwald*, Neub. 2017, § 1906 a.F. Rn 117 sprechen davon, dass die Vollmacht dem Wortlaut des Gesetzestextes entsprechen sollte und zitieren dazu Palandt/*Götz*, § 1904 Rn 26 mit „*ausdrücklich, nicht notwendig wörtlich*".

steine. Im Rahmen einer **General**-Vorsorgevollmacht an eine einzelne Person macht das keinen erheblichen Unterschied, weil die einzelnen Aufzählungen ohnehin nur **Ausdruck des Konkretisierungsgebotes** oder aber der Formvorschriften des § 1829 Abs. 2 BGB (§§ 1904, 1906, 1906a BGB a.F.) sind.

Schwierig wird es aber dann, wenn unterschiedliche Personen – ggf. mit unterschiedlichen Geschäftsbereichen – bevollmächtigt werden. Dann kann es auf die genaue Formulierung der Vollmacht ankommen. Es kann z.b. der Abschluss eines teuren Vertrages für ein Spezial- oder Intensivheim dem Bevollmächtigten in Vertragsangelegenheiten obliegen, während das diesbezügliche Aufenthaltsbestimmungsrecht einem anderen Bevollmächtigten erteilt worden ist. Das kann deshalb ein Problem machen, weil Bevollmächtigte sehr unterschiedlicher Auffassung darüber sein können, welcher Vertragsabschluss mit welcher Kostenfolge notwendig ist. Hier ist angeraten, im Rahmen der Regelung des Innenverhältnisses klare Verhältnisse darüber zu schaffen, wer die abschließende Entscheidungskompetenz hat.

Muster 18.1: Regelung über den Gebrauch der Vollmacht

24 Der Bevollmächtigte in persönlichen Angelegenheiten hat die ausschließliche Entscheidungskompetenz in Fragen des Aufenthaltsbestimmungsrechtes und der ärztlichen Versorgung. Der Vorsorgebevollmächtigte in wirtschaftlichen Angelegenheiten ist deshalb verpflichtet, den auf einer solchen Entscheidung basierenden Vertragsabschlüssen zuzustimmen und dem Vorsorgebevollmächtigten in persönlichen Angelegenheiten die wirtschaftlichen Mittel zur Verfügung zu stellen, die für die Umsetzung dessen Entscheidung erforderlich sind. Ein Widerspruchsrecht oder eine Angemessenheitsprüfung stehen ihm nicht zu.

Das gilt insbesondere für:
- die Entscheidung über die Art der ärztlichen/pflegerischen Versorgung, auch für die Entscheidung zu einer häuslichen 24 Stunden Rund-um-die-Uhr-Versorgung
- die Entscheidung über die Art der Unterbringung, sofern ein Verbleib zu Hause nicht möglich oder vom Vollmachtgeber/der Vollmachtgeberin nicht gewollt ist
- die Versorgung mit Heil- und Hilfsmitteln, Therapien, Rehabilitationsmaßnahmen etc., die die Krankenkasse/die Pflegekasse nicht zahlt
- ▬▬▬.[19]

25 Anders ist es zu beurteilen, wenn einer Person nur für einen Aufgabenbereich eine Vollmacht erteilt werden soll. Hier wird in den Textmustern unterschiedlich formuliert. Mal wird von einer **„Gesundheitsvollmacht"**,[20] mal von einer **„Krankheitsvollmacht"**[21] oder auch allgemein von einer **„Vollmacht in persön-**

---

19 Vgl. z.B. auch *Dodegge/Roth*, SK Betreuungsrecht, Kapitel C Rn 98 f.
20 Meyer-Goetz/*Detto*, Familienrecht, § 18 Rn 10 ff.
21 Beck'sches FormB FamR/*Bergschneider*, Kapitel N Nr. 7 Rn 1 zur Vollmacht in der nichtehelichen Lebensgemeinschaft.

lichen Angelegenheiten" – ggf. noch um eine **„Vollmacht über die Totenfürsorge"**[22] erweitert – gesprochen.

Bei einer solchen Spezialvollmacht muss man sehr genau hinschauen, was gewollt ist. Es gilt sorgfältig zu bestimmen, welche Elemente
– für wen
– unter welchen Bedingungen
– mit welchen Konsequenzen
gewollt sind und welche nicht. In den diversen Mustern werden z.b. unter der Überschrift „Krankheits- bzw. Gesundheitsvollmacht" nicht nur die gesundheitlichen Regelungsbereiche angesprochen, sondern darin wird z.b. auch die Befugnis zur Unterbringung, zu freiheitsentziehenden Maßnahmen und/oder zum Abschluss von Heimverträgen, zur Abrechnung mit Versicherungsträgern etc. geregelt.

1. Die Gesundheits-/Krankheitsvollmacht unter der Bedingung der Einwilligungsunfähigkeit

Für vermögensrechtliche Vollmachten ist man sich einig darüber, dass eine Vollmacht **unter einer Bedingung** praxisuntauglich ist, weil der Dritte den Eintritt der Bedingung in der Regel nicht prüfen kann. Deshalb muss angeordnet werden, dass die Vollmacht **im Außenverhältnis** unabhängig von der Regelung im Innenverhältnis unbedingt – also ohne Bedingung – erteilt wird. 26

Die auf dem Markt befindlichen Muster nehmen dies für Gesundheits-/Krankheitsvollmachten häufig nicht auf, sondern machen die Erteilung der Vollmacht von der Einwilligungsfähigkeit oder den Tatbestandsmerkmalen des § 1914 BGB (§ 1896 BGB a.F.) abhängig. Fraglich ist, ob man tatsächlich nach der Art der erteilten Vollmacht differenzieren sollte.

Dafür spricht, dass bezüglich aller **persönlicher Entscheidungen über Körper und Leben** der Grundsatz gilt, dass **einwilligungsfähige Vollmachtgeber** immer und uneingeschränkt selbst über sich, ihren Körper, ihr Leben und ihre Freiheit entscheiden und dieses Recht unverzichtbar ist. Es entspricht der Rechtsprechung des BVerfG, dass z.B. die Zulässigkeit, Erforderlichkeit und Angemessenheit der Einwilligung des Bevollmächtigten in eine Freiheitsbeschränkungen nach § 1831 BGB (§ 1906 BGB a.F.) richtigerweise unter dem Vorbehalt eines gerichtliches Genehmigungserfordernis steht.[23] 27

---

22 Beck'sches FormB FamR/*Bergschneider*, Kapitel N Nr. 7 Rn 2.
23 BVerfG, Beschl. v. 10.6.2015 – 2 BvR 1967/12 Rn 17.

> **Hinweis**
>
> Man kann den Vorrang der Einwilligungsfähigkeit des Vollmachtgebers und die Genehmigungserfordernisse der §§ 1829, 1831, 1832 BGB (§§ 1904, 1906, 1906a BGB a.F.) BGB **im Außenverhältnis wie im Innenverhältnis** nicht durch eine im Außenverhältnis unbedingte (Vorsorge-)vollmacht mit entsprechenden Anweisungen an den Vorsorgebevollmächtigten aushebeln.[24]

28 Andererseits ist eine Formulierung wie: *„die Vollmacht soll nur dann gelten, wenn der Vollmachtgeber aufgrund seines gesundheitlichen Zustands nicht mehr in der Lage sein sollte, Folgen und Tragweite von Untersuchungen des Gesundheitszustandes, Heilbehandlungen und ärztlichen Eingriffen zu erkennen und den Willen danach zu bestimmen"* oder die Übernahme der Tatbestandsvoraussetzungen des § 1814 BGB[25] (§ 1896 BGB a.F.) nicht unproblematisch, nämlich z.B. dann, wenn die Gesundheitsvollmacht gleichzeitig zu einer Vielzahl anderer Dinge ermächtigt, etwa zum Abschluss von Behandlungs- und Pflegeverträgen und anderen Rechtsgeschäften.[26] Die Problematik zeigt sich schon darin, dass solche Tatbestandsvoraussetzungen mit der nächsten Gesetzesänderung wie jetzt im Rahmen der Reform des Betreuungsrechts mit einem Federstrich geändert werden können.

29 Bei einer solchen Formulierung muss die Einwilligungsfähigkeit bzw. die Geschäftsunfähigkeit des Vollmachtgebers dann nämlich immer auch **im Außenverhältnis im Vollbeweis** feststehen. Das macht die Vollmacht für rechtsgeschäftliches Handeln nahezu unausführbar. Die Frage *„Ab wann steht fest, dass der Vollmachtgeber selbst nicht mehr handeln kann, und auf welchem Wege und mit welchen Mitteln wird das festgestellt?"* ist schon **im Innenverhältnis** kaum lösbar. Soll der Bevollmächtigte das mit Hilfe eines Sachverständigen tun? Soll er – mit entsprechendem Haftungsrisiko – selbst entscheiden? Typisch ist doch, dass der betroffene Vollmachtgeber in der fraglichen Situation selbst nicht einsieht und wohl auch nicht einsehen kann, dass die Voraussetzungen für ein Handeln des Bevollmächtigten gegeben sind. M.E. nach besteht der Schutz des Betroffenen auf der Ebene des unverzichtbaren Gesprächs nach § 1828 BGB („therapeutisches Arbeitsbündnis" = § 1901b BGB a.F.) und der betreuungsgerichtlichen Genehmigungspflicht der Maßnahmen nach §§ 1829, 1831, 1832 BGB (§§ 1904, 1906, 1906a BGB a.F.); hier wird letztlich entschieden, ob die Voraussetzungen für ein Handeln vorliegen.

---

24 BVerfG, Beschl. v. 10.6.2015 – 2 BvR 1967/12 Rn 16.
25 Z.B. bei Beck'sches FormB FamR/*Bergschneider*, Kapitel N Nr. 7.
26 Z.B. Meyer-Götz/*Detto*, Familienrecht, § 18 Rn 11.

Fazit

30

Es sollte daher – zumindest in Generalvollmachten – dabei bleiben, dass auch in höchstpersönlichen Angelegenheiten einheitlich für alle darunter fallenden Angelegenheiten eine **unbedingte** Vollmacht nach außen formuliert wird, die zwingend mit einer Beschränkung im Innenverhältnis einhergeht und dem deutlichen Hinweis auf die betreuungsgerichtlichen Genehmigungspflichten und die Konsequenzen eines Verstoßes gegen diese Genehmigungspflicht.

Soll ausschließlich eine Vollmacht für die Entscheidung in gesundheitlichen und freiheitsentziehenden Maßnahmen (inkl. Zwangsbehandlung) erteilt werden, dann macht es ggf. Sinn, auch im Außenverhältnis auf die Einwilligungsunfähigkeit des Vollmachtgebers abzustellen und im Innenverhältnis zu regeln, wie diese festgestellt werden soll.

2. Die Vollmacht in Personalangelegenheiten

Die Vollmacht in persönlichen Angelegenheiten (Personalangelegenheiten) umfasst mehrere Regelungsbereiche, die z.T. formbedürftig sind, d.h. in der Vollmacht ausformuliert werden müssen. Zu den Regelungsbereichen gehören unter anderem:

31

- Das Recht der **Aufenthaltsbestimmung (z.B. in einer Heimeinrichtung, einer WG etc.)** und des **Umgangs mit Dritten.** Dazu gehören auch die Spezialregelungen der freiheitsentziehenden Unterbringung und Maßnahmen nach § 1831 BGB (§ 1906 BGB a.F.), sowie – auf der Grenze zur Gesundheitsvollmacht – das Recht über die **ärztliche Zwangsbehandlung** zu entscheiden § 1832 BGB (§ 1906a BGB a.F.).[27] Die Maßnahmen nach §§ 1831, 1832 BGB (§§ 1906, 1906a BGB a.F.) müssen nach der Neuregelung des § 1820 Abs. 2 Nr. 2 und 3 BGB ausdrücklich in die Vollmacht aufgenommen werden.
- Auf der Grenze zur Aufenthaltsbestimmung liegt die Erteilung der Rechtsmacht, über die Auflösung der Wohnung des Vollmachtgebers entscheiden zu dürfen. Ein Betreuer würde dazu nach § 1833 BGB (§ 1907 BGB a.F.) der Genehmigung des Betreuungsgerichtes bedürfen, was zeigt, wie bedeutsam der Gesetzgeber diese Entscheidung einschätzt.
- Das **Recht der Gesundheitssorge**, z.B. das Recht, über die Einwilligung, Nichteinwilligung oder den Widerruf von gesundheitlichen Maßnahmen, Heilbehandlungen oder sonstigen Eigriffen zu entscheiden, und zwar auch dann und speziell, wenn damit die begründete Gefahr besteht, dass der Vollmachtgeber aufgrund der Maßnahme, ihres Unterbleibens oder ihres Abbru-

---

27 Vgl. Frieser u.a./*Stöckemann*, FA ErbR, Kap. 3 H 3, der den Gesetzestext des § 1906a BGB in der Vollmacht komplett zitiert, im Gegenzug aber die Unterbringung und die freiheitsentziehenden Maßnahmen insgesamt zusammenfasst, was hier nicht favorisiert wird, weil damit leichte Ungenauigkeiten in Kauf genommen werden müssen.

ches stirbt oder einen schweren und länger andauernden Schaden erleidet (§§ 1829 Abs. 1 und 2, 1820 Abs. 2 Nr. 1 BGB; § 1904 Abs. 1 und 2 BGB a.F.).
- Zur **Gesundheitssorge** gehört auch das Recht, alle Dinge zu regeln, die mit Heim- und Pflegeverträgen und deren Abrechnung zu tun haben, z.B. gegenüber Behörden, Sozialversicherungsträgern und Beihilfestellen.
- ggf. Wahlrechte, Fernmeldeverkehr, digitale Rechte
- Totenfürsorge
- das Recht der Informationsbeschaffung.

Die Vollmacht sollte immer auch eine **Schweigepflichtentbindung** für Ärzte, Anwälte, Behörden, Gerichte etc. beinhalten.

32 Ein Muster im Kontext der Konkretisierung einer Generalvorsorgevollmacht könnte z.B. wie folgt aussehen:

Muster 18.2: Ausschnitt aus einer Generalvorsorgevollmacht

Ich, ▬▬ (Vollmachtgeber), erteile hiermit an ▬▬ (Bevollmächtigter)

Generalvorsorgevollmacht

Der Bevollmächtigte ▬▬ ist damit berechtigt, mich – soweit möglich und rechtlich zulässig – in jeder denkbaren Richtung zu vertreten, also insbesondere in
- allen Vermögens-, Steuer- und sonstigen Rechtsangelegenheiten sowie
- allen persönlichen Angelegenheiten, auch soweit sie die Gesundheit betreffen.

§ 1 Umfang

Die Vollmacht ist im Umfang unbeschränkt. Die nachstehenden Aufzählungen sind nicht abschließend. Sie bedeuten keine Einschränkung. Sie folgen dem Konkretisierungsgebot. Sie dienen zur Erläuterung der Bedeutung der Vollmacht. Diese Vollmacht berechtigt also insbesondere

1.1. Vollmacht in ▬▬

1.2. Vollmacht in persönlichen, insbesondere gesundheitlichen Angelegenheiten

In persönlichen und gesundheitlichen Angelegenheiten umfasst die Vollmacht **insbesondere**:
- das Recht zur Regelung des Aufenthaltsortes und zur Aufhebung und Begründung des Wohnsitzes, vor allem die Entscheidung über den Aufenthalt in einem Pflegeheim, einem Hospiz etc.
- das Recht zur Entscheidung über eine freiheitsentziehende Unterbringung in einer Einrichtung, wenn diese Unterbringung zu meinem Wohl erforderlich ist, weil aufgrund einer psychischen Krankheit oder geistigen oder seelischen Behinderung die Gefahr besteht, dass ich mich selbst töte oder mir erheblichen gesundheitlichen Schaden zufüge

oder
- weil zur Abwendung eines drohenden erheblichen gesundheitlichen Schadens eine Untersuchung, eine Heilbehandlung oder ein ärztlicher Eingriff notwendig ist und die Maßnahme ohne die Unterbringung nicht durchgeführt werden kann und ich aufgrund einer psychi-

schen Erkrankung oder einer geistigen oder seelischen Behinderung die Notwendigkeit der ärztlichen Maßnahme nicht erkennen kann oder nicht nach dieser Einsicht handeln kann – § 1831 BGB.
Die Vollmacht erstreckt sich auch auf die Entscheidung über eine **ärztliche Zwangsbehandlung** unter den Voraussetzungen des § 1832 BGB (§ 1906a BGB a.F.) und mit Genehmigung des Betreuungsgerichtes. **Eine ambulante Zwangsbehandlung ist ausdrücklich verboten.**
Die Vollmacht umfasst – alternativ: auch nicht – die Entscheidung, ärztliche Behandlungsmaßnahmen heimlich vorzunehmen (z.B. verdeckte Medikamentengabe durch Untermischung in Speisen).
- das Recht, die Herausgabe meiner Person von jedem zu verlangen, der mich meinen Bevollmächtigten widerrechtlich vorenthält
- das Recht zur Entscheidung über Handlungsweisen, die mir zu meinem Wohl die Freiheit über einen längeren Zeitraum oder regelmäßig durch mechanische Vorrichtungen, Medikamente oder auf andere Weise entziehen sollen, wenn ich mich in einem Krankenhaus, einem Heim oder einer sonstigen Einrichtung aufhalte (§ 1832 Abs. 4 BGB)
- das Recht zur Regelung meiner sämtlichen gesundheitlichen Angelegenheiten, also insbesondere das Recht, in eine Untersuchung des Gesundheitszustandes, in eine Heilbehandlung oder einen ärztlichen Eingriff einzuwilligen, nicht einzuwilligen oder die Einwilligung zu widerrufen, auch wenn die begründete Gefahr besteht, dass ich aufgrund der Maßnahme, ihres Unterbleibens oder ihres Abbruchs sterbe oder einen schweren und länger andauernden Schaden erleide (§ 1827 BGB). Umfasst sind alle Entscheidungen – auch solche mit lebensbeendender Folge – die entsprechend meiner gesondert verfassten Patientenverfügung zu treffen sind. Meine Patientenverfügung bzw. evtl. Behandlungswünsche sind allein verbindlich. Notfalls ist mein mutmaßlicher Wille zu ermitteln.
- das Recht zu kontrollieren und durchzusetzen, dass der in der gesonderten Patientenverfügung erklärte/hilfsweise mutmaßliche Wille von den Ärzten und dem Pflegepersonal beachtet wird
- das Recht zur Wahrnehmung der Patientenrechte, zur Einsicht in die Krankenunterlagen und in die Einwilligung von deren Herausgabe an Dritte
- **Anmerkung:** Falls die Begründung von Vertragsverhältnissen, die Geltendmachung von sozialrechtlichen und versicherungsrechtlichen Ansprüchen, die Führung von Verwaltungsverfahren, die Geltendmachung von Ersatzansprüchen etc. nicht schon im anderen Teil der Vollmacht geregelt wird, sollte dies ggf. hier zusätzlich aufgenommen werden
- **Anmerkung:** Ggf. weitere Regelungen aufnehmen, wie z.B. das Recht zur Entscheidung über meinen Fernmeldeverkehr, zur Entgegennahme, zum Anhalten und Öffnen der Post, zur Wahrnehmung von digitalen Rechten und zur Entgegennahme von Wahlunterlagen.

1.3 Ggf: Nachlassvollmacht

Diese Vollmacht gibt auch das Recht, meinen Nachlass zu sichern, zu verwalten und ggf. Maßnahmen der Nachlassabwicklung zu treffen, alle Rechtshandlungen und Rechtsgeschäfte in Bezug auf die Beerdigung, die Pflege meines Grabes, die Kündigung der Wohnung und etwaiger Versicherungsverträge, sowie die Auflösung des Haushaltes vorzunehmen (ggf.: diese Vollmacht gilt ausdrücklich nicht für meine Ersatzbevollmächtigten).

Anmerkung: Ggf. tritt die Vollmacht hier in Konkurrenz zur Testamentsvollstreckung. Sie kann insbesondere Probleme bereiten, wenn der Ersatzbevollmächtigte handeln soll, der erbrechtlich ebenfalls involviert ist. Dann sollte **nur die Totenfürsorge** geregelt werden. Ggf. gibt es im Innenverhältnis auch bereits eine bindende Bestattungsverfügung oder es wurde ein Bestattungsvorsorgevertrag mit Anweisungen an den Bestatter abgeschlossen. Dann geht der Wille des Betroffenen vor. Im Innenverhältnis ist der Bevollmächtigte auf jeden Fall daran gebunden. Die Details sind im Rahmen der vorbereitenden Beratung zu klären. Die Vorsorgevollmacht ist anzupassen.

§ 2 Befreiung von der Schweigepflicht

Ich entbinde alle Stellen und Personen, die einer Schweigepflicht unterliegen, gegenüber meinem Bevollmächtigten und bzw. evtl. Betreuern, von ihrer Schweigepflicht.

§ 3 Untervollmacht

3.1 In den unter ▉▉▉▉ geregelten Angelegenheiten kann in gegenständlich begrenzten Einzelfällen Untervollmacht erteilt werden. Die Vertretungsmacht ist auf die Geschäfte des täglichen Lebens zu beschränken.

3.2 In persönlichen Angelegenheiten (1.2) ist diese Vollmacht nicht übertragbar. Insbesondere die Zustimmung oder Versagung zu ärztlichen Behandlungen, zur Unterbringung oder zu unterbringungsähnlichen Maßnahmen muss der Bevollmächtigte immer persönlich treffen und soweit erforderlich dazu die betreuungsgerichtliche Genehmigung einholen.

B. Genehmigungsvorbehalte und Negativattest

I. Pflicht zur Genehmigung und Recht auf Negativattest

33 Vielen Menschen ist unbekannt, dass selbst eine qualifizierte Vorsorgevollmacht bzw. eine wirksam angeordnete Betreuung allein ggf. nicht ausreichen, um eine Entscheidung über Eingriffe in Leben, Gesundheit und Freiheit des Betroffenen umsetzen zu können bzw. zu dürfen. Das Handeln des Vertreters innerhalb grundrechtsrelevanter Aufgabenkreise bedarf – z.T. zwingend, z.T. unter besonderen Voraussetzungen – zusätzlich der **Genehmigung durch das Betreuungsgericht (Genehmigungsvorbehalt).**

Vorsorgebevollmächtigter wie Betreuer müssen das wissen. Die betreuungsgerichtliche Genehmigung ist kein Wirksamkeitserfordernis der Vollmacht als solche. Ohne diese Genehmigung kann das Handeln des Bevollmächtigten nach außen aber nicht wirksam werden und die Maßnahmen sind rechtswidrig.

II. Was sind Fälle des Genehmigungsvorbehalts?

34 Für das Handeln eines Betreuers gelten vielfältige **Genehmigungsvorbehalte.** Der Unterschied zur Vorsorgevollmacht besteht darin, dass der Vorsorgebevollmächtigte diesen Vorbehalten gerade nicht unterliegt. Das gilt jedoch nicht für

die Genehmigungsvorbehalte der §§ 1829, 1831, 1832 BGB (§§ 1904 und 1906, 1906a BGB a.F.). § 1829 BGB (§ 1904 BGB a.F.) versteht sich wie die §§ 1831, 1832 BGB (§§ 1906, 1906a BGB a.F.) vor dem Hintergrund, dass **Eingriffe in Leben und Gesundheit** bzw. **deren Unterlassung oder deren Abbruch** so schwerwiegend und gefährlich sein können, dass sie grundsätzlich dem **Genehmigungsvorbehalt des Richters** unterliegen. Bevollmächtigte wie Betreuer müssen sich solche Eingriffe/Unterlassungen **(qualifizierte Gefahrensituation) – mit wenigen, aber bedeutsamen Ausnahmen** – zusätzlich genehmigen lassen.[28]

1. Lebens- und gesundheitsgefährdende Maßnahmen – § 1829 BGB (§ 1904 BGB a.F.)

Es bedarf im Grundsatz einer **betreuungsgerichtlichen Entscheidung** nach § 1829 Abs. 1 und 5 BGB (§ 1904 Abs. 1 BGB a.F.), wenn es sich um eine **Einwilligung** in eine Untersuchung des Gesundheitszustandes, eine Heilbehandlung oder einen ärztlichen Eingriff handelt, bei dem die begründete Gefahr besteht, dass der Betreute/Vollmachtgeber aufgrund der Maßnahme stirbt oder einen schweren und längerdauernden gesundheitlichen Schaden erleidet. Ohne die Genehmigung ist die Durchführung der Maßnahme nur erlaubt, wenn mit dem Aufschub der Maßnahme Gefahr verbunden ist.

35

Die **Nichteinwilligung** oder der **Widerruf der Einwilligung** des Betreuers/Bevollmächtigten in eine Untersuchung des Gesundheitszustandes, eine Heilbehandlung oder einen ärztlichen Eingriff **bedürfen** nach § 1829 Abs. 2 und 5 BGB (§ 1904 Abs. 2 BGB a.F.) ebenfalls einer solchen **Genehmigung**. Dazu muss die Maßnahme **medizinisch angezeigt** sein und die begründete **Gefahr** bestehen, dass der Betreute/Vollmachtgeber aufgrund des Unterbleibens oder des Abbruches der Maßnahme **stirbt** oder einen schweren und länger andauernden gesundheitlichen **Schaden** erleidet.

36

Die betreuungsgerichtliche Genehmigung ist nur dann **nicht erforderlich**, wenn zwischen Betreuer/Bevollmächtigtem und behandelndem Arzt Einvernehmen darüber besteht, dass die Erteilung, die Nichterteilung oder der Widerruf der Einwilligung dem nach § 1828 BGB (§ 1901a BGB a.F.) festgestellten Willen des Betreuten/Vollmachtgebers entspricht § 1829 Abs. 4 und 5 BGB (§ 1904 Abs. 4, 5 BGB a.F.).

a) Die Untersuchung des Gesundheitszustands

Unter dem Tatbestandsmerkmal **Untersuchung des Gesundheitszustandes** ist jedes **diagnostische Verfahren** zu verstehen, gleichgültig, ob es mit einem körperlichen Eingriff verbunden ist oder nicht.[29] Dazu gehören einfache Funktionsprüfungen ebenso wie physikalische, chemische, bakteriologische, virologische

37

---

28 BGH, Beschl. v. 6.7.2016 – XII ZB 61/16 Rn 28, NJW 2016, 3297, 3299.
29 Kurze/*Roglmeier*, VorsorgeR, § 1904 a.F. Rn 5.

wie immunologische Analysen.³⁰ Mit einem Eingriff verbundene Analysen sind z.B.:
- Endoskopie
- Katheterisierung
- Punktionen zur Entnahme von Körperflüssigkeiten wie
  - Gelenkflüssigkeit (Synovia)
  - Hirnwasser (Lumbalpunktion)
  - Peritonealflüssigkeit
  - Pleuraflüssigkeit (Pleurapunktion)
  - Knochenmark (Knochenmarkpunktion)
  - Suprapubische Blasenpunktion
- Punktionen zur Entnahme von Gewebsproben (Feinnadelbiopsie).

b) Die Heilbehandlung

38 **Heilbehandlungen sind** Maßnahmen jeglicher Art (auch die von nichtärztlichen Heilberufen durchgeführten Maßnahmen), die auf Herstellung der Gesundheit, Linderung der Krankheit, Beseitigung oder Linderung von Krankheitsfolgen sowie Verhütung von Krankheiten und ihrer Verschlimmerung gerichtet sind, wozu auch alternative Behandlungsmethoden jeglicher Art gezählt werden können.³¹ Zur Heilbehandlung gehören nicht nur die diversen operativen Eingriffe, sondern auch die dazu erforderliche **Anästhesie**.³²

39 Auch die Behandlung mit **Medikamenten** ist Heilbehandlung und unterfällt dem Grunde nach § 1829 BGB (§ 1904 BGB a.F.) Jede **medikamentöse Behandlung** bedarf daher nicht nur der Einwilligung des Betroffenen oder seines Vertreters. (§ 630d BGB: *„es sei denn, eine Patientenverfügung gestattet die Maßnahme oder untersagt sie"*), sondern ist auch immer daraufhin zu überprüfen, ob eine zusätzliche Genehmigungsverpflichtung besteht.

40 Soweit die Verabreichung von Medikamenten auf die **Ruhigstellung des Patienten** oder der **Muskelrelaxation zum Zwecke der Beweglichkeitseinschränkung** gerichtet ist und nicht als unvermeidliche Nebenwirkung einer notwendigen Therapie erzeugt wird, stellt sie sich als **freiheitsentziehende Maßnahme** dar und dient nicht mehr der Heilbehandlung.³³ Sie ist ein ärztlicher Eingriff i.S.d. § 1904 BGB oder ggf. eine Maßnahme nach § 1906 BGB.

---

30 Staudinger/*Bienwald*, Neub. 2017, § 1904 a.F. Rn 53 ff.
31 Staudinger/*Bienwald*, Neub. 2017, § 1904 a.F. Rn 57 ff.
32 Staudinger/*Bienwald*, Neub. 2017, § 1904 a.F. Rn 58.
33 Staudinger/*Bienwald*, Neub. 2017, § 1904 a.F. Rn 59, 61.

c) Der ärztliche Eingriff

Ärztliche Eingriffe sind Maßnahmen, die nicht dem Begriff der Heilbehandlung unterfallen, aber mit einer Beeinträchtigung der körperlichen Integrität einhergehen. Sie dienen nicht kurativen Zwecken.[34] Ob die Anwendung einer **Ernährungssonde (PEG) Basisversorgung** oder medizinischer Eingriff ist, kann man ebenso streitig diskutieren[35] wie die Frage, um was für eine Rechtsqualität es sich beim Abbruch einer solchen Ernährung handelt.[36] Das OLG München hält „*die Zuführung von Nährstoffen über eine PEG-Sonde bei einem Patienten, der infolge schwerer und irreversibler zerebraler Schäden auf natürlichem Wege trotz Hilfeleistung keine Nahrung mehr zu sich nehmen kann, für einen widernatürlicher Eingriff in den normalen Verlauf des Lebens, zu dem auch das Sterben gehört*",[37] ohne dass der BGH dies in seiner Revisionsentscheidung ausdrücklich beanstandet hätte.[38] Auf jeden Fall wird die künstliche Ernährung aufgrund einer **medizinischen Indikation** angewendet[39] und bedarf eines ärztlichen Eingriffs: „*Die Beibehaltung einer Magensonde und die mit ihrer Hilfe ermöglichte künstliche Ernährung sind fortdauernde Eingriffe in die körperliche Integrität des Patienten. Solche Eingriffe bedürfen – ebenso wie das ursprüngliche Legen der Sonde – grundsätzlich der Einwilligung des Patienten.*"[40] Der Abbruch der künstlichen Ernährung wird vom BGH ebenfalls als ein Fall von § 1904 Abs. 2 BGB bewertet.[41]

41

d) Zusätzlich erforderlich: genehmigungspflichtige Gefahrensituationen

Der **Genehmigungsvorbehalt** des § 1829 BGB (§ 1904 BGB a.F.) greift nur dann, wenn vorgenannte Maßnahmen mit einer **qualifizierten Gefahrensituation** verbunden sind.[42] Dazu muss eine **objektive, ernstliche und konkrete Gefahrenlage** bestehen, die wahrscheinlich und mit gravierender Folge eintreten wird.[43]

42

---

34 Staudinger/*Bienwald*, Neub. 2017, § 1904 a.F. Rn 61 f.
35 Vgl. hierzu Leitfaden zum Prozess der Entscheidungsfindung zur medizinischen Behandlung am Lebensende, Europarat, Mai 2014, 14.
36 Vgl. z.B. EGMR, Urt. v. 5.6.2015 – 46043/14 (Lambert u.a./Frankreich), NJW 2015, 2715, in der die Beschwerdeführer den Abbruch der künstlichen Ernährung/Flüssigkeitszufuhr z.B. für eine Form der Misshandlung in Form von Folter i.S.v. Art. 3 EMRK gehalten haben, die auch gegen Art. 8, das Recht auf körperliche Unversehrtheit, verstößt.
37 OLG München, Urt. v. 21.12.2017 – 1 U 454/17 (nicht rechtskräftig), BeckRS 2017, 146433 = FamRZ 2018, 723.
38 BGH, Urt. v. 2.4.2019 – VI ZR 13/18.
39 Leitfaden zum Prozess der Entscheidungsfindung zur medizinischen Behandlung am Lebensende, Europarat, Mai 2014, 14.
40 Vgl. BGH, Beschl. v. 17.3.2003 – XII ZB 2/03 Rn 22, NJW 2003, 1588.
41 BGH, Beschl. v. 6.7.2016 – XII ZB 61/16, NJW 2016, 3297, 3299 Rn 28; BGH, Beschl. v. 17.9. 2014 – XII ZB 202/13 Rn 16, NJW 2014, 3572.
42 Fallbeispiel bei *Albrecht/Albrecht/Böhm/Böhm-Rößler*, Patientenverfügung, Rn 69.
43 BT-Drucks 11/4528, 73.

43 Zu den qualifizierten Gefahrensituationen gehört die **Todesgefahr**. Der Gesetzgeber hat sich in § 1829 BGB (§ 1904 BGB a.F.) außerdem für das Tatbestandsmerkmal **schwerer und länger dauernder gesundheitlicher Schaden** und gegen eine Aufzählung gefährlicher Behandlungen und insbesondere gegen eine Aufzählung **genehmigungspflichtiger Medikamente** entschieden.[44] Die Rechtsprechung stellt bei der Prüfung des „schwerer und länger andauernden Schadens" darauf ab, ob
- die konkrete Behandlung gravierende Nebenwirkungen nur während der Behandlung zeitigt und
- keine Spätfolgen verursacht oder
- ob von **dauerhaften Nebenwirkungen bzw. Schäden** auszugehen ist.

Die Folgen sollen danach bemessen werden, in welcher Weise die Betroffenen in ihrer Lebensweise durch die Behandlung im Vergleich zu gesunden Menschen beeinträchtigt werden.[45] Maßnahmen, bei denen der Verlust des Seh-, Gehör-, Fortpflanzungsvermögens oder eines wichtigen Körpergliedes oder eine dauerhafte erhebliche Entstellung, Siechtum, Lähmung, geistige Krankheit oder Behinderung droht, sollen nach dem Willen des Gesetzgebers darunter fallen.[46] Aber es kommt nicht nur auf körperliche Funktionsbeeinträchtigungen an. **Schwerwiegende Nebenwirkungen** von Medikamenten und schwere psychische Beeinträchtigungen können von Bedeutung sein.[47]

44 Man kann in der anwaltlichen Beratung selbstverständlich nicht jede Situation erläutern. Aber nachfolgend sind Beispiele aufgelistet, von denen einzelne für die Beratung herausgegriffen werden können bzw. die für die anwaltliche Rechtsvertretung von erheblicher Bedeutung sein können.

45 Bei der Beurteilung der Gefahren muss unterstellt werden, dass die Maßnahmen sachgemäß durchgeführt werden.[48] Die labile Gesundheit alter und gebrechlicher bzw. aus anderen Gründen vulnerabler Patienten muss berücksichtigt werden.[49] Das kann z.B. bei einer **Narkose** von Bedeutung sein.[50]

---

44 Vgl. Abschlussbericht der Bund-Länder-Arbeitsgruppe „Betreuungsrecht" zur 74. Konferenz der Justizministerinnen und -minister 2003, http://www.schleswig-holstein.de/MJKE/DE/Justiz/DasIstIhr-recht/Betreuungsrecht/PDF/abschlussberichtBetreuungsrecht__blob=publicationFile.pdf.
45 LG Berlin, Beschl. v. 5.11.1992 – 83 T 423/92 u.a., BeckRS 1992, 00081 = FamRZ 1993, 597.
46 BT-Drucks 11/4528, 140.
47 *Dodegge/Roth*, SK Betreuungsrecht, 3. Aufl., Kap. E Rn 13 m.w.N.
48 Staudinger/*Bienwald*, Neub. 2017, § 1904 a.F. Rn 55.
49 Staudinger/*Bienwald*, Neub. 2017, § 1904 a.F. Rn 54.
50 *Dodegge/Roth*, SK Betreuungsrecht, Kap. E Rn 10.

Als **genehmigungspflichtige Untersuchungen** werden in Literatur[51] und Rechtsprechung genannt: 46
- Pneumencephalographie
- Leberblindpunktion
- Bronchoskopie
- Herzkatheterisierung
- Liquorentnahme aus Gehirn oder Rückenmark[52]
- Angiographie[53]
- sowie bei alten bzw. gebrechlichen Menschen je nach Einzelfall die Arthroskopie.

Die Fortschritte in der Durchführung von medizinischen Maßnahmen muss bei der Verwendung älterer Entscheidungen allerdings ins Kalkül gezogen werden. So wird die Liquorentnahme heute als eine Untersuchung beschrieben, die keine besonderen Risiken oder Komplikationen birgt, aber bei Entzündung, erhöhtem Hirndruck oder gestörter Blutgerinnung problematisch sei.

Von den **operativen Behandlungsmaßnahmen** werden fast alle Amputationen 47 als genehmigungspflichtige „Heilbehandlungen" angesehen.[54] Der **Verlust eines Körpergliedes** wird als dauernder schwerer gesundheitlicher Schaden im Sinne von § 1829 BGB (§ 1904 BGB a.F.) angesehen.[55] Das gilt auch für Operationen, die zu Lähmungen führen können (Rückenmarks- und Bandscheibenoperationen), bzw. solche, die die Bewegungsfähigkeit erheblich einschränken können (z.B. Knochenverkürzungen).[56] In den Anwendungsbereich ärztlicher **operativer Heilbehandlung** fallen ohne weiteres auch:
- Herzoperationen
- Transplantationen von Fremdorganen mit Ausnahme von Hornhauttransplantationen
- Operationen am Gehirn und Rückenmark[57]
- Herz-/Lungen-Operationen am offenen Brustkorb.[58]

---

51 Z.B.: Jürgens/*Marschner*, Betreuungsrecht, 5. Aufl. 2014, § 1904 a.F. Rn 5; *Dodegge/Roth*, SK Betreuungsrecht, Kap. E Rn 9; Staudinger/*Bienwald*, Neub. 2017, § 1904 a.F. Rn 53.
52 BVerfG, Beschl. v. 10.6.1963 – 1 BvR 790/58, NJW 1963, 1597.
53 *Dodegge/Roth*, SK Betreuungsrecht, Kap. E Rn 9.
54 Kaiser/Schnitzler/Friederici/Schilling/*Heitmann*, 3. Aufl. 2014, BGB – Familienrecht, § 1904 a.F. Rn 20; *Dodegge/Roth*, SK Betreuungsrecht, Kap. E Rn 10; AG Brandenburg, Beschl. v. 2.9.2021 – 85 XVII 230/15 m.w.N. zur Amputation als genehmigungspflichtige Maßnahme.
55 BT-Drucks 4528/4528, 140.
56 Kaiser/Schnitzler/Friederici/Schilling/*Heitmann*, 3. Aufl. 2014, BGB – Familienrecht, § 1904 a.F. Rn 20.
57 MüKo-BGB/*Schwab*, 8. Aufl. 2020, § 1904 a.F. Rn 36.
58 Kaiser/Schnitzler/Friederici/Schilling/*Heitmann*, 3. Aufl. 2014, BGB – Familienrecht, § 1904 Rn 20; *Dodegge/Roth*, SK Betreuungsrecht, Kap. E Rn 10.

48 Zu den **nichtoperativen Behandlungsmethoden, die dem Einwilligungsvorbehalt des § 1829 BGB (§ 1904 BGB a.F.) unterfallen können**, gehören
- Chemotherapie[59]
- Strahlenbehandlungen[60]
- Dauerkatheterisierung der Harnblase.

In der betreuungsrechtlichen Literatur wird insbesondere das Genehmigungserfordernis bei der Behandlung von Schizophrenien und endogenen Psychosen mittels **Elektrokrampftherapie** streitig diskutiert.[61]

Unter den Genehmigungsvorbehalt des § 1829 Abs. 2 BGB (§ 1904 BGB a.F.) fällt auch die Verweigerung der Einwilligung in den Batteriewechsel eines Herzschrittmachers oder die Ablehnung einer Maßnahme der künstlichen Ernährung.[62]

49 Auch die **Behandlung mit Medikamenten** je nach Art, Verwendungszweck, Menge und Nebenwirkungen können dem Genehmigungsvorbehalt des § 1829 BGB (§ 1904 BGB a.F.) unterfallen.[63] Grundsätzlich ist es auch bedeutsam zu wissen, dass bei der Behandlung alter Menschen mit Medikamenten eine **besondere Gefahrenlage** besteht. Ärzte beschreiben *„jede Arzneimitteltherapie Älterer als ein Individualexperiment"*[64] bzw. als einen *„Hochrisikoprozess"*, weil die medikamentöse Therapie im Alter von diversen Besonderheiten geprägt wird und Pharmakokinetik und Pharmakodynamik bei alten Menschen verändert sind.

Schreiber[65] hat 1991 unabhängig von der Gefahrenlager „Alter" eine Liste potentiell gefährlicher Medikamente veröffentlicht, darunter Beruhigungs- und Schlafmittel wie Atosil, angstlösende, schlafbereitende und entspannende Mittel wie Lexotanil, Librium, Adumbran etc. Diese Liste war – davor wurde gewarnt – bereits damals nicht vollständig und sicherlich ist auch nicht jede Anwendung genehmigungsbedürftig. Sie ist in der betreuungsrechtlichen Literatur z.T. umstritten, z.T. wird sie völlig abgelehnt[66] und gilt heute wohl als überaltert. Im Abschlussbericht der Bund-Länder Arbeitsgruppe „Betreuungsrecht" (2003) zur 74. Justizministerkonferenz wurden aber u.a. Psychopharmaka aufgeführt (ab S. 159), die wegen ihrer **stark schädigenden Nebenwirkungen** als genehmi-

---

59 MüKo-BGB/*Schwab*, 8. Aufl. 2020, § 1904 a.F. Rn 36.
60 Von MüKo-BGB/*Schwab*, 8. Aufl. 2020, § 1904 a.F. Rn 36 als diskussionswürdig bezeichnet.
61 Vgl. ausführlich Kaiser/Schnitzler/Friederici/Schilling/*Heitmann*, 3. Aufl. 2014, BGB-Familienrecht, § 1904 a.F. Rn 23; für einen Einwilligungsvorbehalt insbes. Jürgens/*Marschner*, Betreuungsrecht, 5. Aufl. 2014, § 1904 a.F. Rn 7.
62 AG Brandenburg, Beschl. v. 9.8.2021 – 85 XVII 110/21.
63 BT-Drucks 11/4528, 140.
64 Willkomm/*Burkhardt/Wehling*, Pharmakotherapie – Grundlagen der Arzneimitteltherapie bei Älteren, Praktische Geriatrie, 2013, 89.
65 *Schreiber*, FamRZ 1991, 1014; 1993, 26.
66 Vgl. zum Diskussionsstand Jürgens/*Marschner*, BetreuungsR, § 1904 a.F. Rn 8.

gungsbedürftig eingestuft wurden. Diskutiert wurde, ob hochpotente Psychopharmaka und die Langzeitbehandlung mit Neuroleptika und Antikonvulsiva wegen der damit verbundenen Gefahr von Spätfolgen ausdrücklich in das Gesetz bzw. eine besondere Liste aufgenommen werden sollten. Dazu ist es damals nicht gekommen.

Zur Medikamentenbewertung sind in der jüngsten Vergangenheit weitere Listen entwickelt worden, die **ungeeignete** Medikamente für die Altersgruppe der Patienten ab 65 Jahre benennen, weil sie mangelhaft wirken, ein erhöhtes Risiko für unerwünschte Nebenwirkungen haben oder weil es andere Medikamente gibt, die sicherer sind. Dazu gehört die sog. **„Priscusliste" potenziell inadäquater Medikation für ältere Menschen**, die zwischenzeitlich allgemein zugänglich ist und ständig verbessert wird.[67] Sie geht zurück, wie diverse andere Listen, auf die sog. **Beers-Liste**, ein Instrument zur Optimierung der Arzneimitteltherapie älterer Patienten.[68] Die Zugehörigkeit von Medikamenten zu einer solchen Liste löst die gesetzlich hier geforderte Gefahrensituation nicht regelhaft aus. Sie muss vielmehr im Einzelfall festgestellt werden. Solche Listen erleichtern aber die Orientierung. 50

Grundsätzlich ist dabei zu beachten, dass **Psychopharmaka** auf die Veränderung seelischer Abläufe gerichtet sind: *„Ihre Verabreichung gegen den natürlichen Willen des Betroffenen berührt daher, auch unabhängig davon, ob sie mit körperlichem Zwang durchgesetzt wird, in besonderem Maße den Kern der Persönlichkeit."*[69] Das spricht für ihre generelle Genehmigungspflicht, die sich aber bisher nicht hat durchsetzen lassen. Zudem wird die **Gabe sedierender Medikamente** von den meisten Patienten bei Erstellung der Patientenverfügung ausdrücklich gewünscht, um eine optimale Schmerzbehandlung zu erreichen und Symptome wie Angst, Unruhe, Verwirrtheit als Begleitsymptome einer schweren Erkrankung zu bekämpfen. Sie sind in der Palliativmedizin unverzichtbar und der Konflikt ist nur schwierig auflösbar. 51

Die ärztliche Behandlung mit Medikamenten wie Glianimon, Atosil und Neurocil über mehrere Wochen kann nach der Rechtsprechung wegen der Gefahr von Spätfolgen (Parkinsonoid und Spätdyskinesien) nach § 1829 BGB (§ 1904 S. 1 BGB a.F.) der Genehmigung bedürfen.[70] Die Verabreichung von Dipiperon, Sepram 20, Levomepromacin100, Halpoeridol soll nach Ansicht des LG Heidelberg wegen der Gefahr von Spätdyskinesien (Bewegungsstörungen, die nach einer Langzeittherapie mit Dopaminantagonisten (z.B. Neuroleptika) auftreten, 52

---

67 Priscus.net/download/PRISCUS-Liste_PRISCUS-TP3_2011.pdf.; jetzt Priscus-Liste 2.0, www. www.priscus2-0.de.
68 *Beers*, American Geriatrics Society Updated Beers Criteria for Potentially Inappropriate Medication Use in Older Adults, The American Geriatrics Society, 2012.
69 BVerfG, Beschl. v. 23.3.2011 – 2 BvR 882/09, NJW 2011, 2113.
70 LG Berlin, Beschl. v. 5.11.1992 – 83 T 423/92 u.a., BeckRS 1992, 00081 = FamRZ 1993, 597; *Bittler/Ramstetter/Thar*, Formulare für Betreuer, 2. Aufl. 2013, 113.

bei Patienten im fortgeschrittenen Alter nicht genehmigungsbedürftig sein, weil es bei 5 % dieser Altersgruppe ohnehin zu spontanen Dyskinesien kommen könne.[71]

53 Nach der Rechtsprechung des Bundesverfassungsgerichtes hat die Gabe von **Neuroleptika** z.B. *„im Hinblick auf die nicht auszuschließende Möglichkeit schwerer, irreversibler und lebensbedrohlicher Nebenwirkungen und die teilweise erhebliche Streuung in den Ergebnissen der Studien zur Häufigkeit des Auftretens erheblicher Nebenwirkungen"*[72] allgemein besondere Grundrechtsrelevanz. Erfolgt ihre Verabreichung gegen den natürlichen Willen des Betroffenen – unabhängig davon, ob sie mit körperlichem Zwang durchgesetzt wird oder nicht – ist in besonderem Maße der Kern der Persönlichkeit betroffen."[73] Bei der Behandlung alter Menschen ist bekannt, dass Neuroleptika kognitive Defizite und demenzielle Syndrome entwickeln können.[74] Allgemein kann man nachlesen, dass ein Risiko von Hirnschwund durch Neuroleptika vor allem im Bereich des Frontalhirns in Abhängigkeit zur kumulativen Gesamtdosis besteht.[75]

54 **Benzodiazepine** sind – wie Alkohol – fettlöslich und erreichen hohe Konzentrationen im Gehirn und können dort Funktionen verändern. Sie beeinträchtigen die Lernfähigkeit bzw. das Gedächtnis.[76] Bei chronischem Gebrauch kommt es zu einer ähnlich kognitiven Verschlechterung wie bei Alkoholabhängigen.[77] Der Langzeitkonsum von Benzodiazepinen ist neueren Untersuchungen zu Folge mit einer höheren Demenzrate assoziiert.[78] Vergleichbares gilt für die sog. „Z-drugs". Im Arzneimittelreport 2013 der Barmer Ersatzkasse heißt zur Behandlung alter Menschen mit Diazepinen ausdrücklich: *„Allein die Tatsache, dass Menschen mit Demenz über Jahre solche kognitiv einschränkenden Arzneimittel verordnet bekommen, ist als Fehlversorgung zu brandmarken. Die Verordnung von Benzodiazepinen für ältere Menschen, insbesondere aber für Patienten mit Demenz sollte unterbleiben."*[79]

---

71 Zit. nach *Bittler/Ramstetter/Thar*, Formulare für Betreuer, 2. Aufl. 2013, 113.
72 BVerfG, Beschl. v. 23.3.2011 – 2 BvR 882/09, NJW 2011, 2113; BVerfG, Beschl. v. 8.6.2021 – 2 BvR 1866/17 und 2 BvR 1314/18 Rn 58, NStZ-RR 2021, 356.
73 BVerfG, Beschl. v. 28.11.2013 – 2 BvR 2784/12, BeckRS 2013, 59956 = StV 2015, 245; BVerfG, Beschl. v. 23.3.2011 – 2 BvR 882/09, NJW 2011, 2113; BVerfG, Beschl. v. 8.6.2021 – 2 BvR 1866/17 und 2 BvR 1314/18 Rn 58, NStZ-RR 2021, 356.
74 *Förstl/Müller/Zilker*, Demenzen in Theorie und Praxis, 3. Aufl. 2011, 220.
75 Stellungnahme der DGPS zu aktuellen Forschungsergebnissen in der Neuroleptikabehandlung, 2013.
76 *Wolter*, Medikamentenabhängigkeit im Alter, BtPrax 2013, 47.
77 *Förstl/Müller/Zilker*, Demenzen in Theorie und Praxis, 3. Aufl. 2011, 217.
78 *Förstl/Müller/Zilker*, Demenzen in Theorie und Praxis, 3. Aufl. 2011, 218; Vgl. *Neuner-Jehle*, Zuviel des Guten – Rezepte gegen Polypharmazie, Primary Care 2011, 213.
79 Barmer BEK Arzneimittelreport 2013, 20.

Ältere Menschen werden zumeist nicht nur mit einem einzigen dieser Medikamente behandelt. Alter ist typischerweise mit **Multimedikation** verbunden. Von **Multimedikation, Polymedikation** oder **Polypharmazie**[80] spricht man, wenn ein Mensch parallel mit mehreren pharmazeutischen Wirkstoffen behandelt wird. Ab welcher Wirkstoffanzahl man genau von Multimedikation spricht, darüber besteht in der kaum überschaubaren Anzahl von Veröffentlichungen keine Einigkeit. Z.T. beginnt die Definition der Multimedikation schon bei zwei Arzneistoffen, z.T. wird erst bei neun Arzneistoffen von Multimedikation gesprochen.[81] Eine Art Grundkonsens scheint sich für eine Definition zu entwickeln, bei der **fünf und mehr Medikamenten** über die Dauer von mehr als drei Monaten eingenommen werden.[82] Auch die hausärztliche Leitlinie „**Multimedikation**" geht von dieser Definition aus.[83]

55

Multimedikation ist möglichst zu vermeiden. Sie kann neben einem **erhöhten Sterberisiko** bei älteren Menschen auch zu einer signifikanten Verschlechterung der kognitiven Leistungsfähigkeit führen. Multimedikation ist in allen Altersgruppen ein Risikothema, aber sie ist das Generalthema des alten Menschen schlechthin.[84] Und als alter Mensch gilt man nach der Definition der WHO mit dem 65. Lebensjahr. Multimedikation ist ein Alltagsphänomen mit hohem Risikopotential,[85] verstärkt dadurch, dass insbesondere in der Behandlung von Patienten in Heimeinrichtungen die Gabe von Psychopharmaka neben der Vielzahl der anderen Medikamente eine große Rolle spielt. Nach internationalen Studien – so berichtet Pental in seinem Abschlussbericht „Psychopharmaka im Altenpflegeheim"[86] – liegt die Verordnungsrate von Psychopharmaka bei Altenheimbewohnern zwischen 34 und 75 %. Vorsorgebevollmächtigte und Betreuer

56

---

80 Vgl. z.B. Faktenblatt Polymedikation, ABDA Stand August 2012.
81 Vgl. dazu Mukhtar, Methodische Aspekte der Datenanalyse, www.zi.de/cms/fileadmin/images/content/PDFs_alle/Vortragsfolien_Mukhtar.pdf; HKK Gesundheitsreport 2012, Polypharmazie, 33 ff.
82 *Wehling*, Probleme bei der Pharmakotherapie älterer Patienten, Hessisches Ärzteblatt 2010, 686; *Jaehde/Franke/Demgenski*, Mehr Überblick trotz Polymedikation, Pharmazeutische Zeitung online 2008, 1.
83 „Multimedikation – Empfehlungen zum Umgang mit Multimedikation bei Erwachsenen und geriatrischen Patienten", Berlin 2013 in der Überarbeitung vom 5.5.2021; AWMF-Registernummer: 053 – 043 Klassifikation: S3; 17.
84 Vgl. z.B.: WIdO Monitor 2012; vgl. zu Patienten in einer Klinik: *Welzel*, Unerwünschte Arzneimittelwirkungen bei akutgeriatrischen Patienten, Diss. 2013, 23; *Wehling*, Klinisch pharmakologische wichtige altersabhängige Veränderungen/Arznei/Forsch/Drug/Res. 2003, 894–895.; zur Polypharmazie bei Klinikaufnahme von Menschen ab 65 Jahren (44,1 % der aufgenommenen Patienten) vgl. Barmer Arzneimittelreport 2020.
85 Vgl. z.B. *Mertens*, Polypharmazie im Alter, Magisterarbeit 2009; *Jaehde/Franke/Demgenski*, Mehr Überblick trotz Polymedikation, Pharmazeutische Zeitung online 2008; *Schubert/Feßler/Kirchner/Muth/Harder*, Hausärztliche Leitlinie „Multimedikation" erschienen, Hessisches Ärzteblatt, 2013, 684 ff.
86 *Pantel/Weber*, Abschlussbericht Psychopharmaka im Altenpflegeheim, 8 m.w.N.

müssten angesichts dieser Zahlen davon ausgehen, dass die Prüfung des Genehmigungsvorbehalts nach § 1829 BGB (§ 1904 BGB a.F.) zusammen mit dem behandelnden Arzt regelhaft zu ihren Aufgaben gehört.

57 Auf die Prüfung der **Genehmigungspflichtigkeit der Einwilligung** in solche lebens- bzw. gesundheitsgefährdende Maßnahmen durch das Betreuungsgericht darf der Bevollmächtigte nach § 1829 Abs. 1 S. 2 BGB (§ 1904 Abs. 1 S. 2 BGB a.F.) nicht verzichten. Ohne die Genehmigung ist die Maßnahme ausnahmsweise nur dann zulässig, wenn **mit dem Aufschub** der Maßnahme **Gefahr verbunden** ist. Bei der **Nichteinwilligung** bzw. dem **Widerruf** darf selbst bei einer Gefahrenlage nicht ohne betreuungsgerichtliche Genehmigung gehandelt werden.

e) Der Verzicht auf die Genehmigung

58 § 1829 Abs. 4 BGB (§ 1904 Abs. 4 BGB a.F.) regelt, dass unter besonderen Voraussetzungen ein **Verzicht auf die richterliche Genehmigung** möglich ist. Das ist dann der Fall, wenn zwischen dem Betreuer oder dem Bevollmächtigten nach § 1829 Abs. 4 und 5 BGB (§ 1904 Abs. 5 BGB a.F.) und dem behandelnden Arzt des Betroffenen **Einvernehmen** darüber besteht, dass die Erteilung, Nichterteilung oder der Widerruf dem nach § 1828 BGB (§ 1901a BGB a.F.) festgestellten **Patientenwillen** entspricht.

59 Gibt es Differenzen mit dem behandelnden Arzt, hat der Bevollmächtigte immer ein **betreuungsgerichtliches Genehmigungsverfahren** in Gang zu setzen, das nach den §§ 271 ff. FamFG, speziell §§ 271 Nr. 3, 274, 276, 287, 298 FamFG, abläuft. Außerdem hat jeder Betreuer nach § 1861 BGB (§ 1837 BGB a.F.) das Recht, sich vom Betreuungsgericht beraten zu lassen. Die Praxis hält es deshalb für zulässig und geboten, dass man als Betreuer beim Betreuungsgericht ein sog. „**Negativattest**" einholt, falls man sich nicht sicher ist, ob eine Maßnahme genehmigungspflichtig ist.[87] Was für Betreuer gilt, muss insoweit auch für Bevollmächtigte gelten. Zu beachten ist dabei, dass das Negativattest der Erteilung einer Genehmigung nicht gleichsteht.[88]

60 Mit einem **Negativattest** wird bestätigt, dass eine betreuungsgerichtliche Genehmigung zur Umsetzung der getroffenen Entscheidung nicht erforderlich ist. Der Antrag ist nicht nur im Falle des Dissenses zulässig, sondern auch für den Fall des Konsenses. Das Verfahren *„vermittelt der Entscheidung des Betreuers damit eine Legitimität, die geeignet ist, den Betreuer subjektiv zu entlasten sowie seine Entscheidung objektiv anderen Beteiligten zu vermitteln, und die ihn vor dem Risiko einer abweichenden strafrechtlichen expost-Beurteilung schützen kann."*[89] Stellt das Gericht das Einvernehmen i.S.d. § 1829 Abs. 4 BGB (§ 1904 Abs. 4

---

87 Zum Negativattest vgl. BGH, Urt. v. 6.7.2016 – XII ZB 61/16 Rn 28, NJW 2016, 3297, 3299.
88 BGH, Urt. v. 30.11.1965 – V ZR 58/63, BGHZ 44, 325 ff. = NJW 1966, 652.
89 BGH, Beschl. v. 17.9.2014 – XII ZB 202/13, NJW 2014, 3572.

BGB a.F.) fest, hat es den Antrag auf betreuungsgerichtliche Genehmigung ohne weitere gerichtliche Ermittlungen abzulehnen und ein sogenanntes Negativattest zu erteilen, aus dem sich ergibt, dass eine gerichtliche Genehmigung nicht erforderlich ist. Wenn das Gericht trotz Einvernehmens zunächst einen Anlass für die Ermittlung des Patientenwillens mit den ihm zur Verfügung stehenden Ermittlungsmöglichkeiten sieht, aber nach der Prüfung zu dem Ergebnis gelangt, dass die Erteilung, die Nichterteilung oder der Widerruf der Einwilligung dem nach § 1828 BGB (§ 1901a BGB a.F.) festgestellten Willen entspricht, ist entsprechend zu verfahren.

Bei unterschiedlichen Auffassungen oder bei Zweifeln des behandelnden Arztes und des Betreuers über den Behandlungswillen des Betreuten muss das Betreuungsgericht hingegen nach der Kontrolle, ob die Entscheidung des Betreuers über die Nichteinwilligung oder den Widerruf der Einwilligung tatsächlich dem ermittelten Patientenwillen entspricht, eine Genehmigung nach § 1904 Abs. 2 BGB a.F. (jetzt § 1829 BGB) erteilen oder versagen.[90]

61

2. Freiheitsentziehende Unterbringung, Maßnahmen und ärztliche Zwangsbehandlung – §§ 1831, 1832 BGB (§§ 1906, 1906a BGB a.F.)

Auch die Unterbringung eines Patienten ist dem Bevollmächtigten/Betreuer **nur mit Genehmigung des Betreuungsgerichtes** erlaubt und nur, wenn und solange die Unterbringung nach § 1832 Abs. 2 S. 1 BGB (§ 1906 Abs. 2 S. 1 BGB a.F.) zulässig ist.[91] Es reicht also zum Vollzug einer solchen Maßnahme nicht aus, dass eine Vorsorgevollmacht erteilt oder das Aufenthaltsbestimmungsrecht übertragen wurde. Etwas anderes gilt nur dann, wenn mit dem Aufschub der Maßnahme Gefahr verbunden ist. Dann muss die Einholung der Genehmigung unverzüglich nachgeholt werden.

62

Auch wenn der Vollmachtgeber mit gerichtlicher Genehmigung untergebracht ist, ist z.B. nach § 1931 BGB (§ 1906 BGB a.F.) eine **weitere gerichtliche Genehmigung** erforderlich, wenn ihm durch freiheitsentziehende Maßnahmen wie Bettgitter, Stecktische, Festbinden, komplizierte Türschließeinrichtungen oder sedierende Medikamente über einen längeren Zeitraum oder regelmäßig zusätzlich die Freiheit entzogen werden soll.[92]

63

---

90 BGH, Beschl. v. 17.9.2014 – XII ZB 202/13, NJW 2014, 3572.
91 BGH, Beschl. v. 13.4.2016 –XII ZB 95/16 NJW-RR 2016, 641 Rn 12.
92 BayObLGZ 1993, 18 = FamRZ 1993, 600; a.A. LG Freiburg, Beschl. v. 20.7.2010 – 4 T 133/10.

> **Hinweis**
>
> Auf das Erfordernis einer zusätzlichen betreuungsgerichtlichen Genehmigung im Sinne von § 1831 BGB (§ 1906 BGB a.F.) kann durch individuelle Vorsorgevollmacht aufgrund des staatlichen Schutzauftrages nicht vorab wirksam verzichtet werden.[93]
>
> Die in § 1831 Abs. 5 und 2 BGB (§ 1906 Abs. 5 und 2 BGB a.F.) festgeschriebene Verpflichtung, vor zusätzlichen Freiheitsbeschränkungen trotz Einwilligung der durch Vorsorgevollmacht Bevollmächtigten eine gerichtliche Genehmigung der Einwilligung einholen zu müssen, greift zwar in das Selbstbestimmungsrecht des Vollmachtgebers aus Art. 2 Abs. 1 GG ein. Das Recht auf Selbstbestimmung wird jedoch nicht uneingeschränkt, sondern nur im Rahmen der verfassungsmäßigen Ordnung gewährleistet. Bestandteil dieser verfassungsmäßigen Ordnung ist jede Rechtsnorm, die formell und materiell der Verfassung gemäß ist.[94]

Die Einzelheiten einer Genehmigung von freiheitsentziehender Unterbringung und Maßnahmen sowie der ärztlichen Zwangsbehandlung können aus Platzgründen hier nicht weiter vertieft werden.

64 Ohne weiteres offenkundig ist die **Schnittstelle zur Patientenverfügung** aber bei der **ärztlichen Zwangsmaßnahme** nach § 1832 BGB = ärztliche Behandlung gegen den natürlichen Willen ohne Einsichts- und Steuerungsfähigkeit (§ 1906 BGB a.F.), weil ein Betreuer/Bevollmächtigter in eine ärztliche Zwangsmaßnahme überhaupt nur dann einwilligen kann, wenn die ärztliche Zwangsmaßnahme dem nach § 1827 BGB zu beachtenden Willen des Betreuten entspricht. Gemeint ist damit der in der Patientenverfügung geäußerte tatsächliche Wille ebenso wie der mutmaßliche Wille des Betreuten. Schutzpflichten gegenüber einem Betroffenen selbst (und ausschließlich zu seinem eigenen Schutz) können eine Zwangsbehandlung demnach grundsätzlich nicht rechtfertigen, wenn dieser eine solche Behandlung im Zustand der Einsichtsfähigkeit ausgeschlossen hat.[95]

Für den Vollmachtgeber gilt nach § 1832 Abs. 5 BGB nichts anderes. In eine ambulante Zwangsmaßnahme kann er gar nicht einwilligen, weil sie für ambulante Maßnahmen ausdrücklich unzulässig ist.

65 Die typische Schnittstelle zu § 1829 BGB (§ 1904 BGB a.F.) liegt bei der Gabe von Medikamenten. Die Anwendung von Medikamenten **zu Heilzwecken oder aus therapeutischen Gründen** fällt nicht unter § 1831 Abs. 4 BGB (§ 1906 Abs. 4 BGB a.F.),[96] aber alle anderen Maßnahmen, bei denen es darum geht, die Freiheit

---

93 BVerfG v. 5.6.2011 –2 BvR 167-/12.
94 BVerfG v. 10.6.2015 –2 BvR 1967/12.
95 BVerfG, Beschl. v. 8.6.2021 – 2 BvR 1866/17 und 2 BvR 1314/18 Rn 55; 69 ff.
96 *Dodegge/Roth*, SK Betreuungsrecht, Kap. G Rn 53.

eines anderen zu begrenzen. Die beabsichtigte **Freiheitsentziehung durch Medikamente** unterfällt daher § 1831 BGB (§ 1906 BGB a.F.).[97]

> **Hinweis**
>
> Die Verabreichung von Medikamenten ohne eine Einwilligung ist rechtswidrig. Einzelne Untergerichte hatten bisher entschieden, dass eine **heimliche Verabreichung** von Medikamenten eine **Zwangsmaßnahme** darstelle, weil sich an dem Charakter als Zwangsmaßnahme nichts dadurch ändere, dass die Medikamente verdeckt verabreicht würden und dadurch der natürliche Wille des Patienten übergangen werde.[98]
>
> Das BVerfG konnte sich zu einer solchen Positionierung nicht entscheiden. § 1906a BGB a.F. (jetzt § 1832 BGB) enthalte Auslegungsspielräume, zu der sich eine eindeutige fachgerichtliche, zumal höchstrichterliche Rechtsprechung noch nicht herausgebildet habe. Diese müsse sich aber zu der Frage erklären, ob das Merkmal der „Zwangsmaßnahme" in § 1906a BGB a.F. nur Fälle körperlichen Zwangs oder auch Fälle der Heimlichkeit – wie bei der heimlichen Beimischung von Medikamenten in Speisen und Getränken – umfasse. Weiter sei fachgerichtlich ungeklärt, ob eine Heilbehandlung notwendigerweise dem **natürlichen Willen** des Betreuten i.S.d. § 1906a Abs. 1 S 1 a.F. BGB widerspreche, wenn Medikamente unter das Essen gemischt würden, damit dies dem Betroffenen verborgen bleibe. Denn ein entgegenstehender natürlicher Wille – so das BVerfG – liege nur und erst dann vor, wenn der Betroffene dies ausdrücklich geäußert oder zumindest – etwa durch Gesten – nach außen manifestiert habe.[99] Daran knüpfe die ebenfalls offene Frage an, inwieweit eine heimliche Gabe von Medikamenten als ärztliche Zwangsmaßnahme i.S.d. § 1906a BGB a.F. (jetzt § 1823 BGB) anzusehen sei.[100]

---

97 Vgl. hierzu *Kirsch/Hirsch*, Freiheitsentziehung durch Medikamente nach § 1906 Abs. 4 BGB, BtPrax 2016, 12 ff.
98 LG Lübeck, Beschl. v. 23.7.2014 – 7 T 19/14, BeckRS 2014, 16582 = GuP 2015, 78.
99 Als natürlicher Wille wird jede irgendwie zum Ausdruck gebrachte Willensäußerung verstanden, auch wenn sie nicht von Einsichts- und Steuerungsfähigkeit getragen ist; abgeleitet aus § 1905 BGB vgl. BT.-Drs. 11/4528, S. 143; Vgl. auch Bundesärztekammer, Hinweise und Empfehlungen der Bundesärztekammer zu Patientenverfügungen und anderen vorsorglichen Willensbekundungen bei Patienten mit einer Demenzerkrankung, Stand 16.3.2018, DT. Ärzteblatt 2018, S. A 952, A954.
100 BVerfG, Beschl. 2.11.2021 – 1 BvR 1575/18, NJW 2021, 3590 mit kritisch ablehnender Stellungnahme von Fölsch; zum Problem der verdeckten Medikamentengabe vgl. auch Baumann, Postoperative Fixierung im Krankenhaus – Zwangsbehandlung mit Richtervorbehalt, BtPrax 2019, S. 190 ff.

III. Muster

Muster 18.3: Hinweise zur Einholung von Genehmigungen des Betreuungsgerichtes für Bevollmächtigte/Betreuer

Vorsorgevollmacht und Betreuungsverfügung werden zumindest im Innenverhältnis unter der Bedingung errichtet, dass der Betroffene trotz Vorsorgevollmacht und/oder Betreuungsverfügung selbst nicht mehr in die gebotenen Maßnahmen wirksam einwilligen kann (Einwilligungsfähigkeit). Das reicht aber nicht immer aus! Es gibt Sachverhalte, bei denen auch ein Bevollmächtigter oder ein ernannter Betreuer für seine Entscheidung – zusätzlich und meistens sogar zwingend – eine Genehmigung durch das Betreuungsgericht (Amtsgericht) benötigt.

Als Vorsorgebevollmächtigter oder Betreuer müssen Sie daher unbedingt folgende Fälle beachten:
- Zur Einwilligung, zur Nichteinwilligung oder zum Widerruf zu Untersuchungen, Heilbehandlungen oder ärztlichen Eingriffen braucht man als Vorsorgebevollmächtigter oder Betreuer regelhaft eine gerichtliche Genehmigung, wenn die begründete Gefahr besteht, dass aufgrund dieser Maßnahmen, ihres Unterbleibens oder ihres Abbruchs der Tod oder ein schwerer oder länger dauernder gesundheitlicher Schaden beim Betroffenen eintreten könnte. Eine Ausnahme gilt nur, wenn der behandelnde Arzt und Sie als Bevollmächtigter/Betreuer sich darüber einig sind, dass die Entscheidung dem aktuell festgestellten Patientenwillen aufgrund einer Patientenverfügung, eines konkreten Behandlungswunsches oder des mutmaßlich festgestellten Patientenwillens entspricht. Dann ist eine Genehmigung nicht erforderlich. Sie als der Bevollmächtigte/Betreuer müssen dazu auf jeden Fall ein Gespräch mit dem behandelnden Arzt führen und die übereinstimmende Entscheidung schriftlich dokumentieren (§ 1828 BGB). Ein Verzicht auf ein solches Gespräch kommt unter keinen Umständen in Betracht!
- Zu einer Unterbringung des Betroffenen (freiheitsentziehenden Maßnahme in einer abgeschlossenen Einrichtung) benötigen Sie als Vorsorgebevollmächtigter/Betreuer immer zusätzlich einer Genehmigung durch das Betreuungsgericht, wenn die Unterbringung erfolgen soll, weil
  - sich der Betroffene aufgrund einer psychischen Krankheit oder einer geistigen oder seelischen Behinderung derart selbst gefährdet, dass die Gefahr besteht, dass er sich selbst tötet oder erheblichen gesundheitlichen Schaden zufügt oder
  - zur Abwendung eines drohenden erheblichen gesundheitlichen Schadens eine Untersuchung eines Gesundheitszustands, eine Heilbehandlung oder ein ärztlicher Eingriff notwendig ist und die Maßnahme ohne die Unterbringung nicht durchgeführt werden kann. Der Betroffene muss zusätzlich die Notwendigkeit der Unterbringung nicht erkennen oder nicht nach dieser Einsicht handeln können.
- **Ausnahme:** Das gilt nicht, wenn mit dem Aufschub einer Maßnahme Gefahr verbunden ist; in diesem Fall muss die betreuungsgerichtliche Genehmigung nachträglich eingeholt werden.
- Untersuchungen, Heilbehandlungen oder ärztliche Eingriffe können **dem natürlichen Willen des Betroffenen** widersprechen. Man spricht dann von Zwangsmaßnahmen. In eine solche Zwangsmaßnahme können Sie überhaupt nur unter einer Vielzahl sehr enger Voraussetzungen einwilligen. Die Maßnahme darf u.a. dem in einer Patientenverfügung geäußerten

Willen, hilfsweise konkreten Behandlungswünschen des Betroffenen oder seinem mutmaßlichen Willen nicht widersprechen! Eine ambulante ärztliche Zwangsbehandlung ist generell unzulässig. Die Einwilligung in eine ärztliche Zwangsbehandlung, die im Rahmen eines stationären Aufenthaltes in einem Krankenhaus erfolgt, muss zwingend vom Betreuungsgericht genehmigt werden.
- Eine Genehmigung muss auch eingeholt werden, wenn dem Betreuten/Vollmachtgeber, der sich in einem Krankenhaus, einem Heim oder einer sonstigen Einrichtung aufhält, durch mechanische Vorrichtungen, Medikamente oder auf sonstige Art über einen längeren Zeitraum oder regelmäßig die Freiheit entzogen werden soll.

Bei Unsicherheiten besteht die Möglichkeit und das Recht, beim Betreuungsgericht nachzufragen und sich beraten zu lassen. Man kann sich beim Betreuungsgericht (Amtsgericht) bestätigen lassen, dass die vorgesehenen Maßnahmen nicht genehmigungspflichtig sind (**Möglichkeit des Negativattestes**).

C. Das Gespräch zur Feststellung des Patientenwillens bei medizinischen Maßnahmen nach §§ 1829 Abs. 4, 1828 BGB (§§ 1904 Abs. 4, 1901b BGB a.F. – die therapeutische Arbeitsgemeinschaft)

Das BVerfG hat im Rahmen der Umsetzung einer Patientenverfügung im Maßregelvollzug im Jahr 2021 die Ermittlung des Patientenwillens als notwendig zweischrittig beschrieben:

67

*„Der unbedingte Vorrang individueller Selbstbestimmung auf der Grundlage des allgemeinen Persönlichkeitsrechts setzt voraus, dass der Betroffene seine Entscheidung mit freiem Willen und im Bewusstsein über ihre Reichweite getroffen hat. **Ob die im Rahmen einer Patientenverfügung vorab festgelegte Ablehnung einer bestimmten Behandlung diese Anforderung erfüllt, ist anhand einer zweistufigen Prüfung zu beantworten:** Die Erklärung muss im Zustand der Einsichtsfähigkeit in die Bedeutung ihres Aussagegehalts abgegeben worden sein. Einsichtsfähig ist, wer Art, Bedeutung und Tragweite der Maßnahme zu erfassen und seinen Willen hiernach zu bestimmen vermag (…). Ob ein Betroffener einsichtsfähig war, als er eine bestimmte Behandlung ablehnte, müssen die Gerichte **auf der ersten Stufe** – gegebenenfalls mit sachverständiger Hilfe – aufklären. Steht – wie hier – ein schwerwiegender Eingriff in ein hochrangiges Grundrecht in Frage, dürfen allerdings Unklarheiten in der Bewertung von Tatsachen grundsätzlich nicht zu Lasten des Grundrechtsträgers gehen.*
Auf der zweiten Stufe *ist der Inhalt der Erklärung daraufhin auszulegen, ob dieser hinreichend bestimmt und die konkrete Behandlungssituation von der Reichweite der Erklärung umfasst ist. Dies kann nach denselben Maßstäben beurteilt werden, die für die unmittelbare Bindungswirkung einer Patienten-*

*verfügung im Sinne von § 1901a Abs. 1 BGB gelten. Nach der Rechtsprechung des Bundesgerichtshofs muss die Erklärung einerseits konkret die Behandlungssituation beschreiben, in der sie gelten soll, und andererseits die ärztliche Maßnahme bezeichnen, in die der Erklärende einwilligt oder die er untersagt. Es muss sich feststellen lassen, in welcher Behandlungssituation welche ärztlichen Maßnahmen durchgeführt werden beziehungsweise unterbleiben sollen. Insgesamt dürfen die Anforderungen an die Bestimmtheit nicht überspannt werden. Vorausgesetzt werden kann danach nur, dass der Betroffene umschreibend festlegt, was er in einer bestimmten Lebens- und Behandlungssituation will und was nicht. Hierzu gehört auch zu überprüfen, ob die vom Betroffenen in der Patientenverfügung in Bezug genommene Situation auch die etwaigen Konsequenzen einer ausbleibenden Behandlung, wie den Eintritt schwerster, gar irreversibler Schäden oder einer Chronifizierung des Krankheitsbildes mit den entsprechenden Folgen etwa für die Fortdauer einer freiheitsentziehenden Maßnahme erfasst. Abstrakte, einer weiteren Wertung unterliegende Behandlungsanordnungen wie etwa eine „würdevolle" oder „angemessene" Behandlung genügten nicht; jedoch kann vom Erklärenden auch kein medizinisches Fachwissen verlangt werden oder die Vorausahnung seiner Biographie als Patient (...). Liegen diese Voraussetzungen für eine bindende Erklärung vor, so ist diese Ausdruck des freien Willens des Erklärenden und schließt eine Zwangsbehandlung, die sich zur Rechtfertigung allein auf den Schutz des Betroffenen selbst stützt, auch im Maßregelvollzug aus. **Allerdings ist fortlaufend zu überprüfen, ob die jeweiligen Umstände und Krankheitssituationen noch von der Patientenverfügung gedeckt sind.**"*[101]

68 **§ 1901b BGB – ab 1.1.2023 § 1828 BGB** – ist die auch heute noch vielfach verkannte – Umsetzungsnorm zur Realisierung der Patientenverfügung oder notfalls des mutmaßlichen Willens des Betreuten oder Vollmachtgebers. Es bedarf – und zwar unabhängig von der Schwere einer gesundheitlichen Beeinträchtigung – des Gespräches nach § 1828 BGB (§ 1901b BGB a.F.), der Begründung einer **therapeutischen Arbeitsgemeinschaft** zwischen Arzt und Patientenvertreter.[102]

I. Wer prüft was?

69 Der behandelnde Arzt hat zu prüfen, welche medizinische Maßnahme im Hinblick auf den **Gesamtzustand** und die **Prognose des Patienten konkret indiziert**

---

101 BVerfG, Beschl. v. 8.6.2021 – 2 BvR 1866/17 Rn 74 ff. (Hervorhebungen durch die Verfasserin).
102 Siehe Empfehlung der Bundesärztekammer und der zentralen Ethikkommission bei der Bundesärztekammer zum Umgang mit Vorsorgevollmacht und Patientenverfügung in der ärztlichen Praxis (25.10.2018), DÄBl 2018, 2434, 2439 (siehe Anhang I im 6. Teil in diesem Buch).

ist. Diese konkret indizierte Maßnahme ist mit dem Betreuer/Bevollmächtigten zu erörtern. Jeder Vorsorgebevollmächtigte/Betreuer muss für die Einwilligung in die Behandlung des Vollmachtgebers/Betreuten immer höchstpersönlich feststellen, ob die Maßnahme oder deren Unterlassung/Beendigung
- dem Willen des Betroffenen aus seiner Patientenverfügung oder einem Behandlungswunsch entspricht oder zumindest
- dem mutmaßlichen Willen des Betroffenen entspricht und ob
- die Entscheidung der Genehmigung durch das Betreuungsgericht bedarf oder nicht.[103]

Bei der Feststellung des Patientenwillens nach § 1827 Abs. 1 BGB (§ 1901a Abs. 1 BGB a.F.) sowie seiner Behandlungswünsche oder seines mutmaßlichen Willens nach § 1828 BGB (§ 1901a Abs. 2 BGB a.F.) soll **nahen Angehörigen** und **sonstigen Vertrauenspersonen** des Patienten Gelegenheit zur Äußerung gegeben werden, soweit dies ohne erhebliche Verzögerung möglich ist.

70

II. Die Anforderungen an das Gespräch

§ 1828 BGB (§ 1901b BGB a.F.) regelt, wie das **Verfahren zur Feststellung des Patientenwillens** bei der Entscheidung über medizinische Maßnahmen abzulaufen hat. Die Verfahrensnorm soll den Patienten schützen und dazu beitragen, dass das Leben des Patienten und seine Gesundheit nicht durch leichtfertige Entscheidungen oder aus unlauteren Motiven gefährdet werden.[104]

71

Die **Anforderungen** an die Feststellung eines behandlungsbezogenen Patientenwillens sind zumindest für den Behandlungsabbruch **streng**:

72

„...Darüber hinaus muss in der regelmäßig die Beteiligten emotional stark belastenden Situation, in der ein Behandlungsabbruch in Betracht zu ziehen ist, gewährleistet sein, dass die Entscheidung nicht unter zeitlichem Druck, sondern nur nach sorgfältiger Prüfung der medizinischen Grundlagen und des sich gegebenenfalls in einer Patientenverfügung manifestierenden Patientenwillens erfolgt."[105]

„Für die Feststellung des behandlungsbezogenen Patientenwillens gelten beweismäßig strenge Maßstäbe, die der hohen Bedeutung der betroffenen Rechtsgüter Rechnung zu tragen haben."[106]

Der BGH betont, dass **das Gespräch zwischen Arzt und Betreuer/Bevollmächtigten unverzichtbar ist**. Alle verfügbaren Informationen und vorhandenen Ansichten müssten dort erfasst und gewichtet werden, um sicherzustellen, dass die

---

103 Zum Prüfungsablauf vgl. BGH, Beschl. v. 6.7.2016 – XII ZB 61/16 Rn 28, NJW 2016, 3297, 3299.
104 BGH, Beschl. v. 10.11.2010 – 2 StR 320/10 Rn 19, NJW 2011, 161.
105 BGH, Beschl. v. 10.11.2010 – 2 StR 320/10, NJW 2011, 161 Rn 19; BGH, Beschl. v. 17.9.2014 – XII ZB 202/13, NJW 2014, 3572 Ls. c).
106 BGH, Urt. v. 25.6.2010 – 2 StR 454/09, NJW 2010, 2963.

Patientenverfügung nicht missbraucht wird. Das Gespräch muss **dokumentiert**[107] werden.

III. Was muss der Arzt in das Gespräch nach § 1928 BGB (§ 1901b BGB a.F.) einbringen?

73 Die **Berechtigung** zur **ärztlichen Behandlung** beruht neben der *„informierten Einwilligung"* des Patienten auch auf der auf *„medizinischen Indikation"*. Auch an einem einwilligungsunfähigen Patienten muss jeder ärztlichen Maßnahme die Feststellung der medizinischen Indikation vorausgehen. Medizinisches Handeln, ohne dass der Arzt eine Indikation gestellt hat, ist selbst dann, wenn eine Einwilligung vorliegt, ein Verstoß gegen die ärztliche Kunst.[108] Der Begriff der Indikation lässt sich nicht 100%ig sicher bestimmen.[109] Der BGH beschreibt sie als *„das fachliche Urteil über den Wert oder Unwert einer medizinischen Behandlungsmethode in ihrer Anwendung auf den konkreten Fall."*[110] Die Bundesärztekammer sah sich 2015 veranlasst, den **Begriff der Indikation** in einer offiziellen Mitteilung für ihre Mitglieder zu **definieren**:

„Die medizinische Indikation beruht auf einem aktiven Entscheidungsprozess, der sich definieren lässt als die Beurteilung eines Arztes, dass eine konkrete medizinische Maßnahme angezeigt ist, um ein bestimmtes Behandlungsziel zu erreichen."[111]

74 Zum „Handwerkszeug" bei der Erstellung einer **medizinischen Indikation** gehört
– die Feststellung der Diagnose
– die Bildung einer Prognose
– der Vorschlag eines Behandlungsplans.

Die Feststellung der **Diagnose** erfolgt standardisiert. Die im Rahmen eines solchen diagnostischen Standardverfahrens erhaltenen Befunde sind entscheidend für die Behandlung eines Patienten, und die Bestimmung der Indikation für medizinische Eingriffe führt zur Formulierung von Empfehlungen an den Patienten hinsichtlich weiterer diagnostischer Untersuchungen und Behandlungsmög-

---

107 Siehe Empfehlung der Bundesärztekammer und der zentralen Ethikkommission bei der Bundesärztekammer zum Umgang mit Vorsorgevollmacht und Patientenverfügung in der ärztlichen Praxis (25.10.2018), DÄBl 2018, 2434, 2439.
108 Vgl. zur Aufweichung dieser Anforderung durch die sog. wunscherfüllende Medizin, Stellungnahme der Bundesärztekammer, Medizinische Indikationsstellung und Ökonomisierung, 2015.
109 Vgl. z.B. *Dörries/Lipp*, Medizinische Indikation, ärztliche, ethische und rechtliche Perspektiven, Hannover 2015.
110 BGH, Beschl. v. 17.3.2003 – XII ZB 2/03, NJW 2003, 1588.
111 Stellungahme der Bundesärztekammer, Medizinische Indikationsstellung und Ökonomisierung, 2015.

lichkeiten.¹¹² Die Indikation kann sich daher ändern. Sie ist im Verlaufe einer Behandlung kontinuierlich zu überprüfen.¹¹³
Ziele und Gesundheitszustand des Patienten stehen in einem unmittelbaren Zusammenhang miteinander. Der Arzt muss daher auch entscheiden, welche Behandlungsmaßnahme angemessen ist. Medizinische Maßnahmen können aus unterschiedlichsten Gründen nicht angemessen bzw. aussichtslos sein.¹¹⁴ Sinnlos sind grundsätzlich **aussichtslose** Maßnahmen. Was das allerdings ist, darüber streiten die Mediziner.

Die Feststellung der Indikation steht in der **alleinigen Kompetenz des Arztes**.¹¹⁵ Sie ist Teil seiner Verantwortung¹¹⁶ und sie kann auch nicht durch ein Ethikkonsil oder eine Mehrheitsentscheidung mehrerer Beteiligter ersetzt werden.¹¹⁷

IV. Was muss der Betreuer/Bevollmächtigte in das Gespräch nach § 1828 BGB (§ 1901b BGB a.F.) einbringen? – Entscheidungen aufgrund von Indikation und Patientenwille

*„Der Betreuer hat dem Willen des (einwilligungsunfähigen) Betreuten zum Durchbruch zu verhelfen. Zunächst besteht seine Aufgabe darin, die Einwilligungsunfähigkeit im Zusammenwirken mit dem Arzt und sodann den konkreten, nämlich behandlungsbezogenen Willen zu ermitteln."*¹¹⁸

Lässt sich ein Patientenwille sicher ermitteln, ist dieser **maßgeblich**. Handlungsspielraum für Arzt und Betreuer/Bevollmächtigten gibt es dann nicht. Letzterer hat dabei zu prüfen, ob die mit diesem Willen verbundenen Festlegungen auf die **aktuelle Lebens-** und **Behandlungssituation** zutreffen. Behandlungssituation bedeutet, dass das in der Patientenverfügung beschriebene Erkrankungsbild oder -stadium eingetreten sein muss und eine Entscheidung über die konkret in Betracht kommenden Behandlungsmaßnahmen zu treffen ist. Der Begriff der **Le-**

---

112 *Jonsen/Siegler/Winslade*, Klinische Ethik, 5. Aufl. 2002, 3.
113 Empfehlung der Bundesärztekammer und der zentralen Ethikkommission bei der Bundesärztekammer zum Umgang mit Vorsorgevollmacht und Patientenverfügung in der ärztlichen Praxis (25.10.2018), DÄBl 2018, 2434, 2440; *Frewer/Fahr/Rascher/Bockenheimer-Lucius*, Die Patientenverfügung in der Praxis, Grundlagen ärztlichen Handelns und klinischen Entscheidens, Patientenverfügung und Ethik, Würzburg 2009, 28.
114 *Jonsen/Siegler/Winslade*, Klinische Ethik, 5. Aufl. 2002, 27.
115 *Dodegge/Roth*, SK Betreuungsrecht, 214.
116 Siehe Empfehlung der Bundesärztekammer und der zentralen Ethikkommission bei der Bundesärztekammer zum Umgang mit Vorsorgevollmacht und Patientenverfügung in der ärztlichen Praxis (25.10.2018).
117 *Salomon/Sold/Schmidt*, Praxishandbuch Ethik in der Intensivmedizin, Therapiebegrenzung und Therapiereduktion, – praktisch umgesetzt, 2. Aufl. 2013, 194.
118 *Dodegge/Roth*, SK Betreuungsrecht, 214.

benssituation umfasst alle Lebensumstände des Patienten.[119] Abgleich mit der Lebenssituation bedeutet, dass die Patientenverfügung noch dem derzeitigen Willen des Vertretenen entsprechen muss.[120] Gibt es also konkrete Anhaltspunkte dafür, dass der Patient seinen schriftlich geäußerten Willen nicht mehr gelten lässt oder hat er die jetzt konkret vorliegende Lebenssituation nicht mitbedacht?[121]

77 Das Ergebnis dieser Prüfung muss der Bevollmächtigte in Übereinklang bringen mit der Diagnose, der Prognose und den erreichbaren Zielen der angebotenen Behandlung für den Patienten. Letztlich prüft der Bevollmächtigte mit „anderer Brille" das, was der behandelnde Arzt zuvor auch schon geprüft hat. Hier treffen sich beide.

V. Die medizinische Indikation – Gibt es Standards für spezielle Situationen?

78 Als **eindeutig indiziert** wird in der Notfallmedizin eine initiale und zunächst zeitlich begrenzte Maximaltherapie angesehen bei lebensbedrohlicher Erkrankung, **ungewisser Gesamtprognose** und **unklarem Patientenwillen**.[122] Das ist Standard, bringt aber sodann kaum weiter.

79 Die **Grundsätze der Bundesärztekammer** zur ärztlichen Sterbebegleitung (17.2.2011) können sicherlich auch als Ausgangspunkt zur Bildung und Entwicklung einer Art *„common sense"* verstanden werden. Sie regeln:
– Die ärztliche Verpflichtung zur Lebenserhaltung besteht nicht unter allen Umständen.
– Es gibt Situationen, in denen sonst angemessene Diagnostik und Therapieverfahren nicht mehr angezeigt sind und Begrenzungen geboten sein können.
– Ein offensichtlicher Sterbevorgang soll nicht durch lebenserhaltende Therapien künstlich in die Länge gezogen werden.
– Die Hilfe (für Sterbende) besteht in palliativ-medizinischer Versorgung und damit auch in Beistand und Sorge für die Basisbetreuung. Dazu gehören **nicht** immer Nahrungs- und Flüssigkeitszufuhr, da sie für Sterbende eine schwere Belastung darstellen können.
– Bei Sterbenden kann die Linderung des Leidens so im Vordergrund stehen, dass eine möglicherweise dadurch bedingte unvermeidbare Lebensverkürzung hingenommen werden darf.

---

119 *Baltz*, Lebenserhaltung als Haftungsgrund, 2010, 67.
120 *Baltz*, Lebenserhaltung als Haftungsgrund, 2010, 66 f.
121 BT-Drucks 16/8442, 14 f.
122 Salomon/*Sold*/*Schmidt*, Praxishandbuch Ethik in der Intensivmedizin, Therapiebegrenzung und Therapiereduktion, – praktisch umgesetzt, 2. Aufl. 2013, 192.

In der Medizin existieren darüber hinaus eine Vielzahl von **Professionsnormen** in der Form von **Richtlinien, Leitlinien,**[123] **Hinweisen** und **Empfehlungen**.[124] Die Berufsordnung der Ärzte verpflichtet Ärzte, unter Beachtung der anerkannten Standards der medizinischen Erkenntnis zu behandeln. Dabei ist auf den Grad ihrer Verbindlichkeit zu achten:

80

Richtlinien geben dem behandelnden Arzt Regeln des Handelns und Unterlassens an die Hand, die ihm aber spiegelbildlich nur noch einen geringen Ermessensspielraum einräumen.

Leitlinien sind Entscheidungshilfen für eine angemessene Vorgehensweise bei speziellen diagnostischen und therapeutischen Problemstellungen. Leitlinien bündeln systematisch den aktuellen medizinischen Kenntnisstand und liefern evidenzbasierte und praxisorientierte Entscheidungshilfen für Ärztinnen und Ärzte. Sie lassen dem Arzt Entscheidungsspielräume und Handlungskorridore. Die Arbeitsgemeinschaft der Wissenschaftlichen Medizinischen Fachgesellschaften (AWMF), ein Zusammenschluss aller medizinischen Fachgesellschaften, hat sich als Forum für Leitlinien etabliert.

Thematisch relevante **Leitlinien** sind z.B.:

81

- Leitlinie „Nichtinvasive und invasive Beatmung als Therapie der chronischen respiratorischen Insuffizienz", 128 ff., Deutsche Gesellschaft für Pneumologie und Beatmungsmedizin e.V.[125]
- Onkologische Leitlinien, u.a.: Erweiterte S3-Leitlinie Palliativmedizin für Patienten mit einer nicht-heilbaren Krebserkrankung, Kurzfassung vom 1.3.2021 mit verfügbaren Patientenleitlinien[126]
- S3-Leitlinie 001/012: Analgesie, Sedierung und Delirmanagement in der Intensivmedizin, 101 ff. der DGAI – Deutsche Gesellschaft für Anästhesiologie und Intensivmedizin[127]
- Leitlinie der Deutschen Gesellschaft für Ernährungsmedizin (DGEM), Ethische und rechtliche Gesichtspunkte der künstlichen Ernährung, 2013.[128]

Ärzte und Patientenvertreter können nicht auf Entscheidungsmaterialien zurückgreifen, bei denen jeweils nur eine Entscheidung die richtige wäre. Richtlinien, Leitlinien und Empfehlungen können für den einigermaßen befähigten Betreuer/Bevollmächtigten oder zumindest für den ihn beratenden Anwalt aber eine **Orientierungshilfe bei der Entscheidung** sein.

82

---

123 Vgl. Portal der wissenschaftlichen Medizin, www.awmf.org.
124 Z.B. Hinweise und Empfehlungen der Bundesärztekammer zu Patientenverfügungen und anderen vorsorglichen Willensbekundungen bei Patienten mit einer Demenzerkrankung, Stand: 16.3.2018, www. bundesaerztekammer.de.
125 www.pneumologie.de.
126 www.leitlinienprogramm-onkologie.de.
127 www.dgai.de.; Stand 1.3.2021.
128 www.dgem.de.

VI. Protokoll des Gespräches zwischen behandelndem Arzt und Betreuer/Bevollmächtigtem – § 1828 BGB (§ 1901b BGB a.F.)

83 Das nachfolgende Muster ist ein Vorschlag und hat sich als besonders hilfreich erwiesen, wenn das Gespräch mit dem behandelnden Arzt unvorbereitet *„von jetzt auf gleich"* kommt und man etwas Gesichertes zur Hand haben muss. Es ist aber auch möglich, jeder anderen Form einer Entscheidungsfindung zu folgen. Hilfreich dürfte zur Vorbereitung eines solchen Gesprächs z.B. der „Bochumer Arbeitsbogen zur medizinethischen Praxis" von *Sass/Viefhaus*[129] sein.

Muster 18.4: Gesprächsprotokoll Arzt und Betreuer/Bevollmächtigter

84 I. Anwesende

Bevollmächtigter/Betreuer

Name/Vorname:

Anschrift/Telefon:
☐ Bevollmächtigter legitimiert durch Vollmacht vom:
Maßnahmen nach § 1829 BGB umfasst?

☐ Ja ☐ Nein

oder

☐ Betreuer legitimiert durch Betreuungsgericht/Übertragung der Gesundheitsfürsorge/Personensorge?

☐ Ja ☐ Nein

Behandelnder Arzt

Name und Funktion:

Anschrift und Telefon:

Sonstige Anwesende

Angehörige: Name, Anschrift und Telefon:

Sonstige Vertrauenspersonen: Name, Anschrift und Telefon:

II. Medizinische Daten des Patienten

Ist der Patient einwilligungsunfähig? (Sonst keine Entscheidung durch den Betreuer/Bevollmächtigten!)

☐ Ja ☐ Nein

Medizinische Vorbefunde:

---

129 Https://ethik-in-der-praxis.de/downloads/boarbeitsbogen-deutsch.pdf.

Diagnosen:

☐ Welche? ▓▓▓ ☐ Wer stellt sie?

Lebenserwartung/Prognose: ▓▓▓

Behandlungsmöglichkeiten: ▓▓▓

Medizinische Indikation und Therapieziel (Ohne medizinische Indikation keine medizinische Maßnahme!) ▓▓▓

Handelt es sich um einen Zustand, bei dem ohne die Einwilligung durch die Nichteinwilligung oder den Widerruf der Einwilligung die begründete Gefahr besteht, dass der Patient stirbt oder einen schweren oder länger andauernden Schaden erleidet?

☐ Ja ☐ Nein (dann auch bei fehlender Einigung mit dem Arzt keine Genehmigung des Betreuungsgerichtes notwendig!)

Schwierigkeiten (z.B. bei Kollision von Therapiezielen)/Fragen: ▓▓▓

III. Die Ermittlung des Patientenwillens

Gibt es Willensäußerungen des Patienten?

☐ Ausdrücklich? ▓▓▓ ☐ Durch andere Ausdrucksformen? ▓▓▓

Patientenverfügung

Ist sie wirksam?

☐ Ja ☐ Nein (Dann weiter bei Behandlungswünsche, mutmaßlicher Wille)

Was regelt sie? ▓▓▓

Trifft sie den vorliegenden Sachverhalt?

☐ Ja ☐ Nein

Ist sie bezogen auf die jetzige Lebens- und Behandlungssituation aktuell?

☐ Ja ☐ Nein

Sofern keine Patientenverfügung vorliegt oder diese nicht zutrifft:
☐ Behandlungswünsche: ▓▓▓
☐ Der mutmaßliche Patientenwille:
☐ Frühere Äußerungen des Patienten ▓▓▓
☐ Ethische/religiöse Überzeugungen des Patienten ▓▓▓
☐ Sonstige persönliche Wertvorstellungen des Patienten ▓▓▓
☐ Was ist für den Patienten (noch) Lebensqualität? Was nicht? ▓▓▓
☐ Sonstiges ▓▓▓
☐ Woraus sind die obigen Angaben abgeleitet? Wie sind sie belegt? ▓▓▓

Doering-Striening

IV. Besonderheiten des Gesprächsablaufs

Dauer ▧

Bedingungen/Störungen ▧

Sonstiges ▧

V. Ergebnis/Erklärung

Wird die Einwilligung in eine medizinische Maßnahme vom Betreuer/Bevollmächtigten

☐ erteilt? ☐ versagt? ☐ widerrufen?

▧ Unterschrift

Wird die Entscheidung vom behandelnden Arzt geteilt?

☐ Ja ☐ Nein

▧ Unterschrift

Im Falle unterschiedlicher Meinungen:

Der Betreuer/Bevollmächtigte holt ein Negativattest beim Betreuungsgericht ein?

☐ Ja ☐ Nein

Der Betreuer/Bevollmächtigte beantragt die Genehmigung für eine Versagung oder den Widerruf der Einwilligung in die ärztliche Maßnahme?

☐ Ja ☐ Nein

Ein sonstiger Beteiligter veranlasst ▧

▧

Ort, Datum

▧

Betreuer/Bevollmächtigter

▧

behandelnder Arzt

▧

Sonstige

VII. Konsequenzen eines Handelns ohne Gespräch/Genehmigung

85   Fraglich ist, welche Konsequenzen sich ergeben, wenn ein Gespräch nicht stattgefunden hat und eine notwendige Genehmigung nicht eingeholt wurde oder fehlerhaft ist. Über die Verweisung in § 1908i BGB gilt für den Betreuer bis zum 31.12.2022 § 1831 BGB. Ab 1.1.2023 gilt § 1858 BGB. Fehlt die Genehmigung

Doering-Striening

für ein einseitiges **Rechtsgeschäft**, so wird dieses ohne die Genehmigung des Betreuungsgerichtes **nicht wirksam**. Die Einwilligung bzw. die Nichteinwilligung in eine ärztliche Behandlung wird von Teilen der Literatur nicht als Willenserklärung angesehen, aber doch immerhin als geschäftsähnliche Handlung.[130] Nach diesseitiger Ansicht kann nicht wirklich zweifelhaft sein, dass es sich bei der Einwilligung um eine nach außen gerichtete, willensgetragene Erklärung handelt, die eine Rechtsfolge herbeiführen soll, weil sie gewollt ist, so dass die Rechtsfolge aus § 1858 BGB (§ 1831 BGB a.F.) unmittelbar für den Betreuer von erheblicher Bedeutung ist. Jedenfalls wird die Genehmigung i.S.v. § 1829 BGB (§ 1904 BGB a.F.) von der h.M. als Außengenehmigung betrachtet.[131] Sie betrifft also das Verhältnis zwischen dem Betreuten und dem jeweiligen Dritten, hier also dem Arzt.[132]

Wird gegen die Pflicht, eine Außengenehmigung einzuholen, durch den Betreuer/Bevollmächtigten **verstoßen**, so ist die erteilte **Einwilligung rechtswidrig**[133] und entfaltet keine Wirkung. Damit bleibt das Handeln des Arztes im Grundsatz zunächst einmal eine rechtswidrige Körperverletzung, an der der Betreuer/Bevollmächtigte mitgewirkt oder sie sogar verursacht hat.[134] Ein Unterlassen des Gespräches oder ein Gespräch im Konsens mit dem Arzt, das die Anforderungen nicht erfüllt, so dass es zur Verletzung der Regeln des § 1828 BGB (§ 1901b BGB a.F.) kommen kann, verwirklicht aber kein materielles Unrecht, wenn gleichwohl der Patientenwille umgesetzt wurde. Ein Schaden ist kaum vorstellbar.

86

Kommt es dagegen zum Verstoß gegen den Patientenwillen, tritt zum materiellen Unrecht auch noch der Verstoß gegen verfahrensrechtliche Normen hinzu. Hier drohen straf- und zivilrechtliche Konsequenzen. Die Tatsache, dass der Betreuer/Bevollmächtigte in Ausübung seiner Rechte aus § 1828 BGB (§ 1901b BGB a.F.) entschieden hat, entlastet den behandelnden Arzt nicht, wenn er die Erkenntnis hat, dass gegen den Patientenwillen gehandelt wird.

87

D. Das Genehmigungsverfahren

Für das betreuungsgerichtliche Verfahren gelten die **verfahrensrechtlichen Regeln** der §§ 271 ff. FamFG – speziell §§ 271 Nr. 3, 274, 276, 287, 298 FamFG.

88

---

130 *Dodegge/Roth*, SK Betreuungsrecht, Kap. E Rn 307.
131 *Dodegge/Roth*, SK Betreuungsrecht, Kap. E Rn 307.
132 *Fiala/Stenger*, Genehmigungen bei Betreuung und Vormundschaft, 2. Aufl. 2009, 38.
133 *Dodegge/Roth*, SK Betreuungsrecht, Kap. E Rn 307.
134 *Dodegge/Roth*, SK Betreuungsrecht, Kap. E Rn 301.

89 Ablauf und Entscheidungskriterien:

Das Gericht hat den Willen des Patienten aufgrund seiner freien, aus dem gesamten Inhalt des Verfahrens gewonnenen Überzeugung (§ 37 FamFG) festzustellen. Daran ist der Arzt nicht mehr verfahrensrechtlich beteiligt.

Nach § 274 FamFG sind der **Betroffene** und der **Betreuer/Bevollmächtigte**, sofern sein Aufgabenkreis betroffen ist, beteiligt. Dem Betroffenen muss nach § 298 Abs. 3 FamFG stets ein **Verfahrenspfleger** bestellt werden, wenn es um die Nichteinwilligung oder den Widerruf einer gefährlichen Maßnahme i.S.v. § 1829 Abs. 2 BGB (§ 1904 Abs. 2 BGB a.F.) geht. In einem solchen Fall sollen auch die sonstigen Beteiligten i.S.v. § 274 FamFG gehört werden (§ 298 Abs. 2 FamFG). In jedem Fall ist **vor der Genehmigung des Gerichtes** nach § 298 Abs. 4 FamFG ein **Sachverständigengutachten** einzuholen. Der Sachverständige soll nicht der behandelnde Arzt sein.

90 Die Entscheidung des Betreuungsgerichts erfolgt nach § 38 FamFG durch **Beschluss**. Ein Beschluss, der die Genehmigung über die Nichteinwilligung oder den Widerruf einer gefährlichen Maßnahme i.S.v. § 1829 Abs. 2 BGB (§ 1904 Abs. 2 BGB a.F.) zum Gegenstand macht, wird grundsätzlich erst zwei Wochen nach Bekanntgabe an den Betreuer/Bevollmächtigten sowie an den Verfahrenspfleger wirksam. Der Beschluss ist durch **Beschwerde** angreifbar. Nach § 303 Abs. 4 FamFG kann ein Betreuer/Vorsorgebevollmächtigter gegen eine Entscheidung, die seinen Aufgabenkreis betrifft, auch **im Namen des Betroffenen Beschwerde** einlegen.

Der Beschwerde folgen Abhilfebeschluss oder Nichtabhilfe, Beschwerdeentscheidung und ggf. Rechtsbeschwerde nach § 70 FamFG.

91 **Inhaltlich** ist die Genehmigung vom Betreuungsgericht zu erteilen, wenn sie dem Willen des Betreuten/Vollmachtgebers entspricht. Was dem Willen des Betreuten/Vollmachtgebers entspricht, liegt in letzter Konsequenz in der Definitionsmacht des Gerichtes, das dazu auf das allgemeine materiell-rechtliche Instrumentarium der Wirksamkeit von Willenserklärungen und deren Auslegung zurückgreifen muss.

92 Entscheidend i.S.v. § 133 BGB ist der **wirkliche Wille des Patienten**. Erst am Ende der Kette steht ggf. sein **mutmaßlicher Wille**. Lässt sich der mutmaßliche Wille des Betreuten nicht feststellen, gilt für den Betreuer ab 1.1.2023 § 1821 Abs. 4 BGB. Der Betreuer hat den mutmaßlichen Willen aufgrund konkreter Anhaltspunkte zu ermitteln und Geltung zu verschaffen. Zu berücksichtigen sind insbesondere frühere Äußerungen und sonstige persönliche Wertvorstellungen des Betreuten. Bei der Feststellung des mutmaßlichen Willens soll nahen Angehörigen und sonstigen Vertrauenspersonen des Betreuten Gelegenheit zur Äußerung gegeben werden. **Verboten sind** Überlegungen im Sinne des Wohls der Familie, des Arztes, des Entscheiders, der Solidargemeinschaft oder der Allgemeinheit schlechthin.

Der Weg zur Genehmigung der Nichteinwilligung oder des Widerrufs der gefährlichen Maßnahmen i.S.v. § 1829 Abs. 2 BGB (§ 1904 Abs. 2 BGB a.F.) ist lang, obgleich damit nach dem Willen des Gesetzgebers sichergestellt sein sollte, dass eine gerichtliche Genehmigung **nur in Konfliktfällen** erforderlich ist:[135]

Muster 18.5: Antrag auf Genehmigung der Versagung der Einwilligung in eine ärztliche Maßnahme

AG ▓▓▓

Betreuungsgericht

Antrag auf Genehmigung der Versagung der Einwilligung in eine ärztliche Maßnahme

für ▓▓▓

Mit der anliegenden Vollmacht bestelle ich mich für ▓▓▓, für den ich beantrage:

die Genehmigung zur Versagung der Einwilligung in die angebotene ärztliche Maßnahme des Dr. med. ▓▓▓,

hilfsweise ein Negativattest

zu erteilen.

Begründung

Herr ▓▓▓ hat mir am ▓▓▓ Vorsorgevollmacht für seine gesundheitlichen Angelegenheiten erteilt. Die Vollmachtsurkunde ist als Anlage 1 beigefügt.

Die Vollmacht ist im Zentralen Vorsorgeregister unter dem Az.: ▓▓▓ eingetragen.

Die Vollmacht erstreckt sich unter anderem auf die Versagung der Einwilligung in die folgende beabsichtigte medizinische Maßnahme:

▓▓▓

Der Vollmachtgeber leidet an einer fortgeschrittenen Demenzerkrankung und ist nunmehr an ▓▓▓ erkrankt. Die aktuellen medizinischen Befunde sind als Anlage 2 beigefügt. Er ist nicht mehr in der Lage, den Sinn und Zweck der angebotenen Behandlung zu erfassen und darüber zu entscheiden. Es gibt auch bei intensivem Bemühen keine Möglichkeit, eine rechtsverbindliche Einwilligung zu erreichen.

Der behandelnde Arzt Dr. med. ▓▓▓ hat mich am ▓▓▓ über den Krankheitsverlauf, die Behandlungsmöglichkeiten und Risiken aufgeklärt. Die vorgeschlagene Behandlung soll medizinisch indiziert sein. Unterbleibt sie, besteht die begründete Gefahr, dass der Vollmachtgeber aufgrund der Maßnahme verstirbt/einen schweren und länger dauernden gesundheitlichen Schaden erleidet, weil ▓▓▓.

Ich kann die Einwilligung in die angebotene Behandlung nicht erteilen, weil dies nicht dem Patientenwillen entspricht. Der Vollmachtgeber hat am ▓▓▓ eine schriftliche Patientenver-

---

135 BGH, Beschl. v. 17.9.2014- XII ZB 202/13 Rn 24, NJW 2014, 3572.

fügung errichtet, die auch heute noch auf seine Lebens- und Behandlungssituation zutrifft. Unter Ziffer ▬ der Patientenverfügung hat der damals noch geschäftsfähige Vollmachtgeber bestimmt, dass er folgende ärztliche Maßnahme grundsätzlich verbietet: ▬ Die angebotene Behandlung unterfällt dem Verbot des Vollmachtgebers. Der behandelnde Arzt besteht auf Behandlung, weil er meint, die Patientenverfügung binde ihn nicht. Er sei verpflichtet, zu behandeln.

Als engste Angehörige wurden ▬ und ▬ angehört. Sie gaben übereinstimmend an, dass die angebotene ärztliche Maßnahme nicht im Sinne des Vollmachtgebers ist.

▬

Unterschrift

§ 19 Rechtsfolgen einer unwirksamen Bevollmächtigung

Übersicht:	Rdn		Rdn
A. Einleitung	1	3. Kein Schwebezustand bei einseitigen Rechtsgeschäften	7
B. Rechtsfolgen	3	II. Genehmigung	10
I. (Schwebend) Unwirksames Rechtsgeschäft	3	III. Haftung des falsus procurator	14
1. Vertrag schwebend unwirksam	3	IV. Im Prozess	17
2. Widerruf durch den Vertragspartner	4		

A. Einleitung

Ist die Vorsorgevollmacht unwirksam erteilt, so stellt sich die Frage nach den Rechtsfolgen. Unwirksam kann die Bevollmächtigung etwa sein, weil der Vollmachtgeber bei Vollmachtserteilung (unerkannt) **geschäftsunfähig** war[1] oder weil der Bevollmächtigte tätig wurde, obwohl seine Vollmacht bereits wirksam **widerrufen** war (siehe hierzu § 14 Rdn 1 ff.). 1

In diesem Fall mögen im Einzelfall gleichwohl die Rechtsgeschäfte im Außenverhältnis wirksam sein, wenn die Vollmacht im Außenverhältnis über **Rechtsscheintatbestände** als wirksam anzusehen ist, sei es nach §§ 170–173 BGB oder über die Grundsätze der Duldungs- oder Anscheinsvollmacht (siehe hierzu § 13 Rdn 1 ff.). Im Innenverhältnis werden dann **Regress-, Schadensersatz- oder andere Ansprüche** des Vollmachtgebers gegen den Bevollmächtigten in Betracht kommen (§ 22 Rdn 1 ff.). 2

Im Folgenden geht es um die Rechtslage, die sich einstellt, wenn die Vollmacht im **Außenverhältnis** – aus welchen Gründen auch immer – **unwirksam** ist.

B. Rechtsfolgen

I. (Schwebend) Unwirksames Rechtsgeschäft

1. Vertrag schwebend unwirksam

Wird der Bevollmächtigte aufgrund unwirksamer Vollmacht nach außen hin tätig, so ist ein mit dem Dritten geschlossener Vertrag schwebend unwirksam;[2] dies 3

---

1 Die Unwirksamkeit einer Vorsorgevollmacht aufgrund der Geschäftsunfähigkeit des Bevollmächtigenden im Zeitpunkt der Vollmachtserteilung muss positiv festgestellt werden, sonst bleibt die Vollmacht nach BGH, Beschl. v. 29.7.2020 – XII ZB 106/20, ErbR 2021, 83 wirksam.
2 BeckOK BGB/*Schäfer*, § 177 Rn 18.

gilt auch für dingliche Geschäfte wie die Auflassung.³ Nach § 177 Abs. 2 BGB hängt das Rechtsgeschäft von der Genehmigung des Vertretenen ab. Während dieser Schwebezeit bestehen **keine Erfüllungspflichten** aus dem Vertrag.⁴

2. Widerruf durch den Vertragspartner

4   Der andere Teil, sprich der Vertragspartner, kann den Schwebezustand durch Widerruf beenden. § 178 S. 1 Hs. 1 BGB gibt ihm hierzu ein eigenes Widerrufsrecht, das er **gegenüber** dem **Vertretenen**, seinem Vertragspartner **oder** gemäß § 178 S. 2 BGB auch gegenüber dem **Vertreter** erklären kann. Den Widerruf kann auch der Vertragspartner noch erklären, der nach § 177 Abs. 2 BGB zur Erklärung über die Genehmigung aufgefordert hat,⁵ solange diese noch nicht (ihm gegenüber, siehe unten Rdn 12) erteilt wurde. Ein Widerrufsrecht hat nur der Vertragspartner **nicht**, der den **Mangel der Vertretungsmacht** bei Vertragsschluss **kannte**, § 178 S. 1 Hs. 2 BGB.⁶ Hier schadet nur positive Kenntnis; Kennenmüssen genügt nicht.⁷

5   Der Widerruf kann sowohl dem Vertreter als auch dem Vertretenen gegenüber erklärt werden und ist formlos möglich.⁸ Die Erklärung muss aber erkennen lassen, dass der Widerruf **wegen fehlender Vertretungsmacht** erfolgt.⁹ Dies kann auch konkludent, z.B. durch Geltendmachung von Bereicherungsansprüchen, erfolgen.¹⁰ Der Widerruf darf aber nicht treuwidrig erfolgen.¹¹

6   Bei wirksamem Widerruf kann der Vertragspartner sich weder an den Vertretenen noch nach § 179 BGB an den Vertreter halten.¹²

---

3   RG, Urt. v. 7.12.1921 – V 141/21, RGZ 103, 295.
4   BGH, Urt. v. 8.10.1975 – VIII ZR 115/74, BGHZ 65, 123.
5   MüKo-BGB/*Schubert*, § 177 Rn 26 m.w.N.
6   BGH, Urt. v. 14.3.1973 – VIII ZR 114/72, NJW 1973, 798.
7   MüKo-BGB/*Schubert*, § 178 Rn 6.
8   Kurze/*Kurze*, VorsorgeR, § 178 Rn 1.
9   BGH, Urt. v. 22.6.1965 – V ZR 55/64, NJW 1965, 1714; BGH, Urt. v. 19.1.1973 – V ZR 115/70, FamRZ 1973, 370.
10 BGH, Urt. v. 16.11.1987 – II ZR 92/87, NJW 1988, 1199.
11 BGH, Urt. v. 20.7.2012 – V ZR 217/11, NJW 2012, 3424.
12 MüKo-BGB/*Schubert*, § 178 Rn 11.

Herzog

Muster 19.1: Widerruf des Vertrages, den der falsus procurator geschlossen hat, nach § 178 BGB

An ▓▓▓

▓▓▓; hier: Widerruf nach § 178 BGB

Sehr geehrte(r) ▓▓▓,

in o.g. Sache teilen wir mit, dass wir die Interessen von ▓▓▓ vertreten. Eine uns legitimierende Vollmacht legen wir diesem Schreiben im Original anbei.

Am ▓▓▓ hat unser Mandant mit ▓▓▓ einen Vertrag über ▓▓▓ geschlossen. Diesen fügen wir hier in Kopie noch einmal anbei. ▓▓▓ hat diesen Vertrag in Ihrem Namen, aber ohne Vertretungsmacht geschlossen. Dies hat er bei Vertragsschluss nicht offengelegt. Wir haben hiervon erst durch ▓▓▓ am ▓▓▓ erfahren. Hiermit widerrufen wir die auf den Vertragsschluss gerichtete Erklärung unseres Mandanten und den gesamten Vertrag. Der Vertrag gilt damit als nicht geschlossen.

Mit freundlichen Grüßen

Rechtsanwalt/Rechtsanwältin

3. Kein Schwebezustand bei einseitigen Rechtsgeschäften

Bei einseitigen Rechtsgeschäften gelten nicht die §§ 177 f. BGB, sondern § 180 BGB. Einseitige Rechtsgeschäfte erlauben grundsätzlich **keinen Schwebezustand**. Die Erklärung ist unwirksam nach **§ 180 S. 1 BGB**.

Etwas anderes gilt nur dann, wenn der Erklärungsgegner die von dem Vertreter behauptete Vertretungsmacht bei der Vornahme des Rechtsgeschäfts **nicht beanstandet** hat oder er damit einverstanden gewesen ist, dass der Vertreter ohne Vertretungsmacht handelt, § 180 S. 2 BGB, bzw. wenn das Rechtsgeschäft gegenüber einem Vertreter ohne Vertretungsmacht mit dessen Einverständnis vorgenommen wird. In diesen Fällen finden die Vorschriften über Verträge entsprechende Anwendung, **§ 180 S. 2 BGB** und es gelten die oben (Rdn 3 ff.) dargestellten Grundsätze. Eine Beanstandung, die die Anwendbarkeit von § 180 S. 2 BGB ausschließt und zu § 180 S. 1 BGB zurückkehren lässt, muss eine Zurückweisung des Rechtsgeschäfts wegen mangelnder Vertretungsmacht enthalten.[13]

Auch bei **Prozesshandlungen** gilt nicht § 180 S. 1 BGB; vielmehr ist § 89 ZPO lex specialis.[14]

---

13 BGH, Urt. v. 19.6.2008 – III ZR 46/06, NJW-RR 2008, 1484; BGH, Urt. v. 22.11.2005 – VI ZR 126/04, NJW 2006, 687; BGH, Urt. v. 26.5.2010 – Xa ZR 124/09, NJW 2010, 2950.
14 Kurze/*Kurze*, VorsorgeR, § 180 Rn 3.

II. Genehmigung

10 Genehmigt der Vertretene das Rechtsgeschäft, so ist es von Anfang an wirksam; denn die Genehmigung hat **Rückwirkung**.[15] Die Genehmigung kann **gegenüber dem Vertreter oder** dem anderen Teil, dem **Vertragspartner**, erklärt werden (§ 182 Abs. 1 BGB).[16]

11 Ist der Vertretene **geschäftsunfähig**, so kann die Genehmigung nur von einem anderen wirksam Bevollmächtigten oder einem Betreuer erklärt werden.[17] Die Genehmigung ist grundsätzlich **formlos** möglich, außer in den Fällen, in denen auch die Bevollmächtigung entgegen § 167 Abs. 2 BGB ausnahmsweise formbedürftig wäre.[18] Die Genehmigung kann auch stillschweigend oder konkludent erfolgen.[19] Das Recht zur Genehmigung geht nach dem Tod des Vertretenen auf dessen **Erben** über.[20] Auch der vollmachtlose **Vertreter** kann genehmigen, nachdem er Vertretungsmacht erlangt hat.[21]

12 Der andere Teil kann den Zustand der Ungewissheit, ob eine Genehmigung erfolgen wird, durch **Aufforderung** an den Vertretenen, **sich über die Genehmigung zu erklären**, beenden, § 177 Abs. 2 S. 1 BGB. In diesem Fall kann der Vertretene die Genehmigung **nur gegenüber** dem **Vertragspartner** erklären (§ 177 Abs. 2 S. 1 Hs. 2 BGB); eine vor der Aufforderung dem Vertreter gegenüber erklärte Genehmigung oder Verweigerung der Genehmigung wird unwirksam (§ 177 Abs. 2 S. 1 Hs. 2 BGB). Der Vertretene muss also darauf achten, dass er sich (gegebenenfalls erneut) gegenüber dem Vertragspartner, der ihn zur Genehmigung aufgefordert hat, äußert.

---

15 BeckOK BGB/*Schäfer*, § 177 Rn 30; gleichwohl kein rückwirkender Verzug Grüneberg/*Ellenberger*, § 177 Rn 8.
16 BGH, Urt. v. 24.10.1958, WM 1959, 63; auch gegenüber dem Vertreter des Vertragspartners, OLG Köln, Beschl. v. 26.5.1994 – 18 W 14/94, NJW 1995, 1499.
17 Kurze/*Kurze*, VorsorgeR, § 177 Rn 5.
18 BeckOK BGB/*Schäfer*, § 177 Rn 20.
19 BGH, Urt. v. 16.5.1951 – II ZR 61/50, BGHZ 2, 150, 153 = NJW 1951, 795; BGH, Urt. v. 17.4.1967 – II ZR 157/64, BGHZ 47, 341, 351 = NJW 1967, 1711, 1714; BGH, Urt. v. 4.12.1980 – VII ZR 57/80, WM 1981, 171, 172; BGH, Urt. v. 16.11.1987 – II ZR 92/87, NJW 1988, 1199, 1200; BGH, Urt. v. 16.9.2003 – XI ZR 74/02, NJOZ 2003, 3231, 3235.
20 OLG Hamm, Beschl. v. 4.10.1978 – 15 W 425/77, Rpfleger 1979, 17.
21 BGH, Urt. v. 18.2.1960 – VII ZR 21/59, WM 1960, 611, 612; BGH, Urt. v. 15.12.1980 – II ZR 52/80, BGHZ 79, 374, 378 f. = NJW 1981, 1213 f.; BGH, Urt. v. 29.11.1993 – II ZR 107/92, NJW-RR 1994, 291, 293; BGH, Urt. v. 14.5.2002 – XI ZR 155/01, NJW 2002, 2325; BGH, Urt. v. 22.2.2005 – XI ZR 41/04, NJW 2005, 1488, 1490; OLG Hamm, Beschl. v. 14.9.1971 – 15 a W 393/71, FamRZ 1972, 270; OLG Frankfurt, Urt. v. 16.10.1979 – 5 U 247/76, BB 1980, 10; Grüneberg/*Ellenberger*, § 177 Rn 6; RGRK-BGB/*Steffen*, § 177 Rn 9; Erman/*Maier-Reimer/Finkenauer*, § 177 Rn 18; a.A. im Hinblick auf § 181 *Müller*, AcP 168 (1968), 113, 131 f.

Dies muss fristgerecht geschehen. Denn nach § 177 Abs. 2 S. 1 Hs. 1 BGB kann die Genehmigung nur bis zum Ablauf von **zwei Wochen** nach Empfang der Aufforderung, sich über die Genehmigung zu erklären, erklärt werden.[22] **Schweigen** auf eine solche Aufforderung ist ausnahmsweise nicht rechtliches nullum, sondern bei Schweigen gilt die Genehmigung als verweigert (§ 177 Abs. 2 S. 2 Hs. 2 BGB). Verweigert der Vertretene die Genehmigung, so wird das ohne Vollmacht vorgenommene Vertretergeschäft endgültig unwirksam; ein Widerruf der Verweigerung, um die Genehmigung doch noch erteilen zu können, ist nicht möglich.[23]

13

Muster 19.2: Fristsetzung zur Genehmigung der Erklärung eines falsus procurator nach § 177 BGB

An ▇▇▇

▇▇▇ ; hier: Fristsetzung zur Genehmigung nach § 177 BGB

Sehr geehrte(r) ▇▇▇ ,

in o.g. Sache teilen wir mit, dass wir die Interessen von ▇▇▇ vertreten. Eine uns legitimierende Vollmacht legen wir diesem Schreiben im Original anbei.

Am ▇▇▇ hat unser Mandant mit ▇▇▇ einen Vertrag über ▇▇▇ geschlossen. Diesen fügen wir hier in Kopie noch einmal anbei. ▇▇▇ hat diesen Vertrag in Ihrem Namen, aber ohne Vertretungsmacht geschlossen. Daher hängt die Wirksamkeit des Vertrages gemäß § 177 Abs. 1 BGB von Ihrer Genehmigung ab.

Namens und in Vollmacht unseres Mandanten fordern wir Sie auf, sich gemäß § 177 Abs. 2 BGB förmlich zu erklären, ob Sie diesen Vertrag genehmigen oder nicht. Wir weisen darauf hin, dass die Genehmigung gemäß § 177 Abs. 2 BGB nur uns bzw. unserem Mandanten gegenüber und nur bis zum Ablauf von zwei Wochen nach dem Empfang dieses Schreibens erfolgen kann. Wird die Genehmigung nicht fristgerecht erteilt, gilt sie als verweigert und der Vertrag gilt als nicht geschlossen.

Mit freundlichen Grüßen

Rechtsanwalt/Rechtsanwältin

III. Haftung des falsus procurator

Wird die **Genehmigung** ausdrücklich, stillschweigend[24] oder nach der Fiktion des § 177 Abs. 2 S. 2 Hs. 2 BGB **verweigert**, kann der andere Teil keine Ansprüche gegen den Vertretenen herleiten. Er kann aber nach **§ 179 BGB** den Vertreter

14

---

22 Danach ist eine Genehmigung nicht mehr möglich nach h.M., BGH, Urt. v. 13.7.1973 – V ZR 16/73, NJW 1973, 1789, 1790.
23 BGH, Urt. v. 28.4.1954 – II ZR 8/53, BGHZ 13, 179, 187 = NJW 1954, 1155.
24 Kurze/*Kurze*, VorsorgeR, § 177 Rn 3; OLG Hamm, Urt. v. 8.3.2012 – I-34 U 6/11, BeckRS 2012, 17712.

als falsus procurator verschuldensunabhängig[25] in Anspruch nehmen.[26] Dieser haftet ihm nach seiner Wahl auf **Erfüllung oder** Schadensersatz, § 179 Abs. 1 Hs. 2 BGB. Im Rahmen des Schadensersatzes haftet er grundsätzlich auf das **Erfüllungsinteresse.**

15 **Kannte** der Vertreter den Mangel der Vertretungsmacht (z.B. im Falle auch von ihm unerkannter Geschäftsfähigkeit bei Vollmachtserteilung) **nicht**, so haftet er nach § 179 Abs. 2 BGB nur auf das **Vertrauensinteresse**, begrenzt auf den Erfüllungsschaden.

16 Der Vertreter kann die **Haftung abwenden**, indem er nachweist, dass der andere Teil den Mangel der Vertretungsmacht kannte oder kennen musste (§ 179 Abs. 3 S. 1 BGB),[27] oder dadurch, dass er nachweist, dass er selbst in der Geschäftsfähigkeit beschränkt war und nicht mit Zustimmung seines gesetzlichen Vertreters gehandelt hat (§ 179 Abs. 3 S. 2 BGB). Ein Kennenmüssen ist ausgeschlossen, wenn der Vertreter zusagt, die Vollmachtsurkunde vorzulegen.[28]

Muster 19.3: Aufforderungsschreiben des Gläubigers nach § 179 BGB

An ▮

▮ ; hier: Haftung aus § 179 BGB

Sehr geehrte(r) ▮,

in o.g. Sache teilen wir mit, dass wir die Interessen von ▮ vertreten. Eine uns legitimierende Vollmacht legen wir diesem Schreiben im Original anbei.

Am ▮ haben Sie mit unserem Mandanten einen Vertrag über ▮ im Namen von ▮ geschlossen. Dabei haben Sie ohne Vertretungsmacht gehandelt. ▮ hat den Vertrag nicht genehmigt. Daher sind Sie nach § 179 BGB zur Erfüllung des Vertrags/zum Schadensersatz verpflichtet.

Namens und in Vollmacht unseres Mandanten fordern wir Sie daher auf, die sich aus dem Vertrag ergebenden Pflichten, namentlich ▮ zu erfüllen/einen Betrag in Höhe von ▮ EUR als Schadensersatz so auf eines unserer unten angegebenen Konten zu bezahlen, dass wir bis zum ▮ einen Eingang verzeichnen können.

Mit freundlichen Grüßen

Rechtsanwalt/Rechtsanwältin

---

25 BGH, Urt. v. 2.2.2000 – VIII ZR 12/99, NJW 2000, 1407.
26 Ob diese Möglichkeit alternativ auch bei Anscheinsvollmacht besteht, ist umstritten, Staudinger/*Schilken*, Neubearb. 2019, § 177 Rn 26.
27 BGH, Urt. v. 20.10.1988 – VII ZR 219/87, NJW 1989, 894; BGH, Urt. v. 9.10.1989 – II ZR 16/89, NJW 1990, 387.
28 BGH, Urt. v. 18.5.1999 – X ZR 156/97, NJW 2000, 215.

IV. Im Prozess

Im Prozess, in dem vom Vertretenen Erfüllung verlangt wird, trägt derjenige, der aus dem Rechtsgeschäft Rechte herleiten will, also der Vertragspartner, die **Beweislast** dafür, dass die Erklärungen des Vertreters mit Vertretungsmacht abgegeben worden sind und die konkrete Erklärung von der Vertretungsmacht gedeckt war.[29] Gelingt dieser Nachweis nicht, so kann er den Vertretenen nach § 179 BGB in einem zweiten Prozess in Anspruch nehmen (siehe oben Rdn 14 ff.). In diesem zweiten Prozess könnte sich der Vertretene aber auf eine wirksame Bevollmächtigung berufen und diese nachweisen; hierfür trägt er gemäß § 177 Abs. 1 Hs. 1 BGB die Beweislast.

17

Um zu verhindern, dass beide Prozesse widersprüchlich entschieden und aus Sicht des Vertragspartners verloren werden, muss dem Vertreter im Prozess gegen den Vertretenen der **Streit verkündet** werden. Die Voraussetzungen hierfür werden in erweiternder Auslegung von § 72 ZPO allgemein bejaht,[30] weil entweder die Vollmacht besteht und dann der Anspruch gegen den Vertretenen besteht oder eben nicht, woraufhin der Vertreter in Anspruch genommen werden kann. Die beiden Ansprüche stehen also in einem Alternativverhältnis zueinander. Nur durch eine Streitverkündung kann **Bindungswirkung** in Bezug auf die **Frage der Vertretungsmacht** hergestellt werden. Dies gilt im Fall der (fehlenden) Vertretungsmacht ausnahmsweise **auch bei** einem **non liquet** im Vorprozess, da im Folgeprozess nicht erneut der klagende Vertragspartner beweislastpflichtig ist, sondern der Streitverkündete, sprich der Vertreter selbst;[31] in diesem Fall steht die Nichterweislichkeit der Tatsache zu Lasten des Streitverkündeten fest.

18

Muster 19.4: Streitverkündung

An das

▨▨▨ gericht

In dem Rechtsstreit

▨▨▨ (Dritter)/ ▨▨▨ (Vollmachtgeber)

verkünden wir namens und in Vollmacht des Klägers

dem ▨▨▨ (Bevollmächtigten)

den Streit, verbunden mit der Aufforderung,

---

29 BGH, Urt. v. 17.9.1998 – III ZR 174/97, NJW-RR 1999, 361; BGH, Urt. v. 31.1.1974 – II ZR 173/72, NJW 1974, 748.
30 Zöller/*Althammer*, § 72 Rn 8; BeckOGK BGB/*Huber*, § 164 Rn 104; BGH, Urt. v. 8.10.1981 – VII ZR 341/18, NJW 1982, 281 und OLG Köln, Urt. v. 22.2.1991 – 19 U 159/90, NJW-RR 1992, 119.
31 BGH, Urt. v. 9.11.1982 – VI ZR 293/79, NJW 1983, 820; OLG Düsseldorf, Urt. v. 29.11.1991 – 22 U 149/91, NJW 1992, 1176.

dem Rechtsstreit auf Seiten des Klägers beizutreten.

Das Gericht wird gebeten,

diesen Schriftsatz nebst anliegender Kopie der Klageschrift und der Klageerwiderung dem Streitverkündeten alsbald zuzustellen.

Begründung:

Der Kläger verlangt von dem Beklagten Erfüllung eines Vertrages, den der Streitverkündete im Namen des Beklagten mit dem Kläger am ▇▇▇▇ geschlossenen hat. In seiner Klageerwiderung hat der Beklagte eingewendet, dass der Streitverkündete ohne Vertretungsmacht gehandelt und er den Vertrag auch nicht genehmigt hat. Für den Fall, dass der Einwand des Beklagten zutrifft und der Kläger aus diesem Grunde im Prozess gegen den Beklagten unterliegt, hätte der Kläger gegen den Streitverkündeten Ansprüche aus § 179 BGB.

Der Stand des Prozesses ergibt sich aus der anliegenden beglaubigten Ablichtung der Klageschrift und der Klageerwiderung.

Das Gericht hat das schriftliche Vorverfahren angeordnet, jedoch bisher keinen Haupttermin bestimmt und auch sonst keine prozessleitenden Anordnungen getroffen.

Rechtsanwalt/Rechtsanwältin

Herzog

§ 20 Kollision einer erteilten Vorsorgevollmacht mit erbrechtlichen Instituten

Übersicht:

	Rdn		Rdn
A. Einleitung	1	D. Vorsorgevollmacht und Nachlass (insolvenz)verwaltung	38
B. Die Vorsorgevollmacht nach dem Erbfall	2	E. Vorsorgevollmacht und Testamentsvollstrecker	39
I. Vollmacht besteht postmortal zunächst gegenüber den Erben fort	2	I. Vorsorgevollmacht trotz Testamentsvollstrecker?	39
1. Vertretung der Erben	3	II. Ergänzung der Testamentsvollstreckung durch flankierende Vorsorgevollmacht an den Testamentsvollstrecker	40
2. Reichweite der Vertretungsmacht	6	1. Unterschiede in den beiden Rechtsinstituten	41
a) Bankgeschäfte	8	2. Flankierende Anordnungen zur Erweiterung der Befugnisse	42
b) Grundbuchsachen	9	III. Konkurrenz in Bezug auf Abwicklung und Verwaltung des Nachlasses bei Vorsorgevollmacht an Dritte oder die Erben	44
II. Erlöschen durch Konfusion?	11	1. Gestaltung	45
III. Widerruf durch den bzw. die Erben	21	2. Ohne klarstellende Anordnung ist das Verhältnis umstritten	52
IV. Ansprüche der Erben gegen den Vorsorgebevollmächtigten	26	IV. Widerruf der Vollmacht durch den Testamentsvollstrecker?	54
1. Informationsansprüche	26		
2. Ansprüche wegen (pflichtwidrigen) Handelns des Bevollmächtigten	29		
V. Besonderheiten bei Vor- und Nacherbschaft	32		
C. Vorsorgevollmacht und Nachlasspflegschaft	34		
I. Vorsorgevollmacht trotz Nachlasspflegschaft?	34		
II. Nebeneinander von Vollmacht und Nachlasspflegschaft	36		
III. Widerruf der Vollmacht durch den Nachlasspfleger?	37		

A. Einleitung

Wird die Vorsorgevollmacht – wie regelmäßig – transmortal erteilt, so gerät sie postmortal zwangsläufig in ein **Spannungsverhältnis** zu erbrechtlichen Instituten: Wirkt sie gegenüber den Erben fort? Wie stehen die Befugnisse des Vorsorgebevollmächtigten zu denen eines Testamentsvollstreckers, Nachlass(insolvenz)verwalters oder Nachlasspflegers?   1

B. Die Vorsorgevollmacht nach dem Erbfall

I. Vollmacht besteht postmortal zunächst gegenüber den Erben fort

2   Eine wirksam erteilte Vorsorgevollmacht besteht nach dem Tod grundsätzlich fort (§§ 168 S. 1, 672 S. 1, 675 BGB),[1] wenn der Bevollmächtigende sie **nicht** – was regelmäßig untunlich sein dürfte[2] – auf seine Lebenszeit **begrenzt** hat.[3]

1. Vertretung der Erben

3   Trans- und postmortale Vollmachten sind allgemein anerkannt.[4] Nach dem Tod des Erblassers **vertritt** der Bevollmächtigte die **Erben** des Vollmachtgebers,[5] wobei sich die Vertretungsmacht auf den Nachlass beschränkt und sich nicht auch auf das Eigenvermögen der Erben erstreckt.[6] Der Bevollmächtigte begründet mithin **Nachlassverbindlichkeiten**, bezüglich derer der Erbe die Haftung auf den Nachlass beschränken kann. Eigenverbindlichkeiten entstehen aber jedenfalls bei Zustimmung des Erben;[7] nach zum Teil vertretener Ansicht schon bei Verstreichenlassen der ersten Widerrufsmöglichkeit.[8]

4   Der Bevollmächtigte hat aufgrund der Ermächtigung des Erblassers die Befugnis erhalten, innerhalb der ihm eingeräumten Vertretungsmacht über das zum Nachlass gehörende Vermögen in Vertretung der Erben zu verfügen.[9] Hierzu muss er die Erben nicht namhaft machen[10] und auch **keinen Erbnachweis** führen[11] oder auch nur explizit im Namen der Erben handeln.

5   Die Möglichkeit, den Nachlass aufgrund der trans- oder postmortalen Vollmacht zu verpflichten und über ihn zu verfügen, besteht auch und gerade dann, wenn der **Bevollmächtigte** auch **Erbe** war, sein Erbe aber **ausgeschlagen** hat; denn die Bevollmächtigten agieren aufgrund ihrer Vollmacht und nicht als Erben. Ist die

---

1 Kurze/*Kurze*, VorsorgeR, § 164 Rn 90.
2 Siehe hierzu § 1 Rdn 34 ff.
3 *Kurze*, ZErb 2008, 399, 400.
4 Repräsentativ etwa OLG Frankfurt, Beschl. v. 20.6.2011 – 20 W 159/11, ZEV 2012, 377; eingehend zur Entwicklung *Wendt*, ErbR 2021, 657.
5 BGH, Urt. v. 23.2.1983 – IVa ZR 186/91, NJW 1983, 1487; OLG Frankfurt a.M., Beschl. v. 9.3.2015 – 20 W 49/15, ErbR 2016, 53; OLG Frankfurt a.M., Beschl. v. 14.11.2011 – 20 W 149/11, NJOZ 2012, 1873; Staudinger/*Schilken*, Neubearb. 2019, § 168 Rn 31 m.w.N.
6 RG, Urt. v. 10.1.1923 – V 385/22, RGZ 106, 185, 187; BGH, FamRZ 1983, 477; Staudinger/*Schilken*, Neubearb. 2019, § 168 Rn 31 m.w.N.
7 Kurze/*Kurze*, VorsorgeR, § 164 Rn 95.
8 *Papenmeier*, Transmortale und postmortale Vollmachten als Gestaltungsmittel, 2013, S. 73–82 m.w.N.
9 OLG Frankfurt a.M., Beschl. v. 14.11.2011 – 20 W 149/11, NJOZ 2012, 1873.
10 LG Stuttgart, Beschl. v. 20.7.2007 – 1 T 37/2007, ZEV 2008, 198.
11 OLG Hamm, Beschl. v. 10.1.2013 – 15 W 79/12, ZEV 2013, 341.

Vollmacht als trans- oder postmortale Vollmacht ausgestaltet, so agieren die Bevollmächtigten (ähnlich wie der Nachlasspfleger) für die (bekannten oder unbekannten) Erben.

2. Reichweite der Vertretungsmacht

Bevollmächtigte können durch Rechtsgeschäft unter Lebenden aufgrund ihrer Vollmacht die Erben in Bezug auf den Nachlass berechtigen und verpflichten, egal ob sie kurz vor oder kurz nach dem Tod des Vollmachtgebers handeln, solange die Vollmacht **nicht widerrufen** ist. Zur Wirksamkeit des Rechtsgeschäftes bedarf **es keines (expliziten) Einverständnisses** der Erben.[12]

6

Bei Rechtsgeschäften zu eigenen Gunsten ist **§ 181 BGB** zu beachten. Geht es um die Erfüllung einer (z.B. vom Erblasser bereits begründeten) wirksamen Verbindlichkeit, ist die Erfüllung möglich. Anderenfalls kommt es darauf an, ob der Bevollmächtigte – ausdrücklich oder konkludent – von den Beschränkungen des § 181 BGB befreit ist. Dabei reicht die Verfügungsmacht gegenüber dem Nachlass aber nicht weiter als gegenüber dem Erblasser.

7

Aufgrund einer post- oder transmortalen Vollmacht kann ein (form)wirksamer Schenkungsvertrag gem. §§ 516, 518 Abs. 1 BGB nach dem Tod des Schenkenden durch den Bevollmächtigten erfüllt werden; § 181 BGB ist in diesem Fall nicht tangiert, da es um die Erfüllung einer wirksamen Verbindlichkeit geht.

a) Bankgeschäfte

So kann der Bevollmächtigte aufgrund einer transmortalen Vollmacht **kein Konto** des Erblassers auf sich selbst **umschreiben**.[13] Er kann aber **Abverfügungen** vom Konto vornehmen und das Konto sogar leerräumen. Die **Bank** ist **nicht** berechtigt oder verpflichtet, die Vollmacht zu **prüfen** oder in Frage zu stellen oder das Innenverhältnis zu prüfen, solange nicht ein Missbrauch der Vollmacht evident ist oder der Bevollmächtigte und der Vertragspartner kollusiv zusammenarbeiten.[14] Liegt dem Abverfügen keine wirksame Causa zugrunde, so stehen **Rückforderungsansprüche** der Erben insbesondere aus §§ 812 ff. BGB oder aus §§ 280, 677 BGB etc. gegen den Bevollmächtigten im Raume.[15] Das Risiko des Missbrauchs der Vollmacht trägt der Nachlass.

8

---

12 Staudinger/*Schilken*, Neubearb. 2019, § 168 Rn 32.
13 BGH, Urt. v. 24.3.2009 – XI ZR 191/08, ErbR 2009, 257 = ZEV 2009, 413.
14 BGH, Urt. v. 25.10.1994 – XI ZR 239/93, NJW 1995, 250.
15 *Pamp*, ErbR 2013, 194 und 226; OLG Brandenburg, Urt. v. 4.9.2019 – 4 U 128/17, ErbR 2019, 775 m. Anm. *Schmitz*, ErbR 2020, 466; zur Beweislast siehe auch BGH, Urt. v. 14.11.2006 – X ZR 34/05, NJW-RR 2007, 488; BGH, Urt. v. 11.3.2014 – X ZR 150/11, NJW 2014, 2275.

b) Grundbuchsachen

9 Mittels einer trans- oder postmortalen Vollmacht kann **keine Grundbuchberichtigung** auf die Erben[16] unter Inanspruchnahme der Kostenbegünstigung der KV 14110 Abs. 1 GNotKG vollzogen werden; ebenso wenig kann der Bevollmächtigte eine Miterbengemeinschaft auseinandersetzen, weil ihm vom Erblasser nicht die Macht eingeräumt ist, in die erbrechtliche Rechtsposition der Erben einzugreifen.[17] Hierzu ist ein Erbschein oder ein anderer Nachweis i.S.d. § 35 GBO erforderlich.

Ohne Erbnachweis sind nach § 35 GBO aber Grundbucheintragungen mit Wirkung für die Erben möglich.[18] Dies gilt auch dann, wenn Testamentsvollstreckung angeordnet ist.[19] Der grundbuchrechtliche Vollzug eines vom Bevollmächtigten vorgenommenen Rechtsgeschäftes ist ausführbar,[20] und zwar sowohl vor als auch nach Umschreibung des Grundbuches auf die Erben.[21] Ebenso kann der Bevollmächtigte ein Grundstück auf einen Miterben auflassen.[22] Denn der Bevollmächtigte vertritt die – wenn auch gegebenenfalls noch unbekannten – Erben[23] aufgrund der Vollmacht, die ihm der Erblasser erteilt hat,[24] solange die Vollmacht nicht – für das Grundbuchamt ersichtlich[25] – widerrufen ist.[26] Das aber genügt für § 20 GBO.

Gegenüber dem Grundbuchamt muss die Vollmacht aufgrund **§ 29 GBO** zumindest öffentlich beglaubigt vorgelegt werden.[27] Hierzu genügt jedenfalls eine notarielle Beglaubigung. Gemäß dem bis zum 31.12.2022 geltenden § 6 Abs. 2 S. 1 BtBG ist die Betreuungsbehörde befugt, Unterschriften oder Handzeichen auf Vorsorgevollmachten öffentlich zu beglaubigen. Ob dies allerdings für § 29 GBO bei nach dem Tod vorgenommenen Verfügungen über Immobilien genügt, war

---

16 LG Heidelberg, Beschl. v. 8.1.1973 – 1 a T 25/72, NJW 1973, 1088.
17 LG Heidelberg, Beschl. v. 8.1.1973 – 1 a T 25/72, NJW 1973, 1088; OLG Schleswig, Beschl. v. 15.7.2014 – 2 W 48/14, FGPrax 2014, 206, 207; *Weidlich*, ZEV 2016, 57, 60; *Weber*, ErbR 2018, 189.
18 OLG Frankfurt a.M., Beschl. v. 20.6.2011 – 20 W 159/11, ZEV 2012, 377.
19 OLG München, Beschl. v. 15.11.2011 – 34 Wx 388/11, ErbR 2012, 93.
20 OLG München, Beschl. v. 21.7.2014 – 34 Wx 259/14, ErbR 2014, 537; s. auch OLG München, Beschl. v. 15.6.2015 – 34 Wx 513/13, ErbR 2015, 459 = NJW-RR 2015, 1382; *Weidlich*, ZEV 2016, 57.
21 OLG Frankfurt a.M., Beschl. v. 23.5.2013 – 20 W 142/13, ZEV 2014, 202.
22 *Weber*, ErbR 2018, 189, 190.
23 *Weidlich*, ZEV 2016, 57, 59.
24 Wenn auch nicht ausdrücklich, siehe LG Stuttgart, Beschl. v. 20.7.2007 – 1 T 37/2007, ZEV 2008, 198.
25 OLG Frankfurt a.M., Beschl. v. 23.5.2013 – 20 W 142/13, ZEV 2014, 202.
26 OLG Hamm, Beschl. v. 10.1.2013 – 15 W 79/12, ZEV 2013, 341, ErbR 2013, 187; OLG Frankfurt a.M., Beschl. v. 29.6.2011 – 20 W 168/11, DNotZ 2012, 140; OLG München, Beschl. v. 15.11.2011 – 34 Wx 388/11, ZEV 2012, 376; *Demharter*, § 35 GBO Rn 9.
27 OLG Frankfurt a.M., Beschl. v. 14.11.2011 – 20 W 149/11, NJOZ 2012, 1873.

– auch zwischen den Obergerichten – umstritten,[28] bis der BGH[29] klargestellt hat, dass auch transmortale Vorsorgevollmachten, die von der **Betreuungsbehörde beglaubigt** worden sind, § 29 GBO genügen. Mit Inkrafttreten des neuen § 7 Abs. 1 S. 2 BtOG zum 1.1.2023 ändert sich diese zu begrüßende Rechtslage allerdings nach dem eindeutigen Wortlaut der Norm wieder; denn hiernach endet die Wirkung der Beglaubigung einer Vollmacht durch die Behörde nach § 7 Abs. 1 S. 1 BtOG mit dem Tod des Vollmachtgebers. Ob die Regelung Rückwirkung hat, ist unklar. Vorsorglich kann aber von der Beglaubigung einer post- oder transmortalen Vollmacht durch die Betreuungsbehörde nur abgeraten und zu einer notariellen Beglaubigung geraten werden, auch wenn Letztere etwas teurer ist.

Eine Voreintragung der Erben ist grundsätzlich gemäß § 40 GBO nicht erforderlich;[30] auch nicht für die Eintragung einer **Auflassungsvormerkung**.[31] Etwas anderes sollte aber dann gelten, wenn für den Erwerber ein **Finanzierungsgrundpfandrecht** eingetragen werden muss.[32] In diesem Fall sollte es nach zunächst h.M. der vorherigen Grundbuchberichtigung auf den Erben und folglich der Vorlage eines Erbscheins bedürfen.[33] Diese Auffassung wird inzwischen zu Recht überwiegend abgelehnt[34] und § 40 Abs. 1 Alt. 2 GBO entsprechend angewendet, da das Handeln des transmortal Bevollmächtigten mit dem Handeln des

10

---

28 Verneinend OLG Köln, Beschl. v. 30.10.2019 – 2 Wx 327/19, ErbR 2020, 815; *Schmitz*, ErbR 2021, 11; a.A. OLG Karlsruhe, Beschl. v. 14.9.2015 – 11 Wx 71/15, ErbR 2017, 45; *Phyrr*, ErbR 2020, 772; siehe auch *Jülicher*, ErbR 2020, 757.
29 BGH, Beschl. v. 12.11.2020 – V ZB 148/19, ErbR 2021, 522 m. Anm. *Phyrr*.
30 OLG Schleswig, Beschl. v. 15.7.2014 – 2 W 48/14, ZEV 2015, 225 = ErbR 2016, 86 m. Anm. *Wendt*, ErbR 2016, 74.
31 KG, Beschl. v. 22.10.2020 – 1 W 1357/20, ErbR 2021, 702 m. Anm. *Wendt*, ErbR 2021, 657 = ZEV 2021, 62; OLG Köln, Beschl. v. 19.12.2019 – 2 Wx 343/19, ErbR 2020, 499 m. Anm. *Wendt*, ErbR 2020, 461 = ZEV 2020, 173 = ZErb 2020, 146. Wohl soll eine Voreintragung der Erben für eine Eintragung eines Nießbrauchs erforderlich sein, OLG Köln, Beschl. v. 19.12.2019 – 2 Wx 343/19, ErbR 2020, 499 m. Anm. *Wendt*, ErbR 2020, 461 = ZEV 2020, 173 = ZErb 2020, 146, da in diesem Fall nicht von einer bloßen „Durchgangseintragung" der Erben die Rede sein kann.
32 *Weber*, ErbR 2018, 189 m.w.N.
33 OLG Köln, Beschl. v. 19.12.2019 – 2 Wx 343/19, ErbR 2020, 499; *Rupp*, notar 2015, 20; siehe hierzu auch *Wendt*, ErbR 2016, 74, 77 f.
34 KG, Beschl. v. 22.10.2020 – 1 W 1357/20, ErbR 2021, 702 (nicht generell bei einer Finanzierungsgrundschuld, wohl aber, wenn diese aufgrund transmortaler Vollmacht handelt) m. Anm. *Wendt*, ErbR 2021, 657 = ZEV 2021, 62; OLG Celle, Beschl. v. 16.8.2019 – 18 W 33/19, ErbR 2020, 126; OLG Stuttgart, Beschl. v. 2.11.2018 – 8 W 312/18, ErbR 2019, 594; OLG Stuttgart, Beschl. v. 17.10.2018 – 8 W 311/18, DNotZ 2019, 411; OLG Frankfurt, Beschl. v. 27.6.2017 – 20 W 179/17, RNotZ 2018, 28; OLG Köln, Beschl. v. 16.3.2018 – 2 Wx 123/18, FGPrax 2018, 106; *Wendt*, ErbR 2021, 657; *Wendt*, ErbR 2020, 99; *Wendt*, ErbR 2020, 461; *Ott*, notar 2019, 387; wohl auch *Plottek*, ZErb 2021, 253, 256; kritisch *Weber*, DNotZ 2018, 884.

Nachlasspflegers rechtskonstruktiv vergleichbar sei. Auch die Bevollmächtigung erfolge, um gegen die Erben wirksame Eintragungen unabhängig von der Erbenfeststellung zügig und möglichst kostensparend durchführen zu können.

II. Erlöschen durch Konfusion?

11   Kontrovers diskutiert wurde aufgrund einer Entscheidung des **OLG Hamm** aus dem Jahre **2013**, ob eine transmortale Vollmacht auch dann fortbesteht, wenn der **Bevollmächtigte** zugleich **Alleinerbe** ist. Das OLG Hamm[35] verneinte die Frage: Die Vollmacht erlösche im Zeitpunkt des Todes durch Konfusion; denn der Erbe könne sich nicht selbst vertreten, da die Vollmacht eine Personenverschiedenheit von Vertreter und vertretener Person voraussetze.[36] Das OLG Hamm versagte es dem Alleinerben in dem zu entscheidenden Fall, ein Nachlassgrundstück mittels seiner transmortalen Vollmacht auf einen Dritten zu übertragen.

12   Die Entscheidung des OLG Hamm ist zu Recht überwiegend **kritisch** besprochen worden[37] und auch die obergerichtliche Rechtsprechung ist dem nicht gefolgt:

So hat das **OLG Schleswig 2014** klargestellt, dass eine trans- oder postmortale Vollmacht jedenfalls dann nicht mit dem Tod durch Konfusion erlischt, wenn der Bevollmächtigte nicht Allein-, sondern **Miterbe** ist.[38] In diesem Fall handelt der Bevollmächtigte nicht für sich selbst, sondern für die Miterben in ihrer gesamthänderischen Verbundenheit. Die Gefahr, dass der Bevollmächtigte die Vollmacht nur für eine verkappte Grundbuchberichtigung nutzt, besteht nicht, weil die Übertragung auf alle Miterben als Bruchteilseigentümer nur durch rechtsgeschäftliche Übertragung erfolgen kann.[39] Im Fall vor dem OLG Schleswig gelang die Übertragung des Nachlassgrundstückes auf Dritte aufgrund der transmortalen Vollmacht.

---

35   OLG Hamm, Beschl. v. 10.1.2013 – 15 W 79/12, ZEV 2013, 341 = ErbR 2013, 187.
36   Zustimmend *Bestelmeyer*, notar 2013, 143; Kurze/*Kurze*, VorsorgeR, § 164 Rn 91.
37   *Wendt*, ErbR 2016, 74; *Wendt*, ErbR 2017, 19; *Keim*, DNotZ 2013, 692; *Mensch*, BWNotZ 2013, 91; *Dutta*, FamRZ 2013, 1513; *Lange*, ZEV 2013, 343; BeckOK GBO/*Wilsch*, § 35 Rn 78; Grüneberg/*Ellenberger*, § 168 Rn 4; Staudinger/*Herzog*, Neubearb. 2016, § 2365 Rn 34 ff.
38   OLG Hamm, Beschl. v. 10.1.2013 – 15 W 79/12, ZEV 2013, 341 = ErbR 2013, 187; OLG Schleswig, Beschl. v. 15.7.2014 – 2 W 48/14, ZEV 2015, 225 = ErbR 2016, 86 m. Anm. *Wendt*, ErbR 2016, 74 und m. Anm. *Rupp*, notar 2015, 20; a.A. *Bestelmeyer*, notar 2015, 147, 161.
39   OLG Schleswig, Beschl. v. 15.7.2014 – 2 W 48/14, ZEV 2015, 225 mit Verweis auf BGH, Beschl. v. 9.7.1956 – V BLw 11/56, NJW 1956, 1433; OLG München, Beschl. v. 18.8.2011 – 34 Wx 320/11, ZEV 2012, 415.

Bei genauerer Betrachtung würde sich die Konfusionsfrage jedoch auch bei Miterben stellen – beschränkt auf den bevollmächtigten Miterben.[40] Dass infolgedessen allerdings von einem teilweisen Erlöschen der Vollmacht auszugehen sei, wird nur vereinzelt vertreten.[41] Hierfür gibt es auch keine materiell-rechtliche Notwendigkeit: Der Bevollmächtigte handelt entweder als Erbe und muss sich folgerichtig dann als solcher legitimieren, oder er handelt als Bevollmächtigter. Letzterenfalls genügt zu seiner Legitimation die Vorlage einer Vollmacht, die den Anforderungen des § 29 GBO genügt.[42] Das Grundbuchamt wird ihm nicht vorschreiben können, als was er aufzutreten hat;[43] der Antragsteller hat die **Wahl**, als **Erbe Grundbuchberichtigung** zu verlangen und somit die Gebührenfreiheit nach KV 14110 Abs. 1 GNotKG zu erhalten, was er aber mit den Kosten des Erbscheins bezahlen muss, oder das **Grundstück** als **Bevollmächtigter** an sich **aufzulassen** mit den dadurch entstehenden Kosten.[44] Die Tatsache, dass er Erbe und Bevollmächtigter in Personalunion ist, führt jedenfalls nicht zu einem Vorrang der einen oder anderen Stellung. Dafür gibt es auch keine Notwendigkeit; denn das Grundbuch wird in keinem Falle unrichtig,[45] weshalb es dem Verlangen nach einem Erbschein an Erheblichkeit mangelt.[46] Außerdem erlöschen schuldrechtliche Beziehungen zwischen Erblasser und Erben nicht stets oder gar zwingend;[47] der mit überschießender Rechtsmacht ausgestattete Alleinerbe büßt die Legitimationswirkung seiner Generalvollmacht nicht ein.[48]

13

Das **OLG München**[49] eröffnet mit seiner Entscheidung vom **4.8.2016** schließlich auch den Weg zu einer bis dato skeptisch beäugten „**verkappten Grundbuchberichtigung**". Es führt aus: „*Nichts zwingt einen mit transmortaler Vollmacht Ausgewiesenen (...) nach dem Erbfall dazu, statt einer Auflassung an sich nur den verfahrensrechtlichen Weg der Berichtigung zu wählen*". Die Erkenntnis, dass der „Erwerber" Alleinerbe sein könnte, ergab sich in diesem Fall aus der Tatsache, dass das Grundbuchamt die Nachlassakte beigezogen hatte, in der sich ein entsprechendes privatschriftliches Testament befand. Es komme gleichwohl

14

---

40 *Wendt*, ErbR 2017, 19, 21.
41 *Bestelmeyer*, notar 2015, 147, 161.
42 *Rupp*, notar 2015, 20; *Wendt*, ErbR 2016, 74, 76; *Weidlich*, ZEV 2016, 57, 63.
43 So zu Recht *Wendt*, ErbR 2017, 19, 21.
44 *Wendt*, ErbR 2017, 19, 22 linke Spalte Mitte.
45 *Weidlich*, MittBayNot 2013, 190, 196.
46 So auch OLG München, Beschl. v. 4.8.2016 – 34 Wx 110/16, ErbR 2017, 40, 42 und *Wendt*, ErbR 2017, 19, 21 rechte Spalte unten.
47 *Wendt*, ErbR 2017, 19, 23 und *Wendt*, ErbR 2016, 74.
48 *Wendt*, ErbR 2016, 74, 77 und *Weidlich*, ZEV 2016, 57, 63; *Amann*, MittBayNotZ 2013, 367, 371; *Keim*, DNotZ 2013, 692, 694 f; *Zimmer*, ZEV 2013, 307, 312; *Lange*, ZEV 2013, 343; a.M. *Bestelmeyer*, RPfleger 2014, 651, 656.
49 OLG München, Beschl. v. 4.8.2016 – 34 Wx 110/16, ErbR 2017, 40; skeptisch noch OLG Schleswig, Beschl. v. 15.7.2014 – 2 W 48/14, ZEV 2015, 225 = ErbR 2016, 86 m. Anm. *Wendt*, ErbR 2016, 74.

auch einer gegebenenfalls durch Konfusion erloschenen Vollmacht[50] eine „Legitimationswirkung" zu. Vom Bevollmächtigten einen Nachweis darüber zu verlangen, dass er nicht Alleinerbe geworden sei, wäre „überzogen".

15 Eine rechtsgeschäftliche Übertragung durch den Bevollmächtigten ist auch nach dem **OLG München** aufgrund dessen Folgeentscheidung vom **31.8.2016**[51] aber **nur dann** möglich, wenn der **Bevollmächtigte nicht zugleich als Alleinerbe auftritt**; sonst trete in Bezug auf die Vollmacht ein „Rechtsscheinverlust" ein. Der Praxis sei also (auch weiterhin) geraten, die Erbenstellung nicht gegenüber dem Grundbuchamt offen zu legen, sondern klar (allein) aufgrund der Stellung als Bevollmächtigter zu handeln, wenn es darum geht, ohne Erbschein und allein mit der Vollmacht auszukommen, will man nicht riskieren, die mit der transmortalen Vollmacht intendierte Handlungsfähigkeit „des Nachlasses" in der Zeit zwischen Erbfall und Erbscheinserteilung zu riskieren.[52]

16 Auch das **OLG Celle**[53] hat inzwischen klargestellt, dass das Zusammenfallen von Bevollmächtigung und Miterbenstellung nicht das Erlöschen der Vollmacht aufgrund der von § 164 BGB an sich vorausgesetzten Personenverschiedenheit zwischen Vertreter und Vertretenem bedingt. Zumindest bei Miterben könne von einer Konfusion oder Teilkonfusion nicht die Rede sein, und zwar schon aus Verkehrsschutzgründen. Auch der Erblasserwille spreche dagegen.

17 Das **OLG Frankfurt** sah schließlich überhaupt keine Veranlassung mehr, die Konfusion eines Alleinerben mit transmortaler Vollmacht zu thematisieren.[54] Und das **OLG Köln** öffnete dem mit transmortaler Vollmacht ausgestatteten Vermächtnisnehmer den Weg, sich das Vermächtnis selbst zu erfüllen.[55] 2021 hat das **KG**[56] klargestellt, dass es im Falle der Eintragung einer Finanzierungsgrundschuld aufgrund transmortaler Vollmacht weder einer Voreintragung noch eines Nachweises der Erbfolge in der Form des § 35 Abs. 1 GBO bedürfe, und zwar auch dann nicht, wenn der Bevollmächtigte erklärt, Alleinerbe des Vollmachtgebers zu sein.[57]

---

50 Ob die Vollmacht durch Konfusion erlischt, lässt das OLG München, Beschl. v. 31.8.2016 – 34 Wx 273/16, ErbR 2017, 43 ausdrücklich offen.
51 OLG München, Beschl. v. 31.8.2016 – 34 Wx 273/16, ErbR 2017, 43.
52 *Reimann*, ZEV 2016, 661; *Rupp*, notar 2015, 20; *Lange*, ZEV 2013, 343. Liegt eine öffentliche Verfügung von Todes wegen vor, die § 35 GBO genügt, so ist das Handeln als Alleinerbe unschädlich, *Rupp*, notar 2015, 20.
53 OLG Celle, Beschl. v. 16.8.2019 – 18 W 33/19, ErbR 2020, 126 m. Anm. *Wendt*, ErbR 2020, 99, 100.
54 OLG Frankfurt, Beschl. v. 27.7.2017 – 20 W 179/17, ErbR 2018, 157.
55 OLG Köln, Beschl. v. 19.12.2019 – 2 Wx 343/19, ErbR 2020, 499.
56 KG, Beschl. v. 2.3.2021 – 1 W 1503/20, ErbR 2021, 706.
57 A.A. *Kollmeyer*, ZEV 2021, 557, 560, da die erbrechtlichen Anordnungen auch die Vollmacht einschränken könnten.

Ob es angesichts dieser klaren Positionierungen noch einer klarstellenden Entscheidung des BGH bedarf,[58] darf bezweifelt werden; denn **lebzeitige und erbrechtliche Gestaltungsinstrumente** stehen nach ständiger Rechtsprechung **nebeneinander** und dürfen grds. frei gewählt und auch kombiniert werden.[59] Bis der BGH eine Gelegenheit erhalten wird, die Rechtsfrage zu klären, bleibt zu hoffen, dass die Vorsorgevollmacht als wichtiges Legitimationspapier in der Praxis weiter von der Rechtsprechung gestärkt werden wird.[60]

18

Feststehen dürfte, dass die transmortale Vollmacht zumindest bei Miterben nicht durch Konfusion erlischt. Aber auch im Falle einer Alleinerbenstellung des Vorsorgebevollmächtigten dürften keine Besonderheiten bei der Bevollmächtigung zu beachten sein. Zum einen, da nach ganz überwiegender Meinung auch im Falle der Alleinerbenstellung die Vollmacht nicht durch Konfusion erlischt. Selbst wenn man dem OLG Hamm folgen wollte, so „stört" die Alleinerbenstellung nur dann, wenn sie dem Grundbuchamt bekannt ist. So enthielt die vorgelegte notarielle Urkunde im Fall des OLG Hamm aus dem Jahre 2013 in ihrer Eingangsklausel die Formulierung, der Bevollmächtigte sei Alleinerbe der Erblasserin geworden. Dann aber – so das OLG Hamm – handele er nicht als Bevollmächtigter, sondern als Alleinerbe und benötigte daher einen Erbschein zu seiner Legitimation. In diesem Fall, wäre – dieser Ansicht folgend – die Vorlage eines Erbnachweises erforderlich.

19

Daher rät *Lange*[61] dazu, den Bevollmächtigen allein als solchen und nicht als Erben auftreten zu lassen. *Plottek*[62] hingegen hält es mit *Herrler* und *Ott*[63] für den sichersten Weg, den Beteiligten vorrangig als Bevollmächtigten und hilfsweise als Erben unter Vorlage eines Erbnachweises auftreten zu lassen. Es steht aber zu befürchten, dass die Grundbuchämter im Falle eines solchen Haupt- und Hilfsvortrages schnell auf den Hilfsvortrag abstellen und einen Erbnachweis fordern, was das Gestaltungsmittel der transmortalen Vollmacht an Bedeutung für die Praxis verlieren lassen wird, da es gerade (auch) darum geht, den Erbnachweis entbehrlich werden zu lassen. Daher dürfte es sich empfehlen, den Antrag zunächst (nur) auf die post- oder transmortale Vollmacht zu stützen, wenn der Handelnde aufgrund dieser tätig werden will.

20

Lehnt das Gericht dies ab, weil es mit *Kollmeyer*[64] die Aufklärung der Erbfolge auch im Falle einer Grundstücksübertragung aufgrund transmortaler Vollmacht in jedem Fall für erforderlich hält (siehe Rdn 32), kann ggf. nach erfolgter Zwi-

---

58 Die Möglichkeit hierzu war durch die Zulassung der Rechtsbeschwerde in OLG München, Beschl. v. 31.8.2016 – 34 Wx 273/16, ErbR 2017, 43 eröffnet.
59 In diesem Sinne auch *Wendt*, ErbR 2017, 19, 23.
60 So zu Recht auch *Plottek*, ZErb 2021, 253, 257.
61 *Lange*, ZEV 2013, 343.
62 *Plottek*, ZErb 2021, 253, 256.
63 *Herrler*, DNotZ 2017, 508, 533; *Ott*, notar 2019, 135, 138.
64 *Kollmeyer*, ZEV 2021, 557, 560.

schenverfügung überlegt werden, ob ein Erbnachweis beigebracht und auf ein Handeln als (Allein)Erbe umgestellt werden sollte.

III. Widerruf durch den bzw. die Erben

21 Der Erbe oder einzelne Miterben können die Vorsorgevollmacht unter denselben Voraussetzungen wie der Erblasser widerrufen;[65] das ergibt sich aus dem Grundsatz der Universalsukzession.[66] **Miterben** können eine Vorsorgevollmacht jedenfalls **gemeinschaftlich** widerrufen.[67] Nach ganz h.M. und ständiger Rechtsprechung hat aber ein **jeder Miterbe** ein **eigenes Widerrufsrecht**, dessen Ausübung ein Handeln auch für diesen Miterben unmöglich macht.[68] Der Bevollmächtigte vertritt dann nur noch die nicht widerrufenden Miterben. Der widerrufende Miterbe hat ein Recht darauf, dass ein Widerrufsvermerk in der Vollmachtsurkunde aufgenommen wird.[69]

22 Muster 20.1: Widerrufserklärung eines einzelnen Miterben gegenüber einem Bevollmächtigten

An ▓▓▓

▓▓▓ ; hier: Widerruf der am ▓▓▓ erteilten Vollmacht

Sehr geehrte(r) ▓▓▓,

in o.g. Sache teilen wir mit, dass wir die Interessen von ▓▓▓ vertreten. Eine uns legitimierende Vollmacht legen wir diesem Schreiben im Original anbei.

Unser Mandant ▓▓▓ ist gemäß dem hier beiliegenden Erbschein/Europäischen Nachlasszeugnis des ▓▓▓ Az. ▓▓▓ vom ▓▓▓ /Notarieller letztwilliger Verfügungen vom ▓▓▓, eröffnet durch das Nachlassgericht ▓▓▓ am ▓▓▓ zu Az. ▓▓▓ Miterbe nach dem am ▓▓▓ verstorbenen ▓▓▓ (Erblasser). Der Erblasser hat Ihnen am ▓▓▓ durch ▓▓▓ umfassende Vorsorgevollmacht erteilt.

---

65 DNotI-Report 2013, 84, 85.
66 BGH, Urt. v. 14.7.1976 – IV ZR 123/75, WM 1976, 1130.
67 *Trimborn von Landenberg*, Vollmacht vor und nach dem Erbfall, § 2 Rn 35.
68 Grüneberg/*Weidlich*, Vor § 2197 Rn 13; RG JW 1938, 1892; *Trimborn von Landenberg*, Vollmacht vor und nach dem Erbfall, § 2 Rn 37; siehe hierzu auch Rißmann/*Kurze*, Erbengemeinschaft, § 12 Rn 60 und *Madaus*, ZEV 2004, 448; kritisch Kurze/*Kurze*, VorsorgeR, § 164 Rn 93 ff. Zu den Auswirkungen des Vollmachtswiderrufs durch einen Miterben auf die Vollzugsreife eines notariellen Vertrages, siehe OLG München, Beschl. v. 15.1.2019 – 34 Wx 367/18, ErbR 2019, 658 (kein Vollzug durch das GBA, wenn der Widerruf zwar nach Beurkundung aber vor Eingang des Vollzugsantrags eingeht und bekannt wird), sowie LG Berlin, Urt. v. 16.6.2020 – 84 T 256/19, ErbR 2021, 361 m. Anm. *Kliemt* (Notar ist zur Verweigerung der Vollziehung nach § 15 GBO berechtigt, wenn auch nur ein Miterbe die Vollmacht widerruft).
69 BGH, Urt. v. 29.9.1989 – V ZR 198/87, NJW 1990, 507.

Namens und in Vollmacht unseres Mandanten widerrufen wir hiermit diese und sämtliche anderen etwaigen Vollmachten, die der Erblasser Ihnen erteilt hat, für unseren Mandanten mit sofortiger Wirkung.

Sie dürfen die Vollmacht daher ab sofort nicht mehr mit Wirkung für unseren Mandanten nutzen.

Wir haben Sie aufzufordern, uns sämtliche Vollmachten nach § 666 BGB zur Kenntnis zu bringen, den hier erfolgten Widerruf unverzüglich auf sämtlichen Vollmachtsurkunden in Original bzw. Ausfertigung zu vermerken und den Rechtsverkehr über den hier erfolgten Widerruf zu unterrichten und dies uns gegenüber nachzuweisen.

Rechtsgeschäfte für den Nachlass können künftig nur noch unter Mitwirkung unseres Mandanten abgeschlossen werden. Dies gilt selbst dann, wenn die Vollmacht durch die anderen Miterben nicht widerrufen sein sollte. Zuwiderhandlungen würden Schadensersatzansprüche unseres Mandanten auslösen.

Mit freundlichen Grüßen

Rechtsanwalt/Rechtsanwältin

Hat der Erblasser das Widerrufsrecht zu Lebzeiten **ausgeschlossen**, so gilt auch für den Erben diese Unwiderruflichkeit.[70] Will der Erblasser aber selbst ein Widerrufsrecht behalten, so kann er das Widerrufsrecht des Erben nicht durch Rechtsgeschäft unter Lebenden, sondern nur durch letztwillige Verfügung (z.B. einer Auflage) ausschließen.[71]

23

Der widerrufende Erbe soll sich aber, nach wohl herrschender Meinung, durch **Erbschein** oder mittels eines gleichwertigen Erbnachweises als solcher **legitimieren** müssen.[72] Folgt man dieser Ansicht, so hat das zur Folge, dass die Vollmacht faktisch bis zur Erbscheinserteilung oder Möglichkeit der Vorlage z.B. eines Europäischen Nachlasszeugnisses oder öffentlichen Testaments mit Eröffnungsprotokoll faktisch unwiderruflich ist. Zumindest dann, wenn dem Bevollmächtigten auch ohne besonderen Erbnachweis die Erbenstellung bekannt sein muss, so muss ein Widerruf auch ohne Vorlage eines Erbscheins möglich und wirksam sein.[73]

24

Anderenfalls können zwischen Erbfall und Erbscheinserteilung **Sicherungsmaßnahmen** ergriffen werden. So können und sollten klassische Vertragspartner wie Banken angeschrieben und unter substantiierter Zugrundelegung der Erbenstellung aufgefordert werden, die Vorsorgevollmacht für den miterbenden Mandanten nicht mehr zu akzeptieren, beim Nachlassgericht ein Antrag nach § 1960 BGB auf Kontensperrung gestellt oder eine einstweilige Verfügung kombiniert

25

---

70 Siehe hierzu auch *Kurze*, ZErb 2008, 399, 402.
71 *K. Lange*, Erbrecht, Kap. 4 Rn 215.
72 *Kurze*, ZErb 2008, 399, 402; BGH, Urt. v. 25.10.1994 – XI ZR 239/93, NJW 1995, 250.
73 *Trimborn von Landenberg*, Vollmacht vor und nach dem Erbfall, § 2 Rn 29.

mit einer Erbenfeststellungsklage nebst Streitverkündung gegenüber Vertragspartnern wie Banken beantragt werden.[74]

IV. Ansprüche der Erben gegen den Vorsorgebevollmächtigten

1. Informationsansprüche

26 Der oder die Erben haben gegen den Vorsorgebevollmächtigten grundsätzlich die gleichen **Informationsansprüche wie der Erblasser**. Diese ergeben sich aus dem der Vollmacht zugrunde liegenden Innenverhältnis, i.d.R. aus § 666 BGB (siehe hierzu § 22 Rdn 21 ff.).[75] Die **Benachrichtigungspflicht** nach § 666 Var. 1 BGB kommt nach dem Erbfall in Bezug auf die Frage, wem welche Vollmachten erteilt wurden, Bedeutung zu. Der (Mit)Erbe kann vom Vorsorgebevollmächtigten **Auskunft** i.S.e. Tätigkeitsberichts nach § 666 Var. 2 BGB verlangen, wobei sich der Inhalt danach richtet, „was nach dem Gegenstand der Besorgung, der Üblichkeit im Geschäftsverkehr, dem Zweck der verlangten Information unter Berücksichtigung von Treu und Glauben erwartet werden kann".[76] Nach Beendigung der Bevollmächtigung, etwa nach erfolgtem Widerruf (siehe Rdn 21), ist der Vorsorgebevollmächtigte zur **Rechenschaft** nach § 666 Var. 3 BGB i.S.e. „geordneten Zusammenstellung der Einnahmen und Ausgaben" verpflichtet.[77]

27 Auskunftsberechtigt ist der Miterbe bzw. sind die Miterben in ihrer gesamthänderischen Verbundenheit. Aber auch bei Miterben kann **ein Miterbe allein** über § 2039 S. 2 BGB Auskunft verlangen;[78] das Verlangen muss dabei gerichtet sein auf Auskunft an alle.[79] Dies sollte richtigerweise durch Auskunftserteilung **an einen jeden Miterben** erfolgen. Das zum Teil vorgeschlagene Vorgehen, die Informationen beim Nachlassgericht zu hinterlegen und gar eine Befreiung vom Bankgeheimnis von einem jeden Miterben zu verlangen,[80] ist abzulehnen. Durch diese Förmelei hält sich etwa eine Bank gerade nicht, wie intendiert, aus dem Innenverhältnis der Erbengemeinschaft heraus, sondern verzögert die Nachlassabwicklung erheblich und unberechtigt. Das **Bankgeheimnis** schützt gerade nicht vor Erteilung von Informationen an die einzelnen Rechtsnachfolger.[81] Falls

---

74 *Trimborn von Landenberg*, Vollmacht vor und nach dem Erbfall, § 2 Rn 60 ff.
75 *Horn*, NJW 2018, 2611, 2612.
76 BGH, Urt. v. 1.12.2011 – III ZR 71/11, NJW 2012, 917, 919.
77 OLG München, Urt. v. 6.12.2017 – 7 U 1519/17, ZEV 2018, 149, 151; *Horn*, NJW 2018, 2611, 2612; *Horn/Schabel*, NJW 2012, 3473, 3475; *Kollmeyer*, NJW 2017, 1137, 1139; *Kurze/Kurze*, VorsorgeR, § 666 Rn 8; *Kurze/Papenmeier*, VorsorgeR, § 259 Rn 7; BeckOGK BGB/*Riesenhuber*, § 666 Rn 34.
78 BGH, Urt. v. 17.12.1964 – III ZR 79/63, NJW 1965, 396.
79 *Trimborn von Landenberg*, Vollmacht vor und nach dem Erbfall, § 3 Rn 50 f.
80 *Sarres*, Auskunftsansprüche, S. 95 f.
81 So zu Recht AG Goslar, Urt. v. 18.6.2003 – 2 C 29/03 n.v. und auch *Trimborn von Landenberg*, Vollmacht vor und nach dem Erbfall, § 3 Rn 54.

die Bank die Auskunft beim Amtsgericht hinterlegt hat, so darf das Amtsgericht die Herausgabe an die Miterben ebenso wenig wie die Bank mit dem Argument verweigern, daraus ließen sich auch Erkenntnisse über das Privatleben des Erblassers gewinnen.[82] Denn dies ist der Gesamtrechtsnachfolge immanent. Soweit der Gesetzgeber den Miterben hierzu nicht ein ausdrückliches Interesse zubilligt, so nimmt er dies jedenfalls bewusst in Kauf (siehe den Rechtsgedanken der §§ 2047 Abs. 2, 2347 S. 2 BGB).

Muster 20.2: Auskunftsverlangen durch einen Miterben

An ▓▓▓▓▓ 28

▓▓▓▓▓ ; hier: Umfassende Informationen nach § 666 BGB

Sehr geehrte(r) ▓▓▓▓▓ ,

in o.g. Sache teilen wir mit, dass wir die Interessen von ▓▓▓▓▓ vertreten. Eine uns legitimierende Vollmacht legen wir diesem Schreiben im Original anbei.

Unser Mandant ▓▓▓▓▓ ist gemäß dem hier beiliegenden Erbschein/Europäischen Nachlasszeugnis des ▓▓▓▓▓ Az. ▓▓▓▓▓ vom ▓▓▓▓▓ /Notarieller letztwilliger Verfügungen vom ▓▓▓▓▓ , eröffnet durch das Nachlassgericht ▓▓▓▓▓ am ▓▓▓▓▓ zu Az. ▓▓▓▓▓ Miterbe nach dem am ▓▓▓▓▓ verstorbenen ▓▓▓▓▓ (Erblasser). Der Erblasser hat Ihnen am ▓▓▓▓▓ durch ▓▓▓▓▓ /nach unseren Informationen umfassende Vorsorgevollmacht erteilt.

Namens und in Vollmacht unseres Mandanten, der gemäß § 2039 BGB die Ansprüche aus dem Nachlass geltend macht, fordern wir Sie hiermit auf, uns sowie sämtlichen weiteren Miterben, namentlich ▓▓▓▓▓ mitzuteilen, welche Vollmachten der Erblasser Ihnen erteilt hat und uns die entsprechenden Vollmachtsurkunden vorzulegen.

Außerdem wollen Sie uns sowie sämtlichen oben näher bezeichneten Miterben bis zum ▓▓▓▓▓ Auskunft i.S.e. umfassenden Tätigkeitsberichts nach § 666 Var. 2 BGB vorlegen.

(Schließlich fordern wir Sie zur Rechnungslegung nach § 666 Var. 3 BGB für die Zeit, in der Sie die Vollmacht ausgeübt haben – von Erteilung der Vollmacht am ▓▓▓▓▓ bis zum Widerruf am ▓▓▓▓▓ –zur Abgabe einer geordneten Zusammenstellung der Einnahmen und Ausgaben auf. Auch diese Informationen sind sowohl uns als auch allen anderen Miterben, namentlich ▓▓▓▓▓ zur Verfügung zu stellen.)

Mit freundlichen Grüßen

Rechtsanwalt/Rechtsanwältin

2. Ansprüche wegen (pflichtwidrigen) Handelns des Bevollmächtigten

Ansprüche auf Herausgabe oder Schadensersatz können sich aus dem der Vollmacht zugrunde liegenden **Innenverhältnis** ergeben.[83] Dabei handelt es sich 29

---

82 So aber AG Rheinberg, Urt. v. 17.7.1996 – 10 C 148/96, ZEV 1996, 315.
83 *Pamp*, ErbR 2013, 194 und 226.

grundsätzlich um die gleichen Ansprüche, die auch aus dem Innenverhältnis zwischen Erblasser und Bevollmächtigtem resultieren; handelt der Bevollmächtigte pflichtwidrig, so macht er sich gegenüber dem Erblasser bzw. den Erben **schadensersatzpflichtig** nach §§ 280 ff., 823 ff. BGB (siehe hierzu § 22 Rdn 53 ff.). Doch welche **Maßstäbe** gelten hierfür nach dem Tod des Vollmachtgebers?

30 Zunächst gilt: Was der Bevollmächtigte im Falle einer transmortalen Vollmacht gegenüber dem Erblasser durfte, darf er jetzt gegenüber dem Erben. Dabei gelten **konkrete Weisungen des Erblassers** über seinen Tod hinaus fort, bis der Erbe einen anderen Willen durch Gegenanweisung kundtut. Bis zum **Widerruf** der Vollmacht oder einer **Gegenweisung** durch den **Erben** ist im Zweifel allein der ausdrückliche oder mutmaßliche Wille des Erblassers und nicht der des Erben für den Bevollmächtigten maßgeblich. In Bezug auf andere Rechtsgeschäfte muss der Bevollmächtigte aber bedenken, dass er postmortal die **Erben** und nicht mehr den Erblasser **vertritt.** Hierzu aus der Rechtsprechung des BGH:[84] *„Bis zum Widerruf der Vollmacht durch den Erben soll daher im Zweifel allein der ausdrückliche oder mutmaßliche Wille des Erblassers und nicht der des Erben für den Bevollmächtigten maßgeblich sein. (...) Ferner kann es der Wunsch des Erblassers gewesen sein, dass der Bevollmächtigte die Vermögensverwaltung im Interesse des Erben weiterführen soll. Mit dem Erbfall wird aber der Erbe der Herr des Nachlasses. Er kann die Vollmacht jederzeit widerrufen und dem Bevollmächtigten aufgrund des der Vollmacht in aller Regel zugrunde liegenden Auftrags nach § 665 BGB bestimmte Weisungen erteilen. Zudem hat der Bevollmächtigte von sich aus zu beachten, dass er nach dem Erbfall zur Vertrauensperson des Erben geworden ist und als solche nach Treu und Glauben nicht ermächtigt ist, Handlungen vorzunehmen, die den schutzwürdigen Interessen des Erben zuwiderlaufen oder bei deren Kenntnis diesen vermutlich zum vorzeitigen Widerruf der Vollmacht veranlasst hätte."*

31 Ab wann der Bevollmächtigte verpflichtet ist, die Erben über seine Vollmacht oder die beabsichtigten Rechtsgeschäfte zu **informieren,** ist nicht abschließend geklärt.[85] Feststehen dürfte aber, dass er konkrete Weisungen zu Ende auszuführen hat, bis zum Widerruf durch die Erben. Außerdem muss er unaufschiebbare Angelegenheiten regeln (Notbesorgung nach § 672 S. 2 BGB). Im Übrigen kommt es auf die Auslegung der Vereinbarung im Innenverhältnis im Einzelfall an.

Dabei ist zu beachten, dass auch **Schenkungen** dem Vollmachtnehmer grundsätzlich erlaubt sind. Sie sind nach der Rechtsprechung aber dann **rechtsmissbräuchlich,** wenn sie erkennbar und eindeutig das Vermögen des Vollmachtgebers schädigen. Die sog. Anstandsschenkungen sollen aber keinen Missbrauch der Voll-

---

84 BGH, Urt. v. 24.3.2009 – XI ZR 191/08, ErbR 2009, 257 = ZEV 2009, 413.
85 *Kurze,* ZErb 2008, 399, 404.

macht darstellen, wenn sie sich im Rahmen des im sozialen Umfeld des Vollmachtgebers Üblichen bewegen oder einer sittlichen Pflicht folgen (Sozialadäquanz) oder wenn dadurch das Vermögen des Vollmachtgebers vor dem Zugriff Dritter geschützt wird.[86]

V. Besonderheiten bei Vor- und Nacherbschaft

Hinsichtlich der Vor- und Nacherbfolge ist umstritten, ob der Bevollmächtigte **vor Eintritt des Nacherbfalls** nur den Vorerben oder auch den Nacherben vertreten kann.[87] Ließe man auch die Vertretung des Nacherben schon zu, so würde dies die Möglichkeit eröffnen, den Vorerben letztlich von den Beschränkungen der §§ 2113 ff. BGB zu befreien, was von § 2136 BGB eigentlich ausgeschlossen ist. Daher wird z.T. vertreten, dass der transmortal Bevollmächtigte postmortal nur den Vorerben vertritt und damit ebenfalls den Beschränkungen des Vorerben unterliegt. *Kollmeyer*[88] folgert daraus, dass nach dem Tod des Vollmachtgebers nie allein aufgrund der Vollmacht gehandelt werden kann, sondern stets die Erbfolge zu klären ist, um den Umfang der Vertretungsmacht feststellen zu können.

32

Fraglich ist darüber hinaus, ob nicht die Nacherbenvollstreckung vorrangiges Instrument zur Einflussnahme auf die Nacherbenstellung ist (§ 2222 BGB). Zum Teil wird gleichwohl angenommen, dass der Bevollmächtigte auch die Nacherben vertritt, weil er eben alle Erben vertrete.[89] Das kann aber meines Erachtens mangels Eintritts des Nacherben in die Rechtsstellung des Erblassers vor Eintritt des Nacherbfalles nicht angenommen werden.[90]

Aufgrund der bestehenden Rechtsunsicherheit dürfte sich jedenfalls eine **klarstellende Regelung** anbieten, die etwa lauten könnte:[91]

33

---

86 BeckOGK BGB/*Schmidt-Recla*, § 1896 Rn 268 f.
87 DNotI-Report 2018, 60, 61; *Becker*, ZEV 2018, 692.
88 *Kollmeyer*, ZEV 2021, 557, 559.
89 KGJ 36, A 166; KG Urt. v. 13.5.1912 – 1 X 149/12, KGJ 43, A 157, 159 f.; *Keim*, DNotZ 2008, 175, 178 f.; *Weidlich*, ZEV 2016, 57, 64; *Zimmer*, ZEV 2014, 526, 532; *Amann*, MittBayNot 2013, 367, 367.
90 Im Ergebnis auch BeckOGK BGB/*Müller-Christmann*, § 2112 Rn 67; jurisPK-BGB/ *B. Hamdan/M. Hamdan*, § 2112 Rn 17; MüKo-BGB/*Lieder*, § 2112 Rn 9; Staudinger/ *Avenarius*, Neubearb. 2019, § 2112 Rn 33 f.; der Sache nach auch RG, Urt. v. 26.10.1911 – Rep. IV. 34/11, RGZ 77, 177, 179.
91 Angelehnt an *Becker*, ZEV 2018, 692.

Muster 20.3: Baustein Grundmuster – Vertretung etwaiger Nacherben

(Standort im Grundmuster I und II:[92] § 2 (1))

Diese Vollmacht berechtigt auch(/nicht) zur Vertretung etwaiger Nacherben, vor (und nach) dem Nacherbfall. Sie tritt selbstständig neben eine etwaig angeordnete Nacherbenvollstreckung. Zustimmungsvorbehalte zugunsten des Nacherbenvollstreckers werden nicht gewünscht.

Der Rechtsberater sollte den Mandanten aber darauf hinweisen, dass nicht sicher ist, ob eine Vertretung des Nacherben vor Eintritt des Nacherbfalles konstruktiv überhaupt möglich ist.

Keim[93] weist zu Recht darauf hin, dass der Vorerbe durch eine ihm erteilte transmortale Vollmacht, die unter Befreiung von § 181 BGB[94] dazu berechtigt, auch die Nacherben zu vertreten, der Vorerbe in die Lage versetzt wird, völlig frei und ohne die Beschränkungen der §§ 2113 ff. BGB zu verfügen und z.B. Verfügungen an Dritte vorzunehmen oder Nachlassgegenstände aus der Nacherbenbindung herauszunehmen.[95] Gleichwohl dürfte es im Normalfall angeraten sein, die Vertretung der Nacherben nicht auszuschließen, um die Vollmacht gegenüber dem Grundbuchamt nicht zu entwerten. In der Gestaltung ist im Einzelfall abzuwägen.

C. Vorsorgevollmacht und Nachlasspflegschaft

I. Vorsorgevollmacht trotz Nachlasspflegschaft?

34 Die Frage muss wohl richtigerweise umgekehrt formuliert werden: Nachlasspflegschaft trotz Vorsorgevollmacht? Denn eine trans- oder postmortale Generalvollmacht wird in vielen Fällen das **Fürsorgebedürfnis**, das erforderlich ist, um Nachlasspflegschaft anzuordnen, entfallen lassen (siehe § 16 Rdn 12 ff.).[96] Weiß das Nachlassgericht von der Vorsorgevollmacht, wird es regelmäßig gar keine Nachlasspflegschaft anordnen.[97]

---

92 Grundmuster I und II siehe § 1 Rdn 8, 9.
93 ZEV 2020, 1, 2.
94 Siehe hierzu OLG München, Beschl. v. 14.6.2019 – 34 Wx 237/18, ZEV 2019, 533 m. Anm. *Kollmeyer*.
95 Siehe hierzu OLG Stuttgart, Beschl. v. 29.5.2019 – 8 W 160/19, ZEV 2019, 530 m. Anm. *Muscheler*.
96 *Becker*, ZEV 2018, 692; DNotI-Report 2013, 84.
97 *Roth*, NJW-Spezial 2010, 231, der auch darauf hinweist, dass letztlich nur die (zusätzliche) Anordnung der Testamentsvollstreckung die Nachlasspflegschaft sicher verhindert.

Gleichwohl ist ein Nebeneinander denkbar.[98] Etwa wenn der Nachlass eine ungewöhnlich **schwierige Verwaltung** notwendig macht oder die Belange der **unbekannten Erben** durch den Bevollmächtigten als nicht gesichert anzusehen sind.[99] Aber auch dann, wenn die **Wirksamkeit** der Vollmacht etwa aufgrund Geschäftsunfähigkeit **angezweifelt** wird, mag eine Nachlasspflegschaft in Betracht kommen.[100]

II. Nebeneinander von Vollmacht und Nachlasspflegschaft

In diesem Fall bleibt die Vollmacht von der Anordnung der Nachlasspflegschaft zunächst unberührt. Der Bevollmächtigte vertritt weiterhin die (unbekannten) Erben. Die **Rechte der Erben** gegenüber dem Bevollmächtigten macht dann der **Nachlasspfleger** für diese geltend. Dies gilt für Auskunfts- und Rechenschaftsansprüche gleichermaßen wie für Ansprüche der Erben bei pflichtwidrigem Handeln des Bevollmächtigten.

III. Widerruf der Vollmacht durch den Nachlasspfleger?

Die Vollmacht ermächtigt zur Vertretung der Erben nur, solange sie nicht widerrufen ist.

Aber auch der Nachlasspfleger kann eine solche Vollmacht widerrufen,[101] wenn sein **Wirkungskreis nicht** entsprechend **eingeschränkt** ist. Er trägt dabei die **Beweislast** dafür, dass die Vollmacht rechtzeitig und wirksam widerrufen wurde.[102] Es ist darauf zu achten, dass die Vollmacht gegenüber Dritten nicht über Rechtsscheingesichtspunkte fortwirkt (§§ 170–172 BGB).

---

98 Zur Frage, wie und ob sich der Vorsorgebevollmächtigte (als Vertreter der Erben?) gegen die Anordnung der Nachlasspflegschaft zur Wehr setzen kann, *Everts*, NJW 2010, 2318; ein eigenes Beschwerderecht hat er jedenfalls nicht, OLG München, Beschl. v. 26.2.2010 – 31 Wx 16/10, NJW 2010, 2364. Der Erbe, der ausgeschlagen hat, hat kein Beschwerderecht gegen die Anordnung der Nachlasspflegschaft OLG Hamm, Beschl. v. 19.12.2013 – 15 W 122/13, ErbR 2014, 243. Ebenso wenig ein Vermächtnisnehmer OLG Düsseldorf, Beschl. v. 25.10.2013 – I-3 Wx 151/13, ErbR 2014, 243.
99 DNotI-Report 2013, 84.
100 OLG Stuttgart, Beschl. v. 27.5.2015 – 8 W 147/15, ErbR 2016, 159; OLG München, Beschl. v. 29.3.2007 – 31 Wx 6/07, FD-ErbR 2008, 262553.
101 BGH, Urt. v. 25.10.1994 – XI ZR 239/93, NJW 1995, 250; OLG Brandenburg, Beschl. v. 14.9.2006 – 13 W 37/06, BeckRS 2011, 16784; *Kurze/Goertz*, Bestattungsrecht, § 2 Rn 41; im Ergebnis auch DNotI-Report 2013, 84; Scherer/*Lorz*, MAH ErbR, § 20 Rn 42.
102 *Kurze*, ZErb 2008, 399, 402.

D. Vorsorgevollmacht und Nachlass(insolvenz)verwaltung

38 Werden auf Antrag eines Nachlassgläubigers oder eines Erben Nachlassinsolvenz oder Nachlassverwaltung (siehe auch § 16 Rdn 46) zur Haftungsbeschränkung des Erben auf den Nachlass (§ 1975 BGB) angeordnet, so verliert neben dem Erben (§ 1984 Abs. 1 S. 1 BGB) über § 117 InsO (analog bei der Nachlassverwaltung) auch der Vorsorgebevollmächtigte die Verwaltungs- und Verfügungsbefugnis in Bezug auf den Nachlass.[103] *Becker*[104] schlägt vor, in die Vollmachtsurkunde insoweit eine Negativerklärung zur Anordnung einer Nachlassverwaltung aufzunehmen.

> **Hinweis**
>
> Das der Vollmacht zugrunde liegende Rechtsverhältnis gilt nach § 674 BGB dem Vorsorgebevollmächtigten gegenüber als fortbestehend bis dieser von der Anordnung der Nachlass(insolvenz)verwaltung erfährt. Dem Rechtsverkehr gegenüber bleibt die Vollmacht gültig, bis auch hier Kenntnis von der Anordnung besteht, §§ 170–172 BGB.

Ist die Vollmacht nach § 117 InsO (analog) aber erloschen, so lebt sie auch nach Beendigung der Nachlass(insolvenz)verwaltung nicht wieder auf. Die Nachlass(insolvenz)verwaltung **verdrängt** damit die **Vorsorgevollmacht**. Der Nachlass(insolvenz)verwalter kann Auskunft verlangen sowie sämtliche anderen Ansprüche, die sich aus § 1922 BGB i.V.m. dem der Vollmacht zugrundeliegenden Innenverhältnis ergeben, geltend machen.[105] Er kann die Vollmacht auch widerrufen.[106]

E. Vorsorgevollmacht und Testamentsvollstrecker

I. Vorsorgevollmacht trotz Testamentsvollstrecker?

39 Anders ist dies bei gleichzeitiger Erteilung einer Vorsorgevollmacht und Anordnung von Testamentsvollstreckung. Hier kann es zu einem **Nebeneinander** und damit gegebenenfalls auch zu einem echten **Konkurrenzverhältnis** kommen;[107] denn auch wenn der Erblasser Testamentsvollstreckung angeordnet hat, bleibt die Vollmacht postmortal nach allgemeinen Grundsätzen zunächst wirksam.

---

103 MüKo-BGB/*Küpper*, § 1984 Rn 2 m.w.N. in Fn 4.
104 *Becker*, ZEV 2018, 692.
105 *Trimborn von Landenberg*, Vollmacht vor und nach dem Erbfall, § 3 Rn 44, § 2 Rn 41.
106 KG, Urt. v. 12.10.1970 – 12 U 98/70, NJW 1971, 566.
107 *Becker*, ZEV 2018, 692; *Reimann*, ErbR 2017, 186, 189; *Weidlich*, MittBayNot 2013, 196; *Amann*, MittBayNot 2013, 367; *Sagmeister*, MittBayNot 2013, 107 Fn 18; OLG München, Beschl. v. 15.11.2011 – 34 Wx 388/11, ZEV 2012, 376 = MittBayNot 2012, 227 m. Anm. *Reimann*.

Auch die Annahme des Testamentsvollstreckeramtes ändert daran nichts. Insbesondere erlischt die Vollmacht bei angeordneter Testamentsvollstreckung nicht, wenn der Erbe durch die Anordnung einer Testamentsvollstreckung beschwert ist, da die Vollmacht in solchen Situationen weiterhin rechtliche Vorteile vermittelt.[108]

> **Hinweis**
>
> Etwas anderes kann sich im Einzelfall durch die Anordnungen in der **Auslegung** der testamentarischen Verfügung ergeben: Hat der Erblasser – und sei es konkludent – bestimmt, dass die Vollmacht durch den Amtsantritt des Testamentsvollstreckers auflösend bedingt ist, so erlischt die Vollmacht in diesem Zeitpunkt und die beiden Gestaltungsinstrumente kollidieren nicht mehr.[109] Ist das nicht der Fall, vertritt der Bevollmächtigte bis zum Widerruf durch den Testamentsvollstrecker (hierzu Rdn 54) weiterhin die Erben.[110] Daher geht *Kollmeyer*[111] davon aus, dass ein Handeln aufgrund transmortaler Vollmacht postmortal allein und ohne Aufklärung der erbrechtlichen Lage entgegen der Rechtsprechung z.B. des KG[112] (siehe Rdn 17) nicht möglich ist.

Die Rechte der Erben gegenüber dem Bevollmächtigten kann aber **nur** der **Testamentsvollstrecker** für diese geltend machen. Dies gilt für Auskunfts- und Rechenschaftsansprüche gleichermaßen wie für Ansprüche der Erben bei pflichtwidrigem Handeln des Bevollmächtigten.

II. Ergänzung der Testamentsvollstreckung durch flankierende Vorsorgevollmacht an den Testamentsvollstrecker

Gemeinsam ist beiden Rechtsinstituten, dass es dem Bevollmächtigten wie auch dem Testamentsvollstrecker **nicht** möglich ist, den Erben auch mit seinem **Privatvermögen** zu verpflichten (für den Testamentsvollstrecker § 2206 BGB, für den Vorsorgebevollmächtigten siehe Rdn 3).

40

---

108 *Reimann*, ErbR 2017, 186, 189; OLG München, Beschl. v. 26.7.2012 – 34 Wx 248/12, MittBayNot 2013, 230; *Amann*, MittBayNot 2013, 367, 370; *Weidlich*, MittBayNot 2013, 196, 199; *Weidlich*, ZEV 2016, 57, 63.
109 *Reimann*, ErbR 2017, 186, 189.
110 OLG München, Beschl. v. 15.11.2011 – 34 Wx 388/11, ZEV 2012, 376.
111 *Kollmeyer*, ZEV 2021, 557, 559.
112 KG, Beschl. v. 2.3.2021 – 1 W 1503/20, ErbR 2021, 706.

1. Unterschiede in den beiden Rechtsinstituten

41 Die Rechtsinstitute unterscheiden sich aber in Bezug auf ihren **Bestandsschutz** und ihre **Wirkungen** zum Teil erheblich:[113]
- Während die Vollmacht im Regelfall frei **widerruflich** ist (siehe Rdn 21), kann die Testamentsvollstreckung vom Erben nicht beendet werden.
- Der Vorsorgebevollmächtigte kann sich durch Vorlage der Vollmachtsurkunde unproblematisch **legitimieren** und damit unmittelbar nach dem Erbfall Rechtsgeschäfte, die für und gegen den Nachlass gelten, vornehmen. Der Testamentsvollstrecker benötigt hierzu ein Testamentsvollstreckerzeugnis oder zumindest die Bescheinigung des Nachlassgerichts, dass er sein Amt angenommen hat.[114]
- Ein Bevollmächtigter kann – anders als ein Testamentsvollstrecker (§ 2205 S. 3 BGB) – vorbehaltlich einer gegenläufigen Einschränkung der Vollmacht auch **unentgeltlich** verfügen.
- Die Frage, ob eine **ausländische Rechtsordnung** eine Testamentsvollstreckung bzw. eine Generalvollmacht anerkennt, ist unabhängig voneinander zu beantworten.
- Nur die Testamentsvollstreckung aber bewirkt einen **Schutz** des Nachlasses **vor** den **Eigengläubigern** des Erben (§ 2214 BGB).
- Umgekehrt gelten **Verwaltungsanordnungen** des Erblassers (§ 2216 Abs. 2 BGB) für den trans- bzw. postmortal Bevollmächtigten nicht.[115]

2. Flankierende Anordnungen zur Erweiterung der Befugnisse

42 Aufgrund der genannten Unterschiede mag es im Einzelfall zweckmäßig sein, eine angeordnete Testamentsvollstreckung durch eine postmortale (oder auch transmortale) Vollmacht zugunsten des Testamentsvollstreckers zu flankieren:
- Auf diese Art kann der bevollmächtigte Testamentsvollstrecker schon vor Beginn seines Amtes als Testamentsvollstrecker (§ 2202 BGB) als Bevollmächtigter Handlungen (Verwaltungs- und Verfügungsmaßnahmen) mit Wirkung für den Nachlass vornehmen[116] und ein **Machtvakuum** wird **verhindert**. Zugleich sichert die Personenidentität von Testamentsvollstrecker und Bevollmächtigtem eine **Kontinuität**.
- Durch die Vollmacht können die **Machtbefugnisse** des Testamentsvollstreckers aber nicht nur zeitlich, sondern auch sachlich **erweitert** werden. Anders als der Testamentsvollstrecker, der vom Verbot unentgeltlicher Verfügungen (§ 2205 S. 3 i.V.m. § 2207 S. 2 BGB) nicht befreit werden kann, kann die Voll-

---

113 *Reimann*, ErbR 2017, 186, 189.
114 Staudinger/*Herzog*, Neubearb. 2016, § 2368 Rn 5.
115 *Becker*, ZEV 2018, 692.
116 MüKo-BGB/*Zimmermann*, Vor § 2197 Rn 15; *Becker*, ZEV 2018, 692.

macht so ausgestaltet werden, dass der bevollmächtigte Testamentsvollstrecker als Bevollmächtigter auch unentgeltlich verfügen kann.[117]

> **Hinweis**
>
> Eine solche Erweiterung der Machtbefugnis einer einzigen Person birgt naturgemäß die Gefahr eines **Missbrauchs**.[118] Daher ist anzuraten, die Vollmacht zumindest aus „wichtigem Grund" widerruflich auszugestalten.[119] Das Widerrufsrecht steht dann den (einzelnen) Erben zu.[120]

- Auch geht aus der Vorsorgevollmacht eine **Befreiung vom Verbot des Insichgeschäftes nach § 181 BGB** klar hervor, während dies bei einem Testamentsvollstreckerzeugnis unklar ist. Nach wohl noch hM ist eine Befreiung vom Verbot der Selbstkontraktion nicht in das Testamentsvollstreckerzeugnis nach § 2368 BGB aufzunehmen. Zwar gebe es einen Verfügungsbezug, es fehle aber die Außenwirkung im Rechtsverkehr, da der Testamentsvollstrecker auf diese Weise keine Geschäfte mit Dritten mache.[121] Wenngleich diese Sichtweise zunehmend zu Recht abgelehnt wird und dafür plädiert wird, die Befreiung von § 181 BGB in das Testamentsvollstreckerzeugnis aufzunehmen,[122] mag eine flankierende Vorsorgevollmacht für die Gestaltungspraxis derzeit (noch) die größere Rechtssicherheit geben; zumal das Testamentsvollstreckerzeugnis gegenüber dem Grundbuchamt bindend ist,[123] wenn der Testamentsvollstrecker als solcher und nicht als Bevollmächtigter handelt.
- Soll der Testamentsvollstrecker im Geltungsbereich einer ausländischen Rechtsordnung tätig werden, die keine Testamentsvollstreckung anerkennt, so kann die Erteilung einer Vollmacht für die Dauer der Testamentsvollstreckung helfen, wenn diese von dieser Rechtsordnung anerkannt wird.[124] Es mag ggf.

---

117 *Reetz*, in: Beck'sches Notarhdb., Kap. F. Rn 74; MüKo-BGB/*Zimmermann*, Vor § 2197 Rn 14.
118 *Becker*, ZEV 2018, 692.
119 Zur Strafklausel- bzw. Auflagenlösung siehe *Reithmann*, BB 1984, 1394, 1397 ff.
120 BeckOK BGB/*Lange*, § 2197 Rn 55; MüKo-BGB/*Zimmermann*, Vor § 2197 Rn 18.
121 OLG Hamm, Beschl. v. 23.3.2004 – 15 W 75/04, ZEV 2004, 288; OLG Hamm, Beschl. v. 15.2.2011 – 15 W 461/10, ZEV 2011, 648, 649; OLG Köln, Beschl. v. 21.11.2012 – 2 Wx 214/12, FGPrax 2013, 105; OLG Düsseldorf, Beschl. v. 14.8.2013 – 3 Wx 41/13, ZEV 2014, 200; MüKo-BGB/*Grziwotz*, § 2368 Rn. 37 und § 354 FamFG Rn. 11; Grüneberg/*Weidlich*, § 2368 Rn. 2; *Winkler*, Testamentsvollstrecker, Rn. 691; Burandt/Rojahn/*Gierl*, § 354 FamFG Rn. 28; BeckOK BGB/*Siegmann/Höger*, § 2368 Rn. 19.
122 Hanseatisches OLG Hamburg, Beschl. v. 5.12.2018 – 2 W 95/18, BeckRS 2018, 50972; KG, Beschl. v. 12.8.2021 – 19 W 82/21, ErbR 2022, 325; *Wendt*, ErbR 2022, 289; *Letztel*, ZEV 2004, 289; *Förster/Fast*, ZAP 2021, 595, 597; *Fröhler*, BWNotZ 2006, 97, 101 unter 6. aE.; BeckOGK BGB/*Neukirchen*, § 2368 Rn 52.
123 OLG München, Beschl. v. 16.11.2015 – 34 Wx 178/15, MittBayNot 2016, 426 m. Anm. *Weidlich*.
124 *Reimann*, ZEV 2015, 510; *Becker*, ZEV 2018, 692; MüKo-BGB/*Schubert*, § 168 Rn 40; BeckOK BGB/*Lange*, § 2197 Rn 48–50.

auch nur den Nachweis erleichtern, für den Nachlass tätig werden zu dürfen.[125] Hier kann z.b. eine **internationale Vollmacht** nach dem Muster der Kommission für europäische Angelegenheiten (CAE) der internationalen Union des lateinischen Notariats (UINL) gewählt werden.[126] Erkennt die ausländische Rechtsordnung, in deren Geltungsbereich der Testamentsvollstrecker tätig werden soll, eine post- oder transmortale Vollmacht des Erblassers nicht an, so kann der Erblasser die Erben statt dessen im Wege einer Bedingung (§§ 2074 ff. BGB) oder **Auflage** (§ 1940 BGB) verpflichten, dem Testamentsvollstrecker eine unwiderrufliche und verdrängende Vollmacht zu erteilen, diese zu dulden, während der Dauer der Testamentsvollstreckung die Vollmacht nicht zu widerrufen und sich eigener Tätigkeit zu enthalten.[127]

- Auch die Testamentsvollstreckung im **Handels- bzw. Gesellschaftsrecht** wird durch eine ergänzend erteilte Vollmacht erleichtert.[128] Aufgrund des Prinzips der **Selbstorganschaft** und der persönlichen Haftung der Gesellschafter ist eine Dauertestamentsvollstreckung an Handelsgeschäften oder an Beteiligungen an Personengesellschaften als Komplementär oder BGB-Gesellschafter nicht möglich (Kernbereichslehre).[129] In diesen Fällen wird neben anderen eine **Vollmachtlösung** empfohlen.[130] Dabei werden die Erben Gesellschafter, haften bei Vererbung der Beteiligung eines persönlich haftenden Gesellschafters unbeschränkt mit ihrem Privatvermögen und werden als Gesellschafter ins Handelsregister eingetragen. Der Testamentsvollstrecker des Erblassers (trans- oder postmortal) oder der Erben (z.B. über eine Auflage oder Bedingung) erhält eine Vollmacht zur Ausübung aller Gesellschafterrechte.[131] Aufgrund dieser rechtsgeschäftlichen Vertretungsmacht ist er dann grundsätzlich auch berechtigt, die Erben persönlich zu verpflichten. Diese Mitwirkung des Testamentsvollstreckers in der Gesellschaft erfordert die Zustimmung der Mitgesellschafter. Die Lösung funktioniert damit nur bei Einverständnis der Erben, da eine verdrängende Vollmacht nicht möglich ist und damit nie das gleiche Ergebnis wie bei einer Testamentsvollstreckung erreicht werden kann.

43 Bemerkenswert in diesem Zusammenhang ist die Entscheidung des KG, wonach ein Vorsorgebevollmächtigter des Testamentsvollstreckers aufgrund der ihm vom Testamentsvollstrecker erteilten Generalvollmacht in dessen Namen für den

---

125 *Becker*, ZEV 2018, 692.
126 *v. Oertzen*, ZEV 1995, 167, 171; Mayer/Bonefeld/Tanck/*Bonefeld*, Testamentsvollstreckung, § 43 Rn 7, Formulierungsbeispiel Rn 8, englische Fassung Rn 9.
127 *v. Oertzen*, ZEV 1995, 167, 170.
128 *Becker*, ZEV 2018, 692; BeckOK BGB/*Lange*, § 2197 Rn 47.
129 BGH, Urt. v. 14.5.1956 – II ZR 229/54, BGHZ 20, 363.
130 *Kämper*, RNotZ 2016, 625; Alternativ wird eine Treuhandlösung diskutiert; Vorteil der Vollmachtlösung ist, dass der Bevollmächtigte nach h.M. keine persönliche Haftung für die Erben eingeht, Kurze/*Kurze*, VorsorgeR, § 164 Rn 100.
131 Kurze/*Kurze*, VorsorgeR, § 164 Rn 100.

Nachlass handeln kann, wenn der Erblasser keine einschränkende Anordnung gegenüber dem Testamentsvollstrecker getroffen hat, obwohl der Testamentsvollstrecker nach §§ 2218 Abs. 1, 664 Abs. 1 S. 2 BGB das Amt selbst zu führen hat und es nicht einem Dritten übertragen kann.[132]

III. Konkurrenz in Bezug auf Abwicklung und Verwaltung des Nachlasses bei Vorsorgevollmacht an Dritte oder die Erben

Vollmacht und Testamentsvollstreckung können bei der Abwicklung und Verwaltung des Nachlasses aber auch in einer unerwünschten Konkurrenz stehen,[133] wenn sie Dritten, aber vor allem dann, wenn die Vollmacht dem Erben erteilt ist. In diesem Fall könnte die Anordnung der Testamentsvollstreckung die Rechte der Erben in Bezug auf den Nachlass einschränken; durch die Vollmacht könnten die Erben aber schneller als der Testamentsvollstrecker Handlungen für den Nachlass vornehmen.[134]

44

1. Gestaltung

Wird die Problematik erkannt, so ist es kautelarjuristisch zu empfehlen, bei der Anordnung der Testamentsvollstreckung und bei der Erteilung von Vollmachten das **Verhältnis** von Vollmacht und Testamentsvollstreckung zu **regeln**.[135] Die Formulierungspflicht des Notars gem. § 17 Abs. 1 BeurkG verlangt von diesem wohl eine Klarstellung in der Vollmacht und/oder Testamentsvollstreckeranordnung.[136] Formulierungsbeispiele:[137]

45

---

132 KG, Beschl. v. 13.11.2018 – 1 W 323/18, ErbR 2020, 44 m. Anm. *Wendt*, ErbR 2020, 15.
133 Vgl. dazu Bengel/Reimann/*Dietz* in: HdB TV, § 1 Rn 35 ff.; *Trapp*, ZEV 1995, 314; *Damrau*, ZEV 1996, 81, *Reimann*, ZEV 1996, 420; *Weidlich*, MittBayNot 2013, 196; *Weidlich*, ZEV 2016, 57.
134 Hierzu grundlegend Bengel/Reimann/*Dietz*, HdB TV, § 1 Rn 35 ff.; *Weidlich*, MittBayNot 2013, 196.
135 *Becker*, ZEV 2018, 692; *Everts*, NJW 2010, 2318; *Sagmeister*, MittBayNot 2013, 107; *Amann*, MittBayNot 2013, 367; *Lange*, ZEV 2013, 343.
136 *Becker*, ZEV 2018, 692; vorsichtiger („…kann aufgenommen werden…"): *Reetz*, in: Beck'sches Notarhdb., Kap. F. Vollmacht Rn 72; deutlicher („…empfiehlt es sich… klarzustellen…"): *Amann*, MittBayNot 2013, 367, 371.
137 Angelehnt an *Becker*, ZEV 2018, 692.

46 Muster 20.4: Baustein Grundmuster – Klarstellung in der Vollmacht zum Verhältnis von Vollmacht und Testamentsvollstreckung

(Standort *im Grundmuster I und II:* [138] § 1)

Diese Vollmacht gilt selbstständig neben und unabhängig von einer etwaig angeordneten Testamentsvollstreckung über den Nachlass des Vollmachtgebers. Sie steht nicht unter dem Vorbehalt der Zustimmung durch den Testamentsvollstrecker.

47 Muster 20.5: Baustein Grundmuster – Testamentsvollstreckeranordnung mit ausdrücklicher Widerrufsbefugnis des Testamentsvollstreckers hinsichtlich der Vorsorgevollmacht

(*aufgrund Grundmuster I und II:* [139] § 3)

Der Testamentsvollstrecker ist zum Widerruf etwaiger durch den Erblasser erteilter trans- bzw. postmortaler Vollmacht ausdrücklich ermächtigt. (Er hat diese nach pflichtgemäßem Ermessen zu widerrufen, wenn ▬▬▬)

48 Muster 20.6: Baustein Grundmuster – Widerruf der Vollmacht durch letztwillige Verfügung

(*Standort im Grundmuster I und II:* [140] § 3)

Durch die vorstehend angeordnete Testamentsvollstreckung werden alle bisher durch den Erblasser erteilten trans- bzw. postmortalen Vollmachten sowie etwaig durch die Bevollmächtigten erteilten Untervollmachten mit Wirkung ab dem Zeitpunkt der Annahme des Amts des Testamentsvollstreckers widerrufen. Der jeweilige Bevollmächtigte wird aufgefordert, eine ihm erteilte Vollmachtsausfertigung wie auch weitere in seinem Besitz befindliche Vollmachtsurkunden ab dem oben genannten Zeitpunkt an den Testamentsvollstrecker zurückzugeben und über alle etwaig erteilten Untervollmachten Auskunft zu erteilen. Der Testamentsvollstrecker hat den Widerruf der Vollmacht unverzüglich gegenüber dem Rechtsverkehr bekannt zu machen.

49 Muster 20.7: Baustein Grundmuster – Amtsannahmelösung (im Innenverhältnis) in der Vorsorgevollmacht

(*Standort im Grundmuster I und II:* [141] § 3)

Nach dem Tod des Vollmachtgebers darf der Bevollmächtigte von dieser Vollmacht nicht mehr Gebrauch machen, wenn und soweit ein vom Vollmachtgeber als Erblasser selbst oder nach §§ 2198–2200 BGB ernannter Testamentsvollstrecker das Amt des Testamentsvollstreckers angenommen hat und ihm die zum Nachweis seiner Amtsstellung erforderlichen Unterlagen (wie Testamentsvollstreckerzeugnis) erteilt worden sind. Diese Beschränkung betrifft nur das Innenverhältnis; der Bestand der Vollmacht im Verhältnis zu Dritten bleibt unberührt.

---

138 Grundmuster I und II siehe § 1 Rdn 8, 9.
139 Grundmuster I und II siehe § 1 Rdn 8, 9.
140 Grundmuster I und II siehe § 1 Rdn 8, 9.
141 Grundmuster I und II siehe § 1 Rdn 8, 9.

Variante: (eingeschränkt)

Nach dem Tod des Vollmachtgebers darf von dieser Vollmacht in den Bereichen, für die der Vollmachtgeber als Erblasser Testamentsvollstreckung angeordnet hat, kein Gebrauch gemacht werden.

Muster 20.8: Baustein Grundmuster – Vollmacht unter Zustimmungsvorbehalt

(Standort im Grundmuster I und II:[142] *§ 3)*

Von dieser Vollmacht darf nach dem Tod des Vollmachtgebers und nach Annahme des Amtes durch den Testamentsvollstrecker nur mit Zustimmung des Testamentsvollstreckers Gebrauch gemacht werden. (Dieser hat die Zustimmung zu erteilen, wenn ▬▬▬.)

Muster 20.9: Baustein Grundmuster – Testamentsvollstreckung unter Zustimmungsvorbehalt

(Standort im Grundmuster I und II:[143] *§ 3)*

In den Fällen der §§ 1821 und 1822 BGB bedarf der hier bestimmte Testamentsvollstrecker im Wege der Verwaltungsanordnung nach § 2216 Abs. 2 S. 1 BGB im Innenverhältnis der Zustimmung des hier transmortal Vorsorgebevollmächtigten. Es handelt sich um keine Beschränkung i.S.d. § 2208 BGB. Die Zustimmung oder deren Verweigerung ist dem Testamentsvollstrecker gegenüber schriftlich innerhalb einer Frist von vier Wochen nach dem Empfang der Aufforderung hierzu, zu erklären. Erfolgt innerhalb dieser Frist keine Entscheidung, gilt die Zustimmung als verweigert. Die Zustimmung ist zu erteilen, wenn diese dem Wohl des Nachlasses entspricht.

2. Ohne klarstellende Anordnung ist das Verhältnis umstritten

Ist dies nicht geschehen, so ist umstritten, wie sich die konkurrierende Vollmacht zur Rechtsmacht des Testamentsvollstreckers verhält.[144] Richtigerweise ist die Frage **vorrangig** durch **Auslegung** der entsprechenden Erklärungen des Erblassers (Bevollmächtigung und letztwillige Anordnung zur Testamentsvollstreckung) zu klären.[145] Denn auf diese Art mag sich schließlich doch eine entsprechend stillschweigend oder konkludent angeordnete gestaltende Anordnung des Erblassers ergeben. Auf diese Weise mag im Einzelfall – wie im Fall des OLG München[146] – davon auszugehen sein, dass der Erblasser bzw. Vollmachtgeber keine widersprüchliche Verwaltung seines Vermögens wollte, sondern gewisse

---

142 Grundmuster I und II siehe § 1 Rdn 8, 9.
143 Grundmuster I und II siehe § 1 Rdn 8, 9.
144 Bengel/Reimann/*Dietz*, HdB TV, § 1 Rn 35 ff.
145 *Becker*, ZEV 2018, 692; Bengel/Reimann/*Dietz*, HdB TV, § 1 Rn 38a; OLG München, Beschl. v. 15.11.2011 – 34 Wx 388/11, ZEV 2012, 376 = MittBayNot 2012, 227 m. Anm. *Reimann*.
146 OLG München, Beschl. v. 26.7.2012 – 34 Wx 248/12, MittBayNot 2013, 230: Hier war eine postmortale Vollmacht zur Löschung einer zugunsten des Erblassers eingetragenen Rückauflassungsvormerkung trotz Testamentsvollstreckung wirksam.

– schuldrechtliche oder auch dinglich wirkende – **Einschränkungen** für die Ausübung der Testamentsvollstreckung und der Vollmacht wollte.[147] Voraussetzung ist allerdings, dass der Erblasser einen entsprechenden Testierwillen hatte und die Formvorschrift des § 2197 Abs. 1 BGB („durch Testament") eingehalten hat. Nur dann kann er Befugnisse des Testamentsvollstreckers nach § 2208 BGB (dinglich) und § 2216 Abs. 2 BGB (schuldrechtlich) einschränken. Hierfür müssen aber hinreichende Anhaltspunkte vorgefunden werden.[148] Die Auslegung kann umgekehrt auch ergeben, dass der bevollmächtigte Erbe zum Mitvollstrecker gem. § 2224 BGB ernannt wurde.[149]

53 Was aber gilt, wenn auch über eine (ergänzende) Auslegung **keine Anordnung des Erblassers** gefunden werden kann? *Reimann* und *Dutta* gehen in diesem Fall von einem **Vorrang der Testamentsvollstreckung** aus, weil der Testamentsvollstrecker seine Rechtsmacht vom Erblasser ableitet, der Bevollmächtigte hingegen postmortal von dem nach §§ 2205, 2211 BGB verfügungsbeschränkten Erben.[150] Die Wirkung der Vollmacht werde durch die Rechte des Testamentsvollstreckers eingeschränkt, sobald dieser das Amt angenommen hat (§ 2202 BGB), da der Testamentsvollstrecker ab diesem Zeitpunkt den Nachlass in Besitz zu nehmen und zu verwalten habe und darüber verfügen könne (§ 2205 BGB), die Erben hingegen nicht (§ 2211 BGB). Nur der Testamentsvollstrecker kann Nachlassrechte gerichtlich geltend machen (§ 2212 BGB). Auch *Zimmermann*[151] geht – zumindest dann, wenn nicht ein Dritter, sondern der Erbe bevollmächtigt ist – davon aus, dass der bevollmächtigte Erbe durch die Testamentsvollstreckung eingeschränkt ist, es sei denn, der Bevollmächtigung kann der Wille des Erblassers entnommen werden, dass die Rechtsmacht des Testamentsvollstreckers eingeschränkt werden soll.

---

147 Etwa in den Fällen der KGJ 37 A 231, 238; OLG Köln, Beschl. v. 10.2.1992 – 2 Wx 50/91, NJW-RR 1992, 1357, in denen die Befugnisse des Testamentsvollstreckers eingeschränkt wurden.
148 *Weidlich*, MittBayNot 2013, 196, 197.
149 Vgl. KGJ 37 A 231, 238; OLG Köln, Beschl. v. 10.2.1992 – 2 Wx 50/91, NJW-RR 1992, 1357.
150 *Reimann*, ErbR 2017, 186, 189; Staudinger/*Dutta*, Neubearb. 2021, Vor §§ 2197 ff. Rn 80 und § 2211 Rn 12.
151 MüKo-BGB/*Zimmermann*, § 2211 Rn 13.

Vor allem die **Rechtsprechung** geht hingegen überwiegend von einem **generellen Nebeneinander** von Vollmacht und Testamentsvollstreckung aus.[152] Dies scheint mir richtig. Hat der Erblasser nichts anderes angeordnet, so bestehen beide Rechtsinstitute nebeneinander nach den für sie geltenden Regeln, d.h. sowohl der Bevollmächtigte als auch der Testamentsvollstrecker können in Bezug auf den Nachlass die Erben berechtigen und verpflichten. Etwas anderes ist auch nicht notwendig, denn die Testamentsvollstreckung kann sich durchsetzen. Zum einen ist der Testamentsvollstrecker, weil verwaltungsbefugt, in der Lage, dem Bevollmächtigten i.R.d. der Vollmacht zugrunde liegenden Kausalverhältnisses Weisungen zu erteilen. Zum anderen kann der Testamentsvollstrecker die Vollmacht – so sie nicht ausnahmsweise unwiderruflich ausgestaltet ist – widerrufen.

IV. Widerruf der Vollmacht durch den Testamentsvollstrecker?

Das **Recht** zum Widerruf der Vollmacht steht jedem Erben und im Rahmen 54
seines Verwaltungsrechtes (§ 2205 BGB) auch dem Testamentsvollstrecker zu,[153] wenn ihm diese Befugnis nicht (ausdrücklich oder konkludent) entzogen wurde (§ 2208 Abs. 1 S. 1 BGB).[154]

Der Testamentsvollstrecker kann umgekehrt gar eine **Pflicht** zum Widerruf vom Erblasser erteilter Vollmachten haben.[155] Jedenfalls muss jeder Testamentsvollstrecker nach Antritt seines Amtes **überprüfen**, welche Vollmachten (Bankvollmachten etc.) der Erblasser erteilt hat und ob ein Widerruf tunlich ist, um z.B. zu verhindern, dass sein Handeln durch das Handeln anderer unterlaufen wird. Handelt er pflichtwidrig, so haftet er den Erben nach § 2219 BGB für die daraus entstandenen Schäden.[156] Bei Generalvollmachten mag es fraglich sein, ob der Testamentsvollstrecker diese schon wegen des für ihn geltenden Substitutionsverbotes nicht dulden darf.[157] Aus meiner Sicht ist ein Widerruf nicht stets tunlich. Er scheidet etwa dann aus, wenn der Erblasser die beiden Vollmachten bewusst nebeneinander wollte, etwa wenn die Testamentsvollstreckung im Ausland

---

152 RG, Beschl. v. 28.6.1916 – V.B. 1/16, RGZ 88, 345; RG, Urt. v. 10.1.1923 – V 385/22, RGZ 106, 186; BGH, Urt. v. 18.6.1962 – II ZR 99/61, NJW 1962, 1718 = WM 1962, 840; OLG Hamburg, Beschl. v. 5.5.1967 – 1 U 221/66, DNotZ 1967, 31; OLG München, Beschl. v. 15.11.2011 – 34 Wx 388/11, ZEV 2012, 376 (hiernach ist eine Genehmigung des aufgrund transmortaler Vollmacht vorgenommenen Rechtsgeschäfts durch den Testamentsvollstrecker in grundbuchmäßiger Form nicht erforderlich); dies gilt nach OLG München, Beschl. v. 26.7.2012 – 34 WX 248/12, MittBayNot 2013, 230 erst recht für die postmortale Vollmacht; *Merkel*, WM 1987, 1001; *Rehmann*, BB 1987, 213.
153 *Reimann*, ErbR 2017, 186, 189.
154 *Becker*, ZEV 2018, 692; *Trimborn von Landenberg*, Vollmacht vor und nach dem Erbfall, § 2 Rn 42 ff.; Staudinger/*Dutta*, Neubearb. 2021, Vor §§ 2197 ff. Rn 88 ff.
155 *Reimann*, ErbR 2017, 186, 189.
156 *Weidlich*, MittBayNot 2013, 196; Staudinger/*Dutta*, Neubearb. 2021, Vor §§ 2197 ff. Rn 94.
157 *Becker*, ZEV 2018, 692.

schwer anerkannt wird und der Bevollmächtigte hier im Außenverhältnis (im Innenverhältnis regelmäßig nach Weisung des Testamentsvollstreckers) handeln soll, oder wenn die Vollmacht die Amtsführung des Testamentsvollstreckers erleichtert. Wenn der Testamentsvollstrecker selbst Vollmachten zur Erleichterung seiner Amtsführung erteilen kann,[158] so kann er auch bestehende Vollmachten belassen.

---

158 Wobei eine Generalvollmachterteilung durch den Gerichtsvollzieher bisweilen kritisch gesehen wird, siehe hierzu *Müller-Engels*, ZEV 2019, 251, 252. Das KG hatte es in seinem Beschl. v. 13.11.2018 – 1 W 323/18, ZEV 2019, 27, 28 als zulässig angesehen, dass sich der Testamentsvollstrecker für die Besorgung einzelner Geschäfte eines Vertreters bedient und auch die Erteilung einer Generalvollmacht sei jedenfalls dann nicht ausgeschlossen, wenn der Erblasser keine abweichenden Anordnungen getroffen hat und der Generalbevollmächtigte lediglich widerruflich bestellt worden ist.

5. Teil: Gegenseitige Ansprüche bei Vollmachten

§ 21 Ansprüche des Bevollmächtigten

Übersicht:

	Rdn		Rdn
A. Abgrenzung Auftrag/Gefälligkeit	1	C. Aufwendungsersatz nach § 670 BGB	12
B. Vorschuss nach § 669 BGB	4	I. Normzweck	13
I. Normzweck	6	II. Voraussetzungen	14
II. Anspruchsinhalt	7	1. Aufwendungen	14
III. Durchsetzbarkeit	8	2. Auftragsausführung als Zweck	15
IV. Schadensersatzpflichten	9	3. Erforderlichkeit	16
V. Darlegungs- und Beweislast	10	III. Alternative: pauschale Aufwandsentschädigung	18
1. Grundsatz	10		
2. Verzicht auf § 669 BGB	11	IV. Alternative: Vergütungsregelung	20

A. Abgrenzung Auftrag/Gefälligkeit

Das Auftragsverhältnis begründet für den Bevollmächtigten eine Vielzahl von Pflichten, die er gegenüber dem Auftraggeber zu erfüllen hat. Neben diesen Pflichten hat der Bevollmächtigte aber auch **Ansprüche** gegenüber dem Auftraggeber, die zum einen unmittelbar aus dem Gesetz erwachsen, zum anderen vertraglich vereinbart werden können. 1

Grundvoraussetzung dafür, dass dem Bevollmächtigten Ansprüche gegen den Vollmachtgeber zustehen, ist das Bestehen eines Geschäftsbesorgungsvertrags (§ 675 BGB) oder eines Auftragsverhältnisses (§§ 662 ff. BGB), das der Vollmachtserteilung als Grundverhältnis zugrunde liegt. Im Falle einer entgeltlichen Geschäftsbesorgung ist die Qualifizierung des Grundverhältnisses i.d.R. unproblematisch. Ist der Bevollmächtigte aber – was bei Vorsorgevollmachten regelmäßig der Fall sein dürfte – unentgeltlich tätig geworden, ist zu prüfen, ob ein Auftragsverhältnis oder lediglich ein Gefälligkeitsverhältnis vorliegt.[1] Die Qualifizierung des Grundverhältnisses als Auftragsverhältnis oder als Gefälligkeitsverhältnis ohne Rechtsbindungswillen, erfolgt im Wege der Auslegung im konkreten Einzelfall nach Treu und Glauben unter Rücksicht auf die Umstände und die Verkehrssitte.[2] Aus der bloßen Bevollmächtigung ergibt sich nicht ein Auftragsverhältnis.[3]

Eine vertragliche Bindung wird insbesondere dann zu bejahen sein, wenn erkennbar ist, dass für den Leistungsempfänger wesentliche Interessen wirtschaftlicher 2

---

[1] Zur Abgrenzung Auftrag/Gefälligkeit ausführlich *Horn/Schabel*, NJW 2012, 3473 f.
[2] OLG Schleswig, Urt. v. 18.3.2014 – 3 U 50/13, ErbR 2014, 347, Rn 20; OLG Koblenz, Beschl. v. 10.6.2020 – 12 U 7/20, ErbR 2020, 890.
[3] OLG Braunschweig, Urt. v. 28.4.2021 – 9 U 24/20, ZErb 2021, 316

Plottek

Art auf dem Spiel stehen und er sich auf die Zusage des Leistenden verlässt oder wenn der Leistende (hier also der Bevollmächtigte) an der Angelegenheit ein rechtliches oder wirtschaftliches Interesse hat.[4]

3 Bei der Erteilung einer umfassenden Vorsorgevollmacht wird in der Regel nicht von einem bloßen Gefälligkeitsverhältnis, sondern von einem Auftragsverhältnis auszugehen sein.[5] Auch bei bevollmächtigten Kindern ist i.d.R. von einem Auftragsverhältnis auszugehen, da ein Rechtsbindungswille nur in Ausnahmefällen und „bei größter Zurückhaltung" verneint werden kann.[6] Allein das Bestehen eines verwandtschaftlichen Verhältnisses reicht für die Verneinung des Rechtsbindungswillens nicht aus.[7]

B. Vorschuss nach § 669 BGB

4 Der Bevollmächtigte kann gemäß § 669 BGB vom Vollmachtgeber eine Vorschusszahlung für seine erforderlichen Aufwendungen verlangen („Für die zur Ausführung des Auftrags erforderlichen Aufwendungen hat der Auftraggeber dem Beauftragten auf Verlangen Vorschuss zu leisten.").

Muster 21.1: Aufforderungsschreiben zur Auszahlung von Vorschuss

5 Sehr geehrte(r) Herr/Frau ▇▇▇

liebe(r) ▇▇▇,

für das bevorstehende Geschäft mit der ▇▇▇ muss ich als Bevollmächtigter erhebliche Aufwendungen vorab tätigen. Ich benötige daher einen Vorschuss nach § 669 BGB. Ich bitte daher darum, mir die nachfolgend aufgelisteten Aufwendungen auf das Konto mit der IBAN ▇▇▇ gutzuschreiben. Solange ich den Vorschuss nicht erhalte, kann das Geschäft nicht abgewickelt werden. Erst wenn der Vorschuss eingezahlt worden ist, kann ich als Bevollmächtigter im konkreten Fall tätig werden.

Unterschrift

Bevollmächtigter

---

4 OLG Schleswig, Urt. v. 18.3.2014 – 3 U 50/13, ErbR 2014, 347, Rn 20; OLG Koblenz, Beschl. v. 10.6.2020 – 12 U 7/20, ErbR 2020, 890.

5 OLG Schleswig, Urt. v. 18.3.2014 – 3 U 50/13, ErbR 2014, 347, Rn 21 mit Verweis auf OLG Brandenburg, Urt. v. 19.3.2013 – 3 U 1/12, BeckRS 2013, 6305, Rn 82; Grüneberg/Götz, Einf. v. § 1896 a.F. Rn 6; OLG Koblenz, Beschl. v. 10.6.2020 – 12 U 7/20, ErbR 2020, 890.

6 OLG Schleswig, Urt. v. 18.3.2014 – 3 U 50/13, juris, Rn 21 mit Verweis auf OLG Brandenburg, Urt. v. 19.3.2013 – 3 U 1/12, BeckRS 2013, 6305, Rn 82; *Horn/Schabel*, NJW 2012, 3473, 3474; OLG Koblenz, Beschl. v. 10.6.2020 – 12 U 7/20, ErbR 2020, 890.

7 OLG Schleswig, Urt. v. 18.3.2014 – 3 U 50/13, juris, Rn 21; OLG Koblenz, Beschl. v. 10.6.2020 – 12 U 7/20, ErbR 2020, 890; vgl. hierzu die ausführlichen Ausführungen in § 11.

I. Normzweck

Das Gesetz regelt, dass der Beauftragte nicht vorfinanzierungspflichtig ist. Auch wenn der Auftraggeber dem Beauftragten kein Entgelt schuldet, so kann vom Beauftragten nicht erwartet werden, dass dieser durch die Ausführung des Auftrags und damit verbundenen Aufwendungen einen Verlust erleidet. Daher stehen dem Beauftragten gegen den Auftraggeber mit den §§ 669, 670 BGB Ausgleichsansprüche zu, um von vornherein zu vermeiden, dass der Beauftragte einen Verlust erleidet oder nachträglich kompensieren muss.[8] Die Regelung des § 669 BGB begründet insoweit einen vorweggenommenen Aufwendungsersatzanspruch.[9] Der Hauptanspruch für den Ersatz entstandener Aufwendungen ist in § 670 BGB geregelt. Die Norm gewährt einen Anspruch auf Vorschuss für Aufwendungen in der Zukunft, da der Beauftragte dem Auftraggeber für die Aufwendungen keinen zinslosen Kredit gewähren soll.[10] Der Beauftragte, der nach § 662 BGB das Geschäft eines anderen zu besorgen hat, soll nicht dazu noch die Liquiditätsnachteile und die Risiken aus einer Verpflichtung zur Vorauszahlung solcher Kosten tragen müssen.[11]

II. Anspruchsinhalt

Voraussetzungen des Anspruches sind
- die Verpflichtung des Beauftragten zur Besorgung des Geschäfts aus dem Auftrag
- die Erforderlichkeit des Aufwands zu dessen Ausführung
- das Verlangen des Beauftragten nach Vorschuss.

§ 669 BGB begründet ein verhaltenes Recht des Beauftragten, dessen Entstehung von seiner Geltendmachung abhängt. Das Verlangen nach einem Vorschuss ist jedoch entbehrlich, wenn der Auftraggeber diesen bereits nach den individuell getroffenen Vereinbarungen schuldet[12] oder eine Vorschusspflicht gemäß § 242 BGB besteht, weil der Beauftragte ein mit erheblichen Ausgaben verbundenes Geschäft abschließen soll, dessen Vorfinanzierung durch ihn nach den Umständen nicht erwartet werden kann.[13]

---

8 BeckOK BGB/*D. Fischer*, § 669 Rn 1; MüKo-BGB/*Schäfer*, § 669 Rn 1.
9 BeckOK BGB/*D. Fischer*, § 669 Rn 1.
10 MüKo-BGB/*Schäfer*, § 669 Rn 1.
11 BeckOK BGB/*D. Fischer*, § 669 Rn 1, mit Verweis auf RG JW 1908, 324.
12 RG JW 1908, 324.
13 RGRK-BGB/*Steffen*, § 669 Rn 5.

III. Durchsetzbarkeit

8   Nach herrschender Rspr.[14] ist der Anspruch aus § 669 BGB nicht einklagbar; er soll dem Beauftragten lediglich die einem Zurückbehaltungsrecht vergleichbare Befugnis geben, die Ausführung des Auftrages bis zur Zahlung des Vorschusses zurückzustellen. Allerdings wendet ein Teil der Literatur[15] ein, dass der Ausschluss der Klagbarkeit nur widersprüchliches Verhalten des Auftraggebers fördert, der den Vorschuss nicht zahlt, aber den Auftrag nicht widerruft. So würde ohne Not Rechtsunsicherheit für den Beauftragten geschaffen, der immer noch aus dem Auftrag die Besorgung schuldet. Allerdings findet diese Argumentation keinen Halt in den Motiven des Gesetzgebers.[16] Obendrein steht es dem Beauftragten zu, eine mögliche Rechtsunsicherheit aufzulösen, indem er nach § 671 Abs. 1 BGB das Auftragsverhältnis jederzeit kündigen kann. Die Verweigerung, eine Vorschusszahlung zu leisten, dürfte zudem ein wichtiger Grund zur Kündigung sein.

IV. Schadensersatzpflichten

9   Der Auftraggeber hat bei schuldhafter Verletzung der Pflicht zur Zahlung eines Vorschusses Schadenersatz zu leisten,[17] wobei freilich ein Schaden auf Seiten des Beauftragten vorliegen muss. Hieran wird es in der Regel fehlen, da bei Nichtvornahme des Geschäfts aufgrund der berechtigten Ausübung des Zurückbehaltungsrechts ein etwaiger Schaden beim Auftraggeber und nicht beim Auftragnehmer liegen wird.

V. Darlegungs- und Beweislast

1. Grundsatz

10   Kommt es zum Streit zwischen Auftraggeber und Beauftragten und verlangt sodann der Auftraggeber vom Beauftragten einen Vorschuss zurück oder besteht Streit darüber, ob ein Vorschuss überhaupt erbracht wurde, so trägt der Auftraggeber die Darlegungs- und Beweislast für die Hingabe des Vorschusses.[18] Der Beauftragte hat hingegen die auftragsgemäße Verwendung des Vorschusses nachzuweisen.[19]

---

14   RGZ 76, 345; RGZ 82, 400; BGHZ 77, 60; BGHZ 94, 330.
15   BeckOK BGB/*D. Fischer*, § 669 Rn 3, m.w.N.
16   Vgl. Mot. II 540, dies räumt auch BeckOK BGB/*D. Fischer*, § 669 Rn 3, ein.
17   BeckOK BGB/*D. Fischer*, § 669 Rn 4.
18   BGH, Urt. v. 3.2.1988 – IV a ZR 196/86, NJW-RR 1988, 1264; MüKo-BGB/*Schäfer*, § 669 Rn 13; BeckOK BGB/*D. Fischer*, § 669 Rn 5.
19   BGH, Urt. v. 13.11.1985 – IV a ZR 42/84, NJW 1986, 1492, 1493; MüKo-BGB/*Schäfer*, § 669 Rn 13; BeckOK BGB/*D. Fischer*, § 669 Rn 5.

2. Verzicht auf § 669 BGB

Da § 669 BGB nach h.M. dispositiv ist, kann die Regelung vertraglich abgeändert werden.[20] Es ist möglich, durch vertragliche Vereinbarung auszuschließen, dass der Anspruch auf Vorschuss erst auf Verlangen des Beauftragten fällig wird.[21] Ein konkludenter Ausschluss ist beim Kreditauftrag (§ 778 BGB) anzunehmen, da hier die Kreditgewährung gerade Inhalt des Auftrags ist.[22] Ebenfalls kann ein Verzicht auf den Vorschussanspruch vereinbart werden.

Muster 21.2: Abbedingung, § 669 BGB

Der Beauftragte verzichtet auf sein Recht nach § 669 BGB einen Vorschuss für die zur Ausführung des Auftrags erforderlichen Aufwendungen zu erhalten.

C. Aufwendungsersatz nach § 670 BGB

Die Beauftragung im Rahmen einer Vorsorgevollmacht findet typischerweise zwischen Beteiligten statt, die familiär verbunden sind, und wird in der Regel unentgeltlich erbracht. Die Motivation einer unentgeltlichen Beauftragung kann dabei unterschiedlicher Natur sein. Sei es die Erwartung der Eltern, dass die Kinder im Alter ohne entsprechende Vergütung für sie tätig sind, oder sei es die Motivation der Beauftragten, das Vermögen des Auftragsgebers nicht schmälern zu wollen, um irgendwann ein höheres Erbe antreten zu können.[23] Das unentgeltliche Tätigwerden schließt aber nicht den Anspruch auf Ersatz der durch den Auftrag veranlassten Aufwendungen aus. Da das Gesetz in § 670 BGB den Ersatz von Aufwendungen explizit regelt, ist eine Aufnahme des Anspruchs auf Aufwendungsersatz in der Vorsorgevollmacht nicht geboten.

I. Normzweck

Der Anspruch aus § 670 BGB beruht auf dem Rechtsgedanken, dass die Kosten der Ausführung des zu besorgenden Geschäfts oder der Vornahme dazu bestimmter Handlungen von demjenigen, in dessen Interesse sie vorgenommen worden sind, auch zu tragen sind.[24] Der Beauftragte kann nicht nur Ersatz not-

---

20 MüKo-BGB/*Schäfer*, § 669 Rn 2, mit Verweis auf gegenteilige Auffassung Erman/*Berger*, § 669 Rn 1.
21 MüKo-BGB/*Schäfer*, § 669 Rn 2, mit Verweis auf RG JW 1908, 324.
22 MüKo-BGB/*Schäfer*, § 669 Rn 2, BGHZ 140, 270, 274; BGH, Beschl. v. 14.1.1999 – IX ZR 208–97, NJW 1999, 1182.
23 Vgl. hier die lesenswerten Ausführungen von *Volmer*, MittBayNot 2018, 507, 509.
24 BeckOK BGB/*D. Fischer*, § 670 Rn 1.

wendiger, sondern aller Aufwendungen verlangen, wenn er diese nach dem Standpunkt eines verständigen Dritten für erforderlich halten durfte.[25]

II. Voraussetzungen

1. Aufwendungen

14 Aufwendungen sind freiwillige Vermögensopfer im Interesse eines anderen, die der Beauftragte zur Ausführung des Auftrags, in dessen Folge oder zur Erreichung des Zwecks der Besorgung erbracht hat.[26] Keine Vermögensopfer nach § 670 BGB sind Arbeitszeit, Arbeitskraft sowie entgangene Verdienstmöglichkeiten des Beauftragten.[27]

Freiwillige Vermögensopfer können dem Beauftragten entstehen
– aus Auslagen in Geld (§ 256 S. 1 Alt. 1 BGB)
– bei der Verwendung eigener Gegenstände (§ 256 S. 1 Alt. 2 BGB)
– bei der Eingehung von Verbindlichkeiten (§ 257 BGB)
– bei der Stellung von Sicherheiten.

2. Auftragsausführung als Zweck

15 Nach dem Gesetzeswortlaut müssen die Aufwendungen abseits der Zufallshaftung für einen Schaden zum Zweck der Auftragsausführung geschehen. Objektive Kausalität genügt demnach nicht, vielmehr muss der Beauftragte die Aufwendung auch subjektiv mit finalem Willen zur Erfüllung des Auftrags vornehmen.[28]

3. Erforderlichkeit

16 Ausgaben, die mit der Besorgung des Geschäfts „untrennbar" verbunden sind, sog. notwendige Aufwendungen, sind dem Beauftragten nach § 670 BGB ebenfalls zu ersetzen.[29] Dabei ist die Erforderlichkeit nach einem subjektiv-objektiven Maßstab zu beurteilen und dann anzunehmen, wenn der Beauftragte (freiwillige) Vermögensopfer erbringt, die nach seinem verständigen Ermessen zur Verfolgung

---

25 Vgl. Mot. II 541; BeckOK BGB/*D. Fischer*, § 670 Rn 1.
26 BGHZ 59, 328, 329; BGH NJW 1989, 2816, 2818; BGH, Urt. v. 19.5.2016 – III ZR 399/14, NJW-RR 2016, 1385, 1387.
27 BGH, Urt. v. 14.12.1987 – II ZR 53/87, NJW-RR 1988, 745, 746; vgl. auch BGH, Urt. v. 13.1.2011 – III ZR 78/10 NJW 2011, 1726.
28 H.M., BGH, Urt. v. 10.11.1988 – III ZR 215/87 NJW 1989, 1284, 1285; MüKo-BGB/ *Schäfer*, § 670 Rn 20.
29 BGH, Urt. v. 28.4.1993 – VIII ZR 109/92, NJW-RR 1993, 1227, 1228; BGH, Beschl. v. 14.3.1995 – XI ZR 188/94, NJW 1995, 1482, 1483; BGH, Urt. v. 23. 6. 1998 – XI ZR 294–97, NJW-RR 1998, 1511; BGH, Urt. v. 19.5.2016 – III ZR 399/14, NJW-RR 2016, 1385.

des Auftragszwecks geeignet sind, notwendig erscheinen und in einem angemessenen Verhältnis zur Bedeutung der Geschäftsführung für den Geschäftsherrn stehen.³⁰

Muster 21.3: Aufforderungsschreiben Aufwendungsersatz

Sehr geehrter ▓▓▓,

lieber ▓▓▓,

wie vereinbart habe ich für dich vergangene Woche dein Auto von dem Hof des Abschleppunternehmen ▓▓▓ abgeholt. Die Auslösesumme von 300 EUR habe ich für dich vorverauslagt. Da die Verwahrungsstelle nicht mit öffentlichen Verkehrsmitteln zu erreichen war, musste ich ein Taxi nehmen. Die Taxifahrt hat 35 EUR gekostet. Die Belege habe ich beigefügt. Bitte erstatte mir den Gesamtbetrag von 335 EUR auf mein Konto bei der ▓▓▓, IBAN ▓▓▓

Dein Auto steht bei mir ebenfalls zur Abholung bereit.

III. Alternative: pauschale Aufwandsentschädigung

Die Parteien können abweichende Vereinbarungen dahin gehend treffen, dass der Aufwendungsersatz pauschaliert abgegolten wird.³¹ Gerade in Hinblick auf die aufwendige Dokumentationsarbeit einer Zeiterfassung kann für alle Beteiligten eine pauschalisierte Form der Entschädigung nützlich und praktikabel sein.

Muster 21.4: Aufwandspauschale

Der Beauftragte erhält für seine Aufwendungen eine pauschale Aufwandsentschädigung, die monatlich in Höhe von ▓▓▓ EUR abgegolten wird. Der Bevollmächtigte ist zur Entnahme der monatlichen pauschalen Aufwandsentschädigung aus dem Vermögen des Auftraggebers berechtigt.

IV. Alternative: Vergütungsregelung

Da der Aufwand für den Beauftragten beträchtlich sein kann, kann auch eine entsprechende Regelung bzgl. einer Vergütung sinnvoll sein.

Muster 21.5: Vergütungsregelung

Neben dem Ersatz seiner Aufwendungen erhält der Bevollmächtigte eine Vergütung iHv. ▓▓▓ EUR/pro Stunde, wobei der Beauftragte minutengenau abrechnen soll. Auch ohne konkreten Nachweis gilt ab Eintritt des Vorsorgefalls ein Arbeitsaufwand von monatlich zehn Stunden als erforderlich und erbracht. Im Übrigen genügt als Nachweis eine vom Bevollmäch-

---

30 BGH WM 2012, 1344; MüKo-BGB/*Schäfer*, § 670 Rn 12.
31 BGH, Urt. v. 22.9.2016 – III ZR 264/15, NJW-RR 2016, 1387.

tigten monatlich datierte und unterschriebene Stundenaufstellung. Sie wird als richtig und als dem Umfang nach erforderlich vermutet. In jeden Fall ist der Bevollmächtigte zu Entnahmen aus meinem Vermögen auf der Grundlage der Aufstellung berechtigt.[32]

---

[32] Siehe auch die Formulierungsvorschläge von *Volmer*, MittBayNot 2018, 507, 509.

§ 22 Ansprüche des Vollmachtgebers

Übersicht:	Rdn		Rdn
A. **Anspruch auf Auskunft und Rechnungslegung, § 666 BGB**	1	1. Anspruchsvoraussetzungen	29
I. Anspruchsvoraussetzungen	1	2. Muster	34
II. Anspruchsinhalt	2	B. **Anspruch auf Herausgabe, § 667 BGB**	35
1. Anspruch auf Auskunft gem. § 666 Var. 2 BGB	3	I. Anspruchsinhalt und -voraussetzungen	35
2. Anspruch auf Rechnungslegung, § 666 Var. 3 BGB i.V.m. § 259 Abs. 1 BGB	6	1. Herausgabe des zur Ausführung Erhaltenen	36
a) Anspruchsinhalt, Berechtigter, Fälligkeit, Verjährung	6	2. Das aus der Geschäftsbesorgung Erlangte	37
aa) Verjährung des Rechnungslegungsanspruchs	7	a) Herauszugebender Vermögensvorteil	37
bb) Verjährung der Rückforderungsansprüche	8	b) Herauszugebende Sondervorteile	38
b) Formale Anforderungen und Erfüllung	12	3. Darlegungs- und Beweislast	40
aa) Formale Anforderungen ...	12	a) Beweislast des Vollmachtgebers	40
bb) Einwendungen des Bevollmächtigten	18	b) Beweislast des Bevollmächtigten	41
c) Verzicht bei Auftragserteilung ..	20	aa) Grundsätze	41
d) Erfüllungseinwand	22	bb) Ausnahmen	42
3. Muster	24	cc) Rückausnahmen	44
III. Klage auf Rechnungslegung	25	4. Ansprüche aus Bereicherungsrecht	45
1. Gerichtliche Durchsetzung des Rechnungslegungsanspruchs	25	5. Ansprüche aus unerlaubter Handlung	47
2. Prozessuales	26	II. Muster	48
a) Stufenklage	26	C. **Ansprüche des Vollmachtgebers bei Gefälligkeit: Informationsrechte aus § 242 BGB**	50
b) Zuständigkeitsstreitwert und Gebührenstreitwert	27	D. **Schadensersatz wegen Kündigung zur Unzeit gem. § 671 BGB**	51
3. Muster	28		
IV. Anspruch auf Versicherung der Vollständigkeit der Rechnungslegung, § 666 Var. 3 BGB i.V.m. § 259 Abs. 1, Abs. 2 BGB	29		

A. Anspruch auf Auskunft und Rechnungslegung, § 666 BGB

I. Anspruchsvoraussetzungen

Grundvoraussetzung dafür, dass dem Vollmachtgeber oder dessen Rechtsnachfolger Ansprüche nach § 666 BGB zustehen, ist das Bestehen eines Geschäftsbesorgungsvertrags (§ 675 BGB) oder eines Auftragsverhältnisses (§§ 662 ff. BGB), das der Vollmachtserteilung als Grundverhältnis zugrunde liegt. Im Falle einer entgeltlichen Geschäftsbesorgung ist die Qualifizierung des Grundverhältnisses i.d.R. unproblematisch. Ist der Bevollmächtigte aber – was bei Vorsorgevollmachten regelmäßig der Fall sein dürfte – unentgeltlich tätig geworden, ist zu prüfen, 1 ob ein Auftragsverhältnis oder lediglich ein Gefälligkeitsverhältnis vorliegt.[1] Ist Letzteres der Fall, schuldet der Bevollmächtigte weder Auskunft noch Rechnungslegung. Die Qualifizierung des Grundverhältnisses als Auftragsverhältnis oder als Gefälligkeitsverhältnis ohne Rechtsbindungswillen erfolgt im Wege der Auslegung im konkreten Einzelfall nach Treu und Glauben unter Rücksicht auf die Umstände und die Verkehrssitte.[2]

Eine vertragliche Bindung wird insbesondere dann zu bejahen sein, wenn erkennbar ist, dass für den Leistungsempfänger wesentliche Interessen wirtschaftlicher Art auf dem Spiel stehen und er sich auf die Zusage des Leistenden verlässt oder wenn der Leistende an der Angelegenheit ein rechtliches oder wirtschaftliches Interesse hat.[3]

Bei der Erteilung einer umfassenden Vorsorgevollmacht wird in der Regel nicht von einem bloßen Gefälligkeitsverhältnis, sondern von einem Auftragsverhältnis auszugehen sein.[4] Auch bei bevollmächtigten Kindern ist i.d.R. von einem Auftragsverhältnis auszugehen, da ein Rechtsbindungswille nur in Ausnahmefällen und „bei größter Zurückhaltung" verneint werden kann.[5] Allein das Bestehen eines verwandtschaftlichen Verhältnisses reicht für die Verneinung des Rechtsbindungswillens nicht aus.[6]

II. Anspruchsinhalt

2   Gemäß § 666 BGB ist der Beauftragte verpflichtet,
1. dem Auftraggeber die erforderlichen Nachrichten zu geben
2. auf Verlangen über den Stand des Geschäfts Auskunft zu erteilen und
3. nach der Ausführung des Auftrags Rechenschaft abzulegen.

Die Regelung enthält somit **drei Varianten**, nämlich die Benachrichtigung auf Verlangen, die Auskunftserteilung und die Rechnungslegung nach Beendigung des Auftrags.

Rechtsdogmatisch handelt es sich nur bei den Varianten 2 und 3 (Auskunft und Rechnungslegung) um einklagbare Ansprüche, während es sich bei § 666 Var. 1 BGB (Benachrichtigung) um eine reine Obliegenheit des Schuldners handelt,

---

1   Zur Abgrenzung Auftrag/Gefälligkeit ausführlich *Horn/Schabel*, NJW 2012, 3473 f.; siehe auch § 11 in diesem Werk.
2   OLG Schleswig, Urt. v. 18.3.2014 – 3 U 50/13, ErbR 2014, 347, Rn 20.
3   OLG Schleswig, Urt. v. 18.3.2014 – 3 U 50/13, ErbR 2014, 347, Rn 20.
4   OLG Schleswig, Urt. v. 18.3.2014 – 3 U 50/13, ErbR 2014, 347, Rn 21 mit Verweis auf OLG Brandenburg, Urt. v. 19.3.2013 – 3 U 1/12, BeckRS 2013, 6305 Rn 82; Grüneberg/*Götz*, Einf. v. § 1896 a.F. Rn 6.
5   OLG Schleswig, Urt. v. 18.3.2014 – 3 U 50/13, ErbR 2014, 347, Rn 21 mit Verweis auf OLG Brandenburg, Urt. v. 19.3.2013 – 3 U 1/12, BeckRS 2013, 6305 Rn 82; *Horn/Schabel*, NJW 2012, 3473, 3474.
6   OLG Schleswig, Urt. v. 18.3.2014 – 3 U 50/13, ErbR 2014, 347, Rn 21.

bei deren Verletzung und einem dadurch schuldhaft verursachten Schaden der Beauftragte auf Schadensersatz haftet.[7]

1. Anspruch auf Auskunft gem. § 666 Var. 2 BGB

Die nach § 666 Var. 2 BGB geschuldete Auskunft kann nach h.M. nur verlangt werden, wenn der Auftraggeber ein berechtigtes Interesse an der Auskunftserteilung hat, welches aber grundsätzlich zu vermuten ist. Das „berechtigte Interesse" ist somit ungeschriebenes Tatbestandsmerkmal und entscheidend für die Zulässigkeit des Auskunftsverlangens.[8] Liegt ein berechtigtes Interesse vor, kann der Auftraggeber nicht nur während der Auftragsausführung, sondern auch danach Auskunft vom Auftragnehmer verlangen, soweit der Auskunftsanspruch nicht durch ordnungsgemäße Rechenschaft nach § 666 Var. 3 BGB erfüllt und deshalb erloschen sein sollte.[9] Dem berechtigten Interesse des Vollmachtgebers oder dessen Rechtsnachfolgers steht nicht entgegen, dass er sich bei anderen Stellen, wie etwa Banken, Auskünfte selbst beschaffen kann.[10]

Der Beauftragte hat dem Auftraggeber während der Auftragsausführung nur auf Anforderung Auskunft zu erteilen. Es handelt sich insoweit um einen **verhaltenen Anspruch**.[11] Die dreijährige Regelverjährungsfrist (§§ 195, 199 Abs. 1 BGB)[12] beginnt nach Rechtsprechung des BGH[13] frühestens mit Beendigung des Auftragsverhältnisses, nach wohl h.M. in der Literatur (analog § 604 Abs. 5 BGB i.V.m. Abs. 3, § 695 S. 2 BGB, § 696 S. 2 BGB) erst mit Geltendmachung des Anspruchs.[14] In der Praxis werden Auskunft (und Rechnungslegung) häufig erst durch die Erben des Vollmachtgebers geltend gemacht. Vorsorgevollmacht (und das ihr zugrunde liegende Auftragsverhältnis) erlöschen aber i.d.R. nicht schon durch den Tod des Vollmachtgebers, da gerade Vorsorgevollmachten häufig ausdrücklich regeln, dass sie über den Tod des Vollmachtgebers hinaus gelten sollen (vgl. §§ 672 S. 1, 168 S. 1 BGB). Das Auftragsverhältnis endet in diesen Fällen dann erst durch den Widerruf der Vollmacht durch den Erben (§§ 671 Abs. 1, 168 S. 1, 2 BGB).[15] Die Verjährung beginnt dann erst mit Geltendmachung des Anspruchs durch den Erben des Vollmachtgebers, frühestens mit dem Tod des

---

7 MüKo-BGB/*Schäfer*, § 666 Rn 22.
8 MüKo-BGB/*Schäfer*, § 666 Rn 27.
9 MüKo-BGB/*Schäfer*, § 666 Rn 27.
10 BGH NJW 1998, 2969 (Urteilsleitsatz; Entscheidung auch zitiert als BGH LM Nr. 21 zu § 666 BGB); siehe auch OLG München, Schlussurteil v. 20.6.2012 – 3 U 114/12, BeckRS 2012, 14122.
11 BeckOK BGB/*D. Fischer*, § 666 Rn 5 mit Verweis auf BGH, Urt. v. 16.6.2016 – III ZR 282/14, NJW-RR 2016, 1391 Rn 37.
12 BeckOK BGB/*Lorenz*, § 260 Rn 39 mit Verweis auf § 259 Rn 30.
13 BGH, Urt. v. 1.12.2011 – III ZR 71/11, NJW 2012 917, 919.
14 Statt vieler: MüKo-BGB/*Grothe*, § 199 Rn 7.
15 Vgl. auch *Horn/Schabel*, NJW 2012, 3473, 3474.

Vollmachtgebers oder zuvor mit noch lebzeitig erfolgtem Widerruf des Auftrags durch den Vollmachtgeber. Das Bestehen eines (berechtigten) Auskunftsinteresses ergibt sich aus dem allgemeinen Interesse des Auftraggebers, die Tätigkeit des Beauftragten überprüfen zu können[16] und wird vermutet.[17]

5 Inhalt, Umfang sowie Form der zu erteilenden Auskunft sind in § 666 BGB nicht geregelt. Maßgeblich sind insoweit insbesondere der Gegenstand des Auftrags und der Zweck der verlangten Auskunft.[18] Mit welchem Inhalt und in welchem Umfang die Auskunft geschuldet wird, richtet sich nach folgenden Kriterien:[19]
– Gegenstand des Auftrags
– Üblichkeit im Geschäftsverkehr
– Zweck der verlangten Auskunft.

Abhängig vom Einzelfall kann also die Beantwortung einer einzelnen Frage bis hin zur Vorlage eines Berichts geschuldet sein.[20] Soweit die Voraussetzungen des § 260 Abs. 1 BGB vorliegen, kann der Auftraggeber auch die Vorlage eines Bestandsverzeichnisses verlangen. Im Übrigen handelt es sich bei der Auskunft aber um eine reine Wissenserklärung des Auskunftsschuldners,[21] die auch mündlich[22] erteilt werden kann, sofern nicht die Vorlage eines Bestandsverzeichnisses geschuldet ist.

2. Anspruch auf Rechnungslegung, § 666 Var. 3 BGB i.V.m. § 259 Abs. 1 BGB

a) Anspruchsinhalt, Berechtigter, Fälligkeit, Verjährung

6 Die Rechnungslegung kann der Auftraggeber grundsätzlich erst nach vollständiger Auftragsausführung oder nach einer vorzeitigen Beendigung des Auftrags verlangen. Erst auf Verlangen des Auftraggebers (oder dessen Erben) wird der Anspruch auf Rechnungslegung fällig.[23] Es handelt sich somit um einen **verhaltenen** Anspruch. Analog §§ 695 S. 2, 696 S. 3 BGB richtet sich der Verjährungsbe-

---

16 BeckOK BGB/*D. Fischer*, § 666 Rn 5 mit Verweis auf BGH, Urt. v. 16.6.2016 – III ZR 282/14, NJW-RR 2016, 1391 Rn 29.
17 MüKo-BGB/*Schäfer*, § 666 Rn 27.
18 MüKo-BGB/*Schäfer*, § 666 Rn 27 mit Verweis auf BGH, Urt. v. 1.12.2011 – III ZR 71/11, NJW 2012, 917; BGH, Urt. v. 30–11–1989 – III ZR 112/88, NJW 1990, 510; BGH, Urt. v. 30.4.1964 – VII ZR 156/62, NJW 1964, 1469, OLG Saarbrücken, Urt. v. 17.12.2021 – 5 U 42/21, BeckRS 2021, 44933, Rn. 14.
19 MüKo-BGB/*Schäfer*, § 666 Rn 27.
20 MüKo-BGB/*Schäfer*, § 666 Rn 27.
21 MüKo-BGB/*Krüger*, § 260 Rn 40.
22 MüKo-BGB/*Krüger*, § 260 Rn 42.
23 BeckOK BGB/*D. Fischer*, § 666 Rn 30; OLG Köln, Urt. v. 29.5.2018 – 15 U 66/17, BeckRS 2018, 10512 Rn 123.

ginn der dreijährigen Regelverjährungsfrist daher nach dem Zeitpunkt, zu dem erstmals die Rechnungslegung **verlangt** wird,[24] frühestens mit Auftragsbeendigung.[25]

aa) Verjährung des Rechnungslegungsanspruchs

Soweit nichts anderes vereinbart wurde, ist erst „nach der Ausführung des Auftrags" Rechenschaft abzulegen (§ 666 Var. 3 BGB). Der Anspruch auf Rechnungslegung[26] entsteht mithin erst bei Beendigung des Auftrags, und frühestens dann beginnt die Verjährungsfrist zu laufen.[27]

7

bb) Verjährung der Rückforderungsansprüche

Ergeben Auskunft und Rechnungslegung (Rück-)Zahlungs- oder Herausgabeansprüche des Vollmachtgebers, so können diese Ansprüche auf unterschiedliche Anspruchsgrundlagen gestützt werden. Diese Anspruchsgrundlagen stehen nebeneinander und schließen sich gegenseitig nicht aus.[28] In Betracht kommen hier vertragliche Ansprüche aus den §§ 667, 280 ff. BGB, deliktische Ansprüche aus § 823 Abs. 2 BGB i.V.m. §§ 246, 266 StGB und Ansprüche aus ungerechtfertigter Bereicherung gem. § 812 Abs. 1 S. 1 BGB. Grundsätzlich verjähren diese Ansprüche innerhalb der dreijährigen Regelverjährungsfrist. Voraussetzung für den Anlauf der Verjährungsfrist ist folglich, dass der Gläubiger von den den Anspruch begründenden Umständen und der Person des Schuldners Kenntnis erlangt hat, § 199 Abs. 1 Nr. 2 BGB. Da es bei den deliktischen und bereicherungsrechtlichen Ansprüchen nach § 823 Abs. 2 und nach § 812 Abs. 1 S. 1 BGB darum geht, einen widerrechtlich bzw. rechtsgrundlos erlangten Vermögensvorteil abzuschöpfen, kann die Verjährung hier **frühestens** mit dem Schluss des Jahres beginnen, in dem der Bevollmächtigte etwas erlangt hat.

8

Die Verjährung des Anspruchs nach § 667 BGB kann dagegen deutlich später beginnen. Der Herausgabeanspruch auf das durch die Ausführung des Auftrags Erhaltene nach § 667 Var. 2 BGB wird regelmäßig erst dann fällig, wenn der Zweck erreicht oder endgültig verfehlt wurde. In verjährungsrechtlicher Hinsicht kann es daher entscheidend darauf ankommen, auf welche Anspruchsgrundlage(n) die geltend gemachten Ansprüche gestützt werden, zumal bei deliktischen Ansprüchen der „Rettungsanker" des § 852 BGB nicht übersehen werden sollte:

9

---

24 H.M. BGH, Urt. v. 16.6.2016 – III ZR 282/14, NJW-RR 2016, 1391 Rn 38: Verjährung jeweils mit Verlangen; a.A. MüKo-BGB/*Schäfer*, § 666 Rn 33, der allein auf die Beendigung des Auftrages abstellt.
25 BGH, Urt. v. 1.12.2011 – III ZR 71/11, NJW 2012, 917, 919.
26 Ausführlich *Horn*, ZEV 2016, 373.
27 BGH, Urt. v. 3.11.2011 – III ZR 105/11, NJW 2012, 58, 61.
28 *Horn*, ZEV 2016, 373, 375.

10 Gemäß § 852 BGB ist der Ersatzpflichtige, der durch eine unerlaubte Handlung auf Kosten des Verletzten etwas erlangt hat, diesem auch nach Eintritt der Verjährung des Anspruchs auf Ersatz des aus einer unerlaubten Handlung entstandenen Schadens zur Herausgabe nach den Vorschriften über die Herausgabe einer ungerechtfertigten Bereicherung verpflichtet. Der Anspruch aus § 852 BGB beinhaltet eine Rechtsfolgenverweisung auf die §§ 812 ff. BGB, ist aber von seinen Voraussetzungen her ein deliktischer Anspruch.[29] Es handelt sich um einen „Restschadensersatzanspruch", da der Schädiger „nur" die aus der unerlaubten Handlung erlangten Vorteile herausgeben muss, aber nicht mit seinem Eigenvermögen für den Schadensausgleich haftet.[30] Dieser Anspruch verjährt 10 Jahre nach seiner Entstehung und ohne Rücksicht auf die Entstehung innerhalb von 30 Jahren nach Begehung der Verletzungshandlung oder dem sonstigen, den Schaden auslösenden Ereignis (§ 852 S. 3 BGB).

11 Anspruchsberechtigter ist der Auftraggeber. Verstirbt dieser, fällt sein Rechnungslegungsanspruch in den Nachlass. Bei Erbengemeinschaften kann dann jeder Miterbe gem. § 2039 BGB die sich aus § 666 BGB ergebenden Ansprüche auf Auskunft und Rechnungslegung zur gesamten Hand geltend machen.

b) Formale Anforderungen und Erfüllung

aa) Formale Anforderungen

12 In der Praxis stellt sich regelmäßig die Frage nach Umfang und Inhalt der geschuldeten Rechnungslegung, da hiervon abhängt, ob der Erfüllungseinwand gem. § 362 Abs. 1 BGB greift. In Literatur und Rechtsprechung findet sich hierzu die – wenig hilfreiche – Aussage, Umfang und Inhalt der geschuldeten Rechnungslegung hingen vom Einzelfall, insbesondere vom Gegenstand des Auftrags ab.[31] Da durch eine ordnungsgemäße Rechnungslegung der Rechnungslegungsanspruch erfüllt wird, der Anspruch also erlischt (§ 362 BGB), kommt der Frage nach den Anforderungen an eine ordnungsgemäße Rechnungslegung vor allem für gerichtliche Auseinandersetzungen entscheidende Bedeutung zu. Folgende Grundsätze sind hier maßgeblich:

Die Rechnungslegung muss in **formaler Hinsicht** eine
– zweckmäßige
– übersichtliche **und**
– in sich verständlich aufgegliederte
Gegenüberstellung der Einnahmen und Ausgaben ausweisen. Neben der Pflicht, die Einnahmen und Ausgaben **darzulegen**, gehört zu einer formal ordnungsge-

---

29 BeckOK BGB/*Spindler*, § 852 Rn 3.
30 MüKo-BGB/*Wagner*, § 852 Rn 2.
31 Vgl. MüKo-BGB/*Schäfer*, § 666 Rn 27.

mäßen Rechnungslegung „in verständlicher Form" daher auch die **Erläuterung, Nachweisung und Begründung** der Auftragsabwicklung.[32]

Solange die Rechnungslegung diesen Formalanforderungen nicht genügt, liegt keine Erfüllung vor.[33] Der Verpflichtete kann sich somit nicht darauf beschränken, Unterlagen vorzulegen, aus denen sich der Berechtigte dann die notwendigen Informationen erst heraussuchen muss.[34] Es geht bei der Rechnungslegung darum, aufzuzeigen, wie sich der **verwaltete** Vermögensbestand **entwickelt** hat.[35] Sprich: Als Mindesterfordernis muss die Rechnungslegung einen **Anfangsbestand** zum Zeitpunkt des Beginns der „Verwaltung" und einen **Endbestand** bei Beendigung der Verwaltungstätigkeit ausweisen.

13

Beispiel

14

Der Vorsorgebevollmächtigte übernimmt zum 1.1. auch die Verwaltung der Bankkonten und Wertpapierdepots des Vollmachtgebers. Der Bevollmächtigte beendet seine Tätigkeit drei Jahre später zum 31.12. und gibt auch die Vollmachtsurkunde zu diesem Stichtag an den Vollmachtgeber heraus. Für eine formal ordnungsgemäße Rechnungslegung wird der Bevollmächtigte neben den Einnahmen und Ausgaben vor allem den Anfangs- und den Endbestand der verwalteten Konten zum Stichtag 1.1. und zum Stichtag 31.12. ausweisen müssen, um die Vermögensentwicklung in der Zeit der Verwaltungstätigkeit nachvollziehbar zu machen.

Der Begriff der „Verwaltung" i.S.d. § 259 Abs. 1 S. 1 BGB ist dabei weit auszulegen und umfasst nicht nur eine fortlaufende Verwaltung. Eine „Verwaltung" im vorgenannten Sinne liegt auch vor, wenn in einer erheblichen Anzahl von Fällen und aufgrund eines jeweils besonders gegebenen Auftrags Geschäfte geführt werden, die mit Einnahmen oder Ausgaben verbunden sind.[36]

15

Soweit Rechenschaft über „Einnahmen" zu legen ist, sind damit nicht nur Geldeinnahmen gemeint. Der Begriff der Einnahmen ist ebenfalls weit zu verstehen und umfasst insbesondere auch Forderungen und Rechte oder den durch den Kundenbestand ausgewiesenen „good will" eines Geschäfts.[37] Entsprechend gilt

16

---

32 Staudinger/*Martinek/Omlor*, § 666 Rn 14; *Horn/Schabel*, NJW 2012, 3473, 3474 mit Verweis auf OLG München, Schlussurteil v. 20.6.2012 – 3 U 114/12, BeckRS 2012, 14122 (dort Ziff. II. Nr. 1).
33 MüKo-BGB/*Krüger*, § 259 Rn 24.
34 MüKo-BGB/*Krüger*, § 259 Rn 23 mit Verweis auf BGH, Urt. v. 23.11.1981 – VIII ZR 298/80, NJW 1982, 573, 574 und BGH, Urt. v. 4.7.1985 – III ZR 144/84, NJW 1985, 2699, 2700.
35 Grüneberg/*Grüneberg*, § 259 Rn 8; OLG Köln, Urt. v. 17.2.1989 – 20 U 103/88, NJW-RR 1989, 528.
36 Staudinger/*Bittner/Kolbe*, § 259 Rn 24 mit Verweis auf OLG Neustadt v. 16.10.1964 – 1 U 142/64, MDR 1965, 293.
37 Staudinger/*Bittner/Kolbe*, § 259 Rn 24.

für den Ausgabenbegriff, dass hier nicht nur Geldauslagen aus Eigenmitteln des Auftragnehmers zu erfassen sind.[38] Ausgaben in diesem Sinne können auch sonstige Vermögensabflüsse aus dem verwalteten Vermögen sein, wie etwa Forderungserlasse, Schuldanerkenntnisse o.Ä.

17 Eine ordnungsgemäße Rechnungslegung erfordert eine Gegenüberstellung des Anfangsbestands der Vermögenswerte und Verbindlichkeiten zu Beginn der Abrechnungsperiode auf der einen Seite und des Endbestands zum Stichtag des Endes der Abrechnungsperiode auf der anderen Seite, damit die Vermögensentwicklung innerhalb der Abrechnungsperiode ohne weitere Erläuterungen nachvollzogen werden kann (siehe oben Rdn 13). Soweit Belege vorzulegen sind, müssen sie der jeweiligen Aufstellung zugeordnet und geordnet und übersichtlich zusammengestellt sein.[39]

bb) Einwendungen des Bevollmächtigten

18 Gegen den Anspruch auf Auskunft und Rechnungslegung kann der Bevollmächtigte ggf. einwenden, dass der Vollmachtgeber hierauf nachträglich verzichtet hat. Der Verzicht (Erlass) kann insoweit ausdrücklich oder auch konkludent erfolgt sein.[40]

19 Weiterhin kann der Bevollmächtigte im Einzelfall einwenden, dass die Geltendmachung der Ansprüche nach § 666 BGB gegen Treu und Glauben verstoße. Ein Verstoß gegen Treu und Glauben nach § 242 BGB kann anzunehmen sein, wenn der Vollmachtgeber über einen längeren Zeitraum weder Auskunft noch Rechnungslegung verlangt hat. Diese unterlassene Geltendmachung muss sich auch der Rechtsnachfolger des Vollmachtgebers dann zurechnen lassen.[41] Der Bevollmächtigte kann sich in diesen Fällen auf ein schützenswertes Vertrauen berufen, er habe sich nicht darauf einrichten müssen, später detailliert Auskünfte zu erteilen und Rechnung zu legen.[42]

Der Einwand nach § 242 BGB setzt freilich voraus, dass sich der Schuldner selbst rechtstreu verhalten hat. Einen Verstoß gegen Treu und Glauben kann der Bevollmächtigte daher nicht einwenden, wenn sich (nachträglich) herausstellt, dass Zweifel an seiner Zuverlässigkeit und seiner Geschäftsführung berechtigt sind.[43] Der Bevollmächtigte kann sich dann auch im Falle „jahrelangen Zuwar-

---

38 Staudinger/*Bittner/Kolbe*, § 259 Rn 24.
39 MüKo-BGB/*Krüger*, § 259 Rn 23.
40 OLG München, Schlussurteil v. 20.6.2012 – 3 U 114/12, BeckRS 2012, 14122; OLG Hamm, Beschl. v. 25.4.2012 – 5 U 20/12, BeckRS 2012, 18422.
41 *Horn/Schabel*, NJW 2012, 3473, 3475 (4 b).
42 BGH NJW 2012, 58, 60.
43 Vgl. *Horn/Schabel*, NJW 2012, 3473, 3475 (4 c).

tens" des Vollmachtgebers nicht darauf berufen, darauf vertraut zu haben, dass der Vollmachtgeber seine Ansprüche nicht mehr geltend macht.[44]

c) Verzicht bei Auftragserteilung

Da § 666 BGB dispositiv ist, können die Ansprüche nach § 666 BGB grundsätzlich bereits bei Auftragserteilung abbedungen werden.[45] Umstritten ist, ob ein vollständiger Ausschluss möglich ist. Nach einer Auffassung soll der Auskunftsanspruch nicht gänzlich abdingbar sein, weil der Vollmachtgeber sich sonst der Willkür des Bevollmächtigten aussetzen würde und das Risiko einer nicht nachweisbaren Schädigung tragen müsste.[46] Nach anderer Auffassung kann der Auskunftsanspruch vollständig ausgeschlossen werden.[47] Der Anspruch auf Rechnungslegung kann dagegen unstreitig vollständig ausgeschlossen werden.[48]

Beachtlich ist, dass nach Auffassung des BGH[49] der Erblasser mit seinem Bevollmächtigten vereinbaren kann, dass die Ansprüche nach § 666 BGB nicht vererblich sind. Haben Vollmachtgeber und Bevollmächtigter eine entsprechende Abrede getroffen, erlöschen die Ansprüche des Vollmachtgebers nach § 666 BGB mit seinem Tod.

d) Erfüllungseinwand

Genügt die Rechnungslegung den o.g. formalen Anforderungen, so ist der Anspruch erfüllt. In der Praxis ist stets problematisch, wie mit dem Einwand der Unrichtigkeit oder Unvollständigkeit der – formal ordnungsgemäßen – Rechnungslegung umzugehen ist. Grundsätzlich soll der Berechtigte, der meint, die Rechenschaftslegung sei unrichtig oder inhaltlich unvollständig, **keine** Ergänzung oder Berichtigung verlangen können. Er müsse stattdessen gem. § 666 Abs. 2 BGB verlangen, dass der Schuldner die Richtigkeit und Vollständigkeit der Rechnungslegung an Eides statt versichert, da auch eine inhaltlich falsche Rechnungslegung den Anspruch erfüllt, solange sie den formalen Anforderungen genügt.[50]

Allerdings muss sich der Berechtigte bei **nachweisbar oder offensichtlich unvollständiger Rechnungslegung (formeller Mangel) nicht** auf die Möglichkeit

---

44 Siehe hierzu etwa OLG Hamm ZEV 2008, 600, 601: Nach Abzug von Pflege- und Mietkosten waren in sechseinhalb Jahren 130.000 EUR, monatlich also ca. 1.600 EUR abgehoben worden. Das OLG Hamm meinte, es sei nicht plausibel, dass der Vollmachtgeber nach Abzug der Fixkosten weitere Ausgaben in einem solchen Umfang gehabt haben soll.
45 Grüneberg/*Sprau*, § 666 Rn 1a.
46 BeckOK BGB/*Fischer*, § 666 Rn 7.
47 Staudinger/*Martinek/Omlor*, § 666 Rn 17.
48 BeckOK BGB/*D. Fischer*, § 666 Rn 11; Formulierungsvorschläge zur ausdrücklichen Abbedingung/Modifizierung der Ansprüche nach § 666 BGB bei *Horn/Schabel*, NJW 2012, 3473, 3476 und *Horn*, NJW 2018, 2611, 2612.
49 BGH, Urt. v. 19.9.1989 – XI ZR 103/88, NJW-RR 1990, 131.
50 MüKo-BGB/*Krüger*, § 259 Rn 24.

verweisen lassen, eine eidesstattliche Erklärung zu verlangen. In diesen Fällen gewährt die Rechtsprechung einen **Anspruch auf Ergänzung** der Rechnungslegung.[51] Das gilt u.a., wenn im Rahmen der Rechnungslegung ein ganzer Vermögensteil ausgelassen wurde. In diesem Fall gilt die Rechnung nicht als materiell unrichtig, sondern als „formal unvollständig"[52] mit der Folge, dass formell noch nicht Rechnung gelegt und der Anspruch nicht erfüllt ist.[53]

3. Muster

Muster 22.1: Aufforderungsschreiben Auskunft und Rechnungslegung

24   Sehr geehrte/r Herr/Frau ▨,

in der Nachlassangelegenheit nach Ihrer am ▨ verstorbenen Mutter hat mich Ihr Bruder ausweislich beiliegender Vollmacht mit der Wahrnehmung seiner rechtlichen Interessen beauftragt.

Ihre verstorbene Mutter hatte Ihnen lebzeitig eine notariell beurkundete Vorsorgevollmacht erteilt, aufgrund derer Sie u.a. ermächtigt waren, über das Vermögen Ihrer Mutter zu verfügen. Unserem Mandanten ist bekannt, dass Sie in den letzten drei Jahren vor dem Erbfall die finanziellen Angelegenheiten Ihrer Mutter geregelt haben. Bezüglich der von Ihnen unter Verwendung der Vorsorgevollmacht getätigten Geschäfte waren Sie gegenüber der Erblasserin Auskunfts- und Rechnungslegungspflichtig. Nach dem Erbfall sind diese Ansprüche auf die Erben übergegangen. Unser Mandant ist berechtigt, diese Ansprüche für die Miterben zur gesamten Hand geltend zu machen, § 2039 BGB. Namens meines Mandanten fordere ich Sie auf, binnen vier Wochen ab Datum dieses Schreibens

a) ▨

Auskunft zu erteilen, welche Geschäfte Sie in der Zeit von ▨ bis ▨ für die Erblasserin getätigt haben sowie über den jeweiligen Stand des Geschäfts sowie

b) ▨

durch Vorlage einer geordneten Aufstellung der Einnahmen und der Ausgaben Rechenschaft abzulegen über sämtliche Vermögensverfügungen, die Sie auf Grundlage der o.g. Vorsorgevollmacht in der Zeit vom ▨ bis zum ▨ getätigt haben, insbesondere

– über den Stand und alle späteren Veränderungen des Guthabens der Erblasserin auf dem Konto bei der ▨ Bank, IBAN ▨, wobei anzugeben ist, zu welchem Zweck und zu wessen Gunsten die jeweiligen Verfügungen getroffen wurden.

Rechtsanwalt

---

51 Staudinger/*Bittner*/*Kolbe*, § 259 Rn 32 mit Verweis auf BGH, Urt. v. 3.7.1984 – X ZR 34/83, NJW 1984, 2822 und OLG Hamburg, Urt. v. 31.1.2002 – 3 U 72/01, NJW-RR 2002, 1292.
52 MüKo-BGB/*Krüger*, § 259 Rn 24 mit Verweis auf BGH, Urt. v. 31.1.1963 – VII ZR 284/61, NJW 1963, 950.
53 Staudinger/*Bittner*/*Kolbe*, § 259 Rn 32; MüKo-BGB/*Krüger*, § 259 Rn 24.

III. Klage auf Rechnungslegung

1. Gerichtliche Durchsetzung des Rechnungslegungsanspruchs

Anspruchsinhaber ist der Vollmachtgeber. Bei Erbengemeinschaften kann jeder Miterbe gem. § 2039 BGB selbstständig die sich aus § 666 BGB ergebenden Ansprüche auf Auskunft und Rechnungslegung geltend machen, wobei er dann die Rechnungslegung nicht an sich, sondern zur gesamten Hand an alle Miterben verlangen kann, § 432 Abs. 1 S. 1 BGB.[54] 25

2. Prozessuales

a) Stufenklage

Die gerichtliche Durchsetzung der Rechenschaftslegung dient regelmäßig auch der späteren Geltendmachung von Zahlungs- und Herausgabeansprüchen. Besteht bereits bei Geltendmachung des Rechnungslegungsanspruchs Grund zur Annahme, dass der Beauftragte nach § 667 BGB (siehe unten Rdn 35) Rückzahlung oder Herausgabe schuldet, empfiehlt es sich, im Rahmen einer Stufenklage gem. § 254 ZPO den Antrag auf Rechnungslegung mit dem Antrag auf Verurteilung zur Abgabe der eidesstattlichen Versicherung und dem Antrag auf Herausgabe des nach Rechenschaftslegung zu konkretisierenden Herausgabeantrags in einer Klage zu verbinden.[55] 26

b) Zuständigkeitsstreitwert und Gebührenstreitwert

Der Streitwert der Klage auf Rechnungslegung ist zu schätzen, § 3 ZPO. Im Falle der Stufenklage sind für den **Zuständigkeitsstreitwert** die Streitwerte der einzelnen Stufen (Rechnungslegung, eidesstattliche Versicherung, Herausgabe) zu addieren, § 5 ZPO.[56] Für den **Gebührenstreitwert** kommt es dagegen allein auf den Wert des (erwarteten) Leistungsanspruchs an, soweit ein solcher – auch als zunächst unbezifferter Antrag – rechtshängig gemacht wurde. Eine Addition der Werte der einzelnen Stufen findet hier also nicht statt.[57] Zuständigkeitsstreitwert und Gebührenstreitwert bei der Stufenklage können also voneinander ab- 27

---

54 Siehe hierzu MüKo-BGB/*Zimmermann*, § 2218 Rn 15 zum Rechnungslegungsanspruch der Miterben gegen den Testamentsvollstrecker.
55 Vgl. MüKo-BGB/*Krüger*, § 259 Rn 45.
56 Wohl h.M.: OLG Brandenburg, Beschl. v. 15.11.2001 – 1 AR 44/01, MDR 2002, 536–537; Zöller/*Herget*, ZPO, § 3 Rn 16 (Stufenklage); Thomas/Putzo/*Hüßtege*, ZPO, § 5 Rn 4; Baumbach/Lauterbach/Albers/Hartmann/*Hartmann*, ZPO, § 5 Rn 8; Hartmann, GKG, § 44 Rn 3, 11; a.A. Musielak/Voit/*Heinrich*, ZPO, § 5 Rn 9; MüKo-ZPO/*Wöstmann*, § 5 Rn 21; Stein/Jonas/*Roth*, ZPO, § 5 Rn 20.
57 Zöller/*Herget*, ZPO, § 3 Rn 16 (Stufenklage).

weichen. Für den Wert der ersten Stufe (Rechnungslegung) wird in der Regel ein Bruchteil des Anspruchs angesetzt, dessen Geltendmachung er vorbereiten soll (1/10 bis 1/4).[58]

3. Muster

Muster 22.2: Klageantrag Stufenklage Rechnungslegung

28 An das

▬▬▬ (Gericht)

Namens und in Vollmacht der Klägerin erheben wir

Stufenklage

und werden in der mündlichen Verhandlung beantragen:

1. Der Beklagte wird verurteilt, den Erben der ungeteilten Erbengemeinschaft nach dem am ▬▬▬ geborenen und am ▬▬▬ verstorbenen ▬▬▬, im weiteren „Erblasser", bestehend aus ▬▬▬, für den Zeitraum vom ▬▬▬ bis ▬▬▬ zur gesamten Hand eine geordnete Zusammenstellung aller Einnahmen und Ausgaben über die Verwaltung der nachfolgend genannten Nachlasskonten zu erteilen:
 1. Konto bei der ▬▬▬, IBAN ▬▬▬
 2. Konto bei der ▬▬▬, IBAN ▬▬▬

2. Für den Fall, dass nach erteilter Rechnungslegung Grund zur Annahme besteht, dass die in der Rechnung enthaltenen Angaben über die Einnahmen und Ausgaben nicht mit der erforderlichen Sorgfalt gemacht worden sind, den Beklagten zu verurteilen, zu Protokoll an Eides statt zu versichern, dass er nach bestem Wissen die Einnahmen (und Ausgaben)[59] so vollständig angegeben habe, als er dazu imstande sei.

IV. Anspruch auf Versicherung der Vollständigkeit der Rechnungslegung, § 666 Var. 3 BGB i.V.m. § 259 Abs. 1, Abs. 2 BGB

1. Anspruchsvoraussetzungen

29 Bestehen bei einer formal ordnungsgemäßen Rechnungslegung (vgl. Rdn 22) Zweifel an der Vollständigkeit und Richtigkeit der gemachten Angaben, hat der Gläubiger des Rechnungslegungsanspruchs einen Anspruch auf Abgabe der eidesstattlichen Versicherung aus § 259 Abs. 2 BGB (ggf. i.V.m. § 260 Abs. 2 BGB). Voraussetzung hierfür ist, dass Grund zu der Annahme besteht, die geschuldete

---

58 MüKo-BGB/*Krüger*, § 259 Rn 49.
59 Gemäß § 259 Abs. 2 BGB ist grundsätzlich nur die Vollständigkeit und Richtigkeit der Angaben über die Einnahmen zu versichern. In Einzelfällen (z.B. Rechnungslegung des Testamentsvollstreckers) können aber auch die Ausgaben Gegenstand der EV sein.

Rechnungslegung sei nicht mit der erforderlichen Sorgfalt erteilt und infolgedessen inhaltlich unrichtig oder unvollständig.[60]

Für die Geltendmachung des Anspruchs auf Abgabe der Versicherung an Eides statt ist es **nicht** erforderlich, dass die Unvollständigkeit der Rechnungslegung und/oder die mangelnde Sorgfalt feststehen, da gem. § 259 Abs. 2 BGB nur „Grund" zur Annahme der mangelnden Sorgfalt bestehen muss. Insoweit genügt also ein „begründeter Verdacht".[61] Der Verdacht muss sich auf Tatsachen gründen, die der Berechtigte darlegen und notfalls beweisen muss.[62]

Der Verdachtsgrund kann sich sowohl aus der Rechnungslegung selbst als auch aus anderen Umständen wie etwa einer früheren Unvollständigkeit oder Unrichtigkeit von Informationen des Verpflichteten ergeben.[63] Berechtigte Zweifel an der Vollständigkeit und Richtigkeit der Rechnungslegung können zudem darauf beruhen, dass der Verpflichtete sich zuvor geweigert hat, überhaupt Rechnung zu legen, versucht hat, eine Rechnungslegung zu verhindern oder zu verzögern, oder die Rechnungslegung mehrfach berichtigt hat.[64]

Im Prozess muss der Gläubiger nur die Tatsachen darlegen und beweisen, die den **Verdacht** der Unvollständigkeit der Rechnungslegung begründen. Er muss aber nicht die tatsächliche Unvollständigkeit beweisen.[65]

Die Verpflichtung zur Abgabe einer eidesstattlichen Versicherung ist (wie auch die Pflicht zur Rechnungslegung) grundsätzlich eine höchstpersönliche Verpflichtung des Schuldners und damit eine **nicht vertretbare Handlung**.[66] Ist der Schuldner zur Abgabe der Versicherung bereit, so ist die Abgabe der eidesstattlichen Versicherung gem. § 410 Nr. 1 FamFG eine Angelegenheit der freiwilligen Gerichtsbarkeit. Zuständigkeit und Verfahren richten sich nach den §§ 411 Abs. 1, 413 FamFG. Sachlich zuständig für sämtliche Verfahren des § 410 FamFG ist gem. § 23a Abs. 1 Nr. 5 GVG das Amtsgericht. Funktionell zuständig ist nach § 3 Nr. 1b RPflG der Rechtspfleger. Örtlich zuständig ist grundsätzlich das Amtsgericht, in dessen Bezirk die Verpflichtung zur Auskunft, zur Rechnungslegung oder zur Vorlegung des Verzeichnisses zu erfüllen ist.[67]

---

60 Vgl. OLG Hamm, Teilurteil vom 16.7.2015 – 18 U 57/09, Rn 31, BeckRS 2016, 14170 mit Verweis auf BGHZ 92, 62; Staudinger/*Bittner/Kolbe*, § 259 Rn 33.
61 OLG Hamm, Teilurteil v. 16.7.2015 – 18 U 57/09, Rn 32, BeckRS 2016, 14170.
62 OLG Hamm, Teilurteil v. 16.7.2015 – 18 U 57/09, Rn 32, BeckRS 2016, 14170.
63 OLG Hamm, Teilurteil v. 16.7.2015 – 18 U 57/09, Rn 32, BeckRS 2016, 14170 mit Verweis auf BGH DB 1960, 85.
64 OLG Hamm, Teilurteil v. 16.7.2015 – 18 U 57/09, Rn 32, BeckRS 2016, 14170.
65 Staudinger/*Bittner/Kolbe*, § 259 Rn 36.
66 Staudinger/*Bittner/Kolbe*, § 259 Rn 38.
67 *Bumiller/Harders/Schwamb*, FamFG, § 411 Rn 3.

32 Weigert sich der Schuldner, die eidesstattliche Versicherung abzugeben, muss er auf die Abgabe verklagt werden. Die Zwangsvollstreckung aus dem Urteil erfolgt dann nach § 889 ZPO. Die **Beschwer** des zur eidesstattlichen Versicherung verurteilten Auskunftspflichtigen bemisst sich nach dem Aufwand an Zeit und Kosten, den die Abgabe der Versicherung erfordert.[68] Insoweit ist im Falle einer Verurteilung in erster Instanz § 511 Abs. 2 Nr. 1 ZPO zu beachten und die Zulässigkeit einer Berufung im Falle einer Verurteilung zur Rechnungslegung stets zu prüfen.

33 Obwohl es sich bei der Verpflichtung zur Abgabe einer eidesstattlichen Versicherung um eine höchstpersönliche Verpflichtung des Schuldners und damit eine nicht vertretbare Handlung handelt (vgl. Rdn 32), geht die Pflicht zur Abgabe einer eidesstattlichen Versicherung auf den Erben des Schuldners über, wenn dieser nach Rechnungslegung, aber vor Abgabe der eidesstattlichen Versicherung verstirbt.[69]

2. Muster

Muster 22.3: Aufforderungsschreiben Abgabe eidesstattliche Versicherung

34 Sehr geehrte/r Herr/Frau ▓▓▓,

in der o.g. Angelegenheit kommen wir zurück auf die von Ihnen zuletzt erfolgte Rechnungslegung vom ▓▓▓. Es bestehen erhebliche Zweifel über die Vollständigkeit und Richtigkeit der von Ihnen gemachten Angaben: Nachdem wir erstmalig mit Schreiben vom ▓▓▓ zur Rechnungslegung aufgefordert hatten, gaben Sie zunächst an, von der Ihnen erteilten Vollmacht überhaupt keinen Gebrauch gemacht zu haben. Erst unter Vorhalt diverser Barauszahlungsbelege der ▓▓▓ Bank haben Sie zugestanden, von der Vollmacht in der Zeit vom ▓▓▓ bis ▓▓▓ Gebrauch gemacht zu haben.

Mit Datum vom ▓▓▓ übersandten Sie eine ungeordnete Zusammenstellung von Belegen. Eine formal ordnungsgemäße Rechnungslegung erfolgte erst durch Ihr letztes Schreiben, datierend vom ▓▓▓, wobei die darin gemachten Angaben teilweise im Widerspruch zu den Angaben in den vorangegangenen Rechnungslegungen stehen.

Angesichts der verzögerten Rechnungslegung und den mehrfachen Nachbesserungen sowie den o.g. Widersprüchen innerhalb der Rechnungslegungen bestehen Zweifel an der Richtigkeit und Vollständigkeit der Rechnungslegung. Wir fordern Sie daher auf, zu gerichtlichem Protokoll

---

68 BGH, Beschl. v. 27.3.1991 – XII ZB 25/91, NJW-RR 1991, 956.
69 BGH, Urt. v. 27.2.2013 – IV ZR 42/11, NJW-RR 2013, 1033; BGH, Urt. v. 8.6.1988 – Iva ZR 57/87, NJW 1988, 2729 ff.; OLG München, Urt. v. 7.7.2016 – 23 U 817/16, ErbR 2016, 729; Staudinger/*Bittner/Kolbe*, § 259 Rn 39.

an Eides statt zu versichern, dass Sie nach bestem Wissen die Einnahmen[70] so vollständig angegeben haben, als Sie dazu imstande waren.

Rechtsanwalt

B. Anspruch auf Herausgabe, § 667 BGB

I. Anspruchsinhalt und -voraussetzungen

Der Beauftragte ist gem. § 667 BGB verpflichtet, dem Auftraggeber alles herauszugeben, 35
a) was er zur Ausführung des Auftrags erhalten und
b) was er aus der Geschäftsbesorgung erlangt hat.

Die Regelung des § 667 BGB enthält bezüglich der Herausgabepflicht **zwei Alternativen**. Sie unterscheidet zwischen dem, was der Auftragnehmer „zum Zwecke der Auftragsausführung" vom Auftraggeber erhält und dem, was er „aus der Geschäftsbesorgung erlangt" hat. Insoweit **erweitert** § 667 Alt. 2 BGB die Haftung nach Alt. 1, da nach § 667 Alt. 2 BGB sämtliche Vorteile herauszugeben sind, die zurechenbar auf den Einsatz der nach Alt. 1 herauszugebenden Mittel zurückzuführen und nicht schon nach § 667 Alt. 1 BGB herauszugeben sind.[71]

1. Herausgabe des zur Ausführung Erhaltenen

Zur „Ausführung erhalten" sind alle Mittel, die der Auftraggeber dem Beauftragten überlassen hat, um den Auftrag auszuführen.[72] Soweit der Vollmachtgeber dem Auftragnehmer zum Zwecke der Auftragsausführung Mittel überlässt, begründet dies zwischen den Parteien ein **Treuhandverhältnis**.[73] Nicht zum Erlangten zählt, was dem Beauftragten vom Auftraggeber nur bei Gelegenheit der Auftragsausführung ausgehändigt wird. 36

Unter § 667 Alt. 1 BGB fallen insbesondere
– zum Zwecke der Auftragsausführung überlassenes Geld
– der nach § 669 BGB gewährte Vorschuss
– die überlassene Vollmachtsurkunde.

---

70 Nach dem Wortlaut des § 259 Abs. 2 BGB bezieht sich die eidesstattliche Versicherung nur auf die Vollständigkeit der Einnahmen, da sich der Schuldner durch eine Unvollständigkeit der Ausgaben i.d.R. nur selbst benachteiligt. Anderes soll aber gelten, wenn in der Rechnung enthaltene Ausgaben den verfolgten Anspruch zu Lasten des Gläubigers mindern können, wie z.B. bei der Testamentsvollstreckung. Siehe hierzu BeckOK BGB/*Lorenz*, § 259 Rn 25.
71 MüKo-BGB/*Schäfer*, § 667 Rn 9.
72 MüKo-BGB/*Schäfer*, § 667 Rn 10 mit Verweis auf BGH, Urt. v. 10.7.2015 – V ZR 206/14, NJW 2016, 317, 320; BGH, Urt. v. 11.3.2004 – IX ZR 178/03, NJW-RR 2004, 1290.
73 MüKo-BGB/*Schäfer*, § 667 Rn 10.

Für den Herausgabeanspruch nach § 667 Alt. 1 BGB ist es unerheblich, ob der Auftragnehmer das Eigentum an dem überlassenen Gegenstand oder ob er lediglich den Besitz erlangt hat.[74]

2. Das aus der Geschäftsbesorgung Erlangte

a) Herauszugebender Vermögensvorteil

37 Aus der Besorgung erlangt ist jeder Vorteil, den der Beauftragte in innerem Zusammenhang mit dem geführten Geschäft erhalten hat.[75] Die nach § 667 Alt. 2 BGB herauszugebenden Vermögensvorteile beschränken sich demnach nicht nur auf dasjenige, was zum Zwecke der Auftragsausführung vom Auftraggeber (Vollmachtgeber) überlassen wurde. Herauszugeben ist vielmehr jegliche Bereicherung, die
- **aufgrund** der Auftragsausführung erlangt ist **und**
- mit der Ausführung des Auftrags in einem **inneren Zusammenhang** steht und deshalb dem Auftraggeber zusteht.[76]

Der Begriff des „inneren Zusammenhangs" zwischen Auftragsausführung und Vermögensvorteil bildet dabei das wesentliche Merkmal für die Reichweite des Herausgabeanspruchs, da hieran festgemacht werden soll, ob der Vorteil „aufgrund" oder nur „bei Gelegenheit" der Auftragsausführung erlangt wurde.[77] Diese Abgrenzung kann in der Praxis Schwierigkeiten bereiten, da es für den Herausgabeanspruch nach § 667 Alt. 2 BGB nicht darauf ankommen soll, ob das „aus" der Geschäftsbesorgung Erlangte i.S. einer conditio sine qua non „durch" die Geschäftsbesorgung erlangt wurde, sondern darauf, ob man den erlangten Vermögensvorteil dem Auftraggeber „wertungsmäßig zuweisen" könne.[78]

b) Herauszugebende Sondervorteile

38 Die Frage nach dem inneren Zusammenhang wird relevant, wenn dem Auftragnehmer im Zuge der Auftragsausführung sogenannte „Sondervorteile" zugewandt wurden. Sondervorteile sind solche Vorteile, die ein Dritter dem Beauftragten gezielt zuwendet, um eben diesen und nicht etwa den Auftraggeber zu begünstigen.[79] Nach der o.g. Definition würde es sich bei solchen Sondervorteilen, die dem Bevollmächtigten gezielt zugewendet werden, um Vermögensvor-

---

74 MüKo-BGB/*Schäfer*, § 667 Rn 11.
75 BeckOK BGB/*D. Fischer*, § 667 Rn 9 mit Verweis auf BGH NJW-RR 1992, 560; BGH NJW-RR 2004, 1290; BGH NJW 2016, NJW 2016, 317 Rn 36.
76 MüKo-BGB/*Schäfer*, § 667 Rn 12 mit Verweis auf BGH, Urt. v. 11.3.2004 – IX ZR 178/03 NJW 2016, 317, 320; BGH, Urt. v. 11.3.2004 – IX ZR 178/03, NJW-RR 2004, 1290; BGH, Urt. v. 17.10.1991-- III ZR 352/89, NJW-RR 1992, 560.
77 MüKo-BGB/*Schäfer*, § 667 Rn 12.
78 Staudinger/*Martinek*/*Omlor*, § 667 Rn 7.
79 MüKo-BGB/*Schäfer*, § 667 Rn 13.

teile handeln, die dem Beauftragten nur „bei Gelegenheit der Geschäftsbesorgung" zugeflossen sind und gerade nicht für den Geschäftsherrn bestimmt sind. Ein Herausgabeanspruch nach § 667 Alt. 2 BGB würde demnach nicht bestehen, da eine wirtschaftliche Zuordnung zum Vollmachtgeber gerade nicht in Betracht käme.

Die Rechtsprechung gewährt aber **ausnahmsweise** dann einen Anspruch auf Herausgabe dieser Sondervorteile nach § 667 Alt. 2 BGB, wenn zu besorgen ist, dass der Beauftragte durch die Zuwendung veranlasst worden sein könnte, die Interessen seines Geschäftsherren außer Acht zu lassen.[80] Der Sondervorteil muss also beim Bevollmächtigten zu einer Interessenkollision geführt haben oder eine solche jedenfalls befürchten lassen, die es gebietet, auch diesen Sondervorteil „abzuschöpfen" und dem Vollmachtgeber zuzuweisen. War durch die Zuwendung des Sondervorteils keine Gefährdung der Interessen des Auftraggebers zu erwarten, besteht für eine solche „Vermögensabschöpfung" kein Bedürfnis und dementsprechend keine Herausgabepflicht.[81]

39

3. Darlegungs- und Beweislast

a) Beweislast des Vollmachtgebers

Für die Behauptung, dass und was der Beauftragte zur Ausführung des Auftrags erhalten und was er aus der Geschäftsbesorgung erlangt hat, ist der Auftraggeber bzw. dessen Rechtsnachfolger darlegungs- und beweisbelastet.[82] Aufgrund dieser Beweislastverteilung empfiehlt es sich, zunächst Auskunft und Rechnungslegung zu verlangen, bevor Herausgabeansprüche geltend gemacht werden. Im Prozess kann dies im Rahmen einer Stufenklage geschehen, die es ausnahmsweise ermöglicht, den Leistungsantrag zunächst unbeziffert rechtshängig zu machen.[83]

40

b) Beweislast des Bevollmächtigten

aa) Grundsätze

Der Bevollmächtigte hat grundsätzlich die **auftragsgemäße Verwendung** dessen, was er zur Auftragsausführung erhalten oder im Zuge der Auftragsdurchführung

41

---

80 BeckOK BGB/*D. Fischer*, § 667 Rn 11 mit Verweis auf BGH, Urt. v. 19.5.1988 – VII ZR 315/86 NJW-RR 1988, 1104, 1105.
81 BeckOK BGB/*D. Fischer*, § 667 Rn 11 a.E. mit Verweis auf BGH, Urt. v. 2.4.2001 – II ZR 217/99, NJW 2001, 2476, 2477.
82 BGH, Urt. v. 17.4.2008 – III ZR 27/06, NJW-RR 2008, 1373, 1374.
83 Zöller/*Greger*, ZPO, § 254 Rn 1 mit Verweis auf BGH, Beschl. v. 18.1.1995 – XII ARZ 36/94, NJW-RR 1995, 513.

erlangt hat, darzulegen und zu beweisen.[84] Der Beweis ist durch die nach der Zivilprozessordnung zulässigen Beweismittel zu führen. Allerdings soll der Bevollmächtigte „im Einzelfall" den Beweis auch im Rahmen seiner **informatorischen Anhörung** als Beklagter (nicht im Rahmen einer Parteivernehmung, die nur zulässig wäre, wenn der Kläger ihr zustimmt, § 447 ZPO) erbringen können.[85]

bb) Ausnahmen

42 Die o.g. Beweislastverteilung soll dann nicht gelten, wenn schon das vorangehende Auskunfts- und Rechenschaftsbegehren treuwidrig erscheine.[86] Nach der Rechtsprechung könne die Treuwidrigkeit vor allem in Fällen bestehen, bei denen Beziehungen mit familiärem oder sonstigem personalen Einschlag bestanden. Insbesondere bei regelmäßig getätigten Kontoabhebungen von Beträgen, die für das tägliche Leben des Auftraggebers erforderlich erscheinen, könne es treuwidrig sein, den Rechnungslegungsanspruch geltend zu machen, wenn der Vollmachtgeber jahrelang wegen des zum Bevollmächtigten bestehenden Vertrauensverhältnisses Abrechnungen oder Quittungen nicht verlangt hat.[87]

43 In solchen Fallgestaltungen, die regelmäßig von besonderen persönlichen Bindungen der Beteiligten untereinander geprägt seien, könne es das schützenswerte Vertrauen des Auftragnehmers begründen, er brauche sich nicht darauf einzurichten, künftig Nachweise führen zu müssen, wenn der Geschäftsherr eine Rechnungslegung über einen längeren Zeitraum nicht verlangt hat.[88] Andernfalls würden Hilfeleistungen im engen persönlichen Umfeld mit unvertretbaren Risiken für den Helfer belastet und auf Vertrauen gründende zwischenmenschliche Beziehungen rechtlichen Notwendigkeiten (Quittungserfordernissen etc.) unterworfen, die im täglichen Leben weder üblich seien, noch von juristischen Laien zu überblicken wären.[89]

---

84 BGH, Urt. v. 21.6.2012 – III ZR 290/11, BeckRS 2012, 14989; BGH, Urt. v. 17.4.2008 – III ZR 27/06, NJW-RR 2008, 1373, 1374; BGH, Urt. v. 19.2.2004 – III ZR 147/03, NJW-RR 2004, 927; BGH, Urt. v. 23.6.2005 – IX ZR 139/04, NZI 2005, 681, 682; OLG Bremen, Urt. v. 10.12.2009 – 5 U 31/09, ZEV 2010, 480; OLG Hamm, Beschl. v. 25.4.2012 – 5 U 20/12, BeckRS 2012, 18422.
85 OLG Karlsruhe, Urt. v. 16.5.2017 – 9 U 167/15 (Leitsatz), juris.
86 OLG Hamm, Urt. v. 20.11.2007 – 26 U 62/06, ZEV 2008, 600 unter Verweis auf OLG Düsseldorf, Urt. v. 23.9.1998 – 11 U 77/97, FamRZ 1999, 1423 L. Siehe hierzu auch *Kollmeyer*, NJW 2017, 1137, 1140 (IV, 1.).
87 OLG Schleswig, Urt. v. 18.3.2014 – 3 U 50/13 (Leitsatz), ErbR 2014, 347.
88 BGH, Urt. v. 3.11.2011 – III ZR 105/11, NJW 2012, 58, 60 Rn 24.
89 BGH, Urt. v. 3.11.2011 – III ZR 105/11, NJW 2012, 58, 60 Rn 24.

cc) Rückausnahmen

Auf den Einwand der Treuwidrigkeit soll sich der Bevollmächtigte allerdings nicht berufen können, wenn der Gläubiger den Nachweis geführt hat, dass begründete Zweifel an seiner Zuverlässigkeit bestehen, weil etwa **nachweislich** ein erheblicher Anteil des „Erlangten" nicht mehr vorhanden ist.[90]

44

4. Ansprüche aus Bereicherungsrecht

Der Vollmachtgeber (bzw. dessen Rechtsnachfolger) kann seinen Herausgabe- und Rückzahlungsanspruch u.U. auch auf das Bereicherungsrecht stützen. So kann sich etwa – unabhängig vom Bestehen eines Auftragsverhältnisses – ein Anspruch aus § 812 Abs. 1 S. 1 Var. 2 BGB ergeben, wenn der Bevollmächtigte Miterbe etwas auf Kosten des Vollmachtgebers in sonstiger Weise und ohne Rechtsgrund erlangt hat.[91] Klassischer Anwendungsbereich für diese Anspruchsgrundlage sind regelmäßig die Fälle, in denen sich der Bevollmächtigte darauf beruft, das Erlangte behalten zu dürfen, da es ihm vom Vollmachtgeber geschenkt worden sei.

45

Obwohl für das Tatbestandsmerkmal „ohne rechtlichen Grund" grundsätzlich der Gläubiger beweisbelastet ist,[92] muss nach der Rechtsprechung des BGH in Fällen, in denen der Bevollmächtigte den Schenkungseinwand erhebt (ohne dass ein notariell beurkundeter Schenkungsvertrag vorläge), der Bevollmächtigte die Wirksamkeit der Schenkung und nicht etwa der Vollmachtgeber das Fehlen des Rechtsgrunds beweisen.[93] Diese Beweislastverteilung beruht auf der Erwägung, dass das Formerfordernis nach § 518 Abs. 1 BGB u.a. den Zweck habe, eine sichere Beweisgrundlage für den Fall zu schaffen, dass es später zum Streit darüber komme, ob etwas und gegebenenfalls was schenkweise zugewendet werden sollte.[94] Vor diesem Hintergrund könne sich der Anspruchsteller darauf beschränken, das Vorliegen einer angeblichen Schenkungsvereinbarung, die erst durch eine „Leistungsbewirkung" i.S.d. § 518 Abs. 2 BGB wirksam geworden sein soll, zu bestreiten, mit der Folge, dass der angeblich Beschenkte die Umstände darlegen und beweisen müsse, die gem. § 518 Abs. 2 BGB zur Heilung des formnichtigen Schenkungsversprechens geführt haben.[95]

46

---

90 Vgl. BGH, Urt. v. 18.11.1986 – Iva ZR 79/85, NJW-RR 1987, 963, 964.
91 Hierzu ausführlich *Kollmeyer*, NJW 2017, 1137, 1140.
92 BGH, Urt. v. 18.5.1999 – X ZR 158–97, NJW 1999, 2887.
93 BGH, Urt. v. 14.11.2006 – X ZR 34/05, NJW-RR 2007, 488.
94 BGH, Urt. v. 14.11.2006 – X ZR 34/05, NJW-RR 2007, 488, 489 Rn 13.
95 BGH, Urt. v. 14.11.2006 – X ZR 34/05, NJW-RR 2007, 488, 490.

5. Ansprüche aus unerlaubter Handlung

47 Missbraucht der Bevollmächtigte die ihm erteilte Vollmacht und überweist sich etwa entgegen den Weisungen des Vollmachtgebers auftragswidrig Geld auf sein Konto, verwirklicht er strafrechtlich den Missbrauchstatbestand des § 266 Abs. 1 Alt. 1 StGB.[96] Wird der Vorsorgebevollmächtigte mit der Vorsorgevollmacht auch zur Übernahme der finanziellen Angelegenheiten, insbesondere zur Vornahme von Bankgeschäften, ermächtigt, so beinhaltet dies die Befugnis, über fremdes Vermögen zu verfügen. Aus der Vollmachtserteilung ergibt sich damit für den Bevollmächtigten die für den Straftatbestand des § 266 StGB erforderliche Vermögensbetreuungspflicht.[97] Der Vollmachtgeber hat in diesen Fällen einen Schadensersatzanspruch gem. § 823 Abs. 2 BGB i.V.m. § 266 StGB.

Die Beweislast für die Verwirklichung der Untreue trägt der Gläubiger, also der Vollmachtgeber oder dessen Rechtsnachfolger.[98]

II. Muster

Muster 22.4: Aufforderungsschreiben Herausgabeanspruch nach § 667 BGB

48 ▬▬ (Adressat)

Sehr geehrte/r Herr/Frau ▬▬,

bekanntlich vertreten wir in der o.g. Angelegenheit Ihren Bruder, den Herrn ▬▬.

Bezüglich der Ihnen von Ihrer verstorbenen Mutter erteilten notariellen Vorsorgevollmacht, aufgrund derer Sie auch zu Vermögensverfügungen ermächtigt waren, haben Sie zwischenzeitlich wegen der von Ihnen getätigten Vermögensverfügungen Rechnung gelegt. Dieser Rechnungslegung konnten wir entnehmen, dass Sie unter Verwendung der Vorsorgevollmacht Depotbestände aus dem Wertpapierdepot Ihrer Mutter auf sich übertragen und erhebliche Geldbeträge auf Eigenkonten überwiesen haben. Eine ordnungsgemäße Verwendung der entnommenen Werte und Beträge zugunsten Ihrer Mutter ergibt sich aus der Rechnungslegung nicht.

Gemäß § 667 BGB sind Sie verpflichtet, die auf Grundlage der Vollmacht erlangten Vermögensvorteile herauszugeben. Wir fordern Sie daher auf, den Gesamtbetrag i.H.v. ▬▬ EUR auf

---

96 Vgl. *Horn/Schabel*, NJW 2012, 3473, 3477 mit Verweis auf OLG Koblenz, Beschl. v. 14.7.2011– 2 Ss 80/11, NStZ 2012, 330; OLG Frankfurt a. M., Urt. v. 30.6.2009 – 3 U 100/06, BeckRS 2010, 28151; OLG Naumburg, Teilurt. v. 20.12.2006 – 5 U 159/05, BeckRS 2007, 04081; OLG Koblenz, Urt. v. 21.3.2002 – 5 U 291/01, NJOZ 2002, 1280.
97 *Fischer*, StGB, § 266 Rn 18.
98 Vgl. *Horn/Schabel*, NJW 2012, 3473, 3477 mit Verweis auf OLG Bremen, Urt. v. 10.12.2009 – 5 U 31/09, ZEV 2010, 480; OLG Brandenburg, Urt. v. 19.3.2009 – 12 U 171/08, BeckRS 2009, 10120.

das bestehende Nachlasskonto bis zum ▮ zurückzuzahlen sowie die folgenden Depotwerte in das noch bestehende Nachlass-Depot bei der ▮. Bank zurückzuübertragen.

Nach fruchtlosem Ablauf der Frist werden wir unserem Mandanten zur Klageerhebung raten.

Rechtsanwalt

Muster 22.5: Herausgabeklage

An das Landgericht

Klage

des ▮

gegen

▮

Namens und in Vollmacht des Klägers erhebe ich Klage und werden im Termin zur mündlichen Verhandlung beantragen,

den Beklagten zu verurteilen, an die Erbengemeinschaft nach der am ▮ verstorbenen ▮, bestehend aus den Parteien und ▮ einen Betrag i.H.v. ▮ EUR nebst Zinsen hieraus i.H.v. 5 Prozentpunkten über dem Basiszinssatz seit dem ▮ im Wege der Hinterlegung bei der Hinterlegungsstelle des zuständigen Amtsgerichts ▮ zu zahlen.

Begründung:

I. Sachverhalt

Die Parteien und ▮ sind Miterben ihrer am ▮ verstorbenen Mutter.

Die Erblasserin hatte dem Beklagten eine notarielle Vorsorgevollmacht erteilt. Wir überreichen hierzu in Abschrift

not. Urkunde des Notars ▮, UR ▮, Anlage K.

Die Vollmacht ermächtigte den Beklagten auch zu Vermögensverfügungen. In der Zeit vom ▮ bis ▮ machte der Beklagte Gebrauch von der Vollmacht und überwies sich unter anderem den im Antrag bezifferten Betrag auf sein Bankkonto.

Aus der vorgelegten Rechnungslegung ergibt sich nicht, dass der überwiesene Betrag für die Erblasserin verwendet wurde. Die Erblasserin verfügte über eine hohe Rente, von der sie ihren Lebensunterhalt bestreiten konnte. Auf ihre Ersparnisse brauchte sie nicht zurückgreifen. Es ist daher auszuschließen, dass das Geld für Zwecke der Erblasserin verwendet worden ist.

II. Rechtliche Würdigung

Die Erbengemeinschaft hat gegen den Beklagten einen Herausgabeanspruch gemäß §§ 1922, 667 BGB (OLG Brandenburg BeckRS 2013, 06305).

Diesen kann der Kläger gemäß § 2039 S. 1 BGB im eigenen Namen für die Erbengemeinschaft geltend machen (Grüneberg/*Weidlich*, BGB, § 2039 Rn 6).

Der Beklagte hat die oben genannten Geldbeträge aus der Geschäftsbesorgung für die Erblasserin erlangt. Das Geld ist von ihm persönlich unter Vorlage der notariellen Vorsorgevollmacht und auf ein auf seinen Namen lautendes Konto überwiesen worden. Für die auftragsgemäße Verwendung der Geldbeträge ist er darlegungs- und beweispflichtig (BGH NJW-RR 2008, 1373 Rn 15).

Hierzu hat sich der Beklagte bislang nicht geäußert.

Der Anspruch ist überdies aus §§ 812 Abs. 1, 1922 BGB begründet. Der Beklagte hat die Geldbeträge auf Kosten der Erblasserin erlangt. Ein Rechtsgrund dafür bestand nicht. Insbesondere hat die Erblasserin dem Beklagten das Geld nicht geschenkt. Eine Schenkung müsste der Beklagte beweisen (BGH ZEV 2014, 555 Rn 14; BGHZ 169, 377 Rn 12 = ZEV 2007, 182).

Rechtsanwalt

C. Ansprüche des Vollmachtgebers bei Gefälligkeit: Informationsrechte aus § 242 BGB

50 Sollte das Verhältnis zwischen den Parteien keinen Auftrag beinhalten, sondern auf eine Gefälligkeit beruhen, können sich gleichwohl Informationsrechte für den Vollmachtgeber ergeben. Diese können grundsätzlich aus Treu und Glauben (§ 242 BGB) hergeleitet werden. Solche Informationsrechte beinhalten weniger als Auskunfts- und Rechenschaftsrechte i.S.d. § 666 BGB. Gleichwohl müssen diese Informationsrechte einen gewissen Grad an Wissensübermittlung beinhalten. Allerdings muss der Anspruchsberechtigte, sprich der Vollmachtgeber, die ihm zumutbaren Anstrengungen unternommen haben, die Auskunft auf eine andere Weise zu erlangen.[99]

D. Schadensersatz wegen Kündigung zur Unzeit gem. § 671 BGB

51 Nach § 671 Abs. 1 BGB kann der Auftrag von dem Auftraggeber jederzeit widerrufen, von dem Beauftragten jederzeit gekündigt werden. Der Beauftragte (hier Bevollmächtigte) darf nur in der Art kündigen, dass der Auftraggeber (hier Vollmachtgeber) für die Besorgung des Geschäfts anderweit Fürsorge treffen kann, es sei denn, dass ein wichtiger Grund für die unzeitige Kündigung vorliegt, § 671 Abs. 2 S. BGB. Kündigt er ohne solchen Grund zur Unzeit, so hat er dem Auftraggeber den daraus entstehenden Schaden zu ersetzen, § 671 Abs. 2 S. 2 BGB.

52 Die unzeitige Kündigung ist zulässig, kann aber Sanktionen gegen den Beauftragten nach sich ziehen. Die Kündigung erfolgt zur Unzeit, wenn es dem Auftragge-

---

[99] BGH, Urt. v. 8.2.2018 – III ZR 65/17, NJW 2018, 2629.

ber deswegen unmöglich ist, das Geschäft anderweit zu besorgen.[100] Dem Vollmachtgeber muss es also etwa im Hinblick auf Fristen oder Termine oder sonstige Dringlichkeit möglich sein, Ersatz für die wegfallende Verpflichtung des Beauftragten zu organisieren; insoweit kommt es auf die Umstände des Einzelfalles an.[101] Hat z.b. der Bevollmächtigte eine Kreditsicherheit gestellt, muss dem Vollmachtgeber angemessene Zeit gelassen werden, um den Kredit abzulösen oder eine andere Sicherheit zu leisten.[102] Die zur Unzeit erklärte Kündigung ist gleichwohl wirksam.[103] Es kann jedoch eine Pflicht zum Schadensersatz nach § 671 Abs. 2 S. 2 BGB begründet werden. Allerdings ist zu beachten, dass der Beauftragte zwar grundsätzlich zur Kündigung berechtigt ist, er jedoch bei unzeitiger Kündigung regelmäßig nicht zum Ersatz des Erfüllungsinteresses, sondern des Vertrauensschadens verpflichtet sein wird.[104]

Dem Vollmachtgeber steht also gegen den Bevollmächtigten nach § 671 Abs. 2 S. 1 BGB ein Schadensersatzanspruch zu, weil der Auftrag durch den Bevollmächtigten nicht zu Ende ausgeführt wird. Streitig ist hier, ob Voraussetzung für einen solchen Schadensersatzanspruch ein Verschulden des Bevollmächtigten im Sinne des § 280 Abs. 1 S. 2 BGB ist.[105] Zu Recht verlangt die h.M. die Voraussetzung eines Verschuldens durch den Bevollmächtigten. Das bestehende Auftragsverhältnis zwischen den Parteien unterfällt als Schuldverhältnis den gesetzlichen Schadensersatzregelungen des § 280 BGB. Der Gesetzgeber hätte andernfalls ein fehlendes Verschulden normieren müssen. Ansonsten findet die Schadensersatzregelung des § 280 BGB auf die einzelnen Schuldverhältnisse des Abschnitts 8 des 2. Buches Anwendung. Eine Ausnahme ist hier nicht ersichtlich. 53

Der Schadensersatzanspruch ist hingegen gem. § 671 Abs. 2 S. 2 BGB ausgeschlossen, wenn der Beauftragte für die Kündigung zur Unzeit einen wichtigen Grund anführen kann. Der wichtige Grund im Sinne des § 671 Abs. 2 S. 2 BGB ist mit dem wichtigen Grund aus § 671 Abs. 3 BGB nicht identisch, sondern bildet einen Unterfall in Form eines besonders wichtigen Grundes.[106] Dabei muss der wichtige Grund nicht nur so bedeutsam sein, dass die Kündigung trotz Verzichts wegen Unzumutbarkeit wirksam wäre, sondern darüber hinaus den 54

---

100 BeckOK BGB/*D. Fischer*, § 671 Rn 8; MüKo-BGB/*Schäfer*, § 671 Rn 20.
101 JurisPK-BGB/*M. Otto*, § 671 Rn 10.
102 BGH WM 1972, 661.
103 BeckOK BGB/*D. Fischer*, § 671 Rn 8; MüKo-BGB/*Schäfer*, § 671 Rn 20; jurisPK-BGB/ *M. Otto*, § 671 Rn 10; a.A. nur *van Venrooy*, JZ 1981, 53.
104 BeckOK BGB/*D. Fischer*, § 671 Rn 8; MüKo-BGB/*Schäfer*, § 671 Rn 20.
105 H.M. verlangt ein Verschulden, so BeckOK BGB/*D. Fischer*, § 671 Rn 8; MüKo-BGB/ *Schäfer*, § 671 Rn 20; a.A. Erman/*Berger*, § 671 Rn 4.
106 MüKo-BGB/*Schäfer*, § 671 Rn 20; jurisPK-BGB/*M. Otto*, § 671 Rn 10 weist daraufhin, dass dies nicht gleichzusetzen ist mit einem wichtigen Grund i.S.v. § 314 Abs. 1 BGB, sondern vielmehr, dass es dem Beauftragten trotz der beim Auftraggeber zu erwartenden Nachteile oder Schäden infolge der unzeitigen Kündigung nicht zumutbar ist, weiterhin tätig zu sein.

unzeitigen Termin der Kündigung rechtfertigen. Als Beispiele werden hier von der Literatur Krankheit des Beauftragten und eine schwerwiegende Ehrverletzung durch Auftraggeber aufgezeigt.[107]

---

107 MüKo-BGB/*Schäfer*, § 671 Rn 20.

6. Teil: Anhänge Bundesärztekammer

Anhang I: Hinweise und Empfehlungen zum Umgang mit Vorsorgevollmachten und Patientenverfügungen im ärztlichen Alltag

BEKANNTGABEN DER HERAUSGEBER

BUNDESÄRZTEKAMMER
Bekanntmachungen

Bundesärztekammer/Zentrale Ethikkommission bei der Bundesärztekammer
Hinweise und Empfehlungen zum Umgang mit Vorsorgevollmachten und Patientenverfügungen im ärztlichen Alltag
(Stand: 25.10.2018)

Vorwort

Ärztinnen und Ärzte erleben in ihrer täglichen Arbeit die Sorgen und Nöte schwerstkranker und sterbender Menschen; sie müssen in schwierigen Beratungssituationen Antworten auf existenzielle Fragen ihrer Patienten geben.

Für den Fall, dass sich Patienten selbst krankheitsbedingt nicht mehr adäquat mitteilen können, gibt es verschiedene Möglichkeiten einer Vorausbestimmung der medizinischen Behandlung. In Anerkennung des Rechts eines jeden Menschen auf Selbstbestimmung hat die Bundesärztekammer insbesondere in den „Grundsätzen zur ärztlichen Sterbebegleitung" die Bedeutung vorsorglicher Willenserklärungen hervorgehoben.

Die Vielfalt möglicher Situationen, in die ein Mensch geraten kann, macht es schwierig, eine Vorausbestimmung treffend zu artikulieren.

Angesichts des offenkundigen Bedarfs sowohl vonseiten der betroffenen Patienten als auch vonseiten der Ärzteschaft an einer praktischen Hilfestellung haben es sich die Bundesärztekammer und die Zentrale Ethikkommission (ZEKO) bei der Bundesärztekammer zur Aufgabe gemacht, durch gemeinsame Hinweise und Empfehlungen den Beteiligten eine Orientierung im Umgang mit vorsorglichen Willensbekundungen zu geben. Die überarbeiteten Hinweise und Empfehlungen berücksichtigen insbesondere die aktuelle Rechtsprechung. Die Gliederung wurde im Interesse der besseren Handhabung leicht verändert und ein Inhaltsverzeichnis vorangestellt.

Die gemeinsamen Hinweise und Empfehlungen der Bundesärztekammer und der Zentralen Ethikkommission mögen Patienten und Ärzten eine Hilfestellung bei der Bewältigung der komplexen Fragen im Zusammenhang mit dem Lebensende und dem Wunsch nach einem menschenwürdigen Sterben geben.[1]

Prof. Dr. med. Frank Ulrich Montgomery
Präsident der Bundesärztekammer
und des Deutschen Ärztetages
sowie der Ärztekammer Hamburg

Prof. Dr. jur. Jochen Taupitz
Vorsitzender der Zentralen Ethikkommission
bei der Bundesärztekammer

Inhaltsverzeichnis

Vorbemerkungen

I. Grundlagen
1. Vorsorgevollmacht und Betreuungsverfügung
   a. Vorsorgevollmacht
   b. Betreuungsverfügung
   c. Bewertung
2. Patientenverfügung und andere Willensbekundungen zur medizinischen Behandlung
   a. Patientenverfügung
   b. Behandlungswünsche
   c. Äußerung von Überzeugungen, Wertvorstellungen u. ä.
3. Verhältnis zur Organspendeerklärung
4. Vorsorgliche Willensbekundungen von minderjährigen Patienten

II. Erstellung vorsorglicher Willensbekundungen
1. Ärztliche Beratung und Aufklärung
2. Umgang mit Mustern
3. Schweigepflicht
4. Form einer vorsorglichen Willensbekundung in Gesundheitsangelegenheiten
5. Geschäftsfähigkeit und Einwilligungsfähigkeit
6. Ärztliche Dokumentation
7. Aufbewahrung und Registrierung

III. Entscheidungsfindung
1. Entscheidungsprozess
2. Konfliktsituationen
3. Notfallsituationen
4. Ethikberatung

---

[1] Der Vorstand der Bundesärztekammer hat in seiner Sitzung am 18./19.10.2018 die vom Ausschuss für ethische und medizinisch-juristische Grundsatzfragen der Bundesärztekammer in Zusammenarbeit mit der Zentralen Ethikkommission bei der Bundesärztekammer erarbeiteten Hinweise und Empfehlungen zum Umgang mit Vorsorgevollmachten und Patientenverfügungen im ärztlichen Alltag beschlossen.

Der Abdruck erfolgt mit freundlicher Genehmigung der Bundesärztekammer.

BEKANNTGABEN DER HERAUSGEBER

Vorbemerkungen

Ziele und Grenzen jeder medizinischen Maßnahme werden durch die Menschenwürde, das allgemeine Persönlichkeitsrecht einschließlich des Rechts auf Selbstbestimmung sowie das Recht auf Leben und körperliche Unversehrtheit bestimmt. Diese bilden auch die Grundlage der Auslegung aller Willensbekundungen der Patienten[2]. Jede medizinische Maßnahme setzt in der Regel die Einwilligung des Patienten nach angemessener Aufklärung voraus (§ 630d Abs. 1 S. 1 BGB).

Die umfangreichen Möglichkeiten der modernen Medizin und die unterschiedlichen Wertorientierungen der Patienten lassen es sinnvoll erscheinen, dass sich Patienten vorsorglich für den Fall des Verlustes der Einwilligungsfähigkeit zu der Person ihres Vertrauens und der gewünschten Behandlung erklären. Ärzte sollten mit ihren Patienten über diese Möglichkeiten sprechen. Besonders ältere Personen und Patienten mit prognostisch ungünstigen Leiden sollten ermutigt werden, die künftige medizinische Versorgung mit dem Arzt ihres Vertrauens zu besprechen und ihren Willen zum Ausdruck zu bringen. Allerdings darf kein Patient gedrängt oder gar gezwungen werden, eine vorsorgliche Willensbekundung abzugeben. Insbesondere darf die Aufnahme in ein Krankenhaus, in ein Alten- oder Pflegeheim nicht von dem Vorhandensein oder Nichtvorhandensein einer vorsorglichen Willensbekundung abhängig gemacht werden (§ 1901a Abs. 5 S. 2 BGB).

Die Erfahrungen in der ärztlichen Praxis zeigen, dass die Interpretation des Patientenwillens auf der Grundlage von vorsorglichen Willensbekundungen unsicher sein kann. Deshalb ist der Dialog zwischen Patient und Arzt sowie die Beratung und Aufklärung über diese Fragen besonders wichtig. Dabei kann die Einbeziehung von Angehörigen des Patienten hilfreich sein.

Die vorliegenden Empfehlungen sollen Ärzten, aber auch Patienten, eine grundlegende Orientierung im Umgang mit vorsorglichen Willensbekundungen geben. Ärzte sind aufgerufen, sich auch mit den rechtlichen Vorgaben für solche Willensbekundungen auseinanderzusetzen. Die vorliegenden Empfehlungen sollen diesen Prozess unterstützen.

I. Grundlagen

Willensbekundungen, in denen sich Patienten vorsorglich für den Fall des Verlustes der Einwilligungsfähigkeit zu der Person ihres Vertrauens und der gewünschten Behandlung erklären, sind Ausdruck des Selbstbestimmungsrechts des Patienten und können eine wesentliche Hilfe für ärztliche Entscheidungen sein.

1. Vorsorgevollmacht und Betreuungsverfügung

Ein wesentlicher Ausgangspunkt für Regelungen in Gesundheitsangelegenheiten ist die Frage nach einer Vertrauensperson. Für die Auswahl und die Bestellung einer Vertrauensperson kommen zwei Vorsorgeinstrumente in Betracht:

- die Vorsorgevollmacht, mit der der Patient eine Vertrauensperson zu seinem Vertreter (Bevollmächtigten) in Gesundheitsangelegenheiten bestellt, und
- die Betreuungsverfügung, mit der der Patient das Betreuungsgericht bittet, die von ihm vorgeschlagene Vertrauensperson zu seinem Vertreter (Betreuer) in Gesundheitsangelegenheiten zu bestellen. Das Betreuungsgericht prüft zu gegebener Zeit, ob der Vorschlag dem aktuellen Willen des Betroffenen entspricht und die vorgeschlagene Person als Betreuer geeignet ist.

Arzt und Vertreter (Bevollmächtigter und/oder Betreuer) erörtern die Indikation und den Patientenwillen im Gespräch; der Vertreter erklärt auf dieser Grundlage die Einwilligung in die ärztliche Maßnahme oder lehnt sie ab (§ 1901b BGB).

a. Vorsorgevollmacht

Mit der Vorsorgevollmacht wird vom Patienten selbst eine Vertrauensperson für den Fall seiner Geschäfts- und/oder Einwilligungsunfähigkeit für bestimmte Bereiche bevollmächtigt, z. B. für die gesundheitlichen Angelegenheiten. Der Bevollmächtigte schließt den Behandlungsvertrag und verschafft der Verfügung des aktuell nicht einwilligungsfähigen Patienten Ausdruck und Geltung oder entscheidet an dessen Stelle nach Maßgabe der Behandlungswünsche oder des mutmaßlichen Willens des Patienten über die Einwilligung in die ärztliche Behandlung oder deren Ablehnung.

Vor der Bevollmächtigung sollten die Beteiligten die Aufgaben des Bevollmächtigten, die Wünsche und Vorstellungen des Patienten erörtern. Zwischen dem Patienten und dem Bevollmächtigten sollte ein besonderes Vertrauensverhältnis bestehen. Die Vorsorgevollmacht sollte nicht an Bedingungen (z. B. an einen bestimmten Krankheitszustand) geknüpft werden.

Eine Vollmacht in Gesundheitsangelegenheiten bedarf der Schriftform, wenn die Entscheidung des Bevollmächtigten für den Patienten mit der Gefahr des Todes oder eines schweren und länger dauernden Gesundheitsschadens verbunden ist (§ 1904 Abs. 5 S. 2 BGB). Das gilt sowohl für die Einwilligung in ärztliche Maßnahmen (§ 1904 Abs. 1 BGB) als auch für den Verzicht auf medizinisch indizierte ärztliche Maßnahmen (§ 1904 Abs. 2 BGB). Darüber hinaus muss die Vollmacht deutlich zum Ausdruck bringen, dass die Kompetenz auch bestehen soll, wenn die jeweilige Entscheidung mit der Gefahr des Todes oder eines schweren Gesundheitsschadens verbunden ist.[3] Im Übrigen sollte eine Vollmacht in Gesundheitsangelegenheiten schon aus Gründen der Klarheit und Beweiskraft stets schriftlich erteilt werden[4].

Eine Vorsorgevollmacht in Gesundheitsangelegenheiten kann durch einen Notar beurkundet werden (§ 20a Beurkundungsgesetz). Eine Beurkundung ist jedoch nicht vorgeschrieben. Die notarielle Beurkundung kann sich anbieten, wenn die Vorsorgevollmacht in Gesundheitsangelegenheiten mit einer Vollmacht für andere Angelegenheiten (z. B. Vermögensvorsorge) verbunden wird (vgl. II. 4. und 5.).

Eine Vorsorgevollmacht erlischt durch Widerruf seitens des Vollmachtgebers. Ein solcher Widerruf ist jederzeit möglich. Der Widerruf bedarf keiner besonderen Form, auch ein mündlicher Widerruf ist wirksam.

Sollten Zweifel an der Wirksamkeit einer Vollmacht bestehen, kann der Arzt bei dem zuständigen Betreuungsgericht ein Verfahren zur Betreuerbestellung anregen. Das Betreuungsgericht hat dann zu entscheiden, ob die Vollmacht wirksam ist und, falls sie unwirksam ist, ob ein Betreuer bestellt wird und welche Person das sein soll. Es kann auch mit einem sogenann-

---

[2] Berufs-, Funktions- und Personenbezeichnungen wurden unter dem Aspekt der Verständlichkeit dieses Textes verwendet. Eine geschlechtsspezifische Differenzierung ist nicht beabsichtigt.
[3] BGH, Beschl. v. 6.7.2016, Az. XII ZB 61/16 Rn. 17 ff. Für besondere Entscheidungen, wie z. B. Aufenthaltsbestimmungen, gelten die §§ 1906 f. BGB.
[4] Im Weiteren wird auf die Ausführungen zur Entscheidungsfindung unter III. verwiesen.

BEKANNTGABEN DER HERAUSGEBER

ten Negativattest bestätigen, dass die Vollmacht wirksam und eine Betreuerbestellung gem. § 1896 Abs. 2 S. 2 BGB nicht erforderlich ist.

Eine Vorsorgevollmacht, die einer Person des Vertrauens (z. B. einem Angehörigen) erteilt wird, ist das am besten geeignete Instrument, um für den Fall der eigenen Geschäfts- oder Einwilligungsunfähigkeit Vorsorge zu treffen und dem Willen Geltung zu verschaffen. Der Patient hat sich die Person oder die Personen, die er bevollmächtigt, selbst ausgesucht. Sinnvoll ist es, die Aufgaben des Bevollmächtigten, ggf. unter Hinzuziehung ärztlichen Rates, im Vorfeld mit der Vertrauensperson zu erörtern.

Es bietet sich an, eine Vorsorgevollmacht mit einer Patientenverfügung und ggf. weiteren Willensbekundungen zu kombinieren (vgl. I. 2.). Damit wird der Bevollmächtigte besser in die Lage versetzt, die Interessen des Vollmachtgebers im Hinblick auf seine gesundheitlichen Belange gegenüber Ärzten und Pflegepersonal wirksam im Sinne des Patienten zu vertreten.

b. Betreuungsverfügung

Eine Betreuungsverfügung ist eine für das Betreuungsgericht bestimmte Willensbekundung eines Patienten für den Fall, dass ein Betreuer bestellt werden muss, weil der Patient (z. B. infolge einer Krankheit) seine Angelegenheiten ganz oder teilweise nicht mehr selbst besorgen kann.

Der Betreuer wird vom Amtsgericht (Betreuungsgericht) bestellt. Eine Betreuung wird für bestimmte Bereiche (z. B. Gesundheit und Vermögen) angeordnet, wenn der Patient nicht mehr in der Lage ist, seine Angelegenheiten selbst zu regeln und eine Vorsorgevollmacht hierfür nicht vorliegt oder nicht ausreicht. Wer zu einer Einrichtung (z. B. Alten- und Pflegeheim), in welcher der Betreute wohnt oder wohnt, in einer engen Beziehung steht (z. B. Arbeitsverhältnis), darf nicht zum Betreuer bestellt werden (§ 1897 Abs. 3 BGB). Der Betreuer wird regelmäßig vom Gericht kontrolliert.

In einer Betreuungsverfügung können neben Vorschlägen zur Person eines Betreuers auch Handlungsanweisungen für den Betreuer zur Wahrnehmung seiner Aufgaben festgelegt werden. Das Betreuungsgericht und der Betreuer müssen eine Betreuungsverfügung grundsätzlich beachten.

c. Bewertung

Die Benennung einer Vertrauensperson (Bevollmächtigter und/oder Betreuer) ist von zentraler Bedeutung. Damit hat der Arzt einen Ansprechpartner, der den Willen des Patienten in der aktuellen Entscheidungssituation umsetzt. Die Praxis hat gezeigt, dass ein Unterschied bestehen kann, ob Menschen in gesunden Tagen und ohne die Erfahrung einer ernsthaften Erkrankung Vorstellungen über die Behandlung in bestimmten Situationen äußern oder ob sie in der existenziellen Betroffenheit durch eine schwere unheilbare Krankheit gefordert sind, über eine Behandlung zu entscheiden. Dies unterstreicht die grundlegende Bedeutung wiederholter vertrauensvoller Gespräche zwischen Patient und Arzt, auch zwischen Patient und Vertreter oder Angehörigen, um vorausschauend Entscheidungsoptionen und Behandlungsalternativen zu erörtern und möglichen Veränderungen von Präferenzen und Werthaltungen Rechnung zu tragen.

Mit der Vorsorgevollmacht bestellt der Patient selbst einen Vertreter (z. B. Bevollmächtigten in Gesundheitsangelegenheiten). Das Betreuungsgericht muss in diesen Fällen keinen Vertreter (Betreuer) bestellen. Bei Einwilligungsunfähigkeit des Patienten kann die Vertrauensperson sofort tätig werden. Eine Vorsorgevollmacht empfiehlt sich daher in den Fällen, in denen ein enges Vertrauensverhältnis zwischen Patient und Bevollmächtigtem besteht. Nur bei konkreten Anhaltspunkten, die darauf hinweisen, dass der Bevollmächtigte nicht im Interesse des Patienten handelt oder handeln kann, ist eine Entscheidung des Betreuungsgerichts herbeizuführen.[5]

In einer Betreuungsverfügung schlägt der Patient dagegen dem Gericht eine Person seines Vertrauens vor. Die Bestellung zum Betreuer erfolgt durch das Betreuungsgericht, sofern der Patient seine Angelegenheiten nicht (mehr) selbst zu besorgen vermag. Das Gericht prüft dabei auch, ob der Vorschlag dem aktuellen Willen des Patienten entspricht und die vorgeschlagene Person als Betreuer geeignet ist.

Ratsam ist die Kombination einer Vorsorgevollmacht mit einer Betreuungsverfügung, z. B. für den Fall, dass die Wirksamkeit der Vorsorgevollmacht in Frage gestellt wird oder ihr Umfang nicht ausreichend ist. Muss trotz der Vorsorgevollmacht vom Betreuungsgericht ein rechtlicher Betreuer bestellt werden, erweist es sich als hilfreich, wenn der Bevollmächtigte vom Vollmachtgeber in einer Betreuungsverfügung gleichzeitig als Betreuer vorgeschlagen wird.

2. Patientenverfügung und andere Willensbekundungen zur medizinischen Behandlung

Arzt und Vertreter haben stets den Willen des Patienten zu beachten.[6] Der aktuelle Wille des einwilligungsfähigen Patienten hat immer Vorrang; dies gilt auch dann, wenn der Patient einen Vertreter (Bevollmächtigten oder Betreuer) hat. Auf frühere Willensbekundungen kommt es deshalb nur an, wenn sich der Patient nicht mehr äußern kann oder sich zwar äußern kann, aber einwilligungsunfähig ist. Dann ist die frühere Willensbekundung ein Mittel, um den Willen des Patienten festzustellen.

Es sind drei verschiedene Formen von vorsorglichen Willensbekundungen zu unterscheiden:

a. Patientenverfügung

Das Gesetz enthält eine Definition der Patientenverfügung (§ 1901a Abs. 1 S. 1 BGB). Der einwilligungsfähige volljährige Patient kann danach für den Fall seiner Einwilligungsunfähigkeit schriftliche Festlegungen treffen, mit denen er selbst zu bestimmte ärztliche Maßnahmen, die nicht unmittelbar bevorstehen, sondern erst in Zukunft erforderlich werden können, im Vorhinein einwilligt oder diese untersagt. Andere Formen der Willensbekundung eines Patienten (z. B. mündliche Erklärungen) sind daher keine Patientenverfügung im Sinne des Gesetzes, aber gleichwohl wichtige Mittel, um den Patientenwillen festzustellen.

Die Patientenverfügung muss einerseits die Behandlungssituation, für die sie gelten soll, konkret beschreiben (Situations-

---

[5] BGH, Beschl. v. 6.7.2016, Az. XII ZB 61/16 Rn. 30.
[6] Ärztlicherseits besteht keine Verpflichtung, diesen vorsorglichen Willensbekundungen Folge zu leisten, wenn keine Indikation für eine Behandlung (mehr) besteht oder die geäußerten Wünsche den gesetzlichen Rahmen überschreiten, z. B. der Wunsch des Patienten nach Tötung auf Verlangen.

BEKANNTGABEN DER HERAUSGEBER

beschreibung) und andererseits die ärztliche Maßnahme, in die eingewilligt oder die untersagt wird, genau bezeichnen (Handlungsanweisung). Dies kann etwa in Form eines Beispielkatalogs unter Nennung spezifischer Krankheitszustände, Behandlungsstadien und Therapiemaßnahmen, insbesondere im Hinblick auf ein bestimmtes Behandlungsziel, erfolgen.[7] Diese Erklärung ist für andere verbindlich. Eine Patientenverfügung setzt zum Zeitpunkt der Erstellung die Einwilligungsfähigkeit des Patienten voraus; sie bedarf der Schriftform (§ 1901a Abs. 1 S. 1 BGB).

In der Praxis wird gefragt, ob der Arzt in Fällen, in denen der Patient weder einen Bevollmächtigten noch einen Betreuer hat, selbst bei Vorliegen einer einschlägigen Patientenverfügung stets die Bestellung eines Betreuers durch das Betreuungsgericht anregen muss. Der Gesetzgeber hält dies nicht für erforderlich. Davon geht auch § 630d Abs. 1 S. 2 BGB aus. Die Bundesärztekammer und die ZEKO sind – wie das Bundesministerium der Justiz und für Verbraucherschutz – daher der Auffassung, dass eine eindeutige Patientenverfügung den Arzt direkt bindet.

Sofern der Arzt keinen berechtigten Zweifel daran hat, dass die vorhandene Patientenverfügung auf die aktuelle Lebens- und Behandlungssituation zutrifft, hat er auf ihrer Grundlage zu entscheiden. Wenn ein Patientenvertreter (Bevollmächtigter oder Betreuer) vorhanden ist, hat dieser zu prüfen, ob die Patientenverfügung wirksam und einschlägig ist; trifft dies zu, hat er ihr Ausdruck und Geltung zu verschaffen (§ 1901a Abs. 1 und 6 BGB).

Sind die Anforderungen an eine Patientenverfügung nicht erfüllt oder trifft sie nicht auf die konkret eingetretene Lebens- oder Behandlungssituation zu, ist sie nicht unmittelbar bindend. Sie kann aber als Behandlungswunsch oder als Indiz für den mutmaßlichen Willen des Patienten zu berücksichtigen sein. Es ist Aufgabe des Patientenvertreters, Behandlungswünsche einzubringen bzw. den mutmaßlichen Willen des Patienten festzustellen und ihm Geltung zu verschaffen.[8]

b. Behandlungswünsche

Behandlungswünsche sind vorsorgliche Willensbekundungen über Art, Umfang und Dauer sowie die Umstände der Behandlung, die nicht die Voraussetzungen einer Patientenverfügung erfüllen (§§ 1901a Abs. 2, 1901 Abs. 3 BGB). Hierbei müssen konkrete Maßnahmen für bestimmt beschriebene Situationen benannt werden. Einwilligungsfähigkeit und Schriftform sind dafür nicht erforderlich. Der Patientenvertreter ist an diese Wünsche gebunden, es sei denn, dass die Wünsche krankheitsbedingt verzerrt sind und sich der Patient durch deren Befolgung selbst gefährdet. Der Patientenvertreter hat sie in den Behandlungsprozess einzubringen und auf dieser Grundlage ärztlichen Maßnahmen zuzustimmen oder diese abzulehnen.

Lässt sich ein auf die aktuelle Lebens- und Behandlungssituation bezogener Wille des Betroffenen nicht feststellen, ist der mutmaßliche Wille unter Berücksichtigung der Äußerung von Überzeugungen, Wertvorstellungen u. a. zu ermitteln.[9]

c. Äußerung von Überzeugungen, Wertvorstellungen u. ä.

Der Patient kann sich seinem Vertreter bzw. dem behandelnden Arzt anvertrauen und ihnen die Aufgabe übertragen, die für ihn in der jeweiligen Situation angemessene Art und Weise der ärztlichen Behandlung festzulegen.

Der Vertreter hat dann ggf. die erforderliche Einwilligung zu erteilen und dabei nach dem mutmaßlichen Willen des Patienten zu handeln, d. h. zu fragen, ob der Patient in dieser Situation in die Behandlung eingewilligt hätte. Der mutmaßliche Wille ist aufgrund „konkreter Anhaltspunkte" zu ermitteln (§ 1901a Abs. 2 S. 2 BGB). Dabei sind alle verfügbaren Informationen über den Patienten zu berücksichtigen, insbesondere frühere mündliche oder schriftliche Äußerungen, ethische oder religiöse Überzeugungen und sonstige persönliche Wertvorstellungen. Ist nichts über die Präferenzen des Patienten bekannt, dürfen Vertreter und Arzt davon ausgehen, dass der Patient den ärztlich indizierten Maßnahmen zustimmen würde.

3. Verhältnis zur Organspendeerklärung

Rechtlich und ethisch ist der Wille des Patienten maßgeblich. Willensbekundungen zum Umfang einer Behandlung und Organspendeerklärungen sind Mittel, den Patientenwillen festzustellen. Hat der Patient beide Erklärungen verfasst, müssen beide bei der Feststellung des Patientenwillens berücksichtigt werden. Wird ein Arzt nicht bei der Erstellung einer Willensbekundung vom Patienten hinzugezogen, sollte darauf hingewirkt werden, dass diese Erklärungen aufeinander abgestimmt sind. Der auf eine Behandlungsbegrenzung gerichtete Wille schließt eine Organspende nicht von vornherein aus; vielmehr müssen verschiedene Fallkonstellationen unterschieden werden. Dazu hat die Bundesärztekammer ein „Arbeitspapier zum Verhältnis von Patientenverfügung und Organspendeerklärung" herausgegeben.[10]

4. Vorsorgliche Willensbekundungen von minderjährigen Patienten

Vorsorgliche Willensbekundungen von minderjährigen Patienten werden von den Vorschriften des Betreuungsrechts nicht erfasst, da das Betreuungsrecht nur für Volljährige gilt. Solche Äußerungen sind jedoch bei der Entscheidungsfindung im Kontext mit den Befugnissen der sorgeberechtigten Eltern bei der ärztlichen Behandlung des minderjährigen Patienten mit wachsender Reife zu beachten. Ist der Patient inzwischen volljährig geworden, sind seine früheren Willensbekundungen als Behandlungswünsche und als Indiz für den mutmaßlichen Willen des nunmehr volljährigen Patienten zu berücksichtigen.

II. Erstellung vorsorglicher Willensbekundungen

1. Ärztliche Beratung und Aufklärung

Ärzte sollen mit Patienten über die Abfassung einer vorsorglichen Willensbekundung sprechen. Die Entscheidung, entsprechende Vorsorge zu treffen, liegt stets beim Patienten. In bestimmten Fällen kann es die Fürsorge für den Patienten gebieten, dass der Arzt die Möglichkeiten vorsorglicher Willensbekundungen von sich aus anspricht. Ein solcher Fall liegt beispielsweise vor, wenn bei einer bevorstehenden Behandlung oder in einem absehbaren Zeitraum der Eintritt der Einwilligungsunfähigkeit mit hoher Wahrscheinlichkeit zu erwarten

---

[7] Vgl. BGH, Beschl. v. 6.7.2016, Az. XII ZB 61/16 Rn. 46 ff.; BGH, Beschl. v. 8.2.2017, Az. XII ZB 604/15 Rn. 17 ff.
[8] BGH, Beschl. v. 17.9.2014, Az. XII ZB 202/13 Rn. 15.
[9] BGH, Beschl. v. 17.9.2014, Az. XII ZB 202/13 Rn. 25 ff.
[10] Siehe Bundesärztekammer, „Arbeitspapier zum Verhältnis von Patientenverfügung und Organspendeerklärung", Dtsch. Ärztebl. 2013; 110: A 572–574 (Heft 12 v. 22. 3. 2013).

BEKANNTGABEN DER HERAUSGEBER

ist und der Patient ohne Kenntnis von den Möglichkeiten der vorsorglichen Willensbekundung seine Sorge über den möglichen Zustand fehlender Selbstbestimmung angesprochen hat.

Äußert der Patient die Absicht, eine vorsorgliche Willensbekundung zu verfassen, sollte der Arzt seine Beratung für damit zusammenhängende medizinische Fragestellungen anbieten, so dass der Patient diese Sachkenntnis in seine Entscheidungsfindung einbeziehen kann. Zwar kann der Arzt dem Patienten die oftmals schwierige und als belastend empfundene Entscheidung über das Ob und Wie einer vorsorglichen Willensbekundung nicht abnehmen, wohl aber Informationen für das Abwägen der Entscheidung beitragen. So kann der Arzt beispielsweise über medizinisch mögliche und indizierte Behandlungsmaßnahmen informieren, auf die mit Prognosen verbundenen Unsicherheiten aufmerksam machen und allgemein über Erfahrungen mit Patienten, die sich in vergleichbaren Situationen befunden haben, berichten. Indem der Arzt den Patienten möglichst umfassend informiert, kann er zugleich Vorsorge gegen aus ärztlicher Sicht nicht gebotene Festlegungen des Patienten treffen, etwa indem er über Missverständnisse – z. B. über die sogenannte Apparatemedizin – aufklärt, Fehleinschätzungen hinsichtlich der Art und statistischen Verteilung von Krankheitsverläufen korrigiert und die Erfahrungen aus dem Umfeld des Patienten, an denen sich dieser orientiert und aus denen er möglicherweise falsche Schlüsse zieht, hinterfragt. Der Arzt darf dem Patienten nicht seine Sicht der Dinge aufdrängen. Er kann aber wesentlich dazu beitragen, die Meinungsbildung des Patienten zu verbessern und abzusichern. Er kann dem Patienten nicht nur das Für und Wider seiner Entscheidungen vor Augen führen, sondern ihm durch die Aufklärung auch Ängste nehmen.

In dem Dialog sollte der mögliche Konflikt zwischen in gesunden Tagen geäußerten Vorstellungen einerseits und Wünschen in einer aktuellen Behandlungssituation andererseits thematisiert werden. Dies gilt insbesondere für Festlegungen zu bestimmten Therapien oder zur Nichtaufnahme einer Behandlung in bestimmten Fällen.

Der Patient wird, wenn er sich ärztlich beraten lässt, die Wirksamkeit seiner Willensbekundungen dadurch erhöhen können, dass er die Situationen, in denen Behandlungsentscheidungen voraussichtlich anfallen, und die in diesen Situationen bestehenden Handlungsoptionen sehr viel konkreter beschreiben und damit das ärztliche Handeln in weit größerem Umfang festlegen kann, als es ohne Beratung der Fall wäre. Dies gilt vor allem, wenn aufgrund einer diagnostizierten Erkrankung die voraussichtlichen Entscheidungssituationen und Behandlungsoptionen relativ konkret benannt werden können.

Der Dialog zwischen Patient und Arzt kann dazu beitragen, dass der Arzt, insbesondere der Hausarzt, ein differenziertes Bild vom Willen des Patienten erhält. Es empfiehlt sich daher, ihn später im Fall der Behandlungsbedürftigkeit bei der Ermittlung des Patientenwillens heranzuziehen, wenn in einer Vollmacht oder Patientenverfügung festgehalten ist, dass und mit welchem Arzt das Gespräch stattgefunden hat.

2. Umgang mit Mustern

In der Praxis gibt es eine Fülle von Mustern für Vorsorgevollmachten, Betreuungsverfügungen und Patientenverfügungen, die u. a.

- von Ärztekammern (Übersicht: www.bundesaerztekammer.de),
- von Justizministerien (z. B. www.bmjv.de, www.justiz.bayern.de) oder
- von Kirchen (z. B. www.ekd.de, www.dbk.de)

angeboten werden.

Die verschiedenen Muster unterscheiden sich zum Teil erheblich. Einige Formulare für Vorsorgevollmachten beschränken sich auf den Bereich der Gesundheitssorge/Pflegebedürftigkeit, andere erfassen darüber hinaus auch Bereiche wie Aufenthalt und Wohnungsangelegenheiten, Vermögenssorge, Post- und Fernmeldeverkehr oder die Vertretung bei Behörden und vor Gericht.

Die Muster für Patientenverfügungen unterscheiden sich u. a. in der Form sowie mit Blick auf die Reichweite und die Differenziertheit der Behandlungswünsche. Die meisten Patientenverfügungen sind Formulare, in denen vorgegebene Situationen und Behandlungswünsche angekreuzt werden können, andere bestehen aus Textbausteinen, aus denen der Patient seine eigene, individuelle Patientenverfügung zusammenstellen kann. Einige Formulare beschränken sich auf sterbensnahe Situationen wie die unmittelbare Sterbephase oder das weit fortgeschrittene Stadium einer zum Tode führenden Erkrankung, andere sehen auch Festlegungen für Situationen wie eine irreversible Bewusstlosigkeit (z. B. Wachkoma) oder eine fortgeschrittene Demenzerkrankung vor. Manche Formulare listen die Maßnahmen, die in den genannten Situationen gewünscht oder abgelehnt werden, detailliert auf, andere beschränken sich beispielhaft auf Maßnahmen wie künstliche Ernährung und Beatmung, Reanimation oder die Gabe von Antibiotika bei Begleitinfektionen. Auch gibt es immer noch Formulare, in denen „lebensverlängernde Maßnahmen" ohne Nennung konkreter Behandlungssituationen oder Behandlungsziele pauschal abgelehnt werden. Von den letztgenannten Formularen sollte der Arzt abraten, da sie die rechtlichen Voraussetzungen für eine verbindliche Patientenverfügung nicht erfüllen und in der Regel auch nur wenig Orientierung in der konkreten Entscheidungssituation bieten.

Ob im Einzelfall ein Formular benutzt wird und welches, sollte der Patient entscheiden, da er am besten einschätzen kann, welches der verschiedenen Formulare seinen eigenen Wertvorstellungen und Behandlungswünschen entspricht. Der Arzt kann auf die verwendeten Muster und die dort enthaltenen Formulierungen zu klinisch relevanten Szenarien sowie Reichweiten und Begrenzungen hinweisen.

Um in Situationen, die in einem Formular möglicherweise nicht erfasst sind, den mutmaßlichen Willen besser ermitteln zu können, empfiehlt es sich auch, Lebenseinstellungen, ethische oder religiöse Überzeugungen und sonstige persönliche Wertvorstellungen, z. B. zur Bewertung von Schmerzen und schweren Schäden, mitzuteilen.

3. Schweigepflicht

Gegenüber dem Bevollmächtigten und dem Betreuer ist der Arzt zur Auskunft berechtigt und verpflichtet, da Vollmacht und Gesetz den Arzt von der Schweigepflicht freistellen. In der vorsorglichen Willensbekundung können weitere Personen benannt werden, gegenüber denen der Arzt von der Schweigepflicht entbunden wird und denen Auskunft erteilt werden soll.

BEKANNTGABEN DER HERAUSGEBER

4. Form einer vorsorglichen Willensbekundung in Gesundheitsangelegenheiten

Eine Vorsorgevollmacht in Gesundheitsangelegenheiten sollte schriftlich erteilt werden. Zwingend vorgeschrieben ist dies, wenn sie auch Entscheidungen umfassen soll, die mit der Gefahr des Todes oder eines schweren Gesundheitsschadens verbunden sind. Diese Befugnisse muss die Vollmacht ausdrücklich nennen (vgl. I. 1. a.). Eine Patientenverfügung im Sinne von § 1901a BGB bedarf stets der Schriftform. Behandlungswünsche, die Äußerung von Überzeugungen und Wertvorstellungen oder eine Betreuungsverfügung bedürfen keiner bestimmten Form; aus praktischen Gründen empfiehlt es sich aber, auch sie schriftlich zu verfassen.

Vorsorgevollmachten und Patientenverfügungen, die schriftlich erteilt werden müssen, brauchen nicht handschriftlich abgefasst werden (wie z. B. bei einem Testament). Auch die Benutzung eines Musters ist möglich (vgl. II. 2). Sie müssen jedoch zwingend eigenhändig unterschrieben und sollten mit dem aktuellen Datum versehen sein.

Rechtlich ist es weder erforderlich die Unterschrift durch Zeugen bestätigen zu lassen noch eine notarielle Beglaubigung der Unterschrift herbeizuführen. Um Zweifeln zu begegnen, kann sich eine Unterschrift vor einem Zeugen (z. B. dem Arzt) empfehlen, der seinerseits die Echtheit der Unterschrift sowie das Vorliegen der Einwilligungsfähigkeit des Verfassers bestätigt. Weder die Vorsorgevollmacht noch die Patientenverfügung müssen regelmäßig bekräftigt bzw. bestätigt werden.

5. Geschäftsfähigkeit und Einwilligungsfähigkeit

Eine Vorsorgevollmacht kann nur von einer Person erteilt werden, die geschäftsfähig ist. Wird eine Vorsorgevollmacht von einem Notar beurkundet, was dann erforderlich ist, wenn die Vorsorgevollmacht nicht nur gesundheitliche Angelegenheiten, sondern auch andere Bereiche (z. B. Vermögensvorsorge) umfasst, sind spätere Zweifel an der Geschäftsfähigkeit bei der Errichtung so gut wie ausgeschlossen, weil der Notar hierzu Feststellungen in der Urkunde treffen muss.

Patientenverfügungen sind nur wirksam, wenn der Patient zur Zeit der Abfassung volljährig und einwilligungsfähig ist (§ 1901a Abs. 1 S. 1 BGB). Sofern keine gegenteiligen Anhaltspunkte vorliegen, kann der Arzt von der Einwilligungsfähigkeit des volljährigen Patienten ausgehen. Die Einwilligungsfähigkeit ist ausgeschlossen, wenn die Einsichts- und Urteilsfähigkeit eines Patienten durch Krankheit und/oder Behinderung so stark beeinträchtigt sind, dass er die Art und Schwere einer möglichen Erkrankung und/oder Behinderung oder Wesen, Bedeutung und Tragweite der Patientenverfügung nicht mehr erfasst oder kein eigenes Urteil darüber zu treffen vermag. Es kann auch aus diesem Grund angezeigt sein, dass Arzt und Patient eine Patientenverfügung durchsprechen und der Arzt die Einwilligungsfähigkeit des Patienten bestätigt.

6. Ärztliche Dokumentation

Ärzte haben über die in Ausübung ihres Berufs getroffenen Feststellungen und Maßnahmen die erforderlichen Aufzeichnungen zu machen. Diese sind nicht nur Gedächtnisstützen für den Arzt, sie dienen auch dem Interesse des Patienten an einer ordnungsgemäßen Dokumentation (§ 630f BGB und

§ 10 Abs. 1 (Muster-)Berufsordnung). Die Pflicht zur Dokumentation gilt auch für Gespräche des Arztes mit dem Patienten über eine vorsorgliche Willensbekundung. Es kann hilfreich sein, eine Kopie einer solchen Willensbekundung (z. B. Patientenverfügung) zur ärztlichen Dokumentation zu nehmen. Damit ist der Arzt in der Lage, bei wesentlichen Veränderungen des Gesundheitszustandes des Patienten eine Konkretisierung oder eine Aktualisierung anzuregen. Zudem steht er anderen Ärzten als Gesprächspartner zur Verfügung, wenn es gilt, den mutmaßlichen Willen des Patienten festzustellen und umzusetzen. Ein Widerruf einer vorsorglichen Willensbekundung sollte einem Arzt, der entsprechende Formulare zur ärztlichen Dokumentation genommen hat, ebenfalls unverzüglich mitgeteilt werden.

7. Aufbewahrung und Registrierung

Patienten sollten durch den Dialog mit dem behandelnden Arzt und mit ihren Angehörigen dafür Sorge tragen, dass diese Personen einer Existenz einer vorsorglichen Willensbekundung wissen, einschließlich des Ortes, an dem sie hinterlegt oder aufbewahrt werden.

Ärzte sollten dazu beitragen, dass ärztliche Anordnungen für den Notfall, die auf Absprachen mit dem Patienten beruhen, in der entsprechenden (eilbedürftigen) Situation verfügbar sind.

Im Falle eines Betreuungsverfahrens müssen vorsorgliche Willensbekundungen, z. B. eine Vorsorgevollmacht, unverzüglich dem Betreuungsgericht vorgelegt werden, damit das Gericht diese bei seiner Entscheidung berücksichtigen kann (§ 1901c BGB).

Um die rechtzeitige Information des Betreuungsgerichts sicherzustellen, besteht in einigen Bundesländern die Möglichkeit, Betreuungsverfügungen, auch in Verbindung mit einer Vorsorgevollmacht, bei dem zuständigen Betreuungsgericht zu hinterlegen. Darüber hinaus können Vorsorgevollmachten und Betreuungsverfügungen sowie die damit kombinierten Patientenverfügungen in das „Zentrale Vorsorgeregister" bei der Bundesnotarkammer eingetragen werden. In diesem Register können auch nicht notariell beurkundete vorsorgliche Willensbekundungen eingetragen werden. Eine Auskunft aus dem Register erhält das Betreuungsgericht[11]; sie wird nicht an Ärzte oder Krankenhäuser erteilt. Formularvordrucke für die Eintragung sind unter www.zvr-online.de abrufbar.

III. Entscheidungsfindung

1. Entscheidungsprozess

Die Entscheidung über die Einleitung, die weitere Durchführung oder Beendigung einer ärztlichen Maßnahme wird in einem gemeinsamen Entscheidungsprozess von Arzt und Patient bzw. Patientenvertreter getroffen. Dieser dialogische Prozess ist Ausdruck der therapeutischen Arbeitsgemeinschaft zwischen Arzt und Patient bzw. Patientenvertreter. Das Behandlungsziel, die Indikation, die Frage der Einwilligungsunfähigkeit des Patienten und der maßgebliche Patientenwille müssen daher stets zwischen Arzt und Patient bzw. Patientenvertreter erörtert werden. Dies gilt auch für die Entscheidung über die Fortsetzung

---

[11] Auch das Landgericht als Beschwerdegericht, vgl. § 78a Abs. 2 S. 1 BNotO; in das Register dürfen Angaben über Vollmachtgeber, Bevollmächtigte, die Vollmacht und deren Inhalt aufgenommen werden, vgl. § 78a Abs. 1 S. 2 BNotO.

BEKANNTGABEN DER HERAUSGEBER

oder Beendigung einer künstlichen Ernährung und Umstellung des Behandlungsziels auf die palliative Versorgung. Nahe Angehörige und sonstige Vertrauenspersonen des Patienten sollen einbezogen werden, sofern dies ohne Verzögerung möglich ist (§ 1901b Abs. 2 BGB).

Der Arzt hat die Entscheidung zur Durchführung oder zum Unterlassen einer medizinischen Maßnahme (z. B. Beatmung, Sondenernährung, Reanimation) im weiteren Verlauf der Behandlung kontinuierlich zu überprüfen. Dafür gelten die hier dargestellten Grundsätze entsprechend.

Die Indikationsstellung[12] und die Prüfung der Einwilligungsfähigkeit ist Aufgabe des Arztes; sie ist Teil seiner Verantwortung. Er hat zum einen zu beurteilen, welche ärztlichen Maßnahmen im Hinblick auf den Zustand, die Prognose und das dem Willen des Patienten entsprechende Behandlungsziel indiziert sind. Zum anderen hat der Arzt zu prüfen, ob der Patient einwilligungsfähig ist (zur Einwilligungsfähigkeit vgl. II. 5.). In Zweifelsfällen sollte ein psychiatrisches oder neurologisches Konsil eingeholt werden.

Die Feststellung des Patientenwillens ist die Aufgabe des Vertreters, denn er spricht für den Patienten. Er hat diese Aufgabe im Dialog mit dem Arzt wahrzunehmen.

Das 3. Betreuungsrechtsänderungsgesetz hat die Notwendigkeit einer Genehmigung durch das Betreuungsgericht erheblich eingeschränkt. Seit dem 1. September 2009 ist eine gerichtliche Genehmigung für die Entscheidung des Vertreters nach § 1904 BGB nur erforderlich, wenn
- der Arzt und der Vertreter sich nicht über den Patientenwillen einig sind und
- der Patient aufgrund der geplanten ärztlichen Maßnahme oder der Weigerung des Vertreters, der vom Arzt vorgeschlagenen Maßnahme zuzustimmen, in die Gefahr des Todes oder eines schweren und länger dauernden gesundheitlichen Schadens gerät.

Ist kein Vertreter des Patienten vorhanden, hat der Arzt im Regelfall das Betreuungsgericht zu informieren und die Bestellung eines Betreuers anzuregen, welcher dann über die Einwilligung in die anstehenden ärztlichen Maßnahmen entscheidet. Ausnahmen kommen zum einen in Notfällen (vgl. III. 3.) und zum anderen in Betracht, wenn eine Patientenverfügung im Sinne des § 1901a Abs. 1 BGB vorliegt. In diesem Fall hat der Arzt den Patientenwillen anhand der Patientenverfügung festzustellen. Er soll dabei nahe Angehörige und sonstige Vertrauenspersonen des Patienten einbeziehen, sofern dies ohne Verzögerung möglich ist. Trifft die Patientenverfügung auf die aktuelle Behandlungssituation zu, hat der Arzt den Patienten entsprechend dessen Willen zu behandeln (vgl. I. 2. a.). Die Bestellung eines Betreuers ist hierfür nicht erforderlich.

Wird im Rahmen einer Behandlung deutlich, dass der Vertreter des Patienten mit seinen Aufgaben überfordert ist, sollte dies vonseiten des betreuenden Arztes thematisiert werden, in einem Gespräch erörtert werden. Dabei gilt es insbesondere deutlich zu machen, dass die Entscheidungen im Rahmen der Behandlung gemeinsam von Arzt und Patientenvertreter getroffen werden und der Patientenvertreter hierbei den Willen und die Perspektive des Patienten einzubringen hat (vgl. § 1901b BGB). Hilfreich

kann es sein, den Vertreter auf die Bedeutung der Patientenverfügung und anderer Willensbekundungen des Patienten hinzuweisen (vgl. I. 2.). Ggf. bietet sich auch eine Ethikberatung an (vgl. III. 4.). Lässt sich der Konflikt situativ nicht lösen, kann das Betreuungsgericht angerufen werden.

Sollte die Überforderung des Vertreters nicht nur situativ bestehen, kann beim Betreuungsgericht (bei Überforderung des Bevollmächtigten) die Bestellung eines Betreuers oder (bei Überforderung des Betreuers) ein Betreuerwechsel angeregt werden.

Entsprechendes gilt, wenn der Arzt den begründeten Eindruck bekommt, dass der Vertreter des Patienten nicht im Interesse des Patienten handelt oder dass er den Willen des Patienten nicht ausreichend beachtet, weil z. B. seine eigenen Wünsche und Vorstellungen in den Vordergrund treten.

2. Konfliktsituationen

In der Praxis lässt sich nicht immer ein Konsens erreichen. Konflikte können im Wesentlichen in zwei Konstellationen auftreten:
- Aus ärztlicher Sicht besteht eine medizinische Indikation zur Behandlung, d. h. es gibt ein ärztliches und/oder pflegerisches Therapieziel, bei dem ein Therapieziel (Heilung, Lebensverlängerung, Rehabilitation oder Erhaltung der Lebensqualität) und eine realistische Wahrscheinlichkeit gegeben sind, dass durch diese Maßnahme das Ziel erreicht werden kann. Der Patientenvertreter (Bevollmächtigter, Betreuer) lehnt die Behandlung jedoch ab. Besteht Einigkeit darüber, dass der Patient auch ablehnen würde, so muss die medizinische Maßnahme im Einklang mit dem Willen des Patienten unterlassen werden. Bestehen Zweifel über den Willen des Patienten, kann das Betreuungsgericht angerufen werden. Im Übrigen ist das Vorgehen davon abhängig, ob ein Dissens über den Patientenwillen besteht und der Patient aufgrund der Weigerung des Vertreters, der vom Arzt vorgeschlagenen Maßnahme zuzustimmen, in die Gefahr des Todes oder eines schweren und länger dauernden gesundheitlichen Schadens gerät (vgl. III. 1.).
- Der Patientenvertreter oder die Angehörigen des Patienten verlangen die Durchführung oder Weiterführung einer aus ärztlicher Sicht nicht (mehr) indizierten Maßnahme. Besteht keine medizinische Indikation für die Einleitung oder Weiterführung einer Maßnahme, so darf diese nicht (mehr) durchgeführt werden. Die Übermittlung der Information über eine fehlende medizinische Indikation für lebensverlängernde Maßnahmen und die damit verbundene Therapiezieländerung hin zu palliativen Zielen kann für Patienten und deren Angehörige eine belastende Situation darstellen, die vom aufklärenden Arzt hohe kommunikative Kompetenzen erfordert. Es kann gerechtfertigt sein, eine Maßnahme, wie die künstliche Beatmung oder Ernährung, begrenzt weiterzuführen, um den Angehörigen Zeit für den Verarbeitungs- und Verabschiedungsprozess zu geben, solange die Fortführung der Maßnahme für den Patienten keine unzumutbare Belastung darstellt. Weder der Patient noch sein Vertreter oder seine Angehörigen können verlangen, dass der Arzt eine medizinisch nicht indizierte Maßnahme durchführt. Ein Gesprächsangebot sollte immer bestehen bleiben. Auch in solchen Fällen wird das Betreuungsgericht gelegentlich durch Angehörige angerufen, wenn die Kommunikation scheitert. Das Betreuungsgericht hat jedoch nicht die Frage der medizinischen Indikation zu entscheiden, sondern zu prüfen, ob eine indizierte Maßnahme dem Willen des Patienten entspricht.

---

[12] Stellungnahme der Bundesärztekammer „Medizinische Indikationsstellung und Ökonomisierung" v. 20.2.2015, abrufbar unter: https://www.bundesaerztekammer.de/fileadmin/user_upload/downloads/pdf-Ordner/Stellungnahmen/SN_Med_Indikationsstellung_Oekonomisierung.pdf [Zugriff am 4.10.2018].

BEKANNTGABEN DER HERAUSGEBER

3. Notfallsituationen

Sofern der Wille des Patienten bekannt ist, ist dieser auch in der Notfallsituation von allen Beteiligten zu beachten. Die Bindung an den Patientenwillen gilt nicht nur für Ärzte, sondern auch für das gesamte in Notfallsituationen involvierte Personal, z. B. für das pflegerische Personal. In der Praxis existieren Vorschläge für ärztliche Anordnungen für Notfälle, die vom Patienten gemeinsam mit einem Arzt erstellt werden.

In Notfallsituationen, in denen der Wille des Patienten für diese konkrete Situation nicht bekannt ist und für die Ermittlung individueller Umstände keine Zeit bleibt, ist die medizinisch indizierte Behandlung einzuleiten, die im Zweifel auf die Erhaltung des Lebens gerichtet ist. Hier darf der Arzt davon ausgehen, dass es dem mutmaßlichen Willen des Patienten entspricht, den medizinisch indizierten Maßnahmen zuzustimmen. Im weiteren Verlauf gelten die oben dargelegten allgemeinen Grundsätze. Entscheidungen, die im Rahmen einer Notfallsituation getroffen wurden, müssen daraufhin überprüft werden, ob sie weiterhin indiziert sind und vom Patientenwillen getragen werden.

Ein Vertreter des Patienten ist sobald wie möglich einzubeziehen; sofern erforderlich, ist die Bestellung eines rechtlichen Betreuers beim Betreuungsgericht anzuregen (vgl. III. 1.).

4. Ethikberatung

In Situationen, in denen schwierige Entscheidungen zu treffen oder Konflikte zu lösen sind, hat es sich häufig als hilfreich erwiesen, eine Ethikberatung in Anspruch zu nehmen (z. B. im Rahmen einer moderierten ethischen Fallbesprechung). Zur Vermeidung von Konflikten, ggf. sogar zur Vermeidung von gerichtlichen Auseinandersetzungen, kann eine solche Beratung beitragen.[13]

§ 1901a Patientenverfügung Bürgerliches Gesetzbuch (BGB)

(1) Hat ein einwilligungsfähiger Volljähriger für den Fall seiner Einwilligungsunfähigkeit schriftlich festgelegt, ob er in bestimmte, zum Zeitpunkt der Festlegung noch nicht unmittelbar bevorstehende Untersuchungen seines Gesundheitsstands, Heilbehandlungen oder ärztliche Eingriffe einwilligt oder sie untersagt (Patientenverfügung), prüft der Betreuer, ob diese Festlegungen auf die aktuelle Lebens- und Behandlungssituation zutreffen. Ist dies der Fall, hat der Betreuer dem Willen des Betreuten Ausdruck und Geltung zu verschaffen. Eine Patientenverfügung kann jederzeit formlos widerrufen werden.

(2) Liegt keine Patientenverfügung vor oder treffen die Festlegungen einer Patientenverfügung nicht auf die aktuelle Lebens- und Behandlungssituation zu, hat der Betreuer die Behandlungswünsche oder den mutmaßlichen Willen des Betreuten festzustellen und auf dieser Grundlage zu entscheiden, ob er in eine ärztliche Maßnahme nach Absatz 1 einwilligt oder sie untersagt. Der mutmaßliche Wille ist aufgrund konkreter Anhaltspunkte zu ermitteln. Zu berücksichtigen sind insbesondere frühere mündliche oder schriftliche Äußerungen, ethische oder religiöse Überzeugungen und sonstige persönliche Wertvorstellungen des Betreuten.

(3) Die Absätze 1 und 2 gelten unabhängig von Art und Stadium einer Erkrankung des Betreuten.

(4) Der Betreuer soll den Betreuten in geeigneten Fällen auf die Möglichkeit einer Patientenverfügung hinweisen und ihn auf dessen Wunsch bei der Errichtung einer Patientenverfügung unterstützen.

(5) Niemand kann zur Errichtung einer Patientenverfügung verpflichtet werden. Die Errichtung oder Vorlage einer Patientenverfügung darf nicht zur Bedingung eines Vertragsschlusses gemacht werden.

(6) Die Absätze 1 bis 3 gelten für Bevollmächtigte entsprechend.

Überarbeitet im Ausschuss für ethische und medizinisch-juristische Grundsatzfragen und in der Zentralen Ethikkommission bei der Bundesärztekammer.

Mitglieder des Ausschusses für ethische und medizinisch-juristische Grundsatzfragen:
Prof. Dr. med. Frank Ulrich Montgomery (Vorsitzender)
Erik Bodendieck
Dr. med. Gottfried von Knoblauch zu Hatzbach
Prof. Dr. jur. Dr. h. c. Volker Lipp
Prof. Dr. med. Giovanni Maio
Prof. Dr. med. Georg Maschmeyer
Prof. Dr. med. Walter Schaffartzik
Prof. Dr. phil. Alfred Simon
Dr. med. Martina Wenker

Gäste:
PD Dr. med. Romana Lenzen-Großimlinghaus
Prof. Dr. med. H. Christof Müller-Busch
Dipl. Jur. Katharina Knoche, MLE
Dipl. Jur. Gesa Alexandra Güttler, MLE

Geschäftsführung:
Dr. jur. Marlis Hübner
Dr. jur. Carsten Dochow

Mitglieder der Zentralen Ethikkommission bei der Bundesärztekammer (ZEKO):
Prof. Dr. jur. Jochen Taupitz (Vorsitzender)
Prof. Dr. med. Wolfram Henn (stellv. Vorsitzender)
Prof. Dr. med. Dipl. soz. Tanja Krones (Vorstand)
Prof. Dr. jur. Dr. h. c. Volker Lipp (Vorstand)
Prof. Dr. med. Georg Marckmann, MPH (Vorstand)
Prof. Dr. med. Dr. h. c. Dieter Birnbacher
Prof. Dr. theol. Franz-Josef Bormann
Prof. Dr. jur. Frauke Brosius-Gersdorf
Prof. Dr. theol. Elisabeth Gräb-Schmidt
PD Dr. (TR) Dr. phil. et med. habil. Ilhan Ilkilic M.A.
Dr. phil. Julia Inthorn
PD Dr. phil. Dirk Lanzerath
Dr. med. Michael Rado
Jun.-Prof. Dr. med. Dr. phil. Sabine Salloch
Prof. Dr. med. Jan Schildmann

Geschäftsführung:
Dr. med. Wiebke Pühler
Dipl.-Ges. oec. (FH) Leonie Mathes, MPH

---

[13] Siehe Stellungnahme der ZEKO „Ethikberatung in der klinischen Medizin"; Dtsch. Ärztebl. 2006; 103: A 1703–7 (Heft 24 v. 16. 6. 2006).

Anhang II: Arbeitspapier zum Verhältnis von Patientenverfügung und Organspendeerklärung

BEKANNTGABEN DER HERAUSGEBER

BUNDESÄRZTEKAMMER
Bekanntmachungen

Arbeitspapier zum Verhältnis von Patientenverfügung und Organspendeerklärung

Vorwort

Patientenverfügungen und andere vorsorgliche Willensbekundungen sind in den letzten Jahren verstärkt in den öffentlichen Fokus gerückt. Immer mehr Bürger verfassen solche Erklärungen. Dies bedingt auch, dass vorsorgliche Willensbekundungen und Organspendeerklärungen immer häufiger zusammentreffen, so dass sich die Frage nach dem Verhältnis von vorsorglichen Willensbekundungen und Organspendeerklärungen stellt. Steht eine vorsorgliche Willensbekundung, die intensivmedizinische Maßnahmen untersagt, einer Organtransplantation, die zwangsläufig solche Maßnahmen erfordert, entgegen, obwohl einer Organentnahme zugestimmt wurde?

Diesem schwierigen Verhältnis von Patientenverfügung und Organspendeerklärung hat sich der *Ausschuss für ethische und medizinisch-juristische Grundsatzfragen* der Bundesärztekammer angenommen und seine Ergebnisse in einem Arbeitspapier zusammengefasst. Das Arbeitspapier zeigt wesentliche in Betracht kommende Situationen auf und bewertet diese rechtlich wie ethisch. Ärztinnen und Ärzten soll damit eine Orientierungshilfe für die Praxis gegeben werden. Zugleich möchte das Arbeitspapier für das Thema sensibilisieren und dazu anregen, ergänzende Formulierungen in den Vordrucken für Patientenverfügungen aufzunehmen.

Prof. Dr. Frank Ulrich Montgomery
Präsident der Bundesärztekammer

A.
Einleitung

Das im Jahr 2009 in Kraft getretene 3. Gesetz zur Änderung des Betreuungsrechts („Patientenverfügungsgesetz") hat dazu geführt, dass Patientenverfügungen und andere Willensbekundungen eines Patienten in der klinischen Praxis deutlich mehr Aufmerksamkeit und Beachtung finden als zuvor. Mit der zunehmenden Bedeutung vorsorglicher Willensbekundungen eines Patienten steigt auch die Wahrscheinlichkeit, dass sie im klinischen Alltag häufiger mit Organspendeerklärungen zusammentreffen. Dies führt zu Fragen des Verhältnisses von vorsorglicher Willensbekundung und Organspendeerklärung, mit denen sich Ärztinnen und Ärzte auseinanderzusetzen haben.

Nach dem deutschen Transplantationsgesetz ist eine postmortale Organspende nur zulässig, wenn bei dem Spender zuvor der Hirntod, d. h. der völlige und irreversible Ausfall der gesamten Hirnfunktionen, festgestellt worden ist und der Patient oder subsidiär seine Angehörigen eingewilligt haben. Die Hirntoddiagnostik ist ein aufwendiges Verfahren. Während der Durchführung der Hirntoddiagnostik bis hin zur Realisierung einer möglichen Organspende müssen beim potenziellen Spender intensivmedizinische Maßnahmen (z. B. Beatmungstherapie) fortgeführt werden, um die Transplantationsfähigkeit der Organe zu erhalten.

Hat sich der Patient in einer Patientenverfügung gegen lebenserhaltende Maßnahmen ausgesprochen, scheint dies der Durchführung dieser Maßnahmen zum Zweck der Organspende zu widersprechen. Dasselbe Problem besteht, wenn der Wunsch nach Therapiebegrenzung nicht in einer schriftlichen Patientenverfügung, sondern in anderer Weise ausgedrückt wird oder dem mutmaßlichen Willen des Patienten entspricht.

B.
Fallkonstellationen: Rechtliche und ethische Bewertung

Für die rechtliche und ethische Bewertung medizinischer Maßnahmen ist entscheidend, ob sie für die Behandlung des Patienten oder für die Organspende indiziert sind und ob sie dem Willen des Patienten entsprechen. Zur Feststellung des Patientenwillens wird auf die „Empfehlungen der Bundesärztekammer und der Zentralen Ethikkommission bei der Bundesärztekammer zum Umgang mit Vorsorgevollmacht, Betreuungsverfügung und Patientenverfügung in der ärztlichen Praxis" (Dtsch Arztbl 2010; 107[18]: 877–82) Bezug genommen. Für die rechtliche und ethische Bewertung sind folgende Fallkonstellationen zu unterscheiden:

I. Patientenverfügung und schriftliche Organspendeerklärung liegen vor

Liegt eine Patientenverfügung vor, die (weitere) lebenserhaltende Maßnahmen in der aktuellen Situation untersagt und ist gleichzeitig die Spendebereitschaft des Patienten in Form eines Organspendeausweises[1] dokumentiert, ist wie folgt zu differenzieren:

1. Situation: „Intensivmedizinische Maßnahmen bei vermutetem Hirntod"

   Liegt der Patient beatmet auf der Intensivstation und vermuten die Ärzte, dass der Hirntod bereits eingetreten ist, stellt sich die Frage, ob es zulässig ist, die intensivmedizinische Hirntoddiagnostik und ggf. anschließend eine Organspende zu ermöglichen.

---
[1] Im Organspendeausweis sind Erklärungen zur Organ- und Gewebespende enthalten (vgl. § 2 TPG). Die im Arbeitspapier getroffenen Aussagen zum Verhältnis von Patientenverfügung und Organspendeerklärung gelten gleichermaßen für die Gewebespende von Hirntoten.

Der Abdruck erfolgt mit freundlicher Genehmigung der Bundesärztekammer.

Rechtlich und ethisch ist der Wille des Patienten maßgeblich. Patientenverfügung und Organspendeerklärung sind Mittel, den Patientenwillen festzustellen. Der Patient hat beide Erklärungen verfasst. Daher müssen beide bei der Feststellung des Patientenwillens berücksichtigt werden. Der in der Patientenverfügung ausgedrückte Wunsch nach Therapiebegrenzung ist mit der Bereitschaft zur Organspende und der dafür erforderlichen kurzzeitigen Aufrechterhaltung der Vitalfunktionen vereinbar. Die Feststellung des Hirntods stellt eine notwendige Voraussetzung für eine postmortale Organspende dar. Die Fortsetzung der intensivmedizinischen Maßnahmen zur Ermöglichung der Hirntodfeststellung und einer ggf. sich anschließenden Organspende ist zeitlich eng begrenzt. Aufgrund der Organspendeerklärung ist davon auszugehen, dass der Patient damit einverstanden ist. Dieses Vorgehen beachtet auch den in der Patientenverfügung ausgedrückten Willen sterben zu dürfen, weil die intensivmedizinischen Maßnahmen nur für den Zeitraum fortgesetzt werden, der für die Realisierung der vom Patienten gewünschten Organspende erforderlich ist.

Eine isolierte Betrachtung der Patientenverfügung ohne Rücksicht auf die Organspendeerklärung würde dem Willen des Patienten nicht gerecht werden. Die Organspendeerklärung kann nicht durch die hypothetische Annahme entkräftet werden, dass sich der Patient über die Notwendigkeit der Fortsetzung intensivmedizinischer Maßnahmen nicht im Klaren gewesen sei.

2. Situation: „Intensivmedizinische Maßnahmen bei erwartetem Hirntod"

Eine andere Situation ist gegeben, wenn der Patient auf der Intensivstation liegt und die Ärzte vermuten, dass der Hirntod erst in wenigen Tagen eintreten wird. Würde dem in der Patientenverfügung dokumentierten Wunsch des Patienten nach Therapiebegrenzung gefolgt, würde der Patient versterben, bevor der Hirntod festgestellt ist. Eine Fortführung der intensivmedizinischen Maßnahmen zur Realisierung der vom Patienten gewünschten Organspende verlängert den Sterbeprozess daher nicht nur um den Zeitraum, der für die Feststellung des Hirntods und die Durchführung der Organspende notwendig ist, sondern auch um den schwer zu prognostizierenden Zeitraum bis zum Eintritt des Hirntods.

Daher kann in diesen Fällen nicht schon aus der Organspendeerklärung des Patienten abgeleitet werden, dass er mit der Fortführung der intensivmedizinischen Maßnahmen einverstanden ist. Eine Entscheidung hierüber ist folglich mit dem Patientenvertreter (Bevollmächtigter oder Betreuer) und den Angehörigen des Patienten zu suchen. Dabei ist auch über die mit der Fortführung der intensivmedizinischen Maßnahmen verbundenen Risiken aufzuklären. Der Patientenvertreter hat den Patientenwillen festzustellen und auf dieser Grundlage zu entscheiden. Der Patient hat sowohl eine Patientenverfügung als auch eine Organspendeerklärung verfasst. Daher muss der Patientenvertreter beide Erklärungen bei der Feststellung des Patientenwillens berücksichtigen.

3. Situation: „Reanimation"

Erleidet der Patient einen Herzstillstand, stellt sich vorrangig die Frage, ob eine Reanimation zum Zweck der Behandlung und Wiederherstellung der Gesundheit des Patienten indiziert ist und dem Patientenwillen entspricht. Liegt eine Organspendeerklärung vor und hat der Patient in der Patientenverfügung einer Reanimation widersprochen, stellt sich die Frage, ob eine Reanimation und Einleitung intensivmedizinischer Maßnahmen bis zum schwer zu prognostizierenden Eintritt des Hirntods zulässig sind. Ein solches Vorgehen wäre ein erheblicher Eingriff, der nicht von der Organspendeerklärung gedeckt ist, da völlig ungewiss ist, ob der Hirntod als Voraussetzung für die vom Patienten gewünschte Organspende eintreten wird. Die Reanimation und Einleitung intensivmedizinischer Maßnahmen sind daher rechtlich unzulässig und ethisch nicht vertretbar.

II. **Schriftliche Organspendeerklärung liegt vor, eine Patientenverfügung existiert nicht**

Hat der Betroffene in die Organspende eingewilligt, aber keine Patientenverfügung verfasst, hat der Arzt die vorgesehenen intensivmedizinischen Maßnahmen mit dem Patientenvertreter zu besprechen und dessen Einwilligung einzuholen. Der Patientenvertreter hat dazu die Behandlungswünsche oder den mutmaßlichen Willen des Patienten festzustellen und auf dieser Grundlage zu entscheiden. Dabei muss er die Organspendeerklärung berücksichtigen. Deshalb können hier vergleichbare Fragen nach dem Verhältnis der Organspendeerklärung zu dem Wunsch des Patienten nach Therapiebegrenzung auftreten. Sie sind wie unter I. zu beantworten.

III. **Patientenverfügung liegt vor, eine schriftliche Organspendeerklärung existiert nicht**

Hat ein Patient keine schriftliche Erklärung zur Organspende abgegeben, kann eine Organspende dennoch in Betracht kommen. In diesem Fall kommt es auf eine den nächsten Angehörigen bekannte mündliche Organspendeerklärung an. Ist auch eine solche nicht vorhanden, hat der Angehörige aufgrund des mutmaßlichen Willens des Organspenders zu entscheiden. Stimmt der Angehörige auf dieser Grundlage einer Organspende zu, stellt sich die Frage des Verhältnisses zu einer Patientenverfügung, in der der Patient intensivmedizinische Maßnahmen für die jeweilige Situation ablehnt. Die dabei auftretenden Fragen sind wie unter I. zu beantworten.

IV. **Weder schriftliche Organspendeerklärung noch Patientenverfügung liegen vor**

Hat der Patient weder eine Organspendeerklärung noch eine Patientenverfügung verfasst, ist der nächste Angehörige dazu berufen, über die Organspende zu entscheiden (vgl. III.). Die vom nächsten Angehörigen festgestellte Bereitschaft des Patienten zur Organspende ist vom Patientenvertreter bei der Entscheidung über die Fortsetzung intensivmedizinischer Maßnahmen zu berücksichtigen (vgl. II.).

V. **Zum Umgang mit Konfliktsituationen**

Liegt keine Organspendeerklärung vor, ist der nächste Angehörige befugt, über die Organspende zu entscheiden. Die Fortführung intensivmedizinischer Maßnahmen hat der Arzt mit dem Patientenvertreter zu besprechen und dessen Einwilligung einzuholen. Sind der Patientenvertreter und der nächste Angehörige verschiedene Personen, so kann dies zu Konflikten führen.

Im Falle solcher Konflikte kann eine Ethikberatung hilfreich sein. Wird kein Konsens darüber erzielt, ob die intensivmedizinischen Maßnahmen dem Willen des Patienten entsprechen, ist letztlich das Betreuungsgericht zur Entscheidung berufen

BEKANNTGABEN DER HERAUSGEBER

(§ 1904 BGB). Bis zur Entscheidung des Gerichts können diese intensivmedizinischen Maßnahmen fortgeführt werden.

C.
Empfehlungen

1. Die Bevölkerung soll darüber aufgeklärt werden, dass es ratsam ist, den Wunsch nach Therapiebegrenzung mit der Bereitschaft zur Organspende abzustimmen.
2. Die Formulierungen in den Mustern für Patientenverfügungen und Organspendeausweise sind zu ergänzen und zu präzisieren (vgl. „Textbausteine" unter D.).
3. In allen Situationen ist es sinnvoll bzw. erforderlich, nicht nur die Bereitschaft des Patienten zur Organspende im Allgemeinen, sondern auch die Einwilligung in die dafür erforderlichen Maßnahmen gegenüber dem Patientenvertreter und den Angehörigen anzusprechen und zu klären.
4. Das Gespräch mit den Angehörigen über die Möglichkeit der Organspende sollte bereits stattfinden, wenn der Eintritt des Hirntods wahrscheinlich ist. Ein frühes Gespräch mit den Angehörigen reduziert den zeitlichen Druck, über eine Organspende zu entscheiden.
5. Die Patientenvertreter sind darüber zu informieren, wenn eine Fortführung der intensivmedizinischen Maßnahmen nicht mehr primär zum Wohle des Patienten, sondern zur Realisierung einer möglichen Organspende erwogen wird.
6. Mit den Angehörigen bzw. Patientenvertretern sollte über die klinische Einschätzung bezüglich der Eignung des Patienten zur Organspende und über mögliche weitere Schritte gesprochen werden.

D.
Textbausteine zur Ergänzung bzw. Vervollständigung einer Patientenverfügung

Es ist mir bewusst, dass Organe nur nach Feststellung des Hirntods bei aufrechterhaltenem Kreislauf entnommen werden können. Deshalb gestatte ich ausnahmsweise für den Fall, dass bei mir eine Organspende medizinisch infrage kommt, die kurzfristige (Stunden bis höchstens wenige Tage umfassende) Durchführung intensivmedizinischer Maßnahmen zur Bestimmung des Hirntods nach den Richtlinien der Bundesärztekammer und zur anschließenden Entnahme der Organe.

☐ Dies gilt auch für die Situation, dass der Hirntod nach Einschätzung der Ärzte in wenigen Tagen eintreten wird.

ODER

Es ist mir bewusst, dass Organe nur nach Feststellung des Hirntods bei aufrechterhaltenem Kreislauf entnommen werden können. Deshalb gestatte ich ausnahmsweise für den Fall, dass bei mir eine Organspende medizinisch infrage kommt, die kurzfristige (Stunden bis höchstens wenige Tage umfassende) Durchführung intensivmedizinischer Maßnahmen zur Bestimmung des Hirntods nach den Richtlinien der Bundesärztekammer und zur anschließenden Entnahme der Organe.

ODER

☐ Ich lehne eine Entnahme meiner Organe nach meinem Tod zu Transplantationszwecken ab.

Berlin, den 18. 01. 2013

KASSENÄRZTLICHE BUNDESVEREINIGUNG
Bekanntmachungen

Beschluss
des Gemeinsamen Bundesausschusses über eine Änderung der Arzneimittel-Richtlinie: Anlage XII – Beschlüsse über die Nutzenbewertung von Arzneimitteln mit neuen Wirkstoffen nach § 35a des Fünften Buches Sozialgesetzbuch (SGB V)
Ruxolitinib

Der Gemeinsame Bundesausschuss (G-BA) hat in seiner Sitzung am 7. März 2013 beschlossen, die Richtlinie über die Verordnung von Arzneimitteln in der vertragsärztlichen Versorgung (Arzneimittel-Richtlinie) in der am Beschlusstag geltenden Fassung in Anlage XII um den Wirkstoff Ruxolitinib zu ergänzen. Der Beschluss trat am 7. März 2013 in Kraft. Er ist auf der Website des G-BA abrufbar unter http://www.g-ba.de/informationen/beschluesse/1665/.

Redaktionelle Anmerkung der Kassenärztlichen Bundesvereinigung (KBV): Weitere Informationen zu diesem Beschluss finden Sie auf den Internetseiten der KBV unter www.arzneimittel-infoservice.de.

Beschluss
des Gemeinsamen Bundesausschusses über eine Änderung der Arzneimittel-Richtlinie: Anlage XII – Beschlüsse über die Nutzenbewertung von Arzneimitteln mit neuen Wirkstoffen nach § 35a des Fünften Buches Sozialgesetzbuch (SGB V)
Perampanel

Der Gemeinsame Bundesausschuss (G-BA) hat in seiner Sitzung am 7. März 2013 beschlossen, die Richtlinie über die Verordnung von Arzneimitteln in der vertragsärztlichen Versorgung (Arzneimittel-Richtlinie) in der am Beschlusstag geltenden Fassung in Anlage XII um den Wirkstoff Perampanel zu ergänzen. Der Beschluss trat am 7. März 2013 in Kraft. Er ist auf der Website des G-BA abrufbar unter http://www.g-ba.de/informationen/beschluesse/1664/.

Redaktionelle Anmerkung der Kassenärztlichen Bundesvereinigung (KBV): Weitere Informationen zu diesem Beschluss finden Sie auf den Internetseiten der KBV unter www.arzneimittel-infoservice.de.

Stichwortverzeichnis

Fette Zahlen = §§, magere Zahlen = Randnummern

Abhängigkeitsverhältnis 1 33
Ablieferung 9 15 ff., M 19
- Ablieferungspflichtiger **9** 19
- Betreuungsverfügungen **9** 16 ff.
- Grundsatz **9** 15
- Umfang **9** 17 f.
- Verfahren/Durchsetzung **9** 22 ff., M 23
- Zeitpunkt **9** 16

Adoption 4 6
Advance care planning 3 71 ff.
AGB-Recht 1 221 ff., M 225
Alleinerbe 1 81 ff.
Ambulanter Pflegedienst 1 33
Amyotrophe Lateralsklerose (ALS) 3 147
An-/Abmeldung bei Meldebehörde 4 12
Anfechtung 4 6, **6** 24
Angelegenheiten, höchstpersönliche 1 142, **3** 14, **4** 13
Angelegenheiten, persönliche 1 115 ff., **3** 14, **18** 7
- Anpassung Alt-Vollmachten **1** 124
- ausdrücklich umfassteMaßnahme **1** 120
- Benennung Maßnahmen **1** 118 ff.
- Feststellung Patientenwille **18** 67, 83, M 84
- freiheitsentziehende Maßnahme **18** 62 ff.
- Genehmigungsvorbehalte **1** 126 ff., **18** 33
- Geschäftsfähigkeit/Einwilligungsfähigkeit **18** 8 ff.
- Gesundheitsangelegenheiten **5** 11
- Handeln ohne Gespräch/Genehmigung **18** 86
- Kontrollbetreuung **5** 11

- medizinische Professionsnormen **18** 81
- mehrere Bevollmächtigte **1** 129 ff., M 130
- Negativattest **18** 1 ff.
- Personensorge **1** 115 ff.
- Schriftform **1** 118 ff.
- Untervollmacht **1** 70, 132

Anwalt als Bevollmächtigter 1 35 ff., M 38, **12** 1 ff.
- Auskunft/Rechnungslegung **12** 17 ff., M 20
- Auslagenerstattung **12** 49 ff., M 52
- Berufsrecht **12** 5 ff.
- Beschränkung im Innenverhältnis **12** M 10 ff.
- Betreuer **12** 53 ff.
- Dauer **12** M 23
- DSG-VO **12** M 21
- Geschäftsbesorgungsvertrag **5** M 44
- Haftung **12** 9 ff., M 21 ff., 27 ff., M 29, 55 ff.
- Interessenkollision **12** 13
- Kontrollbetreuung **12** 53 ff.
- Kontrollbevollmächtigung **5** M 44
- Stellung **12** M 8
- Umsatzsteuerpflicht **12** 40
- Vergütung *siehe dort*
- Versicherungsunterdeckung **12** M 21
- Vollmachts-/Anwaltsvergütung **12** 41
- Wünsche Vollmachtgeber **12** M 11 f.

Anwaltsgebühren *siehe* Vergütung
Anwaltsnotar 8 60 f.
Arrest 16 C 66 ff.
- Anspruch **16** 67
- dinglicher **16** 69 ff., 80, M 82

- doppelte Subsidiarität **16** 75
- Gesuch **16** 79 f., M 82
- Glaubhaftmachung **16** 76 f.
- Grund **16** 68 ff.
- persönlicher **16** 75, 80

Aufgebotsverfahren 16 M 42

Auftrag/-sverhältnis 1 171 f., M 172, **11** M 48
- Abgrenzung zur Gefälligkeit **21** 1
- Aufwendungsersatz **11** 28
- Auskunfts-/Rechenschaftspflicht **11** 27
- Bedeutung bei Erlöschen **13** 3 ff.
- Grundverhältnis Vorsorgevollmacht **11** 24 ff.
- Haftung **12** 9
- Rechtsbindungswille **11** 24
- Unentgeltlichkeit **11** 24
- Vorsorgebevollmächtigter **12** 9
- Zulässigkeit Modifikationen **11** 51 ff.

Aufwendungsersatz 11 28, **21** 12 ff., M 17
- Auslagen **12** 49 ff., M 52
- pauschalierter **21** 18 f., M 19
- Voraussetzungen **21** 14 ff.

Ausfertigung 1 78 f., M 79, **7** 31 ff., M 43, M 45
- Ausfertigungssperre **1** 196 ff., M 200, M 204

Ausgleichungsanordnung/ Anrechnungsbestimmung 4 12

Auskunft/Rechnungslegung
- Registrierung **9** 10 ff.
- Verfügung von Todes wegen **1** 102 f., M 103, 167
- Zentrales Vorsorgeregister **9** 10 ff.

Auskunfts-/Rechenschaftspflicht 11 27, 31, 42, 55 f., 72 ff.
- Anwalt als Bevollmächtigter **12** 17 ff., M 20

Auskunfts-/ Rechnungslegunganspruch
- Einwendungen des Bevollmächtigten **22** 18 f., 18, 20 f.

Auskunftsanspruch 22 3 ff.
- der Erben **20** 26 ff., M 28
- des Vollmachtgebers **22** 1 ff.

Auslagen *siehe* Aufwendungsersatz

Auslandsbezug 1 162 f., M 163, **6** 35

Auslegung
- Auslegungsregeln **3** 120
- Auslegungsverbote **3** 194 ff., M 195, M 197
- Patientenverfügung **3** 120, 157 ff.
- Regeln/Interpretationshilfen **3** 157 ff., M 160, M 165, M 171, M 177, M 181, M 185, M 190, M 195, M 197 f.
- Wirksamwerden **1** 187

Banken/Kreditinstitute 17 9 ff.
- Anerkennungspflicht **17** 14 ff.
- Beschränkung Anerkennung **17** 10 ff.
- Darlehenskündigung **17** M 7
- Kontensperrung **16** 8
- Verbraucherdarlehensvertrag **1** 113, **6** 24
- Vollmacht, beglaubigte **17** M 22
- Vollmacht, privatschriftliche **17** M 22
- Vollmacht, transmortale **1** 216, **20** 8

Bankvollmacht 12 3 f.

Bears-Liste 18 50

Beatmung 3 132 ff., M 135

Befreiung von § 181 BGB 1 51 ff., M 62

Beglaubigung
- Anerkennungspflicht **17** 16, M 23
- durch Betreuungsgericht **17** 30 ff.
- Gebühren **6** 14, 19, **8** 65 f.
- Geschäftsfähigkeit **7** 28 ff.

Beglaubigung, öffentliche 6 2, 11 ff., 17 30 ff.
- Beglaubigungsvermerk 6 M 13
- Betreuungsbehörde 6 15, 21, 39
- durch Betreuungsgericht 17 30 ff.
- Gebühren 6 19
- Geschäfts(un)fähigkeit 6 14
- Inhalt 6 12
- Notar 6 13 f.
- Zentrales Vorsorgeregister 6 14
- Zuständigkeit 6 19
- Zweck 6 11

Behandlungsverbote 3 105 ff.
Behandlungsvertrag 3 36, 18 1
Behindertenrechtskonvention 3 30 ff.
Benzodiazepine 18 54
Beratungshilfe 8 52 ff.
Bereicherungsansprüche *siehe* Rückforderungsansprüche
Besitz Vollmachtsurkunde 1 78 f., M 79, 188
Bestattungsanordnung 3 201 ff., C 212, *siehe auch* Totenfürsorge
- Beratungsgrundlagen 3 1 ff.
- Grundrechtsrelevanz 3 2 ff.
- jüdische Mandanten 3 M 214
- Rechtsgrundlagen Vertretung 3 5 f.

Bestattungsverfügung *siehe* Bestattungsanordnung
Bestattungsvorsorgevertrag 3 215 f.
Betreuung
- Anordnungsvoraussetzungen 3 13 f.
- Bedeutung Anordnung 3 24
- Behindertenrechtskonvention 3 30 ff.
- Betreuungsbehörde 6 15, 21, 39
- Betreuungsverein 1 36
- Erforderlichkeit 4 3
- genehmigungsbedürftige Geschäfte 2 3
- gesellschaftsrechtliche Risiken 2 2 ff.

- Herausgabe der Vollmachtsurkunde 5 27
- Kontrollbetreuung *siehe dort*
- Nachrang-/Subsidiaritätsgrundsatz 4 2
- trotz Betreuungsverfügung 4 3
- Übermaßverbot 3 14
- zwingende gesetzliche Vertretung 4 6

Betreuungsbehörde
- öffentliche Beglaubigung 6 15
- Vollmacht 6 15

Betreuungsverfügung 3 12, 4 1 ff.
- Abgabe eidesstattliche Versicherung 4 7, 13
- Ablieferungs-/Unterrichtungspflicht 9 16 ff.
- An-/Abmeldung bei Meldebehörde 4 12
- Anwalt als Betreuer 12 53 ff.
- Ausgleichungsanordnung/Anrechnungsbestimmung 4 12
- Begleitung Patientenverfügung 3 35 ff.
- Betreuung/trotz Ergänzungspfleger 4 3
- Bevollmächtigte, mehrere 4 20
- Bevollmächtigter, ungeeigneter 4 3, 18 ff.
- Bevollmächtigter, untätiger 4 15 ff.
- detaillierte 4 28 ff., M 33 f., M 38
- Ehegattentestament/Erbvertrag 4 8 ff.
- Ehevertrag 4 12
- Einwilligung in elektronische/digitale Kommunikation 4 12
- ergänzende 1 144 ff., M 145
- Ergänzungsbetreuung 4 14
- Fragebogen 3 M 34
- Gegenbetreuer 5 45
- Geschäfts(un)fähigkeit 3 13 f., 4 3
- Grundbesitz 1 M 92 f.
- Haftung 12 55 ff.

- Hinterlegung Testament **4** 12
- höchstpersönliche Angelegenheiten **4** 13
- Interessenkollision **4** 14
- Klauseln **4** 24 ff.
- Kontrollbetreuung *siehe dort*
- öffentliche Beglaubigung **6** 15, 21, 39
- Personalangelegenheiten **18** 4 ff.
- Personensorge **18** 3
- Prozessvertretung **4** 12
- Scheidung **4** 12
- Schweigepflichtentbindung **4** 12
- Sorgerechtsangelegenheiten **4** 12
- Totenfürsorge **4** 12
- Überblick **4** 1 ff.
- Unterrichtungspflicht Betreuungsgericht **7** 52 ff.
- Vergütung *siehe dort*
- Vorgabe Betreuungsperson **3** 16 f., **4** 29 ff., M 33
- vorsorgliche **4** 25 ff., M 26
- Widerruf **3** 18
- Wünsche Betroffener **3** 29, **4** M 34, M 36 ff.
- Zulässigkeit **4** 12
- zwingende gesetzliche Vertretung **4** 3, 6 f.

Beurkundung 6 2, 22 f.
- Anerkennungspflicht **17** 15
- Anmerkungen **1** 10 ff., M 11
- Auslandsvermögen **6** 35
- Ersatz Privatschriftlichkeit **6** 10
- Gebühren **6** 23, **8** 63, 66
- geringfügige rechtliche Gründe zugunsten - **6** 30 f.
- Geschäfts(un)fähigkeit **6** 23, 38, **7** 11 ff., M 23, M 25, **18** 9
- Gewissenskonflikt Notar **6** 40
- Kraftloserklärung **15** 1 ff.
- mehrere Bevollmächtigte **1** 40 ff., M 43, M 47
- mehrere Vollmachtgeber **1** 25 ff.

- parallele **1** 27
- Praktikabilitätsgründe **6** 32 ff.
- sukzessive Ausfertigung **1** 44
- Vergütung **8** 31 f.

Bevollmächtigte, mehrere 7 39, **13** 16
- Angelegenheiten, persönliche **1** 129 ff., M 130
- Betreuungsverfügung **4** 20
- Beurkundung **1** 40 ff., M 43, M 47
- Einzel-/Gesamtvertretung **1** 45 ff., M 49 f., 101, 147
- Einzelvertretung **17** M 51
- Gesamtvertretung **17** M 49 f.
- in einer Urkunde **1** 40 ff., M 43, M 47, M 130
- Kontrollbevollmächtigung **17** 43 f.
- Unterbevollmächtigung **17** M 50
- Verwendung Vollmacht **17** 42 ff.
- Vorsorgevollmacht **7** 39, **17** 42 ff.

Bevollmächtigter 1 28 ff., **2** 80
- Abgrenzung Auftrag/Gefälligkeit **21** 1
- Abhängigkeitsverhältnis **1** 33
- Akzeptanz **1** 31
- ambulanter Pflegedienst **1** 33
- Ansprüche **21** 1 ff.
- Anwalt als Bevollmächtigter *siehe dort*
- Aufwendungsersatz **21** 12 ff.
- Auskunft/Rechnungslegung **22** M 24
- Auskunfts- und Rechnungslegungsanspruch **22** 1 ff.
- Befreiung von § 181 BGB **1** 51 ff., M 62
- Belastungs-/Finanzierungsvollmacht **1** 59
- Bereithaltungspflicht **11** 96 ff.
- Bereitschaft **1** 29 f.
- Beschränkung im Außenverhältnis **1** M 32
- Besitz Ausfertigung Hauptvollmacht **1** 78 f., M 79

- Bestand Vollmacht bei Alleinerben
  1 81 ff.
- Betreuer **1** 34
- Betreuungsverein **1** 36
- Betreuungsverfügung **4** 3, 15 ff.
- Eignung **1** 28 ff.
- Einwendungen **22** 18 f.
- elektronische/digitale Kommunikation **1** 133 ff., M 135
- Ersatzbevollmächtigter **1** 42 ff., M 43, **11** 88 ff.
- falsus procurator *siehe dort*
- gesellschaftsrechtliche Treuepflicht **2** 69 ff., M 75
- Haftung **2** 102 ff., M 103, M 105, **12** 9 ff.
- Heim/Anstalt/sonstige Einrichtung **1** 33
- Herausgabeanspruch **22** 35 ff., M 48 f.
- juristische Personen **1** 36
- Kontrollbevollmächtigung **1** 148
- mehrere *siehe* Bevollmächtigte, mehrere
- Minderjähriger **1** 39
- Mitarbeiter-/Abwicklungsvollmacht **1** 59
- Post-/Telekommunikation **1** 133 ff., M 135
- Qualifikation **1** 29 f.
- Schadensersatz **22** 51 ff.
- ungeeigneter **4** 3, 18 ff.
- untätiger **4** 15 ff.
- Untervollmacht *siehe dort*
- Vergütung *siehe dort*
- Vertrauensverhältnis **1** 28
- Vorschussrecht **21** 4 ff., M 5
- Wahrnehmung Organbefugnisse **2** 46 ff., M 79, M 92, M 94
- Weisung, interne *siehe dort*
- Widerruf **1** 46 f., M 47

Darlegungs-/Beweislast
- Formvorschriften **6** 24

- Herausgabeanspruch **22** 40 ff.
- Vorschussrecht **21** M 10, 10 f.

Dauer 13 14
- über Tod hinaus **1** 216 ff.
- Vergütung **12** 35 ff.
- Vollmacht **12** M 23

Dienstvertrag 11 34 f.
Direktvertretung 1 65
DNR-Deckblatt 3 109
Durchgangsvertretung 1 66

Ehegattentestament 4 8 ff.
Ehegattenvertretungsrecht 3 19 ff.
Eheschließung 4 13
Ehevertrag 4 12
Eidesstattliche Versicherung 4 7, 13, **22** 29 ff., M 34
Einstweilige Anordnung 5 26
Einstweiliger Rechtsschutz 16 65 ff., C 66 ff.
Einwilligung 4 12
Einwilligungsfähigkeit
- Anwendung qualifizierte Vorsorgevollmacht **18** 8 ff.
- Arztrecht **3** 25 ff.
- Bedingung Vollmacht **18** 26 ff.
- Patientenverfügung **3** 25 ff., 54 ff.

Elektronische/digitale Kommunikation 1 133 ff., M 135, **4** 12
Elterliche Sorge 10 1 ff.
Erbvertrag 4 6, 8 ff.
Erbverzicht/Erbschaftskauf 4 6, **6** 24
Ergänzungsbetreuer 4 22
Ergänzungsbetreuung 4 14
Ergänzungspfleger 4 3
Erlöschen 13 1 ff.
- Alleinerbe **13** 12
- Aufgabenkreis Versorgung/Behandlung **13** 9 f.
- Geschäftsunfähigkeit **13** 8 ff.
- Gründe aus Vollmacht selbst **13** 14
- Gründe, personenbezogene **13** 6, 8 f.
- Grundverhältnis **13** 3 ff.

- Herausgabeanspruch Ausfertigung 7 M 45
- Konfusion 13 12
- Post bzw. transmortale Vollmacht 13 12
- Tod 13 6, 8 f.
- Vollmacht im Interesse des Bevollmächtigten 13 7
- Zurückweisung durch Geschäftspartner 13 15

Ersatzbevollmächtigter 1 42 ff., M 43, **11** 88 ff.

Fälligkeit 12 44 ff., M 48
falsus procurator 19 4 ff., M 6, M 13, M 16, M 18
Flüssigkeitszufuhr 3 125 ff., M 131
Formerfordernisse/-vorschriften 6 1 ff.
- Arrestgesuch 16 80
- Auslandsvermögen 6 35
- Ausschlagung/Anfechtung Erbschaftsannahme 6 24
- Auswahl Form 6 26 ff.
- Beglaubigung, öffentliche *siehe dort*
- Beurkundung *siehe dort*
- Bürgschaft 6 24
- Erbverzicht/Erbschaftskauf 6 24
- gesetzliche Optionen 6 1 ff.
- Grundstücksgeschäfte 6 24
- Grundverhältnis 11 106
- Güterregister 6 24
- Handelsregister 6 24
- Kapitalgesellschaft 6 24
- Kostenaspekt 6 27 f.
- Patientenverfügung 6 24
- persönliche Angelegenheiten 1 118 ff.
- Praktikabilitätsgründe 6 32 ff.
- Privatschriftlichkeit *siehe dort*
- Rechnungslegung 22 12 ff.
- Rechtsfolgen Verstoß 6 25
- Schenkungsversprechen 6 24
- Schiedsvereinbarung Verbraucher 6 24
- Schriftform 1 118 ff.
- Unterbringung, ärztliche Maßnahmen 6 24
- Verbraucherdarlehensvertrag 6 24
- Verfahren, behördliche 6 24
- Verfahren, gerichtliche 6 24
- Vollmacht, formlose 6 29
- Vollmacht, unwiderrufliche 6 24
- Vorsorgevollmacht 17 2 f., 24
- Vorüberlegungen 6 26
- Widerrufserklärung 14 11 f., M 12
- Zwangsvollstreckungsunterwerfung 6 24

Freiheitsentzug/freiheitsentziehende Maßnahme 18 13 ff., 62 ff.

Gebühren
- Beglaubigung bei Betreuungsbehörde 6 19

Gebühren/Kosten 8 1 ff.
- Beglaubigung 6 19, 8 63, 65
- Beratungshilfe 8 52 ff.
- Beurkundung 6 23, 8 63, 65
- gerichtliche Sicherungsmaßnahmen 16 10
- kontrollbevollmächtigter Anwalt 5 M 44
- Kostenaspekt bei Formüberlegungen 6 27 f.
- Kraftloserklärung 15 14
- Notargebühren *siehe dort*
- Registrierung 9 9

Gefahrensituationen 18 42 ff.
Gefälligkeitsverhältnis 1 169 ff., M 191, **11** 15
- Abgrenzung zum Auftrag 21 1
- Charakterisierung 11 37
- Grundverhältnis Vorsorgevollmacht 11 37 ff.
- Haftung 11 38
- Informationsrechte 22 50
- Rechtsbindungswille 11 39 ff.

Stichwortverzeichnis 621

- Schutzpflichten 11 38
Gegenbetreuer 5 45
Genehmigungsvorbehalt 18 33 ff.
- Einholung Genehmigung 18 M 66
- falsus procurator 19 10 ff., M 13
- freiheitsentziehende Maßnahme 18 62 ff.
- genehmigungspflichtige Gefahrensituationen 18 42 ff.
- Genehmigungsverfahren 18 88 ff., M 94
- Grenzen 1 128
- Nachlasspflegschaft 16 28
- Nachlassverwaltung 16 M 43 ff.
- persönliche Angelegenheiten 1 126 ff.
- Unternehmer 2 3
- Verzicht 18 58 ff.
- Voraussetzungen 1 126 f.
- Vorsorgebevollmächtigter 1 114
Generalvollmacht 1 84 ff., 18 M 32
- AGB-Recht 1 221 ff., M 225
- Angelegenheiten, höchstpersönliche 1 142
- Angelegenheiten, persönliche 1 86 f., 115 ff.
- Anmerkungen 1 10 ff., M 11
- Auslandsbezug 1 162 f., M 163
- Einschränkungen 1 88 ff., M 92, M 95, M 99, M 103
- elektronische/digitale Kommunikation 1 133 ff., M 135
- Genehmigung, gerichtliche 1 114
- Grundmuster, ausführliches notarielles 1 M 8
- Grundmuster, kurzes privatschriftliches 1 M 9
- Katalog Rechtsgeschäfte 1 104 ff., M 112
- Kontrollbevollmächtigung 1 90
- Post-/Telekommunikation 1 133 ff., M 135
- Schenkung 1 94 ff., M 95, M 99

- Sorgerechtsvollmacht 1 M 143
- Totenfürsorge 3 204 ff., M 207
- transmortale/über Tod hinaus 1 216 ff.
- Verbraucherdarlehensvertrag 1 113
- Widerruf 1 214 f.
- Wirksamwerden 1 186 ff.
Genossenschaftsregister 17 40 f.
Gerichtliche Sicherungsmaßnahmen
siehe Sicherungsmaßnahmen, gerichtliche
Geschäftsbesorgung 11 M 59, *siehe auch* Auftrag/-sverhältnis
- Ausführung durch Dritte 11 32
- Auskunfts-/Rechenschaftspflicht 11 31
- Grundverhältnis Vorsorgevollmacht 11 30 ff.
- Herausgabepflichten 11 31
- Kontrollbevollmächtigung 5 M 44
- Vergütung, übliche 11 33
Geschäfts(un)fähigkeit
- Anwendung qualifizierte Vorsorgevollmacht 18 8 ff.
- Auftraggeber 13 8 ff.
- Ausfertigung 7 31 ff.
- Beglaubigung 6 14, 18, 7 28 ff.
- Begutachtung durch Facharzt 1 23
- Betreuung/Betreuungsverfügung 3 13 f., 4 3
- Beurkundung 6 23, 38, 7 11 ff., M 23, M 25, 18 9
- freiwilliger Vermerk 7 M 23, M 25
- Geschäftsführer 2 6
- Gesellschafter 2 8
- Leitungsorgane Kapitalgesellschaft 2 6
- Leitungsorgane Personengesellschaft 2 7
- Unternehmer 2 5 ff.
- Vollmachtgeber 13 8 ff.
- Vorsorgevollmacht 1 15, 23, 7 11 ff.
- Vorstand 2 6

- Widerruf Gesundheitsfürsorgeerklärung **14** 25
- Widerruf Vermögenssorgeerklärung **14** 20 ff.

Gesellschaftsrechtliche Treuepflicht 2 69 ff., M 75

Gesundheitssorge
- Ehegattenvertretungsrecht **3** 19 ff.

Glaubhaftmachung 22 29 ff., M 34

Grundbuchamt 13 17
- Nachlassverwaltung **16** M 52
- öffentliche Beglaubigung, **17** 30 ff.
- Prüfung Vollmacht **17** 25
- Vollmacht, beschränkte/bedingte **17** 26 ff., M 29
- Vollmacht, transmortale **20** 9
- Vorsorgevollmacht **17** 24 ff.

Grundstücksgeschäfte 6 24

Grundverhältnis 1 164 ff., M 174, **11** M 58 f.
- Auftrag/-sverhältnis **1** 171 f., M 172, **11** 24 ff., M 48, **13** 3 ff.
- Aufwendungsersatz **11** 28
- Ausgestaltung, fehlende **11** M 50
- Ausgestaltung, konkrete **11** 60 ff.
- Auskunft/Rechnungslegung *siehe dort*
- Bedeutung bei Erlöschen **13** 3 ff.
- Bereithaltungspflicht Bevollmächtigter **11** 96 ff.
- beschränktes/bedingtes **11** 66 ff., **17** 26 ff., M 29
- Dienstvertrag **11** 34 f.
- Ersatzbevollmächtigte **11** 88 ff.
- Formerfordernisse **11** 106
- Gefälligkeit **11** 37 ff.
- Geschäftsbesorgung **11** 30 ff.
- Geschäftsführung ohne Auftrag **11** 15
- Gestaltung, vertragliche **11** M 58 f.
- Haftung **11** 76 ff., M 80 f.
- Hinweise **1** 182 ff., M 183 ff.
- interne Weisung **1** 205 ff., M 207, M 209, M 212
- Modifikationen **11** 46 ff.
- Niederlegung außerhalb **1** 179 ff.
- Qualifikation, rechtliche **11** 17 ff.
- Rechtsnatur **1** 166 ff.
- Regelungen **1** 173 ff.
- Rückforderungsansprüche **11** 31
- technische Umsetzung **11** 99 ff.
- Trennung von Vollmacht **11** 13 ff.
- Typenkombination **11** 36
- Untervollmacht **11** 70
- Vergütung **11** 84 ff.
- Vermögensverwaltungsanordnungen **11** 93 ff.
- Vertretungsregelungen **11** 88 ff.
- Vollmacht, isolierte **11** 15
- Vollmachtsausübung **11** 61 ff.
- Vollmachtsmissbrauch **1** M 185
- Vorsorgevollmacht **1** 164 ff., **2** 96 ff., M 98, M 101, M 103, M 105, **11** 1, 3, 8 ff.
- Zulässigkeit Modifikationen **11** 51 ff.
- Zuständigkeitsbereiche **11** 88 ff.
- zweiseitiges Rechtsgeschäft **11** 13

Güterregister 6 24

Haftung 11 76 ff.
- Anwalt als Bevollmächtigter **12** 9 ff., 55 ff.
- Auskunft/Rechnungslegung *siehe dort*
- Beschränkung **11** M 80 f., **12** M 21 ff.
- Betreuer **12** 55 ff.
- Ersatzanspruch **11** 82 f., M 83
- falsus procurator **19** 14, M 16
- Gefälligkeitsverhältnis **11** 38
- gegenüber Dritten **12** 15 ff.
- gegenüber Erben **20** 29 ff.
- Kontrollbetreuung **5** 29, **12** 55 ff.
- Risiken Vergütung **8** 9
- Verzicht **12** 27 ff., M 29

– Vorsorgebevollmächtigter **2** 102 ff., M 103, M 105, **12** 9 ff.
Handelsregister 6 24, **17** 37 f.
Heilbehandlung/ärztlicher Heileingriff 6 24, **18** 38 ff.
– allgemeingültige Behandlungsanweisungen **3** 93 ff., M 94
– ambulanter Pflegedienst **1** 33
– anamnestische Daten/Grunddaten **3** 88 ff., M 90
– Bears-Liste **18** 50
– Behandlungsverbote **3** 105 ff.
– Behandlungsvereinbarungen **3** 62
– Behandlungsvertrag **3** 36
– Behandlungsverzicht **3** 60
– Einwilligungsfähigkeit **3** 25 ff., 54 ff.
– Feststellung Patientenwille **18** 67, 69 f., 83, M 84
– Flüssigkeitszufuhr **3** 125 ff., M 131
– Gespräch mit dem Arzt **3** 184 ff., M 185
– Herzschrittmacher/Kombigeräte **3** 145 f., M 146
– HPG **3** 63 f.
– klinische Studien **4** 6
– künstliche Ernährung **3** 125 ff., M 131
– Medikamentenplan **3** 88 ff.
– Patientenverfügung **3** 93 ff.
– Priscus-Liste **3** 92, **18** 50
– Psychopharmaka **3** 100 ff., M 102
– Ranking Patientenwille **3** 50 ff.
– Reanimationsverbot (DNR) **3** M 106 ff.
– Rechtsfolgen Handeln ohne Gespräch/Genehmigung **18** 85 ff.
– Schmerzbehandlung **3** 95 ff., M 98
– Schweigepflichtentbindung **4** 12
– spezielle ärztliche Maßnahmen **3** 122 ff., M 123, 136 ff., M 137
– Untersuchung **18** 37
– Zwangsbehandlung **18** 19 ff.

Heimunterbringung/Anstalt/ sonstige Einrichtung 1 33, **18** 18
Herausgabe der Vollmachtsurkunde 5 27
Herausgabeanspruch/-pflicht *siehe* Rückforderungsansprüche
Herzschrittmacher/Kombigeräte 3 145 f., M 146
Hinweispflichten Anwalt 8 12 ff.
Höchstpersönliche Angelegenheiten *siehe* Angelegenheiten, höchstpersönliche
Hoferklärung 4 6
Hospiz-/Palliativgesetz (HPG) 3 63 f.

Identifizierung 7 2 ff.
Informationsansprüche *siehe* Auskunft/Rechnungslegung
Informationsrechte des Vollmachtgebers 22 50
Innenverhältnis *siehe* Grundverhältnis
Interessenkollision 4 14, **12** 13
– Befreiung von § 181 BGB **1** 51 ff., M 62
Interviewmethode 3 65, 184 ff., M 185
Inverwahrungnahme, amtliche 16 6

Jugendamt 4 6

Kapitalgesellschaft 2 6
– Gesellschafter wechselseitig **2** M 81 f.
– gesellschaftsrechtliche Treuepflicht **2** 74, M 75
– GmbH **6** 24
– Verpflichtung zur Errichtung von Vorsorgevollmachten **2** 76 ff., M 78 f., M 83 f.
– Wahrnehmung Organbefugnisse **2** 46 ff.
– Zustimmung Mitgesellschafter **2** 21 ff.

Kirchenaustritt 4 6
Klinische Studien 4 6
Kollision 3 103 f., M 104, 4 14, 12 13
– Befreiung von § 181 BGB 1 51 ff.,
  M 62
Konfusion 1 81 ff., 20 11 ff.
Kontrollbetreuung 1 148, 4 3, 5 1 ff.
– als milderes Mittel 4 21
– Anwalt als Bevollmächtigter
  12 53 ff.
– Aufgaben Betreuer 5 2, 29 ff., 36
– Benennung Kontrollbetreuer 4 40
– Bestellung Betreuer 5 M 33, M 35
– Betreuungsverfügungen 5 35, 37 f.
– Einzelfälle 5 12
– Erforderlichkeit 5 5 f., 8 f., 11
– Gegenbetreuung 5 45
– Gesundheitsangelegenheiten 5 11
– Haftung 12 55 ff.
– Informationsrechte 5 29
– Reformänderungen 5 4
– Rückforderungs-/Schadens-
  ersatzansprüche 5 29
– Überforderung 5 9
– Überwachung Betreuungsgericht
  5 3
– Unvermögen Betroffener 5 8
– Verfahren 5 16
– Vergütung 12 59 ff.
– Voraussetzungen 5 6, 8
– Weisungsrechte 5 29
– Widerruf 5 17 ff., 25, 28 f., 14 36
– Zweifel an Redlichkeit 5 9 f.
Kontrollbevollmächtigung 1 90, 148,
5 37 ff., M 42
– Anwalt als Bevollmächtigter 5 M 44
– Geschäftsbesorgungsvertrag An-
  walt 5 M 44
– mehrere Bevollmächtigte 17 43 f.
– Rechtsbindungswille 11 43
– Vergütung 5 M 44
– wechselseitige Kontrolle 5 38

Kraftloserklärung 15 1 ff.
– Antragsberechtigte 15 5
– beizufügende Unterlagen 15 5
– Entscheidung 15 12
– Geschäftswert 15 15
– Kosten 15 14
– mehrere Vertretungsberechtigte
  15 6
– öffentliche Bekanntmachung 15 4,
  13
– Prüfungsumfang 15 9 ff.
– Unwiderruflichkeit 15 18
– Verfahren 15 3 f., 13
– Wirkung 15 16 ff.
Künstliche Ernährung 3 125 ff.,
M 131

Lebens-/Gesundheitsgefährdung
18 35 f.

Meldebehörde 4 12
Minderjähriger 1 39
Missbrauch/-sverdacht 5 10, 22 47
Mitarbeiter-/Abwicklungsvollmacht
1 59
Multi-/Polymedikation 18 55 f.
– Genehmigungspflicht der Einwilli-
  gung 18 57

Nachlasspfleger 14 38, 20 37
Nachlasspflegschaft 1 218, 16 11 ff.
– Anordnung 16 17 f.
– Anordnungsbeschluss 16 23 ff.,
  M 25 f.
– Aufhebung 16 M 29
– Bestellung Nachlasspfleger
  16 M 25 f.
– Erbenermittlung 16 59
– Festsetzung Vergütung 16 30 ff.,
  M 31 f.
– Geltendmachung Pflichtteilsansprü-
  che 16 58
– genehmigungspflichtige Rechtsge-
  schäfte 16 28

- gerichtliche Zuständigkeit 16 19 ff.
- Nachlassverzeichnis 16 27
- Rechtsmittel 16 33
- Sicherungsbedürfnis 16 12 ff.
- trotz Vorsorgevollmacht 20 34 ff.
- überschuldeter Nachlass 16 M 32, 34 ff.
- unbekannter Erbe 16 15 f.
- Verhältnis zur Testamentsvollstreckung 16 54 ff.

Nachlassverwalter 16 41 ff., M 42 ff., M 53

Nachlassverwaltung 16 34 ff.
- Anordnung 16 M 40
- Antrag 16 35, M 37 f.
- Aufgaben Nachlassverwalter 16 41 ff.
- Beendigung/Aufhebung 16 46 f., M 47
- Einleitung Aufgebotsverfahren 16 M 42
- gerichtliche Zuständigkeit 16 36 ff., M 37 f.
- Jahresbericht 16 M 53
- Mitteilung an Grundbuchamt 16 M 52
- nachlassgerichtliche Genehmigung 16 M 43 ff.
- Rechtsmittel 16 48 ff.
- Voraussetzungen 16 39 f.
- Vorsorgevollmacht 20 38
- Zweck/Ziel 16 34

Nachlassverzeichnis 16 7, 27

Nachrang-/Subsidiaritätsgrundsatz 4 2, 16 75

Namensänderung 4 6

Negativattest 18 1 ff.

Neuroleptika 18 53

Notargebühren 8 55 ff.
- Anwaltsnotar 8 60 f.
- Beglaubigung 6 14, 8 65 ff.
- Gegenstandswerte 8 70 ff.
- Generalvollmacht 8 70 ff.

- Kombinationsvollmacht 8 80 ff.
- mehrere Urkunden 8 67

Notgeschäftsführung 14 31

Obduktionsverfügung 3 201 ff., M 214

Organbefugnisse 2 46 ff.

Partnerschaftsregister 17 39

Patientenverfügung 3 38 ff.
- Advance care planing 3 71
- Advance care planning 3 72 f.
- Aktualitätscheck 3 188 ff.
- allgemeingültige Behandlungsanweisungen 3 93 ff., M 94
- amyotrophe Lateralsklerose (ALS) 3 147
- anamnestische Daten/Grunddaten 3 88 ff., M 90
- Angelegenheiten 3 14
- Auffangklausel 3 M 121
- Aufklärung 3 85 ff., M 86
- Auslegung *siehe dort*
- Autorenvorschlag 3 82 ff.
- Beatmung 3 132 ff., M 135
- begleitende 18 1 ff.
- Behandlungsverbote 3 105 ff.
- Behandlungsvereinbarungen 3 62
- Behandlungsvertrag 3 36
- Behandlungsverzicht 3 60
- Beraterbestätigung 3 199 f.
- Beratungsgrundlagen 3 1 ff.
- Bestimmtheitsgrundsatz 3 74 ff.
- Beweismaßstab 3 117 f., M 118
- Bindungswirkung 3 26 f., 37
- Biographisches 3 163 ff., M 165
- christliche Mandanten 3 149 f.
- DNR-Deckblatt 3 109
- Durchsetzungsverfügungen 3 M 198
- Einsatz 3 52
- Einstellungen 3 168 ff., M 169, M 171

- Einwilligungsfähigkeit 3 25 ff., 54 ff.
- Entscheidungshilfen 3 173 ff., M 177
- Erneuerungszusatz 3 188 ff., M 190
- Festlegungen Behandlung/Pflege 3 178 ff., M 181
- Feststellung Patientenwille 18 67, 69 f., 83, M 84
- Flüssigkeitszufuhr 3 125 ff., M 131
- Formvorschriften 6 24
- Gespräch mit dem Arzt 3 184 ff., M 185
- Grundlagen 3 39 ff.
- Grundrechtsrelevanz 3 2 ff.
- Grundsituationen 3 112 ff., M 114
- Herzschrittmacher/Kombigeräte 3 145 f., M 146
- HPG 3 63 f.
- in Vorsorgevollmacht 1 149 ff.
- Inhalt 3 66 ff.
- Interpretations-/Auslegungsverbot 3 194 ff., M 195, M 197
- Interviewmethode 3 65
- isolierte 9 5
- jüdische Mandanten 3 153 ff.
- Kollisionsregel 3 103 f., M 104
- konkrete Lebens-/Behandlungssituationen 3 111 ff., M 114
- Konkretisierungsgebot 3 74 ff.
- Kopien/ unterschiedliche Versionen 3 187
- künstliche Ernährung 3 125 ff., M 131
- lebenssituationsorientierte 3 145 ff.
- letzte Lebensphase 3 63 f.
- Mandanten anderer Religionen/ Weltanschauungen 3 156
- Medikamentenplan 3 88 ff.
- medizinische Professionsnormen 18 80 f.
- muslimische Mandanten 3 151 f.

- Organ-/Gewebespende 3 138 ff., M 142
- Pflicht zur Errichtung 3 48 f.
- Priscus-Liste 3 92
- Psychopharmaka 3 100 ff., M 102
- qualifizierte Vorsorgevollmacht 18 7 ff., 23 ff., M 24, M 32
- Ranking Patientenwille 3 50 ff.
- Reanimationsverbot 3 M 106 ff.
- Rechtsfolgen Handeln ohne Gespräch/Genehmigung 18 85 ff.
- Rechtsgrundlagen Vertretung 3 5 f.
- Registrierung 9 4 ff.
- religiös ausgerichtete 3 148 ff.
- Scheitern 3 70
- Schmerzbehandlung 3 95 ff., M 98
- Selbstbestimmungsrecht 3 41 ff.
- Selbsttötung 3 41 ff.
- spezielle ärztliche Maßnahmen 3 122 ff., M 123, 136 ff., M 137
- Stellvertretung bei Errichtung 3 55
- Störfallregelungen 3 70
- Textmuster (iB BMJ) 3 79 ff.
- Umsetzung 18 1 ff.
- Verbindlichkeit/Bindungswirkung 3 186 ff.
- Vergütung *siehe dort*
- Verhältnis gewillkürter/gesetzlicher Vertreter 3 28
- Verknüpfung mit Vorsorgevollmacht/Betreuungsverfügung 3 35 ff.
- Widerruf 3 56 ff., 191 ff., 14 25
- Zuständigkeit Betreuer in Personalangelegenheiten 18 4 ff.
- Zuständigkeit Betreuer Personensorge 18 3

Personalangelegenheiten 18 8 f.
- Feststellung Patientenwille 18 69 f.
- freiheitsentziehende Maßnahme 18 13 ff., 65
- Genehmigungsvorbehalte 18 34
- Handeln ohne Gespräch/Genehmigung 18 85, 87

– Heimunterbringung 18 18
– inhaltliche Anforderungen 18 10 ff.
– medizinische Professionsnormen
  18 80
– Selbstgefährdung 18 16
– Zwangsbehandlung 18 19 ff.
Personen, juristische 1 36
Personengesellschaft 2 7
– Gesellschafter wechselseitig
  2 M 81 f.
– gesellschaftsrechtliche Treuepflicht
  2 72 f., M 75
– Grundsatz Selbstorganschaft 2 7, 10
– Verpflichtung zur Errichtung
  2 76 ff., M 78 f., M 83 f.
– Vorsorgevollmacht Zustimmung
  Mitgesellschafter 2 17 ff.
– Wahrnehmung Organbefugnisse
  2 46 ff.
Personensorge 1 115 ff., **18** 3 ff.
Persönliche Angelegenheiten *siehe*
  Angelegenheiten, persönliche
Pflichtteilsverzicht 4 6
Post-/Telekommunikation 1 133 ff.,
  M 135
Presonalangelegenheiten
– Genehmigungsvorbehalte 18 35
Priscus-Liste 3 92, **18** 50
Privatschriftlichkeit 6 2, 4 f., 29
– eigenhändige Unterschrift 6 7 ff.
– Ersatz durch Beurkundung 6 10
– mehrere Blätter 6 5
– Orts-/Datumsangabe 6 6
– Zeugenbestätigung 6 M 9
Prokurist 2 80
Prozessvertretung 4 12
Psychopharmaka 3 100 ff., M 102,
  18 51 f.

Reanimationsverbot (DNR)
  3 M 106 ff.

Rechnungslegung *siehe* Auskunft/
  Rechnungslegung
– eidesstattliche Versicherung
  22 M 34
– eidesstattliche Versicherung auf
  Vollständigkeit 22 29 ff.
– Erfüllungseinwand 22 22 f.
– formale Anforderungen 22 12 ff.
– Klage auf 22 25 ff.
– Klageantrag 22 M 28
Rechnungslegungsanspruch 22 6 ff.
– Verjährung 22 6 ff.
Rechtsbindungswille 11 24, 39 ff., 43
Registergerichte 17 36 ff.
Registrierung 9 2, 4 ff.
– Antrag 9 7
– Auskunftsberechtigung 9 10 ff.
– Gebühren 9 9
– isolierte Patientenverfügung 9 5
– registrierungsfähige Daten 9 8
– Widerruf Vorsorgevollmacht 9 6
Rückforderungsansprüche 7 44 ff.,
  M 45, **11** 31, **14** 39, **22** M 48 f.
– Ausfertigung 14 40
– Bereicherungsrecht 22 45 f.
– Darlegungs-/Beweislast 22 40 ff.
– Durchsetzung 14 41
– Erhaltenes 22 36
– Erlangtes 22 37 ff.
– Fotokopien 14 40
– Inhalt 22 35 ff.
– Kontrollbetreuung 5 29
– mehrere Bevollmächtigte 14 43
– Original 14 40
– Rückforderungsrecht 7 11
– teilweiser Widerruf 14 39
– unerlaubteHandlung 22 47
– Untervollmachten 14 M 44
– Voraussetzungen 22 35 ff.
Rückübertragungsvormerkung
  1 57 f.

Schadenersatz 11 82 f., M 83, 21 9,
  22 51 ff.
Scheidung 4 12
Schenkung 1 94 ff., M 95, M 99, 6 24,
  31, 17 52 f., M 53 f.
Schiedsvereinbarung Verbraucher
  6 24
Schmerzbehandlung 3 95 ff., M 98
Schutzpflichten 11 38
Schweigepflichtentbindung 4 12
Selbstbestimmungsrecht 3 41 ff.
Selbstgefährdung 18 16
Selbstorganschaft 2 10, 52, 55, 107,
  20 42
Selbsttötung 3 41 ff.
Sicherungsmaßnahmen, gerichtliche
  16 1 ff., 55 f.
– amtliche Inverwahrungnahme 16 6
– Anlegen von Siegeln 16 2 ff., M 3,
  M 5
– einstweiliger Rechtsschutz, 16 65 ff.
– Kontensperrung 16 8
– Kosten 16 10
– Mittel 16 1 ff.
– Nachlasspflegschaft 16 11 ff.
– Nachlassverwaltung 16 34 ff.
– Nachlassverzeichnis 16 7, 27
– sonstige 16 9
Sorgerechtsangelegenheiten 1 M 143,
  4 12 f.
Sorgerechtsentzug
– Abwehr 10 5
Sorgerechtsvollmacht 10 1 ff.
– als General- oder Spezialvollmacht
  10 11
– als Generalvollmacht für den anderen Elternteil 10 M 14
– als Generalvollmacht für Dritte
  10 M 16
– als Spezialvollmacht für Dritte
  10 M 17
– als Spezialvollmacht (Urlaubsreise)
  für den anderen Elternteil 10 M 15

– Außenverhältnis 10 6
– Dogmatik 10 6 ff.
– Innenverhältnis 10 8 ff.
– keine Unwiderruflichkeit 10 12
Sorgerechtsvollmacht an anderen
  Elternteil
– Abwehr eines Antrags 10 3
– Verhinderungsfall 10 2
Sorgerechtsvollmacht an Dritte
– Abwehr Sorgerechtsentzug 10 5
– Verhinderungsfall 10 4
Suspendierung der Vollmacht 5 19
Suspendierung einer Vorsorgevollmacht 5 20

Testament
– Auskunft 1 102 f., M 103, 167
– Ehegattentestament/Erbvertrag
  4 8 ff.
– Entwurf 8 7 f.
– Hinterlegung 4 12
– höchstpersönliche Angelegenheiten
  4 13
– Vergütung Entwurf 8 7 f.
Testamentsvollstrecker
– Vergütung 16 60
– Verhältnis zur Nachlasspflegschaft
  16 54 ff.
– Vorsorgevollmacht 20 39 ff., M 47,
  M 50 f.
– Widerruf 14 38, 20 54
Totenfürsorge 1 158 ff., M 161,
  3 204 ff., M 207, 4 12
Totenfürsorgeverfügung *siehe* Bestattungsanordnung

Übermaßverbot 3 14
Umfang 1 84 ff., 18 7 ff., 20 6 f.
– Ablieferung 9 17 f.
– Prüfung Kraftloserklärung 15 9 ff.
– Vorgaben Vollmachtgeber 1 88 ff.,
  M 92, M 95, M 99, M 103
Unterbringung 6 24

Unternehmer/Unternehmen 2 1 ff.,
  siehe auch Kapitalgesellschaft, siehe
  auch Personengesellschaft
– Genehmigungsvorbehalte **2** 3
– Geschäfts(un)fähigkeit **2** 5 ff.
– gesellschaftsrechtliche Zulässigkeit
  2 10 ff.
– Selbstorganschaft **2** 10, 52, 55, 107,
  20 42
– Verpflichtung zur Errichtung
  2 76 ff., M 78 f., M 83 f.
– Vorsorgevollmacht **2** 86 ff., M 90,
  M 98, M 101, M 103, M 105
– Vorstand **2** 6
– Wahrnehmung Organbefugnisse
  2 46 ff., M 79, M 92, M 94
– Widerruf Zustimmung Mitgesell-
  schafter **2** 31 ff.
– Zustimmung Mitgesellschafter
  2 16 ff., M 27 f.
Unterrichtungspflicht 9 20 ff., M 23
Unterschrift, eigenhändige 6 7 ff.
Untersuchung 18 37
Untervollmacht 1 59, 64 ff., C 68,
  M 72 f., M 76, **17** M 50
– Angelegenheiten, bestimmte **1** M 73
– Angelegenheiten, persönliche **1** 70,
  132
– Befreiung von § 181 BGB **1** 59
– Besitz Ausfertigung Hauptvoll-
  macht **1** 78 f., M 79
– Direkt-/Durchgangsvertretung **1** 66
– Einzelfallregelung **1** M 72
– Grundverhältnis **11** 70
– Herausgabe/Rückgabe **14** M 44
– Widerruf **1** 75 f., M 76
Unwirksamkeit Vollmacht
– Erlöschen *siehe dort*
– Rechtsfolgen unwirksame Erteilung
  19 1 ff.

Verbraucherdarlehensvertrag 1 113,
  6 24
Vereinsregister 17 37 f.

Verfahrensrecht
– Widerruf einer Vollmacht **5** 25
Verfügung von Todes wegen 1 81 ff.,
  102 f., M 103, 167
Vergütung 11 84 ff., **12** 30 ff.
– Aktenvermerk **8** M 33
– Anrechnungsvereinbarung **8** 26
– Anwalt als Bevollmächtigter **8** 11,
  12 30 ff., M 34, 35 ff., M 43, 44 ff.,
  M 48, 59 ff.
– Aufwendungsersatz *siehe dort*
– Bedeutung Angelegenheit **8** 9
– Beratungshilfe **8** 52 ff.
– Betreuer **4** 39, **12** 59 ff.
– Bevollmächtigter **21** M 20, 20
– Darlegungs-/Beweislast **8** 25
– Erstberatung **8** 6
– Fälligkeit **12** 44 ff., M 48
– finanzielle Leistungsfähigkeit des
  Mandanten **8** 9
– Geschäftsbesorgung **11** 33
– Haftungsrisiken **8** 9
– Hinweispflichten **8** 12 ff.
– Höhe/Dauer **12** 35 ff., M 43
– Kontrollbetreuung **12** 59 ff.
– Kontrollbevollmächtigung **5** M 44
– Nachlasspflegschaft **16** 30 ff.,
  M 31 f.
– Nebenkosten **8** 40 f.
– ortsübliche **8** 4 f., 18 f.
– Pauschale **8** 20, 27, M 43, M 46
– spätere Beurkundung **8** 31 f.
– Stundenhonorar **8** 20, 26, M 34,
  35 ff.
– Testamentsentwurf **8** 7 f.
– Testamentsvollstreckung **16** 60
– übliche **11** 33
– Umsatzsteuer **8** 37
– Umsatzsteuerpflicht **12** 40
– Vergütungsvereinbarung **8** 3, 22,
  M 34, M 43, M 46 f., **12** M 34
– Verhandlung über **8** 16 ff.

- Vertrag zwischen Beteiligten Vollmacht **8** 49 ff.
- Vorsorgevollmacht **11** 33 f.
- Zeitintervalle **8** 38

Verhinderungsbetreuer
- Ergänzungsbetreuung **4** 22

Verjährung 22 6 ff.

Vermögensverwaltungsanordnungen 11 93 ff.

Vertretung, zwingende gesetzliche 4 6, **8** ff., 13

Verwahrung 9 2, 13 f., **16** 6

Vollmacht
- einstweilige Anordnung **5** 26
- Herausgabe der Vollmachtsurkunde **5** 27
- Suspendierung **5** 20
- Unterschriftsbeglaubigung durch Betreuungsbehörde **6** 15
- Widerruf **5** 22

Vollmachtgeber 1 15, 25
- Abwägung Vollmacht/Betreuungsverfügung **1** 28
- Auskunft über Verfügung von Todes wegen **1** 102 f., M 103, 167
- Auskunftsansprüche **22** 1 ff.
- Einschränkung Vollmacht **1** 88 ff., M 92, M 95, M 99, M 103
- Einwilligungsfähigkeit **1** 15
- Geschäfts(un)fähigkeit *siehe dort*
- mehrere **1** 25 ff.
- Person **1** 15, 25
- Unternehmer/Unternehmen *siehe dort*
- Verhältnis zu Dritten **11** 1, 5
- Verpflichtung zur Errichtung **2** 76 ff., M 78 f., M 83 f.
- Vorsorgevollmacht **1** 15, 25
- Widerrufserklärung **14** 20 ff.
- Wünsche **12** M 11 f.

Vollmachtsmissbrauch 1 M 185

Vor-/Nacherbschaft 20 32 f., M 33

Vorlagepflicht/-zwang 17 4 ff., M 7

Vorschussrecht 21 4 ff., M 5
- Bevollmächtigter **21** 4 ff., M 5

Vorsorgevollmacht 3 7 ff., **18** M 32
- Abfassung in einem/mehreren Dokumenten **11** 99 ff.
- Abspaltungsverbot **2** 10 f.
- adressatengerechte **1** 80
- AGB-Recht **1** 221 ff., M 225
- Amtsannahmelösung **20** M 49
- Anerkennungspflicht **17** 14 ff.
- Angelegenheiten, höchstpersönliche **1** 142
- Angelegenheiten, persönliche **1** 115 ff.
- Anmerkungen **1** 10 ff., M 11
- Ansprüche Bevollmächtigter **21** 1 ff.
- Anwalt als Bevollmächtigter **12** 1 ff.
- Ausfertigung **7** 31 ff., M 43, M 45
- Auslandsbezug **1** 162 f., M 163, **6** 35
- Ausweis zur Ablichtung **7** 9 f., M 10
- Banken/Kreditinstitute **17** 9 ff.
- Bankvollmacht **12** 3 f.
- Beglaubigung, öffentliche **6** 11 f., 39
- Begriff **1** 12 ff.
- beschränkte/bedingte **1** M 32, 88 ff., M 92, M 95, M 99, M 103, 191, **3** 35 ff., **13** 16 f., **17** 26 ff., M 29
- Beschränkung Anerkennung **17** 10 ff.
- Beurkundung **6** 22 f.
- Bevollmächtigte, mehrere *siehe dort*
- Bevollmächtigter **1** 28 ff.
- Datenschutz **7** 8 ff.
- elektronische/digitale Kommunikation **1** 133 ff., M 135
- ergänzende Betreuungsverfügung **1** 144 ff., M 145
- Erlöschen **13** 1 ff.
- Feststellung Patientenwille **18** 67, 69 f., 83, M 84

- Form **17** 2 f., 24
- Fragebogen **3** M 34
- Genehmigungsvorbehalte **18** 33 ff.
- Generalvollmacht **1** 84 ff.
- gerichtliche Genehmigung **1** 114
- Geschäfts(un)fähigkeit **1** 15, 23, **7** 11 ff.
- Gesellschafter wechselseitig **2** M 81 f.
- gesellschaftsrechtliche Treuepflicht **2** 69 ff., M 75
- gesellschaftsrechtliche Zulässigkeit **2** 10 ff.
- Grundbuchamt **17** 24 ff.
- Grundmuster, ausführliches notarielles **1** M 8
- Grundmuster, kurzes privatschriftliches **1** M 9
- Grundrechtsrelevanz **3** 7
- Grundverhältnis *siehe dort*
- Heimunterbringung **18** 18
- Identifizierung **7** 2 ff.
- inhaltliche Anforderungen **18** 10 ff.
- Katalog Rechtsgeschäfte **1** 104 ff., M 112
- Kollision mit Instituten, erbrechtlichen **20** 1 ff.
- Konfusion **20** 11 ff.
- Konkurrenz bei Nachlassabwicklung/-verwaltung **20** 44 ff.
- Kontrollbevollmächtigung **1** 90, 148
- Kraftloserklärung **15** 1 ff.
- medizinische Professionsnormen **18** 80 f.
- mit Patientenverfügung **1** 149 ff.
- nach Erbfall **20** 2 ff.
- Nachlasspflegschaft **20** 34 ff.
- Nachlassverwaltung **20** 38
- Negativattest **18** 1 ff.
- notarielle **7** 1 ff., **17** 15 f.
- Personalangelegenheiten **18** 7 ff., 23 ff., M 24, M 32
- Post-/Telekommunikation **1** 133 ff., M 135
- privatschriftliche **17** 18 ff., M 22
- qualifizierte **18** 7 ff., 23 ff., M 24, M 32
- Rechtsfolgen Handeln ohne Gespräch/Genehmigung **18** 85 ff.
- Rechtsfolgen unwirksame - **19** 1 ff.
- Rechtsgrundlage Vertretung **3** 8
- Rechtsinstitut **1** 12 ff.
- Rechtsverhältnisse **11** 1 ff.
- Registergerichte **17** 36 ff.
- Registrierung **9** 4 ff.
- Schenkung **1** 94 ff., M 95, M 99, **6** 24, 31, **17** 52 f., M 53 f.
- Sorgerechtsvollmacht **1** M 143
- Stimmrechtsvollmacht **2** 12 f.
- Testamentsvollstrecker **20** 39 ff., M 47, M 50 f.
- Totenfürsorge *siehe dort*
- transmortale/Fortbestand gegenüber Erben **1** 216 ff., **20** 2 ff.
- über Tod hinaus **1** 216 ff.
- Umfang **1** 84 ff., **18** 7 ff., **20** 6 f.
- unbedingte **13** 18
- Unternehmer/Unternehmen *siehe dort*
- Unterrichtungspflicht Betreuungsgericht **7** 52 ff.
- Unterschriftsbeglaubigung durch Betreuungsbehörde **6** 15
- Verbraucherdarlehensvertrag **1** 113
- Vergütung *siehe dort*
- Verhältnis Vollmachtgeber/Dritter **11** 1, 5
- Vertretung Erben **20** 3 f.
- Verwendung **17** 1 ff.
- Vollmachtgeber **1** 15, 23, 25
- Vor-/Nacherbschaft **20** 32 f., M 33
- Vorlagepflicht/-zwang **17** 4 ff., M 7
- Vorrang vor Betreuung **3** 13
- Wahrnehmung Organbefugnisse **2** 46 ff., M 79, M 92, M 94

- Widerruf *siehe dort*
- Wirksamkeit der Bevollmächtigung 1 20
- Wirksamwerden 1 186 ff.
- Zentrales Vorsorgeregister 7 46 ff., M 49, M 51
- Zustimmung Mitgesellschafter 2 16 ff., M 27 f.
- Zustimmungsvorbehalt 20 M 50 f.
- Zwangsbehandlung 18 19 ff.

Vorstand 2 6

Weisung, interne 1 205 ff., M 207, M 209, M 212, 2 96 ff., M 98, M 101

Widerruf 1 214 f., 14 1, 3 f.
- Betreuungsverfügung 3 18
- Bevollmächtigung 1 46 f., M 47
- Ehegattentestament/Erbvertrag 4 8 ff.
- Einschränkung Recht auf 14 7
- Erben 20 21 ff., M 22
- Erklärung 14 9, 11 f.
- Herausgabeanspruch Ausfertigung 7 M 45
- Kontrollbetreuer 5 17 f., 29
- (Kontroll-)Betreuer 14 36
- Kraftloserklärung 15 1 ff.
- letztwillige Verfügung 20 M 48
- Nachlasspfleger 14 38, 20 37
- Patientenverfügung 3 56 ff., 191 ff.
- Rechtsfolgen 2 44 f.
- Registrierung 9 6
- Suspendierung der Vollmacht 5 19
- Testamentsvollstrecker 20 54
- Unterrichtungspflicht Betreuungsgericht 7 52 ff.
- Untervollmacht 1 75 f., M 76
- Unwiderruflichkeit 14 3 f., 6, 15 18
- Vollmacht 5 22
- wegen falsus procurator (§ 178 BGB) 19 4 ff., M 6
- Widerruflichkeit 14 2
- Zustimmung Mitgesellschafter 2 31 ff.

Widerruf einer Vollmacht
- Antrag auf Genehmigung des Widerrufs 5 28
- Verfahrensrecht 5 25
- Voraussetzungen 5 24

Widerrufserklärung 14 9, 11 f.
- Betreuungsgericht 14 37
- Beweiserhebung 14 24
- Beweislast 14 23
- Empfänger 14 9 f.
- Erben Vollmachtgeber 14 28 f.
- Form 14 11 f., M 12
- Geschäftsfähigkeit 14 20 ff., 25
- Gesundheitsfürsorge 14 25
- (Kontroll-)Betreuer 14 36
- mehrere Bevollmächtigte 14 27
- Miterbe gegenüber Miterben 14 M 34 f.
- Nachlasspfleger 14 38
- Notgeschäftsführung 14 31
- Testamentsvollstrecker 14 38
- Vermögenssorgeerklärungen 14 20 ff.
- Vollmachtgeber 14 20 ff.
- Widerruf eines Miterben 14 27
- Wirkung 14 19
- Zugang 14 13 ff., 18

Wirksamwerden 1 186 ff.
- Ausfertigungssperre 1 196 ff., M 200, M 204
- Auslegung 1 187
- bedingte Vollmacht 1 191
- Besitz Vollmachtsurkunde 1 188
- Grundlagen/Einführung 1 186 ff.
- interne Weisung 1 205 ff., M 207, M 209, M 212
- Original/vergessene Ausfertigung 1 188
- Schubladenlösung 1 192 ff., M 194
- verzögerte Aushändigungsanweisung 1 196 ff., M 200, M 204
- verzögertes 1 190 ff.

Wohnungsrecht 1 57 f.

Wünsche Betroffener 3 29, **4** M 34,
M 36 ff., **12** M 11 f.

Zentrales Vorsorgeregister 6 14,
7 46 ff., M 49, M 51, **9** 2, 4 ff.
Zeugenbestätigung 6 M 9
Zugang 14 13 ff.
Zurückweisung 13 15
Zuständigkeit 11 88 ff.
– Anordnung Nachlasspflegschaft
16 19 ff.

– Betreuer Personalangelegenheiten
18 4 ff.
– Betreuer Personensorge **18** 3
– Nachlasspflegschaft **16** 19 ff.
– Nachlassverwaltung **16** 36 ff.,
M 37 f.
Zustimmung 2 16 ff., M 27 f., 31 ff.,
44 f.
Zuwendungsverzicht 4 6
Zwangsbehandlung 18 19 ff.
**Zwangsvollstreckungsunterwerfung
6** 24

Benutzerhinweise für den Download

Den Download-Link finden Sie auf Seite 4 (Impressum).

Der Formularbrowser stellt Ihnen sämtliche im Buch enthaltenen Muster zur Verfügung. Sie haben die Möglichkeit, durch Blättern oder Navigieren im Inhaltsverzeichnis ein bestimmtes Muster auszuwählen und dieses dann in Ihrer Textverarbeitung weiterzubearbeiten. Im Druckwerk ist für jedes Formular eine Referenznummer vergeben, die Sie dem neben dem Formular angeordneten Download-Symbol entnehmen können.

Für den Start der Anwendung sind folgende Systemvoraussetzungen zu beachten:
- Windows 8 oder höher
- Microsoft Word ab Version 2007 oder ein anderes Textverarbeitungsprogramm, das Word-Dateien öffnen kann.

Laden Sie die zip-Datei von der im Impressum angegebenen URL, entpacken Sie sie anschließend auf Ihrem Laufwerk.

Sie können die Anwendung auch auf Ihrer Festplatte installieren. Dafür benötigen Sie neben den oben genannten Voraussetzungen etwa 50 MB freien Speicherplatz. Führen Sie das Programm „setup.exe" aus, um die Installation zu starten. Folgen Sie danach bitte den weiteren Anweisungen am Bildschirm. Für die Installation müssen Sie über Administrator-Rechte verfügen.

Während der Installation wird, falls nicht bereits vorhanden, ein eigener Startmenü-Eintrag mit dem Namen des Verlags und der Buchreihe für die Anwendung eingerichtet. Zum Öffnen der Anwendung genügt ein Klick auf das Icon unterhalb der Programmgruppe.

Bei Nutzern von Word kann der Hinweis auf dem Bildschirm erscheinen, dass die Makros aktiviert werden müssen. Dies wird in den verschiedenen Wordversionen unterschiedlich gehandhabt:

Makroeinstellungen bei Office 2007

Klicken Sie zunächst auf das Startsymbol ganz links oben in Word und klicken dann links unten auf „Word Optionen" und als Nächstes in der linken Spalte auf das „Vertrauenscenter". Rechts unten finden Sie die Einstellungen zum Vertrauenscenter, in denen Sie die Makros aktivieren müssen. Wählen Sie die vierte Option „Alle Makros aktivieren" aus und klicken anschließend auf OK. Nun starten Sie die Formulare neu.

Makroeinstellungen bei Office 2010

In Office 2010 klicken Sie in Word auf „Datei" links oben und gehen anschließend zu „Optionen", wählen das „Sicherheitscenter" und Einstellungen für das Sicherheitscenter. Unter der Rubrik „Einstellungen für Makros" wählen Sie die vierte Option „Alle Makros aktivieren" aus und klicken anschließend auf OK. Word muss neu gestartet werden, damit die Änderung wirkt.

Makroeinstellungen bei Office 2013 und höher bzw. Office 365

In Office 2013 klicken Sie in Word auf „Datei" links oben und gehen anschließend zu „Optionen", wählen das „Trust Center" und „Einstellungen für das Trust Center". Unter der Rubrik „Makros" bzw. „Makroeinstellungen" wählen Sie die vierte Option „Alle Makros aktivieren" aus und klicken anschließend auf OK. Word muss neu gestartet werden, damit die Änderung wirkt.

Beachten Sie, dass die Einstellungen für alle Word-Dokumente gelten. Im Einzelfall kann es demnach sinnvoll sein, vor dem Öffnen eines „unsicheren" Word-Dokumentes die Sicherheitsstufe wieder „hoch" zu setzen.

Zur Auswahl des gewünschten Formulars nutzen Sie entweder das Formularverzeichnis oder die Navigationsleiste links. Im Formularverzeichnis gelangen Sie mit einem Mausklick auf die entsprechende Titelzeile zum gewünschten Formular. In der Navigationsleiste klappen Sie das entsprechende Kapitel auf und klicken anschließend auf das gewünschte Formular. Des Weiteren können Sie mit dem Button „Vorheriges Formular" und „Nächstes Formular" bzw. „Dokument blättern" oberhalb des Formulares das nächste Muster aufrufen. Mit Klick auf „Formular als Worddokument" wird das Formular in Word geladen. Zur Bearbeitung müssen Sie zuerst in der Symbolleiste auf „Dokumentschutz aufheben" klicken.

Mit dem Button „Nächstes Feld" gelangen Sie an die Platzhalter-Stellen des Dokuments und können Ihre Ergänzungen vornehmen. Bei Word 2007 müssen Sie dafür in der Menüleiste auf den Reiter „Add-Ins" gehen. Anschließend können Sie das Formular auf Ihrem Filesystem speichern.

Sollten Sie den Originalzustand eines Dokumentes wiederherstellen wollen, benutzen Sie das Icon „Vorlage wiederherstellen".

Bearbeiten der Formulare mit einer anderen Textverarbeitung und/oder einem anderen Betriebssystem

Wenn Sie kein Word auf Ihrem Rechner installiert haben, können Sie die Dateien trotzdem aufrufen und bearbeiten. Gehen Sie dazu in den Ordner „content\doc". Gehen Sie mit Rechtsklick auf die Datei und suchen im Menü Öffnen mit/ Programm auswählen Ihr Textverarbeitungsprogramm aus.

Den Hilfetext können Sie auch in der Anwendung unter dem entsprechenden Feld aufrufen.